Anonymus

Hanserecesse

Anonymus

Hanserecesse

ISBN/EAN: 9783741167065

Manufactured in Europe, USA, Canada, Australia, Japa

Cover: Foto ©Andreas Hilbeck / pixelio.de

Manufactured and distributed by brebook publishing software
(www.brebook.com)

Anonymus

Hanserecesse

HANSERECESSE

VON 1431—1476

BEARBEITET

GOSWIN FRHR. VON DER RO

DRITTER BAND.

LEIPZIG,
VERLAG VON DUNCKER & HUMBLOT.

Einleitung.

Traten in dem vorhergehenden Bande die gemeinsamen Angelegenheiten des hansischen Bundes und seine auswärtigen Beziehungen unter der Nachwirkung der Friedensschlüsse mit Dänemark und England sowie unter dem Einfluss der holländisch-wendischen Fehde in den Vordergrund, so werden sie in dem vorliegenden zu Beginn durch mehr partikulare Streitigkeiten und die Verfolgung von Sonderinteressen seitens der einzelnen Genossinnen so lange zurückgedrängt, bis neue Verwicklungen nach aussen den Bund auch nach innen von neuem beleben.

Das Jahr 1443 liess sich mannigfach bedrohlich an. Dem kurze Zeit darauf in Süddeutschland ausbrechenden Kampfe des Fürstenthums gegen die Städte schien ein Vorspiel im Norden beschieden zu sein. Bereits war es dem Brandenburger gelungen, Berlin-Köln zu unterwerfen und sein Verbot aller Bündnisse inner- und ausserhalb des Landes schüchterte die übrigen Städte der Mark doch derart ein, dass sie „van grotes invalles wegen" keine Tagfahrten zu besenden und etwaige Beschlüsse solcher nur mit bedingtem Vorbehalt gutzuheissen wagten (n. 44). Die Kämpfe und Streitigkeiten dagegen, in welche Kolberg, Rostock, Lüneburg mit ihren Herren, Magdeburg und Halle mit Herzog Heinrich von Wolfenbüttel geriethen und vor allem der von König Christoph einberufene Fürstentag zu Wilsnack stellten den Genossinnen aus den sächsischen, wendischen und pommerschen Gruppen ähnliche Gefahren in Aussicht. Nicht ohne Grund äusserte Stettin zu dem Kolberg zugedachten Verderben „wii besorgen uns, also men sy meynt, dat men uns allen ok also meynen mochte" (n. 55). — In Ermangelung fast aller einschlägigen Akten auf fürstlicher Seite ist der wirkliche Umfang der Gefahr nicht ganz deutlich zu erkennen, so viel vermögen wir aber den nachstehenden Blättern zu entnehmen, dass die Städte sie nicht unterschätzten und ihr rechtzeitig entgegenarbeiteten. Die bedrohlichsten Händel in Lüneburg und Rostock werden nicht ohne Opfer aus dem Wege geräumt; ein engerer Bund zu gemeinsamer Abwehr etwaiger Angriffe kommt zunächst zwischen den wendischen und sächsischen Städten zu Stande (n. 39), und erweitert sich hinterdrein zu einer auch die pommerschen und märkischen Schwestern umfassenden Tohopesate (n. 68); Kolberg wird mit Mannschaft und Baarmitteln unterstützt und ihm, nachdem es die Angriffe der Gegner erfolgreich abgewiesen, der Friede vermittelt. Der Ausbruch der soester Fehde, der leicht ein verhängnissvolles Signal hätte abgeben können, fiel Dank diesen Massnahmen zu spät, dass aber eine Rückwirkung trotzdem befürchtet wurde, zeigt der freilich erfolglose Vermittlungsversuch von Lübeck (S. 100 ff.).

Die Besorgniss war begründet in der Persönlichkeit König Christophs. Wie vielfach in der inneren Verwaltung seiner Reiche, so vermochte er auch in dem Verhältniss zu den Städten sich von den Anschauungen eines kleinen süddeutschen Prinzen nicht zu befreien. Unwillig ertrug er den durch die Lage seines Reiches ihm auferlegten Zwang der Rücksichtnahme auf die Städte und, wie schon der vorhergehende Band dargethan, benutzte er alsbald nach der unter städtischer Beihülfe erfolgten Besitznahme des Thrones gern jeden Anlass, um seine Abneigung gegen sie zu bekunden. Die Holländer werden auf Kosten jener begünstigt, der auf den Wunsch König Erichs von Lübeck unternommene Versuch zwischen Oheim und Neffen zu vermitteln, wird wirksam durchkreuzt, die Bestätigung der Privilegien des deutschen Kaufmanns so lange als möglich hintenangehalten, deren Nichtbeachtung durch königliche Beamte geflissentlich übersehen. Und wenn auch gewiss nicht alle Beschwerden, deren die nachfolgenden Akten gedenken, dem Könige zur Last zu legen sind, so müssen doch die fortgesetzten kleinen Reibungen nach Ausweis der kopenhager Verhandlungen im Sommer 1447 den Gedanken an einen Bruch auf beiden Seiten[1] ziemlich weit haben reifen lassen, und die missglückte Ueberrumpelung Lübecks im Herbste desselben Jahres, der dann der König im ersten Aerger ein Verbot der Lebensmittelzufuhr folgen liess, zerstörte vollends jeden Wahn. Da trat der Tod dazwischen. Die verwaisten Reiche erhielten statt eines zwei Herren und die Doppelwahlen von Christian und Karl verscheuchten zunächst jede Gefahr eines unmittelbaren Waffenganges.

Leider ertheilen die hansischen Archive über die Vorgänge, welche die Thronbesteigung Christians in Dänemark und Karls in Schweden herbeiführten, gar keine Auskunft. Nach stralsunder Angaben hat Lübeck seine Hand mit im Spiel gehabt (S. 358) und Angesichts der Erfahrungen der letzten Jahre ist es höchst glaubhaft. Indessen konnten die Städte sich der Freude über diesen Umschlag der Lage nicht lange hingeben, denn unvermutheter Weise verquickte sich der alte Gegensatz zwischen Fürsten und Städten mit diesem Kampfe der beiden neuen Könige um Gothland und Norwegen. Als König Karl den inneren wie äusseren Bedrängnissen gegenüber sich sowohl Preussen als den Städten näherte, ohne ein williges Entgegenkommen zu finden, knüpfte König Christian, unterstützt von seinem Oheim Adolf von Schleswig-Holstein, mit den norddeutschen Fürsten an und zwar mit solchem Erfolge, dass es um die Wende des Jahres 1449 den Anschein gewann, als sollte der Kampf um die nordischen Kronen auch auf norddeutschem Boden zwischen Fürsten und Städten ausgefochten werden (S. 368, 440 f.). Der Bund von Meklenburg und Pommern „zur Bezwingung des Ungehorsams ihrer eigenen und gegen alle mit denselben in Verbindung stehenden auswärtigen Städte" hatte sich rasch erweitert und wie im Dec. 1449 die pommerschen und meklenburgischen, so drangen im Jan. 1450 die sächsischen Städte in Lübeck auf die Einberufung einer Tagfahrt „van des overvallendes wegene over de stede unde grantlikes vorderves, so de heren unde forsten dagelix begynnen unde den van Nurenberge unde mer steden myt ernste klarliken bewisen" (n. 582). Auch diesmal verzog sich der Sturm, als wenige Monate später der schwedische Adel seinen König preisgab (S. 453 ff.), aber das Misstrauen blieb rege, das langjährige vertraute Verhältniss der Städte zu Herzog Adolf gestört und mit König Christian gab es bald neue Irrungen, deren Erledigung ausserhalb des Rahmens dieses Bandes fällt.

Während diese Abwandlungen der skandinavischen Verhältnisse und ihre Verquickung mit den fürstlichen Bestrebungen unmittelbar doch nur die östlichen

[1] Vgl. n. 311 § 11.

Städtegruppen mit Ausschluss der Preussen und Livländer berührten, nahm die soester Fehde mit ihren Verzweigungen die westlichen vollauf in Anspruch, und Jahre lang laufen nur wenige Fäden von der einen Hälfte zur andern hinüber und herüber, bis dann die Verwicklungen der Beziehungen zu Burgund und England den gesammten Bund sich wieder enger zusammenschliessen lassen.

Die andauernden Bedrückungen, welchen sich der Kaufmann zu Brügge ungeachtet des Vertrages von 1438 (HR. 2 S. 214) ausgesetzt sah, sowohl seitens der Stadt wie der herzoglichen Behörden, zwangen die Städte nach wiederholten langwierigen Verhandlungen den Kaufmann 1451 aus dem Lande abzurufen. Die hierauf bezüglichen Akten, welche einen ansehnlichen Theil des vorliegenden Bandes einnehmen, ergeben, dass die Steuerfreiheiten des Kaufmanns und seine Ausnahmestellung in jurisdictioneller Hinsicht wie früher so auch jetzt die wesentlichsten Anlässe zu Streitigkeiten darboten, doch trugen die inneren Zwiste in Flandern und seit Ausgang des fünften Jahrzehnts vor allem der Kampf von Gent gegen den Herzog nicht minder viel bei zu deren Ausbruch und noch mehr zu deren Nichterledigung.

In England wiederum handelte es sich weniger um Eingriffe in die Privilegien des Kaufmanns und die ihm vorübergehend auferlegten Abgaben als um den Anspruch der Engländer auf Gegenseitigkeit im Genuss der Freiheiten. Sie forderten, gestützt auf den Vertrag von 1437, vornehmlich in Preussen in den Besitz ebensolcher Privilegien gesetzt zu werden wie sie den Hanseaten in England zustanden. Preussen, welches jenem Vertrage die Anerkennung verweigerte, liess sich in der Abwehr der Ansprüche hinreissen, die in Danzig weilenden Engländer in der That schlimmer zu behandeln als die Angehörigen anderer Nationen, und erwirkte dadurch einen Beschluss des englischen Parlamentes, welcher den König ermächtigte, alle Freiheiten des hansischen Kaufmanns aufzuheben, bis den Beschwerden der Engländer in Danzig abgeholfen sei. Nun erst wurde auch die Hanse in directe Mitleidenschaft gezogen und nachdem ein einseitiger Versuch der Preussen, sich über die Hanse hinweg mit England auseinanderzusetzen, gescheitert, kam es zu Verhandlungen zwischen England und den Städten, welche trotz allen Aufgebotes von Personen und Zusammenkünften an der Principienfrage der gegenseitigen Gleichstellung scheiterten[1]. Obendrein liess ein flagranter Friedensbruch der Engländer die kaum eingeleiteten Verhandlungen ziemlich aussichtslos erscheinen, zumal er Lübeck aus seiner vermittelnden Stellung hinausdrängte. Am 23 Mai 1449 wurde eine Baienflotte von über hundert Segeln, darunter gegen fünfzig hansischer Abkunft, unversehens bei Wight ohne jegliche Gegenwehr genommen. Preussen und Lübeck, welche am empfindlichsten betroffen, griffen sofort zu Repressalien und der Zufall spielte den lübischen Bergerfahrern ein reichbeladenes englisches Schiff in die Hände, welches das Personal einer Gesandtschaft des Königs an den Hochmeister an Bord führte. Schiff und Waaren wurden nach Bergen aufgebracht, die Gefangenen dem Rathe zu Lübeck zur Bewahrung übergeben. Dieser Zwischenfall steigerte die Verwicklung in bedenklichem Grade. Preussen, welches die Einbussen seiner Angehörigen durch Beschlagnahme englischen Eigenthums in Danzig bereits ersetzt hatte (n. 536), und ebenso die nicht betroffenen westlichen Städte, unter Führung von Köln wünschten dringend einen gütlichen Ausgleich des neuen Streites.

[1]) Treffend bemerkt Lappenberg, Stahlhof S. 44: In den vielfachen nächstfolgenden Verhandlungen gelang es nicht den Zwist zu heben, wie es dann wohl unmöglich gewesen wäre, da derselbe nicht etwa entgegenstehende Ansichten der Regierungen betraf, welche sich vermitteln lassen, sondern Völker, welche sich in den wichtigsten Rechts- und Handelsfragen mit dem Eifer der Selbsterhaltung entgegenstanden.

während Lübeck auf die volle Entschädigung seiner Angehörigen bestand, bevor es sich auf weitere Unterhandlungen einlassen wollte. England dagegen heischte vor allem Genugthuung für den Schimpf, der ihm durch die völkerrechtswidrige Festnahme der Gesandten angethan, und an diesen gegenseitigen Forderungen, welche obendrein durch die eidbrüchige Flucht der Gesandten aus Lübeck noch mehr verwirrt wurden, scheiterten die Verhandlungen zu Utrecht, mit welchen dieser Band schliesst. Uebrigens sind die äusseren Schicksale von England bei diesen Verwicklungen ganz ebenso von massgebendem Einfluss gewesen wie bei den der Hanse mit Burgund. Der unglückliche Gang des Krieges mit Frankreich in diesen Jahren, der England den Rest seiner festländischen Besitzungen bis auf Calais einbüssen liess, und die heftigen inneren Wirren, welche n. 638, 647, 669 f. eingehend schildern, offenbarten die Schwäche der Regierung und liessen sie wie den heimischen Partheien so auch der Hanse gegenüber hin und her schwanken.

In eigenthümlicher Weise wirken diese Beziehungen zu England auf die von Preussen zur Hanse zurück. Das Bestreben des Hochmeisters Konrad von Erlichshausen, das enge Band zwischen seinen Städten und der Hanse zu lockern, wurde bereits im vorhergehenden Bande hervorgehoben und tritt in dem vorliegenden noch deutlicher zu Tage. Geleitet von der richtigen Erkenntniss, dass nur eine innige Verschmelzung der Interessen des Ordens und der Stände dem Zerfall der Ordensmacht dauernd vorzubeugen im Stande, sucht er wie so mancher Fürst jener Tage sein Territorium innerlich abzuschliessen. Unter den mancherlei darauf hinzielenden Massnahmen kommt hier zumeist in Betracht, dass er andauernd bestrebt ist, die Leitung der Handelspolitik dem ausschliesslichen Einfluss der Städte zu entwinden und die einschlägigen Fragen von den gesammten Ständen berathen zu lassen. So wird, abgesehen von für uns geringfügigeren Dingen, der in seinem Beginn an der Seite der Hanse zwischen Hochmeister und Städten behandelte Streit um die von Holland zu leistenden Zahlungen jetzt ohne Zuthun der Hanse als landständische Angelegenheit aufgefasst und erleidet bei dem Widerstreben der Landschaft gegen alle Zwangsmassregeln eine fast endlose Verschleppung. Ganz in Uebereinstimmung damit werden alle seit einem Jahrzehnt fast verschollene Ansprüche von Angehörigen preussischer Städte gegen die nächstbefreundeten wendischen wieder hervorgesucht und eifrigst geltend gemacht, wird dem Bemühen Lübecks zwischen den Königen Christoph und Erich zu vermitteln, entgegengearbeitet, und endlich sogar der Versuch unternommen, in Anlass der Beschwerden Englands wider Preussen dem Ordenslande eine Sonderstellung im Königreiche zu erringen. Erst als die zu diesem Behuf 1447 nach London entsandte Botschaft mit ihrem Auftrage scheitert und die gleichzeitigen Wirren in Flandern ein gemeinsames Vorgehen mit der Hanse unumgänglich erheischten, lenkte der Hochmeister in rascher Wendung ein und kehrte nun wiederholt und mit absichtlicher Betonung seine Stellung als „Haupt der Hanse“ hervor. Und da der Zwist mit beiden Landen den Hochmeister Konrad überdauerte, so sah auch sein Nachfolger Ludwig sich nicht in der Lage, zu der Abstinenzpolitik Konrads von der Hanse zurückzukehren, wiewohl das Ziel, Preussen auch handelspolitisch auf selbständige Füsse zu stellen, darum keineswegs aufgegeben ward.

Aus dem sonstigen Inhalte des Bandes sei noch hervorgehoben, dass die Geschichte des Kontors zu Bergen eine recht erhebliche Bereicherung erfährt, über die ich an einem anderen Orte ausführlicher berichten zu können hoffe. Bemerkenswerth ist sodann das Bestreben Lübecks, die Leitung der nowgoroder Angelegenheiten, welche durch den mehrjährigen Krieg des Ordens arg zerrüttet waren, in seiner Hand zu behalten und die livländischen Städte zurückzudrängen[1]. Nicht zuletzt schliesslich ist auf das reiche Material an see- und handelsrechtlichen Statuten hinzuweisen, welches n. 288 vornehmlich enthält, auf die grössere Anzahl von Processen, welche den Hansetagen zur Entscheidung unterbreitet wurden, auf die langjährige Verhansung von Goslar, welche den Mangel einer festeren Bundesverfassung empfindlich bezeugt, und endlich auf die hierzu trefflich passende Erklärung der Städte über die Natur ihres Bundes, der nur ein „Corpus" sei „in etliken vruntscoppen unde vorbintnissen, darinne se myt en overenkomen"[2].

Auch für diesen Band gilt das HR. 2 S. VIII f. hinsichtlich der möglichst knappen Zusammenfassung des stets anwachsenden Materials Geäusserte und nur in einem Punkte, der vielleicht zu Ausstellungen Anlass geben könnte, habe ich die früher gezogenen Grenzen nochmals eingeengt. Die Klage- und Beschwerdeschriften nämlich, welche bisher zu den betreffenden Verhandlungen mitgetheilt wurden, sind im vorliegenden Bande vom Abdruck ausgeschlossen worden. Mich leitete bei diesem Entschluss nicht nur der ungemeine Umfang der gerade aus den in diesem Bande behandelten Jahren sehr zahlreich erhaltenen Akten dieser Art[3], sondern auch die erst durch den wiederholten Besuch der Archive von Lübeck, Köln und Danzig insbesondere gewonnene Erfahrung, dass neben den auf den Zusammenkünften von den Partheien ausgewechselten Schriften eine grosse Anzahl ganz ähnlicher vorhanden ist, deren Inhalt sei es wegen vorhergehender Erledigung der betreffenden Beschwerden, sei es aus anderweitigen Ursachen gar nicht zur Verhandlung gelangt ist. Eine Wiedergabe allein der ersteren kann unter diesen Umständen nur ein unvollkommenes und in mancher Hinsicht einseitiges Bild gewähren, während eine Aufnahme auch der letzteren sich von selbst verbot. Der in der That sehr reiche handels- und kulturgeschichtliche Inhalt beider Gruppen lässt gewiss ihren wenn auch nicht durchgehends wörtlichen Abdruck wünschenswerth erscheinen, Angesichts jedoch des oben gerügten Uebelstandes und der häufigen Wiederholungen bestimmter Beschwerden durch zehn bis zwanzig Jahre und darüber hinaus kann der Zweck praktischer durch eine zusammenfassende Bearbeitung aller vorhandenen Aufzeichnungen nach Ländergruppen und chronologischer Folge erreicht werden. Und für eine solche Veröffentlichung bieten sich die Hansischen Geschichtsquellen als der geeignetste Ort dar.

Ebenso habe ich über die in ihrem Ursprung hansischen, preussisch-holländischen und preussisch-englischen Verhandlungen, für welche ich insbesondere dem königsberger Archive umfängliches Material entnommen hatte, nur in den Anmerkungen berichtet, weil sie absichtlich unter Ausschluss der Hansestädte geführt wurden und für uns nur ein sekundäres Interesse beanspruchen können.

[1] Vgl. insbesondere n. 723. [2] S. 491 § 10. [3] Man vgl. z. B. die S. 176 Anm. 3 oder S. 254 Anm. 1 aufgeführten, deren Abdruck allein einen stattlichen Band füllen würde.

Das Material.

A. Recesse.

Von Recessammlungen sind für diesen Band benutzt:

1. Die Handschrift zu Reval von 1430—1450 für 40 Nummern: 106—112. 160—164. 216—226. 288—290. 516—519. 598—602. 649—651. 659. 700. 723.

2. Die Handschrift zu Rostock von 1430—1495 für 8 Nummern: 422. 603. 642. 649—651. 659. 709.

3. Die Handschrift zu Wismar Bd. 3 für 8 Nummern: 311—313. 503. 649—651. 659.

4. Die Handschrift zu Bremen Bd. 1 für 4 Nummern: 649—651. 659.

5. Die Handschriften zu Köln 1—3 für 14 Nummern: 288—290. 349. 546. 627. 649—651. 659. 709. 710. 712. 713.

6. Die weseler Handschrift zu Düsseldorf für 8 Nummern: 288—290. 408. 546. 709. 710. 712.

7. Die Handschrift zu Deventer 1 für 5 Nummern: 546. 627. 649. 651. 659.

8. Die Handschrift zu Kampen, Act. Hans. 1, für 11 Nummern: 288—290. 408. 546. 547. 649—651. 659. 709.

9. Die Handschrift A zu Danzig von 1415—1450 für 49 Nummern, ausschliesslich Akten preussischer Städtetage: 58. 79. 81. 154. 169. 184. 185. 199. 200. 231—235. 240—242. 269—273. 276. 280. 282. 308. 315. 316. 318—320. 402—407. 414. 423. 475. 478. 555. 580. 583. 593. 594. 607. 636. 675.

10. Die Handschrift zu Thorn B. 4 (Rathsbibliothek 1. B. fol. n. 2) für 38 Nummern, die sich gleichfalls ausnahmslos auf preussische Städtetage beziehen. Die ersten 8 Nummern (bis n. 201) verdanke ich wie schon die im zweiten Bande S. X aufgeführten K. Höhlbaum: 58. 79. 81. 154. 169. 184. 199. 201. 231—235. 240—242. 269—271. 282. 308. 315. 316. 318—320. 402—406. 414. 423. 475. 478. 554. 555. 580.

An einzelnen Recessen und Berichten ergaben:

11. Das Stadtarchiv zu Lübeck 19 Nummern: 94. 176. 205. 206. 288—290. 546. 548. 549. 615. 627. 649—651. 659. 672. 710. 729.

12. Das Stadtarchiv zu Hamburg 1 Münzrecess, dessen Original seit 1842 verschollen ist: 676.

13. Das Rathsarchiv zu Wismar 1 Nummer: 253.

14. Das Stadtarchiv zu Stralsund 3 Nummern: 288—290.

15. Das Stadtarchiv zu Hildesheim 3 Nummern: 288—290.

16. Das Stadtarchiv zu Göttingen 3 Nummern: 649. 651. 659.

17. Das Stadtarchiv zu Köln 13 Nummern: 288—290. 345. 546. 601. 627. 649. 651. 659. 709. 710. 712.

18. Das Stadtarchiv zu Deventer 3 Nummern: 288—290.

19. Das Stadtarchiv zu Danzig 16 Nummern: 232. 233. 288—290. 308. 501. 505. 546. 594. 649—651. 659. 709. 712.

20. Das Staatsarchiv zu Königsberg 9 Nummern: 649—651. 653. 658. 659. 709—711.

Verzeichnet wurden je eine Handschrift aus dem Stadtarchiv zu Zwolle (n. 288) und dem zu Haarlem (n. 650) und endlich n. 693 nach Toeppen's Abdruck aus jüngeren Abschriften der verschollenen danziger, thorner und elbinger Recesshandschriften wiederholt.

B. Urkunden. Briefe. Akten[1].

Die wendischen Städte sind vertreten durch:

1. *Das Stadtarchiv zu Lübeck mit 208 Nummern*[2].
2. *Das Stadtarchiv zu Hamburg mit 6 Nummern*[3].
3. *Das Stadtarchiv zu Bremen mit 4 Nummern*[4].
4. *Das Stadtarchiv zu Lüneburg mit 1 Nummer*[5].
5. *Das Stadtarchiv zu Wismar mit 6 Nummern*[6].
6. *Das Stadtarchiv zu Rostock mit 2 Nummern*[7] *und verschiedenen Rechnungsauszügen.*
7. *Das Stadtarchiv zu Stralsund mit 17 Nummern*[8].

Von den sächsischen Städten lieferten:

8. *Das Stadtarchiv zu Braunschweig 2 Nummern*[9].
9. *Das Stadtarchiv zu Goslar 7 Nummern*[10].
10. *Das Stadtarchiv zu Göttingen 20 Nummern*[11].
11. *Das Stadtarchiv zu Hildesheim 28 Nummern*[12].

Alle vier ferner zahlreiche Rechnungsauszüge.

12. *Das Stadtarchiv zu Halberstadt 11 Nummern*[13].

Von den westfälisch-rheinischen Städten ergaben:

13. *Das Stadtarchiv zu Osnabrück 3 Nummern*[14].
14. *Das Stadtarchiv zu Soest 2 Nummern*[15].
15. *Das Stadtarchiv zu Köln 99 Nummern*[16].
16. *Das Stadtarchiv zu Duisburg 1 Nummer*[17].

Von süderseeschen Städten steuerten bei:

17. *Das Stadtarchiv zu Deventer 11 Nummern*[18].
18. *Das Stadtarchiv zu Kampen 1 Nummer*[19].
19. *Das Stadtarchiv zu Groningen 1 Nummer*[20].

Unter den pommerschen Städten hat

20. *Das Stadtarchiv zu Kolberg 1 Nummer*[21] *ergeben.*

[1]) *Die in den Anmerkungen mitgetheilten archivalischen Akten, Briefe, Rechnungsauszüge u. s. w. sind nicht berücksichtigt.* [2]) *7. 9. 33. 37. 49—51. 53—57. 68—78. 84. 87. 89—91. 93. 95. 96. 98—102. 113. 116. 118. 126. 129. 131—145. 150—153. 168. 174. 177—179. 181. 182. 187—192. 195—198. 203. 204. 207. 227. 230. 260—262. 293. 294. 295. 298. 301. 302. 304. 337. 339. 352. 357. 375—379. 384. 394—398. 416—421. 426. 427. 431—441. 447. 449—451. 461. 462. 466—469. 474. 480—485. 490—492. 494—502. 506. 507. 514. 515. 520. 521. 524. 526. 531. 534. 537. 562. 564. 575. 581. 601. 614. 637. 690. 700. 702. 703. 719. 720.* [3]) *66. 88. 92. 115. 130. 173.* [4]) *249. 251. 652. 671.* [5]) *114.* [6]) *230. 329. 508. 517. 518. 582.* [7]) *85. 86.* [8]) *4. 46. 64. 65. 186. 276—279. 291. 298. 300. 303. 304. 306. 314. 462.* [9]) *172. 678.* [10]) *235. 236. 292. 333. 391. 430. 579.* [11]) *1—3. 59. 60. 141. 170. 252. 256. 263. 264. 274. 333. 336. 338. 423. 677. 678. 683. 684.* [12]) *38. 68. 202. 335. 425. 426. 445. 628. 639. 652. 656. 660. 678. 679. Missive 1431—1445: 171; desgl. 1445—1459: 331. 332. 334. 335. 429. 446. 448. 452. 629. 645. 657. 680. 681.* [13]) *338. 424. 453—459. 632. 652.* [14]) *359. 387. 388.* [15]) *633. 683.* [16]) *39—42. 244. 247. 284. 286. 296. 299. 345. 350. 361. 365. 369. 370. 469. 525. 527. 564. 565. 566. 569. 570. 572. 612. 625. 633. 646. 697. 698. 706. 714. 716. 717. 730—732; Privilegiencop. d. Kfm. z. Brügge: 39—42. 346. 361. 365; Copienbücher 17: 182. 189; desgl. 18: 243. 245. 246. 248. 258. 265. 266. 268. 286. 287. 291. 340. 343. 344. 353. 356; desgl. 19: 354. 360. 362. 366. 368. 389. 409. 482. 525. 528. 529. 540—545. 567. 568; desgl. 20: 620—626. 630. 631. 641. 643. 654. 655. 661—667. 714—716. 718. 726. 727. 729. 733.* [17]) *251.* [18]) *371. 410—413. 522. 552. 609. 634. 673. 734.* [19]) *180.* [20]) *257.* [21]) *193.*

Unter den preussischen Städten:

21. Das Stadtarchiv zu Danzig 61 Nummern[1].

22. Das Stadtarchiv zu Thorn 7 Nummern[2].

Unter den livländischen Städten:

23. Das Stadtarchiv zu Riga einige Rechnungsauszüge.

24. Das Stadtarchiv zu Reval 25 Nummern[3].

Von auswärtigen nicht-hansischen Stadtarchiven ergaben:

25. Das Stadtarchiv zu Brügge 3 Nummern[4].

26. Das Stadtarchiv zu Gent 1 Nummer[5].

Unter den deutschen Staatsarchiven ragt wie in den früheren Bänden

27. Das Staatsarchiv zu Königsberg mit 112 Nummern[6] hervor.

28. Das Geh. Staatsarchiv zu Berlin ergab 1 Nummer[7].

29. Das Staatsarchiv zu Magdeburg 1 Nummer[8].

30. Das Staatsarchiv zu Düsseldorf 4 Nummern[9], welche dem dort aufbewahrten ehemaligen weseler Stadtarchive entstammen.

31. Das Grhgl. Geh. u. Hauptstaatsarchiv zu Schwerin 1 Nummer[10].

Von auswärtigen Staatsarchiven sind benutzt:

32. Das P. Record Office zu London für 5 Nummern[11].

33. Das Staatsarchiv zu Brügge für 1 Nummer[12].

Ferner wurden benutzt:

34. Das ehemalige Bergenfahrer-Archiv im Archiv der Handelskammer zu Lübeck für n. 309 und

35. Eine vom Besitzer Herrn Prof. Riemann in Greifenberg freundlichst zur Benutzung überlassene Handschrift pommerscher Urkunden für n. 194.

[1]) 3. 8. 34—36. 43. 45. 47. 52. 61. 62. 69. 70. 80. 97. 103. 119. 127. 237. 259. 347. 338. 400. 460. 479. 533. 563. 619. 701. 712; Missive 4: 48. 63. 66. 82. 117. 123. 125. 175. 305. 307. 351. 355. 381. 386. 401; Missive 5: 363. 472. 473. 510—512. 576. 587. 595. 597. 605. 606. 617. 618. 701. 704. [2]) 322—324. 327. 383. 557. 692. [3]) 36. 52. 104. 105. 127. 153—159. 165—167. 183. 208—215. 226. 229. 420. 520. [4]) 346. 367. 372. [5]) 513. [6]) 6. 23. 28. 36. 67. 120—122. 124. 325. 352. 353. 392. 393. 399. 463—465. 467. 470—472. 479. 488. 493. 530. 532. 535. 536. 559. 560. 563—565. 573. 574. 583. 588—592. 604. 611. 613. 615. 626. 633. 638. 640. 647. 669—670. 691. 694—696. 705. 712. 721. 722. 728; Missive 15: 235. 239. 317. 319; Missive 16: 227. 236. 251. 267. 283. 293. 321. 326. 328. 330. 341. 342. 361. 360. 390; Missive 17: 415. 476. 477. 486. 487. 489. 509. 513. 536—539. 550. 571. 584—586. 596. 608. 616. 644. 646. 657—659. 705. 728; Missive 18: 724; Foliant A.: 724. [7]) 44. [8]) 678. [9]) 523. 533. 610. 674. [10]) 63. [11]) 558. 561. 637. 689. 713. [12]) 374.

Dresden, im Februar 1881.

Versammlungen der sächsischen Städte. — 1443.

Die im Anhang *mitgetheilten Akten beziehen sich auf die Besendung des von den wendischen Städten nach Lüneburg ausgeschriebenen Tages, vgl. Grautoff, Lüb. Chron. 2 S. 86, HR. 2 S. 567. Daneben fanden, wie die Stadtrechnungen von Braunschweig und Göttingen erweisen[1], unter den sächsischen Städten Verhandlungen statt, in Anlass der Streitigkeiten theils zwischen Braunschweig, Magdeburg und Lüneburg wegen der Wasserfahrt auf der Ocker, vgl. HR 2 S. 235, 324 und die Rechnungsablage des lüneburger Rathes vom 11. Dec. 1451 in Spangenberg, Vaterl. Archiv 1843 S. 355, theils zwischen H. Heinrich, Magdeburg und Halle.*

Anhang.

1. *Goslar an Einbek: meldet, dass Braunschweig, Magdeburg und Hildesheim von der Tagfahrt zu Helmstedt beauftragt worden sind, den lüneburger Tag zu besenden. — [1443] Mrz. 21.*

Aus StA Göttingen, Abschrift, vgl. n. 2.

Den ersamen, wisen borgermesteren unde ratmannen to Embeke, unsin leven bisunderen gudin frundin detur.

Unsin fruntliken dinst tovoren. Ersamen, wisen, bisundern leven frundes. Alse gi uns neysten ghescreven hadden umme eynen dach to Gandersem, dar unse frundes, de van Hildensen, van Gottingen, gi unde de van Northem unde wy meneden overtosprekende, umme den dach to besendende to Luneborgh nu uppe mitvasten letare[2], alse de radessendeboden der stede Lubeke, Homborgh, Rosztock etc.

[1] *Die braunschweiger Rechnungen verzeichnen eine ganze Anzahl von Sendungen gegen die von Magdeburg und Lüneburg nach verschiedenen Städten, die göttinger eine nach Halberstadt* pro concordia civitatum Meydeborch et Brunswick etc. *Beide enthalten überdies Zahlungsvermerke* to der berichtinge der stede Magdeborch und Halle mit hertogen Hinrik umme dat schel, dat twischen en was. *Braunschweig zahlte 400 Guld., Göttingen 1443 und 1444 je 18*[1]*, mr. 1 ferl. — Auf den Tag zu Halberstadt scheint eine undatirte Briefbeilage im göttinger StA (Hans. Briefe) sich zu beziehen, worin eine ungenannte Stadt meldet, dass sie auf die gemäss dem Beschlusse des halberstädter Tages an Lüneburg gerichtete Einladung zu einer Verhandlung mit Braunschweig, den Bescheid erhalten,* dat en nu to der tiid dage buten landes to holden, alse od mid eren heren und en stede und twischen en gewand ist, nicht to donde is; *hat indessen nochmals an Lüneburg geschrieben.* [2] *Mrz. 31.*

hir over uns allen gescreven hebbin, do wy juwer leve witlik, dat unse frund van Brunswick, van Hildensem, unses rades kumpane nu an dussen vorgangen mitwekene to Brunswick alsus gesecht hebbin unde uns bevalen, gik to scrivende, dat nu up dussen vorgangen sondach reminiscere[1] van desulven geschefttes wegen weren to Helmenstede unse frunde des rades sendeboden van Magdeborgh, van Brunswick, van Hildensem, van Halle, van Merseborgh, van Halberstad, van Quedelingborg unde van Asscherslewe, unde sint dar overeyngekomen, den upgenomen dach to Luneborgh to besendende, unde hebbin dat eyndrechtliken bevalen unsen leven vrunden, den van Magdeborgh, van Brunswick unde van Hildensem, de den upgenomen dach van unser allir wegen na vordracht unde utwisinge des recesses, also dat eyr besproken is, also besenden willen, dat juwer leve witlik sy. Unde ge willen dat vort witlik don unsen frunden, den van Gottingen unde den van Northem, dat sik de ok darna to richtende unde to vorlaten mogen. Screven des donnersdages na reminiscere, under unsem secrete[a].

Consules Goslarienses.

2. *Einbek an Göttingen: sendet n. 1; fragt an, ob Göttingen es dabei bewenden lassen wolle oder* forder wes noid were to scrivende. *[1443]* (sabbato ante dominicam oculi) *Mrz. 23.*

StA Göttingen, Or. m. Resten des Secrets.

3. *[Göttingen an Einbek]: dankt für Uebersendung von n. 1; ist mit dem Beschluss der Städte einverstanden. — [1443 Mrz.].*

StA Göttingen, Concept.

Versammlung zu Lübeck. — 1443 [Ende Mrz.].

Wir lernen die Versammlung lediglich aus dem im Anhang unter a) Bergenfahrer abgedruckten Schreiben kennen. Vgl. HR. 2 n. 667. Zu dem unter b) England mitgetheilten Briefe vgl. HR. 2 S. 597. Unter c) Dänemark sind die Akten zusammengestellt, welche sich auf den Versuch der Städte beziehen, zwischen K. Christoph und Erich zu vermitteln. Die Veranlassung ergiebt HR. 2 n. 684. Die Anwesenheit Christophs in Lübeck und Wilsnack, vgl. HR. 2 S. 567 f., sowie auch seine Politik gegenüber den Städten werden mannigfach erläutert.

Anhang.

a) Bergenfahrer.

4. *Lübeck an Stralsund: meldet, dass die Bergenfahrer nach Verlesung des stralsunder Schreibens erklärt haben, sie würden darüber nach Bergen berichten und auf Abordnung von Bevollmächtigten dringen. — 1443 Apr. 5.*

S aus StA Stralsund, Or. Perg. m. Spuren d. Secrets.

Den ersamen wysen mannen, heren borgermesteren unde radmannen to dem Stralessunde, unsen guden vrunden detur.

Unsen vruntlyken grut unde wes wii gudes vormogen tovoren. Ersamen heren, leven vrunde. Alse gii uns hebben gescreven umme de zake unde schelinge, de

a) Der einbeker Schreiber fügt hinzu: Datum per copiam.

1) Mrz. 17.

juwe borgere menen to hebbende to den Bergervåreren, darumme de juwen to jåre weren up der dachvard tor Wysmer[1], unde hebben sedder wargenomen to mer dachvarden unde nu aldernielkest up dem dage mit uns tor stede, se hadden ere vulmechtigen hovedlude unde wolden sik mit one darumme entscheden hebben laten, unde gii begeren, wii de Bergervarere vor uns to vorbodende unde one to kundigende, dat se noch sunder vordreet den juwen ere schyp unde gud mogelyken betalen unde wedder tokeren, unde wor se des nicht en don, dat se denne kômen vulmechtich tor stede tor negesten dachvard, dar wii stede werden tosamende komende, unde laten sik aldar mit den juwen na clage unde antwerde vorscheden etc., mit mer worden, hebbe wii wol vernomen. Unde begeren juwen leves weten, dat wii den Bergervareren juwen breff hebben laten lesen, worto se antwerden, dat se dar noch nyn antwerde up seggen konden, anders dan alse de her Hinrik Steenwech hir was, unde alse to Bergen vor deme copmanne were verrychtet van vromen luden, de ere gudere en part dar mede hadden, men se wolden dat deme copmanne to Bergen scryven mit den ersten schepen, de nu segellende werden, dat se hür senden de lude mit vuller macht, den de zake wytlyk were, unde dat gii nu mit den juwen bestellen, dat alle doud van der wegene de wyle in gude bliven bestande, so dat de juwen mit eren guderen velich to Bergen mogen segelen, unde dergelyken desse Bergervarere to unde af mit eren guderen mit juw tome Sunde mogen komen, alse dat her Hinrik Ste[n]wech[a] latest mit uns wås begerende. Leven heren, hirvan begere wii juwe bescrevene antwerde. Siit Gode bevolen. Screven under unseme secrete, des vrydages vor deme sondage judica, anno etc. 43.

Consules Lubicenses.

b) England.

5. *Der deutsche Kfm. zu London an Danzig: meldet, dass die Beschlagnahme seiner Habe aufgehoben und die Forderung der Subsidienzahlung zurückgezogen ist[2]. — 1443 Febr. 1.*

D aus StA Danzig, Schbl. XV n. 43c, Or. m. Siegelresten.

Den ersamegen wysen unde vorsenigen heren burgermesteren unde raetmannen der stad Dantzeke, unsen leven unde besunderen gueden vrenden detur.

Unse vrentlike grote unde wes wy guedes vermogen altiit tovoren. Erbaren heren unde sunderlinges gueden vrende. Alse wy juwer erbarheit unlanges geleden gescreven hebben, wu dat unse guederen in Ingelande gelettet unde bekommert weren, umme uns darmede to dringende, burgen to settende vor de subsidie etc., der wy doch nicht setten wolden, alse wy ju do screven, sonder wolden seyn, wes uns de heren darvan wolden affspreken etc. Nu hebbe wy, erbaren heren,

a) Steenwech s.

1) *Vgl. HR 2 n. 567.*

2) *Hiermit in Einklang steht ein Beschluss des kgl. Rathes vom 21. Febr. 1443, wonach alle Zolleinnehmer angewiesen werden sollen, von dem deutschen Kfm. nur die alten Zölle zu erheben. Gleichzeitig wurde die Aussendung einer Botschaft nach Köln* with alle Englishe mennes complaintes upon theim of Pruce, hanse and the Danske *beschlossen, welche Ersatz zu fordern hätte. Am 5. Mrz. erklärt sodann der Schatzmeister im Rathe,* that the Spruciers and hanse bethe frer here in Inglande than the kynges subgittes to the losse of the kyng yerly of 100 000 fl. *Zugleich ersucht London um Einsetzung einer Commission zur Untersuchung der englischen Beschwerden und erhält den Auftrag, seine Klagepunkte zusammenzustellen und der für diesen hansischen Conflikt eingesetzten Commission einzuhändigen. Proceedings of the privy council 5 S. 226, 233.*

de sake tot unsen groten kosten vervolgot ten eende, also dat uns de heren nu affgesecht hebben, dat wy sullen staen in aller manieren, alse wy tovoren stonden, unde darup ziin [uns][a] unse guederen toelevert, unde hapen, dat wy darvan nicht meer horen sullen etc. Unde alse wy dan uppe deselve tiit van ju begerende woren, deme copmanne, de Ingeland hantiert, to warnende, dat he ghene guederen solde herschepen, eer he ander tiidinge van uns hedde, so bidde wy ju, erbaren heren, offte dat also geschiet es, dat gii dan deme copmanne nu desse tiidinge wederomme verkondigen willen, nicht allene met ju sonder ock in anderen steden, dar des van noden is unde dar de verkondinghe van ju tovoren mach geschiet ziin, alse wy, erbaren heren, des vulkomeliken to ju betruwen. God unse here moet ju altiit bewaren an siele unde lyve. Gescreven under unse ingesegel, den ersten dach van februario, anno 43.

Alderman unde de gemene copman van der Duetschen hense, nu to London in Ingeland wesende.

c) Dänemark.

6. *Komthur zu Danzig an den Hm.: berichtet über den Fürstentag zu Lübeck und die Absicht Lübecks, zwischen den beiden dänischen Königen zu vermitteln; räth dem zuvorzukommen und die lübecker Versammlung zu besenden. — 1443 Mrz. 6.*

K aus SA Königsberg, Or. m. Spuren d. Secrets.

Dem erwirdigen homeister mit allir erwirdikeit, tag und nacht ane alle sewmen, sunderliche vuste grosse macht hiran leith.

Meynen gar willigen undirtanigen gehorsam nuh und czu allen czeiten zcuvor. Erwirdiger gnediger her homeister. Euwir gnade geruche czu wissen, das mir warhafftig von czwen burgermeistern czu Danczk und ouch von etlichen andern burgern czu wissen ist wurden, das der konig von Denmarken, konig Cristoffer, nuh czur vasnacht ist obirgeczogen ken Lubick, da vele herren, als bey namen der marggreve von Brandenburgk und ander hern und herczogen, die da umbe gesessin seyn, und ouch, als die rede geen, seyn vater czu em werden komen, mit den herren her eyn tag czu Lubicke wirt halden. Und die Lubisschen haben die sachen czuwsschen dem neweu konige und dem alden undernomen, und haben ouch iczczund dem alden konige geschreben und ire botschafft czu em gesanth, and wellen sich darinne bearbeiten, das die sachen czuwsschen beyden herren konigen czu sune und eyntracht mochten komen. Als haben etliche wol mit mir hievon gereth und meynen wol, das es nicht gut were, das die Lubesche die ere sollen haben und die eynunge czuwsschen en bethedingen, und konde es euwir gnade fugen, das euwir gnade sich in die sache welle legen, es ist vorsselich, das euwirn gnaden und unsirm orden vele gutes und fromen doron, wonne sich euwir gnade dorin legen wurde, mochte komen. Und wo die Lubisschen dis czu wege mogen brengen, so mochten sie sich mit dem koninge villeichte also beteydingen und voreynen, das euwern gnaden am pfundczoll und ouch an ander gerechtikeit schaden mochte brengen; und geen iczczund domit umbe, als ich vorneme, das sie den pfundczoll storen wellen[1]. Ouch, gnediger her meister, so were derjenen, die mit mir von dissin sachen gereth haben, gutdinken wol, und were ouch nutczlichen, das euwir gnade imande czu dem tage welde schicken, ap

a) uns fehlt D.

1) Vgl. HR. 2 n. 655 690.

die Lubesschen ichtes am konige worde[n][a] suchen und werben, das euwirn gnaden und disin landen schadlich were, das der dowedir were. Ouch gnediger her meister so geen rede, das der alde konig ouch czu dem tage wirt komen, so schir als die wassir wirt uffkomen, und der newe konigk der wirt seyner bas czur mitfasten, als ich verneme, alda beyten. Und was euwir gnade vor das beste hirinne dirkennet, das stet czu euwir gnade wille etc. Gebin czu Danczk, am aschtage, im 43 jare. Komptur zcu Danczk.

7. *K. Erich von Dänemark an Lübeck: beschwert sich, dass seine durch Wilhelm von Calven und Jakob Bramstede an Lübeck überbrachten Anträge unbeantwortet geblieben sind; verlangt schleunige Auskunft;* gy moghen weten, dat wii mochten wol vele hebben doen laten, dat wii doch umme juwen willen laten hebben, unde dat schal Got irkennen, konde uns men eer unde reddelicheyt weddervaren, so wolde wii dat noch node doen laten. — *Wisborg, 1443* (secunda die pasche) *Apr. 22.* In persona propria.

StA Lübeck, A. Dan. 2, Or. m. Resten d. Secrets.

8. *Derselbe an Danzig: dankt für die Freundschaft, die Danzig ihm bei seinem letzten Aufenthalte erwiesen; hat schriftlich wie gerüchtweise erfahren,* dat Cristoffer hefft to dem hilghe blode wesel to Wilsnacke, unde dar sint vele landesheren by em weset, unde se schalet under sik hebben upgenomen, dat se willen etliken van en to uns senden, de tuschen uns unde Cristoffer spreken scholen, umme eyn dagh to vorramende unde uptonemende; unde ok is dat mede hir eyn mene ruchte, dat Cristoffer sterket sich mit groter macht, beyde van Dennemarken unde Sweden unde ment her to komende unde uns to worde to wesende; *ersucht Danzig, falls es hiervon ebenfalls unterrichtet, ihm 2 Rm. zu senden, welche den Verhandlungen beiwohnen sollen, auch für den Fall, dass diese auswärts stattfänden; bittet um Antwort. — Wisborg, 1443* (die invencionis s. crucis) *Mai 3.* In persona propria.

StA Danzig, Schbl. XIII n. 61. 1, Or. m. Resten d. Secrets.

9. *K. Christoph von Dänemark an Lübeck: beglaubigt seine Räthe Hans von Parsperg und Otto Nilsson, um mit Lübeck über dessen Antrag auf Abschluss eines Friedens [mit K. Erich] zu verhandeln. — Kopenhagen, [14]43* (am montag nach — cantate) *Mai 20.* Dominus rex in consistorio.

StA Lübeck, A. Dan. 2, Or. m. Resten d. Secrets.

10. *Lübeck an K. Erich: berichtet in Beantwortung seines von Heinrich Wessekendorp überbrachten Schreibens, dass am heutigen Tage die Ritter Hans von Parsperg und Otto Nigelsson mit merklichen Aufträgen in der Angelegenheit K. Erichs in Lübeck eingetroffen sind; wird den Bm. Wilhelm von Calven und den Rm. Jakob Bramstede alsbald nach Gothland senden, in der Hoffnung,* dat de zaken unde de dinge uppe legeliken steden unde veligen dagen to vleghen, to vreden unde to guder eendracht moge[n] komen; *ersucht deshalb, dass der Kg. seine Auslieger aus der See heimrufe. — [14]43* (dinxedages vor der hemmelvart unses heren) *Mai 28.*

StA Lübeck, A. Dan. 2, Concept, überschrieben: Erico regi Dacie; *vorausgeht n. 11. Nachfolgt der Entwurf eines Schreibens an Wisby, welches den Inhalt von n. 10 abgekürzt wiederholt.*

a) warde K.

11. *[Lübeck] an K. Christoph: dankt für die Sendung von Parsberg und Nigelsson, welche ihm den kgl.* vredebreff unde geleydebreff koning Erike gegeven *überantwortet haben*; darinne j. ko. gnade uns unde mer steden, in dem breve beroret, ghunnen, en frantlik bestant unde veligen dach to verramende twisschen j. ko. gnaden unde koning Erike, unde juwe gnade dergeliken vor ju unde juwer ryke redere etc. enen vasten vrede unde dach upnemen; *will sofort seine Rsn. zu K. Erich schicken, welche den Friedebrief nur gegen Aushändigung einer entsprechenden Urk. K. Erichs ausantworten sollen; verspricht weiteren Bericht über den Erfolg der Sendung. — [1443 Mai 28].*

StA Lübeck, A. Dan. 2, Concept, überschrieben: Regi Cristoffero, *vgl. n. 10.*

12. *Lübeck an K. Erich von Dänemark: beglaubigt Rm. Wilhelm von Calven und Rm. Jakob Bramstede mit dem Ersuchen, ihnen geneigtes Gehör zu schenken. — [14]43* (vrydage vor — pinxsten) *Jun 7.*

StA Lübeck, A. Dan. 2, Concept, nachträglich als Formular für n. 20 gebraucht und dem entsprechend uncorrigirt.

13. *K. Christoph von Dänemark an Lübeck: erwiedert auf die Anzeige, dass einige lübische Kaufleute durch Dänen beraubt worden sind: er habe einige kleine Schiffe ausgesandt, um die Ausfuhr verbotener Güter zu verhüten; das Verbot sei bereits vor längerer Zeit ergangen* umme sundergher sake willen, dede uns unde unsen riken nu anliggende sind unde nicht jw edder juweme kopmanne tho binder edder vorvanghe; *hat deshalb den beringh, dede uth der* Limforde komen was, *bereits vor dem Eintreffen des lübischen Schreibens freigegeben,* (sunder dat kofleesch, dat in der see vorterd was); *dankt für die freundliche Aufnahme von Johann Parsperghar und Otto Nielsson und ersucht um Bericht über den Erfolg der Sendung [an K. Erich]; erklärt, dass er gegen Hertich von Ancelde, der nach der Anzeige von Lübeck mit seinen Helfern im Belte liege, einschreiten wolle und den Ritter Claus Rennow sowie Henning von dem Haghen gegen ihn ausgesandt habe;* unde were sake, dat juwe kopman edder jemand van den juwen de vorschrevene her Clawese unde Henninge in der see edder havenen vornemen, so schullen see erer nicht vruchten edder thovare halden, wente se schullen en van unser weghene ghude vordernisse, ghunst unde vrundscopp bewisen. — *Kopenhagen, [14]43* (trinitatis) *Jun. 16.* Ad relacionem domini Martini Johannis, militis.

StA Lübeck, A. Dan. 2, Or. m. Resten d. Secrets.

14. *Bent Stensson, Bo Stensson, Eringisel Nielisson und Joen Karlsson, Ritter, im Namen der zu Kalmar versammelten Ritter und Knechte, an die lübischen Rsn. Wilhelm von Calven und Jakob Bramstede: haben deren an Gustav Sture gerichtetes Schreiben in dessen Abwesenheit erbrochen, verheissen das ihnen von K. Christoph ertheilte Geleite in allem zu beachten, zumal der Kg. bereits in den Fasten befohlen habe,* dat wii uns mit Gotlande edder mit here koning Erike unde den synen nicht bekummeren en scholden; *haben das Gebot befolgt und darüber von K. Erich grossen Schaden genommen, den einzumahnen sie sich vorbehalten; verlangen Auskunft, wessen sie sich zur Zeit von K. Erich zu versehen haben, wollen sich auf die Angaben der Rsn. gänzlich verlassen, wie umgekehrt diese ihrer Mittheilung vollkommen trauen dürfen; bitten, dem Ueberbringer behülflich zu sein, damit er mit der Antwort ohne*

Aufenthalt nach Oeland gelangen könne. — Kalmar [14]43 (s. Peters unde Pauwels daghe) *Jun. 29.*

StA Lübeck, A. Dan. 2, Or. m. Resten d. 4 Siegel. Mitgetheilt von Höhlbaum. Gedruckt: daraus Styffe, Bidrag t. Skand. hist. 2 n. 124.

15. *K. Erich an Lübeck: dankt für die wiederholten Vermittelungsversuche; erklärt, weshalb er der von H. Christoph angebotenen Tagfahrt zu Rostock in eigener Person nicht beiwohnen könne; ist bereit, nachdem Dänemark das Schiedsgericht des Hm. zurückgewiesen, dieses den wendischen Städten zu übertragen, und setzt für den Fall, dass diese darauf eingehen, die Bedingungen auseinander, welche zu erfüllen sind, bevor er sich zu einem Verhandlungstage einzufinden vermöge. — Wisborg, 1443 Jul. 2.*

L aus StA Lübeck, A. Dan. 2, Or. m. Resten d. Secrets.

Den ersamen vorsichtighen borghemesteren unde ratmannen der stad Lubecke, unsen ghuden vrunden unde ghunren, detur hec.

Erick van Godes gnaden to Denmarken, Sweden, Norweghen, der Wende und Gothen koningh, unde hertige to Pomoren.

Unsen vruntlyken grut myt begheringhe alles heyles in Gode tovoren. Ersamen leven vrunden. Alse juw wol vordencken mach, wo dat gy vor deme negesten vorledenen wintere to uns geschicket unde gesant hadden de erlyken ersamen herren Wilhelm van Calven unde her Jacob Bramsteden, juwe sendebaden, by welken wy juw toschreven manck anderen worden unde begherden van juwer ersamheyt, unde ok van den anderen steden, unde beden juw umme Godes willen, aller ere unde rechtverdicheyt willen, vor uns to schrivende, biddende unde manende to den van Denmarken, Sweden unde Norweghen, dat se myt uns vorqwemen vor herren[a] unde fursten, de unwitlich in den zaken synt, nemenlyken vor dem erwerdigen gheystlyken herren homeyster to Prutzen, unde vor synen werdigen orden unde vor dejenen, de he dartho nemende wurde, dar wy ghantzlyken ere unde rechtes by gebleven weren, unde emo ok dar unse opene machtbreve myt hangenden ingesegelen upp gegeven hadden, unde dat se uns ok vor deme vorbenomeden heren deden unde pleghen zo vele, alse ere unde recht wore, unde des hebbe wy to allen tyden wesen overbodich unde noch synt to nemende unde to donde etc. Leven vrunde, sodder der tyd, dat juwe sendeboden do by uns weren, so schreve gy uns tho, dat gy dar noch koste noch teringe wolden umme sparen, gy woldent, zo gy aller truwelkeste konden unde mochten, bearbeyden, unde wen juw een enkende antword darvan wurde, dat wolde gy uns wol benalen, alse gy ok aw gedan hebben by densulven juwen erlyken sendeboden, alse herren Wilhelm unde her Jacob vorbenant, unde schreven uns to juwe credencien unde lovebreve, unde medesendende sulke breve unde antworde, alse gy krygen konden. Unde uppe juwe credensebreve hebben uns nu de juwen gesecht, hadde gy dat vurder kont gebracht hebben, so hadde gy dat gherne myt aller truwe unde guden willen gedan, unde konde gy uns noch worane to willen unde to gude wesen, so dede gy dat noch gherne. Vor welke leve unde vruntschopp, moye unde arbeyt wy unde unse vrund juw nicht to vullen dancken konen, God geve, dat wy dat teghen juw unde den juwen vorschulden moten, deme wy allewegbe ok zo gherne don, wor wy konen unde moghen. Unde bidden juw noch, leven vrundes, alse wy juw eer gebeden hebben, konde gy ze noch so underwysen, dat se myt uns vorqwemen unde plogen uns ere unde recht, des sy wy alle tyd

a) *herren auf einer Rasur L.*

overbodich to nemende unde to donde, alse eneme bedderven manne van ere unde rechtes weghene hord to donde. Nw, leven vrunde, umme den dach, dar hertich Cristoffer umme schrifft, dede wesen schal to Rosztok uppe sante Marien Magdalenen dagh[1] neghest tokomende etc., leven vrundes, dar hebbe wy wes inloseggehende, alse gy sulven unde andere gude lude ok wol hebben to merkende, wo uns to sulkeme daghe stunde to komende, wente dar ys nicht inne heroret, dat hertich Cristoffer edder de van Denmarken, Sweden unde Norwegen uns unde unsen vedderen ere unde rechtes pleghen willen edder ok mynne[a] uppe deme daghe, unde ok nicht, wat herren unde forsten edder stede, de unser van beyden syden schedesheren wesen scholen. Hadden darinne sulke stucke unde sake beroret wesen, dat uns ere edder recht mochte weddervaren hebben na tosprake unde antworde, gy unde andere gude lude scholdent vorware weten, dat wy nw uppe desse tyd to deme vorbenomeden daghe dar yo sulven wolden hebben gewesen, ere unde recht to nemende unde to donde. Unde darupp, dat gy unde meer gude lude scholent merken unde vorware weten, dat wy nw unde to allen tyden ere unde recht nemen unde don willen, so sende wy nu to juw over twe ud unseme rade, alse her Otte Snaffs, ridder, unde her Johan van Elten, radman unser stad Wishu, de juw ok desse sake unde stucke wol weten to berichtende, alse wy juw schriven etc. Leven vrundes, nademe, dat de van Denmarken, Sweden unde Norwegen hebben deme herren homeystere affgesocht, so dat se nicht vor eme unde synen orden komen willen, dar wy uns to gegeven hadden, unde uns dar noch ere uffte rechtes plegen willen, so schole gy weten, dat wy yo, ufft God wil, willen vul beden unde don: Konde gy nw ze underwysen unde dartho vormoghen unde mechtich wesen, dat ze uns ere unde rechtes vor juw unde den anderen vyff steden, alse Hamborgh, Lunenborgh, Wysmar, Rosztok unde Stralessund, pleghen unde don willen unde vor den herren unde forsten, de juw neghest beseten synt, de gy darto theende unde nemende werden, so schole gy uns unde unser vedderen, ufft ze willen in den saken myt uns blyven, vulmechtich wesen ere unde rechtes. Schrive gy uns nw to, dat ze ok zo willen by juw blyven, unde dat hertich Cristoffer uns ok sulven moten wyl, so schole gy vorware weten, dat wy ok sulven willen komen, wor gy uns denne in den vorbenomeden steden, dar yt uns ghetlyk ys, unde de tyd uppe pinxste dagh neghest komende. Wille gy juw des annamen, unse schedesheren to wesende an beyden syden, myt mynne edder myt rechte to vorschedende, wat men myt mynne nicht vorscheden kan, dat denne dat recht voergha, willen ze des nicht don, so moge gy ze holden vor sulke lude, de noch ere edder recht pleghen willen. So bidde wy juw, dat gy denne umme Godes willen unde umme alle ere unde rechtverdicheyt willen, wol don unde gheven uns juwen breff darupp, in welker mate dat wy unses rechtes by juw gebleven synt unde to juw gesettet hebben, dar wy juw ane vulmechtigheit hebben in unseme breve. Unde schryvet vor uns to unsem hilgen vader dem pawese unde keysere unde byddet, dat ze wol don umme Godes willen unde der rechtverdicheyt willen unde helpen uns, dat uns ere unde recht weddervaren moghe, unde ufft gy des nicht vulmechtich van en konden werden, so willet uns denne senden de breve myt dessen unsen roderen vorbenomet. Is yt overt, dat ze uns rechtes vor juw plegen willen unde des by juw blyven, dat ze juw denne gheven ere machtbreve darupp, dat gy erer vulmechtich zin to eren unde to rechte, dar wille wy ok juw unse breve upp geven, unde dat gy uns ok wedder juwen breff darupp geven, dat gy uns zo vorscheden willen. Unde wen wy sulven to dem daghe to pinxsten dar henne scholden,

a) Nach mynne sind 10—12 Buchstaben radirt L.

1) Jul. 22.

so moste gy 6 erlyke stede vorbenomet eliyke van den juwen sendeboden, de uns neghest beseten synt, alse de erlyken van Lubecke, Rostok, Wysmar unde Stralessund, so betyden uns heersenden, de uns hir uppnemen in velicheyt unde uns dar henne volgeden unde herwedder. Unde dat gy ersamen stede uns darane besorgeden unde vorwarden, dat wy unde de unsen unses lyves unde gudes ut unde herwedder velich mochten wesen in alle[r]leye[a] mate sunder arch, beyde an worden unde an daden, unde dat unse slot, stad, land unde lude hir to Gotlande unde alle dejennen, de uns bewegben synt, se syn wor se syn, ok in enem guden zekeren vrede unde velicheyt unbescheddighet bleven, den loven unde truwe wille wy to Gode unde to juw setten, dat wy myt den unsen wol vorwaret blyven sunder arch. Mach uns nw dyt weddervaren, unde schryve gy uns dat to, so schole gy weten, dat wy van stunden an unse were willen affleggen unde juw denne unsen machtbreff senden, dat gy unser vulmechtich wesen scholen, alse vorschreven steyt. Schole wy to deme vorbenomeden dage, [so][b] konde gy den van Denmarken unde Sweden berichten unde erer darto vormoghen, unde seggen en dat ok erenstafftigen, dat ze uns van dem unsen so vele senden, dar wy uns to dem daghe mede moghen udrichten, so weret yo ere unde werdicheyt, dat wy dar zo qwemen, alse syk dat borde, unde ok alse erem herren borde to komende. Wente se hebben yo alle dat unse beholden unde uns butene besloten in guden truwen unde loven, dar ze uns in eren werven udgesand hadden, unde wy hebben nicht wen dyt klene land, unde dat vormach yt nicht udtostande. Men kryge wy yo nicht, zo ys yt uns nod unde behoff, dat wy unde de unsen uns des unsen benalen, dar uns van dem unsen wes werden mach, unde dar wille wy noch handelinge, noch vrede, noch vruntschopp, noch daghe mede breken, uffi wy deme zo don. Is yt ok, dat gy erer nicht to eren unde to rechte mechtich werden konen, alse vorschreven ys, so bidde wy juw, leven vrundes, dat gy wol don, unde underwysen den menen kopman, dat zo neen tosokent edder vorkeringe myt en hebben, dede unse vyende zint, scheghe dem kopman jenich vordret edder darover bescheddiget wurde, so weret uns leyt, doch dat wy yt nicht keren konden, alse wy juw wol er gescbreven unde gebeden hebben; doch hebbe wy vele in dessen tyden umme juwer leve willen laten overzeen. Leven vrundes, desses beghere wy juwer ersamen leve beschreven antworde myt dem aller ersten, so dat wy ok moghen uns weten darna to richtende, welkere wy Gode almechtich bevelen to langen salligen tyden. Scriptum Gotlandie, in castro nostro Wisborch, anno domini 1443, ipso die visitacionis Marie virginis, nostro sub secreto. In persona propria.

16. *K. Erich von Dänemark beurkundet den eventuellen Abschluss eines Waffenstillstandes mit H. Christoph. — Wisborg, 1443 Jul. 2.*

L aus StA Lübeck, A. Dan. 2, Copie, überschrieben: Utscriffte koning Eriken vredebreves koning Cristoffere unde sinen riken geven, durende 4 weken na sunte Marien Magdalenen dage.

Wii Erik, van Godes gnaden to Denemarken, Sweden, Norwegen, der Wende unde Gotthen koning unde hertoge to Pomeren, don witlik unde bekennen openbare vor allesweme, dat de ersamen stede Lubecke, Hamborg, Rostock, Luneborg, Wismer unde Stralessund hadden nu an uns gesicket unde gesand ere ersamen sendeboden, alse her Wilhelm van Calven, borgermester to Lubeke, unde her Jacob Bramsteden, radman darsulves, van alle erer wegene, mit etliken breven unde werven, de en herlich Cristoffer, unser susterzone, unde unser rike redere

a) alleleye L. b) so fehlt L.

en mit eren sendeboden to Lubeke gesand hebben, de se an uns vortian bringen scholden. Welke breve dede inneholden, dat hertich Cristoffer unde unser rike redere eynen vasten vrede myt uns to ener tiit hebben unde holden willen, so sint wii des mit unsen redern, de nu bii uns sint, ensgeworden unde dat tolaten, Gode to love, to eren unde behegelicheyt, unde ok umme der vorbenomeden ersamen stede willen, unde ok umme des menen besten vorbeteringe unde bestandes willen, dat wii enen vasten zekeren vrede ane vare mit hertich Cristoffer unde unser riik[e][a] redere holden willen, unde mit allen denjennen, de em bewegen synt unde mit en toholden. Unde wanner dat desse unse vredebreffe unde hertich Cristoffers vredebreff tohope gegeven werden, so schal denne de vr[e]de[b] angaen, duren unde waren in siner vullen macht vêr vulle weken na sunte Marien Magdalenen dage[1] negest komende vor uns unde vor alle dejennen, de ummo unsen willen doen unde laten willen unde scholen sunder arch. Des to merer bekantnisse unde vurder vorwaringe, so hebbe wii koning Eriik vorbenomet unse secret ingesegel mit willen unde witschup hengen heten an dessen breff, dede gegeven unde gescreven is to Godlande, uppe unsem slote Wisborg, na Godes bord 1443 jare, des dages visitacionis Marie.

17. *Wilhelm von Calven und Jakob Bramstede an Bend Stensson, Bo Stensson, Erengisel Nyclesson und Johann Karlsson: berichten in Beantwortung von n. 14, dass sie K. Erich* (myt grotem arbeyde) *dazu bewogen haben, mit den drei Reichen einen Waffenstillstand bis Aug. 19* (4 weken na s. Maryen Magdalenen) *einzugehen und seine Sendeboten zum rostocker Tage, Juli 22* (Maryen Magdalenen), *abzuordnen; ersuchen den Stillstand gemäss dem Schreiben K. Christophs zu beobachten. — Wisby, (14)43* (donnerdages na u. l. vrouwen dage vysytasyonys) *Jul. 4.*

StA Lübeck, A. Dan. 2, Abschrift.
Gedruckt: daraus Styffe, Bidrag t. Skand. hist. 2 n. 123.

18. *Johann Duseborg und Jakob Holckow an Wilhelm von Calven und Jakob Bramstede: dringen auf die Bewilligung von 5000 Guld. an K. Erich, damit die Tagfahrt (mit K. Christoph) zu Stande käme. — 1443 Jul. 16.*

Aus StA Lübeck, A. Hanse. 1, Or. m. Resten der beiden Siegel.

Den ersamen vorsichtigen wisen mannen unde heren, heren Wylhelm van Kalven unde hern Jacob Braemsteden to Lubeke, mit werdicheit kome desse breff.

Unse vrundlike grothe mit vormogen alles heils in Gode tovoren. Ersamen leven heren unde guden vrunde. Als juwer vorsichticheit wol vordenket, wodanewis wii mit juwer leve to Gharne in der kerken lates to worden weren, van welkon worden unde handelinge vorbenant dat affschedent was van viiffdusent lychte gulden, de unse genedige here koning Erik begerende is van dem ersliken raede der stad Lubeke, eft he to dage schole komen etc. Warummе, ersamen leven heren, wy juwe vorsichticheit vrundliken biddende synt, dat gy mit juwen wiisen raede dat also bearbeyden, dat de daghvard, de unse genedige here vorbenant begerende is, dat de van beyder partye vultogen werde unde nicht umme des vorbenanten golden willen torugge en ghae, wente wes wii in den tiiden mit juwer leve muntliken overspreken, dar wyl wy gudwillich inne wesen. Hirumme, leven heren, juwe

a) riik L. b) vrde L.

1) Jul. 22.

vorsichtichelt uns dessen eyn gudlik antword vorscryve umme unser bede willen, war wy uns na wetten to richtende, wente juwe vorsichticheit wol erkennet, in wat last unde beswaringe wy besitten van anvalle, kryge unde orlogens wegene. Hirmede bevele wy juw dem almechtigen Gode ghesund und salich to langen tyden. Gescreven des dynschedages na aller apostel dage, anno 43.[a]

Johan Duseborgh, Jacob Halekow.

19. *Instruktion für lübische Rsn. an K. Christoph. — [1443 Jul. 28].*

L aus StA Lübeck, A. Dan. 3, Pergamentblatt, überschrieben: In desser unscrevener wise mogen de heren sendeboden werven bii dem heren koningh Cristoffer.

1. Int erste vorhalen, wo de zake ziik hebben vorlopen unde wo se sint bii koningh Erike gewesen unde bruken des breves, den koningh Erik an de van Lubeke heft gescreven.

2. Item weret, dat koning Cristoffer der vorscreven heren sendeboden werve hadde gehoret unde vragede, eft ok de stede de zake willen to ziik nemen etc., darto mogen se antworden, dat se bii sine gnade komen alse sendeboden unde vervelnde koning Erikes unde begheren antworde uppe ere werve, unde hopen, dat sine gnade wille benomen de heren efte stede, darbii sin gnade de zake will setten.

3. Item weret, dat de vorscreven here koning Cristoffer diit affsloge unde symande vor der hand van heren efte steden wolde benomen, unde ok de vorscreven sendeboden ziik des [nicht wolden vorseggen, dat de stede dat willen annamen etc., so mogen de erbenomeden heren sendeboden deme heren koninge unde syneme rade vorleggen, dat sin gnade mit den sendeboden oversende vulmechtige[a] sendeboden mit en, wor em dat gelevet, dar denne koning Erikes sendeboden in yegenwardicheyt der stede myt koning Cristoffers sendeboden mogen komen to worden, unde wes denne beyder parte sendeboden dar vorhandelen, dat schal den steden, so se ziik vormoden, wol wesen to willen.

4. Item mogen de vorscreven heren sendeboden dat antwort affbeyden 8 edder 10 dage, zeen se, dat me se wil holden mit worden.

5. Item to sprekende mit dem heren koninge umme een antworde uppe de breve, de int erste de rad to Lubeke unde darna de stede, de tom Stralessunde latest vorgadert weren[1], [em[b] geschreven hebben], alse umme de bezwaringe, de to Bergen dem copmanne in eren privilegien weddervaret, sunderges den ampten darsulves, de man wil, dat se scholen doen alle unrecht like anderen buwluden to Bergen. Unde des hebben de sendeboden mede ene copie des privilegii[c], dat de Dutsche copman heft to Bergen sunderges vor de schomakere.

6. Item so yd vaken vor handen is gewesen, dat de stede van der hensze umme erer privilegia[c] to beholdende, de se in den riiken unde sunderges in Schonesiden hebben, mit deme heren koninge dage wolden holden hebben[2], dat doch nergen bet hertho vorekomen is, darumme mogen de vorscreven heren sendeboden mit dem heren koninge und synem rade dat vorworden unde syne gnade vormanen, dat yd sin gnade so wille besorgen unde vorvogen, dat dem copmanne in sinen privilegien nene vorkortinge weddervare bet so lange de stede mit dem heren koninge sint gewesen to worden van der wegen.

7. Item mach men dem heren koninge klagen, dat deme copman grote wald unde unrecht weddervaret, wente ere boden in velen enden der riike werden upgebroken unde des eren werden berovet.

a) vulmechtigen *L.* b) em geschreven hebben *fehlt L.* c) privilegia *L.*

1) *Vgl. unten Versammlung zu Stralsund Jul. 16.* 2) *Vgl. HR. 2 n. 611.*

8. Item mach men dem heren koninge vormanen, alse van der ordinancien, de by den steden is vorramet, alse van der leghene in Schonessiden[1], dat sin gnade yd so wolde bestellen, nachdem de vorscreven ordinancie is gemaket umme des gemenen copmans beste unde vormeringe sines tollens, dat de sinen wolden sodanne ordinancie holden dergeliken.

9. Item schal me manen Olaff Jonsson umme 106 mark Lubesch, de he dem rade to Lubeke schuldich is van gevencknisse wegen.

10. Ok is den heren sendeboden mede godaen dat olde werff, in allen dingen des besten to ramende.

20. *Lübeck an K. Christoph von Dänemark: beglaubigt die von ihrer Sendung an K. Erich zurückgekehrten Rm. Wilhelm von Calven und Rm. Jakob Bramstede, und ersucht um geneigtes Gehör für beide*[2]. — *[14]43* (in s. Pantaleonistage) *Juli 28.*

StA Lübeck, A. Dan. 2, Or. Perg. m. Resten d. Siegels; vgl. n. 19.

21. *K. Christoph von Dänemark beurkundet, dass H. Barnim d. J., der in seinem und seines Vetters, H. Wartislaf, Namen nach Kopenhagen gekommen ist, zwischen ihm und K. Erich einen Waffenstillstand von Juli 24 — Jun. 24* (s. Jacobs dage negest komende — s. Johansdage middensomer) *aufgenommen hat, während dessen Dauer K. Erich und die Seinen von den drei Reichen in keinerlei Weise angegriffen oder belästigt werden sollen; zugleich hat H. Barnim eine Zusammenkunft beider Könige behufs eines gütlichen Austrages ihres Zwistes vereinbart, welche vor Michaelis in Rostock stattfinden soll; ist K. Erich nicht gewillt, nach Rostock zu kommen, so wird H. Barnim ihn nach Stralsund bringen, worauf die von beiden Seiten zu dem Tage mitgebrachten Freunde zu entscheiden haben, an welchem von den beiden Orten die Verhandlungen zu führen sind; H. Barnim übernimmt es, die Einwilligung K. Erichs zum Vorstehenden auszuwirken und K. Christoph den Tag der Zusammenkunft zu verkünden; will jedoch K. Erich K. Christoph und die Seinen rechtlich ansprechen, so werden diese auch hierauf eingehen; behufs grösserer Beschleunigung der Dinge lässt K. Christoph H. Barnim durch seine Räthe, Anders Nielsson und Gustav Sture, Ritter, nach Wisby geleiten, welche den Hg. und K. Erich von dort nach Stralsund oder Rostock überführen sollen; würde der Streit alsdann nicht geschlichtet, so wird K. Christoph K. Erich nach dessen Belieben vor Eintritt oder nach Ablauf des Winters nach Gothland zurückgeleiten lassen. — [1443 Jul.]*

StA Lübeck, A. Dan. 2, Abschrift, vgl. n. 23.

22. *K. Erich von Dänemark verkündet den sechs wendischen Städten, dass nach der Abreise ihrer Rm., Wilhelm von Calven und Jakob Bramstede, H. Barnim von Barth zu ihm gekommen ist, ebenfalls um zwischen ihm und H. Christoph zu vermitteln; sendet den Hg.,* van unser unde van alle unser vedderen de Stetinschen heren wegen, *zu den Städten und beglaubigt ihn in dieser Angelegenheit. — [1443 Aug. 6.]*

StA Lübeck, A. Dan. 2, Abschrift auf der Rückseite von n. 21.

[1] *Vgl. HR. 2 n. 608 § 6.* [2] *Mut. mut. gleichlautend ist die an demselben Tage ausgestellte Credenz an die Reichsräthe der drei Reiche (Or. m. Resten d. Secrets).*

23. *K. Erich von Dänemark an die sechs wendischen Städte: sendet Abschriften von n. 21, 22[1] und ersucht um schleunige Benachrichtigung, was den Städten in seiner Angelegenheit widerfahren sei, damit er sich darnach richten könne,* so dat wy dar unvorsumet ane blyven — wente gy weten wol, dat de vrede, den wy hesegheit hebben, de ys drade na dessem daghe vorleden. — *Wisborg*, *1443* (feria tercia ante festum s. Laurencii) *Aug. 6.* In persona propria.

StA Lübeck, A. Dan. 2, Or. m. Resten d. Siegels. Bezeichnet: Littera Erici regis Dacie, propter hoc postea scriptum fuit ad Stralessund, vgl. n. 26.

24. *Wisby an Lübeck: berichtet über die Unterhandlungen H. Barnims mit K. Erich. — 1443 Aug. 7.*

Aus StA Lübeck, A. Dan. 2, Or. m. Resten d. Secrets.
Gedruckt: daraus Styffe, Bidrag t. Skand. hist. 2 n. 126.

Den ersamen vorsichtigen wisen mannen, heren borgermesteren unde raedmannen der stad Lubeke, unsen sundergen guden vrunden, mit werdicheit gescreven.

Unse vrundlike grote mit vormogen alles heyls in Gode tovoren. Ersamen leven hern. Wil begeren juwer werdicheit to wetten, wo dat de hertoch Barnam van Baerth mit synen guden luden unde rederen hir by unsem genedigen heren koning Erike is gewesen mit breven unde in werven van dem heren, hern Cristoffer, welke werve unde inholdinge der breve weren, also dat de vrede, de dar vorramet was tüschen beyden heren vorgenant op sunte Marien Magdalenen negest vorleden, vorlenget solde siin, als nû van sunte Jacobs dage wente op sunte Johannes baptisten dagh to mitsommer negest tokomende[2], by sodanen bescheide, dat unse genedige here vorbenant nû vor sunte Mychaelis dagh negest tokomende dar[3] jegenwardich solde siin. Dar unses hern genade vorbenant synerleye wiis to en wolde, unde ghaff dem heren unde hertogen vorbenant eyn kort antword, also wo dat syne genade mit juwen erliken sendeboden, als her Wylhelm van Calven unde her Jacob Bramstede, overgesproken hadde, dat juwe vorsichticheit mit den erborn ut den steden eyns anderen dages vorramede, den sine genade utstyckede op pynxsten negest tokomende, hirumme so en stonde em dat nînerleye wiis to doende, dat weder umme to bryngende, nadem dat syne genade by jûwe werdichelt unde den erborn ut den steden sine sake geseth hadde. Aldus, ersamen leven heren, so was de ergenante here unde hertoghe syne reyse utgezegeld unde qwam weder in van unweder unde stormes wegene, darna unses hern genade vorbenant hir vordermer mit synen rederen to worden is gewessen, so dat dat affschedent is aldûs, dat unses hern genade vorbenant dem ergenanten heren unde hertogen gelik juwer werdicheit unde den erborn ut den steden syne sake in de hant ghegheven hevet, darop he unses hern genade gelovet hevet, dat he wille helpen dat truweliken bearbeiden, so dat de dagh, den unses hern genade begerende is, de sal vultogen unde geholden werden. Warumme ersamen leven heren, wil juwe vorsichticheit vliitliken biddende sint, dat gii mit juwen wisen raede dit vorderen op synen guden ende, so dat de dagh tusghen beiden hern vorbenant vultogen werde unde nicht torugge en ghae, wente unses hern genade des guden willen hevet to daghe to komende. Juwe vorsichticheit dem almechtigen

[1]) *Der Eingang ist fast wörtlich gleichlautend mit n. 22.* [2]) *Von dem ersten durch die Städte vermittelten Stillstande ist in n. 21 gar nicht die Rede.* [3]) *Hier hat der Schreiber einiges ausgelassen, gemeint ist die Tagfahrt zu Rostock.*

Gode bevolen sii gesunt unde salich. Gescreven under unser stad secret, des midwekens vor sante Laurencius dage, anno 43.

Raedmanne der stad Wysbû opp Godlande.

25. *K. Christoph von Dänemark an Lübeck: hat durch Wilhelm von Calven und Jakob Bramstede den Friedebrief H. Erichs,* unnser muter bruder, *sowie eine Copie von dessen Schreiben an Lübeck erhalten; erklärt, dass ersterer ungenügend sei, ihn und die Seinen keineswegs schütze und anders laute, als der von ihm ausgestellte,* doramb uns unpillichen beduncket, das die ewern unnser brief ubergeben haben, do in der obgenant hertzog Erick nit einen sollich lautent brief wideramb geben wollte; *in dem Schreiben hingegen beschwere sich Erich mit Unrecht, dass Christoph allen Verhandlungen ausweiche; er sei vielmehr immer noch dazu geneigt und bereit und habe seine Wehre zu dem Behufe aber auch zu seinem merklichen Schaden aus der See zurückgezogen; ersucht darum, den Angaben Erichs, der seinerseits* alle pillich und redlich tag und furkomen selbst abslahet, *keinen Glauben zu schenken und demselben weder Beistand zu leisten noch leisten zu lassen; ist gern bereit darüber entscheiden zu lassen,* ob der bruch an im oder uns gewesen ist oder noch sey, als wir denn des die ewern an ew ze bringen mundlich underrichtet und auch andern fürsten zugeschriben haben, das sy oder ir unnser und der unnser noch nit im zu tagen und furkomen wol mechtig sein sollet. — *Kopenhagen, [14]43* (dinstag vor u. l. frawentag assumpcionis) *Aug. 13.* Dominus rex in consilio.

StA Lübeck, A. Dan. 2, Or. m. Resten d. Secrets; beiliegt eine lübische Abschrift. SA Königsberg, Abschrift, vgl. n. 28.

26. *Lübeck an Stralsund: sendet n. 23; hat sie den in Lübeck auf H. Barnim wartenden Gesandten K. Erichs, Otto Snaff und Johann von Elten, Hm. zu Wisby, mitgetheilt; meldet, dass diese gern nach Gothland zurückkehren wollen und ersucht um unverweilte Angabe, welche Absichten der Hg. hege. — [14]43* (mitwekens vor decollacionis s. Johannis baptiste) *Aug. 28.*

StA Lübeck, A. Dan. 2, unvollständiger Entwurf.

27. *K. Erich von Dänemark an Lübeck: empfiehlt den Ritter Otto Snaff für den Fall, dass er den Winter über in Lübeck bleibe,* so dat em newende ney[n] walt eddor unrecht en deyt. — *Wisborg, 1443* (in profesto nativitatis b. Marie v.) *Sept. 7.*

StA Lübeck, A. Dan. 2, Or. m. Resten d. Secrets.

28. *Lübeck an K. Erich: berichtet, dass es nach Empfang der von Otto Snaffs, Johann von Elten, Wilhelm von Calven und Jakob Bramstede überbrachten Botschaft und Briefe des Kg., die beiden letztgenannten nach Kopenhagen an K. Christoph und den Reichsrath sandte, um diesen Bericht zu erstatten; nach längerem Verhandeln wollten K. Christoph und die Reichsräthe den Rsn.* eyn muntlik kort antworde — bevelen, dat doch unsen sendeboden so gutlik nicht en duchte wesen, dat se dat to sik nemen wolden, unde under mer reden, so dat se sik des wereden unde begereden, wes ko. Cristoffer unde der rike redere eme to antworde geven wolden, dat se eme dat in scriften under ko. Cristoffers segele mit sinem breve besegelet geven an eren rat to Lubeke; dar sik ko. Cristoffer do ingaff unde hefft deme also

gedan; *sendet eine Abschrift des Briefes (n. 25)*, darinne he sinen willen scrivet, *und versichert, dass seine Rsn. gern besseres erzielt hätten; erwiedert auf n. 23, dass es bisher von H. Barnim nichts vernommen und auf eine Anfrage in Stralsund die Auskunft erhalten habe, der Hg. sei nicht binnen Landes; näheres hierüber könne Johann von Elten mittheilen; ersucht, unter Betheuerung seiner Dienstwilligkeit, die Städte und den Kfm. gnädig zu beschirmen. — [14]43* (feria 3 post nativitatis Marie) *Sept. 10.*

StA Lübeck, A. Dan. 2, Entwurf, bezeichnet: Ita scriptum est regi Erico per dominum Johannem de Elten, consulem Wysbu Gotlandie.
SA Königsberg, Abschrift, nachfolgt n. 23.

29. *Stralsund an Lübeck: meldet mit Bezugnahme auf sein früheres Schreiben, dass die H. Barnim von Barth, Wartislaf und Barnim von Stettin heute* (up dallingh) *in Stralsund gewesen sind und es ersucht haben, an Lübeck zu berichten*, dat se de — werffe, wes unse landeshere van erer aller wegen in Dennemarken unde Sweden geworven heft, juw unde unsen vrunden van Hamborgh, Rostok, Wismar unde Luneborg unde uns, den de erdedecle unde de werffe, de em darup synt mededan, to ludet, gherne wolden inbringhen unde mundliken berichten; *zu dem Behuf verlangten sie, am 8. Okt.* (dinxstedaghes vor Dionisii) *mit den Städten in Rostock oder Stralsund zu tagen, und begehrten, dass Lübeck auch die Gesandten des K. Erich zur Stelle brächte; ersucht Tag und Ort*, wor juw de stede ene evenst kumpt, *den übrigen Städten ungesäumt zu verkünden und hierauf zu antworten. — [14]43* (dinxtedages up Lamberti) *Sept. 17.*

StA Lübeck, A. Dan. 2, Or. m. Resten d. Secrets.

30. *Wisby an Lübeck: dankt für dessen Vermittelung zwischen K. Christoph und Erich, bedauert deren bisherige Fruchtlosigkeit, unter der es am meisten zu leiden habe, und ersucht Lübeck in Anbetracht, dass es ein Glied der Hanse und zugleich seinem K. Erich ehrenhalber zum Beistand verpflichtet, mit Hülfe der Fürsten und Städte auch ferner dahin zu wirken, dass der Friede hergestellt und dem Kg. sein Recht werde; bittet um Antwort. — [14]43* (s. Dyonisius) *Okt. 9.*

StA Lübeck, A. Dan. 2, Or. m. Resten d. Secrets.
Gedruckt: daraus Styffe a. a. O. 2 n. 121.

31. *Rostock und Rsn. von Stralsund an Lübeck: berichten über ihre Verhandlungen mit den pommerschen Herren in Betreff des zwischen K. Christoph und K. Erich herzustellenden Einvernehmens. — 1443 Okt. 10.*

L aus StA Lübeck, A. Hans. 1, Or. m. Resten d. Secrets.

Den ersamen vorsichtighen wysen mannen, heren borgheruesteren unde radmannen to Lubeke, unsen sunderghen guden vrunden, vruntliken gescroven, dandum.

Unsen vrundliken grut unde wes wy alle tiit gudes vormoghen tovoren. Ersamen heren, besunderghen guden vrundes. Alse gy juwe sendeboden uthesant hadden, dede scholden ghewesen hebben bynnen Rozstocke tome daghe, de begrepen was tusschen den hochgebornen fursten unde heren, heren Barnym deme jungeren unde heren Wartslaf, hertogen to Stettin etc., unde den steden Lubeke, Hamborch, Stralessund, Wismar unde Luneborch, dar doch juwe sendeboden uns screven, dat se to deme daghe van anvalles wegen nicht komen konden, men wy scholden derselven vorbenanten heren werve horen unde juwer leve myt den ersten vorscriven etc. Ersamen leven heren, so hebbe wy der heren vorbenant werve gutliken ghehort, unde gheven uns to vorstande, wo dat juwes rades sendeboden hadden ghewesen by koninghe Erike unde koninghe Cristoffere, unde de hadden mede in bevele to juw van beyden koninghen, dat gy van beyder heren koninghen vorbenant wegen mechtich weren, vruntlike daghe unde stede tusschen eren gnaden to makende unde to vorramende uppe dat, dat id tusschen eren koninchliken gnaden in en gud bestant unde to guder sate mochte ghebrocht werden etc. Wat darane van juw vorhandelet unde vorarbeydet were, dat wolden ere gnade van juwen sendeboden gherne ghehort hebben, wente de hochgheborne furste unde here, here Barnym, hadde ok umme desulven werves willen myt welken synes rades ghewesen to beyden koninghen vorbenant, alse uns syne gnade sede, unde were des ok gentzliken mechtich myt den anderen Stettinschen heren, eft dar welke ghebreke weren an der bevelinghe des daghes, dar de dach umme mochte hyndert werden unde nabliven, dar mede gutliken an to ramende unde an to sprekende umme des ghemenen besten willen, uppe dat dat sodane daghe, de also vorramet worden, enen vortgank kregen unde nicht na en bleven, to vormydende groter arch unde unwille, de daraf enstan mochte, dat God vorbeden mote. Ok, guden vrunde, so hadden ok beyde vorbenanten heren andere werve to uns steden allen vorbenomet, de se uns twen steden allenen nicht updecken unde bekant wolden gheven, do juwe sendeboden unde der anderen stede dar nicht mede biquemen. Leven heren, dyt vorscrive wy juwer leve, wes gy hirane vorsetten, dar moghe gy up vordacht syn, wille gy densulven vorbenanten heren dar wat upscriven edder uns wat scriftliken benalen, dat wy den heren scholen benalen van juwer wegen, dat don wy gherne umme juwer leve willen, wente de ergenanten fursten uns beden, dyt juw to vorscrivende. Siit Gode bevolen. Screven under des rades to Rozstocke secrete, des wy samentliken hirto brukende synt, des donredages na Dionisii, anno domini etc. 43.

Radessendeboden der stat Stralessund unde de rad to Rozstocke, nu ter tiit to Rozstocke to daghe vorgaddert.

Ok[a], leven heren, eft gy welke daghe tusschen beyden koninghen vorramenden, unde gy de in welke unser stede en leggen wolden, so beghere wy van juw, dat gy dar nicht ane sluten unde handelen, sunder id en schee mede myt unsem willen unde vulbord[b].

32. *K. Erich von Dänemark an Rm. Wilhelm von Calven und Rm. Jakob Bramstede zu Lübeck: ersucht, ihm beim Rathe eine verständliche Antwort auszuwirken, wonach er sich richten könne, denn aus den Schreiben, die ihm seit ihrer Abreise zugegangen, sei nichts zu entnehmen;* ok, leven vrundes, berichtet juweme rade ok, willen se juw edder jenighe andere van den eren to uns senden, dat se darupp vordacht willen wesen, dat wy anders varen moghen, wen wy nw to Rosztok scholden gedan hebben, alse dat rechte ys unde de lude ok seggen in allen jeghenen. — *Wisborg, 1443* (dominica die post Dyonisii) *Okt. 13.*

StA Lübeck, A. Dan. 2, Or. m. Resten d. Siegels.

33. *Lübeck an K. Erich: erwiedert auf n. 32, dass es Wilhelm von Calven und Jakob Bramstede nach ihrer Rückkehr von Gothland nach Kopenhagen sandte, wo sie von K. Christoph und dessen Räthen die von Lübeck an K. Erich ab-*

a) Ok — vulbord auf einem anliegenden Papierstreifen L. b) vulbord L.

schriftlich mitgetheilte Antwort[1] *erhielten,* dar j. ko. gn. wol ut merken kan, dat de unse dat to nynen dagen bringen en konden; *berichtet ferner, dass es von dem Gewerbe des H. Barnim noch nichts vernommen habe, weil seine Rsn. auf der Reise zu dem vom Hg. den Städten nach Rostock angesagten Tage in Wismar* van merkliken anvallen wegen *umkehren mussten; hat nun Stralsund angewiesen, beim Hg. anzufragen, ob er seine Aufträge den Städten schriftlich mittheilen oder sie zu einem neuen Tage berufen wolle; hat hierauf noch keine Antwort erhalten*[2]. — *[14]43* (Symonis etc.) *Okt. 28.*

StA Lübeck, A Dan. 2, Entwurf, bezeichnet: Aldus is an koningh Erike ude den van Wisby screven, Symonis et Jude anno 43.

Versammlung zu Lüneburg. — 1443 Mrz. 31.

Nach n. 1 war auf den 31. März (Mitfasten) eine Tagfahrt nach Lüneburg ausgeschrieben, von der wir sonst nichts vernehmen. Indessen scheint sie zu Stande gekommen zu sein[3], *denn in einem undatirten Schreiben von Einbek an Göttingen antwortet ersteres auf eine Anfrage Göttingens, dass es den Tag,* den de stede to midvasten to Luneborgh helden, *nicht besandt habe, und deshalb nicht wisse,* wat se dar gededinget hebbin. *Vgl. S. 21.*

Versammlung zu Rostock. — 1443 [Mai].

Die Vorakten behandeln flandrische Verhältnisse, über welche nach n. 39 hier zu Rostock verhandelt wurde. Die eigentliche Veranlassung der Versammlung wird in dem Streite Rostocks mit seinen Herzögen zu suchen sein, vgl. unten zur rostocker Versammlung im Nov.

Vorakten.

34. *Der deutsche Kfm. zu Brügge an Thorn, Elbing, Danzig und die gemeinen preussischen Städte: berichtet, dass er kraft der ihm vom stralsunder Hansetage ertheilten Vollmacht*[4] *und in Folge der vom Hm. an Sluys und die vier Lede von Flandern erlassenen Schreiben mit Sluys vielfach über die Ermordung der Hanseaten verhandelt hat, Sluys jedoch keinerlei Genugthuung leisten wolle, vielmehr die Schuld an dem Vorgefallenen dem Kfm. aufbürde,* seeghende, wolde de copman tovreden wesen, gii heren van den steden weren wel tovreden; *schliesslich hätten die vier Lede einen Vergleich auf Behag der Städte vorgeschlagen, dem der Kfm. einen anderen Entwurf gegenübergestellt hat, der in Anbetracht der Grösse der Missethat immer noch gemässigt sei; sendet Abschriften beider Entwürfe und ersucht sie sorgfältig zu prüfen, damit der Kfm., dessen Privilegien ohnehin wenig beachtet werden, in Zukunft vor ähn-*

[1] *Vgl. n. 29.* [2] *Unter demselben Datum antwortete Lübeck auch Wisby auf n. 30 mut. mut. gleichlautend wie an K. Erich. Der Entwurf des Schreibens befindet sich auf demselben Blatte wie n. 33.* [3] *Die mir zugänglichen Stadtrechnungen enthalten freilich keinerlei Notiz.* [4] *Vgl. HR. 2 n. 608 § 13.*

lichen Gefahren bewahrt bleibe; bittet um schleunige Einsendung des Gutachtens. — [14]43 Mrz. 10. Nachschrift: wiederholt dringend sein Ansuchen, auf Befolgung des stralsunder Statuts über den Lakenstapel zu achten, zumal die flandrischen Städte gewarnt worden sind[1]*; hat dasselbe Lübeck, Hamburg* etc. *geschrieben.*

StA Danzig, Schbl. XXI n. 37, Or. m. Resten d. 3 Siegel. Die Nachschrift auf einem anliegenden Blatte.

35. *Entwürfe zu einem Vergleich zwischen dem deutschen Kfm. zu Brügge und Sluys. — [1443].*

D aus StA Danzig, Schbl. XXI n. 37, zwei Blätter, Einlagen zu n. 34.

Dit is de verraminghe der 4 lede up de mort van der Sluus.

Omme aff te leeghende alsulke ghescheile, alse ghewesen ziin ende eene wiile tiides uteghestaen hebben tuschen deme copman van der Duitschen hanze, verkerende in Vlaenderen, an de ene ziide, ende den gueden luden van der stede van der Sluus an de ander ziide, ter causen van der herorte, de bynnen der vorseiden stede van der Sluus ghevil upten dach van der triniteyte int jaer 1436, dar enighe van der vorseiden hanze doed bleven, andere ghequetzet ende beschadighet, alse zil seeghen, ende vort ter causen van enen Peter Werker van der Vere, voertiides ter Sluus ghevanghen ten versoke van Heyne Ristedeu, copman van der vorseiden hanze, ende ute va[n]gnesse[a] ghedaen by mandamente by onsen gheduchtighen here ende prince, den hertoghen van Bourgonien ende van Brabant, grave van Vlandern, so ziin by den ghedeputirden van den 4 leden van den vorseiden lande van Vlandern, alse gemene vronde van beyden vorseiden partiien, gheramet ende geavisiirt de points hiirnae bescreven, ende deselve overgheghoven beyden partiien vorscreven, omme elken den ziinen dat over to brenghen und sick to beradene, den 4 leden to seeghene, off zii willen selven pointen to vreden ende ghepayt willen wesen off niet.

Dit wart den 4 leden up ere verraminghe, anghaende de mort ter Sluus ghescheyn, wedder overgheghoven, off ju heren dat also gheleyven solde.

Omme wolvard des gemenen besten der copenschop und vermeringhe der neringhe, ende mede to vodende leve, mynne ende vruntschop, ende sonderlinghes de dwalinghe ende unvruntschop by todoende des almechtighen Godes ende guden middelen, de alduslanghe by qwaden fayten van som van der Sluus an de von der hanze in tiiden verleden ghekert ziin, to nichte te doene, so solde deme copmanne van der Duitschen hanze to Brugge residencien holdende, up juwer heren van den 4 leden correxien, omme dat alle sake de het mochten vortghank hebben ende to utdracht ende enen guden ende komen, wand all voren in de copman anders nicht dart in ziiner macht es beghert danne roste und mynne, boven sodane adviis ende guede verraminghe up deselve twiste anghaende de van der hanze ende Sluus etc., wol guddunken ende gheraden ziin, te wetene:

a) vagnesse D.

[1]) Vgl. HR. 2 n. 626. 627.

1. Erst nicht jeghenstaende, dat de vorseiden van der Sluus seeghen ende maintenieren, dat van allen den ghebreken, daraff hem de guede lude van der hanze solden moghen beclaghen ter cause van den saken, de ghevillen in der vorseiden berorte, zii van der Sluus ghedaen hebben all dat hemluden doe beborde toe doende van rechte ende van justicien, ende boven dat ok onse vorseide gheduchtighe here darin hefft in rechte ende in justicien ghedaen all dat he doen mochte, na dat de sake bevonden ziin overleden ziinde, dat nochtan, omme affteleeghene dat gheschil, de twiidracht ende mispayschede van den vorseiden gueden luden van der hanze ende omme alle pays ende vrede willen, ter Sluus eene cappelle gemaket sal werden, off in eene van den twen kerken aldar ene gemakede capelle verkrighen mit enen altare ende dat ten altare ende misghewa[n]de[a] tobehort, ende deselve cappelle ghestoffiirt van glasevinsteren[b] ende anderen belukinghen, alse ener cappellen van eren tobehort, all sonder de kost ende last van den vorseiden van der hanze.

2. Item so sullen zii consentiiren, dat in de vorseide cappelle ghefundiirt sal wesen ene daghelix misse, ewelick ende erfflik, beholden dat de presentacie off collacie van der cappellen off deenste nicht beboren sal enighen van den vorseiden partiien, mer by alse dat tuschen denselven partiien enich gheschil rese, omme to ordiniirene, to weme de collacie off presentacie derselven cappelrien staen sal, dat des beyde partiien hemluden daraff verdraghen sullen int seeghen van den vorseiden leden; behalden ok demo, al ist ok dat in den glasevinsteren[b] sullen moghen staen de wapene van den keysere ende koervorsten, dat men nochtan darin sal moghen stellen andere wapene, sulke alse den vorseiden leden gheleyven sullen, daren[boven][e] sal men in deselve

1. Erst dat in der cedule off concepte staen moste ende solde, de men den steden van der hanze oversenden solde, so dat mitten van der Sluus in menighen dachvarden es verhandelt, dat se solden ende mosten doen ene herlike utvaert des avendes mit vigilien ende des morghens mit seelmissen, so dat betamelick ende behorlick ware ter ere van Gode ende ter lavenisse van den zielen, den dat van rechte gheboren mochte.

2. Item dat de van der Sluus off ymand[c] van erer weghen sullen fundieren ene nye cappelle off besorghen ene erlike schoene cappelle in ener erliken plaetze, by namen saghe de copman gherne to sunte Johannes, darinne se sullen fundieren ende maken ene ewighe missen mit aller erer tobehoringhe, alse sodanen beneficio geboren mach, darto se sullen maken so vele rente, darup een prester daghelix erlike, temelike ende godlike leven mach, daghelix ende ewelick ene misse doende, welken prester te presentirende sullen hebben de stede van der hanze, de copman van der hanze uter name der stede vorscreven, off weme de stede dat bevelen. Ende so wone deghennen, [de][d] dat last van der hanze weghene alse danne hebben, presentiren, den sullen

a) misghewade D. b) ghasevinsteren D. c) ymand D. d) de fehlt D. e) daren D.

cappelle noch elder nicht moghen stellen enighe tekene off ghescriffte, streckende ter blame off schamfericheyt van der eener partiien off van der andere.

3. Item de vorseide cappelle also gemaket ende ghekreghen ziinde ende de misse ghefondiirt, alse vorscreven es, so sal men over alle ziele in deselve cappelle off in de kerke, dar zii staet, doen ene tamelike utvart des avendes tevoren mit vigilien ende des morghens mit zeylmissen.

4. Off hy also, dat beyde de vorseiden partiien lever hebben, dat allt tghond, dat vorscreven es, ghelaghen worde tot eenre sommen gheldes, so sullen de vorseiden lede dat estimiren redelick ende tamelick, ende mitten ghelde sullen desulven van der hanze moghen doen maken dat ghond dat zii willen, utegheschelden enighe blamelike tekene off ghescriffte, alse vorscreven es.

5. Item alse van den stucke van Heyne Riisteden, so ist adviis van den vorseiden [leden][a], dat de stede van der Sluus to hemwardes leeghen solde, up dat men van den ersten ghescbellen vorscreven eens werde, tachtentich pond grote Vlamescher monte bynnen veir jaren naest komende to betalene.

6. Item over noch andere cleyne pointe van ghescbillen tuschen den vorseiden partiien, so solden de vorseiden van der Sluus noch den vorseiden gueden luden van der hanze toeleghen tyen pond grote der monte vorscreven, ende mids all dessen so is dat adviis van den vorseiden leden, dat alle qwestien, gheschille ende twiidrachte, de vor

de van der Sluus, off collatores der cappellen ende missen, tolaten sonder weddersegghen; welke cappelle de copman ok moste zeen, by also dat men gheene nye maken noch bowen solde, omme de bet de heren van den steden to informirene, up dat de sake de bet mochte vortghank hebben.

3. Item in der cappellen solden staen erlike glazevinster mit wapenen, so de stede ende copman van der hanze in velen ende diversen platzen bynnen Vlandern, Braband etc. ende dar buten ghestellet hevet, ende dat ten kosten derghennen, de dat beneficium ende cappelle fundiren sullen, jedoch den gueden luden van der Sluus behoudelick, off sy erer stede wapene darby stellen wolden, dat sal staen to erer ghenochte.

4. Item so to anderen tiiden ghewach gemaket es van Godevart van Huete van Arnem ute Gelren, de in desser composicie nicht wesen en wil, so en wil de copman daraff gheene last draghen, mer evenverre dat he sik mitter hanze denket ende wil beschermen, so hopet de copman, dat de stede van der hanze alsodanne, alse alle sake ter utdracht ende eenen gueden ende komen, darup also wol sullen verzeen ziin, alse dar sal to behoren.

5. Item anghaende der sake van Peter Wacker ende dat darane klevet etc., mitgadders anderen gebreken noch utestaende etc., by also dat de andere sake ende ghebreke by redelicheyt so bovengherort es ten ende mochten komen, alse van den solde de qwestie, so de copman nicht en twivelt, wol sessiren.

[a] leden fehlt D.

deme daghe von heeden utegheslaen off gheresen zijn tusschen den vorseiden partiien, hoedanich se weren, solden gheheel ende all qwijt zijn ende te nichte, ende all ordinancien, gemaket van der eenre partiien up de andere, ok affgheleecht ende van nuwerden.

36. *Der deutsche Kfm. zu Brügge an Lübeck (und Danzig): berichtet, dass der Herr von L'Isle-Adam* (Lilidam) *und die von Boulogne und Etaples* (Bonen und Stapels) *eine Barse von 90 Last und andere Schiffe ausgerüstet und auf Seeraub nach dem Skagen ausgesandt haben;* und sunderlinx syn ze wachtende und zeer dorstich uppe juwer heren unde anderer stede cooplude van der Duitschen hanze schepe und gued nu van oesten komende; *auch das Zwin und den flämischen Strom bedrohen sie täglich und haben bereits zwei osterscke Schiffe genommen; alle Klagen bei den vier Leden helfen zu nichts; ersucht überallhin nach Livland, Preussen und wohin es nöthig Warnungen ergehen zu lassen, dass ein jeder sein Schiff gehörig bemanne*[1]. — *[14]43 Mrz. 19.*

An Lübeck: StA Reval, 166. Abschrift, Begleitschreiben nicht vorhanden; desgleichen StA Danzig, Schbl. XXI n. 39, 1; SA Königsberg, danziger Abschrift. An Danzig: StA Danzig, Schbl. XXI n. 38, Or. m. Spuren d. 3 Siegel.

Versammlung zu Lüneburg. — 1443 Juni.

Anwesend waren Rsn. von Lübeck, Bremen, Hamburg, Rostock, Wismar, Magdeburg, Stade, Hildesheim, Hannover, Buxtehude, Uelzen und Lüneburg.

A. *Die* Vorakten *bezeugen die Anwesenheit von Vertretern des dänischen Kg., dessen Rath und Hofgesinde H. Otto von Braunschweig-Lüneburg am 8. Jan. 1443 geworden war*[2]. *Nach Ausweis einer Rechnungsablage des lüneburger Rathes vom 11. Dec. 1454 (hrsg. von Middendorf im Vaterländ. Archiv 1843, S. 317 ff.) waren ausserdem Räthe von Sachsen, Brandenburg und Mecklenburg zugegen*[3]. *Der Streit zwischen Stadt und Fürsten drehte sich um Zölle, vgl. a. a. O. S. 151, die Fürsten drohten mit Fehde,* darupp weren illike grote heren und forsten vorarbeydet mit densulven unsen heren vor Luneborg to liggende, alse me wol scriffte und willicheyt darvan vyndt, *doch kam es nicht bis zum Aeussersten. Lüneburg erbot sich vor dem röm. Kg. zu Recht* und hadden do alrede breve gewonnen van dem Ro. koninge — desse breve worden geantwordet den forsten to Luneborg, hertogen Otten and hertogen Fredericke euen breff besunderen. Dar-

[1]) *Lübeck sandte eine Copie des Schreibens am 6. Apr. nach Danzig mit der Meldung, dass auch Hamburg ein solches vom Kfm. erhalten habe (StA Danzig, Schbl. XXI n. 39. 2, Or. Perg. m. Secretresten; Abschrift im SA Königsberg). Danzig wiederum sandte am 18. Apr. Copien hiervon an den Hm. mit der Erläuterung,* dass der herre Lyledam and seyne metehulffere *Unterthanen des Hg. von Burgund wären. (SA Königsberg; Or. m. Resten d. Secrets).* [2]) *Vgl. Styffe, Bidrag 2 n. 123.* [3]) *Am 19. Mai 1443 beglaubigt auch Landgraf Ludwig von Hessen einen Rath bei Lübeck (Or. im StA Lübeck, A. Dan. 2).*

made slet sick do de dach, dat de fursten nicht anders anhoven van des tollen wegen (a. a. O. S. 356—358)[1]. *Vgl. Grautoff, Lüb. Chron. 2 S. 87.*

B. *Der* Vertrag *erweist, dass die Städte sich der ihnen von den Fürsten drohenden Gefahr bewusst waren, bezeichnet jedoch nur ein vorläufiges Abkommen. Vgl. HR. 2 S. 439 und unten n. 50.*

C. *Der* Anhang *berichtet über Fortgang und glücklichen Abschluss der Verhandlungen des deutschen Kfm. zu Brügge mit Sluys, vgl. n. 34. 35.*

A. Vorakten.

37. *K. Christoph von Dänemark an Lübeck: ersucht die Ueberbringer, Doctor Kanutus, Domdekan zu Kopenhagen und Eggert Frilden(?), Ritter, zur Tagfahrt* twischen den Brunswikeschen unde Luneborgheschen heren uppe de ene unde der stad Luneborch uppe de anderen siden, *an und ab zu geleiten.* — *Malmö, [14]43* (6 feria ante dominicam pentecostes) *Jun. 7.*

StA Lübeck, A. Stadt Lüneburg Vol. 1, Or. m. Resten d. Secrets.

B. Vertrag.

38. *Versammelte Rsn. versprechen im Namen ihrer Städte im Falle eines Angriffs auf eine derselben, den Angreifern keinen Beistand zu gewähren. — Lüneburg, [1443 Jun.].*

Aus StA Hildesheim, (n. 1308), Abschrift.

Wii Johan Colman, Johan Luneburg, Gherd van Mynden to Lubeke; Hermen van Gropeling, Hermen Dop to Bremen; Hinrik Hoyer, Hinrik Koting to Hamborg; Hinrik Buck, Peter Hanneman to Rostke[2]; Peter Wilde tor Wismer; Arnd Jordens, Henning Zanle, Ludeke vamme Kellere to Magdeburg; Jacob van Haghen, Hilmer Pape to Stade; Hans Luszke, Wyneke van Ghezeke to Hildensem[3]; Diderik van Anderten, Hermen Mutzel to Honover; Hermen Kavel, Iwan van der Molen to Buxtehude; Cord Lembeke, Diderik Rodeber to Ulsen, und Johan Schellepeper, Johan Garlop, Johan Springintgud to Luneburg, borgermestere unde radmannen aller desser vorbenomeden stede, nu tor tiid bynnen Luneburg vergaddert, hebbet uns under anderen truwelken verredet und in guden geloven togesecht van unser stede wegene, der wii uns hiiranne gemechtiget hebben, offt unser stede jenich vorbenomet worde bestalt edder belecht, dat denne wii andern stede deneyennen, de de stad bestallet hedden, nenerleie trost, gunst edder hulpe myt luden, ratschuppe, spise efte voderinge williken edder myt willen don edder don laten scholen edder willen, dat der bestalleden stad to jenigen hinder edder schade komen mochte, ane alle geverde.

[1]) *Nach demselben Aktenstück war auch der Bau der lüneburger Festungswerke eine Folge dieser seit 1441 über Lüneburg schwebenden Gefahr.* Desset buwent betft, haven dat de borgere darto behulpen hebben mit karen darto to holdende und to gravende unde darto mit deme dravesten werke, gekostet bavem 378000 mark! *(a. a. O. S. 356).* [2]) Her Buke, her] Hannemanne 16 gbade ʃ mede to Lunenborch] yn den pingesten *(Jun. 9—16)*, summa 30 ℳ 9 β. *Rechnung d. rost. Wettcherren 1443 (RA Rostock).* [3]) De borgermester Hans Luszke unde Wiceke van Gesecke mid itliken dearen verdan to Luneborch, alsze se dar mit den steden to dage weren umme den unwillen twisschen der herschop unde der stad to Luneborch 38 ℳ, *fl.* 1½ β 2 ₰. *Und ferner:* Des raden bode to Magdeborch to dranckgelde, alse he breve brachte van der voreyninge der stede, 2 β; Hanse Koke vor gand an den rad to Honovere van der sulven voreyninge wegen, 3 β 4 ₰. *Zwei weitere Boten gehen in derselben Angelegenheit nach Hannover, Göttingen, Einbek und Northeim. Stadtrechn. v. Hildesheim 1443 (StA Hildesheim).*

C. Anhang.

39. *Lübeck an den deutschen Kfm. zu Brügge: erwiedert auf die an die sechs wendischen Städte adressirte Einsendung von n. 35, dass die Städte* up ener dachvard, de biir bevoren neghest bynnen Rostocke van der stede sendeboden is gheholden, *hierüber verhandelt und, Angesichts der dem Kfm. zu Stralsund ertheilten Vollmacht, beschlossen haben, dass er sowohl den Streit mit Sluys als auch den wegen der Privilegien nach seinem Gutbefinden beenden soll.* — *[14]43* (mandages in — pinxsten) *Jun. 10.* *Nachschrift: Der Brief sei bisher liegen geblieben* umme der dachvart willen, de nu in kort binnen Luneborch is geholden, dar mit anderer mer stede sendeboden vorder is angesproken; unde is der stede aller wille, dat gii de zake van des mordes wegen enden, alse gii aller ersten mogen, unde dessel in hemelicheyt by juw to blivende. — *[14]43* (in s. Johans dage des lichten) *Jun. 24.*

StA Köln, 1. Pergbr., Or. Perg. m. Resten d. Secrets, bezeichnet: Anno 43 ultima julii, *die Nachschrift auf einem Blättchen beiliegend; 2. Privilegiencopiar d. Kfm., sign. B. 2, f. 242, unter der Nachschrift bemerkt:* unde was in den vorscreven breiff ghesteken.

40. *Hamburg an den deutschen Kfm. zu Brügge: Eingang gleichlautend mit n. 39; hat in Anbetracht dessen, dass Hamburg bei längerer Dauer des Streites mit Sluys mehr leiden würde als andere Städte,* mid ziinen Richsteden, unseme borghere, unde mid deme benomeden Peter Wackers sake andropende, also gesproken, dat se midden 80 ℔ groten in der veer lede vorraminghe utghedrucked tovreden wesen willen, oppe dat en ellik moghe zeen unde erkennen, dat deshalven nemend achterdeel unde schaden liden dorve; *ersucht nunmehr, schleunigst mit Sluys abzuschliessen; erinnert an sein vor einiger Zeit an den Kfm. gerichtetes Ansuchen, Gent und die vier Lede zu bewegen, dass Gent die gegen die Bestimmungen der hansischen Privilegien neueingeführte Axise auf das hamburger Bier im Betrage von 10 Grote auf jede Tonne abstelle, und den hamburger Ausliegern, welchen der Bailli von Sluys zwei im holländischen Kriege eroberte holländische Butsen* (buessen) *im Zwin weggenahm, der Werth dieser Butsen mit* eren inghescheperden guderen unde gefanghenen betald werden mochte; *hat bisher noch keine genügende Antwort hierauf erhalten und bittet deshalb, diese Punkte endlich zum Austrag zu bringen.* — *[14]43* (sondaghes na u. l. vrouwen daghe visitacionis) *Jul. 7.*

StA Köln, 1. Pergbr., Or. Perg. m. Resten d. Secrets, bezeichnet: Anno 43, 29 julii; *2. Privilegiencopiar d. Kfm., sign. B. 2, f. 242 b.*

41. *Lübeck an den deutschen Kfm. zu Brügge: erinnert an die früheren Schreiben bezüglich des Zwistes mit Sluys, welche die Vollmacht des Kfm. zum Abschluss eines Vertrages erneuerten; Hamburg habe sich beschwert, dass es durch die Verzögerung des Austrages merklichen Schaden erleide; dringt auf schleunige Beendigung des Streites, sonst sei zu befürchten,* dat dar was invallen mochte, dat unschicklik en were; *ersucht um Antwort.* — *[14]43* (midwekens na des h. cruces dage exaltacionis) *Sept. 18.*

StA Köln, 1. Pergbr., Or. Perg. m. Resten d. Secrets; bezeichnet: Per Ilund, 23 in octobri, anno etc. 43; *2. Privilegiencopiar d. Kfm., sign. B. 2, f. 243 b.*

42. *Hamburg an den deutschen Kfm. zu Brügge: erklärt mit Berufung auf die früher von den Städten an den Kfm. in Sachen Sluys erlassenen Schreiben,*

dass die Seinen durch die Verschleppung des Streites empfindlichen Schaden erlitten haben und täglich erleiden; dringt deshalb auf endlichen Austrag der Angelegenheit und ersucht um Antwort. — *[14]43* (dinghesdaghes na s. Mathei daghe des h. apostels) *Sept. 24.*

StA Köln, 1. Pergbr., Or. Perg. m. Resten d. Secrets, bezeichnet: Addncta 28 octobris anno etc. 43; *2. Privilegiencopiar d. Kfm., sign. B. 2 f. 213 b.*

43 *Der deutsche Kfm. zu Brügge an Danzig: berichtet, dass nach mancherlei Tagfahrten eine Aussöhnung zwischen der Hanse und Sluys zu Stande gekommen ist; übersendet eine Abschrift des Vertrages*[1] *mit dem Ersuchen, ihn zu verkünden und nach Gutbefinden auch dem Hm., mit einem Danke für dessen Bemühungen in dieser Angelegenheit, mitzutheilen.* — *[14]43* (des anderen daghes na Martini) *Nov. 12.*

StA Danzig, Schbl. XXI n. 62, Or. m. Resten d. 3 Siegel.

Versammlung zu Lüneburg. — [1443 Anf. Jul.].

Nach den ***Vorakten*** *scheint im Jun. eine neue Tagfahrt vereinbart worden zu sein, auf der dann die Aussöhnung Lüneburgs mit seinen Fürsten erfolgt sein muss. Lüneburg erkaufte deren Verzicht auf die Zölle um 8000 rh. Guld., (Vaterl. Archiv 1843 S. 359), nach Grautoff, Lüb. Chr. 2 S. 87, unter Vermittlung der Städte.*

Vorakten.

44 *Salzwedel an Bm. und Rm. von Hamburg,* (uw ter dachfart to Lunenborch wesende): *vermag der Ladung zum lüneburger Tage, die ihm durch* juwe erliken sendeboden mit vele anderer stede sendeboden, de nw kortliken bynnen Luneborch to dage gesant weren, *zu Theil geworden, nicht Folge zu leisten* van grotes invalles wegen, dat uns nu tovoren komen is[2], so wy dat juwer werdecheit, wen wy by gik konnen komen, leffliken vorgheven und vertellen wyllen; *ersucht die Absage zu entschuldigen und verheisst alle Beschlüsse der Tagfahrt,* dar wy billicken unde moegeliken inne volworden mogen, *anzunehmen.* — *[14]43* (am sondage na Margrete) *Jul. 14.*

Geh. SA Berlin, Or. m. Resten d. Secrets.
Gedruckt: daraus Fidicin, Beitr. z. Gesch. v. Berlin 4 S. 116.

[1] *Liegt bei. Der Abdruck dieses Vertrages und der zugehörigen Erklärungen, alle vom 21. Okt. 1443, muss dem UB. vorbehalten bleiben. Die wesentlichen Bestimmungen bestanden in Stiftung einer Kapelle zu Sluys, Ausschmückung derselben, u. a. mit Glasfenstern, welche die Wappen des Kaisers und der Kurfürsten enthielten, Anstellung eines Priesters und Auszahlung von 80 fl. an beschädigte Hanseaten. Vgl. n. 35. Das Or. des Hauptvertrags befindet sich im StA Köln, daselbst auch im Privilegiencopiar B. 2 f. 282 ff., Abschriften aller hierhergehörigen Akten und Aufzeichnungen. Aus ihnen geht hervor, dass Sluys seinen Verpflichtungen pünktlich nachkam, der Priester bereits zu Ausgang 1443 dem Kfm. präsentirt wurde und am 19. Jan. 1444 dessen feierliche Einführung ins Amt stattfand. Vgl. auch Koppmann: Leitfaden f. d. Aelterleute d. D. Kfm. zu Brügge (v. 1500) c. 45 (Festschrift der hamburger Pfingstversammlung 1875).*

[2] *1442 waren Berlin-Köln von Kf. Friedrich II. unterworfen und alle Bündnisse der Städte inner- und ausserhalb des Landes untersagt worden.*

Versammlung zu Gandersheim. — 1443 Jul. 13.

Diese Versammlung wird uns durch die Stadtrechnungen von Göttingen[1] *und Hildesheim*[2] *bezeugt und betraf zweifelsohne den zu Lüneburg formulirten Entwurf einer Tohopesate der Städte, vgl. n. 59.*

Versammlung zu Stralsund. — 1443 Jul. 16.

Als anwesend sind zu erkennen Rsn. von Lübeck, Rostock[3]*, Wismar, Stralsund, Stettin und Kolberg.*

A. *Von den* Vorakten *behandeln n. 45–48 die Fehde Kolbergs mit dem H. Bogislaf und dem B. von Kammin, vgl. HR. 2 S. 567, n. 693, wogegen n. 49 ff. Beiträge zur Geschichte der Fehde zwischen Bremen und Holland liefern, vgl. HR. 2 S. 649.*

B. *Die* Korrespondenz der Versammlung *wie auch der*

C. Anhang *beziehen sich gleichmässig auf die kolberger Fehde, in der die Städte zu vermitteln suchen. Vgl. n. 61 ff. Ferner ergibt n. 19 § 5, dass in Angelegenheiten des bergischen Kontors an K. Christoph geschrieben wurde. Vgl. n. 4.*

A. Vorakten.

45. *Kolberg an Danzig: bittet ihm zu seinem Kriege mit H. Bogislaf 1000 rhein. Guld. zu leihen, für den Betrag Roggen aufzukaufen und diesen den Ueberbringern, Hans Zasse und Marten Dalcken, zu übergeben,* wente — de henzestede, de hebben uns lude genant, unde hapen, se werden uns myt den yrsten noch mer sendende, wente unse sendebade ys noch by en; *verspricht die Schuld wol zu bezahlen und die Schuldurkunde auszustellen;* unde wyllen uns myt der hulpe des almechtegen Gades wol untsetten unde myt jower unde der henzestede hulpe; *ersucht um Antwort durch den Boten. — [14]43* (vryghdages na jubilate) *Mai 17.*

StA Danzig, Schbl. XXXV C n. 15, Or. m. Spuren d. Secrets.

46. *Lübeck an Stralsund: sendet einen Brief der pommerschen Städte in Sachen Kolbergs und eine Copie seines Schreibens an Kolberg; meldet, dass es die Pommern geleiten wolle. — 1443 Mai 18.*

Aus StA Stralsund, Or. Perg. m. Spuren d. Secrets. Bezeichnet: prima littera.

[1]) Item 2 ʃ, fert. prothonotario in Gandersym ad congregacionem civitatum, Margarete. *Gött. Stadtrechn. 1442/3 StA Göttingen.* [2]) De borgermester Hans Lutzke und Wineke van Gencke mit den deneren vordan to Gandersum, alse se dar tigen lüttike stede to dage weren, 3 ß 8 ₰. *Daran schliessen sich die Notizen:* Lodeken Herndes vor gand to Magdeburch van der vordracht wegen mit den steden 8 ß, unde he vordan na deme antworde 16 ₰; unde eme vor gand derselven in derselven sake tom anderen male 8 ß, unde he vordan na deme antworde 21 ₰; Wernekon Schapere vor gand an den rad to Brunswigk umme den dach to Halberstad 3 ß 4 ₰. *Hildesh. Stadtrechn. 1443 StA Hildesheim.* [3]) Item her (Peter) Hannemanne, her Bolevo (Kerkhave) 10 ß mede tome Sunde des sondages vor s. Jacopes dage (*Jul. 21*). *Rost. Wetteherrenrechn. 1443/4, RA Rostock. Die gleiche Summe zahlen die Gerichtsherren aus, deren Rechnung die eingeklammerten Vor- und Zunamen entnommen sind.*

Den ersam[illegible]mannen heren borgermesteren unde radmannen tome Stralessunde, unsen guden vrunden dandum.

Unsen vruntliken grut unde wes wii gudes vormogen tovoren. Ersamen heren, leven vrunde. De ersamen unse vrundes van Rostocke hebben uns negest gesand dat antwarde der stede Stolpe, Rugenwolt unde Slawe an juwe leven unde den anderen steden in der Duytschen henze gescreven, welken breff wii vlitigen hebben horen gelesen unde overwegen, unde hebben desulven breves utscriffte gesand den van Colberge, unde ene dar mede vorscreven, alze gii vornêmen mögen in der utscriffte hirane verwaret[1], alzo dat uns duchte geraden zin, weren se van den besegelden breven, dar de Pomerschen stede van scriven, ymme rechten wes plegen, dat ze sik in vruntschoppen darumme leten vorscheden, unde wes den van Colberge des to synne is to donde, des scholen se jw unde den vamme Grypeswolde scriven eren willen etc. Unde efft nu, leven vrunde, de van Colberge an jw scriven, dat ze van der besegelden breve wegene sik des willen laten vorscheden, dat moge gii den Pomerschen steden vor antwarde scriven, darup wii jw der Pomerschen stede breff mit dessemo unsemo brevo weddersenden etc. Ok op alle andere artikele in deme sulven brove berorct, möge gii wol bequemeliken antwarden, alze jw lympliksst duncken sal vor uns allen to wesende. Unde so se vurder scriven, dat ze jw eer gescreven hebben, offt se ok möchten velich aff edder to jw segelen mit eren guderen, mit jw kopenschop to drivende unde to handelende, darup gii ene noch nyn antwarde hebben screven etc. Des willent weten, dat wii darumme in unseme rade hebben vorhandelt, dat wii se unde de eren mit eren kopenschoppen unde guderen, efft ze hir to Lubeke quemen, gerne willen lyden, unde wenne wii ene anders wes willen, dat wolde wii ene tiit genôch tovoren toscriven. Wes gii nu van juwer wegene den Pomerschen steden darvan scriven willen, dat sette wii to juwer wisheyt. Gode deme heren syt bevolen. Screven under unseme secrete, des sonavendes vor deme sondage, alze men in der hilligen kerken singet cantate, anno etc. 43.

Consules Lubicenses.

47. *Stolp an Danzig: hat vernommen, dass ein stolper Rm. Danzig berichtet habe,* dat unses heren gnade in deme kryghe vor Colberghe schole vorlaren hebben zyner manne $2\frac{1}{2}$ hundert; *ersucht um Angabe des Namens des Schreibers bzw. um Auskunft, ob obiges Danzig überhaupt gemeldet worden ist. — [14]43* (in divisione(!) apostolorum) *Jul. 15.*

StA Danzig, Schbl. XXXV A n. 28, Or. m. Spuren d. Secrets.

48. *Danzig an Stolp: erwidert auf n. 47, dass ihm von dem Verlust des H. Bogislaf vor Kolberg nichts bekannt und auch nichts gemeldet sei; vermuthet,* dat id ok eyne gedichte sake sy. — *[14]43* (donrodages vor Laurencii) *Aug. 8.*

StA Danzig, Missive 4 f. 91 b, überschrieben: Versus Stolpe.

49. *Wismar an Lübeck: berichtet, dass der bremer Auslieger Grote Gherd 13 den Holländern abgenommene Schiffe nach Golwitz gebracht hat* (jeghen unsen willen unde unses undanckes) *und ungeachtet mehrfachen Ansuchens von Wismar, den Hafen zu verlassen, dort geblieben ist; hat seinen Bürgern und Insassen* by der stad woninghe *jeglichen Handelsverkehr mit Gerd verboten, dafür aber erfahren, dass alltäglich lübische Kaufleute nach Wismar kommen, um mit demselben zu handeln; ersucht deshalb, ein ähnliches Verbot zu erlassen, weil*

[1]) *Fehlt.*

es den Handel nicht dulden könne und jeden, den es darüber ertappe, gefänglich einzuziehen gedenke; bewiset uns hir willen an, also gii wolden, dat wii dön scholden, eft sick dat also vorlepe. — *[14]43* (sonnavendes vor trinitatis) *Jun. 15.*

StA Lübeck, A. St. Bremen vol. 6, Or. Perg. m. Resten d. Secrets.

50. *Lübeck an Wismar: erwidert auf n. 49, dass* [wy] van dache to achten in de klokke en grot deel unser borghere unde koplude vor uns gehact hebben, den wy jwen vorscreven breff myt vlite leten lesen unde en ernstliken hebben geboden, dat ze zilk nach jwem scryvende weten vor schaden to hödende. — *[14]43* (des mandages na trinitatis, mit der hast) *Jun. 17.*

StA Lübeck, St. Bremen vol. 6, Entwurf.

51. *Benannte holländische Schiffer an Lübeck: ersuchen um Beistand behufs Rückkauf ihrer von Grote Gerd genommenen Schiffe. — 1443 Jun. 19.*

L aus StA Lübeck, St. Bremen vol. 6, Or. m. Resten d. Siegels.

Den erwerdighen heren borgemesteren unde raetmanne der stad Lubeke come desse breff myd werdicheyt.

Unsen willighen denst myd vruntliken grote ghescreven. Ersamen leven heren unde gude vrunde. Wy bydden juwe erwerdicheyt to wetende, wo Vrederik Snepel unde Grote Gerd hebben uns gebrocht in de Goltvisse myd unsen schepen unde myd des kopmans gude, unde nemen uns by Kolle in des heren konynges leyde, de hadde beyde uns unde ze gheleydet twyschen den Schaghen unde Valsterbode wente 8 dage na sunte Johannes dage. Unde, leven heren, de van der Wysmer wyllen er in der Golvisse nicht lyden unde hebben ze van dar dreven, also gy lychte wol horet hebben. Leven heren, wy hebben wol vornomen van Grote Gerde, wo de raet van Bremen schole hir comen, unde wy vorvaren an en, wo zee uns de schepe unde guder wol wedder[a] vorkoften. Leven heren, wy bydde juwe erwerdicheyt, ift de rat van Bremen by ju queme, also men ment, dat gy umme der stede wyllen van Amstardame unde van Zirixe unde van den Brele wyllen uppe unse beste, yft gy uns helpen mochten, by unse scepe unde goder mochten comen, umme eynen mocheliken pennynk wedder to krygende, dat scholden desse stede an ju unde de juwen gerne vorschulden. Unde desse jegenwordige breffwyser werd jüwer erwerdicheyt alle dynk wol myd dem monde berychten. Zyd Gode alleweldich bevolen alle tyd. Gescreven an des hilgen lychams avende, anno 43 etc., under enses werdes inghezegel, wente wy sulven neyn hebben. Unde begeren juwe gotlik antword by desse breffbrynger.

Scypper Willem Koyd, Peter Lambertson unde Allerd de Gude, myt alle den ander schyperen.

52. *Lübeck an Danzig und die preussischen Städte (und Reval): berichtet, dass die bremer Auslieger den Holländern 18 Schiffe, mit Baiensalz und anderen Gütern beladen, abgenommen und die Beute nach Golvits gebracht haben;* welke schepe, solt unde gudere hir in den landen werden gekoft, unde wil nicht konen utrichten, we sollike schepe, solt unde gudere gekoft mogen hebben; *ersucht, im Falle der Anfuhr dieser Schiffe oder Güter die Käufer und Inhaber derselben verzeichnen zu lassen und Lübeck anzugeben, damit es und die übrigen Städte, deren Fehde mit den Holländern gesühnt worden ist,*

a) wedder van L.

sich gegen Holland verantworten können[1]. — *[14]43* (divisionis apostolorum) *Jul. 15.*

StA Danzig, Schbl. XXVIII n. 107, Or. Perg. m. Resten d. Secrets.
An Reval: RA Reval, Or. Perg. m. Resten d. Secrets.

B. Korrespondenz der Versammlung.

53. *[Zu Stralsund versammelte Rsn.] an H. Bogislaf von Pommern: haben mit B. Sigfrid von Kammin über die kolberger Fehde verhandelt; ersuchen auf das kolberger Anerbieten einzugehen und beglaubigen die Rsn. von Stettin, welche in ihrem Auftrage mit dem Hg. hierüber verhandeln sollen. — 1443 Jul. 16.*

L aus StA Lübeck, A. Pommersch. Städte v. 1, Entwurf, überschrieben: Duci Bugslavo Pomeranicensi duci, *vgl. n. 54.*

P. s. Hochgeborn furste, gnedige leve here. Juwer gnaden breff an uns gesand hebben wii werliken entfangen unde wol vornomen, darane juwe herlicheit begert mank anderen stucken, de van Colberge daran to vormanende, dat se underwisen Hanse Sleve unde sine borgen, dat se juwen herlicheiden noch helden ere[a] besegelden breve. Dar hebbe wii, leve gnedige here, under uns angesproken merkliken, unde yd vil alk up desulven tiit, dat de erwerdige in God vader unde here, here Sifridus, biscop to Camyn, mit etliken sinen prelaten und canoniken bii uns bynnen dem Sunde tor stede was, mit den wii nu vort desulven saken unde schelinge van Hans Sleves unde der Colberges wegen dupliken hebben vorhandelt, unde hebben sinen vaderlicheiden umme gudes vredes unde des gemenen besten willen darto bewagen unde beden, alse yd uns ok radsam duncket wesen, nutte unde gud, juwen herlicheiden antobringende unde de mit vlite dar to vormogende, nademe dat Hans Sleff unde de van Colberge zik noch so hoge to rechte vorbeden, dat wii stede alles reddeliken unde rechtes, likes, dages, vrundscop und vlege over se scholen mechtich wesen, dat juwe gnade denne ok in dessen saken unde schelingen sik gudliken vinden unde besergen late und werde des wolgaftich, dat men sodanne schelinge, twedracht unde veyde bringe to veligen dagen unde in gud bestand beth to ener utgenomeden tiit, darunder desulven saken na gelegenheit vortonemende unde tusschen beyden delen to vorhandelende vormiddest heren, steden unde vrunden, oft de milde God geven wolde, dat id darmede to gnade, to vreden unde to guder sate mochte komen alumme. Und wii hebben darto gevoget unse vrunde de radessendeboden der stad Olde Stettin, dat de van unser aller wegen mit den ersten juwe gnade besoken scholen unde arbeyden umme dat vorbeverde[b] gudlike bestand unde veligen dach[c]. Hirumme bidde wii, leve here, juwe gnade gans denstliken, dat juwe herlicheit mit dem erwerdigen heren, heren biscope vorbenomet, des bestandes unde veligen dages also vol[g]aftigen[d] werde, unde love ok gantzliken dessen vorgeschreven unsen sendeboden van OldenStettin, wes de hirane up desse tiit vortsetten unde van unser aller wegen wervende werden to juwer forstliken gn[a]den[e], de wii ok bidden mit gantzer andacht, en juwe leydesbreve to sendende, dat se mogen mit erem gesinde unde have velich vredesam, ungehindert darumme to unde aff komen bii juwe herlicheyde, de God etc. Screven des dinxstedages post divisionis apostolorum, anno etc. 43.

a) ere *L.* b) vorbeverde gudliken *L.* c) daghe *L.* d) valsftigen *L.* e) gnden *L.*

1) *Vgl. n. 35 § 2.*

54. *[Dieselben] an Stettin: berichten, dass sie mit B. Sigfrid von Kammin dahin übereingekommen sind, dass H. Bogislaf zum Abschluss eines Stillstandes mit Kolberg bis Michaelis bewogen werden soll, während dessen Dauer über die Herstellung des Friedens zwischen Hg., B. und Kolberg verhandelt werden könne; haben den B.* rechte vuchlik vor sik *hierin befunden, verweisen für das nähere auf den mündlichen Bericht der stettiner Rsn. und melden, dass sie diese ausersehen haben, mit dem Hg. über obiges zu verhandeln; haben es dem Hg. geschrieben und ersuchen Stettin, darein zu willigen sowie das Ergebniss der Sendung Stralsund mitzutheilen. — [14]43* (dinstedages na divisionis apostolorum) *Jul. 16.*

StA Lübeck, Entwurf, bezeichnet: Dominis consulibus Stetinensibus, *vorausgeht n. 53.*

C. Anhang.

55. *Stettin an Stralsund: meldet, dass es nach Empfang des Berichtes seiner Rsn. zum stralsunder Tage, Gerd Grote und Peter Cokstede, dem Beschluss des Tages in Betreff der Sendung an den Hg. von Pommern gern habe nachkommen wollen, jedoch bisher weder den versprochenen Geleitsbrief des Hg. noch die verheissene Instruction der Städte,* wodane wiis wii dat gewerff vorbringen scholden, *erhalten habe; dagegen sei zu seiner Kenntniss gelangt,* dat de here van Pomeren van stünden an mit groter macht welder vor Colberge thüt, unde meynt sy lichte to grunde to vorderyende; *ersucht mit den übrigen Städten* dar wol to vordacht [to] sin, wente wii besorgen uns, alse men sy meynt, dat men uns allen ok also meynen mochte. — *1443* (an s. Jacobs avende) *Jul. 24.*

StA Lübeck, A. Pommersche Städte 1, Or. m. Resten d. Secrets.

56. *Rostock an Lübeck: sendet n. 55, die es von Stralsund erhalten; vermag ebensowenig wie Stralsund sich dessen zu entsinnen, dass man vom stralsunder Tage aus Stettin Instruktionen für die Verhandlung mit dem Hg. senden wollte;* men dat en datsulve werff genealiken unde enliken ward togebenget; *ersucht über die Kolberg drohende Gefahr zu berathen,* wat trost, wat hulpe hirin to vindende sy, dat wi en sunder sument wedder benalen mogen. — *[14]43* (am vridage na Petri ad vincula) *Aug. 2.*

StA Lübeck, A. Pomm. Städte 1, Or. m. Resten d. Secrets.

57. *Lübeck an Rostock: sendet in Erwiederung von n. 56 eine Abschrift von n. 54, wonach Stettin mit der Verhandlung mit dem Hg. belastet wurde; ersucht, Stralsund anzuweisen, dass es Stettin ermahne,* dat noch sodanne daghe mochten begrepen unde vrundlik bestant gemaket mochte werden. — *[14]43* (mandages na vincula Petri) *Aug. 5.*

StA Lübeck, A. Pomm. Städte 1, Entwurf.

Versammlung zu Elbing. — 1443 Aug. 1.

Anwesend waren Rsn. von Kulm, Thorn, Elbing, Königsberg, Kneiphof und Danzig.

Der Recess behandelt fast ausschliesslich ständische Angelegenheiten[1]. *Braunsberg und Kneiphof beanspruchen Antheil am Pfundzoll; in Sachen der von den Bremern gekaperten holländischen Schiffe will man daheim berathen, vgl. n. 52.*

Recess.

58. *Recess zu Elbing. — 1443 Aug. 1.*

D aus der Handschrift zu Danzig f. 213.
T Handschrift zu Thorn f. 171 b. Mitgetheilt von Höhlbaum.
Gedruckt: aus D und T Toeppen, Akten der Ständetage Preussens 2 S. 577.

Anno incarnacionis domini 1443, feria quinta ipsa die beati Petri ad vincula, domini nuncii consulares civitatum terre Prusie: de Colmen Bartholomeus Rossonick, Petrus Bisschoffesheym; de Thorun Hermannus Ruszopp, Tilemannus vom Wege; de Elbingo Petrus Storm, Johan Wymburg, Nicolaus Lange, Henzel Noremberger; de Konigesberg de[a] antiqua civitate, Hinricus Pod, Nicolaus Rebeyn; Kneypabe Lorentcz Brune, Johannes Dreyer; de Danczik Martinus Cremoen, Reynoldus Nedderhoff, in Elbingo ad placita congregati infrascriptos articulos concorditer pertractarunt.

1. *Ständische Verhandlungen über den Einfall des H. Heinrich von Meklenburg in die Neumark.*

2. Item[b] so haben die stete die sache, alse die heren von Lubeke den steten geschreben haben von wegen der schiffe, saltcz und guttire, die die von Bremen den Hollanderen und Zelanderen genomen haben in der zee, beslossen, das eyn yderman uff dasselbige mit seynen eldesten doheyme handelunge habe und seyner eldesten gutdunckes zcur nehesten tagefart dovon inbrenge.

3. *Die Städte beschliessen, die Forderungen von Braunsberg und Kneiphof auf Gewährung eines Antheils am Pfundzoll, auf der nächsten Tagfahrt zu beantworten, desgleichen die weitere von Kneiphof,* das[c] der herre homeister en vorscribe zcu tage zcu kommene. *Den die Erhebung des Pfundzolls beaufsichtigenden Rm. werden 2 gute Mark Zehrungskosten für den Monat und jeder Stadt, die bisher* bey deme pfundczolle hot gesessen, *16 geringe Mark Entschädigung für Auslagen zuerkannt.*

4. *Desgleichen ist bis zur nächsten Tagfahrt daheim zu berathen,* ab men by deme landrechte bleiben sal umbe mit deme ungelde[d] zcu vorbussenne, *inzwischen soll* eyn iglicher seyn recht bey recht halde[n] nach seynem vormogen.

---

a) de antiqua civitate nachgetragen D. b) In T. folgt § 2 nach § 3. c) In T. lautet der Passus: [illegible] werden, zu den tagefarten sie zu vorboten gleich den andern grossen steten. d) ungelde T.

[1] *Zu der meklenburger Fehde vgl. Voigt, Gesch. Preussens 8, S. 31 ff., Toeppen, Ständetage 2, S. 514 ff. Beide ergänzend sei bemerkt, dass der Hm. am 30. Jan. 1443 Danzig von der Absage H. Heinrichs (von Stargard) unterrichtete und vor dem Verkehr mit Meklenburg warnte. Danzig ersuchte Tags darauf Lübeck und Stralsund, bei Wismar und Rostock an-*

Versammlung zu Halberstadt. — 1443 Aug. 14.

Anwesend waren Rsn. von Goslar, Magdeburg, Braunschweig[1], *Hildesheim*[2], *Göttingen*[3], *Hannover, Einbek, Helmstedt und Northeim.*

A. *Das unter* Vorakten *mitgetheilte Ladungsschreiben nimmt auf die zu Lüneburg getroffenen Vereinbarungen über Abschluss eines näheren Bündnisses unter den Städten Bezug, vgl. S. 22 und n. 68, während die unter*

B. Verträge *eingerückte Urk. ein engeres Bundesverhältniss der sächsischen Städte unter einander begründet als die hier, wie n. 68 zeigt, daneben beliebte allgemeine Tohopesate. Den Mitgliedern der letzteren wird der Zutritt offen gehalten, woraus sich die Stellung der sächsischen Städtegruppe zum projektirten allgemeinen Bunde klar ergiebt.*

A. Vorakten.

59. *Magdeburg an Göttingen: ladet zu einem Städtetage nach Halberstadt am 12. Aug. behufs Beschlussfassung in Betreff des zu Lüneburg vereinbarten Vertragsentwurfes, über den auf dem lübecker Tage am 24. Aug. Bericht erstattet werden muss. — 1443 Aug. 1.*

Aus StA Göttingen, A. Hans., Or. Perg. m. Resten d. Secrets.
Gedruckt: daraus Schmidt UB. v. Göttingen 2 n. 207, wiederholt Janicke UB. v. Quedlinburg 1 n. 318.

Den ersamen radmannen to Gotinge, unsen besundern liven frunden, dandum.

Unsen fruntliken dinst thuvoren. Ersamen besundern liven frunde. Als juwer live rede is vorgekomen, in welker mate der erliken stede sendeboden, de nilkst bynnen Luneborch vordaget weren, mit guder betrachtinge und wolbedachtem mode eyne gutlike vordracht vorramet hebben, und dat men von des wegen der stede meninge up sund Jacobs dage[4], alse nilkst vorgangen is, bii dem ersamen rade to Lubeck scholde hebben ingebracht etc., und nachdem alse de tiid up sund Jacobs dage vorbenomet wes to kort was, also dat gii und wii und andere erlike stede, alse up disse haliff in der vordracht begrepen sin, nemliken Halle, Halberstad, Quedlinghborch, Asschersleven, Gosler, Brunswick, Hildensim, Northeim, Embeke, Honover und Hamelen, vor der tiid von dersulven vordracht wegen neyne vorhandelinge konden hebben: also hebben wii umme vorlenginge der tiid an den erliken rad to Lubeck geschreven, de uns des upschoff gedan hebben wente sund Bartolomeus dage[5] nehistkomende, also dat gii und wii und andere stede vorbenomet vor der tiid mogen tosampne komen und des underlangs afescheiden,

anfragen, wie es mit der Sicherheit des Verkehrs der Preussen in Meklenburg bestellt sei. Die Städte entsprachen dem Ansuchen, worauf Wismar seinen Bm. Peter Wilde zum H. Heinrich (von Schwerin) entsandte, der am 3. Mrz. die Erklärung abgab, dass er mit der Fehde eines Vetters nichts zu schaffen habe. Die betr. Schreiben im StA Danzig Schbl. XXXVII n. 163; XXVIII n. 103; XXXII A. n. 4. 6, B. n. 8, C. n. 11; XXXIV A. n. 30; Missive 4 f. 66 b. Abschriften derselben mit einem Begleitschreiben Danzigs an den Hm. vom 21. Mrz. im SA Königsberg.

[1]) 6 ℔ 2 β 3 ₰ Hans Kale, Fricke Twedorp to Halberstad. *Braunschw. Stadtrechn. 1443, StA Braunschweig.* [2]) De borgermester Tileke Sledorne unde Wiscke van Gesche vordan to Halberstad, alse se dar to dage weren umme de voreyninge mit den steden, 19 ℔ 4 β. *Hildesh. Stadtrechn. 1443 StA Hildesheim.* [3]) 13 ℔ 1½ fert. Herman Giseler et Bertold van Waken ad congregacionem civitatum in Halverstad. *Gött. Stadtrechn. 1442/3 StA Göttingen.* [4]) *Jul. 25.* [5]) *Aug. 24.*

was de unsen, de wii up sunte Bartolomeus dage negestkomende bii den erliken rad to Lubecke schicken werden, van der vordracht wegen mogen inbringen. Also segin wii gerne, dat gii darumme de juwen mit macht van juwes rades wegen von dissem neghesten mandage vort over acht dage, nemliken am mandage nach sunt Laurenciusdage irstkomende, wolden hebben bynnen Halverstad up denselven dach am avende in der herberge to wesende, wen wii up deselve tiid de andern rede von den steden vorbenomet ok dar bescheiden hebben. Dat siik juwe leve umme des gemeynen besten willen hirane enkeyns vorhindern late, dat vordine wii gerne. Juwe antworde. Geschreven am donredage nach Panthaleonis, under unser stad secrete, anno domini etc. 43.

Radmanne und innigesmestere der alden stad Magdeborch.

B. Verträge.

60. *Zu Halberstadt versammelte Rsn. von Goslar, Magdeburg, Braunschweig, Hildesheim, Göttingen, Hannover, Einbek, Helmstedt und Northeim beurkunden, dass sie,* boven sodanne vorstrickinge unde vorbund, alse wii myt den erliken reden der stede Lubeke, Hamborch etc. angeghan unde gemaket hebben, *sich noch auf folgende Punkte vereinigt haben: Verfolgung desjenigen, der trotz allem Rechtserbieten den Kfm. oder Ackersmann beschädigt; Verhütung jeder Erhebung gegen die Räthe nöthigenfalls durch Zwang*[1]; *Gültigkeit dieser Verabredung auch etwaigen früheren Einungen gegenüber und Verbot von Sonderbündnissen, welche diesem Vertrage widersprechen*; ok schal eyn jowelk hovetstad van dussen dren parten unser vordracht, myt namen Lubeke, Hamborch unde Magdeborch, vulmechtich sin, in unse vordracht to nemende de stede, de des bynnen der tiid unser vordracht begherende sin. — *[14]43* (In vigilia assumpcionis Marie) *Aug. 14.*

StA Göttingen, gleichzeitige Abschrift.

Versammlung zu Rostock. — 1443 Aug. 19.

Anwesend waren Rsn. von Lübeck, Stralsund, Wismar, Lüneburg und Rostock. Sämmtliche Akten beziehen sich auf den kolberger Streit. Die Sendung Stettins, vgl. n. 53 ff., muss unterblieben sein, die Vermittlung wird Preussen übertragen. Die Erklärung Kulms, n. 67, bezeugt den ungemeinen Rückgang der Stadt, über den es schon früher klagte, vgl. HR. 2 n. 571 § 7.

A. Korrespondenz der Versammlung.

61. *Zu Rostock versammelte Rsn. von Lübeck, Stralsund, Wismar, Lüneburg und Rostock an Danzig und die preussischen Hansestädte: haben vielfach jedoch vergeblich sich bemüht, den Streit zwischen Kolberg, dem B. von Kammin und dem H. Bogislaf von Pommern zu schlichten; ersuchen nun die preussischen Städte, zumal sie den streitenden Theilen benachbart* (wol belegen)

[1]) *Die Bestimmungen über diesen Punkt sind ziemlich detaillirt.*

sind, den Frieden zu vermitteln und die Strasse dem Kfm. offen zu halten. — *[14]43* (mandag na assumpcionis Marie) *Aug. 19.*

StA Danzig, Schbl. XXV A. n. 10a, Or. m. Spuren d. Secrets.

62. *Hm. an die [zu Rostock versammelten] Rsn. der Hansestädte: erwiedert auf ihr Ansuchen um Vermittlung in dem kolberger Streite, dass er kürzlich auf einem Tage zu Lauenburg den Hg. von Pommern dazu vermocht hat,* das her uns eyns gutlichen tages tzwuschen im und den von Colberg hot vorfulget; und dorumbe haben wir den von Colberge geschreben, ap sie uns ouch sulchs gutlichen tages wellen vorfulgen, und sein eres antwertes beytende alle tage; werden sie nu sulchem fruntlichem tage nicht nachkomen, so wellen wir unser botschafft, mit namen unsers ordens kompthur zcu Danczk und den pfleger zcu Butaw, czu en schicken, die sich von unser wegen in die sachen legen — sullen, ap sie semliche kriege — zcu ruwe, frede und gutte mogen brengen. — *Wartsch, [14]43* (montag noch Egidii) *Sept. 2.*

StA Danzig, Schbl. XXXVII n. 173. 1, Abschrift, vgl. n. 66.

63. *[Danzig] an die zu Rostock versammelten Rsn. der Hansestädte: hat n. 61 den übrigen preussischen Städten verkündet, wird deren Antworten mittheilen; hat inzwischen mit dem Hm. über die Angelegenheit verhandeln lassen und dabei erfahren, dass er ein ebensolches Schreiben von den Städten empfangen, den Hg. von Pommern zur Abhaltung einer Tagfahrt mit Kolberg bewogen und den Komthur von Danzig mit dem Vogt von Bütow nach Kolberg gesandt hat,* umme de zake to eynem bestande to bryngende; *verlangt Verhaltungsvorschriften für den Fall, dass die Sendung keinen Erfolg habe.* — *[14]43* (feria 5 ante nativitatis Marie) *Sept. 5.*

StA Danzig, Missive 4 f. 93.

B. Anhang.

64. *Kolberg an Deterd Grube, Hans Strysow und Meister Johan Strelin* (to dem Sunde edder wor se sint): *sendet die Abschrift eines Schreibens des Hm., wonach er am 11 Sept.* (middeweken — over 8 dagen) *seine Gebietiger nach Kolberg schicken wird; weist sie an, dieses den Städten mitzutheilen und sie zu ersuchen, Jemand von Lübeck oder Stralsund zu dem Tage nach Kolberg abzuordnen,* wente gy woll merken konen, dat wy der herschop use degedinge nicht beloven konen, unde wy dar nicht an doen sunder eren rad unde vulbort; darumme vordert jw unde pineget jw, dat gy jo to hus kamen vor deme dage, alse gy ersten konen; unde bringet uns jo gelt mede, alse gy meste konen, gy nement up rente edder wo gy it krigen konen, wente gy wol weten, dat et uns not und behuff is, unde wente wy hapen hyrmede des besten unde vruchten des ergesten; darmede varet wol. — *[14]43* (in s. Egydius dage) *Sept. 1.*

StA Stralsund, Or. m. Resten d. Secrets.

65. *Kolberg an die Rsn. von Lübeck, Rostock, Wismar* unde [deme] rade tome Stralessunde tosamende vorgaddert: *wiederholt unter Hinweis auf den Abschied seiner Rsn. von den Städten, wonach letztere durch eine Gesandtschaft zwischen Kolberg und H. Bogislaf vermitteln wollten, die Bitte, einige Rsn. zu den Verhandlungen mit den Gebietigern des Hm. am 11 Sept.* (mydwekens

na nativitatis Marie) *nach Kolberg zu schicken, damit der Friede zu Stande käme*; wo gy nycht en quemen, so bevruchte wy uns, dat yd men een vorleughent were unde uns men afgeslagen wurde. — *[14]43* (dyngesdages vor nativitatis Marie) *Sept. 3.*

StA Stralsund, Or. m. Spuren d. Secrets.

66. *Hm. an Danzig: sendet gemäss ihrem Uebereinkommen von gestern n. 62 in Abschrift und Original, mit der Aufforderung, letzteres zu expediren.* — *Wartsch, [14]43* (montag noch Egidii) *Sept. 2*

StA Danzig, Schbl. XXXVII n. 113, 2, Or. m. Resten d. Siegels.

67. *Kulm an Thorn: erwiedert auf die Zusendung der Abschrift eines Schreibens der Rsn. der Hansestädte* (alse Lubeke, Stralessunde etc.), *dass Thorn wohl wisse*, das wir in dy henze nicht en gehoren, sunder was wir bynnen landes ichtes gûtes mite rathe gethûn kûnden, das welde wir gerne thûn; a[b]ir[a] bôtschaft dohyn ûszczurichten, das vôrmoge wir nicht, unde kônnen is nicht en thûn, und gehôret uns ouch nicht. — *[14]43* (freitag noch nativitatis Marie) *Sept. 13.*

StA Königsberg, Or. m. Resten d. Secrets.

Versammlung zu Lübeck. — 1443 Aug. 30.

A. *Verträge. Nach n. 59 sollten die zur Theilnahme an der Tohopesate aufgeforderten Städte am 24. Aug. ihre Beitrittserklärungen in Lübeck abgeben, doch scheinen lediglich die Vertreter der Vorstädte der drei Städtegruppen zusammengetreten zu sein. Der Tohopesate hat die frühere von 1418 als Muster gedient; ihr Zweck ergiebt sich angesichts der lüneburger, rostocker, kolberger und märkischen Irrungen sowie der Haltung Dänemarks von selbst.*

B. *Im Anhang sind die Akten zusammengestellt, welche sich auf den Abschluss eines dreijährigen Friedens mit Spanien beziehen. Vgl. HR. 2 n. 439 § 33, 534, 588 § 11. Ueber den in n. 71 ausgeschriebenen Münztag, auf dem auch über die Besiegelung des Friedens verhandelt werden sollte, verlautet weiter nichts.*

A. Verträge.

68. *Lübeck, Hamburg und Magdeburg*, alse hovetlinge drier dordendeele desser nascrevenen stede der Dutschen henaze, dorch unse sochaftigen sendeboden to Lubeke to dage vorgadert, *beurkunden, dass die nachbenannten Städte sich von Michaelis ab auf drei Jahre verbunden haben, die Strassen zu schützen, dem Raube zu wehren, im Falle von Angriffen seitens der Fürsten und Herren einander mit bewaffneter Macht beizustehen, Erhebungen gegen die Räthe in den Städten nöthigenfalls mit Gewalt zu dämpfen und ihren Bund gemeinsam gegen jeden zu vertheidigen*[1], *zu dem Behuf* hebben wii

a) abir Or.

[1]) *Ich führe nur die wesentlichsten Bestimmungen auf. Eine auszügliche Abschrift im StA Goslar (Copialbuchfragment f. 241) ist bei Janicke UB. v. Quedlinburg 1 n. 379 ge-*

stede der vorgerorden tohopesate unde vorbuntnisse uns gedelet unde tweygesadt in dree dordendele, also dat in dem ersten sind desse stede: Lubek, Wismer, Rostock, Stralessund, Gripeswolt, Anklem, Stettin, Colberge, Nigenstargarde, Franckenvorde, Berlin unde Colen, Nige unde Oldestad Brandenborch unde Kiil; in dem anderen dordendele sint desse stede: Hamborch, Bremen, Stade, Buxtehude, Luneborch, Ulessen, Stendal, Soltwedel, Seehusen, Osterborch unde Tangermunde; in dem drudden dordendele Magdeborg, Halle, Asscherslove, Quedelingborch, Halverstad, Helmstede, Brunswig, Goszeler, Gotting, Northem, Embeke, Hildensem, Hamelen unde Honnover. — *1443* (vridages na decollacionis s. Johannis baptiste) *Aug. 30.*

StA Lübeck, Rec. hans. v. 2, Heft von 4 Bl., gleichzeitige Abschrift, beglaubigt von Johannes Hertze prothonotarius.

StA Hamburg, Trese Li 30, Or. Perg., oben und unten ausgezackt, schadhaft erhalten.

StA Hildesheim, Abschrift, Doppelblatt.

B. Anhang.

69. *Dreijähriger Waffenstillstandsvertrag zwischen der deutschen Hanse und der spanischen Nation. — Sluys, 1443 Aug. 15.*

StA Lübeck, A. Flandr. 1, Or. Perg., Notariatsinstrument[1]*; daselbst ferner die vom Kfm. (n. 70) eingesandte Abschrift des Vertrages (§ 1—10) und eine Uebersetzung davon.*

D StA Danzig, Schbl. XXI n. 60, vom Kfm. eingesandte Abschrift des Vertrages (§ 1—10), vgl. n. 70, beiliegt eine in Danzig angefertigte Uebersetzung.

Gedruckt: aus D Hirsch, Danzigs Handelsgesch. S. 272.

70. *Der deutsche Kfm. zu Brügge an Lübeck (und Danzig): meldet, dass er nach vielen Verhandlungen und unter Zuthun guter Leute mit der spanischen Nation einen dreijährigen Frieden nach Ausweis der beifolgenden Urk.* (ghescrifte) *abgeschlossen und sich, wie auch die spanische Nation, für dessen Beobachtung bis zum Eintreffen der gegenseitigen Confirmationen verbürgt hat; ersucht deshalb und auch in Anbetracht dessen,* dat wi alleweghe ere strome und watere meer ziln vorsokende danne se de onse, *die von den sechs wendischen Städten zu besiegelnde Bestätigungsurkunde baldmöglichst einzusenden*[2] *und den Frieden zu verkünden. — [14]43 Aug. 21. Nachschrift: beschwert sich, dass das stralsunder Statut über das Ballastwesen (HR. 2 n. 608 § 23) nicht genügend publicirt worden ist und wenig beachtet wird; ersucht dem abzuhelfen.*

StA Lübeck, A. Flandr. 1, Or. m. Resten d. 3 Siegel. Die Nachschrift auf einem einliegenden Blättchen.

An Danzig: StA Danzig, Schbl. XXI n. 60, Or. m. Spuren d. 3 Siegel. Nachschrift wie oben.

druckt. Vgl. Sartorius, Gesch. d. hans. Bundes 2 S. 11 f., wo nur der HR. 2 S. 433 angeführte Entwurf von 1441 mit dieser Tohopesate zusammengeworfen wird.

[1]) *Das Or. enthält einen § (11) mehr als die Abschriften und der Abdruck bei Hirsch. Er bestimmt, dass die Spanier in den hansischen Häfen ebenso sicher und ungestört sollen verkehren dürfen wie in ihren eigenen. Der Schluss des Originalinstruments lautet:* Acta fuerunt hec Sclusis ut prius in quampluribus et diversis locis, et precipue in ecclesia s. Johannis ibidem ac ante introitum domus Johannis van Voorden. *Dem Akte wohnten über 50 namentlich aufgezählte Deutsche und Spanier bei.* [2]) *Dieser Passus fehlt selbstverständlich in dem sonst gleichlautenden Schreiben an Danzig.*

71. *Lübeck an Hamburg, Wismar und Lüneburg: übersendet eine Abschrift von n. 69; ersucht sie, zu übersehen und zum Abend des 15. Sept.* (sondagh na des h. cruces daghe) *Rsn. nach Lübeck zu schicken, um über die Besiegelung des Vertrages zu berathen*; vurder, ersamen leven heren, so jw wol vordenket unde ok by uns veer steden is gesloten unde van der munte wegen berecesset, so dat wy alle jar ens edder twie van der vorscreven munte wegen scholen tosamende riiden unde dat laten kennen, effte wy under uns, so dat ynnegeset is, ok hebben geholden, darumme, guden vrunde, wy bidden, dat gy jwe vorschrevene sendeboden unde muntheren myt jwem werdenen unde munteren uppe de vorscreven tiit in unse stad, vulmechtich in beyde vorscreven puntte to sprekende, willen hebben dergeliken. — *[14]43* (vrydages vor nativitatis Marie) *Sept. 6.*

StA Lübeck, A. Flandr. 1, Entwurf, bezeichnet: Den steden Hamborg, Wismer unde Luneborg, enem isliken besunderen.

72. *Lübeck an den deutschen Kfm. zu Brügge: hat n. 69 seinen Nachbarstädten mitgetheilt und sie nach Lübeck entboten; wird deren Beschlüsse dem Kfm. melden; verspricht das Statut über das Ballastwesen verkünden zu lassen*, dar des is van noden; ok beghere wy, dat gy vlitich sin alse van den 1500 ℔ Lubesch, dat de mochten werden betalet. — *[14]43 Sept. 7.*

StA Lübeck, A. Flandr. 1, Entwurf.

73. *Lübeck an Hamburg: erwiedert auf Hamburgs Erklärung, die Tagfahrt am 15 Sept. besenden zu wollen, falls die übrigen Städte erscheinen würden, dass es Lüneburg und Wismar geladen und bisher keine Absage erhalten habe; sollte eine solche noch eintreffen, so wird es Hamburg sofort davon benachrichtigen.* — *[14]43* (feria 3 post nativitatis Marie) *Sept. 10.*

StA Lübeck, A. Flandr. 1, Entwurf.

74. *Lübeck an Hamburg, Rostock, Stralsund, Wismar und Lüneburg: berichtet mit Verweisung auf den Spanien betreffenden Beschluss des lübecker Hansetages von 1441*[1]*, dass der Kfm. zu Brügge einen dreijährigen Frieden mit dem Kg. von Spanien abgeschlossen hat; sendet eine Abschrift des Vertrages*[a] *und einen Entwurf zu der von den sechs wendischen Städten zu besiegelnden Bestätigungsurkunde; ersucht, ihn zu prüfen und in die Besiegelung zu willigen, damit es nach Einlauf der Antworten die Urk. ausfertigen und den Städten besiegelt zusenden könne.* — *[14]43* (mytwekens vor Michaelis) *Sept. 25.*

StA Lübeck, A. Flandr. 1, Entwurf, überschrieben: Den steden Hamborg, Rostok, Stralessund, Wismer unde Luneborg, enem isliken besunderen.

75. *Wismar an Lübeck: erwiedert auf n. 74, dass es bereit sei, den Frieden zu besiegeln.* — *[14]43* (an s. Remigii daghe) *Okt. 1.*

StA Lübeck, A. Flandr. 1, Or. Perg. m. Resten d. Secrets.

76. *Hamburg an Lübeck: hat den von Lübeck eingesandten Entwurf zur Confirmation des Vertrages mit Spanien geprüft und einen anderen aufsetzen*

a) Darunter v. a. H. bemerkt: Nota in litteris Lunenburgensium, Hamburgensium et Wismariensium, quia jam habent copiam et [illegible]: so gy in der copien wol hebben [illegible]. Vgl. n. 71.

1) *Vgl. HR. 2 n. 439 § 32. 33.*

lassen, den es anbei übersckickt[1]; *stellt es jedoch Lübeck anheim, welchen von beiden es benutzen wolle und ist gern bereit, die Urkunde nach Lübeck zu besiegeln.* [14]43 (an s. Francisci dage) *Okt. 4.*

StA Lübeck, A. Flandr. 1, Or. Perg. m. Spuren d. Secrets.

77. *Stralsund an Lübeck: berichtet, dass seine Antwort auf n. 74 sich verspätet hat, weil es seine Rsn. zum rostocker Tage beauftragt hatte, den Lübeckern die Bereitwilligkeit Stralsunds zur Besiegelung des Vertrages mit Spanien kundzugeben, die lübischen Rsn. jedoch vom Tage ausblieben*[2]; *ist bereit, den übersandten Entwurf,* wan dat corrigeret unde ingrosseret is, *zu besiegeln.* — [14]43 (am daghe Crispi (!) et Crispiniani) *Okt. 25.*

StA Lübeck, A. Flandr. 1, Or. m. Resten d. Secrets.

78. *Rostock an Lübeck: ist bereit, den Vertrag mit Spanien zu besiegeln; hat* groten arbeid gedan bi unsen heren unde sin gnaden otmodigen gesocht, unde konnen nicht sate vinden, doch so sta wi noch in degedingen; *ersucht, Lübeck möge, falls erforderlich,* mit dem besten up uns vordacht sin. [14]43 (in vigilia omnium sanctorum) *Okt. 31.*

StA Lübeck, A. Flandr. 1, Or. m. Resten d. Signets.

Versammlung zu Elbing. — 1443 Sept. 24.

Anwesend waren Rsn. von Kulm, Thorn, Elbing, Königsberg, Kneiphof und Danzig.

Nach dem von Toeppen, Ständetage 2 n. 360 mitgetheilten Ausschreiben des Hm. sollte auf diesem Tage über die Sicherung der Neumark und den Antrag des H. Bogislaf auf Abschluss eines Bundes verhandelt werden. Den letzteren war der Hm. zu geringer Zufriedenheit seiner Städte bereits eingegangen, vgl. Toeppen S. 585, und hiernach ist die Aeusserung Kolbergs in n. 65 zu beurtheilen.

Der Recess *meldet, dass am 4 Nov. zu Danzig zwischen Kolberg und H. Bogislaf verhandelt werden soll, Braunsberg und Kneiphof einen Antheil am Pfundzoll erhalten, Kneiphof fortan zu den Tagfahrten der grossen Städte herangezogen wird.*

Recess.

79. *Recess zu Elbing. — 1443 Sept. 24.*

D aus der Handschrift zu Danzig, f. 274—276.
T Handschrift zu Thorn, f. 186—187. Mitgetheilt von Höhlbaum.
Gedruckt: aus D T und einer elbinger Hs. Toeppen a. a. O. S. 583.

Im jare unses heren 43 am dynstage nehst vor Michaelis die hern ratissende(bo)ten[a] der stede des landes zcu Prussen, alse: vom Colmen her Dartho-

a) ratissendeboten *D, corrigirt nach T.*

[1]) *Im StA Lübeck, A. Flandr. 1, finden sich in der That zwei Entwürfe zu einer Confirmation des Vertrages mit Spanien. Der eine, lübische, datirt vom 24. Dec. 1443, auf dem anderen, hamburger, ist von der Hand Hertzes bemerkt:* Secundum illam formam non fuit facta confirmacio sed quasi secundum sibi similem. *Vgl. n. 49. 94 § 4, 101 f.* [2]) *Vgl. n. 31.*

lomeus Rosen(i)ck[a], her Hans Matczke; von Thorin her Herman Rusop, her Gotschalk H(it)felt[b]; von Elbing her Peter Storm, her Johan Winthurg, her Claus Lange, her Hensel Noremberg; von Koningsberg her Michels Mattis, her Nic(lau)s[c] Plenze; vom Knyppabe her Franczike Grossenitzsche, her Claus Dreher; von Danczik her Meynhart Colmer unde her Johan Terrax, czum Elbinge zu tage vorsamelt, unde haben vorhandelt disse nochgeschrebenen artikel.

1. Ständische Verhandlungen über die Ansprüche des Kurfürsten von Brandenburg auf die Neumark und den Bund des Hm. mit dem Hg. von Stolpe.

2. Der Komthur von Danzig erstattet den Ständen Bericht über seine Gesandtschaft an den Hg. von Pommern und Kolberg, welche mit ihm übereingekommen sind, die Entscheidung ihres Zwistes dem Hm., dem B. von Heilsberg und den Städten Kulm, Thorn, Elbing und Danzig zu übertragen. Die Städte willigen ein. Die Verhandlung soll am 4 Nov. (achtage vor Martini) *in Danzig stattfinden.*

3. Braunsberg und Kneiphof wird der geforderte Antheil am Pfundzoll zugesagt[1], *falls sie* bey den steten bleyben und von in in czukonftigen czeyten nicht treten in reysen, beyde bynnen unde b(aw)ssen[d] landes, er unteyl mete zcu gehen und ausczulegen, ab der phuntczol[e] widdir worde abgeleyt — sunder bey dem phunczolle[e] mette zcu alleczene, haben dii steto abegeslagen.

4. Item haben dy stete unsern heren gebeten, das die von dem Knypape in seyn register mögen geschreben werden, also (daz)[f] sy zcu den tageferten werden vorbot geleich anderen grossen steten. Hat unser here geantwert, daz dii von deme Knypabe mit czu tage komen, is seyn wille wol, sunder her wil in daz nicht vorschreyben, und daz dii Aldestad Konigesberg, wen eyne tagefard vorschreben wirt, sullen den von deme Knypaben czusagen, das sy mete zcu tage komen.

5. Auf dem danziger Tage soll berathen werden, ob und in welcher Weise das angesammelte Pfundgeld zu erheben ist. Kulm erhält von dem Gelde 200 Mark uff eyne rechenschafft.

Versammlung zu Danzig. — 1443 Nov. 11.

Anwesend waren Rsn. von Kulm, Thorn, Elbing und Danzig.

Die **Vorakten** *wie der* **Recess** *beziehen sich auf die Vermittlung Preussens in dem kolberger Streite, welche resultatlos bleibt. Nach Abbruch der Verhandlungen ersucht Kolberg die preussischen Hansestädte um Beistand, wird jedoch von diesen an die anderen verwiesen. Die Städte erledigen hierauf einzelne innere Angelegenheiten.*

Die **Korrespondenz der Versammlung** *verkündet den wendischen Städten das negative Ergebniss der Ausgleichsverhandlungen.*

A. Vorakten.

80. *Lübeck an die preussischen Städte: hat vernommen, dass der Hm. zwischen Kolberg, dem H. Bogislaf von Pommern und dem B. von Kammin einen*

a) [illegible] D. b) [illegible] D. c) [illegible] D. d) [illegible] D.
e) [illegible] D. f) das Γ fehlt D.

1) Vgl. n. 53 § 3.

Stillstand vermittelt hat und die streitenden Theile ihren Zwist durch den Hm. und die preussischen Städte entscheiden lassen wollen; ersucht, Kolberg hierbei günstig und behülflich zu sein, damit die Fehde endgültig beigelegt werde[1]. *(14)43* (an der elvendusent megede dage) *Okt. 21.*

StA Danzig, Schbl. XXVIII n. 113, Or. Perg. m. Resten d. Secrets.

B. Recess.

81. *Recess zu Danzig. — 1443 Nov. 11.*

D aus der Handschrift zu Danzig f. 276—277.
T Handschrift zu Thorn f. 157 b—159 b. Mitgetheilt von Höhlbaum.
Gedruckt: aus D und T Toeppen a. a. O. S. 590.

Anno incarnacionis domini 1443 domini nunccii consulares civitatum terre Prusie: de Colmen videlicet Bartholomeus Rosenick; de Thorun Hermannus Rusopp, Tylemannus vom Wege; de Elbingo Petrus Storm, Johan Wynthurg; de Danczik Lucas Mekelvelt, Meinhardus Colner, Hinricus Buck et Johannes Meydeburg, in die beati Martini Danczik ad placita congregati, infrascriptos articulos concorditer pertractarunt.

1. Czum ersten nachdeme die heren, alse der herre homeister, der bisschoff von Heilsberg und die vorbenanten stete, die sachen und schelunge, die czwisschen deme heren herczogen von Pomeren, deme bisschoffe zcu Camyn von eyme und der stat von Colleberge gewant vom anderen teile, haben zcu sich genomen, so haben die vorbenanten heren und stete durch vele merckliche handelunge in den sachen gehat, disse nachgeschrebenen artikel gehandelt, so das beyde teile vorbenant ere zcusproche, die eyn teil zcum anderen hatte, haben uffgeantwertet den vorbenanten heren etc., also das sich dieselben sachen so gros und swere machten, das men dovon nicht entlichs hot beslossen.

2. Item dornach ist die vorbenante sache uff eyn vorschopp gekomen, so das der herczoge zcu Pomeren die handelunge der sachen uff eyne andere stat wulde haben und vorschuben, alse zcu Schybelbeyn, Hamersteyn, Dramburg, uff welche stete die von Colleberge umme veerlicheit und beysorge, die sie hatten, nicht komen wulden, so das die sachen von beiden teilen seyn von enander gegangen. Und die von Colleberge begerten, das die sachen zcu Danczike muchten gehandelt werden uff pfinxsten adir uff Michaelis, do sie ere beweisunge zcu wassir welden henbrengen, und sie ouch umbe feerlicheit willen, alse vorberuret ist, andere berne henkomen wulden, welchs der herczoge zcu Pomeren und der bisschoff zcu Camyn nicht uffnemen wulden. Und hirmethe seyn die sachen entczweig gegangen, also das eyn yderman von beiden teilen ere beweisunge und brieffe, die sie hatten uffgeantwert, begerte wedir zcu haben, die en nw von beiden teilen wurden wedir gegeben.

3. Item so haben die von Colleberge bey den steten gewest, bittende, das men en in diessen sachen hulffe und beystant tethe nach inhaldunge des recesses czwisschen den benszesteten gemachet. Hiruff die stete geantwert haben, wie sie sich mit deme heren koninge von Polen und deme herczogen zcu Pomeren vorschreben haben, so das sie eynen ewigen frede zcu halden besworen haben. Doch so haben die stete dis zcu en genomen, das an die eren hen heymen zcu brengen, sprechende vorbas, das die von Colleberge die anderen henszestete, die vormogender

[1] *Gleiche Fürschreiben erhielten Wismar (am 23), Rostock (am 21) und Stralsund (am 22 Okt.). (StA Danzig, Schbl. XXXII C. n. 13, B. n. 10; XXXIV A. n. 35, 3 Or.).*

und mechtiger denne dieme steten weren[a], besuchen und anruffen umbe en beystendig zcu siende.

4. Item ist den von Danczik bevolen den vier steten, alse Lubek, Wissmar, Stralessunde unde Rostorke, uff ere brieffe, alse sie den steten gescreben hatten (von[b] wegen der von Colberge), antwert zcu schreiben von erer aller wegen.

5. Item haben die stete deme hern homeister vorbracht von der Noremberger wegen, das sie hir kouffslagen etc., dovon die stete zcu vorterbunge komen. Dis hat der homeister zcu sich genomen bis zcur negesten tagefart, so lande und stete zcusampnekomen, sprechende, das her vil lieber welde, das die stete gedigeten denne das sie vorturben.

6. Item so hot der homeister den vom Elbinge und Marienburg, den, die zcu Oldemburg von Hennyngk Sachszen wegen gefangen woren, zcugesaget, das sie zcu Marienburg bynnen 3 wochen sullen zcu em komen, das her en geloubet hat zcu schreiben, wenne is em beqweme ist.

7. Item das eyne igliche stat die rechenschaft von der munteze zcur nehesten tagefart inbrenge.

8. *Kulm erhält 200, Thorn und Elbing je 400 geringe Mark vom Pfundzoll* (uff rechenschafft).

9. *Danzig beansprucht die Hälfte des Pfundgeldes für sich, wofür es auch die Hälfte der Kosten für Gesandtschaften nach auswärts bestreiten will. Auf der nächsten Tagfahrt hat jede Stadt sich hierüber gutachtlich zu äussern.*

10. Item eyn yderman mit den seynen handelunge dobeyme zcu haben, wie men is mit den twusent nobelen halden sal, die her Heinrich Vorrath in Engeland entfangen hot[1].

11. Item Hildebrand Tannenberges sache von seyner nachgelassenen kyndere wegen ist also gelaessen, nachdeme Hildebrand Tannenberg seynen kinderen von erer muttir wegen 900 mark gutten geldes in der stat bûch zcu Danczik mit gehegtem dinge hat laessen zcuschreiben[c] von er mutterliche anefal und nicht me, abir ow her vorsturben ist, sprechen dieselben kinder vormunder, das Tannembergcs gut so gut is alse 9200 mark[d], so alle schulde beczalt syn, nach awsweisunge seynes rechenbuches. Welche sachen deme homeister und den steten seyn vorbracht, so das die stete diesse sache haben zcu sich genomen, an die eren zcu brengen, ab men der stat bûch zcu Danczik bey wirden halden sal adir ab men die kinder vorbenant bey rechte laessen sal, do sie sich mit rechte inne begriffen haben. Und dieselben sachen von beiden teilen bleiben so lange anstehende bis zcur nehesten tagefart, eynem yder teil an seynem rechte unschedelichen.

12. Item Claus Jerre, burger zcu Danczik, begerte uff den konyngk zcu Schotlande nach bewelsunge seyner brieffe uffczuhalden, wente her vele vorvolch wol 9 jar lang dorumbe getan hot. Dis haben die stete zcu sich genomen bis zcur nehesten tagefart, eyn iglicher seyner eldesten gutduncken dovon inczubrengen.

a) denne dieme stete [illegible] weren [illegible] D. b) von — Colberge T fehlt D.
c) hat schreiben laissen zuschreiben D. d) geringen gelden fügt T hinzu.

[1]) *Heinrich Vorrath war am 3. Apr. 1443 gestorben, Ss. rer. Pruss. 4, S. 323 Anm. 3. Danzig mahnte darauf am 27. Apr. den deutschen Kfm. zu London sowie dessen Clerk Heinrich ten Hove um Bezahlung der 1500 Mark rückständiger Gesandtschaftskosten und wiederholte diese Mahnung in dringender Weise am 27. Juni (StA Danzig, Missive 4 f. 72 u. 94, Schbl. XV n. 46, vgl. HR. 2 n. 636). Andererseits forderte Riga am 24. Aug. Danzig auf, den Nachlass Heinrich Vorraths mit Beschlag zu belegen, bis die von ihm in England zum Besten der beschädigten preussischen und livländischen Kaufleute in Empfang genommenen 1000 Nobeln verrechnet seien. (StA Danzig, Schbl. 10 n. 15 u. 21, zwei Or.). Vgl. HR. 2 n. 701 § 4.*

13. Item die heren von Thorun sullen deme hern homeister vorschreihen und wisentlich thun, wenne die Polnyschen heren eynen tag werden halden in Polen, uf das der herre homeister sich darnach weiss zcu richtenne und zcu schreihen von der Crakouweschen sachen.

14. Item Hannus Fyerecke von Grudentcz hot sich vor den steten mit seynem eyde entlediget, das her von der vorbietunge der anlegunge kegen Dybouw nicht gewust en habe, das das vorboten were.

C. Korrespondenz der Versammlung.

82. *Die zu Danzig versammelten Rsn. der preussischen Städte an Lübeck, Wismar, Stralsund und Rostock: erwiedern auf n. 61, dass sie ungeachtet aller Bemühungen den Zwist zwischen dem Hg. von Pommern, dem B. von Kammin und Kolberg nicht haben ausgleichen können*, so dat de saken syn unentslegen van beiden delen entweyg gevangen, so juw ok de heren van Colberge, wo sik de saken erlopen hebben, wol heralen werden; *versichern, dass sie bereit gewesen sind, den Streit gemeinsam mit dem Hm. und dem B. von Heilsberg zu schlichten.* — *[14]43* (des anderen dages na s. Martens dage des heligen bisscoppes und bichtigers) *Nov. 12.*

StA Danzig, Missive 4 f. 101.

Versammlung zu Rostock. — 1443 [Nov. — Dec.].

Die nachfolgenden Akten berichten über die endliche Aussöhnung von Rostock mit H. Heinrich; vgl. HR. 2 S. 536. Die Händel datiren noch aus der Zeit der inneren Wirren in Rostock und der Rückführung des alten Raths her und nahmen dem Anschein nach im J. 1443, unter dänischem Einfluss, ebenso einen akuten Charakter an wie die gleichzeitigen lüneburger[1]. *Die Städte traten hier wie dort vermittelnd dazwischen, vgl. Grautoff, Lüb. Chron. 2 S. 87, und es müssen vielfache Tagfahrten in dieser Angelegenheit stattgefunden haben*[2]. *Zuletzt wurden hier wie in Lüneburg die Ansprüche des Hg. abgekauft, nachdem der Fürstenbund Dank dem Verhalten H. Adolfs von Schleswig nicht zur Ausführung seiner Pläne gelangt war.*

Ueber sonstige Verhandlungsgegenstände vgl. n. 87 § 2, 88, 90.

A. Vorakten.

83. *Rsn. von Lübeck und Lüneburg an H. Heinrich von Meklenburg: melden,*

[1]) *Am 19. Jan. befiehlt K. Friedrich die von Rostock allenthalben festzunehmen, weil sie ungeachtet der von K. Sigismund verhängten Acht und Oberacht* in irem frevel und ungehorsam verstocket sind und sich teglich meer und mer widerwertig machen. *Fehlt bei Chmel, die an Lübeck gerichtete Ausfertigung im StA Lübeck, A. Rostock 3, Or.* [2]) *Vgl. oben S. 17, n. 39, 77, 78. Am 17. Mrz. 1443 vermitteln ferner die Domkapitel von Lübeck und Hamburg sowie Rsn. dieser beiden Städte und Wismars zwischen Rostock und der Universität, worauf diese zu Ostern aus Greifswald zurückkehrte, vgl. HR. 2 n. 596 f, 608 § 7 und die Vergleichsurkunde in Rostocker Etwas 1739 S. 763 (wiederholt Frank, altes und neues Meklenburg 8 S. 60), Krabbe Univ. Rostock S. 125 ff. Die rostocker Rechn. aus diesem Jahre verzeichnen vielfache Sendungen zum Hg. wie auch nach Lübeck und an den Markgrafen von Brandenburg.*

dass sie auf den Wunsch des Hg. zum angesagten Tage nach Rostock gekommen sind und zu seinen Diensten bereit stehen. — Rostock, [14]43 (midweken na Elizabeth, under Johan Schellepepers ingesegel) *Nov. 20.*

SA Schwerin, Or. m. Spuren d. Siegels. Mitgetheilt von Schäfer.

B. Bericht.

81. *Bericht über die Verhandlungen zu Rostock. — 1443 Nov.*

L aus StA Lübeck, A. Rostock 3, Entwurf, bezeichnet: In desser nageschrevenen wise hebben de heren sendeboden van den steden handelinghe gehat up dem daghe to Rostoke in der sake twisken dem heren van Mekelenborg unde dem rade to Rostoke, anno 43 post Martini.

Int erste, alse en dach was besproken unde benomen twisken den beyden vorscreven delen vormyddelst dem heren abbate van Dobberan, doctore Bekelin, unde heren Peter Wilden, borgermestere, alse van wegen der achte unde overachte, darynne her Hinrik Buk, borgermester to Rostoke, myt den synen weren ynne kamen, umme claghe unde anlanginghe Joachim unde Hinrikes, broderen geheten Witten[1], unde ok umme der achte unde overachte willen, darynne de vorscreven van Rostoke weren umme claghe unde anlanginghe des vorscreven heren Hinrik, syner medekumpane unde ok vurder Hartwiges unde Joachim unde Hinrikes Witten, unde alse denne de vorscreven here van Mekelenborg dorch de synen leet vorluden, dat he hadde van dem heren dem Romeschen koninghe vulle macht to losende de vorscreven van Rostoke ut der vorscreven achte, wente de[a] erbenomeden heren van Mekelenborg hadden vullemacht darvan[b] se to losende van der overachte, wente de achteschat was van dem vorscreven heren koninghe upgelaten unde overgeven: so geschach, dat de vorscreven here van Meke[le]nborg[c] dorch de sinen, nach dem male he hadde vulle macht, de vorscreven van Rostok ut der vorscreven achte unde overachte to losende, wente sin gnade yo wes darvor ghehede, aldus esschede he van den vorscreven van Rostoke 6000 Rinesche guldene, dat doch nach langer besprake unde langem arbeyde de vorscreven heren sendeboden bearbeydeden, dat de erbenomede here van Mekelenborg scholde[d] hebben van den vorscreven van Rostoke dredusent Rynesche guldene vor den achteschat etc., dat de erbenomede here van Mekelenborg umme bede willen der vorscreven stede do annamede, soverne de vorscreven van Rostoke der vorscreven cleghere willen hadden unde makeden. Aldus de vorscreven stede gingen to den erbenomeden Joachim unde Hinrik unde makeden eren willen, so dat de erbenomeden van Rostoke en scholen geven 2000 mark Sundesch, dar en ane benoghede.

2. Vortmer alse denne de vorscreven here van Mekelenborg in dem anbegin der handelinghe ziik beheilt de unbestande zake, de he jegen de vorscreven van Rostoke hadde, aldus leet he vorluden dree zake, de he hir enboven jegen de vorscreven van Rostoke hadde. Int erste leet he vorluden unde wolde, dat de van Rostoke, he were buten edder bynnen rades, de de lengut hadden, scholden sodanne leengudere van sinen gnaden to lene entfangen, unde hadde ziik wol darane vorsumet wente an de tiit, dat scholde em to nenen schaden komen, hadde ok wol darup breve, dat he darane were bevryget van wegen syner gudere, der mochte he geneten[e].

a) den *L.* b) darvan *corrigirt aus* darane *L.* c) Mekenborg *L.*
d) scholden *L.* e) *Damit bricht der Bericht ab.*

1) *Vgl. HR. 2 n. 156, S. 536 A. 2.*

C. Verträge.

85. *H. Heinrich von Meklenburg beurkundet, dass er, um Rostock aus der noch von K. Sigismund verhängten Reichsacht und Oberacht zu lösen, sich gelegentlich der Krönung K. Friedrichs in Aachen bei diesem für die Stadt verwandt und der Kg. ihm den Achtschatz geschenkt sowie die Vollmacht ertheilt habe, Rostock von der Acht zu befreien; löst kraft dessen und in Folge der Bitten von Rostock und der untengenannten Rm. der Städte, die Stadt von der Acht und Oberacht, setzt sie wieder in den Genuss ihrer Freiheiten ein und erklärt alle Zwietracht zwischen ihm und Rostock für beglichen. Zeugen: Johann, Abt zu Dobberan; Heinrich Bekelin,* lerer in beiden rechten, kerckhere to u. l. frowen to Rozstke; *Mathias Axkow und Johann Vieregge, Ritter; Otto Vieregge, Kammermeister; Joachim Pentze; Wedege van Zule; Johann Colman, Bm. und Johann Brutzkow Rm. von Lübeck; Heinrich Hoyer, Bm. von Hamburg; Johann Schellepeper, Bm., und Heinrich Hoyeman, Rm., von Lüneburg; Peter Wilde, Bm. von Wismar; Albrecht Hertogher und Zabel Segefrid, Rm. von Stralsund. — 1443* (middeweken na u. l. frowen dage conceptionis) *Dec. 11.* Ad mandatum domini Magnopolensis, Johannes Hesse, prothonotarius.

RA Rostock, Or. Perg. m. anhangendem Siegel.
Gedruckt: daraus Rostocker Wöchentl. Nachrichten 1756 S. 33.

86. *Rostock bekennt, sich auf Grund des kaiserlichen Absolutoriums mit H. Heinrich von Meklenburg über den Achtschatz dahin verglichen zu haben, dass es ihm 3000 rh. Guld., zur Hälfte am 1. Nov. (Allerheiligen) 1444, zur anderen am 1. Nov. 1445, zu zahlen habe*[1]. *— 1443* (midweken na u. l. vrowen dage) *Dec. 11.*

RA Rostock, Or.?, war 1873 nicht aufzufinden.
Gedruckt: daraus Rost. Wöch. Nachr. 1756 S. 31.

Versammlung zu Lübeck. — 1444 Jan. 28.

Anwesend waren Rsn. von Hamburg, Lüneburg, Rostock, Stralsund, Wismar und Lübeck.

A. *Die* Vorakten *behandeln stralsunder Verhältnisse, den Stillstand mit Spanien, vgl. n. 69 ff., sowie die beiden Hauptberathungsgegenstände der Tagfahrt, das kolberger Hülfsgesuch und die vertragsmässig zu Pfingsten bevorstehenden Verhandlungen mit Holland, vgl. HR. 2 n. 491 § 2.*

B. *Der* Recess *meldet, dass die Städte Kolberg nach Vorschrift von n. 68 unterstützen zuvor jedoch noch einen Vermittlungsversuch beim H. Bogislaf anstellen wollen. Magdeburg und Göttingen werden ausersehen, das Schiedsrichteramt zwischen den Städten und Holland zu übernehmen und die Besendung des Tages zu Kampen beschlossen. Die übrigen Bestimmungen betreffen die Besiegelung des Vertrages*

[1] *Eine Quittung des Hg. über die ersten 1500 Guld. d. d. Wismar 1444 Nov. 13* (am fridage na s. Mertens dage) *und eine Anweisung auf 1083 lüb. Mark d. d. 1445 Jan. 21* (Agnete) *sind gedr. in Rost. Wöch. Nachr. 1756 S. 33 und 37.*

mit Sluys, den Ausgleich der Kg. Christoph und Erich, die Bestrafung der Besucher von unrechtmässigen Häringslagern, die lübecker Grapengiesser und die Anfertigung von Häringstonnen nach rostocker Muster.

C. *Die Korrespondenz der Versammlung betrifft den Tag zu Kampen.*

D. *Der Anhang enthält eine Verordnung für die lübischen Grapengiesser sowie auf Kolberg und den Vertrag mit Spanien bezügliche Akten.*

A. Vorakten.

87. *Instruktionen [stralsunder] Rsn. zu einem Städtetage.* *[1444]*[1].

L aus StA Lübeck, A. Hans. 1, loses Blatt.

1. Tôm ersten, wo de coplude unde de mêne varende man up der vryen straten wert schynnet, berovet uth den landen to Stargarde unde Wenden, wech gevoret up de Clempenow unde up andere slote dar ummelanges belegen, stocket, blocket, pyneget, vordorven unde beschattet. Desgeliken schut et ok jo so grof up der Ribbenitzer heyde, mestich van Vicke Beren[2] to Nusserow unde syne medegesellen dar up unde aff: hiirup to sprekende, dat sulk schade unde vorderf nicht mer en schege, de copman velich wanken unde unser ên mochte vredesam tôm anderen komen.

2. Item de here van Mekelenburg etc. vorstedet unde beorlovet den synen unde anderen luden, de de men vorbringen mit slichten reden, wo se to sulken maninge hebben, den doch nergent in den steden rechtes wert geweigert, dat se upholden de wagene, schutten unde toven den copman, hinderen unde vangen ône bynnen Ribnitz, darmede ok nedderlecht wert de vryen strate.

3. Item licht her Jachim Vleming to Rostok unde heft unsem heren hertoge Wartislaffe dem olderen, synen landsaten unde steden openbar entsecht, umme lêngudes willen belegen in synen landen, dar doch unse here is overbodich unde wil synen prelaten, mannen unde steden rechtes darumme hôren, alse it is umme lên mit uns im lande.

4. Item claget unse borgermester her Johan Swarte, wo de erlike râd to Hamburg vormâls em entfrômedet hebben syn schip unde gut etc., dat he lange unde vele heft vorvolget unde en kan se nicht to rechte bringen etc. Is nu syne vlitige bede, den erliken rad dar to vormogende, dat se em darumme willen rechts plegen vor[a] den steden, wan se tor negesten dachfard werden tosamende komen, edder he môtet suken wor he kann mit rechte etc.[3]

88. *Stralsund an Lübeck: hat Hamburg kürzlich zwei Mal wegen der Ansprache des Bm. Johann Swarte* van des genomenen schepes unde gudes wegen, so dat eer vor den steden vorlût is, *geschrieben und nun von seinen Rsn. zum rostocker Tage vernommen, dass Bm. Heinrich Hoyer daselbst erklärt hat, Hamburg sei bereit, den Streit auf der bevorstehenden Tagfahrt in Lübeck durch die Städte entscheiden zu lassen; ersucht, Hamburg anzuweisen, dass es seine Rsn. zu diesem Tage hierüber bevollmächtige und erklärt, dass die Stralsunder bereit sind, sich gänzlich dem Spruche der Städte zu unterwerfen; bittet um Mittheilung der hamburger Antwort. — [14]43* (vigilia b. Thome) *Dec. 20.*

StA Hamburg, Abschrift, vgl. n. 92.

a) vor L.

1) *Die Instruktion kann sich auch auf einen der rostocker Tage von 1443 beziehen, vgl. n. 53.* 2) *Nach Lisch, Behr 4 S. 159 zwischen 1439 und 1456 urkundlich nachweisbar.* 3) *Vgl. HR. 2 n. 565, 5.*

89. *Lübeck an Lüneburg: hat bereits zwei Mal wegen der Besiegelung des Vertrages mit Spanien an Lüneburg geschrieben*, unde ok myt jwen sendeboden, de latest in unser stad weren, mundliken vorwordet; *ersucht endlich eine zustimmende Antwort zu ertheilen, denn es müsse dem Kfm. Nachricht geben.* — *[14]43* (mandages vor nativitatis Cristi) *Dec. 23.*

StA Lübeck, A. Flandr. 1, Entwurf.

90. *Lübeck an Hamburg, Rostock, Stralsund, Wismar und Lüneburg: ladet mit Berufung auf die jüngst zu Rostock getroffene Vereinbarung zu einer Tagfahrt in Lübeck am 26. Jan.* (sondach nach s. Pauwels daghe conversionis), *um sowohl über die Besendung des im Frieden mit Holland in Aussicht genommenen Tages zu Kampen als auch über die kolberger Fehde zu berathen; ersucht, die Rsn. zu bevollmächtigen*, myt uns unde den anderen steden dar in to sprokende, wo men de vorscreven van Colberge, umme to vormydende en groter arich, vormyddelst hulpe, rade unde troste moge entsetten, effte se des van noden hadden to donde; *bittet um Antwort*[1]. — *[14]44* (mytweken circumscisionis) *Jan. 1.*

StA Lübeck, Rec. Hans. 2 n. 180, Entwurf, überschrieben: Den steden Hamborg, Rostok, Stralessund, Wismer unde Luneborg, enem isliken besunderen.

91. *Lübeck an Stettin, Greifswald und Anklam: ladet zur Besendung der auf den 26. Jan.* (sondach vor u. l. vrowen daghe purificacionis) *ausgeschriebenen lübecker Tagfahrt, auf der über das von Kolberg zum öfteren an die Städte gerichtete Hülfsgesuch berathen werden soll; ersucht um Antwort.* — *[14]44* (circumcisionis domini) *Jan. 1.*

StA Lübeck, Entwurf, überschrieben: Consulibus Stetinensibus, Gripeswolt unde Anklem, cuilibet suam; *vorausgeht n. 90.*

92. *Lübeck an Hamburg: sendet n. 88 mit dem Ersuchen um eine Antwort, die es Stralsund mittheilen könne.* — *[14]44* (dinxtedages na deme achten dage der h. drier koninge) *Jan. 14.*

StA Hamburg, Or. Perg. m. Resten d. Secrets.

93. *Lübeck an Lüneburg: beschwert sich, dass auch n. 89 unbeantwortet geblieben*, unde menen, dat wy in sulken dropliken saken yo enes antwerdes eghen; unde in dem gy uppe de vorscreven unse breve uns nen antwert willen benalen, so beghero wy, dat gy jwe sendeboden, de gy in unse stad nu sendende werden, van derwegen willen belasten, myt uns unde den anderen steden dar in to sprekende; unde des en antwert by dessem unsem boden. — *[1444]* (Anthonii) *Jan. 17.*

StA Lübeck, A. Flandr. 1, Entwurf, bezeichnet: Consulibus Luneburgensibus, ultima et quarta littera.

B. Recess.

94. *Recess zu Lübeck.* — *1444 Jan. 28.*

L aus StA Lübeck, Rec. Hans. 2 n. 180, zwei lose Bl., Entwurf.

Anno 1444 des dinxtedages vor purificacionis weren de stede Lubeke, Ham-

[1]) *Stralsund wird in einer Nachschrift ersucht, n. 91 an die Adressaten zu befördern.*

borg, Rostok, Stralessund, Wismer unde Luneborg to Lubeke to daghe vorgadart unde hebben handelet unde gesloten so hir navolget.

1. Int erste alse van wegen der van Colberg, de de nach lude eres breves an de vorscrevenen stede gescreven, begheren hulpe, rat unde trost, so sloten de vorscreven stede samentliken, dat se de vorscreven van Colberghe ane hulpe, rat unde trost nicht wolden laten, unde vorder, dat se nach lude der vruntliken tohopesate by den steden latest vorramet unde gesloten den van Colberg myt enem talle weeraftliger lude, myt gelde edder myt luden to hulpe kamen, so[a] dat by den steden is gesloten[1].

2. Item alse van der besendinghe des dages to Campen uppe pinxsten etc., unde alse denne de 6 stede scholen twe stede kesen[2], so hebben se twe stede vor ere schedesheren gekoren, alse Meydeborg[b] unde Goting. Unde de vorscreven stede beden de sendeboden van Luneborg, dat se wol deden unde dorch de eren an de vorscreven beyde stede bodesschup hadden uppe aller vorscreven 6 stede kost unde eventure, darto de vorscreven sendeboden antworden, dat de stede vorscreven an eren rat darumme schreven, wente yd stunde en nicht antonamende van erer stad wegen; deme de stede so deden unde schreven darumme an de vorscreven van Luneborg, so de copie utwiset[3].

3. Unde alse me scholde ok schryven credencien an de vorscreven twe stede, de de vorscreven van Luneborg myt ziik scholden hebben, dat scholde stan bet so langhe, dat de van Luneberg wedderumme schreven unde de nomeden, de to den twen steden teen scholden, de mochte me denne by namen unde tonamen in de credencien setten. Unde de stede geven den van Lubeke vulle macht, wanner se hadden en antwert van Luneborg, dat se denne de credencien mochten utsenden.

4. Item wart vor den steden gelesen sodanne concept der breve, de me scholde bezegelen van des mordes wegen tor Slus[4], de de van Lubeke van wegen der stede scholden bezegelen, aldus nach lude der recesse darup gemaket. So begerden de vorscrevenen van Lubeke van den steden, dat se dat wolden mede beleven unde vulborden, so dat yd worde mede berecesset, so wolden se sodanne breve van wegen der gemenen stede gerne bezegelen. Dario de stede spreken unde de van Hamborg dat mede beleveden, de andere stede wolden dat torugghe brengen unde daraff en antwert den van Lubeke benalen. (Super[c] illo Sundenses scribunt, quod non possunt siggillare, quia continet pro natis et nascendis; Rostocenses scribunt, quod debet scribere ad primam congregationem civitatum isti et alii articuli).

5. Dyt sint de heren, de to dersulven dachvart weren: van Hamborg heren Hinrik Hoyer, Hinrik Koting unde noch en ratman; van Luneborg heren Johan Schellepeper, Hinrik Hoyman; van Rostok Hinrik Buck, Ghert Wyman, borgermestere[5]; vamme Stralessunde heren Evert Hitsem unde Alff Greverode, ratmanne; van der Wismer her Peter Wilde; van Lubeke etc.

6. Item weret, dat de dach to Campen vor ziik ginghe unde me ene uppe pinxsten halden scholde, so hebben de vorscreven stede darumme gesproken unde willen den dach dorg de eren en islik stad besenden, utgenomen de van Rostok,

a) so — gesloten *corrigirt anstatt des durchstrichenen:* sunder den de jennen (!), [illegible] de [illegible] Lubeschen [illegible]; dorch de [illegible] van Luneborg, her Johan Schellepeper unde Hinrik Hoyman, [illegible] L. b) *corrigirt anstatt* Brunswig *L.* c) Super — articuli *von anderer Hand u. S. nachgetragen L.*

1) *Vgl. n. 68.* 2) *Vgl. HR. 2 n. 491 § 2.* 3) *Vgl. n. 93, 126 § 2.*

4) *Vgl. n. 76 A. 1.* 5) Item her Buke, her Wymanne 23 ß mede to Lubke up s. Pawels dage. *Rost. Weddeherrenrechn. 1413/14 (StA Rostock).*

Wismer unde Luneborg, de wolden dat by eren rat bringen unde des en antwert benalen.

7. Item wart gesproken van dengennen, de de uppe bigelegen hebben gemuntet, so dat de van Lubeke dat scholen richten und dergeliken de anderen stede, de dat doch erst by ere redere wolden bringen unde des en antwert benalen[1].

8. Item wart gesproken umme enen dach twisken den van Bremen unde Hamborg bynnen Luneborg to holdende des dinstedages[a] na purificacionis[2].

9. Item nemen de stede myt zik to hues sodanne schryfft, alse hir to Lubeke van den grapen to gbetende is vorramet und[b] den overgote van den gropen[3].

10. Item is dem rade vamme Stralessunde vormyddelst den steden bevalen, dat se spreken myt erem heren, wo de dinghe stan twisken den beyden koninghen, unde effte des behuff were, darumme noch under den steden daghe to holdende umme alles vredes willen.

11. Item screven de erbenomeden sendeboden breve an hertige Buggeslave van Pomeren in desser wise: weret dat id siner gnade noch to willen were, dat se darane wes gudes don kunden, dat de schelinge twisschen sinen gnaden unde den van Colberge to gudem vlege komen kunnen, dat he denne en unde den van Colberge dage unde tiit uppe belegen steden unde beqweme tiden myt vullenkomen gheleydesbreven toscreve unde dergeliken den vorscreven van Colberge, den dages se denne umme alles besten willen gerne woldon warden.

12. Vorder[c] hebben de vorscreven heren radessendeboden gesloten unde willen hebben geholden, dat nen bodeker an dessen steden schal na dessem daghe buten dessen steden hebben edder maken tunnen unde beringhande anders wen alse me to Rostoke maket unde van oldinges wonlik is ghewesen[4]. Unde de hirane brokafftich wert gevonden, de schal an dessen vorscreven steden darna nicht denen edder synes sulves werden.

C. Korrespondenz der Versammlung.

95. *Die zu Lübeck versammelten Rsn. von Hamburg, Rostock, Stralsund, Wismar und Lüneburg und Lübeck an Lüneburg: berichten, dass sie gemäss dem Vertrage mit Holland, Magdeburg und Göttingen zu ihren Schiedsherren auf dem Tage zu Kampen ausersehen haben; ersuchen, die beiden Städte* dorch jwe drepeliken sendeboden uppe unser aller kost unde eventur *zu veranlassen, dass sie je einen Rsn. zu Pfingsten nach Kampen senden; bitten um Antwort. — [14]44* (mytweken vor purificacionis) *Jan. 29.*

StA Lübeck, A. Hans. 1, Entwurf.

D. Anhang.

96. *Verordnung für die lübischen Grapengiesser. 1444 Jan. 30.*

L aus StA Lübeck, Rec. Hans. 2 n. 140, loser zu n. 94 einliegender Zettel.

Wytlyk zii, dat na den yaren unses heren veerteinhundert in deme veer unde vertighesten yare, des donredages vor lichtmissen, dorch nud unde

a) *corrigirt aus (?) sondages na Dorotheen, dat is de achtede dach na purificacionis Marie L.*
b) *und — gropen von anderer Hand hinzugefügt L.*
c) *Das gleichlautende Concept dieses § liegt dem Recesse bei.*

1) *Vgl. n. 176 § 3.* 2) *Febr. 4.* 3) *Vgl. n. 96.* 4) *Vgl. HR. 2 n. 608 § 26.*

vromen des gemenen gudes, nademe de gropen van sodaaner guder materien nu alze hir bevoren nicht werden gemaket, so hebben de heren, de rad to Lubeke, mit eren gropengeteren ener menginge voramot unde eensgedragen in desser wyse: dat se scholen mengen unde gheten 3 punte leheters unde 1 pund hardes; mochten se aver den lobeter nicht hebben, se scholen nemen 2 pund Zwedessches koppers unde 1 pund hardes to erer menginge. Unde worde dyt to Schone edder anderswor aldus nicht bevunden, dat gud schal [men][a] vor wandelbar gud richten. Dat se ok aldus to Rostok, tom Stralessunde, Wysmar unde Gripeswolde van den gropengeteren begeren to holdende. Ok scholen de vorscreven gropenghetere all ere werk unde gropen loden myt tynne unde nicht mit blye.

97. *Kolberg an Danzig: ersucht Eggart Westranze* umme der botalynge wyllen vor de bottere *nicht zu zürnen*; hee hefft ware van unser wegen, so drade de to gelde kamen ys, schal juw wol gude botalynge scheen[1]; *bittet, die Seestädte zu unterrichten*, wo wil van Dantzke an unser sake schededen, dat ze ok unsen vramen weten unde myt hulpe unde bistandygheyd vor umdenken, wente me ziid wol dechliken, wo de heren den steden nagan unde menen. — *[14]44* (mandages na purificacionis Marie) *Febr. 3.*

StA Danzig, Schbl. XXXV C. n. 16, Or. m. Resten d. Secrets.

98. *Lübeck an Hamburg, Rostock, Stralsund und Wismar: sendet mit Hinweis auf seine früheren Schreiben die von ihm bereits untersiegelte Bestätigung des Vertrages mit Spanien, und ersucht, sie ebenfalls zu besiegeln. — [14]44* (des donnerdages [vor][b] Valentini) *Febr. 13.*

StA Lübeck, A. Flandr. 1, Entwurf.

99. *Lübeck an den deutschen Kfm. zu Brügge: übersendet die von Lübeck, Hamburg, Rostock, Stralsund und Wismar besiegelte Urkunde über den dreijährigen Frieden mit Spanien;* unde nach dem unse vrunde, de rat to Luneborg, by der see nicht sint belegen, so hebben se de vorscreven confirmacien nicht mede bezegelt, unde wy menen, yd schole darane noch sin, dat wy viiff stede se hebben bezegelt. — *[1444 Febr.]*

StA Lübeck, Entwurf, voraufgeht n. 98.

100. *Kolberg an Lübeck, Rostock, Stralsund und Wismar: ersieht aus der ihm von Lübeck übersandten Antwort des Hg. an die Städte, dass er Kolberg zu verderben trachte; berichtet, dass eine Verhandlung über Verlängerung des Stillstandes fruchtlos verlaufen; bittet um Hülfe. — 1444 Mrz. 24.*

Aus StA Lübeck, A. Pomm. Städte 1, Or. m. Spuren d. Secrets.

Den ersamen, wolwisen heren borgermesteren unde radmannen der stede Lubec, Rozstok, Stralsund unde Wismer, tom Stralsunde yrsten to opende, unsen bosundergen gunstigen vrunden etc.

Unsen vrundliken grud unde allent wes wii gudes vormogen tovorn. Ersamen heren, bosundergen gunstigen leven vrunde. Unse heren unde vrunde van Lubeke hebben uns gescreven van des irluchtigen vorsten unde heren hertogen to Pomeren etc. antvarde uppe ere, juwe unde der anderen stede breve, unde de averscryfft des antvardes uns gesand, dar me apenbar an dersulven averscryfft kennen mach, dat de here hertoge juwe unde der anderen stede bogheer, an

a) men *fehlt L.* b) vor *fehlt im Entwurf. Valentin fällt 1444 auf Freitag.*

1) *Vgl. n. 45.*

syne herligheyd gescreven, men vorlecht unde wil syk an like unde rechte an uns nycht nogen laten unde nynes rechtes horen, men steyd na unser stad vorderve, alse wii juw vakene hir gescreven hebben. Vorder scryven uns de vorgenanten heren unse vrunde, dat de here hertoge en heft gescreven, wo yd tusschen synen gnaden unde uns an vredesamen dage stode bet to mydvasten nu vorleden, unde darbynnen syner gnaden rad myd den unsen dage holden scholde, den unwyllen hentoleggende. Den dach hebbe wii myt den synen vorsocht, dar konde uns nyne vlege entrichtinge edder lenger vredesame dage vorwyssent unde vorsekert nycht weddervaren, also schedede wii van deme dage sunder ende, dat yd gantz nu butene steyt. Dit moge gii unsen vrunden van Lubeke unde den anderen steden bonalen. Bydden unde bogheren myt gantzen vlyte, dat gii vor uns an den besten myt hulpe unde troste denken unde wyllen de saken vorderen, alse gii see angenamen hebben, unde wyllet uns yo underwegen nycht laten, wente wii alle unsen trost up juw hengen, unde wyllen juw alles rechtes an allen unsen saken horen unde wyllen nyn unrecht by uns hebben. Leven vrunde, wyllet uns juwen guden truwen rad vorscriven unde desse angenamene sake to unser hulpe vultheen, dat wii by like, eren unde rechte blyven mogen, dem menen besten to gude an beschermynge der menen landstrate, dar wii grod arbeyd unde unwyllen umme hebben. Leven heren, desses boghere wii juwe bescreven antwarde by dem yrsten boden, so gii yrste mogen. Gade bovalen. Juwer en wylle dem anderen dessen breff wedder vorsegelt senden etc. Gescreven to Colberge, des dynxtedages na letare Jherusalem, under unsem secrete, anno etc. 44.

Radmanne to Colberge.

101. *Lübeck an Hamburg, Wismar, Rostock, Stralsund: berichtet, dass der Kfm. zu Brügge die von ihnen besiegelte Urkunde über den Vertrag mit Spanien, welche* unse vrunde van Luneborg bildeliken scholden hebben mede vorzegelt, deme se so nicht doen wolden norh gedaen hebben, *durch seinen Schreiber Johann Zerin zurückgesandt hat, mit dem Ersuchen,* uppe dat desse dinghe so nicht werden toworpen, dat wy de vorscreven confirmacien wolden ummeschriven laten unde wy vyff stede vorscreven unde unse vrunde vamme Gripeswolde in de stede der vorscreven van Luneborg wolden vorzegelen; *ersucht darum, die dem Ueberbringer Zerin mitgegebene neue Urkunde besiegeln zu wollen*[1]. — *[14]44* (vigilia Laurencii) *Aug. 9.*

StA Lübeck, A. Flandr. 1, Entwurf, überschrieben: Consulibus Hamburgensibus; *die m. m. gleichlautenden Concepte zu den Schreiben an die anderen Städte befinden sich auf dem Blatte von n. 102.*

102. *Lübeck an Greifswald: berichtet, dass der Kfm. zu Brügge einen dreijährigen Frieden mit Spanien vereinbart hat, den Lüneburg ungeachtet der Vorschrift des Vertrages nicht besiegeln wollte,* segende, dat se nicht sint belegen by der see; *als hierauf die von den fünf übrigen Städten besiegelte Confirmation nach Brügge gesandt ward, schickte der Kfm. sie als ungenügend zurück* (wente se mit besebede der na inneholde des contractes den Spannyerden nicht voldoen en mogen) *und verlangte, dass eine neue von Greifswald mit zu untersiegelnde Urkunde ausgestellt werde; ersucht, dem Verlangen zu willfahren. — [1444 Aug. 9.]*

StA Lübeck, A. Flandr. 1, Entwurf, überschrieben: Consulibus Gripeswoldensibus.

[1]) *Stralsund wird ausserdem noch ersucht, in Greifswald dahin zu wirken, dass es J. Zerin rasch abfertige,* wente de copman to Brugghe swarliken darna beydet.

Versammlung zu Walk. — 1444 Febr. 16.

Anwesend waren Rsn. von Riga, mit Vollmacht von Goldingen und Windau, Dorpat, mit Vollmacht von Fellin, Reval, Pernau, Wenden, Wolmar, Kokenhusen.

A. *Die* *Vorakten* *knüpfen unmittelbar an HR. 2 n. 698 ff. an. Seit dem Beginn des J. 1443 war zufolge der Fehde des Ordens mit Nowgorod der deutsche Kfm. aus Nowgorod abberufen, der Verkehr dahin eingestellt. Vgl. Hildebrand im Bulletin de l'academie de St. Petersbourg 17 S. 341 f. (Mélanges russes 4 S. 748 f.).*

B. *Der* *Recess* *berichtet, dass die Städte den hansischen Zwist mit den Russen bei den eventuellen Friedensverhandlungen zwischen dem Orden und Nowgorod*[1] *nicht mit der Ordenssache vermengen lassen wollen und dem entsprechend auch das verfängliche Ansuchen des Meisters, ihm mit Rath beizustehen, der Sache nach ausweichend beantworten (§ 4. 5. 9. 10). Die übrigen Bestimmungen des Recesses beziehen sich wie*

C. *die* *Korrespondenz der Versammlung* *auf flandrische und nowgoroder Handelsverhältnisse, die holländische Schuld und Processe.*

A. Vorakten.

103. *Reval an Danzig: ist überzeugt, dass Danzig, wie es selbst vor nicht langer Zeit, von Lübeck die Anzeige von dem Verbote der Fahrt nach Nowgorod, der Newa und den benachbarten Häfen, aus welchen Nowgorod versorgt werden könnte, erhalten hat; vernimmt, dass dessenungeachtet danziger Schiffe* mit guderen geladen unse havene vorbiseglen to Wiborch wart, de uppe de Rûssen to vorende unde to slitende, *und ersucht dem zufolge, die Zufuhr nach Nowgorod ernstlich zu untersagen, denn sonst würde man nur langsamer Hand zu einem Ausgleich mit Nowgorod gelangen; lässt bei sich* neue gudere utschepen, me en besvere se ersten, dat se up de Nougarder nicht komen sollen; *verlangt ferner*, off dar jenich umbesegelt was mit jw kamende worde, offte in tunnen geslagen, edder ok andere Nougardessche gudere, de sint deme vorbode gekofft weren, dat gi de to der stede seggende in tovinge willen beholden. — *[14]43* (am dage Abdon et Sennen) *Jul. 30.*

StA Danzig, Schbl. X n. 20 a, Or. m. Resten d. Secrets. Mitgetheilt von Höhlbaum.

104. *Dorpat an Reval: erachtet es für rathsam, dass Reval Lübeck von dem Verlauf der Dinge zwischen dem Orden und Nowgorod unterrichte und es um Rath frage, wie die Städte sich zu verhalten hätten, sowohl in dem Falle, dass der Streit weiter um sich griffe und der Kfm. in seinen Freiheiten zu schützen sei, als auch in dem anderen, dass der Orden von den Städten die*

[1]) *Am 21. Jan. 1444 meldete der Komthur von Reval, dass er mit Nowgorod einen dreiwöchentlichen Stillstand aufgenommen habe, doch bewährten sich die hieran geknüpften Hoffnungen nicht. Laut einem Berichte desselben vom 6. Mrz. zerschlugen sich die Verhandlungen über einen Beifrieden, weil Nowgorod die Aufnahme der 73* stede van der hense *in den Frieden verlangte, wozu der Komthur nicht ermächtigt war.* Unde wie dach uns der hensestede wente to deme sondage judica in vorschrivynge gemechtiget wolden hebben unde de mechtinge sie von eme vastelavende went tom anderen an uns to sennende begerende weren; unde so wie dat nicht annamen wolden, sie den upgenamen frede affgelecht hebben. *(Or. im RA Reval). Der Krieg brach sofort wieder aus, Narwa wurde bestürmt, eine andere russische Schaar fiel ins Land ein, vgl. Hildebrand a. a. O. S. 219–221.*

Aussendung einer Botschaft nach Nowgorod verlangen würde, welche zwischen ihm und Nowgorod vermitteln sollte, als dat de here meister alrede utsettede nu up dem daghe to dem Walke nyelinges gheholden, als uns dat de unse, de wil darsulves hadden, inghebracht hebben; dar he sede, werot, dat id tusschen dem orden unde Naugarden scholde undernomen werden, dat muste scheen vormiddelst bodeschopp van juwen unde unsem rade. — *[14]43* (up s. Remigii dach) *Okt. 1.*

R.A Reval, Or. m. Resten d. Secrets.
Verzeichnet: daraus Hildebrand im Bulletin de l'academie de St. Petersbourg 17 S. 341 n. 210 (Mélanges russes 4 S. 749).

105. *Dorpat an Reval: hat soeben von Riga eine Ladung zu einer Tagfahrt in Walk am 16. Febr.* (sundach vor kathedra s. Petri) *erhalten; ersucht dieselbe unter allen Umständen zu besenden.* — *[14]44* (maendach na s. Pauls daghe conversionis) *Jan. 26.*

R.A Reval, Or. m. Resten d. Secrets.

B. Recess.

106. *Recess zu Walk. — 1444 Febr. 16.*

R aus RA Reval, Recesshandschrift 1430—1453, 11. Lage, Heft von 6 Bl.

Anno domini 1444 up den sondagh vor kathedra sancti Petri de heren radessendebaden der Lieflandeschen stede up dem Walke to dage vorsamelt: van Rige her Hinrik Eppinchusen, her Johan van dem Wege, her W[enemar][a] Harman[1], mit vuller macht der van Goldingen und van der Wynda; van Darbte her Johan Duderstad, her Cord Stocker, her Tideman Remmelinkrade, mit vuller macht der van Vellin; van Reval her Johan Sunneschyn, her Gosschalk Tymmerman; van der Pernewe her Hinrik Rodendorp, her Rotger Dukermollen; van Wenden her Tideman Ryman, her Johan Swarte; vom Woldemer her Hinrik Stenberge, her Tideman Forste; van Kokenhusen her Hans Frolick, hebben gehandelt desse nagescreven sake.

1. Int erste spreken desse vorbenomeden radessendebaden van dem, dat de kopman to Brugge in Vlanderen boven olde wonheit mit nien gesetten grotliken beswerel werden, also dat se ere egen noch erer vrunde profit an laken to kopende nicht doen mogen. Darvan den heren van Lubeke und dem Dutschen kopmane to Brugge wesende oynem elken eyn breff is gescreven van lude navolgende. *Folgen n. 107, 108.*

2. Item spreken desse vorbenomeden van der velscherie der Undutschen van hemp, van vlasse, der welke Lettesch vlasz vorbinden up virkelers bant, honnich, was und alle andere ware swerliken und mennichfoldichliken vorfelschen, und sin eyngeworden, dat eyn elk torugge an sinen rad dat bringen sal, darume endliken to sprekende, und tor negesten dachvart wedder intobringende, wo men dit wandelen moge, als dat dem gemenen gude nutte sal wesen.

3. Item spreken desse vorgescreven radessendebaden van dem schaden, de dem gemenen copmane dorch de Vlaminge in rosteringe der Russeschen und Ceruschen vlote, und van dem schaden, de dem Dutschen copmane up den Vlameschen stromen geschen sin mit vellen anderen schaden etc., darvor desylven Vlaminge dem copmane eyne benomede summe hebben togesecht. Ok hebben

a) W R.
1) Sie verzehrten 34 ℳ myn 12 ß, Rig. Kämmereirechn. S. 169.

desse vorbenomeden sproken van dem schaden, den de Hollandere dessen und den Prusen steden in dem Orisunde vorsegelt und togesecht hebben, darvan dem copmane to Brugge in nagescrevener wyse gescreven is. *Folgt n. 109.*

4. Item wort vor dessen vorbenomeden radessendebaden gehandelt, so als de heren van Lubeke dessen Lieflandeschen steden gescreven hebben, dat nemant to Naugarden, de Nu noch de Narwe soken sal etc., hebben de heren van Reval eynen genant Hinrik Tobbe, borgere to Danczike, beslagen, de mit sinen guderen to Wyborch gewesen hadde. Darvan is den van Danczike gescreven in wyse navolgende. *Folgt n. 110.*

5. Item[a] spreken desse vorgescreven radessendebaden van der Naugarderschen reyse, darinne se vele bewagen gehat hebben. Und ume menniges invalles willen, dat darvan entstaen mochte to vorderfliken schaden den gemenen steden und copmane, darumme sin desse radessendebaden eynsgeworden, betrachtende, offt de twyst tusschen dem orden und Naugarden up eynen dagh to haldende gebracht worde, und desse Lifflandeschen stede darto geeyschet worden, edder van dem eynen parte edder van den anderen parte, so willen se ere drapelike badescop dar mede by senden, to vorfarende, offte de Naugarders ichteswes mit den steden van der copenscop begeren to sprekende, dat desulven boden up der overzeschen stede behach mogen horen und annamen, dach jo nicht der stede sake mit der heren sake to vormengende sunder eyn elk up sik sylven to blivende na older wonheit sunder jenigerhande voranderinge. Diit vorgescreven articul hebben de Rigeschen torugge getogen an eren rad, den van Darbte edder den van Reval, wor en ersten eyn bode henne stedet, eyn antworde darvan to scryvende. Und offte et ok also gevelle, dat desse vorgescreven parte in der stede affwesende to vlege und to vrede qwemen, wat dan den steden darby to donde sy, sollen se mit dem ersten se dat vorfaren undirtusschen undirscryven.

6. Item spreken desse vorbenomeden radessendebaden van dem salte, dat hir int land qwam to somere, dat den Hollanderen genomen was[1], und ume schaden willen, de dem gemenen van entstan mochte, sin se eynsgeworden, dat men in dessen steden, dar dat gud ingekomen is, mit dengennen, de dat salt gekofft und dar gebracht hebben, vorwaren sal, offte dar vorder last van qweme, dat se de uldregen, dat de unschuldige eres genutes nicht entgelden dorven.

7. Item handelden desse sendebaden de sake tusschen[b] den van Darbte und Albert Gropen gewant, darup is den van Rige eyn breff gescreven van lude navolgende. *Folgt n. 111.*

8. Item so als over eynem jare tor Pernowe vor den steden weren Peter Templin und Luteke Reppeler, borgere to Reval, den wort dar gesecht, dat se tor negesten stede dachvarde wedder vor de stede to komende, dat se belaveden, dat se dach nu nicht gedan hebben[2], und ok se und welke andere noch sint der tiid thegen der stede gebot gedan hebben. Alsus is diit mit den heren van Reval ernstliken gehandelt, dat se solke vorgescreven personen also benowen und besweren, dat se noch tor negesten stede vorgadderinge komen und vorboten den steden solken unhorsam, dat en darane genoge; gesche diit nicht, so sal eyn elk tor negesten dachvart inbringen, wo men solken unhorsam richten solle.

9. Item desse vorbenomeden heren radessendebaden van Reval geven dessen gemenen anderen radessendebaden vor van des heren meisters wegene, begerende, dat men em rad geve in dem twyste tusschen dem orden und den Naugardern gewant. Hirup hadden desse erbenomeden radessendebaden velle bewages, und

a) [illegible] § 5 a. R. Nota R. b) [illegible] R.

1) Vgl. n. 65 f. 2) Vgl. HR. 2 n. 701 § 10.

kennen dar nicht nutters inne k[e]nnen[a], weret dat de here meister mochte mit redelikem gefoge to vrede komen mit den vorbenomeden, dat he des nicht vorsloge umme menniger sake willen, darmede diit lant in groter beswaringe komen mochte, so se silk bevruchten.

10. Item spreken noch desse vorgescreven radessendebaden van der Naugarden vart, dat dar so velle bywege und vromde nedderlage inne werden, dat dat in tokomenden tiden eyn gantz vorderff van entstaen solle, darvan den van Lubeke eyn breff gescreven is. *Folgt n. 112.*

C. Korrespondenz der Versammlung.

107. *Die zu Walk versammelten Rsn. der livländischen Städte an den deutschen Kfm. zu Brügge: beschweren sich über das vom Kfm. erlassene Verbot*, dat nemant gelt tovorne up laken to makende utdoen solle, *welches noch über das zu Stralsund vereinbarte Statut in betreff des Lakenstapels hinausginge*[1]; *sind bereit letzteres zu befolgen, bis die Städte etwas anderes beschliessen, verlangen jedoch, dass jenes Verbot aufgehoben werde und der Kfm. wie früher* eynen elken mit sinem gelde sin und siner vrunde profiit doen [late]. — *[14]44* (mandagh vor kathedra Petri, under der stad Rige secrete) *Febr. 17.*

Handschrift zu Reval f. 1, überschrieben: Dem copmanne.

108. *Dieselben an Lübeck: theilen obiges mit; ersuchen, den Kfm. mit gleicher Weisung zu versehen.* — *[1444 Febr. 17]* (ut supra).

Handschrift zu Reval f. 1b, überschrieben: De[n] heren van Lubeke.

109. *Dieselben an den deutschen Kfm. zu Brügge: verlangen, dass er bis auf weitere Anweisung alle einlaufenden Summen aufbewahre, welche von Flandern für die dem Kfm. auf dem flämischen Strome zugefügten Schäden sowie für die Arretirung der Flotte von Rochelle und der Seine in flandrischen Häfen, und von Holland in Folge des kopenhagener Friedens zu zahlen sind*; ofte hir anders wes by gedan worde, bevruchte wy uns, dat dar moge und vordret van entstande worde. — *[14]44* (mandagh vor kathedra Petri, s. d. st. Rige ingesegel) *Febr. 17.*

Aus der Handschrift zu Reval f. 2.

110. *Dieselben an Danzig: berichten mit Bezugnahme auf das von Lübeck im vergangenen Jahre auf Grund der ihm zu Stralsund übertragenen Vollmacht erlassene Verbot der Nowgorodfahrt, dass Reval Heinrich Tobbe aus Danzig wegen Uebertretung des Verbotes arretirt* (bealagen) *habe*, dar wy grote misshegelicheit ane hebben, dat solke dinge to vorheninge der gemenen stede und to vorderve des copmans gestedet werden to schende; *verlangen von Danzig, dafür zu sorgen, dass Tobbe* mit wisser borgetucht vorborget werde, dat he tor ersten gemenen stede dachvarde kome und bringe sine entschuldinge vor, off he welke darto hebbe de redelik sy, wante van ungehorsames wegen dunket uns der myn nicht sin to donde, so dat juwe ersamicheit dat sylven wol kennen kan. — *[1444 Febr. 17]* (ut supra).

Aus der Handschrift zu Reval f. 2b.

111. *Dieselben an Riga: ersuchen, Albert Grope und seinen Sohn Johann, welche gegen Rigas Zusage an Dorpat sich hier nicht eingestellt haben, zum Er-*

a) kenne R.

[1]) *Vgl. HR. 2 n. 695 § 12, 626 f.*

scheinen auf der nächsten Tagfahrt der livländischen Städte anzuhalten; berichten, dass Dorpat, obgleich es seine Unschuld bereits dargethan, sich erboten hat, seinen früheren Vogt zu dem Tage mitzubringen, um den Process mit Grope durch die Städte entscheiden zu lassen; sollten die Gropes hierauf nicht eingehen, so würden sie es für unglimpflich halten, wenn Dorpat solken vruntliken vorbaden nicht geneten mochte; *bitten hierauf Dorpat zu antworten.* — *1444* (up den mandagh vor kathedra Petri) *Febr. 17.*

Handschrift zu Reval f. 3 b.

112. *Dieselben an Lübeck: klagen, dass seit Erlass des Verbotes der Nowgorodfahrt* velle bywege und unwontlike vart van vellen, beide uth den Wendeschen steden, uth Prusen und dorch Sweden *aufgekommen sind und Nowgorod durch Aussenhansen mit allem Nöthigen versehen wird; fürchten, dass sie bei längerer Dauer dieses Zustandes ihn schwerlich werden wandeln können, es sei denn, dass Lübeck strenger darauf sehe,* dat solk vorgescreven gebrek gebetert werde; *ersuchen,* dat gy bestellen, dat solke vart uth den Wendeschen steden, uth Prusen noch dorch Sweden nenerleye wiis geschee, und dat ok nene nedderlage to Wyborgh, to Aboe noch in anderen steden gehalden werden, darna unspreklik vorderff den henseren an der kopenscop beschende wert; mach ok juwe ersamcheit ichtes wes betters und nutters kennen, bidde wy uns mit den ersten to scryvende. — *[1444 Febr. 17]* (ut supra).

Handschrift zu Reval f. 4 b.

Versammlung zu Lübeck. — 1444 Apr. 19.

A. *Die* Korrespondenz der Versammlung *bezieht sich auf den Tag zu Kampen. Lüneburg erhebt wie früher den Anspruch, an der Fehde der holländisch-wendischen Städte gänzlich unbetheiligt gewesen zu sein.*

B. *Der* Anhang *behandelt den Streit der K. Christoph und Erich. Zu n. 119 vgl. Grautoff, Lüb. Chr. 2 S. 80* [1].

A. Korrespondenz der Versammlung.

113. *Lübeck und zu Lübeck versammelte Rsn. von Hamburg, Rostock, Stralsund und Wismar an Kampen: unterrichten Kampen von den Bestimmungen des kopenhager Friedens bezüglich einer Tagfahrt zu Kampen und beglaubigen ihre Rsn.*, bewisere desses breves in allem, wes se van der wegen by jwer ersamen leve van unser wegen wervende werden. — *[14]44* (8 daghe na paschen) *Apr. 19.*

StA Lübeck, A. Batav. 1, Entwurf.

114. *Dieselben* [2] *an Lüneburg: übersenden eine Abschrift des Lüneburg betreffenden Artikels im kopenhager Vertrage* [3] *und berichten, dass sie beschlossen haben, die daselbst in Aussicht genommene Tagfahrt in Kampen zu beschicken; ver-*

[1]) *Die Lücke im Text S. 49 Z. 23 ist durch 1000 auszufüllen.* [2]) *Mit Ausnahme von Rostock.* [3]) *Vgl. HR. 2 n. 491 § 3. Der Zettel fehlt.*

langen, dass Lüneburg, nachdeme wii juwe stad in deme vrede hebben begrepen unde dat hebben belevet, unde ok de vorscreven van Holland etc. jow in groter clage holden gelyk uns, *den Tag ebenfalls besende*, wente vor des nicht en beschege, des wy uns yo nicht en verhopen, so bevruchte wii uns, dat wil mede in der vorscreven besendinge mochten werden geletttet, dar den steden unde dem gemenen copmanne van der Dutschen henze grot vorderflyk schade unde anval van enstan mochte. — *[14]44* (midweken na quasimodogeniti) *Apr. 22.*

StA Lüneburg Or. Perg. m. Resten d. Secrets. In dorso bemerkt: Responsum, quod propter absenciam aliquorum de consulatu pro ista vice non valerent eis responsum facile scribere; cum autem tales reversi fuerint, vellent de materia ista tractare et eis super isto intencionem eorum transcribere (!) *Junghans.*

115. *Lüneburg an Lübeck und die daselbst versammelten Rsn. von Hamburg, Stralsund und Wismar: erwiedert auf n. 114, dass es den kopenhager Vertrag nie angenommen*, sunder de, also wy myt densulven Hollanderen etc. nene veyde en wüsten, dorch hern Hartwige Schomaker, unses rades kumpan, darsulves to Kopenhaven weddersproken, unde ok dorch andere unses rades sendeboden bynnen Lubeke unde ok in anderen steden, dar me desse sake vorhandelde, uns allewegbe hebben uthgetögen[1], und heft uns jemend uppe jenyghen anderen dachvarden efte bestanden myt jw begrepen, dat is sunder unse wetend unde vulbord gheschen; *ist jedoch, auch abgesehen davon, nicht im Stande, den kamper Tag zu besenden, weil es sowohl vor wie nach Pfingsten mit seinem Herrn zu verhandeln habe und bei der Wichtigkeit der Verhandlungsgegenstände* (ume stad unde dat land grot andrepende) van nöden by eynander *bleiben müsse; ersucht die Absage freundlich aufzunehmen und erklärt sich bereit, vor seinem Herrn zu Recht zu stehen, falls die Holländer* uns hir boven jergen umme schuldighen. — *[14]44* (am daghe s. Johannis ante portam Latinam) *Mai 6.*

StA Hamburg, Cl. VI n. 1a, vol. 1 fasc. 3, [lübische] Abschrift.

B. Anhang.

116. *Lübeck an Kg. Erich (und Wisby): sendet die Abschrift eines Briefes, den es im Okt.* (ummetrent Symonis et Jude) *an den Kg. gerichtet*[2], *weil es vernommen hat, dass das Schiff, welches das Schreiben mitnahm, bei Oeland untergegangen ist; hat inzwischen mit H. Barnim verhandeln lassen, jedoch nichts erfahren können*, dar men juwen gnaden wes entlikes van scriven moge. — *[14]44* (vigilia palmarum) *Apr. 4.*

StA Lübeck, A. Dan. 2, zwei m. m. gleichlautende Concepte, überschrieben: Erico regi Dacie *und* Consulibus Wysbu Gotlandie.

117. *Danzig an Lübeck: ist von Kg. Erich ersucht worden, Lübeck aufzufordern, ihm eine Antwort in Betreff seines Zwistes mit Kg. Christoph zukommen zu lassen; bittet, dass Lübeck mit seinen Nachbarstädten auf eine Ausgleichung des Streites hinarbeite.* — *[14]44* (feria 6 an[te] Marci ewangeliste alias feria 2 post misericordia!) *Apr. 24 (27).*

StA Danzig, Missive 4 f. 118.

[1]) *Vgl. HR. 2 n. 468 § 36, oben n. 94.* [2]) *Vgl. n. 37, 94 § 10.*

118. *H. Barnim d. J. von Stettin an Lübeck: hat von Kg. Erich Abschriften einiger Briefe von Lübeck erhalten, welche über die Sendung der lübischen Rsn. an Kg. Erich und Christoph handeln und in Betreff der Zusammenkunft beider Kg. angeben,* dat de vorsamenisse der dage bii uns is unde[a] nicht bii juw; *erklärt dem gegenüber, dass er mit seinem Vetter Hg. Wartislaf und Stralsund sich zu der vereinbarten Tagfahrt in Rostock eingestellt habe,* dar gii do nicht vurder quemen men beth to der Wismer, so dat wii do nene werve van der weghen tosamende vorhandellen konden, men jodoch wii unse werve leten bii den van Rostke, de juw screven under ereme inghesegel[1], darvan wii noch nen antwerde al kreghen hebben, noch[a] de vamme Sunde, den wii sulven vraghet hebben, de nen antwerde van juw kreghen hebben, so wii vurder vynden an juwer overscrifft, also dat de vorsamenisse nicht bii uns is men [bii] juw, alse gii uns overscryven, dar wii menen, gii uns to kort ane don. — *Stralsund, 1444* (mitwekens vor pinxsten) *Mai 27.*

StA Lübeck, A. Dan. 2, Or. m. Resten d. Secrets.

119. *Kg. Erich von Dänemark an Danzig: berichtet, dass er mit den Gesandten seines Schwestersohnes [Kg. Christoph], den Rittern Albrecht Moraher und Magnus Green und dem Prior von Stockholm, einen Waffenstillstand bis Johannis und eine Zusammenkunft am 25. Juli* (Jacobi) *verabredet habe, die Gesandten zurückgegangen seien, um Bericht zu erstatten, und an dem Zustandekommen des Tages nicht zu zweifeln sei; ersucht Danzig, einige Räthe zu den Verhandlungen zu deputiren; hat Lübeck, Wismar, Rostock und Stralsund ebenfalls darum gebeten. — Wisborg, 1444* (sabbato trinitatis) *Jun. 6.* Rex per se.

StA Danzig, Schbl. XIII n. 62 2, Or. m. Spuren d. Secrets.

Versammlung zu Wolgast. — 1444 Mai 3.

Anwesend waren nach n. 124 Rsn. von Lübeck, Stralsund, Rostock[2], Stettin, Greifswald und Vertreter der preussischen Städte.

Veranlasst war die Tagfahrt durch die Ersatzansprüche danziger Kaufleute, welche während des dänischen Krieges, namentlich in den Jahren 1427 ff. durch die Auslieger der wendischen Städte beschädigt worden waren[3], vgl. HR. 2. n. 456. Eine Einigung wurde nach n. 124 nicht erzielt, weil Rostock Gegenansprüche erhob, über welche die Preussen nicht verhandeln wollten, vgl. n. 154 § 2[4].

a) unde nach Or.

1) *Vgl. n. 31.* 2) Her Wymann, her Othbrechte to Wolgast in s. Wolberechtes dage. *Rechn. d. rost. Weddeherren 1444 5. (RA Rostock).* 3) *Vgl. das HR. 2 n. 543 abgedruckte Schadensverzeichniss. StA Lübeck (A. Dan. 2) befinden sich ausserdem zwei Abschriften einer danziger Urk. vom 23. Jan. 1443, worin laut eidlicher Aussage die erlittenen Verluste einzeln aufgeführt werden. Ein anderes Verzeichniss der Beschädigten befindet sich im StA Königsberg, Schbl. XXXIV n. 51, und scheint 1446 zusammengestellt zu sein. Alle drei weichen mannigfach von einander ab, das eingehendste ist das gedruckte.*

4) *Die n. 122–125 datiren zeitlich nach n. 154, sind jedoch des Zusammenhanges wegen hierher gezogen.*

A. Vorakten.

120. *Rostock an Hm. Konrad von Erlichshausen: erwiedert auf die (auch an Lübeck ergangene) Aufforderung zur Besendung einer Tagfahrt in Wolgast am 3. Mai* (jubilate) *behufs Verhandlung über die Ansprüche der Preussen, dass es den Tag gemäss dem Abschiede des lübecker Hansetages*[1] *besenden wolle; verlangt, dass der Hm. diejenigen,* dar wi schelinge unde tosprake to hebben, so wi juwen gnaden wal er geschreven hebben, *ebenfalls hinsende.* — *[14]44* (dinxtag na reminiscere) *Mrz. 10.*

SA Königsberg, Or. m. Resten d. Secrets.

121. *Stralsund an denselben: verspricht die vom Hm. nach Wolgast auf Jubilate ausgeschriebene Tagfahrt zu besenden,* um to horende, wat ansprake unde schelinge uwer gnade undersaten, dar gi leve here van roren, menen to uns to hebbende over de sake unde schelinge, de wi und Bertold Burhamer hebben under uns tuschen, alse dat èn del tom anderen, de steit vul und al bi den viff steden, so wi uwer herlicheid vakene vorscreven hebben; unde unse radessendeboden tor dachvard, do desse stede scholden nelkest hebben to Rostoke tosamende wesen, hadden de sake mit sik in beveel, unde is nicht van unsen schulden dat de sake dar nicht wart ghehandelt, alse juwer gnade undersaten wol is bekant. — *[14]44* (in s. Gregorii dage) *Mrz. 12.*

SA Königsberg, Or. m. Resten d. Secrets.

B. Anhang.

122. *Pfundmeister zu Danzig an den Hm.: berichtet über seine Verhandlungen mit den von den wendischen Städten Beschädigten über die Höhe des zu erhebenden Schadegeldes und die über Lübecks Stellung zu dieser Frage umlaufenden Gerüchte.* — *1444 Aug. 20.*

Aus SA Königsberg, Or. m. Spuren d. Siegels.

Deme gar erwirdigen unserm homeister, mit aller erwirdikeit dandum.

Meynen gar willigen undertenigen gehorsam, mit dirbietunge gancz meyns vormogens. Genediger lieber her homeister. Als mir euwer genade geschreben hat, so habe ich dy guten lewte, die in vorgangenen czeiten von den sehesteten beschediget sint, bey mir gehat, also das dieselbien guten luthe die sachen faste mancherleye gehandelt und gewogen haben, also das ich dor inreithe und gerne gesehen hette, das man das schadegelt angeslagen hette uff die koufluthe us den egedochten sehsteten, also das sie, wenne sy ins land weren gekomen, von der marg hetten gegeben 3 pfennynge, und dergelychen ouch wenne sie ire guter widder us dem lande geschiffet hetten, das sie denne ouch von der mark hetten gegeben 3 pfennynge. So sint dieselbien egedochten beschedigeten luthe wol begernde und bitten euwer genade demutiglichen, das euwer genade welde czulosen, das sie von der mark ins land geben eynen alden schilling und dergelychen us dem lande ouch von der marg eynen alden schilling. Und sie sprechen wol dorbey, das man is ins erste also anslughe, uff das das geruchte in die egedochten sehestete queme, und sprechen, euwer genade mochte is dennoch hernachmols wol geringer anslon denne also is hir berurt ist. Und die guthen luthe setczen die

[1]) Vgl. HR. 2 n. 436.

sachen gantcz czu eweren genaden. Genediger homeister, so vil als ich mir der sachen vorneme, so die von Lubeke busen dem schadegelde bleyben solden, so sal man in langen czeiten von joren wenigk ichtes von den andern berurten steten krygen mogen, wante die von Hamborg, von Lunenborg, von der Wysmer, von Rosztoke und dy vomme Sunde haben kleyne hantyrunge von kouffenschatcze czu Danczik, dy von Lubeke hantyren czehnstunt mehe kouffenschatcz czu Danczig wenne die anderen vorberurten stete alczumole thůn. Ouch genediger homeister, so vorneme ich von etczlichen, dy mir sagen, wy das eyner usme rathe czu Lubeke an eynen guten man czu Danczik solde geschreben haben von desselbien schadegeldes wegen, und vorneme, das der rath czu Lubeke wol welde, das semlich schadegelt alczithe eyn jor lanck gestanden hette, wante sy welden gerne, das sie von dem kouffmanne keyne betastunge dorumme dorfften haben. Ouch genediger homeister, so thu ich euweren genaden czu wissen, wy das am montage nehst vorgangen 3 holke, dy denne czu Danczik czu hawse gehoren, us Vlandern sint ingekomen, die denne faste gewandt, olie, weyn, salcz und krommuser etc. ingebracht haben. Gegeben zcu Danczik, am donnerstage vor Bartholomei apostoli, im 44 jare.

Euwer genaden phuntmeister zcu Danczik.

123. *Danzig an [Hamburg, Stralsund, Wismar und Rostock]*[1]*: ersucht unter Hinweis auf die Anzeige des Hm., dass er den von den Städten Beschädigten die Erhebung eines „Schadegeldes" von den Angehörigen der betreffenden Städte gestattet habe, welches vom 4. Aug.* (s. Lorentztag) *ab erhoben werde, Jemand nach Danzig zu senden, der mit den Beschädigten ein freundschaftliches Abkommen treffe. — [14]44* (feria 6 post Bartholomei apostoli) *Aug. 28.*

StA Danzig, Missive 4 f. 138 b, ohne Adresse.

124. *Rostock an Hm. Konrad von Erlichshausen: weist in Beantwortung der Schreiben des Hm. an Räthe und Gemeinden von Hamburg, Stralsund, Wismar und Rostock nach, dass es stets erbötig gewesen, seinen Zwist mit Preussen durch das von den Hansestädten bestellte Schiedsgericht entscheiden zu lassen, und das Scheitern des wolgaster Tages durch die Weigerung der Preussen, über die Ansprüche Rostocks zu verhandeln, herbeigeführt ist; erklärt sich bereit, auch jetzt noch vor den Städten zu Recht zu stehen, ersucht die Erhebung des Schadegeldes abzustellen und lehnt die Entsendung eines Bevollmächtigten behufs gütlicher Vereinbarung ab. — 1444 Okt. 2.*

K aus StA Königsberg, Or. m. Spuren d. Secrets.

Dem erwardighen unde grotmetighen (!) heren, heren[a] Conrad van Erlichshusen, homester Dudesches ordens, unsem leven gnedigen heren.

Unsen willighen denst tovoren. Erwardige und hochnamige leve gnedige here. Juwer herlicheid breve an desse stede Hamborch, Stralessund, Wismer unde an uns gesand van schaden wegen, de juwen borgeren van Danczik unde juwen undersaten schole gescheen wesen, unde sunderges juwen openen breff an unse borgere unde gancze meynheit in desse vorbenomeden stede gesand, daran juwe vorsichticheit unsen borgeren unde gemeynten to irkennen geven, wo juw vorfar, here Pawel Rusdorp zeliger dechtnisse, vaken umme sodane schaden geschreven hebbe, unde desgeliken juwe herlicheit ok geschreven hebben unde

a) heren heren heren K.

1) Vgl. n. 154 § 2 173 ff.

muntlik bodeschop darumme to uns gesand hebbe, dat doch alle nicht helpen en konne, to uns unde den anderen borgermesteren unde radmannen desser stede, unde wi ok juw nen antworde darup geven unde geschreven hebben, unde begeren van unsen borgeren unde underzaten, dat se uns daran mit ernste underwisen scholen etc., mit mer worden. Dat uns doch unde ok unsen borgeren, den wi juwen breff hebben lesen laten, gancze wunderlik unde vromde wesen dunket, na dem dat se alle wol weten und openbar is, dat umme sodane schade, schelinge unde maninge, de de juwen menen to uns unde den unsen to hebbende unde den wi unde de unsen ok wedder to den juwen hebben, vor den gemenen henzesteden gesproken unde openbar vorhandelt is, unde ok antwort darup gegeven is, unde sunderges up der latesten dachvard, dar juwer lande unde stede sendeboden, alse van Danczeke her Hinrik Bucke, radman, van Torn her Tydeman van dem Wege, unde welke van juwen gebedigheren, de darsulves jeghenwardighen weren [1]. Up welker dachvard to Lubeke de juwen openbar spreken umme schade unde schelinge unde maninge tuschen den juwen unde den unsen, dar doch na besprake der stede affgesecht wart und berecesset, also dat de sake umme schade, schelinge unde maninge, de de juwen to uns edder den unsen unde wi unde de unsen wedder to dem orden, juw unde den juwen hebben, gelecht wart bi de ersamen van Stetin und Gripeswolde, de sake na beider deile clage unde antword to vorhorende unde uns mit recht edder vruntscop to vorschedende, dat de vorbenomeden juwer lande sendeboden annameden, unde na dersulven dachvard to uns in unse stad quemen unde mit uns rameden enes dages to dem Gripeswolde to holdende, unde den dach scholde men uns ene verendeil jares tovoren vorkundigen. Darup wi juwen herlicheiden vaken antword unde breve geschreven hebben, dat wi dem dage na dem affschedent unde recesse der stede also gerne volge don wolden, und hebben vurder juwer grotmechticheit mit densulven breven unsen schaden, clage unde maninge, de wi to juw unde den juwen hebben, schrifftliken gesand unde in densulven breven ingesloten besegelt, alse dat de copien unde utschriffte, de wi darvan hebben unde noch vor oghen sin, clarliken utwisen. Darumme juwe erwardicheit uns unde den anderen steden enen enkeden dach vorramet unde vorschreven hadden to Wolgast to holdende, darup der stede sendeboden darsulves vorgaddert weren, van Lubeke her Jacob Pramstede, her Johan Zegeberch, radman, unde mester Hermen Somervat, in beiden rechten licenciate, van Stetin her Voge, borgermester, vam Sunde her Otte Voge, borgermester, unde her Alberd Junghe, radman, van dem Gripeswolde her Bertold Zegeberch, dem wi ok also volge gedan hebben unde unse sendeboden, als her Gerd Wyman, her Johan Oldbrecht, borgermester, unde mester Johan Karlebecher, in dem geistliken recht licenciate, unser stad schriver, mit vuller macht to nemende unde to donde na clage unde antword, wat den vorscreven beiden steden duchte recht edder vruntscop wesen, als vorscreven is, up densulven dach gesand hebben, unde weren darsulves overbodich na dem affschedent unde recesse der stede den vorbenomeden twen steden rechtes unde vruntscop to horende umme schade, schelinge unde maninge, de se to uns, und ok [a] wedderumme schade, schelinge unde maninge, de wi to dem orden unde juwen undersaten hebben, als de dach ok begrepen was na dem affschedent der stede, als wi ok unse maninge, so vorscreven is, juwer erwardicheit in schrifften tovoren gesand hebben, begerende, dat so to vogende, dat [b] de juwen, de dar to komende werden, ok vulmacht hadden uns wedder to antworden. Des doch unse sendeboden vorbenomet in jegenwardicheit

a) ok wi K.   b) dat dat K.

1) *Hansetag zu Lübeck, 1441 Mrz. 12, vgl. HR. 2 S. 348 f. und oben S. 36.*

der stede darsulves vragheden unde weren begerende to horende van her Bertold Buramer unde den juwen, de mit em darsulves jegenwerdich weren, yfft se ok uns wedder antworden wolden, als de dach begrepen was na der stede recesso unde affschedent. Dar se to seden, dat se dar nen bevele van hadden, unde weren ok also dar nicht komen, dat se den unsen antworden wolden, men alleyn umme eren schaden tosprak to donde. Des unse sendeboden den steden beden to denkende, dat se van unser wegen dar so komen [weren][a] unde weren bereide to nemende unde to donde, wat recht were na dem affschedent unde recesse der stede. Unde leve gnedige here, nademe dat de ersamen van Stetin unde Gripeswolde in jegenwerdicheit der stede bereit weren, uns to vorschedende umme maninge unde tosprak beider deile, unde de unsen ok bereit weren, de vorschedinge to nemende unde to horende, unde de juwen, so vorscreven is, den unsen nicht antworden wolden unde ok dar nen bevele edder macht van en hadden, so schoten de unsen unde beropen de sake wedder vor de stede, alse ok dat affschedent unde recesse der stede inholt, were dat de erbenomeden twe stede uns nicht vorscheden konden, des doch an uns nen gebrek was, so scholde men de sake wedder vor de stede bringen, als sik de ersamen sendeboden ut juwen landen unde steden boven genant hopen wol vordenken. Unde went wi des noch overbodich sin, vor den steden to gevende unde to nemende umme schade, schelinge unde maninge, de gi unde de juwen to uns unde den unsen menen to hebbende, unde ok schade, schelinge unde maninge, de wi unde de unsen to deme orden unde de juwen hebben, wat den steden recht edder vruntscop dunken wesen, so beger wi odmodighen biddende, dat juw erwardige herlicheit solke redelike irbedinge to herten neme, unde darenboven sodane schade[ge]lt[b] up de unsen nicht leggen en laten noch tosteden, nadem wi juwer grotmeticheit unde den juwen schriftlike antworde, so vorberoret is, unde ok dage unde rechtes nicht vor wesen hebben unde noch overbodich sin, vor den steden to nemende unde to donde, wat recht is. Vurder als juw erwardicheit in dem ende juwer breve updecket, begerende, noch wolke van den unsen darumme in juwer gnaden lande to vogende unde schickende, ander gelimp daran to vindende, hopen unde vormoden uns, juwe ersame vornamicheit wol gehort unde irvaren hebbe, welke twedracht unde unvrede to water unde to lande is, so dat wi van rechtem sorkliken anvalle in juw lande nicht senden konnen. Begeren demudighen, de gelechincheit antosende unde uns des nicht to unwillen to kerende edder to witende, so wi des juwer woldedighen herlicheiden wol totruwen unde loven, de God almechtich spar altid gesunt unde salich. Schreven under unsem secrete, an vridage na Michelis, anno domini 1444.

Juwe odmodigen consules Rozstokcenses.

125. Danzig an Rostock: ist dem Ansuchen Rostocks d. d. 2 Okt. (vrigdages na Michaelis), *den Hm. um Abstellung des von den Rostockern zu erhebenden Schadegeldes anzugehen, nachgekommen, hat jedoch die Antwort erhalten, dass der Hm. ohne die Stände nichts darüber bestimmen könne und die Frage dem nächsten Ständetage vorlegen wolle. — [14]44* (feria 4 in die 11000 virginum) *Okt. 12.*

StA Danzig, Missive 4 f. 144 b.

a) weren *fehlt E.*   b) schadelt *E.*

Verhandlungen zu Kampen. — 1444 Mai — Aug.

Die wendischen Städte waren durch Rsn. von Lübeck, Hamburg[1], *Wismar*[2] *und Stralsund vertreten, denen sich die von Göttingen*[3] *als Schiedsrichter zugesellten. Ferner war in eigener Sache Bremen zugegen*[4].

A. *Die unter* Vorakten *vorangestellte Instruktion für die lübischen Rsn. erweist, dass man in Lübeck den Verhandlungen mit nicht allzugrossen Erwartungen entgegensah und Lüneburg seinen Willen behielt, vgl. n. 115. Köln vereitelt den Versuch des Kfm. zu Brügge, der Willkür des Zöllners zu Yerseke zu steuern, womit wohl auch n. 132 zusammenhängt; Rostock entschuldigt sein Ausbleiben. Die übrigen Akten beziehen sich auf die Sicherung der Hin- und Rückreise sowie auf den Verbleib der göttinger Rsn. in Kampen.*

B. *Die* Verträge *mit dem B. von Münster setzten den langwierigen Streitigkeiten zwischen dem B. und Hamburg ein vorläufiges Ziel. Ueber die vorhergehenden Verhandlungen verlautet nichts, vgl. die Hinweise auf dem stralsunder Tage, HR. 2 n. 587 § 7, 608 § 24. Aus der späteren Zeit liegt nur noch ein Schreiben von Lübeck an Münster vom 23 Okt. 1443 vor, in welchem Lübeck erklärt, dass es über den Inhalt des von Münster abschriftlich eingesandten bischöflichen Schreibens* (van des slotes Emeden unde ok van ander mer puncte wegen) *demnächst mit Hamburg berathen und alsdann darauf antworten werde (Or. im SA Münster, gedr. Friedländer, Ostfries. UB. 1 2 n. 551).*

C. *Die* Korrespondenz der Rsn. *unterrichtet uns leider nur lückenhaft über den Verlauf der Verhandlungen mit Holland, bestätigt aber vollkommen die Angaben der Forts. des Detmar, Grautoff Lüb. Chr. 2 S. 92, wonach die Tagfahrt fruchtlos verlief und weder die wendischen Städte noch Bremen zu einem Frieden gelangten. Vgl. Strals. Chr. 1 S. 184.*

A. Vorakten.

126. *Instruktion für die lübischen Rsn. zur Tagfahrt in Kampen. — 1444.*

StA Lübeck, A. Batav. 1, Papierblatt, die obere rechte Ecke ausgefressen, überschrieben: Dit nageschreven is medegedan unde]ᵃ in bevel gegheven den heren [sendeboden to Kampen]ᵃ, anno 44 uppe pinxsten.

1. Int erste hebben de vorscreven sendeboden myt sil[k enen credencie]breffᵃ

a) *Ausgefressen L.*

[1]) 685 ℔ Kotingh, Detlevo Bremere et Johanni Rotgher versus Campen contra Hollandrinos. *Hamb. Kämmereirechn. ed. Koppmann 2 S. 74.* [2]) *Die Anwesenheit der Rsn. von Wismar wird uns auch durch die Stadtrechn. von Deventer bezeugt, deren hierhergehörige Eintragungen folgendermassen lauten:* Item des dünnesdages daernae (Viti, *Jun. 16*) Pelegrym, Bruyns, Zweveken, Kollie, doe sii gesprocken hadden raetsendeboden der stad van Wismer van Willems wegen ten Kollie ende Albert Henrixsoen, opt raethuys vertert 3 gl. 5 ₰. Item des maenendages op s. Margareten dach *(Jul. 13)* Bruyns, Albert ten Hove, die gevaeren weren too Campen myd den henzesteden te spreken, ende voeren voert to Vollenhoe an onsen heren ende weder to Steenwilck, self seste to wagen ende to schepe vertert 16 gl. 6 ₰. — Item op denselven dach (maenendages nae Margareta, *Jul. 20*) Keitehals, die gelopen was to Campen an raetsendeboden van der Wismer van Albert Henrixsoens sake ende Kersthem van Drullenhagen, gegeven 10 ₰. [3]) Reisa versus Hamborch et Campen nomine civitatis Lubeck 129 fl. 3½ ß Hermann Giseler et Giseler de Munden juniori. *Nachher nochmals* 24 ß 6 ₰ — to Campen ad 17 ebdomadas. *Gött. Stadtrechn. 1443/4. (StA Göttingen).* [4]) *Vielleicht auch Stade. Am 30 Apr. 1443 ertheilt B. Rudolf von Utrecht den Rsn. von Bremen und Stade freies Geleit zu einer Tagfahrt in Kampen, am 3 Mai jedoch Graf Eberwein von Bentheim dergleichen nur für Bremen. (StA Bremen, Trese Bc., Or.)*

van wegen der stad Lubeke; ok hebben se myt ziik en vidimus uppe sodanne vruntlike bestant, alse to Copenhaven wart gemaket 10 jar lank durende.

2. Item wanner de vorscreven sendeboden kamen to Campen, so mogen se spreken mit dem rade to Campen, se underwisende unde biddende, dat se de zake willen annamen alse scheidesheren mit den van Gotingen[1].

3. Item weret, dat de sendeboden ut Hollant nicht quemen to daghe, so mogen de sendeboden vorscreven se vorbeyden 14 daghe edder lenk, na rade der anderen stede sendeboden.

4. Item umme to kesende enen overman, so hebben de sendeboden macht unde bevel, dat se mogen kesen van erer wegen de van Magdeborg edder Brunszwig vor enen overman van erer siiden wegen.

5. Item mogen de sendeboden zeggen, wowol de van Hollant nach inholde des tractates to Copenhaven nicht hebben dem daghe noch gedan, wente se ere confirmacien nicht hebben gesant by den copman to rechten tiiden, nochtan umme gudes gelimpes willen hebben se den dach besant, des se lichte nicht plichtich hadden weset to donde. Unde dyt mogen se den Hollanderen vorleggen, woldes se van den van Luneborg vele zeggen.

6. Unde boven al, so hebben de vorscreven sendeboden mede dat alde werff, so dat se in allen dingen des besten ramen.

7. Item van den Erdeschen laken, dat de Hollander de unde andere lakene so maken, alse dat behort, wente me se anders nicht wil in den steden liden.

127. *Der deutsche Kfm. zu Brügge an Lübeck (und Danzig): erinnert an seine früheren Berichte über die Einsetzung des neuen Zolles* to Ghysekerort[2] und up der Hunte und anderen steden und plaetzen; *hat sich vielfach aber vergeblich um dessen Abstellung bemüht und mit dem Zöllner* to Ghisekerort und to Antworpe, dar men nicht en wet, mit wat pagmente de copman vor dem tolle entstan mach, mer dan eyns dachvarde gehalden und gerne hedden bearbeidet, composicie mit en eyne tiid van jaren to makende etc., ume klar to wetende, wormede de copman mit sinem live und gude dar den tollen entstan mochte, daraff dem copmane solk antworde nicht is geworden, darmede he billik schuldich were to vrede to synde; und ume des willen, dat des kopmans gud dagelik vor den tollen mer und mer beswart wert, und dat de Berger market up dem Zoem sere kort na Brugger und Antworper markede vallet to holdende, dat dem copmane van der henze und der copenscop sere unthegen geit und klene profiit inbringet, sunderlik in wasse und werke to vorkopende etc., Sirume — und vil andere sake darto denende, also heft de copman geordineret und gesloten, strengelik to haldende, dat nu mer vortan neyn copman van der Dutschen henze mit wasse edder mit werke, sabelen offte marter, noch mit nenem anderen gude to wiltwerk denende, den vorgescreven Berger market vorsoken sal, ume dat aldar to vorkopende, up de bote van 3 mark goldes to vorborne, so dicke emant dar enthegen dede und mede befunden worde; und diit hebbe wy alume dem copmane hir wesende also vorkundiget und geboden to haldende; *ersucht ein gleichen Gebot auch in den Städten bis auf Widerruf verkünden zu lassen, damit Niemand unwissentlich zu Schaden komme*[3]. — *[14]41 Mrz. 2.*

[1]) *Magdeburg muss hiernach abgelehnt haben, vgl. n. 94 § 2.* [2]) *Vgl. HR. 1 n. 399 § 6, 2 n. 286 § 3.* [3]) *Auf ein gleichlautendes Schreiben an die süderseeschen Städte scheint eine Notiz der deventer Rechn. 1441 5 hinzuweisen:* Item selven dach (saterdages nae letare, *Mrz. 25*) Ketelhals, die gelopen was to Zutphen myd enen brieve, den die olderlude van der Duytscher hanze uytgesant hadden om onrechten tollen etc., gegeven 4 ₰. *(StA Deventer).*

An Lübeck: RA Reval, [dorpater?] Abschrift, vgl. n. 138.
An [Danzig]: StA Danzig, Missive 4 f. 114, ohne Adresse.

128. *Köln an den deutschen Kfm. zu Brügge: erwiedert auf das am 12 Mrz. eingelaufene Schreiben wegen des Zolles zu* Yersekerort *und des Verbotes des Marktes zu Bergen, dass es* oevermitz unse vrunde, die wir meynen, dat [se] sodaner saichen verstendich seulden siin, dat verbot des Bergermartes hain laissen betrachten, ind moigen doch by der frunde noch an uns selven nyet vynden, dat wir in so kurter tziit unsen burgeren den mart mit reeden verbieden moichten, naedem zo vermoiden is, dat up die vurscreven tziit, as urre eirsamheit brief an uns quam, eyn yeder bedacht ind gestalt geweist is up den ind ander marte, die so nae nekende waeren; ind want wir dan den unsen dat nyet en hain moigen verkunden, so en voichden uns ouch nyet, dat an ander stede ind coeplude to brengen; wir hain ouch hieinne angesien, dat ure vurvaren altziit gewegen haint, dat unse burgere de Berger ind Antwerper marte meir dan eyniche ander coeplude van der hanze besoicht haint, ind woulden darumb die beyde marte nyet buten unser vrunde rait verbeeden; ouch meynen wir, dat in deser saichen zo besorgen stae, dat mit dem verboide des Berger martes den here ind stat nyet zo kurt geschey, nadem, as wir vernemen, die beswerонge van den nuwen tolle van yn nyet tokoempt noch in yrre macht ist, den affzostellen; ouch mach veill gueis to Bergen komen, dat to lande und nyet vor dessen toll koempt; *ersucht deshalb* dat verbot vorder zo betrachten ind hernae mit raide ind biiwesen dergheynre, der daerzo noit, dat gemeyn beste in desen sachen vurzoneymen. — *[14]44 Apr. 15.*

StA Köln, Copienbücher 17 f. 10.

129. *Rostock an Lübeck: vermag die Tagfahrt zu Kampen nicht zu besenden; wird über die Abhaltungsgründe* (rechte witlike notsake), *die es schriftlich nicht mittheilen kann, demnächst mündlich berichten lassen; ersucht es bei den übrigen Städten zu entschuldigen; sendet ein Verzeichniss der von den Holländern Rostock zugefügten Schäden, mit der Bitte, dass die lübischen Rsn. Rostocks Beste hierin wahrnehmen und ihm Nachträge vorbehalten, weil viele Bürger zur Zeit nicht daheim; verspricht allen Vereinbarungen der Städte zuzustimmen; hat dasselbe Stralsund geschrieben. — [14]44* vridag na ascensionis domini) *Mai 22.*

StA Lübeck, A. Batav. 1, Or. m. Resten d. Secrets.

130. *Lübeck an Hamburg: sendet die Abschrift eines Briefes von Bremen mit dem Ersuchen,* hirup versien [to] wesen to des copmans besten na juweme vormoge. — *[14]44* (mandages na der h. drevaldicheit dage) *Jun. 8.*

StA Hamburg, Or. Perg. m. Resten d. Signets.

131. *Groningen geleitet die Rsn. von Lübeck, Hamburg, Wismar und Göttingen mit ihrer Begleitung für die Dauer eines Monats und sendet seinen Kastellan ter Munten, der sie durch das groninger Gebiet* (doer onse bedriiff) *nach Groningen führen soll. — [14]44* (op s. Vitus avend) *Jun. 14.*

StA Lübeck, A. Batav. 1, Or. m. unten aufgedrücktem Secret.

132. *Antwerpen an Lübeck, Hamburg, Wismar, Rostock und Stralsund: beglaubigt Heinrich von Wakenbroeck und Peter Ole, denen es so zu begegnen ersucht,*

dat de alde gunste ende guede vruntscap onderhalden werde[1]. — *[14]44 Jun. 24.*

StA Lübeck, A. Batav. 1, Or. m. Spuren d. Siegels.

133. *Lübeck an Hamburg: dankt für die durch den hamburger Protonotar Johann Quentin übersandten Gesuche der Rsn. in Kampen um Auswirkung eines Geleitsbriefes beim EB. zu Bremen; hat sie auch von seinen Rsn. erhalten; berichtet, dass es mit Zuthun von Quentin den Entwurf eines Geleitsbriefes hat aufsetzen lassen, den Quentin Hamburg vorlegen werde, und ersucht, dass Hamburg* wene merklikes darumme to deme heren ertzebisscoppe to Bremen willen senden, der leidebreve twey to bearbeidende, den enen by jw to beholdende unde gy den anderen leidebreff juwen, unsen unde der anderen stede sendeboden vort over to Campen willent benalen. — *[14]44* (in s. Petri unde Pauli dage) *Jun. 29.*

StA Lübeck, A. Batav. 1, Entwurf, voraufgehen n. 134, 136.

134. *Lübeck und Hamburg an EB. Gerd von Bremen: ersuchen, die in Kampen weilenden Rsn. von Lübeck, Hamburg, Stralsund, Wismar und Göttingen durch das Stift Bremen zu geleiten und die Urkunde durch den Ueberbringer einzusenden.* — *[14]44* (in s. Petri et Pauli dage) *Jun. 29.*

StA Lübeck, A. Batav. 1, Entwurf, vgl. n. 133.

135. *B. Rudolf von Utrecht ertheilt den in Kampen befindlichen Rsn. von Lübeck, Hamburg, Wismar und Göttingen sicheres Geleite für die Heimreise. — Vollenhoe, 1444* (sonnendages nae o. l. vrouwen daghe visitarionis) *Jul. 5.*

StA Lübeck, Trese, Batavica n. 196, Or. mit aufgedrücktem Siegel.

136. *EB. Gerhard von Bremen ertheilt den in Kampen weilenden Rsn. von Lübeck, Hamburg, Wismar, Stralsund und Göttingen mit ihrer Begleitung sicheres Geleite für ihre Rückreise durch sein Bisthum.* — *[14]44* (mandaghes na u. l. vrowen daghe visitacionis) *Jul. 6.*

StA Lübeck, A. Batav. 1, Or. m. Resten d. unten aufgedrückten Siegels; 2) Entwurf, stimmt m. d. Or. bis auf das Datum wörtlich überein, vgl. n. 133, 134.

137. *Groningen ertheilt den in Kampen weilenden Rsn. von Lübeck, Hamburg, Wismar und Göttingen auf ihr Ansuchen,* des doch neen behoeff ofte noot haulde ghedaen, *freies Geleite.* — *[14]44* (dinxdaghes na s. Mertens dach translationis) *Jul. 7.*

StA Lübeck, A. Batav. 1, Or. m. wohlerhaltenem aufgedrückten Secret.

138. *Heinrich, B. von Münster und Administrator von Osnabrück, verkündet seinen Beamten und Unterthanen, dass er den in Kampen befindlichen Rsn. von Lübeck und Hamburg freies Geleite durch seine Lande ertheilt habe, wiewohl sie dessen nach dem Abschluss des Stillstandes nicht bedürften. — Ahaus, [14]44* (saterdages na der twelff apostell dage) *Jul. 20.*

StA Lübeck, Stift Münster, Or. m. aufgedr. Siegel.

[1]) *Bereits am 28 Jun. ersuchen Abgeordnete von Antwerpen von Wildeshausen aus um Geleite für Stift und Stadt Bremen. (StA Bremen, Trese B c). Koppmann, Hamb. Kämmereirechn. 2 S. 74 verzeichnet z. J. 1444: 8 fl. 8 β* in 8 florenis Renensibus propinata IIII magistro civium?, qui fuit hic ad instanciam dominorum consulum de Antwerpia in Brabancia

139. *Gf. Everwin zu Bentheim geleitet die Rsn. von Lübeck, Hamburg, Wismar, Rostock und Stralsund mit ihrer Begleitung für einen Monat durch sein Gebiet. — 1444* (donredages na s. Peters dage ad vincula) *Aug. 6.*

StA Lübeck, A. Grafschaften d. Reichs 1, Or. m. Resten d. aufgedr. Siegels.

140. *Desgleichen Lise van Moirsze, Gräfin von Nassau und Vianden,* wandaghes to Tekeneborch wedewe. — *1444* (fritaghes nae s. Peters daghe ad vincula) *Aug. 7.*

StA Lübeck, A. Grafschaften d. Reichs 1, Or. m. unten aufgedr. Siegel.

141. *Lübeck und Rsn. von Hamburg an Göttingen: haben vernommen, dass die göttinger Rsn. von Kampen nach Hause zurückkehren wollen, weil* de eldeste is kemerer, de rekentschop to s. Michaelis dage móste don, wente unser stede werf to Campen noch dree wekene wolde waren; *erklären dem gegenüber, dass die Verhandlungen mit den Holländern allerdings* sük mannichvoldichliken vorlopen vormiddest velen puncten een tygen den andern dar ingesprenget, *jedoch ein baldiger Abschluss zu erwarten sei und die vorzeitige Abreise der göttinger Rsn. leicht den Frieden stören und den Krieg wieder erwecken könne; ersuchen deshalb, die Rsn. durch den Ueberbringer anzuweisen, dass sie mit den übrigen bis zum Ende in Kampen ausharren. — [14]44* (an u. l. vrouwen dage erer hemmelvart) *Aug. 15.*

G StA Göttingen, Hans. Briefe, Or. Perg. m. Spuren d. Secrets, hat durch Nässe gelitten.
StA Lübeck, A. Batav. 1, zwei Abschriften, vgl. n. 151.
Gedruckt: aus G Schmidt UB. v. Göttingen 2 n. 211. (Z. 10 l. is *statt* alse; *Z. 23* dat gii by desseme unseme boden, bringere desses; *Z. 28* nu in korte to ende wert komende. Unde gii; *Z. 29* dem gemenen gude tho nutticheit.)

142. *Göttingen an Lübeck und Rsn. von Hamburg: erwiedert auf n. 141, dass es seine in Kampen weilenden Rsn. in vielen Dingen vermisse, sich eines solch langen Ausbleibens derselben nicht versehen habe und die Rsn. auch in ihren eigenen Angelegenheiten benachtheiligt werden* (hinderstellich geworden und to groten schaden gekomen sin); *hat sie dennoch ersucht, in Kampen zu bleiben,* dewile sek de sake suslange verthogin hefft und bynnen korten tiiden to eynem gutliken bestande und ende komen moghen — wilwol uns dat gar unbeqwemelik alse vor is und on sulves faste groten schaden bringet. — *[14]44* (dominica proxima ante diem s. Bartholomei apostoli) *Aug. 23.*

StA Lübeck, A. Batav. 1, Or. m. Resten d. Secrets.

B. Verträge.

143. *Rm. Wilhelm von Calven und Rm. Jakob Bramstede von Lübeck sowie Bm. Heinrich Koting und Stadtschreiber Johann Rolgheri von Hamburg bekennen, dass sie im Namen von Lübeck und Hamburg und unter Vermittlung von Gherlich Piil, Amtmann zu Emsland, und Detlef Bremer, Rm. von Hamburg, mit B. Heinrich von Münster einen Waffenstillstand auf fünf Jahre, vom 15. Jul.* (twelf apostel) *1444 bis zum 29. Sept.* (Michaelis) *1449 eingegangen sind, während dessen Dauer eine Tagfahrt anberaumt werden soll, um die beiderseitigen Ansprüche und Beschwerden*[1] *auszugleichen; geloben, dass die*

[1]) *Ein ausgefertigtes und undatirtes Verzeichniss der Beschwerden B. Heinrichs befindet sich im SA Münster (Doppelblatt).*

beiden Städte den Frieden beobachten werden. — *Kampen, 1444* (sonavendes vor s. Margareten daghe) *Jul. 11.*

StA Lübeck, A. Stift Münster, Abschrift, mit Verschiebungsschnitten, vgl. n. 150.

144. *Lübeck und Hamburg beurkunden den mit B. Heinrich von Münster abgeschlossenen fünfjährigen Frieden*[1]. — *[14]44* (sonavendes vor s. Margareten daghe) *Jul. 11.*

StA Lübeck, A. Stift Münster, Copie aus dem J. 1448. Unter dem Text bemerkt: Den vredebreff wedder van dem byscoppe unde cappittele to Munstere besegelt, de lycht by dem raede to Hamborch.

C. Korrespondenz der Rathssendeboten.

145. *Lübeck an Rm. Wilhelm von Calven und Rm. Jakob Bramstede: sendet n. 129 mit der Anweisung:* in des behoff, so rainet eres besten darinne na juwem vormöge. — *[14]44* (dinxedages na ascensionis domini) *Mai 26.* Ok begere wy, dat gy den Rostocker breff unde scriffte vorwaren.

StA Lübeck, A. Batav. 1, Or. Perg. m. Resten d. Siegels.

146. *Der deutsche Kfm. zu Brügge an die Rsn. von Lübeck, Hamburg, Stralsund und Wismar zu Kampen: hat von seinem Schreiber,* den wii unlanx gheleden by ju ghesand hadden, *vernommen, dass die Rsn. der von demselben mündlich und schriftlich vorgelegten Beschwerden des Kfm. eingedenk sein wollen, hofft, dass sie es nicht vergessen; meldet in Berichtigung der Angabe der Holländer, der Kfm. besitze einige Urkunden des Hg. von Burgund über den kopenhager Frieden, dass er nichts dergleichen empfangen habe,* mer dat is wol waer, dat mester Lodewich van der Eeck hiir was bynnen Brugge up aller Godes hilgen avend[2], so dat compromisse inneheelt, myt enen breve, segghende, dat ziin here de hertoghe van Bourgonien etc. de dachvard to Coppenhaven gheholden, hadde togelaten und confirmirt, und umme des willen, dat de stede der lande Holland, Zeeland etc. nicht besegheIt ene hadden, so beheelt deselve mester Lodewich densulven breiff, und vorde den daer eme dat ghelevede. — *[14]44 Jun. 27.*

StA Lübeck, A. Batav. 1, Or. m. Resten d. 3 Siegel.

147. *Rostock an die zu Kampen weilenden Rsn. von Lübeck, Hamburg, Stralsund und Wismar: sendet auf ihren durch Lübeck übermittelten Wunsch seine nach dem von den Rsn. vereinbarten Entwurfe ausgestellte Vollmacht,* wiewohl uns dat wol sorklik unde zware is to donde umme vele anvalles unde lastes willen, de daran komen mochte; *ersucht, die Vollmacht nicht zu überschreiten und Rostocks Interessen wahrzunehmen,* wente gi unse not unde gebreke sulven wol irkennen. *[14]44* (dinxtag vor visitacionis Marie) *Jun. 30.*

StA Lübeck, A. Batav. 1, Or. m. Resten d. Secrets.

148. *Lübeck an Rm. Wilhelm von Calven und Rm. Jakob Bramstede in Kampen: hat die Anzeige, dass die holländischen Räthe in aller Hast von Kampen nach Brüssel zum Hg. entboten und die Rsn. mit ihnen übereingekommen sind, drei Wochen auf ihre Rückkunft zu warten, sowie das Ansuchen um Auswirkung eines Geleitsbriefes vom EB. zu Bremen und einer Vollmacht von*

[1]) *Der Wortlaut stimmt in allem wesentlichen mit n. 143 überein.* [2]) *1441 Okt. 31, vgl. HR. 2 n. 491 § 6, 591.*

Rostock, auch von Hamburg erhalten; sendet n. 133, 134 und die rostocker Vollmacht; räth, dat gii mit todonde der stede sendeboden bii juw vorboleden den tolner to Gherenvleet, mit eme to vorhandelende unde eens to werdende, wat he van wasse, wercke, wände unde van all[erl]eye[a] guderen in deme tolle darsulves to Gherenvleet mochte nemen in redelicheit, dat de schepe mit den guderen bynnen dor mochten segelen, aff unde to, uppe dat een islyk vor dem Zwenne mit sinen schepen unde guderen nynen schaden droffte nemen; unde nement hirto to helpe mester Johanne Swine, de kan juw hirinne anrichtinge, gud bescheet unde underwisinge wol don[1]. — *[14]44* (vridages na visitacionis Marie) *Jul. 3.*

StA Lübeck, Trese, Batavica n. 195. Or. Perg. m. Spuren d. Secrets.

149\. *Köln an die zu Kampen befindlichen Rsn. von Lübeck, Hamburg, Rostock, Lüneburg, Wismar* ind der anderre steide van der hansze: *beglaubigt Doctor Johann von Coistfeld*, unsen lieven rait ind getruwen, *dem es beauftragt hat, mit ihnen zu verhandeln über die Weine des Kölners Johann Dasse, welche Bremen kürzlich mit Beschlag belegt hat, sowie über* sulke gelt, as die eirsamen alderlude der hanszen to Brugge in Vlaynderen unsen burgeren ind koufluden van macht eyns uitsprurhs, die steide van der hansze to Lubike gedayn hayut, schuldich siint; *das Nähere werde Johann berichten*[2]. — *[14]44 Jul. 6*[2].

StA Köln, Copienbücher 17. f. 26 b.

150\. *Die zu Kampen weilenden Rsn. an Lübeck: senden durch Andreas, den Boten des Kfm. von Brügge, die Urk.* (den breff) *des B. von Münster*, dar wy jw hirbevoren ock aff gescreven hebben, *und n. 138; haben ein von Kampen ausgestelltes Vidimus beider Urkunden zurückbehalten;* unde de dinghe mit den Hollanders vorlopen sick sô mannichvolt van der Bremers unde anderer zake wegen, so wy ju des wal berichtende werden, oft God wil to unser tokumst, dat wy juwen ersamheiden nu tor tyt dar nicht aff scriven en konnen. *[14]44* (tô s. Jacobs dâge des h. apostels, under her Wilhelmes van Calven ingezegel) *Jul. 25.*

StA Lübeck, A. Stift Münster, Or. m. Resten d. Siegels.

151\. *Lübeck und Rsn. von Hamburg an Bm. Wilhelm von Calven und Rm. Jakob Bramstede: erwidern auf ihren Bericht über die Verhandlungen mit Holland, dass die Rsn. von Hamburg zur Berathung darüber nach Lübeck gekommen sind und die von Wismar morgen erwartet werden, wollen alsdann darauf*

a) alleye L.

1) *Eine Zollrolle von Gheerrliet vom J. 1446 befindet sich im StA Danzig, Schbl. XVIII n. 28 S. 55. Mit diesen Zollstreitigkeiten scheinen die nachfolgenden Aufzeichnungen der gräter Stadtrechn. 1441 5 (StA Gent) in Zusammenhang zu stehen: (f. 214)* Meester Jacop van Hansbeke, advocaet van ghedeele, reet uut laste van scepenen to Brogghe den 14 dach in octobre bII den andren leden slands, omme zekere zaken angaende der duchvaert van Campen; ende was nute 10 daghe, te 5 β gr sdaeghs, comt 3 ℔ gr. *Bald darauf (f. 216) reitet derselbe mit noch drei Räthen abermals* te Brugghe metten anderen leden slands, angaende den pointen, die de Oosterlinghe overghegheven hadden up de Spaengaerts ende der bezcaetheden van desen lande, ende waren unte ele 17 daghe. 2) *Vgl. HR. 2 n. 439 § 43.*

3) *Ebenso beglaubigte er an demselben Tage Coestfeld bei den zu Kampen befindlichen Rsn. von Bremen in Sachen Dasses, und ferner bei Kampen wegen eines Streites zwischen Heinrich von Borken und dem Kölner Johann Breide, worüber Kampen an Köln berichtet hatte. (Copienbücher 17 f. 26 b — 27).*

antworten; melden, dass sie gemäss dem Schreiben von Detlef Bremer Göttingen ersucht haben, seinen Rsn. die Anweisung zum Bleiben in Kampen zu ertheilen; hoffen, dass es dem nachkommen werde; senden n. 141[1]. — *[14]44* (an u. l. vrowen hemmelvart dage) *Aug. 15.*

StA Lübeck, A. Batav. 1, Or. Perg. m. Spuren d. Secrets.

152. Lübeck und Rsn. von Hamburg und Wismar an die Rsn. der wendischen Städte zu Kampen: ertheilen auf die Anfrage um Verhaltungsbefehle die Anweisung, neben Magdeburg und Braunschweig auch noch Erfurt als Schiedsrichter vorzuschlagen, hingegen die Forderungen der Holländer in Betreff des Schutzes ihrer Angehörigen in den sechs Städten vor einer Verfolgung durch kaiserliche Achtsbriefe und der Verquickung der bremer Fehde mit den Angelegenheiten der sechs Städte zurückzuweisen; senden einige Akten und verlangen, dass die Rsn. ihren Rückweg durch das bremer Stift nehmen. — 1444 Aug. 17.

L aus StA Lübeck, Trese, Batavica n. 197. Or. Perg. m. Spuren d. Secrets.

Den ersamen wysen mannen, heren radessendeboden der stede Lubeke, Hamborch, Wysmar, Rostock unde Stralessunde, nu tor tiit to Campen to dage vorgaddert, unsen guden vrunden, samentlyken unde besunderen, dandum.

Unsen vruntliken grut unde wes wii gudes vormogen tovoren. Ersamen heren unde sunderges guden vrunde. Wii hebben juwen bref entfangen, darinne gii scriven under mer worden van veler handelinge, de gii mit den sendeboden van Hollant etc. gehad hebben, umme to kesende in dessen zaken enen overman, unde wo dat de van Utrecht unde Amersforde van der Hollandere wegen hebben genomet de stede Cleve, Dornik unde Cameriic unde unse schedesheren van unser wegen hebben benomet Magdeborch unde Brunswiick, in welke twe stede, unde ok in jenige Sassesche stede, de schedesheren van der Hollander ziide nene wiis vulborden willen, unde wo darumme den van Campen unde Gottingen duncket ratsam unde nutte wesen, uppe dat gii mit nenem ungelimpe van der dachvart scheden, dat wii noch twe edder dree stede benomen, alse Erforde, Nuremberge unde Francfurt, darut ene stede vor enen overman to kesende, unde int leste juwes breves begeren, in dem gii van uns nicht anders in beveel hebben, men by den van Magdeborch unde Brunswiick van unser ses stede wegen to blivende, dat wii sunder vortogeringe juwer ersamen leven willen benalen, wer gii de vorscreven dree stede Erffurde, Nuremberghe unde Francfort van unser wegen scholen benomen, enen overman darut to kesende, edder dat gii entlyken uppe den twen steden Magdeborch unde Brunszwiick bestande willen bliven, darna gii juw denne willen richten. Des wetet, ersamen guden vrunde, dat wii desse zake mit vlite unde groteme arbeide hebben overwegen unde darupp endrechtlyken gesloten, dat gii van unser sees stede wegen den vorscreven der Hollandere schedesheren vorleggen unde benomen mogen sodanne twe stede Magdeborch unde Brunswiick, de wii juw hebben in beveel medegedan, unde darenboven de stad Erffurde vorbenomet. Unde weret, dat se in der twyger stede vorscreven een nicht wolden

[1] *Am 18 Aug.* (dinxedages na u. l. vrowen hemmelvart) *wiederholen dieselben die erste auf Göttingen bezügliche Hälfte ihres Schreibens, mit Hinzufügung lediglich des Namens des Boten Lambert, der n. 141 nach Göttingen und Göttingens Anweisung an seine Rsn. nach Kampen bringen soll. (StA Lübeck A. Batav. 1, Or. Perg. m. Spuren d. Secrets). Offenbar wurde n. 151 direkt und das Schreiben vom 18 Aug. über Göttingen nach Kampen gesandt.*

vulborden, so gii scriven, denne is unse entlyke wille, dat gii de vorscreven van Erfurde allenen vor enen overman van unser wegen laten benomen. Unde alse gii vorder scriven, dat de Hollandere weren begerende, dat gii juw van unser sees stede wegen vorreeden unde vorplichten solden, dat se vrii unde velich in dessen sees steden vor eneme yewelken van des hilgen rykes achte unde overachte wesen mochten, des gii juw van desser stede wegen nene wiis vorgeven dorsten noch vorgeven wolden etc. Leven vrunde, darup moge gii antworden, dat dat in unser macht nicht en is unde uns dos nicht en steyt to donde, wil we moten des hilgen rykes geboden, nademe wii sunderges to dem hilgen ryke behoren, jo gehorsam wesen, soverre wii in des hilgen rykes ungnade, in achte, overachte, sware pene unde vorderfflyken schaden nicht en willen vorvallen. Unde wii wolden wol, dat sulker achte unde overachte breve in desse stede summer en quemen noch gebracht worden, unde en is nit unseme rade noch to-donde mit alle nicht, dat solke breve komen in desse stede, des men uns in warheit mach beloven. Unde efft sodanne achte unde overachte breve over de van Holland etc. in dessen steden werden gebruket, sodanne achte unde overachte breve, de weren doch gegeven unde utgegan lange vor der tiit, eer wii stede mit den Hollandern etc. to veyden unde to kryge sin gekomen etc. Unde alse gii ok vurder in juweme breve berdren, wes de van Bremen den Hollanderen, Seelandern unde Vreslandern in ereme kryge to schaden doen hebben, hiisundergen an 13 schepen in deme negesten vorledenen herveste den Hollanderen genomen van den van Bremen[1], dat willen desulven Hollandere uppe uns van Lubeke unde Hamborch samentlyken bringen unde vermanen, worvan de summe sik vorlopet uppe 34000 Rinssche guldene, ane anderen eren schaden de tomale grot sind etc.: leven vrunde, uppe juwe vorbeteren moge gii darup antworden, dat wii sees stede mit der van Bremen unde der Hollandere veyde unde kryge nichtes mit alle to schickende noch to doende en hadden, wente wii des kriges, verlust erer schepe unde gudere, rades, medewetendes unde dades degher unde all unschuldich sin, unde hopen, wii en dorff[en][a] dar vurder nicht to antworden. Vurder, leven vrunde, up dat gii mogen de gruntlyker weten, under wat kraft unde macht de tractaet to Copenhaven is gemaket, unde wii mit den Hollandern to vruntlykeme bestande tein jar durende sin gekomen, so sende wii juwer leven ene copien des machtbreves der sendeboden des heren hertogen van Burgundien unde der lande van Holland etc., mit des heren hertogen van Burgundien anhangendem ingesegele vorzegelt, mit ener andern copie ener protestacien, inneholdende, alse gii vornemen mogen in der utscryffte hiirane vorwaret[2]. Ok hebbe wii dar ingesproken, dat gii der stede sendeboden uppe des heren byschops van Bremen geleide here komen mogen, unde wo der van Hamborch sendeboden darinne siik solden hebben, dat wert en ere rat wol benalende. Siit Gode bevolen. Schreven under der van Lubeke secrete, des wii alle samentlyken nu tor tiit hiirto bruken, des mandages na unser leven vrouwen dage erer hemmelvart, anno etc. 44.

Borgermestere unde radmanne der stad Lubeke, unde radessendeboden der stede Hamborch unde Wysmar, nu bynnen Lubeke to dage vorgaddert.

153. Lübeck an seine Rsn. in Kampen: sendet ein Schreiben des EB. von Bremen und warnt vor dem Betreten des Stiftes. — 1444 Aug. 22.

a) dorff L.

1) *Vgl. n. 49 ff.* 2) *Vgl. HR. 2 n. 486, 488 § 30, 504.*

L aus StA Lübeck, A. Batav. 1, Or. Perg. m. Spuren d. Secrets, bezeichnet: Prima littera.

Den ersamen wisen mannen, heren Wilhelme van Calven, borgermestere, heren Jacoppe Bramstedeu, ratmanne to Lubeke, nu to Campen to dage vorgaddert, unsen besunderen leven vrunden dandum.

Unsen fruntliken grut unde wes wy gudes vormogen tovoren. Ersamen heren, leven vrunde. Wy hebben juw unde der anderen stede sendeboden antworde uppe juwe scriffte unde breve gesant, de juw unse vrundes van Hamborch vorder wolden bestalen, vorhopen uns, dat se dem also jo gedan hebben. In welken breven juw under anderen worden is vorscreven, dat gy unde de sendeboden up des heren bisscoppes van Bremen geleide[a] herkomen mogen, unde wo der van Hamborch sendeboden darinne sik scholen hebben, dat werden en ere raet wol bestalende etc. So hefft uns nu de here ertzebisscopp van Bremen sedder der tiit gesant synen breff, inneholdende, alse gy vornemen mogen in der utscriffte hirane vorwaret, dar wy nicht gudes ut erkennen konen, men dat men juw unde den sendeboden den wech dor dat stichte van Bremen wille vorstoppen, alse den van Hamborgh is gedan. Unde besorgen uns, dat id uppe juw unde der stede sendeboden beste nicht en sy etc. Hirumme, leven vrunde, sprekent myt der stede sendeboden unde sunderlinges myt der van Hamborch sendeboden hir an, gy desse dynge overwegende na legenheit desser ingesloten scrifft, efft gy dorch des bisscoppes van Bremen stichte up synen geleydebreff velich komen mogen, edder efft gy ander wege na rade der van Hamborch sendeboden up Emeden unde so vort to watere na Hamborch mochten komen, ok vor den Worstvresen velich[b] to wesende. Willen ok gy sendeboden, alse van juw sulvest, vorhen an den bisscopp van Bremen scriven, effte gy up syn geleide vor Sleregene unde vor eme jewelken dorch sin stichte velich mogen komen, dat sette wy to juwer wisheit. Wy senden ok hirumme enen anderen boden to dem heren bisscoppe van Bremen, siner[c] herlicheit scrivende, alse gy mogen vornemen in der anderen utscriffte hirinne besloten. Wert dem boden en brefflik antworde, dat schal he juw bringen, gy dat upptobrekende unde to lesende, up dat gy juw darna weten to richtende. Unde verscrivet uns van allen juwen saken wes wedder myt den ersten gy mogen. Gode deme heren siit bevolen. Screven under unseme secrete, des sonnavendes vor sunte Bartolomei dage, anno etc. 44.

Consules Lubicenses.

Versammlung zu Elbing. — 1444 Jun. 8.

Anwesend waren Rsn. von Kulm, Thorn, Elbing, Braunsberg, Königsberg, Kneiphof und Danzig.

Der Recess *verkündet, abgesehen von den ständischen Angelegenheiten, dass die danziger Forderungen gegen die wendischen Städte durch Besteuerung von deren Einfuhr beglichen werden sollen, desgleichen andere gegen Schottland; wegen anderweitiger privater Ansprüche werden Schreiben an England und die pommerschen*

a) geleide L. b) velich to wesende a. R. von anderer Hand nachgetragen L.
c) sy sant L.

Städte erlassen, Braunsberg eventuelle Hülfe gegen seinen Bischof zugesagt, das Verbot des Landens am polnischen Ufer erneuert, Uebertreter bestraft, über Münze und Pfundzoll berathen.

Recess.

154. *Recess zu Elbing. — 1444 Jun. 8.*

D aus der Handschrift zu Danzig f. 277 — 279.
T Handschrift zu Thorn f. 190 — 193 b. Mitgetheilt von Höhlbaum.
Gedruckt: aus D und T Toeppen a. a. O. S. 597.

Anno domini 1444 feria secunda post trinitatis domini nuncii consulares civitatum terre Prusie, videlicet: de Colmen domini Bartholomeus Rosenick, Laurencius Czeithzs; de Thorun Arnoldus Musyngk, Tyleman vom Wege; de Elbingo Henricus Halbwaxen, Petrus Storm, Johannes Wymburg und her Henszel (Noremberger)[a]; de Brunsberg Claus Weise, Johannes Beszelo; Koningsberg Bartoldus Huxer, Michael Matcz, Andreas Brün; Kneipabe Jurgen Lange, Gerhart Aschman; Danczike Martinus Cremoen, Albertus Huxer, Arnoldus van Telgeten, in Elbingo ad placita congregati infrascriptos articulos concorditer pertractarunt.

1. *Ständische Verhandlungen über eine neue Landesordnung und über den Process wegen des Nachlasses von Hildebrand Tannenberg. Der Komthur und einige Rm. von Danzig werden vom Hm. beauftragt, die Streitenden in Güte zu vergleichen und wenn solches nicht anginge, den Process bis zum nächsten Ständetage auszustellen.*

2. Item die sache der von Danczike, die do schaden von den steten (Lubeke)[b], Wismar, Hamborch[c], Stralessund und Rostöcke etc. genomen haben, hot der herre homeister landen und steten vorgeleget und hot von en eren rath begeret. Des so ist eyn wegk und weise von deme heren homeister, landen und steten vorrameth in sulcher weise, das des herren homeisters gnade den egenanten vier hensesteten welde vorschreiben, das her seynen undirszosen, die von en beschediget weren, hot zeugesaget und vorloubit, das sie von iglicher last guttes, die die erem hir ins landt brengen, eyn genant gelt nemen sullen bis zeur czeith, das en er schade wedirleget wirt. Und von denselben steten begeret der herre homeister eyn antwert, ab sie hir zcu den beschedigeten wellen komen, umbe sich mit en von eres schaden wegen von en getan in eyner anderen weise zcu vortragen, und wy des nicht en geschege, so hot her den seynen sulchens gegünt und zcugesaget zcu halden. Und dis hot der herre homeister mit rathe und willen der stete und lande beslossen[1].

3. *Die*[d] *fünf grossen Städte fällen am 12. Jun.* (in crastino corporis Christi) *ihren Spruch in dem Processe Wilhelm Vogels gegen Kaspar Kesenbrot*[2].

4. Item Hans Mekelveldes sache, burgers zcu Danczik, ist also gelaessen, das der herre homeister wil deme heren koninge von Engelant schreiben, das her em beholffen sie, das im die von Jurgk und Lynden beczalunge thun sullen. Und der herre homeister wil ouch screiben an den Deutschen kouffman zcu London in Engelant wesende, das sie seynen brieff an den heren koningk von Engelant von Mekelveldes sache wegen gescreben, welken dem hern koninge

a) Noremberger T fehlt D. b) Lubeke T fehlt D. c) Hamborch D fehlt T.
d) § 3 in D von anderer Hand nachgetragen. Im Abdrucke bei Toeppen [illegible] und Andreas [illegible] [illegible].

[1]) *Vgl. das danziger Schreiben n. 123 und die Antwort Rostocks auf den Brief des Hm. n. 124. Den weiteren Verlauf der Angelegenheit ergeben n. 173 ff.* [2]) *Am 5 Jun. sandte Danzig die Akten des seit 1439 spielenden Processes, soweit er vor den Schöffen verhandelt war, dem Ständetage ein. StA Danzig, Missive 4 f. 12.*

schicken und entwert von em furderen. Und die stete wellen ouch an den heren koning zcu Engelant von derselben sache wegen schreiben, und dis ist den hern von Danczik von der stete [wegen][a] bevolen [1].

5. Item von Claus Jerren wegen, burgers zcu Danczik, ist also gebleben, das men uff die von Schottlandt ouch eyn schoss sal setczen gleicher weise als is uff die henseatete geordiniret is von der beschedigeten wegen von Danczik, doch also das der herre homeister die von Schotlande mit seynem brieffe vor werne und dis dem heren koninge von Schotlande vorkundige.

6. Item von den von deme Brunszberge ist also gelaessen, were is sache, das sie sich mit deme heren bisschoffe zcu Heilsberge der ladunge wegen nicht vortragen kunden in fruntschafft, und were is ouch sache, das sie ymandes deshalben welde ubirfallen und vorweldigen, so haben die stete en gelobit, beystendichkeit zcu thuende nach awswisunge des brieffes der voreynunge und vorbindunge. Und das ist den heren von deme Elbinge von derselben sache wegen von der stete wegen bevolen.

7. Item die sache von den beschedigeten und den gefangenen von deme heren zcu Oldemburg, der burger von Danczik und der stat vom Elbinge, von wegen Henning Saxen[b], bleibet anstehen bis zcur nehesten tagefart.

8. Item ist den heren von Danczik bevolen, das sie eren burgeren und inwoneren und schipperen zcu Danczik vorkundigen, das sie nicht uff fremde bodeme schiffen nach mit eren schiffen an die Polynssche seythe anleghen.

9. Item[c] haben die heren von Danczik von Hildebrande deme Teuchir semlich gelt entfangen von bruche wegen, das her an die Polynssche seithe mit seynem schiffe angeleget hatte. Und hirvon begeren die stete bescheit und rechenschafft.

10. Item Steffan Vrist und Jocob Felthusen von Danczik seyn vor die stete gekomen von des wegen, das sie uff fremde bodeme geschiffet haben, und seyn gebrochet und gebusset uff czehen geringe mark, das (sic)[d] eyne pfeyffe olye dohin gebracht haben und heringk vor haveren geweehselt und genomen haben zcu Dybouw. Und, wenne die stete wellen, so sullen die von Thorun das gelt den steten, so sie das begeren, brengen.

11. Item ist den heren von Danczik bevolen von der gemeyne stete wegen den steten alse Stargart, Treptow, Gryfemberg, Camyn und Wollyn (czu[e] schreiben), das sie Lazarus Cleyne, burger zcum Elbinge, beholffen wesen, das em seyne guttire wedirleget werden, die sie em vor Colleberge genomen haben, uff das her deshalben nicht zcu schaden kome und sich des furder nicht beclagen dorffe. Und begeren davon er bescreben antwert ut supra[2].

a) wegen fehlt D. b) Lonwen T. c) § 9 folgt in T nach § 10. d) sie T fehlt D. e) czu schreiben T fehlt D.

[1]) Vgl. über diese seit Jahren immer wiederholte Beschwerde zuletzt HR. 2 n. 562 § 13 und dazu 2 n. 76 § 8, 9. Das Schreiben der Städte an den Kfm. zu London, d. d. Elbing Jul. 20, ist gedr. bei Toeppen a. a. O. n. 370. Erwähnt wird darin auch der Forderung, die Bertold Buramer im Betrage von 340 Nobeln an London hatte. [2]) Das Schreiben d. d. Jan. 10 gedr. bei Toeppen a. a. O. n. 371. Cleyne war auf der Fahrt von Danzig nach Lübeck vom Winde nach Kolberg getrieben und hier von den Pommern seiner Habe entwältigt worden. Eine von Kolberg ausgestellte Erklärung, dass das Gut nach Preussen und Lübeck gehöre, nützte ihm nichts, vielmehr schrieben die pommerschen Städte an Lübeck, dass Cleyne mit dem schepe und guderen mochte up de tiit, als he genomen was, unbelettet ut der havenne to Colleberge gesegelt hebben, welk he, alse he uns undirrichtet heft, nicht doen en konde, synt dem male, dat de wynt van wedders noeth wegen alse sere ut der see wegede, dat gii dat bullewergk nicht all brcken kunden van stormes wegen, alse gii dat bullewerk vor Colleberge gewunnen hadden, alse he dat ok mit den van Colleberge wol wert betugen.

12. Item hot der greve von Cleve eynen brieff an lande und stete geschreben von Herman Gebingk, seynem undirsassen, der do beschediget ist von Hennyngk Louwen, und begert eyn bescrebene antwert. Und disse sache ist den heren vom Colmen bevolen, an den heren homeister zcu Mariemburg zcu brengen und eyn antwert dem groven zcu schreiben, und eyne abescrifft, alse der homeister em wirt schreiben, von deme hern homeister zcu furderen und den von Danczik zcu senden, die der gleich von der stete wegen ouch deme greben sullen schreiben.

13. Item das die heren von Thorun und von Danczik das hinderstellige und obirge gelt von der muntczen zcur nehesten tagefart vor die stete brengen mit[a] der rechenschafft. Und die heren von Thorun sullen ere burgere, die von der muntcze scholdig seyn, vor sich vorboten, das sie beczalunge thun, nachdeme die stete nicht lenger domette leyden wellen[a].

14. Item eyn ydermann an die seynen zcu brengen, das die stete, die in deme brieffe des pfundczolles mete begriffen und beruret seyn, wellen eyn ydermann gleich vele an deme pfundczolle haben. Und wenne man das pfundgelt awsnymmet, das men deme heren, der bey deme pfundczolle von der stete wegen siczet, zcusage.

Versammlung zu Wolmar. — 1444 Jul. 5.

Anwesend waren Rsn. von Riga, Dorpat, Reval, Pernau, Wenden, Wolmar und Lemsal.

A. *Die Vorakten enthalten ein lübisches Schreiben in Betreff der Uebertreter des nowgoroder Handelsverbotes und den Befehl des Om., den Waarenverkehr zwischen Reval und Dorpat zu unterbrechen. Sie gaben den Anlass zum Ausschreiben der Tagfahrt, denn wie*

B. *der Recess erweist, fühlten sich die Städte durch die Schliessung der Strassen in ihren Freiheiten verletzt, während die Anweisung Lübecks, sein Schreiben dem Om. vorzulegen, ihr Bedenken erregte.*

C. *Die Korrespondenz der Versammlung bezieht sich theils hierauf, theils auf Unzukömmlichkeiten im Härings- und Lakenhandel, womit auch der*

D. *im Anhang mitgetheilte Briefwechsel zusammenhängt.*

A. Vorakten.

155. *Lübeck an Riga, Dorpat, Reval und die am 17 Febr. zu Walk versammelten Rsn. der livländischen Städte: erwiedert auf n. 112, dass es den Brief seinen Nachbarstädten,* de sedder in unse stad to dage weren vorgaddert, *vorgelegt habe, jedoch keiner Stadt Jemand bekannt sei, der den Russen auf Umwegen Zufuhr leiste, wird einer ergriffen, so soll er bestraft werden; ist dagegen, wie die Städte selbst einsehen werden, ausser Stande, die Fahrt nach Schweden und die Niederlagen in Wiborg und Abo zu verbieten;* mone gii aver jemende utrichten unde ervaren, de zin we se sin, de sulke ummevart, tovore, handelinge unde affvore mit den Russen mit eren gudereu jegen der stede ordinancien holden unde don, dat richtet alze ziik dat geboret, dergeliken

a) mit — wellen *fehlt T.*

wil hir mit uns ok gerne don willen, darane en solle gii tegen de unse nicht misgedan hebben; wii hebben ok, leven vrunde, van gemeine borseggende vornomen, wo dat van juwen steden, sundergen van Rilge na Plescauwe, desgeliiken van Darpte na Plescauwe to lande wart vele gudes wert gevoret, dat alle to Naugarden unde den Russen to bracht wert etc.; begere [wii] deger vruntliken, gii mit juw to bestellende, alumme wor gii mogen, dat des nicht beschee, up dat de Russe[n], juwe unde juwes heren des meisters vyende, dorch sulke gudere tovore unde afvore gestercket jo nicht en werden; ok begere wii van juw, dat gii dessen unsen breff unde scriffte juweme heren dem meistere laten lesen, up dat siu herlicheit unde gii dat beste darinne mogen erkennen. — *[14]44 (cantate) Mai 10.*

RA Reval, Or. Perg. m. Resten d. Secrets.
Verzeichnet: daraus Hildebrand a. a. O. n. 222.

156. *Meister zu Livland an den Kumpan zu Reval: befiehlt ihm,* soverne de kumpthur sulvigest bi der hant nicht en is, *die Strassen von Reval nach Dorpat unter Hinzuziehung des revaler Rathes zu schliessen, weil alle von Reval nach Dorpat gehenden Waaren von hier nach Pleskau und weiter nach Nowgorod geführt würden; kommt demnächst selbst ins Land und wird alsdann anordnen,* wes de Darbteschen vor sik an nottroftigen dingen behoeven, dat en des gegunt werde, also doch dat se dar so vele to doen, dat men en des billiken gelove. — *Riga, [14]44* (dinxdage vor pinxten) *Mai 26.* Cumpan, scriff uns egentliken, wo vele volkes van Revall uth mit den schepen unde ok aust tuet, desgeliken wo unser volk mit den schepen ankomet, unde vorder se woll, dat se vortkomen mogen.

RA Reval, Abschrift.
Verzeichnet: daraus Hildebrand a. a. O. n. 223.

157. *[Reval] an Dorpat: sendet [n. 155], deren Inhalt gemeinsam zu berathen sei; meldet die vom Om. angeordnete Schliessung der nach Russland führenden Strassen. — [1444 Mai — Jun.].*

R aus RA Reval, vielfach corrigirter Entwurf, übergeschrieben: In Tarbatensibus.
Verzeichnet: daraus Hildebrand a. a. O. n. 224.

Ersamen heren. Dissen breff na overlesinge gii wol werden vornemende. So duchte uns woll, int vorbeterent van juen ersamheiden, nütte wesen vor dat gemene beste, dat wii disse sake drepliken overwegen unde samentliken under uns overensdrogen unde sloeten datjenne, dat vor dat gemene beste nutte, vromlik unde radsam mochte wesen, uppe dat men dat also mit endracht mochte vagen, dat zik der sake nene butenlude en droffen underwinden, so gii dat bet konen dirkennen, dan wii it mogen scriven. Vort ersamen lieven heren, so gii vornemen mogen in der heren breve van Lubeke, dat se begerende sin, dat men den breff ok deme heren deme meistere lesen late, alsovere it juen leven dunket geraden, so mach men deme also doen na ereme begerte. Item ok leven heren, so sin bi uns gewesen de cumpthur van Vellin unde de cumpthur van Aschrade, unde hebben warschuwinge gedan van unses erwerdigen heren des meisters wegene, dat nemant gudere upp en legge na jenigem wege, [de][a] uppe de Russen mogen kamen, sovernet alse men de ungetoret[b] wille beholden, also lange dat unser here de meister mit sinen gebedigeren unde den steden dis

a) [illegible] *R.* b) ungetoret *R.*

hedes umme disse sake gesproken hebben, so wil dat ok her Gert Schro[der][a], juws rades, hebben to kennende gegeven, de jw des wol wert vruntliko berichtinge donde.

158. *Dorpat an Reval: sendet einige ihm aus Riga zugegangene Copien; Riga erwähne, dass es auch eine Abschrift des Vertrages mit Spanien erhalten habe, gebe jedoch nur den Inhalt folgendermassen an:* De Dutzsche copman to Brugge hefft eyne eyndracht myt den Hispangerden to 3 jaren gemaket to der stede behach, und off men zik hirenbynnen vorder myt en to 12 jaren vordreghen moghe, dat et darhy blive alset dan gemaket werde[1]. — *[14]44* (maendach infra octavas pentecostes) *Jun. 1.*

RA Reval, Or. m. Resten d. Secrets.

159. *Dorpat an Reval: ist von Riga zu einer Tagfahrt nach Wolmar am 5 Jul.* (sundach na Petri et Pauli) *beschieden worden; ersucht Reval, den Tag ebenfalls zu besenden.* — *[14]44* (mitweken infra octavas corporis Cristi) *Jun. 17.*

RA Reval, Or. m. Resten d. Secrets.

B. Recess.

160. *Recess zu Wolmar. — 1444 Jul. 5.*

Aus RA Reval, Recesshandschrift 1430—53, 12 Lage, 2 Doppelblätter.

Anno domini 1444 up den sondagh na visitacionis Marie, de radessendebaden der Lieflandeschen stede bynnen Woldemer to dage vorsamelt: van der Rige her Gerwin Geudenae, her Johan van dem Wege, her Johan Godeken[2]; van Darbte her Hildebrant Luscbergh, her Johan Beverman, her Johan Bredenschede; van Reval her Gyse Richardes, her Gord Grymmer, her Goschalk Burstel; van der Pernowe her Johan Belhart, her Hermen Schilder; van Wenden her Gerd Stenfort, her Hermen Merse; van Woldemer her Hinrich Stenbergh, her Titeke Forste; van Lempsel her Roder van der Heide, hebben gehandelt desse nagescreven sake.

1. I[nt][b] erste spreken desse vorgescreven radessendebaden van dem vorbode, dat de here meister hefft gedan, dat genczliken thegen desse stede, den gemenen kopman und ere privilegien geyt. Darume is dem heren meistere gescreven in lude navolgende. *Folgt n. 161.*

2. Item spreken desse vorgescreven van dem heringe, de hir to lande gebracht wert, dat de tomale unredeliken gepacket wert, darvan is den van Lubeke gescreven eyn breeff van lude navolgende. *Folgt n. 162.*

3. Item wort vor de stede gebracht eyn Dickesmudesch up eyne Pepperschen matten togesteken, darvan desse vorgescreven handelinge hadden und hebben dem kopmane to Brugge darvan gescreven in wyse navolgende *Folgt n. 163.*

4. Item vor dessen steden qwam to lesende der heren van Lubeke breeff, de mank anderen articulen innehadde eyn punt, dat wy dem heren meistere densylven breeff solden lesen laten etc. Darup densylven van Lubeke eyn breeff gescreven is van lude nagescreven. *Folgt n. 164.*

C. Korrespondenz der Versammlung.

161. *Die zu Wolmar versammelten Rsn. der livländischen Städte an den Om. zu*

a) Schro R. b) Item R.

[1]) Vgl. n. 69. [2]) *Sie verzehrten hier 60 ℔ 1F., B. Rig. Kämmereibuch S. 110.*

Livland: haben über das ihren Privilegien zuwiderlaufende Verbot des Om., dat men neyn gud van bynnen landes to Darbte solle voren, *verhandelt und befürchten, dass Pleskau und die übrigen Nachbarn sich aus Verdruss darüber mit Nowgorod gegen Livland verbünden werden; ersuchen, sie in dem Genuss ihres Privilegs*, dat uns alle wege to watere und to lande unbestoppet sollen sin to ewigen dagen, *zu belassen und hierauf gütlich zu antworten*[1]. — *[14]44* (mandagh na visitacionis Marie, undir der van Woldemer ingesegelo) *Jul. 6.*

Handschrift zu Reval, f. 1.

162. *Dieselben an Lübeck: hatten gehofft, dass ihre früheren Beschwerden über die schlechte Verpackung des Härings eine Abstellung des Uebels würden herbeigeführt haben*, aver wy vinden in der warheit, dat et joe lenk joe erger wert, und uns komen dar so velle klage van, dat uns dat nicht steit to lidende; *ersuchen nunmehr alle, welche zu Wasser oder zu Lande Häring nach Livland senden, anzuweisen, dass sie ihn bei seinem Namen kaufen und verkaufen und redlich voll packen, widrigenfalls sie ihn als falsch richten werden.* — *[14]44* (mandagh na visitacionis Marie u. d. s. Rige secrete) *Jul. 6.*

Handschrift zu Reval f. 1 b.

163. *Dieselben an den deutschen Kfm. zu Brügge: haben erfahren, dass Eynwalt von Vemeren* Dickesmudesche matten up Popperschc matten drapenert *nach Livland gebracht hat und verlangen in Anbetracht des dem Kfm. möglicher Weise daraus erwachsenden Schadens, dass der Kfm. nachforsche*, van weme und by wat beschede solke dinge geschen, dat dat also gestraffet werde, als silk geboren sal. — *[1444]* (mandagh ut supra sub sigillo Rigensi) *Jul. 6.*

Handschrift zu Reval f. 2 b.

164. *Dieselben an Lübeck: erwiedern auf n. 155, dass sie ein Verbot der Fahrt nach Pleskau zur Zeit für unthunlich und schädlich erachten, jedoch verfügen wollen*, so als wy utterlikest konnen, dat vormiddels solker handelinge de Naugarders nicht sollen gespeyset noch gesterket werden; ok leven heren, wy sin sere mede bekummert, dat gy uns scryven, dat wy dem heren meistere juwen breff sollen lesen laten, wy weten nicht, offte dat vromen inbringen mochte; de stede hebben silk alwege suslange gutliken by vasten geloven tosamende gehalden, und hebben silk manniger mege und theringe nicht ume vordreten laten, dat so erer stede und copmans sake anrorende by silk handelden, so als noch wol van noden is, lete wy nu der herscop de breve, de uns int lant qwemen, der stede und copmans sake anrorende, lesen und vormengeden se mit eren saken, wat wolde wy myn doen, wy mosten en ok unse breve, de wy dar wedder up screven, lesen laten, und

[1]) *Ueber den weiteren Verlauf der Angelegenheit liegen mir nur noch zwei Schreiben vor. Am 13 Sept. meldet Riga Dorpat, dass der Meister am 4 Okt. ein Kapitel zu Wenden halten wird und verlangt, dass Dorpat Rsn. hinsende, um mit jenem über die* bestoppinghe der weghe *und die Privilegien der Städte zu verhandeln. Auf Rigas Anweisung theilte Dorpat obiges alsdann am 28 Sept. Reval mit, (Or. u. Abschr. im RA Reval). Nach Ausweis des rigaer Kämmereibuchs S. 172 entsandte Riga drei Rsn. nach Wenden, nachdem es kurz zuvor drei Mark for de* Ploskoweschen boden an wyne, bere, brode und theringe *ausgegeben hatte. Ueber den Fortgang des Krieges mit Nowgorod vgl. Index corp. h. d. Livoniae 1 n. 1492 ff., und unten Versammlung zu Wolmar 1445 Dec. 12.*

als dat an eyne wanheit qweme, so dorfte eyne stad der anderen ere noet nicht mer so vrigeliken scryven, als se van oldinges undirtusschen gedan hebben; darume so begere wy, dat gy uns mit eynem solken nicht mer besweren, darmede wy unde de gemene kopman to last und to schaden komen mochten. — [1444] (ut supra sub secreto Rigensi) *Jul. 6.*

Handschrift zu Reval f. 2.

D. Anhang.

165. *Der deutsche Kfm. zu Brügge an Riga, Dorpat und Reval: erwiedert auf n. 163, dass er vor kurzem bereits berichtet habe,* van wo unde by weme unde by wat reden *die Verfälschung der Dixmudischen Laken geschehen sei; hofft, dass sie nicht wieder vorkommt; hat auch Dixmude gewarnt und will darauf achten, dass Niemand solche Laken kaufe.* — *[14]44 Okt. 8.*

RA Reval, Abschrift, vgl. n. 167.

166. *Riga an Dorpat: sendet n. 165, hat das darin erwähnte Schreiben nicht erhalten; ersucht, die verfälschten Dixmudischen Laken,* als gii in rostimente hebben unde wor gii der mer ankomen kunnen, *bis zum nächsten livländischen Städtetage aufzuheben,* darumme to sprekende, wes nutte darby ghedaen sii int gemene beste; *bittet, es Reval mitzutheilen.* — *[1444]* (up den dach s. Johannis apostoli et ewangeliste in den wynachten virdaghen, anno etc. 45) *Dec. 27.*

RA Reval, Abschrift, vgl. n. 167.

167. *Dorpat an Reval: sendet n. 165, 166 und berichtet,* dat de 4 blawe lakene, de uth deme terlinge Hans Munsteden tobehorende worden gelevert, weren vorkoft hir den Swarten Hoveden unde sin gekomen to erer cledinghe in der schoduvelschop, dat wii also warliken van uns scriven, wente uns dat also wal willik is, unde uns ok noch samich gelove darvan ghedaen is. — *[14]45* (up der h. 3 koninghe avent) *Jan. 5.*

RA Reval, Or. m. Resten d. Secrets.

Versammlung zu Lübeck. — 1444 [Okt.].

Das im Anhang *mitgetheilte Schreiben ergiebt, dass die wendischen Städte nach der Rückkehr ihrer Rsn. aus Kampen in Lübeck über die holländischen Angelegenheiten berathen haben.*

Anhang.

168. *Der deutsche Kfm. zu Brügge an Lübeck: hat in Folge der vom Ueberbringer dieses ihm eingehändigten Anweisung von Lübeck und der Rsn. von Hamburg, Rostock, Stralsund und Wismar, an Arnd von Ghend und Ludwig von der Eck geschrieben, zugleich jedoch den Boten angewiesen, mit der Antwort von Holland aus direkt nach Lübeck zu gehen, anstatt sie erst, wie Lübeck verlangt, dem Kfm. vorzulegen, andernfalls würden die Städte* nademe de dinghe

sick nu in Holland hebben, want de here boten landes en, *gar zu lang auf die Antwort warten müssen; ersucht, es nicht übel aufzunehmen.* — *[14]44 Dec. 6.*

StA Lübeck, A. Batav. 1, Or. m. Resten d. 3 Siegel.

Versammlung zu Marienburg. — 1444 Okt. 31.

Anwesend waren Rsn. von Kulm, Thorn, Elbing, Königsberg, Kneiphof und Danzig.

Der Recess behandelt fast ausschliesslich Pfundzoll und sonstige Geldangelegenheiten.

Recess.

169. Recess zu Marienburg. — 1444 Okt. 31.

D aus der Handschrift zu Danzig f. 279.
T Handschrift zu Thorn f. 194 Mitgetheilt von Hohlbaum.
Gedruckt: aus D und T Toeppen a. a. O. 2 n. 348.

Anno incarnacionis domini 1444 in profesto omnium sanctorum domini nunccii consulares terre Prusie, scilicet: de Colmen Bartholomeus Rosenick, Johannes Matczko; de Thorun Tyleman von dem Wege, Johannes von Loe; de Elbingo Petrus Störm, Johan Wyntborgk; de Koningsberg Johannes Dreyer; de Knypabe Hinricus Polen, Jurgen Langerbeyn; de Danczike Albertus Huxer et Johannes vam Hagen, in Mariemburg ad placita congregati infrascriptos articulos concorditer pertractarunt.

1. *Der Hm. verlangt, dass die Städte ihm das zur Zeit in Danzig vorhandene Pfundgeld leihen, und erhält nach einigem Sträuben der Städte den bisher in diesem Jahre aus dem Pfundkasten erhobenen Betrag*, alse bey 1500 marken und dobey, *bis zum nächsten Johannistage vorgestreckt.*

2. Item der heren sache vom Colmen, vom Koningsberge und vom Kneypabe bleibet anstehen bis zcu der nehesten tagefart, die kegen Danczike geleget wirt, wie man das gelt teylen sal.

3. Item so haben die herren vom Kneypabe den steten zcugesaget, die reysen bynnen und bawszen landes mit en awsczustehende gleich den anderen steten noch erem anteile.

4. Item das gelt, das die stete in Dennemarken vorczeret haben, alse von der Hollander wegen, sullen die heren von Danczik gereith gemachen uff die tagefart unvorczogen.

5. Item so sullen die heren von Danczik vorbotten iren burger Claus Czyrow vor die stete, der zcu Dybow gekoffslaget hot, czur nehesten tagefart.

6. Item wen man das gelt nw nehest wirt awsnemen, das sullen vorkundigen die Danczker den heren vom Colmen, die sullen denne den steten eyne tagefart legen, alse bey namen, ab unsir herre homeistor nicht wirt bynnen des eyne tagefart legen; geschege das, so sullen die heren von Danczik die rechenschafft methebrengen, was diesse czwe jare von deme pfuntgelde geworden ist.

Versammlungen zu Hildesheim. — 1444 Nov. — Dec.

Auch aus diesem Jahre laufen uns nur spärliche Nachrichten über die sächsischen Städte zu, die wichtigste meldet den endlichen Ausgleich zwischen Braunschweig, Magdeburg und Lüneburg in dem Streite wegen der Wasserfahrt auf der Ocker, vgl. S. 1. Er kam am 20 Okt. 1444 zu Celle unter Vermittelung der Fürsten von Lüneburg zu Stande[1].

Bedeutsamer als die lokalen Zwiste wirkte die Kunde von dem Ausbruch der soester Fehde[2], *worüber die* Vorakten *handeln. Sie scheint direkt den* Vertrag *der westlichen sächsischen Städte veranlasst zu haben.*

Ueber die Verhandlungen, welche den beiden hildesheimer Versammlungen vorausgingen, orientiren die in den Noten zu n. 171, 172 aufgeführten Auszüge aus den Stadtrechnungen.

A. Vorakten.

170. *Soest an Göttingen*[3]: *übersendet seine Klageschrift gegen EB. Dietrich von Köln, welche der Bote in Copie in Göttingen zurücklassen soll; Göttingen werde daraus ersehen*, wu sich dey geschichte vorlopen hebt; *hatte gehofft, dass der Zwist in Güte sollte beigelegt werden* (tom besten solde gekomen seyn), *ist aber durch den* moitwillen ind unrecht *des EB. darin getäuscht worden; ersucht, den Inhalt der Klagschrift Jedermann*, so verre gii myt bescheide doen moigen, *kund zu thun*, unse stat ind rechticheit darynne to merkende ind thegen den moitwillen ind unbescheit des vurgescreven hern Didderichs, ertzbisschoves etc., ind der syner to verantwerden. — *1444* (donnersdages na der h. apostel dage Philippi et Jacobi) *Mai 7.*

StA Göttingen, Or. m. Spuren d. Secrets.

171. *Hildesheim an Braunschweig: berichtet, dass Paderborn durch seinen Schreiber Hildesheim um Rath gebeten hat in Betreff der Fehde zwischen Soest und dem EB. von Köln, und der Schreiber dasselbe Ansuchen auch an Braunschweig richten wird; ersucht um eine Zusammenkunft im Dorfe Lafferd am nächsten Sonntage oder wenn es Braunschweig behage, damit sie gemeinsam über die Paderborn zu ertheilende Antwort berathen können; bittet um Antwort*[4]. — *[14]44* (fridag neist na Lamberti) *Sept. 18.*

StA Hildesheim, Copialbuch (5) 1431—45, überschrieben: An den rad to Brunswig.

[1]) *Or. im StA Braunschweig, gedr. Rethmeier Chronik S. 1289. Nach Ausweis der gött. Stadtrechn. 1444/5 war auch Göttingen bei den celler Verhandlungen vertreten.*

[2]) *Vgl. n. 202 ff., Barthold, Soest S. 241 ff.; Seibertz, Quellen d. westfäl. Gesch. 2 S. 264 ff.*

[3]) *Gleiche Klageschriften müssen an alle Städte ergangen sein, selbst das rigaer Kämmereibuch S. 173 verzeichnet z. J. 1444:* 6 ferd. 6 β gegeven dem anderen lopere van Soest.

[4]) Ladeken Boden vor gand an den rad to Brunswigk umme eynen dach van wegen der van Palborne 2½ β; de borgermester Stein und Ludolf van Harlem mit den deneren vordan to Lafferde, alse se dar tigen den rad van [Brunswigk] weren gereden van der vorscreven van Palborne wegen 5½ β. *Unmittelbar darauf gehen Boten nach Goslar, Hameln, Northeim, Göttingen* „umme den dach mit den steden", *doch sagt Hildesheim die Tagfahrt sodann ab und sendet zwei Bm., Stein und Luttke, nach Einbek* (alse se dar mit den steden gereden weren); *alsdann folgen die Eintragungen:* vor vif stoveken clareten, alse hir de stede weren tom ersten male 2½ ℔ 3 β 4 ₰ unde desulves vor vif ℔ backen krudes 2 ℔; vor vifthalf stoveken clareten, alse hir de stede weren tom anderen male 2 ℔ 4½ β 2 ₰ unde desulves vor vif ℔ backen krudes 2 ℔ 18 ₰. *Hildesh. Stadtrechn. 1444 (StA Hildesheim).*

B. Verträge.

172. Bericht über den Abschluss eines Bündnisses zwischen Braunschweig, Göttingen, Hannover, Northeim und Hildesheim. — 1444 Dec. 1.

Aus StA Braunschweig, Degedingebuch 1420–82 f. 71b, überschrieben: Vordracht 5 stede.

Anno domini etc. 44, am latern dage sunte Andreas des hilgen apostels, weren bynnen Hildensem to dage vorgaddert de ersamen radessendeboden der stede Brunswigk, Gotingen[1], Hanover unde Northem unde de rad der stad to Hildensem. Dusse vorbenomeden stede hebbet siik gruntliken guden geloven togesecht, alse dat eyn stad der anderen wol alle dingk to gude holden unde eyn der anderen beste weten unde or ergeste weren unde warven, wur se kunnen unde dar se dat myt gelike unde myt eren don mogen, ane argelist unde geverde. Diit hebben sek de vorbenomeden stede alse togesecht, van der van Brunswigk wegen Albert van Vechtelde unde Henningh Calmes; van der van Gottinge wegen Bertold van Waken, Wedekint Swanenflogell unde Giseler van Munden; van der van Honover wegen Hermen Mutzell unde Detmer Kok, van der van Northem wegen Hans Goddeschalkes; van der van Hildensem wegen Hans Lutzke, Tileke Sleydorn unde Bertold Steyn.

Versammlung zu Lübeck. — 1445 Mrz. 1.

Anwesend waren Rsn. von Lübeck, Hamburg, Rostock, Stralsund, Wismar und Lüneburg.

A. *Die* Vorakten *behandeln den preussisch-städtischen Zwist wegen der Entschädigung für die im dänischen Kriege erlittenen Verluste[2]. In Preussen war man zur Beschlagnahme der aus Rostock, Wismar und Stralsund stammenden Waaren geschritten, worauf die Betroffenen Lübeck veranlassten, einen Städtetag auszuschreiben, und als er nicht zu Stande kam, am 17 Jan. in Rostock zusammentraten, um gegen das Verfahren des Hm. zu protestiren und die Genossinnen für ihre Sache zu interessiren. Diesmal mit mehr Erfolg, wie der*

B. Recess *erweist, weil sie zugleich den Streit der K. Christoph und Erich als Berathungsgegenstand auf die Tagesordnung setzten. Nach Preussen ergingen Intercessionsschreiben, in Sachen Dänemarks hingegen konnte keine volle Einigung über die Aussendung einer Gesandtschaft erzielt werden[3]. Daneben hob man das zu Stralsund beschlossene Verbot der unrechtmässigen Häringslager in Schonen wieder auf.*

C. *Die* Korrespondenz der Versammlung *enthält den auf obige Punkte bezüglichen Briefwechsel, woran sich im*

[1]) *Die braunschw. Stadtrechn. 1444 (StA Braunschweig) verzeichnet:* 6 ℔ 8 β 2 ₰ Albert van Vechelde, Henning Kalm to Hildensem des lateren dages aller zele(n) *(Nov. 3), sowie denselben* 4½ ℔ 1 fr. to Hildensem, Andree. *Ebenso führt die gött. Stadtrechn. 1444/5 (StA Göttingen) zwei Sendungen nach Hildesheim auf, die erste* pro concordancia civitatum, *die zweite* ad placita civitatum. *Beide Male werden Waken und Swanenflogel als Rsn. namhaft gemacht, zum ersten Tage erhalten sie 22 flor., zum zweiten 10 ℔ 1 lot.*

[2]) *Vgl. n. 134 § 2.* [3]) *Offenbar gab der von Rostock (§ 3) angeführte Grund den Ausschlag.*

D. *Anhang einige Akten über die Gesandtschaft an K. Christoph anschliessen.*

A. Vorakten.

173. *Lüneburg an Lübeck: erwiedert auf die Einsendung der rostocker Meldung von der Beschlagnahme der Kaufmannswaaren in Preussen und die damit begründete Ladung zu einer Tagfahrt in Lübeck am 11 Jan.* (mandach na der h. 3 koninge dage), *dass es von Rostock dieselbe Anzeige erhalten und bereits dahin beantwortet habe*, dat wy nichtes en wusten, dat wy edder de unse Clawese Wermanne, de dat scal gedaon hebben, edder jenigem copmanne ute Prutzen mogen plichtich sin edder y wes genomen unde ok erer clage ny gesecn effte gehoret hadden; ok en were unsen borgeren, de ere selschop in Prützen hedden, van sodanner tovinge nichtes gescreven noch witlick gedaen, darumme wy uns nicht en vormoden, dat de here homeister eyns sodannen unvorclaget over de unse to donde stadede; *ist überdies nicht im Stande, der Ladung nachzukommen, weil es nach heil. drei Könige mit Magdeburg einer Verhandlung zu Helmstedt zwischen dem EB. von Magdeburg und den H. Otto und Friedrich von Braunschweig-Lüneburg beiwohnen muss, und die Herzöge nach Neujahr umme dreplike zake, de so mit uns to vorhandelende hebben, nach Lüneburg kommen werden; ersucht, es bei den Städten zu entschuldigen. — [14]44* (dinxedages vor Thome apostoli) *Dec. 15.*

StA Hamburg, [lüb.] Abschrift.

174. *Hm. Konrad von Erlichshausen an Rostock und die daselbst versammelten Rsn. von Stralsund und Wismar: verwahrt sich gegen den Vorwurf, dass die Beschlagnahme der aus den drei Städten stammenden Waaren ohne vorhergegangene Warnung erfolgt sei; ist bereit, den Streit durch die Städte schlichten zu lassen, falls diese ihren Spruch zwischen hier und Pfingsten fällen wollen. — Brandenburg, 1445 Febr. 12.*

L aus StA Lübeck, A. Borussica, Or. m. Resten d. Secrets.

Den ersamen vorsichtigen und weiszen mannen, radteszendeboten der stete Stralessund, Wyszmar und dem ganczen rathe zcu Rosstog, daselbist zcu tage vorsamelt gewest, unsern besundern gutten frunden.

Bruder Conrad von Erlichshawszen, homeister Dewtsches ordens. Unsern fruntlichen grus stets zcuvor und alle gutte. Ersame vorsichtige besundern gutten frunde. Als ir uns geschreben habet, wie unsir undersassen, als bey namen Claws Warneman und seyne geselschafft, euwir burgere und kawffmanne gutter geczubet, uffgehalden und yn unsern landen vorhindert haben, das ir euch dach nicht vormuttet hettet, sere ungelimpflich duncket wesen und den euweru gescheen sunder warnunge, und dabey berurt, das die sachen widder vor dy stete seyn geruffen und geschoben, als das euwir brieff zcu Rostock am sonnobende vor Anthonii[1] yn dessem kegenwortigen jare gegeben mit vylen mehe worten innehelt. Ersamen besundern gutten frunde, uns czweifelt nicht, euch ist wol indechtig, das wir euch im nehstvorgangenen jare am montage nach visitacionis Marie[2] und langens vor der vorborginge der euwern guttern der sachen gelegenheit clerlich gnug geschreben und vorstheen haben lassen, und als wir denne uff sulche unser vorschreibunge keyn antwurt von euch haben mogen haben, haben wir euch

[1]) *Jan. 16.* [2]) *Jul. 6.*

euwirn gomeynen sulcher sachen durch unsere schrifften klerlich gnug underrichtet[1]. Als euch nu eyn sulchs vorgessen were, so senden wir euch derselben brieffe abeschrifftc hirinne vorslossen, dorus ir wol lesende werdet vornemen, das wir heczeiten gnug euch und den euwern volkomene und gnug warnunge gethan haben, und nympt uns sere fremde, das ir uns nu doven schreibet, und meyneten wol, ir hets billich gelassen. Als ir ouch denne beruret, hette ymand zcusproche zcu euch, das denne die stete nach euwerm recess euwir zcu rechte volmechtig seyn etc. Ersamen lieben frunde, recht haben wir allewege von der unser wegen gesucht, gefordert und begeret, und wiewol wir des nu nicht pflichtig weren, so wellen wir dach, uff das ir unser gutte meynunge, die wir allczeit zcu euch und den euwern gehabt und nach haben, moget erkennen, euch zcu fruntschafft und liebe umbe guts gelimpfes willen eyn sulchs nicht uszlahen, also bescheidenlich soverre ir, sind ir ouch derselben stete ettliche seith, mit den steten bestellet und euch beerbeitet, das dieselben stete hirczwisschen und pfingsten[a] schirrst komende sich zcusampne fugen und den unsern irer sachen nach rechte eynen endlichen usztrag und ussproch thun und geben, wir wellen die unsern euch zcu fruntschafft dorczu vormogen, das sie eynsulchs uffnemen und uns des ouch vorfolgen sullen. Desgleich ouch, als ir berurt, wie die sachen von der vom Sunde und Bertold Burhamers wegen bey dy funff stete, als Lubeck, Hamburg, Rostock, Lunenburg und Wysamar mechtig gesatczt seyn und dabey bleiben mussen etc.: wellet ir euch denne ouch bearbeiten und bestellen, das die gnanten funff stete hirczwuschen und pfingsten[a] obenberurt zcusampne komen und den sachen eynen endlichen ussproch nach rechte thun, sodas alle die sachen bynnen der gnanten zceit eynen vollenkomen usztrag mogen haben, wir wollen Burhamer darczu vormogen, das her uns eyns sulchen ouch vorfolgen und horen sulle. Wurd[e][b] das a[b]er[c] alls nicht geschehen, so konnen wir, ir selbest und eyn ideman wol erkennen, das es nu als wol als vormals nicht anders wenne vorczogerunge der zceit were und geweson sey, und das die unsern durch sulche vorczogerunge keyns rechten ken euch und die euwern bekomen mogen, das uns ymmer die lenge nicht stehet zcu leiden, wenne wir tegelich von den unsern dorumbe besucht und angeruffen werden, und dorumbe so musten wir en ouch gonnen, als ir in dessen hie ingeslossenen abeschrifften, und als wir euch das vormals ouch geschreben haben, wol werdet vornemen. Gegeben uff unserm hawsze Brandenburg, am fritage vor invocavit, im 45. jare.

175. *Danzig an dieselben: hat ihr Schreiben vom 17 Jan.* (s. Anthony) *Claus Wareman und Genossen mitgetheilt und von diesen die Antwort erhalten, sie hätten an die 18 Jahre lang vergeblich sich um einen Ersatz ihrer Verluste bemüht und endlich nach wiederholten Beschwerden vom Hm. und Ständen die Einsetzung des Schadegerichtes erlangt*[3]; *erinnert an die vom Hm. und Danzig erlassene Ankündigung und an seine Aufforderung, Jemand behufs Verhandlung über einen Vergleich nach Danzig zu senden; versichert, dass die Beschädigten darauf eingehen und die preussischen Städte gern vermitteln werden; vermag dem Ansuchen, vom Hm. die Freigebung der mit Beschlag belegten Güter zu erwirken, zur Zeit nicht nachzukommen, weil der Hm. sich im* hinderlande up de grentczen dis landes *befindet; hat jedoch das Schreiben den übrigen Städten, ohne welche es nichts zu thun vermag, mitgetheilt und*

a) pfingsten L. b) wurde L. c) aber L.

1) Vgl. n. 124, 151 § 2. 2) Mai 16. 3) Zu ergänzen, „weshalb sie nicht geneigt seien, davon abzuweichen“.

will nach der Rückkehr des Hm. gern mit ihm und den Städten darüber verhandeln. — *[1]445* (feria 4 post dominicam Invocavit) *Febr. 17.*

StA Danzig, Missive 4 f. 150 b.

B. Recess.

176. *Recess zu Lübeck. — 1445 Mrz. 1.*

L aus StA Lübeck, Hans. Rec. Vol. 2, Doppelblatt.

Int jar 1445 des mandages na oculi weren de erliken radessendeboden desser nageschreven stede to Lubeke to daghe vorgadert, alse: de ersamen heren Hinrik Hoyer, Hinrik Koting, borgermester, Johan Rotgheri, secretarius van Hamborg; Hinrik Buck, borgermester, Nicolaus Lubeke, ratman van Rostok[1]; Otto Voghe, borghermester, Albert Hertiger, Alff Greverode, ratman vamme Stralessunde; Hinrik Peel borgermester, Peter van Borken, ratman [van der Wismer][a]; Johan Schellepeper, borgermester, unde Hartich Schomaker, ratman van Luneborg, unde hebben darsulvest verhandelt unde gesloten de puncte unde articule hirna beschreven.

1. Int erste wart darsulvest vor den vorschreven steden gelesen de breff, den de dree stede, alse Rostok, Stralessund unde Wismer, an de van Lubeke hadden geschreven, unde darvan desse vorschreven soes stede wol hebben copie unde desse dach darup principalik is begrepen, unde wart dosulvest vormyddelst den vorschreven steden dupliken overgewegen sodanne kryg unde unwille, alse koning Erik hefft mit koning Cristoffer, unde bevruchteden, dat in der se van der wegen uppe den somer sodanne vitalien mochten upstan, de den copman dat ere mochten nemen unde ovel stunden to sturende. Darumme zulkes vor to wesende unde wol to besorgende, so hebben de vorschreven stede dit overwegen unde overengedragen, dat se alle 6 stede ere drepliko sendeboden by koning Cristoffer erst unde darna by koning Erik willen hebben, so underlowisende unde yd so to bestellende, dat wy mit der hulpe van Gode sodannes merkliken kryges unde anvalles vorheven mochten bliven. Welk de erliken sendeboden van Hamborg unde Luneborg by eren rat wolden bringen.

2. Item darsulvest vor den steden beclageden ziik de erliken sendeboden vamme Stralessunde, wo dat her Bertolt Buramer to en menede tozaghe to hebbende unde de ere lichte van der wegen welde sch[a]tten[b] unde toven in Prutzen unde alrede van den eren schadegelt esschede, unde beden de stede darsulvest jegenwardich, dat se wol deden unde weren erer mechtich to rechte unde se an her Bertolde vorschreven to rechte. Dar so annameden de stede Lubeke, Rostok, Wismar unde Luneborg; de van Hamborg zeden, se hadden zake jegen ene[2], darumme kunden se in der zake nicht vorschryven.

3. Item alse vorberoret is, dat der beyden stede Hamborg unde Luneborg sendeboden nicht dorsten de besendinghe to den koninghen annamen, men wolden dat erem rade henalen und des den steden en antwert vorkunden, aldus hebbent de van Luneborg angenamet mede to besendende, wowol en dat zware gelegen is unde soverne dat de anderen stede odder etlike van en nicht vorleden. Men de van Hamborg vorledent, wente se anders nicht dorsten annamen, wen ere rat en by her Hinrik Koting hadde toenbeden. Doch de vorscreven sendeboden

a) vamme Stralessunde L. b) schatten L.

[1]) Item her Buke, her Lubeke 7 Rinsche guld. vor 19 ß 11 ₰ to Lubeke, dat erste in der vasten. *Rost. Weddeherrenrechn. 1445,6. Dieselbe Summe erhalten sie am 26 Febr.* (vridages na s. Peters dage) *von den Gerichtsherren. (RA Rostock).* [2]) *Vgl. n. 88.*

sanden van erent wegen bynnen Hamborg do ersamen heren Johan Colman unde Jacob Bramsteden, dede inbrochten, dat de vorscreven van Hamborg sodanne besendinghe nicht doen welden. Unde de sendeboden van Rostok gerne besenden, soverne do anderen veer[a] stede, alse Lubeke, Stralessunde unde Wismar, dat besanden unde yd so worde besorget, dat se mit limpen quemen vor den heren koning, wente he nicht hadde gescreven[1]. Unde de vamme Stralessunde woldent besenden, soverne de anderen veyff stede dat besanden. Unde de van der Wismer seden desgeliken, yodoch se woldent gerne by eren rat bringen. Unde de van Luneborg seden, se woldent gerne mede besenden soverne de van Hamborg dat besanden. Yodoch de vorscreven vamme Stralessunde seden, [s]e[b] woldent gerne besenden, soverne de andere 3 stede dat besanden, men de van der Wismer woldent by eren rat bringen unde dat benalen.

4. Item de ersamen sendeboden der stede Rostok, Stralessunt unde Wismer weren begherende van den steden, dat se wol deden unde vorschreven se jegen den heren hovemester van Prutzen, wente de erbenomede hovemelster menet to hebbende tosprake van syner undersaten wegen, alse Brandenborg unde der anderen, dat doch de stede nicht wolden annamen, sunderges de van Hamborg unde Luneborg. Aldus wart int lateste gesloten, dat de van Luneborg scholdent by eren rat bringen unde dat vorschryven an de van Lubeke, unde de van Lubeke scholden dar by schryven. Unde weret dat de erbenomeden van Luneborg dat nicht wolden mede vorschryven, do woldent de van Lubeke alleene vorschryven in desser wyse, dat se der vorscreven van Rostok unde Wismor in der sake wolden mechtich wesen, wes de erbenomede hovemester van syner unde der synen wegen to en hadde to zeggende, to nemende unde to donde in der besten wise.

5. Item wart darsulvest by den steden gooppent de artikel latest tom Stralessunde gemaket, alse van den bilegern in Schonesyden, so dat en islik mach solten hering dar em den God wil vorlenen, unde dyt scholden de vamme Stralessunde eren bybelegen steden benalen. Unde de van Lubeke schreven dit an de van Campen unde de van Danteziike in der wise, so hir ene copie innelicht.

C. Korrespondenz der Versammlung.

57. *Lübeck und Rsn. von Rostock, Stralsund und Wismar an K. Christoph von Dänemark: erklären, dass sie sobald wie möglich eine Gesandtschaft* van unser unde anderer stede wegen *an den Kg. abzuordnen gedenken und ersuchen um Angabe, wo und wann er die Rsn. empfangen wolle. — [14]45* (mandages na oculi) *Mrz. 1.*

StA Lübeck, A. Dan. 2, Entwurf.

58. *Lübeck und Rsn. von Rostock, Wismar und Lüneburg an den Hm.: ersuchen die Erhebung des Schadegeldes von den stralsunder Waaren einstellen zu lassen, weil, wie Stralsund ihnen berichtet hat und* unsse sendeboden ziik des vorlenken, *der Streit zwischen Stralsund und Rm. Bertold Burammer auf dem stralsunder Hansetage den Städten zur Aburtheilung überwiesen wurde; erachten, dass Burammer* uns rechtes edder vrundscop van der wegen schole horen unde siik an rechte laten benogen, wii willen darmede uns

a) L. die oder ... Luneborg ... Hamborg. b) de L.

1) Noch n. 19 § 6 wich K. Christoph jeder Tagfahrt mit den Städten aus.

2) Vgl. HR. 2 n. 605 § 6; oben n. 24 § 7.

gerne bekummeren unde de parte vorscreven na klage unde antworde in rechte edder frundscop vorscheden, wente wy der — samme Stralessunde mechtich sint unde mechtich willen wesen; *bitten um Antwort*[1]. — *[14]45* (dinxstedages na oculi) *Mrz. 2.*

StA Lübeck, A. Borussica, Entwurf, überschrieben: Magistro Prutzie. *In dorso bemerkt:* De sendeboden van Hamborg unde Luneborg worden gebeden, dat se yd by ere redere brochten, dat se wol deden unde vorschreven de samme Sunde lik den anderen steden.

179. *Lübeck und Rm. von Hamburg an Lüneburg: berichten, dass gemäss einem Uebereinkommen zwischen Preussen, Rostock, Wismar und Stralsund, Lübeck, Hamburg und Lüneburg über den Streit beider Theile zwischen hier und Pfingsten entscheiden sollen, Hartwich Schomaker jedoch sich wegen mangelnder Instruktion nicht für Lüneburg verpflichten wollte; ersuchen, in die Uebernahme des Schiedsrichteramtes zu willigen, damit sie es dem Hm. melden können; wiederholen zugleich die Bitte um Betheiligung an der Botschaft zum K. [Christoph]* umme confirmacie unser privilegie unde wichtiger zake willen, darumme wii mit den anderen steden bii juw grod arbeyt gedan hebben. — *[14]45* (feria 2 post letare) *Mrz. 8.*

StA Lübeck, A. Borussica, Entwurf.

180. *Lübeck und Rm. von Hamburg, Rostock, Stralsund, Wismar und Lüneburg an Kampen: erklären, dass sie das zu Stralsund in Gegenwart des Rm. Tideman Schuersak erlassene Verbot des Besuches der wilden Vitten auf Schonen cassirt haben, weil Ausseuhansen und Dänen sich nicht darnach richten und es mithin die Hansestädte nur schädige; fortan mag ein jeder* solten unde visschen, dar em Got syne gnade tovoget unde vorlenet. — *[14]45* (mandages na letare) *Mrz. 8.*

StA Kampen, Or. Perg. m. Resten d. lüb. Secrets.
Verzeichnet: daraus Register v. h. archief v. Kampen 1 n. 569.

D. Anhang.

181. *Lübeck an Wismar: fragt an, wie Wismar sich zu der von Lübeck, Rostock und Stralsund beschlossenen Sendung an K. Christoph zu verhalten gedenke, nachdem Rm. Heinrich Peel auf der Tagfahrt erklärte,* he wolde dat by jwe ersam leve bringen unde hopede, jwe ersam leve dat mit uns wol besande; *will nach dem Einlauf der Antwort K. Christoph um Angabe von Ort und Zeit ersuchen,* wor wy by syne gnade mogen komen. — *[14]45* (vrygdages vor palmen) *Mrz. 19.*

StA Lübeck, A. Danica 2, Entwurf.

182. *Wismar an Lübeck: erwidert auf n. 181, dass es* den dach to koningh Cristoffer gherne mede besenden *werde; hat es auch Rostock mitgetheilt.* — *[14]45* (vrydagh vor palmen) *Mrz. 19.*

StA Lübeck, A. Dan. 2, Or. m. Resten d. Signets.

[1]) *Am 1 Jun. 1445 ersuchte Danzig die obengenannten Städte, endlich einen Gerichtstag für Stralsund und Barenmoer anzusetzen, zumal der Termin laut Beschluss des stralsunder Hansetages bereits ein Viertel Jahr darauf stattfinden sollte und Barummer seine Bevollmächtigten mit grossen Kosten von Stadt zu Stadt hat reisen lassen. StA Danzig, Missive 4 f. 156 b.*

183. *Dorpat an Reval:* *berichtet*, dat itzwelke van unsen stoelbroderen hebben in breven van vrunden van der Rigo, wo dat de stede under zik eynen dach gheholden hebben to Lubecke, unde van deme daghe boden geordineret hebben an den heren den olden koningh, unde dat to vormodende sy, dat se vor der boden weddorkumpst geyne schepe zeghelen laten hir int lant; aldus isset to bevruchtende, dat id ovel in der Oesterzee staende werde; *ersucht*, int wolnement van uns, *hierauf zu achten und vor dem Eintreffen sicherer Nachrichten aus den Städten keine Schiffe auslaufen zu lassen.* — *[14]45* (des morgens up unses heren hymmelvaert dach, myt der hast) *Mai 6.*

RA Reval, Or. m. Resten d. Secrets.

Versammlung zu Rostock. — 1445 [Mrz. — Apr.].

Nach n. 190—192 müssen Lübeck, Stralsund, Wismar und Rostock Ende März oder Anfang April zu Rostock zusammengetreten sein, um die Vermittlung in der kolberger Fehde ernstlich und mit Erfolg in die Hand zu nehmen; nach n. 191 scheint die Anrege vom B. Sigfrid von Kammin ausgegangen zu sein.

Daneben ist dann jedenfalls auch über die Botschaft nach Dänemark verhandelt worden, vgl. n. 177 ff. und S. 89.

Versammlung zu Elbing. — 1445 Apr. 30.

Anwesend waren Rsn. von Kulm, Thorn, Elbing, Braunsberg, Königsberg, Kneiphof und Danzig.

A. *Der* **Recess** *verkündet, dass die Holländer trotz ihrer Weigerung, den kopenhagener Vertrag zu erfüllen, auf weitere zwei Jahre Geleite erhalten, die Höhe des den wendischen Städten aufzulegenden Schadegeldes auf einer neuen Tagfahrt bestimmt und dann auch die Frage nach dem Antheil der Städte Braunsberg und Kneiphof am Pfundzoll geregelt werden soll. Die übrigen Artikel betreffen die Kanngiesser, die Verpackung des Herings, den Jahrmarkt zu Marienburg und den Verkauf von Schiffen an Ausländer.*

B. *Die* **Korrespondenz der Versammlung** *bezieht sich auf den Streit mit Wismar, Rostock und Stralsund, vgl. n. 173 ff.*

A. Recess.

184. *Recess zu Elbing. — 1445 Apr. 30.*

D aus der Handschrift zu Danzig f. 280—282.
T Handschrift zu Thorn f. 195—198. Mitgetheilt von Hohlbaum.
Gedruckt: aus D vgl. m. T und der elbinger Hs., Toeppen a. a. O. n. 405.

Anno[a] incarnacionis domini 1445 feria[b] sexta ante vocem jocunditatis domini nuncii consulares civitatum terre Prusie in Elbingo ad placita congregati, videlicet: de Colmen Lorentcz Volkmer, Hinricus Focke; de Thoron Hermannus Russopp, Rutcher von Bircken; de Elbingo Johan Wyntburg, Heinricus Halbwaxen, Johan Vedeler; de Brunszberg Nicolaus Weise, Hans Slepstange; de Koningsberg Bartoldus Huxer, Michael Matcz, Nicolaus Blese; de Kneiphabe Franczko Grosze, Hertwich Kromer, Jurge Langerbeyn; de Danczik Meynardus Colner, Lucas Mekelvelt et Johannes Meydeburg, infrascriptos articulos concorditer pertractarunt.

1. *Ständische Verhandlungen über eine neue Landesordnung; ein Ausschuss soll am 22 Mai in Frauenburg zusammentreten und dieselbe feststellen.*

2. *Der Hm. berichtet über die Rückkunft seines Gesandten an den Hg. von Burgund, den er auf dessen Ansuchen, den Vollzug des kopenhager Friedens zwei Jahre lang auszustellen, abgeordnet hatte*[1]. *Der Gesandte sollte die Bestätigung des Vertrages und Leistung der Zahlungen nach Ablauf jener zwei Jahre verlangen, doch haben die Holländer nicht nur jede Zahlung verweigert* umbe des willen, das ere leute von den unsern in der Baye und zcu Mastrande sulden todt geslagen seyn[2], alse sie sprechen, *sondern auch Rückgabe des in Danzig bereits erlegten Geldes verlangt*, und so das nicht geschege, so wulden sie sich dys landes trosten eyn jar adir czwe langk, adir das men en czehn jar langk geleite gebe. *Auf Befragen, was zu thun, rathen Land und Städte, den Hg. nochmals um Ausführung des Vertrages anzugehen, erklären sich jedoch hinterdrein einverstanden mit dem Beschluss des Hm., der Gebietiger und Prälaten, die Holländer aufs Neue zwei Jahr lang zu geleiten, damit man inzwischen über einen Ausgleich verhandeln könne*[3].

3. *Die Stände empfehlen dem Hm., das an Danzig gerichtete Gesuch von Wisby, um Vermittlung zwischen den beiden dänischen Königen, thunlichst zu berücksichtigen*[4].

4. Item ist den heren von Danczike bevolen, antwert czu vorschreiben den hensesteten, alse Wismer, Stralessundt und Rostock, van des schadegeldes wegen van[c] der stete wegen, gelich is von den steten vorramet is in disser nachgeschrebenen weisze.

5. Item eyn ydermann mit den seynen doheyme zcu handelen, ob men semelich schadegelt, und wy hog is sin sal, alse der homeister von den steten begeret,

a) *In T lautet der Eingang deutsch.* b) am fritage nehst vor der hymmelfart unsers hern T. c) van — wente *fehlt T.*

1) *Zu dem preussisch-holländischen Conflikt vgl. HR. 2 n. 673 ff., Voigt Preuss. Gesch. 8 S. 80 ff., Hirsch Danzigs Handelsgesch. S. 130 ff. In Danzig waren die Holländer, nachdem sie den ersten Zahltermin zu Weihnachten 1442 hatten verstreichen lassen, im Frühjahr 1443 festgenommen und zur Stellung von Bürgschaften für die Zahlung der fällig gewesenen 2500 fl gezwungen worden. Darob entspann sich eine weitläufige Korrespondenz, die uns in den danziger, königsberger und haager Archiven zum grössten Theil erhalten ist. Sie führte schliesslich im Herbste 1444 zu der Entsendung des danziger Rm. Johann van dem Walde nach Brüssel und dem Haag, doch vermochte Johann, ungeachtet er bis in den Januar 1445 dort verweilte, nichts zu erreichen und musste mit dem oben mitgetheilten ziemlich schroffen Bescheide heimkehren. Sein eingehender Bericht befindet sich in zwiefacher Fassung zu Danzig und Königsberg. — Andrerseits entspann sich auch zwischen den livländischen Städten und Danzig ein Streit, als erstere auf die Summen, welche in Folge des Vorgehens von Danzig im Laufe d. J. 1443 an den Kfm. zu Brügge ausgezahlt wurden, zu Gunsten ihrer Angehörigen Beschlag legten, vgl. n. 189, und auch hier konnte zunächst keine Einigung erzielt werden.* 2) *Vgl. das die Unschuld der Preussen an der Rauferei in der Baie bezeugende Dokument von 1447 bei Hirsch a. a. O. S. 271; zum Vorgang in Marstrand vgl. n. 19 f., Grautoff, Lüb. Chron. 2 S. 88.* 3) *Vgl. n. 201 § 3.* 4) *Vgl. das Gesuch von Wisby an den Hm. bei Styffe, Bidrag 2 n. 125.*

uff die henszestete, alse Wismer, Stralessundt und Rostock, setczen sal adir nicht, und eyn iglicher seyner eldesten gutduncken zeur negesten tagefardt zeur Frauwenburg doven inzcubrengen. Und[a] die stete haben denselben steten van der wegen in disser nachgeschrebenen weisze gescrehen. *Folgt n. 185.*

6. Item so hot der herre homeister den kannengisseren vorheissen, eren brieff zcu voranderen und den artikel, do sy gebrechen ano hatten, alse wen eyn meister untuchtig und unrecht werck wedir ere awssatczunge machte, wandelen, also das der alleyne sotan untuchtig werck sal vorlysen und em zcubrechen und vorloren seyn und dobohyn eyn virteil jares seyns amptes entberen. Und das her seyner broche nicht wissen sulde, das ist abegelegt[b] und gewandelt.

7. Item ab ymandes van aldeu czynwercke wolde nw werck gyssen adir machen laessen, der sal is so gut machen, alse das nwe werck mit merckunge noch aldir gewonheit. Und das hot der homeister in bedacht genomen bas zcu Mariemburg.

8. Item[c] haben die stete handelunge gehat von teilunge des geldes des pfundczolles, alse wy man das teilen sal czwisschen en funff steten.

9. Item van der muntcze bleibet anstheen bis zcur negesten gemeynen tagefardt, das men denne die rechenschafft doven inbrenge.

10. Braunsberg[d] und Kneiphof erhalten den Bescheid, dass sie zu Frauenburg eine Antwort über ihren Antheil am Pfundgelde erhalten sollen[e].

11. Item das die heren vom Brunszberge er gutduncken kegen die Frauwenburg uff den tag negestkomfftig inbrengen, ab sie sich in allen zcukomenden czeiten mit den steten dis landis wellen in die tagefart bynnen und bawsen landis zcu besenden und awsczulegen geben, das sich denne die stete mogen wissen noch zcu richten.

12. Item zcu gedencken des Monschen heringes, der vorkoufft wirt (vor)[f] Schonschen heryngk undir dren spilen, das eyn yderman mit seynen eldesten doven spreche; und ouch von deme voyethe uff Schone zu gedencken.

13. Item zcu gedencken der Mariemburger, die die inwonere dis landis in erem jarmarckete alle jar in erer stat uff newe stete vorsetczen und besch(atz)en[g], do den lewthen grosser schade von kummet, alse sie sich des beclagen, das sulchens muchte gewandelt werden.

14. *Die Städte Kulm, Thorn, Elbing und Königsberg weigern sich,* umbe swerheit der sache und (sie)[h] ouch von eren eldesten doven keyne bevelunge hetten, *in dem ihnen oder dem Hm. oder allen gemeinsam zur Entscheidung überwiesenen Process zwischen Danzig und Hans Westfal einen Spruch zu fällen, und wollen Danzig in Frauenburg eine Antwort ertheilen, ob es sich hierüber ein Zeugniss von einer der Städte ausstellen lassen dürfe.*

15. Item[i] zcu gedencken, das men keyne schiffe awss deme lande lasse brengen van gasten, noch bauwen adir kouffen, denne alleyne borger und inwoner dis landis, zcur negesten tagefardt kegen die Frauwemburg inczubrengen.

B. Korrespondenz der Versammlung.

185. *Die zu Elbing versammelten Rsn. der preussischen Städte an Rostock, Wismar und Stralsund: erwiedern auf deren Schreiben vom 17 Jan.* (an s. Anthonyus

a) Und — geschrehen [illegible] fehlt T. b) abegelegt T, abegelet D.
c) §§ 8 und 9 fehlen T. d) In T [illegible] die §§ 11, [illegible]
e) Der Thorner Schreiber fügt hinzu: [illegible]
[illegible] f) vor T fehlt D.
g) beschatzen T, [illegible] D. h) sie T fehlt D. i) § 15 fehlt T.

dage) *wegen der Beschlagnahme ihrer Waaren, dass sie zusammen mit der Landschaft beim Hm. die Abstellung des Schadegeldes erwirkt haben*, doch also bescheidichliken, dat gii de juwen hir int landt to synen gnaden willet senden, umme sik mit denghennen, de sik van juw und den juwen spreken also beschediget to siende, durch recht edder durch vruntschopp to vordregen; *andernfalls erklärte der Hm., den Seinen mittelst des Schadegeldes zu ihrem Rechte verhelfen zu müssen; sind bereit, den nach Preussen zu Entsendenden beizustehen, damit alle Beschwerden hinweggeräumt werden.* — *[14]45* (mandages na vorem jocunditatis, under der stat Danczike secret) *Mai 3.*

Handschrift zu Danzig f. 281.
Gedruckt: daraus Toeppen a. a. O. n. 406.

Verhandlungen zu Aalholm. — 1445 Apr. — Mai.

Die n. 176 ff. in Aussicht genommene Gesandtschaft der Städte an K. Christoph traf mit diesem nach n. 205 § 6, 21 in Aalholm zusammen, trug ihm das Ansuchen, die hansischen Privilegien für die drei skandinavischen Reiche zu bestätigen, vor und wurde vom Kg. zum Herbst nach Kopenhagen beschieden [1]. *Von den Theilnehmern an der Gesandtschaft sind nur die Rostocker erkennbar, Dank den Rechnungen der dortigen Gerichts- und Wetteherren (StA Rostock). Die ersteren verzeichnen:* Des vridages vor Philippi unde Jacobi *(Apr. 30)* her Peter Hanneman, her Johan Burowe unde her Clawes van Lubeke to der reyse in Denmarken tom konige 40 ß vor 2 leste bers; 12 ß vor 3 tunnen kovlesches; vor $1/_2$ tunne botteren $6 1/_2$ ß, de wech 9 ℔ over; 7 ß vor grone vlesch; 20 ß vor brot; 4 ß vor 1 last tunnen [2].

---

[1]) *Damit stimmt vollkommen die Angabe bei Mohnike und Zober, Strals. Chron. 1 S. 185:* Anno eodem *(1445)* do weren de städte tho Alleborg, alse me by Gesöre insegeldt, dar beide se de koning tho sick vorbaden lathen. Dar ward ehme de vorstinne van Beiern (marggraf Hansen tho Brandenborg dochter Dorothea), gelavet und ehr vader was dar gegenwärtig. Also worden se des eins, de städte und ock des rikes rath, dat he up s. Bartholomäus dag byslapen scholde, dar scholden alle städte gegenwardig erscheinen. [2]) *In der entsprechenden Rechnung der Wetteherren werden nur Burow und Lubeke als Rm. aufgeführt. Sie zahlen für:* 1 quartir ossisch 5 ß; $9 1/_2$ ß vor $1/_2$ rot laken tome vordecke; 2 ß 4 ₰ vor $1 1/_2$ twelftre raftern in dat schip; 2 ß 4 ₰ vor 1 verndel als; 2 ß vor 1 verndel vamme ossen, gron ute den scharen; 2 ß 4 ₰ vor $1 1/_2$ last kolen in dat schip; 3 ₰ de kolen to dregende in dat schip; $3 1/_2$ ₰ vor manen onder de kolen; 18 ₰ vor roden unde blawen Arrasch tome vlogele; 6 ₰ vor den vlogel to malende; 9 ₰ vor bende, latten unde negele tome vordecke; 16 ß Jacob Tymmerman vor vracht vor dat schip; 8 ß vor 2 tunnen dorsches tor sulven reyse; 5 ß 4 ₰ vor 300 kapeborner; 3 ₰ vor seghelgarne unde natelen; 3 ß 4 ₰ vor 26 maltiit unde her Jacob Tymmerman unde syme schipmanne; 2 ß $5 1/_2$ ₰ vor 300 bukenholtes.

Verhandlungen zu Treptow. — 1445 Mai 9.

Anwesend waren ausser den an der kolberger Fehde Betheiligten Rsn. von Lübeck, Rostock[1], *Stralsund, Wismar, Greifswald und Stettin.*

A. *Die* Vorakten *geben Auskunft über das Zustandekommen dieses Tages und gewähren uns durch n. 187 einen trefflichen Einblick in die Stimmungen der kriegführenden Partheien.*

B. *Den* Verträgen *zufolge erkaufte Kolberg den Frieden um 9000 Guld., eine Summe,* „de doch klene was jeghen den schaden, den he *(H. Bogislaf)* ghenomen hadde" *Grautoff, Lüb. Chr. 2 S. 95.*

C. *Die im* Anhang *mitgetheilten Akten beziehen sich auf die Ausführung einzelner sonstiger Vertragsbestimmungen.*

A. Vorakten.

186. *Rechtserbieten von Kolberg gegen H. Bogislaf von Pommern und B. Sigfrid von Kammin. — [1444 — 1445].*

S aus StA Stralsund, Abschrift, mit Verschickungsschnitten.

Dyd is dat vorbedent, dat de rad van Colberge sik vorbeden heft unde noch vorbeden teghen den erluchtigen hochebaren heren Bugslaffen to Stettin, to Pamoren etc. hertoghen unde fursten tho Rugen, unde teghen eren heren, heren Sifrido, bisschoppe to Camyn, dat se ere unde rechtes horen wolden eren eghenen steden. Also willen de van Colberghe noch horen heren unde forsten, frunden, steden unde mannen, besunderghen den ersamen heren unde eren guden frunden vamme Stralessunde, Gripeswolde, Olden Stettin unde Anklam, de unse leven heren unde frunde, also de stede der Dudeschen hense darto geschicket unde ordineret hebben. Unde vortmer to vorbeidende van beiden delen leghelikes daghe unde stede to begripende unde beramende unde darvan beiden delen velich aff unde totokamende, to wesende mit eren vrunden unde have, lives unde gudes, umme de sake dar vurdermer to vorhandelende, dat sy umme welkerleye stucke unde articlen[a], de de beiden heren heren Bughslaff hertochen etc. unde unse here, here Sifridus, bisschop to Camyn to den van Colberghe hebben moghen, dat sy van Hans Sleves weghen siner vorseghelden breve edder umme welkerleie stucke unde sake dat id sy, unde se to eren gnaden wedder hebben, unde ere unde rechtes, vruntschop to horende. Unde weret sake, dat sik vruntschop nicht vinden konde edder wolde, dar ere unde rechtes to horende unde dar nicht afftotredden, unde den vrede unde daghe, de dartho geordineret unde maket wert, an beiden delen to vorbrevende unde to vorseghelende unde to der nughe to verwissende. Unde darvan eren gnaden wedder to nemende, wes de van Colberghe wedder teghen eren gnaden hebben to segghende vor densulven heren, steden unde frunden, dat sy umme vorseghelde breve edder welkerleye stucke unde article dat id sy, de ghentzliken wechtoleggheude unde to voreneghende. To merer tuchnisse etc.

187. *Kolberg an [H. Bogislaf von Pommern]: weist die Beschuldigungen des Hg. zurück und hält ihm seine Vergehen vor. — 1444 Dec. 14.*

a) unde stucke wedderholt S.

1) Her Peter Hannemanne 20 ß to Kolberghe in der cruceweken (*Mai 2—9*). *Rost. Weddeherrenrechn. 1445/6, StA Rostock; dieselbe Summe zahlen die Gerichtsherren aus.*

L aus StA Lübeck, A. Pommersche Städte I, unbezeichnete Abschrift.

Unsen grut, alse id nu gheleghen is. Irluchtighe vorste. Juwen breff an uns, unser stad werke unde menheyt ghescreven, hebbe wy zamentliken wol vornamen. Int irste under mer worden van dem leydebruke der Stargardeschen an uns ghedan etc., dat de reyse juwe was etc.: irluchtighe vorste, wy hadden nicht juwe gnade gheleydet to dem daghe men de van Stargarde, der de reyse ghalt, dar ze mede de dusent guldene beleydeden unde brachten, dar kone gii se nicht ane beschermen, juw de reyse totostände, also eyn islik bederve man wol kennen mach. Dar gii doch over unsen borghermester Hans Sleve ane loghen straffen, scrivende, sine uplaghe to wesende, dar wy dar juw umme scriven, dar gii in warheyt vor Gode em to kort ane dôn. Darumme bidde wy noch, dat gii de Starghardesche underwisen, dat ze uns vor sodane dåt lik unde vorbuto dôn, alse wy juwen gnaden er ghescreven hebben. Item zo juwe gnade scrivet, dat Hans Werdelin, Cartlow mit sinem sone unde de junghe Scheningh van uns zint los ghewordeu mit eren, unde scholden Hans Sleve unde andere der unsen: hochebaren forste, uns kan nicht to vullen[a] vorwunderen, dat juwe irluchtighe forstlike zele efte danke mit zo gantz groter dunkerheyt underghan is, dat gii de oghen der warheyt tom rechten nicht upheven konen, to bekennende, dat eyn islik, de sik vorbut vor heren unde forsten, steden unde manne to rechte, sine ingesegele to voranlwerdende, alse wy, Hans Steffe unde sine vrunt ghedân hebben an bewisinghe der warheyt, unde noch averbadich zint to dônde, nicht is to scheldende, unde wy, Hans Sleff unde sine vrunt unse inghesegel wol hebben unde willen [holden][b], also erliken bedderven luden van rechte to boret. Men wo juwe herlicheyt ere inghesegel heft gheholden, moghe gii an dem buke juwer samwittlcheyt wol lesen, unde ok heren unde forsten, steden unde mannen, ridderen unde knechten, kinderen unde olden luden also apenbar unde lantruchtich is, dat id nynerleye wis steyt to vorhelende. Darumme dorve wy juwer gnade nicht negher scriven unde woldent de lude vorswighen, doch juwe eghene herte unde de warheyt wolde id melden, also alle misdât unvorha[l]et[c] blivet, also in den van Stargarde unde Stolpe unde mer anderen wol ludbar wert sünde, de uns ener witliken veneknisse truwlos werden unde eren loven nicht en holden. Wy dorven juw nicht mer darumme scriven, ze to underwisende, en unverdich eft gôk hovet holt nummer sunde ledematen, wolden ze doch noch holden, wy wolden ze nicht schelden darumme. Hochvorluchtede vorste, unde begheren, dat gii uns alsodaner unvuchliken breve uns unde den unsen vordreghen, wo id aver scheghe, zo mote wy am ghelliken antwerdende apenbar ane vordeckeden worden. Ghescreven to Colberge, des mandages na Lucie virginis, under unsem secrete, anno etc. 44.

Radmanne to Colberge.

188. *Stettin an Lübeck: meldet, dass es soeben von seinen am 28 Febr.* (oculi) *zur Vermittlung zwischen dem Hg. von Pommern und Kolberg ausgesandten Rm. Henningh Mellentin und Rm. Peter Kokstede einen Bericht erhalten hat, wonach Kolberg* to allen redeliken dinghen overbodich *ist und sich erboten hat, entweder vor den Vettern des Hg., den Herzögen* van over Swyne, *und 6 von deren Ritterschaft auf Seiten des Hg. und 8 Rm. von Stralsund, Greifswald, Stettin und Anklam auf Seiten von Kolberg oder vor 6 aus der Ritterschaft und 6 aus den Städten mit den beiden Herzögen und zwei aus den Städten als Oberschiedsrichtern zu Recht zu stehen, worauf der Hg. nicht eingegangen sei* (schole vlôu hebben). — *[14]15* (vridag vor Judica) *Mrz. 12.*

StA Lübeck, A. Pommersch. Städte I, Or. m. Resten d. Secrets.

a) wilen L. b) holden *fehlt* L. c) unverhalet L.

189. Instruktion für die lübischen Rsn. nach Pommern. – [1445 Apr.]

L aus StA Lübeck, A. Pommersche Städte v. 1, undatierter Entwurf, schlecht geschrieben.

1. Int erste moghen de zendebaden bynnen Colberghe riden, is des van noden.

2. Item moghen zee darna arbeiden, dat deghenne, de utgeweken zyn, wedder inkamen, unde dat vrede unde gnade werde twisschen den van Colberghe unde den heren.

3. Item is, dat de here zeggende wert, wo de van Lubeke den van Colberghe wedder en hulpe gedan hebben myd gelde unde anders, moghen ze darto antwerden myd den besten.

4. Item dat ze darna stan, dat yd van beiden ziden gansliken vorenet werde[a] unde alle unwille by beiden ziden bigelecht werde myd enem jewelikeu.

5. Item were, dat de van Colberge den steden nicht horich wezen wolden, moghen ze en zeggen, dat ze den steden horich zyn edder de stede wyllen dar anders up vordacht wezen by der hanze, dat ze to horicheid kamen.

6. Item scolen de sendeboden to Slave nicht tom hertigen theen.

7. Item moghen ze de rechtschedinge twisschen dem rade to Rostock unde Hinrik Langen, eren borghere, to zik nemen, is dat men em des anzinde ya. (Hoc[b] terminatum est sentencialiter pro Hinrico).

8. Item moghen ze de van Rostock manen umme ere lende gelt. (Factum[b] est istud).

9. Item myd den van der Wysmer to sprekende van de Duzowen wegheue. (Factum[b] est istud).

10. Item to sprekende myd den steden umme de teringe geschen to Kampen, dat en itlik gheve, wes he geven schole. (Eciam[b] factum est).

11. Item hebben ze mede dat alde werff, dat ze des besten moghen ramen.

12. Item to sprekende myd den Colbergesschen umme de molenstene unde dat lenede gelt. (Factum[b] est).

13. Item to sprekende myd den heren hertogen van Pameren umme de gudere, de bekummert zyn to Rugenwolde. (Factum[b] est et dominus annuit).

14. (Item[b] ad expediendum negocium commissum per dor [tores][c] et magistros).

190. H. Bogislaf von Stettin ertheilt auf Ansuchen der Rsn. von Lübeck, Stralsund und Wismar, sowie des Rathes von Rostock den Abgeordneten dieser Städte zu dem auf Mai 9 (zondaghes na Johannis ante portam) *nach Treptow vereinbarten Tage behufs Beilegung seiner und des B. Sigfrid von Kammin Fehde mit Kolberg freies Geleite für Hin- und Rückreise; beglaubigt Heinrich Stubbe und Bertold Berten, welche die Rsn. nach Treptow führen sollen, und ersucht, dass mindestens ein Rsn. aus jeder Stadt hinkäme, um seine Klage gegen Kolberg zu vernehmen; erklärt,* kone gy uns men behulpen, dat uns weddervare also vele alse ere, recht unde reddelyk ys, des schole gy over uns wol mechtich wesen. — *1445* (midwekens neghest vor Georrii) *Apr. 21.*

StA Lübeck, A. Pommersche Städte 1, Or. m. aufgedr. Siegel.

191. B. Sigfrid von Kammin beglaubigt Bertold Berten und Heinrich Stubbe, unse leven getruwen, redere to Colberge, *bei Lübeck, Stralsund, Wismar*

a) werden L. b) Späterer Zusatz von anderer Hand. c) dor L.

und Rostock, nachdem diese sich auf sein Ansuchen bereit erklärt haben, zwischen H. Bogislaf, dem B. und Kolberg zu vermitteln. — Up unsem slote Ghultzow, *1445* (in deme avende des h. merteleers s. Juryghens) *Apr. 22.*

StA Lübeck, A. Pommersche Städte 1, Or. m. aufgedr. Siegel.

192. *Kolberg an Lübeck, Rostock, Wismar und Stralsund* (tom Stralsunde yrsten uptobrekende): *dankt für die Beschlüsse der Tagfahrt zu Rostock und berichtet, dass Stettin auf Grund derselben bereits einen Tag zwischen dem Hg. und Kolberg vereinbart hat, der zu Treptow am 9 Mai* (eyne sondage negestvolgende vort avor veerteyn nachte) *stattfinden soll; ersucht, ihn zu besenden, zu Lande könne Stettin die Rsn. geleiten, zu Wasser wolle Kolberg für deren Sicherheit sorgen; bittet die Rsn. auch für den Fall zu instruiren, dass die Verhandlungen sich zerschlügen,* wes wii doch an troste van juw hebben konden; [wente] mochte wii nicht up juw koneren (!), moste wii lichte volgafftich werden, dat wii alsus nicht gherne deden. — *[14]45* (vrigdages na jubilate) *Apr. 23.*

StA Lübeck, A. Pommersche Städte 1, Or. m. Spuren zweier Secrete (Kolberg und Stralsund ?).

B. Verträge.

193. *H. Bogislaf von Stettin und B. Sigfrid von Kammin bekennen, dass sie die Entscheidung ihres Zwistes mit Kolberg gänzlich dem Grafen Albrecht von Eberstein, Ludeke Massow, Hofmeister, Henning Yaren, Kanzler, Henning van der Linden, Bm., Tideke Kosken, Rm. von Neustargard, Heinrich Appelmann, Bm. von Treptow, sowie den Rsn. der Hansestädte, Johann Colman, Bm., Gherd von Minden, Rm. von Lübeck, Peter Hanneman, Bm. von Rostock, Otto Voghe, Bm., Evert van Hutzem, Rm. von Stralsund, Peter Wilde, Bm. von Wismar, Bertold Zeghelberch (?), Rm. von Greifswald, Henning Mellentin, Rm. und Peter Kokstede, Rm. von Stettin, anheimgegeben haben, die* scrifte, de ze dar up scriven hebben laten unde uns gheantwerdet an beyden deylen, *befolgen wollen und mit Kolberg dahin ausgesöhnt sind, dass es dem Hg. 9000 Gulden in bestimmten Fristen zu Treptow auszuzahlen hat; sichern Kolberg für den Fall, dass es die Zahlungen leiste, volles Geleite für die Seinen zu,* unde derghelik shal dat ghelt ok veleghet unde leydet wesen, unde wen ze uns — de betalinghe don in enem ysliken jare, scholen unde willen [wy] en ene quitancie geven. — *Treptow, 1445* (vrydaghes vor pinxten) *Mai 14.*

StA Kolberg, Or.
Gedruckt: daraus Riemann, Gesch. der St. Kolberg Beil. S. 38.

194. *Vertrag zwischen H. Bogislaf von Pommern, B. Sigfrid von Kammin* und etliken utgewekenen radmannen, borgheren und inwahnern to Colberghe *auf der einen und Kolberg auf der andern Seite, vereinbart durch die Vertreter beider Theile unter Vermittlung der Rsn. von Lübeck, Rostock, Stralsund, Wismar, Greifswald und Stettin*[1]: *Kolberg hat dem Hg. 9000 rhein. Guld. in 7 Martiniterminen zu Treptow auszuzahlen, versäumt es einen Termin, so ist der Hg. befugt, die von Kolberg anzuhalten; eine Deputation, bestehend*

[1]) *Die Namen der Räthe und Rsn. s. n. 193. Der Abschreiber hat nicht mehr alle entziffern können.*

aus einigen kolberger Rm. und Bürgern, begiebt sich zum Hg. nach Treptow und bittet ihn in Gegenwart der Rm. der Städte um Verzeihung für alles Vorgefallene, worauf aller Streit beendet und vergessen sein soll; die Gefangenen werden auf beiden Seiten freigegeben und des Lösegeldes, soweit es noch nicht bezahlt, entbunden, doch hat jeder Gefangene zu berichtigen, wes he in der tydt der vancknusze heft in gharer kost edder anders in der tydt vorterel; *für die im Kriege Gefallenen muss Kolberg vier Jahre hindurch einmal jährlich Seelmessen lesen lassen und erhält für alles dieses freies Geleite und sicheren Verkehr durch ganz Pommern zugesichert. — Der B. von Kammin soll ebenfalls durch eine Deputation, die aus einem Rm. und Bürgern zu bestehen hat, in Gegenwart der Rm. der Städte um Verzeihung gebeten werden, worauf die ausgewichenen Geistlichen zurückkehren dürfen und Kolberg fortan dem B. alle Dienste zu leisten hat, die es ihm zu leisten verpflichtet; damit soll aller Zwist zwischen ihnen beigelegt sein,* uthgescheiden de sake, de is tuschen dem heren bischop und Hans Sleve, borgermester tu Colberge, de dar blivet hangende; were over wer van den anderen, de sick an dessen vorschrevenen stucken nicht genugen laten wolde, de mach sick rechtes bezuken, unschedelick den anderen articulen und stucken, de da entschlichten syn tuschen deme heren hertogen to Pomeren, deme heren bischoppe to Cammin unde synen prelaten, de hirmede unvorbroken scholen bliven; *auf die Bitte der Prälaten und der Rm. der Städte soll endlich der* ghehowene sten *in dem* nygen dore *vor Johannis herausgenommen oder ausgetilgt werden. — Die aus Kolberg ausgewichenen und verfesteten Bürger sollen zurückkehren, den Rath um Verzeihung für alles Vergangene bitten und für die Zukunft Treue und Gehorsam versprechen, worauf die ausgewichenen Rm. Detmar Horn, Bertold Berle und Heinrich Stubbe wieder in den Rath aufzunehmen sind, insofern sie die Entscheidung über die Ersatzansprüche des Bm. Hans Slef, dem sie neben anderen vom Rathe eine bestimmte Summe urkundlich zugesichert haben, gleich jenem dem Rathe von Kolberg anheimstellen; jeder Kolberger, der sich diesem Abkommen widersetzt, hat dem Rathe 100 rhein. Guld. zu zahlen, weigert er sich dessen, so soll er weder in Pommern noch in den Hansestädten geleitet werden; die aus der Stadt entwichenen Bürger endlich, welche Hans Slef hat verfesten lassen, verbleiben in der Veste bis zu dem Tage, den Lübeck beiden Partheien und einigen Städten auf Ende Juli* (ummetrent Jacobi) *nach Kolberg ausschreiben wird, auf dem der Streit geschlichtet werden soll; beide Theile haben sich auf diesem Tage bei Verlust ihres Rechtes persönlich einzufinden oder mindestens durch Bevollmächtigte vertreten zu lassen. — Kolberg* (up dem rathhuse), *1445* (fridages [vor][a] trinitatis) *Mai 21.*

Nach einer im Besitz des Herrn Prof. Riemann befindlichen Abschrift saec. XVIII „ex antiquo civitatis Treptoae protocollo". *Vom Besitzer mitgetheilt.*

C. Anhang.

195. *Lübeck an Greifswald: ist zu Kolberg, wie die greifswalder Rm. berichtet haben werden, beauftragt worden, zu Ende Juli* (ummetrend s. Jacobi) *Greifswald und einige andere Städte nach Lübeck zu entbieten,* umme to vorschedende myt rechte Johan Sleve, borgermestere to Colberge, unde etlike uthgewekene radmanne, borgere unde inwonere darsulvest, de de vorscreven Jo-

a) [illegible] — Mai 2[illegible], was sich mit den Daten von n. 193 und 195 nicht vereinen lässt. Vgl. Riemann Gesch. von Kolberg S. 224.

han Sleff schal hebben vorvestet; *ersucht demgemäss zum 1 Aug.* (des achten dages na s. Jacobes dagho negest komende, de namelik is de sondach ad vincula Petri) *einige Bevollmächtigte nach Lübeck zu senden.* — *[14]45* (mandages na corporis Cristi) *Mai 31.*

StA Lübeck, A. Pommersche Städte 1, unausgefertigtes Or. Perg., in der unteren Ecke: Gripeswolt.

136. *Lübeck an Kolberg: ermahnt, Lemmeke Vergast wieder in den Rath aufzunehmen und alle Friedensbedingungen zu erfüllen; fordert Rückzahlung des Anlehens. — [1445 Sept. 15].*

L aus StA Lübeck, A. Pommersche Städte 1, Entwurf, überschrieben: Dominis consulibus Colbergensibus; *vorausgeht n. 201.*

P. s. Ersamen heren, guden vrunde. Wy hebben jw negest vorscreven van wegen Lemmoken Vergaste, dat gy Hanse Sleve, juwen borgermester, gutliken wolden underwysen unde ene also hebben, dat he unde gy Lemmecken Vergaste weder in juwe stat in besittinge juwes ratstoles unde in sine verwekenen gudere steden to komende, gelijk de anderen juwe mederadescumppane, de dergeliken ute juwer stat weren, entliken na inneholdinge des recessus wedder in juwe stat gekomen, Lemeken ok gestedet hadden, up dat nyn vorder moyenisse, kost, arbeyd unde en groter arch, dat darut entstan mochte, to vormydende. Wente wor dat nicht en schege unde de erscreven Lemmeke sik des vorder beclagede, so moste wy unde mer stede, de dat anrorende is, dar anders up verdacht wesen, alse gy vornemen mogen in der utscriffte hirane verwaret, warvan wy antwerde van ju in unsem breve weren begerende etc., warup gude vrunde, gy uns doch antwerdeloss hebben gelaten, des wy uns to juw nynewiis vermodet en hadden. Wy screven jw ok, dat gy Barnekawen, borgermester to Belgarden, syne breve wedderantwarden unde sine borgen qwiten, unde dergeliken dem hochgeborn fursten hern Bugslavo, hertoge to Pamern, sine banre ok wedderantwarden unde den steen doen utnemen, des ok nicht en is bescheen, alse de genante furste unde here hertoge to Pamern in synem breve unde dergeliken de van Belgarden uns dat in eren breven swarmodichlike hebben verscreven, dat gy nicht en helden, alse dat berecesset sy etc. Hirumme wy van jw mit vlitiger unde ernstliker andacht noch sin begerende unde raden jw, so wy hogest konen unde mogen, dat gy den vorscreven Lemmeke wedder in juwe stat laten komen, gy ene in sine stede juwes rades vredesam wedder setten unde des sinen laten bruken, gelijk den andern de gy wedder in juwe stat unde in juwen rat hebben genomen; gy ok Barnekowen, borgermester to Belgarden, sine breve [wedder antwarden][a] sine borgen qwiit[en][b], dem vorscreven fursten van Pomern dergeliken sine banre wedderantwarden unde den steen doen utnemen, unde holden alle dond, alse dat gedeidinget unde berecesset is worden, uppe dat nyn krich, unwille, koste unde schade van derwegen wedder uprysen unde enstan mogen. Wen wor des nicht en beschege, so bevruchte wy uns, dat jw sunder twyvel sollik bystand unde trost van uns unde den anderen steden nicht mer en beschege, alse vor bescheen is, dat uns doch van juwer wegen leet were, dat een sollikes wedder uprysen solde to juwem merkliken schaden. Unde begeren desses noch juwes bescrevenen antworden by dessem unsem egenen boden, den wy hirumme to juwer leven senden.

Wy[c] begeren ok, leven vrunde, sodanne golt, alse wy jw in juwen noden

a) *fehlt L.* b) *qwiit L.* c) *Wy — sayts ist anderer Tinte nachgetragen und* [illegible] *überschrieben.*

hebben gelenet, dat gy uns dat sunder mer vertoch gutliken weddergeven, up dat uns nyner maninge vorder darumme behoff en werde to donde, verschulde wy gerne. Unde des juwe antwerde. Datum ut supra.

Consules Lubicenses.

197. *Kolberg an Lübeck: erklärt, dass es schon früher gemeldet, weshalb es Vergarst nicht in den Rath aufnehmen könne und führt aus, dass es allen Vorschriften des Friedens nachgekommen ist. — 1445 Sept. 30.*

Aus StA Lübeck, A. Pommersche Städte I. Or. m. Spuren d. Secrets.

Den ersamen vorsichtigen wysen heren borgermesteren unde radmannen tu Lubecke, unsen besunderges gunstigen heren unde guden vrunden etc.

Unsen vruntliken grud mit boghere aller wolvart tuvorn. Ersamen heren. So gii scriven, dat gii uns yr gescreven hebben umme Lemmeke Vergarste wedder yntustedende, dem heren hertogen dat banre tu antvardende, unde Barnekowen van Belgarden syne breffe wedder tu dunde unde sine borgen to vrigende, dar wii juw nyn antvarde scholen wedder aff screven hebben, dat uns zere vorwundert, dat gii unse antvarde nicht entfangen hebben, wente wii an rechter warheid juw sunder sument an twen breven bii eyneme juweme medeborgere, eyme messersmede, ghesand hebben, under mer worden also inneholdende, dat juwe erliken sendebaden unde der anderen stede an der vorschedinge latest mit uns tor stede wesende wol dachtafftich zint, dat umme sunderger vorhoringe willen, don tor tiid ghereppeth an den vorhandelingen muntliken, by namen Lemmeke Vergarst wart utgheseceht, wente van syner bybringenghe unser stad tu groteme schaden unde vorderve gekamen is unde an tukamenden tiiden drepliker kamen unde vallen mochte sunder twifel van synent halven, do beden unde noch bidden unde hogheren, dat gii uns alsdaner saken van Lemmeken vorscreven nicht anzynnende ziid, dar unse stad to vorderve unde thu schaden unde neddervallinge kamen mochte, zo wii juw wol des truwen. Unde van dem banre screve wii juw also, dat unse sendebaden na juwer sendebaden afscheydende mit des heren hertogen rederen tu dagen weren tu Cerben, dar des heren hertogen redere mit unsen sendebaden enswürden umme dat banre, dat de pravest tu Colberge scholde dat afnemen unde vorantvarden, wente id were eyn offer syner kerke, dat do de pravest darsulvest jeghenwardichgen annamende; also, leven heren, is dat ghebreke an uns nicht. Item van Barnekowen screve wii juw, dat uns Barnekowe newerle heffl breve vorsegelt, gelavet noch borghen setten, ok mane wii ene nergene umme noch sine borgen; wes hee uns schuldich was hadde hee uns lange vor mitvastene yr der anrychtinge vornuget unde wol betaleth. Also, leven heren, hebbe wii der vorschedinge nicht averghan men vul unde all wol ghebolden. Item so gii ok sundergen scriven van der vam Sunde wegene etc., dat wii de dachvart mit juw tu ad vincula Petri[1] negest vorleden nicht besenden. Wor wii aff gehindert weren, hebbe wii do tor tiid clarliken vorscreven, dar de vam Sunde ok sulven nicht en weren, worumme mogen de vam Sunde van des halven nyn tusoggent thiegen uns hebben. Ok wille wii, leven heren, nyn unrecht tiegen zee off de eren hebben unde den steden allen rechtis horen unde wedder van en unde den Wysmersschen nemen. Ok, leven heren, gunstigen guden vrunde, so gii uns vorkundigen van des ghelddes wegene, dat wii juw vorsegelt hebben, dat wille wii wol also tiegen juw vugen, dat wii nyn ghebreke

[1] Aug. 1.

willen tiegen juw hebben. Sild Gade bevalen to saligen langen tiiden. Gescreven to Colberge, under unsem secrete, die Jeronimi, anno etc. 45. Ok leven heren, was de bowene sten vor sunte Johannis dage [1] utgbewysscheth etc.

Raitmanne to Colberge.

196. *Stralsund an Lübeck: entschuldigt das Aufbrechen des beifolgenden kolberger Schreibens; ersucht, Kolberg zum nächsten Städtetage zu entbieten; will mit Henneke Bere demnächst verhandeln. – 1445 Okt. 6.*

Aus StA Lübeck, A. Pommersche Städte 1, Or. m. Resten d. Secrets.

Den ersamen unde wisen mannen, heren borgermeisteren unde radmannen to Lubeke, unsen sundergen guden vrunden reverenter.

Unse gantz vruntlike grute unde wat wii gudes vormogen. Ersamen heren, sundergen guden vrunde. Juwer ersambeyd breffe, uns by dessem boden gesant, hebbe wii alle werdeliken entfangen wol vornomen, unde vort, alse juwe ersame leve begert, den Colbergeschen vorscreven umme de punckte van der dedinge unde des recesses wegen mit en gehandelt etc. Dar se uns wedder up scriven under anderen worden, dat se juwer leve vor unde ok noch uns andwarde darup gescreven hebben in deme synne, dat se in deme recesse nen gebrek hebben men vull unde all geholden hebben etc. Unde, leven heren unde vrunde, gi screven uns latest, dat wii mochten by uns den breff upbreken, dar de Colbergeschen an juw dat antwarde ynne scrivende wurden van unser borgere wegen, dede maninge to en hebben etc., dorch des willen openden wii mit juwen orloffe dessen ingelechten breff, unde weren nicht vormudende, dat dar andere werfe ane stan hadden etc., de wii do, des lovet in rechter warheid, nicht lesen oft horen wolden. Men unse scriver sach, eer he de plike des breffes upsloch, dar nedden stande van unser borgere werffe, dat allenen lete wii uns lesen unde anders nicht. In deme, guden vrunde, scriven de van Colberge, alse wii vornemen, se willen nen unrecht tiegen uns oft de unsen hebben, unde willen den steden alles rechtes gerne horen etc.[2]. Alse, leven heren unde vrunde, scriven se alle tid, men id kan mit en nicht to ende komen. Darumme bidden wii denstlik, dat erste wii stede werden tosamende komen unde juwe leve uns dat vorscrivet, dat gi denne willen mede scriven den van Colberge drepliken, dat se denne mit eren vulmechtigen eres rechtes mit unsen borgeren up dem dage vor den steden warnemen etc. Vortan, leven heren unde vrunde, alse gi uns scriven van Henneke Beren etc. wegen, de heft nu welke wile weset buten landes, men wil hebben em boden, dat he mit uns tor stede kome, so willen wii de sake vort vlitigen mit em handelen, alse juwe leve begert, unde vertasten, wat wii darutb maken konen. Dat wille wii denne vorscriven oft benalen juwer ersamheit, dede God behude ewich. Screven under unser stad secret, am achten daghe sancti Michaelis, anno etc. 45.

Consules Stralessundenses.

Versammlung zu Frauenburg. — 1445 Mai 22.

Anwesend waren Rsn. von Kulm, Thorn, Elbing, Königsberg und Danzig.

Der Recess meldet, dass die Erledigung der Frage des Schadegeldes bis zum Einlaufen einer Antwort auf n. 185 vertagt wird, und behandelt sodann Pfundzoll und schonensche Verhältnisse.

[1] *Juni 24.*   [2] *Vgl. n. 191.*

Recess.

199. Recess zu Frauenburg. — 1445 Mai 22.

D aus der Handschrift zu Danzig f. 282 b.
T Handschrift zu Thorn f. 198 b. Mitgetheilt von Höhlbaum.
Gedruckt: aus D vgl. m. T Toeppen a. a. O. n. 403.

Anno incarnacionis domini 1445, in profesto trinitatis individue, domini nuncii consulares civitatum terre Prusie, videlicet: de Colmen Bartholomeus Rosenick; de Thorun Johan vom Loe; de Elbingo Johan Wyntburg; de Koningsberg Nicclos Pleuze; de Danczik Albertus Huxer, in Frauwemburg ad placita congregati infrascriptos articulos concorditer pertractarunt.

1. Primo[a] van deme schadegelde uff die stete, alse Stralessund, Rostock, Wiszmar etc. zcu setczen, ist der stete gutduncken, das is domethe bleibe ansteben bis das man von denselben steten antwert krige von dem brieffe, den sie en negest uffem tage zcum Elbinge gescreben, gesant haben.

2. Die Städte können sich über die Theilung des Pfundgeldes nicht vereinen. Kulm und Thorn wollen es gleichmässig vertheilen, Elbing und Königsberg Danzig einen Antheil mehr als den anderen Städten gewähren, Danzig beansprucht die Hälfte der Einnahme. Braunsberg werden 40, Kneiphof 60 Mark vom Pfundzoll zugewiesen, unter der Bedingung, dass sie sich an allen in- und ausländischen Tagfahrten betheiligten. Braunsberg verspricht das letztere, und nimmt wie Kneiphof das erstere ad referendum[1].

3. Item ist den hern von Brunszberg bevolen, den hern von Danczike geczugnisse zcu senden undir erem segil, also das die alttsessen borger das vorrichten und beczugen werden von der sache uff Drakoer. Und so sie das geczwgnisse haben, so sal der rasth von Danczike erem voigethe metegeben noch innehaldunge des privilegienbrieffes, den sie haben in erer verwarunge, mit demselben geczugnisse. Und die von Danczike noch der stete begerunge sullen eynen voight dis jar uff Schone senden.

4. Item haben die stete beslossen, das men den beringk, den men uff Schone saltczet, sal spilen noch seynen wirden, alse den Schonschen heringk mit dren spillen und den Monschen heringk mit czwen. Und dis ist den hern von Danczik bevolen, erem voigthe uff Schone zcu vorkondigen, uff das der kowffman hirinne vorwaret werde.

Versammlung zu Preuschmark. — 1445 Jun. 28.

Anwesend waren Rsn. von Thorn, Elbing und Danzig.

Der Recess berichtet, dass die Städte den Tag zu Kopenhagen besenden wollen, und handelt ferner von den Kannengiessern, Silberkauf, Pfundzoll und dem Vogte auf Schonen.

a) 8 1 fehlt T.

[1]) *Am 31 Jul. protestirte Kneiphof gegen die Zuweisung einer so geringen Summe* (uns were vorwundirt, das ir uns so gar geryngelich wellet abeslaen unde mit eyme salchen cleynen wellet abewegen), *es habe den ganzen Pfundzollstreit mit durchgekämpft und verlange einen besseren Bescheid, andernfalls müsse es auf Mittel und Wege sinnen,* das uns ouch etwas glych den anderen steden vom phuntczolle geschen moge. *StA Danzig, Missive 4 f. 169. Nach diesem Schreiben war es in Frauenburg durch den Rm. Erhard Aschman vertreten.*

Recess.

200. Recess zu Preuschmark. 1445 Jun. 28.

D aus der Handschrift zu Danzig f. 263.
Gedruckt: aus D Toeppen a. a. O. n. 412.

Anno[a] domini 1445, in vigilia Petri et Pauli apostolorum, domini nunccii consulares civitatum terre Prusie, videlicet im Pruschen Merckte ad placita congregati, ut puta: de Thorun her Tyleman von dem Wege, her Rutgher von Birken; de Elbingo Johannes Flitteler, her Johan Grün[b]; de [Danczik][c] Meynardus Colner, Johannes Meydeburg et Bartoldus de Suchten, infrascriptos [articulos][d] concorditer pertractarunt.

1. In das erste von den kannengisseren und ouch von der rouffwulle zcu gedencken.

2. Item von deme silberen gesmyde wil unsir herre homeister bestellen in allen steten, das men das sal bey der gewicht kouffen, und eyn yderman seyn czeichen doruff slaen.

3. Item von dem foyghte zcu Schone, ab men em ouch hulffe thun sulle adir nicht, er gutduncken eyn itczlicher dovon zcur nehesten tagefart inczubrengen.

4. Item so hot der herre homeister den steten beczalet 1000 mark uff Johannis baptiste, und bleibet en noch 500 geringe mark uff Michaelis nehest kumfftig schuldig, als is der stete wille[1].

5. Item so hot der herre homeister zcugelosen und ist seyn wille wol, das die stete die tagefart kegen Coppenhaven uff Bartolomei nehest kumfftig besenden zcu deme hern koninge Cristofero von Dennemarken, umbe erer privilegien willen zcu confirmiren, die die stete in den reichen haben.

6. Item haben die heren vom Colmen und Koningsberge ere brieffe gesant den heren, die zcum Pruschen Markte seyn zcu tage gewesen, dorinne sie en ere vulle macht gegeben haben.

7. Item handelunge uff das pfundgelt zcu teilen zcu haben, und uff sunte Margarethen tag uss iglicher stat eynen kegen Danczik zcu fertigen.

8. Item ist den heren vom Elbinge bevolen, die handelunge die gescheen ist zcum Pruschen Marckte, den hern von Koningsberg und Brunsberg zcu schreiben.

9. Item die heren vom Elbinge, die sullen besehen, ab sie eynegerley brieffe haben zcum Elbinge, die do sprechen uff das leger zcu Drakoer.

10. Item zcu vorkundigen zcu Danczik, das keyne swere waygene gheen sullen uff den Nakel sundir zcu gheende uff Thorun bey vorlust der guttir.

Versammlung zu Marienburg. — 1445 [Jul. 31].

Anwesend waren Rsn. von Kulm, Thorn, Elbing, Königsberg und Danzig.[1]
Der Recess handelt von der Tagfahrt zu Kopenhagen, der Vertheilung des Pfundgeldes und dem Geleite der Holländer.

a) n. 200 fehlt T. b) Toeppen S. 770 meint, der Name sei zu Grim zu verbessern.
c) Elbinge D. d) articulos fehlt D.

1) Vgl. n. 169 § 1.

Recess.

201. Recess zu Marienburg. — 1445 [Jul. 31].

T aus der Handschrift zu Thorn f. 199 b—201. Mitgetheilt von Höhlbaum. Gedruckt: aus T Toeppen a. a. O. n. 407. Verleitet durch einen Irrthum bei Angabe des fol. der Hs. (f. 196 enthält n. 184) datirt Toeppen den Recess zwischen Apr. 30 und Mai 22.

Anno domini 1445 in vigilia, die immediate precedenti ante festum Petri [ad vincula][a] domini nuncii consulares civitatum terre Prusie infrascriptarum, videlicet: de Colmen Bartholomeus Ro(senik)[a], Hans Matz; de Thorun Hinricus Rusup, Got(schalk Hitfelt)[a]; de Elbingo Johans Wintburg, Johannes (Noremberg)[a], Georg Rowber; de Koningsberg Nicolaus Plesse, Andreas Brunnaw; de Danzk Meynhardus Colner, Martinus Cremon et Johannes Meydeburg, in Marienburg ad placita congregati, articulos infrascriptos concorditer pertractarunt.

1. Primo haben die vorgenanten stete undir sich gehandelt, also von der botschafft czu besenden czu Koppenhagen, also das man czwe personen von den steten senden wil, eyne von Thorun und eyne von Danzk[1]. Und die von Danzk haben das gutlich czu sich genomen, sundir die hern von Thorun haben das czurugke geczogen an ir eldesten, und wellen den steten ir antwert dovon vorschreben mit den ersten.

2. *Die Städte verhandeln über die Theilung des Pfundzolls: die vier ersten beanspruchen gleiche Theilung, Danzig ein anderthalb Theil* (anderhalbe stat) *mehr als die übrigen; jene schlagen nun vor, dass Danzig 4 ₰ behalten soll wenn sie 3 ₰ annehmen, doch weist Danzig dieses Angebot zurück, worauf der Streit dem Hm. zur Entscheidung anheimgestellt wird.*

3. *Der Hm. lässt ein Schreiben verlesen, wonach er die Holländer auf zwei Jahre bis Johannis 1447 geleitet hat, und befiehlt, solches in den Städten zu verkünden*[2].

Verhandlungen zu Soest und Uerdingen. — 1445 Aug. 23 — Okt. 2.[3]

Unsere hansischen Quellen zur Geschichte der soester Fehde fliessen leider nur spärlich und speciell über die von Lübeck versuchte Vermittlung zwischen Köln und

a) Verblichen und undeutlich bzw. gar nicht zu entziffern T.

1) *Der Hm. entsandte den Komthur von Danzig und den Vogt von Dirschau nach Kopenhagen. Der Komthur ersuchte anfangs, ihn des Auftrages zu entbinden,* wend ich vormals in grossen notin vorlobit habe, das ich uf die see nymmer me welle komen, *bat dann jedoch um die Erlaubniss, über Land ziehen zu dürfen, welches ebenso theuer sei, da er vor* eyn schiff 150 ℳ hen und her wedir *zahlen müsse, ungerechnet die Ausrüstung. Der Hm. willigte ein, wies aber nun den Komthur an, mit dem Vogte in einem Wagen zu reisen, wogegen dieser wiederum Einwendungen erhob, weil es gar unbequem sei, mit einem grossen schweren Wagen* über die bosen brucken und farthe, der vele da umbe seyn, zu czihen. *Der Hm. möge daher gestatten, dass er einen* geringen wayn mit dreyn pferden *und der Vogt* ouch eyn geringe waynchen mit czwen pferden nehme. *(Drei Schreiben des Komthurs vom 28 Jul. — 3 Aug. im S.A. Königsberg).* 2) *In Folge von n. 184 § 2 wurde ein neuer Bote, Johann Mergenhagen, nach dem Haag entsandt, von dem ebenfalls verschiedene Briefe und Berichte vorliegen. Auf sein Betreiben sandte der Rath im Haag am 19 Jun. dem Hm. eine Geleitsurk. für die Preussen ein, worauf auch das den Holländern ertheilte Geleite in Kraft trat. Am 29 Jun. verkündete der Hm. es auch an Reval. (Or. in Reval).* 3) *Nach Bar-*

Hier liegen nur die wenigen hier unten mitgetheilten Akten vor. Einigermassen entschädigt uns dafür der eingehende chronikalische Bericht des soester Stadtschreibers Bartholomeus von der Lake bei Seibertz Quellen z. westf. Gesch. 2 S. 325—336. Nach ihm ist der völlig ergebnisslose Ausgang der Verhandlungen den Kölnern zur Last zu legen, die während der Anwesenheit der Vermittler im Lande ungeachtet des Waffenstillstandes das Schloss Hilstein berannten und das Zustandekommen des uerdinger Tages zu verhindern suchten. Vgl. Grautoff, Lüb. Chr. 2 S. 96.

A. Vorakten.

202. *N.*[1] *an Lübeck: ersucht, einen Hansetag einzuberufen, auf dem über eine Vermittlung zwischen dem EB. von Köln und Soest verhandelt werden soll. — [1445].*

Aus StA Hildesheim, unbezeichnete Abschrift.

Den hochgeloveden, erbarn und vorsichtigen, wisen heren borgermesteren und raide der stad Lubeke, unsen bisundern guden gunstigen frunden gescreven.

Unsen willigen denst und wes wii gudes vormogen vorscreven. Bisunderen guden gunstigen frunde. Wii en hebben neynen twivel, juwer erbarheit en sy wall vorbracht, wo dat grot twidracht und vede upgestan synt twisschen unseme gnedigen heren van Colne und den van Soist etc., dar vaste jo lengk jo meir ere landt und undersaten umbe vordervet und andere heren, stede, landt und lude togetogen werdet, und groter dan aldus lange leyder gewest is, als to befruchtende steit, schade, yamer und vorderff der stede Soist, Lippe und anderer erbarer stede, lande und lude upstaen und komen mogen, na dem sich dat anstellet und de vede lengk dan eyn jar alrede gewart hefft. Und wii vornemen nicht, dat jemandes, dem des mochte gehart syn, sich darmede tome besten bewere, gutlikes wes effte scheed darentwisschen to bearbeiden, sunder me menet wol, in deme sich uwe erbarheit und andere erbare stede der heynse darynne bearbeiden wolden, mochte sune sodane vorgerorde vede und twidracht upgenomen und gescheden werden overmitz der hulpe Godes. Leven heren, als dan de convocacie und vorbodinge der heynsestede uwer herlicheit sunderlinges tobehoret, is darumbe unse ernstlike begerde und bidden desulve uwe herlicheit, als wii denstlix sullen und mogen, sodane vorderff, schaden und yamer vorgerort anseen und to synne nemen willen dorch God und umbe des gemenen besten willen, und eff juw dat geraden dunket, by eynander upp stedde, gii menen darto bequeyme und gelechlik sy, vorboden willen alle stede der Dudischen heynse effte erer uyndeils, so vele gii menen der noit sy na gelegenheit der sake, umbe to besprekende, eff men wes tome besten vinden effte raden mochte, darmede sodane vorgerorde vede und twidracht upgenomen und gescheden worde, so dat de heren by erer herlicheit und de stede by erer vriheit und rechten bliven und neyne ander daranne vorkortet, vorder vorderff, schaden und yamer, dar anderst sunder twivel von komen mogen, to vorbiedende. Und wes dan bringere dusses breves darvon vorder dan dusse scriffte inhalden juwer erbarheit to deser tiid tome besten an-

tholomeus von der Lake trafen die Rsn. von Lübeck, Münster und Paderborn am 23 Aug. in Soest ein und fand am 2 Okt. die Schlussverhandlung zu Uerdingen statt. Derselbe zählt auch alle die Theilnehmer an derselben namentlich auf, ausser den Rsn. von Lübeck waren solche von Köln, Münster, Paderborn und Soest anwesend (a. a. O. S. 335).

[1]) *Paderborn? Vgl. n. 171.*

werende werdet, bidde wii desulve juwe erbarheit se gutliken horen und ene des geloven willet, gelick als wii sulves myt juw spreken. In God almechtich alle tiid walfaret over uns to bedende. Gescreven under unser stad secrete, diem etc. suppleat discrecio scriptoris.

Borgermeistere und raid der stad N.

203. *EB. [Dietrich] von Köln an Lübeck: verkündet, dass die ungetreue Stadt Soest* in die penen in uns gestichtz van Colne privilegien begriffen ind ouch in der hilligen riichs bann ind acht richtlichen veroirdelt *worden ist, ersucht in Anbetracht,* dat die van Soyst weder Got, ere ind recht van uns getreden ind uns zor noitwêr gedrungen ind zo groissem schaden bracht hant, *sowie um dem Rechte Genüge zu thun und nicht in Strafe zu fallen, dem vom Ueberbringer dieses vorzulegenden königlichem Urtheil und Befehl Gehorsam zu leisten*[1]. — *Bonn, [14]45* (letare) *Mrz. 7.*

StA Lübeck, A. Grafschaften d. h. R. v. 1, Or. m. Resten d. Secrets.

B. Anhang.

204. *EB. Dietrich von Köln an Lübeck, Hamburg, Lüneburg und Wismar: dankt für die Aussendung der Gesandtschaft behufs Vermittlung zwischen ihm und Soest; erklärt seine stete Bereitwilligkeit zum Ausgleich, verweist auf den mündlichen Bericht der Gesandten und ersucht, Soest aus der Hanse zu stossen. — Attendorn, 1445 Okt. 8.*

Aus StA Lübeck, A. Stadt Köln 1, Or. m. Spuren d. Secrets; bezeichnet: Littera T. archiepiscopi Coloniensis ad civitates hanse Theutonice per dominos de consulatu Lubicensi Jo[hannem] Luneborch portata.

Den eirsamen vorsichtigen wysen ind bescheidenen, unsern guden frunden, burgermeysteren ind reeden der henszerstede Lubick, Hombergh, Lunemborch, Wyszmair, ind vort den ghemeynen hensesteden, die ytzunt yre sendeboeden hiruyss gesant hant, sementlichen ind besunderen.

Theodericus archiepiscopus Coloniensis, Westfalie et Angarie dux etc. Eirsamen vorsichtigen wysen bescheydene gude frunde. Als ir nu overmids die erberen ind eirsamen, uyre sendboden, Arnoldum Westphael, domdechen zo Lubick, ind Johanne Lunemborg, raidzmanne dairselbs, in hochwirdigen schyne uch erwyset haven, sii geschickt in unser lande ardt, umb zo verhandeln ind zo werven na eynongen ind freden, als dat alhie leyder under uns gelegen is, ind wale durch alle gemeyne beste noit ind behooff were, dat man sodane vynden ind rachen moichte, ind danuff in sulchen die vurgeschriben van uwer vorsichticher erberheit wegen also in meynongen erkant ind erhoirt siint, dat van uch zo groissem loeve steyt, wilcher waldedelicher meynongen wir sunderlingen van gantzem hertzen erfreuwet stain, van uch zo wissen ind vernomen haven, umb diesser daet is der almechtige Got uyr selige loene, alle volck billich der redelicheit uch des loff, ere ind danck zo geven sall. Besunder wir geven uch des hoben danck ind willen dat umb uch, lieve frunde, in samenden ind besunderen alle wege mit williger verschuldungen gedencken, begerende uns des ye nyt zo verlaissen, ind wat ir unsers vermogens zo doinde hetten ind kriegen, uns gentz-

[1] *Beiliegt eine Abschrift der Achtsentenz K. Friedrichs d. d. Neustadt 1444* (dinstag nach s. Thomas) *Dec. 22. Vgl. Chmel, Reg. Frider. n. 1873 und den Abdr. daselbst im Anh. S. LXXIII.*

&ben dairynne ungespart halden. Als dan, werde lieve frunde, die eirberen ind eirsamen uyre sendeboden in diesem vurlouffe ind sachen sere claire gehort ind wale verstanden, wie volleakomelichen wir uns erbolden han ind als man unser in gentzlicher volge zo eren ind zo reichte ind redelicher fruntschaft mechtich was, ind zo doin ind zo nemen, zo nemen ind zo doin, wie sich gebueren sall in samenden of besunderen diesser sachen bedryvere, hertzogen van Cleve, Johann synen eldesten soene, den von Soist, unser stat, ain eyniche underscheit ader wankelroede, noch mer hirynne boven dit wir gutlichen gesonnen ind begert haven. Duchte die eirberen vurgeschriben uwer sendeboden of eyniche andere frôme lude, wir nyt vol genoich geboden ind uns zor folge gesat hetten, wir wulden mit matzen willen gerne na guder erynnongen mer ind voller beden ind volgen, uf das in die luft queme ind yederman clairlich wiste ind erkente die scholt ind unschult dieser swairer gelegener veden. Wir zo Gode ind zo wairer consciencien vestlichen getruwen, man uns in dem reichten aller verwirckungen anich vynden sulle, dan puere[a] in unss reichten noitwer doin moissen. Werde lieve frunde, also han wir sere fruntlichen ind bekorlich die eirberen uwer sendeboden vurschreben, diese jegenwordige schrift van unsen wegen an uwer vorsichtigeit mit zo nemen ind zo brengen, gebeden, hiremboeven als sil dit allit gesien ind gehoirt hant, uch unbehut ind ungespart muntlich willen nasagen ind kundich doin, dairinne ir dan verstain werden, wairvur uns dit allit mochte gedigen, by namen als wir an uwer eirbere vursichtige wysheit giengen ind setzen wolden alles herkomens, ere ind reicht, as vurschreben steit, tusschen uns ind den van Soist lygende. Wir hetten gemeynt, sil in geyne wyse des geschuwet noch uysgegangen weren, nadem sil sich noch mitsetzent in uyre werde ordinancie ind broderschaft der hensze. Wir gedencken sil nu dairynne unwerdich zo stain, als eyn alsulchs wale mircklich is, yre innehaven ind hantgedait eygener broderschaft sich bergent ind schuwent zo erkennen ind zo besien. In sulchen vurschreben gedecken man wale proven mach scheemde zo wesen, uyre vursichtigeit gruntlich zo hertzen nemen ind betrachten wille, so die verderff lyves, gudes, lande, lude, straissen ind alles gemeynen besten by yren wilmoide hinderstellich worden ist, herkomen ind gewirckt, ind dit vorder nu sus gedenckent zo beherden, ir noch an yn suchen ind underwyszlich heisschen willen, sil uns ere ind reicht zo doin ind weder van uns nemen, gelilch as dit vurgeschriben ist. Wulde dan yre sangwicgeit die unschuldige jemerliche geschichte nyt erbarmen, was dan durch Got, ere, reicht ind alles gemeynen besten man schuldich ind geburlich is zo doin, nadem dat reicht ummers nyt anders en wylt dan ye dem rechten guden werdigen loenc ind bystendicheit zo geven ind dem quaden unreichten correctie ind dwanck belasten, so is nutze ind loefflich eyn unreyne schaiff uyss claren lammeren zo setzen. Uyre vursichtigeit dit exempel den van Soist zolegen ind van yrer unreyner gedaet wegen sil nyt by uwer wirden reynen ordinancien der hensze liden noch ynne bate ader sterkunge in diesen snoden hantierongen vurschreben weder alle gemeyne beste doin of van eynigen under uch in die hensze gehoirende doin laissen, nadem wir gehoirt han, uyr fundament zoirst begynne uff ere ind reicht stae, sulchs van uch sere zo loven steit, des wir nu ayn zwivel ir volgere sin willen, uns verhoffen, ind uns helffen, sii zo eren ind zo reichte dwyngen in wandel ind beschutnisse des groissen verderflichen schaden ind entweldongen alles gemeynen besten. Wir verstain wale, dat uch sulche verkeringe etzwat mit roere ind treffe, dat uns doch innentlichen leyt is, ind dat sii dises verdryves bedryvere ind orsachen unbekentlich blyven sullen ind willent,

a) L. pure.

warumb wir uch disser noitsachen noch vorder int hoeste erynnen doin, als ire gedaet van originale des billigen Romischen richs unverfolgt ind unverslimen getreden ind gegangen is. Ind die ind andere verbreche unser gnedigster herre, der Romischer koninck alle stucke ind sachen verhoirt ind hoiren laissen hait mit geruchte ind reichte syner koniuglicher majestait, dairover gericht ind geordelt steit die sentencie der acht ind overachte, als uch die brieve dairvan wale vurkomen mogen sijn. Dit ind alle vurgeschriben punten bidden wir uwer vorsichtigeit, ir willen betrachten ind besynnen ind uns hir neist, so ir irst mogen, uyre volge ind gude beschreven antwerde wissen laissen. Gegeven zo Altendarne under unsem secrete, up fridach na sent Remeys dage, anno domini etc. 45.

Verhandlungen zu Kopenhagen. — 1445 Aug. 29 — Sept. 28.

Die Städte waren vertreten durch Rsn. von Lübeck, Rostock, Wismar, Stralsund, Thorn und Danzig.

Bezüglich der Vorverhandlungen vgl. S. 89. Berichte über die Tagfahrt enthalten Grautoff Lüb. Chron. 2 S. 95, Mohnike u. Zober Stralsund. Chron. 1 S. 185, Klemming Svenska med. rimkrönikor 2 S. 244 v. 7116—7179.

A. *Der anschauliche* **Bericht** *ergänzt vielfach die chronikalischen Angaben sowohl hinsichtlich der Hochzeitsfeierlichkeiten K. Christophs als insbesondere auch in Bezug auf die Verhandlungen über die Bestätigung der hansischen Privilegien in Schweden und Norwegen*[1]. *Nach Ueberwindung mannigfacher Hindernisse, welche der Bericht zum guten Theil nur andeutet, wurde sie endlich erlangt*[2]. *Dagegen drangen die Städte nicht durch mit ihrem weiteren Begehren, dass der Kg. die vollzogene Bestätigung der Privilegien seinen Amtleuten und vor allem dem Vogte zu Bergen verkünde. Ihr diesbezüglicher Entwurf, der im*

B. **Anhang** *mitgetheilt ist, wurde zurückgewiesen. Vgl. unten die Einleitung zu den Verhandl. in Kopenhagen 1447 Jun. 26 ff., wo die bergenschen Verhältnisse im Zusammenhang erläutert werden. N. 207 stimmt trefflich zu der Angabe in n. 205 § 19, vgl. n. 210.*

A. Bericht

205. *Bericht über die Verhandlungen zu Kopenhagen. — 1445 Aug. 29 — Sept. 28.*

L aus StA Lübeck, Hans. Rec. v. 2 n. 141, 3 Doppelbl., Originalprotokoll von der Hand Hertzes, überschrieben: Recessus factus et habitus in Copenhaven, anno 1445 post Bartholomei. *Unterzeichnet:* Johannes Hertze fecit. *Mitgetheilt von Höhlbaum.*

1. Anno 1445 dominica post Bartholomei[a] do zegelden de erbaren sendeboden van wegen des rades unde der stad to Lubeke na Copenhaven, unde quemen dar

[1]) *Die dänischen waren bereits 1441 Jul. 27 confirmirt worden, vgl. HR. 2 n. 488 § 13.*

[2]) *Vgl. die gleichlautenden Bestätigungsurkunden für Schweden bei Styffe, Bidrag 2 S. 309, für Norwegen im Diplom. Norveg. 7 S. 428. Sie datiren wie n. 206 vom 25 Sept. Die mir in einer Abschrift von Junghans aus dem Dipl. Langebek. zu Kopenhagen t. 28 (ex cod. membr. E. V.) vorliegende Urk. Christophs für die deutschen Schuhmacher in Bergen vom 29 Aug. 1445 ist zweifellos unecht. Vgl. Nielsen in Kristiania vidensk. — selsk. forhandl. 1877 n. 8 S. 20 f. und desselben mir während des Druckes dieses Bogens zugehende Arbeit: Det Norske Rigsraad (Krist. 1880) S. 307. Den an letzterem Orte angeführten Abdruck der obigen Urk. im Norske magasin 1 S. 571 habe ich nicht einsehen können.*

[a]) *Aug. 29.*

des sonnavendes na Egidii[1]. Unde de sendeboden weren de ersamen manne her Wilhelm von Calven, borgermester, Jacob Bramstede, ratman, unde mester Johan Hertze, prothonotarius. Unde darsulvest weren sendeboden desser nagescreven stede, alse: van Rostock her Peter Hanneman, borgermester, Johan Burow unde her Nikolaus Lubekerman, ratmanne[2]; van der Wismer her Hinrik Peel, borgermester, her Peter Langhe, ratman; vamme Stralessunde her Sabel Zesing, borgermester, unde her Hinrik Stenweg, ratman; van Torn ut Prutzen her Thidemann van dem Weghe, borgermester, unde van Danziike her Johan Meydeborg, ratman.

2. Item des negesten dages vor unser leven vrowen daghe nativitatis[3] do leten de heren sendeboden den heren koning dorch her Otten Nickesson unde Eggert Frillen vragen, efft sin gnade des nicht kunde wesen, dat he se in eren werven vor der hochtiit mochte horen unde se entrichten. Darto de here koning leet den steden zeghen, dat se ziik entholden wente na der werschup, deme se so gerne doen wolden. Aldus wart de forstynne ingehalet vormyddelst dem heren koninghe des frygdages na unser leven vrowen daghe nativitatis[4] myt groter werdicheit.

3. Item des sonnavendes vor des hilgen cruces daghe[5] do sande de Dudesche copman to Bergen den heren sendeboden enen dreplikcn claghebreff over den voget to Bergen, so de breff do den steden wart gelesen unde by my is vorwaret.

4. Item alse de sendeboden weren kamen to Copenhaven, do leet de here koning nach older wanheit de stede nicht wilkam heten, unde alse denne ziik benalde de tiit, dat de koste scholde werden to der werschup, do leet de here koning ok nicht laden de stede tor kost, unde lichte vorleet ziik darup, dat he den van Lubeke alrede hadde vorscreven unde se tor brutlacht gebeden. Aldus gingen de heren sendeboden to rade unde weren birover bekummert, wente scholden se gan tor kost uppe dat slot ungeladen, dat were en zwar zake ghewesen, hadden se ok nicht gegan, so hadden se haet unhulde van dem heren koninghe unde den synen, unde hadden lichte by eren oldesten nenen dank vordenet. Aldus vunden se raet unde wise unde leten dat myt behendicheit underzetten, so dat twe van den oversten synes rades des sonnavendes na myddaghe noch quemen by de heren sendeboden unde heten se wilkam, unde beden se vlitigen van des heren koninges wegen, dat se myt synen gnaden wolden eten. Deme se so dedon, unde eten dar dre daghe slumme upp dem slote, unde de here koning gink underwilen umme unde dede den steden, sunderges den sendeboden van Lubeke, syne hant.

5. Item[a] alse de forstynne des dinxstedages[6] hadde gheweesen tor kerken, unde vormyddelst dem heren archibiscope van Lunden was gekronet, unde mit dem heren koninghe was gekamen uppe dat slot unde stunt boven uppe dem sale vor der treselen, do wanden uppe se de sendeboden van Lubeke. Unde myt groter werdicheyt de borgermester van Lubeke, her Wilhelm von Calven, er huet lukkes in jegenwardicheyt eres vaders[b], erer moder unde veler mer forstynnen, darto alle weriet rugbede, wente he er van des rades to Lubeke unde der stad wegen to ener guden wilkam schenkkede enen kostelen vorgulden kopp, beyde bynnen unde buten under der stad Lubeke wapene. Ok schenkeden se er dree

a) Zu § 5 a. R. bemerkt: [illegible] Lubbermann et non alios L. b) vaders L.

[1]) *Sept. 4.* [2]) To der anderen reyse her Peter Hannemann, her Barowe, her Lubeke [illegible] koninghe . . . *folgen ziemlich dieselben Ausgaben wie zur Aalholmer Reise, vgl. S. 89 Anm. 2, neu ist hier die Ausgabe von* 3 ß vor der stat wapen vor de herberghe. *Rost. Wetteherrenrechn. 1443,6 (StA Rostock).* [3]) *Sept. 7.* [4]) *Sept. 10.* [5]) *Sept. 11.* [6]) *Sept. 14.*

kostele hermelen voder, unde mit velen worden, de darto wol denden, so baet de erbenomede borgermester de forstynnen, dat se erer stad Lubeke unde erer borgher were ene gnedighe unde gunstighe forstynne unde by dem heren koninghe alleweghe des copmans beste wyste. Welke ghave de vorscreven forstynne gutliken entfing, unde dede den vorscreven sendeboden ere hant unde dankede en bochliken. Unde alle, de dar achter stunden, beyde Densch unde Dudesch, de seden, de kopp were ghewesen vul guldene.

6. Item darna des mytwekens in der quatertemper[1] do gingen de sendeboden van Lubeke van wegen al der anderen sendeboden tom archibisscope van Lunden, tom bisscope van Selant unde her Oleff Axelsson, unde leten en vorstan, se biddende, dat se by dem heren koninghe van der stede wegen wolden bearbeyden, dat sin gnade etlike synes rades darby wolde legen, dormede se ere werve unde bodeschup mochten vorhandelen, wente yd so wol were en wanheit unde ok so er hir in den riiken gedan hadden, wente denne mocht me breve, privilegie unde andere schriffte lesen, dat alle tiit vor dem heren koninghe nicht wil hebben stede etc. Aldus nemen de vorscreven heren dat to ziik unde wolden dat by dem heren koninghe werven unde en van daghe en antwert benalen. Aldus quemen noch dessulven dages twe riddere van wegen des heren koninges, unde geven van wegen des heren koninges den sendeboden van Lubeke to vorstande, dat se wol deden unde weren alse morgen, dede was de donnerdach in der quatertemper, by dem heren[a] koninghe up dem slote, so wolde he se horen in eren werven. Deme so de stede dedon unde quemen to dersulven tiit up dat slot uppe den groten sael, dar se vunden den heren koning myt syme rade. Unde in jegenwardicheit des lantgreven van Hessen unde heren Wilhelmes van Brunszwig so leten de sendeboden van den steden dem heren koninghe dorch den borgermester van Lubeke, her Wilhelm van Calven, zeghen, unde dede bot dem heren koninghe van wegen der vorscreven stede synen denstliken grut unde wes de stede dem heren koninghe to denste unde to willen alleweghe doen mochten. Unde he vurder vorhalde, wo dat avescheident was ghewesen latest to Alholm[2] van wegen der confirmacie der privilegie uppe Zweden unde Norwegen, unde alse denne de vorscreven here koning de erbenomeden stede hadde bedaget to Copenhaven van der wegen, so was de erbenomede here borgermester van Lubeke van wegen der gemenen stede van der Dudeschen hense o[t]modeliken[b] unde denstliken biddende, dat sin konichlike gnade den erbenomeden steden van der hanse wolde confirmeren unde bestedegen sodanne privilegie, rechticheit unde lovelike wanheit, de syne vorvaren van koningen to koningen den steden hadden confirmeret unde de stede hadden in den riiken Zweden unde Norwegen etc.

7. Do desse wort in der besten wise, so dat behorde, gesecht weren, do leet de here koning dorch her Otten Nykelsson vragen, efft se ok mer hedden to wervende. Do sede de borgermester van Lubeke ja, und sede, se hadden noch to wervende alse van schaden wegen, de eren borgheren unde anderen vrunden were kortliken weddervaren, darup se hadden enen breff an mynes heren gnaden van wegen des rades to Lubeke, unde weren begherende, dat sin gnade den wolde laten lesen. Deme so de here koning dede, unde uppe den artikel den steden, unde sunderges den van Lubeke seden, dat unses heren gnaden mit den jennen ut Zweden hadde gesproken, den de zake kundich were, unde were so in der warde, dat dejenne de gudere hadde genamen de in erem breve were be-

a) heren L. b) [illegible] L.

1) Sept. 15. 2) Vgl. S. 89.

somet. Unde de here koning hadde ene geleydet myt den guderen unde de gudere weren noch in guder vorwaringhe, wente were deme so nicht bescheen, so hadde he myt den vorscreven guderen gezegelt to koning Erike unde de copman were der guder quyt gheworden. Yodoch so were dar jegenwardich desjennen broder, de de gudere hadde genomen, unde me scholde sodanne gudere weddergheven denjennen, den se hehorden, unde weret dat an den guderen wes enbreke, darover wolde de here koning allen rechtes behelpen.

8. Item darna leet de here koning vragen dorch her Otten Nykelsson, offt de stede ok hadden mer to wervende. Darto de borgermester van Lubeke antwerde unde se(de)[a] ja, se hadden noch van schaden unde gebreken wegen to wervende, dat syner gnade to lank were to horende, unde weren begherende, dat sin gnade darto etlike synes rades wolde vogen, darmede se de gebreke unde puncte mochten vorhandelen, unde beden vurder deger densulken, dat sin gnade van wegen der confirmacien uppe ere privilegie en gnedich unde gutlik antwert wolde gheven. Darto de here koning leet zeggen, dat he etlike synes rades darto wolde vogen, de morgen ere gebreke scholden horen, dat se darumme ere gebreke scholden an schryffte bringen unde de syne redere morgen to achten in de klokke tom moneken denne scholden horen unde myt en darin spreken. Item alse van wegen der confirmacie uppe de privilegie leet de here koning den sendeboden seggen unde vragen, efft se ok hadden bewisinghe der privilegia. Darto sede de borgermester ja, se hadden gude bewisinghe unde vidimus uppe ere privilegie. Darto de here koning leet zeggen, dat se sodanne bewisinghe vor syne gedeputerden brochten, de se seen scholden, unde darna he en een gutlik antwert van der wegen gheven wolde.

9. Item[b] des vorscreven donnerdages in der quatertemper do was Hinrik Grypeshorn by den heren sendeboden van Lubeke unde darsulvest en sede, dat he van Olaff Jonsson 100 Mark Lubesch hadde entfangen nach utwisinghe synes machtbreves, den he van dem rade to Lubeke darup hadde entfangen. Unde her Wilhelm unde her Jacob em noch darna ene quitancien geven.

10. Item des frygdages[1] darna do quemen de heren sendeboden to degedingen ton moneken myt den ersamen heren, de de here koning darto hadde gevoget. Unde weren de redere der riike Zweden unde Norwegen, alse[c] de biscop van Anslo unde de . . . .[c]. Unde darsulvest vertelde van wegen der stede de borgermester van Lubeke, wo dat averschedent was ghewesen to Alholm unde na ok vor dem koninghe. Aldus worden dar gelesen etlike gude privilegie unde vidimus uppe de riike Zweden unde Norwegen, de laes de scryver van Lubeke in dem Dudeschen unde de provest to Bergen de hadde in der hant dat vidimus in dem Latino unde dat ladde overen. Unde alse dit was gescheen, do sede de vorscreven here borgermester van Lubeke, dat se der privilegie vele mer hadden in den vorscreven twen riken, yodoch so beslote dat vorscreven privilegium se alle. Vurder wart darsulvest gelesen de avescryfft der confirmacien, alse koning Erik den steden uppe de riike Zweden unde Norwegen hadde bezegelt. Unde darna so weren de stede begherende, dat de vorscreven twiger riike redere yd so wolden bringen by den heren koning unde syne gnade underwisen, dat he en ere privilegie wolde bezegelen unde confirmeren. Darumme se spreken unde den steden vor en antwert seden, sunderges de ut Sweden, de seden den steden, dat se sodanne privilegie wol hadden ghehoret unde dar worden ynne beroret vele articule, de andrepen dat riike van Dennemarken, dat en nicht to en queme,

a) se L. b) Zu § 9 a. R. bemerkt: Non compleÿ civitates L. c) alse — de a. R. nachgetragen, die übrigen Namen nicht lesbar L.

1) Sept. 17.

yodoch soverne der stede privilegie beroren dat riike Zweden, so weren se des wol tovreden unde wolden dat so gerne by eres heren gnade bringen, wat erem heren gelevede, dat were en wol to willen. Vurder de redere des riikes Norwegen seden den steden, dat de archibiscop van Drunten noch nicht were gekamen, unde ok vele mer andere biscope unde redere, der se mosten beyden, unde nadem se nicht weren gekamen, so kunden se darup nen antwert geven, er se weren gekamen. Darup de stede ziik bespreken unde seden, dat de here koning en gesecht hadde, dat he umme der confirmacie der privilegie uppe de vorscreven twyer riike de redere wolde vorboden, aldus weren se dar nu gekamen unde boden noch, dat se dat so by des heren koninges gnaden wolden bringen unde ene underwisen, dat de vorscreven privilegie mochten werden confirmeret, und dat se worden vorzegelt vormyddelst denjennen, de dar ut dem riike Norwegen jegenwardich weren, dar scholde en wol anne noghen. Darumme ze ziik bespreken unde den steden seden, dat se mit den steden anders nicht wen leve unde vruntschup begerden unde welden dat so gerne by eres heren gnade bringen, en schelde dar nicht ane, wes eres heren gnade darby dede, dat were en wol to willen, unde des wolden se den steden en kortlik antwert benalen.

11. Item des sonnavendes darna, dede was de sonnavent in der quatertemper[1], do weren tosamende de heren sendeboden van den steden, unde under mer anderen worden so wart dar vorhandelt van dem heryng, de ovel wert gepakket unde de ok up den bilegen wert gevangen, alse to Mone edder anderswor, unde dat en islik dat by syne oldesten brochte unde yd so worde besorget, dat de pakkinghe anders bescheghe unde ok de spilinghe anders worde gemaket. Dat en islik so to ziik hefft genomen unde wolde dat by syne oldesten bringen.

12. Item des mandages darna[2] do gingen de radessendeboden samentliken uppe dat slot unde hadden gerne en antwort uppe ere werve gehaet unde ghehoret. So dat se dar vunden her Otten Nykelsson, deme se quemen to worden unde ene beden, dat se mochten uppe er werve en antwort hebben, dat he wol dede unde wolde dat dem heren koninghe benalen. Deme he so dede unde int lateste inbrochte, wo de here koning der twiger riker redere van Zweden unde Norwegen inbringent nach dem lesten affschedende noch nicht gehoret hadde, men he wolde se horen unde en denne to morgen en antwert seggen. Welk de stede affbeyden mosten, unde quemen in sunte Matheus daghe[3] wedder uppe dat sloet unde begerden dar dorg her Otten Nykelsson, dat he by dem heren koninghe wolde bearbeyden umme en antwert, wente se weren dar also gekamen, dat se wolden en antwert gerne hebben. Deme so de vorscreven her Otto dede, unde quam wedder unde baet de stede alle van wegen des heren koninges, dat se myt siner gnade eten wolden; dat se myt lympeliken saken vorleden. Unde darna sede de vorscreven her Otto van wegen des erbenomeden heren koninges, dat de stede wol deden unde entheelden ziik wente an den donnerdach negest kamende to 9 in de kloke, so wolde synes heren gnade denne de stede horen, unde myt en alle ding vorhandelen, unde under der tiit so mochte ok kamen her Olaff Nykelsson, voget to Bergen, dar de koning na beydede; deme de stede so doen wolden.

13. Item alse de vorschreven donnersdach quam, do weren de stede tosamende up dem slote to 9 in de kloke, unde warden uppe den heren koning, umme en antwort to hebbende, de do was myt den synen in dem rade. Unde alse denne al syne redere weren van em gegangen, gheystlik unde werlik, do

[1] Sept. 18. [2] Sept. 20. [3] Sept. 21.

quam he achterna allenen mit etliken rederen ut Sweden, alse dem marschalke van Zweden unde dem voget tom Stokesholme. Unde darsulvest in jegenwardicheit des heren koninges unde der stede so vragede de voget vamme Stokesholme, effte de stede ok hadden mer privilegie uppe Zweden den alse se alrede gehoret hadden. Darumme de stede wolden spreken. Do sede de here koning, de stede scholden dem marschalke en antwert zegen, he moste gan in de kerken unde horen missen, dat se dar beyden, wanner he queme wedderumme, so wolde he en een antwert zeggen. Yodoch zeden de vorscreven stede dem heren koninghe, se hadden noch veler mer privilegie, wen alrede weren gelesen, men datsulve helde wol so vele an zlik alse de anderen. Aldus beyden de heren van den steden des koninges, de doch nicht wedder en quam er de klokke was na 12, unde leet de stede dar stan vorgeves unde beyden. De int lateste gingen unde nemen war eher maltiit, wente he saet uppe en pert unde beleyde der forstynnen moder, dar de stede nicht aff wysten unde vor nenen willen nemen. Aldus let me de stede gan unde me sede en noch en noch ander. So dat int lateste de stede quemen dem archibiscope to worden, deme se seden, se kunden nen antwert hebben, se wolden zegelen den wech den se kamen weren, unde eren oldesten benalen, wes en hir weddervaren were. Darto de here archibiscop sede nen, se scholden en kort antwert hebben. Dit sulve seden se ok her Oleve Axelsson, de en sede dergeliken[a].

14. Item darna alse des frydages vor sunte Michaele[1] vor myddaghe, do quam by de heren sendeboden van Lubeke en persone[b], de van etliken Heygeren wegen, alse heren Albert Morheren unde her Cristoffer Barsberge, unde lichte van des koninges wegen, den sendeboden sede, effte dar neen raet to stunde, dat de raet to Lubeke unde andere stede zilk myt dem heren koninghe vurder wolden vorweten unde zilk myt em vorbynden jegen dejenne, dar he des hadde to donde, so wolde de here koning den steden gutliken in hant gaen van wegen der confirmacien uppe ere privilegie. Darto de erbenomeden sendeboden antwerden unde seden, dat se darvan non bevel hadden, de stede hadden by dem heren koninghe vele gedaen unde bewiset, so se lichte noch donde werden, wanner he se levet by dem eren unde yd vruntliken unde leffliken myt en unde den eren helt. Unde wolde de here koning darane vurder wes weten, dat he de syne schikkende by ere oldesten an de stede, de em denno lichte darvan en gutlik antwert benalen. Unde ditsulve werff warff ok dessulven morgens Helmig Tanghe, borger to Lubeke, by den sendeboden van Lubeke, deme se gheven vor en antwert, alse se er gedan hadden.

15. Item dessulven frygdages, alse de heren sendeboden van Lubeke seten over der maltit, do quam darsulvest to en van wegen des heren koninges her Oleff Axelsson, ridder, marschalk des heren koninges, unde was begherende, dat se wol deden unde quemen mit den anderen steden tom heren koninge uppe dat slot, twe in de klokke na myddaghe, de here koning wolde se horen unde en en antwert gheven. Deme se so gerne doen wolden, unde beholden darsulvest to dem eten her Oleff vorscreven, deme se gutliken deden unde vakene todrunken. Unde alse de win quam in den man, do sede wol twighe edder dryghe de vorscreven her Oleff, wo de here koning nu wol twe daghe were weset vortornet unde gegrettet men de saek were nu gar unde yd scholde wol anders werden. Aldus gingen de stede samentliken dessulven dages uppe dat slot uppe den

a) [illegible] L.
b) [illegible]: Hans Nyenburg, borger to Lubeke L.

1) Sept. 24.

langhe[n][a] sael. Dar was de here koning myt syner dryger riike redere, gheystlik unde werlik, unde leet de stede vor siik kamen, de he gutliken unde leffliken entfing. Unde dar weren de stede noch begherende, dat sin gnade wolde den steden confirmeren de privilegie uppe Zweden unde Norwegen, unde darsulvest laes mester Johan Hertze dat langhe gude privilegium uppe de riike vorscreven in dem Dudeschen unde de archibiscop van Lunden hadde in syner hant dat vidimus in dem Latine, unde dat ludde overen, unde helt so vele gudes an siik, alse alle andere privilegie uppe de vorscreven twee riike inneholden mochten. Ok worden darsulvest gelesen twe copien, alse koning Erik den steden de vorscreven privilegie uppe de erbenomeden riike hefft bestediget. So dat in lateste de here koning in jegenwardicheit syner dryger riike redere dorch her Otten Nykelsson den steden leet seggen, dat he umme woldaet, de de stede by em gedan unde bewiset hadden unde noch doen mochten, so wolde he den steden de privilegie uppe Zweden confirmeren; men alse van der confirmacien uppe Norwegen, dar kunde he nicht ane doen, wente de archipiscop van Drunten unde her Olleff Nykesson, voget to Bergen, weren dar nicht, unde de hadde vele unde meynygerley tosprake to dem copmanne to Bergen. Hirup de stede ziik bespreken unde quemen wedderumme unde dankeden dem heren koninghe hochliken darvor, dat he en de privilegie uppe Zweden hadde confirmeret, und weren noch hochliken unde denstliken biddende, dat he en de privilegie uppe Norwegen wolde confirmeren. Dergeliken weren de erbenomede her archibiscop unde de voget dar nicht, dar schelde en nicht ane, en noghede wol darane, dat dejenne de privilegie mede bezegelden, de dar jegenwardich weren; hadden ok de voget unde copman unwillen tosamende, dat kunde sin gnade mit den steden wol vorliken. Hirover villen vele unde langhe rede, so dat in[t][b] lateste de here koning leet seggen, he wolde ziik beraden wente to morgen.

16. Item aldus quemen des sonnavendes[1] de heren van den steden wedder vor den heren koning, de se echter gutliken entfing, unde dorch heren Otten Nykelsson den steden leet seggen, dat de here koning umme der stede bede unde begerte willen unde umme ere woldat willen den vorscreven steden ere privilegie uppe Norwegen wolde confirmeren. Dergeliken unde vurder zede [he][c], leve heren, wy Denen danken jw alles gudes unde gy sint unse guden unde leven nabere. Aldus dankeden de stede do dergeliken.

17. Item dosulvest worden vor dem heren koninghe overgheghevet etlike klaghe unde gebreke, sunderges de gebreke des copmans in Schonessyden, alse to Mellebogen, Draker unde alumme, unde ok des copmans to Copenhaven. Item was dar ok mede de klaghe des copmans to Bergen over den voget darsulvest, alse de copman latest den sendeboden hadde geschreven. Men de anderen vele klaghe, de hadden de alderluden des copmans vorgeten unde wolden se noch na overgheven. Aldus nam de here koning de claghe in de hant, der vele weren, wol dre arkes vul, unde zach darin unde sede, he wolde des steden hirup en antwert gheven.

18. Item darsulvest wart ok benalen en breff an denjennen, de de kostelen unde velen gudere hadde latest genamen ut dem Lifflandeschen schepen unde de voret in Zweden, unde deme wart geschreven by des copmans vulmechtigen procuratoren, alse Engelken etc., dat he em sodanne gudere sculde weddergheven unde ene klagelos maken unde so bestellen, dat nen vurder klaghe vor den heren koning queme van der wegen, unde ok dat he ene [nicht][d] seregede

a) langhe L. b) in L. c) he fehlt L. d) nicht fehlt L.

1) Sept. 25.

[edder][a] schaden dede an syme lyve unde gude. Unde desulve procurator segelde over in Zweden in her Magnus Grymmes barsen, dede was voget tom Stokesholme, de one gerne mede nam unde ok wolde em helpen, dat he enen guden ende kreghe.

19. Item kregen de heren sendeboden van der confirmacien wegen enen dreplikeu inval, wente de here kenseler sodanne vorscreven confirmacien under des heren koninges ingezegel allenen wolde vorzegelen, dat de stede so nicht wolden annamen sonder der riike redere dat mede vorzegelden; unde sede[n][b], se hadden van eren oldesten anders nicht in bevel, sunder dat se de confirmacien scholden nemen in aller mate und wise so koning Erik de vorzegelt hadde. So dat her Otto Nykelsson van den steden hirummo wart gesproken, de dat by den heren koning so brochte. So dat de here koning des sondages vor sunte Michael[1] treet tor kerken, dar syn hoffgesynne vor gynck, unde de here koning vant by dem weghe stan de sendeboden van Lubeke, den he de hant dede unde gutliken entfing, unde sede na dat se weren rede. Darto antwerden se wanner sin gnade [. . . . .][c]. Do sede he: gy scholt noch vor myt uns eten. Unde darna volgede vort de vorscreven her Otto Nykelsson, de sede, leve heren, ik hebbe dem heren koninghe jwe begortte gheven to kennende, deste zecht heffl, me schal jw de confirmacien uppe beyde riike gheven under der redere ingezegel na al jwem willen. Unde dit alle is geschen van schikkinghe unses leven heren Godes, wente etlike der rykere redere wol scholen gesecht hebben, hadde me nicht gevruchtet koning Erike, me hadde der confirmacien nicht gekregen; so veler quader orruner ut den riiken Zweden unde Norwegen[d], dat dar nicht aff hadde geworden, wente to deesulven tiden konig Erik hadde wol 7 segele weraffl- tich liggende by Mone, unde de ok alrede deden togrepe unde schaden.

20. Item des maandages vor sunte Michael[2] to 9 in de klokke, do weren tosamende upme groten sale de heren sendeboden myt dem heren koninghe unde syme rade, unde darsulvest begerden de heren sendeboden en antwert uppe sodanne vele klachte unde gebreke, alse de stede hadden dem heren koninghe overghegeven unde de dar jegenwardich weren unde ok de here koning in der hant hadde. Darumme de here koning sprak unde dorch her Otten Nykelsson den steden leet zeghen, dat de klachte unde gebreke vele weren unde de syne ok vele over der stede undersaten hadden to klagende unde de here koning nu in Sweden wolde unde nicht en wyste wanner sin gnade wedderqueme, wolden darumme de stede dat affbeyden, so wolde sin gnade darto van syme rade etlike voghen, de myt en alle ding mochten handelen, so dat alle articule unde klachte in fruntschup edder mit rechte mochten werden gescheden. Darumme de stede spreken unde zeden, dejenne, dar se tosprake unde klaghe hadden, alse her Olleff Nykelsson, Peter Oxe unde mer andere, de weren dar nicht tor stede, men wolde de here koning uppe bequemen tiiden unde beleghenen daghen se vorboden, wanner he wedderqueme ut Sweden, unde den dach den steden vorschreven, lichte de stede dat denne wol besenden. Darumme de here koning sprak unde was des wol tovreden, unde wolde den steden den dach vorschryven, uppe dat ens sodanne gebreke mochten werden geendiget, wente yd langhe heffl ghewaret.

21. Item alse denne de stede vorscreven uppe den voghet to Berghen, her Oleff Nykelsson, grote klaghe hadden van wegen des copmans darsulvest, welke klaghe nicht worden geendiget, so vor is berooret, darumme weren de erbenome-

a) er L. b) sede L. c) *Das Verb ist zu ergänzen, behagede, belevede oder dergl.*
d) *zu ergänzen: waren vorhanden.*
1) *Sept. 26.* 2) *Sept. 27.*

den stede van dem heren koninghe begherende enen openen breff, ludende aldus. *Folgt n. 206.* Welken vorschreven breff de heren sendeboden in des heren koninges hemeliken kameren in jegenwardicheit kleuer personen syner rederen ut Beygheren leten lesen, unde den he wol baff belevede. Yodoch so wart de breff getogel vor der riiker redere, dar beyde Denen unde Beygheren weren unde wart duplikan averwegen, wente de redere alle over dem breve sere weren bekummert, wente de stede des breves anders nerghen umme begerden men umme vredes willen alumme twysken des heren undersaten unde den steden sunderges in Norwegen, dar de voget alle daghe den copman overvallet, darvan lichte mort unde doetlasch[a] mochte enstan. Aldus wart de here koning myt den synen des to rade, dat he boven syne confirmacien nene opene breve wolde gheven, men he wolde gerne enen breff an den vorscreven voget to Berghen schryven, aldus wo dat sin gnade lateste were wesen to Alholm, dar de stede de confirmacien begerden, dat he vorlengende wente to syner hochtiit, dar de stede nu weren unde beden noch dergeliken, de he hadde getovet wol 14 daghe lenger, den he se hadde bedaget, unde hadde nu en ere privilegie confirmeret, darumme wolde he, dat he de stede unde den copman to Bergen lete by alle eren privilegien, rechticheyden unde loveliken wanheyden, wente he den steden hadde togesecht, dat he myt den steden wolde daghe holden unde alle gebrekelo unde gebreke myt en denne tom ende richten, dat darumme alle ding in gude stan scholden etc.

22. Item dessulven dages worden vor dem heren koninghe lesen de confirmacien der privilegie Zweden unde Norwegen bezegelt, de he den steden helede overantwerden. Unde se mosten dem canceller darvor gheven 100 Rynesche gulden, de de van Lubeke betalden de helffte, unde noch darenboven gheven den underscryveren 2 lichte gulde, dat ander geld, alse 50 fl. betalden de andere vyff stede, en islik 10 fl. Renensm. Unde de privilegie nemen in vorwaringhe de van Lubeke.

B. Anhang.

206. *Städtischer Entwurf zu einem von K. Christoph auszustellenden Befehl an seine Amtleute, den deutschen Kfm. in seinen Privilegien zu schützen. — 1445 Sept. 25.*

Aus der Handschrift zu Lübeck f. 6.

Cristoffer van Godes gnaden etc. allen unde enem isliken, den desse unse opene breff vorkumpt, seen edder horen lesen, don witlik unde openbar betugende, dat wy uppe datum desses breves umme densle unde sunderger woldat willen, de uns unde unsen riiken bewiset hebben de ersamen stede van der Dudeschen hense, so hebbe wy den vorscreven steden confirmeret unde bestediget al ere privilegie, fryheit unde rechticheit, de se in unsen riiken Zweden unde Norwegen van unsen vorvaren gehaet hebben unde noch hebben, unde de wy myt unsen rederen ok endelen gehort hebben. Hirumme bede wy allen vorscreven unde sunderges unsen voeden, amptluden unde undersaten unser vorscreven riike, dat se de erbenomeden stede unde ere borghere, copluide, ampte unde al de in der Dudeschen hense begrepen sint, laten unde beholden by al eren vorscreven privilegien unde se darenboven nicht bezwaren, by unsen unhulden, wente wy myt den vorschrevenen steden uppe daghen unde tiiden, de wy en vorschryvende werden, alle klaghe unde gebreke, dede under den unsen unde en mogen wesen, willen vor-

a) doetlschal L.

scheden. In tuchnisse der warheit so hebbe wy unse secret gedrukken heten besedden an desen breff. Gheven uppe unsem slote to Copenhaven, des sonnavendes vor Michaelis, anno etc. 45.

207. *Lübeck an Wismar, Rostock und Stralsund: sendet Abschriften von Briefen K. Erichs an die Städte und Wisbys an Lübeck, welche den Beschluss K. Erichs, allen Verkehr nach den Reichen zu hindern, melden und die Erklärung Wisbys enthalten, die von dem Kg. geforderte Ausrüstung von Schiffen nicht länger verweigern zu können; hat das wisbyer Schreiben seinen Bürgern kundgegeben, stellt den Städten anheim, die Ihrigen ebenfalls zu warnen; ersucht Wismar und Rostock, dieses Schreiben nach erfolgtem Durchlesen dem Boten besiegelt wiedereinzuhändigen, damit er es nach Stralsund bringe: bittet um Gutachten, was zu thun sei*[1]. — *[14]45* (feria 4 post exaltacionis s. crucis) *Sept. 15.*

StA Lübeck, A. Pommersche Städte 1, Entwurf, vgl. n. 196.

Versammlung zu Wolmar. — 1445 Dec. 12.

Anwesend waren Rsn. von Riga, Dorpat, Reval, Pernau, Wenden, Wolmar, Kokenhusen und Lemsal.

A. *Die* **Vorakten** *beziehen sich vorzugsweise auf den Krieg mit Nowgorod der ungeachtet verschiedener Waffenstillstandsverhandlungen*[2] *fast ununterbrochen fortdauerte*[3]. *Daneben berichten sie über Störungen des Schiffsverkehrs an den flandrischen Küsten und in der Ostsee und über Verfälschung des Flachses.*

B. *Der* **Recess** *berührt dieselben Angelegenheiten, befürwortet den Abschluss eines Friedens mit Nowgorod, die Bestrafung solcher, die dahin Handel getrieben, die schärfere Beaufsichtigung der Produkte der Undeutschen im Lande und strengere Befolgung früherer Handelsvorschriften.*

C. *Die* **Korrespondenz der Versammlung** *enthält die diesbezüglichen Schreiben und hierüber noch Verwendungen für Private.*

D. *Der* **Anhang** *berichtet über den Abschluss eines Beifriedens mit Nowgorod und die von Riga gegen die Auslieger K. Erichs ergriffenen Massregeln.*

A. Vorakten.

208. *Der deutsche Kfm. zu Brügge an Danzig: warnt vor den von Dieppe* (Depen), *welche Auslieger ausgerüstet und kürzlich ein Schiff von Sluys genommen haben; ersucht, überallhin Warnungen ergehen zu lassen, damit Jeder sein Schiff gehörig bemanne. — [1445 Febr. — Mrz.]*[a].

a) *Der Schluss lautet:* Gescreven under unsem ingesegel (?) up s. Jurgens avende, anno etc. 45. *Offenbar hat der genannte Schreiber aus Versehen das Datum von n. 211 herübergenommen.*

1) *Vgl. n. 210, 219.* 2) *Vgl. S. 30 Anm. 1, n. 103 f. Am 2 Dec. 1444 berichtete der Om. an Reval, dass der kürzlich abgeschlossene Beifriede mit Nowgorod sich nur auf die Ordenslande beziehe, da er dem Verlangen Nowgorods, die Hansestädte einzubegreifen, aus Mangel an Vollmacht nicht habe willfahren können. Für die Dauer des Beifriedens sollen die Strassen geschlossen bleiben. (Or. im RA Reval, verzeichnet von Hildebrand a. a. O. n. 226).* 3) *Vgl. Index corp. hist. Livoniae 1 n. 1502 f.; nach n. 1511 muss 1445 ein Vertrag mit Pleskau abgeschlossen worden sein, vgl. oben n. 161 Anm.*

RA Reval, Abschrift, überschrieben: Also hefft de copman unde alderlude des gemenen copmans van der Dudeschen hanse to Brugge in Vlanderen wesende deme rade to Dantzike[a] gescreven. *Auszug.*

209. *Lübeck an Riga, Dorpat und Reval: ertheilt auf ihren Bericht über die Verhandlungen zwischen dem Orden und Nowgorod, Verhaltungsbefehle für den Fall sowohl des Wiederausbruchs des Krieges wie für den, dass der Friede zu Stande käme. — 1445 Apr. 19.*

Aus RA Reval, Or. Perg. m. Spuren d. Secrets.
Verzeichnet: daraus Hildebrand a. a. O. n. 223.

Den ersamen wisen mannen heren borgermesteren unde radmannen der stede Riighe, Darpten unde Revele, unsen guden vrunden samentliken unde besunderen dandum.

Unsen vruntliken grut unde wes wii gudes vormogen tovoren. Ersamen heren, guden vrunde. Juwen bref an uns gesant, darinne gii uns scriven van dem dage, den de here meister unde gii holden hebben mit den Naugarders, darane doch nin vrede tom ende komen en is, unde so gii sunderges scriven van den twen jaren, de twisschen dem orden unde den Russen in dage weren gesat, den de here meister en nu wedder upgesecht hefft, unde doch wente sunte Johannis dage noch in dage steit, so bevruchte gii juw, iset dat de Russen dat nicht besenden edder to vorderem dage bringen, so sii to bevruchtende, dat denne een nye unvrede wedder upsta, dar de copman van schaden nemen mochte; und gii menen, dat men den copman warne, dat men nin vorderflik gud dar int lant en bringe etc., mit meer worden, hebbe wii wol vornomen. Unde guden vrunde, dar hebbe wii mit den steden bii uns belegen angesproken also, weret zake dat de vrede uppe sunte Johannis dach wedder utginge unde to unvreden queme, dar God vore sii, so wille wii nu den copman hir warnen, dat he ziik ware unde vorderflike gudere dar int lant nicht en bringe. Were ok zake, dat yd wedder to vreden queme mit dem meister unde mit den Russen, so is unse begere unde unse wille, efft gii enen vrede van des copmans wegen mit den Russen neement, so bestellent unde besorgent jo also van der stede unde van des copmans wegen, dat de copman unde de Russen nine copenschop malkander en hebben unde erer een to dem anderen nicht en vare eer der tiit, dat siik de Naugarders to juw vorseggen, dat se den copman by eren privileigen willen laten bliven, unde darup enen dach to vorramende unde ene nye crucekussinge to makende, unde de crucekussinge nicht to makende, id en sii, dat dejenne darbii komen, den dat van oldinges unde van rechte to geboret to doende. Unde gii jo dar vorwesen, dat erer en mit deme anderen nicht en copslage eer dat de crucekussinge wedder is gemaket. Gode deme heren siit bevolen. Schreven under unseme secrete, des mandages na deme sondage, alse men in der hilgen kerken singet Jubilate, anno etc. 45.

Consules Lubicenses.

210. *Neu-Pernau an Reval: sendet die Abschrift eines ihm gestern zugegangenen Schreibens von Riga, und berichtet,* hir is eyn seggent, dat de olde konynck van Godtlande uthmake wol 5 effte 6 scheppe, daruppe he hebbe wol by 500 manne[1]; *Reval möge die Schiffer warnen. — [14]45* (dunredages vor s. Jurgen) *Apr. 22.*

RA Reval, Or. m. Resten d. Secrets.

a) *Correspondirt anstatt Riga.*

1) *Vgl. n. 205 § 18 f., 207.*

211. *Pernau an Reval: sendet n. 208 mit dem Ersuchen, den Inhalt allerorten wo es nöthig zu verkünden. — [14]45* (dunredages vor s. Jurjen) *Apr. 22.*

RA Reval, unausgefertigtes Or. mit Verschickungseinschnitten; die Handschrift ist dieselbe wie in n. 210.

212. *Om. Heidenrich Vinke von Overberch an Reval: erwiedert auf die Beschwerde von Reval, dass sein Handel ungemein leiden würde, falls aller kaufmännischer Verkehr mit den Russen für die Dauer des zweijährigen Beifriedens untersagt werde: er wolle am 22 Aug.* (sondages na u. vrowen dage assumpcionis) mit vaste unser gebediger *in Wolmar zusammenkommen und von dort aus Reval schriftlichen oder mündlichen Bescheid zukommen lassen. — Riga, [14]45* (Panthaleonis) *Jul. 28.*

RA Reval, Or. m. Resten d. Secrets.
Verzeichnet: daraus Hildebrand a. a. O. n. 229.

213. *Riga an Reval: ladet zu einer Tagfahrt in Wolmar am 12 Dec.* (up d. avent s. Lucie — dat is up den sondagh, 14 dage vor wynachten) *um über die* Naugardersche reyse mit dem dat dar anhanget, *und* offte et nutte sy, eynen jungen man to Naugarden to sendende, ume de hove to bezeende *und andere Sachen zu verhandeln. — [14]45* (donrstagh vor s. Gallen dage) *Okt. 14.*

RA Reval, Or. m. Resten des Secrets.
Verzeichnet: daraus Hildebrand a. a. O. n. 230.

214. *Lübeck an Reval: berichtet, dass einige Lübecker,* de sick des vlåskôpes bynnen unser stad plegen to generende, *sich beklagt haben, dass die Verpackung des Flachses nicht mehr dieselbe sei wie früher,* so dat se erst unde darnegest de gemene werld darmede bedragen werden, des se ock mer to vorderffe unde schaden komen, wente se sodanne vlås, alse se dat hebben ingekofft, deme kopmanne, de hyre to hues wor he to hues hore, by våten wedder uthvorkôpen, de ene under vorledenen tiiden datsulve vlås wedder in unse stad bringet, deme se syne teringe unde alle ungeld wedder môten leggen; *hat deshalb angeordnet,* dat men alle vlås bynnen unser stad schal vormiddelst geswornen mannen, darto van uns gevôged, bezeen und werderen, wor denne desulven wardeynen de packinge nicht rechtverdich bevynden, dar schal men mede varen so recht is; *ersucht, dieses den Flachshändlern mitzutheilen und sie anzuweisen, den Flachs wie vor Alters zu verpacken. — [14]45* (in s. Gallen daghe) *Okt. 16.*

RA Reval, Or. Perg. m. Spuren d. Secrets.

215. *Dorpat an Reval: berichtet, dass sein Rm. Johan Bredenschede kürzlich in Riga gewesen und von Riga die Mittheilung erhalten hat, dass es* umme drepeliker zake willen, dessen steden unde coepmanne heftigen anliggende, *eine Tagfahrt zu Wolmar auf 14 Tage vor Weihnachten anberaumt habe,* darupp se eren breyff gesant hebben, dar gi yw na mogen to richtende weten; *meldet ferner, dass es demnächst* enen jungen man *nach Nowgorod abordnen werde,* umme de hove unde kerke etc. to beziende unde ok de legenicheid darsulves bemeliken to vorfarende. — *[14]45* (vridages vor Crispini) *Okt. 22.*

RA Reval, Or. m. Resten d. Secrets.
Verzeichnet: daraus Hildebrand a. a. O. n. 231.

B. Recess.

216. Recess zu Wolmar. 1445 Dec. 12.

R aus der Recesshandschrift zu Reval 1430—53, 13 Lage, 3 Doppelblätter.

Anno domini 1445 up sunte Lucien avent de heren radessendebaden der Lifflandeschen stede to Woldemer to dage vorsamelt: van Rige her Hinrik Eppincbusen, her Gerwin Geudena und her Johan Treros[1]; van Darbte her Hildebrant Lusebergh, her Johan Beverman und her Gerd Serove; van Reval her Johan Sunnenschyn, her Gosschalk Stoltefot und her Cord Gripenbergh; van der Pernowe her Hinrik Rodendorp und her Reyneke Ketwiik; van Wenden her Gerd Stenfort und her Wilhelm Oldenschede; van Woldemer her Johan Leppede und her Tideman Vorste; van Kokenhusen her Johan Pander; van Lempsel her Cord Kenniese, hebben gehandelt desse nagescreven sake.

1. Int erste als [de][a] erwerdige here meistere van den Lifflandeschen steden rades begerende was in dem Naugardeschen orloge, in dem negesten vorgangen jare up dem [dage[b] to dem] Walke gehalden van densylven steden wort em dô geraden, ofte he mit jenigem gelimpe mit densylven Naugardern to vrede komen mochte, dat he dit nicht vorsloge ume manniger sake willen, dar diit land in grote beswaringe mede komen mochte etc.[2]. Und wante do neyn vrede mit den Naugardern gemaket wort, so dunket dessen steden, dat dar so mannigerhande inval ane geschen is mit mannigerhande toforinge ut vellen vromden landen und jegenoden, dar by de Naugarder so sere gesterket werden, dat se diit land gancz geringe mer achten sollen. Und vor al so bevruchten siik de stede gancz merkliken sere, in dem dat de Naugarder neyn gebrek van salte, van wande und ander kopenschop hebben, dat se siik ok ichteswelker drapliker orlogeslude besorgen mochten, wante se geldes und gudes genoch hebben, und dat se ok van solken orlogesluden so velle rades, upsate und ovinge krigen mochten, dar mede und by diit land to groter unvorwintliker beswaringe komen mochte. Darume raden desse vorgescreven stede em und synen gebedigeren mit ganczen truwen, so als he nu bynnen kort eynen dagh mit en wert haldende, offte he mit en jenigerlegewiis to vrede komen mochte, dat he des neynerlegewiis vorslae, up dat de lande undirtusschen to vrede komen.

2. Item sollen se vorgeven dem heren meistere und synen gebedigern van der velscherige der Undutschen mit vlasse, mit honnige, mit wasse, mit there, kabelgarne und mit al ander ware, dar dessen steden so velle klage van buten landes van komet, und ok hir bynnen landes so mannich gud man mede beschediget wert, dat dar van noden sorghfaldicheit up to hebbende is in den steden, dat dat gerichtet werde. Und se bidden dat mit eren undirsaten to bestellende, dat desenthalffven neyn unwille werde entstande.

3. Als de here meister und sine gebedigere desser vorgescreven baden werff up den mandagh[3] gehort hadde, gaff he en up den dinxtag en morgen eyn antworde. Tom ersten seggede he, tom ersten to dem Naugardeschen orloge, he wolde sine gebedigere und badescop mit vuller macht senden to dem dage, den men balden sal mit den Naugardern, wes de gudes maken konden mit den anderen, de dar quemen, dat dat sine stede beheldo, so duch dat de orde by dem eren bleve.

a) de fehlt R. b) dage to dem fehlt R.

1) Sie verzehrten 35 ℳ 1½ ß, Rig. Kämmereibuch S. 176. 2) Vgl. n. 106 § 9.
3) Dec. 13.

4. Item up de velscherie der Undutschen antworde he, dat he und sine gebedigere eyn elk mit den synen vorwaren wolden, dat de Undutschen ere dinge redeliken maken solden. Und he begerde, dat ment bestalte, dat de Undutschen in den steden nicht gedrotiget worden.

5. Item[a] up den mydweken[1] morgen spreken desse vorgescreven radessendebaden noch vurder van der velscherie der Undudeschen, unde sint ensgeworden, darumme to schrivende an de heren bisschoppe to Righe, to Darpte, to Curlande, to Ozele unde to Revele in lude navolgende, eneme illiken na syneme gebore. *Folgt n. 217.*

6. Item so spreken desse vorgescreven radessendebaden van deme daghe tor Narwe to sënde, handelinge mit den Russen umme der kopenschop to hebbende, unde sint ensgeworden umme drapliker macht de darane licht, dat men van Righe, van Darpte unde van Revele ut illiker stad mit dren drapliken personen sall besenden[c], der stede sake ja nicht mit den lantsaken nicht to vormengende.

7. Item[b] spreken desse vorgescreven radessendebaden van denjennen, de den Nouwerden tovoren unde afvore gedân hebben unde handelinge mit en gehat hebben tegen der gemenen hensestede vorbot. Unde ok ofte dat noch jemant dede, de sal men in allen steden, wor me de vorvaren kan, antekenen unde se scholen unwerdich sin nummer up deme Dudeschen hove to Nouwerden to stânde; ok scholen se mit der stede unde kopmans rechticheyt in nenen jeghenoden mer vorlegbedinget werden; ok schal nemant, de in der stede rechticheit is, mit sulken luden handelinge hebben bi vorboringe 50 mark Rigesch to illiker tyd; unde sulke lude scholen ok unwerdich wesen aller erbaren selschop unde kumpanie in den steden.

8. Item desse vorgescreven radessendebaden sint ensgeworden, dat ment holden sal mit allerleye heringe unde groven laken, so also dat in vortyden berecesset is, unde welk stad des in erer bursprake nicht en heft, de[c] sal dat dar ynsetten laten, unde des jares to deme mynnesten ens to vorkundigen.

9. Item spreken se van gebrekelicheit des ozemundes unde sint ensgeworden van der stat to deme Holme darumme to schrivende enen breff van lude navolgende. *Folgt n. 218.*

10. Item spreken desse vorbenomeden van den losen partye, de van Gotlande utliggben, enen illiken to beschedegende, unde van deme unbesegelden warse. Darvan is den van Lubik gescreven in desser wise navolgende. *Folgt n. 219.*

11. Item her Hinrik Rodendorp gaff den steden vôr, wo [de[d] van Bremen], deme Bremere, em unde siner geselschop hadden laten nemen veftich Rinsche gulden, darvan den van Bremen en breff geschreven is van lude navolgende. *Folgt n. 220.*

12. Item her Gherwen Gheudena gaff den steden vor van der sake, de sinen brodere to Hamborch weddervaren is, darvan is den van Hamborch en breff gescreven van lude navolgende. *Folgt n. 221.*

13. Item den van den Schedamme is en breff gescreven van lude navolgende. *Folgt n. 222.*

14. Item up den donredagen morgen spreken desse vorgescreven radessendebaden van etlyken punten [in] deme[e] dat de kopman to Brugghe etlike vorbode gedan hebben, darvan en en breff gescreven is van lude navolgende. *Folgt n. 223.*

a) *Bei § 5 beginnt eine neue Hand R.* b) *§ 7 fehlt R.* c) *dat R.* d) *de van Bremen fehlt R.* e) *deme R.*

1) *Dec. 15.* 2) 192 ℳ vertherde her Gerwin und her Johan up dem Orde tor dachfart tor Narwe. *Rig. Kämmereibuch S. 111. Vorher geht noch eine Tagfahrt zu Wolmar.*

15. Item den van Lubik is en breff gescreven van lude navolgende. *Folgen n. 224, 225* [a].

16. Item [b] so syn desse vorgescreven radessendebaden eynsgeworden, dat men nene sprake leren sal doen bynnen Plesko noch bynnen er gebede, wente vele wemodes to mennigen tiiden darvan entstan is tusschen en unde deme Dudesschen kopmane.

17. Item [b] de van Darpte hebben in rostimente 45 Dykkesmudesche matten, de vorbort weren na der stede recesse, de Hans Duker unde Enwalt Vemeren tohorden, wylke darumme vor desse radessendebaden quemen myt eren bescherme, dat se darto menden to hebbende. Dussen vorgescreven segeden de vorgescreven radessendebaden, dat sulke laken vorbort weren, mer umme des kopmann van Brugge scrivent unde der van Reval bede solde men en der matten 2 del weddergeven, dat derdendel solde vor den bruke nablyven.

18. Item [b] wyllen desse radessendebaden, dat men de articule in den recessen in tyden gemaket strengeliken holden sal, dat men myt den Russen anders nicht dan rede ume rede kopen sal etc. Unde dat syk nemant in dussen steden dusser Russen guder underwynde to herbergende sunder medewetent des rades dersulven stat by penen an den vorgescreven recessen begrepen.

19. Item deme hovetmanne to Stockesholme is en breff gescreven in lude navolgende [c].

20. Item up den vrygdage [1] en morgen spreken dusse vorgescreven radessendebaden van den dusent nobbelen, de her Hinrik Vorrât van dem Engelschen gude entffenck, unde van deme termyne, den de Hollander betalet hebben van den 22 scheppen, de se nemen up der Trade. Darvan is den van Dansеko en breff gescreven in lude navolgende. *Folgt n. 226.*

C. Korrespondenz der Versammlung.

217. *Die zu Wolmar versammelten Rsn. der livländischen Städte an die livländischen Bischöfe: berichten, dass sie mit dem Om. und dessen Gebietigern zu Wenden haben verhandeln lassen über die mannigfachen Fälschungen der Undeutschen im Lande:* ere honnichlope maken se van graven dicken unwonliken borken, darto vullen se de myt lemen, myt deghe, mit harpoyse, unde zuntydes unde to velen malen werden dar stene ynne gevunden etc.; ere vlas unde hennep vullen se mit scheven unde mit drekke in den hovеden, darto maken se dat vucht unde nat; ere was vormenghen se mit vette, mit gestotten erweten, ok sint darynne gevunden to velen malen grote Undudesche roven gewracht; alsus umme korte willen vorvelschen se korne, theor, kabelgarne unde ander alle wâr, dar dussen steden, beyde van buten landes unde ok van bynnen, grote zware clage van kumpt; *der Om. hat verheissen, die Seinen anzuweisen*, dat se ere dink recktverdlich maken sullen; *ersuchen, dass die Bischöfe dem Beispiele folgen, weil sie alle gefälschte Waare richten wollen. — [14]45* (up den mydweken na s. Lucien, under d. st. Wolmer ingesegel) *Dec. 15.*

Handschrift zu Reval f. 2.

218. *Dieselben an Stockholm: berichten, dass bei ihnen viele Beschwerden über den Osemund eingelaufen sind,* dat de nicht na older wonheit bevatet unde ge-

a) *Zwischen n. 224 und 225 ist eine halbe Seite (f. 5) freigelassen. Vgl. § 19.* b) *a. R. Nota B.*
c) *Der Brief folgt bereits nach § 15.*

1) *Dec. 17.*

packet *werde; ersuchen, die Händler anzuweisen*, dat se ene reddeliken packen, vüllen unde underscheiden mit vaten, bodemen unde stoven, alzo van aldlynges wonlik is gewesen; *wollen die Fälscher richten* sunder beschonynge. — *[14]45* (mydweken na s. Lucien, u. d. st. Rige secrete) *Dec. 15.*

Handschrift zu Reval f. 3.

219. *Dieselben an Lübeck: ersuchen, die nach Livland bestimmten Schiffe vor den Ausliegern des alten Kg. zu sichern, da diese im vergangenen Herbste Niemand*, he kome wor he ok here kome, *geschont, vielmehr jeden*, dar se anquemen, gepilliet, berovet unde beschediget *haben und zu befürchten sei, dass sie im Sommer es noch ärger treiben werden; stellen es Lübeck und seinen Nachbarstädten anheim, deswegen beim Kg. Schritte zu thun; melden, dass nach Bericht von Reval* vele unbesegeldes wasses hemeliken van dar utgevoert sy in dessem vorgangen somere, unde benempliken in schipper Molner unde schipper Schrive, beghere wy, dat gi dat ernstlyken richten na der stede ordinancien, up dat en ander daran denke. — *[14]45* (mydweken na s. Lucien, u. d. st. Righe secrete) *Dec. 15.*

Handschrift zu Reval f. 3 b.

220. *Dieselben an Bremen: ersuchen, den bremer Hauptmann Wilhelm Lome in Anbetracht der zwischen den Städten obwaltenden Freundschaft zu vermögen, dass er den Pernauern, Johann Rodendorp und Tydeke Bremer, Gold und Waare im Werthe von 50 rhein. Gulden zurückgebe, welche er ihnen laut Bericht des Bm. Heinrich Rodendorp am 21 Sept.* (achte dagen vor Michaelis) *1444* vor der Scheldinge [in] schipper Evort Damme, dar medo ynne was Tydeke Bremer, *weggenommen hat.* — *[14]45* (mydweken na s. Lucien, u. d. st. Wolmer ingesegele) *Dec. 15.*

Handschrift zu Reval f. 3 b.

221. *Dieselben an Hamburg: sind vom Bm. Gerwyn Geudena berichtet worden, dass sein Bruder Hintz einen Terlink Kumescher Laken mit dem Schiffer Tideman Borgen von Brügge nach Hamburg sandte*; also desulve up de Elve quam, wart desulve terlink lakene ut deme schepe vorloren bi vorsumenisse des vorgescreven schipperen; darenboven, alzo wy vornemen, so is desse vorgescreven Hincze Geudena to syneme schaden in enen tornen unde in ene sware venknisse gebrocht unde wert noch myt jw, sines unwillen, em unde sinen vrunden, den desse lakene medo tohoren, to schaden, vordrete, hone unde unwillen beholden; *ersuchen, ihn freizugeben und zu verfügen, dass der Schiffer ihm die Laken liefere oder vergüte.* — *[14]45* (mitweken na s. Lucien, u. d. st. Wolmer ingesegel) *Dec. 15.*

Handschrift zu Reval f. 4.

222. *Dieselben an Schiedam: ersuchen, die dem Bm. Johann Sunnenschyn laut Schuldschein zustehende jährliche Rente von 25 schweren englischen Nobeln, welche nach dessen Mittheilung seit drei Jahren nicht bezahlt worden ist, dem in Brügge wohnhaften Godeman van Buren auszukehren; bitten um Antwort.* — *[14]45* (mydweken na s. Lucien, u. d. st. Wolmer ingesegel) *Dec. 15.*

Handschrift zu Reval f. 4 b.

223. *Dieselben an den deutschen Kfm. zu Brügge: wiederholen ihre 1444 von Walk aus erlassenen Anweisungen in Betreff der Vorschüsse auf Laken und des*

vlämischen Schadegeldes[1]; *vernehmen*, dat gi nye drapener van laken upsetten unde tolaten, benomeliken Dickesmudesche matten, de uns unbequeme sin, hir to lande to lidende. darumme sin wy ensgeworden, werel, dat sulke laken hir negest hir mer gebrocht worden, de sollen den steden vorbort sin; unde wy begeren, dat gi nene nye drapener van laken mer tolaten sunder volbort der stede. — *[14]45* (dunnersdach na s. Lucien, u. d. st. Rige secrete) *Dec. 16.*

Handschrift zu Reval f. 4 b.

224. *Dieselben an Lübeck: wiederholen n. 109 und ersuchen, dafür zu sorgen, dass die etwa geretteten Güter aus dem in Norwegen gestrandeten Schiffe von Augustin Duker, welches viel livländisches Eigenthum mit sich führte, gegen einen redlichen Bergelohn den Eigenthümern ausgeantwortet werden.* — *[1445]* (etc. u. d. st. Rige secrete) *[Dec. 16].*

Handschrift zu Reval f. 5.

225. *Dieselben an den Hauptmann von Stockholm: berichten, dass Riga ihnen die Schreiben des Kg. von Dänemark und des Hauptmanns* van der schult, de Peter Veckynkhusen Hans Parenbeke schuldich schal sin, *hat verlesen lassen:* aldus vorwundert uns, dat Hans Parenbeke unses heren konynges gnade unde jw sulke dink anbringet, wy weten wol in warheit, dat he er borger nicht is, ok ne ere borger wart; ok plegen se nemande vor schulde to leydende, wil ene we mit rechte anspreken, he mot sin eventur stan, rechtes wert nemande geweygert; *ersuchen darum*, dat yuwe dogentsame leve sik nicht na sulker anbringhinge ungutliken tegen de van der Rige unde de eren hebben. — *[14]45* (dunnerdach na s. Lucien, u. d. st. Wolmer ingesegel) *Dec. 16.*

Handschrift zu Reval f. 5 b.

226. *Dieselben an Danzig: wiederholen die von Riga bereits öfters geäusserte Forderung, dass die immer noch in Händen der Erben Heinrich Vorraths befindlichen 1000 Nobeln den berechtigten Eignern nicht entfremdet werden: ersuchen, den livländischen Antheil an der holländischen Terminzahlung den dazu von ihnen Bevollmächtigten auszuzahlen*[2]. — *[14]45* (frygdach na s. Lucien, u. d. st. Ryge secrete) *Dec. 17.*

Handschrift zu Reval f. 6.

D. Anhang.

227. *Hm. Konrad von Erlichshausen an Lübeck: meldet, dass der Om. von Livland einen Beifrieden mit Nowgorod aufgenommen und in Anbetracht, dass* dieselbigen Grossenawgarter itzunt grossen hunger, mnacht, komer und gebroch kornes halben leden, *nach Uebereinkunft mit seinen Ständen alle Kornzufuhr untersagt sowie auch einige Schiffe auf der Newa ausgelegt hat, welche alles Getreide anhalten sollen, damit Nowgorod sich eher füge; ersucht Lübeck, dieses den Kaufleuten kundzugeben und die Kornausfuhr nach Nowgorod zu untersagen*, denne wir vornemen, dat itzund vaste kowfflewte mit euch seyn sulden und in meynunge weren, mit getreyde ken Newgarten zcu

[1] *Vgl. n. 107, 109.* [2] *Vgl. S. 10 Anm. 1.*

ersuchen; *hat dasselbe Wismar, Rostock, Stralsund und Greifswald mitgetheilt; ersucht um Antwort. — Marienburg, [14]46* (freitag nach — judica) *Apr. 8.*

StA Lübeck, Misc. Ruthen. 1, Or. m. Secretspuren.

StA Königsberg, Missive 16 f. 23, datirt: sonnabend vor palmarum, *Apr. 9. Daselbst f. 27 b ein Schreiben gleichen Inhalts an K. Christoph d. d.* montag nach palmarum.

228\. *Riga an Dorpat: berichtet, dass es einige Schiffe gegen Seeräuber ausgerüstet hat und die Kosten durch einen Zoll auf alle zu Lande aus- und eingehenden Waaren zu decken gedenkt. — 1446 Mai 29.*

Aus RA Reval, Abschrift, vgl. n. 229.

Ersamen heren unde leven vrunde. Wy twivelen nicht, jw sy wol witlik, dat ene loze partye van nemergesellen in desseme Liifflandesschen lantkleven lach kortliken vorgangen upp enen elken dar se anquemen unde dar se overmochten to beschedigende, nemande darane to sparende, de ok alrede in warheiden welke schepe van Stetiin, de mit eren guderen dit lant wolden soken, by der Rune hebben genomen, unde ok, alse men secht, enen anderen wech schaden gedaen hebben. Darut wy besunnen, ofte men sodane partiie lenk beteen lete, dat se sik mit schepen unde volke so sere sterken solden, unde uns allen unde deme gemenen so groten mennichvoldegen scaden doen, des men dar negest nicht wol solde wedderstaen unde keren konen. Darumme hebben wy int gemene beste gude schepe unde werafligen volkes genoech darup utgemaket, sodane loze partiie to sokende to nut unde vromen deme gemenen gude. Welke unse schepe unde lude noch in der see syn mit swarer teringe, welke teringe wy meenen wedder to nemende van den guderen de hir to lande ut unde ingaen, dar sulke kost umme schuet, als dat to Woldemar tor latesten dachvart gesocht wart. Dyt willet den heren van Revele vordan scriven. Darmede siit Gode bevolen. Gescreven des negesten sondages vor pinxsten, under unsem secrete, anno 46.

Borgermeistere unde raet der stat Rige.

229\. *Dorpat an Reval: sendet n. 228 und berichtet, dass die von den Holländern auf der Trade Beschädigten sich ungemein beschweren,* dat en gelik anderen luden nene entrichtinge van dem betaleden termyne is gescheen, *Reval möge darauf achten,* dat den unsen gelik den juwen unde anderen luden darvan betalunge moge wedderfaren. — *[14]46* (mandages to pinxsten) *Juni 6.*

RA Reval, Or. m. Resten d. Secrets.

Versammlung zu Wismar. — 1446 Jan. 17.

Die in den Vorakten *in Aussicht genommene Tagfahrt fand nach rostocker Rechnungen*[1] *am 17 Jan. zu Wismar statt. Die Veranlassung gab die Ueberhandnahme des Strassenraubes in Meklenburg, doch konnte diese Tagfahrt ihm nicht steuern. Vielmehr fand am 4 Febr. erst recht ein kecker Raubanfall auf der*

[1]) Her Buke, her Berndt van Alen, her Kerckhove 5 Rinsche guld. vor 13½ ℳ tor Wismar in s. Anthonius dage. *Rost. Wetteherren 1445/6. Die Gerichtsherren zahlen dieselben Summe, berechnen jedoch die 5 rh. Guld. zu 13½ ℳ myn 4 ß. (StA Rostock).*

Strasse zwischen Lübeck und Wismar statt, vgl. Grautoff Lüb. Chr. 2 S. 100, der nach dem Chronisten längere Verhandlungen zwischen den Städten, dem Hg. und den Raubrittern hervorrief[1].

Vorakten.

230. *Hamburg an Lübeck: erklärt auf die Aufforderung zur Besendung einer Tagfahrt mit dem Hg. von Meklenburg* dorch des stratenroves willen, *welche Lübeck nach erhaltener Auskunft vom Hg. ansagen will, dass es gerne Folge leisten wolle, insofern die Tagfahrt in eine gelegene Stadt verlegt und die Rsn. geleitet würden. — [14]46* (mandages vor d. h. 3 koninghe daghe) *Jan. 4.*

RA Wismar, lüb. Abschrift, Begleitschreiben fehlt.

Versammlung zu Preuschmark. — 1446 Jan. 25.

Anwesend waren Rsn. von Kulm, Thorn, Elbing, Königsberg und Danzig.

Dem Recess zu Folge galt die Tagfahrt vornehmlich der Vertheilung des seit 1443 eingelaufenen Pfundgeldes. Daneben wurden einige Handels- und Privatangelegenheiten erledigt bzw. einer neuen Tagfahrt überwiesen.

Recess.

231. *Recess zu Preuschmark. — 1446 Jan. 25.*

D aus der Handschrift zu Danzig f. 283 b — 286.
T Handschrift zu Thorn f. 202 — 203.
Gedruckt: aus D und T Toeppen a. a. O. S. 687.

1. Czu wissen, das im jare unsers heren 1446, conversionis Pauli, sint die stete dis landes, alse: vom Colmen her Hans Matczko, her Bartholmeus Rosenick; van Thorun Johan Rusopp, Tyleman vom Wege; vom Elbinge Johan Wintburg, Johan Sonnenwalt; von Koningesberg her (Nicolaus)[a] Plesse, Pauwel Schadewinkel; von Danczik Meynardt Colner, Albert Huxer etc.[b] haben czu dem Pruschen Markete mit den heren homeister und etlichen, alse grosskompthur und Kirszeburg, gebitigeren etliche artikel vorramet uff den pfundczol, wy mens domete halden sal, also eyne igliche stat bey sich in schrifften hot[2].

2. *Die* alde gewonheit, *über welche der Pfundmeister und Danzig sich zu vereinigen haben, soll in allem massgebend sein, Streitfälle sind dem Hm. und den Städten vorzulegen.*

3. *Die Städte wiederholen die Forderung*[3], *dass der Hm. über die Vertheilung des Pfundzolls entscheide; der Hm. verlangt, dass sie in Marienburg nochmals versuchen, sich unter einander zu einigen, doch kommt auch hier kein Vergleich zu Stande. Die Städte begeben sich vielmehr nach Danzig und ersuchen den Hm., ihnen seinen Schiedsspruch nachzusenden. In Danzig angelangt finden sie den Ent-*

a) Nicolaus T fehlt D. b) T fügt hinzu: her Johan Meydeburg und Bartholt von Suchten.

1) *Die rostocker Rechnungen zu diesem Jahre verzeichnen dem entsprechend Sendungen nach Lübeck am 9 Mrz.* (des ersten midwekens in der vasten), *nach Plau, Bützow u. a. w.*

2) *Die Artikel sind in der thorner Handschrift in den Recess inserirt mit Hinzufügung des Gutachtens der Städte zu den einzelnen Paragraphen.* 3) *Vgl. n. 201 § 2.*

scheid des Hm. vor[1], *dahin lautend:* das sie das dritte teyl en von deme pfundczolle gegeben gelcich teylen sullen, also beschodiglich, das men yo 1000 gutte mark von erem anteyle zcu der botschafft bawszen landes legen lasse.

4. *Die Städte rechnen hierauf mit Danzig über das seit 1443 eingelaufene Pfundgeld ab: die Gesammteinnahme 1443 — 1445* (zcur vorbenanten stete dritten teyl) *beträgt 7523 ℔* geringen geldes; *davon gehen 980 ℔ 10 scot Unkosten*[a] *und jene 1000 gute Mark zu Botschaften ab, sodass jede Stadt 908 ℔ 14 scot 1 ß ger. geld. erhält.*

5. Item zcu gedencken Herman Pokelors sache, dy die stete zcu sich haben genomen mit iren eldesten doheyme eyn iglicher zcu handelen, als von der gutter wegen, do her mit David vom Steyne bys aw her hot gerechtet, an den heren homeister zcu bitten zcur nehesten tagefardt, das seyne guttir volgen muchten, durumme her mit demselben David zcu rechte gegangen hot, so her burge dorczu wurde setczen.

6. Item ouch zcu gedencken eyn iglicher bey seynen eldesten von Hans Mekelvelds sache, als van seyns sones wegen, der begert vor lant und stete, so sie zcusampnekomen, das seyner sache mag gedocht werden und vorgobracht.

7. Item zcu handelen mit den steten, das die geste hir im lande czin ins hinderlant und treyben kowffenschatcz, und kowffen flachs[b] und garne und lynwant, den inwoneren dis landis zcu vorfange; und ouch etlich burger und inwoner dis landes seyn, die den gesten dorczu helffen und sie vorlegen, das sotbans geschit, zcu ratslagen, das semellches muchte abegetan werden.

8. Item eyn yderman den seynen zcu warschauwen vor die farbunge der velle, alse marderen, bebirwammen etc., alse der kouffman van Brugke den heren von Danczik hot geschreben.

9. Item van den cromeren zcu gedencken, die do clagen obir die Norenberger, die en grossen schaden thun, das sie en hir im lande zcu vorfange leghen das gantcze jar ober, wie man das best bestellen muchte, das das gewandelt wurde.

10. Item haben die stete bodosson uff die untuchtigo silberne gurtel, die sere betrigelich gemacht werden, also das men sulche silberne gortel sal gantcz zcuslan uff diesse czeyt unde widdirgehen; und vorbas zcu reden, wye mans domethe halden sal, zcur nehesten tagefart inzcubrengen.

11. Ouch so haben die stete obirceyngetragen, were is sache, das unsir herre homeister bynnen kortcz nicht eyne tagefardt legen wurde, das denne die heren zcum Colmen eyne tagefardt vorramen, wie mens mit den Norenbergeren halden sal, alse vorberurt ist, und ouch in anderen sachen kegen Mergenwerder.

12. Item sullen die heren von Colmen eyne abescrifft senden des briffes der stat Knoypbabe in erem laute uff den pfundczol lwtende, das eyne iclicle stat ir gutdunckeu zcur nehesten tagefardt dovon inbrenghen; und ouch uff die vom Brunsberge zcu handelen, was man dobey thun sal.

13. Item so haben die stete gefordert von den beschedigeten zcu Danczik das gelt, das sie zcu den reysen kegen Camppen und Coppenhaven in den Hollandeschen sachen haben uszgeleget vor die beschedigeten von den Hollanderen unde Zelanderen. Das so haben die beschedigeten und dye stat von Danczik

a) *F. durch D.*

1) *Jede Stadt erhält ihr besonderes Schreiben. Das an Danzig gerichtete d. d. Jan. 27 befindet sich im St.A Danzig, Schbl. XXXVII n. 180. Gedruckt Toeppen a. a. O. n. 431.*

2) *Sie setzen sich zusammen aus 80 rhein. Guld. an den Schreiber des Hm. für die Urk. über den Pfundzoll, HR. 2 n. 672; 3 ℔ 18 sc. für den danziger Schreiber; 632 ℔ 16 sc. an Tileman vom Wege und Johann Meideborg für die Reise nach Kopenhagen. Den Rest erhalten die Rsn., welche die Erhebung des Pfundzolles zu beaufsichtigen hatten.*

16*

die stete gebeten, das sie das welden gutlich lasen ansteen bis das is zcu offenen tagen qweme, das ghenne dy do all zcugehoren zcusampnekomen, wente sie ow nicht by gelde weren und kunden en ouch ir gelt in keyner masse ow wszriebten[a], sunder so diegbenne die alle dorzcu gehoren zcusampnekomen, so wellen sie sich mit fleyse bey in bearbeyten so sye hogeste moghen. Und woren wol furder begerende, das die stete dis welden lassen ansteen bis das das geleyte, das der herre homeister den Hollanderen etc. hot gegeben und zcugesaget, umginghe, so hofften sie sich furder in den sachen zcu bearbeyten, das sie getruwelich bezcalet wurden. Dis haben die stete zcu sich genomen an ere eldesten zcu brengen und wellen den heren von Danczik antwert dovon screyben.

14. Item so ist her Bartolt Burammer vor die stete gekomen und hot geclaget, das her seyner sache, die her mit den van Stralessunde zcu thuende hot, die zcu den steten Lubeck, Hamborch, Wismar, Rostok, Lunenborch etc. gesatczt ist, nicht beschoyt und ende haben mag und sie ouch nicht zcu rechte noch vor geleyche richter brengen mag. Hiruff haben em die stete vorheyssen eynen betebrieff an die vorscrebene stat Lubeck und dem Sunde zcu screiben, unde haben das den heren von Danczik bevolen von der stete wegen zcu screiben, das sie im dorzcu behulfen wellen seyn, das im recht muchte widdirfaren, wente wye das nicht geschege, so muchten sie den eren nicht rechtloss lassen und begeren d[e]s[b] eyn gutlich bescreben antwert.

15. Item rechenschafft von der munteze zcur nehesten tagefardt czu brengen.

16. Item zcu handelen, so lant unde stete zcusampnekomen, wie mans mit den gebuweren halden sal, die den burgeren scholdig seyn, ab men die in den steten, so sie zcu merkte komen, vor scholthafftige ladt hemmen sal und mit rechte arrastiren; und dovon zcur nehesten tagefardt eyn iglicher seyner eldesten gutduncken inczubrengen.

Versammlung zu Elbing. — 1446 Apr. 5.

Anwesend waren Rsn. von Kulm, Thorn, Elbing, Braunsberg, Königsberg, Kneiphof und Danzig.

Der R e c e s s *ist vorzugsweise ständischen Inhalts, die Prälaten beantragen mit Vorwissen des Hm. die Auflösung des Bundes*[1]. *Im übrigen gelangen dieselben Gegenstände wie in n. 231 zur Verhandlung, insbesondere die Beschränkung des Verkehrs der Gäste.*

Recess.

232. Recess zu Elbing. 1446 Apr. 5.

D aus der Handschrift zu Danzig f. 256 b — 258 b; D 1 Schbl. XLVII n. 22 a, 2 Doppelbl., Entwurf.
T Handschrift zu Thorn f. 210 — 213.
Gedruckt: aus D vgl. m. D 1, T und der elbinger Hs. Toeppen a. a. O. n. 432.

Anno domini 46 domini nuncii consulares civitatum terre Prusie infrascriptarum videlicet: de Colmen Bartholomeus Rosenick, Michel Matczko; de Thorun Her-

a) *I unsrichten D.* b) *das D T.*
1) *Vgl. Voigt, Preuss. Gesch. 8 S. 96 ff.*

mannus Husztop, Mattis Weise[a]; de Elbingo Petrus Storm, Johannes Wintburg, Johannes Sommerwalt, Johannes von Huden; de[b] Brunsberg Nicolaus Rudolffhoffen, Andreas Bekeman[b]; de Koningsberg Nicolaus Pleske, Johannes Slesiger; de Kneyphabe Georgius Langerbeyn, Heynricus Pfuel; de Danczik Lucas Mekelvelt, Martinus Cremon, Meynhardus Colner et Johannes Meydeborg, feria tercia post judica in Elbingo ad placita congregati, subscriptos articulos concorditer pertractarunt.

1. *Der Hm. verlangt von den Ständen Rathschläge, wie den Ueberschwemmungen der Nogat und Weichsel abzuhelfen sei; Land und Städte sind ohne Instruktionen.*

2. *Die Prälaten ersuchen Land und Städte um Auflösung des allem Rechte zuwiderlaufenden Bundes; Land und Städte befragen den Hm., ob jene dieses mit seiner Zustimmung verlangten, worauf der Hm. erwiedert, dass die Prälaten ihn von ihrem Vorhaben unterrichtet* und sie ere consclencia und gewissen dorczu bewogen hette. *Auf die weitere Frage der beiden Stände, ob sie den Antrag der Prälaten allen Mitgliedern des Bundes kundgeben sollten, erklärt der Hm.*, das er sotans czu en selbest seteczede.

3. *Der Hm. befragt Land und Städte, wie er sich zu der vom Röm. Kg. über die Holländer verhängten Acht, welche Cleys Horn im Hofgericht erworben hat, verhalten soll. Die Stände sind ohne Instruktionen, rathen jedoch, dem Urtheil keine Folge zu geben und verweisen ihn an die Prälaten.*

4. *Auf den Rath der Stände will der Hm. den Kg. von England und London ersuchen, dass sie York und Lynn dazu anhalten, Hans Mekelfeld zu befriedigen. Die Schreiben sollen dem deutschen Kfm. zu London mitgetheilt werden, der die Antworten zu empfangen hat. Die Städte beauftragen Danzig, übereinstimmende Schreiben in ihrem Namen zu erlassen.*

5. *Auf Verlangen des Hm. übernehmen Kulm, Thorn, Elbing und Königsberg den Process zwischen Danzig und Hans Westful zu entscheiden*[c].

6. *Braunsberg und Kneiphof werden mit ihrem Begehr um Antheil am Pfundzoll an die nächste Tagfahrt verwiesen. Kneiphof verlangt überdies*, bey deme pfundczolle zcu sitczende.

7. Item haben die stete obirreyngetragen, unsiren gnedigen heren homeister zcu bittende, das keyn gast von bawszen landes die merkete alhir im hinderlande mehe besuchen sullen, zcu kouffen und zcu vorkowfen geleich inwonere dis landis, wenne sie unsirem heren homeister keyn geleich mit reysen unde geschos thun, dissen inwoneren zcu groszen schaden und vorfange.

8. Item das men den Norenbergeren zculaesse, das sie alleyne den jarmarket zcu Mariemborch uff Walburgis unde den jarme[r]ket[d] zcu Danczik uff Dominic besuchen mit reddelicher ware und kouffenschatcz, und keynen wochenmarket mee in dem jare; und sunderlich, das sie keyne spitczereye hir in das lant mer czu vorkouffen brengen noch keynen wochenmarket mee in den steten im lande halden, domethe sie die hantwerker vorterben; und das men sie nicht vorbas me das jar obir hir im lande laesse legen, nach ere legher gestaten zcu haben, nach geselschafft mit ymande hir im lande haben bey 10 gutten marken, also fachen also men das von in erfert.

9. Item der geleich mit unsirem heren zcu handelen, wie die uszlender das leder gere usz dem lande furen, das sulchens ouch moghe gewandelt und abegetan werden[e].

a) Mattis Weise *fehlt T, wo anstatt dessen* Kulgerus von Birken *aufgeführt wird, der in D 1 durchstrichen ist.* b) de — Bekeman *fehlt T.* c) *Nach § 5 folgen in T die §§ 10. 6. 14. 11–13. 7–9.* d) jarmarket *D.* e) *Von anderer Hd. folgt noch* [illegible]: Disse drey letzten artykel haben dy herrn von Thorn an sich genomen und an unsern hern homeyster zu brengen.

10. Item von den kannengisseren ist is also gelassen, welch werk falsch gefunden wirt, is sie alt adir new, dasselbe falsche werk sal vorfallen seyn unde dorczu eyne gutte mark. Hirvon sal die hirschafft die helffte haben und die stat, do das falsche werk gefunden wirt, die ander helffte, und furder keyne busse doruff zcu setczen. Dis[a] ist den heren von Danczik von der stete wege[n][b] befolen, den brieff von den kannengisseren an unsiren heren homeister zcu forderen.

11. Item ist den hern von Danczik befolen mit eren burgeren zcu reden, die das gelt von der Hollander wegen entfangen haben, das sie sulch gelt den steten sullen uszrichten, als sye von der reyse in [den][c] Sundt von der beschedigeten wegen[d] haben uszgeleget und vorczert. Dis haben die heren von Danczik zcu in genomen.

12. Item haben die heren von Thorun vor die stete gebracht von dem heringe, der ummegeparket, geleget und gewasschen ist, ist der stete gutdunken, das men den richten sal nach seynem vordienste, ydoch das der, de[m][e] die sachen anlegende seyn, sal dorczu vorbotet werden.

13. Item so haben die heren von Thorun vor die stete gebracht von de[m][e] ferbir, hirvon wellen die von Thorun den heren vom Elbinge und den von Danczik eyne proffe senden.

14. Item von den untuchtigen silberen gorteln, das men dobey bleybe, alse unsir herre homeister gelobet hot zcu bestellen in allen steten, das nymandes sal silber vorkouffen sunder alleyne bey deme gewichte, und was man zceichen mag, dar sal eyn iglich meyster seyn czeychen uffslan bey eyner mark silber, und was untuchtig gefunden wirt, das sal men zcuslaen.

Versammlung zu Marienburg. — 1446 Apr. 30.

Anwesend waren Rsn. von Kulm, Thorn, Elbing, Königsberg, Kneiphof und Danzig.

Der Recess berichtet über neue Verhandlungen mit Holland[1] und vertagt abermals die meisten der schon n. 232 behandelten Gegenstände.

Recess.

233. *Recess zu Marienburg. — 1446 Apr. 30.*

D aus der Handschrift zu Danzig f. 258 b — 259 b. D 1 daselbst, Schbl. XLVII n. 22 b, Doppelblatt, Entwurf.
T Handschrift zu Thorn f. 213 b — 215.
Gedruckt: aus D vgl. m. D 1 T und der elbinger Hs. Toeppen a. a. O. S. 698.

Anno incarnacionis domini 1446, sabbato ante misericordias (!) domini in Marienburg domini nuncii consulares civitatum terre Prusie: de Colmen videlicet Hinricus Focke, Petrus Bischoffesheym; de Thorun Herman Rusopp, Rutcher von Birken; de Elbingo Petrus Storm, Nicclos Witte, Johan Fedeler; de Koningsberg Bartolt Huxer, Petrus Langhe; de Kneypabe Jurgen Langerbeyn, Hinricus Pael;

a) Dis — forderen fehlt T. b) wege D. c) den fehlt D, am dem T.
d) T fügt hinzu: und noch an anderen heymen. e) deme D.

1) *Vgl. n. 201 Anm. 2 und n. 210 § 3.*

de Danczik Martinus Cremon, Johan Moydeborg, ad placita congregati infrascriptos articulos concorditer pertractarunt.

1. Der Hm. lässt ein Schreiben des Rathes von Holland verlesen, welches um Verlängerung des Geleites nachsucht, und fragt die Stände, welchen Bescheid er darauf ertheilen soll. Gebietiger und Lande sind gleich dem Hm. für Bewilligung des Gesuches auf weitere zwei Jahre, die Städte stimmen für Ablehnung desselben. Am folgenden Tage einigt man sich dahin, dass der Hm. einen Boten nach Holland senden soll, um eine Tagfahrt zu vereinbaren; gehen die Holländer hierauf ohne Verlängerung des Geleites nicht ein, so soll der Bote ihnen noch ein Jahr Geleite bewilligen. Und dis sal men halden im geheyme noch des homeisters befelunge.

2. Auf den Artikel von den Nürnbergern will das Land auf dem nächsten Tage antworten.

3. Item von deme schadegelde zcu setczen uff die henszestete, also Rostok, Wismar, Hamborch etc., bleybet ansthen bis zcur nehesten tagefardt; und eyn yderman sal in seynen registeren, recess und scrifften s(u)chen[a] von dem schaden, den die Wismarschen und Rostokschen im Gotlandeschen kreyge sprechen entfangen und gel(e)den[b] haben, den dieselben stete meynen [zcu][c] kortcz(en)[d] kegen die beschedigeten, den sie im Denschen kryge beschediget haben.

4. Item von den untuchtigen silbernen gortelen wil der homeister bestellen in allen steten dis landis, das mans also mete halde obirs ganeze landt, das nymands sal silberwerk vorkouffen sunder alleyne bey deme gewichte; und was man czeychenen mag, der sal eyn iglich meister seyn czeychen uffslan; und was untuchtig gefunden wirt, das sal man czuslan; und wer hirinne busfellig wirt, der sal vorvallen seyn eyne mark lotigs, die helffte der herschafft und die andir helffte der stat, do is befunden wirt.

5. Jeder soll daheim über das Vorgeben der Prälaten auf dem elbinger Tage berathen und das Gutachten seiner Aeltesten auf dem nächsten Tage einbringen.

6. Item die beschedigeten zcu Danczik von den von Hollant und Zcelant haben den steten dis landis ir gelt, das sie in den reysen kegen Kamppen und Kopenhaven usgeleget haben, uff Michaelis vorbeysen (czu)[e] beczalen; und der herre homeister hot dis befolen deme rathe zcu Danczik, das sie die beschedigeten dorczu halden, das die vorscrebenen stete beczalet werden. Und desgeleich wil der homeister deme kumpthur zcu Danczik screiben, das her sie mit deme rathe zcu Danczik dorczu halden, das den egenanten steten beczalinge gesche.

7. Item alle rintledir und andir gropledir ist vorboten uss dem lande zcu furen bey vorlust der guttir.

8. Die Artikel über den Pfundzoll will der Hm. durch den Schreiber des Pfundmeisters verkünden lassen, so verre also is eyne gewonheit ist, das seyn[f] schreyber das vorkundigen sal.

9. Item so haben die stete beslossen, das man keyne rugeware ferhen sal hir im lande.

10. Ueber den Anspruch Kneiphofs auf Antheil am Pfundzoll und Betheiligung bei der Aufsicht über dessen Erhebung soll auf dem nächsten Tage endgültig verhandelt werden.

11. Der Process Hans Westfals wird auf die nächste Tagfahrt verschoben, weil her nicht schreiber und gereitschafft zcu seynen sachen dienende, also her spricht, kunde haben.

a) T. suchen D. b) geldden D. gewunnen T. c) zcu fehlt D T.
d) T. kortzn D. e) czu übergeschrieben T, fehlt D. f) syn T.

Versammlung zu Elbing. — 1446 Mai 29.

Anwesend waren Rsn. von Kulm, Thorn, Elbing, Königsberg, Kneiphof und Danzig.

Der Recess berührt im wesentlichen nur den Antrag auf Auflösung des Bundes, nebenher gelangen noch die Angelegenheit der von den wendischen Städten Beschädigten und Vorschriften für Goldschmiede unde Riemer zur Verhandlung.

Recess.

294. *Recess zu Elbing. — 1446 Mai 29.*

D aus der Handschrift zu Danzig f. 290 — 291 b.
T Handschrift zu Thorn f. 215 b — 218.
Gedruckt: aus D und T vergl. m. d. Elbinger Hs. Toeppen a. a. O. S. 102.

Anno incarnacionis domini 1446, dominica post ascensionis, domini nuncii consulares civitatum terre Prusie in Elbingo ad placita congregati, videlicet: de Colmen Bartolmeus Roszenick, Johannes Matczko; de Thorun Tyleman von dem Wege, her Herman Ruszop; de Elbingo Petrus Storm, Johan Wyntburg, Johan Sonnenwalt, Johan von Ruden; de Konyngsberg Michel Matczko[a], Hartwich Stange; de Kneyphabe Hartwich Kremer, Jurge Langerbeyn; de Danczik Albertus Huxer, Arnoldus de Telchten, Johan Meydeburg et Bartoldus de Suchten, infrascriptos articulos concorditer pertractarunt.

1. *Verhandlungen über den Antrag der Prälaten auf Auflösung des Bundes. Die Prälaten verantworten sich gegen den im Lande laut gewordenen Vorwurf, als ob sie mit ihrem Antrage der Ehre der Bundesmitglieder hätten zu nahe treten wollen, worauf Land und Städte erklären, dass sie auf einer Bundesversammlung zu Marienwerder am 9 Jun.* (donrestag in den pfingstheligen dagen) *hierüber verhandeln wollen. Auf Ansuchen des Hm. wird der Bundestag nach Elbing verlegt.*

2. Item die sache der beschedigeten von den Wendeschen steten, alse Luboke, Wismar, Rostok etc., bleybet ansteen bis zcur neehesten tagefart, und yderman mit seynen eldesten handelinge zcu haben doheyme, wie man sich in den sachen halden wil, alse van des schadengeldes wegen uff dieselben stete zcu setczen.

3. Item[b] haben die stete betrachtet, das der gemeyne man unde das armut sere betrogen wirt von den goltsmeden im lande, also von uffgestrichenem lansilber, das do wirt gemachet von geslagenem golde, also is die meler uffleggen und pflegen zcu arbeiten, und ouch von geverwetem dinge, das ouch arig ist und lewthe betruget, so man uff eyne lotige mark goldet eyne halbe nobele, unde geferbet wirt, das is so schone wirt, also ab man eyne gantcze nobele uff eyne lotige mark vorguldet unde leth is ungeferbet; unde vorbas das man bosze silber arbeytet hir im lande etc.: eyn ydorman mit den seynen zcu handelen, das sodans gewandelt muchte werden und obir das gantcze lant rechtfertig und tuchtig silber gearbeytet muchte werden unde das werck und gewicht ouch rechtfertig obirs gancze lant gehalden werde, unde er eldesten gutduncken doron inczubrengen.

4. *Desgleichen ist dahrim zu verhandeln, dass man hinfort mit denen vom Lande nicht früher in Berathung trete, als bis sie ihre Vollmachten vorgewiesen, weil sie jetzt in allen ihnen zusagenden Fragen stets bevollmächtigt sind, dagegen dies nicht zu sein vorgeben, sobald ihnen eine Sache nicht gefällt.*

a) Matczko T. b) § 3—5 folgen in T nach § 34.

5. Item das ist den heren von Koningsberg [bevolen][a], eren schreiber zcur nehesten tagefart methezcubrengen.

6. *Danzig ersucht um Austrag seines Processes mit Hans Westfal, wird jedoch wegen dessen Abwesenheit abgewiesen.*

7. *Jede Stadt soll die ihr zunächstliegenden im Bunde befindlichen kleinen Städte zum elbinger Tage entbieten*[1].

8. *Kneiphof erhält 30 gute Mark vom Pfundgeld bewilligt und nimmt es ad referendum. Auf seine Frage, ob die Summe für die vergangenen Jahre nachgezahlt werden soll, wollen die Städte auf dem nächsten Tage antworten.*

9. Item sint die stete eynsgeworden, das keyn rymer andirs gortelle ryme, czome, halffter und derleyg anders machte, den von ledir mit allune gefferwet unde nicht mit loe gegerbit[b] obir das gancze lant.

10. Item das keyn gorteler adir kromer[c] uszlendessche gortel vorbas me kowffe adir vorkowffe bey vorlust des guttis.

Versammlung zu Elbing. — 1446 Jun. 9.

Anwesend waren Rsn. von Kulm, Thorn, Elbing, Braunsberg, Königsberg, Kneiphof und Danzig.

Auch hier handelte es sich zumeist um Beibehaltung oder Abstellung des Bundes, doch wurde daneben eine Botschaft an die wendischen Städte in Sachen der Beschädigten beschlossen[2].

Die Akten dieser Botschaft sind im Anhang zusammengestellt.

A. Recess.

235. *Recess zu Elbing. — 1446 Jun. 9.*

D aus der Handschrift zu Danzig f. 293—295.
T Handschrift zu Thorn f. 218 b—223 b.
Gedruckt: aus D vgl. m. T und der elbinger Hs. Toeppen a. a. O. S. 706.

Anno etc. 46 feria quinta post pentecostes, domini nuncii consulares civitatum terre Prusie, videlicet: de Colmen Bartholomeus Rosenigk, Johannes Matczko; de Thorun Tyleman von dem Wege, Herman Ruszop; de Elbingo Petrus Storm, Johan Wynthurg, Johan Sonnenwalt, Johan van Ruden; de Brunsberg Thomas Werner, Johan[d] Trunceman; de Koningesberg Petrus Lange, Gregor Swake; de Kneipabe Frantczke Grose[e], Jurgen Langerbeyn; de Danczk Albertus Huxer, Arnt von Telchten unde Johan Meydeburg, in Elbingo ad placita congregati, infrascriptos articulos concorditer pertractarunt.

1. *Verhandlungen über die Ehrenerklärung der Prälaten in betreff ihres Antrages auf Auflösung des Bundes, den der Hm. nun von sich aus erneuert. Land und Städte nehmen ihn ad referendum.*

2. *Die*[f] *kleinen Städte erklären den grossen, über die Artikel* von dem bunde.

a) bevolen *fehlt D, in T ist § 5 wiederholt.* b) *T,* gearbeitet *D.* c) rymer *T.*
d) Nicolaus *T.* e) Xelew Fraunsbe *f.* f) *§ 2 folgt in T nach § 7.*

1) *Danzig lud am 2 Jun. Dirschau, Konitz, Mewe, Altstadt Danzig, Neuburg, Schwetz, Stargart, Putzig, Leba und Hela. (StA Danzig, Missive 4 f. 217 b).* 2) *Vgl. n. 173 §.*

von den Noremhergeren, von den gorteleren, die das ledir nicht mit allun sunders anders gerben, von den goltsmeden, von dem untuchtigen silber unde von deme lansilber, das die goltsmede ferbyn unde antragen, *daheim verhandeln zu wollen.*

3. Kneiphof erklärt sich mit den ihm zugewiesenen 60 ℳ vom Pfundgelde nicht zufrieden und verlangt Angesichts seiner steten Theilnahme an allen Verhandlungen und Gesandtschaften gleichen Antheil wie die fünf Städte, andernfalls wolle es den Streit durch den Hm. entscheiden lassen. Die Städte begeben sich zum Hm., der nach einigem Verhandeln den vier Städten Kulm, Thorn, Elbing und Danzig erklärt, dass Königsberg und Kneiphof stets in eynem briffe *geladen würden und ebenso in der Urk. über den Pfundzoll nur Königsberg genannt wäre, die vier Städte möchten daher zwischen jenen beiden vermitteln. Dasselbe theilt er sodann Königsberg und Kneiphof mit, worauf die vier Städte jene befragen, ob sie den Streit von ihnen entscheiden lassen wollen. Kneiphof willigt ein, Königsberg nimmt es ad referendum.*

4. Braunsberg werden, unter dem Widerspruch von Danzig, 50 geringe Mark vom Pfundgeld und obendrein 50 M. für das verflossene Jahr bewilligt. Es nimmt die Summe dankend an.

5. Item die sache von de[n][a] beschedigeten von der hensze szesteten ist mit unsirem heren homeister unde landen unde steten also gelasen, das unsir herre homeister wil eynen boten senden an dieselben stete Lubeck, Hamborch, Stralessund etc., unde das der bote an dieselben stete mit briffen unde ouch muntlich werbe, das den beschedigeten vor ere genomene gutter, die en von en unde den eren genomen seyn, moge genug gescheen, und wie[b] das, so der bote widderqweme, nicht geschege[b], so wil unsir herre homeister den beschedigeten ghunnen, das man derselben henszestete guttir sal uffhalden uff eyn recht[c].

6. Land und Städte verhandeln mit dem Hm., dass man einige der nützlichsten Artikel des regements, das nehest zcur Frauwenburg ist vorramet, *daheim berathe und auf dem nächsten Tage begutachte. Desgleichen beklagen sie sich*, das lele infelle den leuthen hir im lande in eren rechten geschen, so das sie bawsen landes louffen und eyner den anderen bawsen landes leth. *Auch hierüber ist daheim zu berathen.*

7. Item von den goltsmeden, die do uffgetragen silber arbeiten undir anderem geferbeten golde, haben die stete beslossen, das eyn sulchs gestoret werde unde rechfertig werg mache obir das ganeze landt unde das mercklichen busse; unde wor vorgulden wil, das der mit deme golde vorgulde, das em gethon ist unde nicht ferbe; ouch welch goltsmith gesmeyde machet, das men vorgolden sal, das der das silber vor wege ee her das vorguldet.

8. Item von den rymeren ist der stete gutduncken, das man das halde, also vor uff der nehesten tagefart ist beroecesset, also das man rechtfertig werg mache; unde wurde das ymandes anders machen das men das vor valsch uffneme, unde das gehalden werde in allen steten, grosszen unde cleynen.

9. Item haben die stete beslossen, das nymandes uszlendesche gortil veile habe bey vorlust der gutter obir das gantcze landt.

10. Danzig verlangt abermals, dass sein Process mit Westfal entschieden werde, und lässt sich notariell bezeugen, dass es zwei Mal erschienen, während Westfal ausgeblieben ist.

11. Item haben die stete her Bartolt Huxammer zcu der beschedigeten behuff, die nw zcu tage noch Jacobi zcum Greyffeswalde czyhen sulden, zcugesaget zcu leyen 40 gutte mark von dem pfundgelde, das bey den heren von Danczik

a) de D. b) wure — gescheen T. c) Nach § 4 folgen in T §§ 11. 8. 9, 7. 9 6. 10.

leyth, alse von den 2000 merken, die bey en legen zcur stete unde lande behuff etc., umme bete willen des herren homeisters; und dis gelt sal der rath zcu Danczik von den beschedigeten personen vorburget nemen, das sie das uff Martini nehest kunftig sullen widder beczalen den steten ane alle vorczogerunge, alse en das von den steten bevolen ist zcu thuende unde zcu sich genomen haben.

B. Anhang.

236. *[Hm. Konrad von Erlichshausen] beglaubigt in Uebereinstimmung und auf Rath seiner Gebietiger, Prälaten, Land und Städte den Danziger Johann Marienhagen bei Hamburg, Lüneburg, Wismar, Stralsund und Rostock, behufs Verhandlung über die den Danzigern im dänischen Kriege zugefügten Schäden.* — Grebyn, *[14]46* (am sontage nach Johannis baptiste) *Jun. 26.*

SA Königsberg, Missive 16 f. 63 b, überschrieben: Eyne credencie uff Johannis Marienhagen, sprechende an die funff stete, Hamburg, Lunenburg, Wismar, Sunt, Rostock, iczlicher eynen sunderlichen brieff etc.

237. *Danzig an [dieselben]: erinnert an die vielfachen fruchtlosen Mahnungen des verstorbenen und jetzigen Hm. wie auch der preussischen Städte um Schadloshaltung der im dänischen Kriege Beschädigten; berichtet, dass diese aufs neue sich vor Hm. und Ständen bitter über die Städte beschwert haben, von denen sie weder Recht noch Freundschaft erlangen könnten, und demzufolge der Vorzeiger dieses, Hans Mergenhagen, ausgesandt sei, der das Nähere auseinandersetzen werde; hat sich dem nicht länger widersetzen können und ersucht deshalb, dass die Städte sich mit den Klägern rechtlich oder gütlich vertragen, weil der Hm. diese nicht länger rechtlos lassen werde.* — *[14]46* (an s. Peter unde Pauwels dage) *Jun. 29.*

StA Danzig, Schbl. 19 n. 66, unausgefertigtes Original.

238. *Instruktion für Hans Mergenhagen zur Verhandlung mit den wendischen Städten.* — *1446 Jun. 29.*

K1 2 aus SA Königsberg, 1) Missive 15 S. 650, überschrieben: Botschafft mitegegeben Hans Mergenhagen an die stete Hamburg, Lunenburg, Wismar, Rostock und Stralesundt, am tage Petri und Pauli im 46 jare, mit en zcu reden van des hern homeisters, seyner herren prelaten, gebietiger, lande und stete wegen.
2) Gleichzeitige Abschrift.

1. Czum irsten als denne der herre homeister und ouch seyn vorfaren zeliger den genanten steten van der gutter wegen, die seynen undirsassen und inwoneren seyner stadt Danczk etc. in gutem getruwen und gelowben und in guttem frede, wider Got und recht, genomen seyn, gevach und veel, und desgeleich des herren homeisters stete en ouch geschreben haben, begerende, das sie den von Danczk etc. und den solche gutter genomen weren, semliche gutter wedirkeren ader davor genugthun solden, wen der herre homeister, seyne herren prelaten, gebietiger, lande unde stete uff die czeit nicht anders wenn liebe, fruntschafft und alles gut mit den gewust haben, und nach anders ouch nicht mit en wissen, und wie wol en der herre homeister gevach und ouch seyne stete darumbe gescreben haben, so ist dach des herren homeisters undirsassen, inwoneren seyner stad Danczk, bisher keyn geleich von den obgenanten steten von irer genomenen gutter wegen wedirfaren.

2. Item sal her sie nach bitten, das sie nach des herren homeisters undirsassen, inwanern zcu Danczk etc. ire gutter, die en also in gutten getruwen und

gelowben wedir Got und recht genomen seyn, wedirkeron, adir das sie uff gelegene stadt und in kurtczen czeiten darumbe vorkomen, und das denne den von Dantczk etc. alda ane furdern verczog eyn entlich recht gescheen moge; denne wie das nicht geschege, das dach der herre homeister, seyne hern prelaten, gebietiger, lande und stete nicht getruwen, so ist es der herre homeister mit seynen herren prelaten, gebietigeren, landen und steten also eynsgewurden, das her die seynen die lenge nicht also rechtlos lassen welle bleiben und muse en helffen, worczu sie recht hetten.

3. Item sal her darnach seyn, das sie czwusschen hie und sanct Michelstag furkomen gewislich und unverczogen, muchte das abir[a] nicht geseyn, das sie denne vorkomen czwusschen hie und allir heiligen tag, adir czwusschen hie und weynachten uffs lengste, und yo sie er zcu tage und rechte qwemen, so dach das es die von Dantczk dirreichen mochten, yo besser es were und der herre homeister lieber sehen welde.

4. Item sal her darnach seyn, mochte hers uff die vier stete, uff die die von Lubeck ire sachen mit des herren homeisters undirsassen gesatczt haben[1], brengen, das were des herren homeisters wille wol und sieth das gerne.

230. *Aufzeichnung über die von den wendischen Städten an Mergenhagen ertheilten Antworten. — [1446].*

Aus StA Königsberg, Missive 15 S. 451, überschrieben: Dit is dey antwoirde, die Johan Mergenhagen gescheen ist van der stede van dem Sunde, Rostick und Wismar.

1. Sie enbeyden myns herren homeisters gnaden van dissen dreen steden, dat sie willen eynen erliken man senden van en allen dren in Pruyssen to myns herren homeisters gnaden tusschen hir und santt Michels dage ader risch darnach, to verhoren und to beseende, aff sie die sachen in fruntschafft adir mit rechte mogen henleggen und fruntlichen geendet werden; werd ok sache, dat sie alsus korte nicht mogen komen van anfalle erer herren adir kriges not, so wellen sie dach komen dat irste dat sie mogen. Und aff myns herren gnade worde vernemen adir horen, dat sie alslane sake wurde hinderen, dat syne gnade dan ok medelydunge hedde und en und den eren ok keynen unwillen to wolde teyn, wante sie de sake volenden willen mit den irsten, als vorscreven ist.

2. Item antwurde der stadt van Lunenborch, dat sie vor sich alleyne willen senden to myns herren gnade ere antworde in korten tyden.

3. Item die stadt van Hamborch hefft geantwordet durch eren vorsegelden briff, den myns herren homeisters gnade entfangen und gelesen hefft to dem Bodenhuwse am tage santt Lauroncii[2] anno etc. 46.

Versammlung zu Marienwerder. — 1446 Jul. 17.

Anwesend waren Rsn. von Kulm, Thorn, Elbing, Braunsberg, Königsberg, Kneiphof und Danzig.

a) adir K 1, aber K 2.

1) *Lübeck hatte sich bereits mit den Beschädigten auf das Schiedsgericht von Greifswald, Stettin, Stargard und Treptow geeinigt. Der Hm. beglaubigt zu dem Behuf am 27 Jun. Claus Werleman als Prokurator der Danziger bei diesen vier Städten, welche dann am 13 Sept. ihren Spruch fällten. (StA Königsberg, Schbl. XXXIV n. 63 u. 66).*

2) *Aug. 10.*

Der Recess, ausschliesslich landständischer Natur, verkündet die Anberaumung einer Tagfahrt mit Holland zu Brügge[1].

Recess.

240. *Recess zu Marienwerder. — 1446 Jul. 17.*

D aus der Handschrift zu Danzig f. 295 b — 297.
T Handschrift zu Thorn f. 221 — 227 b.
Gedruckt: aus D u. T vergl. m. d. elbinger Hs. Toeppen a. a. O. S. 132.

Anno incarnacionis domini 1446, in die beati Allexii, que erat dominica post divisionis apostolorum, domini nuncii consulares civitatum terre Prusie, in Marienwerder ad placita congregati, videlicet: de Colmen Bartholomeus Rosenick, Johannes Matzko; de Thorun Tylemannus von deme Wege, Rutgher von Bircken; de Elbingo Petrus Storm, Johannes Sonnenwalt, Johan von Noremberg; de Brunsberg Nicclos Rudelshoven, Johan Bayszeman; de Koningsberg Michel Matthis, Gregor Swake; de Kneypabe Hans Rothe, Heinrich Brabant; de Danczik Albertus Huxer, Martinus Cremon et Johannes Meydeburg, infrascriptos articulos concorditer pertractarunt.

1. *Land und Städte verhandeln über die vom Hm. beantragte Auflösung des Bundes und entsenden eine Botschaft nach Marienburg zum Hm. mit der Erklärung, dass sie im Bunde bleiben wollen. Zugleich beschweren sie sich über das feindselige Verhalten des B. von Heilsberg. Der Hm. verheisst Abhülfe.*

2. *Dieselben ersuchen, dass der Hm. einmal im Jahre alle Stände zusammenberufe, vor welchen dann Jeder seine Beschwerden vorbringen könne. Der Hm. sagt es zu,* so her beqweme czeit doreczu wurde haben. *Desgleichen ist er einverstanden mit der weiteren Bitte der Stände, einige Artikel der projectirten Landesordnung versuchsweise auf ein Jahr in Kraft zu setzen.*

3. *Der Hm. lässt ein Schreiben des Rathes von Holland verlesen, welches die Abhaltung einer Tagfahrt zu Brügge am 8. Sept* (nativitatis Marie) *nachsucht, und erklärt, dass je zwei von Orden, Land und Städten dazu abgeordnet werden müssten; wird ad referendum genommen*[a].

4. *Jede kleine Stadt, welche Mitglied des Bundes ist und von der Herrschaft bedrängt wird, soll bei der benachbarten grossen Stadt um Hülfe und Rath einkommen.*

5. *Die Städte beschliessen, weder dem Hm. noch sonst Jemandem etwas vom Pfundgelde zu leihen,* is gescheo denne mit wissen und eyntracht der gemeynen stete, die doreczu horen.

6. *Elbing erhält 300 Mark bis Martini vorgestreckt.*

7. *Jede Stadt soll ihrer Gemeinde die hier vorgefallenen Verhandlungen wegen des Bundes verkünden.*

8. *Braunsberg, von dem B. von Hildesheim, dem Landgrafen von Hessen und dem Freigrafen Hannos Leckyng aus der Freigrafschaft des Junker von Hörde wegen Klage des Hermann Levenicht mit Verfolgung seiner Angehörigen bedroht,*

a) Die marienburger Verhandlungen folgen in T nach § 6.

1) *In Folge des marienburger Beschlusses, n. 233 § 1, war Johann Wargel am 3 Mai nach Holland abgefertigt worden, mit dem Auftrage, vor allem auf Abhaltung einer Tagfahrt zu dringen (seine Instruktion im St.A Königsberg, Missive 15 S. 339, seine Creditive und sonstige Akten Missive 16 f. 40 ff.). Das von ihm erwirkte Schreiben des Rathes von Holland d. d. 30 Mai, welches hier zur Verlesung gelangte, befindet sich in Abschrift in der thorner Hs. f. 221 (nur zum Theil lesbar).*

begehrt von den Städten Rath und wird an seinen Herrn, den B. von Heilsberg verwiesen; falls dieser nichts thun wolle, so werden die Städte weiter darüber verhandeln.

Versammlungen der süderseeschen Städte. — 1446 Jul. 24 — Aug. 11.

Wir lernen diese Tagfahrten aus den nachfolgenden Notizen der deventer Stadtrechnung 1446/7 (StA Deventer) kennen; die darin angezogenen hansischen Angelegenheiten sind wohl mit n. 243 ff. in Verbindung zu bringen: 1) Des sonnendages nae Marie Magdalene *(Jul. 24)* Krilt, Spilcof gereden to Wildesym op die maelstad, te spreken myd den anderen steden[1], den Geelresche steden een maelstad to scriven, omme te spreken van saken der hense andragende ende omme rekeninge te hoeren van den wii uutgeleget hadden, den drie steden angaende, vertert 4 gl. 2 ₰ 4 br. — 2) Des donredages nae Laurencii *(Aug. 11)* Krilt ende Spilcof gereden to Apeldoeren myd den anderen steden te spreken myd den Gelreschen steden van saken der hensen andragende, vertert 5 gl. 12 ₰.

Versammlung zu Marienburg. — 1446 Jul. 27.

Anwesend waren Rsn. von Kulm, Thorn, Elbing, Königsberg, Kniphof und Danzig.

Die Verhandlungen betrafen die Gesandtschaft nach Brügge und Geldangelegenheiten, doch wurde nichts erledigt.

Recess.

241. *Recess zu Marienburg. — 1446 Jul. 27.*

D aus der Handschrift zu Danzig, f. 237—238.
T Handschrift zu Thorn f. 228—229 b.
Gedruckt: aus D vergl. m. T u. d. elbinger Hs. Toeppen a. a. O. S. 140.

Anno incarnacionis domini 1446, an der nehesten mitwoche nach Jacobi die heren sendeboten der stete dis landis zcu Mariemburg zcu tage vorsamelt, als: vom Colmen Hans Matczko, Peter Bisschoffsheym; von Thorun Rutcher von Bircken, Habundius Winter; vom Elbinge Peter Storm, Hensil Noremberger; von Koningesberch Andris Brunnow, Gorgis Swoek; vom Kneypabe Hertwich Kremer, Franczke Grusze; von Danczik Albrecht Huxer, Johan Meydeburg, haben disse nochgeschrebenen artikel gehandelt.

1. Verhandlungen über die Gesandtschaft nach Brügge: die Städte beantragen, in Anbetracht, dass die Livländer bereits Bevollmächtigte in Brügge unterhielten

[1] *Scil. des Stiftes Utrecht.*

und der deutsche Kfm. behülflich sein könnte, nur je einen von Gebietigern und Landen, sowie zwei von den Städten auszusenden, während Hm. und Gebietiger auf eine „merklichere" Ausstattung der Botschaft dringen. Wird ad referendum genommen.

2. *Dasselbe geschieht mit dem Ansuchen des Hm., ihm 800 M. vom Pfundgelde zu leihen, wofür er die Unkosten für die Abgeordneten vom Lande auslegen wolle.*

3. *Elbing und Danzig werden beauftragt*, die personen uszcurichten, die tagefardt zcu besenden.

4. Item zcu gedenken van den schiffen von der Hollander wegen.

5. *Königsberg soll auf dem nächsten Tage definitiv erklären, ob es den Pfundzollstreit (mit Kneiphof) durch die Städte entscheiden lassen wolle.*

6. *Ueber alle vorhergehenden Punkte ist daheim zu berathen und am 3 Aug.* (off die neheste mitwoche) *in Marienburg endgültig zu berichten; desgleichen über die den Gesandten mitzugebende Instruktion;* das eyns idermans privilegien, freyheit und gerechtikeit nicht zcu nohe gegangen werde, *sowie über die Frage, ob die Abgeordneten vom Lande* best bey den gebietigeren adder bey den steten weren in der czerunge.

Versammlung zu Marienburg. — 1446 Aug. 3.

Anwesend waren Rsn. von Kulm, Thorn, Elbing, Königsberg, Kneiphof und Danzig.

Der Recess *stellt Vollmacht und Ausstattung der Gesandtschaft nach Brügge fest*[1].

Recess.

242. Recess zu Marienburg. — 1446 Aug. 3.

D aus der Handschrift zu Danzig f. 298 b–300.
T Handschrift zu Thorn f. 230–233 b.
Gedruckt: aus D vergl. m. T u. d. elbinger Hs. Toeppen a. a. O. S. 742.

Anno incarnacionis domini 1446, feria quarta ante Dominici confessoris, domini nunccii consulares civitatum terre Prusie in Mariemburg ad placita congregati videlicet: de Colmen Hinrik Focke, Peter Bisschoffsheym; de Thorun Tyleman von deme Wegbe, Rutgher von Bircken; de Elbing Johann von Ruden, Johan Fedeler; de Koningsberg Michael Mattis, Bartolt Huxer; (de)[a] Kneypabe Jurge Langerbeyn, Heinrich Drabant; de Danczik Albrecht Huxer, Merten Cremon, Johannes Meydeburg et Bartoldus de Suchten, subscriptos articulos concorditer pertractarunt.

1. *Verhandlungen über die Gesandtschaft nach Brügge: die Städte beantragen, dass je zwei von Orden und Städten und einer vom Lande, Hm. und Lande, dass je zwei von jedem der drei Stände abgeordnet werden. Letzteres wird beschlossen,* wiewol die stete mit groszer swarheit dis angyngen.

2. *Hinsichtlich der Instruktion für die Gesandten dringen die Städte darauf, dass sie strikte Ausführung des kopenhager Friedens fordern und etwaige Ansprüche*

a) *de T fehlt D.*
1) *Vgl. n. 260.*

der Holländer zur Aburtheilung an die preussischen Gerichte verweisen sollen. Der Hm. bemerkt hierzu, dass dann ein Brief dieselben Dienste leisten würde wie eine Gesandtschaft und beantragt in Uebereinstimmung mit dem Lande, die Gesandten zu bevollmächtigen, alles zu thun, was sie für Orden, Land und Beschädigte nützlich erachten. Die Städte widerstreben, weil das Land darauf ausgehe, den Gästen die Freiheit zu verschaffen, das Land zu Handelszwecken durchziehen zu dürfen, bewilligen jedoch schliesslich, dass die Gesandten die Ausführung des Friedens um ein oder zwei Jahre verlagen dürfen, während der Hm. sie bevollmächtigt, bezüglich aller Ansprüche an Holland nach eigenem Ermessen zu handeln, doch unschedeliglichen der lande und stete privilegien, freyheiten, willekoren und rechten.

3. *Die Rsn. der Städte sollen mit je vier Pferden ausziehen, die vom Lande 60 ℳ zur Kleidung, 80 ℳ für Pferde und 120 ℳ zur Zehrung vom Pfundgelde erhalten, dafür haben sie 8 Pferde zu kaufen und nach ihrer Rückkehr an die Städte zurückzuliefern, ebenso sollen sie über die Reiseunkosten Rechnung ablegen.*

4. *Die Städte verwahren sich beim Hm. dagegen, dass die Gesandten, falls sie gefangen würden, sich* uff die stete dis landes schaetzen *liessen.*

5. *Hans Westfal übergiebt ein Duplik auf Danzigs Replik, worin er behauptet,* dass das geheget dingk, das die von Danczik obirgebracht hetten, em seyn erbe methe abeczewgende, ny also gescheen were und were eyn unworhafftig geheget dingk, *weigert sich aber, die Zeugen dafür herbeizuschaffen und erklärt, dass er von den Städten nicht gerichtet sein wolle. Die Städte geben Danzig eine Abschrift der Duplik und bescheiden beide Theile zur nächsten Tagfahrt, auf der sie den Spruch fällen wollen. Danzig willigt ein, Westfal nicht, worauf die Städte den Hm. ersuchen, den Process wieder zu sich zu nehmen,* des ow nicht wesen mochte.

—

Versammlung zu Lübeck. — 1446 Aug. 29.

Anwesend waren Rsn. von Lübeck, Hamburg, Rostock[1], *Stralsund, Wismar und Lüneburg.*

A. *Die* Vorakten *behandeln Streitigkeiten des Kfm. zu Brügge mit dem Zöllner von Antwerpen und mit Brügge, die Wegnahme eines der Königin von Frankreich angehörigen Schiffes durch bremer Auslieger*[2] *und dadurch veranlasste französische Repressalien, sowie den Zwist von Goslar mit seinem ausgewichenen Rm. Heinrich von Alfeld, vgl. n. 274.*

B. *Der* Recess *oder das Memorial, wie sich die Aufzeichnung selbst bezeichnet, deutet die Verhandlungen nur kurz an. Sie betrafen hauptsächlich den*

[1] Des dinxtages vor Bartholomei *(Aug. 23)* 9 ℳ her Hinrik Buk unde her Clawes van Lobeke to Lubeke to dage. *Rost. Gerichtsherrenrechn. 1446/7 (StA Rostock). Nachträglich erhalten die Rsn. am 22 Sept.* (in s. Mauricius dage) to dersulven reyse *noch gegen 20 M von den Gerichts- und Weddeherren ausgezahlt.* [2] *Vgl. Mohnike u. Zober Stralsund. Chron. 1 S. 187. Die bremer Auslieger lieferten nach Ausweis der im StA Bremen befindlichen Akten während der bremisch-holländischen Fehde vielfach Anlass zu Beschwerden sowohl befreundeter Städte wie Auswärtiger, denen auch der am 8 Mai 1446 zu Harderwijk abgeschlossene Friede nicht sogleich ein Ende bereiten konnte.*

Kfm. zu Bergen[1], *flandrische Verhältnisse und die Einberufung eines allgemeinen Hansetages zum Mai 1447.*

C. *Die Korrespondenz der Versammlung bezieht sich auf den Zoll zu Antwerpen, Goslar und den Hansetag von 1447, und wird ergänzt durch den*

D. *Anhang, welcher überdies noch flandrische Verhältnisse und neue Verwicklungen mit England berührt.*

A. Vorakten.

a) Antwerpen.

243. *Köln an Antwerpen: berichtet, dass ungeachtet des von Antwerpen unlängst den kölner Rsn. gegebenen Versprechens, sich für die Beibehaltung des alten Zollvertrages zu verwenden, die kölner Kaufleute sich vielfach über die Willkühr des Zöllners zu Antwerpen beschweren, der zu Folge sie* nyet en kunnen verneymen noch gewissen, wat sii schuldich siin off waemit dat sii betzalen molgen sunder begriiff; *hat nun von Goswin, dem Sekretair des Kfm. zu Brügge, den neuen Vertrag erhalten, den Antwerpen zwischen dem Kfm. und dem Zöllner vermittelt hat*, daeinne wir vernemen, dat der parselen wenich staen bliiven up yren alden stant, als sii bii urre tziit ind composicien gestanden hebben, sonder sere groislich gehoigt ind besweirt werden, dat uns doch verwondert, wie dat zogayn mach; *erklärt, dass der Kfm. diesen Vertrag nicht annehmen könne, und ersucht Antwerpen, bei der bevorstehenden neuen Verhandlung zwischen Kfm. und Zöllner für den Kfm. einzutreten, damit* alle unfruntschaff, cost ind last, die daevan untstaen moichte, verhoet werden. — *[14]46 Mrz. 6.*

StA Köln, Copienbücher 18 f. 16 b.

244. *Der deutsche Kfm. zu Brügge an Köln: berichtet über die missglückten Verhandlungen mit dem Zollner zu Antwerpen und schlägt vor, den Markt daselbst eine Zeitlang zu meiden; beschwert sich über die mannigfachen Eingriffe von Brügge in die hansischen Privilegien, vorzüglich in Betreff der rheinischen Weine und ersucht, über Gegenmassregeln zu berathen. — 1446 Apr. 12.*

Aus StA Köln, Hans. Briefe, Or. m. Resten d. 3 Siegel.

Den erbaren wisen und vorsenighen heren borgermesteren und rait der stad van Coelne, unsen sonderlinghes guden vrunden.

Vruntlike grote und wat wii gudes vermoghen alle tiit tovoren. Erbare wise vorsenighe heren. So gii weten, onlanx gheleden wii onsen secretarium bii ju heren gheschicket hadden omme sake willen, de he ju heren muntlick van unser weghene to kennene gaff etc., daerup gii heren eme juwe guetlick antwert gegeven hebt, de he mytgaders den anderen saken, eme van juwer heren weghene sunderlinx bevolen was, uns wol vruntlick weder inghebracht hevet und verstaen hebt, daer wii ju heren und vor de doghet demeselven onsen secretario bewiist hoechlick bedanken etc. Achtervolghende dan den saken des tolles to Antwerpen up mytvasten gheholden[a], so wille ju heren geleven to wetene, dat wii onse ghedeputiirde vulmechtich ute begherte derselven stede van Antworpe darselves to

a) so!

1) *Am 17 Jul. 1446 erliessen die sechs wendischen Städte ein neues Statut für den deutschen Kfm. zu Bergen, gedr. Dipl. Norweg. 7 S. 425 (Abschrift im StA Deventer, Copialb. berg. Priv. f. 24). Vgl. n. 309 §.*

mytvasten lestleden gesant hedden, omme met deme tolner overtokomene und eens to werdene, woermede de coopman van der Duitscher henze vor deme vorseiden tolle met siinen lyve und gude sunder anxt und vaer entstaen mochte, vrii und qwiit to siine. Also hebben des copmans gedeputiirde uns weder inghebracht, dat se lange und breet mit demeselven tolnere mitgaders der heren van Antwerpe gedeputiirde de sake int langhe und breede gehandelt hebt, also dat de tolnere den copman bii der alder composicie, de wii in tiiden verleden mit der stad van Antwerpe gehat hebt, nynerleye wiis laten en wil, men wolde wii de nye composicie, daraf gii heren de copie hebt, ene tiit van jaren annemen und darto ene certeine summe van ghelde gheven, des wilde he uns gherne ghonnen, anders so denket he to nemene van allen parchelen, alse he dualange gedaen hevet etc., und anders so ene mochten se van eme nicht hebben. Ock so hebbe wii warafticb verstaen van alsulken guden vrunden, de dat wol weten, wert sake, dat wil dat vor den heren van Bourgongen ofte an siinen edelen raede van Brabant versochten, composicie to hebbene, wil ene solden nicht moghen erwerven. De stad van Antwerpe hedde den tol in handen gekregen, men en wort verboden, so uns de ghedeputiirden hemeliken verstaen leiten, dat se nene composicie met emande solden maken noch overkomen, und do se des nicht mechtich wesen mochten, leiten se den tol weder over. Ock so ene moge wii nicht verkrigen, dat wii ene copie des rechten tolbockes van deme tolle to Antworpe mochten hebben. Aldus erbare wiise heren, so ene konne wii nyne weghe merken, dat wii met deme tolnere to redelicheit moghen komen dan bii dusdanen dwanghe, dat wii hiir und juwer heren und ander stede coplude in de henze wesende nu to sunte Michahele to Bamisse negest komende den market to Antwerpen eens eder meer tiiden myt lyve und gude myden und heeldon den to Berghermarket upten Zoem, ghelijck de Enghelschen doen etc., also dat wii der stad und tolnere den market hinderden und beletteden, de tolnere und stat solden wol anders bedacht werden. Und dart ju heren also ghelevede und gued duchte, so ene soldet to nyner tiit so wal pas gheven alse dan, ghelijck wii ock den anderen hovetsteden to Lubeke etc. hiiraff ghescreven hebt, dewelke, wii nicht en twivelen, soverre gii heren dergheliike ock doen wilt, metgaders uns omme des ghemenen besten willen den market eens eder meer gherne myden sult. Und so wes ju heren hiirvan gueddunken und gheleven solde to doene, daeroff beghere wii metten ersten juwe guetlick bescreven antwert, daer sick de copman hiir mach weten na to richtende, omme dat tiit ghenooch den anderen steden in Westphalen und to Deventer, alomme daert behoort etc., to verscrivene, dat se den market to Antwerpe sullen myden etc. Vortmer, erbare wiise heren, weiet, dat de stede van Brugge uptes copman van der Duitschen henze und sonderlinx upten Riinschen wiin allene ene grote sware niicheit gheordiniirt und upghestelt hebt, so gii heren in desser copien hiirinne verwart lesen und horen moghen [1], woo groetlick se den copman, und buten siinen weten und willen und teghens juwer heren und des copmans privilegien, beswaren und belasten, daeromme wii up data van desson vor de erbaren heren ende wet van Brugge ghewest siin, omme de vorseide nyen beswaringhe und ordinancie aftodoene, daerup se uns verantwerden, se heddon dat upghesat vor dat ghemene beste, also wol vor uns alse se, und so dachten daer ock bii to blivene. Welke ordinancie se hebben metter clocken van der halle to Brugge int openbaer, allene van den Riinschen wiinen, doen utropen, unde de geboden eenen itliken up hoge penninckbote to verboerne etc. und dat strenghelike to holdene,

[1] *Fehlt.*

bii derwelker se juwer heren coplude, uns und der copenschop grote smaheit und schande bewiist und ghedaen hebt, contrarie den vorseiden privilegien und older loveliker wonheit. Aldus, erbare heren, ghevo wii ju diit to kennene to den ende, dat gii heren mitgaders den anderen heren van den henzesteden daert ane clevet, Duesborch, Nimmeghen und Wesele, den wii diit dergbelike ock ghescreven hebt, in dessen saken mytgaders deme copmanne alsulke vorsenicheit daerinne to hebbene, alse juwer heren wiisheit dunken sal van noeden und behoeff to wesende, up dat se in den vorgherorten saken und vel anderen, anghaende ere doerghaende warheit mitten hanne, und van den corte wiine biir sonder axise nicht to tappende, van dem bere, dat wii up unse manschopen under unse famille und de wiinlude in eren husen under ere famillen sonder axise nicht en moeten drinken, dan allene Hamborgher und Wysmaer bier, und dergbelike upte Enghelsche lakene, und vele meer andere beswaringhe, den copman van der henze also grofliick nicht en beswerden noch en deden teghens de vorgherorte privilegie, ghelijck se alle dage des jo mer und mer doen, gii heren ene willen dan omme walvard des ghemenen besten und der copenschop hiirinne alsulken raet viinden, bii denwelken de van Brueghe diit allet affdoen, anders isset gheschapen, dat juwer heren stede kyndere und coplude biir de stat versokende und wii des in tokomenden tiiden in groter moyte und schaden komende werden, myttes den dat se alle weghe, daer se konnen und moghen, juwer heren und des copmans privilegie vermynren und vernichten. Und woewol wii daeromme claghen und vervolghen, dat aff to doende, so ene isset doch leyder in unser macht allene nicht, diit to wandelende, kent God almechtich, de ju erbare wiise vorsenighe heren ewelick bespare in salicheit. Ghescreven under unsen inghezeghelen, upten 12 dach in aprili, anno etc. 46.

Alderlude des ghemenen copmans van der Duitscher henzen nu to Brugge in Vlanderen wesende.

245. *Köln an den deutschen Kfm. zu Antwerpen: sendet auf Begehr des Kfm. seinen Rentmeister Gerhard Haer*[a]*, damit er an den bevorstehenden Verhandlungen über den Zoll zu Antwerpen theilnehme. — [14]46 Jun. 3.*

StA Köln, Copienbücher 18 f. 52 b.

246. *Desgleichen: genehmigt die in betreff des Zolles zu Antwerpen vereinbarte Abkunft, über die Gerhard Haer berichtet hat, jedoch nur für den Fall, dass sie up eyne redeliche jairtzale gestalt und die übrigen besprochenen Punkte ebenfalls erledigt werden. — [14]46 Jul. 13.*

StA Köln, Copienbücher 18 f. 60.

247. *Der deutsche Kfm. zu Brügge an Köln: erwiedert auf n. 246, dass er bisher von Antwerpen noch keine Antwort in Sachen des Zollvertrages erhalten hat, inzwischen jedoch von Lübeck, Hamburg und Lüneburg angewiesen worden ist, beim alten Vertrage zu beharren; fragt an, wie Köln sich zu einem etwaigen Verbote des antwerper Marktes verhalten werde. — 1446 Aug. 10.*

K aus StA Köln, Hans. Briefe, Or. m. Resten d. 3 Siegel.

Den erbaren und wisen vorsenighen heren borgermeisteren und raede der stad to Coelne, unsen bysunderen guden vrunden.

Vruntlike grote und wat wii gudes vermoghen alle tiit tovoren. Erbare und

a) Der Name von Haer nachgetragen anstatt des durchstrichenen: Johan van Stommel, consu rad.

wise vorsenighe heren. Wii hebben upten 18 dach in julio lest verleden juwer heren vruntliken breiff entfanghen, inneholdende, dat ju heren gueddunket na gheleghenen saken, dat wii de verramynghe des tolles to Antworpe to pinxten onlanx gheleden myt deme amptmanne und tolnere aldaer verramet mytgaders dat daer aneclevet ene tiit van jaren antonemende etc. Also hebbe wii daeromme unsen secretarium bii de stad van Antworpe ghesant, de one weder verantwort hedden, dat se de sake noch de tiit van jaren bii deme heren[a] hertoghen van Bourgonien etc. noch ock bii deme vorseiden tolnere nicht uthgerichtet en hedden etc., men se hopeden und meneden uns bynnen 10 daghen ton langhesten ere guetlik antwort to scrivene, des se up data van dessen noch nicht ghedaen en hebt. Und in den myddelen tiiden so hebbe wii ock dergheliike der erbaren heren borgermesteren und raede der stad Lubeke und der erbaren heren radessendeboden der stede Hamborch und Lunenborch guetlick antwert van deme vorseiden tolle entfanghen[1], also dat se de saken riiplike overtrachtet hebben und bevynden na der alden und nyen composicie inholde, dat de copman in desser nyen composicien zeer grotlick beswaret wert und alle parchele zeer vele hogher boven de alde ghestelt weren, so ene wilden se buten der anderen heren van den henzesteden vulbort und medeweten in de nyen composicie gheen vulbort gheven, de antonemende, ghemerket ock, dat de grote beswaringhe des tolles, dar wii de ene tiit van jaren annemen, nicht weder ene staet afftobrenghende noch to vermynrene men alle tiit, wannere desulven jare omme weren, noch weder to verhoghene, datwelke een exempel und anwisinghe were allen anderen tolners, dat de dergheliike darna solden vortvaren und alle parchele vor eren toll ock verhoghen, dat in tokomenden tiiden een bederfnisse were des ghemeenen besten etc. Men den vorseiden heren duchte nutte und profitelick wesen, bii also dat gii heren dergheliike daerbii dachten to blyvende, dat wii vast bleven by der alden composicie, de wii vortiids van deme vorseiden tolle t'Antwerpen ghehat hebt, welk uns ock also nutte und gued duchte, mochte wii darbii blyven, men wii bevruchten uns, dat wii des nicht verkrighen en sullen na den verstaene und groten versoeke, de wii darommе langhe und mannighe tiit herwert an den amptman und der stad van Antworpe ghedaen und begheert hebt. Und dergheliike so verstae wii ock wol, al en hebben uns de van Antworpe noch nen antwort ghescreven, nemen wii desse nyen composicie an, so wii nicht doen en moeten, so ene solde de tiit doch van jaren nicht langher wesen dan also langhe alse desse tolnere den toll ghepachtet hedde. Hiiromme, erbare heren, solde wii dan den vorseiden tolnere und de stad van Antworpe darto willighen und voghen, uns bii der alder composicie to laten blyven, moste ghescheen, int wolnemen und verbeteren van ju heren, bii ordinancie und vermydynghe der markede to Antworpe etc. Ofte wii dan hiir omme wolvart des ghemenen besten und uto bevele der vorseiden stede daerup wes worden ordinirende, omme de vorseide markede und tolle to pinxsten neghest to komende myt lyve und gude to vermydende ter tiit und wille, dat de vorseide tolnere und stad anders beraden worden etc., wat bystand und waerto sick de copman deshalven van juwer heren und juwer heren stad copludе weghene verlaten sal und hebben mach, und darbii gheleren sal te doene und to latene, daeraff beghere wii juwer heren vruntlick antwort, gueddunken und wisen raed in Antworper market neghest komende bescreven to hebbene, daer sick de copman mach to verlaten und wetene na to richtene. Erbare heren, vermoghe wii enighe saken in unser clener macht wesende, darto wetet uns alle

a) heren heren K.
1) Vgl. n. 253 § 8 Anm.

dit bereit, kent God almechtich, de ju heren ewelike bespare in salicheit. Ghescreven under unsen ingheseghelen, upten 10 dach in augusto, anno etc. 46.

Alderlude des ghemenen copmans van der Duitschen hense, nu to Brucge in Vlanderen wesende.

248. *Köln an den deutschen Kfm. zu Brügge: erwiedert auf n. 247, dass es immer noch für das räthlichste erachte, den in Anwesenheit von Gerhard Haer vereinbarten neuen Zolltarif auf 25 oder mindestens 20 Jahre anzunehmen, geht dieses nicht an, so wird es sich den Beschlüssen des Kfm. und der übrigen Hansestädte anschliessen; hat heute* (up datum dies briefs) *n. 254 erhalten und ersucht demzufolge, die im antwerper Markte befindlichen kölner Kaufleute zu benachrichtigen, falls der Kfm., wie die Hansestädte begehren, an dem alten Vertrage festhalten werde. [14]46 Sept. 16.*

StA Köln, Copienbücher 18 f. 12b.

b) Bremen.

249. *Der deutsche Kfm. zu Brügge an Bremen: berichtet, dass ein Franzose Pelsorn wegen Wegnahme eines dem französchen Kg. angehörigen Holkes durch bremer Ausliger, welches* sunder redene und causen, unentsecht und unverwart juwer heren ere, so de Fransoysers segghen, *geschehen sein soll, nach längerem Aufenthalte in Seeland, wo er sich ausgerüstet, kürzlich vor dem Zwin erschienen ist und* 3 kenninghe weghes van der Sluus *drei nach Preussen und Livland bestimmte, mit Salz, Wand* und anderen gude *beladene Schiffe aufgebracht hat; zwei hat er behalten, aus dem dritten 23 Terling Laken genommen und sich mit der Beute* wederomme int Veerghaet buten de rostiiringhe *zurückgezogen; hat seinen Sekretair mit Kaufleuten von Ludehusen, welche am meisten beschädigt worden sind, und den in Lübeck wohnhaften Schiffern zum Herrn von der Veere und Middelburg gesandt, um Schiff und Gut zurückzukaufen, doch erwiederte Pelsorn, dass er wegen jener That der Bremer, welche obendrein die Franzosen gefangen hielten, alle hansischen Schiffe anzugreifen und deren Insassen gefangen zu nehmen beabsichtige,* und hopede bynnen kort meer hulpe van Ronen, Bolonien und anderswoer her to krighende, dat he meende, starck ghenoech to ziinde; und he hadde aldaer vitalie ghenoech, were und volk inghenomen wol tot 1000 mannen to; *ermahnt Bremen, sich hierin gebührlich zu verhalten* (alsoe dat temet und behoret), *damit nicht noch grösseres Unheil geschehe. — [14]46 Jul. 8.*

StA Bremen, Trese Z, Or. m. Spuren d. 3 Siegel.

250. *Königin Marie von Frankreich an den deutschen Kfm. zu Brügge: dankt für dessen Bemühungen um Wiedererlangung ihres von Bremen genommenen Schiffes, ersucht, hierin fortzufahren und erbietet sich zu Gegendiensten. — Rochelle, 1446 Aug. 1.*

Aus StA Lübeck, A. Flandr. 1, Abschrift, vgl. n. 260.

An unse leve und wal ghemynde, de alderlude van der hanze van Almaonyen, wesende bynnen der stede van Brueghe.

Marie, bi der ghenaden Godes konyngynne van Vranckrike. Harde lieve und wal ghemynde. Wii hebben verstaen, woe dat de van Almanyen und de van Bremen hebben ghenomen een unse schip, und wii en weten niet waerumme, anghesien dat miin here gheen orloghe theghen emluden en heft. Nochtan umme dat verkrigen van den gii hebt ghedaen nernsticheit und ghescreven an emloden, also uns overghebracht is ghewesen by unsen dener, brengher van dessen breve, waerof wii ju weten groten danck und bedancken ju van den. Mer wii bidden ju al noch, dat gii doen willt nernsticheit, dattet vorscreven schip uns werde wederghegheven, up dat wii gheene redene en hebben, darinne to vernemo by andere weghe of maniere, welk wii niet hebben willen doen sunder dat eirst te kennen te gheverende den bovenghescreven und aluslen, ock umme noch an en van den to scrivende. Unde daerumme willt daer so vele in doen, dat wii schuldich ziin to vrolen te wesende, und ist dat u enighe saken gheleven hiir, de wii vermoghen, doet uns de weten, wii zullen uns harde gherne daerin mogen, biddende unsen here God, dat he u beware zii. Gescreven to Rasille, den eirsten dach van oost.

Marie.

Boutillier.

251. *Hm. Konrad von Erlichshausen an Bremen: hat von Danzig erfahren, dass laut Bericht des Kfm. zu Brügge bremer Auslieger einen Holk der Königin von Frankreich genommen haben, diese dafür einen Namens Pelsorn ausgesandt hat, um hansische Schiffe aufzubringen, und einige Hanseaten bereits das Ihre verloren haben; verlangt, dass Bremen die Sache so ordne, dass die Preussen, welche mit dem Streite nichts zu schaffen haben, keinen Schaden erleiden und jeder Unwille vermieden werde; ersucht um Antwort. — Marienburg, 1446* (am s. Dominicus tag) *Aug. 5.*

StA Bremen, Or. m. Spuren d. Secrets.
SA Königsberg, Missive 16 f. 66.

c) Goslar.

252. *Goslar an Lübeck: erwiedert auf die Ladung zum lübecker Tage am 24 Aug.* (Bartholomei), *dass es sich in seinem ersten Schreiben allerdings gegen Heinrich von Alfeld zu Recht erboten habe*, nemeliken, dat gii unde ander erlike stede unser sullen mechtich sin, also hebben wii doch nicht ghescreven, dat we de sake to schedende sunderliken to juwer leve setten, also gii dat sulven uth unsem breve willet kennen, nicht in solker mathe to vornemende, dat wii jw van dosweghen affslan, sunder umme den willen, alse gii unde wii an beyden sliden affleghen sin, unde dat wii myt groter swarer kost unde eventhure mosten tosampne komen; *erklärt, dass die ihm benachbarten Herren und Freunde*, also siik dat noch inholde lüliker vordracht der Dutzschen hense darbo wol vindet, *seiner gegen Alfeld* to oren unde to rechte noch mechtich *sein sollen und es Lübeck nicht zurückweisen werde, falls es einen von jenen angesagten Tag an gelegenem Orte besenden wolle; ersucht, diese Absage nicht* in unmode up [to] nemen; ok is uns sodanne juwe ghebod van jw gescheen — ichteswes vrouwmede, unde meenen, dat wii nach vordracht der Dutzschen hense des to donde nicht sin vorplichted. — *[14]46* (midweken neghest assumpcionis Marie) *Aug. 17.*

StA Göttingen, Abschrift, vgl. n. 264.

B. Recess.

253. *Recess zu Lübeck. — 1446 Aug. 29.*

Aus RA Wismar, Folioblatt, Aufzeichnung von läb. Hand, überschrieben: Eyn memorial van der dachvart to Lubeke, anno 46 decollacionis by dessen 6 steden geholden.

Int erste, wol de heren weren uth den steden, dat wete gi wol.

2. Item screven de stede vor de vamme Sunde an koning Cristoffer unde enen bisschopp Alfe van dem vorbode, dat de eren unde de anderen stede under dem gripe beseten nicht scholen wesen edder bliven in den riken.

3. Item sloten de stede, dat se willen ere sendeboden schicken by koning Cristoffer int erste he queme by de hant[1], alse van der beswaringe unde overlast, de dem copman to Bergen van dem voghede weddervaret, wente he wil, dat de copman schal uth dem lande vor des hillighen cruces daghe vor sunte Michael[2].

4. Item wart vor den steden gelesen des homesters breff van Prutzen, alse van synes grotschaffers weghen, den de van Brugge ghevanghen holden[3], unde in demsulven breve schrifft he, nadem de kopman van der hanze van den van Brugge in eren privilegien dagelix wert vorkortet, wolden se denne den copman van dar wisen to etliken jaren, so scholen se ok synes landes entberen.

5. Item worden de stede des ens, dat me de gemenen stede schal vorboden to Lubeke uppe ascensionis domini neghest kamende.

6. Item wart gescreven an den van Colne, dat se mit den eren bestellen, dat de Dudesche kopman to Antworpe schal bliven by der olden composicien van des tollens weghen darsulvest.

7. Item wart gescreven an de veer lede, alse van der berovinghe, de dem Dudeschen kopman weddervaret vor deme Zwenne[4], se hebben ziik vorseghelt vor sodannen schaden etc.

8. Item alse van der twistinghe der twiger stede, alse Hamborg unde Luneborg, darover hebben de stede vele arbeides gehat unde konden se nicht vligen; unde alle ding stotte ziik uppe de visscherye[5], so dat int lateste en wart gesecht, dat se ziik vruntliken helden unde de ene myt dem anderen vorkerde bet to der

[1]) *K. Christoph brachte d. J. 1446 in Schweden zu (am 19 Jan. bereits weilte er in Wadstena Sc. rer. Suecic. 1 S. 163), und begab sich am 18 Aug. von hier nach Gothland zu K. Erich, vgl. Grautoff Lüb. Chron. 2 S. 102; Strals. Chron. 1 S. 187. Ueber seine Verhandlungen mit K. Erich liegen 3 Berichte des danziger Pfundmeisters an den Hm. vor (Or. im SA Königsberg) vom 12 u. 18 Sept. Nach dem ersten Schreiben vom 12 Sept. forderte K. Erich ein Bisthum,* do denne slos und stete zugehoren, das sie im nicht obgeben wolden, *doch einten beide Könige sich schliesslich auf einen einjährigen Waffenstillstand. Im zweiten Briefe meldet der Pfundmeister,* wie das schiff, dorinne der herre koning Cristoffer von Gotlande obir in Sweden wolde segelen uff eyne blynde rodden were gesegelt und were geblebeu; *der grösste Theil der Mannschaft sei ertrunken, der Kg.* umgekomen sunder mit wie vil personen, des en kan ich nicht wissen; und drey karten mit des koninges gerethe und gesmeyde seyn zum Gotland an lant gekomen, die denne koning Erik gekregen hat. *Der dritte Bericht vom 18 Sept., gedr. bei Styffe, Bidrag 2 S. 311, lässt sich am eingehendsten über die Verhandlungen aus und bestätigt die Anwesenheit verschiedener livländischer Ordensritter im Gefolge K. Christophs. Sie brachten ein Bündniss zwischen Livland und Dänemark gegen Nowgorod zu Stande, vgl. Jahn Danm. Hist. S. 534, Reg. Danica n. 3763. 3773.* [2]) *Sept. 29. Vgl. n. 309 § 3 f.* [3]) *1444 fallirte Thomas Schenkendorf in Brügge, Faktor des Grossschäffers von Marienburg, und entfloh. Als der Grossschäffer Hans Reppin sich hierauf nach Brügge begab, um die Schäfferei vor Verlusten zu bewahren, wurde er im Aug. 1445 von den Gläubigern Schenkendorfs ins Gefängniss gesetzt, obgleich dessen Schulden nicht die Faktorei betrafen. Ungeachtet aller Verwendungen des Hm., Lübecks und des Kfm. verblieb Reppin in der Gefangenschaft bis es der Ordensgesandtschaft zum brügger Tage gelang, Schenkendorf im Nov. 1446 zur Rückkehr nach Brügge zu bewegen, worauf Reppin die Freiheit erlangt haben muss. Schenkendorf befand sich 1448 noch im Gefängniss. Zahlreiche Akten hierüber im SA Königsberg, dann auch in Danzig und Köln.* [4]) *Vgl. n. 208, 289 f.* [5]) *Hierüber fand bereits am 15 Jul. 1445 eine fruchtlose Verhandlung zwischen den beiden Städten zu Lübeck statt. (Bericht darüber im StA Hamburg, Cl. VI n. 1 a, vol. 1 fasc. 5).*

negheston dachvart, so mochten de stede se vorscheden, kunden se ok hirenbynnen ziik vordraghen, dat were en wol to wyllen.

9. Item de van Hamborg beghehrden hulpe van den steden, umme to beholdende dat sloed Emeden, anders worden se des quyt; item begherden se wedderkeringhe des schaden, den se in dem Deusehen krighe in dem Sunde leden; item dat se mochten hebben de 1600 puud grote, de by dem kopmanne to Brugge stan van erer borgher weghen. Darup de stede en seden, dat yd stunde wont de stede mentliken tohope quemen.

10. Item wart geschroven an de van Colberg van her Boysters weghen.

11. Item wo de zake ziik vorlop twisken den vamme Sunde unde den Bergervareren[1].

12. Item wart vorhandelt de zake vamme Sunde unde Wismer, de her Hinrik Buek, borgermester van Rostock, vortsettede; unde de van Hamborg ere zake ok vortsetteden.

13. Unde ok umme de munte.

C. Korrespondenz der Versammlung.

254. *Lübeck und daselbst versammelte Rsn. von Hamburg, Rostock, Stralsund, Wismar und Lüneburg an Köln: entnehmen aus einem an Lübeck gerichteten Schreiben des Kfm. zu Brügge* van der olden unde nyen composicio des tollens to Antworpe, *dass er mit Köln ebenfalls darüber korrespondirt und von Köln den Rath erhalten hat, den neuen Vertrag auf 20 oder mehr Jahre abzuschliessen; der Kfm. wende dagegen ein, dass der neue Vertrag, auch wenn die Städte ihn annehmen, die Pachtzeit des gegenwärtigen Zöllners nicht würde überdauern können und der nächste Pächter den Zoll abermals erhöhen werde; haben in Berücksichtigung dieses Grundes den Kfm. angewiesen, dass er bis zum nächsten lübecker Hansetage zu Pfingsten, wenn irgend möglich, am alten Vertrage festhalte, damit dann die Städte des weiteren hierüber entscheiden; ersuchen demzufolge, die kölner Kaufleute anzuweisen,* dat se dat ok so holden na lude der olden composicien, *und den Kfm. in Brügge zu benachrichtigen,* wes juwer ersam leve hirane ghelevet to doude. — *[14]46 Sept. 1.*

StA Köln, Pergamentbriefe, Or. Perg. m. Spuren d. lüb. Secrets.

255. *Dieselben an Goslar: beschweren sich über das Ausbleiben Goslars vom angesagten Rechtstage und weisen es an, sich bei Verlust der Hanse bis zum 16 Okt. mit Heinrich von Alfeld zu vergleichen. — 1446 Sept. 2.*

Aus StA Goslar, Or. Perg. m. Resten d. Secrets. Unter der Adresse bemerkt: Presentacio (!) litere nona die septembris, que fuit feria sexta, die Gorgonii martiris.

Den ersamen wisen mannen, borgermesteren unde radmannen to Goszler, unsen guden vrunden dandum.

Unsen vruntliken grut unde wes wy gudes vormogen tovorn. Ersamen guden vrunde. Alse gii latest[a] juwen breff uns van Lubeke, Hamborch unde Luneborch, by eneme juwer borger unde juweme scrivere hebben gesant, darinne gii juw swarliken beclagen unde to velen setten don ersamen Hinrike van Alvelde, juwen borgermester, van sodaneme uploppe unde twidracht in desseme vorjare twisschen juw unde eme bynnen juwer stad upgestan etc., alse denne desulve juwe breff under mer worden innehelt, dar gii juw tigen den genanten juwen borgermester

a) [illegible]

1) Vgl. n. 4.

to rechte vorbodon, to nemende unde to donde unde dat to vorwisende, darto wy vorscreven van Lubeke unde andere mer erlike stede juwer mechtich scholen wesen. Darup juw myt mer worden is wedderscreven, dat wy juwe scriffte deme genanten juweme borgermestere hadden laten lesen, de sick darvan vor uns vorantwordede unde sick in aller mate na juweme scrivende jegen juw wedderumme vorbod to rechte, darummo wy eme unde juw van macht der henzee enen dach, namelikon up Bartholomei [1] negest vorgangen, na juwer beider vorbedinge hebben bescheden, rechtes vor uns unde mer steden, de wy darumme in unse stad werden vorbodende, to wardende, alse dat unse vorscrevene breff an de lenge clarliken inneholt, des wy dat begrip unde alle scriffte van der weghen desser nascrevenen stede sendeboden hebben laten lesen. Up welken unsen breff gii uns nu int lateste wedder scriven, dat gii alsulkens, also der beschedinge vorscreven, nicht don en konnen, des wy alle doch to juw na juwer vorbedinge sulkes unhorsams jegen unse unde der henszee belevynge nicht vorseen unde vormodet en hadden, unde mercken vurder daruth, dat juwe bescheet unde recht jeghen den genanten Hinrike deste groter nicht en sy, indeme desulve Hinrick hir vor uns allen is gewesen, sines dagerechtes unde vorbedynge, recht to nemende unde to donde, na aller vorscrevenen wise wardende, des gii eme entfallen unde uthegan sin, alse he sick des hochliken beclaget, dat gii ene vorweldiget, vorjaget unde vorvestiget hebben, unvorvolget unde unvorwunnen, sunder jenigerleie redelike sculd boven rechtes vorbedinge siner heren unde vrunde. Unde gii eme unde den synen mennygen vrevel unde unbeschedenheit toleegen, alse wy van eme hebben vorstan, dat uns sere myshaget unde wy uns ock en sulkens to juw yo nicht vormodet en hadden, gii juw so tigen recht to settende etc. Aldus hefft uns nu de genante Hinrik angevallen, vormanet unde gebeeden, dat wy eme umme Godes unde des rechtes willen to sineme rechten sin behulpen, so dat eme van juw vor sodane gewalt unde unrecht so vele immo rechten van juw weddervare, wan dat gescheen sy, moge gii ene denne worumme wedder besculdighen, he wil juw alles rechtes vor uns plegen etc. Unde alse gii denne na juwer egenen vorbedinge unde scrivende uns unde de henszee hirinne hebben vorsmat unde hygelecht unde gii Hinrike vorbenomet rechtes to plegende vor uns weigeren, so en konne wy dar nicht myn to don, wy en vormanen juw, gii deme noch so to donde, unde begeren van juw, dat gii juw myt deme velegenanten Hinrik noch twisschen dyt unde sunte Gallen daghe [2] erst komende umme sine tosprake in vruntscopp edder in rechte vorgan unde juw entweysetten laten by vorlust der henszee. Wenner gii deme so nicht en deden, so mote wy unde mer stede darto gedencken, wo wy eme vorder to syneme rechten sin behulpen. Screven under der van Lubeke secrete, des wy radessendeboden nu tor tiit hir mede to bruken, amme vridaghe na decollacionis Johannis baptiste, anno etc. 46.

Radmanne der stad Lubeke unde radessendeboden der stede Hamborch, Stralessund, Rostock, Wismer unde Luneborch, nu bynnen Lubeke to daghe vorgaddert.

256. *Dieselben an Quedlinburg (und Göttingen): berichten wie in n. 255, dass Goslar und Alfeld sich vor den Städten zu Recht erboten haben und zum 24 Aug. nach Lübeck beschieden worden sind, Alfeld zum Termin erschienen, Goslar ausgeblieben ist; senden eine Abschrift von n. 255 und ersuchen, in Gemeinschaft mit Braunschweig, Halberstadt, Aschersleben, Göttingen, Einbeck und Hannover, welche gleichlautende Schreiben erhalten, dahin zu wirken, dass*

[1] Aug. 24. [2] Okt. 16.

Goslar, falls es sich abermals an das Schreiben der Städte nicht kehre, sich bis Okt. 16 (s. Gallen) *mit Alfeld auseinandersetze;* unde efft se dat aver vorleggen, so begere wy, dat gi se unde de eren in juwer stad nicht en lyden bette up tokumpst der gemenen stede der Dutschen hense, de sick up pinxsten erstkomet bynnen Lubeke to daghe werden vorgaddereude; *bitten um Auskunft*, wes juw hirinne van den van Goszler weddervaret. — *[14]46* (sonnavendes vor nativitatis Marie) *Sept. 3.*

StA Goslar, Or. Perg. m. Resten d. Secrets.
An Göttingen: StA Göttingen, gleichzeitige Abschrift.

257. *Dieselben an Groningen: berichten, dass fast täglich von dem Kfm. zu Brügge, zu Bergen, zu Nowgorod, in Livland und in anderen Gegenden Klagen einlaufen über Verunrechtung und Nichtbeobachtung der hansischen Privilegien, sodass der Verlust der Freiheiten in Aussicht stehe, falls man nicht bei Zeiten dagegen einschreite; ebenso werde der Zoll zu Antwerpen fortwährend erhöht, erständen* leider in velen steden twisschen den raeden und den gemeinden sorchvoldige twidrachten *und ergäbe sich* sunderigen sorchvoldige anvallen vormiddest krige van etliken heren etc.: *all dieses erheische den Zusammentritt eines Hansetages, damit die Städte ihrer Pflicht, die von den Vorfahren überkommenen Freiheiten zu schirmen, erfüllen und über die berührten Punkte verhandeln können; fordern dementsprechend Groningen auf, seine bevollmächtigten Rsn. bei Verlust der hansischen Rechte zum 18 Mai* (up u. heren hemmelvart dage) *nach Lübeck zu schicken, um mit den übrigen Hansestädten, sowie dem gleichfalls entbotenen Kfm. von Brügge, London und Bergen über die angeführten Angelegenheiten* to vorhandelende unde sunder roegetorh hiirinne to slutende; *begehren Antwort* by dessenie unseme boden. — *[14]46* (in s. Michaelis avende) *Sept. 28*[1].

StA Groningen, Or. Perg. m. Spuren des lübecker Secrets. Mitgetheilt von Herrn Staatsarchivar H. O. Feith.
Verzeichnet: Feith, Register v. h. archiv v. Groningen 1 S. 106.

258. *Köln an Lübeck und daselbst versammelte Rsn. von Hamburg, Rostock, Stralsund, Wismar und Lüneburg: dankt für die Ladung zum Hansetage in Lübeck am 18 Mai* (up u. heren hemelfartz dach), *bedauert die* „beswerongen" *des Kfm., und verheisst demnächst darauf zu antworten. — [14]46 Nov. 9.*

StA Köln, Copiebücher 18 f. 84 b.

D. Anhang.

a) Kfm. zu Brügge.

259. *Der deutsche Kfm. zu Brügge an Danzig: berichtet, dass die Bestätigungsurkunden des Kg. von Castilien und der Hansestädte über den 1443 vereinbarten fünfzehnjährigen Frieden am 24 Aug.* (s. Bartholomeus) *zwischen ihm und den Kapitänen und Schiffern der spanischen Nation ausgewechselt worden sind, nachdem dieses drei Jahre lang durch stets neue Beschwerden der Spanier verhindert worden war; ersucht, die Befolgung des noch 12 Jahre in Kraft bleibenden Vertrages zu überwachen. — [14]46 Aug. 25.*

StA Danzig, Schbl. XXI n. 66, Or. m. Spuren d. 3 Siegel.

[1]) *Vgl. n. 258, 271. Die weseler Stadtrechn. von 1446 (StA Düsseldorf) berichtet:* Des neisten dages na s. Hubertus *(Nov. 4)* dach den boden der stad Lubike, die mit brieve der stad Lubike verkundigheden up unss heren hemmelvarts dach neist kommende die dachvart der hensesteden, geschenct 1 Arn. gl., die makt 22 β 9 ₰.

300. *Der deutsche Kfm. zu Brügge an Lübeck und Rsn. der Hansestädte: berichtet über die Verlängerung des Friedens mit Spanien auf weitere 12 Jahre, über seine Verhandlungen mit den Abgesandten der Königin von Frankreich vor dem Rathe zu Brügge wegen Bremen, sowie mit dem Kanzler von Brabant und Antwerpen wegen des Zolles. — 1446 Okt. 16.*

Aus StA Lübeck, A. Flandr. 1, Or. m. Resten d. 3 Siegel.

Honorabilibus ac circumspectis viris, dominis nunciis consularibus communium civitatum hanze proximo ad placita congregandis, et presertim dominis proconsulibus et consulibus Lubicensibus, dominis et amicis nostris sincere dilectis.

Vrentlike groete und wat wii gudes vormoghen alle tiid tovoren. Erbare heren und sunderlinghes gudon vrende. Juwer vorsenighen wiisheit is wal witlick van den bestande, dat nu dree jaer ghewest und gheduurt heft tusschen der nacien van Ispanien und den ghemenen steden und coepmanne van der henze, welk nu nutgheak up unser leven vrouwen dach assumpcionis[1] lest vorleden. Also hebben wii mit groten ernste, laste und moyenissen so vele an dezelve nacie ghedaen, dat int eynde wii malkanderen de bezeghelde breve, inholdende vortan den vrede van 12 jaren, hebben overgheantwordet und telovert by zekeren vorwarden van enighen poenten, de se in der ghemenen stede breef noch hebben silen, daervan wii ju heren hiir neghest wal claer underwiis doende werden[2]. Und sunderlinghes begheren dezelven, dat gii heren den vrede van 12 jaren vorscreven bynnen Lubeke openbaer laten uutropen in jegenwordicheit eenes notarii, de daerup een instrument make, welk ju heren gheleven wille uns mit dem eirsten hiir to zendende, up dat wii se daermede also daervan moghen stellen to vreden, want en weren wii nicht eensghewordeo, alset eene wiile gheschapen was, wii bevruchten uns, dat des de coopman und schiphern van der henze alrede in unverwinliken schaden weren ghekomen. Und also gii heren weten, dat wii ju hiir bevoren hebben ghescreven van eenen hulke, den de uutliggher van Bremen ghenomen hebben, tobehorende der konynginnen van Vranckrike, wat schaden daerumme de coopman und schiphern van der henze gheschiet is by eenen ghenoemt Pelsoen, also hebben nu de konynginne van Vranckrike unde de hertoghe van Bourgongen daerumme gescreven an de stede van Brueghe, de uns vor en deden verbolen und zegheden uns in jegenwordicheit des schiphern van den vorscreven hulke und twen anderen uut Vranckrike, dat dezelve konyngynne und er here hertoghe van Bourgonyen begherden, dat de coopman so vele dede, dat dat vorscreven schip und gued mitgaders schaden und kosten wedergegeven, upgherichtet und betaelt worden, anghesoen dat Bremen een stad van der henze were, up dat daer vorder gheen meer unwille of schade van en queme. Welk wii verantworden ten besten wii konden und sunderlinghes, dat se wal wisten, dat de van Bremen een orloghe ghehadt hedden up em zolven und vele schaden ghedaen, des eme de ander stede van der henze nicht en moyeden, want wii anders mit en hiir in den lande nicht velich en weren. Daerup verantworde de

[1] Aug. 15. [2] *Eine Abschrift des über diesen Akt aufgenommenen Notariatsinstruments d. d. Brügge 1446 Aug. 23 befindet sich im StA Bremen, Trese BC. Der Anfang desselben ist copirt im Oudem Wittenboeck f. 193 des StA Brügge. Der in das Notariatsinstrument inserirte Vertrag endlich ist transsumirt in der Confirmationsurk. der sechs Städte Lübeck, Hamburg, Rostock, Stralsund, Wismar und Greifswald, (undatirte Abschrift im StA Lübeck, A. Flandr. 1). Die einzelnen Punkte, deren der Kfm. erwähnt, bezogen sich hiernach auf Kampen und Bremen, welche spanische Schiffe aufgebracht hatten und von dem Kfm. und Städten angehalten werden sollten, die Beschädigten schadlos zu stellen. Vgl. n. 298.*

schipher und ziine medegheselllen, dattet der anderen stede stucke were, want daer were een capiteyn van Lubeke mede ghenoemt, Rotermunt, een van Rostocke und een van Dantziike, zeggende eyntliick, wolden wii en dat schip und gued weder doen leveren, dat were en bevolen van uns to eeschende, mochte des nicht ziin, so en dechten se daerumme nicht vorder to vervolghende, men wolden en zelven pinen to verhalende up de van der henze waer se konden und mochten, und leverden uns eenen breef van der konyngynnen van Vranckrike, und gheughen also in ovelen moede enwech. Van welken breve wii ju heren copie hiirinne verwaert zenden[1], begherende hiirby dat beste to doende an de vorscreven van Bremen of daer ju heren des dunken sal behoef wesende, up dat de coopman und schiphern van der henze aldus unschuldighes in verderflikon schaden nicht en komen. Vorder, erbare heren, so hebben wii na juwen scrivende to Antworpe in dessen lesten vorledenen markede ghewesen bi den cancelliir van Brabant und ock bi der stad daerzelves, begherende und versoekende, dat de coopman bliven mochte bi der olden composicien van den tolle, want wii nicht mechtich en weren, enighe nie hogher und swarer composicie antonemende, und hebben den cancelliir de copie van der older composicie overgheghoven, de ghelovet heft mitgaders der stad daerinne dat beste to doende; mochte dat also ghescheen, dat wolden wii annemen, is des ock nicht, so denken wii dat te laten staen in guder gheduldt tor vergaderinghe der ghemenen stede, welk wii ock den heren van Colne ghescreven hebben. Wes gii heren dan mitgaders den erbaren sendeboden der ghemenen stede daerinne und in anderen saken des coopmans vor dat ghemene beste verramende und sluteude werden, daerna willen wii uns dan gherne richten na unsen besten vermoghen, dat kend God almechtich, de juwe vorsenighe wiisheit beware und spare to langhen selighen tiiden. Ghescreven under unsen inghezeghelen, upten 16 dach in octobri, anno 46.

Alderlude des ghemenen coopmans van der Duytschen henze, nu to Brueghe in Vlandren wesende.

261. *Lübeck an den deutschen Kfm. zu Brügge: erwiedert auf n. 260, dass es den zwölfjährigen Frieden mit Spanien gern in Gegenwart eines Notars ausrufen lassen wolle, jedoch noch im Zweifel sei wegen der von den Spaniern aufgestellten Forderungen, von denen der Kfm. schreibe; verlangt hierüber bis Weihnachten Auskunft; hat an Bremen eine Copie von n. 260 gesandt und es angewiesen, seine Antwort dem Kfm. zu senden; in betreff des antwerper Zolles möge der Kfm. sein Bestes thun* (dat beste doen)[2]. — *[14]46 Nov. 10.*

StA Lübeck, A. Flandr. 1, Entwurf.

262. *Lübeck an Bremen: hat die Antwort Bremens auf das Schreiben von Lübeck in Sachen des Holkes der Königin von Frankreich dem Kfm. von Brügge zugestellt und hierauf von diesem n. 260 erhalten; ersucht Bremen, seine Verantwortung an den Kfm. einzusenden und die Angelegenheit so zu ordnen,* dat de Dudesche copman unde wy alle deshalven kamen in nenen schaden. *[14]46* (sonnavendes na Martini) *Nov. 12.*

StA Lübeck, A. Flandr. 1, Entwurf, vorausgeht n. 261.

[1] *Vgl. n. 250.* [2] *Am 4 März 1447 sandte Lübeck eine Abschrift des obigen Schreibens an den Kfm. und ersucht ihn, es endlich zu beantworten. (Concept im StA Lübeck auf demselben Blatte wie n. 261).*

b) Goslar.

263. *Goslar an Göttingen: dankt für die Uebersendung von n. 256; erklärt,* an sodanen schriften schut uns gar sere ungutliken, *weshalb es zur Zeit* van sunmoyte wegen *nicht darauf antworten wolle;* sonder so draden we des in moyten sin, *wird es seine Meinung kundgeben. — [14]46* (sonnavend na Mauricii) *Sept. 24.*

StA Göttingen, Or. m. Resten d. Secrets.

264. *Desgleichen: erwiedert auf die Uebersendung von n. 256, dass gleichlautende* hartlike unde swerlike *Schreiben an alle Nachbarstädte von Goslar ergangen sind;* hat de sake darvonne se schriven to schedende sunderliken an se nicht gesat *und ist nicht im Stande, sich gebührend zu verantworten, weil einige Städte es bereits übernommen haben, den Streit Goslars mit Alfeld zu entscheiden; sendet n. 252 zum Zeugniss, dass es sich stets zu Rechte erboten. — [14]46* (mandag vor s. Michaelis) *Sept. 26.*

StA Göttingen, Or. m. Spuren d. Secrets.
Regest: Schmidt UB. v. Göttingen 2 S. 192.

c) England.

265. *Köln an Hm. Konrad von Erlichshausen: hat aus einigen Briefen des deutschen Kfm. zu London und des Kg. von England ersehen, dass zwischen dem Kg. und dem Hm. einige Streitigkeiten obwalten, von denen der Hm. durch den Kfm. und andere Hansestädte unterrichtet sein werde; ersucht, die Angelegenheit in Freundschaft zu regeln und* wat uron gnaden zosteit so sletelen ind zo halden, dat ure gnaden voegen wille sulchs geschie ind uytgedragen werde mit fruntschaff, *weil anderenfalls der Streit leicht dem gesammten hansischen Kfm. zum Schaden gereichen und den Verlust seiner Freiheiten in England herbeiführen könne. — [14]46 Aug. 29.*

StA Köln, Copienbücher 18 f. 70; das Concept daneben zu f. 71 eingeheftet.

266. *Köln an Lübeck: berichtet, dass es wegen der Gebrechen des deutschen Kfm. in England, von denen Lübeck sicher das Nähere vernommen haben werde, den Hm. ersucht hat, die Abstellung derselben zu verfügen und weiteren Zwisten vorzubeugen; bittet, dass Lübeck dem Hm. ebenfalls ernstliche Vorstellungen mache und hierauf antworte. — [14]46 Aug. 29.*

StA Köln, Copienbücher 18 f. 70, das Concept daneben zu f. 71 eingeheftet.

267. *Hm. Konrad von Erlichshausen an den deutschen Kfm. zu London: erwiedert auf die schriftlich und mündlich durch Heinrich vom Hofe überbrachte Mittheilung von den auf dem letzten Parlamente über Preussen erhobenen Beschwerden und der Bedrohung des Kfm. mit dem Verluste seiner Freiheiten, dass die Klagen unbegründet sind, er demnächst mit den Ständen darüber verhandeln wolle und im Frühjahr antworten werde*[1]. *— Lenke, 1446 Okt. 23.*

Aus StA Königsberg, Missive 16 f. 132 b, überschrieben: Den aldermann und gemeynen copmann van der Deutschen henze nu to Lunden in Engelant.

[1]) *Gleichlautende Schreiben mit Wiedergabe des Inhalts der betreffenden Briefe ergingen an Lübeck und Köln. Der Brief von Lübeck an den Hm., datirte hiernach vom 13 Sept.* (am abende exaltacionis s. crucis), *erinnerte an die bereits vor 5 Jahren vom Kg. von England beim Hm. über die Bedrückung seiner Unterthanen in Preussen erhobenen Be-*

Erbaren und vorsichtigen lieben besundern. Als ir uns denne nu nehst von des parlaments wegen, das dis jar zcu Londen in Engelandt gehalden ist, geschreben und ouch durch Henricum vom Hoffe, euwern clericke, vorstehen und underrichten lassen habt, wie die Engelisschen kouffleute, die in unsiren landen zcu hantiren pflegen, alda sin gekomen und vil meh clage, den sie fur vier jaren haben gethan, furbracht haben, sprechende, das sie nu vil meh alhie in unsirn landen mit unrechte obirfallen werden wen furmals und ee der herre koning uns seyne brieffe sandte, und das der herre koning und seynen gemeynen landt daruff besslossen haben, das alle der kouffmann van der hensze seyne freyheit verliesen solle, soverre wir die ding andirs nicht vorantwurten wellen, bittende, das wir die sachen zcu herezen nemen und also vorfugen wellen, das ir euwer privilegien und freyheit nicht abehendig werdet etc., als das denne euwer brieff inneholt und wir ouch durch den obgenanten Henricum euwern clerick des eigentlich seyn underrichtet[1]. So ist sidder der zceit als wir unsirm herren koninge geschreben haben nymands van den Engelschen fur uns gewesen, der uns keynerley clage furbracht hette, seyn sie denne mit solchen getichten clagen alda furgekomen, so haben sie uns und den unsern gancz ungutlich darane gethan, als sich das in warheit wol solle befinden, wen nymandes von en mit keynerley beswerunge obirvallen addir beswerct wirt. Ouch konnet ir selbs wol erkennen, das die sachen nicht geringe noch cleyn sunder gancz wichtig und grosz seyn, und wir unsir herren prelaten, gebiettiger, lande und stete, der uns denne etliche weyt besessen seyn, darzcu bedurfen, die wir denne umbe solcher sachen willen czu uns vorbotten, solche sachen getreulich mit en vorhandelen und irer allor rat daruff gebruchen wellen. Was wir denne mit en fur das beste in den sachen zcu thuen und euwir privilegia zcu behalden zcu rathe werden, wellen wir euch zcu offenen tagen und mit den ersten wol wissen lassen. Und wellen jo nicht gerne, das ir euwer privilegia und freyheit entweldiget solden werden, sundir uns zcu derselbigen privilegia und freyheit beholdung getrewlich bearbeitten wellen, und wellen uns darinne also beweisen, das der gebrechen an uns nicht befunden solle werden und das ouch menniclicher erkennen solle, das die Engelschen solche clage mit weyniger warheit und uns und den unsirn gantcz unguttlich darane gethan haben, als sich das zcu seynen zceiten wol solle befinden. Und worinne wir euch zcu willen mogen werden, wellen wir uns allezeit guttwillig lassen erscheynen. Geben uff unserm hoffe Lesaken, am sontage nach Luce evangeliste, im 46. jare etc.

269. Köln an denselben: sendet Abschriften von n. 265 und der darauf eingelaufenen Beschwerden, und meldete ihnen wie clen, dass der Kfm. durch Parlamentsbeschluss mit dem Verlust seiner Privilegien bedroht worden sei, falls der Hm. nicht Abhülfe schaffe. Die Concepte im SA Königsberg, Missiv 16 f. 153, enthalten nur den Eingang, so weit der Inhalt des eingegangenen Schreibens wiederholt wird und brechen ab mit: Besundern liebe frunde, sidder der czyt, als wir dem egenanten unsirm hern koninge — etc. per omnia ut in littera mercatorum de hansze mut. mut.

[1] *Das Parlament von 1446 wiederholte wörtlich die Eingabe seines Vorgängers von 1442, HR. 2, 8, 455 A 2 (eine deutsche Uebersetzung davon im StA Danzig Schbl. XVI n. 46 b f. 6), und erlangte die kgl. Bestätigung des Beschlusses, dass der Kg. alle Freiheiten des deutschen Kfm. cassiren wolle, falls der Friede von 1437 bis Michaelis 1447 nicht allseitig, d. h. auch in Preussen, in Kraft gesetzt und zur Ausführung gebracht sein werde. StA Danzig, Schbl. XV n. 41 2 u. 49 a. Gleichzeitig mit diesem Beschlusse überbrachte Heinrich vom Hofe dem Hm. Abschriften der Beschwerden der Engländer wider Preussen und des deutschen Kfm. in London wider England. (StA Danzig, Schbl. XV n. 41 1 u. 3, 49 b, XVI n. 46 b f. 7 b). Die ersteren stimmen mit HR. 2 n. 76 überein, die letzteren sind bis auf Eingang und Schluss ein wörtlicher Auszug aus der Klage, welche der Kfm. dem Hansetage von 1447 einsandte. Vgl. n. 288 § 10.*

fr... Antwort; ind were unse begerde waile, off yr yedt besonders in schriifften off privilegien hait, dat uns zo underwiisongen der sachen in behoiff des gemeynen kouffmans der hansze dienen moichte, dat ir uns dat mit gewairen vidimus off transumpten oeverschicken weuldt, up dat wir ind die unse sich de vorder up enden, dae des noit geboirende wurde, darnae wissen mugen zo richten; ind wilt, gude vrunde, dit unse gewerff ind gude meynunge zo dem gemeynen besten int gude upneymen. — *[14]46* (in vigilia nativitatis Cristi) *Dec. 24.*

St.A Köln, Copienbücher 18 f. 25.

Versammlung zu Marienburg. — 1446 Sept. 13.

Anwesend waren Rsn. von Kulm, Thorn, Elbing, Königsberg und Danzig.

Der Recess bringt die Entscheidung in dem lange schwebenden Processe zwischen Danzig und Westfal und handelt ferner von einem falschen Scheffel, Bundesangelegenheiten und den Dammbauten der Elbinger.

Recess.

289. *Recess zu Marienburg. 1446 Sept. 13.*

D aus der Handschrift zu Danzig f. 300 b — 301.
T Handschrift zu Thorn f. 231 — 235.
Gedruckt: aus D vergl. m. T Toeppen a. a. O. S. 747.

Anno incarnacionis domini 1446, am avende exaltacionis crucis, syn de heren sendeboten van den veer steden dis landis, als Colmen, Thorun, Elbing und Koningsberg, von bevelunge unses guedigen hern homeisters wegen to Marienborch vorgadert, umme de sake tusschen deme ersamen rade van Danczik an de eyne zyde und Hans Westvâl an de andere zyde gewant to entscheidende, als: vom Colmen Hinrik Forke, Peter Bisschoppsheym; van Thorun Heybundus Winter, Hans Lutke; van deme Elbinge Petrus Storm, Hans Grymme und van Koningsberg Andris Brunow und Hartwich Stange.

1. Die vier Städte fällen vor eynem openbar schriver, synen getugen und vor gehegtem dinge *den Spruch, dass Danzig Westfal 250 gute M., zahlbar in drei Terminen bis Michaelis 1447, auskehren und damit alle gegenseitigen Ansprüche beglichen sein sollen. Beide Theile werden bei 6000 Ung. Guld. Strafe verpflichtet, dem Spruche nachzukommen.*

2. Item in dissem vorscrevenen jare und upem vorbenomeden dage hebben de vorberurten heren sendebaden der vorscrevenen veer stede mit den heren sendebaden der stat Danczik, alse her Albert Huxer, Merten Cremon, Claus Roggen unde Reynolt Nedirhoff, disse nagescrevenen artikel gehandelt und besloten.

3. Int erste to handelen von wegen des schepels, den Domnic Katzentreter, borger to Thorun, to Danczik gekofft heifft, de to grot is befunden, alse he tom Colmen wart geichtet, alse de heren van Thorun den steden hebben vorbracht und to kennen gegeven.

4. Daheim[a] ist über den Austritt von Neustadt Thorn, Marienburg, Konitz,

a) § 4 folgt in T nach § 6.

Bartenstein und anderen aus dem Bunde zu verhandeln, dat men de tor negesten dagefart vorlade, *und berathe*, wo men id dormede holden wil.

5. Item to gedencken der heren vam Elbinge van eres vorgeven wegen, also van der demme wegen to beteren und to holden, dar se in schelinge stan mit unsem hern homeister, als van des breves wegen, dar eyn itezlike stat aw eyne copie van hefft und mit sik genomen eyn itezliker syner eldesten guddunckent tor negesten dagefart darvan intobringende.

Versammlung zu Marienburg und Danzig. — 1446 Dec. 9.

Anwesend waren Rsn. von Kulm, Thorn, Elbing, Braunsberg, Königsberg, Kneiphof und Danzig.

Dem R e c e s s *zufolge beschliessen die Städte den lübecker Hansetag am 18 Mai 1447 zu besenden und es dem Hm. kundzuthun. Zugleich empfehlen sie ihm strenge Massregeln gegen die Hollander zu ergreifen und verhandeln sodann über die Eingabe der thorner Schmiede und über die elbinger Dämme. Zum Schluss verfügen sie sich nach Danzig, um das eingelaufene Pfundgeld zu theilen.*

Die K o r r e s p o n d e n z *der* V e r s a m m l u n g *enthält die Anzeige des obigen Beschlusses an Lübeck, der* A n h a n g *die Eingaben der thorner Schmiede bezüglich des Meisterstücks.*

A. Recess.

270. Recess zu Marienburg. — 1446 Dec. 9.

D aus der Handschrift zu Danzig f. 301 b — 303.
T Handschrift zu Thorn f. 236 — 238 b.
Gedruckt: aus D u. T m. Zuziehung der elbinger Hs. Toeppen a. a. O. S. 149 und 155 (§ 1 f).

Anno incarnacionis domini 1446, feria sexta in crastino concepcionis Marie, in Marienburg ad placita congregati, videlicet: de Colmen Laurencius Syetcz, Johann Matczko; de Thorun Tyleman von deme Wege, Johan vom Loe; de Elbingo Petrus Storm, Johannes Sonnenwalt; de Brunsberg Niclos von Rudelshoven, Johan Drunczeman; de Koningsberg Johan Plesze, Hermann Czynner; de Kneypabe Johann Rothe, Cleys Rodeman; de Danczik Albertus Huxer et Johannes van deme Walde, infrascriptos articulos concorditer pertractarunt.

1. Czum ersten haben die stete beslossen, das (sic)[a] die tagefart, die en die heren sendeboten der henszestete, alse Lubeke, Hamburg, Rostock, Stralessund, Wiszmer und Luneburg, vorschreben haben[b] uff die heimelfart unsirs heren nehest komende, wellen nach erer vorschreibunge besenden; und dis ist bevolen den heren von Danczik von der stete alle wegen undir erem secret antwert zcu schreiben in diessem lwthe. *Folgt n. 271.*

2. Item eyn iglicher mit seynen eldesten zcu handelen doheyme, was men denghennen, die man kegen Lubeke zcu tage senden wirt, in befolunge mete geben wirt[c] und was er befell wesen sal.

a) *am elbing. Hs. Toeppen, fehlt in T.* b) *haben wellen D.* c) *wirt in befelunge D.*

3. *Die kleinen Städte, welche aus dem Bunde getreten sind, werden aufgefordert, den nächsten Landtag zu besenden, um sich über ihren Austritt zu erklären*[1].

4. Item haben die stete den hern von Dancziko und Thorun bevolen, des heren homeisters gnade vorczubrengen die sache, worumbe die stete hir czu Mariemburg zcu tage vorsamelt woren, alse von der tagefart, die sie mit den henszesteten alse Lubeke, Hamburg, Rostock etc. nach erer vorschreibunge uff die heimmelfart unsers heren nehest komende halden sullen, das man nicht wenyger dorczu thun mag, men muss die tagefart besenden. Und ouch deme hern homeister vorczugebende von her Johan Meydeborges brieffe[2], wie her schreibet, das dye Hollander sprechen, das sie die clegere seyn und uss erer clage were dirsse tagefart zcu Brugke hegriffen, nach inhaldunge des werbes, brieffe und botschafft, die Hans Wergel des hern homeisters diener mete in befelunge hatte geworben, dobey vorczellende deme homeister, nach deme das die Hollander uffsetczig und hinderlistig seyn und meynen, das men en eren schaden erst vorlegen sal, den sie en sprechen vor der Weisel, in Norwegen und in der Baye gescheen seyn, das der homeister den sendeboten welde vorscreiben, das sie wedir zcu hwsze qweinen, muchten sie erer botschafft nicht bescheit und ende haben gleich als is zcu Coppenhaven ist geteigdinget, und en ouch in befelunge andirs nicht[a] metegegehen ist[3].

5. Item[b] haben die heren von Thorun semliche scriffte den steten vorbracht, alse von den hantwercken der cleynsmede und messersmede erer stat, dorinne dieselben hantwercke begeren, das sulche ussatczunge und ordenunge der wercke ohirs gancze landt ores amptes gehalden wurde, welchir ussatczunge lawth hirnach steit gescreben; und dieselben sprechen, das man is ohir is gancze landt also helt, ut patet in cedula alligata circa tale signum[c].

6. Item haben die drey stete, alse Colmen, Thorun und Koningsberg ir gutduncken ingebracht uff der heren vom Elbinge begerunge, also von machunge und besserunge der temme, do sie gebrechen ane haben, so das sie en beystendig seyn wellen und helffen irey eren brieffen zcu bleiben. Und die anderen stete, alse Brunsberg, Kneipabe und Danczik, wellen zcur nehesten tagefart irer eldesten gutduncken dovon inbrengen. Und die Elbinger haben den steten, die nicht copien eres brieffes hatten, copien gegeven.

Anno domini 1446 domini nuncii consulares civitatum terre Prusie antedicti, scilicet Colmen, Thorun, Elbing und Danczik in Danczik de Mariemburg venientes et ibidem propter certas causas congregati, infrascriptos articulos concorditer pertractarunt, die ut supra scilicet in crastino concepcionis Marie.

7. *Laut Abrechnung über den Pfundzoll beträgt der Antheil der Städte für 1446:* 2870 ℔ ger. geld. *und* 9 scot oldes geldes, *davon werden zurückgelegt 1000 M. und jeder Stadt ausgezahlt 374 M. 4½* ℔ ger. geld.

8. *Von den früher zurückgelegten 2000 M. hat Danzig noch 638 M. 6 scot.* ger. geld. *und wird auf dem nächsten Tage Rechenschaft über die Unkosten der Gesandtschaft nach Flandern ablegen.*

9. *Die den von den Hansestädten Beschädigten geliehenen 40 M., welche zu*

a) *nicht mehr haben, das en metegegeben ist D.* b) *§ 5 fehlt T.* c) *Folgt das Zeichen D, vgl. n. 278 f., das den cedulen doch nicht* [illegible] *Toeppen.*

[1]) *Vgl. das Schreiben bei Toeppen a. a. O. S. 752.* [2]) *Or. im StA Danzig, Schbl. LXXIV n. 73, vgl. n. 282 § 12.* [3]) *Vgl. n. 242, 280 § 2 Anm.*

den 638 M. gehören, gelobt Martin Kogge bis Jan. 9 (montag nach epiphanie) *zurückzuzahlen*[1].

10. Die Städte kommen überein, [beim Hm.] zu beantragen, dass sie hinfort nicht mehr jedes Jahr 2000 M. zurückzulegen brauchen. Entweder sollen sie auch vertheilt oder vermindert (geweynigert) *werden.*

11. Item hot eyn iglicher von den steten zcu sich genomen die sache, die die heren von Danczik vor die stete gebracht haben von her Claus Schatcz zcum Elbinge, der mit bobistlichen bullen und privilegien deme orden vorlegen wil, der erste besetczer seyn vor anderen luthen die doch erst vor em besatczunge getan haben in eynes seynes schuldigers guttere; eyn ydermon syner eldesten gutduncken zcur nehesten tagefart inczubrengen.

12. Item eyn ydermon zcur nehesten tagefart seyner eldesten gutduncken inczubrengen, wie man is halden sal von der cledunge der diener dergheenen, die von den steten bwssen landes zcu tage gesant werden[2].

13. Item haben die beschedigeten von den Hollanderen den steten vorheissen und globit in kegenwertikeit des ratis zcu Danczik, er gelt zcu beczalen unvorczogen uff vastelavent nehest komende von der Campeschen und Coppenhavenschen reysen.

B. Korrespondenz der Versammlung.

271. *Die zu Marienburg versammelten Rsn. der preussischen Städte an die zu Lübeck versammelten Rsn. der wendischen Städte: erwidern auf die vom 28 Sept.* (s. Michaelis avent) *datirte Ladung zu einem Hansetage am 18 Mai* (up den dach der hemmelfart unses heren) *in Lübeck, dass sie denselben zu besenden gedenken. — Danzig, [14]46* (frigdages na u. frouwen dage concepcionis Marie) *Dec. 9.*

D Handschrift zu Danzig f. 301 b.
T Handschrift zu Thorn f. 236.
Gedruckt: aus D vgl. m. T und der elbinger Hs. Toeppen a. a. O. S. 151.

C. Anhang.

272. *Eingabe der thorner Kleinschmiede. — [1446].*

D aus der Handschrift zu Danzig, Abschrift zu f. 260 (statt 302) eingeheftet und als f. 261 bezeichnet, überschrieben: Eyntracht der kleynsmede.
Gedruckt: aus D mit Zuziehung der elbinger Hs. Toeppen a. a. O. S. 153.

Cleynsmede. Ersame liben hern, noch deme als uns euwir ersamkeit metegegeben hot und befolen czu nutcz und fromen unsem handwerke, drey stucke usczusetczen und in schriften euwir ersamkeit czu antwerten, so hebelt unse handwerk in sich dreyerleye meistere, alse slosser, sporer und paugretczer, und noch deme habe wir iglichim drey stucke usgesatczt, der do meister werden wil, dy her usbereyten sal und kunnen smeden.

1. Czum ersten wer do meister werden wil uff sloswerk, der sal kunnen smeden eyn schl[l]issende[a] slos mit clyncke und mit regel und mit 9 reyfen, und sal is usbereyten gantcz und gar als is seyn sal; item das her smede und usbereyten sal eyn slos czum kumpthur[b] mit czween clyncken und 8 reyffen; item das her smeden und usbereyten sal eyne drey geregelte salteznede mit sechs reyffen.

a) schamsende D; eyn schlos das do schliessend Hh., Toeppen. b) cumthur Hh., Toeppen.
1) Vgl. n. 213 § 3. 2) Vgl. n. 252 § 12.

2. Sporer. Item wer do meister werden wil uff sporwerk, der sal kunnen smeden und ussbereyten eyn par pfaffensporne mit eyner decke obir das redeleyn uffgetreben von der brust; item eyn par sporne mit hochen brusten; item eyn par waynsporne.

3. Pangretczer. Item wer do meister werden wil uff pangretczwerk, der sal kunnen smeden und usbereyten eyn Walsch gebys mit czween blumen; item I par guter stegerryffen; item eynen kropen, der sal uffgeschroten seyn.

Ersame liben hern, das sint die drey stucke, die wir vorrameth haben czu nutcz und fromen unserm handwerke und eyntrechtiglich euwir ersamkeit vorbrengen in desen schriften, die eyn yderman smeden und usbereyten sal noch seyme handwerke, betende euwir ersamkeit mit fleysze, sogelane stucke vor[t]gang[a] czu haben, uff das is redelich und rechtvertig uff dem handwerke moge czugeen.

773. *Eingabe der thorner Messerschmiede. — [1446].*

D aus der Handschrift zu Danzig, Abschrift zu f. 260 (statt 302 b) eingeheftet und als f. 261 b bezeichnet, überschrieben: Eyntracht der messerer.
Gedruckt: aus D mit Zuziehung der elbinger Hs. Toeppen a. a. O. S. 754.

Ersamen liben gunstigen heren. Als wir nu bey euwern gutten woren und wir euch vorczalten unsern gebrechen von den dreen stucken, dy do noldroft uff unserm hantwerke der messersmede weren.

1. Zcum ersten wer do welde eyn meyster uff unsem hantwerke werden, der zal konnen eyne grose hygende clinge smede[n][b], dy do besteendig ist, und czwu frauwenclingen; dy drey stucke zal her konnen smeden und sleyffen und awsbereyten vor den gesworen alderlewten; und zcu den dreen stucken zal her drey tage haben zcu bereyten. Ist is sache, das her besteet, zo sullen dy eldesten mit ym vor euwern ersamkeit uffis rathaws komen und sullen vor ewern ersamkeit bekennen, ap her fulferet. Dorzcu zo zal man keynen nicht borgerrecht geben, her habe denne uff funf mark guttes geldes boben seyne cleyder und zein geczew, do her zein hantwerk wil mite treyben, und daselbige zal her dem ersamen rothe vorwissen mit gewissen leuten. Liben heren, alzo helt mans zcu Danczik, zcum Elbinge, zcu Koningsberg und in andern grossen steten.

2. Ouch liben heren, wir clagen Gote und euch, das wir sere obirfwret werden von awslendischen messern von den Norenberger; mochte is gesein, daz is hy worde als zcu Crokaw ader zcu Breslaw, daz man ir nicht feyle helte in der woche noch keynen marketag sunder im rechten jarmarkte, als helt mans zcu Crokaw und zcu Bresla und do awsse ym lande in allen enden. Ersamen liben heren, wir bitten ewern herlikeit, daz ir uns dis weldet wandelen adir wir mussen vorterben.

3. Ouch liben heren, is ist wol vormols geweset, das dy cremer keynerley messer nie voyle haben sunder alleyne dy messer dy man hy zcu Thorun machte. Nu lossen zy von den Thorinschen messern und haben das meiste anders nicht veyle wen dy awslendischen messer, und das ist zcumole unser grosser vorterb. Lyben heren, wir bitten euch umme Gotes willen, das ir uns daz wandelt und sehet unsern gebrochen an, daz wir arme leute zo ghaer nicht vorterben, und zeit vor uns hirynne gutwillig.

a) vorgang D. b) smede D.

Versammlungen der sächsischen Städte. — 1446.

Die Stadtrechnungen, unsere vornehmste Quelle für die sächsischen Städtetage, verzeichnen z. J. 1446 eine ganze Anzahl von Zusammenkünften[1], *welche theils mit dem Ankauf der Herrschaft Wunstorf durch B. Magnus von Hildesheim und deren Weiterverkauf an H. Wilhelm von Braunschweig*[2], *theils mit der soester Fehde*[3], *theils endlich mit den inneren Zwisten in Braunschweig und Goslar zusammenhängen.*

In Braunschweig hatten Schulden und die daraus resultirende Erhöhung der Zölle und des Schosses bereits 1445 zu Zwisten zwischen Rath und Gilden geführt, welche der sog. grosse Brief vom 12 Jul. d. J. beizulegen bestimmt war[4]. *Dennoch dauerten die Unruhen fort und führten schliesslich zu einer förmlichen Verschwörung gegen den Rath, welche rechtzeitig entdeckt, am 18 Dec. 1446 die Stadtverweisung von 28 Rädelsführern veranlasste*[5].

Der Streit von Goslar mit seinem Bm. Heinrich von Alfeld ist schon oben in n. 252 ff. berührt worden[6]. *Ihm scheinen weniger sachliche als persönliche Ursachen zu Grunde gelegen zu haben*[7], *obgleich auch hier eine Erhebung der Gilden mit eingriff. Am 16 Jul. 1445 entwich Alfeld aus der Stadt, weil er sich bedroht fühlte, liess sich aber zur Rückkehr bewegen, nachdem Rath und Gilden ihm sicheres Geleite zugesagt, worauf am 29 Jul. ein Vertrag zwischen Rath und Gemeinde abgeschlossen ward, der die Rathsverfassung wenn auch nur wenig zu Gunsten der Gilden veränderte*[8]. *Diese hiermit nicht zufrieden, erhoben alsbald*

[1]) *Ein wirklicher Städtetag scheint am 23 Jan. in Bekum* (Bohemen) *stattgefunden zu haben, wenigstens wird er gleichmässig von Braunschweig, Hildesheim und Göttingen besucht.*

[2]) *Vgl. Lüntzel, Gesch. d. Diöc. Hildesheim 2 S. 424. Der B. kaufte die Grafschaft am 14 Febr. und verkaufte sie am 3 Dec. 1446, letzteres dem Anschein nach gezwungen. Die hildesheimer Rechn. verzeichnet hiezu* vor claret, muscat unde backen crud, alze hertoge Hinrik unde de stede hir uppe deme hus vif dage dagedingeden umme de herschup to Wunstorp mit unsen heren van Hildensem 8 fl 7 1/2 ß unde dosulves vor ber 2 fl. *Voran ging eine Tagfahrt der Herren und Städte zu Braunschweig (hildesh., göttinger und braunschw. Rechn.).*

[3]) *Hierauf weisen allerdings nur die göttinger Rechn. hin, welche mehrfache Sendungen* in placitis der Paderbornenschen bzw. der Westvelinge *aufführen. Vgl. das Schutz- und Trutzbündniss von Göttingen, Einbek und Northeim vom 13 Aug. 1446 bei Schmidt UB. d. Gött. 2 S. 190.* [4]) *Vgl. Hänselmann UB. v. Braunschweig 1 S. 226. Göttingen entsandte damals* den dominum Johan. Holmberg in Brunswik propter discordiam inter consulatum et gildas etc. *(gött. Rechn. 1444/5).* [5]) *Vgl. das Shigtbok (ed. Scheller S. 49 f., die neue Ausgabe von Hänselmann in den braunschweig. Chron. 2 wird zweifelsohne vieles klar stellen). In wie weit die dreimal wiederholte Sendung des braunschweiger Stadtschreibers Ralef von Dalem nach Lübeck, 1445 Nov. 2 — 1446 Jan. 11, damit zusammenhängt, muss dahingestellt bleiben. Vgl. S. 139.* [6]) *Ueber diesen Streit liegen eine Unzahl von Akten vornehmlich im goslarer, göttinger und halberstädter StA vor. Insbesondere hat der goslarer Rath in wirklich bewunderungswürdiger Weise dafür Sorge getragen, dass der Nachwelt auch nicht die geringste Kleinigkeit unbekannt bleibe. Ein 1442 angelegtes Schadenverzeichniss, welches jedoch nur bis in die Mitte der funfziger Jahre fortgeführt und dann erst im 16. Jahrh. wieder zu Eintragungen benutzt worden ist, sowie das 1399 angelegte Archivregister, (vgl. Hans. Geschichtsbl. 1874 S. LIV), enthalten ausführliche Darstellungen des Zwistes, welche durch die im göttinger StA aufbewahrten Rechtsdeductionen beider Theile, s. unten, mannigfach bestätigt bzw. berichtigt werden. Der Abdruck sämmtlicher Akten würde einen stattlichen Oktavband füllen.* [7]) *In seiner Klageschrift wider Goslar bezeichnet Alfeld (§ 11) seinen Amtsnachfolger Hermann von Dorathen als heimlichen Anstifter des ganzen Handels. Vgl. dessen Spottlied auf Alfeld, welches ich in den Hansischen Geschichtsbl. 1876 S. 144 ff. mitgetheilt habe.* [8]) *Der Vertrag vom 29 Jul. 1445 ist inserirt in der Klageschrift Alfelds erhalten.*

neue Forderungen, deren wesentlichste nach Alfelds Angabe darauf hinauslief, dass fortan zwei aus den Gilden scholden boven dem rade sin in der wiis, dat de scholden upnemen al des rades renthe unde toval, unde scholden dat antwerden den tafelheren [1]. *Alfeld widersetzte sich dem, drang aber nicht durch und entwich am 21 Dec. 1445, wenige Tage vor Ablauf seiner Amtszeit abermals aus der Stadt.* „Do schreff de rad to stund Alvelde unde esscheden one by den eyden, de he dem rade gedan hadde, syne tyd uth to radende, demo he so nicht en dede, umme der wedderstrevicheit willen leit one de rad alse oren unbehorsamen borger to richte laden, do schreff he de borgerschup upp [2]. Also en kam de genante Hinrik edder neymant van syner wegen, de syne echten nod schenigede, also ward he do van den gilden, innigen unde meynheit umme der wedderstrevicheit willen myt vorspreken umme ichteswelke schulde beschuldiget unde van dem rade umme der wedderstrevicheit myt rechte vorfolget wente an de veste [3]. *Alfeld erhob nun Beschwerden vor den benachbarten Fürsten [4] und Städten und wandte sich schliesslich an Lübeck, dessen Fürschreiben, n. 256, die sächsischen Städte bewog, sich der Sache, wie der* Anhang *zeigt, zwar ernstlicher aber ohne Erfolg anzunehmen.*

Anhang.

274\. *Die Rm. von Magdeburg, Braunschweig, Halberstadt, Quedlinburg und Aschersleben weisen den Streit zwischen Goslar und Alfeld an das Schiedsgericht von Magdeburg und Göttingen [5]. — 1446 Sept. 26.*

Aus StA Göttingen 1, Abschrift, bezeichnet: Venit anno etc. 46, 4 post Luce ewangeliste; *2, inserirt in die Klageschrift von Goslar.*

[1]) *Klage Alfelds § 3.* [2]) *Alfelds Brief lautete:* Mynen wilghen frantliken denst tovoren. Ersamen leven heren. Sodanne borgerschap, alse ek myt ju hebbe gehad wente an desse tiid, de segghe ik up uppe des rades gnade, alzo myn dingk nu gheward is. Hirmede bedet over my. *Eingerückt in die Klage Goslars. Der Brief datirt vom 20 Dec. 1445, während das Amtsjahr Alfelds am 24 Dec. abgelaufen war.* [3]) *Aus der goslarer Darstellung im Archivregister f. 80 b.* [4]) *Den ersten Vermittlungsversuch unternahm B. Magnus von Hildesheim, der Alfeld zur Flucht gerathen hatte. Vgl. Hans. Geschichtsbl. 1876 S. 146. Am 26 Febr. 1446 erklärt Goslar Göttingen, dass es dessen Rath, an B. Magnus die Entscheidung des Streites mit Alfeld zu übertragen, bereits befolgt habe und der Ladung zu einer Verhandlung entgegensehe. (Or. im StA Göttingen).* [5]) *Entsprechend diesem Uebereinkommen sandten Goslar und Alfeld zu Anfang Nov. ihre Klageschriften und zu Beginn des Dec. ihre Repliken ein, worauf Göttingen den vergeblichen Versuch machte, die beiden Partheien in Güte zu vergleichen. Er scheiterte an dem Widerspruch von Goslar, welches eine Vertagung des Rechtsspruches nicht zulassen wollte, worauf Göttingen am 25 Jan. seine im wesentlichen Alfeld günstige Entscheidung beiden Theilen zustellte. Doch war die Arbeit umsonst gethan, denn Magdeburg, welches nach einem Schreiben von Göttingen an Magdeburg* to Goslar yn sunderliker frundschap und gader meynunge *stand, verabsäumte es, dem Anschein nach absichtlich, einen Spruch zu fällen, und Goslar erklärte auf die Zusendung des göttinger Spruches, dass* en sik nicht gebore, dat se sodanne scriffte annemen edder ungemeen hebben willen, *womit die Zurücksendung des Spruches verbunden war. Alfeld, der sich ihm unterworfen, blieb nun nichts übrig, als auch seinerseits Göttingen das Urtheil zurückzusenden mit der Bitte, die gesammten Akten Einbek als Oberschiedsrichter zu übermitteln, erhielt jedoch die Antwort (1447 Febr. 26), dass dieses nicht stattfinden könne, weil Magdeburg gar keinen Spruch abgegeben. Damit endete dieser erste Vermittlungsversuch der sächsischen Städte. Die meisten der betr. Akten, so namentlich die Or. der Streitschriften und Urtheilssprüche, bewahrt das StA Göttingen. — Bemerkt sei noch, dass Einbek auf die Aufforderung von Goslar, das Obmannschiedsamt zu übernehmen, erwiederte, dass* allerdings wy dat in vorheit nicht en hebben, also in vromeden saken to schedende, wor wy des unneer bywesen mogen, *jedoch Goslar zu Liebe darauf eingehen wolle* unde den saken volgen nach anwysinge unser heren doctores unde meistere der hochen schole der juristen to Erfforde. *(StA Goslar, undatirt, 1446 Okt. - Nov.).*

Na der bord Crysty unses heren 1440 jare des mandaghes vor sancte Mychels daghe wart van den ersamen reden unde radessendeboden der stede nabescreven twisschen den ersamen Hermen Dornthen, Bartolde Swartekoppe, Jan van Selde van des rades wegen unde der stad unde user leven fruwen broderschop wegen to Gosler up eyne unde Hinreke van Alvelde, ichteswanne or borgermester darsulves, up ander syden umme sodene schel unde twydracht unde unwillen, alse twisschen one an beyden syden uperstan weren, fruntliken besproken unde bededinget, so dat se alle sake ores unwillen unde schels van sek ghesat unde gestalt hebben an de ersamen rede der stede Magdeborch unde Gottingen, alse ore gekorne unde gewillekorde rychter unde entschedere, unde eft des to donde worde an den ersamen rad der stad to Emeke alse overscheidesludc. Unde by den dersulven orer sake se in rechte darover to schedene genszliken gebleven sin in disser wyse, dat eyn jowelk desser vorbenomeden parte schal sine ansprake, schulde unde rechtycheit, de he tygen den anderen meynet to hebbende in scryften twevolt overgeven den reden der vorgescreven stede Magdeborch unde Gottingen binnen ver weken na sunte Dionisii daghe erst tokomende negest to comen, unde desulven rede scholden denne eynes jowelken partes schulde dem anderen schicken so se ersten mochten, unde de scholde denne darna binnen ver weken sin antworde darentygen ok in scryften densulven reden twevolt weder unde overgeven unde so scholden denne desulven rede hebben achte weken de vorscreven parte in rechte to entscheden. Unde weret, dat desulven rede der schedinge nicht eyn en worden konden sunder twiferdighe schedinge deden, so scholden se alsulke schedinge myt schulden und antworden schicken an den vorgescreven rad to Emeke, de denne hebben scholden ver weken myt eyner der rechtschedinge totovallende; unde wes van den vorgescreven reden na vorberorder wyse in rechte erkant unde gescheden worde, dar scholde sek eyn jowelk part ane ghenogen laten unde dem so vuldon, unde dat scholde eyn jowelk part dem anderen also vorhaftyghen vorwissen myt ver besetenen borgeren der stede driger vorbenomet edder Brunswik, Hildensem, Halverstad, Quedlingeborch, Asscherslеve vor sancte Dionisii dage vorgescreven. Unde hirup scholde de rad van Gosler schicken, dat sodene vestinge, dar de erbenomede Hinrik van Alvelde in orer stad in gebracht ist, affgedan worde van stunt waner sodene vorberorde wissenheit gescheyn were, unde darmede denne scholde alle unwille schel unde twidracht, de van sodenen vorberorden saken twisschen den vorgerorden parten upgestan were, genszliken unde al bigelecht unde gerychted sin. Doch hedde de erbenomede Hinrek van Alvelde to beschuldegende ore borger edder enkelen personen binnen Gosler umme penning schulde edder hedden se edder orer welk penning schulde tygen one, de mochten se orer eyn jowelk tygen den anderen erforderen, wur unde so sek dorch recht gebort. Unde weret, dat Hinrek erbenompt sodene godere, alse he binnen Gosler heft, darsulves sliten efte van dennen bringen wolde, so scholde he borgen setten darsulves rechtes to plegen umme penning schulde, so alse dar to Gosler recht unde wonheit is. Desse vorgescreven dedinge hebben twisschen den vorbenomden parten besproken unde vorhandelt de ersamen Gerke Keller, Hans van Schar, Hinrek Muller, der stat to Meyborch, unde Albrecht van Vorhtelde, Frycke Tweydorp der stad to Brunswik radessendeboden, unde de rad to Halverstad, unde Werner Schare unde Henning Pekfelt der stad to Quedelingeborch, unde Diderek Herberge unde Köne Kochen, der stad to Asscherslеven radessendeboden. Unde de vorbenomden parte hebben disse dedinge also angenamet, darinne gevulbordet unde orer eyn dem anderen tosecht, den also natocomende, de to holdende unde de vultodonde, so vele ome des anlanggene is. Unde hebben des samtliken gebeiden den vorgescreven rad der stad Halverstad dessen recessum to vorsegelnde, de besproken is up dem reventer to den Bervoten broderen in der vorscreven stad to Halberstad in jare unde dage bovenscreven. Unde wy de rad der stad to Halverstad bekennen openbar, dat wy umme desser vorbenomeden parte bede willen dessen recessum myt unser stad secret vorsegelt hebben.

Versammlung zu Marienburg. — 1447 Jan. 17.

Anwesend waren Rsn. von Kulm, Thorn, Elbing, Königsberg und Danzig.

Der Recess berührt nur nebensächliche Angelegenheiten, ohne eine zu erledigen.

Recess.

255. Recess zu Marienburg. — 1447 Jan. 17.

D aus der Handschrift zu Danzig f. 303.
Gedruckt: aus D Toeppen a. a. O. 3 S. 1.

Anno incarnacionis domini 1447, ipsa die beati Anthonii confessoris, domini nuncii consulares civitatum terre Prusie in Mariemburg ad placita congregati, videlicet: de Colmen Laurencius Zyetez, Johann Mattis; de Thorun Rutgher von Birken, Habundius Winter; de Elbingo Johannes Sonnenwalt, Tydemannus Reysze; de Konyngsberg Paulus Schadewinckel, Hermannus Czeyner; de Danczike Reynolt Nedirhoff et Hermannus Stargart, infrascriptos articulos concorditer pertractarunt.

1. *Verhandlungen über einen Gefangenen, der trotz seiner Appellation an den Kaiser auf den Rath der Lande im Gewahrsam behalten wird.*

2. Item die heren vom Colmen brochten vor, ab die von Danczik ouch bevelunge hatten von der czerunge van den sendeboten, und ouch vort vele ander sachen, die berecesset woren, do men uff handelen muchte.

3. Item von den 40 gutten marken Merten Koggen, burger zcu Danczik[1].

4. Item von dem instrument von Hans Westvall.

5. Item die von Thorun brochten vor von den messersmeden.

6. Item von der tagefart des hern hertczogen usz der Maszow, die wesen sal 8 tage vor lichtmissen.

7. Item von Holloger die sache zcu ermanen, ab man der sache bey rechte adir in fruntschafft zcu bleiben.

8. Item von Fynckemanns sache.

9. Item von Wernemanns sache zcu gedencken.

10. Item von dem kornne, ab men das zcu vorjaren sal uszschiffen adir nicht.

Versammlung zu Bekum. — 1447 Jan. 22.

Den Angaben einzelner Stadtrechnungen[a] zu Folge wurde hier von den sächsischen Städten über die braunschweiger Unruhen vom Dec. verhandelt. Vgl. S. 156 n. 269 § 9, 12. 13.

Versammlung zu Rostock. — 1447 Mrz. 21.

Im Febr. 1447 hielt K. Christoph, im Begriff nach Baiern zu gehen, sich einige Zeit in Lübeck auf, bei welcher Gelegenheit ihm ein Verzeichniss der Beschwerden des Kfm. in Bergen über den dortigen Vogt Olaf Nilsson übergeben wurde. Der Kg. nahm die Schrift entgegen und beschied die Städte zum Mai nach Kopenhagen, wohin er auch den Vogt vorladen wollte. Dieser Bericht der lübischen Chronisten, Grautoff Lüb. Chr. 2 S. 105, wird durch die hier mitgetheilten Akten bestätigt und dahin ergänzt, dass der Kg. eine eventuelle Unterstützung wider Olaf begehrte[1]. *Nach dem Ausschreiben wurde zu Rostock hierüber, sowie über die Befriedung der Ostsee und nowgoroder Verhältnisse verhandelt.*

A. Vorakten.

278. *Lübeck an Stralsund: berichtet, dass es kürzlich mit K. Christoph, gelegentlich seines Aufenthaltes in Lübeck, über mancherlei, auch über die Bergenfahrer, verhandelt hat, von Livland aus vor Seeräubern und dem Verkehr mit Nowgorod gewarnt worden ist und aus diesen und anderen Gründen eine Tagfahrt nach Rostock ausgeschrieben hat, welche Stralsund jedenfalls besenden möge. — 1447 Mrz. 1.*

S aus StA Stralsund, Or. Perg. m. Resten d. Secrets.

Den ersamen wisen mannen, heren borgermesteren unde radmannen tome Stralessunde, unsen besunderen guden vrunden detur.

Unsen fruntliken grut unde wes wy gudes vormogen tovoren. Ersamen heren, leven vrunde. Wy begeren juw weten, so gii ok wol vornómen mogen hebben, dat de irluchtighe hochgeborne furste unde here, her Cristoffer, koningk to Dennemarcken etc., nu inne kort vorleden by dren wekenen hir in unser stad is gewesen, sin gnade myt uns unde wy myt eme handelinge hebben gehat, wichtighe punte unde saken, dar uns steden unde deme copmanne merklik macht ane is, der wy juw nicht scriven noch enbeden en konen, ok van weghen der Berghervarer, de to Berghen an der stede [in][a] ere[n][b] privilegien, vriheiden unde rechticheide groliken werden vorwaldet. Uns scriven ok de Liflandesschen stede, alse yd ovel stelt in der see, nómeliken van Gotlande uth, eft jenighe schepe uthe dessen steden segelen wolden, dat wy de warschuwen, dat see myt were unde volke vorsekert werden, dat see unbeschediget móghen bliven[2]. Unde dat

a) unde S. b) ere S.

Lub. [Bertold] Swartekop, Janne van Selde to Bokenem dominica Vincencii in ranna der van Brunswik, *und entsprechend die hildesheimer:* de borgermester unde Hermen Rotger mit den dreren vordan to Bokelem, alse dar tigen den rad van Brunswigk to dage weren, 5 ß 21[1], ♃. *Ebenso heisst es in einem Schreiben von Goslar an Göttingen (Or. im StA Göttingen) vom 25 Jan.:* Unde alse de unse am sondage Vincencii myt unsen frunden, den van Brunswigh unde anderen steden up eneme dage to Bokenem under eynander sek vorgadert hadden, dar gii de juwe ok hadden, hebben uns de unse, de wil up dem genantin dage hadden, borichtet, dat de juwe myt one sprake vorhandelt hedden van der rechtscheding weghen twisschen Hinrike van Alvelde unde uns; *vgl. S. 151 Anm. 5. Die göttinger Stadtrechn. 1446/7, sowie die braunschweiger von 1447 u. 1448 fehlen.* [1]) *Vgl. n. 234 § 3, 309 ff.* [2]) *Vgl. n. 278 Das rigaer Kämmereibuch verzeichnet S. 182 z. J. 1446/7:* 20[1], ß Wemmer mit Woynchusen vor breve to Lubeke to bringende, de barsen to warnende. *Daran schliessen sich noch die Ausgaben:* 12[1] ₰ 12 ß stuma de barse mit den bussen und mit aller strodinge; 5 ₰ noch vor bussen, de her Wemmer und Woynchusen leten geten.

de kopvrede twisschen den Naugarden unde deme Dütschen copmanne op paschen utgeit, unde de lantvrede twisschen den Naugarden unde deme orden up Johannis[1], so en vornemen see nicht, dat jenich bestânt dar twisschen begrepen sy, darumme würschuwinge to donde, dat nymant vorderfflike gudere dar to lande edder to watere up de Russen denende etc. Leven vrunde, umme desser vorscrevenen punte unde anderer mer sake willen, uns steden anliggende, is van noden, wy stede inne kort tosamende to komende, vorder hir an to sprekende, unde begeren van juw vruntliken, dat gii juwe sendeboden up den negesten dinxedach na deme sondaghe, alse men in der hilgen kerken singet letare Jherusalem[2], erst komet bynnen Rostocke myt vuller macht des avendes in der herberghe willent hebben, unde gii des nicht to vorleggende, vorsculde wy gerne, wente wy andere mer stede to demesulven daghe to Rostocke hebben vorbodet. Unde des juwe bescrevene antwerde, wente de unsen uppe desse vorscrevene tiit to Rostock yo wesen scholen. Gode deme heren siit bevolen. Screven under unseme secrete, amme midwekene na deme sondaghe Invocavit, anno etc. 47.

Consules Lubicenses.

Ok[a], leven heren, juwen breff negest an uns gescreven myt mer worden inneholdende juwer vorbedinge unde rechtes blivinge tighen koninges Erickes tosprake etc., dar scholen de unse up deme daghe to Rostocke myt den juwen vorder an spreken to juweme besten, unde wy uns denne darinne gerne vôrt bewisen na unseme vormoghe[3]. Datum ut supra. Consules Lubicenses.

B. Anhang.

277. *Lübeck an Stralsund: hat von seinen Rsn. zum rostocker Tage erfahren, dass sie mit den Stralsundern unter anderen verhandelt haben* umme trost unde hulpe deme heren ko. Cristoffere to donde tighen her Olaff Nigelsson unde des riikes van Norweghen raet, eft des van noden worde to donde, *worauf die Stralsunder erklärten, hierüber daheim berathen und Lübeck schriftlich antworten zu wollen; fragt an, wozu Stralsund sich entschlossen, damit es K. Christoph Nachricht geben könne.* — *[14]47* (sonnavendes vor — quasimodogeniti) *Apr. 15.*

StA Stralsund, Or. Perg. m. Spuren d. Signets.

278. *Lübeck an Stralsund: sendet n. 279 mit dem Ersuchen, die kopenhagener*

a) *Die Nachschrift auf einem* [illegible] *Papierstreifen.*

1) *Vgl. n. 221; während des Bestandes hatte Livland den S. 143 Anm. 1 erwähnten Vertrag mit K. Christoph abgeschlossen.* 2) *Mrz. 21.* 3) *Ueber diesen Zwist enthält das stralsunder StA noch folgende frühere Akten: 1) Auszug aus einem Schreiben Kg. Erichs an Lübeck v. 23 Sept. 1446: ersucht mit Hinweis auf ein früheres Schreiben, Stralsund anzuhalten, ihm Genugthuung zu leisten; 2) Lübeck an Stralsund: übersendet obiges und fragt an, was es darauf erwiedern soll. Okt. 16; 3) Kg. Erich an Lübeck v. 18 Nov.: wiederholt n. 1 (Auszug); 4) Wisby an Lübeck: klagt über die feindselige Behandlung der Seinen durch Stralsund*, obgleich wy doch vordihen vele moye unde arbeides umme der Sundeschen willen gehat hebben vor — koningh Eriike, unde wy myt den unsen der riike ute stecken unde blocken gebrget hebben, des de unse in hinder unde schaden gekomen synt, wente der en deels synen loven geholden hebben; *bittet, dass Lübeck zwischen Kg. Erich und Stralsund vermittele und die gefangenen Wisbyer befreie. Dec. 13; 5) Lübeck an Stralsund: sendet 3 u. 4, räth zu einem gütlichen Vergleich und verlangt Antwort. 1447 Jan. 1. Nach der strals. Chron. 1 S. 188 unterhielten Stralsund und Stettin im Herbste 1446 einige Friedeschiffe in See, welche 5 Wochen lang vor dem Gellende lagen. Vgl. n. 298 § 7.*

Tagfahrt zu besenden, so dat dorch jwe sendeboden bynnen unser stad is belevet. — *[14]47* (sonnavendes vor jubilate) *Apr. 29.*

StA Stralsund, Or. Perg. m. Spuren d. Secrets.

279. *Lübeck an K. Christoph: erwiedert auf dessen Anzeige, dass er die von Norwegen auf Pfingsten zu sich beschieden habe und ihrer Hinkunft versichert sei: es werde die vereinbarte Tagfahrt zu Kopenhagen jedenfalls besenden* unde hadden uns wol vormodet, dat wii dit hiir bevoren juwer herlicheit hadden vorscreven. — *[14]47* (sonnavendes vor jubilate) *Apr. 29.*

StA Stralsund, 10b. Abschrift, vgl. n. 218.

Versammlung zu Marienburg. — 1447 Apr. 4.

Anwesend waren Rsn. von Kulm, Thorn, Elbing, Königsberg und Danzig.

Der Recess meldet, dass die aus Holland zurückgekehrte Gesandtschaft über ihre Verhandlungen Bericht erstattete und Kulm und Danzig ausersehen wurden, den lübecker Hansetag zu besenden. Alle übrigen Fragen werden vertagt.

Recess.

280. *Recess zu Marienburg. — 1447 Apr. 4.*

D aus der Handschrift zu Danzig f. 301.
T Handschrift zu Thorn f. 239.
Gedruckt: aus D vgl. m. T Toeppen a. a. O. 3 S. 1.

Anno incarnacionis domini 1447, feria 3 post dominicam ramis palmarum, domini nuncii consulares civitatum terre Prusie in Marienburg ad placita congregati, videlicet: de Colmen Peter Bisschofsheym, Niclos Gewyner; de Thorun Rutgher von Bircken, Johan vam Loe; de Elbingo Henricus Halbwassen, Johan vam Ruden; de Konigesberge Andris Brunow, Nicolaus Aldehoff; de Danczike Meynhardus Colner, Arnd van Telchten et Johan Meydeborg, infrascriptos articulos concorditer pertractarunt.

1. *Der Hm. fragt die Stände um Rath, ob die Kornausfuhr zu verbieten sei, und bescheidet sie in Folge des Zwiespalts der Meinungen zu einem neuen Tage am 23 Apr.* (s. Jorgens), *auf dem alle Gebiete des Landes vertreten sein sollen.*

2. *Die aus Flandern zurückgekehrten Gesandten berichten über ihre Verrichtungen*, so eyn yderman wol weys, seynen eldesten inczubrengen[1].

[1] *Vgl. n. 212, 270 § 4. Die Gesandtschaft erhielt am 24 Aug. 1446 Instruktionen und Vollmacht, konnte aber Dank der Saumseligkeit der Holländer erst am 14 Okt. die Verhandlungen in Brügge aufnehmen. Sie liessen sich zu Beginn recht ungünstig an, dauerten monatelang und führten erst am 20 Jan. 1447 in Folge der Dazwischenkunft einiger Räthe des Hg. von Burgund zu einem Abkommen. In diesem wurden einige untergeordnete Punkte, wie der Besuch des Artushofes in Danzig durch die Holländer, geregelt, in der Hauptsache jedoch keine Einigung erzielt. Ueber die Zahlung der Schuld sollte auf einem neuen Tage zu Köln am 13 Jul. 1447 verhandelt werden und Köln das Schiedsrichteramt übernehmen, dessen Spruche beide Theile sich bei 75000 rh. Guld. Strafe zu unterwerfen gelobten. Ausserdem sagten beide Theile einander freies Geleite bis Weihnachten 1447 zu. (Zahlreiche Akten in den StA zu Königsberg und Haag und den StA von Danzig und Reval; ein sehr eingehender Bericht der preuss. Botschafter befindet sich im StA Königsberg, Schbl. XXXIII a n. 17, beiliegt ein Convolut der ausgewechselten Streitschriften).*

3. *Die Urkunde über den Pfundzoll und der Schiedsspruch des Hm. über dessen Vertheilung sollen wegen des Zwistes von Königsberg und Kneiphof auf dem nächsten Tage producirt werden.*

4. *Danzig soll die Abrechnung über die Unkosten der Gesandtschaft nach Flandern den Städten zustellen.*

5. Item so haben die (stete)[a] handelunge gehat uff die tagfart ascensionis domini kegen Lubeke czu besenden, also das die herren von Thorun von bevelunge der stete sullen an die vom Colmen brengen, begerende von der stete wegen, das sie eynen von eren eldesten welden czur selbien tagefard dorczu schicken kegen Lubeke, unde die herren von Danczike sullen ouch eynen eres rates dorczu schicken. Und die czwuene personen sullen czur negesten tagefarth kegen Mariemburg komen, do man (en den)[b] er bevel wirt motegeben kegen Lubeke, dornoch zie sich mogen wissen czu richten.

6. *Danzig übergiebt den Städten* eyn instrumente von Hans Westfals sache von dem ussproche, den die stete czu Marienburg in diessem jare nehst vorgangen usgesprochen haben. *Kulm erhält es zur Aufbewahrung.*

7. *Auf dem nächsten Tage soll über Claus Schatz, den Austritt der kleinen Städte aus dem Bunde, die Nürnberger und die sonstigen letzthin zu Danzig verhandelten Fragen von neuem berathen werden. Desgleichen über Elbings Anspruch auf Unterstützung* in iren rechtfertigen sachen, alse von besserunge und machunge der temme und usprucbe irer lantgutter.

8. Item[c] sullen die hern von Danczike den steten die gelegenheit der Engelschen sachen vorkundigen[d], mit der vorgeschreben rechenschafft czu senden schrifftlich.

9. Item[c] czu gedencken der sache von Collen czu besenden, das die hern von Dantzig daruff verdocht seyn, nachdeme die sachen die beschedigeten anruren, das sie ouch die czerunge usrichten.

—

Versammlung zu Deventer. — 1447 Apr. 22.

Die Anrege zu dieser Versammlung gieng nach den Schreiben von Wesel und den jenes mannigfach ergänzenden in den Anm. mitgetheilten Auszügen aus den Stadtrechnungen von Deventer[1] *und Wesel*[2] *von Münster aus. Die Veranlassung gab der bevorstehende Hansetag zu Lübeck.*

a) stete f fehlt D. b) en den f fehlt D. c) § 8. 9 fehlen T.
d) von verkundigen D.

[1]) Des woensdages dairnae (h. palmdach, *Apr. 5*) Bernt Rademaker gegaen to Campen ende Swolle myd brieven van Munster gecomen, inholdende van der dachvart myd Clevesschen ende Gelresschen henzesteden to Deventer te holden, dair wii hem weder op screven, die dachvart te Apeldoern te holden, gegeven 10 ₰. — Op denselven (paesche) avont (*Apr. 8*) Holdewin die looper van der drier stede wegen gegaen toe Zutphen, Arnhem, Nymmegen ende Wesel myd brieven, oere raetsvrende te senden in onse stat des saterdages nae beloken paeschen ende hem gesant copien des briefs, ons van Munster gesant, omme myt malkanderen te spreken van der henze, gegeven 2 guld. 8 ₰ 6 br. — Des manendages daernae (*Apr. 10*) Bernt Rademaker gegaen toe Harderwiick myd enen brieve, inholdende, oere raetsvrende in onse stad te senden, te spreken myd den anderen henzesteden, roerende van der henze, gegeven 10 ₰. *Stadtrechn. v. Deventer 1447 a (St.A Deventer).* [2]) Des vriidages nae beloken paeschen (*Apr. 21*) voeren Johan uppen Dijck ind Johan Vernudeken toe Deventer, dair op die tiit die van Deventer,

Vorakten.

281. *Wesel an Duisburg: übersendet die Copie eines Schreibens von Münster an Deventer, Kampen und Zwolle, dem zu Folge die letzteren Wesel aufgefordert haben, einige Rsn. zum 22 Apr.* (saterdach nae beloken paeschen) *nach Deventer zu schicken und die Tagfahrt auch den übrigen Hansestädten im Klevischen zu verkünden; erklärt, dass es der Ladung zu folgen gedenke, und schlägt vor, dass die duisburger Rsn., falls es den Tag besenden wolle, sich am 20 Apr. in Wesel einfinden, um die Reise Tags darauf mit den von Wesel zusammen fortzusetzen; ersucht um Antwort. — [14]47* (dinxdages toe paeschen) *Apr. 11.*

StA Duisburg, n. 56, Or. m. Spuren d. Secrets. Mitgetheilt von Höhlbaum.

Versammlung zu Elbing. — 1447 Apr. 23.

Anwesend waren Rsn. von Kulm, Thorn, Elbing, Königsberg, Kneiphof und Danzig.

Dem Recess *zu Folge berathen die Städte, nach Erledigung ständischer Angelegenheiten, über Instruktion und Ausstattung der Botschaft nach Lübeck und einige binnenländische gewerbliche Verhältnisse* [1].

Zwoll ind Campen van anbrengen der stat van Munster hadn doin verschriven die hensestede der lande van Gelre ind van Cleve, umb van gebreken der stede gemeenlicken ind besunder ind van ordinancien der hense toe spreken ind toe averkommen. Voerd sie dair Herman Monter, had toe loen 2 post. guld., maken 2 ℔ 7 β 6 ₰, dat synt toesamen 5 ℔ 3 β. *Folgen Ausgaben für Schiff und Begleitung, Proviant u. s. w.* — Des dinxdages up cruys avent *(Mai 2)* ginck Godert toe Duysborg myt eenen brieve, umb eenen van oeren rade her toe schicken, mit den toe bespreken des Johan uppen Dijck ind Johan Vernoeken van Deventer brocht hadden, dair se van anbrengen der stat Munster van den van Deventer verscreven waren myt anderen hensesteden der lande Gelre ind Cleve, had 6 β. — Des sondages cantate *(Mai 1)* ginck Ploy toe Zutphen an Gerit Ubrix myt der stad brieve, dairin die stat van Wesell vollmechtich maicten raitsvrunde der stede Deventer ind Zutphen bii den, die die dachvart toe Lubick up ascensionis domini neist toekommende besendende worden, van unsen wegen in saken der hense toe spreken, toe sluten ind toe averkommen, had 16 β. *Stadtrechn. v. Wesel 1447 (StA Düsseldorf).*

[1]) *Daneben wurde auf diesem Tage über die Aussendung einer Botschaft nach England verhandelt, welche die speciell wider Preussen erhobenen Beschwerden der Engländer entkräften und namentlich bewirken sollte, dass der Beschluss von Kg. und Parlament, wonach die Preussen aller Freiheiten in England verlustig gehen sollten, falls sie nicht bis Michaelis 1447 den von Heinrich Vorrath 1437 vereinbarten Frieden besiegelt und den Klagen der Engländer abgeholfen hätten, nicht zur Ausführung gelange, vgl. n. 265—268. Die Gesandtschaft bestand aus Johann Ast, Dr. und Pfarrer zu Thorn, Meinhard Kolner, Bm. und Johann vom Walde, Rm. zu Danzig, ihre Vollmachten und Beglaubigungsschreiben datiren vom 29 Apr., StA Königsberg, Missive 16 f. 229, theilweise auch im Or. vorhanden, ihre Instruktion in dreifacher Abschrift im StA Danzig, Schbl. XV n. 46 u. 19; XVI n. 466. Nach dem unvollkommen erhaltenen und nur theilweise lesbaren Berichte der Gesandten und einem Schreiben von Ast an den Hm. im StA Königsberg hatten sie bei der Ueberfahrt viel vom Sturme zu leiden, mussten in der Nähe von Newcastle landen und langten erst Mitte Juli in London an. Der EB. von Canterbury, dem sie zuerst aufwarteten, erklärte ihnen sogleich unverhohlen,* quod timeret, causam et legacionem ipsorum ambasiatorum pro ea vice et in illo termino non posse committi seu expediri posse, quoniam dominus rex et alii de consilio essent nunc remoturi, major eciam pars eorum nunc recessisset et tempus eciam instaret quo domini de

Recess.

282. *Recess zu Elbing. — 1447 Apr. 23.*

D aus der Handschrift zu Danzig f. 305 b — 308 b.
T Handschrift zu Thorn f. 241 — 244 b.
Gedruckt: aus D vgl. m. T und d. elbinger Hs. Toeppen a. a. O. 3 S. 12.

Anno domini 47 in die sancti Georgii, domini nuncii consulares civitatum terre Prusie infrascript[a]rum[a] in Elbingk ad placita congregati, videlicet: de Colmen Johann Matczko, Petrus Bisschoffheym; de Thorun Hermannus Russup, Rabandius Winter; de Elbing Johannes Winthurg, Petrus Storm, Johannes von Ruden, Johannes von Grymmen; de Konigesberg Bertoldus Huxer, Andreas Brunow, Hartwicus Stange; de Kneippabe Hartwicus Cromer, Nitcze Franczike Grosse, Gregorius Laugerheyn; de Danczike Reyn[ol]dus[b] Nidderhoff, Albertus Huxer, Johannes Meydeburg et Bartolt von Suchten, articulos infrascriptos concorditer portractarunt.

1. *Die Kornausfuhr wird trotz der Bedenken der Städte auf das Betreiben der Lande freigegeben.*

2. *Der Hm. befragt die Stände um Rath wegen eines Hülfsgesuchs des römischen Kg. gegen Ungarn und Türken, sowie wegen des Gefangenen Hans Remichinger. Land und Städte erwiedern, er möge letzteren auch fernerhin gefangen halten, ersteres wollten sie ihren Aeltesten vorlegen*, ouch wuste seyne gnade wol, was im vorhilde, und wie her secze an den enden der heidenschafften.

3. Item haben die stete beslossen von bevelinge wegen der sendeboten, die kegen Lubeke die tagfart uf ascensionis domini cziben sullen, das sie sich bey den hensesteten so sie beste konnen bearbeiten sullen, das der Dwtsche kouffman bey seynen privilegien, freiheiten und gerechtikeiten, also is denne van alders gewest und gehalden ist, moge bleiben. Und als die henszestete unsir sendeboten van Lubeke vortan die reyse in Vlanderen mit en czu czihen, kysen und heischen wurden, das denne die koste und czerunge, die sie uff in derselbien reyse wurden thun, der gemeyne Dwtsche kouffman in Flanderen usrichten sullen.

4. Item haben die stete beslossen, das iglichir sendebote uff die reyse mit em nemen sal czwene knechte und eynen jungben, und in das gemeyne eynen koch.

5. Item[c] von der czerunge und usrichtunge der reisen haben die stete, alse Colmen, Thorun, Elbing, Konigesberg und Kneipabe, begereth und die hern von Danczike geheten, das sie sulch gelt van der stete wegen wellen uszlegen; dasselbe[d] gelt sullen sie widdernemen von dem pfundczolle, das in das erste wirt usgenomen.

6. *Bezüglich der Tagfahrt zu Köln beschliessen die Städte*, das sie keyne koste nicht dorumbe thun wellen. *Danzig widerspricht und verlangt, dass man daheim darüber berathe.*

7. *Die Angelegenheit von Claus Schatz wird vom Hm. an das Gericht verwiesen.*

a) infrascriptorum *D fehlt T.* b) Reynhardus *D,* Reinhard *T.* Reinoldus *richtig d. elb. Hs. Toeppen.*
c) *§ 5 fehlt T.* d) das daselbe *D.*

consilio et alii potius vacarent quam de aliquibus negociis aut causis se occuparent — et sic necesse esset fortassis, ipsos ambasiatores ad proximum futurum terminum videlicet super festum Michaelis prestolare. *Dennoch erwirkte er den Gesandten eine Audienz beim Kg., der auf ihr Anbringen erwiedern lässt, dass er selbst super eorum negociis audiendis non posset ad presens* vacare, quoniam hora satis tarda nunc esset et ipse dominus rex paratus eciam esset prandere et statim prandio facto recedere, *jedoch den EB. beauftragen wolle, sie abzufertigen. Der EB. verwies sie nun an eine Kommission, der sie ihr Gesuch schriftlich überreichten, doch erhielten sie bis zum 13 Aug., soweit reicht das Bruchstück des Berichtes, gar keinen Bescheid. Ueber die weiteren Verhandlungen, die sich bis in das folgende Jahr hinauszogen, vgl. n. 291.*

8. Item[a] haben die stete beslossen, das men keyne uslendessche gortil sall uff den wochenmarketen czu kouffe haben, sundir alleyne uff den jarmarckten, und die do fertig und gut seyn, und die do falsch und untochtig seyn sullen genomen werden. Und das sullen die hern van Thorun der stat van Breslaw uff eren brieff vor eyn antwort vorschreiben.

9. *Jeder soll daheim* in des homeisters willkore *nachsehen lassen* als[b] van weip nemen an irer frunde willen etc. *und auf dem nächsten Tage über den Befund berichten.*

10. Item czu gedencken, das men czu Thorun in der Neuwenstat gewandt machet van roffwulle, die men benenneth awstwulle, und eyn iglichir seyner eldesten gutduncken czur nehesten tagefart weddir inbrengen sall.

11. Item[c] dergeleich ouch czu gedencken von den Noremberger.

12. Item zcu gedencken und eyn iglicher an die seynen czu brengen van der cleidunge, sampimentell und van den pferden der ritterschafft, die in der botschafft in Flandern gewest seyn, und czur negesten tagefart seyner eldesten gutduncken dovon inczubrengen[1].

a) *Der Eingang dieses Paragraphen lautet in T:* Item haben die herren von Thorun eyn brieff der stat Breslaw an sie geschreben vor die stete gebracht, die do clagen, das den iren alhie im lande nyddirgelegit ny uslendessche gortel feyle czu haben; haben die stete u. s. w. b) als wenne eyne witwe [eynen] man nymmet ane irer frunde willen T. c) *In T folgen nach 8 10 die §§ 11 12 10. 11.*

1) *Die Veranlassung dieses Artikels ergiebt das bereits n. 270 § 4 angezogene Schreiben des danziger Rm. Johann Meideburg vom 15 Okt. 1446, welcher auf der Gesandtschaftsreise die Kasse für die Vertreter der Städte wie des Landes zu führen hatte. Nachdem er über die ersten Verhandlungen mit den Holländern berichtet, fährt er fort:* Item, leven heren, alse ik jw wol er gescreven hebbe vam gelde, dat men hir overcopen solde umme des mynsten schaden willen wen sal ment van hir darben copen, so kan men nicht myn dan 8 ß dat ℔ gr. krigen. Ok screff ik jw, ik wolde lenen und borgen bet gy my gelt overkoften, denne ik het an disse tilt alze gedan hebbe, doch, leven heren, wil et my nu to vele werden. Der ridderschap hebbe ik vaste moten geld lenen underwegen und dede en nu en middeweke 8 dage 8 ℔ gr., en in dunnerdage sanden se over to my omme gelt, alse leven heren, dat ik sere unwiduldich (!) wart und hoet en to, dat se so vele gelden in 8 dagen nicht verteren kunden, wen myn kumpan unde ik, wy sin mit knechten unde mit perden mit der ridderschop allike stark, ik kunde dat wol merken by unser teringe, darumme wolde ik weten, wo et umme dat gelt were. Dit hebben se tomale ovel upgenomen unde menen dar vele aff to maken, et is erem adel vele to na unde mene[n] myme hern meister over my to klagen. Unde ik hebbe en vorgegangen bet nu unde hadde gehopet, se hadden my geinsschet, nu come ik under wint, dat se gecofft hebben 20 ellen brun in brun sammyt to 2 menteln unde hebben dat laten vorderen mit vlewlarn unde hebben up de voderinge betalet 5 ℔ gr. Aldus leven heren unde vrunde sta ik mit en in groter kallannye, ik hebbe an mynem kumpan klene hulpe, wen he wil sic mit en nicht vorwerre[n]; de voget lecht my vaste an, ik sal en gelt doen, he en wil en ane gelt nicht mer to eten geven. Aldus bin ik sere bekummert, wo ik em sal doen, des overlopes is gen ende, trossen unde drowewort der is hir genoch, doch mogen se nicht vorbangeren. Aldus bin ik myt mynem kumpan overeengecomen, dat wy en nicht mer willen so vele to erseen doen sunder 2 off 3 ℔ alse vele se up de weke behoven, sunder in dat syden stucke to betalen hebbe wy uns nicht gegeven. Se leggen uns vele saverliker wort vor unde menen, wen se in Prussen comen, willen se de kleder deme meyster edder den steden wedder antwerden, se begeren er nicht mer to eren des landes van Prussen hir to dregen. Unde de voget unde de doctor vallen en beide by unde menen wol, nadem dat et gecoff[t] unde gemaket is so moet et betalt sin edder et were der bodeschop ene grote unere unde worde sere kegen minen heren, alse hediger unde sine lande sin, unde wegen wol, worde en sulken schantmal overgan, se en mochtens nicht vorswigen, unde raden my, dat ik my vor ungenade beware, mer se willen nen gelt utgeven. Alus, leven heren, weet ik nicht, wo ik my hirinne holden sal, gy weten wol wes my bevalen is, darover wolde ik nicht gerne doen ik kunde et dan verantworden, des besten wil ik gerne ramen, mer dat syden stucke denke ich nicht to betalen. Ok, leven heren, kleden se ere knechte, de hebben duslange naket unde blot gegan, unde der heren dener mede, doch ik bevruchte my, dat wy nen unmegank hebben

13. Item haben die stete beslossen, das men deme manne vom Elbinge synen oell sal wedirgeben.

14. Item[a] dese nochgeschrebenen personen haben getan widder der stete ordenancie und haben schiffe kegen Polen vorkofft: Swartcze Frantczeke[a], Gregor Gambe[b] und Swartcze Wild zcu Danczike; Arndt Plotczeke hot[c] korn gekoufft zcu Dybow[c], Jemmizen von M(arienburg)[d], Gregor von Dirsouw[e], Weise Fricke, das die vorgeschrebenen personen uff die negeste tagfart sullen vorbottet werden.

15. Item zcu gedencken kegen den hern van Lubeke, das das Trabensaltcz gebort werde noch alder gewonheit.

Versammlung zu Lübeck. — 1447 Mai 18.

Anwesend waren Rsn. von Köln, Bremen, Rostock, Stralsund, Wismar, Magdeburg, Braunschweig, Danzig, Thorn, Wisby, Breslau, Riga, Dorpat, Reval, Stettin, Stendal, Salzwedel, Göttingen, Stade, Uelzen, Stargard, Paderborn, Lemgo, Kiel — Hamburg, Lüneburg, Greifswald, Münster, Kolberg, Lübeck, Nymwegen, Deventer, Zütphen, Zwolle, Harderwijk, Groningen, Roermonde, Arnheim und Kampen[1]. *Ferner Vertreter des Kfm. zu Brügge, London und Bergen.*

A. *Die* Vorakten *behandeln, abgesehen von einigen preussischen Privatsachen, ausschliesslich die Bedrängnisse des Kfm. zu London, vgl. n. 265 ff., S. 164 Anm. 1.*

B. *Der* Recess *verfügt in Bezug auf die missliche Lage des Kfm. zu Brügge und zu London, welche das Ausschreiben des Hansetages in erster Linie veranlasst hatte*[2], *die Entsendung von Gesandtschaften nach den betreffenden Landen. Hatte der Kfm. zu Brügge über mannigfache Eingriffe in seine Freiheiten zu klagen, so war der von London mit der gänzlichen Entziehung derselben bedroht. Ähnlich wie 1434 strebte man auch hier zunächst die Herstellung eines Einvernehmens mit Preussen an und ging den Hm. durch eine Botschaft um Unterstützung an*[3], *§§ 1, 10, 18; 11, 19, 24; 15, 22. Die Verhältnisse des Kfm. zu Bergen, deren das Ausschreiben ebenfalls gedachte, werden nur soweit berührt, als sie die süderseeschen Städte betreffen, § 16. Sie bleiben offenbar der vom Recess nur beiläufig erwähnten Gesandtschaft anheimgestellt, welche die wendischen Städte an K. Christoph zu entsenden beabsichtigten*[4]. *Dasselbe ist ausdrücklich der Fall mit den Beschwerden von Zütphen, Kampen, Zwolle und Bremen wider Dänemark, sei es in Anlass der Wegnahme einiger Schiffe, sei es wegen Erhebung des Sundzolls*[5], *§§ 4, 8, 20. Zur Berathung gelangen ferner die soester Fehde, § 2, der Streit zwischen Goslar und seinem Bm. Alfeld, dessen Erledigung den sächsischen Städten übertragen wird, §§ 3, 14, 26, die braunschweiger Schicht, deren Urheber verfestet werden, §§ 9, 12, 13, der Zwist Osnabrücks mit Hermann von Lüneburg, § 6, sowie*

a) Item — Frantczeke wedderhall D. b) von Dirsouw fügt T hinzu. c) hot — Dybow fehlt T. d) T. Madechingen D? e) Gregor von Dirsouw fehlt T.

mogen, wy moten der kurchte kledinge betalen, also dat et hiir sere kostel wil vallen. *Zum Schluss ersucht er, ihm Geld zu senden, inzwischen* wil ik my talt lenen wol behelpen, uoderdes muchte Got geven, dat hiir Prusche schepe quemen, so solde dat pagement bet veylir werden.

[1]) *Goslar fehlt in der Aufzählung von n. 288, vgl. § 5 mit 3, 14, 26. § 5 zählt die Städte auf, welche sich entschuldigt hatten.* [2]) *Vgl. n. 258.* [3]) *Vgl. n. 315 ff.* [4]) *Vgl. S. 160 und n. 309 ff.* [5]) *Vgl. n. 317 § 5.*

K. Erichs mit Stralsund, § 7. Das von Lübeck erlassene Verbot der Landfahrt durch Westfalen giebt zu Beschwerden der Städte Anlass, § 17, und steht mit dem Beschlusse wider die heimlichen Gerichte in Verbindung, § 28. Die Entscheidung über den Anspruch von Köln, auf den Hansetagen anstatt Lübecks das Wort zu führen, wird vertagt, § 29, dagegen die Leitung der Geschäfte von einem Hansetage bis zum anderen ausdrücklich an Lübeck und seine Nachbarstädte übertragen, § 57, endlich die Tohopesate von 1443 durch den Hinzutritt eines neuen westfälisch-süderseeschen Viertels, dem Köln fern blieb, erweitert, § 23. — Den übrigen Inhalt des Recesses bilden Statuten, fast ausnahmslos see- und handelsrechtlicher Natur. Sie sind zumeist älteren Recessen entlehnt, vgl. §§ 21, 27, zum kleineren Theile aus Ereignissen der jüngsten Vergangenheit abgeleitet oder die älteren zu ergänzen bestimmt. Jene sind soweit heute möglich betreffenden Orts nachgewiesen und entstammen grossentheils den Recessen von 1417, 1418, 1434, 1441; unter den neu hinzugefügten sind hervorzuheben die den Aelterleuten des Kfm. zu Brügge ertheilte Befugniss, Statuten zu erlassen, welche jedoch der eventuellen Correktur der Städte unterliegen, § 57, die Ausdehnung der Schosspflichtigkeit an den Kfm. zu Brügge auch auf die in Brabant, Holland und Seeland verkehrenden Hanseaten, woraus alsbald zahlreiche Streitigkeiten erwuchsen, § 96, und die Regelung des Verhältnisses zwischen dem hamburger Kfm. zu Sluys und dem hansischen zu Brügge, § 97.

C. *Die Korrespondenz der Versammlung verkündet dem Hm., Danzig, K. Erich und Goslar die sie betreffenden Beschlüsse des Hansetages und enthält hierüber die Antwort des Hm. sowie Berichte der preussischen Gesandten in England und des Kfm. zu London über den Stand der Lage in England. Der Briefwechsel der kölner Rsn. behandelt deren Reise nach und von Lübeck und meldet die Freilassung der arretirten Kölner in England.*

D. *Der Anhang berührt die Verlängerung des Stillstandes mit Spanien, n. 298, das Verbot der Einfuhr englischer Tücher in die Lande des Hg. von Burgund, das Unwesen der Seeräuber vor dem Zwin, den Zwist Stralsunds mit K. Erich und das Gesuch Danzigs an Wisby, ihm eine Abschrift seines Wasserrechts zu überlassen.*

A. Vorakten.

283. *Der deutsche Kfm. zu London an die wendischen Städte: berichtet, in Erwiderung auf die Ladung zur Tagfahrt in Lübeck, dass ihm der Verlust aller Freiheiten bevorstehe, falls nicht den englischen Beschwerden über Preussen bis Michaelis abgeholfen sei, inzwischen werde er bereits jetzt von Kaufleuten aus Derby im Lande und dem französischen Kapitain Pelisson zur See verfolgt und beraubt; erwartet eine Gesandtschaft aus Preussen und ersucht sie, falls sie nach Lübeck käme, mit den nöthigen Anweisungen zu versehen. — 1447 Mrz. 1.*

L aus StA Lübeck, A. Hans. Corr. m. London, Or. m. Resten des Kontorsiegels; bezeichnet: Ent[fangen] fuit (!) sabbato ante quasimodogeniti *(Apr. 15).*

Den ersameghen unde vorsenighen heren borgermeysteren unde raedt der stadt Lubke unde raedessendebaden der stede Homborgh, Rostocke, Stralissunde, Wismer unde Lunenborgh, to Lubecke vergadert, unsen lieven heren.

Vrentlike grot unde wat wy gudes vermoghen alle tiit tovoren. Erbaren heren unde sunderlinges guden vrende. Juwe breve an uns gesant, darynne gii uns scriven, de daghvard up ascencionis neest komende bynnen juwer stadt Lubke verrasempt vermids unsen vulmechtighen up sodane pene alse gii dan scriven to besendende etc., hebbe wy untfangen unde wall verstaen. Warup erbaren heren wy juwer beschedenheyt begeren to wetende, dat wy myt guden willen de daghvard dencken to besendende. Unde uns es groetliken van noeden dat to doende, wante wy hiir int lant al meest part sunder recht staen, alse gii dat van Henricum unsen clerke latest do he bii ju was wal verstaen hebben. Wy sullen achter Michahelis verliesen alle unse privilegien, soverre alse de Engelschen in Prussen nicht gebruken moghen sodaene vryheden, alse se dar begerende siin. Unde wy hedden wall gehapet, dat wy bynnen der tiit tot Michahelis to solden umbelastet hebben gebleven van allen saken, dat uns dogh nicht bescheen en mach, wente dar siin breve van merke togelaten up alle de van der hense, unde wy hebben daromme gewest vor deme cancelleer unde he segede uns, dat de breve nicht en weren up all de van der hense sunder allene up juw steden Lubke, Homborgh etc., unde deghene de de breve van merke verworven hebben, dat siin coplude van Derbii, den wart eyn schipp genomen in den orloge tusschen ju unde den Hollanders in Norweghen met solte geladen, unde dat schipp was van Myddelborgh, unde se rekenen dat salt unde kosten de se darumme gedaen hebben up sesshundert punt sterlinge, unde se siin met eren breven to Ilusteyn unde vervolghen de Bergervars, juwe undersaten, unde wu se varen sullen en konne wy nicht geweten. Aldus erbaren heren en wete wy nicht, wer wy guet hebben edder gheen, wy wolden wol, int verbeteren van ju, dat gii juwen copman deden warnen, dat he gheen guet hiir int lant en schepede eer gii ander tiidinge van uns hedden, wante wii bevrochten uns meer quader tiidinge dan guder. Hiir es aver eyn parlement unde wy hebben weynich vrende manck den heren unde der gemeenheyt, also dat wy uns ghenes gudes vermodende siin. Ock leget hiir under de kost ut ter zee wert eyn capiteyn geheten Johan Pellisson, wal met sess scheppen und hevet des konynges breve van Vranckrike to nemen up all de van der hanse, unde dat komet to van der Bremer wegene, de der kronen van Vranckrike eyn schipp hebben genomen[1]. Unde deselve Pellesson hevet uns darumme genomen ute twen schepen wal viiffhundert kostelre lakene, unde he wert van daghe to daghe starker unde starker, unde he mach komen in allen havenen unde verspiien unse guet, also dat wy dar gans ovell ane siin. Ock erbaren heren so sii wy hiir verbeidende de sendebaden de ut Prussen komen sullen, unde wat ende de maken sullen hiir int lant en kunne wy nicht geweten. Het were wal guet, dat se hiir bii tiiden weren, dat men ere antworde mochte wetten in de daghvard, de gii dencken to haldende, unde wert dat se to Lubke bii ju quemen, so moghe gii myt en sluten, wat se doen sullen, unde dat se ock antworden mochten to de breve van merken etc. so vorscreven steet. Anders en wette wy ju erbaren heren nicht sunderlinges to scriven, sunder dat gii desse saken wellen to herte nemen unde betrachten, wat best es gedaen, alse wy wal wetten, dat gii gherne doen. Unde de a[l]moghende[a] Got beware juwe erbarheyt alle tiit in salicheyt. Gescreven upten ersten dagh van dem merte, anno 47.

Alderman unde gemene copman van der Duetschen hense, nu to London in Englant wesende.

284. Köln an den deutschen Kfm. zu London: ersucht, auf den Wunsch von verschiedenen kölner Bürgern und Kaufleuten, den Sekretair Heinrich ten Hove

a) amoghende L.

[1]) Vgl. n. 250 f.

unverzüglich zu der lübecker Tagfahrt abzuordnen, weil er alle Sachen besser kenne denn ein anderer, umb dat he die lange tiit vast verhandelt have. *[14]47 Apr. 21.*

StA Köln, Copienbücher 18 f. 138 b.

285. *Hm. Konrad von Erlichshausen an die zu Lübeck versammelten Rsn. der Hansestädte: empfiehlt die Ueberbringer, Bartholomeus Scholeze und Claus Werlemann, mit dem Ersuchen, ihnen und ihrer Gesellschaft zur Erlangung eines Ersatzes für die von Stralsund, Rostock, Wismar und Hamburg ihnen zugefügten Schäden zu verhelfen; hebt die mannigfachen in dieser Angelegenheit bereits ergangenen Schreiben, welche alle ergebnisslos geblieben, hervor und erklärt, den Beschädigten zu ihrem Rechte verhelfen zu müssen, falls die Städte sich weigerten, sie zu befriedigen*[1]. *Marienburg, [14]47* (mitwoch nach Georgii) *Apr. 26.*

SA Königsberg, Missive 16 f. 219.

286. *Der deutsche Kfm. zu London an Köln: berichtet über die widerrechtliche Arrestation kölnischen Gutes zu Colchester durch Heinrich Spiser*[2]*; ersucht um Fürschreiben und Unterstützung seiner Bevollmächtigten auf dem lübecker Tage. — 1447 Apr. 30.*

K aus StA Köln, Or. m. Resten d. Siegels.

Den ersameghen unde vorsenighen heren burgermeysteren unde raetmannen der stadt Colne, unsen besunderen gueden vronden.

Unse vrentlike grote unde wes wy gudes vormoghen altiit vorscreven. Erberen heren unde sunderlinges guden vrende. Wy begeren juwer beschedenheyt to wettende, wo dat de konynck van Englant unde syne undersaten hebben breve van merke gegeven up alle de van der hense, ute vervolgh [van][a] eynen geheten Herri Spyser van Derbii, dewelke claget, dat eme genamen wart van den steden, dewelke orloch hedden met Holland unde Zeeland, ut eyner bussen van der Slus so vele saltes alse wert was 400 punt sterlinges, unde de kosten darumme gedaen 200 punt sterlinges. Met welken breven van merke deselve Herri Spyser met hulpe des heren van Bokingham gerasteert hevet bynnen Colcester juwe burgere, to seggende Rotger Rinck, Cort Ross unde Gert van Herle, unde de hebben moten burge setten vor 600 punt sterling, to rechte to staen wan se ingeeschet sullen werden. Unde baven dat so siin des heren van Bokinghams deenre komen darnae unde hebben de huse unde guderen der vorscreven juwer burgere unde erer meesters bynnen Colcester vorscreven ingesegelt unde hebben ere slottele van en genamen unde de gudere in ere gewalt genamen, dat welke eyn groot gewelde es to ju unde uns allen, wante wy eyne wyle tovoren, eer dat rastiment up juwe borgere gedaen wart, hadden verworven van den heren koninge vorscreven eenen vrigeledebreff dre jair langh durende[2], alse gii in der copie des geledebreves wol be-

a) *van fehlt K.*

1) *Tags darauf verwendete der Hm. sich gleichmässig für Jakob Grammelyn aus Danzig, dem Rostock das Seine genommen habe, um damit Schiffe auszurüsten; am 6 Mai* (sonnabend nach crucis inventionis) *sodann ebenfalls für zwei Danziger, welchen bremer Auslieger im J. 1444 einen Terling Laken geraubt hatten; endlich erhielten an demselben Tage Hamburg, Rostock, Wismar und Stralsund Schreiben desselben Inhalts wie n. 285, mit dem Ersuchen, ihre Rsn. zum Hansetage in dieser Angelegenheit zu bevollmächtigen. (Missive 16 f. 221 u. 231).* 2) *Lappenberg, Stahlhof S. 71 theilt den vom 20 Mrz. 1447 datirten Befehl K. Heinrichs mit, die Hansestädte ungeachtet der Heinrich Spiser ertheilten Kaperbriefe in ihren Rechten und Freiheiten zu schützen.*

vinden moeghen, unde haven dat geleyde, unde ock dat geleyde dat wy in unsen privilegien hebben, es de gewalt den juwen gescheen. Wy hebben darumme vervolghet an den heren canceller unde wy vinden an eme krancken troest; he seget, de van der hense hebben den Engelschen genamen meer dan up 20000 punt Engels unde wy sullen dar meer van hoeren, unde wy en vinden ock ghenen troest an den anderen heren noch an den meyer van Londen, also dat wy vervaert siin vor meer quades. Dit scrive wy ju erbaren heren, up dat gli moeghen warschouwen juwen coppman, dat he se, wo he siin guet hersende, unde wy wolden wol, dat gli juwe nernstachtige breve wolden herscriven an den konynge unde des konynges raet unde ock an den hertoghen van Bokingham unde den meyer van Londen, sa[a] vermanende, dat alsulken gewalt ny meer geseyn noch gehort en were, baven eyn vril geleyde sulke dinge to doende, unde nemeliken denghennen de nye der sake schuldich en waren, alse juwe wilsheyt darup vorder wol versynnen kan. Unde erbaren heren, so moeghen juwe vulmechtighen desse dinghe unde mannighe meer dingen van gebreke, de unse vulmechtighen to Lubeke van unser weghen vort sullen stellen, wol to herten nemen unde helpen ejeen raet darinne vinden, dat sulke gewelde nicht meer en gesche, alse wy wol wetten, dat gli gerne doen. Dat kenne Got almechtich, de ju erbaren heren alletiit beware an sele und an lyve, aver uns alle tiit gebedende. Gescreven upten 30 dagh in aprill, anno 47.

Alderman unde gemene copman van der Duetschen hense, nu to Londen in Englant wesende.

287. *Köln an K. Heinrich von England: hat vernommen, dass die hansischen Kaufleute zu Colchester, darunter viele Kölner, kürzlich in Anlass der Klage von Heinrich Spüser aus Derby durch die Diener des Herrn von Buckingham gezwungen worden sind, sich für 600 £ zu verbürgen, worauf ihnen obendrein ihre Häuser versiegelt, die Schlüssel weggenommen und sogar die Habe durch Spüser entfremdet worden ist; bittet auf Grund des von Alters her ertheilten Privilegs, dass kein hansischer Kfm. für die Schuld eines andern zu haften habe, die Kölner, welche an dem von Lübeckern Spüser zugefügten Unrecht unschuldig sind, frei zu geben, zumal der Arrest während der Dauer des vom Kg. dem Kfm. ertheilten Geleites verhängt worden ist[1]. — [14]47 Mai 12.*

StA Köln, Copienbücher 18 f. 136 b, überschrieben: Regi Anglie.

B. Recess.

288. *Recess zu Lübeck. — 1447 Mai 18[2].*

L aus StA Lübeck, Rec. Hans. 2 n. 144, Or., Heft von 29 Bl., wovon 24 beschrieben, bezeichnet: Recessus anno etc. 47 ascensionis domini in Lubeke, unter-

a) so K.

[1]) *An demselben Tage ging Köln den EB. Johann von Canterbury, den B. Alde von Lincoln* (Likonienensis), *den Hg. von Buckingham, die Marquis von Dorset und Suffolk, sowie die Stadt London um ihre Verwendung in obiger Angelegenheit an, und sandte die Schreiben am 13 Mai an den Kfm. zu London mit der Anweisung, die Kölner auf jede Weise zu befreien. StA Köln, Copienbücher 19 f. 137—138; f. 137 b ist dazu notirt:* Prescripte littere sunt rescripte die 8 junii. *Ferner ist bei den Namen des B. von Lincoln und Suffolks a. R. mortuus bemerkt. Eine weitere Wiederholung, bei der nur Eingang und Schlussformel abgeändert sind, datirt vom 16 Okt. 1447, Copienbücher 18 f. 182. Vgl. damit n. 297.*

[2]) *Aus einer seit 1842 verschollenen hamburger Handschrift hat Pardessus, Collection des lois maritimes (Us et coutumes de la mer) 2 S. 411 ff., nach Mittheilung von Lappenberg, die §§ 30—37, 40, 51, 53, 63—65, 79, 81, 82, 88—95 abgedruckt. Vgl. die Anm. zu den einzelnen Paragraphen.*

schrieben: Johannes Hertze prothonotarius civitatis Lubicensis de voluntate et communi conclusione communitatum civitatum fecit. *Die §§ 72 f. sind von Hertze eigenhändig eingetragen, ebenso hat er zu § 1—70 kurze Inhaltsangaben an den Rand notirt.*

K 1—5 StA Köln, 1) lüb. Abschrift, kölner Exemplar, Heft von 14 Bl., auf dem Umschlag bemerkt: Recessus Lubeke, anno 47 habitus et Colonie publicatus senatoribus sabbato post vincula Petri (*Aug. 5*), G. van dem Wasservas, G. Hair; *darüber von anderer Hand:* Collationatum in Lubeke. *Unterzeichnet:* Johannes Hertze. — *2) Recesshandschrift 2 f. 122—140, Exemplar d. Kfm. von Brügge, lüb. Abschrift, beglaubigt von* Johannes Hertze, prothonotarius civitatis Lubicensis, *dessen* Collationatum *auf dem Vorderblatte durch zahlreiche Correkturen in der Hs. bewahrheitet wird. — 3) u. 4) Recesshss. 1 f. 120b—141 u. 3 f. 56b—75, Abschriften von K 2. — 5) nymweger Exemplar, Heft von 16 Bl., lüb. Abschrift, wie K 1 u. 2 von Hertze beglaubigt, endet mit § 30; auf dem Umschlagbl. bezeichnet:* Recessus Lubicensis anno etc. 47 reportatus per Johannem de Hese; *darunter:* Custodiatur iste recessus bene, pertinens civitati Noviomagensi, concessus feria secunda post epiphanie domini magistro Mathie Craen, familiari (!) civitatis Coloniensis. *1459 producirte Nymwegen diesen Recess zu Antwerpen vor dem Rathe des Hg. von Burgund (StA Köln, Copienbücher 23 f. 276). Craen hingegen ist 1469 secretarius und Bevollmächtigter Kölns in dessen Processe mit dem Kfm. zu Brügge (Copienb. 29 f. 82).*

R RA Reval, Recesshandschr. 1430—53, 14 Lage, 24 Bl., beglaubigt und collationirt von Hertze; bezeichnet: Recessus Lubicensis de anno 1447 supra festo nativitatis Johannis baptiste.

Ka StA Kampen, Acta Hanseatica 1 f. 35—60, lüb. Abschr., unterzeichnet von Hertze: auf f. 60b Spuren des briefschliessenden Siegels. Daselbst f. 1b—26 Auszug aus dem Recess, enthält den Eingang und die §§ 33, 52 u. 92, unterschrieben: Aldus staen de voorscreven pointe in den recessen der stede van der hanze geschreven unde syn geconfirmeirt in velen anderen recessen de de stede daerna gesloten und beremaet hebt. Casenis *(Sekretair d. Kfm. zu Brügge). Voraus geht ein Auszug aus dem Recess von 1418 Joh. bapt., Eingang und den Paragraphen enthaltend, der sich auf die Beladung der Schiffe bezieht.*

D 1. 2 StA Danzig, Schbl. XXVI n. 35 u. 34, Heft von je 22 Bl., lüb. Abschriften, in D 2 fehlt der Schluss von § 96; D 2 beglaubigt von Hertze, hat die §§ 47—65, 67—71 fortgelassen.

Df SA Düsseldorf, weseler Recesshandschrift, Heft von 20 Bl. in 2 Lagen, die verkehrt und getrennt eingebunden sind. Die Unterschrift Joh. Hertze prothonotarius civitatis Lubicensis *ist weggeschnitten, die Hs. stammt jedoch aus Lübeck, wie die weseler Stadtrechn. (im SA Düsseldorf) bezeugen*[1]. *Die §§ 47, 52—54, 56—65, 68—71 fehlen.*

H 1. 2 StA Hildesheim, 2 Hefte von 24 u. 18 Bl., lüb. Abschriften, in beiden fehlen die §§ 49—71.

S StA Stralsund, Heft v. 15 Bl., lüb. Abschr., beglaubigt und collationirt von Hertze, reicht bis § 29.

Dr StA Deventer, Heft v. 12 Bl., lüb. Abschr., beglaubigt von Hertze, reicht bis § 28.

StA Zwolle, Recesshandschrift fol. I 4, 11 Bl., nicht verglichen. Verzeichnet von Schäfer.

Witlik sii, dat in den jaren unses heren Jhesu Cristi dusent veerhundert soven unde vertich ascensionis domini, de vulmechtigen radessendeboden der ge-

[1]) *Den Rechn. 1448/49 notirt:* des dinsdages nae conversionis Pauli (*1449 Jan. 28*) ghinck Ott Vuecken toe Lubick an Goissen Offerman, umb to werven an den rait van Lubick, dat em gesant werd copii des recess van der lester dagvart der hensestede to Lubick, had 8 ß 9 ₰. *Die Sendung scheint keinen Erfolg gehabt zu haben, denn wenige Monate später heisst es in der Rechn. 1449/50:* In octava pasche (*1449 Apr. 20*) was Ott Vuecken gesant to Mailen, den geloeni voirt te gaen to Lubick ind ons dein scriven een deel van den recess van Lubick, dat men meynden, wii nyet en hedden gehadt, lonen dat to doin scriven 2 R. guld. ind em gegeven to loen 9 Alb., maikt 8 ß 3 ₰ 9 ₰.

menen stede van der Dutschen hense bynnen der stad Lubeke to daghe weren vorgaddert, syttende een deel to der vorderen hant, alse[a] van Colne her Godert Watzervas, borgermester, Gherart Har, radman; van Bremen Johan Vrese, borgermester, unde Daniel Brant, radman; van Rostock Hinrik Buek, Johan Othrecht, borgermestere, Roleff Kerkhoff, radman[1]; vam Stralessunde Otto Voghe, borgermester, Clawes Krakouwe, radman; van der Wismar Peter Wilde, Hinrik Peel, borgermestere, Reyneke van Leyden, radman; van Meydeborg Hans van Emeden, schepen, unde Hans Mauricil, radman; van Brunszwig Albert van Vechten, borgermester, Vicke Twedorp, radman; van Dantzike Reynolt Nedderhoff, borgermester; van Thoren Baudius Winter, borgermester; van Gotlande Johan van Elten[b], borgermester, Hermen Keire, radman; van Breslouwe Nickels Pork, borgermester; van Ryghe[c] Johan van dem Weghe, borgermester[2]; van Dorpte Ghert Schrove, radman; van Revele Johan Dusporg, radman; van Stettin Jacob Rosowe[d] unde Ghert Grote, radmanne; van Stendal Merten Klosse[e], borgermester; van Soltwedel Johan Allingstede, borgermester; van Gotingen Wedekynt Swanevlogel unde Ghiseler (van Munden)[f], beyde radmanne; van Stade Hinrik Swarte, borgermester, Helmich Pape, radman; van Ultzen Diderik Robeler, borgermester; van Nigenstargarde Henning van der Lynden, borgermester, unde Hennyng Kartlouwe, ratman; van Palborne Bode Bringman, borgermester; van Lemegow Johan Pape, radman; vamme Kyle Henning van der Kameren, borgermester, unde Marquard Pael, radman[g].

To der luchteren hant: van Hamborg her Hinrick Kothing, Detleff Bremer, borgermestere, unde her Johan Rothgeri, secretarius[3]; van Luneborg her Johan Schellepeper, borgermester, unde Hartich Schomaker, radman; vamme Gripeszwolde Bertolt Segeberg, radman; van Munster Hermen Warendorpp, borgermester, Johan Hasselman, radman; van Colberghe Everd Horne unde Clawes Stoltkouwe[h], radmanne; de rad to Lubeke[i]; van Nymmegen Johan van Hesen, borgermester; van Deventer Everd Krite, borgermester[4]; van Zutphen Gherd Olrikes, borgermester[k 5]; van Swolle Johan van Erte, borgermester; van Haderwick Leffert Vuer, radman; van Groningen Ulgher van Nordick, Hermen Hoppers, radmanne; van Remunde Johan van Suchtelen, borgermester; van Arnam Gherard Gruter, radman; van Campen her Tideman Schurssk, borgermester. Ok weren darsulvest de alderlude des copmans to Brugge uth Flanderen bii namen Hinrik Castorpp, Hinrik van Scheden, copmanne, unde Johannes Ghebbingk, secretarius. Ok weren

a) In L hat eine wenig jüngere Hand die Namen der Städte a. R. [illegible]. b) Eltem Df. c) van Righe de weren noch nicht gekomen, [illegible] L, Kl, R, Df; in Kl Df S [illegible] für die Namen der nicht eingetragenen [illegible] Raum freigelassen, in R fehlen die von Reval und Dorpat. d) Rosenowe R, Rowsowe S. e) Closse Df S. f) van Munden fehlt L R D 1. 2 Df, in S von [illegible] a. R. nachgetragen. g) [illegible] D 2 von anderer Hand nachgetragen, weil die ursprüngliche Niederschrift abgerissen war. h) Stolthouwe R. i) Lubike Dl. k) in Df folgt Zutphen nach Zwolle.

[1]) Die Rsn. erhielten von den rostocker Gerichts- und Wetteherren je 10 rhn. Guld. (de gulden 3 $\℔$ myn 1 β, summa 29 $\℔$ 6 β) Rost. Rechn. 1447/8. [2]) 271 $\℔$ 3 β vortherde her Johan vam Wege to Lubek. Rigaer Kämmereibuch S. 183. [3]) 75 $\℔$ dominis Hinrico Kotingk, Detlevo Bremer ac domino Johanni Rotgher versus Lubeke ad communem congregacionem civitatum. Koppmann, Hamb. Kämmereirechn. 2 S. 78.

[4]) Op ons heren hemelvaerts avont (Mai 17) Evert Krite, die van der stad wegen reisede to Lubick ter dachvaert, dair die gemene henzestede vergadert weren, voir sijn teringe ende sijnre dienre cledere ende lange ute was, tosamen 254 guld. 13 $\℔$ 8 pl. Deventer Stadtrechn. 1447.

[5]) Des donredages nae cantate (Mai 11) doe toech Ghert Olrix to Lubeck wert, hem medegegeven 12 Rinsche gulden, ende Henric Kreyack heft hem to Lubycke ghedaen, dat die rentmeyster betaelt heft, 80 Lubissche mark, die belopen 59 Rinssche guld. ende 10 lewen. Stadtrechn. v. Zutphen 1447, Tadama, Gesch. d. st. Zutphen S. 123 A. 3.

darsulvest de alderlude des copmans to Londen uth Engelant by namen Cristianus van Bleken, Frederik de Pennyngbuttel, copmanne; unde Hinricus Grevensten, clerik, alse vulmechtige sendebodon des erbenomeden copmans; Ludeke[a] Nyenborg unde Hinrik tor Hopene, vulmechtige sendeboden des copmans to Berghen in Norweghen[a]. Unde darsulvest siik andechtliken hebben bekummert myt velen gebreken unde anliggenden notanken, de den gemenen steden unde deme copmanne van der Dudeschen hense nu mer wen in velen vorgangenen jaren anliggende weren, darumme se Gode tho love, deme Romeschen riike to eren, umme bestentnisse der ghemenen stede, wolvart der copenschopp unde des ghemenen gudes hebben ordineret unde endrachtliken gesloten sodanne articule unde ordinancien, alse hir navolghen.

1. Int erste alse de erbaren radessendeboden weren up deme rathuse unde darsulvest seten to rade, do danckede en samentliken de borgermester van Lubeke van des gantzen rades wegen hochliken, dat se siik hadden odmodiget dar to komende, unde se wisten wol, dat se umme mennigher merkliker sake willen weren vorbodet, so en dat were vorschreven, unde sundergus so hadde[b] de copman van Lunden uth Engelant en gescreven enen breff unde gesant ene copie enes leydes des koninges van Engelant, de[c] darsulvest wart gelesen myt deme breve, unde umme der lenge willen hir nicht synt ingescreven men bii den schriveren to Lubeke synt vorwaret. Unde de stede worden gevraghet, offt se wolden affbeyden dat de alderlude van Lunden quemen edder vurder in de sake spreken, so dat nach velen unde langen uth unde inseggent de vorscreven radessendeboden eensworden, dat se wolden schryven van der wegen an den heren homeister Dutsches ordens in Prutzen in aller wyse, so hir navolget. Underdes so mochten de vorscreven sendeboden des copmans uth Engelant komen. Ok wart deme rade to Dantzike van desser sake gescreven unde copie gesand, alse de vorscreven ghemenen stede an den homeister hebben gescreven unde van beyden breven en antwert wart begheret. *Folgen n. 289, 290*[1].

2. Item wart darsulvest vor den erbenomeden heren radessendeboden gelesen en breff des erwerdigesten in Gode vaders unde heren, heren Diderikes archibisscoppes van Colne, darane he hochliken clagede over de van Soest unde was begherende, dat de hensestede umme sake willen, in dem erbenomeden syneme breve beroret, unde darumme dat se weren in der achte unde overachte, wolden wilsen uth der hensze. Unde wolden se deme also nicht don, dat (se)[d] denne dar bii wene wolden senden[e], so scholde me kennen, dat he neen unrecht hedde, unde begherde des der gemenen stede en antwert. Ok worden darsulvest gelesen des allirirluchtigesten fursten unde heren, heren Frederikes, Romisschen koninghes achte unde overachte breve jeghen de vorscrevenen van Soist. Unde ok wart darsulves gelesen der van Soist breve unde Gobele ere dener unde gesworne man wart darupp gehort unde warff so em was bevolen. So dat int lateste de erbenomeden radessendeboden sloten, dat se van der ghemenen stede wegen wolden schryven en antwert deme erbenomeden heren ertebisscoppe unde ok den van Soist in aller formen, so de breve luden unde umme der korte willen hir in nicht synt gescreven[2].

a) Ludeke — Norweghen *fehlt S.* b) hadde *S.* c) dat *S.* d) [illegible] *fehlt L.* e) [illegible] *R.*

1) *Vgl. n. 293.* 2) *Vgl. n. 202 ff. Barthol. v. d. Lake berichtet, (Seibertz Quell. d. westfäl. Gesch. 2 S. 393):* Up saterdach n. Servases dach *(Mai 13)* santen de heren van Soist Gobelen Hoerl to der Lippe mit 200 gewapenden, daromb dat he vort solde trecken na Lubeke, dar de gemeyne hensestede to eynem dage vergaddert sollen syn. Desse Gobel was eyn vulmechtiger der van Soist, mit credencien und menicherley schrifften an de hensestede gedaen,

3. Item wart darsulvest gelesen en breff der van Gosler, darane se siik entschuldigeden, dat se nicht konen kommen tor dachvart umme veyde unde anderer sake willen in deme breve benomet unde uthgedrucket, men se hadden dar gesant eres rades medekumpan Conradum Overbeke[1], de em erer sake legenheyt wol scholde berichten, unde sunderges der sake, de se hebben jegen her Hinrik van Alvelde, borgermester, darumme de erbenomeden heren radessendeboden endrechtliken sloten, dat se beyde vor de stede komen scholden unde denne scholde me beyde vorscrevenen parte darsulvest horen[2].

4. Vortmer wart darsulvest vor den erliken radessendeboden gelesen en breff der stad van Zutphen, darane se clagen over den heren koningk Cristoffer van Dennemarken etc., de eren borgheren uth eren schepen vor Copenhavenen hadde laten nemen soes vuder wiins anderthalve ame myn en verndel. Unde weren begherende, dat de erbenomeden heren [den][a] sendeboden, de se lichte to deme erbenomeden heren koninghe sendende worden, darvan wolden gheven in bevele, darane des besten to wervende, dat se ere gudere unde wiine mochten betalet krighen. Unde desgeliken darsulvest ok claghede her Tideman Schursak, borgermester van Campen, over den erbenomeden heren koning Cristoffer, de en hadde bekummert achte schepe unde se brocht in borghehand unde wolde hebben van islikeme schepe dusent Rinsche gulden; unde was begherende, dat se sodane dingk eren erbenomeden sendeboden wolden gheven in bevele. Deme se so gerne don wolden unde wolden darumme gherne schriven an den erbenomeden heren koning Cristoffer unde eren sendeboden dat ok muntliken to wervende bevelen[3].

5. Vortmer worden darsulvest vor den erbaren heren radessendeboden gelesen vele breve der stede, de to der erbenomeden dachvart weren vorbodet unde umme redeliker sake willen in den breven uthgedrucket nicht konden kamen, bii namen: Helmstede, Hannover, Wesel, Dusborg, Emeke, Hildensem, Osenbrugge, Crakow, Minden unde Gosler. Welke entschuldinge de erbenomeden heren radessendeboden gutliken upnemen unde doch lever hadden geseen, dat se darsulvest de eren hadden geschicket.

6. Vortmer wart darsulvest gelesen en breff der van Osenbrugghe, den dar uppantwerdede her Johan Bodeker, ere cappellan, unde vurder darupp warff unde laes[b] breve in der sake, de de van Osenbrugge hebben jegen den domprovest van Colne van synes ghevanghenen broders wegen. Unde was begherende, dat men de van Osenbrugge to Lubeke unde in den steden nicht upheelden unde Hermen van Linden in dessen steden nicht en leydeden. Darup de heren van den steden wolden vordacht sin. Unde bii deni erbaren rade to Lubeke wart gesloten, dat se Hermen van Linden nicht wolden leyden bynnen erer stad umme sake willen de en weren openbaret[4].

7. Vortmer van der twistinge unde schelinge weghen, de de dar synt

a) den fehlt L. b) laes B.S.

dar sich de van Soist laten beklagen, wo jemerlich und wo swerlich se van dem stifft van Collen gedrungen syn gegen Got, ere und recht. Dusse schrifte und widderantwort der henzestede sindt noch hudiges dages in guder verwaringe. Ock worden geverdiget sunderlinges legaten edder sendeboden der stede Munster und Paderborne in dusser sake der van Soist up den selvesten dach vort to Lubeke an de hensestat, wo de sake ubber (!) beherdiget wort, is am dage und in schrifft wol verwart. *Im StA Soest findet sich heute zu Tage nichts mehr.*

1) 6½ ß 6 ₰, tor Conrad Overbeken to Lubeke. *Goslar. Stadtrechn. 1447. Vorausgehen verschiedene Sendungen nach Magdeburg und anderen sächsischen Städten. Vgl. S. 151 Anm. 3.*

2) *Vgl. § 14.* 3) *Vgl. n. 311 § 8.* 4) *Demnach wurde hier gerade das Gegentheil beschlossen von dem was Stüve Gesch. d. Hochst. Osnabrück S. 418 ohne Quellennachweis angiebt.*

twisken koninck Erick unde den vamme Sundo, so wart darsulvest bii den gemenen steden gesloten unde vorramet, dat se van der weghen schryven wolden an den erbenomeden heren koningk Erick in aller mate unde wyse so de breve luden, unde umme erer lenghe willen hir nicht sin ingescreven men bii den schryveren unde secretarien to Lubeke wol vorwaret [1].

8. Vortmer beclagede sik vor den ghemenen steden de ersame her Johan van Erte, borgermeistere van Swolle, wo dat des koninghes Cristoffers voghet unde hovetman uppe Elschenborg van eren schepen, de se senden dorch den Sund, lete nemen ene nobelen boven der stede privilegie, unde was begherende, dat se wolden eren sendeboden, de se lichte to deme erbenomeden heren koninge worden sendende, gheven[a] in bevel, dat se sodaner beswaringhe mochten bliven vorheven, deme de erbenomeden heren so gherne don wolden.

9. Item wart darsulvest vor den erbenomeden heren radessendeboden gelesen en breff an de van Lubeke gescreven van wegen der geschedenen borghere uth Brunswig, bii namen Asschwin Holthusen, Ylias Goltsmet, Hinrik Berman, Hinrik Hannover, Volkmer van Rethem, Bertolt van Schapen unde der anderen nagescreven. Darane se claghen over den raet der vorscrevenen stad unde bidden hulpe, trost unde raet, dat en redeliik geliik vor dat grote ungeliik mochte weddervaren, darup se begheren en gutliik antwert. Unde de erliken sendeboden der stad Brunswigk dar jegenwardich leten ok vor den ghemenen steden lesen enen breff des hochgebornen forsten hartich[b] Hinrikes van Brunszwigk etc., darane alle dingk wert vorhandelt, wo unde umme welker sake willen se uth Brunszwigk syn gekomen. Unde sin herlicheyt biddet, dat de stede de van Brunszwigk willen beholden unde beschermen in eren saken, wente se in allen dinghen recht syn. Unde ok darsulvest de borgermester van Brunszwigk vor den steden vorhalede muntliken alle sake, wo se was herghegan van[c] wegen der borghere vorbenompt. Unde weren berede to settende ere unde recht bii de ghemenen stede dar jegenwardich in der mate alse yd was gebleven, pynliken unde nicht werliken to richtende, unde wolden se dat nicht affscheyden, dat se dat denne den ersamen dem rade to Lubeke bevelen wolden. Aldus nach besprake de heren radessendeboden en leten seggen, se wolden darupp vordacht syn wente na den pinxst billigen daghen [2].

10. Item quemen darsulves vor de erbenomeden heren radessendeboden de ersamen manne Cristianus van Bleken, Frederick Penoyngbuttel, alderlude, unde Hinricus Grevensten, clerk, van weghen des ghemenen copmans van der henze to Londen in Engelant. Unde de dar uppantwerdeden ere credencien unde breve van loven, de darsulves worden gelesen. Unde se opendon dar upp ere werve unde vorgheven vele puncte unde gebreke, de de Dutsche copman dagelix lede unde em weddervoren in deme rike van Engelant, so se darsulvest de claghe unde gebreke in schrifft overgheven, de hir to langk weren in to schryvende [3]. Unde weren biddende hulpe, rad unde trost van den erbenomeden heren radessendeboden, dat se des mochten krighen wandeel, so des wol were van noden. Darupp de erbenomeden heren radessendeboden en seden, dat se darupp wolden vordacht wesen unde se wolden en tekenen unde don weten enen dach vorder in de dinghe to sprekende etc. [4].

a) gheven wolden L. b) hertoghen R. c) van der wegen L.

1) Vgl. n. 291. 2) Vgl. § 12. 13. 3) Das Or. dieser Eingabe (14 Bl.) befindet sich im StA Lübeck, A. Anglicana 1, zusammengeheftet mit noch fünf umfangreicheren Akten ähnlichen Inhalts a. d. J. 1423—1466. Eine an den Kg. von England adressirte lat. Uebersetzung davon beruht in zwei Abschriften im StA Danzig, Schbl. XV n. 32 u. XXVI n. 36. Vgl. n. 267 Anm. 2 und die Einleitung zu diesem Bande. 4) Vgl. § 18.

11. Vortmer wart dar gelesen ene credencie des ghemenen copmans van der Dutschen hense to Brugge in Flanderen wesende, darinne weren genomet Hinrik Castorpp, Hinrik van Scheden, copmanne, unde Johannes Ghebbingk, secretarius, de darsulves vor den erbaren heren radessendebaden vortsetteden ere werve unde groffliken clageden van velen gebreken, de en unde deme ghemenen copmanne vorscreven dagelix weddervaren in eren privilegien unde rechticheyden; unde wante denne der vele weren, so hebben se ere gebreke overghegheven in schriften, unde umme der korte willen hir nicht sin ingescreven men to Lubeke bii den schriveren sin wol vorwaret[1].

12. Item alse hir bevoren[2] wart geroret van Asschwin Holthusen, Ilias Goltsmede, Hinrik Berman unde den anderen, de umme etlike erer undaet willen uth Brunszwigk synt geweken unde ok dar uthtotheende hebben gekoren, so hebben de erbaren heren radessendeboden in desse sake dupliken gesproken unde endrechtliken gesloten, nachdem de erbenomede Asschwin myt syner selschopp sodanne sorchvoldighe vorgadderinge unde upplopp jeghen eren raet hebben gemaket, alse de erliken sendeboden van Brunszwigk siik des beclageden, unde se in eren breven an de erbenomeden gemenen stede unde ok an den rad to Lubeke gescreven siik nicht vorbeden to eren unde to rechte men allene to redelicheyt, so willen desse erbenomeden gemenen stede ernstliken geholden hebben sodane olde recessus[3] van den saken gemaket inneholdende: Weret dat jennich man edder mer lude upplop, sorchvoldighe vorgadderinge edder vorbintnisse makeden in jeniger stad jegen den rad unde des rades macht, staet unde werdicheyt to vorvanghe, dat men bewisen mochte edder dar se vorvluchtich umme worden, der lude schal men in nener hensestad leyden efte liiden, mer men scal se richten in er hogeste. Unde dyt schal men ok also holden myt denjennen de alsodannen uplopp, sorchlike vorgadderinge wusten unde der nicht en meldeden. Weret ok dat jenighe stad de in der hense nicht en weren alsodane lude jeghen der hensestede willen samentliken edder besunderen entheldden edder huseden unde hovede n, so schal nen stad van der hense myt der stad jenigerleye menschopp edder handelinge hebben al de wyle se sodanne lude enen edder mer in erer stad liden.

13. Item dit synt der borgher namen unde tonamen de uth Brunszwigk synt gescheden, upp dat en iszliik stad se moghe myden, so dat is besloten: Hinrik van Peyne, Eler Borchholte, Hinrik Vritze, Cord Polleke, Asschwin Holthusen, Hennyng Sluter, Hennyng Stockeman, Hans Kerstingerod, Hans Wissenhusen, Hinrik Rudemans, Bertold Grove, Hinrik Dedeken, Hinrik Langkopp, Hinrik Berman, Hans Berman, Ylias Goltsmet, Bertolt van Schapen, Hinrik Hannover, Hermen Merdorp alias[a] Vorhouwer, Hermen Getelde, Hans Nurenberg, Hinrik Batingk, Hans Grove, Hallorn Doet, Hinrik Dorweldere[4].

14. Vortmer[b] alse hir bevoren wert geroret[5] van der schelinghe twisken deme rade to Goszler unde Hinrik van Alvelde, erer stad borgermester, de dar noch buten is, so synt beyde vorscrevenen parte gewesen vor den heren radessendeboden. Unde darsulves de vorscreven Hinrik bleff bii den ghemenen steden ere unde rechtes, dos se syner alleweghe scholen mechtich wesen. Unde nachdeme denne Cord Overbeke van wegen der vorscrevenen van Goszler dar jeghenwardich nene macht hadde desgeliiken to donde, so wart darsulves vormyddelst

a) alias K 1, 2; alse L, D 1, 7 K. b) § 14 fehlt K 4.

1) Vgl. § 15, 19, 24. 2) § 9. 3) H. r. 1418, Korner bei Eccard Corp. hist. 2 S. 1230 § 1. 4) Das Verzeichniss der Verfesteten im Shigtbok ed. Scheller S. 61 führt 21 Namen auf, von welchen 22 mit den obigen übereinstimmen. Vgl. S. 156 Anm. 3, S. 159. 5) § 3.

den erbenomeden ghemenen steden deme vorscreven Corde gesecht, dat he scholde to hus rilden unde bestellen, dat hir uth deme rade to Gosler nu amme mandage vort over achte daghen wol vulmechtich qweme, de sake to eneme gantzen ende to slitende. Unde darbii de erbenomeden stede ok an de erbenomeden van Gosler wolden schriven, deden se deme also nicht, so wolden se deme recesse der ghemenen stede darupp vorramet volghen, so dat bii den steden were gesloten [1].

15. Vortmer worden darsulves vor den gemenen steden gelesen sodanne privilegia und rechticheyt, alse de copmanne van der Dutschen hense hebben in deme lande von Flanderen unde Brabant unde in deme riike van Engelant, al in deme Dudesschen wowol se synt ghegeven in deme Latine; unde de erbaren van den steden dar jegenwardich nach lude unde inneholde der privilegie wol konden kennen, dat en unde deme gemenen copmanne vele vorkortinge in sodannen vorscreven privilegien dagelis weddervore. Unde deme weddertostande unde myt deme besten unde ok ripeme rade dat to sturende, so hebben de erbenomeden radessendeboden endrachtliken gesloten unde vor dat beste vorramet, dat se ere drepliken sendeboden bii den grotmechtigen heren homeister Dutsches ordens des landes to Prussen myt den ersten schicken unde hebben willen. Unde hebben dartho ghevoget de ersamen heren[a] alse enen[b] van Lubeke, enen vamme Stralessunde, enen van Luneborg. Welke doch de sendeboden der erbenomeden twyer stede, alse Stralessund unde Luneborg, dat also nicht dorsten annamen wente se darvan nichtes hadden in bevel. Darumme de erliken sendeboden der ghemenen stede an de erbenomeden twier stede sendeboden redere schreven, dat en dyt were also to willen unde otlike uth ereme rade dartho vogheden [2].

16. Vortmer darsulvest vor den erbenomeden heren radessendeboden beclageden siik de ersamen sendeboden van Campen unde uth der Suderzee, dat etlike stede hir bii der see hadden deme copmanne to Berghen in Norweghen gescreven unde ok ordinancien maket, dat de schepe van Berghen vorscreven hir to Lubeke in ere[c] stede segelen scolden, dat se siik toghes to vorvange unde groteme schaden. Dartho de ersamen van Lubeke unde de anderen stede, alse Rostock, Wismer, Stralessund, antwerdeden, dat en sodanne ordinancie nicht were to vorvange, men ere menynghe were ghewesen in sulker wise: wor en schip uth ener stad vitaliet unde myt meele unde molte geladen uthsegelde, dat yd dar wedder insegelde, men dat men in dessen steden de vitalien kopen unde de schepe dar uthreden unde voren to Deventer edder an de Suderzee, dat were en nicht to willen. Ok beclageden[d] siik de vorscrevenen van Campen unde de anderen stede vorscreven, dat ere borgere weren gebracht in borghehant, darumme dat se jegen de erbenomeden ordinancien hadden gesegelt etc., unde weren begherende, dat se der vorscreven borghetucht mochten bliven entslagen. Darumme de vorscreven heren radessendeboden sprecken unde umme bede willen der vorscreven van Campen unde der anderen stede sodane borgetucht uppe dyt mael loes scholde wesen bii sulkeme beschede, dat se in tokomenden tiiden den olderluden unde deme copmanne to Berghen vorscreven horsam weren, so siik dat behorde. Unde sunderges de van Campen scholden to Berghen myt deme copmanne stoven unde wonynghe holden, so de van Deventer unde andere stede deden. Helden se ok eghene wonynghe unde kost, alse eghenen rock unde vürstede, so scholden se over den winter unde hervest sodanne ere wonynge waren myt were unde luden, so de anderen don unde denne wesen schal van noden.

a) [illegible] A B C.　　b) [illegible]
c) [illegible] Pf.　　d) beclageden [illegible]

1) Vgl. § 26.　　2) Vgl. § 19. 22.

17. Ok wart darsulvest vormyddelst den erliken radessendeboden gehandelt de landreyse vormyddelst deme gude, dat gheyt over land in Westvalen unde alumme. Unde de erbenomeden radessendeboden den van Lubeke darsulves seden, dat se hadden van der weghen gescreven unde laten don warschuwinghe, dat men nen gud scholde over land voren, dat den anderen steden qweme unde were to vorvanghe unde groteme schaden, wente se de van Lubeke darane vordachten, dat se dat myt vorsate hadden gedan. Darto de erbenomeden van Lubeke nach besproke antwerdeden, dat id ere wille wol were, dat de waghene to lande gingen unde dat sodane schrivent unde warschuwinge nemande van den steden were gedan unde beschen to vorvange edder schaden, men wes hirane gescheen were, dat were gedan umme erer eghenen borghere besten willen, darover se geboet hadden, unde de vormyddelst eren guderen over land varen unde van quaden bosen lichtverdigen luden vormiddelst achte unde overachteschreven van den hemeliken richten boven alle recht unde redelicheyt werden getovet unde myt eren guderen upgeholden. Des do de erbenomeden heren sendeboden weren tovreden unde beden dat men dat also scholde herecessen.

18. Item screven de erbenomeden heren radessendeboden breve an de sendeboden des homeisters van Prussen, de uppe desse tiid van deme erbenomeden heren homeistere to deme heren koninge van Engelant synt geschicket unde darsulvest in Engelant synt tor stede, darane se worden gebeden, dat se van weghen der ghemenen stede unde des copmans van der Dutschen hense umme beholdinghe erer privilegie dat beste wolden vortsetten unde werven, soverne se darvan nen bevel hadden; so de breve dat uterliken wol inneholden unde umme der korte willen hir nicht syn ingesettet[1].

19. Vortmer hebben de erbenomeden heren radessendeboden gheordineret unde geschicket ere drepliken sendeboden, de van der ghemenen stede wegen scholen trecken tom heren hertogen van Burgundien, wanner de bodeschupp uth Prussen wedder is gekomen, umme darsulvest bii dem heren hertogen van Burgundien to bearbeydende, dat den steden van der Dutschen hense ere privilegia imme lande van Vlanderen unvorkortet mochten wedder werden geholden. Unde hebben dartho ghenomet ver sendeboden, alse enen edder twe van Lubeke unde van Colne, van Hamborg unde Dantziike, de denne ere werve in der besten wise vortsetten scholen. Welke ordineringe unde nomynge[a] de erliken sendeboden van Colne, Hamborg unde Dantzike van erer stede wegen so nicht annameden, men se wolden dat bii ere oldesten bringen, des de stede unde radessendeboden wol weren tovreden. Ok scholen denne de vorscreven sendeboden alse ordineret desgeliken bodeschupp don bii deme heren koninghe van Engelant unde Vrankriken is des van node, umme beholdinge der privilegie des gemenen copmans van der Dutschen hense darsulvest in der besten wise alse des is van noden[2].

20. Item beclageden siik vor den erbaren heren radessendeboden de ersamen heren sendeboden der stad Bremen over den heren koningk Cristoffer, de in tiiden kortliken vorleeden hadde laten nemen in syme riike ere schepe unde gudere, des se weren gekomen to groteme schaden, darumme se ok gedan hebben grot vorvolch, wol weren se doch[b] nicht gekomen to slete unde wedderkeringe eres schaden. (Unde[c] vorboden siik vor den steden, dat se erer scholden wesen van der weghene mechtich to eren unde to rechte).

21. Item alse denne in velen vorghangenen jaren bii den ghemenen steden

a) so R, nomynghe L. in den übrigen Hss.
b) den doch R.
c) Unde — rechte [illegible]

1) Vgl. n. 294.
2) Vgl. n. 310 f.

synt gemaket vele recessus myt velen ordinancien unde gesetten, de en deels weren wedderropen, de ene jegen den anderen gesettet unde na vorlopinge der tiid wol wandel unde correctien behoven, hirumme so hebben de erbenomeden heren radessendeboden siik hirmede bekummert unde hebben de vorscrevenen recessus overeencordert unde al de articule, de den steden nütliken denen konen unde de se al van werden willen geholden hebben, hir in don setten. Darna ok en islik in tokomenden tiiden siik schal unde mach richten, beholden doch, eft wes in den erbenomeden olden recessen worde bevunden, dat den ghemenen steden unde deme copmanne denen mach in tokomenden tiiden, dat schal hirmede wesen unde bliven ungedempet

(Hir[a] scolen inkomen al de recesse, de van velen jaren synt gemaket unde uthe de olden recesse synt getoghen und van den steden id also is belevet. Unde de schal men enem isliken, de se hebben wyl nasenden, wente der velo is unde wol so vele alse desse recessus lang is).

22. Vortmer[b] alse denne de erbenomeden erliken radessendeboden eendrachtliken hebben gesloten, dat se willen ere drepliken sendeboden schicken unde senden bii den heren homeister in Prussen, welke kost de erlike rad to Lubeke schal int erste vorleggen, unde ok bodeschopp don willen bii den heren koning van Vrankriiken, hertogen van Burgundien unde den heren koning van Engeland, umme sake wille vorscreven, to welken kosten in Engelant unde Vlanderen to donde, me schal setten unde upleggen enen punttolne edder schod[c] up des copmans guderen, dar des is van noden. Unde de vorscrevenen sendeboden int land to Prussen scholen de vorscrevene ere werve in der besten formen unde wyse vortsetten unde, is des van noden, des copmans clage unde gebreke deme heren homestere in schrifften overgheven. Unde weret, dat de erbenomede here homeister van den erbenomeden heren sendeboden wolde weten, wo de stede darupp hadden ghoramet unde gesloten, darto mogen se seggen unde antwerden, wanner se ere bodeschupp bii syner herlicheyt gedan hebben unde (de)[d] sendeboden van dem heren koninge van Frankriken unde Engelant unde deme heren hertogen van Burgundien synt wedderumme komen unde ere werve ingebracht hebben, so synt dartho alrede etlike stede van den steden ghevoget dar in to sprekende unde dat to slutende, alse denne schal wesen van noden[1]. Unde sodanne kost alse de vorscrevene bodeschopp in Prussen wil kosten, dat ghelt scholen de erbenomeden van Lubeke myt der kost de se unde de anderen stede don bii deme heren koninghe van Dennemarken uppe des tiid van dem vorscrevenen punttollen tor noghe upboren unde entfangen. Deszgelyken scholen de erbenomeden van Lubeke, van Hamborg unde Dantziike van dem vorschreven schote edder puntgelde upboren edder entfangen sodanne kost unde ghelt alse latest int jar 37 negest vorgangen umme beholdinge der ghemenen stede privilegie in Engelant gedan unde bescheen synt. Unde des copmans sendeboden uth Flanderen unde Engelant dar jegenwardich van weghen des ghemenen copmans ghingen des under unde beleveden, dat se sodane ghelt wolden betalen van deme puntghelde bii sodaneme bescheede dat de copman van Brugge wolde entrichten sodane kost alse beschege bii deme hertogen van Burgundien, unde de copman van Engelant dede schege bii deme heren koninge van Engelant. Unde weret sake, dat des were van noden bodeschopp bii deme heren koninge van Vrankriken to donde, dartho scholde de

a) Hir — lang is [illegible] fehlen den übrigen Hss.; in [illegible] die Worte Unde de schal men — lang is durchstrichen und [illegible] b) [illegible]. Iste recessus est positus anno [illegible] in [illegible] ut patet in [illegible]: item alle [illegible] jahr 41 [illegible] den [illegible] c) schatt [illegible]. d) de [illegible] fehlt [illegible].

1) Vgl. n. 313

copman van Brugge entrichten twe penninghe unde de copman van Londen enen penningk, welk[a] ghelt de vorscreven copmanne nach older wanheyt scholen vorleggen unde wedder van deme pontgelde entfangen.

23. Item hebben de erbenomeden heren radessendeboden na guder betrachtinge, myt wolberachtem mode, gudeme rade unde vrien willen deme almechtigen Gode to love, dem hilligen Romeschen riike to eren, dorch witliker nottrofft, nuet, vredes unde vromen willen der lande unde stede umme unrechter gewalt weddertostande unde ok umme trost, hulpe unde were, de unser een deme anderen jegen unrechter gewalt, wanner des noet unde behoff wert, don mach, myt gantzer endracht angheban unde gemaket[b] ene vruntlike tohopesate, vereninghe, vorstrickinge unde vorbund jegen allesweme uthgenomen dat hillige Romesche riike, unde ok dat en iszlik van uns steden unseme[c] rechten heren don, wes wii en van eren unde rechtes wegen plichtich sin, in aller male unde wyse alse de breve de me darup schal vorsegelen clarliken inneholden. Unde hebben darumme gedeelet de gemenen hensestede in veer verndeel, darvan de van Lubeke synt de hovetlinge enes verendeeles, de van Hamborg hovetlinge des anderen verendels, Meydeborg unde Brunszwigk hovetlinge des dorden verendeels, Munster, Nymmegen, Deventer, Wesel unde Palborn hovetlinge des veerden verendels. Unde sodanne vorscrevene breve scholen werden vorsegelt myt veer segelen, alse van veer verndeelen, unde den erbenomeden breff scal me leggen bii den erliken rad to Lubeke, unde de hovetlinge, de also van eres verendeeles wegen hebben vorsegelt, de scholen dat eren medesteden in eren verendeel vorschryven, dat se dat also beleven, soverne se in deme vorbunde wyllen medewesen unde des eren besegelden breff senden under erer stad segele, dat se deme also volgen unde genoch don willen, wanner des is van noden[1]. (In[d] dessen vorbunde en sin de stede ut Prusen nicht medde, wante er sendeboden dar gein bevel nicht van en hadden).

24. Vortmer hadden de erbenomeden sendeboden des copmans van Brugge vele clachte unde gebreke vor den heren radessendeboden vortosettende, de to langh weren to horende unde to handelende, hirumme de vorscreven heren van den steden endrachtliken hebben gesloten, dat de sendeboden, de se in Vlanderen van erer wegen sendende werden, de scholen hebben vulle macht hiran dat beston to ramende, so dat vor de stede unde den ghemenen copman denne profitliik wesen schole[2].

25. Item[e] wante denne etliike uth der hense coplude unde borghere unde ingesetene, de der gemenen stede privilegie bruken, den steden unhorsam werden unde vorboden reyse unde woghe soken, darover de wolvart des gemenen copmans sere wert vornichtet, so hebben de vorscrevenen ghemenen stede endrachtliken gesloten unde vorramet: weret dat welk borger, copman edder ingesetene van der Dutschen hense jegen der stede ordinancien unde boden vorbodene reyse edder stede vorsochten, sodanne personen, enen edder mer, scholen vorboret hebben ere eer, der stede privilegie unde sodanne gud alse se denne jegen der

a) welk – entfangen *fehlt R.* b) gemaket hebben *L.* c) unseme *Df R.*
d) In – hadden *in Df von anderer Hand hinzugefügt.* e) *In L ru § 25 a. R.:* [illegible]; *in K:* [illegible]

1) *Eine Abschrift dieser im wesentlichen mit n. 68 übereinstimmenden Tohopesate befindet sich im StA Deventer, als Anlage zu diesem Recesse. Die Urk. datirt 1447 (des neesten sonnavendes na des hilgen lichames dage) Jun. 10.* 2) *Vgl. hinsichtlich der Klagen die Akten der Verhandlungen in Flandern, n. 340 ff.*

vorscreven stede ordinancien voren unde handelen, unde darenboven ene mark golden der stad, de se darover hebben beslagen. Unde dyt willen de vorscreven stede strengeliken hebben geholden unde ok also gerichtet dar des is van noden.

26. Item alse denne de rad der stad Goszler to unwillen weren unde schelafftich synt gewesen myt erer stad borgermester, her Hinrik Alleveide, alse hir vor in dessemo recesse is beroret[1], so hebben de erbenomeden van Gosler bii dessen heren radessendeboden van der wegen ere vulmechtigen sendeboden geschicket, bii namen Hermen van Dornten, erer stad borgermester, Heydeken van Were unde Conradum Overbeke, radmanne[2]. Unde de vorscreven heren radessendeboden hebben siik myt dessen saken bochliken unde myt gantzeme vlite bekummert unde int leteste den vorscreven parten veer stede geordineret unde ghevoget, bii namen Meydeborg, Brunszwigk, Gotingen unde Luneborg, welke vorscrevenen veer stede dorch ere vulmechtigen sendeboden bynnen Brunszwigk de vorscrevenen parte in wylliker fruntscopp edder nach beschrevenem rechte bynnen ener genanten tiid, de de ersamen van Luneborg den anderen steden veer weken tovoren scholen vorschryven, vorscheden scholen. Unde wes de erbenomeden veer stede den vorscrevenen parten nach beschrevenem rechte edder williker fruntschopp seggende werden, dat scholen se ghentzliiken holden bii vorlust der henscе unde 20 mark fynes goldes, darvan de helffte schal komen deme parte, de den uthsproke holt, unde de andere helffte to behuff der ghemenen stede. Welken uthsproke van den erbenomeden heren radessendeboden gedan unde gesproken, de vorscrevenen beyden parte also beleveden unde in vorschrevener wyse also gerne wolden holden. (Unde[a] hirmede schal alle dingk twisschen den beiden parten stan in gude, unde nemant schal sik vor den anderen bevaren ane alle geverde)[a].

27. (Item[b] so scholen hir inkomen unde navolgen sodanne ordinancie unde gesette, alse by de gemenen stede uppe desser dachvart van weghen des ghemenen copmans to Brugge in Vlanderen unde to Lunden in Engelant synt gesloten, de gans lang weren hir intosettende, dach synt se berecesset in deme recesse, de to Lubeke blifft vorwaret, unde den erbenomeden copman und alderluden synt overgeantwert[4]).

28. Vortmer alse ichteswelke lichtverdige unde bose lude unse stede borgere unde inwonere moyen myt hemeliken Westvelesschen edder anderen uthwendigen gerichten, darup hebben wii uns vordragen unde endrachtliken vorramet in desser wiise: weret dat welk stad edder inwoner desser stede een edder mer van sodannen bosen luden edder ok anderen personen, wodanich se weren, vormyddelst sodanen richten worden angelanget, sodanne stad edder inwoner scholen siik des beclagen vor eremo edder enemo geborliken heren offte richtere unde sodane heren offte richtere bidden, dat he se jegen sodanen richter to rechte vorschryve unde dar gud vor sii, dat he deme kleghere bynnen ener korten benomeden tiid uppe ener sekeren veleghen stede over see ere unde rechtes wille behelpen, unde dat he den richter edder frygreven vormane bii stucken unde articulen, dat he deme heren koninghe int hogeste gedan hebbe, dat he boven sodanne vorschrivinge unde vorbedinge se nerghen mede besware. Unde weret sake, dat boven sulke vorbedinge unde vorschrivinge erscreven sodane stad offte inwoner besweret

a) Unde hirmede — geverde N, fehlt in den übrigen Hss. b) § 27 in K1 D2 Dr 2 Hs., fehlt in den übrigen Hss., in K1 dazu a. R. bemerkt: Non, in D2 von de gans lang ab durchstrichen.

1) § 3. 2) 21 ß 1 L. Hermen van Dornthen, Heydeken von Were, Conrad Overbeken to Lubeke, alse de rad von der hense geheischet wardt. Goslar. Stadtrechn. 1447.

3) Vgl. n. 336 f. 4) Vgl. § 70 f.

worde, den schal men in nener henzestad des to unwerder holden. Unde den richter, de sulke beswaringe deyt, unde ok den cleger, van des wegen de beswaringe schut, schal men in nener henzestad to ewigen tiiden liiden[a], id en were dat yd in der stad macht, dar sik de richter effte kleger benneghevon, nicht en were, sulkent to kerende. Weret ok, dat etlike stede van pawesen edder anderen ghestliken richteren weren geprivilegiert unde begifftet jegen sodanne bemelike edder andere gerichte vorscreven, de mogen beholden op ere privilegie richtere unde executore[b] unde de anropen, dat he sodanne stad nach inneholde sodanner privilegie bescherme vormiddelst banne unde anderen censuren unde so lange beswere wente se sodanne dingk affdon. Unde wanner sodanne richtere des gehemeliken gerichtes aldus werden gebannen, so moten se sodanne ere recht na rechte unde aller redelicheyt affdon unde dalelan. Unde birumme schal me in allen steden, ane in Westvalen de des rechten hebben to donde, opembare vorbeden, dat nymant na desser tiid fryschope werde, unde weret dat boven sulk vorbot yemant frigschope worde, den schal men in nenen steden van der Dudeschen hense to state unde werdicheit[c] kesen edder entfangen.

29. Vortmer[d] alse de van Lubeke unde der van Colne sendeboden schelafftich weren umme der stede wort to holdende etc., dar de erbenomeden heren radessendeboden gutliken inspreken unde der van Colne sendeboden gutliken underwiseden umme des gemenen besten willen, dat men de sake bestan lete, senem parte to vorvange, beth to der negesten dachvart dat de gemenen hensestede bynnen Lubeke vorgadderden. Unde nachdeme denne veler erliken sendeboden ichteswelker stede hir uppe desse tiid tor dachvart synt gekomen, de doch in vortiiden dar nicht hebben gewesen, so schal en jewelik bii synen oldesten to hus bynnen dessen middelen tiiden vorkuntschuppen unde irvaren, wo dat van oldinges wente her myt deme worde to holdende is gewesen, unde denne uppe der negesten dachvart to Lubeke, wanner de gemenen henzestede vorgadderen, se gutliken darumme vorenenen[e] unde sliten[f].

30. Vortmer[g] weret, dat God vorbede, dat en schipp in der zee brekafftich worde, dar schullen schepmans unde bosmans inne vorbunden syn, dem copmanne sin gud helpen to berghende to deme alderbesten dat se kunnen unde mogen, unde darvan schal men en gheven redeliik arbeydeslon; dat is to vorstande, wor se myt den schipheren unde copluden nicht overendregen konen, in de ersten henzestad dar se denne komen, effte vor de alderlude des copmans, schal men se dan scheden unde gheven eneme isliken na deme dat he mach vordenet hebben, bii vorstande van den schipheren unde copluden de dar dan bii gewesen syn. Unde we nicht en arbeydet, de schal nicht hebben. Were ok dat we schepbrokich worde in der Dudeschen siiden, dar andere lude hulpen to bergen, de sik darumme nicht vordragen kunden umme dat arbeydeslon, dat scal stan to deme seggende der negesten hensestad effte to deme copmanne[h] [1].

a) nicht fehlen L. b) executores K 2—4 R Df. c) [illegible] DL.
d) [illegible]
e) vorenyghen R. f) Mit § 29 endet A.
g) [illegible]
h) Mit § 30 endet Kl, [illegible]

[1]) § 30 gedruckt Pardessus a. a. O. § 1. Der Artikel ist wörtlich aus dem Recess von 1417 herübergenommen und findet sich bis auf den letzten Absatz bereits im Recesse von 1412. Vgl. HR. 1 n. 396 § 3.

31. Vortmer weret ok sake, dat jennich schipman effte bosman[a] dem copmanne sin gud nicht wolde helpen berghen so vele alse se kunden unde mochten, alse hir vorscreven is, wanner dat sulk schipheren edder coplude darvan beclageden vor jenigher stad van der hense effte alderlude des copmans, dar se erst toquemen alse vorscreven is, dat schal de stad effte alderlude des copmans richten bii vorstant der schipheren effte coplude de darbii gewesen sin, alse vorscreven is, also dat en ander darbii en exempel moghe nemen, bii des copmans gude so to bearbeydende unde to vorwarende, alse sulk dat geboren schal[1].

32. Vortmer wat schiphere, de korn innemet, de schal darynne vorbunden sin, so myt synem schipmans unde bosmans to overdregende unde se darynne hebben, dat se dat vorkolen also dicke alse des noet is; wor dar vorsumenisse toqueme, dar schal de schiphere vor antworden. Also mennichwerve, alse dat korn vorkoelet wert, so scal de copman den schipmannen unde bosmannen gheven vor jewelke last anderhalven groten Flamesch[2].

33. Vortmer in allen havenen, dar schepe geladen werden, schal de stad (dat)[b] vorwaren laten, unde desgelikes de olderman des copmans dar des behuff is, dat de to depe nicht geladen werden, se sin clene edder grot; konde men darenboven jenighen schipheren bewisen, dat he sin schipp vorladen hadde unde darafl schade queme, den schaden scholde de schiphere allene betalen. Worde ok en schipp vorladen unde doch wol over zee queme sunder schaden, van also vele last alse men bekennen mochte, dat he vorladen were, scholde he van jewelker last gheven der stad van der hense effte den alderluden des copmans dar he toqueme, also vele vracht alse he darmede vordenet hedde[c][3].

34. Vortmer offt zerovers jenich gud nemen unde en dat weddergenomen worde, is geramet, dat[d] degenne, de en dat weddernemen, unde degenne, de de koste standen, de helffte des gudes darvan hebben unde beholden mogen unde de helffte den beschedigeden weddergheven. Weren over vredeschepe in der zee van der ghemenen stede wegen, de dat den roveren weddernemen, de scholden dat deme copmanne weddergheven. Ok vor welker havene, dar men zerovere ervaret, dar schullen de negesten stede volgen unde de vorstoren unde bringen dat uppe de negesten dachvart; de koste unde theringe schullen en de gemenen hensestede weddergheven[4].

35. Vortmer synt de stede eensgeworden to holdende de artikel also in den olden recessen gescreven is, also dat nen schiphere myt geladen schepen noch myt ballasten zegelen schal na sunte Mertens dage uth der havene dar he denne inne is, id en were, dat he uthgesegelt were van dar, dar he geladen were, unde queme vor in Norwegen edder in anderen haven, so mach he vort segelen darhenne he willen hadde to segelende. Were over, dat welk schipp geladen were vor sunte Nicolaus dage myt bere edder myt heringhe myt vuller last, so mach de schipher segelen in den market darhenne he gewunnen is, wo he dat myt syme rechte beholde, dat he anders nene copmanschupp ynne hebbe den beer unde hering[5].

36. Vortmer scholen nene schipheren van der zee, de winteringhe gelegen hebben, segelen myt eren schepen vor cathedra Petri, id en were, dat welk schip-

a) bosman Dl. b) dat B Ku fehlt L. c) hadde Df. d) [illegible] de de koste standen unde en dat weddernemen Df. [illegible]

1) Pardessus § 2; wiederholt aus dem R. v. 1412; der von 1418 setzte die Strafe auf 2 Monate Gefängniss und bei Rückfälligkeit auf 3 Monate und Brandmarkung des Ohres fest; vgl. § 55. 2) Pardessus § 3; R. v. 1412, 1417 und 1418. 3) Pardessus § 4; R. v. 1412, 1417 und 1418. 4) Pardessus § 5, R. v. 1412, 1417 und 1418. 5) Pardessus § 6, R. v. 1417 u. 1418, vgl. HR. 1 n. 321 § 13, 2 n. 69 § 14.

bare sin schep lode myt heringe edder myt beere, de mach segelen to lichtmissen. Unde wanner de schipheren also liggende bliven, also vorscreven ys, so darff de copman nene vracht uthgeven, effte de copman upschepen wil. Jodoch mach men segelen bynnen landes myt klenen schepen up dat hogeste van 24 lasten. Unde oft jenich schipher edder copman, de in der hense is, hir entjegen dede, in welker stad haven de queme, die schipper schal sin schipp unde de copman sal sin gud vorboret hebben. Were over de schipher edder de copman nicht in der hense, we denne dat schipp edder gud koffte, he were borger edder gast, de scholde dat schipp unde gud vorboret hebben. Beheide over de schipher dat schipp, so en scholde nemant dat schip darna bii eneme jare schepen[1].

37. Vortmer wanner jennich schipher kumpt in ene havene na sunte Mertens dage, de scal myt siik bringen enen breff, darynne he bewisen schal, uppe wat tiid he geschepet unde rede was myt vuller last to segelende. Unde wor en schipher van windes unde weders noden na sunte Mertens dage in ener havene blifft liggende, wil denne de copman sin gud uppschepen, dat mach he don unde wedder inschepen uppe desulve vracht. Wil[a] he over em sodanne gud nicht wedder inschepen, so schal he deme schipheren gheven syne halve vracht[a], so he des myt em eens is geworden[2].

38. Vortmer en schal nemant vorkopp don, alse hering to vorkopende unde kopende er he gevangen is, edder korn er yd gewassen ys, edder want unde ander gud er yd gemaket ys[3]. Scheget ok darenbovene, so schal de koper dat gud vorloren hebben unde de vorkoper schal breken 10 mark sulvers, unde dejenne, de dat meldet, schal hebben van dem vorbrokenen gude den soesten penningk. Unde dyt schal en jewelk stad richten, dar dat vorscreven gud kumpt, to dersulven stad behuff; weret ok dat we vor desser tiid dyt alrede gedan hadde, dat schal machtloes wesen[4].

39. Vortmer hebben de stede vorramet, dat wor en borgher in ener stad van der hense dem anderen schuldich is, sodanne borgher uth der stad van der hense schal em dat affvorderen unde manen myt der stad rechte unde dat nemande[b] gheistliken manne to manende uplaten, alsoverne eme in der stad recht scheen moghe. De dar entjegen dede, de en sal in der stad nicht lenger borgher bliven, ok en scal he in nener hensestad mer to borgher entfangen werden[5].

40. Vortmer scal nemant gerovet edder sedrifftich gud kopen bii lyve unde gude, unde de dat koffte, de schal me richten in er hogeste unde dat gekoffte gud schal vorvallen den menen steden; kofft he ok dat gud unwetene, so ys dat gud allenen vorvallen, men he schal de unwetenheyt warmaken sulff drudde bii eeden[6].

41. Vortmer[c] hebben de stede eensgedragen unde geramet, dat[d] welk man jennigen borghers van der hense ghelt unde wedderlegginge hefft, wan de van eme scheden wille edder wanner de here van em wyl, so schal he komen dar de here wanet, dar he de wedderlegginge van em genomen hefft, unde don em myt fruntscopp edder myt rechte des he em plichtich sy. Weret dat he siik des werede, so scal he in nener hensestad borger wesen effte werden, id en were,

a) Wil — vracht fehlt R. b) nymande R, nemande Df. c) § 41 fehlt Df.
d) dat dat L.

[1]) Pardessus § 7; R. v. 1417 u. 1418. [2]) Pardessus § 8; der erste Satz a. d. R. v. 1417 u. 1418. [3]) Vgl. n. 107 f. [4]) R. v. 1418, vgl. Korner a. a. O. S. 1230 § 12. [5]) R. v. 1418, vgl. Korner a. a. O. S. 1231 § 14.
[6]) Pardessus § 9; R. v. 1418, doch heisst es dort, dass das Gut schal half vorvallen an de stad edder den copman, dar he richtet werd, unde de andere helfte an de gemenen stede.

dat yd em zulke noet beneme, dat he to der tiid, alse de here dat eschede, nicht komen en kunde[1].

42. Vortmer hebben de stede ghenszliken overeensgedragen, wente des noet unde behoff is, de hense wedder to vornyende, also weret dat in jeniger hensestad ere rad van eren borgheren worde unmechtich gemaket, so schal der stad nye raed unwerdich wesen in rade der anderen stede van der hense to sittende, wente so langhe dat se over erer borghere mechtich werden. Weret ok dat se darmede erer borgere nicht konden mechtich werden, so schal de stad vorhenset werden unde ere gud unde erer borgere schal men nemen unde richten na der hense rechte. Unde veer stede der stad negest liggende scholen dat den ghemenen steden vorkundigen unde ok deme copmanne, wor he steyt, dat se dat also vorvolgen unde holden scholden, alse vorscreven is bii dersulven penen[2].

43. Vortmer hebben de stede vorramet, dat nemant sprake leren scal in Liifflande, he en sy in der hense begrepen. Ok schal nemant, de in der hense nicht en is, in Liiflande syne copmanschapp vorsoken vurder den in den steden bii der see belegen, unde schal nicht to lande wart an vorsoken, utime vlas edder ander gud to kopende. Ok schal nemant buten der hense wesende anders copslagen in dorperen unde klenen steden bii vorlust des gudes deme kopere unde vorkopere[3].

44. Vortmer[a] offt jenige stad van der hense myt ener anderen to unwillen queme, so scholen dree der anderen negesten stede den steden belegen darto arbeyden, dat se se vligen in rechte edder fruntscopp, unde den scholen se des ok horen, unde nen stad der hense schal der anderen jenighe landesheren over dat hovet theen; weret ok dat se van den steden bii en belegen yo nicht envleghen[b] kunden werden, so schal dat stan beth to der ersten dachvart dat de stede tosamende komen, unde de scholden se denne in rechte edder fruntschopp vorscheden. Weret dat welke stad hir entjegen dede, de scholden den anderen steden dat vorboten myt hundert lodigen marken sulvers.

45. Item hebben de stede vorramet, dat nemant olderman des copmans wesen schal tom Mellebogen edder anderswor dar de copman alderlude heft, he en sy borgher in ener hensestad. Unde de schal ok nemande vordegedingen offte beschermen myt des copmans rechte, he en sy borger in ener hensestad. Weret ok dat yemant de borger were in ener hensestad in den vorscrevenen jeghenen to schickende hadde unde sik uth des copmans rechte gheve in en ander recht, de schal darna nicht lenger borger bliven in der stad dar he tovoren borger ynne was[4].

46. Vortmer en schal me nen korn schepen dorch den Ortsund edder dorch den Belt noch uth der Elve edder uth der Weser anders den uth den hensesteden. Welker schipper dar entjegen dede, den schal men in nener hensestad mer laden noch vorvrachten, unde welk copman in der hense begrepen dat breke, de schal dat gud vorloren hebben. Breke ok we de in de hense nicht behorde, de schal na der tiid nene vorhandelinge noch vorkeringe hebben in den hensesteden noch nemant myt em, de in de hense behort[5].

47. Vortmer[c] schal me nemande in der hense edder myt des copmans rechte vordegedingen, he en sy borgher in ener hensestad unde de schal ok borgerrecht don in der stad dar he borger ys; unde offt em de copman des nicht beloven

a) [illegible] Df [illegible] a. R. b) entvleghen Df.
c) § 47 fehlt Df; in [illegible] §§ [illegible].

1) Vgl. HR. 2 n. 608 § 27. 2) Vgl. § 50. 3) Vgl. HR. 1 n. 321 § 34.
4) Vgl. § 47; HR. 1 n. 321 § 33. 5) R. v. 1418, Koppmann a. a. O. § 13.

wolde, so schal he des bewisinge bringen an den copman van der stad darane he borger is, dat yd also sy etc. Ok schal nemant in twen steden borger wesen bii vorlust der hense. Ok schal nemant olderman wesen to Brugge in Vlanderen, to Lunden in Engelant, to Bergen in Norwegen unde to Nougarden in Ruslande, he en sy borger in ener hensestad [1].

48. Item van denjennen, de myt vorsate in jeniger stad edder anderswor ghelt lenen edder jenich gud borgen unde darmede wechtheen unde anderswor varen to wanende, is vorramet, dat se darmede scholen erer borgerschupp quyd wesen unde in nenen steden leyde hebben. Ok en schal me erer in nener copstevenen myt des copmans rechte vordegedingen [2].

49. Vortmer [a] hebben de stede vorscreven endrachtliken in dat gemene beste vorramet unde gesloten, dat se in tokomenden tiiden, wanner de stede wor vorgaddert werden, nemande bii siik in rade to sittende hebben wyllen, he sy jegenwardich en gesworen radman in ener hensestad. Unde bringet de syner stad schryver mede, den willen se ok gherne liiden bii siik in rade. Worde over en schryver van welker stad allenen wor vor sendebode gesand to ener dachvart, des en willen se in rade bii en to synde nicht liden, wente de stede erkennen, worde des ener stad gegund, de to daghe vorbodet were, dat se vulden mochte den dach to besendende myt ereme schryvere, dat yd denne andere stede ok donde worden, darvan int lateste dat gemene beste in syneme vortgange wolde unde ok lichte moste ghehindert werden [3].

50. Item offt wor de rad in ener stad van den borgheren edder inwoneren dersulven stad unmechtich maket worde in deme regimente unde vorwesende edder synen vryheyden unde herlicheyden vorkorttet worde myt dranghe offte gewalt, de doch radmanne bleven: nadem dat de rad nicht so mechtich unde in sulker vryheyt unde herlicheyt en ys alse he bevoren was, so en scholen der stad radessendeboden, dar de stad so unmechtich is, mank den sendeboden der anderen hensestede nicht to rade ghan. Unde men schal dersulven stad borghere unde inwonere manen, dat se eren rad laten bii deme regimente, vryheyden unde herlicheyden, dar de van gedrunghen is, unde dat se der hanse den overtrede unde sulffwolt vorboten; unde don se des denne nicht, so scal de stad uthe der hense wesen, unde de anderen hensestede scholen darna myt der stad borgheren edder inwoneren nene handelinge edder meenschupp hebben unde se ok in eren steden unde gebeden nicht liden noch geleyden so lange wente de rad weddergekomen sy to den vryheyden, herlicheyden unde regimente, also dat eere deme dranghe edder gewalt plach to wesende, unde dar genuch gescheen sy vor den overtrede unde sulffwolt etc. [4].

51. Item [b] dat men alle werk schal kopen unde vorkopen bii syme namen, dar dat genoch mach vor don, van iiliken dusende to vorborende soes Engelsche nobilen offte de werde darvan [5].

52. Item [c] welk man de de werk kopen will [d] van den Russen, de schal siik dat laten leveren to besende unde laten siik upgeven na older wanheyt; unde nemant schal barwerk offte packinghe bii deme reynen werke kopen uppe de

a) §§ 49—71 fehlen D, 2; § 49 fehlt Kl. b) §§ 51, 52 fehlen Kl.
c) §§ 52—54 fehlen Df. d) will Df fehlt L.

1) Vgl. Koppmann HR. 1 n. 376 §§ 11, 12, 4 n. 541 § 11; Recess v. 1418, Korner a. a. O. § 3; R. v. 1434, HR. 1 n. 321 § 12; Lappenberg, Stahlhof S. 101 § 4. 2) Vgl. Koppmann HR. 4 n. 441 § 14; R. v. 1418 Korner a. a. O. § 6. 3) Vgl. HR. 2 n. 439 § 3. 4) R. v. 1418, Korner a. a. O. § 2; vgl. oben § 12, 13.
5) Vgl. HR. 1 n. 321 § 23; 2 n. 608 § 16.

bote van elkem dusende bii 6 sware Engelsche nobelen to vorborende, de twe deel dar dat gevallen sal unde dat dorde deme vormelder[1].

53. Item[a] so schal nemant kopen van den Russen troynisse, noch nemant scal kopen noch vorkopen enich getoghen werk offte jennich getroynisse van reynem werke ummegekeret sunder allenen popelen, bii vorlust des gudes, darvan de dre deel scholen vorschynen dar dat gevelt unde dat veerde deme vormelder. Unde desse vorscrevenen puncte schal me holden in allen steden dar de van der hense kopenschupp holden, alse dat int jar 34 bii den gemenen steden der hense is belevet unde berecesset[2].

54. Vortmer is vorramet, welkeme schipheren wat ingheschepet wert, de schal dat wedder utschepen unde antwerden denjennen de dat (em)[b] ingeschepet hefft edder enem van syner wegen, dar he vor antwerden wil, uppe dat yd to rechter scheringe kome, wente worde wes vorloren, dat scholde de schipher gholden; hadde ok de schipper jennich gud ynne dat siik nemant antoghe, dat schal he deme rade antwerden dar he losset, edder den olderluden des copmans dar he kumpt[3].

55. Item wor en schipher in der zee in noot queme myt schepe unde gude, unde syne schipkindere edder schipmanne nicht helpen wolden unde eme entoghen[c], des siik de schipper beclagede, worde dat volk in eniger hensestad edder copmans rechte begrepen, dar scholde men se in den torn setten unde twe mante holden myt watere unde brode. Dede he id ok na der tiid meer, dar he umme beclaget worde, so schal men een dree mante in den torn holden myt watere unde brode unde gheven em den en teken in dat ôre, also dat eyn ander dar en exempel van neme, siik darvor to bewarende[4].

56. Item[d] ghunden de stede, dat de oldermanne des copmans to Brugge in Vlanderen unde in anderen copsteven bliven bii der olden wanheyt unde rechticheyt, alse dat se ordinancien maken mogen, alse en dunket vor den copman nutte unde gud wesen; doch offt clage darvan vor de stede qweme, wes de stede den darvan upsetten unde ordineren, dar schal yd bii bliven.

57. Item alse de stede nu meentliken vorgaddert weren, wogen se over mennighen anval, de en unde erem copmanne mennigerleye wys tokumpt, unde se dar so dicke umme tosamende to komende, alse des wol nöt were, wolde zere umbequeme syn umme afflegenheyt wyllen, unde hirumme savellen se menliken de stede Lubeke unde andere erliken steden by en belegen, de leffliken biddende, dat se yd umme des gemenen besten wyllen van erer aller wegen to siik nemen, der stede unde des copmans beste to provende, alse se gerne deden, wente wes se in der stede unde des copmans besto vorsetteden unde deden, des wolden se en bistendich sin. Dar de van Lubeke unde de anderen erliken stede, ere naburen, na besproke to seden, wat se in der stede unde copmans beste don konden, dat hadden se ye gerne gedan unde wolden dat ok gerne vortan don, dar en de ghemenen stede vruntliken umme dankeden[5].

58. Item so hebben de vorscrevenen sendeboden gheordineret, dat nemant in de hense behorende sal an nemande anders syn gud senden noch bevelen dan an dejennen de in der vorscrevenen hense synt, behalven wyn, beer unde hering mach he senden an wemen he wyl; unde de hir entjegen dede, de scal vorboret hebben ene mark goldes unde de to delende alse dar vorscreven is[6].

a) § 53 folgt in Kl nach § 63. b) em in R vom Schreiber nachgetragen, fehlt L.
c) in L corrigirt aus ertlogen, wie auch Df liest. d) §§ 56, 57 fehlen Df.

1) HR. 1 n. 321 § 24. 2) HR. 1 n. 321 § 25. 3) Pardessus § 10; R. v. 1418. 4) Pardessus § 11; R. v. 1418; vgl. § 31. 5) Vgl. HR. 2 n. 431 § 46. 6) HR. 1 n. 321 § 13.

59. Item[a] desgelikes schal nemant in de hense behorende in den steden van der hense offte anderswor gheen gud hanteren noch entfangen dat in de hense nicht en horet, ok uppe de bote van ener mark goldes, darvan dat ene dordendeel scal hebben de uthbringer unde de twe dele schullen gedeelet werden alse vorscreven is[1].

60. Item hebben de vorscrevenen stede upgesat unde gheordineret, dat nemant in de hense behorende en schal gud to borghe kopen van Vlamyngen edder van yemande anders buten der hense, na der ordinancien de de copman to Bruegge darup ordineret hefft myt der bote ener mark goldes unde to vorborende uppe en islik punt grote viff schillinge grote. Unde en islik schal dat vorrechten vor deme copmanne, dat he de lakene unde andere gudere umme rede gelt gekofft hebbe, anders so scal dat gud bii deme rade dar dat ankumpt stande bliven. Unde desse ordinancie scal alle tiid stan to der ghemenen stede unde des copmans wedderropinge[2].

61. Vortmer so hebben de vorscrevenen stede geordineret, dat alle dejenne de sik myt vorsate uth der hense gheven unde in Vlanderen porters werden offte anderswor unde dar wyve nemen, dat de darna nummermer in jenniger hensestad en schullen vor borgere entfangen werden noch der hense rechticheyt gebruken. Ok dat gheen schipper van der hense scal ere gud enthalen unde ostwart noch westwart voren uppe de bote ene mark goldes. Unde so wor in Ostlande in jenige stad der hense erer gudes wes kumpt, dat se sulven dar nicht en bringen, dat schal men dar resteren to der gemenen stede behuff bette also lange, dat se dat bewisen, dat de dat umme rede gelt gekofft hebben unde dat nemant anders dar part offte deel ane hebbe[3].

62. Item desgelikes schal men dat ok holden myt alle denjennen, de in der vorscrevenen desste synt edder ere wedderlegginge hebben, unde de anderen de tho en theen unde myt en to hus liggen, dat sin schipheren edder coplude, id sy sake dat se na der vorkundinge desser ordinancien twisschen dyt unde paeschen van en nicht en scheden, so scholen de in nene hensestad vor borgere entfangen werden. Unde dat men alsodanne gud, alse se in jenige stad van der hense bringen, dat schal so lange in restament geholden werden, dat se bewysen, dat yd en tobehorde unde umme rede ghelt gekofft sy unde anders nemant van buten der hense part noch deel darane hebbe[4].

63. Vortmer dat en islik schipher, de en schip erst uthbringet, dat sy olt offte nye, de schal in schrifft overgheven dem rade dersulven stad dar he dat schip uthreth edder gekofft hefft, offte van deme copmanne to Bruegge edder in Engelant, we syne reders synt bii synen eeden, unde darvan bewisinge van der stad edder under des copmans ingesegel nemen. Unde weret dat darenboven jenoich schipher vunden worde, dat yemant anders hadde part an syneme schepe uthgereth, edder dat de schiphere darup enich ghelt hadde entfangen, darvan so scal de schipper an sin hogeste gerichtet werden, unde so we na (em)[b] qweme baven de vorscrevenen geschriffte, de sal nicht hebben[5].

64. Item wanner dat enich schipher in enighe haven kumpt, dar he syne reders offte dat meste deel vyndet, dar schal he en rekenschopp don vor guden erbaren luden van allen reysen de he gedan hefft, unde en schal nicht mechtich sin dat schip to vrachtende buten syne reders witte unde willen. Unde offte he

a) §§ 59-61 fehlen D1. b) em D1 fehlt L.

1) HR. 1 n. 321 § 16. 2) HR. 1 n. 321 § 17. 3) HR. 1 n. 321 § 18, vgl. 2 n. 608 § 13, unten § 83. 4) HR. 1 n. 321 § 19. 5) Pardamente § 12; R. v. 1434, HR. 1 n. 321 § 20.

dat gedan hedde, so scal de vorvrachtinge van jennigen[a] werde wesen. Unde weret sake, dat jennich schipher hir entjegen dede, dat scal stan to des rades offte kopmans kentnisse, so wes he darane gebroken hefft[1].

65. Item dat nemant schal bodemen, also dat nen schipher en schal ghelt, korne, wyn, solt edder ander gud uppe deme bodeme nemen, darmede enich part schepes offte dat schip uthtoredende, noch[b] enich gud vorkopen, dat he in deme schepe nicht en hefft. Weret sake dat yemant darmede dar bevunden worde, he sy schipper offte copman, de scal alsodane gelt, dat also uthgegheven unde entfangen were offte dar de vorwort up gemaket syn, to der ghemenen stede unde des copmans behuff vorboret wesen[c], unde we sodanne copenschup vormeldet, de scal darvan hebben den dorden penning[2].

66. Item weret dat jennich man in de hense behorende in jeniger henzestad stervet, so scal de rad van dersulven stad [sik][d] synes nalatenen gudes underwinden unde dat in bewaringe holden so lange dat dat den rechten erffnamen to den henden komen moge, unde darvan to beholdende wes der stad recht is[3].

67. Vortmer[e] scal men allen heringk vorspylen unde vordoveken na older wanheyt, alse den Schonschen hering drye unde den anderen, alse to Bornholme unde in Dudesschen syden, twye, by vorlust van der last en sware Engelsche nobelen edder de werde darvan; unde de heringtunnen scholen hebben ere grote hil vorlust unde penen alse vorscreven is[4].

68. Vortmer[f] hebben de vorscrevenen stede merkliken overwegen unde betrachtet, wat vorsumenisse, hinder unde schaden dem ghemenen gude darvan gekomen synt, dat vele stede harthorich unde unhorsam geweset synt to dage to komende, darto se umme not willen des gemenen gudes vorbodet weren, unde hebben ondrachtliken na wolbedachten mode geramet unde gesloten na desseme daghe ernstliken to holdende, also dat welke stad, de in tokomenden tiiden uppe mogelike tiid to daghe vorbodet wert unde den dach nicht besendet, de schal den ghemenen steden der hense to der hense orbor den unhorsam vorboten myt ener mark goldes. Unde wen der stad borghere in ene andere stad der hense komen, dar schal men se upholden unde thoven so lange, dat de rad der stad de mark den steden entrichtet unde bereth hefft. Unde darto scal de vorscrevene unhorsame [stad][g] ok der hense unde copmans der Dutschen hense rechticheyt entberen bet dat de vorbenomede mark goldes betalet is. Unde dyt scal en islik stad hir nu wesende den steden bii en belegen, de nu hir nicht en synt, witlik don, uppe dat se siik darna weten to richten unde vor schaden to warende[5].

69. Vortmer hebben de gemenen stede van der Dudesschen hense endrachtliken ordineret, vorramet unde gesloten, dat vortan na dessemc daghe nen stad noch stede van der Dudesschen hense, wo groffliken se vorgaddert syn, scholen enige stad buten der hense in de hense nemen, id en sy ersten den steden, de men plecht tor dachvart der ghemenen hense to vorschryvende, vorkundiget. Unde offt jenige stad der hense begherde, so scholden de ersamen de rad van Lubeke offte andere, we den steden van der hense vorschryven tor dachvart to komende, in densulven breven darmede dat men se vorschryvet vorkundigen unde nomen de stad in ereme breve de der hense begheret unde dat men darup spreken sal in dersulven dachvart, uppe dat en islike stad siik wol besynnen

a) ghenen liest d. R. v. 1434, ebenso Pardessus. b) ok noch L. c) sic anstatt hebben alle Hss.
d) sik fehlt L. e) §§ 67–71 fehlen D2. f) §§ 68–71 fehlen Df. g) stad fehlt L.

1) Pardessus § 13; R. v. 1434, HR. 1 n. 321 § 21. 2) Pardessus § 14; R. v. 1434, HR. 1 n. 321 § 22; vgl. R. v. 1418 und HR. 2 n. 439 § 30, n. 608 § 15 und unten § 69.
3) HR. 1 n. 321 § 28. 4) HR. 1 n. 321 § 36, 2 n. 608 § 26.
5) HR. 1 n. 321 § 41.

mach, off de stad de des beghert der gemenen hense profitlik wesen mach offte nicht. Unde offt jenige stad hirenboven entfangen worde alse vorscreven steyt in de hense, dat scal van nenen werde men machtloos sin [1].

70. Item wante de olderlude to Brugge alle jar ummetrend pinxsten affgan unde soes nye olderlude werden wedder gekoren, de nicht wol en weten wat ere vorvars in den jaren gedan hebben off des copmans sake enbynnen syn sunder se vornemen dat van den olden, darvth vele gebreke, vorsumenisse unde schaden deme copmanne komen mochte, so hebben de gemenen stede to Lubeke vorgaddert geordineret unde gesloten, dat men nu vortan uppe sunte Johannes avent allewegen kesen schal in illiken dordendeel enen olderman unde uppe des hilligen Kerstens avent desgeliken uth eneme dordendeel also dat alleweghe dre olderlude bliven mogen stan bii dre nye olderlude. Unde uppe dat se desser ordinancie an beghynde werden in sunte Johannesmisse negest komende, so hebben de gemenen hensestede bevolen denjennen de aldus lange plegen to kesende, dat uthe den soes olderluden, de nu affgande werden to pinxsten ummetrend, offt desse ordinancie nicht gemaket were, kesen mogen uth illiken dordendeele enen olderman, de en dunket bequemelik darto nach eneme halven jare to blivende stan vor alderlude; unde wemen se darto kesen werden, de schullen olderlude bliven uppe bote twe mark goldes to vorborende so mennichwerve alse yemant des weigherde to donde; [unde[a] vort darby to donde] myt den alderluden unde 18 mans wat profitlik unde bequemelik is vor den gemenen copman [2].

71. Vortmer alse denne twedracht is twisschen deme copmanne van Engelant unde deme copmanne van Brugge van deme schote, dat de coplude van Engelant nicht en menen schuldich to wesende van den guderen, de se bringen uth Engelant dor Vlanderen unde Brabant etc., darup de radessendeboden der gemenen stede van der hense in Vlanderen wesende int jar 35 uppe den 14 dach van jannario enen uthsproke gedan hebben [3], durende twe jar langk, unde darna desgelikes de rad van Lubeke unde radessendeboden der stede Hamborg, Wismer unde Luneborg ok van siik vorschreven hebben ummetrend 8 dage in augusto int jar 39, dat men den uthsproke noch holden scholde twe offte dree jar langk, so hebben nu de gemenen stede van der hense endrachtliken gesloten, dat men van ghemenen gude, dat vorschotet is in Engelant unde [un]vorandert[b] in Vlanderen offt Brabant to water offt to lande wert gevört wert, vortan schod geven sal, beholden des, wanner de copman van Engelant wil, dat de olderlude to Brugge an den balliun schryven scal certificacien van dem ghude, alse vor desser tyd wontlik is gewesen, so scal de copman van Lunden certificacien an de alderlude don, dat de gudere in de hense behoren unde dat nemant buten der hense part offte deel darane en hebbe, unde de copman van Brugge scal alsodane certificacien don an den balliun van deme watere offt anderswor dar des not is, unde van sulken certificacien sal men des copmans clerick to Brugge gheven 3 placken, dar sy vele offte kleyne gud ingescreven; unde were dat gud nicht vorschotet in Engelant, so sullen de alderlude van Brugge dubbelt schod mogen nemen van dem gude, to eren unde des copmans behuff in Engelant, unde dar to vor bote 20 schilling grote deme copmanne to Brugge to vorvallende[c]. Unde quemet also, dat de copman van Brugge moste vorder vorvolch don uppe Engelsche lakene myt breven, so mogen de alderlude van deme copmanne, de des vorvolges beghert, to

a) unde — donde fehlt L, ergänzt n. d. H. v. 1441. b) vorandert [illegible] L, wo diese Hand [illegible]. In dem [illegible]: unvorandert. [illegible] 15ten Jah. begl. c) Bei vorvallende brechen K1 K Kn D1 den Paragraphen ab, indem sie [illegible] etc., also das [illegible].

1) HR. 2 n. 439 § 26. 2) HR. 2 n. 439 § 34. 3) HR. 1 n. 393.

vulleste[a] eren kosten, alse men denne darumme donde wert, nemen redeliken na uthwisinge der stede unde des copmans ordinancien darup gemaket. Unde vort willen de stede, dat men holden sal myt den guderen, de uth Engelant komen in Vlanderen off Brabant unde affslagen worden to kope unde doch unvorandert dar dor dat land gesand werden, alse de copman to Brugge dat holt myt syme gude, dat em kumpt in Vlanderen unde dar upgeslagen wert to kope unde doch nicht vorkofft danne in Engelant umme dar to vorkopende gesand wert. Dat is to vorstande: nemen de alderlude schod van eren copluden van alsulken vorscrevenen guderen so mogen se ok nemen schod van sulkem Engelschen gude, dat also upgeslagen wert to kope alse vorscreven steyt. Unde de ghemenen stede willen unde begheren, dat de ene copman dem anderen vruntliken wille bistendich syn unde vorderlik, unde hadde enich stoed, twedracht offte schelinge twisschen den beyden aldus lange gewesen, dat se der uppe beyden syden vorgheten willen, dat willen de stede vor oghen hebben unde wilt se ok gerne vorantwerden unde vor recht beschermen also se konen unde moghen etc.[1].

72. Wo[b] me yd schal holden in Engelant myt denjennen de der stede privilegie willen bruken[2]. Wente vele geslachte unde gebreke dagelix vallen by deme copmanne van Engelant van denjennen, de in der hense nicht geboren sint unde doch van den copluden van der hense to deneren genomen werden, unde somptyt van eren heren mit gelde unde gude vorlecht werden, also dat se part unde deel hebben an der copenschupp, darmede dat se der hense recht bruken, dat sik doch bildeliken nicht gebort, unde ok sumptiit de in der hense nicht geboren sint unde anderen copluden unde narien van buten der hense gedenet hebben unde siik der copenschop vorstan etc., uppe dat se dan der privilegie unde frygheit gebruken mogen, so trecken se in ene hensestad unde copen aldar de borgerschup der stad, umme dat se danne menen der frygheit unde privilegie der hense to bruken, alse dat geschen is, darvan[c] de copman in Engelant vele geclachten, gebreke unde achtersettinghe hefft unde dagelix lidet van des copmans volke in Engelant etc. Unde wante dit denne dagelix geschen is unde[c] deme gemenen gude sere gheyt entegen, so hebben de erbaren sendeboden van der Dudesschen hense nu tor dachvart vorgadert to Lubeke endrachtliken darup vorramet unde gesloten, dat nymant van buten der hense der privilegie unde frygheit der Dudeschen hense bruken en sael in Engelant, he hebbe ersten gedenet 7 jar lanck copluden van der Dudeschen hense. Unde bynnen der tiit so en schael he gheyn gelt by ymande van der hense leggen noch part off deel an der copenschup hebben noch gebruken. Unde sin here effte oem, dar he mede denet off wanet, schal sin gelt by dat syne nicht leggen noch copenschup mit em hanteren, he noch nymant van syner wegen. Unde wanner de 7 jar umme sint, so schal he borger werden in ener hensestad unde denne der privilegie bruken. Unde weret sake dat me yemande darmede bevunde unde hir entegen dede, de scholde vorboren dree mark goldes, he were here offte knecht, also vakene alse dat gescheghe; welke bote de copman van Engelant invordern schal sunder

a) vullesto L. b) Mit § 72 beginnt in L die ursprüngliche Niederschrift von [illegible], dann andere [illegible] Kl. 2 [illegible] und Dr neue Hände ein. In Dr hat [illegible] den Paragraphen überschrieben: Dit is gemaket dem copman to Londen in Engeland to gude, dafür fehlt hier, wie auch zu § 1–4. Zu der Beginn Wo me — willen bruken. Vgl. § 79. c) darvan — geschen is in [illegible] übersprungen, und [illegible] beginnt dann eine neue Hand.

[1] Vgl. n. 1441, HR. 2 n. 439 §§ 40, 41. [2] Vgl. zum folgenden die Statuten des Kfm. zu London bei Lappenberg, Stahlhof S. 103 ff. (§ 10 daselbst muss nach 1447 verfasst sein und S. 103 Anm. 2 dementsprechend wegfallen), sowie die 1437 von den Rsn. der Hansestädte in England erlassenen Verordnungen, HR. 2 n. 81 f.

gnade. Unde an wemen se mysdunken, scholen unde mogen se vor elik vorhoden unde darup ceden.

73. Item uppe dat punte van der borgerschup to gelden, alse vorscreven steyt, so is vorramet unde gesloten, dat dejenne, de de borgerschup also gelden, der fryheit unde privilegien nicht gebruken en scholen, yd en sy denne sako, dat se in ener heusestad hues unde hoff hebben unde dar besoten vuer unde rock, dat to holdende unde to vorwachten liik dat gewonlik is in der stad van synen medeburgers. Unde weret sake, dat ymant de borgerschup in yenigher hensestad gewunnen hadde unde em also nicht gelegen were, hues, hoff, rock etc. alse vorscreven steyt aldar to holdende effte to besyttende, desulve schal der fryheit nicht gebruken noch privilegie in Engelant, he en sy 7 jar lanck borgher geweset in der hensestad. Unde we denne aldus dede, de schal des ene certificacien van der stad bringen an den copman van Engelant edder dar men en der privilegie schal laten bruken.

Item hir ynne scholen wesen utgescheden, de men nicht entfangen schal, Engelsche, Hollander, Seelander, Vlamynghe, Brabander unde Nuremborgher.

74. Item so is overgedragen, dat so wat[a] copman van der hense, de in Engelant hantere[t][b] unde deme copmanne doet wat he eme plichtich is to donde, dat me deme bistandicheit doen schal myt des copmans rechte, soverne syne sake rechtverdich is. Unde de alderman schal darto mogen gebeden deegennen, de em darto bevellich dunken, deme manne bistendicheit to donde uppe penen twintich schillinghe. Unde he schal ok sulven medegan soverne he nene andere sake to donde hefft de bewyslik sin; unde de broke darvan kamende schal me ymande togheven.

75. Item weret sake dat de alderman effte degenne de darto vorbodet werden, umme sodanner sake willen edder umme sodanne sake willen des copmans recht andrepende, des behalven in schaden quemen, den schaden schal de copman betalen. Unde de copman schal alsulke sake angripen myt ernste unde schal nicht staden, dat men ymande darumme overvalle dem anderen syme rechte bistendicheit to donde unde darmede afftobringende de mentenancie, de me nu dagelix up den copman vorvolget.

76. Item worde ok en copman to lande off to watere berovet, deme manne schal me helpen to syme rechte. Unde weret dat he nen gelt hadde to betalende dat vorvollich, so schal de copman de koste vorleggen unde nemen de wedder van den guderen de men wedderkryghen schal van deme vorvolghe.

77. Item weret sake dat ymant beswaret worde van den officieren des koninges myt enighen nyen tollen tegen des copmans privilegien to ghevende, den tollen schal nymant utgheven, wo klene he were, uppe de pene van vertich schillingen. Unde weret, dat he darumme in schaden queme van des koninges officieren wegen, den schaden schal eme de copman helpen dragen.

78. Item also de stad Zuthampton in Engelant van deme copmanne mer in tollen nympt wan men doet in anderen steden in Engelant, so hebben de stede overeensgedragen, dat nen copman off schipman de stad myt syme gude vorsoken schal, wente so langhe dat se den copman sodanner frygheyd bruken laten alse andere stede in Engeland doen, under der penen van vorlesinghe so vele gudes alse enich man dar vorot, wellich vorvallen schal der stad off den alderluden des copmans, dar he erst tokamet. Unde weret dat ymant van der hense sodaane havene yegen der stede ordinancien vorsochten, de scholde me in dessen steden nicht liden by penen vorschreven. Ok schal me scryven van desser sake

a) so wat de L. b) hantere L.

wegen an de van Hantten[a] unde Yernemode, de ok de copman bezwaret myt tollen, de schal ok utgestellet sin gelik alse Suethampton.

79. Item[b] schal nymant van der hense yenich gued laden noch vorvrachten an anders wemen dan allenen in de schipphern de in der hense behorende sint, up de bûte van twen marken goldes to vorborende[1].

80. Item dat ok en islik schipper van der hense, de van osten westwart geladen wert, schal geholden unde vorbunden wesen tom stapele in Flanderen to zegelende, yd en were dat coplude van der hense yenighe schippheren vorvrachten in de stede van der hense myt gude allenen in de hense behorende, de mach dar zegelen unde lossen unde anders nergen, unde ok utgescheden, de in Engeland offte Schotland wesen willen, up de bute van dren marken goldes sunder gnade to vorborende. Yodoch de allenen myt ventegude unde nenen stapelgude geladen synt, de mogen[c] zegelen wor se willen sunder vorbores.

81. Item schal nymant schepe buwen in enigher stad[d], he en sii borgher darsulvest edder[2] underrate des heren, unde dat schipp vort nymande vorkopen buten der hense er to dem slete, by vorlust unde pene 3 mark goldes unde by vorlust der hense. Men he mach dat yemande wol vorkopen bynnen der hense, de schal ok mede vortvaren, alse vorberoret is[3].

82. Item schal nen schipper van der hense gud up den overlopp edder in der kagnten voren. Ok so schal en islik schipper, de en schipp hefft van hundert lasten[e], in demsulven schepe hebben unde voren 20 manne harnis[f] uppe de bute van ener mark goldes, alse vakene alse he brekellk hirynne wert gevunden. Unde wat schip mer offte myndor is, schal dergeliken na antale voren, darna yd grot is edder klene. Unde dyt schal en islik hensestad vorwaren unde ok de copman in Flanderen unde Engelant etc. wanner dar schepe ankamen, enen isliken schipperen by syme ede to vorborende[4].

83. Item schal me nene Vlamessche off Brabandessche lakene, de van oldinges gewantlik unde schuldich sint ten stapele to kamende, bringen in yenighe stad van der hense, utgenomen opene unde gekrumpen lakene, se en sin gekofft offte hebben gewesen ten stapele in Vlandoren off dar de copman synen stapel holt, unde en islik schal ok darvan van den alderluden des copmans bewyes bringen by den lakenen by vorlust des gudes sunder gnade; unde off de alderlude van der hense yenigen man van der hense vornemen, de hir entegen dede unde lakene sunder bewyes van em sande, dar he in den steden van der hense nicht umme gestraffet en worde, dat so den sodannen broke scholen boten na der werde der lakenen, de he alse vorschroven steyt jegen dat gebod der gemenen stede van em schal gesant hebben[4].

84. Item alse in vorledenen tiden dreen steden in Hollant, alse Amsterdam, Leyden unde Schedam, gegunt unde togelaten is by den gemenen steden unde copmanne van der Dudeschen hense, draperye unde lakene to makende in eren steden uppe ene zekere manner unde zegel etc.[5], boven welke vorschreven draperye unde lakene me nu alumme in Holland unde Zeelant maket in steden unde uppe dorperen velo unwantlike unde contrafeyte lakene, de men bringet in de stede van der hense unde aldar vorkopet, unde wante vormyddelst gebreken, de dar dagelix ynne gevunden werden, vele simpele lude, de up geloven de

a) Hampton R. b) § 79 in D2 von Hertze überschrieben: Dit wart gemaket dem copmanne to Brugghe to gude. c) mit morgen beginnt wieder der erste Hand R. d) [illegible] KF. e) [illegible] f) harnisch KF, harnes R.

1) Pardessus § 15, vgl. n. 318 § 4. 2) Pardessus § 17, wiederholt aus d. R. v. 1418 mit dem Zusatz: edder underrate des heren, vgl. HR. 2 n. 439 § 22. 3) Pardessus § 16. 4) Vgl. HR. 2 n. 608 § 12. 5) Vgl. HR. 2 n. 621.

lakene kopen, darmede worden bedrogen: hirumme so hebben de gemenen stede eyngedragen unde gesloten, dat me sodanne unwanlike unde contrafeyte lakene vorschreven na sunte Mertens daghe negest kamende in nene hensestad bringen noch liden en schal, by vorlust der lakene, yd en were dat de vorschreven van Hollant unde Zeelant myt den sendeboden der gemenen stede unde deme copmanne in Flanderen vurder wes kunden overkamen.

85. Item hebben de vorschreven stede geordineret, dat alle dejenne, de sik myt vorsate ut der hense gheven[a] unde in Vlanderen porters werden off anderswor unde dar wyve nemen, dat de darna nummer in jenigher hensestad scholen vor borghere entfangen werden noch der hense rechtichcyt gebruken; ok dat nen schipper van der hense schal em gued enthalen umme ostwart off westwart to vorende; ok schal nymant van der hense er gud entfangen noch en aff(kopen)[b] nach tosenden, wante we hir entegen dede, de schal vorboren dree mark goldes unde schal ok dree jar lank syner borgerschup enberen unde bynnen den dren jaren in neuer hensestad hanteringhe hebben[1].

86. Item want grot gebrek in vortiden gevallen is unde dagelix mer kamen mochte, dat men jarlikes in Flanderen al wil kesen unde hebben alderlude ut den sostendelen etc., so hebben de gemenen stede gesloten unde vor dat beste gevunden umme mennigerleye sake willen, dat men in den dordendelen vortan sulken underscheyt nicht maken noch holden en schal, men se willen, dat men kesen schael int Lubesche dordendel de nutesten darto, se sint van Lubeke beyde off van anderen steden in dat dordendel behorende, int Westvelesche, se sint beyde ut Westvalen off ut Prussen, unde dergeliken int Gotesche, se sint beyde ut Gotlande off ut Lifflande, wente de stede willen, dat de wiesten unde de dar alderbequemest to sin scholen gekaren werden. Unde de scholen doen enen eed, alse dat van oldinges gewanlik is ghewesen[2].

87. Item willen de vorschreven gemenen stede unde hebben geordineret, wente de 18 manne in Flanderen den alderluden helpen richten unde afzeggen[c] sake de vor den copman gevallen, dat desulven 18 manne, de jarlix to den 6 alderluden gekoren werden, scholen enen eed doen, dat se den alderluden willen bistendich wesen in allen saken dem copmanne unde der hense angande. Unde wanner se van den alderluden vorbodet unde radeswyes umme enighe zake gevraget werden, dat se denne na ordinancien unde gewanten des copmans by demsulven eede scholen zegen unde richten, alse se by eren vyff synnen konen kennen off begripen, redelik unde recht to wesende, sunder argalist[3].

88. Item wente in tiden vorleden vakene beschut, dat schipperen van der hense in ene vlote ostwart off westwart to zegelende tosamende vorbunden weren by eeden, eren unde truwen tosamende to blivende, so dat gewanlik is, dar doch grot gebrek ynne wort gevunden to nicht weynich schaden, hindor unde achterdeel des copmans unde anderer schipheren van der henze vorschreven, hirumme so hebben de gemenen stede endrachtliken gesloten, wanner jenich schipper, he sy ammeral edder nicht, mit twen off dren schipperen off copluden overgetuget wert, dat he myt vorsate van welker vlote, dar he medo vorbunden were, zegelde unde ene kentlike noet van storme unde unweddere darto nicht en brochte, de schal vorboren ene mark goldes unde darto en jar lanck de fryghcit der hense enberen unde nicht gebruken[4].

a) den darauf folgende unde hebben gegeven durchstrichen L, wieder ausgestrichen Df.
b) aff L. affkopen Df.
c) afzeggen & Df, afzegen L.

[1]) Vgl. § 61.
[2]) § 86 bis auf den letzten Satz entlehnt aus d. H. R. 1441, HR. 2 n. 439 § 36.
[3]) Vgl. HR. 2 n. 439 § 35.
[4]) Pardessus § 18.

89. Item en schal nymant gelt up bodeme doen noch vor uppe de vracht off up gut, da(t)[a] en schipper in syme schepe nicht en hefft; worde dar ymant mede bevunden, so schal de copman sin gelt unde de schipper ene mark goldes vorlesen; unde we dat meldet, de schal daraff hebben den dorden penning[1].

90. Item schal nymant zeedryfftich off gerovet gud, buten openbarer veyde genomen, kopen noch hanteren, wente wor alsodanne gut in jenighe stad van der hense queme, so schal de raet to behuff der beschedegeden sik des gudes underwinden gelik erer eghenen borger gudere unde degenne de darmede beruchtet sint antasten unde richten. Were[b] darane jenighe stad welendes vorsumych, dat me bewisen kunde, so schal de stad vorvallen den gemenen steden in de pene van vochtich[c] marken goldes[2].

91. Vortmer van denjennen, de myt vorsate in jeniger hensestad edder anderswor ghelt lenen edder jenich [gud][d] borgen unde dar mede unteen unde anderswor varen to wanende, is vorramet, dat se darmede erer borgerschup scholen quyt wesen unde in nenen steden van der hense leyde hebben. Ok schal me erer in nener copstevene mit des copmans rechte vordegedingen[3]. Were[4] ok dat dergelike yenich schipper van der hense, de myt vorsate buten willen unde weten siner coplude zegelde in ene andere havene dan da(r)[e] he vorvrachtet were, unde aldar der coplude gud sunder ere orloff edder bevel verkoffte, wor denne de schipper darna in jeniger hensestad bevunden worde, den scholde men richten an sin hogeste unde scholde ok in nener hensestad geleydet werden.

92. Item so wanner enigh schipper in der zee gut vorwarpen hefft, so en schal he nen gud lossen vor der tiit dat he van der stad off dem copmanne, dar he tokumpt, erst besoen sy, off he vorladen is ghewesen off nicht, up de pene van ener mark goldes to vorborende[5].

93. Item offt yd also geville, dat jenich schip off schepe bleven unde dat gud off en del darvan geberget worde, is vorramet, so wes daraff deme copmanne to gude kamet, daraff schal he de vracht betalen, off[f] mach he dat vor de vracht liggen laten efft he wille[6].

94. Item welk schipper blivet myt geladenen schepen bynnen der helvete des weges edder der reyse dar he hen bevrachtet is, de schal hebben de halve vracht van dem gude, dar dat geberget wert. Blyvet he ok over de helffte, so schal he na antale so vele de mer hebben alse he boven de helvete is gezegelt[7].

95. Item want geschel gewesen hefft twisken dem copmanne unde schipperen van der hense umme de unkosten van loesmansgelde unde lotgheldo, wo dat van beyden schuldich is to betalende, darup de stede hebben geramet, dat alsulke unkoste vorschreven schal de copman halff unde de schipper halff betalen; unde dat en islik schipper, wanner he myt des copmans gude vor ene havene kamet, schal geholden wesen eren losman, dar he den hebben mach, intonemende, de en in de havene zegele, by der penen van ener mark goldes to vorborende[8].

96. Item[g] wante de copman van Brugghe zik beclaget hefft vor den gemenen steden, dat he dagelix grote last hefft umme der stede unde des copmans privilegie in Flanderen etc. to beschermende unde ok vele koste deyt mit composicien unde endracht van vryghcyt to krygende in markeden unde in tollen

a) dat Df. dar L. b) Were dat [illegible] L.
c) vefftich K, [illegible] Pardessus. d) gud fehlt L. e) dar Df. dat L.
f) darüber [illegible] L. g) [illegible]

1) Pardessus § 19; vgl. § 65. 2) Pardessus § 20; vgl. § 40. 3) Vgl. § 41.
4) Von Were ok ab Pardessus § 21. 5) Pardessus § 22. 6) Pardessus § 23.
7) Pardessus § 24. 8) Pardessus § 25.

in Brabant, Hollant unde Zeelant etc., welke kost deme copmanne to zwar vallen, wente de gemene man, de de lande versoket dar men dat schot aff entfangen scholde, unwillich is unde myt wrevele des weygert to betalende: hirut so hebben de gemenen stede ordineret unde endrachtliken gesloten, dat en islik copman van der hense, de in den vorschreven landen syne copenschop hanteret, yd sy by watere off by lande, schal den oldermannen darafi schot gheven unde betalen by der penen van enem pund grote unde dubelden schote to vorboren. Unde off welk man des weygerde unde ane betalinghe des schotes wechloghe, so scholen de vorschrevenen alderlude dit vormyddelst eren breven unde schryfften kunddoen der stad darane he borgher is off wanet, unde denne schal de stad geholden wesen, also vakene alse se van dem copmanne also vormanet wert, van eren borgheren dat dubelde schot unde de pene, alse en pund grote, intomanende; welk pund grote de stad half schal beholden unde de andere helfte myt dem schote schal desulve stad senden unde benalen den vorschreven alderluden, alse se erst konen unde mogen.

97. Item gunnen de stede, dat de van Hamborg tor Slues in erem hansehuse etlike van eren borgheren hebben mogen, de unvruntlike sake, alse scheldewordo, twisken eren schipperen unde schipmans unde anderen eren borgheren vallende, scheden mogen, utgenamen doch sake dar broke[a] van vallen mach, scholen se wisen an de alderlude des copmans to Brugghe umme de sake to richtende, alse dat van older loveliken wanheit en sede ghewesot is. Unde de vorschreven schedesinde van Hamborg scholen den alderluden des copmans to Brugghe underdanich unde horsam wesen gelik anderen coplnden.

C. Korrespondenz der Versammlung.

a) gemeinsame.

289. *Die zu Lübeck versammelten Rsn. der Hansestädte und Lübeck an den Hm.: übersenden die Abschriften einiger vom Kfm. in London eingelaufenen Briefe, aus welchen er ersehen werde*, dat ere gudere boven sodane des heren koninghes vullenkomen geleyde synt bekummert, ere slotele genomen unde lives unde gudes synt in varen, daruth wii nicht gudes konen betrachten; *ersuchen, dem englischen Kfm. in Danzig, der nach Angabe des zu London beim Hm. um Geleite auf zwei oder drei Jahre eingekommen ist, das Gesuch nicht früher zu bewilligen als bis die Abgeordneten des Kfm. zu London in Lübeck eingetroffen*, do uns denne alle dingk mogen berichten, dat wii denne ane sument jwer herlicheyt vort willen benalen; *bitten in Anbetracht der widerrechtlichen Bestrafung des Kfm. in London die Engländer in Preussen ebenfalls anzutasten; haben vernommen, dass der Hm. eine Gesandtschaft nach England abzuordnen gedenke und ersuchen, ihr, für den Fall dass sie noch nicht aufgebrochen, den Befehl mitzugeben, beim Kg. die Freigabe des Kfm. zu erwirken; bitten um Antwort. — [14]47* (midweken vor pinxsten) *Mai 24.*

Handschrift zu Lübeck f. 2; K1 f. 3, 2 f. 122 b, 3 f. 122, 4 f. 38, 5 f. 2 b; N. f. 2 b, Ku f. 36 b, D1 f. 2 b, D2 f. 2 b, Df f. 2, H1 f. 2 b, H2 f. 2 b, S f. 2 b, Dr f. 2.

290. *Dieselben an Danzig: senden eine Abschrift von n. 289 mit dem Ersuchen, den Inhalt beim Hm. zu befürworten und über den Erfolg zu berichten. — 1447 Mai 24* (ut supra).

Handschrift zu Lübeck f. 3, entsprechend in allen übrigen Hss.

a) Mit broke endet D1, dessen letztes Blatt abgerissen.

291. *Dieselben an K. Erich von Dänemark: sind von Stralsund berichtet worden, dass es vom Kg.* umme enes mannes willen, den se ghherichtet hebben laten[1], *angefeindet werde und sich vergeblich erboten habe, vor H. Barnim d. J. und Lübeck zu Recht zu stehen; verweisen auf die von Lübeck in dieser Angelegenheit wie früher so auch jetzt wieder erlassenen Schreiben und ersuchen dem Hg. und Lübeck Tag und Stätte zur Rechtsverhandlung zu bezeichnen, sowie bis dahin seine Auslieger daheim zu behalten und die Stralsunder friedlich verkehren zu lassen; bitten um eine unverweilte freundliche Antwort, wonach Stralsund sich richten könne*[2]. — *[14]47* (donredages vor pinxten) *Mai 25.*

StA Stralsund, loses Blatt, zu n. 288 eingelegt.

292. *Dieselben an Goslar: berichten, dass sie Magdeburg, Braunschweig, Lüneburg und Göttingen mit der Beilegung des Zwistes zwischen Goslar und Heinrich von Alfeld betraut und den diesbezüglichen Beschluss den Rm. von Goslar in Form einer* uthgesnedenen scrifft *mitgegeben haben.* — *[14]47* (in s. Viti dage) *Jun. 15.*

StA Goslar, Or. Perg. m. Resten d. Secrets. Beiliegt ein ohne ausgedrückte Pergamentblatt, welches n. 288 § 26 enthält.

293. *Der Hm. an die zu Lübeck versammelten Rsn. der Hansestädte: erwiedert auf n. 289, dass die Engländer in Preussen weder um Geleite nachgesucht noch er ihnen welches ertheilt habe; lehnt das Ansuchen, die Engländer mit Leib und Gut zu arretiren, auf den Rath seiner Stände ab, weil seine Gesandtschaft sich in England befindet; hofft, dass diese für Preussen wie für den Kfm. Gutes bewirken werde; wird sich nach dem Ausfall ihrer Verhandlungen richten*[3]. — *Marienburg, [14]47* (sontag nach corporis Cristi) *Jun. 11.*

SA Königsberg, Missive 16 f. 261.

294. *Die preussischen Gesandten in England an dieselben: berichten, dass sie beauftragt sind, Preussen wider die englischen Anschuldigungen zu verantworten und den Kfm. bei seinen Freiheiten zu erhalten, bisher jedoch wenig haben ausrichten können, weil der Kg. und die Herren auf dem Lande weilen und die ihnen zugewiesenen Kommissare die Verhandlungen hinziehen; ersuchen um ernste Fürschreiben für den Kfm., verheissen weiteren Bericht.* — *1447 Aug. 25.*

Aus StA Lübeck, A. Hans. Korresp. m. London, Or. m. Siegelresten.

Den ersamegen unde vorsenighen heren radessendeboden der gemenen hansestede nu to Lubeke vergadert, unde besunderen den erbaren heren burgermeysteren unde raetmannen der stadt Lubeke, unsen besunderen guden vrunden.

Unse vrentlike grote unde wat wy gudes vermoghen alletiit tovoren. Erbarn heren unde sunderlinges guden vrende. Juwen breff an uns gesant inhaldende, wo gii vervaren hedden, dat wy in Englant van unses heren homeysters weghen in badeschoppen geschicket weren, hapende, dat wy ock in bevele hedden de sake den gemenen steden unde copman anghaende, alse van den clachten der Engelschen de se up dat lant van Prussen gedaen hebben, de to verantworden etc.,

[1] Vgl. Stralsund. Chron. 2 S. 163.
[2] Vgl. n. 308 § 2.
[3] Vgl. n. 276 Anm., 288 § 7.

begerende van uns, ju offte juwen vulmechtighen, wes uns darvan wedervart, dat in geschrifften to bevalende to Lubeke offte in Vlanderen, met mennighe mer worden in juwen vorscreven breve begrepen, den wy guetliken untfangen hebben unde wol verstaen. Warup wy juwer ersamheyt begeren to wetende, dat wy sunderlinge bevell heben van unses heren homesters weghen unde syner lande unde stede weghen, up des heren konynges breeff dem heren homeyster gescreven to antworden unde syne gnade unde lande unde stede darinne to untschuldighen etc., unde siin darumme hergekomen, de na allen rechte unde bescheide to verantworden unde den copman also wol van der gemenen hanse alse ut Prussen bii synen vriiheyden unde alden gewonheyden to behaldende, dat wy ock alrede gedaen hebben, beide muntliken unde in geschrifften vor dem konynge, synen rade unde vor certeyn commissarien, de uns geschicket siin gewest van des konynges weghen. Doch erbaren heren so en konne wy ju noch gheen sunderlingen bescheet noch gewisheyt scriven, wo wy varen sollen in unsen saken; de konynck unde alle de heren van dessen lande siin nu in eren herschoppien unde en komen nicht weder togader eer 14 daghe nae Michahelis unde de commissarien, de uns geschicket werden, absentoren sick ock unde wellen tot ghenen ende myt uns komen. Unde wy en konnen noch nicht anders merken dan dat se darna arbeyden, dat se also vrii moghen unde wellen siin in Pruessen unde in anderen steden der gemenen hanse alse de Duetsche copman es in Englant, unde wy en moghen noch en wellen nicht overgeven de vriiheyt unde herlicheyt unses heren homesters unde syner lande unde stede noch der anderen stede der gemenen hanse, also dat wy uns bevrochten, dat men uns aldus vortuet dat sal geschuet op eyn gedranck unde subtielheyt, dat se uns werden uphalden tot Michahelis unde dat se dan lichte des copmans vriiheyt wellen verbort maken nach inhalt des konynges breeff etc. Doch wy wellen allen unsen vliit darinne doen unde dar vor to wesende nae unsen vermoghen, dat dat nicht en geschee. Uns duchte wol geraden, dat gii juwe ernstachtige breve henscreven an den konynck begerende, dat men den copman bii rechte unde bescheide wolde laten, angeseen dat sick de here homeyster van Pruessen tot allen rechte unde bescheide gebut, uppe dat vorder gheen moge darvan en queme. Anders en wette wy ju erbaren heren nicht sunderlinges uppe desse tiit to scrivende, sonder wes uns vorder wedervart, dat welle wy ju so geringe alse wy moghen, ju offte juwen vulmechtighen in Vlanderen, so gii scriven, don to wetende. Got almechtich beware ju erbaren heren alletiit in salicheyt. Gescreven under unse ingesegelle, upten 25 dagh in dem maende augusto, anno 47, unde sunderlinges under ingesegell des heren pastoers van Thoren Dutsches ordens van unser aller weghen.

Sendebaden des heren homesters van Prussen, up desse tiit in Englant wesende.

295. *Der deutsche Kfm. zu London an dieselben: schildert seine missliche Lage, welche den Verlust der Freiheiten befürchten lasse, und ersucht um eindringliche Schreiben an den Kg., welche im Verein mit dem Wirken der im Lande befindlichen preussischen Gesandtschaft die Gefahr abzuwenden im Stande wären. — 1447 Aug. 25.*

Aus StA Lübeck, A. Hans. Korr. m. London, Or. m. Resten d. Siegels.

Den ersameghen unde vorsenighen heren radessendebaden der gemenen hensestede nu to Lubeke vergadert, unde besunderen den erbaren heren burgermeysteren unde raetmannen der stat Lubeke, unsen besonderen leven heren unde guden vrunden.

Unse vrentlike grote unde wat wy gudes vermoghen alletiit tovoren. Erbaren heren unde sunderlinges guden vrende. Up juwe breve den heren sendebaden des heren homeysters van Pruessen unde uns unlanges geleden gesant, scriven ju deselven heren sendebaden ere antworde bii brenger desses breves, unde erbaren heren gii moeghen daryune bevinden, wat redelicheyt uns hiir int lant wedervaren sall. Wy en konnen nicht anders geseyn dan dat men unse privilegien up Michahelis affhendich maken will, unde war dat geschuet, so sal men up uns geven so mannighe littere van mercke alse men der begerende es, unde wan dat also togheet so en sulle wy nicht wetten wer wy liiff off guet hebben. De breve van merke, de alrede up uns gegeven siin, der en wel men nicht wederropen, wowyll wy unde de sendebaden ut Pruessen vorscreven darumme groot vervolgh gedaen hebben. Ock hebbe wy juwe breve, de gii erbaren heren van Lubeke darumme an den heren konynge gescreven hebben, upgeantwort unde ock vervolget antworde darvan to hebbende, dar uns antworde up gegeven es, dat de konynck up Michahelis darup antworde scriven sall unde nicht eer, wat dat meent, moge gii erbaren heren wol merken. Unde hiirumme erbaren heren hebbe wy unse breve gescreven an den copman van Brugge, dat se warnen wellen den copman alumme by der Suderzee, dat se seyn, wu se ere guderen scheppen wellen, uns en duncket nicht geraden, dat men enighe guderen berscheppe eer wy wetten wu wy hiir varen sullen; unde wy wolden woll int verbeteren van jw, dat gii dat ock bestellen wolden myt ju, dat ellick stille sete so lange dat wy ander tydinge hedden, unde ock wolde wy woll, dat gii juwe ernstachtighe breve wolden scriven an den konynge unde synen rade, dat ju wonder hedde, dat se clegers unde richters wolden siin in eren eghenen lande unde richten saken de unvervolget siin in den steden, dar se gescheet sullen siin, welck eyn unbehorlick dinck es unde en sulle ny geseyn es. De gemenen stede hebben wol eer gescreven an den heren konynge unde synen rade in geliken saken cum quibus non possumus pati ymmo nec volumus pati; wy meenen woll, wille gii juwe ernstachtige breve darumme berscriven, ed en sall gheen noet doen enighe bootschop hertosendende vorder dan hiir alrede es, wente se sowol vervolgen der stede unde copmans gebreke alse der stede unde des landes van Pruessen gebreke. Unde wes ju geleven wel hertoscrivende, dat wolde wy wol, dat dat in haste geschege, dat de breve herquemen up Michahelis off teyn off twelff daghe darna, dan mochten se de bet in staden staen. Anders en wette wy ju nicht sunderlinges to scriven, sunder de almoghende Got beware ju erbaren heren altoes in salicheyt. Gescreven under unse ingesegell, upten 25 dagh in dem maende augusto, anno 47.

Alderman unde gemene copman van der Duetschen hense, nu to Londen in Englant wesende.

b) Korrespondenz der kölner Rsn.

296. *Godert von dem Wasserfass, Rm., und Gerhard Hair*[a] *an Köln: melden, dass sie am 22 Mai* (mandach n. u. herren upfartz dach) mit gesunden luden ind perden *in Lübeck eingetroffen und fast alle Städte anwesend sind mit Ausnahme der Livländer, welche vermuthlich vom Winde zurückgehalten werden; berichten, dass der B. von Münster sie 3 Tage lang durch die Gebiete von Münster und Osnabrück hat geleiten lassen,* as etzlichen enden mit vyll reysychen, da is noit is gewoist, ind uns darzu mitdaighs ind avendtz

a) *In der Unterschrift ist bei Hair* [illegible]

uns den herbergen geqwyt ind vur perde ind man betzailt hait; *obendrein hat der B. den Rsn.* overmitz Krakou synen broider ind Frederich Cluyt *entbieten lassen, er* were up diese zyt noit wall starck hei were anders eelfs zu uns komen, *sie möchten jedoch auf der Rückreise nicht unterlassen, bei ihm vorzusprechen* (yme zusprechen), des wir neit en wissen, wie uns dat gelegen velt; *ebenso hat er seine Amtsleute angewiesen, die Rsn. auf der Heimreise wiederum in gleicher Weise zu geleiten; bitten darum, dem B., falls er nach Köln käme, durch einige vom Rathe für obiges danken zu lassen*, ind uns hedoicht wall guet syn, dat hey yecht getzwet vorder dan slechten wynschenck. — *[14]47* (up dem (!) hoegezijt pinxsten) *Mai 28.*

StA Köln, Hans. Briefe, Or. m. Resten d. Siegels von Wasserfass.

297. *Köln an Bm. Godert von dem Wasserfass und Rm. Gerhard Hair: fragt an, wie die Verhandlungen verlaufen, freut sich nicht wenig* (uns is nyet cleyne lieff), dat unser kouffiude sachen, den kummer in Engelant geschiet was, antreffende, zom besten komen siint; *berichtet, dass der EB. von Köln wegen der* gescheffte tusschen dem juncheren van Ghemen ind unsen dieneren — in urme ussriiden *einen Tag zu Köln angesagt hatte, die Verhandlung jedoch* nyet fruntlichen zogegangen is; *hat dem Grafen von Teklenburg ein Geleitsgesuch abgeschlagen*, den unsen en wurde dan ire schade gericht, he in vurtziiden gedaen hait, *die Rsn. mögen sich auf der Heimreise in Acht nehmen; weist sie an, dem Ueberbringer, Johann Nussbaum, behülflich zu sein; der Sohn des H. Wilhelm von Braunschweig hat ihn vor Zeiten auf der freien Strasse beraubt, ihm nachher Ersatz versprochen aber keine Zahlung geleistet, das Nähere werde Johann selbst mittheilen*[1]. — *[14]47 Jun. 3.*

StA Köln, Copienbücher 18 f. 144.

D. Anhang.

298. *Lübeck an Hamburg (und Stralsund): übersendet die von ihm gemäss dem auf dem lübecker Tage geäusserten Wunsche des Kfm. zu Brügge bereits ausgefertigte Urkunde über den zwölfjährigen Frieden mit Spanien mit der Bitte, sie ebenfalls zu besiegeln, damit es dieselbe alsdann Wismar, Rostock, Stralsund und Greifswald, welche seiner Zeit den dreijährigen Stillstand mitbesiegelt haben, einsenden könne*[2]. — *[14]47* (mitwekens vor Johannis baptiste) *Jun. 21.*

StA Lübeck, A. Flandr. 1, Entwurf, überschrieben: Consulibus in Hamborg; *in dorso:* Ita scriptum est civitatibus super sigillacione confirmacionis.
An Stralsund: StA Stralsund, Or. Perg. m. Resten d. Secrets.

299. *Der deutsche Kfm. von Brügge an Köln: berichtet, dass dem hansischen Kfm. die Durchfuhr der englischen Tücher durch die Gebiete des Hg. von Burgund bis Martini gestattet worden ist, sendet die darauf bezüglichen Urkunden; ersucht, den Kfm. vor den Seeräubern vor dem Zwin, denen 5 preussische Schiffe kürzlich ein glückliches Gefecht geliefert, zu warnen.* — *1447 Jul. 10.*

K aus StA Köln, Hans. Br., Or. m. Resten d. 3 Siegel.

[1]) *An demselben Tage erhielt Nussbaum weitere inhaltlich mit obigem übereinstimmende Verwendungsschreiben an Lübeck und an die Rsn. der Hansestädte. Copienbücher 18 f. 145.*
[2]) *Vgl. n. 239 ff.*

Den erbaren und vorsenighen wisen heren borgermesteren und radmannen der stad Colne, unsen bisunderen guden vrunden.

Vruntlike grote unde wes wii gudes vermoghen alletiit tovoren. Erbare und vorsenighe wiise heren. Wii ene twivelen nicht, ju heren en zii wol ter kennisse ghekomen de handelinghe und verbeidinghe van den Enghelschen lakenen, ghelick dat ghebot in Antworper market lest leden openbaerlike is utgheropen und alle manne verkondighet und witlick ghedaen, dat de here hertoghe van Bourgongen na den termiine daerto ghestelt ghene Enghelsche lakene doer siine jurisdictie und ghebeide to watere noch to lande en zullen ghevoert noch ghebracht werden, de lakene en zullen verboert ziin mytgaders der groten bote de darup ghestalt is to verborne, we daermede bevunden und begrepen wert etc.[1], welk groetlick bejeghent und contrarie is des ghemenen copmans van der Duitschen hanze privilegie und vriiheiden, dat in unser macht leider nicht en was noch en is to heterende noch to wandelende. Also hebbe wii doch van deme vorscreven heren hertoghen gheworven de privilegie und gracie, dat de copman van der Duitschen henze tusschen deser tiit und sunte Mertiins daghe neghest komende de Enghelschen lakene to watere und to lande doer alle ziine lande und stede moghen velich und vrii varen und senden sunder ghearrestiirt eder ghetovet to ziine van emande etc., ghelick dan de copie des privilegii, so dat to Antworpe und in Brabant in allen steden is utgheropen, hiirinne verwart inneholt und utwiiset[2]. Und dergheliike so hebbe wii ock up data van dessen des vorseiden heren breiff und mit des heren vorseide privilegien an ziinen edelen raede in Holland in den Haghen ghesant, omme de dar ock openbaer uttoroepene und to verkondighene to Arremude und to Myddelborch, daer des van noeden is, up dat de copman myt ziinen gude und Enghelschen lakenen aldaer nicht ghetovet noch gheletttet en werden, oftet also ghevelle, dat dar enighe quemen. Van welken vorgherorten privilegien [wii][a], so wii dat underworf und starker dan dat erste was van deme vorseiden heren verworven hebt under der stede van Brugghe anhanghende ingheseghel, een transsumpt und vidimus ghesant hebt bii den erbaren Hinrike Becker an Bertolde Qwestenberghe und daerto de copie in Duitschen van demeselven privilegium, und dergheliike erworve wii de copien van den principaelbreven des vorseiden heren, so de to Antworpe int langhe worden utgheropen, dewelke Bertolt Questenberch und andere juwer heren stede coplude ute Antwerper market met sick nemen na Coelne. Und hodde wii desse sake ertiids moghen utgherichtet hebben, wii hedden ju heren ock eer overghescreven. Vorder erbare wiise heren, so wii ju meer dan eens gheclaghet hebt, woe dat vele zeerover hiir in der zee upten Vlaemschen stroem vor dat Zwen lieghen und in Holland und Zeeland alomme verkeren, de den copman van der henze alle tiit beroven und dat ziine nemen, und woe vele wii dat claghen nymand en is hiir sunderlinghes deme dat to herten ghae eder dat helpe keren. Also ziint ergisteren viif schepe ute Pruyssen hiir int Zwen bii der hulpe van Gode ghekomen, dewelke alle hebben moeten vechten to der doet to mitten zeroveren, der wol in 4 schepen was to 400 manne to, und unse schipheren bii manlicheit und myt groten craften so sloeghen se sick van en drei reise und beheilden de vittorie, dat se veilich

a) wii *fehlt K.*

1) *Am 12 Jan. 1447 erneuerte H. Philipp das Verbot der englischen Laken vom J. 1434 und verbannte den englischen Kfm. aus seinen Landen. Vgl. Verachter, Invent. des archives d'Anvers S. 112; v. Doren, Invent. des archives de Malines 1 n. 113.* 2) *Nach einem hsl. Archivinventar von Köln befindet sich diese vom 27 Jan. 1447 datirende Urk. in Abschrift auf dem dortigen StA.; ich habe sie 1879 nicht auffinden können.*

int Zwen qwemen, men vele doden und ghewundeder lude leiten se to beiden siiden ghenoech, Gode almechtich entfarmet ende sii ghedaghet. Und men secht hiir, dat wol 20 schepe van den zeeroveren up desse tiit upter zee lieghen, omme to berovene den copman etc. Diit gheve wii ju to kennene to den ende, dat gii heren de juwe und daert behoert waerschuwinghe doen, up dat sick en itlick de bet vor schaden moghe weten to wachtende. Und vermoghen wii enighe ander saken ju heren to willen, daerto wette uns alletiit bereit juwer heren vorsenighe wiisheit, de Gode ewelick beware in salicheit. Ghescreven under unsen ingheseghelen, des 10 daghes in julio, anno etc. 47.

Alderlude des ghemenen copmans van der Duytschen henze, nu to Brucghe in Vlanderen wesende.

300. *Lübeck an Wismar, Rostock und Stralsund* (gii heren tor Wismer dessen breff erst to lesende): *übersendet die Abschrift eines Briefes des Kfm. in Brügge und ersucht, Schiffer und Kaufleute* na inneholde desser ingeslotenen scrifft *zu warnen*; wy begeren ok, dat juwer en deme anderen dessen unsen breff myt der ingeslotenen scrifft vorder willen benalen. — *[14]47* (donredages na s. Jacobi) *Jul. 27.*

StA Stralsund, Or. Perg. m. Resten der Signete von Lübeck, Wismar und Rostock.

301. *Stralsund an Lübeck: dankt für die Einsendung der Antwort K. Erichs auf das Fürschreiben des Hansetages*[1]; *bedauert, dass sein Rechtserbieten nichts geholfen hat, denn der Kg. mache, ungeachtet seiner früheren gegentheiligen Erklärungen, in dem Schreiben* de sake unde dee dynge so mennichvald unde so sere wide, dat he sik mit uns to dem kortesten yn desseme jegenwardigen somer nicht wil vorscheden laten, men he wil syne uthliggers unde volk vortan holden yn der see to argende unde to beschedigende alse see duslange dan hebben; *erinnert, dass es zu Beginn mitten im Frieden vom Kg. ohne Ansage der Fehde beschädigt worden ist und wiederholt dringend seine Bitte um Beistand, welche es* ok nu allerneyelikest den ersamen heren der menen stede sendeboden, dede nu yn der wekene mit uns uth Prutzen quemen[2], hebben gebeden, mededan unde bevolen van unser wegen to jw vortbringende unde to wervende; *vermag* in sulker nod, underdruckinge unde afreloesem vorderffe nicht lenger *zu verharren und da Lübeck seiner zu Ehren und Recht mächtig, so möge es jenes Unrecht abwehren helfen* nach endracht der stede, alse gi doch in unsem vordele unse hovedlinge schicket synt; *geschähe das nicht, so müsse es Herren und Freunde werben, wo es sie finden könne; verweist für diesen Fall auf die von seinen Rsn. auf dem Hansetage ausgesprochene Warnung* (warschuwinge) *und warnt nochmals in aller Form vor jedem Verkehr aus den Städten mit Wisby, denn es würde für keinerlei Schaden aufkommen, den seine Ausliger Leuten zufügten*, dede unse beschedigere, yegenlude unde wedderpartie yegen uns starken, entsetten unde trosten wolden. — *[14]47* (dominica die ante Laurencii) *Aug. 6.*

StA Lübeck, A. Hans. 1, Or. m. Resten d. Secrets. Unter der Adresse bemerkt: Presentatum fuit feria 5 post assumpcionis Marie 47 *(Aug. 17).*

302. *Lübeck an Stralsund: erwiedert auf n. 301, dass es hoffe*, dat gy uppe sollike dinge beet vordacht willent wesen, uppe dat eyn groter schade — darvan

[1]) *N. 291.* [2]) *Vgl. n. 316 ff.*

errysen unde kamen en dorffe; *will einige Seestädte und auch Stralsund einberufen, um über die Angelegenheit zu berathen, bis dahin möge Stralsund Frieden halten* (alle dond — an gude laten bestan); *verlangt Antwort.* — *[14]47* (sabbato post assumpcionis Marie) *Aug. 19.*

StA Lübeck, A. Hans. 1, Entwurf.

303. *Wismar an Stralsund: erwidert auf dessen Schreiben über seinen Zwist mit K. Erich, dass es vermuthe, Stralsund werde den* van Lubeke ok van dersulven sake wol gescreven hebben, de juw dar wol antwerde up ghesand hebben, dar gy juw mogen weten na to richtende, nademe dat se unse hovet sind; *erwartet ein Schreiben von Lübeck in dieser Angelegenheit und wird es Stralsund mittheilen.* — *[14]47* (mandag vor Bartholomei) *Aug. 21.*

StA Stralsund, Or. m. Resten d. Signets.

304. *Lübeck an Stralsund: berichtet, dass es wegen der von den Ausliegern K. Erichs verübten Wegnahme verschiedener von Preussen nach Lübeck bestimmter Schiffe zwei Rsn.* mit ener bardzen unde mit ener budzen *nach Gothland zu senden beabsichtige, um die Rückgabe des Raubes zu erwirken; fragt an, ob Stralsund den Rsn. Aufträge an K. Erich ertheilen wolle; meldet mit Bezugnahme auf sein Versprechen, die Städte um Stralsunds willen zu einem Tage zu berufen*[1], dat van welken vorsten unde heren enes korten dages vorramet is, alse nu en sondaghe erstkomet, na bii unse stad wesende, dar de van Rostocke, Wismer, Hamborch unde Luneborch so kort bii vorbodet sin worden to komende unde also kort, dat men juw to deme daghe nicht vorboden en konde, do juwen dar bii to sendende, begere wii deger fruntliken, gii uns sunderges darinne nicht to vordenckende; *will mit den Städten über Stralsunds* warschuwinge *(n. 301) verhandeln und deren Gutachten mittheilen.* — *[14]47* (in u. l. vrouwen daghe nativitatis) *Sept. 8. Nachschrift: die Rsn. sollen am 17 Sept.* (sondages na exaltacionis s. crucis) *nach Gothland aufbrechen, bis dahin muss der Bote mit der Antwort zurück sein.* — *[14]47* (sonnavendes na nativitatis Marie) *Sept. 9.*

StA Stralsund, Or. Perg. m. Resten d. Secrets. Die Nachschrift auf einem anliegenden Papierstreifen.
StA Lübeck, A. Hans. 1, Entwurf, die Nachschrift fehlt.

305. *Danzig an Wisby: hatte seinen Bm. Reinhold Nedderhof beauftragt, auf dem lübecker Tage mit den Rsn. von Wisby* van der uthsettynge des waterrechts *zu verhandeln*, dar wy vele anfalles van hebben hir in unser stat, umme den zeefarenden man hir mit uns in dem rechte to vorscheiden; welk uthsettinge wy wol vornomen hebben by juw clarlick in schrifften weren und vele clarliker denne wy darvan in schrifften vinden, up dat uns solke utsettinge desulven waterrechts muchte van juwir ersamcheit gesant werden; *hat nun von Nedderhof vernommen, dass die wisbyer Rsn. erklärt haben*, wo gy sulk waterrecht wol clarlik beddet in schrifften, und wulden gerne gude

[1]) *N. 302.* [2]) *In wie weit diese Tagfahrt mit der von K. Christoph nach Lübeck ausgeschriebenen Fürstenversammlung zusammenhängt, bleibt dahingestellt. Vgl. Grautoff, Lüb. Chron. 2 S. 110 und unten Verhandlungen zu Heiligenhafen. Andrerseits hatten Lübeck, Hamburg und Lüneburg sich am 2 Jul. 1447 mit den H. Bernhard und Johann von Sachsen-Lauenburg wider Markgraf Friedrich von Brandenburg verbündet. Riedel, Cod. dipl. Brand. II. 4, 396. (Im StA Hamburg, Trese Z 6, befindet sich ein Vidimus von 1467). Vgl. Droysen, Gesch. d. preuss. Polit. 2, 1 S. 77 f.*

baden hirto wesen umme syn vorgeven van unser wegen an juwe ersamcheit to bringen; *ersucht demzufolge*, sulke vorschreven utsettinge des waterrechts *abschreiben zu lassen und nach Danzig zu senden; verspricht, die Handschrift* in radeswise und in geheyme *zu bewahren und den Schreiberlohn gern zahlen zu wollen; hofft*, dat sulkent juwer stat nicht enkegen wesen sal, wente vele gudes dem zeefarenden manne hirvan komen mach. — *[14]47* (feria 2 post nativitatis Marie) *Sept. 11.*

> *StA Danzig, Missive 4 f. 259, überschrieben:* Taliter scriptum est versus Wisbu up Gotlande consulatui.
> *Gedruckt: daraus Hirsch, Danzigs Handelsgesch. S. 79.*

306. *Lübeck an Stralsund: verweist in Sachen* alse Bertold Langen, unses borgers sone, en clerick, juwen borger in dat gestlike gerichte hadde tighen unde laden laten vor den doken to Hamborch, *auf den mündlichen Bericht des darum nach Lübeck gesandten stralsunder Sindikus Johann Robyn und meldet, dass es in Folge des abermaligen Erbietens von Stralsund, seinen Streit mit K. Erich von H. Barnim und Lübeck entscheiden zu lassen, K. Erich eine Abschrift des stralsunder Briefes sende mit dem Ersuchen, Stralsunds Rechtserbieten zu folgen und seine Auslieger aus der See heimzurufen; verheisst Mittheilung der Antwort des Kg. — [14]47* (dinxedages vor s. Mathei) *Sept. 19.*

> *StA Stralsund, Or. Perg. m. Resten d. Secrets.*

307. *Danzig an Stralsund: hat die vom 11 Aug.* (Tyburcii) *datirte Warnung vor dem Verkehr mit Gothland erst am 17 Sept.* (Lamperti) *erhalten, zu einer Zeit, da die meisten der nach Wisby verkehrenden Danziger sich in Gothland befänden; hat vordem nichts davon erfahren, weder von den Rsn. der Hansestädte, welche letzthin in Preussen waren, noch von den preussischen Gesandten zum lübecker Hansetage, mit Ausnahme dessen, dass die stralsunder Rsn. sich vor den Städten erboten haben, ihren Zwist mit K. Erich durch ihren Herrn und Lübeck in aller Form Rechtens entscheiden zu lassen, was die Städte alsdann K. Erich mittheilten;* sunder dat gy warschouwinge up de tyt sulden gedaen hebben, *wie Stralsund behauptet*, dat steith den unsen nicht to gedencken und wy en fynden des in deme recesse nehest to Lubeke gemaket ok nicht geschreven; *verlangt darum, dass Stralsund seine Auslieger anweise, die in Gothland weilenden Preussen auf der Heimfahrt nicht zu behindern, will ihnen nach ihrer Rückkehr gern die stralsunder Warnung verkünden. — [14]47* (feria 3 ante Mathei) *Sept. 19.*

> *StA Danzig, Missive 4 f. 260.*

Versammlung zu Marienburg. — 1447 Jun. 9.

Anwesend waren Rsn. von Kulm, Thorn, Elbing, Königsberg und Danzig.

Der Recess berichtet über den ablehnenden Bescheid, der dem Hansetage auf sein Begehren, die Engländer auszuweisen, zu Theil wird, vgl. n. 289, 293, und über die preussisch-holländischen Verhandlungen.

Recess.

308. *Recess zu Marienburg. — 1447 Jun. 9.*

D aus der Handschrift zu Danzig, f. 308 b — 310 b; daselbst Schbl. XIX n. 71 ein Auszug aus diesem Recess, soweit er die holländische Frage berührt.
T Handschrift zu Thorn f. 245—247 b.
Gedruckt: aus D vgl. m. T Toeppen a. a. O. 3 S. 20.

Anno incarnacionis domini 1447, in crastino corporis Cristi, domini nunccii consulares civitatum terre Prusie, videlicet: de Colmen Hinricus Focke, Niccolaus Gewynner; de Thorun Hermannus Roszop, Mattis Weise; de Elbing Hinricus Halbwaxen, Johan van Rude(n)[a]; de Koningsberg Gregor Swake; de Danczike Merten Cremon, Johann Meideburg et Bertoldus de Suchten, in Mariemburg ad placita congregati, infrascriptos articulos concorditer pertractarunt.

1. *Der Hm. berichtet den Ständen, dass der Rath von Holland ihm durch den Dominikaner Jost, Lesemeister im Haag, vier Artikel hat vortragen lassen:* int erste, das die Hollander begern der keyserlichen acht hir ins land befriet czu seynde; item das sie hier ins land muchten schiffe buwen und die frey und ungehindert von hynnen czu fwren; item das sie widder uff den koning Artushoffe czu Danczk widdir geen gleich als vor; item das unsir her homeister eynen czol hir im lande uff ire schiffe und guter legen und setczen sulde, nochdeme sie nicht vormuchten in keynerley wisze anders wege und weise czu fynden beczalunge czu thun; *nichtsdestoweniger sollte der Tag zu Köln stattfinden. Die Stände beschliessen mit dem Hm. diesen Forderungen gegenüber an den brügger Vereinbarungen festzuhalten und den Hg. von Burgund zu ersuchen, die Holländer zu einem gleichen Verhalten anzuweisen. Der Mönch erhält einen dahinlautenden Bescheid, doch wird ihm auf sein Ansuchen gestattet, einen Zoll von allem holländischen Gute zu erheben und den Ertrag im Falle eines ungünstigen Ausganges der Verhandlungen zu Köln nach Holland zu bringen. Desgleichen wird auf seine Bitte der Termin des kölner Tages um 8 Tage hinausgeschoben.*

2. Item so hot unsir herre homeister vor lande und stete vorbenomet laessen lesen der henszestete ratiszendeboten brieff uff (dem)[b] tage zcu Lubeke vorsammelt mit etzlichen copien vorslossen, in welchim brieffe dieselbien ratiszendeboten begerten, das unsir herre homeister die Engelischen hir im lande wesende welde rostiren umbe des willen, das en die alderluthe des coffmans von der Dwtschen hense zcu Londen in Engelant wesende geschreben hetten, das sie in Engelant ere privilegien und des geleites, das en der herre koning von Engeland uffs neuwe drey jar lang gegeben hatte, in den landen nicht gebruchen mochten, sundir das etczlichen von den eren ere guttir vorsperret und bekummert weren, ere slossel genomen, und haben leip und gut vorburgen und doboben in fare beide leibs und guttes stehen, und wissen nicht, wie sie dorane seyn, und befurchten sich vor gewalt, obirfallunge und totunge erer allir[1]. Hiruff noch besprechen lande und stete dem hern homeister geraten haben, das her nymandes van den Engelschen rostire sunder sie frey laesse vorkeren, uff das is den sendeboten, die syne gnade kegen Engelant gesant hat[c], keyn widderstos, hindernisz und innefelle in erer botschafft mechte. Und weres zache, das ymands van den Engelschen geleite begerte, das unsir herre homeister das zcu sich neme bes an seyne gebietiger, lande unde stete, umbe forder rath doruff zcu haben. Und das unsir herre homeister den sendeboten kegen Lubeke weddirschreibe, das seynen

a) T Rudel D. b) dem T fehlt D. c) habt D.
1) N. 259.

gnaden nicht zcu thuende steit, die Engelschen czu rostiren, sundir wil das ansteheen lassen, bis das die sendeboten des Dwtschen kouffmann czu Londen in Engelant wesende kegen Lubeke komen, uff das man die sachen denne doselbist egentlich, so sie des deme hern homeister werden vorschreiben, irfaren moge unde also furder undirrichtet moge werden van der gelegenheit der sache[1].

3. Item Hans Dortmundens sache wart gehorht, sunder her was do nicht kegenwertig und das bleibet ansteende, und her is geleitet bis czu sinte Jacobstag.

4. Item haben die hern von Thorun unsirm hern homeister vorgegeben von den wolwehern die awatw(ull)e[a] machen, do die armuth methe betrogen wirt, begerende das sulchens mochte gewandelt werden. Dis hot der herre homeister zcu sich genomen bis an seyne gebietiger.

5. Kulm, Thorn, Elbing und Königsberg besiegeln auf Bitten von Danzig eine Urk. über die 2500 ℔, welche Danzig den holländischen Kaufleuten und Schiffern zurückzahlen soll.

6. Dieselben besiegeln ferner zusammen mit dem Hm.[2] und Danzig eine Urk., wonach sie den von Köln zu fällenden Spruch zwischen ihnen und Holland bei einer Strafe von 2000 rhein. Guld. zu halten geloben. Danzig verheisst dafür die vier Städte eventuell schadlos zu halten. Die hierüber ausgestellte Urk. erhält Kulm zur Aufbewahrung.

7. Der Streit Elbings mit dem Hm. wegen der Dämme der elbinger Dörfer soll auf dem nächsten Tage begutachtet und womöglich vermittelt werden.

8. Item eyn yderman mit den seynen dobeyme czu reden, wie man das halden sal mit den, die do schiffe den Polen vorkouffen und die Weissel mit schiffen hinfaren und das korn uff Doberyn und in anderen pleczen kouffen, das diesem lande czu grossem schaden kompt; und die ouch die Dybouwer und ander in Polen mit gelde vorlegen etc.

Verhandlungen zu Kopenhagen. — 1447 Jun. 26 — Jul. 11.

Die Städte waren durch Rsn. von Lübeck, Stralsund, Rostock und Wismar vertreten.

*A. Die **Vorakten** enthalten zunächst eine Beschwerdeschrift des Kfm. zu Bergen, welche dessen Verhandlungen mit dem Vogt Olaf Nilsson und dem norwegischen Reichsrathe von 1443 bis zum Febr. 1447 darlegt und unsere im vorhergehenden mitgetheilten Akten wesentlich ergänzt[3]. Hiernach suchte Olaf den einheimischen Handels- und Gewerbsstand vor dem mächtigen Umsichgreifen der Deutschen seit dem letzten dänischen Kriege dadurch zu schützen, dass er den Kfm. soweit möglich zu beschränken und seinem Verkehr dauernde Hindernisse in den Weg zu legen suchte, die deutschen Ämter dagegen völlig dem städtischen Verbande*

a) ? awatwulle D.

1) N. 293. 2) Vgl. jedoch n. 318. 3) Vgl. die Einleitung von Nielsen zu dem Abdruck dieses Aktenstücks in Christiania vid. selsk. forh. 1877 n. 10, sowie dessen Schrift Det norske rigsraad S. 293 ff.

einzuverleiben bestrebt war. Der Streit tritt in seinen einzelnen Phasen bis zu diesem Tage klar hervor und wirft insbesondere ein eigenthümliches Licht auch auf die Stellung K. Christophs zu den Städten[1]. — *N. 310 bestätigt die Mittheilung auf S. 160, wonach der Termin der Tagfahrt ursprünglich früher angesetzt war.*

B. *Der* **Bericht** *behandelt, abgesehen von dem Streitfall Kampen § 8, ausschliesslich die Beschwerden des Kfm. in Norwegen. Leider ist er unvollständig, sodass wir für den Ausgang der Verhandlungen auf die Angabe des Chronisten, Grautoff Lüb. Chr. 2 S. 105, angewiesen sind. Er berichtet, dem Anschein nach übertrieben, dass der Kg. seinem Vogte zu Bergen in allen Punkten Recht gab, sodass* „de vryheit des kopmans nicht vele van der claghe ghebetert“ *ward.*

C. *Im* **Anhang** *folgen zwei ausführliche Aufzeichnungen über die einzelnen Klagpunkte des Kfm. zu Bergen sowie des zu Kopenhagen, mit Angabe der getroffenen Vereinbarungen. Die erstere, n. 312, ergänzt bei aller Knappheit des Ausdrucks in höchst willkommener Weise die obige Darlegung des Kfm. N. 314 bezieht sich auf den Streit Stralsunds mit K. Christoph.*

A. Vorakten.

309. *Beschwerdeschrift des deutschen Kfm. zu Bergen*[2]. — *[1447 nach Febr. 1].*

L aus dem Archiv der Handelskammer zu Lübeck (Bergenfahrer-Archiv), 8 Bl. gebrochen kleinfol., vielfach corrigirter Entwurf. Mitgetheilt von Wehrmann. Gedruckt: aus L Nielsen in Christiania vidensk.-selsk. forhandl. 1877 n. 10 S. 21—34.

Int erste alse . . . . . den[a] a[nno][a] domini 1443, alse do er Olff Nielsen myt den Normans hadde upgestecket yeghen den kopman unde de ampte 24 puncte unde artikele, de do de kopman myt den Normans vorleden up 3 puncte na — de ene den kopman mede anlanghende, alse van der munte etc.; de anderen twe de ampte allenen anlanghende, alse wor de ampte scolden bulude werden, de de stede unde kopman myt erer privilegien hebben beschermet van oldinges; dat derde den schomakeren ere scho to settende unde so van nichtes wegen darumme to unwonliken eden to bringhende unde to broke — de geschaten worde[n][b] vor den koning unde de stede[3]. Dar do her Willem van Calven unde her Jacop Bramstede vor antwerden vor dem koninge, alse dat yd staen scholde so lange dat de heren van den steden enes daghes darumme vorramedem. Unde de koning wolde den synen odder den eren nicht nyges tolaten etc.[4].

2. Item wo do darna anno domini 1444 des rikes raed gemeenliken to Bergen upsetteden de puncte up dat nyge myt anderen puncten unde swareren lude wen tovoren, welcker puncte unsse frunde to Lubeke vulkamelken copyen darvan hebben. Welke puncte noch myt andern mer puncten, noch swariker yegen der stede privilegie over den kopman van Bergen unde van der hensse lodende, heft de houchgebaren furste koning Cristoffer myt er Olffe Nielsen vorderinge den Normans besegelt[5] yegen der stede privilegie unde sulk loffte nicht nyges totolatende. Van sulken brefe de kopman nyne uthscriff kan krygen, went se wert ome [nicht][c] gewen; myt dem breve dreughet me d[e]n[d] kopman van der stede privilegie.

a) [illegible] L. b) warde L. c) nicht fehlt L. d) dem L.

1) *Vgl. sein Hülfegesuch, n. 277.* 2) *Vgl. hiermit die Darstellung in d. ang. Bergens Fundats in Nicolaysen, Norske magasin 1 S. 538 f.* 3) *Bei Gelegenheit ihrer Botschaft an K. Christoph in Sachen K. Erichs, vgl. n. 19 § 5.* 4) *Ertheilte jedoch am 13 Aug. 1443 zu Bergen ein zumal den deutschen Handwerkern ungünstiges Privileg, Huitfeldt, Danm. Rig. Kron. S. 832, Reg. Dan. 3715.* 5) *Vgl. die eingehende Verordnung über die Regelung des Handels zu Bergen vom 6 Dec. 1444, Dipl. Norweg. 8 n. 321 S. 342.*

3. Item noch synd dar twe breffe, de de koning den Normans vorsegelt heft, welker kopyen Hinrik Grave by sik heft, de me al yegen den kopman brakende ys. De erste ys gegeven anno etc. 45, de ander is gegeven na der tiit, alse den steden de privilege ys confirmeret, doch ys he gegeven unde besegelt ok in des koninges brutlacht alse syn tenor uthwiset, unde de ys der stede privilegie groffelken swackende unde vorleggbende unde confirmerende unde stadvestende den groten swaren majestats breff myt den unordelken puncten unde ok andre breffe yegen privilege ludende [1].

4. Item sulken swaren majestats breff myt syner confirmacien leed er Olff Nielsen, rydder unde voged, anno domini etc. 40 des mandages na des hilgen lichames daghe [2] apenbare up dem lantrechte lessen in der stad Bergen in yegenwardicheit bisschop Jonsen to Feere, des pravestes tor apostelkerken, er Erlender Endritsen, er Hartich Krummedyk, er Erik Symensen Krukown unde der gemente. Unde de kopman let dar der stede privilegie enyeghen lessen, alse de confirmacien. Darenbaven bod er Olff den breff myt den puncten strengelken to holdende. De breff helt ynne, baven de swaren puncte yegen der stede privilegie ludende van des rikes rade upgesect, van des kopmanss schulden etc. nicht plichtich wesen to betalende sunder de helffte wat de Norman to Bergen invoren; item syne Dudeschen uth der henze huss to hebbende aver strand sunder to vorkopende odder vorbraken an den koning; item to des hilgen crucesdage na passchen int land [to][a] kamende, crucis vor sunte Michels wedder uth dem lande to varende [3]; item de ampte to holden na burechte etc.

5. Item wo nu van dissen yare vorghangen anno domini etc. 40 in der kopsteven wart geblasen dem menen volke allemenninge up dem Jonsenwalle, dar quemen int erste des rikes raed de ertzebisschop van Drunthem, bisschop van Bergen, de pravest tor apostelkerken, de domdeken van Drunthem myt andern ghestliken papen, er Olff Nielsen, er Erlender Endrytsen, er Hartich Krummedyck, er Erik Symensen Krokow, Peter Nickelsen myt andern ere gelliken unde dat gemene volk, besunderges de Nordervaer. Dar led des rikes raed den ergedachten majestats bref myt syner confirmacien lessen. Item so let dar de kopman de confirmacyen der stede privilegie enyeghen lessen etc. . Dar bod des rikes raed den majestats breff myt syner confirmacien to holden unde vorbunden sick vort myt dem gemenen Norman, bysunder myt den Nordervaren, de ene by dem andern myt lyve unde gude to blivende; des in ene vulkamen vorwillinge helt eyn yslick up syne band. Dyt schach der stede privilegie ungeachtet. Item ruchtes unde vlochmere hyr de in der bu ghlogh van slachtinge.

6. Item alse de lochman van Stych myt andern Nordervaren weren to worden myt des kopmans olderluden unde vragheden, wor se de kopman ok dachte de Nordervare odder yemande van on to krenckende odder unfruntschop myt on to hebbende darumme dat se under des koninges breff weren ghaen, den se alle tijd musten horsam syn. Dar do de kopman to antworde, se wusten nyne veyde odder unfruntschop myt on, men de kopman de wolde van sick scriven wat om weddervore unde on ander dochte on nyne veyde odder unfruntschop.

7. Item anno domini 1440[b] alse nu was in der ergedachten kopsteven up eyn dinstedach na sunte Michele [4], also unse schepe unde frunde weren kamen

a) to fehlt L. b) mxlvj L.

1) Bekannt ist bisher nur die Urk. K. Christophs vom 26 Okt. 1445, worin er erklärt, dass die Bestätigung der hansischen Privilegien d. d. 25 Sept. 1445 keinem der norwegischen Rechte Abbruch thun solle: Huitfeldt a. a. O. S. 838. 2) Jun. 30.

3) Mai 3 — Sept. 14. 4) Okt. 4.

to Berghen, weren des kopmans hovedlude vor des rikes rade tom dome. Under andern degedingen unde worden vragede des kopmans olderman, weer de kopman ok mochte velich unde vredesam sitten, varen und kamen up der stede privilege, so he van oldinges hadde gedaen, nadem sulke sake in dem majestats breve berurt de kopman hadde geschaten vor unsen herrn den koning unde de stede unde alle dryer rike rade. Darto antwerde uns des rikes raed, de ertzebisscop, de bisschopp van Bergen myt den andern gestliken personen ock riddern, under langen besprake er Olff Nickelsen sprak dat wort unde nam des kopmans oldermans hand in syne hand sus ludende: De kopman solde velich unde vredesam liggken varen unde kamen wente to sunte Johans daghe to an beyden tziden unbevruchtet. men den majestatsbreff wolden se geholden hebben, so scholde hyr eyn dachvart wesen, dar scholden alle anwaldigen unde koninges unbadesludo kamen des rykes to Norwegen, unde se wolden den dach dem koninge ok vorscriven, de koning queme dar odder nicht syns rikes raed scholde dar vulmechtich wesen, und dar scholde alle dingk to ende werden vorlecht, wol braken hadde dat he denne betende; er Olff wolde upscriven, so scholde wy ok, unde wol in der ge[nnuten][a] tiid breke in sake de nicht geschaten weren odder da[r][b] anrorende weren, dat de darvor betende int recht nach dem lochboke. Myt sulken vorworden lavede de ene de andern velich unde vredesam to wesende lyves unde gudes, de ene vor dem andern unbesorged to dem vorgenanten sunte Johans daghe to[1]. Men des kopmans olderlude spreken myt sulken beschede alle ore word, de kopman were nicht mechtich sulk eyn dach ane orloff odder gehete der heren van den steden, ok wolden se sik nynes dages furder vorwillen, sunder se wolden den heren van den steden darvan scriven so mochten se ok, de kopman wolde doen wat ere heren darvan screven.

8. Item darna in den winter baven sulke vorwort vor wynachten desses yegenwardigen yares leet er Olff Nickolsen voged summelke van unsen medekopluden tackesetten tor steven vor gerichte umme sake willen de geschaten weren, alse van der munte wegen, unde mende so vortan to meer luden totosprekende. Des ghingh des kopmans olderman myt sulken unsen luden upp de steven unde sprak, dat sulke sake van der munte eyn were van den schaten puncten unde de sake de dar anrorende syn vor den koning unde de stede unde der rike raede, und was begherende vortan van den lochmanne unde radluden, dat se dar nicht wolden aver richten na dem alse dat geschaten were, wente de kopman wolde hy dem schetende bliven unde dar nic[h]t[c] wesen over drunghen. Dar schod dat de buvaged upp to eme andern rechtslaghe van er Olaves wegen, he wolde dat er Olave vorstaen laten, wente he was dar nicht sulven yeghenwardich sunder Adam de buvaghet klaghede sulke klage aver de unsen unde de lochman unde summelke raedlude vulvoredon de claghe unde hulpon se vorbringhen, wo doch[d] dat se vor richter dar seten.

9. Item dessulven dages umme middach uthen quam Mattys Pallasson, eyn van er Olaves deneren, to des kopmans olderman myt andern er Olaves deneren unde sprak, er Olff hadde on dar gesand unde worumme dat om van sinen personen nyn recht mochte weddervaren de gebraken hadden int recht, des rikes raed hadden sik doch so gescheden in dem loffte des vredes, wol breke de

a) genomen L. b) dat L. c) nicht L. d) wo wo doch L.

1) Vgl. die an den Jarl der Orkneyinseln gerichtete Einladung des norweg. Reichsraths zum Reichstage in Bergen am 24 Jun. 1447 propter negocia felicem statum regni nostri concernencia tunc movenda et expedienda. Dipl. Norv. 7 S. 430.

scholde beteren vor syn de hoved[a]. De olderman des kopmans stund om to enes geloftes unde vredes to by heschedo so vorgescreven ys, wol in der gemenen tiid alse dat geloffte geschach went to sunte Johan daghe [breke][b], de scolde beteren, uthgenamen de saken de geschaten weren und daran anrorende weren. Alse so sprak he, er Olff bode, om to, he scolde one nicht eerlos maken, er he wolde eerlos werden he wolde daraver hy setten unde wolde dar syn lyff hy setten.

10. Item alse leed er Olff synen knechten, de in der bu waren, ere harns by sick up des koninges gharden bringen unde hadde syne knechte hy sick up den gharden furder do wen up ene ander tiid. Unde alse dat volk sus in der bu leep wedder unde vort to dem koningesgharden myt dem harnessche, sad de kopman in vruchten, so he noch degeliken syd, lyves unde gudes unde syn yderman bleff to huss unde up der brugge, unde de kopman konde nicht weten wo he darane was. Item so hadde er Olff de hulude vake tohope se to reyssende wedder den kopman unde klagede, wo om tydinge queme de kopman wolde on dodslaen, des de kopman doch ny willen hadde.

11. Item darna weren des kopmans hovedlude up den gildestaven vor der menheit unde herichteden dar on des wo sulke sake geschaten weren vor den konige unde de stede; alse weren de lochman unde raedlude all up er Olaves siden unde spreken, er Olff dorste nicht up den gildestaven odder steven ghan, wes her Olff wolde in kord darvor myt summelken der unssen unde des kopmans hovedluden up der steven gewest hebben, so he se hadde vorhadet laten, do was om to wetende worden, wo on de kopman wolde echt doedgeslagen hebben, unde de kopman myt den Dudesschen ampten hadden do yeghen om to harnessche weset unde de ampte hadden ore straten slaten. Dat des kopmans hovedlude vorantwerenden, dat de kopman odder de ampte dachten nemande to slande odder nymand geslagen hedden sunder offt se wol wolde slaen se musten sik weren, sunder de ampte hadden ore gharden slaten up de tiid wente se hevruchteden sik na vlochmere und ok na vorworden alse er Olff hadde dem olderman by Mattis Pallassen toenhaden, unde weren nicht to harnssche gewest sunder se weren to hus gewest unde hadden des oren vruchtet und dat bewart. Dyt taksettel van der munte schach al tusschen sunte Merten unde wynachten.

12. Item in dem yegenwardigen yare anno domini 1447[c] des mandages na der hilgen dreyger koninge dage[1] in dem lochdinge tacksettede Adam de buvaghet des kopmans olderman tor steven van des kopmans wegen van anlangunge wegen er Olff Nickelsen up den dinstedage morghen dar to wesende. Alse was er Olff darsulvest nicht yeghenwardich men Adam unde de lochman myt andern synen byliggern, unde de lochman muntliken las dar ene zedelen, dar er Olff den kopman und de ampte inne schuldige[de][d] umme upplop unde samholt dat de kopman unde de ampte gehad scolden hebben, alse dat se weren to harnsche wesel[e], unde de kopman scolde utegoven uthvarleytangher baven bortleytangher den se plegen to gevende, unde de ampte scolden hortleytanger unde uthvarleytangher unde darto scholde de kopman leytangersval unde brevebroke van ome yare dat se sulken uthvarleitangher nicht hadden utegeven, noch hadde one dat land nicht utegeven, unde de ampte scholden vor den hortleytanger, den se nicht utegeven hadden, dre yar langk alle yar leytangersvall unde brevebroke unde vor den uthvarleytanger 1 yar leytangersvall und brevebroke, dat sick to ener groten summe penninge wolde dregen unde vorlopen hebben. To dem ersten, alse van des uplopes wegen unde samholdes wegen,

a) ... L. b) breke fehlt L. c) ... L. d) schuldige L.
e) alse — wesel a. R. nachgetragen L.

1) Jan. 9.

antwerde des kopmans olderlude van des kopmans wegen unde van der ampte wegen, de kopman und de ampte wusten van nyme uplope edder sambolde sunder se helden sik tosamende alse vrame lude up der stede privilege na lovelikor wanheit nicht yeghent recht unde weren ok nicht to harnssche weset up nymande. Unde de olderman vorbod vort den kopman unde amptlude klem unde grot, offt dar yemand were he were junk odder olt, de den kopman ofte de ampte samentliken odder enen yszliken besundergen den jungesten odder den oldesten worumme schuldigen, dat he om entyeghen daen hefft myt worden myt werken odder umme rechtverdige schulde odder myt slegen blud odder blaw odder umme alle anderhande sake, uthgenamen de sake de geschaten syn, wy samentliken de jungeste myt den oldesten besunderliken schal ome al doen wat recht ys, wol klagen will de gha hyr by uns staen, wy willen om all dat doen dat recht ys. Alse was dar nymand de den kopman odder de ampte odder ynigen personen besunderen odder samentliken schuldegede sunder de losse unwarafftige zedele dar nynerleige bewisinge by was. Furder up den uthvarleytanger des kopmans unde der ampte unde der ampte bortleitangher unde up de vorgescreven broke wolden sick des kopmans olderlude myt oren frunden umme bespreken, men se seden, dat sulk enen schad se odder de ampte nywerle utegeven hebben unde weren des ok nicht plichtich na orer privilegie lude den steden confirmeret.

13. Item wart des kopmansz olderman wedder vorbadet up de stoven up den neghesten donerdach to wesende. Do vragede de lochman dem oldermanne, wor he van des kopmans wegen wolde recht doen unde van der ampte wegen; do sprak de olderman ya, de kopman scolde recht [doen][a] samentliken unde besunderliken unde ok dergelyk de ampte, unde bod den kopman unde de ampte to rechte so he vorhen gedaen hadde am dinstedage. Do thoch do de lochman de zedelen echt her unde lass de unde vragede, wor de kopman unde de ampte up sulke zedelen wolden recht doen. Wy wusten van nyme uplope edder samholde furder wen tovoren gescreven steyt, van der andern puncte, alse van dem uthvarleitangher des kopmans unde der ampte unde der ampte bortleithangher, dar wolde wy des andern daghes der stede privilegie yeghen den bref den se darup hadden bringhen, welkes brefe Hinrik Grave ene copye van heft so vorgescreven, alse schaten des kopmans olderlude sulke sake vor den koninge unde de stede unde der rike rade. Do rosterde de lochman uns unde de ampte unde alle unsse gud unde schepe nicht uth dem lande to stedende eer wy recht gedaen hadden, wy vorboden uns to rechte dat mochte uns nicht helpen. Unde eyn van des kopmans hovedluden sprak, dat me uns darby blyven lete by den puncten de geschaten weren vor den koning unde de stede unde by den privilegie, um worde bange nuch an unseme rechte, weru wy wor unrechte ane, wenn wy quemen vor den koning unde de stede. Do sprak de lochman, de tiid scolde drade kamen uns altomale bange nuch werden. Unde do ghingh de buvaghed to unde vorbod unsen ampten ere ampt nicht to brukende, und vorbad alder degherst den backers umb nicht to backende, den bartscheren uns odder de unsen nicht to scherende, den schomakern, den schynren, den scrodern, den goltsmeden ore ampte etc.

14. Des vrydages quemen des kopmans olderlude up de steven myt der confirmacien unde myt den hovedluden van den ampten, unde eyn yslik bod den synen dar to rechte alse des kopmans olderlude vor gedaen hadden, unde leten de confirmacien lessen der stede privilege. Dar las de lochman enen van den

a) doen fehlt L.

breven, dar gy de kopie so vorgescreven by Hinrik Graven vinden, dem wolden se volgen, se achteden der stede privilegie nichtes nicht.

15. Item des sonnavendes quemen des kopmans olderlude up de stoven wedder myt den hovedluden van den ampten unde verboden sik echt eyn islik de syne alse vor. Dat halp nichtes nicht, se woldens oren willen hebben, alse schaten des kopmans olderlude sulke sake echt vor den koning unde de stede unde der rike rade.

16. Item darna leten[a] se blasen umme de bu den bortleytangher unde uthvaerleitangher, leytangherevall unde brevebroke uthegevende in dren daghen effte uthgeslagen, dat ys so vele alse vredelos gelecht. De kopman bod synen bortleytangher up, den entfenghen se van den soss mannen unde worden des do to rade darna se wolden den nicht upboren van weeme meer sunder se wolden uthvarleitangher, leitangeravall, brevebroke tohope mede hebben.

17. Item darna weren des kopmans hovedlude vake myt ern Olave tohope, alse dat her Olff sprak, he wolde den bortley[t]anger[b], uthvarleitanger, leitanghervall unde brevebr[oke][c] hebben van dem kopman unde den ampten edder he wolde syn liff darby setten. Alse dat on de kopman bod, umme gemakes und vredes willen doch der stede privilege ungekrenket, konden uns der stede privilegie vor dem koninge unde de stede vordegedingen, dat yd[d] denne ghinghe alse yd recht were, by sulkem beschede wolde de kopman ern Olave den leyt unde uthvarleitanger geven, des gelik de ampte ok den bortleytanger van dren yaren unde den uthvaerleytangher, men synen broke; doch konde de[e] kopman de stede vor dem[f] vorgescreven uthvarleytangher, de ampte vor bortleitanger unde uthvarleitangher ok vor den broke nicht vordegedingen vor den koninge, [so welden][g] wy echt myt den ampten den broke gerne geve[n][h].

18. In sulker mate helden des kopmans olderlude vake myt ern Olave sulver degedinge, ok myt den biscop van Bergen unde lochmannen unde radlude in unser leven vrowen avende to lichtmissen[1], so scolde se uns darup ene afscrifft geven wo dat gedinget was, do wy de kregen de ludde vele anders wen dar degedinget was, alse konde wy des nicht eyns werden. Und wy staen hyr in varen lyves unde gudes, unde er Olff besaket sik umme volk unde tut wedder und vort manck de bunde unde mend, so wy vorvaren, uns darmede aver to vallen. Darumme begher wy gy van unsen frunden uns schepe unde volk schikken myt den ersten so gy konen, dar wy liff unde gud mogen mede beholden unde weren. Item mach de vorberurde dachvart, de des rikes raed hir mened to hebben to sunte Johans daghe, nicht gestoret werden, so werden de stede der nedderlage quyd, unde de kopman blifft in vare lyves unde gudes und wert des quyd, unde hebben se uns samentliken rosteret unde unsse gud unde der ampte unde vorbaden on ore anbachten. Unde wy bevruchten uns, wen er Olff bed kan wen wy, so vro alse he dat to wege bringhen kan, dat he uns overvalle myt dem ergesten dat he kan.

19. Item wo yamerliken er Erik Symensen den kopman synes gudes quyd maket to yare tor Now[i] unde im Klensken[k]. Item alse wy de brefle uth Klensken[k] noch nicht en hebben des koninges unde unser heren der stede so wy vorvaren, de de hebben schal.

20. Item alse Krukowen unde de synen vinghen Hans Smedes knechte unde

a) [illegible] L. b) bortleyanger L. c) brevebrokk L. d) dat yd dat yd L.
e) den L. f) vor dem vor dem L. g) so welden *fehlt* L.
h) geve L. i) [illegible] L. k) oder Klenskam L.

1) *Febr. 1.*

vorden se myt sik und nemen den knechten ore kleder en deal unde ore gelt, de meste van der sziiden, de scho van den voten, darumme dat se vee hadden halt uth dem allmi[n]d[a], dar se ore husbunde hadde na gesand umme verscher vittalge willen to syner kost, dar de kopman to Bergen besundergen van koning Magnus privilegie up hefft, dat eyn islik kopman dat doen mach[1]. Darbaven beheilt Krukow Hans Smede dat vee vor unde de schute unde vorde de knechte vor den koningesgharden. Darumme de kopman des rikes rade vake besochte unde anlangende myt[b] der privilegie[1], de kopman konde dat odder Hans Smyd nyne entrichtunge dar vor krigen, men Krukow sprak, des rikes raed hadde dat om towiszet myt rechte.

21. Item van Henrik Hegeman de muste wol up 80 mark Lubesch er Olave geven van synes knechtes wegen, de enen van er Erik Symensen knechte hadde grepen in Lambert Hinriksen kolgarden und hadde kol dar ute namen. Vor de daet, dat he den kol hadde uth dem garden namen, domeden lochman unde radlude Lamberde to, er Erik Symensen knecht scolde om twe schilling Engels geven. Alse worden Lamberde 12 gr. unde Hegeman muste de 80 mark vor synen knecht geven, dat syn knecht one deff geheten hadde de den kol namen hadde.

22. Item van Hermen Hessen de enen Nordervar uthgeret hadde unde synen rechten masschop, genamet Pael de ene de andere Ladewich Drewessen, unde hadde on daen an mell an molte unde ander ware up elvenhundert visschen to gildes unde 8 vissche. Des quam de ene van norden Pael genomet unde hadde gedaen Hermen Hessen wedder 600 visschen[c] unde 2 tonnen raves, de wolde Hermen afreken an syner schuld, Pael de Norman wolde van der schuld nicht weten unde vorsakede synes masschoppes Ladewiges, do stand Hermen Hesse vor dem rechte unde bewisede dat myt oren uthgesneden rullen, dat se masschop weren ok dat se om schuldich weren unde bewisede dat myt levendigen tughen, alse Andres Nickelssen, Aslaker Egede unde Guttormer, de dersulven schuldener letsaghe was, darbaven domeden de[d] lochman unde raedlude, dat Hermen Hesse scolde Paele dat gud wedder[geven][e], by namen de 600 visschen, unde de schuld scolde staen went tor negesten kopsteven dat de masscheppe beyde tohope quemen.

23. Ok oer dem dome wolde desulve Pael Hermen vormordet hebben up Hermensen eghen husen unde darto om upp gepansert myt syner were, dar domeden de lochman unde de radelude, Pael scolde Hermen darvor geven I Normsche mark de so gud ys alse 9 ß Lubesch. Desse dome worden afgesecht anno domini 1443 des negesten rechtdaghes na sunte Michele.

24. Alse so steyt me na des kopmans guderen unde vordorff noch grover wen id steyt to scrivende. Dat het al myt rechte nu to Bergen so under mennichvoldigen saken Hinrik Grave unde Peter Vygend juw wol konen underrichten. Dat sulke dinge dem kopman nu weddervaren unde noch grover so ys des kopmans ingesegel an desse rullen benedden gedrucket to ener tuchenisse.

310. Lübeck an Stralsund: berichtet mit Hinweis auf ein früheres Schreiben, dass seine Rsn. am 29 Mai (mandages in den pinxsten hilgen dagen) *nach Kopenhagen aufbrechen werden*, soverre se dat an deme winde hebben

a) allmid L. b) myt myt L. c) 600 [illegible] L.
d) de de L. e) wedder L.

[1]) *Priv. K. Magnus d. d. 1350 Jun. 25. Transs. v. 1351 Mai 2 abschriftlich im Bergenfahrer-Archiv zu Lübeck.*

mögen, und verlangt, dass die Stralsunder sich ebenfalls zu dem Tage bereit halten. — *[14]47* (sonnavendes na ascencionis domini) *Mai 20.*

StA Stralsund, Or. Perg. m. Spuren d. Secrets.

B. Bericht.

311. Bericht über die Verhandlungen zu Kopenhagen. — 1447 Jun. 18 — Jul. 11.

W1 2 aus RA Wismar, Recesshandschrift 3, 1) S. 82—99, 16 Bl., überschrieben: Recessus de Copenhaven anno etc. 47 nativitatis Johannis baptiste; *2) S. 73—76, unvollständige Abschrift von 1.*

Anno etc. 1447 des sondages v[or][a] sunte Johannis baptisten dage siner bord, des morgens umme 10, do segelden[b] de ersamen her Wilhelm van Calven, borgermestere, unde her Johan Luneborch, radman to Lubeke, van der Traven na Kopenhaven, alz se van der gemenen stede wegen weren to gevoget myd den van den Stralessunde, Rostok unde Wismar sendebodan, umme to wervende vor dem heren koninge Cristoffer sodanne brekelgeyt, alz dem gemenen kopman van den inwoner der ricke Dennemarken, Sweden unde sunderges in Norwegen alle tyd unde dachlikes weddervaren. Unde quemen to Kopenhaven des middewekens na myddage vor dem vorscreven sunte Johannis dage[1].

1. Item des mandages na dem vorscreven sunte Johannis dage[2] ghingen de vorscreven der stede sendeboden, myd namen: van Lubeke her Wilhelm unde her Johan vorbenomet; van Stralessunde her Tzabel Segevryt, borgermester, her Hinrik Stenwech, radman[3]; van Rostok her Peter Hanneman, borgermester, her Clawes[c] Lubekerman, radman[4]; van der Wismar her Peter van Borken, her Hinrick Lange, radmanne, to Kopenhaven vor den heren koning unde sine reddere[d] up dat slod, ere werve to wervende na bevele der vorscreven menen stede[e]; des hadden se enen kredensienbreff mede, den de vorbenomede her Wilhelm van Calven dem heren koning Cristoffer myd rechter werdigeyt odmodichliken upantwerde.

2. Item also de here konig sodannen credencienbreff hadde horet lesen, quemen der erbenomeden stede sendeboden wedder vor sine gnade, dar (de)[f] erbenomede borgermester van Lubeke van wegen der menen benzestede anhoff na irbiddinge der stede wilges denstes to wervende unde sprack: irluchtigeste hochgebaren furste, gnedige here, de gemenen stede van der Dudesschen hense, nu kortliken hynnen der stad Lubeke to dage vorgaddert, hebben uns by juwe koninglike gnade geschicket to wervende vele gebreke, hindernisse unde wedderstald, de uns unde unsem kopmanne in juwer gnaden rike unde sunderges in Norwegen van her Oleff Negelsson, juweme vogede darsulves, jegen unse privilege, rechtigeyde, vryheyde unde olde wanheyde, der wy van koning to koningen hette herto hebben gebruket unde de uns juwe gnade ok so hefft confirmeret unde bestediget, dachlikes beschen unde sind van juwen koningliken hochwerdigheyden denstliken begerende, otmodichliken byddende, dat juwe gnade densulven steden unde kopmanne umme sodanen wedderstald der privilegien rechtes over den genanten her Oleff Negbelsson willen behelpen unde so vorvogen, dat den[g] steden unde dem kopman nicht mer en besche, men dat se by eren privilegien, vri-

a) van W1. b) so W1, zeilden W1. c) Nicholaus W1.
d) riddere W1. e) steden W1. f) de fehlt W1. g) dem W1.

1) *Jun. 21.* 2) *Jun. 26.* 3) *Vgl. Mohnike u. Zober Strals. Chron. 1 S. 188 a. u. 314.* 4) *Die Ausrüstung dieser beiden Rsn. und ihres Schiffes verursachte den rostocker Weddeherren einen Kostenaufwand von 105 ℳ 1½ β und den Gerichtsherren einen von 100 ℳ.*

beiden unde rechtigeyden mochten bliven; dar se den transumpte offte den vidimus[a] in Latine besegelt unde im Dudesschen unbesegeld hadden, byddende sine gnade, dat he de wolde horen. Darto de vorscreven here koning leet dorch den strengen heren Otte Negelsson, rittere, antwerden, dat men en alsodane transsumpte by zyck wolde laten overseen, se wolden se ene wol wedderdon. Darumme sik de stede bespreken unde volgeden dem heren koninge darinne na sinem begere.

3. Item alse de vorscreven here koning unde siner rike redere angeseen hadden de lenge unde velheit der vorscreven transsumpte, let de here koning der stede sendeboden wedder vor sick komen, dar her Otte Negelsson, de do des koninges word helt, uthsede, de transsumpte weren lang, se en konden se kortliken nicht overseen, se mosten dar mer tyd to hebben. Des ene over ward gevolget. Dar sede vort desulve her Otte, dat de Dudessche kopman wol kunde vele klagen unde sines heren gnaden armen luden kunden[b] nicht clagen, darumme hadden se des to achter. Unde sede vord, dat de stede ere clage van des gemenen kopmannes unde erer wegen in scriften scholden overgeven, dergeliken scholden sines heren gnaden vogede unde de sinen don wedderumme, dat de stede annameden.

4. Item des middewekens darna, nameliken in sunte Peters unde Pawels avende[1], quemen de genanten stede sendeboden des morgens na achten to Kopenhaven uppe des doms kerkhoff, dar des genanten heren koninges rad, myd namen her Otten Negelsson myd synen medekumpanen, quemen tosamende. Dar de velebenomede her Wilhelm anhoff unde sprack: leven heren, alse latest dat avescheident vor unses heren koninges gnaden is gewesen, dat wy des kopmannes unde unse clage in scriften scholden geven, so scholden de sine don dergeliken, aldus so weren ere scrifte rede, de wolden se gerne overantwerden, soverne ere scriffte ene dergeliken wedderumme overantwerdet mogen werden. Darto her Otte antwerdede unde sede, ere scriffte weren rede, unde overantwordede[c] de scriffte her Wilhelm, de eme der stede scriffte wedderumme overantwerdede. Unde sede, syn gnedige here scholde darup antwerden in scrifften unde se scholden dergeliken in scriften up sine overgeven scrifft antwerden.

5. Item darup antwerdeden de vorscreven sendeboden na berade, scrifft umme scrifft overtogevende were en nicht bevalen[d] unde se en weren darto ok nicht utgeret, wente se hadden nene doctores myd sick gebracht sodanne scriftlike antwerde to vorramende unde to makende, men dat he myd synem gnedigen heren spreke, dat se muntliken darup mochten antwerden unde des to eme ende komen. Darumme her Otte wedder gingk by synen heren den koning. Item quam her Otte wedder unde sede, dat syn gnedige here der stede sendeboden gerne uppe ere unde der siner scriffte wolde horen.

6. Item des middewekens under maltyd desulven middewekens bod her Otte vorbenomet[e] den van Lubeke in de herberge, se entdorsten[f] sik uppe den dach nergene na richten, wente sines heren gnade kunde uppe den dach sick dar nicht to leddigen.

7. Item des vridages na sunte Peters unde Pawels dage[2] do quemen der genanten stede sendeboden des morgens to achten wedder vor den heren koning, dar de velegenante Wilhelm, borgermester, wedder anhoff, seggende: gnedige here koning, alse latest dat affschedent tusschen den strengen her Otten Negelsson unde ander juwer rike rederen van juwer gnade wegen unde uns der stede

a) [illegible] W. b) kunden W., kunde W. c) [illegible] W.
d) to bevalen W. e) vaken genomed W. f) en dorsten W.

1) Jun. 28. 2) Jun. 30.

sendeboden is gewesen, also dat juwe gnade uns muntliken up unse overgeven artikele unde gebreke willen horen, so sind wy hir nu otmodichliken biddende, dat gy sodanne gebreke willen horen lesen unde vurder darin to sprekende, so des van noden is.

8. Item darup led de koning den sendeboden wedder seggen, dat he deme so gerne don wolde, doch [v]il[a] dar enttusschen der van Kampen sake van deswegen, dat de here koning der van Kampen liff unde gud led toven umme dat ellike van Kampen, so de here koning unde de synen seden, den heren koninge schip unde gud up de van Campen hadden entwaren, de doch elliken sinen vienden, alz van Holland, to scholden hebben gehoret, unde desulven besworern dem heren koninge quitancien van der tovinge hadden gegeven, warumme doch siner gnaden undersaten tor Slus in Vlanderen worden gelovet. Dar de vorscreven der stede sendeboden dat beste gerne inspreken, dat de here koning den van Kampen sulker tovinge wolde vorlaten; dar doch nen ende van ward besloten, men he wolde dar gerne up vordacht wesen[1].

9. Item darna quemen der stede sendeboden vorscreven, den de here koning led vragen, alse se dar van der menen stede wegen weren, vorgevende ere gebrekelgeyd unde byddende, dat he ene recht over sulken overtreder der privilegie wolde behelpen, effte se ok denne macht hadden, effte he to elliken ute der henze wes to klagende hadde, recht wedderumme dar to plegende. Darup de gesante her Wilhelm na gudem berade antwerdede, de gemenen stede der henze hadden se dar gesand[b], dat se by den heren den koning scholen bearbeyden, effte de stede unde ere kopman by eren privilegen, vriheyden unde olden wanheyden mochten bliven, dat se des en gudlik antwerde, dat se weddor by ere oldeste mochten bringen, begerende, men dar to rechte to gande, des hedden se nen bevel; doch were dar yment, de to dem kopman effte to den steden hadden wes to seggende, dat [de][c] queme edder sonde sinen vulmechtigen procurator, em scholde allent weddervaren dat recht is. Worup her Otte Negelsson van wegen des koninges antwerde, dat men alle broke scholden richten dar se beschegen, doch sin here de scholde de sendeboden unde er gebreke horen, wes eme denne wedderumme weddervore, des worde me enwar. Hirupp worden de gebreke van den riken Norwegen gelesen in aller wise so de kopman to Lubeke dem rade hadde overgeven. Darup de her Otte van des gnedigen heren koninges wegen antwerde unde sede, sin gnedige here unde syn erlike rad hadden de gebreke der stede unde den kopmans clage wol vornamen, unde were[t] den steden bequeme, so wolde sin here de koning uth sinem rade etlike darto vogen, in sulke clage to sprekende, dat de van den steden ok etlike darto vogeden. Also ward besloten, dat vive van juwelker syden de sake to handelende worden gevoget, als van des heren koninges wegen 2 bisschoppe unde 3 riddere unde van der stede wegen her Wilhelm van Kalven[d], her Johan Luneborch van Lubeke, van der Wismar her Peter van Borken, van Rostok her Peter Hanneman unde vam Sunde her Tzabel Se[ge]vryt[e].

10. Item des sonnavendes darna[2] quemen de vorgenanten deputerden van beyden siden des morgens to achten [up][f] des erwerdigen in God vader unde heren etc. des bisschoppes to Selande binnen Kopenhaven hoff tosamende, dar de gedeputerden van des heren koninges wegen anhoven unde seden: leve heren, alse uns unse gnedige here de koning unde juw hefft bescheden in sodanne

a) wil Wi 2. b) Bet gesand bricht W? ab. c) de fehlt W?.
d) Kleve W?. e) Swgryt W?. f) up fehlt W?.
1) Vgl. n. 288 § 4. 2) Jul. 1.

artikele, punte unde gebreke to sprekende, so moge gy jow beraden, wat wy ersten vornemen to vorhandelende. Aldus beroden sick de van den steden. Item na dem berade seden de van der stede wegen, namliken her Wilhelm van Calven[a], dat den steden geraden duchte gewesen, dat men de sake van Norwegen ersten vorneme, dat densulven des heren koninges gedeputerden ok also wol [be]hagede[b]. Darup worden de 28 artikel vorgescreven to lesende.

11. Item na vorhoringe des artikels, de anhevet unde inhold, dat men alle stucke, de men plecht uppe dem torge to vorkopende, dat id darumme scholde bliven als dat lachbock darumme uthwiset etc., dat doch clarliken is tegen vele privilegen van koninge[n][c] to Norwegen gegeven: darvan doch des heren koninges deputerden nicht wolden weten unde wolden den artikel also hebben geholden, dar de stede ere berad up nemen.

12. Item na dem berade sprak her Wilhelm van der stede wegen: leven heren, de erste artikel is rechte jegen unse privilegen, den moge wy nener wys in vorkortinge derselven unser privilege overgeven na juwen sinne to holdende, unde wy hebben ok nenerleye beveling in yeniger wise myd juw in unse privilege to disputerende nach olde loveliker wanheyde overtogevende, de doch vele van den vorscreven artikelen den beyden enjegen sin, hirumme moge wy darby bliven, darumme syn wy hire van den menen steden hir gesand, denstliken byddende, dat me uns darby wille laten, als se uns van koninge to koninge sin besegelt unde ok uns van den heren koning Cristoffer sin confirmerd. Worup de gestrenge her Eggerd Frylle, ritter, van der deputerden des koninges wegen antwerdede: leven heren, gy willen hebben privilege unde olde wanheyde, wat wyl gy holden vor olde wanheyd edder wat is wanheyd. Item darup antwerde Wilhelm: leven heren, dat men van langen jaren baven privilege in rouliker besittinge hefft gebruke[t][d] dat holde wy vor olde wanheyd, so hebben de kopmanne vele der vorscreven artikel gebruket in alder wanheyd alse se de ene na der anderen hebben gevunden. Item hirup antwerdede her Eggerd Vrille: leven vrunde, na dem seggende mochte gy unde juwe kopman seggen, gy weren koninge, voget unde lachmanne, unde darna, dat unse gnedige here nen pard in[e] dem lande hadde[f]. Item darup antwerdede her Wilhelm: leven heren, unse stede unde de kopman begeren unses gnedigen heren koninges lande noch lude myd alle nicht, unde mochte se synen gnaden unde den synen to willen unde to denste wesen dat deden se allewege gerne, unde begerden nicht anders wen dat se unde ere kopman by privilegien, vryheyde, rechtigheyden unde olden loveliken wonheyden mochten bliven unde dat sine gnade sodanne vorberorde artikel wolde affdon. Item darto antwerdede de genante her Frylle, alle begrip were doch an beyden syden affgedan unde dat ok myt alle vurder nen beslut van der dedinge, de se nu handelenden, mochten volgen, men dat alle ding scholde wedder komen unde wesen to eres gnedigen heren des koninges vulborde. Unde sede vortan, de stede leten sick duncken, dat se unde ere kopman seer besware worden, men se en wusten nicht, wo sines gnedigen heren undersate vorunrechtet worden in dem vorscreven artikele unde in velen anderen dingen, hirumme hadden des rickes rad van Norwegen unde syn gnedige here overgewegen, nutte to wesende, sulke artikele to holdende alz vorscreven is.

13. Item dar wart van beyden delen vele ingesproken, en yewelk vor syn del, dat vele to lang were to scrivende, also to dem lasten, dat der stede sendebaden menden, wolden se de artikel so hebben geholden, so stunde ene nener

a) [illegible] b) hagede W. c) koninge W. d) gebruket W.
e) [illegible] f) hadden W.

nis vorder daran to sprekende, unde stunden up unde ghinghen van dem sale dar se degedingeden unde bespreken sick.

14. Item do se wedder quemen vor, do seden se: leven heren, uns is nenerleye disputacie uppe sulke artikele myd juw bevalen to holdende, wil uns unde den kopman[a] unse gnedige here de koning by privilegen unde older wanheyd so vorgescrht es laten, dat vordene wy umme syne gnade unde do eine gerne, mach des over nicht bescheen, des begere wy en antwerde, dat wy by unse oldesten bringen mogen.

15. Item darup antwerdeden des heren koninges gedeputerden unde seden: leven vrunde, latet uns doch de artikele overwegen, wes dar mede is dat unsen gnedigen heren dem koninge tokummet, dat wy alle mogen kennen, dat de darby blive, unde wes juw unde juwem kopman tokummet, dat gy dar ok by blyven, wor wy over uns nicht mogen vordregen, dat dat blive bestande bette vor unses heren des koninges gnade, dar doch alle ding by blyfft bestande uppe sin vulbord. Unde darup wart in jegenwardicheyt her Oleff Negelsson, hovetmans to Bergen, unde des oldermans to Bergen in de vorscreven artikele under velen worden gesproken up den vormiddach bette to dem 12 artikele.

16. Item des mandages[1] na der vesper quemen de heren van beyden delen wedder tosamende unde horden de artikel in vorscrevener wise vort uth.

17. Item des mandages dar negest volgende[2] quemen de vorscreven heren over van beyden syden up de vorscreven stede tosamende unde nemen de vorscreven artikele wedder vor, wo ment van beyden siden darmede holden scholde, dar se den ganczen dach over under velen horden worden van beyden tziden, ok van her Oleff unde des kopmans olderman vorscreven, mede tobrochten, so dat se der vorscreven artikele alle van beydent ziden up ver artikele na enswordén, de se vor den heren koning upschaten.

18. Item des dinxdages[3] vormiddage quemen de heren wedder tosamende de vorscreven artikele na erer vordracht in vorscrevener wise to horende unde an de andere artikele vorder to sprekende, der se noch nicht ens en werden konden, men se schoten se alle vor den vorscreven heren koning uppe den mandach[4] to vorhandelende.

C. Anlagen.

312. Aufzeichnung über die vereinbarten und unbeschlossen gebliebenen Artikel der städtischen Beschwerden —

W aus der Handschrift zu Wismar S. 83—87.

A. Desse articule syn beslaten uppe des heren koninges unde der stede behach:

1. Int erste alze umme den mungbat to bruwende: den mach de kopman laten bruwen to sinor behoff men nicht vorder to vorkopende.

2. Item umme den beer unde medetap: dar en schal noch en wil zyck de kopman nicht mede bekummeren, men dat se eren mede unde beer vorkopen by tunnen.

3. Item umme deyenne de scheelafflich werden, alzo dat dar brake van kummet des heren koninges edder der stad recht andropende: dar schal unde wil de kopman den rechten horsam unde behulpen wesen.

a) dem kopmanne W.

1) Jul. 3. 2) Jul. 10. 3) Jul. 11. 4) Jul. 17. Ob diese Verhandlung überhaupt stattgefunden und zu einem Resultat geführt, erscheint nach n. 312 fraglich.

4. Item umme dat des heren koninges recht werd neddergedrucket etc.: dar schal de kopman by varen unde don alze in den negesten[a] vorscreven artikele werd beroret.

5. Item umme mel, molt, beer unde andere ware etc. to vorkopende: dat schal de kopman holden na der tyd alzo, alzo hefft he guden kop so geve he guden kop, hefft he duren kop so geven se ere ware darna.

6. Item umme de ware, dat de nicht so gud en zil alze se over hundert jaren etc.: dar schold de kopman aldus mede holden, dat lonnewant, meten bi baccelen[b], [sal men][c] vorkopen to beyden enden heel, Engelsch want schalen se to vuller lenge, alse 24 ellen, waren unde ander laken heel to beyden enden unde vorsegelt en yewelk na sinem werde.

7. Item umme den tokamenden man, de in de henze nicht behoret etc.: dar en schal sick de kopman nicht mede bekummeren.

8. Item umme dat lose unnutte volk etc.: dar schal de kopman ok also mede holden.

9. Item umme den kram etc.: is beslaten, dat des kopmans jungen unde knechte ere spisserye up eres heren staven moghen vorkopen na older wonheyd, men queme en ander unde bruchte enen kram unde andere nicht, de schal dermede uttstan by der straten.

10. Item umme de stockvissche gildinge unde entfanginge etc.: is beslaten, dat de kopman den stockvissch van dem Normanne ut dem schepe unde anders na hoyder behegheligeyt mach entfangen unde sick over de ghildinge gutliken na older wonheyd vordragen, konen se sick over der ghildinge nicht vordragen, so nemen se dar vrome lude by, de se darover vorliken, so id wontliken is gewesen. In dessen articulen was doch to sprekende.

11. Item in de harde, vorde unde ee to varende etc.: is beslaten, dat de kopman nyne kopenschop scholen bedriven, mer men dat se vitallien dar to erer behoff kopen unde ere schulde in vruntschop vorderen unde halen, nyner pandinghe myt egener walt dar to brukende, unde is weme nod, schulde myt rechte to vorderende, de schal dem vagede toseggen, dat he eme rechtes behelpe.

12. Item umme dat holt to halende etc.: is beslaten, dat de kopman mach varen in den strant unde halen hold myd willen derjennen, den he dat holt hefft affgekofft, edder derjenne den dat hold tobehoret, aver de schippere unde schepeskindere mogen uppe der wise holt halen ane broke.

13. Item umme dat de kopman syn gud vorborget losen luden etc.: is beslaten, dat de kopman enem yewelken syne gudere mach vorborgen wor em dat gelevet.

14. Item ume dat de kopman leet huwen huse unde schepe buten up der herde up sine egene kost: is beslaten, wert dar we wede bevunden, dat de dar na rechte vor betere.

15. Item umme dat de Norman[d] nicht so vry mach segelen: is beslaten, dat en yewelk mach segelen uppe sine vryheyt sowoll de Norman in de stede alse de kopman in Norwegen.

16. Item alse umme de winterlage: is beslaten, wat lude de kopman under siner kost wil beschermen unde de in de henze behoren, de mogen winterlage to Bergen holden.

17. Item umme allerleye amtlude de brokafftich werden, welk broke dem heren koninge unde der stad andrepet etc.: is beslaten, dat de betere.

a) negesten *vorderhalf* W. b) baccelen? c) misse? W.
d) Normanch W.

18. Item umme de Wage, in Dudesch genomet de havene, dat de gestoppet werde etc.: is besloten, dat sick en jewelik beware, worde dar we mede bevunden, dat de dat betere.

19. Item umme dat de munte wert vorargheret etc.: werd dar wo mede bevunden, de betere dat na rechte.

20. Item umme den punder etc.: is dem kopman wol to willen, dat pundere unde rechte wichte to Bergen worden geschicket.

21. Item als de Norman dem kopman is schuldich etc.: is beslaten, dat de Norman dem copmanne schal betalen sine schult, kan he dat don uppe ene tyd, so en dorff he nene maninge vurder lyden unde mach sine gudere vorkopen, wen he sine schuld heft betalet, wem he wil.

B. Item desse nascreven punte bleven unbeslaten.

22. Item ume de stucke, de men schal up dem torge vorkopen unde kopen, dat sta unde blive darumme als dat lochbok utwiset, dat rechte jegen dat privilege is inneholdende, dat de copman sine vittallien bynnen unde buten Bergen mach kopen.

23. Item umme de schomaker unde allerleye amptlude, dat de bliven als dat lochbock unde des heren koninges breffe uthwiset, dat jegen gude rechtigeyt unde olde wanheyt is.

24. Item umme de stekware etc.: desse articel is en myd dem ersten den umbeslaten.

25. Item umme den leyttanger etc., is eyn articule van den ampten; item umme de uthlendesschen, de nenen leydanger geven.

26. Item noch twe artikel mank den beslaten articulen, dar men noch schal inspreken vor dem heren koninge, alse de ene van der stockvisch ghildinge unde de andere van der winterlage to Bergen.

C. Item myt dessen nascreven artikelen clagede de kopman hor Oleff Nelsson, vogede to Bergen, an van der bunder wegen in Norwegen, dar dyt nascreven by densulven article gescreven van des rikes rade unde den steden ward geslaten, ok uppe des heren koninges unde der stede behach.

27. Item umme den artikele alz dede ut dem restomente segelen etc.: is beslaten, dat [men][a] dejenne, de dat mer don, schal richten na lantrechte.

28. Item umme den artikel van der doden gudere, de de vogede antasten unde betalen dem kopman siner schuldich: welk voget de dat doyt, de do darvor alz recht is.

29. Item to dem dorden artikel, als eft jement breket in dat lantrecht: beslaten is also umme den artikel vorscreven.

30. Item to dem artikel, effte jement nordward vorstervet edder levet unde blivet sittende etc.: is beslaten, heft jennich kopman edder Norman schulde to dem anderen, de schal de vorderen dar eme dat in rechte behoret unde dar schal eme nemant ane hinderen.

31. Item to dem veften artikel, alz wen de Norman vorstervet unde de vrunde sine gudere nemen: is beslaten, we des doden gudere antastet de schal sine schulde betalen, also dat recht uthwiset, wo daraver claget, dem schal de vaget dar rechtes over behulpen wesen.

32. Item to dem sosten artikel, alz dat de bunder den seerovers des kopmans schepe unde gudere tor hand vorspen etc.: we de darmede werd beslaget myd rechte, de lyde darvor dat darvor behort.

a) men fehlt W.

31. Item to dem sovende, als we syn liff vorbreket etc.: dar schal men mede varen na inholde des lochbokes.

313. Beschwerden des Kfm. zu Kopenhagen wider die Stadt.

W aus der Handschrift zu Wismar S. 82.

Dit sint de artikel, de de kopman to Kopenhaven badde jegen de bulude.

1. Int erste so wolde [de][a] rad hebben enen olderman lik den kopman van den buman: dat is geschalen vor de stede.

2. Item wan se tohope drinken in der kumpanie: de schelinge wart entrichtet.

3. Item do wolden se hebben ½ schilling vor de tunne bottere to wegende: dat is ok vor de stede gelecht.

4. Item umme bord over bord to schepende, dar wolden se tollen van hebben: dat is geschalen vor de stede.

5. Item umme de kremer de dar utstan: dat is entscheden.

6. Item umme de winterlage to liggende: dat is geschaten vor de stede.

314. Lübeck an Stralsund: sendet eine Abschrift seines auf Stralsunds Verlangen an K. Christoph erlassenen Fürschreibens; hat es einem glaubwürdigen Schiffer eingehändigt, der am heutigen Tage nach Kopenhagen absegelt; hat desgleichen dem B. Johann von Roeskilde einen fruntlike[n] beedebreff *für Stralsund geschrieben und wird dessen wie des Kg. Antwort Stralsund einschicken*[1]. — *[14]47* (donredages vor Marie Magdalene) *Jul. 20.*

StA Stralsund, Or. Perg. m. Resten d. Secrets.

Versammlung zu Stuhm. 1447 Jul. 1.

Anwesend waren Rsn. von Kulm, Thorn, Elbing und Danzig.

Der Recess behandelt ausschliesslich die bevorstehenden Verhandlungen mit Holland zu Köln. Vgl. n. 320.

Recess.

315. Recess zu Stuhm. — 1447 Jul. 1.

D aus der Handschrift zu Danzig f. 310 b.
Handschrift zu Thorn f. 248.
Gedruckt: aus D vgl. m. T Toeppen a. a. O. S. 24.

Anno incarnacionis domini 1447, in profesto visitacionis Marie, domini nuncii consulares civitatum terre Prusie in Sthům pariter congregati, videlicet: de Colmen Petrus Bisschoffsheym, Hinrik Focke; de Thorun Tydeman van deme Wege, Mattis Weiszo; de Elbing Johan van Ruden; de Danczike Arnoldus de Telgeten et Hermannus Stargart, infrascriptos articulos concorditer pertractarunt.

Die Städte weigern sich die von Danzig nach Köln zu sendende Urk., wonach sie

a) *de fehlt W.*

1) *Vgl. den verwirrten Bericht der stralsunder Chronisten, Mohnike u. Zober Strals. Chr. 1 S. 188, und oben n. 253 § 2.*

den von Köln zu fällenden Schiedsspruch bei 25000 rh. Guld. Strafe zu halten gelobe, zu besiegeln, es sei denn, dass der Hm. ebenfalls sein Siegel anhänge. Nach längeren Verhandeln willigt der Hm. ein, worauf die Urk. gleichlautend der zu Marienburg ausgestellten besiegelt wird; nur Königsberg siegelt nicht, wente sie uff den vorgeschrebenen tage nicht gewest seyn noch vorbottet, gleich alse sie czu Marienburg uffm vorgerurten tage vorsegelt hatten. *Der Hm. erhält dafür wie früher die Städte von Danzig einen Schadloshaltungsbrief*[1]. *Danzig verlangt vom Hm. die Rückgabe desselben sowohl für den Fall, dass in Köln überhaupt kein Schiedsspruch gefällt würde, wie für den, dass der Spruch von Danzig in allem erfüllt sein werde. Der Hm. erwiedert, er müsse hierüber erst mit seinen Gebietigern berathen, doch sei die Forderung billig. Den Städten verheisst Danzig neue Urk., gleichlautend mit den zu Marienburg ausgestellten, mit Weglassung jedoch des Namens von Königsberg zu senden.*

Versammlung zu Marienburg. — 1447 Jul. 10.

Anwesend waren die Rsn. von Lübeck und Lüneburg, sowie die Sekretaire des Kfm. zu Brügge und London als Abgeordnete des lübecker Hansetages, und die Rsn. von Kulm, Thorn, Elbing, Königsberg und Danzig.

A. *Der Recess berichtet über das Eintreffen der hansischen Botschaft in Preussen, vgl. n. 288 § 15, und ihre Verhandlungen mit dem Hm. Ihre Aufträge beziehen sich vornehmlich auf die Sicherung der Freiheiten des deutschen Kfm. in England, die Betheiligung des Hm. an einer Gesandtschaft nach Flandern und die Zustimmung desselben zu einer Anzahl vom Hansetage erlassener Statuten. Die Entscheidung über die Anträge wird vertagt.*

B. *Die im Anhang mitgetheilte Ordensaufzeichnung wiederholt ausführlicher als der Recess die Anträge der Rsn.*

A. Recess.

316. Recess zu Marienburg. — 1447 Jul. 10.

D aus der Handschrift zu Danzig f. 311 — 312.
T Handschrift zu Thorn f. 249 — 250.
Gedruckt: aus D vgl. m. T Toeppen a. a. O. S. 26.

To wetende, dat im jare unses hern 1447 de hern volmechtigen radessendebaden der gemeynen stede van der Dwtschen henze, up de hemmelfart unsers hern Jhesu Cristi bynnen Lubeke to dage vorgaderth, sinth eynsgeworden, dat se umbe mennigerley zake willen, puncte und gebrechlicheiden van inbringen, clagen und vorgeven des copmans to Brugge und des copmans uth Engelant, dar den gemeynen steden und copmanne der Dwtschen hense merclike und notliken macht ane licht, ere erbaren sendebaden hebben geschickt int lant to Prussen by den hern homeister Dwtsches ordens, syne gebediger und de stete dis landis to Prussen. Und up dat desulven sendebaden, de de vorbenomeden

[1]) *Die danziger Rsn. waren hierzu nicht ermächtigt und holten, bevor sie zustimmten, Verhaltungsbefehle in Danzig ein. Ihr Schreiben v. 1 Jul. befindet sich im StA Danzig, Schbl. LXXIV n. 80.*

stede van der Dwtschen henze also geschicket, also vorberoret is, dan herren homeister mit seynen gebietigeren finden muchten czusampne vorgaderth, so hebben de ergenanten stede geschreven deme rade tho Danczike, alse hir nageschreven[a].

2. Der stede sendebaden, de in Prussen weren, sint desse: van Lubeke her Jakob Bramstede; van Lunemborch her Brandius[b] Scharstede, rathmanne; van Brugge meister Johan; van Engeland Hinrik der enpludc clerck. Und qwemen in Prusen an unsir leven frouwen dage visitacionis[1] vor de Wissel, und vortan to Danczike gekomen und ere werve und bodeschopp uthgesettet hebben in sulker wise, alse hirna volget in schrifften.

3. Int erste alse de rath van Danczike vornemen, dat de vorschreven sendebaden gekomen weren, sanden se by den herren homeister und leeten syner herlicheit dat weten und bodden[c] en, dat he syne gebedigers und de stede dis landis darto verbaden wulde und vorramen syns dags, dar de sendebaden mitsampt den anderen steden by en komen mochten. Also dat de homeister oynen dach vorschreff und bescheiede up den nehesten maendach vor Margarethe virginis[2] to Mariemburch (up dat avent eten)[d] dar to siende.

4. Up den vorschreven mandach qwemen de vorschreven sendebaden to Mariemborch, dar de stede des landis to Prussen ok ere radessendebaden up desulve tilt, alse disse naschreven herren mede by sanden, alse: vamme Colmen Hans Matczeke, Hinrick Focke; van Thorun Rutgher van Birken, Herman Ruszop; vam Elbinge Hinrik Halffwaxen, Petrus Storm, Tydeman Hesze; van Koningsberch Andris Brûnow, Gregor Swake; van Danczike Merten Cremon, Hinrick Buck und Johan Fryburch. Welken steden de vorbenomeden sendebaden der gemeynen henzestede vortelleden ere werfe und seiden, worumbe dat se int landt to Prusen gekomen weren, und beden de stede, en reddlik und forderlik in eren werfen to siende, dar de stede to antwerdeden, dat se dat mit allem willen gerne doen wulden.

5. Also sande de homeister to den sendebaden desulven dags, nademe he se hadde desulven avends dar bevoren, alse se gekomen weren, durch synen camerer doen entphangen und se wilkome to siende und[e] des homeisters gast to siende. Up den anderen dach (sande[f] de homeister) synen compan[g], also dat desulven sendebaden mit den vorschreven steden dis landes to Prusen des morgens tusschen veren und vieffen gingen tom herren homeister, dar se etlike gebedigers by em funden, also grotkompthur, marschalk, Cristburg, tresler, Danczike und Balye, de se aw alle entphingen und wilkome beyten. Also dat en do de herre homeister dede crude geven und geschencket hadde, sprecken desulven sendebaden to deme herren homeister, wo dat se de gemeynen stede van der Dwtschen hense, de up de vorschreven tyt to Lubeke to dage vorgaderet weren to synen gnaden und synen gebodigers unde steden gesant hadden, welke tyt dat he de bodeschopp horen wulde, so wulden se de syner herlicheit gerne vorbringen, so dat de homeister mit den sendebaden eyns wart, ter sulven tyt were em bequeme, he wolde se van stunden gerne horen. Also dat desulven sendebaden deme herrn homeister und synen gebedigers vorbenomet van der gemeynen henszestede wegen dar seiden eren grut und frundlike irbedinge, alse sik dat geboreth, und antwerdeden den credencienbreff, den se mit sik hadden an den vorschreven herren

a) Folgt nachher D; [illegible] T. b) [illegible] T. c) beden T. d) — T, [illegible] D, der Schreiber hat offenbar die Vorlage nicht lesen können oder nicht verstanden. e) [illegible] T. f) sande de homeister T fehlt D. g) T, compan D.

[1] Jul. 2. [2] Jul. 10.

unde syne gebedigers sprekende. Do de gelesen was, do begunden[a] de sendebaden ere werff vortobringende an sulker wise.

6. Int[b] erste dat de radessendebaden der gemeynen stede der Dutschen hanse, de tor vorscreven tyt to Lubeke in der stat to dage vorsammelt gewest weren, hadden ernstlik, merklik, [und][c] mit rypem rade overgewegen und mit vlite betrachtet sunderlik dree stucke, artikell und puncte: tom ersten hadden se draplikes overtrachtet sulken gedranck und unrecht, darmede de gemeyne Dutsche copman in koningrick und lande in Engelant, dar he vorkerede, grotliken wurde gedranget, vorweldet, vorkortet, vorunrechtet und beswaret, weddir privilegia, freyheit, olde gewonheit und gude gewonheit, de de copman van koningen und herren dersulven lande van olden langen tyden vorbrevet, vorsegelt und befestent hedden, dardo[r]ch[d] de stede und de gemeyne copman to grotem vorderve und schaden were gekomen, und grotliken stunde to besorgende, to forderem schade und vorderve to komende, wo dat mit wisheit und reddelicheit nicht wedderstanden und gewandelt worde; darby vortellende, wo etlike Dutsche coplude to Colsester in dissem jare vorweldet, geslagen und ere slotell van der syden genomen, dar se keyner borgen geneten muchten, in gefenckniss gesettet, und dat men breve van mercke boven dat se de herre koningk to Engelant geleydet hadde, up se geven[e] . . . . .

7. Item so geven se vor von dem stapel to Brugge, dat de dar na older gewonheit muchte widdir darsulvest to Brugge komen und brocht werden, dar deme kopmanne und den hansesteden grot prophiet van komen mochte.

8. Vort geven de vorscrevenen sendebaden unserm hern homeister vor um der badeschafft ken dem konige in Franckrike und czum herczogen von Burgundien upp diesse vorgeschrebenen artikell.

9. Disse vorgeschrebenen artikel hefft unse herre homeister na bespreken begert von synen steden, em retlik to synde; dit hebben de stede to sik genamen, eyn idermann mit den synen dovan handelunge to hebben und up Jacobi apostoli[1] erer eldesten guddunkent darvan wedder intobringen; und de stede [des][f] dages wil unse here homeister wol vorkundigen.

10. Item haben de vorscrevenen sendebaden dem hern homeister vorgegeven van der kopmanschap in Engelant, alse syne gnade darsulvest syne ambasiatores gesant hefft. Und ok um der dachfart kegen Bremen, dar nu unse herre homeister ok mede den besenden wil.

11. Item de artikel von der anliggunge der schepe an de Polensche syden blifft[g], alse he van elders ist beramet.

B. Anhang.

317. *Ordensaufzeichnung über die Anträge der hansischen Gesandtschaft an den Hm. — 1447 Jul. 11.*

K aus St.A Königsberg, Missive n. 15 S. 373 — 380.

Dis synt die gewerbe, die die ersamen sendeboten, als mit namen von der gemeynen stete der Dewtschen hensze wegen, die uff pfingesten nehstvorgangen

a) begunden T, begonden D. b) § 6 lautet in T: [illegible] c) und fehlt D. d) dar dorch D. e) Damit bricht D ab. Die folgenden Paragraphen nach T. f) des fehlt T. g) blifft blift T.

[1] Jul. 25.

zcu Lubeck uffm tage vorsamelt gewest seyn, an den hern homeister, seyne gebietiger und stete gebrocht haben zcu Marienburg am dinstag vor Margarethe im 1447 jare.

1. Ins irste gnediger lieber herre, als denne uff pfingsten nehstvorgangen die gemeynen stete der Dewtschen hensze czu Lubeck vorsamelt gewest syn, wurden sie es zcu rathe, das sie edliche von en, als die von Lubek, Sunde und Lewunenburg umbe edlicher schelunge und gebrechen wille des gemeynen kawfmann der Dewtschen hensze anrurende zcu euwirn gnoden senden welden, das sich dach also gemacht hat, das die vom Sunde windes und stormes halben zcu uns nicht komen kunden, und bitten euwir gnode, das die unsir gewerbe von uns beyden von der gemeynen stete wegen vorhoren und uffnemen welle geruchen, denne wir uns vormutten, synt sichs so lange mit den vom Sunde vorczogen hat, das sie zcu desser czeyt [nicht][a] komen.

2. Item gnedige lewe herre, so als denne die gemeyne henszestete uffm tag zcu Lubeck uff pfinsten nehst vorgangen vorsamelt gewest seyn, do die sendeboten des Dewtschen kawfmans von der hensze in Engelant vorkerende swerlichen und wemuticlichen sich dirclaget haben, wy sie im konigriche von Engelandt in iren privilegien und rechtikeyten sere beswert und en die vorkurtczet wurden, so das en ire gutter genomen werden uff iren stromen us iren habenungen und in iren habenungen und im koningreiche, doven der kawfman swerlichen, grossen, unvorwintlichen schaden une genomen hot und noch tagtagelichen schaden nie nympt, worumbe der kawffman grosse vorfulgunge, koste und sware arbeyt vor dem herren konige und seynen rethen gethan hot und noch tegelichen thut, das dach bysher nicht hat mogen helffen; und also denne die gemeynen stete mercken, irkennen und ubirwogen haben das euwirn gnoden vorfaren seliger mit edlichen von den henszesteten mit grosser arbeyt czerunge und koste dem hern konig zcu Engeland dorumbe besant haben an en bittende und begerende, das seyne genode welde bestellen, das der Dewtsche kawffman bey iren privilegien und gerechtikeiten bleben und gehalden wurden, das dach bysher[b] nicht gescheen ist sunder yo lenk yo mehe in iren gerechtikeiten und privilegien geswechet und gerrenket wurden, und sunderlichen nu in korcz der herre konig brieffe von mercken uber den kowffman und gutter gegeben hot und entlichen und gentczlichen dem kawffman ire privilegien uff sinthe Michels tag nehstkomende uffgesaget haben, der nicht mehe zcu gebrawchen: hirumbe bitten und begeren die gemeynen stete, das ewir gnode mit ewirn wirdigen gebietiger eyn solchens uberwegen und uff weysze und wege betrachten welde, wie der kawffman bey iren privilegien und gerechtikeiten bleyben mochten, und lassen euwir herlichkeit demuticlichen bitten, das die umbe des gemeynen beste wille den Engelisschen ir geleyt uffsagen unde ewir gnoden lant in czukonftiger czeyt vorbietten sulle, in solcher masze alse sie denne den kawffleuten von der Dewtschen hensze und ouch euwirn gnoden undersassen ir lant vorboten haben, das wellen die gemeynen stete alle czeyt gerne ken ewir gnode und der gebietiger vordinen.

3. Item in aller obengeschrebener masze und weysze claget ouch der gemeyne kawffman der Dewtschen hensze zcu Brucke in Flandern vorkerende, das sie ouch doselbist an iren privilegien und gerechtikeiten vorkortczt und beswert werden, als das im irsten artikel klerlichir berurt wirt, doruff denne die gemeynen stete wol betracht haben, das es wol geburlichen und von noten were, das man den Dewsschen kawffman us den landen heymryffe und bysche, so haben doch die gemeynen henszestete uff das[c] gemeyne beste ubirwogen unde

a) nicht *fehlt K.* b) bymer *K.* c) das *K.*

irkant, das sie ire sendeboten, als nemlichen die von Luheck, Collen und Hamburg zcu dem hern hertzogen von Burgundigen und, ap das von noten seyn wurdeª, furdan an den hern konig von Franckreich senden welden. Und bitten ewir gnade, das die auch die eweren umbe des gemeynen besten wille mitte dorczu fugen und die oben berurten hern besenden welle, uff das sulche sache dester bas zcu guttem ausztrage und ende komen mochten, und ouch uff das der herre herczog van Burgundigen und seyne stete und undirsassen sich nicht entschuldigen und sprechen bedurfen, das sie von sulchen sachen und gebrechen nicht gewust haben.

4. Item als sich denne ouch der gemeyne Dewtsche kawffman us Flanderen beklaget hat, das der stappel zcu Brucke in Flandern czu nichte wirt und vortirbit, das dach eyne sache ist, das die privilegia und gerechtikeit dem Dewtschen kawffman in Flandern gegeben nicht gehalden sunder tagtegelichen gecrenket und vorkorczen werden, dorumbe denne die gemeynen stete edliche artikel zcu dem stapel dinende vorramet und uff ewer gnoden vorbesserunge und behag uszgesatcz haben, als die von worte czu worte hirnach fulgen. Hirnach sollen die artikel fulgen.

5. Item genediger lieber herre alle dese obengeschrebenen sachen und artikel haben die gemeynen stete vorramet und awsgesatcz uff euwir gnoden und euwir gebietiger behag und vorbesserunge, und bitten ewir gnade demuticlichin das sich ewir gnade hirinne gutwillig welle beweisen und gehen en eyn gnedig antwort.

Folgen n. 288 §§ 79 (disser artikel bleybet anstehen uff eynen bedacht), *80, 81* (diseen artickel leth der herre homeister czwe jar lang czu uffs lengste, dach seyner und seynes ordens herlichkeit etc. unschedelich, als oben geschreben ist), *82—84, 88—95, 85*[1]. Item von all der obengeschrebener busse und pene, was die in des hern homeisters und seynes ordens landen vorfallen und vorhoret worden, dieselbige pene sal die helfte an den hern homeister und ire ordens amptlewte gefallen, die ander helfte an die steteª.

Versammlung zu Marienburg. — 1447 Jul. 25.

Anwesend waren Rsn. von Kulm, Thorn, Elbing, Königsberg und Danzig.

A. *Der Recess enthält das Gutachten der Städte über die Anträge der hansischen Gesandten in betreff der Arretirung der Engländer, den Stapel zu Brügge und die Gesandtschaft nach Burgund und Frankreich, welches vom Hm. gebilligt wird. Zugleich empfehlen die Städte die Bestätigung einiger zu Lübeck erlassenen Statuten, beschweren sich über die Erhebung des Sundzolls und überreichen den hansischen Sendeboten einige Anträge, betreffend die Verspeilung des Härings, die Schossbüchse des Kfm. zu Brügge, das Travensalz, das Löschen der Fracht und die Besetzung der Schiffe durch den Kfm. zu Brügge.*

B. *Im Anhang ist die Antwort des Hm. auf die Anträge der Hanseaten mitgetheilt; sie schliesst sich in allem wesentlichen dem Gutachten der Städte an*

a) *wurden E.*

1) *Vgl. jedoch n. 318.* 2) *Folgt unmittelbar n. 319.*

A. Recess.

318. Recess zu Marienburg. — 1447 Jul. 25.

D aus der Handschrift zu Danzig f. 312 b — 317 b.
T Handschrift zu Thorn f. 230 b — 233 b.
Gedruckt: aus D vgl. m. T Toeppen a. a. O. S. 29.

Anno incarnacionis domini 1447, domini nunccii consulares[a] civitatum terre Prusie, in die beati Jacobi apostoli in Mariemburg ad placita congregati, videlicet: de Colmen Johannes Matt(czko)[b], Petrus Bisschoffsheym; de Thorun Rutgher van Birken, Tyleman van dem Wege; de Elbing Hinrik Halbwaxen, Johannes Zonnenwalt; de Koningsberg Michel Mattis, Niclos Piesen; de Danczike Albertus Huxer, Hinrik Buck et Arnoldus de Telgeten, infrascriptos articulos concorditer pertractarunt.

1. Czum ersten haben die stete ere antwert uff die drey artikell, die die sendeboten der stete van der Dwtschen hense an unseren hern homeister gebrocht und geworben und begeret haben, eyntrechtiglich unserem hern homeister nach seyner bevelunge ingebrocht. Ins erste uff den artikell, alse die sendeboten vorberurt begerten, das der herre homeister die Engelischen couffluthe hir im lande wesende, sulde arrastiren, umbe das den gemeynen steten und couffmannen van der Dwtschen hense ere privilegie in Engelant nicht gehalden und vorkurtczet werden, ist der stete gutduncken und begerunge, das der herre homeister dieselbie arrastirunge der Engelschen (lasse)[c] anstehen bis das seyner gnaden sendeboten widder aws Engelant czu hûs komen, und darnach das sie sich mit dem vorschreben hern koninge vortragen und antwert brengen, das man sich denne darnach mag richten.

2. Item[d] uff den anderen artikell des stapels, alse die sendeboten begeren, das men alle gut czum stapel dem kouffmanne brengen zulle, is der stete gutduncken, begerende an unsirem herren homeister, das seyne gnade das welle czulaessen, das alle guttir czum stapel nach alder gewonheit mochten gebr[a]cht[e] werden, und domethe zeu halden, alse is van alders is gewesen, nach deme [dem][f] gemenen couffmann vele guttis, nutczes und fromen doven gescheen mag, und also gelimplichir und geruglichir czu seynen privilegien, das em die gehalden werden, komen mochte.

3. Item[d] uff den dritten artikell, alse sie begeren, botschafft an den hern herczogen von Bourgondien czu senden und vorbas, ab is noth und behuff thun wirt, an den hern koningk czu Franckreich, ist der stete gutduncken, das man die besendunge und botschafft vol[f]ure[g] gleich alse begere[t][h] wirt. Uff[i] welche vorsereven dreen artikell unsir herre homeister, nachdeme die stete [sie][k] em nach seyner begerunge haben in schrifften obirgeben, sich mit seynen gebietiger, alse groskompthur, Elbing, Cristburg[l], treseler und Danczike, hot geratslaget und daruff gehandelt, also das her den steten schrifftlich widder hot geantwert in disser nachvolgende[n][m] weise[i]. *Folgt n. 319.*

4. Item haben die stete etzliche artikell uss deme recesse zeu Lubeke gemachet deme herren homeister zeu kennende gegeben[n], ins erste den artikel von

a) consulares D. b) [illegible] D. c) lasse T fehlt D. d) [illegible]
[illegible]. e) gebrocht D. f) dem fehlt D.
g) [illegible] D. [illegible] T. [illegible] fehlt.
h) begere D. i) Uff — weise fehlt T. k) sie fehlt D. l) Cristburg D.
m) nachvolgende D. n) umbe des willen, das dem [illegible] sulde man [illegible] artikel vorkundigen und dem gemeynen kuffman offenbaren, gleich als das [illegible] zu Lubeke gemacht [illegible] und [illegible] des hern homeisters [illegible] T [illegible].

dem heymelichen gerichte, das den steten dis landis retlich duncket zcu siende, das der also gehalden wurde, und ouch die anderen. Item[a] den artikell: Vorthmer habben de stede vorrameth, wor eyn borger in eyner stat van der hense deme anderen schuldich is etc.[a]; item sal nymant geroveth edder zeedrifflich gut kopen; item vorthmer hebben de stede vorrameth, dat nymant sprake leren sal; item sal nymant schepe bouwen; vorthmer van denjennen, de mit vorsate in jeniger hensestat edder andirswar gelt lenen edder enich gud borgen[1]: Hirvan hat der herre homeister abeschrifft und hat seyn gutduncken den steten widdir in schrifften gegeben, die welche die von Danczike sullen en nachsenden mit den ersten.

5. Item[b] haben die stete deme hern homeister vorgegeben, wie der koning Cristoffer im Sunde thut van unsen borgeren die nobele nemen. Hiruff hot der homeister gesprochen[c], das der konig em geschreben hot, das der herre homeister seyne botschafft zcu em senden sal, und der herre homeister hot an den koning geschreben, das der herre koning die nemunge des czolles lasse ansteen bis seyne botschafft czu im kommet.

6. Item[d] eyn itzlicher mit seynen eldesten czu handelen, wie man is halden sal mit den sendeboten, die usz diessem lande zcu tagefartten[e] bwszen landes vortan sullen gesant werden, so eyn burgermeister von Danczike und eyn rathman aws den anderen steten, wer von en das wort sal halden und furen van der stete wegen, antwert zcur nehesten tagefart doron in(czu)brengen[f].

---

7. Disse nageschreven artikell hebben de stede dis landis mit den sendebaden der stede van der Dwtschen hense gehandelt und overgeven. Int erste, dat man alleyne den heringk, den man up (den)[g] veer legeren, alse Drakor, Schonor, Melborge, Falsterbode etc., soltet, mit dreen spilen sal spilen, und den hering, den man up anderen legeren soltet, mit twen spilen, alse up Bornneholme und Mone etc. — Item mit den sendebaden ok tho handelen, alse van den alderluden tho Brugge, de schelunge hebben van des schotes wegen, dat dat schot muchte in eyne bwsse gelecht und gebrocht werden. — Item[h] van dem Travensolte, dat eyn loch in deme bodleme sal hebben na older gewonheit[h]. Item van den schipperen mit den hensesteden to handelen, dat man en eyne benomede tyd sette, wen se lossen solen na inneholdinge des waterrechts und older gewonheit. — Item van rosterunge der schepe, de in Flanderen van des copmans wegen gerasteret werden — Disse vorschreven artikell behagen den sendebaden wol, und willen de mit en alumme doen vorkundigen, dar is noth und behoff is, dat de, alse vorscreven steit, geholden werden.

8. Item[i] dem sendebaden, de kegen Lubeke hir uth Prussen sal gesant werden, in bevelunge medetogeven van den 8000 ₰ grote, de de olderlude to Brugge by sik hebben, de to manende to unsir borger behoff, de gearrasteret wurden int Swen van den van Vlanderen, do unse schipperen van der arrasteringe, alse se to Lyssbonen sulden segelen, to grotem schaden qwemen.

9. Item[i] unsem sendebaden mede to schriven van den van Lubeke van der nobele wegen, de de koning Cristoffer in Dennemarken doeth nemen van den unsen, dat wy der muchten gefriget werden.

a) Item — etc. fehlt T. b) § 5 fehlt T. c) gesprochen D.
d) § 6 folgt in T nach § 7. e) T tagefarten D. f) T inbrengen D.
g) den T fehlt D. h) Item — gewonheit fehlt T. i) §§ 8 u. 9 fehlen T.

1) Vgl. n. 288 §§ 39, 40, 43, 37, 48.

B. Anhang.

319. *Antwort des Hm. auf die Anträge der hansischen Rsn. — Marienburg 1447 Jul. 26.*

K1 2 aus SA Königsberg, Missive n. 15; 1) S. 381 — 388, 2) S. 391 — 394.
D Handschrift zu Danzig f. 313 — 316
T Handschrift zu Thorn f. 250 — 254.
Gedruckt: aus D T Toeppen a. a. O. S. 31 (eingerückt in n. 318).

Disse unden geschreben antwort hat der herre homeister nach rathe seyner gebietiger gegeben den sendeboten der gemeynen hensestete uff ire gewerbe am tage Anne (czu)[a] Marienburg im 47 jar.

1. Anttwort uff den irsten artickel: Als sie begeren, dass man dem Engelisschen kouffman umbe des gemeynen besten wille das geleite uffsagen und disse lande vorbietten sulle, so meynet der herre homeister und seyne gebietiger, das das czu disser czeit nicht fugelichen czu thun sey und gescheen moge umbe den willen, denne der kouffman von Lunden der Deutschen hense jeczundt czu Lunden hat dem herren homeister bey Hinrico vom Hoffe irem clerick geschreben und ouch zcu empoten, deszgleichen ouch die von Collen und Lubecke geschreben und gebeten haben, das der herre homeister geruchen welde, eyne botschaft ken Engelandt zcu senden, denn sie getrouweten und meyneten ouch das keyne besser wege und weisze weren vorczunemen, damitte die sache des kowffmans zcu guttem entlichem usztrage und ende mit dem herren koninge zcu Engelant bekomen mochte und gebracht werden, denn durch solche botschafft und sie getrouweten ouch sunder czweyvel, so sulche botschaft dahen komen wurde und den herren koning und die seynen solcher sachen gestalt muntlichen undirrichten, so wurde her und die seynen wol zcufrede werden und den kouffman lassen bey iren privilegien und freyheiten, denn der herre koning mit keynen schriften[b] welde abegeweiset seyn; und uff eyn solchs, umbe irer bete und beger willen, hette der herre homeister seyne mereliche botschaft zcu dem koninge gesant mit undirrichtunge aller sachen gelegenheit und bevolen, das sie des kouffmans beste bewerben sullen, das her bey seynen privilegien und gerechtikeit bleyben moge, und das sie sich yo also gelimplichen henrbeiten sullen, das sie des kouffmans sachen uff gutlich besteen addir uff fruntlich uffschieben brengen mogen. Sint denn der herre homeister von samlicher seyner botschaft nach keyn antwort hat und dieselbige botschafft, als der herre homeister von den obenberurten vertrostet ist und hoffet, das sie villeichte eyn begirlich anttwort widderumbe brengen werden, sulde denn nu der herre homeister durch seyne botschaft sulche fruntlichkeit suchen und vorhoffen und alhie den Engelisschen solchen unwillen, in deme das her en seyn geleite uffsagen und en das lant vorbieten solde, beweisen, wie das eyne gestalt und gelimpf haben wurde, das mogen sie selbst wol irkennen. Sunder wen des herren homeisters botschaft widdirumbe kompt, wirt die denn eyn begerte anttwort nicht mit sich brengen, als man nicht hoffet, so wil der herre homeister mit seynen herren prelaten, gebietigern, landen und stete furder handel und rath doruff haben und nach all irem rathe denn die sachen vor das gemeyne beste furder vornemen, das en denn zcu seynen czeiten wol sal werden zcu wissen.

2. Anttwort uffen anderen artickel: Item als sie meynen eyne botschafft an den herren herczoge von Borgundien und, ab es von noten were, furdan an den herren koning von Franckreich zcu senden, bittende, das der herre homeister

a) czu T fehlt D. b) schriffen D.

ouch die seynen mitte dorczu fugen und mitte besenden wolde, so wil der herre homeister en czu behegelichkeit und umbe des gemeynen besten willen gern die seynen dorczu fugen und mitte besenden, als eynen was seynen steten.

3. Antwort uffen dritten artickel: Diesse unden geschrebenen artickel wil der herre homeister uff eyn vorsuchen zculassen und vorhengen[a] eyne[b] etliche czeit doch mit solcher bescheit, die weyle solche artickel seynen, seyns ordens lande und leute privilegia, herlichkeiten, alden herkomen, gewonheiten, freyheiten und gerechtikeiten nicht entkegen seyn addir schaden inbrengen irkant werden; sunder wurden sie addir etlicher van en em, seynem orden addir den seynen schedelichen irkant, so behelt her sich und seynem orden die abethuunge addir wandelunge dariane zcu allen geczeiten.

4. Item so en sal nymant van der hense erkeyn gut laden noch vorfrachten czu Brucke in Flandern czum stapel, addir wo der kouffman seynen stapel halden wirt, und widdir von dannen, denn alleyne in die schiffe, die in die hense czu huss gehoren, bey der busse czwen marken goldis; sundir eyn itczlich kouffman sal sust seyne gutter in ander gegenoten also wol bussen alse bynnen landes frey schiffen und vorfrachten in was schiffe im das allerbeqwemest seyn wirt[1].

5. *Gleich n. 288 § 80.*

6. *Desgl. § 81 mit dem Zusatz:* Dissen artickel hot der herre homeister zcu-[gelaessen][c] uf zcwey jar lang uffs lengeste, seyner und seyns ordens herlichkeit unschedelichen[d].

7 — 11. *Desgl. §§ 82 — 84, 88, 89.*

12. *Desgl. § 90 mit dem Zusatz:* Wszgenomen was von solchen gutteren in unsers ordens lande komen, gefunden und gebracht werden, der sollen sich die herschaft underwynden und die dem kouffman zcu gutte halden in masse, als sie das van alders gepflogen haben.

13. *Desgl. § 91 mit dem Zusatz:* Dach unschedelichen der herschaft an irer herlichkeit.

14 — 17. *Desgl. §§ 92 — 95.*

18. *Desgl. § 85 mit dem Zusatz:* Dissen artickel lehet der herre homeister zcu buwsen landes sunder nicht in seynes ordens landen.

19. *Desgl. § 28 mit dem Zusatz:* Dessen artickel leoth der herre homeister zcu mit solcher bescheidenheit, das her unvorbunden wil seyn vor yemandes zcu geloben, es sey denne, das her vor genugsame borgen habe, das her und seyn orden das nicht zcu schaden komen bedurffe und unschedelich als obene ist.

20. *Desgl. § 30 mit dem Zusatz:* Unschedelichen unserm orden und was die geistlichen angehoret.

21. Item von all der oben geschrebenen busse und pene, was die in des hern homeisters und seynes ordens landen vorfallen und vorburet werden, dieselbige pene sal die helfte an den herren homeister und seyns ordens amptleute gefallen (und)[e] die ander helfte an die stete.

22. Item den andern artikell, der sich also anhebet: Vortmer hebben de stede vorramet, dat nymand sprake leren sal in Liffland etc.[2], diessen[f] selben artickel leet der herre homeister czu deser zceit anstehen, denn her wil furder rath und bedacht daruff haben.

a) vorhenden *D.* b) eyne etliche zceit [illegible] uff zcwey jar lang *Kl.*
c) zcu *Kl.* [illegible] *D T.* d) § 6 in *Kl* [illegible] durchstrichen mit der Bemerkung: Dissen artikel [illegible]. [illegible]
e) und *D T* fehlt *K.* f) [illegible]

[1]) Vgl. n. 288 § 19. [2]) Vgl. n. 288 § 43.

23. Item so hat der herre homeister czugesaget, das her eynen uss seynen steten, als wsz der stadt Danczk, der botschaft, die zcum herczogen zcu Burgundien zcihen sullen, zcufugen wil und mit dem bestellen, das der acht tage nach nativitatis Marie[1] sal seyn zcu Lubeck, und wil em ouch van seyner und seyns ordens wegen credencien metegeben an den hern herczog von Burgundien und an den hern koning von Franckreich. In denselben credencien wil her beruren ettwas die sachen, dorumbe her die seynen mit den andern zcu em sendet, alse umbe mancherleye gebrechen wille, die der kouffman hat an seynen privilegien, und sie bitten, das sie sich in den sachen dem kouffmanne gutwillig und gunstig bewoysen wellen.

24. Item als denne eyn tag, wen die gedochte botschafft inkomen ist, und die von Engelant, ken Bremen vorramet ist zcu halden, dohen achte von den hensesteten komen sullen, so wil der herre homeister, wen die seyne botschaft wsz Engelandt inkommet, denselben ken Bremen durch seyne botschaft zcu wissen thuen, ob die Engelisschen nicht den kouffman bey seynen freyheiten lassen wellen, was der herre homeister nach rate seyner hern prelaten, gebietiger, lande und stete furder thun vormeynet bey den sachen; wurden abir die Engelisschen den kouffman bey seynen privilegien und rechtikeiten bleiben lassen, das wil her en ouch zcuschreiben und zcu wissen thun. Und die von Lubeck sullen dem herren homeister zcuschreiben, uff welche zceit und tag der tag zcu Bremen sal gehalden werden.

Versammlung zu Marienburg. 1447 Aug. 17.

Anwesend waren Rsn. von Kulm, Thorn, Elbing, Königsberg und Danzig.

A. *Der Recess berichtet, dass Hm. und Städte den Abgang der Gesandtschaft an den Hg. von Burgund bis nach der Heimkehr der in England weilenden Boten verzögern wollen und den Bericht über die Verhandlungen zu Köln entgegennehmen. Das lübecker Statut über die Befrachtung der hansischen Schiffe findet nicht die Genehmigung des Hm.; verschiedene Zuwiderhandlungen gegen die Bestimmungen des polnischen Grenzverkehrs auf der Weichsel werden bestraft.*

B. *Der Anhang enthält die durch obige Beschlüsse in Betreff des Auszugs der Botschaft nach Flandern und des Statuts über Befrachtung veranlasste Korrespondenz mit Lübeck, mit der die weitere über die von den Städten geschädigten Preussen Hand in Hand geht.*

A. Recess.

320. *Recess zu Marienburg. 1447 Aug. 17.*

T aus der Handschrift zu Thorn f. 236.
D Handschrift zu Danzig f. 311.
Gedruckt: aus D vgl. m. T Toeppen a. a. O. S. 44.

Anno nativitatis domini 1447, feria quarta post festum assumpcionis Marie, domini nuncii consulares civitatum infrascriptarum terre Prussie in Marienburg ad placita congregati, videlicet: de Colmen Petrus Bisschoffsheym; de Thorun

[1] *Sept. 15.*

Tyleman vom Wege, Johan vom Loe; de Elbing Johannes von Ruden; de Koningsberg Johan Dreher; de Danczk Albrecht Huxer, Rynold Nydderhoff[a], Henrik Bock, Arnold de Telchten et Bartholdus de Suchten, articulos infrascriptos concorditer pertractarunt.

1. Primo haben die stete mit dem hern homeister vorramet, das die stat von Danczk (schriven[b] sal an die stat Lubeke) von der gemeynen stete wegen dis hadis, das sie die botschafft an den hern herczogen (van[c] Bourgondien) czu besenden, wellen ansteen loemen bes de botschafft und sendeboten uss Engelandt komen, und umbe ander meh sache willen im selben brieffe begriffen, als bey den von Danczk ist in schrifften.

2. Item den artikel dess recess von Lubeke also lawtende: Item en sal nymand von der hense genich gut laden noch vorfrachten anders wenne denn den schippern, de in de hense behorende sint[1] etc., dissen artikel hot der herre homeister czu sich genomen, mit seynen gebietigern furder handelunge doruff czu haben.

3. *Die aus Köln zurückgekehrten Gesandten berichten über ihre Verhandlungen [mit Holland] und geben dem Hm., Kulm, Thorn und Elbing ihre Siegel zurück, welche diese für Danzig an die Urk. in betreff der Poen von 2500 rh. Guld. gehängt hatten. Desgleichen liefert der Hm. Danzig den Schadloshaltungsbrief aus, während die Städte ihren nach Danzig senden wollen[2].*

4. *Ueber den Process des Ordensbruders Claus Schulz mit einem danziger Bürger wollen die Städte daheim berathen.*

5. Item haben die von Danczk den steten vorgebracht, wo man die koste und czerunge nemen wil, die man dem sendeboten ken Lubeke, der[d] mit den andern steten der hensestete an den hern herczog von Burgondigen czien wirt, usrichten muss; eyn iglicher seyner eldesten guldungken czur achsten tagefart doven ineczubrengen.

6. Item Rudel, der burgemeister der Nuenstat[e] Thorun, sal 10 gute mark geben, dorumme das her eyn schiff kegen Polan vorkoufft hat; und dys is den hern von Thorun befolen von der stete wegen czu fordern bey[f] gnade.

7. Item Bartusch von Thorun sal seyn recht thun vor dem rathe von Thorun, das her nicht gewust habe, das es vorboten is uff Polensche bodeme czu schiffen, addir her sal de broche geben.

8. Item Michell Westfall, burger czu Danczk, ist von den steten czugegeben, das her zwe schiffe ken Polan vorkouft hat mit[g] vorlobunge des hern homeisters, aber im ist merglich von den steten vorboten, vorbas sych solans czu vorhutten.

9. Item Jankoni von Thorun sal ouch vor den rath czu Thorun komen, umme sich mit rechte czu entledigen, das her von der vorbietunge der anlegunge der schiffe an die Polansche syte nicht gewust hat.

10. Item Rytczke von Thorun sal den hern von Thorun seyne broche geben, als 10 guter mark, wen her eyn schiff ken Loszaw[h] vorkowfft, noch[i] des rathes von Thorun dirkentnisse.

a) [illegible] D [illegible]. b) schriven — Lubeke D fehlt T. an — Lubeke in D von anderer Hand nachgetragen. c) van Bourgondien D fehlt T. d) der mit den andern [illegible] der andern stete D. e) Jungenstat D. f) [illegible] mit gnade D. g) van D. h) Loszaw D. i) durch noch D.

1) Vgl. n. 288 § 19, 317 § 4. 2) Vgl. n. 313. Die Reise nach Köln war vergeblich, die Holländer stellten sich gar nicht ein und nach einigem Warten kehrten die Gesandten unverrichteter Sache heim. Akten in Königsberg, Danzig und Köln (Copienbücher 18 f. 138 b u. 133 b). Der Hm. begnügte sich mit einem Beschwerdeschreiben an den Hg. von Burgund (Königsberg, Missive 16 f. 327, datirt v. 24 Aug. aus Morungen) woraus dann weitere Verhandlungen entsprangen. Vgl. d. R. v. 1448 Mrz 13.

B. Anhang.

321. *Hm. an Lübeck: hat mit Rm. Jakob Bramstede* (Bramstete) *gelegentlich seiner Anwesenheit in Preussen über die von Rostock, Stralsund, Wismar und Hamburg Claus Werleman und seiner Gesellschaft zugefügten Schäden dahin verhandelt, dass Jakob Lübeck bewegen sollte, die Städte zur Befriedigung jener anzuhalten; setzt voraus, dass Jakob der Abmachung nachgekommen, sollte das nicht der Fall sein, so möge Lübeck sich mit den vier Städten benehmen und alsbald antworten, denn er könne die Seinen nicht rechtlos lassen*[1]. — *Marienburg, [14]47* (donrstag nach assumpcionis Marie) *Aug. 17.*

SA Königsberg, Missive 16 f. 319.

322. *Lübeck an den Hm.: dankt für die gute Aufnahme der hansischen Gesandtschaft und bedauert, dass der Hm. in seiner durch den Klerk des Kfm. zu Brügge nachträglich überbrachten Antwort den Artikel über die Befrachtung nur der hansischen Schiffe*[2] *verändert hat,* darmede, wanneer de also nicht bliven en mochte noch geholden en wurde, alle de vorramynge und dat gude, dat de gemeynen stede vorschreven umme des gemeynen besten und namelik des stapels willen in Vlanderen upgesaet hebben, sulde to nichte gaen und vorgeves wesen; *ersucht, in Anbetracht des Misstandes, der sich ergeben müsste, wenn die Preussen allein einem von den übrigen Hanseaten befolgten Statute nicht nachlebten, und im Hinblick auf den Unglimpf, den diese Spaltung der Gesandtschaft an dem Hg. von Burgund bereiten könne, jenen Artikel in der vom Hansetage beliebten Fassung zu bestätigen,* behoeldelik doch, dat eyn itlik bynnen landis syn gut moge schepen in weme he wille, went dat dem stapele und der copenschupp in Vlanderen nicht en bejeghent; *bittet um zustimmende Antwort. — [14]47* (vrigdages na Bartholomei) *Aug. 25.*

StA Thorn, danziger Abschrift, vgl. n. 321. Mitgetheilt von Höhlbaum.

323. *Lübeck an Danzig: übersendet eine Abschrift von n. 322 und ersucht, den Hm. zur Annahme des darin berührten hansischen Statuts zu vermögen. — [14]47* (vrigdages na Bartholomei) *Aug. 25.*

StA Thorn, danziger Abschrift, vgl. n. 321. Mitgetheilt von Höhlbaum.

324. *Lübeck an Danzig: erwiedert auf die Kundgebung des Beschlusses des marienburger Städtetages in betreff der späteren Aussendung der Botschaft nach Burgund, dass Johann Gebingk, der Klerk des Kfm. zu Brügge, nach seiner Rückkehr aus Preussen über Köln heimgekehrt ist und den kölner Rm. die Weisung überbracht hat, sich bereit zu halten; gleicherweise ist Hamburg benachrichtigt, während Lübeck seinen Domdekan, Dr. Arnold Westfal, und den Rm. Wilhelm von Calven ausersehen und zur Bereithaltung angewiesen hat; vermag hieran nichts mehr zu ändern und ersucht, dass der preussische Gesandte sobald wie möglich und jedenfalls vor Michaelis sich in Lübeck einstelle, um gemeinsam mit den lübischen die Reise anzutreten; bittet um unverzügliche Mittheilung seines Namens und Zunamens* up dat men ene by unsir

[1]) *Tags darauf verwandte der Hm. sich gleicher Weise für Hartwich Schultze von Danzig, der wegen seiner Forderungen an den Hg. von Schleswig-Holstein bereits zwei Mal in Lübeck gewesen war, zuletzt zum Hansetage, und bat um Mittheilung, wie eigentlich die Sache zwischen dem Hg. und Schultze läge (Missive 16 f. 319 b).* [2]) *N. 288 § 19, vgl. n. 317 § 4, 318 § 2.*

unde der anderen stede sendebaden in dat procuratorium, machtbreve und credencienbreve mede setten moge. *[14]47* (donrestags na decollacionis Johannis baptiste) *Aug. 31.*

StA Thorn, danziger Abschrift, vgl. n. 327. Mitgetheilt von Höhlbaum.

325. *Danzig an den Hm.: theilt n. 321 und 323 fast wörtlich gleichlautend mit und stellt es dem Hm. anheim, ob er die Städte zur Berathung über die darin berührten Fragen versammeln wolle oder nicht — [14]47* (montag vor exaltacionis s. crucis) *Sept. 11.*

SA Königsberg, Or. m. Resten d. Secrets.

326. *Der Hm. an Lübeck: erwiedert auf n. 322, dass er zur Zeit seine Gebietiger,* der rath wir darczu bedurffen, *nicht bei sich habe, jedoch bei der ersten Gelegenheit mit ihnen rathschlagen und seinen Entschluss Lübeck mittheilen werde. — Stuhm, [14]47* (dinstag nach nativitatis Marie) *Sept. 12.*

SA Königsberg, Missive 16 f. 315 b.

327. *Danzig an Thorn: übersendet n. 322 – 324 mit dem Ersuchen, sie Kulm mitzutheilen und dieses anzuhalten, dass es gemäss dem Abschiede zu Marienburg Danzig die Urk. über die 25000 rh. Guld. zurückstelle. [14]47* (montag vor exaltacionis s. crucis) *Sept. 13.*

StA Thorn, Or. m. Spuren d. Secrets. Mitgetheilt von Höhlbaum.

328. *Hm. an Rm. Jakob Bramstede: erinnert an das Abkommen zu Marienburg in Sachen der von den Städten beschädigten Preussen und fordert die Einsendung eines, bisher vergeblich erwarteten, Bescheides durch den Ueberbringer. — Stuhm, [14]47* (sonnabend nach exaltacionis crucis) *Sept. 16.*

SA Königsberg, Missive 16 f. 317 b.

329. *Lübeck an Wismar: berichtet, nach Mittheilung des Rm. Jakob Bramstede, dass der Hm. während der Anwesenheit der hansischen Gesandtschaft in Marienburg, den Komthur, den Hm. und den Rm. Heinrich Buk* (Böck) *von Danzig zu Bramstede und Rm. Brand Tzerstede von Lüneburg in die Herberge sandte und um gütliche Befriedigung seiner von den Städten geschädigten Unterthanen anhalten liess mit dem Versprechen, dass ein Unterhändler der Städte in Preussen vom Hm. in jeder Weise unterstützt werden sollte; dasselbe hat der Hm. Tags darauf den beiden Herren in Gegenwart aller Gebietiger wiederholt; Bramstede hat hierauf auf seiner Heimreise dem Bm. von Wismar obiges mitgetheilt, der Hm. jedoch bisher keinerlei Antwort auf seinen Antrag erhalten und nun von Bramstede einen Bescheid eingefordert; sendet n. 328 und verlangt, dass Wismar dem Hm. seine Meinung kundgebe. — [14]47* (in s. Remigii daghe) *Okt. 1.*

RA Wismar, Or. Perg. m. Resten des Secrets.

330. *Hm. an Lübeck: hat von Jakob Bramstede die Anzeige erhalten, dass Lübeck ihm wegen der Angelegenheit der geschädigten Preussen Auskunft ertheilen werde, und von dem an die Städte entsandten Hans Mergenhagen*[1] *den Bescheid, dass die Städte eine Botschaft nach Preussen entsenden wollten,*

[1] *Vgl. n. 236 f.*

dennoch sei keines von beiden geschehen; wiederholt in Anbetracht der fast alltäglich bei ihm einlaufenden Beschwerden die Forderung, dass Lübeck einen gütlichen Ausgleich der Angelegenheit veranlasse und ersucht um Antwort. — Grebin, *[14]47* (Nicolai) *Dec. 6.*

SA Königsberg, Missive 16 f. 388 b.

Verhandlungen zu Lübeck und Heiligenhafen. — 1447 Sept. — Okt.

Zu Ende Sept. 1447 hatte K. Christoph einen Fürstentag nach Lübeck ausgeschrieben, ohne den Rath zuvor zu benachrichtigen oder um Geleite nachzusuchen. Erst nach dem Eintreffen der Fürsten kam auch er um Geleite ein, jedoch in einer Form und Weise, welche Argwohn erzeugte und ihm einen theilweise ablehnenden Bescheid eintrug. Hierüber erbittert und in Wismar ebenfalls abgewiesen, verschmähte er nach Rostock zu gehen, welches ihn aufzunehmen bereit war, und blieb in Heiligenhafen. Nachdem er hier mit seinen bairischen Vettern verhandelt, ging er nach Kopenhagen zurück unde was gram unde eer up de stede — unde vorboet, dat me neen korne edder ossen bringhen scholde in de stede, *Grautoff Lüb. Chron. 2 S. 111.*

Das war die letzte nachweisliche Begegnung K. Christophs und der Städte. Ihr von Anbeginn an kühles Verhältniss hatte den letzten Stoss erhalten, doch beugte der frühzeitige Tod des Fürsten am 6 Jan. 1448 weiteren misslichen Folgen vor.

Rostock dagegen erhielt zum Dank für sein Entgegenkommen (fore troscap oc goth welie som the Rostockere oss bevist haffve) *am 22 Okt. ein Handelsprivileg für seine Niederlassungen in Norwegen*[1], *Dipl. Norv. 7 S. 433 (Or. im RA Rostock).*

Versammlungen der sächsischen Städte. — 1447 Jun. — Nov.

Unter **Vorakten** *sind zunächst einige Briefe und Aufzeichnungen zusammengestellt, welche die Rückwirkung des Zuges der Böhmen nach Westfalen auf die sächsischen Städte veranschaulichen. Die Befürchtung, dass das Heer nach seiner Niederlage vor Soest seinen Heimweg am Nordrande des Harzes nehmen könnte, erwies sich zum Glück als überflüssig. Vgl. Grautoff Lüb. Chron. 2 S. 107 ff. u. den von Schmidt mitgetheilten göttinger Bericht über die Heerfahrt in d. Zeitschr. d. Ver. f. westf. Gesch. 24 S. 1 ff., UB von Göttingen 2 S. 196.*

[1] *Es entsandte einen Rm. nach Heiligenhafen:* Her Burowe 3 gud. ℔ vor 6 ℔ 6 ß to deme koninghe to Hilgenhavene in [der] 11000 megede dage *(Okt. 21). Rost. Weddeherrenrechn. 1447. Die Gerichtsherren zahlen demselben 21 ß* 3½ [illegible]

Den Beschluss macht das Ausschreiben von Lüneburg zu einem Tage in Braunschweig in Sachen Alfelds, vgl. n. 288 § 26, 292, dem sich zwei Berichte über die Verhandlungen in Braunschweig und Goslar im A n h a n g *anreihen. Sie ergänzen sich gegenseitig und erweisen die Unlust von Goslar, sich mit seinem Hm. auszusöhnen.*

A. Vorakten.

331. *Hildesheimer Aufzeichnungen über die Abwehr der Trabanten und die Fehde des B. Magnus mit den Herzögen von Braunschweig. — 1447.*

H aus StA Hildesheim, Copialbuch (6) 1445 — 59 S. 49 u. 54. Der Schreiber von n. 330 hat § 1, der von n. 331 § 2 geschrieben.

1. Nota. Hern Magnus bisschup to Hildensem, de stede Hildensem unde Goslar, dat stichte van Hildensem toghen den dravanten under ogen bi den Cappellenhagen hinder den Wenselbroke unde hadden wol theyn dusent volkes[1]; de bisschupp van Halverstad unde de stad Halverstad legen mit groten volke up dem Steynvelde unde wolden in unse hulpe komen[2]; hern Frederich archiepiscopus to Magdeborch unde de stad Magdeborch hadden uthgebracht van allen oren werhaftigen volke jo den druddeu man unde leghen ok bi dem Steynvelde bi Goslar up eyn dachvart na; de olde marggreve van Misen, de doch was eyn broder desjennen dede vorde de dravanten, unde de stad Erfforde, de bisschuppe van Marseborch, Numborch unde de hartighen menliken wolden in unse hulpe mit aller macht komen hebben, hed[d]e[a] me des behovet, also togen de dravanten enwech unde dorsten nicht komen[b].

---

2. In demsulven jare de erwerdige her Magnus bisschup to Hildensem, dux Saxonie unde de van Embeke worden vigende hertogen Wilhelme, Wilhelm unde Frederickes siner sone, hertogen to Brunswig unde Luneborch unde wunnen dat slot Homborch unde Oldendorpe darunder unde toghen van stunt mit herschilde vor den Kalenbarch, dar se vore bil 8 eder theyn dagen legen unde meynden

a) hede *H*. b) *Auf den folgenden von anderer Hand geschriebenen Abschnitt verweist diese [illegible] Hand mit den Worten:* Kere [illegible] vorwert [illegible] blade, so [illegible] vorder hirvan. *Dem entsprechend [illegible] S. 54:* Kere [illegible] [illegible] blade, so vindestu hir vorder [illegible].

[1]) *Die hildesheimer Stadtrechn. 1447 verzeichnet hierzu mannigfache Ausgaben unter der Rubrik:* De borgermester Albert Vornevessen, Hans van Sawinge, Drews Stein unde Henningh Lutkebole etc. mit unsen borgern vordan in dem Wenteer broke, alsze wolden then uppe de dravanten; *ich hebe daraus hervor:* vor Arrais unde geel lenewant ton lauken heerbannoren 5 β 4 ₰; *vorher erfolgten verschiedene Anschaffungen von Pferden, Waffen u. s. w., darunter:* vor drittich armborste, de de rad let köpen to Luneborch, 64 guld. gerekent vor 55 ℔ 9 β 4 ₰. *B. Magnus erhielt ebenfalls vor dem Aufbruch 30 rh. Guld.* to hulpe siner teringe, alsze he wolde riiden an den bischup van Colne to vorvolgende, dat de dravanten nicht togen dorch dat stichte, *zugleich wurden Kundschafter nach Westfalen entsandt* in dat heer vor der Lippe, vor Soyst unde in ander stede to erfarende, wen ok de dravanten van dar geven wolden.

[2]) De borgermester Sawinge unde Drews Stein mit itliken deneren vordan, alsze mit unsem heren weren gereden tigen den bischup van Halberstad uppe dat Steinvelt, 59½ β 8 ₰. *Hild. Stadtrechn. 1447. Ihr entsprechend enthält auch die goslarer Stadtrechn. 1447 eine eigene Rubrik:* Slete von des toges wegen des lantgraffen van Doringen unde der Brunschen heren, *welche Entsendungen von Mannschaften nach Einbek und Osterrode aufzählt. Ihr schliesst sich eine zweite an:* Anno domini 1447 an s. Jacobi avende (*Jul. 24*) togen de borgere tigen de Brunschen heren in de hervardt. darupp waren dusse nagescreven slete gedan: (7 f. 1 lot vor 13 wagenhorse gekofft to Brunswigk; ½ fert. vor eyne spisekesten to hesmedende to der hervart; 1½ lot to den lichten, dar man bi eteldreven scholde; 7 fert. vor 1 cuintener blige unde 19 ℔; 1 fert vor 10 hudel to deme pulver *u. s. w.*) summa 99 ℔ 7 β, *doch kommt noch verschiedenes unter anderen Rubriken* geschutte, pilstikkent *u. a. hinzu.*

den to winnende. Unde to eyner tiid des morgens, do de clocke bi veren was, quamen de vorgenanten vorsten van Brunswig alle dre mit oren heren unde frunden mit den van Honover unde mit oren hulperen, gheachtet uppe vif eder ses dusent, unde wolden den Kalenberch entsetten unde den genanten hern Magnum, bisschuppe, unde de sine overtheyn. Unde desulve hern Magnus unde sine man unde de sine unde de van Embeke desulves vorslogen up, ses eder seven hundert werhaftiger manne, sek to der were geven unde sek mit oren genanten vigenden schoten bi twen stunden, also thogen alle de van Hildensem mit vuller macht, alle papenknechte, alle scholer uth der scholen, de tor were dochten, hinder dat dorp Rossinge, nicht dat se de vorgenanten heren van Brunswig wolden beschedigen, wente se mit one in vordracht seten unde ore vyande ok nicht en weren, sunder darumme, ift dem genanten oren here van Hildensem mit den sinen behouf were, dat se up se vleen mochten. So quemen itlike van der Nygenstad vor Hildensem mit eynem schreye unde de mangelinge, do meynden de heren van Brunswig, dat de van Hildensem dat weren unde nemen de vlucht unde togen to Pattensen in. Alse denne de vorscreven thoch wolden theyn na Westfalen, quam hertoge Wilhelm ergenant bi den lantgraven van Duringen, de darvan dat hovet was, unde bearbeidede so vord, dat den hertogen Homborch unde Oldendorpe van stunt ward wedder laten[1]. Hern Diderik archiepiscopus Coloniensis lach desulves vor Soist darumme dat de stad Soist ghehuldiget hadde eynem hertogen van Cleve, unde in hulpe des genanten bisschuppes van Collen quam de toch vor Soist unde welden de stad mit schugende winnen, unde alse de ledderen an de muren ghesath hadden, weren de ledderen to kort unde se mosten afwiken.

332. *Hildesheim an EB. Dietrich von Köln: vermag seiner Aufforderung, der kölner Kirche gegen die der Oberacht verfallenen Stadt Soest, sowie die in die Acht erklärten Städte* Unna, Kaimen, Hamme, Iserenlon, Boickholt, Coestfelt[a] unde Rorcken *beizustehen, zur Zeit nicht zu entsprechen, weil es durch die Fehde seines B. [Magnus] mit H. Wilhelm von Braunschweig-Lüneburg und dessen Söhnen vollständig in Anspruch genommen ist. — [14]47* (in crastino corporis Jhesu Cristi) *Jun. 9.*

H StA Hildesheim, Copialbuch (6) 1445 — 59 S. 44.

333. *Göttingen untersagt jede Entfernung aus der Stadt bis nach abgewandter Kriegsgefahr[2]. — 1447 Jun. 24.*

StA Göttingen, loser Zettel im Oldebok, überschrieben: Pronunciatum anno etc. 47, ipsa die Johannis baptiste in foro.

Oli rad und nige syn eyndrechtliken overkomen und eynsgeworden, dat nemand von unsen medeborgeren edder medewoneren von manes namen schullen up dusse tild buten diit land nicht na syner kopenschupp, pelegrimacien to Aken effte to den Ezedeln effte anders na orem werve wandern, so lange dat sodano

a) Coestfelt R.

1) *Hiernach ist Lüntzel, Gesch. v. Hildesh. 2 S. 425 zu berichtigen. Vgl. auch d. göttinger Bericht über den Zug gegen Soest in d. Ztschr. d. Vereins f. westf. Gesch. 21 S. 1. Schmidt, UB. d. Göttingen 2 S. 199.* 2) *Ein ganz ähnliches Verbot, doch ohne Motivirung, verkündete der Rath zu Goslar am 11 Jul.* (dinsdage vor Margarete), *dafür fügte er hinzu:* Eyn yderman schal syn harnsch unde wapen verdich hebben unde wesse de rad myt syneme harnsche to der borward uthkundighen led, dat he dar midde to thende berede sy; we des weygerde unde deme also nicht en dede, den liff unde gud schal an des rades hant stan. *Gosl. Rathswillkürenbuch § 19 (StA Goslar).*

bertreckinge wedder to huse und vor uns over sii, sunder erlove des rades; we dit vorbreke und ane erlove des rades so enwech toge, de en schal nicht mer to Gottingen komen.

334. *Hildesheim an Halberstadt: berichtet über den Zug der Böhmen nach Westfalen und ersucht auf Abwehr zu denken für den Fall, dass sie ihren Rückweg am Nordrande des Harzes nehmen sollten. — [14]47 [Juni].*

H aus StA Hildesheim, Copialbuch (6) 1445 — 59 S. 54, überschrieben: Dem rade to Halverstad.

Unsen fruntliken denst tovorn. Ersamen wisen bisunderen gudes frunde. So gii uns hebben gescreven van sodan swarliken unde schedeliken thoge itliker forsten unde heren, de to sek in ore hulpe ghetogen hebben de Behemen unde ander manigerleie volk etc., van uns begerende, ift wii wes enkedes van dem toghe erfaringe hedden, wur se weren eder wes se vorhedden, gik dat wolden schriven etc., hebbe wii wol vornomen. Unde begeren gik gotliken darup wetten, dat sodan hertoch bi verteyn nachten na pinxsten sek ghaf unde toch vor de stad Embeke, darsulves se do leghen bi vere eder vif dagen, alse dat de rad der vorscreven stad Embeke mit oren heren unde frunden mit one degedingeden so verne, dat se one mosten loven mede geven theyndusent gulden, ane anderen slete kost unde schaden den se van der wegen genomen hebben, unde toghen do van dare unde geven sek na der herschup van der Lippe na eyner stad genomet Blomborch, de se uthbranden unde pucheden, unde ander stede dar ummelangk belegen jamerliken vordarft unde vordinget hebben, unde sek nu vort geven na dem lande to Westfalen. Unde alse wii denne enkede bodeschup unde erfaringe hebben, dat sodan volk in orer wedderreyse willen hebben to theynde na unser stad unde denne so vort na juwer stad unde na der stad Magdeborch unde anderen steden dar ummelang belegen, darvan wii uns besorgen vorderfliken schaden der stede lande unde lude, duchte uns nutte sin unde wegen hir vor dat beste, dat gii sunder jenigerleie sument mit juwen heren unde frunden willen spreken unde bi one vorfoigen, ifthe me wes gudes darto dencken kunne, dat me sodanem volke unde schaden mochte wedderstan. Unde wes uns darto borde to donde dar en scholde uns nicht ane hinderen. Unde willen juw hir gotliken ane bewisen, willen wii gerne tigen gik vordenen. Unde bidde dusses juwe endige unde richtige bescreven antworde. Gescreven under unser stad secrete, anno etc. 4[7][a].

335. *Hildesheim an Paderborn (und Lemgo)*[1]*: ersucht, dem von Soest zurückkehrenden Heere nachzufolgen, um es, falls es Hildesheim bedrohen wolle, bekämpfen zu helfen. — 1447 Jul. 23.*

Aus StA Hildesheim, Copialbuch (6) 1445 — 59 S. 43; überschrieben: An den rad to Paderborne. *Darunter:* In dusser wise is desulve gescreven an den rad to Lemego.

Unsen willigen denst tovorn. Vorsichtigen wisen heren, bisunderen guden frunde. Wii hebben wol irfaren, dat sodane volk, alse sek vor Soist gheleggert hadde, sy upgebroken unde hebben willen sek to kerende na der Wesere unde so vort na dem stichte to Hildensem unde unser stad, dar se sek lichte dencken ane to vorsoikende, dat wii doch mit der hulpe Goddes, unser heren unde frunde

a) = H.

1) Ludeken Boden vor gand to Lemmegaw umme de draventen 4[1], β, unde he vordan na dem antworde 22 ₰. *Hildesh. Stadtrechn. 1447*

dencken to werende. Des sege wii gerne, fruntliken van juw begerende, alse wen sek salate volk over de Wesere gekart hedde, dat gi denne mit juwen heren unde frunden one to stunt wolden volgen unde uns darto behulpelik wesen, eft God sine gnade geven wolde, dat wii sodane volk bestridden unde beholden mochten. Unde wolden gik hir gutwillich inne vinden laten, wolde wii gerne tigen gik vordenen. Wes wii uns dusses to gik vorseyn mogen, bidde wii juwe endige bescreven antworde. Gescreven under unser stad secret, am sondage na Marie Magdalene, anno etc. 47.

336. *Lüneburg an Göttingen: ersucht, gemäss dem Beschluss des lübecker Hansetages, zum 17 Sept.* (sondach na des h. crucen daghe, alze yd irheven ward) *einige Rsn. nach Braunschweig zu schicken, um zusammen mit Magdeburg, Braunschweig und Lüneburg den Streit zwischen Goslar und Alfeld zu schlichten, auch möge es den Rsn.* de schulde und antworde *mitgeben*, de beyde part jw in vortiiden hebben overgeven; *bittet um Antwort.* — *[14]47* (in s. Laurencii daghe) *Aug. 10.*

StA Göttingen, Or. m. Resten d. Secrets.
Verzeichnet: daraus Schmidt, UB. v. Göttingen 2 n. 226.

B. Anhang.

337. *Goslar an den Domherrn Arnold Heysede,* lerer gheistliker rechte, *und den Rath zu Hildesheim*[1]: *erklärt, dass es nach dem Abscheiden der Städte in Sachen Alfelds mit seinen Freunden sich berathen und dahin geeinigt hat,* dat we mit nenem beschede Hinrick so slicht wedder schullen mogen edder dorffen to eyneme borgere nemen; *sollte Heinrich* uns unde de unse hirenboven ane nod nicht laten, so willen we vor gerichte unde richteren, wur uns dat dorch recht geboret, van ome dar recht nemen unde wedder don, don unde nemen, wu sik dat denne dorch recht geboret. — *[14]47* (mandag in s. Barbaren d.) *Dec. 4.*

StA Lübeck, v. Goslar, Abschrift, vgl. n. 339.

338. *B. Magnus von Hildesheim beurkundet auf Bitten von Goslar die Richtigkeit der inserirten Darstellung des Herganges bei den Verhandlungen der Städte zu Braunschweig und Goslar am 25 Sept. und 6 Nov. 1447 über die Beilegung des Zwistes zwischen Goslar und Alfeld.* — *1448 Apr. 14.*

G aus StA Goslar, Or. Perg. m. anhangendem Siegel.
H StA Hildesheim, Abschrift, 3 Doppelbl., stark zerfressen.
Ha StA Halberstadt, Abschrift, 3 Doppelbl., hat durch Nässe gelitten.
Gö StA Göttingen, Abschrift, 3 Doppelbl., durch Nässe beschädigt.

Van der gnade Goddes we Magnus, bisscopp to Hyldensem, enbeden allen heren, forsten, graven, vryhen, ridderen, knapen, reden, steden unde ampten, schulten, richteren unde gemeynen unde alle den, de diit itzunt unde in tokomen tiiden mach antreden unde andrepende werden, unsen fruntliken groyt, gunst unde gnade unde alles gud, enem ysliken na sinem gebore. Unde don myt sodanner erbedinge juwer strengicheyt, erbaricheyt, vorsichticheyt, ersamicheyt unde wisheyt kunt unde openbar in unde myt krafft dusser unser scriffte unde hantvestinge, dat vor uns, unse erbare cappittel unser kerken Hyldensem, unsor unde des stichtes

[1]) 7 ß H. 2 ₰ H. Henrik to Hildensem med eynem breve an den doctorem unde den rad to Hildensem ipso die Nicolai; 2 ₰ ½ *f* dem doctori Heyseden. *Gosl. Stadtr. 1447.*

name unde des rades to Hyldensem syn gekomen de ersamen borgermestere unde radessendeboden to Goszler unde hebben uns geklaget, wu itlike der henszestede, nemliken Lubeke, Hamborch, Rosteck[a], Stralessund, Wismar, Luneborch unde Stade[b] se menen uthe der henze to settende unvorwunnen rechtes unde richtes, so se sek doch alle tiid to rechte geboden hebben na inholde dusser nabescreven handelinge in saken, scheele unde twydracht entstanden twisschen dem rade[c] der stad to Goszler uppe eyn unde Hinrike Alvelde partigen up ander siit, uns biddende, dat we na vorlopen saken, handelingen, fruntscoppen unde rechtes wolden horen unde vorhoren, nemliken de we unde unse erbar cappittel in dedingen unde rechtdagen darby vulmechtich hadden geschicket unde gesand to Brunswigk unde to Goszler, so syn vor uns, unsem erbaren cappittel, gestrengen[d] manscopp unses stichtes unde unsem rade to Hyldensem gelesen unde vorludet sodanne vorhandelinge, gescheen to Brunszwigk unde to Goszler twisschen den genanten van Goszler up eyn unde Hinrike Alvelde partigen up ander siit, in dusser nabescreven wise:

1. Na Cristi gebord unses heren vertheynhundert jar darna in dem seven unde vertigesten jare an dem mandage morgen na sunte Mauricii dage[1] weren to Brunszwigk up dem radhuse in der Nigenstad darsulves Hermen van Dornthen, borgermester, Hinrik Wildevur, Johan Wydenbeen, Jan van Selde, Heydeke van Were unde Conradus Overbeke, radmanne to Goszler[2], alsze vulmechtige van dessulven rades wegen to Goszler to Brunszwigk geschicket umme scheel (unde)[e] unwillen one myt Hinrike Alvelde andrepende unde deme natovolgende so na inholde enes recesses to Lubeke besproken were, icht se dat dorch recht don scholden. Unde myt den obgenanten weren geschicket van des erwerdigen unses gnedigen heren van Hyldensem unde synes capittels wegen de werdigen heren hern Johan Swanenflogel, domdeken, heren Arnd van Hesede, domher darsulves to Hyldensem, de gestrengen Aschwin van Cramme unde Hinrik van Bortfelde, unde van des ersamen, des rades to Hyldensem wegen Albrecht Vorneveszen, borgermester, unde Drewes Steyn, radman[3]. Unde de obgenanten alle gyngen samptliken vor de ersamen des rades sendeboden der stede, alse Heysen Roleves, borgermester, unde Hinrik Beerman, radmann, unde mester Nicolaus Rostorpe, syndicum der stad Magdeborch; Albrechte van Vechtelde, Henninge Calm, Fricken Tweydorpe, radmanne, mester Godschalke Langen, syndicum der stad Brunszwig; Johan Spryngintgud, borgermester, unde Hartunge Schomaker, radmanne der stad Luneborch; Hermen Gyseler unde Weddekynt Swanenflogel, radmanne to Gottinge.

2. Vor den ward dosulves eyn recessus to Lubeke besproken[f], gelesen; do de gelesen was, ward van den obgenanten radessendeboden der vorbenomeden veer stede vormiddelst Heysen Roleves vorbenomet den van Goszler unde den de mit one dar weren vorgegeven, efft se dem gelesen recesse volge don wolden. Also antwordeden darup de van Goszler unde de myt one dar weren, dat se il-

a) Rostock H. b) Stade H. c) rade unde der stad H, rade to Goszler Hs. d) gestrichten H. e) unde H Hs fehlt G. f) begrepen H.

1) Sept. 25. 2) 19 ß 3 fert. vorteret to Brunswik upp dem dage med den reden des sondages vor Michaelis med Aschwine von Cramme, Hinrike van Bortvelde, de rad und 26 perden. Gosl. Stadtrechn. 1447. Am 16 Sept. (sabato post crucis) waren Jan v. Selde und Conrad [Overbeke] zuvor nach Hildesheim gesandt worden. 3) De borgermester Vorneveszen und Drews Steyn mit den dessen vorden to Brunswigk alsze dar to dage weren in den veften dach mit deme rade to Goszler tegen Hinrik van Alvelde. Hild. Stadtrechn. 1447.

welker artikele, de in dem recesse begrepen weren, nicht to en leten, nemliken alse darinne stunde, dat Hinrik Alvelde were der van Goszler borgermester, dat sek also in der warheyt nicht en funde, so he de borgerscopp lange vor dem recesse upgescreven unde gegeven hadde, so se dat ok to Lubeke vor den ersamen radessendeboden darsulves vorgadert bespraket hedden. Forder so denne de rede der veer stede seden, se weren gewillede dusser parte schedesrichtere, so leten de van Goszler seggen, nademe se weren gewillede schedesrichtere, so se seden, unde de van Luneborch hedden de tiid vorlenget boven lud des recesses, so leten sek de van Goszler beduncken, de recessus were machtlosz. Darup antwordeden de van Luneborch, dat me sodanne nagelympe uppe se wolde bryngen, en hedden se sek to den van Goszler nicht vorseen. Hir entjegen seden de van Goszler, uppe dat me jo merken scholde, dat se nycht wolden ungellick wesen, so wolden sek van stunt vorwillen in de rede der stede, de dar jegenwardich weren, sunder se hedden Hinrike to beschuldigende pynlik unde borchlik, dat se jo worden vorwaret an orem rechten. Hirup seden de genanten rede, borchlike sake wolden se annemen unde darup scheden, bisunderen pynlike sake en wolden se nicht annemen noch darup scheden. Do leten seggen de van Goszler, nu one sodanne ore vulbedent nicht helpen en mochte, se weren dar vulmechtich unde welden den recessus holden unde vuldon in alle synen punckten so forder alse dat nicht en were oren privilegien unde vryheyden to na, alse[a] se dat ok to Lubeke beholden hedden. Do seden de rede, de van Goszler mosten macht hebben orer borgere, de schulde unde tosage van one nemen unde se vormogen, Hinrike wedderumme to antwordende. Hirup leten seggen de van Goszler, wan men sege unde merkede den recessus, so were allene darinne begreppen de rad van Goszler unde Hinrik unde anders nement. Hir entjegen seden de rede, dat weren halve dedinge, so keme sodanne unwille to nenem ende. Sus geven sek de van Goszler alleyne umme gelympes (willen)[b] dar in na rade orer frunde, dat se ok wolden mechtich wesen orer borger.

3. Na dusser overgevynge mododen de rede, dat men bleve by dem recesse unde late na den willekor unde dat men alle sake unde schulde scholde anstellen borchlik unde nicht pinlik. Hir leten to antwerden de van Goszler, se wolden umme gelimpes willen des vollich syn, sunder se wolden denne Hinrike schuldigen pinlik unde borchlik na lude des recesses, wente wolde men merken den recesz, so vunde men, dat de rede weren der beyder parte geordinerede unde nicht gewillede richtere, ok helde in de recessus, dat dusse geordinerede[n][c] unde gefoygeden rede dusse parte scholden scheden na bescrevenem rechte, daruth men wol merken mochte, dat de van Goszler ore rechticheit nicht en wolden vorgeven. Darup erboden sek de van Goszler, dat de rede one dar recht up seden, se wolden des by one bliven in rechte to vorschedende. Des en wolden de rede also nicht annomen. Also erboden sek do de van Goszler, dat se deme recesse wolden vuldon in alle synen punckten.

4. Hirup seden de van Gottinge, nach dem se hir vore uppe der genanten twyger part schulde unde antworde rede recht gesproken unde densulven rechtsproke one witlik unde openbar gemaket hadden, so en konden noch en mochten (se)[d] sek solker sake up dat nyge to vorschedende myt beschede nicht wol underwynden. Hirup seden de van Goszler alse vore, dat se dem genanten recesse ene gantze volge don wolden unde orer sake, twydracht unde scheel by den genanten veer steden in witliker fruntscopp edder na bescrevenem rechte in rechte to vor-

a) alse se sek H Go. b) willen H Ms., fehlt G. c) geordenerede G.
d) se H fehlt G.

schedende blyven unde dem recesse nach inholde alle sinen punckten unde clausulen holden unde noch vulden wolden, unde forder, dat men seen unde erkennen mochte, dat se unde ore borger myt Hinrik van Alvelde van solker twydracht unde scheele wegen, alse se wente bertho jegen eynander gehad hebben, aller sake to gruntliker utbdracht komen mochten, erboden se sek van orer unde orer borger wegen van dem genanten Hinrik na bescreven schulden unde antworden recht to nemende unde to gevende, wol dat ot so in dem genanten recesse van orer borger wegen nicht benomet unde clarliken uthgedruckt were. Darwedder de rede seden, dat met dem nyen wilkore to donde were vorsathe by den van Goszler na de van Gottinge enwege weren unde sek der schedinge hadden entsecht. Darup leten de van Goszler wedderseggen, se en wolden der van Gottinge affwesent nicht schuwen, se wolden sek vorwillen an de anderen dree rede dar jegenwardich, ifft se sek der sake to entschedende nicht en dorsten underwynnen van des recesses wegen.

5. Sus vunden de van Goszler (noch)[a] den rad van Gottingen unde beden se, dat se wolden blyven, dem de rad van Gottingen also dede unde quemen wedder to den anderen reden. So erboden sek de van Goszler alsze erst, se wolden, icht de recessus jergen wurane unde wurmidde mochte geinspraket werden, noch up dat nyge sek an de rede van stund vorwillen. Do vormaneden[b] unde esscheden de van Goszler ore frunde to rade, icht se forder scholden beden darmidde se den eren, gelympe unde rechte genoch deden, se stunden aldare unde weren des overbodich. Also beduchte oren frunden, (dat se)[c] hadden vulgeboden. Sus beden de van Goszler ore heren unde frund, de dar jegenwordich weren, dat[d] vort an de stede to bryngende mit one sodnnnes gebodes andechtich to wesende. Sus leten de rede dat recht stan unde moydeden an den van Goszler, offt se icht lyden wolden fruntliko dedinge to Gosler, dat also vorfoyget ward, (so[e] hir nabescreven steit)[1].

6. In deme seven unde vertigesten jare der mynre tale unses heren, des mandages na aller hilgen dage[2] syn gekomen up dat radhus to Goszler der ersamen stede sendeboden alse Heyne Roleves unde Hinrik Berman van der van Magdeborch, Albrecht van Vechtelde unde Henning Calmes van der van Brunswigk, Johan Spryngintgud unde Hartung Schomaker van der van Luneborch, Hermen Gyseler unde Bertold van Waken van der van Gottinge wegen[3], alse fruntlike myddelers twisschen dem rade van Goszler partigen up eyn unde Hinrike van Alvelde partigen up ander siit, in jegenwardicheyt heren Arndes van Hesede, domheren unde geschickeden van dem erbaren cappittel to Hyldensem, der gestrengen Aschwin van Cramme, Asschwin van Bortfelde van dem erwerdigen

a) noch H Ha Go fehlt G. b) H Ha Go vormanden G. c) dat se H, damo G. d) unde dat G. e) so — steit H Ha fehlt G Go.

[1]) *Ueber die Verhandlungen zwischen dem Tage zu Braunschweig und dem zu Goslar enthält die goslarer Stadtrechn. folgende Eintragungen:* 5 lot Rouwenschilde to Luneborch unde Magdeborch sabbato post Michaelis *(Sept. 30)*; 4 ß 16 Hoyer to Brunswik sabbato in communibus *(Sept. 30)*, do men den steden den dach toscreff; 5 fert. 4 ß 16 Hermen von Dorstken to Halberstad feria 3 post Symonis et Jude *(Okt. 31)*: 8 ß 2½ lot 16 ₰. *Ueber den Tag selbst berichtet sie:* 21 ß 1 fert. vorteret kost unde siete am sondage, mandage, dinsdage, middewoken vor Martini to Gosler in demo Swartekoppes, erwyn den steden, Aschwin von Cramme, Aschwin von Bortfelde, dem doctori Heyneden unde den personen von des rades wegen von Hildensem etc. quiteret uth der herberge. [2]) *Nov. 6.* [3]) 9½ ß 21 ß Herman Giseler et Bertold van Waken in Goszler in causa der von Goszlar et Hinrik von Alvelde. *Gött. Rechn. 1447/8 (beginnt Michaelis; 1446/7 fehlt).*

heren hern Magno, bisscoppe to Hyldensem (unde[a] Albrechte Vornevessem unde Drewes Stene van dem rade to Hildensem [1]) geschicket, der van Goszler bisunderen frunde.

7. Sus worven de genanten ersamen rede der stede, alze fruntlike myddeler, dat de rad van Goszler se wolde twyden orer bede unde Hinrike van Alvelde wedder nemen vor enen borger, se wolden den van Goszler to willen to denste unde to fordernisse wesen unde wolden bestellen unde gud darvor wesen, dat Hinrik dem rade unde den borgeren dat gutliken scholde toholden unde wesen ore horsam borger so[b] enem borger wol temet. Hirup unde entigen ward geantwordet den steden unde reden, Hinrik hedde de borgerscopp sulffwoldichliken vorwracht, so he sek hedde gemaket enen wanfrochten, so he were geflogen to dem Richenberge, dar de rad erst unde darna ore middeborger uth den ammechten, innigen, gylden unde menheyt hedden an one geschicket one to belevende[c] myt aller lympe unde fruntscop, dat he wedder inqueme, se wolden vorfoygen, dat he nene nod scholde liden, unde en wusten sodanne vare[d] nicht darumme he so affrunstich scholde werden. Sodanne Hinrik vorsloch unde tom lesten moyede geleydes, sodannes geleydes se ome volgeden upp dat neyn unlympe darvan entstunde. Sus sete Hinrik in dem geleyde, so worden en dels uthe dem rade, ammechten, gylden unde meynheyt des hewegen, dat se des mosten lyden vorwyt, geruchte unde achtersprake, dat ore borgermester scholde sitten in geleyde, des nu ere[e] were geschen unde on nicht en dochte vor heren, forsten, ridderen unde knapen, reden unde steden natoseggende, unde beden den rad unde Hinrike, so he dar sath alze eyn (vulmechtich)[f] borgermester, dat me ene gude wise vunde, dat dat geleyde affqueme unde bygedan worde, so en beduchte on nycht de sake so grot syn, dat stunde al wol hytoleggende in fruntscopp. Sus hedde Hinrik dorsulves sodane geleyde afgestellet mit vrygem guden willen, des ome do de wervers unde de rad hedden gedancket unde geboden, dat me alle scheel scholde handelen unde bryngen to enem guden fruntliken ende. So denne de rad, gylden unde meynheyt meynden, dat (sek)[g] sodanne wanfrochte unde angest myt der tiid scholde slyten, so hedde dat sek gemaket, dat de hochgeborne forste her Hinrik hertoge to Brunszwigk unde Luneborch hedde enen dach bescheden unde geholden to Halchter in sunte Thomas avende [2], dar Hinrik van Alvelde van syner egenen wegen myt anderen uthe dem rade to Goszler were heengeschicket, so hedde Hinrik darsulves laten lesen enen breff unses gnedigen heren van Hyldensem, gegeven by Andree [3] vor demsulven feste Thome, den Hinrik so lange by sek hadde unde vorhelt, darinne Hinrik worde gewarnet etc. Sus beden do Hinrike synes rades middekumpane, de ome to der tiid reden, dat he wedder redde to Goszler, se en wusten der vare nicht darumme he uthe Goszler blyven dorffte. Hirenboven redde Hinrik to Brunszwigk unde hedde umbedwungen myt vrigem willen de borgerscopp upgescreven up des rades gnade, unde hedde boven sodanne fruntlik vorbedent, der van Goszler truwen rad unde affkerenge synes twyvelmoydes, de van Goszler vorsproken unde vorscreven, dat one gynge an ore ere gelimpe unde gude geruchte. So ward geeschet de wisheyt unde vorsichticheyt der rede vorbenomet dar jegenwardich, dat se bederchten den ersamen rad to Goszler, de des rikes rad unde stad were, Hinrik hedde se vorscreven unde

a) unde — Hildensem [illegible] G. [illegible] b) so H. [illegible] c) [illegible] d) ware H. e) ale H.
f) vulmechtich H fehlt G. g) sek H fehlt G.

[1]) De borgermester Vornevessen unde Drewes Stein mit den deneren vordan to Goslar, alse me dar mit Hinrik van Alvelde degedingede, $4\frac{1}{2}$ ℔ 3 β 4 ₰. *Hild. Rechn. 1447.*

[2]) *1445 Dec. 20.* [3]) *Nov. 30.*

beruchtiget wedder God unde recht, se leten sek gedunckeu, dat sek nicht en temede unde nicht en foygede, dat se Hinrike wedder nemen to orem borger se erföre erst en gelijck unde wandel vor sodans; welden aver de ersamen stede one vorgeven ene ander fruntlike wise, de one unde Hinrike to gelimpe unde eren drechlik were, so wolden se sek na orer frunde rade dar wol inne hebben.

8. Sus sanden do ore frunde to den reden unde leten one seggen, dat one [unly]delik[a] were Hinrik to sek to nemende vor enen borger na erkantnisse der overmoydigen scriffte unde were one leth, dat se der rede bede nicht en mochten twyden. Unde beden se, dat de rede sodanne wolden stan laten unde wesen bedacht uppe ene ander limplike drechlike wise, de dem rade (to Goslar)[b], Hinrike, oren eren unde gelimpe nicht to na en stunde.

9. So schededen de rede des avendes dar aff, dat se eyn sodanne wolden an Hinrike bringen unde begerden geleydes Hinrike in de stad van dem rade. So denne de rad des dorch dusser ohgenanten sake nicht en wolden tolaten, so begeren de rede vor Hinrike geleyde to dem Jurgenberge eder to dem hilgen grave. Hirup wart geantwordet, de rad unde de stad to Goszler hedden gesocht to Lubeke unde ok to Brunszwigk, dat se Hinrike nicht don en welden se en deden dat myt eren unde myt rechte, so en hedde he umme se nicht vordenet sunderlik geleyde, wolde he dar henne komen, dat stunde by ome.

10. Des dinxdages en morgen quemen de rede vor den rad to Goszler unde one vormanden unde vorludeden, wu se by Hinrike hedden gewesen unde dusse vorhandelinge vorgegeven, so antworde one Hinrik, dat ome unde sinen eren dat to na stunde, dat he de borgerscop nicht wedder en krege. Ok seden de rede, dat se Hinrike des nicht wolden raden, dat he sek anders wes lete hededingen, unde beden noch, dat de van Goszler sek in orer beide leten gutlik vynden. Hirup leten de van Goszler antworden, sodanne scriffte unde breve de Hinrik over de radpersonen in unde buten dem rade hedde gescreven, stunde one unde oren eren to na, doch dat de rede scholden merken unde seen, dat se orer bede nicht wolden enthoren, se wolden sek dar ingeven, dat men dat lete darto komen, dat erkant worde, wer Hinrik one umme der scrifft willen wes plichtich were, so welden se wedder antworden Hinrike to synen schulden unde darup laten erkennen dat recht, unde wanne sodanne gescheden were so wolden se dorch bede der stede Hinrike annamen to orem borger unde wolden dat recht unvorvolget den steden to willen laten stan. Darup antwordeden de rede, scriffte weren gescheen up beydent halven, de nicht vele en dochten, dat me hedde ene jegen de anderen loszgeslagen unde hedde Hinrike de borgerscop weddergegeven, dat welden se vorschulden. Hir entjegen leten seggen de rad to Goszler, wes se screven hedden, des welden se vulstan, unde dat de rede wolden vor oghen hebben unde bermen, dat desulve rad sek hedde geholden vor ersame unberochtigede vrome lude unde were des rikes rad unde vorslogen sodanne scrifften an oren eren gescheen to bone nicht so gerynge, se welden sek van stund, nu one ore erbedent ersten to Brunszwigk unde nu hire nicht en mechte helpen, vorwillen an Asschwine [van[c] Cramme] unde Asschwin (van[d] Bortwelde) vorbenomet, de stede Hyldensem unde Embeke unde in ener korten tiid sek vorwillen, darunder se wolden overgeven ore schulde, uppe dat me jo segge, dat se fruntscopp unde recht nicht vorslogen. mochte aver darenboven Hinrik den rad unde personen ane ansage nicht laten, so wolden se ome antworden unde recht warden, dar sek dat dorch recht horde unde desgelijck wedderumme van ome nemen.

a) mydelik G H. b) to Goslar H fehlt G. c) van Cramme fehlt den Hss.
d) van Bortfelde H fehlt G.

11. Darup begerden de rede Hinrike to leydende in de stad Goszler. Des besande de rad de stede unde leth one seggen, Hinrik en hedde one neyn geleyde affvordenet ok wolden se myt gewalt weder one nicht don, doch uppe dat me scholde erkennen dat se de rede yo wolden twyden, so wolden se Hinrike geleyden vor sek, ore borgere unde de ore to dem Jurgenberge edder to dem hilgen grave nach orem ersten begere. So seden de rede darup, se brochten de tiid unnutte to, wanne Hinrik in de stad to Goszler neyn geleyde mochte hebben so danckeden se deme rade. Sus gingen der van Goszler frund umme des besten willen tosammede unde beden hynder de van Goszler de rede to blyvende, dat dat darhenne komen mochte, dat Hinrik in der (genanten[a] twyer) stede welke queme, se wolden truweliken darto helpen, dat dat to enem fruntliken ende queme, des de rade one danckeden unde seden, dat se wolden ore dingk darna setten, dat se redden unde de vorhandelinge brochten an ore frund.

So denne sodanne vorhandelinge in fruntscop unde rechte dusser partigen syn gescheen in jegenwardicheyt unser prelaten unde domheren, erbaren manscopp unses stichtes unde rade to Hyldensem, so hebben we desulven unse prelaten, domheren unde manscop unde rad geeschet by sodannen truwen so se uns unde unsem stichte synt togedan, de warheyt, den vorlopp unde handelinge uns unsem capittele unde unsem rade to vorlutterende, to openbarende unde egentliken to meldende, so hebben uns desulven obgenanten unse getruwen egentliken underrichtet, dat alle dusse obgenanten punckte unde artikele mit alle oren clausulen unde inholde so ovene is berort so weren unde syn vorhandelt unde vorvolget, unde se alle unde eyn islik bysunderen sek des do tor tiid vorhandelt nicht anders vordencken. Unde dat alle dusse punckte, artikele myt alle oren clausulen vor uns, unsem erbaren capittele, unser[b] unde unses stichtes manscopp unde rade syn so egentliken vorhandelt, eyndrechtichliken uthgesproken unde vormeldet, so hebben we Magnus bisscopp ergenant unse ingesegel to warer orkunde laten witliken beneddene hengen[c] an dussen breff. Gegeven na Cristi gebord vertheynhundert jar darna in deme achte unde vertigesten in dem dage der hilgen marteler Tiburci et Valeriani.

339. *Braunschweig an Lübeck: berichtet auf den von Lüneburg geäusserten Wunsch über den Verlauf der Verhandlungen zu Braunschweig und Goslar in Sachen Alfelds und übersendet n. 337. — 1448 Okt. 19.*

L aus StA Lübeck, vol. Goslar, Or. Mitgetheilt von Wehrmann.

Den ersamen unde wisen heren borgermestern unde radmannen der stad to Lubeke, unsen bisunderen gunstigen leven frunden.

Unsen fruntliken willigen denst unde wes wii leves unde gudes vormogen tovoren. Ersamen wisen heren, gunstigen leven frundes. De ersamen juwe unde unse frundes de rad to Luneborch hebben uns gescreven unde gebeden, juwer ersamicheid de sake unde den vorlopp twisschen den van Goszler unde Hinricke van Alvelde to vorschrivende unde witlik to donde, alz van sodannes recesses wegen alse dat den ersamen unsen frunden den van Magdeborch, van Luneborch, van Gottinge unde uns to jare bynnen juwer stad to der dachfard van den erliken radessendeboden der stede van der Dutschen hense bevalen wart to verhandelende. Alse leven frundes wart tome ersten van des wegen in unser stad eyn dach geholden, dar denne de van Gosler menigerleie insage unde wedderrede

a) genanten twyer *H fehlt G.* b) unser *H,* unses *G.* c) drucken *H.*

uplogen tegen den vorberorden recess, darmede se den recess meynden bytoleggende unde nicht to vulbordende, dar denne vele dedinge unde sprake over vellen so verne, dat under den parten twisschen velen anderen dedingen unde worden besproken wart, dat se ore recht uppe de stede satten in bescrevenen rechte to schedende, dat de van Gottinge nicht wolden annamen, darumme dat se alrede in rechte darup gescheden hadden, wente dar mer recht up to sprekende were one to na. So blef dat by uns anderen dren steden. Des wart do eyn schrift up vorramet, in watte tyd men schulde unde antwerde overgheven unde ok scheden scholde, by eyner pene; desulve schrift beyden parten gelesen unde van Hinrike van Alvelde tohant gevulbordet wart, sunder de van Gosler nemen des wande bet to namiddage unde leiden dat do af. Des wart densulven van Gosler do eyn redelik fruntschup vorgesat, darmede sodanne unwille in fruntliken dingen wol mochte hebben to slete gekomen, dat se aver afslogen unde seden, se weren des van oren borgeren nicht mechtich. Hirup sik de stede vorder bereden unde gheven one vor, dat se sik myt oren borgeren to hus scholden bespreken, weret dat se myt Hinricke to fruntlikeme slete wolden, so wolden de stede darumme to one ryden in ore stad unde Hinricke vorbenomed medebringen wente tome Richenberge unde wolden sodanen unwillen bytoleggende mit dem besten vorsoken, unde oft denne ore borgere dat vulbordeden, so scholden se uns dat wedderschriven in achte dagen. Dar se upscreven, se wolden de stede gerne lyden. Also redden do darup desulven stede to Gosler in, dar wy unses rades kumpane do mede to schickeden, unde brochten Hinricke van Alvelde tome Richenberge unde deden vele flites by one, dat Hinricke mochte sin gekomen in ore stad ofte vor dat dor up ore geleyde, uppe dat sodanne sake deste bat to handelende were, deme aver [van][a] den van Gosler neyne volge en geschach. Des bespreken sik de stede unde gheven den van Gosler vor, dat se noch ansegen der stede flitligen arbeit kost unde aventure to oreme besten unde allen erliken steden rede vaken gescheen, unde ok ansegen ore egene vorderff unde schaden de one darvan alrede enstan were unde noch forder van entstan mochte, unde gheven one vor eyne fruntlike gutlike wyse darmede sodanen unwille mochte gesleten werden, unde one hochliken reden unde boden, dat se one sodanner fruntlicheit horden; unde begerden, dat se allen unwillen den steden dar up wolden gheven, se wolden se unde Hinricke like wert holden unde se eren unde forderen na alse vore, unde wolden dat jegen se ok gerne vordenen, darto wolden se Hinrikes mechtich sin, he scholde dat holden wu ome de stede heten. Dat se aver bileyden unde des wande boden veir weken, under des wolden se sik bespreken mit oren borgeren unde anderen oren frunden unde hopeden den steden denne eyn gutlik antwerde to ghevende; dar one vaste wart ingesecht unde mochte anders nicht sin. So wart dar also afgescheden, dat se den van Hildensem scholden eyn antworde schriven, de dat forder an uns senden scholden, unde des schreven de van Goslar sodanne vorhandelinge unde afscheident der stede af na inholde dusser ingesloteden ores breves avescrift. Aldus guden frunde hebben sik de sake in unser stad unde to Goszler verlopen unde sind so vorhandelt, alse wii des van unsen frunden, de wy darto geschicket hadden, egentliken sind berichtet. Unde warmede wy juwer ersamen wisheit denst unde willen mochten bewisen, dar scholde gii uns gutwillich inne vinden, de wy Godde dem heren salich bevalen. Gescreven under unser stad secret, des lateren dages sancti Luce ewangeliste, anno etc. 48.

De rad der stad tho Brunswigk.

a) van fehlt L.

Verhandlungen in Flandern. — 1447 Okt. 26 — 1448 Apr. 17.

Die Städte waren durch Rsn. von Lübeck, Köln, Hamburg und Danzig vertreten.

A. *Die* *Vorakten* *enthalten Personalien und Beglaubigungsschreiben.*

B. *Der tagebuchartige* *Bericht* *ist zweifelsohne von einem der Sekretaire des Kfm. zu Brügge verfasst, dem Anschein nach von Meister Goswin. Er verbreitet sich mit grösster Ausführlichkeit über die Verhandlungen der Rsn. mit den vier Leden, welche trotz einer fast sechsmonatlichen Dauer fast in keiner Hinsicht zu einem befriedigenden Resultate führten. Die Ursache lag in den politischen Verhältnissen des Landes. Das Streben des Hg., seine Autokratie auf Kosten der Städtefreiheiten durchzuführen, hatte bereits Früchte getragen und daneben machten sich auch die ersten Vorboten des bald ausbrechenden genter Krieges bemerkbar. Die Lede, mit dem Hg. wegen einer neuen Salzsteuer gespannt, in ihren Machtbefugnissen beschnitten, verwiesen jede Beschwerde der Rsn., bei der herrschaftliche Beamte oder Rechte in Frage kamen — und das war nach den Erwiederungen der Lede bei den meisten der Fall — zur Erledigung an den Hg., vertagten jedoch die Entsendung einer Deputation an diesen so lange, bis die Rsn. heimgerufen wurden. Die Rsn. wiederum suchten den Hg. nicht in eigener Person auf, theils um den Privilegien des Kfm., welche die Lede zur Abhülfe von Beeinträchtigungen verpflichteten, nichts zu vergeben, theils um nicht den Kfm. für die Zukunft an den Hg. zu binden, theils und wohl hauptsächlich wegen des Zwistes zwischen Hg. und Leden, vgl. n. 348 § 1. So blieben denn die meisten der wesentlichen Beschwerden über mangelhafte Justiz, Verweisung der Processe an den Hof des Hg. ausserhalb des Landes, Seeräuberunwesen vor dem Zwin, Uebergriffe der Zöllner und sonstigen Beamten — völlig unerledigt. Aber auch von den übrigen auf die vier Lede insgesammt oder Brügge allein bezüglichen Beschwerden wurden nur wenige zum Austrag gebracht. Der Weinzoll wurde den Privilegien gemäss normirt, die Abgabenfreiheit der Getränke zum Hausgebrauch festgestellt und sonstige mehr untergeordnete Verhältnisse geregelt, dagegen alle hauptsächlicheren Punkte, insbesondere die Frage, ob ein hansischer Kfm. aus Flandern verbannt werden könnte, weiteren Verhandlungen zwischen dem Kfm. zu Brügge und den Leden zur Erledigung überwiesen. Angesichts dieses negativen Ergebnisses und des langen Aufenthaltes der Gesandtschaft in Fandern war von der beabsichtigten Weiterreise derselben nach Frankreich nicht mehr die Rede und da auch die preussische Botschaft in England wenig ausgerichtet (n. 347), so blieb die Lage des Kfm. in beiden Landen gleich misslich wie vor dem lübecker Hansetage.*

Ausser den Hauptverhandlungen mit den Leden erwähnt der Bericht nur, dass die holländischen und flandrischen Städte, wegen des lübecker Beschlusses über den Lakenstapel und die holländischen Tücher, fruchtlos die Rsn. beschickten, §§ 6 18 25 32, streift flüchtig einige innere Verhältnisse, wie den Schossstreit der Drittel, und Gebräuche, §§ 4 12 13 16, und verzeichnet endlich die dem Kfm. aus der Gesandtschaft erwachsenen Kosten, §§ 20, 82.

C. *Als* *Beilage* *ist eine brügger Aufzeichnung über den vereinbarten Nachlass der Getränkesteuer mitgetheilt.*

D. *Die* *Gesandtschaftsakten* *datiren sämmtlich aus den letzten Tagen des Aufenthalts der Rsn. in Flandern nach Abbruch der Verhandlungen mit den Leden und ergänzen den Bericht sehr wesentlich. Sie bestimmen die Abhaltung eines Hansetages zu Bremen, berichten, weshalb die Rsn. von der Besendung des Hg. absehen, und behandeln insbesondere financielle Fragen. Vor allem wird der Beschluss des lübecker Tages über die Erhöhung des Schosses ungeachtet der Einsprache der Kölner erneuert.*

E. *Aus der* ***Korrespondenz der Rsn.*** *ist n. 353 hervorzuheben, welche über die preussische Botschaft in England Auskunft ertheilt.*

F. *Der* ***Anhang*** *behandelt den bremer Tag, das Verbot der holländischen Laken und namentlich den Streit zwischen Köln und dem Kfm. zu Brügge in Anlass der Schossfrage. Nr. 367 beseitigt eine von den Rsn. eifrigst hervorgehobene Beschwerde zu Gunsten des Kfm. Die zum Schluss zusammengestellten Auszüge aus den Stadtrechnungen von Deventer, Brügge und Gent und den Rechnungen der Freien erläutern manche Einzelnheiten der Verhandlungen in willkommener Weise.*

A. Vorakten.

340. *Köln an Lübeck: berichtet zufolge der Mittheilung Johann Gebincks, des Sekretairs des Kfm. zu Brügge, Lübeck wünsche den Namen des kölner Rsn. nach Flandern zu wissen,* umb die credencie darnae zo machen, *dass es seinen Rentmeister Goedart von dem Wasservasse ausersehen habe; ersucht um Auskunft,* up wat tziit die anderen heren sendeboiden zo Brugge wesen sollen. — *[14]47 Sept. 11.*

StA Köln, Copienbücher 18 f. 170 b.

341. *Hm. an Hg. von Burgund: beglaubigt den danziger Rm. Arnt von Telgeten, welcher beauftragt ist, Ersatz zu fordern für die von den Unterthanen des Hg. den Danzigern und anderen Hanseaten zugefügten Schäden; ersucht, für die Zurückgabe des Genommenen Sorge zu tragen. — Stuhm, [14]47* (sonnabend nach exaltacionis crucis) *Sept. 16*[1].

SA Königsberg, Missive 16 f. 318 b.

342. *Desgleichen: beglaubigt denselben in Angelegenheiten des deutschen Kfm. zu Brügge, die er in Gemeinschaft mit anderen Rsn. der Hansestädte vortragen wird; ersucht, die Bedrückungen des Kfm. abzustellen und ihn bei seinen Freiheiten zu erhalten. — Stuhm, [14]47* (sontag nach crucis exaltacionis) *Sept. 17*[2].

SA Königsberg, Missive 16 f. 319.

343. *Köln an die Rsn. der Hansestädte* (to deser tiit up die dachfart in Vlaenderen ind in Engelant etc. vergaederende)*: meldet, in Berichtigung von n. 340, dass es neben Goedert van dem Wasserfass noch Johann von Bercke,* Dr. in der heiligen schriift, *aussende; beglaubigt beide. — [14]47 Okt. 16.*

StA Köln, Copienbücher 18 f. 183 b.

344. *Köln bevollmächtigt seine Rsn. zum Empfang von 60 ℔ vom Kfm. zu Brügge, welche dieser den nach England verkehrenden Kölnern als Busse abgenommen*

[1]) *Die gleichlautende ins Lateinische übertragene Credenz an den Kg. von Frankreich datirt vom 17 Sept. (Missive 16 f. 330).* [2]) *Missive 16 f. 319 b folgt die an den Kg. von Frankreich adressirte lateinische Uebersetzung des Vorstehenden.*

hat; der Kfm. ist auf dem Hansetage zu Lübeck 1441 Mrz. 12 zur Rückzahlung angewiesen und obiger Betrag auf dem letzten Tage zu Lübeck vereinbart worden. — 1447 Okt. 16.

StA Köln, Copiebücher 18 f. 184.

B. Bericht.

345. *Bericht des deutschen Kfm. zu Brügge über die Verhandlungen der Rsn. der Hansestädte in Flandern. — 1447 Okt. 26 — 1448 Apr. 17.*

K aus StA Köln, Handschr. d. Kfm. zu Brügge, alte Bezeichn. n. 20, 38 Bl., auf dem Lederumschlag bemerkt: Hijr steyt ynne gescreven alle de handelinghe unde dachvarde de de heren radesendeboden van der gemeynen[a] Dutschen hanse int jair 1447 up den 26 dach in octobar to Brugge komende myt den 4 leden gehandelt hebbe eyn halff jair lanck bet up den 18 dach in aprilli, do se weder enwech reeden. *Der Schreiber hat das ihm vorliegende Concept hie und da nicht lesen können und im ganzen flüchtig copirt.*

Int jaer unses heren 1447 up ons heren hemelvaerdes dach was bescreven und geholden ene dachvaerd bynnen Lubeke bi den ghemenen steden van der henzen, die umme menichvoldiger gebreken willen de den ghemenen coopmanne van der henzen gheschien ziin boven vriiheyt und privilegien in Vrancricke, in Brabant, Vlanderen, Holland und Zeeland, eendrachtelike overdroghen und eensworden, dat se noch vor alle dinghen ierst wolden senden ore sendeboden, alze de van Lubeke, van Colne, van Amborch und van Dantzike, an den heren hertoghen van Burgoengen etc. und an die vier leden des landes van Vlaenderen, und oftet so to ponte qweme und deenen wolde an den koninck van Vrancrike omme to versoukene, ofte deme coopman sine gebreken und vorcortinghen[b] mochten gebetert worden und dat die privelegien und vriheden mochten worden gherapariert und bliven by machte und van weerden.

1. Item upten 26 dach in octobri in den vorseiden jare quam to Brugge her Godert van den Watervate, rentmeister der stad van Colne, de to der vorseiden besendinghe gedeputiert was, und brachte mit eme meister Johan van Berck, licentiatum in theologia, ziinen soene Godert und Hinrick Suderman, de tosamen hadden 11 peerden, welken de coopman nae older gewoenten thegen reed und voerden zii nae in or herberghe to Anthoniis Ronen huus, dar sy samentlike alle solde[n][c] wesen.

2. Item upten 22 dach in octobri was meester Gosen gesent to Bruesele, omme nae der heren radessendeboden begheerten een geleide to werrende van den heren hertoghe van Bourgongen vor deselve sendeboden deenende, welck costede vor dat zegbel und arriveghelt tosamene 39 ß 2 gr.; item verteerde meester Gosen mit der peerden huere tosamene 32 ß 6 gr.

3. Item upten derden dach in novembri quemen de ander heren, alse her Willem van Calven, borghermeester to Lubeke, de mit eme brachte den doemdeken van Lubeke, und hadden mitgaders den waghenpeerden 19 peerden; item her Hinrick Koting, burghermeester to Amborch mitgaders her Johan Rotgers, secretarius to Amborch, de hadden 10 peerden, und her Arnd van Telchten, raedman to Dantzike, de hadde 6 peerden; welke heren de coopman mitgaders hern Goderde van den Watervate thegen reed und voerden se erlike in haer herberghe to Anthonlis Roniins huus vorscreven.

a) gemeynen K. b) verkortinghen K. c) solde K. Der Schreiber hat die Schluss-n Abkürzungsstriche am folgenden so häufig vergessen, dass diese Flüchtigkeit weiterhin ohne Anm. verbessert wurde.

4. Item upten 5 dach in novembri, alse de heren radessendeboden eerst int reventer gaen wolden, weren de alderlude und 18 mannen eerst vergadert int reventer, und alse de heren inqwemen, untfinghen se de alderlude gutlick und leyden se by dat cumptoar und heten se do vruntlick willenkomen und danckeden en dat se[a] daer gutwillich gekomen weren to des copmans beste umme des coopmans gebreken to vervolghene, mede seggende, dat ene olde gewoente were, wanneer hiir sendeboden van den gemenen steden van der hensen qwemen, den welken de alderlude ere stede alse dat cumptoer rumeden, und eer se dan mitten heren sendeboden in enighe handelinghe ghinghen, so pleghen alle tiit deselve heren totozeggene und to belovene den coopman to holdene und to latene by siinre macht, gewoenten und olden herkomen, so na den inholdene der recesse de ghemene stede van der hansen den coopman geghont, verleent und togelaten hadden, welke de coopman insghelijcs van en were begherende. Waerup de heren sick bespreken und na langhen berade verantworden, als upt eerste, als en de coopman gedancket hadde dat se guedwillich hiir gecomen weren, dat hadden se gheerne gedaen und wolden oeck mit gueden willen und rade nae underwisinge des coopmans vlitelick dat beste don na ere macht umme des coopmans gebreken to vervolghene etc.; und als van den anderen pointe, wolden se den coopman wal laten by siner macht, dat he to der tiidt toe[b] gehadt hadde, men van den gewoenten und olden herkomen en conden se den coopman noch ghene andworde gheegghen und dat queme toe umme ghescheis willen, also se verstaen hadden, dat de derdendele onderlinghe hadden den schote angaende; und weren begherende, dat de coopman up de tiit des tovreden weren, se hopeden eer se van hiir scheden den coopman daroff to verliken und to vereenen. Und darmede ghinghen se samentlick in de kerke omme te horen de misse de de coopman van den hilghen geeste dar liet singhen.

5. Item upten selven dach so vorscreven staet was gesonghen ene misse ten Karmers van den hilghen gheeste, dar de heren radessendeboden jeghenwoerdich weren, up dat unse lieve here God derselver heren bodeschap und werve tot beste und tot enen gueden eynde voeghen wolde, welke misse costede 14 β 10 gr.

6. Item upten 8 dach in novembri weren sekere gedeputierden wt Hollant, alse de van Sceedamme and de van Leyden, bi den heren radessendeboden ten Carmers int reventer, dar en de van Schiedamme beclageden van eres selves und anderen stede weghene unt Holland op de ordinancie, de de gemeene stede van der henze ghemaket und gheordineert hebben up de Hollandsche lakene[1], und sonderlinghe, dat de tiit van den verboden seer cort were. Welke de heren verantworden, dat se om alles gevoeghes willen den tiit vorlenghen wolden van sunte Martiin to Kerامisse neghest komende und off de steden in Holland vorder handelinghe van der draperie hebben wolden mit en, so mochten se enighe vulmechtich by se senden unde dar in to verramene und to slutene so vor dat ghemene beste nutte und profitelick were, dat se also tod sick nemen to huus to brenghene. Oeck so clagheden de van Leyden over de ander stede in Hollant, de nu sonder oerloff off consent int wilde laken maken tot eren, der van Aemstelredamme und Sciedamme achterdeel und schaden, den welken oeck bi den heren verantwort was, dat se, de van Amstelredamme und Schedamme vulmechtich by se senden solden, dat se oeck annemen to huus to brenghen. Und den vorscreven wt Holland weren ghescheneket 16 kannen wiins, de costeden 17 β 4 gr.

7. Item was meister Gosen ghesent to Ghend um to vornemen enen dach,

a) [illegible]   b) [illegible]

[1]) Vgl. n. 268 § 84.

stede und tiit, dat de 4 leden vergaderen wolden om der heren radessendeboden werve to horende, up welker reysen meester Gosen to uncoste dede 17 β 4 gr. Item was Albert Hopesomer gesent to Ypren mit enen breve, dat se hiir ripelick to daghe senden wolden, de dede to uncosten 6 β 2 gr.

6. Item up den seventiensten dach in novembri weren de vier leden des landes van Vlaenderen vergadert bynnen Brugge und deden den heren radessendeboden van der gemenen stede van der hense to wetene, of en gelievede by se to komene in dat ghiselhuus etc., also de heren daden. Und alse se bynnen vor de vier leden quemen, doe danckede de doemdeken van Lubeke[a], dat se to horer begheerten vergadert waren den vier leden, und presentierden voert enen credenciebreef van den gemenen steden vorscreven wighesent up de heren radessendeboden sprekende. Ende alse de dair int openbaer gelesen was, doe seghede meister Clais Langhebaert van der vier leden weghene, ghelevede en enighe saken uptedoen, so wolden se geerne und guetlick horen. Alse heef de doemdeken sine woerden und der heren radessendeboden bodescap und wervo an in der manieren alse hirnae volghet: Eerbare wise und vorseneghe heren. De ghemenen stede van der Duitscher hansen, nu desen somer lest vorleden bynnen der stad Lubeke to dage vergadert, untbeden ju eren vruntliken grut, gunst und goeden willen und hebben uns hiir bii uwer eersaemheit ghesant und belast mit etliken bodescappen und werven, de wii ju gheerne updoen willen nadem ju de, alzo gii ghesecht hebben, up desse tiit behegbelick siin to horene. Eerbare lieve heren. De gemene stede van der hensen, als ick vor segede, bynnen Lubeke um vele merkeliker saken willen vergadert, hebben under ander anghesien und overweghen den staet van hanteringe der kopenscap, wo de nu vil na to nichte gegaen is und bedorven, und bevinden nae den groten und swaren clachten, de voer de stede gekomen synt, dat de gemene coopman van der hense bynnen den strome und lande van Vlaenderen swaerlike wort vercort und veronrecht und sins gueds berovet jeghen vriiheden und privilegien, de gii heren[b] den ghemenen steden und coopman van der hanse hebben ghegheven, besegheit und bii uwen eede belovet to holdene, und dat de coopmanne, alze he aldus veronrechtet und bescedighet wert und ju heren darumme versouket und claghet, zeer weynich off mit allen nene hulpe of bystant en vindet, so dat bii noden de[c] coopman wt dessen lande vervroemdet und ander havene und plaetsen mit sinen guede versouket, waerbii de stapel hiir to nichte gaet in achterdeel der ghemenen comenscap und sonderling des lands van Vlaenderen. Um welke verkortinghe willen des coopmans und verderff des stapels und der comenscap de ghemene stede vornoempt nicht weynich unmoets ghehadt hebben und beweghen ziin gewesen und int eynde nicht anders versinnen en conden, dan gii heren des coopmans moede ziit und nicht langher bynnen den lande van Vlaenderen willen liden, want also se overmerket hebben dat unrecht, verkortinghe und schaden, de den gemenen coopman bynnen den lande van Vlaenderen van langhen olden tiiden herwaert gedaen ziin und den arbeyt, moeyenisse und grote cost, de de stede van der henze daerumme gehat hebben vormids eren erliken sendeboden, de se hiir int lant in den jare 25 und dairnae in den jare 34 gesent hadden, und dat van allen gebreken, wo vele gii heren den sendeboden beloveden und toeseghedeu, dat mynste poente nicht en waert ghebetert noch gheholden, sonder alleen, dat de coopman van der hense, alse he to Andwerpen was, enen afkoep und composicie mit ju makede van den verledenen vercortinghe und schaden vorghesegbet umme de somme van 8000

a) Lubeken K. b) gheven K. c) den K.

pond groten[1], waerof de stede van der honze nu vorder gene claghe noch verteich en doen men wes darinne bi deme coopmanne int beste gedaen is holden stede, vast und van weerden. Jodoch alsse nu overmids menichvoldigher swarer clachten vor de stede gecomen is, dat in den tractiete der voirsegeden composicien sekere poenten wtgesundert weren, de gii deme coopman beloveden te doen beteren so vroe he weder bynnen den lande van Vlaenderen were gekomen, und oeck sekere beloeften den coopman deden und breven und zeghele darup gheven, dat men eme vortane syne previlegien unbrekelick solde[a] holden, so beviinden de steden doch in der waerheit, dat sowal[b] [na][c] alse vor van allen beloeften, die gii heren deme coopman ghedaen und toeghesecht hebben, zeer weynich of nicht mit allen en is vullenbracht noch ghehoulden, want de vorsegede wtgestellede pointen noch ongheeyndighet buten staen und dat bynnen corter tiit, alze bynnen negben jaren harwert, den coopman so zwaerliken upten strome und bynnen den lande van Vlaenderen is berovet, veronrechtet und syne previlegien vercortet, van welken alle points by munde te langk ware to betrecken, doch wil ick een deel van der swarster ponten de substancie updoen. Und is int erste, dat de coopman up juwen stroom in und uut juwen havene wert beschedighet, und alse ju de coopman dat of[d] andere gebreken claghet und to kennen ghevet, en vint he nene hulpe of bystant an [ju][e], men alze gii de partien jaer und dach of langer hebbet vervolgende geholden, so wise gii dan de vor juwen heren, recht of ju de sake nicht an en ghinghe, des gii doch nae inholdene der previlegien des nicht schuldich en siit to doene. Desgeliken wort de coopman zwarliker belastet und vercortet[f] van tolners, axisers, paxters van den herengelde, gruitghelde, van der passagie, van der ballasten, van der wasen und van den wiinde. Und gii heren gedoghen, dat men de coopluden van der hanzen vanghet und in den steen settet und en moghen ghener borghen ghenyeten. Ock so hebdii hiir to Brugge den coopman gebannen buten sinen weten, des gii doch bii natuerliken, gotliken, geestelike off keyserrechte nicht en vermoghen enighen menschen alsoe to verwisen sonder andworde van emen to horene etc. Van welker vorsegeder gebreken und verkortinghe em de ghemene stede van der henze van juwer eerbarheit nicht to vullen en konnen verwonderen und weren oock darumme gans unmoedich und so sere nastelt, dat bilnae dat meeste dele in willen und meningen was van sto[a]den[g] an den coopman van hiir ute den lande to verleggene, welck doch bii eenigen vroeden und sachtmoedigen heren guetlick upghenomen und verholden wert, und worden ghemeenlike to rade, dat se noch um alles gevoeghes willen ere sendeboden ierst by ju wolden zenden vruntliken versoukende, wes ju by des coopmans gebreken und privilegien gelleven solde to doene. Also hebben se uns dartoe geordineert und hiir nu by juwer eerbarheit gesant und wii wt bevele und van wegen der vorsegheden ghemenen steden van der henze begheren vruntlick und oock ernstelic versoken, to wetene, off gii heren in meninghen und in willen ziin, de vorbenomeden wtgestellede pointe und ander gebreken, scade und vercortinghe de de coopman [geleden[h] heft], synt den tiiden dat he van Andwerpen hiir int lant weder quam, mitter daet und wairheyt willen doen beteren und oock voertan mit vliite dar vor ziin und verwaeren, dat de coopman aldus in sinen previlegien van tide to tide nicht en worde vercortet. Dar ju heren dit alzo ghelievet, so willen wii gheerne hiirvan vorder handelinghe mit ju hebben und ju de gebreken des ghemenen coopmans in scriften overgheven, wii

a) [illegible] K. b) dat sowal wiederholt K. c) na fehlt K.
d) of andere gebreken claghet wiederholt K. e) ju fehlt K. f) vercortelt K.
g) staden K. h) geleden heft fehlt K.

[1]) 1438, HR. 2 n. 265 ff.

en twivelen nicht gii en worde dan bevünden, dat sunder kentlike und merkelike nootsaken de[a] ghemenen stede van der henzen un[s][b] hiir tot ju nicht ghesent en hebben. Dit is datghonne, dat wii up desse tiit an ju to wervene hebben, und begheren dat giit int guede nemen und uns daroff juwe gutlick andword willen gheven.

9. Welke vorseghede bodescap also ghedaen de 4 leden deden de heren radessendeboden vertrecken unde schenkenden in der vorkameren den heren groenen gengeber, tragie, ypocras und Malvesie und deden se ter stond weder by eme komen in de kamer. Doe seghede meester Claes Langebaert, dat de vier leden dar vergadert wal hadden verstaen de bodescap, de en de heren radessen[deboden][c] vorgebracht und upghedaen hadden. Und also de stede van der henze umme gebroken willen, de eme gheclaghet siini, in willen weren gewesen, den coopman uut deme lande van Vlaenderen to vorleggene, welck[d] doch by eneghen vroeden und sachtmoedighen heren verholden was, des wisten de leden groten d[a]nck[e] allen denghenen de dar wes guedes toe ghesproken hedden. Und segheden, dat en de heren radessendeboden seer willekome weren und also de deken ghesecht had, dat se de ghebreke des coopmans en wol wolden in scrifte overghbeven, soe begherde meester Claws de also to hebbene, up dat de leden de mochten sick by sinen bere thuus brenghen, se hopeden sick dan darin to quitene, dat men mit redenen erer, wilt God, nicht en solde beclaghen. Und, under vele woorden, dat de 4 leden an de heren radessendeboden satten eene tiit und stede to kiesene, dar se weder by enc solden vergaderen. So waert bii den leden beteykent ene dachvaert weder to Brucge to boldene upten 22 dach van novembri in de herberge to wesene, umme andworde up des coopmans gebreke to gevene und vulmechtich vorder mit den heren handelinghe to hebbene.

10. Item alse vorscreven staet, dat de 4 leden beteykent hadden upten 22 dach van novembri weder to Brucge to sine um den heren radessendeboden andwort[f] te ghevene, so vertreckeden se dat doch tot upten iersten dach van decembri und do weren se vergadert in schepenecamer to Brugge, daer de heren weder bii se quemen umme antword up des coopmans gebreken to untfangheus. Also segede meister Claws Langebaert van der 4 leden weghen, dat de heren nicht in unwillen nemen en wolden, dat se so lange gebeidt badden antword to ghevene, went dat were toegecomen, dat der pointe vele waren und oock enighe noch na inghebracht waren. Und verhaelde up de vilf pointen, de de deken van Lubeke by munde verclaert hadde, antworde by munde, doch bereep he hem up de vorsegede antworde de se up alle ponte ghemaket hadden, daer men deselve 5 ponten mitten anderen tot 51 toe claerlick inne solde bevünden. Und beden und begeerden, dat de heren dat guetlick tot sick nemen wolden und het verstaen dan se de hedden konnen gheven, und of en daran icht schelde und vorder handelinge mitten leden darumme hebben wolden, soe settet

a) den K. b) und K. c) radessen K. d) welch K.
e) dank K. f) andwert to ghevene, antworde to ghevene K.

[1]) *Das kölner StA bewahrt eine aus der Kanzlei des Kfm. zu Brügge stammende Handschrift von 188 Bl. (sign. n. 12), welche, von verschiedenen Händen geschrieben, sämmtliche bei Gelegenheit dieser Verhandlungen von 1447/8 ausgewechselten Beschwerdeschriften, Repliken, Dupliken u. s. w. des Kfm. wie der Lede enthält. Voraufgeht die vom Kfm. an den Hansetag zu Lübeck gesandte Eingabe (f. 13—48), vgl. n. 288 § 11, den Beschluss macht eine 1449 dem Hg. von Burgund überreichte Beschwerde (f. 177—188), alle übrigen Akten gehören hierher (f. 51—163). Da ein Abdruck dieser wechselseitigen Beschwerden an diesem Orte unthunlich erscheint, vgl. die Einleitung zu diesem Bande, so ist im folgenden aus denselben in den Anm. nur so viel mitgetheilt, als zum bessern Verständniss der Verhandlungen erforderlich.*

so dat an de heren umme to kiesene stede und tiit dar on dat ghelieven solde, myt vele meer lange schone woerden de to lanck weren to scrivene. Waertoe de deken van Lubeke verantworde, dat de heren de antworde tot sick nemen solden, und betekende de tiit weder bii de vier leden to komene upten 11 dach desser selver maend van decembri, men se satten dat weder by de 4 leden to kesene de stede waer se vergaderen wolden, dar wolden de heren gheerne bii se komen. Also satten de 4 lede de stede bynnen Ghend, dar se an allen siden mede tovreden waren. Und um dat der 4 leden antwort den heren und den coopmanne nicht ghenoech noch redelick en dochte, so en is de hiir bii nicht gescreven men is staende gelaten to dat men een eyntlick andworde crighet.

11. Item upten selven dach weren ghescbencket den ghedeputierden, alse drie van Ghend und twee van Ypren, elck 2 kannen wiins, den stoop to 6 gr., dat maket mit dreghene in al 10 β 10 gr.

12. Item upten derden dach in decembri weren de heren radessendeboden myt den gemenen coopman vergadert ten Carmers int reventer, dar se deden lesen dat recesse nu in dessen vorledene somer bi den gemenen steden van der henze bynnen Lubeke gemaect und vorboden enen ytliken in de vorsegede hense behorende up de boete van ene marck goldes niin gued to borgene, to verkopene in allen den landen des heren van Borgoengen; oock so deden se warscouwinghe na der tidinghe de se ute England hadden, dat nyemant gudere to Englant wert en sende.

13. Item up denselven dach verhenseden de heren und gheven elck uut 7 gr. ghelijck andere coopluden.

14. Item upten 11 dach van decembri reden de heren radessendeboden mytgaders 6 personen wt des copmans rade und beyde clercke to Ghend umme to holdene de dachvaert de dar beteykent was, und quemen des 14 daghes by de vier leden up schepenehws to Ghend. Dar se de pensionarius der vorseiden van Ghend under vele woerden verhaelde[a], wes in der heren werve und bodescap to den daghe toe to Brucge ghedaen were, und alzo desse dachvart nu ghelett ware bynnen Ghend, dar de heren radessendeboden in so notabilen getale und sonderlinge hiir tot en int land ghekomen weren, wisten sii en groten danck und weren en al zeer willekome. Nae welken reden des pens(i)onarius[b] de deken van Lubeke insghelilica verhaelde de saken vorseget, wes to den daghen tuschen den 4 leden und radessendeboden verhandelt were, und seghede, woe dat se alzodanne antworde, alse den 4 leden ghelievet hadde en up de ghebreken des coopmans in scriifte overtoghevene, gutlick hedden untfanghen und myt allen vlyte und ernste overseen und overghelesen, darinne se nicht en conden bevinden noch bekennen, dat se by enighe redene darmede mochten ghepayt und to vrede wesen. Und also desulve here deken int ambeghinne viiff ponten bii munde verclaert hadde, dar de 4 leden oock by munde wedder up verantword hadden, soe verhaelde noch de deken weder desulve 5 pointen by munde und brachte by redenen und bescheyt waerby datter vorsegeder 4 leden antworde noch bii munde noch in scrifte nicht ghenoech noch van weerden en was etc., mede seggende, dat se upter 4 leden andworde noch by munde noch in scriften ere ghebreck und wederredenen van pointe to pointen in ghescriften hadden doen stellen, welck se en wolden overleveren. Und begherde, al hedden se dat wat claer und uterlick gescreven, dat se dat doch in dancke und int beste verstaen und nemen wolden, und dat oock die radessendeboden nicht in meyninghe weren in ghescrifte vorder

a) verhaelden K. b) pensonarius K.

handelinge mit en to hebben, mer beden de vier leden, dat se wolden anzeen de zwarheyt erer reysen und grootheyt erer cost und en een beter antworde sonder vertreck wolden gheven, want de radessendeboden presenteerden em tot allen redenen to voeghene omme bit der wairheit bytobrenghene und goet te doen dat se in ghescrifte vortghestelt hadden. Und off den voirsegeden 4 leden darup gelievede enighe van en te ordineren omme muntlick vorder handelinge[a] mit denselven radessendeboden to hebbene, dar wolden se gherne to verstane umme eyn gued eynde in der saken to verramene etc. Waertoe de vier leden deden antworden, dat se wal hedden verstaen, wes de deken by munde verhaelt hadde und gherne wolden tot sick nemen alzodane wederredene alse de sendeboden in ghescriften hadden doen stellen, und dat de heren radessendeboden des 16 dages van decembri neghest komende weder by se comen, dan wolden se vorder handelinghe mit em hebben und ere meyninghe to kennen gheven, want se[b] hynnen den middelen tiiden wolden visenteren alzodane scriften alse de voirsegheden heren radessendeboden in manieren van repliken en hadden overgheven. Und darmede danckede de deken den heren van Ghent vor ere gheschencke und scheiden also van danne.

15. Item upten 16[c] dach van decembri vorseget quemen de heren radessendeboden weder by de 4 leden up der schepene huus to Ghend, dar meister Johan Riim, pensionarius derselver stede van Ghent, van der 4 leden weghene zegede, woe dat se samentlick gelettet hadden up alsulke viif ponten alse van anbeghinne by munde verhaelt weren in clachten und weder by munde verantwort und noch darna de wederredene up de andworde gedaen, und hedden oock gemeeynlick alle de pointen[d] de in scriften gestellt weren in manieren van repliken und wederredene ghevisenteert, darinne se bevonden, dat der ponten vele weren und oock een deel zeer lastelick, soe dat men dar nae den inholdene des coopmans privilegien up ene corte tiid nicht verhandelen en conde, welke privilegien, de to Brugge weren, men oock visenteren moeste, darute se weren begherende, dat den heren radessendeboden gheleven wolde na den hilighen daghen van midwiinter to betekenen ene stede und tiit dar se ene anderen dachvaert holden wolden, het were bynnen Ghent off Brugge, dar wolden de 4 leden gherne vergaderen und by se komen umme to verramene und to vinden ene guede andwort de godlick und redelick were, darmede se na den inholdene des coopmans privilegien vorseget mogelick solden gepalet und to vreden wesene. Und alzo de heren radessendeboden int slot van eren lesten scriften betekent hadden und oock by munde ghesecht, dat se ghene saken en dechten in ghescriften overteghevene men wolden gherne by munde mit enighen van den vier leden darto gheordineret handelinghe hebben off des behoeff ware etc., dat den 4 leden oock alzo wal ghenoeghede und begheerden, dat de heren radessendeboden desse antword up desse tiit wolden in dancken nemen; und eyscheden de copie up den ban deuende, de men em overgaff. Und hirna seghede de vorseghede meister Johan Rim, woe dat dar buten weren enige inwoner desser landen und oock poirters desser stede van Ghend, de sick beclagheden van schaden de en bii zekeren steden van der hanzen weren ghedaen, und[e] begheerden dat de heren de wolden horen. Also quemen dar sekere personen, under welken weren Leviin de Clerck, poirter to Ghend, und Peter van den Velde, poirter to Brugghe, de dar deden verhalen by enen taelmanne, wo dat in tiiden vorleden Bertholomeus Voet und Hinrick van Scouwen hedden genomen under Norweghen een schip mit gude toebehorende den vorsegeden Leviin de Clerck und sine

a) vorder handelinge wiederholt K. b) wanner K. c) 26 K.
d) de ponten de puntes K. e) und begheerden wiederholt K.

vrienden, welck schip se ghebracht hedden to Amborch, dar dat were ghepartet, ghebustet und gedeilet; und dergelike hedden dezulve ghenomen een ander schip, in den tiden toebehorende Gherd Colliins und Philips de Craen, dat oock to den vorsegheden Levine toqweme, welck schip se ghebracht hadden to Wismer, dar dat insgheliics ghepartet und ghedeelt were, und wo vele de vorsegheden beschedigeden darumme vervolghet hadden an de van der Wysmaer und de van Amborch mytgaders certificacien miins heren van Burgoengen etc, so en mochte [en][a] doch recht noch bescheyt van eren schepen und gude wedervaren. Und beclageden darenboven, dat de van Amborch hadden untholden enen bode van Ghend sekere breven, de he den rade ghetoghet hedde denselven saken angaende, dat doch nicht behoirlik en were etc. Darmede deden de 4 leden den partien afgaen, und doe seghede weder meister Johan Rim, wo dat se noch meer clachten hedden de se dochten in ghescriften to stellenne upter neghester dachvaert on overtoghevene, waerup de heren ere vertrec namen. Und als se weder by de 4 leden qwemen, seghede de deken van Lubeke, wo dat se ore antword wal verstaen hadden und also se dan eene andere dachvaerd na den hilighen daghen van midwiinter begheerden to holdene und des coopmans privilegien visenteren moesten dewelke to Brugge weren, so wolden de heren gheerne de voirseghede dachvaert mit en holden des anderen daghes in januario in de herberghe to wesene bynnen Bruege. Und alse up de clachten de dair ghedaen weren und andere de se en samentlick in scrifte wolden gheven, so voirscreven staet, was der heren begheringhe, dat de 4 leden ere saken de se eerst vortghesteilt hadden wolden eyndeghen, up dat de ene den anderen nicht en verstuerede, wanneer dat ghescheen were en wolden se nicht so haestelick vertrecken men wolden dan gherne van den anderen eren wederclachten handelinghe mit en hebben. Und sunderlinge verantworde de deken de van Amborch in den dat se den boden van Ghend sine breve solden voronthalden hebben, also dat oock her Johan Rotghers secretarius der stad van Amborch, selven muntlick verantworde. Waerup dat de 4 leden deden segghen, dat se den dach und dachvaert vorscreven wolden holden und dat se ere wederclachte dan in ghescrifte wolden overgheven, doch nicht to sulken einde dat se yet in meyninghen weren darmede de eerste und principale sake to beletlene. Und myt dessen eynde scheiden de heren van den vier leden vorscreven.

16. Item upten 22 dach in decembri quam bi den coopman int reventer her Godert van den Watervate mitgaders meester Johan van Berck und seghede, woe dat van alsodane scheydinghe alsso in den somer lest vorleden to Lubeke gheschach overmids etliken heren bi den ghemenen steden van der hense darto ghe-ordineert anghaende den broken den de coopman to Bruege hiir bevoren ghenomen heeft van denghennen de in vorbodenen tiiden Engelant versochten, de cooplude, namelik borghers to Colne, des nicht to vreden en weren, went des gheldes en were nicht allene gewesen 84 pond men twewerf 84 pond, und omme dat he dar vorder last und v[or]dor[b] underwisinge to doen hadde, so begheerde he to seen und to lesene alsodane gebod und ordinancie alse in vorledenen tiiden bi den heren radessendeboden etc. up England nicht to versoukene were ghemaect. Warup de coopman den vorscreven heren Goderde under vele woerden verantworde, dat boven den dattet recesse daroff uutwiset bi deme coopmanne ghene[c] scrifte sonderlinge weren, men itliken van des coopmans [raede][d] were wel indechtich, dat alse de vorseide ordinancie ghemaect was de heren radessendeboden vorsegel deden verboden den ghemenen coopman int reventer, daer

a) en fehlt K. b) vander K. c) ghenen K. d) raede fehlt K.

se uppenbaer condichden und een ghebod deden, dat nyement in de henze behorende na der tiit darto ghestelt mit live und mit guede en solde verzouken dat rike van Enghelant bi der boete van dren marck goldes to vorborende, und dat de heren radessendeboden dairnae noch so langhe hiir in den lande bleven, dat se sulven brokeden und boeten nemen wal to 84 pond groten to van denghennen de jegen de vorsegede ordinancie und ghebod ghedaen hedden [1]. Und geboden den coopman in eren afscheydene alsodanich gebot strenglick to holdene, also dat oeck darnae de ses steden den coopman vormids eren breven ghebeden und gheboden hebben to doene, wairute de coopman de vorsegeden ordinancie nae siinre m[a]cht [a] hadde verwaert und broke ghenomen van den unhoersamen. Doch wes daroff to Lubeke ghesloten were dat wolde de coopman gheerne vulkomen, und vrageden darumme densulven heren Gerlerde, off de burghers van Colne den de sake anghenghe und he van erer weghene des oeck also wolden tovreden wesen. Dairto he ja noch neen en verantworde men seghede, wes dar to Lubeke van geschiet ware dat liete he in sinen wesene, men em dochte dat men den burgheren van Colne wal schuldich were ander bescheit to doen bi dren redenen, welke weren dese: Erst dat de burgheren van Colne in de bode to verkondigen versnellet weren, want sii ere gued und oeck schulde in Enghelant hadden, des zii in so corter tiit nicht vercopen noch ere schulde vorseget invorderen conden, und dat oock enighe solden gebrocket wesen vor der tiit dat dat gebot inghenck. Ten anderen dat sick enige beclagheden, dat de broke unghelick genomen were, den enen meer dan den anderen und van etliken en ware nicht ghenomen. Ten derden dat wol to verstane und to merken were, dat alsulck ghelt alse de radessendeboden selve genomen hadden, ware gekomen in nutte und profite des coopmans, want anders de costen der heren so vele to hogher solden hebben gecomen, und eme en were nicht willick noch en hedde oock ny gehoert, dat her Everd Hardevust des geldes van den broken icht mit eme ghenomen off beholden hadde, waerumme eme noch gheraden duchte, dat men vorder handelinghe darvan hebben wolde umme de saken to gude to brenghene und de partien de[s] [b] tovreden to stellene, myt vele meer redenen und woerden. Warup de coopman desse weder verantworden in desser manieren: als upt eerste pointe, dat de coopluden van Colne solden versnellet wesen in den geboden, dat de coopman hiir nicht en stont to verantwerne noch to underwinden van denghennen dat de heren sulven in den saken gedaen hedden, want wat daroff were solde wal uutwisen de [c] breef den de vorseides heren radessendeboden alsse dat ghebot ingheset was deme rade van Colne daroff hedden gescreven; men van den broke den de coopman ghenomen heefft en can sick niemant untschuldighen of beclaghen, wente dat lange tiit na der tiit des ghebodes gescheen is, also deghenne dar de broke van ghenomen is sulven wal weten. Upt ander point, dat de broke onghelijck sii ghenomen, dartoe was verand[w]ert [d], dat dat also wal mochte wesene und were oock wal redene, dat de ghennen die mit willen und vorsate eens, twee warven off dre warven mysdeden, dat hii oock darnae moeste beteren; ock were wal waer dat enighe vormids eren ede hedden gued ghedaen und waer ghemaect, dat se allene umme erer schulden willen und nyner kopenscap weghene in Engeland van noot weghen waren gewesen, so dat den in den broke ghenade gedaen was; men van denghennen, de nicht ghebroket en waren und ghelijck anderen mislaen hedden, darvan en is deme coopmanne nicht to kennesse gekomen, nichtesmyn wiste noch de coopman wie de weren, he solde noch liever achter-

a) macht K. b) de K. c) den K. d) verandert K.

[1]) Vgl. HR. 1 n. 630 § 9; 2 n. 31, n. 79 § 5.

volghen de ordinancie vorsegel, up dat sick de ene upten anderen nicht en hadde to beclaghene. Und upt derde, dat alsulck gelt alse de heren van den ghebroken ghenomen hedden solde gecomen wesen in nut und profite des coopmans etc., was verantwordet, dat de coopmanne van boven tot beneden nicht ungescheiden en hedde wal vernoeghet und betaelt enen ytliken van den heren, wes se van huus uut und weder to heym verteert und to coste ghedaen hadden, und[a] en were wal witlick, dat de heren den broken ghenomen hedden[a], men of se den under sick ghedeelt hadden of waer de ghebleven were, des en were tot erer kennisse nicht gekomen. Und na desser antword was [de coopman][b] noch begheer[ende][c] to wetene, off her Godert tovreden were und wesen wolde van denghenen dat to Lubeke gesloten were van den broken den de coopman untfangen hadde[d], und wanneer de coopman vernoeghet hedde 60 pond groten, dat he dan of de stad van Colne quitancie gheven wolde vor vorder manninghen etc. Waertoe he nicht sonderlinghes dan he vor gedaen hadde verantworde men seghede, he wolde eme darup untsinnen und oeck alsulck bescheit als he ghehoert und verstaen hedde[e] to huus scriven, queme eme dan darup antworde off worde he anders wes darvan to rade, dat wolde he deme coopman wal laten wetene. Und darmede scheide he van danne.

17. Item upten 5 dach in januario quemen 4 pensionarii, alse van elken van den 4 leden ene, ten Carmers int reventer bi den heren radessendeboden, seggbende, dat de vorsegeden 4 leden des dünxdaghes negest mit den heren handelinghe hebben wolden up de ghebreken, und begherden, dat on de heren so langhe liden wolden, wente de leden alle daghe darmede besich weren und hopeden so vele dairinne to doene und dar nicht of to latene vor der tiit, dat se van den vorsegeden gebreken mit den heren wal eens und overdreghen weren. Warup deselve heren en deden verantworden, dat se umme beters willen den tiit gherne wolden verbeyden, men begheerden, dat se wilden anseen de lancheit der tiit und grote koste de se hedden und bewisen sick in den saken dat de ter eindracht und ten eynde mochten comen. Vorder was en ghesecht, wo[f] dat de coopman een geleide verworven h[edde][g] van mynen heren van Burgoengen etc. vor de heren dree maenden lanck gedurende, welke 3 maenden nu schiir umme weren, waerumme de heren weder hedden gesent meister Gosen, des coopmans clerck, bii mynen here van Burgoengen etc., de nu weder en geleide gebracht hedde ock drie maenden lang gedurende, welck leste geleide innehelt 2 pointen, te wetene, datte heren ghene saken vorderen en solden de bejeghenden den heren, sine officiers ofte landen, und of se enighe schulde hadden dat se de solden betalen; waerumme de heren begheerden to wetene van den vorsegeden 4 pensionarien, of se mit alsodanen geleide verwaert weren, angesien dat de 2 pointen in den eersten geleyde nicht en siin begrepen. Darup verantworden de vorsegeden pensionarii als vor ere personen, datte maniere van den leste geleyde were de gemene stilus des hoves miins heren van Burgoengen etc. und en wisten anders nicht dan se dar wel mede waren verwaert, nichte myn se woldent gherne anbrenghen den vier leden ghemeenlick und duchte den dat dar enich twifel inne were, dat wolden se en laten weten.

18. Item upten vorsegeden 5 dach in januario qwemen vor de heren und den coopman int reventer dree ghedeputierden van der stede van Denremunde, seggbende under vele woirden, woe dat se wal van 150 jaren harwert hedden

a) und — hedden mach ghedeelt hadden wederholt K. b) de coopman fehlt K. c) begheert K. d) hadden K. e) hadden K. f) wo dat de coopman wederholt K. g) heren K.

van costumen und ook privilegien ere lakene verkoft bynnen erer stede in erer hallen, darane en ny wederstant ghedaen en were, sunder alleen in 4 ofte in 5 jaren lest vorleden hadde en de coopman gescreven, dat nyement van der henze ere lakene copen en solde dan ter hallen to Brugge etc. Und weren begherende, dat men se wolde laten bii eren hercomen und privilegien, und leverden dar mede enen breeff des heren hertoghen van Burgongen, de ock int lange de sake inhelt und datselve was begherende. Warup de heren en weder verantworden, dat alsodane scriven, alse en de coopmanne gescreven hedde, were geschien uten bevele der ghemenen stede van der henzen, und alse se weten mochten, dat se noch in handelinghen weren mit den 4 leden des landes van Vlaenderen, daroff se noch tot ghenen eynde und eendracht gecomen en weren, so begheerden de heren, dat se sick gutlick liden wolden ter tiit dat se ten eynde erer saken mitten lande van Vlaenderen weren gekomen, und wes se en dan behorlick to willen gedoen konden und up ere begherten verramende und slutende worden, dat solde en wol ter kennisse komen.

10. Item up deselve tiit qwemen vor de heren und den coopman int reventer Willem Ketwich, Hinrick Overbach und Jorgen Moersteen, dar de vorsegede Willem begherde, so he to meer tiden gedaen hadde, dat de heren wolden scriven an den coopman to Londen, omme to wetene de sake by wen und waerumme siin gued dar bekummert were. Darto her Godert van den Watervate insprack, seggende, dat hiir bevoren deselve Willem enen breef van der stadt van Colne an eme gebracht hedde, inneholdende under anderen woerden, off he wes guedes in der saken tuschen den vorsegeden Willem und Hinrick wistaende doen conste, aenghesien dat se beide borghers to Colne siint, dat he darinne ten besten he konde eme wolde bewisen[1], und also he dan verstaen hedde an des vorscreven Willems wederpartie, so weren de vorsegeden Willem und Hinrick darumme ock to Colne to rechte gewesen, dar se sick an beyden ziiden s[o]lden[a] vorwillekoert hebben in Enghelant vor den coopmanne to treckene und dar ere saken to eynden. Aldus en wiste he nicht, of der stat van Colne meninge were, dat he sick hiir in Vlaenderen der saken nicht solde underwinden, und umme hiiroff bescheit to wetene, so hedde he darumme an derselver stat van Colne ghescreven, de eme nu weder ghesent hadden enen breeff, den he dar lesen leet, twelke int slot inneholt, of men in Vlaenderen to der vorsegeden saken wes doen solde off mochte, dat were den coopmanne to Brugge bet kundich dan em. Warute de vorseghede Willem noch was begherende to wetene, of deselve Hinrick ziin guet in Englant hadde gearrestiert off doen arresteren und de sake waerumme. Darto de vorsegede Hinrick verantworde, dat he wal wiste, dat he mitgaders ander[en][b] siin gued hadde doen arresteren, und de sake war desse, want seker schade gescheen were, warbii he und andere ghetruweden recht darto to hebbene, welk recht de partien an beyden siden vervolcht hadden an den coopman van Londen, dar de vorsegede Willem sinen vulmechtighen dener jeghenwordich hadde ghehadt, so dat die sake gheeyndeget were.

20. Item upten 7 dach in januario rekenden de alderluden alsodanen costen alse to der heren radessendeboden gedaen were tot den daghe toe, darinne ghereket worden alsulke parcheien alze van poynte to poynte hiirnae volghen.

a) sulden K. b) ander K.

1) *Dieses Schreiben vom 14 Nov. 1447 enthält an thatsächlichen Angaben nur die Mittheilung, dass Wilhelm behaupte, ihm seien die Güter auf der See genommen und nach Bergen gebracht und dort sei darüber geurtheilt worden. Im übrigen verweist es auf die mündlichen Auslassungen der Betheiligten. StA Köln, Copienbücher 19 f. 194.*

1. Int ierste was bii Johannes Ghabinck wtghegeven vor der tiit dat Elbecke dartoe ghestelt was vor twee koyen solt holt haver und torff 6 ℔ 11 β 3½ gr.
2. Item hedde Elbecke wtgegeven tot upten vorseghedeu dach in diveersen groten parchelen nae wtwisinge synes boekes 102 ℔ 4 β 1 gr.
3. Item hadde Hans Mey wtghegheven daghelicx vor vleisch, vische etc. nae wtwisinge synes bokes 92 ℔ 8 β 3 gr.
4. Item noch bii Hans Mey wtghe[ghe]ven[a] vor wiin 41 ℔ 8 β 5 gr.
5. Item noch bii Hans Mey uutgheghevon voor broot, olie, mostart, asiin, keersen und oliven 6 ℔ 13 β 1 gr.
6. Item noch bii Hans Mey wtgegeven voir Hamburgher bier 19 ℔ 6 β gr.
7. Item noch vor allerleye crunt 14 ℔ 5 β 6 gr.
8. Item heefft der heren und erer diener cledinghe gekostet alse laken, voederinghe, scheren, neyen und voederen etc. in al 174 ℔ 18 β 5 gr.
9. Item upten 11 dach in decembri, alse de heren und des coopmans ghedeputierden to Ghend to dachvaerd reden, costede de peerdehuuer der gedeputierden, wiin und dat Hopesomer vor sinen arbeit gegheven was tosamen 6 ℔ 4 β 2 gr.
10. Item was to Ghend bii Dirck Scriver wtgegeven in cleynen parchelen alse vor scheren, patiinen etc. 10 β 1 gr.
11. Item noch by Diderick wtgegeven vor missen to lesende 6 β 8 gr.
12. Item heeft Johann Ossenbrinck wtgheghevon vor cruyde, vor misse to lesende und den lope[r][b], de to Londen ghesent was, in all 2 ℔ 19 β 8 gr.
13. Item hebben de alderlude betaelt Herman Bere, dat her Arnd van Telchten[c] van Lubeke overgecoft hadde, 45 ℔ gr.[1].
14. Item noch betaelt Herman Beer, dat her Arnd van Telchten to Lubeke upgenomen hadde, 8 ℔ gr.
15. Item noch betaelt Hinrick Wanscheden, dat her Arnd vorscreven to Lubeke upnam van Hinrick Badorp, 4 ℔ gr.
16. Item noch by Dirck Scriver her Arnd ghedaen to siner teringhe 3 ℔ gr.
17. Item costede Hans Vedders rock to bordurene 31 β 1 gr.
18. Item van den iersten daghe van decembri tot den 8 dach van januario hebben des coopmans clercke uutgegeven vor dat ander geleyde der heren, vor wiin den vier leden gheschencket, vor groenen gengeber, vor wiin und Malvesie und andere cleyne parchelen, der vorsegeden heren kosten tokomende, alse des coopmans rekenenboeck uutwiset, tosamene 5 ℔ 4 β 1 gr.

21. Item upten neghenden dach in januario quemen de heren radessendeboden mytgaders den alderluden und anderen van des coopmans rade bii de 4 leden in schepenen kameren to Brugge, dar meister Claws Lange[b]aert[d], pensionarius derselver stede van Brugge, verhaelde under vele woerden van den ghebreke, so vorscreven staet, dat de leden selven nicht en wisten noch merken en cunden dan dattet were gescreven und ghemaket na der gewoenten des hoves

a) wtgheven K. b) lopen K. c) Telchten K. d) Langevaert K.

1) Vgl. n. 251.

mijns heren van Burgoengen und dattet eyntlick starck ende gued were. Und seghede daernae voert, woe dat to Ghend overdreghen und ghesecht were, dat de 4 leden up der heren repliken de se dar in scrifte overgesheven hadden weder in ghescrifte wolden antworden und darna nicht meer in scrifte, dat se van den avonde wolden antworden meester Gosen, des coopmans clerck, mytgaders alsu[l]ke[a] gebreken, alse de 4 leden und undersaten des landes van Vlanderen to de[n][b] steden van der hanzen to segghende hadden. Und also oock ghesocht was to Ghent verseghet, dat men de pointen van gebreken vortan of des van node were by munde tractieren und handelen solde, so weren de leden dar gudwillich und bereet toe und wolden oeck gherne luden darto ordeneren, wanneer sii wisten, wie und wo vele personen de heren und de coopman darto wolden voeghen. Warup de heren myt den coopman sick bespreken und seghoden en weder, dat se 8 personen van erer siiden daertoe nemen wolden, alse 4 van den heren und vier van den coopmanne, und dartoe twee des coopmans clerken, welck den leden wal ghenoeghede, seggende dat se ock also vele personen darto wolden ordineren. Und hiirup overdroghen sii samentlick, dat desse 20 personen solden des vridages, welck was de 11 dach in januario, to neghen uren an de clock vergaderen upt ghiselhuus und by munde de ghebreken handelen umme daroff eens to worden, omme een gud middel und eynde to viindene off se konden. Und darmede nemen se orloff, dankende den leden vor ere schenkinghe und scheiden van danne.

22. Item upten 12 dach in januario weren 10 personen 4 van den heren, alse de deken van Lubeke, meister Johan Berck van Colne, her Arnd van Telchten van Dantzike und her Johan Rotger van Amborch, 4 van des coopmans weghene, alse Diderick Scriver, Albert Beye, Kerstiaen van der Marck, Hinrick Kastorp, und darto beyde des coopmans clerken boven upt ghiselhuus to Brucge, dar 10 personen van den 4 leden bii se quemen, alse van Ghend twee schepene mit meester Johan Hime, pensionarius d[a]rsulves[c], van Brucge Philips Metteneye, burgermeister, Joriis Roebs, schepene, meester Claes Langebaert, pensionarius, und meister Donaes, secretarius; van Ypren meister Ysaac, pensionarius; van den vrien Johan van den Hine und meester Peter Mathias, pensionarius. Und umme dattet sere spade was so en waert dar up de tiidt sunderlinghe nicht ghedaen sonder allene, dat se samentlick overdroeghen und eensworden, dat se alle werkedaghe dar wolden vergaderen des vormiddaghes to achten und aldair bliven to 11 uren toe gedurende ter tiit und also langhe, tot dat se van allen pointen und ghebroken wal overdreghen und eens weren geworden.

23. Item upten 13 dach in januario vergaderden de vorseiden 20 personen weder upt ghiselhuus, dar de 4 leden int eerste upsetten, dat em guet duchte, dat men de gebroken van boven an begonde und also achtervolgede van pointe to ponte to den eynde, mit meer reden und woorden. Waerup de deken van Lubeke weder verantworde, dat den heren und den coopman geraden duchte, dat men ierst beghonde 5 ponten, de welke int anbeghin bii munde verhaelt weren, want darup merstelick stonde dat fundament, dar oeck alle de andere pointen sere to deenden, welck de 4 leden also beleveden. Also heef de deken an dat ierste point angaende der justicien und der quader ghereescappe de[d] den van der hense wedervaert, als sii verrorist worden und vor der wet te doen hedden, welk de 4 leden van sick wisen vor des heren, wowal de privilegien dat utwisen, dat de coopmanne nicht schuldich en is den heren te vervolghene buten den palen

a) alsulke E. b) der E. c) dersulves E. d) den E.

van Vlaenderen etc.[1], mit vele meer ander onderwisinghe und sonderlinghen den privilegien darto denende. Warup nae berade de[a] 4 leden weder verantworden, deelende de saken in drien, seggende: Int eerste van der justicien de vor wellen gevellen van civilen saken, dat se sick dar alle tiit inne gequitet hadden, alse de saken claer und bekent waren, und ock alle tiit gherne quiten wolden na des coopmans privilegien, alse binnen den derden of ten langsten bynnen achte daghen, men van donkere und unbekenden saken moesten se diewile de partien untstellen umme informacie und bewiis to den saken denende to vercrighene, und wanneer se dat untfangen hedden und der saken binnen weren, wolden [se][b] gerne alse boven do saken corten und eyndeghen, dat em de coopman des nicht en solde beclaghen. Ten anderen angande up den clachten upten officiirs, tolners, pachters etc.[2] segende se, dat [de][c] tot horen berichten nicht en stonden und dat se ere richters nicht en weren men miin here van Burgoengen vorseget, und daeromme weren se in willen to versouken und to verwervene an mynen vorsegheden here, dat on gelieven wilde in vorderinge des coopmans und sine[r][d] privilegien sekere commissarien to ordinirene und to stellene binnen der stede van Brugge, macht hebbende de officiirs, als se enighe vercortinghe den coopman doen, to bedwingene etc.; und en dochte nutte, dat de heren dat mede vor den heren wolden versoukene, umme to seen haren deenst den se darinne solden doen, und hopeden ock do saken solden so het vortganck hebben. Ten derden alse dat de coopmanne nicht schuldich en is den heren te volghene buten den pale van Vlaenderen, dat bekenden se warachtich men segeden, wowal dat se dat schuldich weren te vorvolgene, so ware doch somtiit van noden, dat de partie jegenwordich were umme verclaer und sekere informacie to hebben van der saken, und allegierden dar to exemplen so dat to anderen tiden umme des gueds willen uut Ba[l]scampe[e] genomen geschiet was[3]. Doch meenden se, wanneer de commissarise vorseget to Brugge gestelt weren, so en solde vortan[f] desser questien gheen noot meer wesen, und begeerden, dat de heren und coopman erer antworde up dat pont wolden tovreden wesen. Waerup de vorsegeden heren und coopman sick bespreken, und de deken segede en weder upt erste ponte: wanneer se van bekenden saken ten langsten bynnen 8 daghen wisen wolden und dergeliken wanneer se van unbekenden donkeren saken bewiis und informacie untfanghen hadden wolden bekortinghe maken, so dat de coopman int vervolghen nicht belet en worde, so solden se alse darof wal vortan tovreden wesen; J[o]edoch[g] were daerinne gebreck geschien, welck sick wal viinden solde in den clachten de se in scriften overgegheven hedden, dair men vorder und breder off spreken solde als men daran queme. Und als upt ander ponte, dar de leden em afdoen der officiirs, seghede de deken, dat de here van den lande eme de macht gegheven hadde nae uutwisinge ziins privilegien, welck daer gelesen was in Duitsche und dergelike een der vier leden privilegium int Latiin, worinne se sick vorscriven und beloven afftodoen alle vercortinghe de deme coopman bynnen den lande van Vlaenderen jeghen sine privilegien gescheen moghen. Welck doch de leden nicht tolaten en wolden, seggende, dat dat privilegium also nicht en were to verstan men dat se hulpe und bistant deme coopman belovet hebben. Up welck verstaen der privilegien twiidracht underlinghe was, soe dat umme beters wille und umme

a) den K. b) se fehlt K. c) de fehlt K. d) sine K.
e) Balscampe K. f) vortan nach questien wiederholt K. g) joedoch K.

1) Des längeren ausgeführt in der Beschwerdeschrift der Hans. (in der Folge immer als Klage citirt) § 23. Die Lede erklärten sich in der Replik bereit, auf Abhülfe zu sinnen.
2) Vgl. unten die Einzelbeschwerden. 3) Vgl. § 33 Anm.

dattet oock scheydenstiit was, de sake u[ut]gestelt[a] was to den 15 daghen in januario, und dat een itlick van siinre ziide hem solde up dat privilegium, wo dat dat to verstaen were, bedencken. Und darmede scheeden se van danne.

24. Item upten 14 dach in januario weren de heren myt dem coopman vergadert ten Carmers int reventer, dar innegebracht und verclaert was bi den deken van Lubeke wes ghehandelt was mit den 4 leden toten daghen toe und wo se onderlinghe in ghesceils weren omme des coopmans privilegien to beduden und te verstane. Alse dat de heren unde de coopman eendrachtelic sloten, dat se sick wolden holden vul ende al an de privilegien so de innehedden und wtwiseden, und ock dar nicht of en scheyden in gheenre manieren. Und dat solden de 10 personen also weder bii de 4 leden brenghen.

25. Item upten sulven dach weren bii de heren und den coopmanne int reventer dree personen, ghemechtighet und wtghesant van der stede van Leyden, de under andere woirden beghcerden, dat men wolde ordineren dree ofte vier personen dar se ere saken und werff mede mochten overspreken, welck also toegelaten was. Und dar worden to gheordineert Gosen van Unna, Godeke Wanschede, Johan Withusen und Olrick Vulkennersed, de mitten 3 personen van Leiden vergaderden int reventer des achternoens. Und alse bii een quemen, was hore meyninghe meer und liever to horene dan wat intobrenghene of to seggene, doch segheden se int eynde, dat die andere stede uut Holland ock hiir weren, de ock mit den heren und coopman wolden spreken, wanneer dat geschiet were, wolden se weder bi den heren comen und so wes se dan guedes konden helpen vinden, dat de coopman myt den Hollandschen lakenen nicht ghescholen of bedrogen worden, dat wolden se gherne doen nae alle ere vermoghen. Anders en gheven se sonderlinx nicht to kennene.

26. Item upten 15 dach in januario weren de 10 personen weder bii den 4 leden upt ghiselhuus und brochten en in, wes der heren radessendeboden und des coopmans verstain und meninghe were van den privilegien to bedudene, dat en uterlick und eyntlick gesecht wert, dat de stede und coopman van der hensen darbii wolden bliven. Waerup under vele tuschenspreken die vier leden int leste segheden, dat se noch nicht konden noch mochten darup verantworden men wolden sick breder spreken und des anderen dages alse up dat point eyn [en]tlick[b] antworde gheven. Und darmede scheden se weder van ene.

27. Item upten 16 dach in januario vergaderden de 20 persones weder upt ghiselhws, dar meister Clais Langebaert van der 4 leden wegene zeghede, dat desulve leden gherne wolden holden des coopmans privilegien nae alle erer macht likerwiis de innehedden und to verstaen weren, und begheerden, dat men de ock nicht breder noch milder en verstonde dan se begrepen hedden und wtwiseden; seggende oeck, dat van rechte niement schuldich en were vorder warinne geholden te sine den sine macht streckende ware, solden dan de leden gheholden wesen in allen saken de de[m][c] coopmanne wedervoere tegen sine privilegien und sonderlinca van den officiirs des heren, de to erer kennissen nicht en behoirden, dat duchte en unredelick wesen. Und brachte darenboven vele meer redene seggende, off de coopmanne unredelike saken vorstellede und bi den heren de coopman unrecht gewiset worde, so solde gelijck wol eme de coopmanne holden willen an tlant van Vlaenderen, und de coopman en solde dan mitten leden nicht volghen alse he aldus langhe ghedaen heeft, waeromme se meynden, dat dit were to groten verderve slandes solden se sick hiir under geven. Und begeerden,

a) ungestelt K. b) tlick K. c) de K.

dat de radessendeboden und de coopmann tovreden waren myt denghennen dar ere vorders mede ghepayt hebben gewesen, went er verstaen eintlick were, wanneer se niit vervolghene eren vliit und macht gedaen hedden, dat se darmede untrastet und quiit weren, wer deme coopman wat weder worde ofte nicht. Warup de deken onder vele worden verantworde und int eynde sloot und segede, dat de stede und coopman daroff nicht en dechten te scheidene in gheenre manieren und begheerden daerumme noch een beter antword to hebbene. Warup se weder begheerden, dat wii onse begheerten wolden in scriften stellene, des men em doch weigherde, angheseen dat men nicht langher noch breder en begheerde dan dat privilegium utwisede, waerup se doe weder er vertreck nemen to des anderen daghes. Und darmede scheiden se van danne.

28. Item des 17 dages in januario quemen de vorsegeden 20 personen weder tosamene upt ghiselhuus, dar meister Claws Langebaert seghede, dat de leden seer up dit vorsegede pont geletlet hadden und so se dat meer overwoghen zo en dat duchte swarer wesen den leden toteseggene und dar undertoghane; ock bekenden se den coopman lastelick were den heren to elken mole to volghene, aldus en conden se biirup gheen eyntlic antwordt gheven men se wolden dat elck to huus an eren heren scriven; und hadden vorder verramet, dat se notabelick wolden senden bii eren heren van Burgoengen etc. umme eme to toghene de privilegien und tonderwise[ne][a] van dem gebreken und soe vele bii eme to doene dat se hopeden de saken up gueder maten gestelt to worden, und gelevede den coopman daerbii to sendene, so mocht men zeen eren vliit den se dairinne doen wolden. Ock duchte en gued, dat men bynnen dessen middelen tiiden vort in de handelinghen ghinghe van den anderen ponten. W[a]erup[b] de deken antwerde, dat alsse en de saken swair duchte vor tland van Vlanderen etc. so duchte den radessendeboden und den coopmanne vor de van der henze vele swarer wesen, dewelke up de vriiheit mit eren privilegien mit eren live und guede dit landt versoeken und sonder reden van den officiirs beschedighet worden, und dat se bi den heren senden wolden des weren se wal to vreden, want wo se dat het besorchden so dat beter were, men alle tiit blivende bi den privilegien dar se nicht of en dechten to scheidenen. Und dat men bynnen dessen middelen tiden voirt de saken handelen wolde, segede he, dat were em wal to willen und wolden den gherne also volghen.

29. Item opten 18 dagh in januario qwemen de vorsegheden 20 personen weder tosamene opt ghiselhuus umme voirtan handellinghe mitten anderen pointen to hebbene. Dar de deken van Lubeke erst vornam dat pont van den banne[1], seggbende, wo dat de ghemenen stede van der Duitscher henze nu dessen somer lest leden bynnen Lubeke vergadert vele handelinghe und redene van den banne underlinghe ghehadt hadden und omme menigerleie redenen wille, der he en een deel vorhaelde, ghesloten, dat se sick under den ban nicht gheven en wolden mit vele meer anderen redenen darto denende. Und begheerde int eynde to wetene, wo se dat in toecomenen tiiden mit den banne up de van der hense holden wolden und warto se siek wolden und mochten verlaten. Waerup de leden siek bespreken und meester Claes Langbaert verantwerde weder ponte bii ponte alle

a) tonderwise K. b) werop K.

1) 1440 war J. Hurst aus Brügge verbannt worden und der Lübecker Hansetag von 1447 beschloss eigens deshalb eine Gesandtschaft nach Flandern zu schicken, doch unterblieb sie, weil der Kfm. sich weigerte, die Kosten zu tragen. Vgl. das Nähere HR. 2 n. 415, 439 §§ 11. 16. 43, 546, 555 § 3, 581 § 9, 608 § 20. Hier in der Klage § 27 wiederholt. Die Leden replicirten, dass sie vollkommen berechtigt wären, auch Hansestädter mit Verbannung zu bestrafen.

de redene und saken [de][a] de deken vortgestelt hadde, und sloot int eynde, nae sine redene und bewisen de coopman schuldich wair tovreden to wesen gelick anderen mytten rechten van dessen lande etc. Warup de deken weder seghede, dat so de redene nicht vortghestelt en hedden omme to disputeren men allene omme to betoghene, dat de vorseide stede van der hense nicht bii willen men omme nootsaken willen sick nicht under den ban en wolden gheven, und begheerde, wolden se dat de stede van der henzen ere gued biir int lant senden solden und den coopman hiir verkorende holden, dat se sick dan bet berieden und eyn gutlick und beter antword gheven. Warto meester Claws weder verantwerde, dat de zake zware were dar se sonder vorder beraet gheen entlick antwerde gheven en konden, darumme begerden se, dat sick de heren und coopman lides wolden darmede bet des anderen dagbes, se wolden des namiddages vergaderen und breder tosamene spreken und wes se dan darup verrameden, wolden se en des morghens to kennene gheven. Darmede scheiden se weder van danne.

30. Item upten neghen[thiens]den[b] dach in januario vergaderden de vorsegeden weder upt ghiselhuus, daer do vele vorhandelinge van den banne underlinge ghevel, so dat na de redene und woirden scheen, dat de 4 leden in dat ponte van den banne wat sachten und den coopman vortan verschonen wolden, doch en konden se daroff nicht eensworden noch daer en wart up de tiit nicht van gesloten men se overdroughen,[c] dat een itlick an sine side solde in scrifte stellen wes emo daroff redelick und behoirlick duchte [unde][c] alsulck verraem des anderen daghes mit sick brengen, wes de 4 leden dan bevonden redelick wesende daroff wolden se den heren und den coepman een guet antwordt segghen. Und darmede scheden se van danne.

31. Item upten 20 dach in januario qwemen desse vorsegeden weder bii een upt ghiselhuus, und alzo do een itlick van siinre side siin verraem in scrifte overgaff so weren de scriften so ongelike, dat se darof nicht on conden overeendreghen, men de heren begheerden na der vier leden underwisinghe vorder beraet to hebbene. Also was de sake uutgbestelt bet des 23 daghes in januario omme dan weder to vergaderen und darinne to accorderen of se conden.

32. Item upten 22 dach in januario qwemen bii desse radessendeboden und den coopman ten Carmers int reventer sekere ghe[de]putierden[d] van steden ut Hollant, und namelick van Delft, van der Goude, uten Haghe, van Hornen, van Enghusen, van Naerden und van Monikendamme, de dar upleverden ere credencien und machtbreven. Und alse de heren de breven ghehoert hadden bevonden se in der wairheit, dat nauwelick dar een breeff van weerden mede was, went de ene sprack an der Wendesche steden sendeboden, de andere an de alderluden, de derde in saken erer stede medegaende[e], und also voert alle int ghemene, wairbii den heren und den coopman nicht behorlick en duchte up alsulke breven mit den vorsegeden gedeputierden to tracteren van den saken dairumme se hiir gekomen weren. Und hiirute so was en verantwerdt, nademe de breven nene vulmacht uut en wisen und de heren radessendeboden noch grotelick und swairlic alle daghen mitten 4 leden des landes van Vlandren in handelinghe weren, dar se noch ghene eynde van en wisten noch weten en conden, dat se dan up desse tiit wolden gedult hebben und weder bii ere vrunde to huus trecken, wie wanneer de heren ledich wesen mochten tot eren saken to verstaene, dat wolden se wal verscriven daer des behoeff were, und ook mede in densulven breven betekenen, wo de macht solde luden. Welck de vorsegeden tot sick nemen mit halven willen und schelden darmede van danne.

a) de fehlt K. b) negbenden K. c) van K. d) ghepulierden K. e) [illegible]

33. Item upten 23 dach in januario vergaderden de vorsegeden 20 personen weder by ene upt ghiselhuus, dair de deken overleverde ene andere cedule, so de bii den heren radessendeboden und den coopman eyntlick gestelt was omme darbii to blivende. Welke cedule, also de gelesen was, de 4 leden gantz heel und al bii radenen de se dartoe allegierden, wedersegheden und straffeden, so dat under wairde und under wederwoorde und umme dattet ock hoghe upten dach was de sake weder wtghestelt was bet des anderen daghes umme vorderen raedt darup to hebbene.

34. Item upten 24 dach in januario qwemen de vorbenomeden 20 personen tosamen upt ghiselhuus, daer de deken seghele, wo dat de radessendeboden samentlick hadden raet ghehadt up de sake angaende den banne und na den last und bevele dat se van den ghemenen steden van der hense hedden, hadden se to ten nauwesten ere uterlike menlogho in een cedule gestelt, de he den 4 leden overgaff, und begeerden, dat se en dar en eyntlick antword up gheven wolden, want de stede van der henze dar nicht vorder endergaen en wolden, in alsovere als de coopman bynnen Brugge solde verkeren, want daer dome coopmanne der saken meest van noden ware to besorghene etc. Welke cedule alse de 4 leden de overlesen hadden segede meester Clawes Langebaert, dat de sake nu bruder und wyder van ene were dan se vor ghehandelt were ghewesen, und nademe de radessendeboden bi der cedule eyntlick wolden bliven, so en conden se en dairup gheen vulkomen antword gheven, men moeste dat elck an sinen heren to huus scriven. Dairup de sake van den banne doe staende bleeff und worden samentlick eens, dat se binnen den tyden dat de antworde wedercomen solde up[a] dat pont van den banne vort wolden de andere gebreken achtervolghen und handelen, umme daeroff eens to werdene of se mochten. Und darmede scheden sii van ene.

35. Item hadde de stad van Leyden zekere deputierden to Brugge gesant, umme mit den heren radessendeboden to verhandelen van der sake anghande der draperie in Holland etc. Und want de van Amstelredamme und van Schedamme hiir nement gesent hadden, den de zake gheliick den van Leyden aengaet, und ock den gedeputierden van den anderen steden uut Hollant, umme dat ere credencien nicht noogaftich en waren, ziint uutgestelt to den vorscrivende der radessendeboden vorseget, so worden de voirsegeden van Leyden upten 24 dach van januario ock wtgestelt ter tiit dat se mit den van Amstelredamme und Scheedamme samentlick qwemen ofte dat en de vorsegeden radessendeboden dat vorscriven hiir weder to komende.

36. Item upten 20 dach in januario weren de voirsegeden 20 personen weder vergadert upt raedhuus, dar doe de deken vornam dat derde pont angaende [den][b] zeerove[1], warup he begherende was, naedeme diverse personen beyde schipher und coopluden den ghemenen steden van der hense claghet hadden dat se so jammerlick upten Vlaemschen stroem waren berovet, of se ock den steden und den coopman de privilegien wolden holden, dat den genouch worde gedaen, und ock vortan bestellen, dat des nicht meer ghesche. Dairto meister Clawes Langebaert verantworde, dat de leeden anders nicht en meenden dan se de privilegien wolden holden, und las dar twee ponten van privilegien darto denende, und vragede, of

a) upt K. b) der K.

1) *Diese sich immer erneuernde Beschwerde*, vgl. *HR. 1 n. 397 § 35, ist in der Klage § 32 unter Namhaftmachung von 11* (ende vele meer andere) *beschädigten Schiffern wiederholt. Die Lede heben hervor, dass sie allein dem Unwesen nicht zu steuern vermöchten*, want uncommene van der havene ter Sluus in ener groter wilder see, dair elck comen ende weren mach onbegrepen, *und versprechen darüber mit dem Hg. verhandeln zu wollen.*

men de ponten ock breder wolde verstaen dan se inhelden. Darup de deken verantwerde, dat se der ponten nicht vorder en dechten to verstaen den se stonden und begrepen hedden. Des weren se doe an beyden siiden tovreden. Und doe segede de deken vort, wanneer se an de ponte qwemen de to den rove drenden, so wolden se dan darof vorder handelinge hebben, und dede vort vermaen van den tween lesten ponten, als van den vanghene den van der hense sonder to latene verburghen und van den vercortinghe der officiirs und pachters, dar se insgelike breder of dechten toe sprekene als men an de ponte qweme. Dar de lede ere vulbort to gheven und dairmede scheiden se tot des anderen daghes.

37. Item upten 27 dach in januario weren de vorsegeden 20 personen weder vergadert upt ghiselhuus, daer int eerste de deken vortstellede omme to commene in de sake van den seerove, dat de leden wolden horen de partien und ere certificacien de se daroff hedden etc., welck de leden of scheiden, begherende dat men de gebreken van boven an beghinnen wilde[a] und also achtervolghen toten eynde, welck omme alles govoeghes wille bii den radessendeboden toegelaten wort. Und doe was bi den dekene dat erste pont upgedaen van Witken van der Molen[1], dat sick noch de leden darinne bewisen wolden alse nae erer beloefte und des copmans privilegien schuldich siin to doen mit vele meer redenen darto denende. Daerto de leden deden verantworden, dat se dat gherne doen wolden, mer umme dat sint den tiiden der composicien nyemant machtich hiir gekomen en were so en konden se der saken nicht ghenoech gedoen, noch en were oeck nicht ghenouch dat de alderluden dat[b] sonder speciale macht wolden vorderen. Waerup om weder verantwort wort, na deme se sick dar noch an bewiset hedden van beghinne to deser tiit toe und [na][c] der antwordo de se nu dar gheven, so moste [de][d] coopmanne den partien de geleghenheyt scriven, wolden se dan dar nu weder vervolch up doen dair mochten se vor raden, wente em de coopman der saken afdoen wolde und ledich stain wes dar vorder off qweme. Und ghinghen also vort in dat ander pointe van Harman Wollin[2], und na der antwerde de de leden darup geven so scheen, dat se eme als [s]e[e] belovet hebben bystand gedaen hadden und ock noch voirt gherne doen willen, men endelick van saken bi den officiirs gedaen en wolden se nicht geholden wesen, dair do vele redene und wederredenen af vielen. Doch so bleef dat pont also tuschen tween ongheeyndighet staende up de antworde de se van den officiirs int beghin gehoert hebben und upt vervolch dat se dairumme an eren horen dencken to doene.

38. Item upten 29 dach in januario weren de vorbenomeden 20 personen weder vergadert upt raedhuus, dar do bi den dekene vort gestelt worden int erste dat [der]de[f] pont van den clachten, angaende Gerlaghe van der Leyen[3], und

a) wilden K. b) dat K. c) na fehlt K. d) de fehlt K.
e) se K. f) vierde K.

[1]) Vgl. HR. 1 n. 391 § 39, 398 § 32. Hier wiederholt (Klage § 1), weil die 4 Lede 1438 gelobt hatten, Molen zu seinem Rechte zu verhelfen. Die Lede replicirten, dass das Schiff von Molen nicht auf dem flämischen Strome genommen sei und er sich an die Engländer, welche den Raub ausgeführt, zu halten habe. [2]) Klage § 2. Wollin hatte 1437 aus Lissabon olye, wiin ende zeem im Betrage von 813 fl. bezogen, doch wurde die Waare bei ihrer Ankunft im Zwin von zwei herzoglichen Beamten vor Inghels gort beschlagnahmt und ungeachtet aller Bemühungen, auch der Lede, nicht restituirt. Die Lede verwiesen Wollin an den Hg. [3]) Klage § 3. Leyen hatte vor Ausbruch des burgundisch-englischen Krieges verschiedene Waaren an einen Schiffer in Sluys gesandt, der sie nach London führen sollte. Unmittelbar darauf brach der Krieg aus und die Waaren wurden als englisches Eigenthum confiscirt. Leyen strengte einen Process an, der von dem Rathe des Hg. zu seinen Gunsten entschieden ward, konnte aber die Execution des Urtheils nicht erwirken.

dat [4][a] ponte van den twee tonnen salpeters[1], dar under vele redene biigebracht was bii den deken, dat na der composicien und den inholdene der privilegien de stede und coopman van der hensen van den und dergeliken ponten bii also dat nicht ghebetert en worden sick an nemende en holden dan an tland van Vlaendern, waertoe meester Clawes verantworde, dat de 4 leden gherne wolden holden und vulkomen dat de composicie dairoff begrepen hadde; und begheerden to hebbene dat mandament dat Gerlaghe bi den heren rade dairup is ggheven, se wolden dan doen dat se schuldich weren van doene, und se wolden doen verbaden den heren van den Gruythuse umme en donredage em vor den leden van den twee tonnen salpeters to verantworden. Dairup bleven de 2 ponten do staende. Und dar neghest nam de deken vor dat ponte van den scade in Bulscampe angaende Johan Cleyhorst und andere coopluden[2], und dergeliken dat pont van Johan Roerdans[3], dartoe meester Clawes verantworde, dat de leden wolden scriven an de stede van der Sluus, dat de solden hiir up to Brugge doen comen up en saterdach vor den leden te wesene, denghennen de de schade hadden gedaen, bii also dat se leveden, of ere erfnamen und sonderlinge her Symon de Lalain, de do ter tiit amniraels was van der zee.

39. Item so alse her Gherd Olrick und Harman Darssowe de jonghe vor den heren radessendeboden und den coopman to meer tiit versocht hadden van eres salves, her Gerwin Clippinghes und Dirick Burgers wegene, menende dat se recht hebben solden und[b] mede delachtich ziin an den 8000 pond grout[4], bii becortinghen de eme in vorledenen tiden an ene rostamente up sekere Spaniarden und ere schepe gedaen geschiede etc., warvan de heren mit den coopmanne de gelegenheit riiplike overweghen und en conden doch nicht beviinden, dat eme van den 8000 pond groten mit rechte icht mochte boren, men sagen doch die personen aen den dat aengaet und dat her Ghert vorseget hiir darumme was gekomen, daerute wart den vorsegeden here Gherd und Hermanne gesacht, wolden se nae geleghenheit der dinghen ere saken to den heren und coopmanne in vruntscoppen setten und bliven so wolden se na redenen dairjegens in se bewisen. Dairup de vorsegeden her Gherd und Harman verantworden, dat se van erer weghen dat gherne doden, men van her Gerwiin Clippinck und Tydeman Burgher en wolden se [sik][c] in sulker wisen nicht mechtighen. Also nemen de heren dat to sick und her Gherd und Herman vorseget beloveden, wes en in vruntscappen ghescheghe dat dat bii en heymelick bliven solde sonder argheliist und darmede wolden se tovreden wesen.

40. Item upten 30 dach in januario weren de vorseldeu 20 personen vergadert opt ghisel[haus][d], daer de deken volrt stelledo vele pointen angaende den

a) 5 K. b) und und K. c) sik fehlt K. d) ghisel K.

1) *Klage § 4. Der Herr von Gruythus, Kapitain zu Courtrai, hatte einem hansischen Kfm. zwei Tonnen Salpeter genommen, ohne Zahlung zu leisten.* 2) *Klage § 5. Der aus England kommende Schiffer Bulscamp war 1438 von drei Angehörigen von Sluys überfallen und beraubt worden. Cleyhorst und Gen. erwirkten beim Hg. einen Befehl auf Rückgabe des Genommenen, erhielten aber bisher nichts, obgleich der Kfm. die Lede wiederholt gemahnt hatte. Sie versprachen in der Replik sich beim Hg. für die Ausführung des Urtheils verwenden zu wollen.* 3) *Klage § 6. Roerdans und noch zwei Schiffer waren während des englischen Krieges vier Monate lang mit ihren Holken arretirt worden, um dem Hg.* up sowdie to dienende, *doch erhielt er hinterdrein nur 12 lb gr.* up rekenscepe. *Die Lede erklärten in ihrer Replik, dass die Frage dem Vernehmen nach in diesem Augenblick zu Brüssel beglichen worden sei, und in ihrer Duplik, dass Roerdans bereits eine Anweisung auf einen Zoll erhalten habe. Zuletzt, im Mrz., vgl. § 67, versprachen sie dafür zu sorgen, dass der Anweisung nach Folge gegeben werde.* 4) *Welche die 4 Lede 1438 zugestanden, HR. 2 n. 269.*

officiirs des heren namelick den tolner ter Sluus[1], den pachters van den herengelde[2], van den gruutgelde[3], den pachters van den ballaste, wase und wiinde[4], van der passagien[5], den bailiu van Monikerede van den 5 pond groten[6], van den tolle to Greveninge[7], van den 2 buysen bii den bailiu van den water genomen etc.[8], der van Rostocke sake[9], van den bailiu van Voerne[10], van Clais Nyendorp[11], van Bonoer Olivirr 4 punten[12]: darvan de vorsegede deken under vele woerden begheerde, dat de 4 leden nae inholdene der privilegien alsodanen raed darinne wolden hebben, dat den coopman van den vorsegeden officiirs wedergekeert wordo dat se to unrechte upgehaven hadden, und dar vor weren und also besorgeden dat des nicht meer en ghescheghe, want wanneer dair gebreck

[1]) *Klage § 7. Der Kfm. beschwerte sich, dass* als een coopman een cleyn parcheel dat men draghen mach breughet onwetende to lande ende in den tol vraghende, wat hii daerof schuldich is to gheverende, so hebben die tolnaers eene gheworente waghende, dat hii 5 ß gr. verbeurt heeft, ende moet gelike eenen mesdader eenen badel snyden; welc dit doch met rechte niet en vermoghen, gemerct dat de coopman in privilegien heeft, dat hii alle goet by dusdanen ende mach vertollen. *Die Lede erwiederten, dass sie stets all ihr Vermögen gethan hätten und fernerhin thun wollten, um solchen Ungehörigkeiten zu steuern.* [2]) *§ 8. Die Pächter verlangten von jeder Tonne hansischen Bieres, gleichviel wohin sie gebracht würde, 2 gr. Zoll, obgleich der Kfm. von der Abgabe befreit war. Die Lede replicirten, dass hierüber eine Untersuchung seitens des hgl. Rathes geführt worden sei, nach deren Ergebniss sie sich erkundigen wollten. Zuletzt, im Mrz., versprachen sie bei dem Hg. darum einkommen zu wollen, dass in Zukunft all die Beschwerden des Kfm. wider die hgl. Zöllner und Pächter von ihnen austatt von dem hgl. Rathe entschieden werden sollten.* [3]) *§ 9. Die Pächter verlangten wie oben von jeder Tonne hansischen Bieres 1 gr.; die Lede verhiessen beim Herrn von den Gruuthuse interveniren zu wollen.* [4]) *§ 10. Ohne specielle Angabe, worin die Verunrechtung bestand; die Lede versprachen die Pächter zu ermahnen.*

[5]) *§ 11. Die Pächter des Brückengeldes zu Sluys forderten die Abgabe unrechtmässiger Weise auch von dem hansischen Kfm. und hatten obendrein mit den scuytlieden ein Abkommen getroffen, dass diese* nymande van den lande of opt land moeten setten in of uut den scepen, die to Holland, Zeeland of Braband wert wesen willen of van daer commen, waerby de liede gedroughen werden by noeden over die passagie to ghaene ende dat vorseide ghelt te ghevene. *Die Lede verhiessen Abhülfe.* [6]) *§ 12. 1439 ertrank ein hans. Schiffer bei Sluys, der 5 ℔ gr. bei sich hatte. Der Bailli erhielt sie und gab sie nicht wieder heraus. Die Lede erwiederten wie oben.* [7]) *§ 13. Zu Gravelingen wurde seit kurzem ein sog. Geleitsgeld erhoben* up myncten den 50 ₰ van allen goede, dat die van der hanze te water of te lande in Ingeland senden of van daer comende ontfanghen; *die Rsn. verlangten Restitution des dem Kfm. bisher abverlangten Zolles und Beseitigung desselben. Die Lede erklärten mit dem Zolle nichts zu schaffen zu haben, da der Hg. ihn von sich aus eingesetzt, verhiessen jedoch sich bei ihrem Herrn für den Kfm. zu verwenden.* [8]) *§ 14. Der Bailli hatte den hamburger Ausliegern während des holländischen Krieges zwei von ihnen erbeutete Buisen weggenommen. Die Lede verwiesen die Rsn. an den Hg. Vgl. n. 40.*

[9]) *§ 15. 1445 wurden einige aus Schottland kommende Rostocker von Schiffern aus Nieuport und zwei Lombarden überfallen und beraubt, die Lede verwiesen die Kläger an den Hg., der ein den Rostockern günstiges Urtheil fällte, doch wurde dieses nicht vollstreckt.*

[10]) *§ 16. Der Bailli hatte die Waaren eines hans. Kfm., nachdem sie bereits verzollt waren, aufschlagen lassen.* [11]) *§ 17. Nieudorp war Seeräuber und sass gefangen in Sluys, doch konnte der Kfm. es nicht durchsetzen, dass ihm der Process gemacht wurde. Die Lede versprachen zuletzt in Sluys anzufragen, woher die Verzögerung stamme.*

[12]) *§ 18 — 21. Olivier,* ontfanger generael van den extraordinaren exploiten *des Hg., wurde beschuldigt, den Certificacien des Kfm. keinen Glauben zu schenken vielmehr ihn öffentlich wie hinterrücks zu verläumden; ebenso betrugen sich seine Untergebenen ungebührlich, zwei hans. Kaufleute waren von ihnen ihres Zehrgeldes beraubt worden, einem Schiffer wollten sie ein Pack schottischer Laken wegnehmen und insbesondere verweigerten sie jede Auskunft über die etwaige Bergung gestrandeter Güter, während die früheren Baillis* alletoos langhe den coopmanne na inhoude diere privilegien goed bescheit daervan ghedaen hebben. *Die Lede verhiessen sich beim Hg. für Abhülfe zu verwenden.*

me were soe en dechten de stede und coopman sick an nyemande to holdene dan an de vier leden voirseget. Waiertoe desulve bode int gemene verantworde, dat se de officiirs wolden vor sick verboden tuschen der tilt und den 6 dach in februario omme en der heren clagbe und gebreke upledoene, und bii also dat se de sicht onderwisen en conden so wolden se de saken voirt vervolghen vor eren heren und sick na alle erer macht darinne bewisen. Doch segeden[a] sii van den tolne van Grevelinge, dat en dair sulven grote macht an leghe to vervolghene, des se wal indechtich wesen wolden. Und van der van Rostocke sake begheerden se to zien de sentencie, wente se in willen weren to vorbodene sekere schepene van der Nyerpoirte, de van Lombardien und oeck de partien. Ock begherden se to wetene, wo de bailiu van Voerne bete, und segeden ock dat se an de van der Sluus weder scriven wolden van Claiis Niendorp. Und weren begerende dat enige van den alderluden daer bii comen wolden als de officiirs ter antworde qwemen, dat en also belovet wort. Und darmede scheden se weder van danne.

41. Item upten lesten dach in januario weren de voirsegeden 20 personen vergadert upt gbiselhuus to Brucge, daer bi den dekene voirgestelt worden 6 posten, alsse van den tolne[1], van den stockvische[2], van Peter van Campen und Laurens Nobel[3], item van den gebode van den Ingbelschen lakenen[4], item van Hans Croger den de bailiu van der Sluus 3 pont grote afgenomen heeft[5], van den axise van den biere[6], van den beriders[7] und van den duumherders[8]. Darto de lede verantworden, dat se denghennen den dat angbenghe vor hem wolden verboden to komene, men van den ponte van den Engelschen lakenen wolden se sick underlinge bespreken; und begbeerden, alse [men][b] alsodanen partien, also

a) segende K. b) men fehlt K.

[1]) § 44. Die Pächter des Zolls von Dutzeel verlangten mit kurzem to Brugghe uptem marcte van aller vitaelye, die de sciphern van der hanse dar copen, van elken ℔ gr. 4 gr. sowal van den coper alse van den vercoper. Die Lede versprachen Abhülfe. [2]) § 26. Gerd Marquard war auf der See von einem Brügger um 26000 Stockfisch beraubt worden; Brügge hatte 1438 gelobt, ihm eine Entschädigung zu schaffen, darüber war Gerd gestorben und sein Widersacher aus Brügge verzogen. [3]) § 45. Campen und Nobel, beide aus Brügge, hatten einen hans. Kfm gezwungen Bürgen zu stellen, weil er sich weigerte, an jene eine Abgabe von 6 gr. von jedem ℔ zu entrichten van sinen goede, dat hii to Calisloopen vort sendde; sie behaupteten, dass der Hg. und die Leden ihnen die Erhebung dieser Steuer zugestanden hätten. Die Leden verwiesen die Hrn. an den Hg. Der Zoll wurde erst 1450 auf Betreiben von Brügge beseitigt, vgl. Gilliodts Invent. d. arch. de Bruges 5 S. 343.

[4]) § 46. Der Kfm. beschwerte sich über das seinen Privilegien zuwiderlaufende Verbot der engl. Laken, welches kürzlich erlassen, und verlangte, dass die Lede erwirken sollten, dat alsulck gebot niet en strecke uptem coopmann van der hanse. Die Lede replicirten, bisher sei das Verbot in Flandern nicht verkündet, wenn es geschähe, würden sie ihre Pflicht thun, womit sich dann die Hrn. einverstanden erklärten. [5]) § 47. Croger war beschuldigt worden, eine Frau nächtlicher Weile misshandelt zu haben, und hatte 3 ℔ zahlen müssen. Die Lede verhiessen, den Bailli von der Unschuld Crogers zu unterrichten. [6]) § 48. Verschiedene Ortschaften in Flandern, alse Gheeraidsberge, Aelst, Oudenbrugh, Dixmude, Nyeupoirt, Dendermonde, Belle ende Poperinghe, erhoben entgegen den Privilegien des Kfm. mehr als 8 gr. Axise von jedem Fasse Bier, das er verzapfte. Die Lede versprachen, obige Orte zur Beobachtung des Privilegs anzuhalten. [7]) § 50. Die beriders (Landgendarmen) wurden beschuldigt, verschiedenen Hansesten grote schoonfericheden, moyenisse ende belet ghedaen zu haben, omme dat sii verbodene wapene droughen, obgleich die Betroffenen bereit waren zu beeiden, dass sie von dem Verbote nichts gewusst hätten. Die Leden verhiessen Erkundigungen einzuziehen und Wandel zu schaffen. [8]) § 51. Der Kfm. verlangte, dass die erlaubten Wege durch die Dünen durch Pfähle kenntlich gemacht würden, denn jetzt wären viele unschuldiger Weise gestraft worden. Die Lede erwiederten, dass sie den Befehl zur Bezeichnung der öffentlichen Wege bereits erwirkt hätten, und versprachen für dessen Ausführung zu sorgen.

so verbodet hadden, horen solde, welck des negesten dages beginnen solde, dat dan yemand[a] van des coopmans wegene dar bii were om raet darane to hebbene, of des van noden worde, dat en also gewillighet waer[t][b] to doen. Und dar wort to gheordiniirt meester Gosen, des coopmans clerck, de en vorder underwisinge doen solde, of des worde van noden.

42. Item upten 15[c] in februario doe weren de heren radessendeboden mit des coopmans gedeputierden wederumme gecomen voir de 4 leden, umme to untfangen antworde van allen ponten de de 4 leden gehandelt hedden dewile de heren radessendeboden uutghestelt waren wal 14 dage lanck etc. Also sprack meester Clawes Langebaert etc. erste uten name van den 4 leden und segede aldus: Erbare wise heren, so gii weten van der saken angaende den van Rostocke, den van der Nyeuwepoirte und Lombardie etc., de wii hebben doen verboden hiir to comene, dat siin arme schamele lieden de vele verloren hebben und groten scade genomen bi den van Rostocke, Bremen und andere steden van der henzen, und hevet on ock grootlick gecostet, dat se ere saken aldus langhe vervolghet hebt, menende dat se dat van gueder causen solden ghedaen hebben; nichtemyn se syn hiir und willen sick gherne vooghen und composicie maken van den scaden den van Rostocke gedaen bynnen terminen van jaren to betalen, bii also dat partien, de heren und coopmanne, darto wilden geneghen wesen, dat de somme gheminret worde dar se in gecondempneert ziin etc., und begheerden daerup ere gutlick antwort. De heren met des coopmans gedeputierden berieden sick und gheven en vor een antwort, dat were wal waer dat des heren raedt van Burgoengen etc. in der vorseiden sake van Rostocke ene sentencie gewiist hedde, dat se den van Rostocke betalen zolden also de sentencie dat verclaerde, up welke sentencie se nicht en spreken, men de coopman hadde in privilegien wanneer em siin gued genomen eder ofgherovet worde und dat gherovede gued eder den rover binnen den lande van Vlanderen bevonden worde und ymande naevolchde den dat gued toebehoirde und dat mit gueder informacien bewisen conde eder certificeren, men solde eme ziin gued wedergheven und den rover justicieren, daer de 4 leden in gheholden w[eren][d] daerto to helpene; wolde men den coopluden van Rostocke wedergheven dat principael erer scaden nae inholdene erer certificacien, soe wolden se gherne mit en tracteren und umme de coste und vervolch darumme ghedaen, de sick wal liepe [up][e] 100 pond grote, dair so wolden se gherne guede luden to scicken, dat men de myurede alse vele alse redelick were. Voertmeer so segeden de heren radessendeboden: leven heren, so gii weten, dat latest do wii van ju scheiden solden vele ponten utstaende bleven, alsoe van der ne[m]ynghe[f] upten Vlameschen strome, van den zeeroveren und van den heren officiirs etc., dat gii de saken bynnen den myddelen tiden vor dem heren, de do to Rysele int sterkspele komen solde, by uwen gedeputierden wolden bearbeiden laten, dat gii und wii darof van den heren bynnen corter tiit een antwort solden hebben etc., und wes se darane ghedaen und geeyndighet hedden, dat se en dat wolden laten weten, wente se leghen hiir und waren hiir langhe gewest tot groten swaren costen und en quemen [in][g] genen saken eder ponten to gheenen eynde. Up welke begheerte de 4 leden de vorseiden heren deden uutwiken und deden se weder inkomen und spreken ierst van der saken van Rostocke und vreghden den heren eersten, waer se dechten bi des coopmans privilegien to blivene und den certificacien [der][h] van Rostocke. Darup de heren radessendeboden verantworden, se dachten to blivene bi den privilegien und certificacien der van

a) ypemand K. b) waer K. c) XXV K. d) worde K.
e) up fehlt K. f) menynghe K. g) in fehlt K. h) der fehlt K.

Rostocke. Due segeden de 4 leden, wor de heren meenden, wat men certificeerde dat men dat deme coopmanne solde wederghoven, dat en vermochten de privilegien nicht men dar stonde gescreven in den ersten ponten van den privilegien, dat se behoerlike und rechtverdelik[e][a] certificacien brenghen solden alsot van rechte behorde van der stede daer dat feit geschiede eder de schade ghedaen were, und dat en hedden de van Ro[sto]cke[b] nicht gedaen, sij en twivelden ock nicht, hedden de partien dat privilegium und s[u]lke[c] certificacien und den raden und heren overgegheven, de were[n][d] anders vorsien geweest, nychtemyn sij begherden, dat men mit den van der Nyenpoirte und Lumbardien de saken in vruntlicheit handelen und tracteren solde umme to besien of men dar icht gudes in ghevinden conde, dat de armen schamele luden betaelden na erer macht van jaren to jaren, so men des overqweme. Darup de heren verantworden, dat were en alzo leeff, se wilden dair enighe personen to scicken jeghens morghen to 7 uren, de de sake mit den van der Nyenporten handelen solden etc. Und also van der anderen saken, wes se van den heren solden hebben verworven bynnen des myddeles tiden, daerup verantwerden de vorsegeden 4 leden, dat were so de heren hiir bevoren verhaelt hebben, men dat se deme heren dat ene ponte voir und dat ander na und [der] heren und des coopmans gebreken solden vorbrenghen, dat en were deme heren nicht lieflick to horende, und darumme so hedden se alle de smale steden und vele anderen officiirs des heren bynnen dessen vorsegeden middelen tiden voir sick doen komen und hedden en de ponten van den gebreken doen anhoren und daerup ere antwert ghehoert, dat zij deme heren nicht allene de voirsegeden twee ponten van den zeerovers voirbrochten mer ock alle anderen ponten de zyner heerlicheit anghenghen[e] vor em vorstellen, umme zine gnaden darvan to vullen [to][f] informeren ghelick alsse elck partie darup verantwort hadde, umme de meeste expedicie und ghereescap van allen ponten to hebbene, und weren ock noch alle daghe besich mit eren saken uuttorichtene.

43. Item darnae so begeerden de heren radessendebaden, dat de 4 leden enen schiphere, geheten Ludeke Grotewale, wilden vor sick laten comen und horen den spreken. Dewelcke vor se quam und segede van sine grote schade, de eme vor dat lant up den Vlaemschen strome geschiet were, und darumme ziin volck wal tot 6 mannen toe off doot geslegen was und he sulven in den doot gewondet, so men an siin angesichte zeen mochte. Und de zeerovers hedden eme ziin schip und gued ghenomen und dat mit eme to Duunkerken gebracht und dat gued aldair beholden, dat wal[g] weerdich was 800 nobelen, und he moste eme dat schip afcopen weder vor 100 nobelen, dewelke se eme to Duunkerke afrantsonieerden und bynnen Bruege betalen moste und darvor borghe stellen etc. De 4 leden verantworden, dat he sine saken und schade in scrifte zolde stellen, se wilden ere gedeputierden, de se darumme und in geliken saken alumme in Vlaenderen senden wolden, darmede belasten, dat se de ock uutrechten solden, und se wolden onderholden und doen allet dat des coopmans privilegien vermochten etc.

44. Vortmeer begherden de 4 leden van den vorsegeden radessendebaden, dat se wilden andword gheven up de clachten und ponten, de en de 4 leden ute den name des landes van Vlaenderen und der partien van denselven lande hedden in scrifte overgegheven etc. Daer de vorsciden heren radessendebaden up verantworden, men solde em bynnen cord dar andword up gheven, men were dar alle daghe mede besich. Vorder so gheven de vorsegeden vier leden den heren radessendebaden over ene rulle, inholdende ene replike van Leviin den Clerck und

a) rechtverdelih K. b) Rocke K. c) sauvlke K. d) der were K.
e) anghenghene K. f) to fehlt K. g) wal to K.

den anderen partien, de sick beclagheden van schaden em bi den uutliggers der van Amborch und der van Wismemaer gedaen, welke rulle heren Johan Ruger van Amborch gedaen wort[1]. Anders dan vorscreven is en waert up de vorsegede tiit bi den vorsegeden heren nicht ghehandelt.

45. Item upten 16 dach in februario do weren de heren raedessendeboden vor de 4 leden, dar do des coopmans gedeputierde mit den vulmechtighen procuratore der van Rostocke up deen zide und den 4 leden, den van der Nierporte und Lombardien up de ander ziide de saken der van Rostocke erst vornemen to handelen u(mm)e[a] de somme van des heren sentencio to vormynre etc. Dar under vele handelingen und tracteten bii beiden deelen darto geschien, de to lang worden to verhaelne, so bleven de saken hiirup stande: mochten de 4 leden darto brengen, dat de vorsegeden van der Nyenporte und Lumbardien den van Rostocke betaelden vor ere scaden und costen 100 pond groten bynnen 4 ofte 5 jaer to betalene, und darvoren se solden de vorsegoden partien den van Rostock bynnen Brugge burghe stellen, wolden beyde partien dat annemen dat were en lieff. Vorder en conden se nicht dartoe doen. Und hiirtoe wordt elker partie een tiit gestellet, daer se daeroff tuschen der tiit und palmen naghest komende ere andwort den vorseiden 4 leden weder inbrenghen solden, der van Rostocke procurator van sine partien wegen, wer se diit doen wolden und annemen so vorseget is, und de van der Nyenporte und Lombardien, wer se en ock dar vor gode sekere burghen konden stellen eder nicht. Dārup so bleff der van Rostocke sake staende geliich vorghernert is bet to palmen.

46. Voertmer up de vorsegede tiidt so worden aldar vor den 4 leden bi den heren radessendeboden vortgestelt de punten angaende den corten wiinen[2] und deme biere[3], dat de coopmanne up de manscappe drinket myt synen gezinde, welke twee saken umme des willen dattet hoech upten dach was worden uutgestelt bet to den anderen daghes.

47. Item upten 17 dach in februario weren de vorsegeden 20 personen vergadert upt ghiselhws, daer meester Clawes Langebaert inbrachte antwordt up de clachten van den axisen van den corten wiinen, und belede und clede dat mit vele redenen und capitulen in den bescrevenen rechte, dat dat privilegium uns daerinne niet en beschermde noch en vrieden. Und oversulits woerden und wederwoirden de daer invellen, segede Philips Mitte[neye][b], de burgermeester van Brugge, eer se dat overgheven so were beter dat se den van der hense de stede rumeden und daer sulven uutginghen, und ock an de ander zide duchte ock den radessendeboden und den coopman, dat se des nicht en mochten overgheven. Und darute bad de deken, dat se sick vorder darup bespreken wolden, und reep

a) und K. b) Mitte K.

1) Vgl. § 15. 2) In § 28 der Klage beschwert sich der Kfm., dass er seit 2 Jahren van corten wiinen 3 ß gr. van der roeden zahlen müsse und Brügge sich vorbehalten habe, auch die Abgabe von den rheinischen Weinen zu erhöhen, ungeachtet der Bestimmung der Privilegien, dass er van elker roeden wiins nicht mehr als 1 ß zu entrichten habe. Brügge replicirte, dass nur die rhein. Weine bi der roede alle übrigen bi den sticke verkauft würden, das Privileg sich mithin nur auf die rhein. Weine beziehe. 3) § 29. Die assisen van den biere erhoben auf Grund einer Entscheidung von Brügge, von allem nichthansischen Biere, welches der Kfm. bei sich verbrauchte, eine Abgabe und überdies van elker tonnen Hamburger biers 34 miten ende van elker Wismarschen of smalen tonnen biers 20 miten, dat de coopman noch de assisers selven niet en weten, waerof zii dat nemen. Brügge erwiderte, dass die Privilegien nur das hansische Bier und nicht auch koyte und flandrisches von der Abgabe, die nur aus Noth eingeführt, befreiten, während die 34 und 20 miten nicht als Accise erhoben würden ende es ghoen assisegelt meer es een out recht ende so oudt, dat niemant van den beghinsele en ghedinct noch to wat wairomme het upgestelt was.

sonderlinge an de andere 3 leden, dat se de van Brugge biirin wolden underwisen. Unde darmede wort de sake doe up vorder beraet wtgestelt to den manendages neghest achtervolghende.

48. Item upten 10 dach in februario weren de vorsegeden 20 personen weder vergadert upt ghiselhuus, daer meester Clawes Langebaert verhaelde, woe dat de leden antworden van mynen here van Burgoengen hadden untfanghen, also dat he in corte dechte to vertreckene van Bruesele toe Rysele und dat he se dan horen wolde van den gebreken des coopmans und andere saken den coopman anghaende, up dat den leden gheraden duchte; und begheerden ock, [dat de heren radesendeboden][a] dar mede bywesen wolden anghesien dat de here wal wiste dat se in notabilen state hiir gekomen weren, und meenden oeck, het solde de saken sekerer richten und vorderen. Und segede vort, woe dat se gesproken hedden mitten steden, de hogher axise upt bier setten dan de privilegien uutwisen, de nu vortan gherne em na den privilegien wilden richten wente se des nicht geweten en hebben, wtgescheden allene der van der Nyerporte, de privilegien daerup hebben, und de mosten darvan wille van den heren hebben, wente de paert mede an der axise hadde. Und desgeliick de andere gebreken den officiirs anghaende moste men ock vor den heren vervolghen. Und ghinck doe weder up de materie van den corten wiinen, darvan he upt nye verhaelde lanck und breet vele saken und redenen und oeck int eynde slutende, dat der stat van Brugge und ock andere steden in Vlaenderen dat nicht en staet in enigerhanderen overloghevene, dairto ock de leste redene was, want miin vorsegede here van Burgoengen dairoff den 7 penninck hedde etc. Waerup de deken van Lubeke weder verantworde, dat se up de begheerten umme mede bi den heren to ridene gherne wolden spreken mit den anderen heren do dar nicht jeghenwoordich en weren. Und als dat de van der Nyenporte privilegien hebben, wisten se wal, dat ghese privilegien vor oft na gegeven unssen privilegien schade of hiinder draghen en sullen of mogen, doch willen do leden dat vervolghen mitgaders den anderen gebreken, wo se dat maken, dat were den radessendeboden to willen, up dat de privilegien wolden geholden werden. Vorder van don axise van den corten wiinen, des de van Brugge niet overgheven en moghen etc., so en mochten ock de radessendeboden de privilegien [nicht overgheven][b], und begheerde sonderlinghen van den drien leden, dat se de van Brugge in dessen wolden underwisen, dat de coopmanne bi sine privilegien mochte bliven. Daertoe de 4 leden verantworden, dat se daer gherne tusschenspreken wolden und dat beste daerin to doen nae eren vermoghen. Und darmede scheden se van danne.

49. Item upten 20 dach in februario weren de radessendeboden mit des [coopmans][c] ghedeputierden weder vergadert upt ghiselhuus, daer in de camer bii se qwemen de drie leden, als van Ghend, van Ypren und van den vrien, dewelke segeden, dat se vele handelinge gehadt hadden mit den van Brugge upt pont van der axise van den corten wiinen etc., und overmids den redenen voir allegiirt und de se dar noch biibrachten, so en wolden de van Brugge vorseget des poents nicht toelatene, wente dat een verderf van der stede were, welck desulve drie leden oeck vulleborden und vornieden och noch weder, dat se buten den heren und der ganzer ghemeynten dat nicht overgeven en mochten. Und leten oeck in dunkeren woerden ghenoech luden, dat de van Brugge up de Riinsche wiinen hoger axise setten mochten, dar dan de coopman kore of hadde, of he de wiinen darvor wolde tappen off weder enwech voren. Waerup bi den deken verantword was under andere woirden, dat de coopman nicht en were in willen ofte

a) dat de heren radesendeboden *fehlt K.* b) nicht overgheven *fehlt K.*
c) coopmans *fehlt K.*

menyngen mitten privilegien de stad van Brugge to verdervene und men en hedde ock ny mitten corten wiinen stapel gheholden gelilck dat men doet mit Riinschen wiinen, uutghenomen dat Diderick van Helscamp ghedaen hadde, men ere meninge were, of enich coopman enighe wiine hadde, het weren 8, 10 off 12 vaten, de he to willen nicht en conde vercopen, solde de dar upte axise nicht tappen na den privilegien dat dachte en to cort siin. Und wo vele men vragede, of er verstaen were, dat de van Brugge solden und mochten hoger axise up de Riinsche wiinen setten of nicht, en conde men ghene bescedene andwoert hebben. Und mit aldusdaner arguacien ghinck de tiit enwech, dat de 20 personen nicht bii ene en quemen, und scheden elck up siin guede recht, alsse dat de van Brugge dat mochten vervolghen an den heren und an den ghementen umme eyn eyntlick und claer antwoerde darof to ghevene.

50. Item upten 21 dach in februario weren de heren radessendeboden und des coopmans gedeputierden weder upt ghiselhuus, daer in de biikamer[a] de dree leden bi se quemen, seggende dat se breder myt den van Brugge upt pont van den Riinschen wiinen ghesproken hadden, de en upt cort gesecht hadden, dat se gheen verclaer upt ponte doen en mochten, dan[b] dat se tot hiir up de Riinsche wiinen ghene hoger axise geset en hadden, wo grote last se ock hedden gehadt, und en weren oeck nicht in meninge dat to doen. Und al wolden se, dat de 3 leden wolden em dat untraden, und begerden dat de heren darmede wolden tovreden wesen. Darto de deken verantworde, omme dat in vortiiden de van Brugge mitten werken verghunt hedden und nu overmids worden und scriften ghenoech hebben geopenbaert und vortgestelt, dat in ere macht zii de axise to verhoghene, solden se dan dar nu mede tovreden wesen, so were to bevruchten, dat desse woerden und scriften den coopman namaels mochten bejeghenen. Und begheerde darumme, angezien dat se noch de coopman in gheenre wiis dairinne wolden consenteren noch twifel to makene, dat men van desen und alle andere ponten, de men ten eynde mit en slutende worde, wolde ene scrifte vorramen, daer sick een ytlick na mochte weten to richtende. Darup vertreckeden se weder bii den van Brugge und als se wederqwemen segeden [se][c], dat se verramet hedden, woe de scrifte luden solde und were aldus: dat upt gheschil und twivele van den verhoghenen van den Riinschen wiinen de van Brugge segheden, dat se boven tinhoulden van des coopmans privilegien ghene hoger axise up de [wiine][d] geset en hadden noch ock in meningen weren to doene; darup de heren radessendeboden und des coopmans segghen is, al wolden de van Brugge dat doen, dat dan de coopmanne des nicht en wolde noch solde gestaden men bliven bii sinen privilegien vorsegelt. Welke gescrifte men aldus verramen solde und de vor oghen bringhen omme to besien, of de an beyden siden redelick were, dat men dan darbii mochte bliven.

51. Item upten 22 dach in februario weren de vorsegeden 20 personen tosamene vergadert upt ghiselhuus, dar do de deken vorstellede dat pont van den beere, welck de van Brugge nicht en helden na dat de privilegien uutwiseden. Waerup meester Clawes Langebaert vele unde lange redene biibrachte, dat in dat ponte nicht en is to verstaen dan bier in den henzensteden gebrouwen. Doch boven alle sine redenen, so dede he alsse vor mitten wiinen und schot [und[e] wisede] dat ock an den heren. Darto de deken verantworde, wolden se uns absolanen ponte dat so claer were nicht holden und dat an den heren wisen, so en hedde de coopman nicht een pont, men solder wel exepcie in viinden umme

a) in bii de kamer K. b) dan dat se — wiinen steht K. c) se fehlt K.
d) wiine K. e) und wisede fehlt K.

to wederliggene. Daerop de heren vertreckeden in der blicamere, daer bii se quemen de dree leden, seggende dat se breder van der zake mit den van Brugge hadden ghesproken, und begheerden to wetene, of se conden gemaken, dat de van Brugge dat pont vortan nae unsen verstaen helden, off wii dan oeck begeerden weder to hebbene dat se[a] aldus langhe upgehoert hebben, und woe men solde beletten,[a] dat nyemant wt den manscappe anderen dat bier vort en vercofte. Dartoe de deken verantworde den drien leden und dankeden dat se darynne dat beste daden, und segede, dat de van Brugge den coopmanne dat pont voertan heelden, dochte en wel redelick wesen nae uitwisen desselven, und als van den gelde dat se aldus langhe to unrechte upgeboert hebben wedertokeren wal swaer und lastelick wesen solde, so wolden de heren und de coopmanne tovreden wesen, dat se wederghoven datgheune dat ghenomen were synt dat de coopmanne van Andwerpen weder in Vlaenderen gecomen is und de composicie ghemaect was; mede segghende, were ymand, het were koe[pman][b] of andere, de bier van manscappe buten vercofte und men dat mitter wairheit bewisen mochte, dat scepene dieselven principalick und nyemant anders darof corrigiirden als dairto behorde. Desse antword droghen de dree leden den van Brugge weder, daerup se sick bespreken wolden mit der ganser wet und daerup ere gutlick [antword][c] ter erster vergaderinghe weder inbrenghen. Und darmede sceyden se van eue.

52. Item upten 20 in februario weren die heren radessendeboden mitten gedeputierden des coopmans upt ghiselhuus, dar by se quemen in de bilkameren de dree leden seggende, dat se up dat ponte van der axise van den biere vorder und breeder mitten van Brugge hadden gesproken und bii vele redenen, de deselven van Brugge daertoe gealligert hadden, so meenden se noch, dat dat privilegium nicht schuldich en were so breet to verstane mer besneden, want dat spreke van drancke den se brenghen, und wanneer wii koyte drincken mochten sonder axise so en solden wii omme des guden coops willen nicht dan koite willen drincken. Und begeerden daromme, dat de heren und coopmanne darmede wolden tovreden wesen. Waerop de deken verantworde, dat anghesien dat pont van privilegien so clare in hem selven is so en were gheen noot to verantworden alle de redenen de en ghelievet hadden to segghene, wente se van den ponten nicht en wolden scheiden. Und seghede en voert, dat se nicht tovreden en weren dat se aldus de tiit mit argueren solden toebrenghen, went se noch van gheenen een[d] eynde en hedden, und begheerden to wetene ere meninghe, wente se hii eren werven dechten te doen, want se bii siimpelheden aldus lange nicht paciencie ghehadt en hadden dan[e] umme dat se tot des landes beste aldus in vruntschappe versochten so en hedden se ghene ander weghe voergenomen, wowal dat se nochtant betrowen, wolden se den heren buten den leden versouken en solde wal beter ghereetscap wedervaren. Und begheerden daromme, dat se de heren aldus mit argueren nicht en hielden men ere meninge to kennen ghoven. Warup na berade mit den van Brugge se verantworden, sick unschuldichende, dat se nicht dan gued vor en hedden und mit der daet sick wolden bewisen nae al dat se vermoghen. Und seghedon, of se jet guedes tuschen de van Brugge und den heren doen konden daer wolden se sick gherne vruntlick inne bewisen, und meenenden, of wii noemeden enen tax wo vele tonnen biers wii des jaers behoeveden. Daerup de deken verantworde, wii en wolden de privilegien sulven nicht breken, dat uns de van Brugghe antworde seghceden, jae ofte neen, darna mochte em de coopman dan richten. Van welken antworde to ghevende, be-

a) [illegible] dat K. b) koe K. c) antword K. d) [illegible] K.
e) [illegible] K.

gheerden se een uutstel van tween of dreen daghen, wente se daerumme breder raed hebben moesten, und dat men des anderen daghes vortghenghe in andere ponten, welck also togelaten wort. Und darmede scheden se van ene.

59. Item upten 27 dach in februario weren de vorseggeden 20 personen vergadert upt ghiselhuus, daer de deken vorstellede een ponte, inhebbende neghen ponten darinne de axisers van den winen de coopluden de mit wine ummegaen vercort hebben [1], begherende daeroff wederrichtinghe und beteringhe to hebbende. Harto de van Brugge verantworden upt eerste pont, dat men in der mostiit, alse de wiinen unclaer weren, afsloeghe van elke rode wiins twee zester, und vor wile wiin und leckaye bekenden se, dat se den coopman beseghelt hedden van elke roede oftesiaen 4 stoop, were daer gebreck an dat wolden se doen beteren, dat de coopman des tovreden wesen solde. Und also van alle andere ponten lesen se de antworde der axisers, waeroff de deken copie begheerde umme dairup breder mitten wiinluden to spreken, dat se alsoe consentierden. Und darup bleeff dat ponte staende. Und darnae stelde de deken voert, dat de wiinluden ere huse und kelnars nicht en moghes leenen off verhusen anderen van der hense umme ere wiine inne to pennynghen [2], dar under vele redene und wederredene de van Brugge toeleten und consentierden, wanneer enich man van der hense een huus ghehoort hadde und desulven nae begheerten umme neringhe dairinne to doen nicht en konde gebruken, dat he dan enen anderen van der hense dat wal sal moghen leenen dor ghunsten ofte andere vruntscap, de he eme daervoer doen mach, sine wine sulven intosluzene und nicht deghene de dat huus in hueren heift, want daer fraude in schulen mochte etc. Vorder verhaelde de deken 1 ponte van Ghisebert Wytinck [3], den de axisers upten steen deden setten und en mochte gheenre burghen ghenieten. Daertoe verantwoerden desulve van Brugghe, dat de axisers ene antwordt in gescrifte overgheghevon hadden, de alsulck nicht en were dat se de nogaftich kenden, und daerumme wolden se de axisers und des vorseiden Ghiseberts weert untbeden des negesten d[a]ghes[a] dair to comene und sick sulven to verantworden. Ock so verhaelde de deken de ponten van dat de coopluden ghevanghen weren und en mochten gheenre burghen genyeten [4].

a) daghes K.

1) *Klage § 30. Der Kfm. war verpflichtet* oftesiaen vor de dromsene ende heffe dat redelic es, desgelike vor valle wiin ende leccasie 4 stop van elker roede, *die axisers van des* wine *belasteten ihn jedoch höher und legten ihm auch sonst Hindernisse in den Weg* „want dat sii diewile verboden ende niet en willen gonnen de wiine met den cranen te windene, desgelikes te vergierene, in ende uut te scrivene, de wiine te huus te sledene ende dat de coopman een sticke wiins eenen vremeden manne uten scepe niet en mach vercopen, noch de wiine als si in den scepe ligghen ende niet gewonden moghen werden des nachts hoeden (!) haer huse legghen omme te bet vorwaert te sline, so dat sii met quaden willen diewile des coopmans wiine bonden liggende upter straten twee of drie daghen ende nachten in der sonnen, reghene ofte vorste, daer naer die tiid es." *Brügge verhiess Abstellung der Unzuträglichkeiten.* 2) § 31. *Dieselben Zöllner verboten, dass ein Hansenat, der seinen Weinkeller zeitweilig nicht benutzte, ihn an einen anderen Hanseaten vermiethete. Brügge versprach eine Untersuchung anzustellen.*

3) § 32. *Wytinck hatte seine Weine, nachdem er sie verzollt, gegen das Verbot der Zöllner vor seinen Keller rollen lassen, wofür er und sein Wirth gefangen gesetzt und so lange festgehalten wurden, bis er die Weine an brügger Kaufleute verkaufte. Brügge wollte die Sache untersuchen lassen.* 4) *Die §§ 34—38 der Klage zählen 5 solche Fälle auf, insbesondere war Johann Everdissoen, Bm. von Kampen, auf Betreiben einiger Kaufleute von Brügge ins Gefängniss geführt worden* ende als sii hem weder uut den steene lieten, moste hii borchtand gemaket 5 weken lanc in siinre herberghen bliven. *Brügge replicirte, dass dieses geschehen sei, um einen im Stifte Utrecht widerrechtlich gefangenen Brügger zu befreien, auch sei es nicht bekannt gewesen,* dattie stat van Campen in de hanse begrepen was, maer was het kenlic van der contrarie, want de van Campen hare speciale privilegien hebben up hem selves int lant van Vlaenderen.

und sunderlinex dat Gillis Bollet Johan Oesterman mit vanghene afghescattet hadden upter straten 6 Rilnsche guldene. Daer de van Brugge to verantworden int erste, dat se Gillis Bollet wolden doen verboden des anderen daghes vor de 4 leden to komene, und segheden, dat de schultette int ierste wat rudelick siine saken aneghestelt hadde, men he were nu der dinghen bet hynnen so dat he des nicht meer en dede. Ock so ware wal waer, dat de[s]ᵃ here[n] knapen eendeels nicht so eerbaer und wetende en weren also daer wal to heboirde, men se wolden dat also bestellen dat des nicht meer gheschien en solde. Und bleven van den vanghene des burghermeesters van Campen bi der antworde de se in scrifte over hadden gegheven. Daerup bleeff de sake staende het to des anderen daghes.

54. Item upten 29 dach in februario do weren de heren radessendeboden mit des coopmans gedeputierden vor de 4 leden, dar doe ghehandelt worden desse nabescrevenen ponten. Und ierste segheden de 4 leden van deme 3[6]ᵇ ponte, angaende der vangenissen dat Cornelius des heren knape Olrick Volkemorsen gevanghen hadde van weghene Jan de Morille, deme he nicht schuldich en was, und en wolde eme gheenre hurchtucht ghenoten laten etc.: daerup verantworde meester Clawes Langhehaert ute namen der van Brugge, dat des heren knape daer anders nicht in ghedaen en hadde dan dat he schuldich was, wente de somme dar he en vor to borghe solde ghedaen hebben dat leep sick wol op 300 pont groten, daervoer so en dorste he ghene borghe untfanghen om des willen dat de summe so hoghe liep, ock so en hedde he siinre upten steen nicht gebrochtᶜ etc. Daerup verantworden de alderluden soverre dat Cornelis so grote schult hadde, also segeden de van Brugge, se wolden dat nu meer vortan so bestellen und also verwaren, dattet nae deser tiit nicht meer mitten heren cnapen ghescheen solde, wente alle tiit als men de wet van Brugge solde vermaken und dat de heren knapen eren eet doen solden, so solde men en dar vorlesen wt enen barde, dat dar hanghen solde inholdende des coopmans privilegien, up dat se de heelden und dat se sick nicht meer en konden untschuldighen, dat se des coopmans privilegien nicht en hedden geweten.

55. Item dat ander pont was dat 3[5]ᵈ, aenghaende Gillis Bollet und Johan Oesterman etc. Gillis Bollet wort vorgelesen dat vorsegede pont angaende, daer he up verantworde, dat he Johan bewechtighet hadde und Symon van Coelkerken saliger dacht de hedde de breven ghescreven, ock so en hedde he de 6 guldene van eme nicht untfanghen mer he hadde se gedaen in handen des heren knapen Peter, de en venck. Daerup verantwort [de]ᵉ werdt de contrarie, und de heren radessendeboden begheerden, dat men Johan Oesterman vor oghen wolde komen laten umme de wairheit van eme to hoirne. Welck dat also geconsentiirt wert, dat Johan solde des anderen daghes vor de 4 leden comen und sick zulven daer verantworden jeghen Gillis Bollet.

56. Item up de selve tiit do worden ock ghehandelt alle de ponte angaende der fraude van der olien und van den seepe und ock van der quader packinghe der rosinen, vighen, dadelen, amandalen, comiln etc.¹. Dar de vorsegeden van

a) de here K. b) 30 K. c) gebrocht hadde K. d) 30 K.
e) de fehlt K.

¹) § 39. *Der Kfm. berief sich in der Klage darauf, dass Brügge längst Abhülfe versprochen habe, worauf Brügge erwiderte, es habe bereits eine Verordnung über die Oelfässer und Seifen erlassen und die Hansestädten möchten doch nur ihrerseits auch auf ihre Weine und Aschen achten.* want de wiinliden dagelix copen groote menichte van Pitouwen (*Wein von Poitou?*) ende van soeten Spaenschen wiinen, die sii, so vel te bemoedene is, minghelen onder de Rijnschen wiinen, want sii sulken Pitauwen ende Rinsche wiinen bii bezaliedes gecocht tiinde niet weder en vercopen; ende als van den aschen, die dagheus van den tonnen elle so so sere ende grouvelike dicke, danne vele myn aschen in siin, dant plach te siin. *Die Hsn. ersuchten in ihrer Duplik um nähere Angaben, um hierin Wandel schaffen zu können.*

Brugge up verantworden, erst up de sepe, dat de fraude nicht en ghescheghe to Brugghe wente men sode oeck sepe to Ghend und in Brabant und oeck oestwert, alsso to Lubeke, to Amborch und in anderen steden van Oestlant, de dartoe deden vet, smere, olie und andere quade materien, und deden dieselve seepe in densulven vaten de van hiir quemen, also dat de fraude dair also wol mochte scheen alse hiir to Brugge, so men dat oeck in wairheiden bevinden solde. Daer de burgermeister van Lubeke ere stad in verantworde und derghelike so verantworde de burgermeester van Amborch ock ere stad, dat se daer ghene seepe en plegen to zeden, mit vele redenen darto denende, men de fraude ghescheghe hiir allene bynnen Brugghe und anders.

57. Item van der valscheit des olies und der vaten dar men den olie indoet, segheden de 4 leden und sunderlinghes de van Brugge, dat se dairumme vorboden de oldesten de darmede ummeghinghen, de seggeden datiz waer were, ock so were de olie van naturen dat he nicht en wolde ghevoert siin noch vele bewegel, wente so worde he dunne und schole ziin verwe. Daerup de heren radessendebaden verantworden, wan de olie gued were unvermenghet mit anderen olien, wo veer dat men den voerde, wen he to ligghene qweme, he worde weder hart alse he ersten was, mer were he ghemaket und ghemenghelt mit ander materie eder oliie, so bleef he unardich und weeck, und daerumme so weert beter, dat men den olie liete in siinre naturen und wesende alse God den ghemaect hadde. Men van der valscheyt der vaten daer men den olie indede, dat de wal 18 eder 20 stoop myn helden dan de vergheert weren und anders [to][a] clene dan se schuldich weren to wesene, daer menich schamel man oestwaert mede bedroghen wort, daer men de vaten ontwee pleghe to sniden und deleden dat und en vonden dan so vele olies nicht in den vaten alse pleghen to vindene, daerumme dat 1 man siin wiff und ziin ghesinde vordachte, dat se dat solden hebben onderslagen eder wechghebracht, darvan vele qu[a]des[b] van qweme, ghelijck alse dan der vaten een bii deme coopman wederumme gekomen were, dat also fraudelick und valsch bevonden were, so voir gheroert is, dat wal 20 stoop to cort hielde. Dairup de vorsegeden 4 leden und sonderlinghes de van Brugghe verantworden, wo dat de valscheit mochte toegaen, wente se de gesworen deken und kupers daertoe gheordineert hadden do dat mitter stad cronen tekenen moesten und dat verwaren dattet ghene fraude in en solde gheschieen. Dairup des coopmans gedeputierden verantworden ende den van Brugghe darvan to kennene gheven[c] de maniere wo de valscheit toeghienghe etc. Doe seghelden de van Brugge, se wolden dar twee schepene und andere clerken to ordineren, de des namiddaghes to ener uren dat vorgheroirde vat in des coopmans huus bezeen solden und de valscheit dairof proven. Welck also gheschach des namiddaghes, dair oeck des coopmans ghedeputierden ind ierste bii waren. Und eisten so wort bevonden, dattet vat een oye was und dat de boem nicht cirkelront en was, wonte se dar een passer und een cirkel bii hedden. Und darnae so dede men dat vat mit water vullen eder meten, dat do int uutmeten bevonden wuert dattet 20 stoop myn helt dant gherodet was. Und dairnae so slougen se dat vat und beseghen dat enbinnen und bevonden, dat tuschen tween steven ene grote groeve sere groot und deep ghemaket was, dar de roede inghenck wanner de vergherer dat vat vergieren solde etc., als dat de vorsegeden twee schepenen und een burgermeister de vorsegede valscheit also claerlik bevonden so de heren radessendeboden und de coopman dat den 4 leden gheclaghet hadden. Welck va[t][d] olies to den tiiden dat Johan van

a) de K. b) quades K. c) to gheven to kennene K. d) vat K.

Nyeuwenhove deken was van den ambochte mitter[a] stad van Brugghe teyken und croonen gemaect was, dat dar billike ghene valscheit in solde gheweest siin, und Johan Aletas hadde[b] dat vat und olile vercoft, so siin merck dairup gebrant wiwisede.

58. Item up den anderen pointe van der quader packinghe und valscheit der rosinen und vieghen, dadelen, amandelen, comiin und alle andere specierie etc., verantworden de 4 leden und sunderlinghe de van Brugghe, dattie quade packinghe und valscheit nicht en gescheghe to Brugghe men bii denghenen de dat gued overbrachten, want men de packinghe hiir to Brugghe also nicht maken en conde noch de valscheyt doen; und oeck dattet gued also ghemenghet worde, dat quade under dat guede, dat en deden se ook to Brugge nicht. Darto so verhaelde meister Clawes Langhebaert vele redene. Waerup de heren radessendeboden und des coopmans ghedeputierden verantworden und segheden, dat se deghenne de dat gued to Brugge plegen to packene van den froyteners vor sick lieten verboden, de solden en wal de waerheit segghen waer de valscheit herqweme, wente de quade packinghe und menghelinghe dat quader under dat guede unde dat nyen onder dat olde en ghescheghe nerghent dan to Brugghe, und brachten en dair bii vele beter redenen bi denwelken se de van Brugge onderwiseden, dat se dar nicht neen en konden to ghesegghen. Ock so wordt en mede ghesecht, dat se de banden und packinghe to Brugg bet maken konden dan deghenen de dat gued to Brugge brachten. Doe segeden de van Brugge, wanneer de coopmanne alsulck quaet valsch goet bevonden, dat de coopman dan dairoff van der stede daert bevonden worde certificacie nemen solde und dat merck van dem guede, wee eme dat vercoft hadde, und brenghen de der stede van Brugghe, se wolden dan alsulke correccie darover doen dat sick een andere des wachten solde etc., wente se en bevonden des nicht so valsch to Brugge etc. Dar en up verantwort wort, dat quemo toe dat se dat beste gued bii sick behielden und dat quade wechsonden und vercochten; ock so hedden de poirters van Brugge ere liggers alomme oestwaert, den se ere quade gued toe und off senden in den lande daer se leghen, dar de comanscappe bii verginghe und verarghert und vorvalschet worden, bleve malck thuus und dede sine comanscappe in sinen landen in sine steden, elck daert behoirde, dat solde beter wesen, wente umme des willen dattet gued so valsch unde bedroechlich vonden worde, so sochten de cooplude wal alsulck gued to Frankenvoort und daer vonden se dat guet beter dan to Brugge, dair de stapel solde wesen van den besten guede etc., mit vele meer andere redenen daerto deenende. Dairto de heren radessendeboden und des coopmans deputierden aldair int langhe up elke pont verclaert und verhaelt worden[c], also dat de van Brugge nicht wal en wisten dair entieghen to seggene, men se wolden dair voirsenicheit hebben up alse dairtoe behoren solde.

59. Item upten eersten dach in meerte waren de vorsegeden 20 personen vergadert upt ghiselhuus, dair[d] meester Claes Langebaert int erste seggede, wo dat de lede tidinghe hadden van miins heren gnaden van Burgoengen und solden des dinxdaghes negest komende notabelicke bii em senden[e] to Bruesele umme to vervolghen de ghebreken den officiirs aengaende etc. Und seghede d[e][f] voirt up dat pont[1] der vermi[n]ghe[g] van den alluyne, froyte und andere saken, dat se

a) dat midder K. b) dat hadde dat K. c) wie? K. d) men se wolden dair K.
e) wilden senden K. f) de K. g) verminghe K.

[1]) § 40 der Klage enthält die Beschwerde over die venynghe, die sekere poorters te Brugghe hebben in den alluyne, froyte ende anderen goede, welk [sii] als sii dat ingecocht ende by

wal bekenden, dattet bejeghonde den ghemenen orbar und oeck were jeghen beschreven recht, men omme dat dit [de[a] Lumbaerden] so wal angenghe, [de[b] dat van den Turken halen, alse ere potrters, und oeck andere nacien gelück en[n]ghe[c] hadden und makeden, alse de nacie van den Engelschen mitten wollen und de van der hensen, die mit penen van marck goldes verbinden und verbeden, dat nyemant lakene of andere gued copen mach dan to alsulke prise alse en gelevet dar up to stellene, und dergeliken van den ammer den de here hoomeester elken nicht en wil vercopen etc. Waierto de deken verantworde, dat se so vele in en were beterden dat en moghelick stonde to beteren, and namelick bi den porters van Brugghe, wanneer dat gedaen were, konden dan de heren mit den coopmanne enighe raet of hulpe bewisen, um de Lumbaerden van der eninghe to brenghen, dat wolden se mit gueden wille gherne doen. Und segheden vort, dat van der eninghe [de][d] de Enghelsche hadden up de wulle en stonde en nicht to verantworden und dat bii redenen dat darto in vorledenen tiden bi den van der hense was verboden, men dat de van der hense en[n]ge[e] ghemaket hadden van guede up ene ghesetenen priis to vercopene, en solde men nummeer waermaken con[n]en[f]; men het were wal ghevallen, dat sekere steden bevonden worden ghebreckelick in ere saken, lakene off anderen singulieren personen, de den coopman mit overmoede vercorten und se dan dat nicht beteren en wolden, dat dan de coopman wal bii groten redenen up alsulke steden of personen gemaect hadde waerbii he tot bescheide were gekomen. Und als van den ammer dede de deken vorseget underwisinghe, dat dat gheen eninghe en were mer van der sunderlinghe ghenaden hedden de van Brugghe und de van Lubeke alleen den vorsegeden ammer. Und hiirenboven zeghede her Arnd van Telchten, dat umme der schanden und scoufiericheit willen, den de van Brugghe den scaffer van Coningsberghe daen hadden[1], en wolde de here hoomeester den vorsegeden ammer hiir nicht laten comen, wowal dat ambocht van den paternostermakeren daerumme sekere personen in Pruysen an sine ghenaden hadde gesent; und wisten se sick daerof te beclaghene, dat de paternostermaker [en][g] hiir alleen hedden, dat wolde he gheerne to sick nemen und an den heren hoomeister brenghen. Ock ghaf en de deken over dat aviis up den oliie, zeepe und rosinen, dadelen, amandelen etc. und stellede voirtan in dat ponte van Cord Rummel up de tolners to Brugge und dat dairan clevet[2], und van den axise van den biere. Dairto de leden verantworden, dat men vorder handelinghe up alle ponten vorseget des anderen doghes mittor gaizer wet to Brugge wolden hebben, und wes se dairin guedes vertumeden wolden se on en manendaghe weder inbrenghen. Doch segede meester Clawes dat pont van den

a) de Lumbaerden fehlt K. b) und K. c) enighe K. d) de fehlt K. e) enge K. f) conden K. g) en fehlt K.

hem liggende hebben, up eenen sekeren priis ende gheld setten gellic een brood dat up eenen pennync es gebacken, daermede de gemene comanscepe ende neringhe gehindert wert, die van rechte behoert vry to siine ende van nymande verbonden. *Die Lede erwiderten, dergleichen käme unter allen zu Brügge verkehrenden Nationen, auch bei den Hanseaten, vor und sie würden hierüber gern mit allen Nationen verhandeln lassen.*

[1]) *Vgl. S. 143, Anm. 3.* [2]) *Klage § 41. Rummel sollte, nach Angaben der Zöllner der Frau von Gistele, zu wenig Zoll bezahlt haben,* daeromme die vors. tolnaers uuthingen ter tollen eenen bannier, daerinne gescreven was in Vlaemsche en in Walsche die sake ende name des coopmans, boven welke schemede ali nochtant denselven coopman zeker gheit afschatten, dies den coopman noolt mer gheschiet en es. *Dieselben Zöllner, welche obendrein gegen den Laut der Privilegien Poorters von Brügge waren, verursachten viel Unwillen,* want si wilghaeren een teiken te ghevene up eene kiste daer cleder of harnasch ende gheene coopmanscepe inne es, ende als men die kisten untvoeren wil, so slaen die tolnaers vor den poorten de up ende besien wat daer inne es. *Die Lede wollten hierüber mit der Frau von Gistele verhandeln.*

sammer nicht en were gesecht in maniere van claghe dan van gelikenissen. Und hirmede scheiden se van malcanderen tot en manendaghe vorsegel.

60. Item upten 4 dach in meerte weren de 20 personen weder vergadert upt ghiselhws, dar meester Clawes Langbaert int eersten vragede, of den radessendeboden wat geliefde vortiostellene. Dartoe de deken verantworde, dat de van Brugge ere beraed ghenomen hadden up de axise van den bere und van der enynghe van den sluyse, up den dach andworde to ghevene, de se begheerden to horene. Waerup se de radessendeboden deden vertrecken in de biikamer, daer [d]o[a] de 3 leden bii se qwemen seggende, dat se vele handelinghen mit den van Brugge ghehadt hadden up de saken angaende der axise van den biere und en coaden doch noch na begheerten gheen enlick antwordt ghecrighen. Welck, als men en dat vorleghede, begheerden und vragheden se, of men de sake yet wolde setten bii doctoers und gheleerde luden off dat de 3 leden vorsegel sonder de van Brugghe an den heren versochten und vervolchden? Dat en oeck al gheweghert und versecht wort bii redenen dairto denende, und namelick want dat privilegium dairto deende so claer in hem selven staet dattet ghene interpretacie en behoevede. Ock so was en eyntlick gesecht, dat gen noot en were dit pont up den heren to schetene men dat men begheerde, dat de van Brugghe daerup verantworden an ofte off, daer men sick nae mochte weten to richten. Dairup se sick weder beraeden und begheerden noch weder een vistel van tween daghen, wente se spreken moesten mit der wet und anderen notabilen van der stede van Brugge und ock lichte mitten commuin, und wolden dan een eyntlic antword gheven. Und doe begheerden de 3 leden, dat men des negesten daghes vort achtervolghede[b] de andere ponten, dairinne sick de radessendeboden zwaer maerten, doch om dat in en gheen ghebreck en were so leten se dat toe. Und vermaenden doe voert van den tolners van Brugge van Cord Rummels sake, van Roerdans[1], de noch nicht betaelt en is, van Hans Croger und van der enynge vorsegel, dairto se verantworden beste to doen und wolden jeghen den anderen dach verboden de wet van der Sluus to Brugge to komene bi den leden omme de to horen spreken. Und segheden, dat se mit eren porters gesproken hadden van der eenynghe und de sake en were nicht alse se gewaent hadden, doch meenden und hopeden se so vele to doen, dat de eninghe sowal van den anderen nacien ofghedaen worde alse van eren porters, want se becanden wal dattet were een sake jeghen God, redene und alle rechte. Und daermede scheden se[c] van ene.

61. Item upten 5 dach in meerte weren de vorsegeden 20 personen weder vergadert upt ghiselhuus, daer de deken int eerste voirtstellede dat pont van Jacob van der Rake und Jacob van den Loenen[2], begherende, dat de van Brugge in eren breven und beloeften de saken eyndeden. Dairto meester Donnes verantworde, dat dat nicht gheschien en were dat qweme toe dat de partien nicht en versochten, wanneer dat versocht worde, sine heren solden en gherne dairinne quiten als sii schuldich siint van doen. Daernae stellede de deken vort dat pont van Gherd van Woerde[3], dair vele redene und wederredene invellen, doch belo-

a) lo K. b) achtervolghende K. c) se eens K.

1) Vgl. oben § 39, 47. 2) Klage § 42. Die jetzt bereits verstorbenen Rake und Loenen hatten vor Jahren einige Hansestädter beraubt und Brügge Schadenersatz versprochen. Bezüglich des zweiten anerkannte Brügge seine Verpflichtung, dagegen lehnte es ab für die That von Rake einzustehen. 3) § 43. Brügge hatte zugelassen, dass einige Poorters ihren Process gegen Gerd van Werden, der bereits ein Urtheil der Schöffen erwirkt hatte, an den Rath des Hg. brachten, welk grootlic bejegent des coopmans privilegien. Brügge erkannte dies an und erklärte, bereits Schritte gethan zu haben, damit der Streit wieder an die gebührliche Instanz zurückverwiesen werde.

voden se so vele und al har beste to doen an miin here van Burgoengen etc., dat de sake weder van des vorsegeden heren rade to Brugge mochte gewiset werden. Voert stellede de deken in dat ponte van den tolners to Brugghe, de Cord Hummel de swaheyt deden, und desgeliken van den axisers, de Ghisebert Wytinck deden vanghen, und van den cranenmeisters[1] etc. Darto was verantwort, dat se van den tween ersten ponten wat handelinghe gehadt hadden, men nicht ten eynde und wolden dair noch breeder handelinghe van hebben und in cort dar een antwort of segghen, und segeden, dat se de craenmeesters gesproken hedden de nu weren, de en wisten nicht, dat se enich ghelt to unrechte van Kerstiaen van Bleken ghenomen hedden, wente se kenden wal dattet also nicht en behoirde. Dairnae int leste stellede de deken voert 3 ponten, van den gelde dat Johan Cleyhorst und Johan Kasemarct in den woeker betaelt hebben[2], van Willem Joost[3] to Duunkerken und van den stocvische de Gherd Marquardes ghenomen was. Dairup namen se ere beraedt und alse de radessendeboden vertrocket weren in de biicamer qwemen de 3 leden bii en seggende, woe dat de van Brugge riiplick vergadert weren gewesen mit allen den notabilen de to den rade der stede behoirden, und de en connen noch anders nicht bekennen dan dat sunder vulbort der gemeynten nicht en stont overtoghevene de axise van den biere etc. Und segeden noch als vor, dat en nicht geraden en duchte, dat desse sake gebracht[a] worde vor dat commuun, wente wanneer de des weigherden so were de sake wt erer aller macht gecomen und dan solde lichte al dat guede dat se aldus lange gedaen hedden belet worden und tonichte gaen. Und begheerden noch, dat men de saken stellen wolde an mynen vorsegeden heren umme van eme de interpretacio to nemene. Dairto de deken weder verantworde, naedeme dat pont van privilegien so rechte claer were und gheenre interpretacien en behoevede so en dochten de radessendeboden an nyemande te schetene, want wanneert alse wesen wolde so en hedde de coopman nicht ene privilegien daer he en toe mochte verlaten, und daerute begeerde de deken, off de van Brugge, het were mit rade der ghemeenten of nicht, dat poent den coopmanne nicht en wolden holden wat se dan, alse de anderen 3 leden, bii deme coopmanne dechten to doen. Dairto se weder verantworden, dat int anbeghiin de 4 leden sunderlinx hedden toegeseecht de privilegien to holdene, und also nu dit ghescheel were tuschen de van Brugge, de een lit weren, und den radessendeboden etc., so en stonde en eyntlick sunder willen und weten derghoenre de se wtghesent hadden darto nicht wal to verantworden. Und vordroghen underlinghe, dat se daerumme elck to huus scriven wolden und en saterdach neghest komende een antwordt to gheven. Des de radessendeboden tovreden weren und segeden den dreen leden int erste claerlick und uppenbaer, de van Brugge mochten sick bespreken und beraden mit erer begheerten of myt wien dat se wolden, men de radessendeboden vorsegel und de coopman en dechten van den poente in gheenre manieren to scheydene, al solden sii alle de stede van Brugge darummo rumen, und darummo en ware gheen nood vorder arguacie dairup to hebbene. Und darmede scheeden se van danne.

62. Item upten 9 dach in meerte weren alle de dekene van Brugge ver-

a) gebrachtet K.

[1]) § 49. Kerstian von Bleken hatte den Krahnmeistern von Brügge von jedem Fass Oel 10 gr. anstatt 6 zahlen müssen omme dat he de in Ingeland ende niet in Oostlant senden wolde. Brügge versprach, die Sache untersuchen zu lassen. [2]) Klage § 21. Brügge hatte 1438 gelobt, sie schadlos zu halten. Vgl. HR. 1 n. 397 § 31. [3]) Vgl. HR. 1 n. 397 § 3; hier wiederholt Klage § 25.

gadert boven upt ghiselhuus und darumme ghinghen de heren radessendeboden und des coopmans gedeputierden beneden in de biikamere, daer se de 3 leden vonden, tot welken sekere schepene van Brugge quemen, unde alse [se][a] mit den 3 leden ghesproken hadden ghinghen se weder in de kamer. Und doe ghaven de drie leden weder den radessendeboden to kennen, dat en samentlick noch gheraden duchte, dat men die sake van den axise van den biere nicht vor de dekene en brochte men dat men dat wolde stellen an den heren omme ene interpretacie darof te nemen. Dartoe de deken verantworde, dat niemant van en allen so koene en were de sick des mechtighen wolde of dorste in den privilegien dat ayeste pont overtoghevene of darinne wes te consentierne, went al weert so dat se dat ut gueder meninge deden und dan de here of anders wie daerjeghen visede, so en solden se hii eren live nicht weder dorren to huus komen. Welck de drie leden den van Brugge also te kennen gheven und quemen weder seggende, dat de van Brugge in der besten voegen se mochten de saken den dekene updoen und dar nicht intrecken dan alse de gelegen were. Vorder en was up de tiit daer nicht gedaen.

63. Item upten 8 dach in meerte weren de radessendeboden und des coopmans ghedeputiirden weder vergadert mit de[n][b] ,vier leden upt ghisel[huus][c], daer de deken vortstellede 3 ponten, to wetene van den gelde dat Johan Cleyhorst und Johan Casemaret in den wouker betaelt hebben, van Willem Joos de Arnd Smelinghe van Nymweghen ziin een hant offhouw, und van Gherd Marquardes stocvische. Daerto de leden entlick verantworden, wes men bii certificacien of gueder informacien conde bewisen, dat de vorsegede Johan Cleyhorst und Johan Kasemaerket in den woukor betaelt hadden van guede dat en was gestolen, dat men en dat weder solde doen gheven; und bleven noch bii erer antworde de se in scrifte over hadden gegheven [van][d] Willem Joos, naedeme he darumme to Brugge gebannen was und nu gestorven were so en wisten se nu dar nicht meer to to doen, ten en were dat yemant van sinen[1] maghen des vorsegeden Willems erfghenamen anspreken wolde, den solden se gherne recht und wet laten wedervaren. Und van Gherd Marquardes wolden se sick mit enen sekeren antworde untledighen, doch umme underwises willen [dat en][e] gedaen was, dat de leden dairinne geholden syn, so wolden se sick darup vorder bespreken. Und darnae stellede de deken voert de ponte van Ghisebert Wyting und Gillis Rollet, dairto se verantworden, dat se de wiinaxisers und denselven Gillis teghen des anderen daghes wolden doen verboden. Vort ghaf en de deken to kennen van den thunr de de scipluden hebben, daer de coopman inne belet wort, und van den Inghelschen weghehuus, dair de coopmanne gebreck inne bevonden heeft, und dat se oock drinegelt boven hair loen hebben willen[2]: dat se oeck beloveden to doen verboden jeghen des anderen daghes. Und darnae vermaende de vorsegede deken weder van den tolnaers, darto se verantworden, dat de vrouwe van Ghistele selve de saken wolde comen to verantworden en diinxdaghe neghest comende. Ock was to kennene gegheven, woe dat een voederer ghenoempt Johan Bernaert hedde untamelick mit woirden mishandelt Olrick Volkemerade sunder redenen, den de van Brugge oeck beloveden te doen verboden teghen des anderen daghes; und dairnae int leste was oock vermaent van der eninghe, dar de leden to verantworden, dat se wolden sowal spreken mitten Jenevesers alse mit eren burgheren. Und dairmede scheiden se van danne.

a) se fehlt K. b) dem K. c) ghisel K. d) van fehlt K. e) dat en fehlt K.

1) Vgl. Smelinge. 2) Beides in der Klage nicht berührt.

64. Item upten 9 dach in meerte weren de radessendeboden und des coopmans gedeputierden upt ghiselhuus in de bilcamere, daer de 3 leden bii se quemen seggende, woe dat de van Brugge hedden antworde van den commune, de de sake van der axise van den here tot en gestelt hedden, und bii also de heren und coopman tovreden wesen wolden und ghene vorder claghe en doen van ghelde weder to hebbene, so en wolden desulve van Brugge ghenen vorderen raedt an de notabilen soeken men hopeden se wolden ons daroff een antwordt segghen des men wal solde tovreden wesen. Und de vorsegeden 3 leden begheerden, naedeme de van Brugge in groter last gewesen hadden und noch van liifrenten weren, dat dan de heren und coopman bekennen wolden und oeck om erer bede[n][a] willen de saken staen[b] leten up dat daer vorder ghene swairheit in en qweme. Daertoe de deken verantworde, dat deghenen de dar van der radessendeboden weghen und des coopmans weghen weren darof ghene last en hedden, men begerden, dat men dat antwordt wolde gheven, wanneer dat ghescheen were, so wolden se dat gherne brenghen an de anderen radessendeboden und ock an den coopman, und ock dat s[o][c] vruntlick werven als se conden. Und daerup quemen se bi den 4 leden samentlick, daer doe meister Clawes Langebaert under vele woirden seghede, dat men uns nu vortan solde onderhouden allerleye maniere van drancke, uutghenomen wiin, likerwiis dat privilegium uutwiset. Und doe was gevraget, wo dat staen solde mitten 34 und 20 myten. Daerup segheden de van Brugge weder, dat men de van olden langhen tiden gegeven hadde und en were nicht van axise men een scriveghelt, dat wil tot uns nemen umme breder dairup to sprekene und raedt to nemene. Ock segede de deken, dat van den achterstellighen ghelde daer wolde men dat beste in doen likerwiis men dat den leden toeghesecht hadde. Und do worden ingelaten de van der Sluus, dar her Arnd van Telchten erst van siins selfs wegene meale to doen hadde, und darna brachte de tonor of voersprake Thomas in siin antworde up Hans Crogers sake, seggende, dat sine heren die wet van der Sluus hedden gesproken mitten bailiu, de geantwort hadde, dat he rekeninge van den 3 pond groten gedaen hedde, und ock dat noch de vrauwe, de gesleghen was, darbii bleve, dat her dat de vorsegede Hans Croger hedde gedaen. Und segede vort, dat sine heren hedden gesien de getughe, beyde mannen und vrauwen, de dat selve geseen hadden und also bii eren ede getughet. Warto do vorder nicht en geschach dan de 4 leden segeden, dat se de vrouwe de geslaghen was persoenlick wolden bii sick verboden. Und[d] daermede scheeden se weder van een ander.

65. Item upten 11 dach in meerte weren de heren radessendeboden samentlick mitgaders des coopmans ghedeputierden bi den 4 leden weder upt ghiselhuus, daer de deken voirstellede, dat alse de leden seghen und wisten [se][e] meer dan 20 weken vor en vervolghet hedden und en wisten doch van ghenen poute enich gans bescheyt ofte eynde, soe verdrote on seer dat se aldus langhe niet en solden argueren und de tiit to vergheves tobrenghen, und begeerden darumme vruntlick, dat se sick noch also beraden wolden, dat se eyn entlick antworde von en mochten hebben, mede seggende, dat se des pontes van den drinckbiere, dar de van Brugge de miten of hebben willen, nicht en weren tovreden und begheerden weder to hebbene dat ghelt, alsse 100 pond grote, de se to unrechte van axise ghenomen hebben, und desgeliics van der frauden van den olyepipen 2000 pond grote und vortan justicie daerof daden, und sunderlinghe deghene de daeran beschuldighet ziin nicht meer gelovet en worden. Waerup meester Clawes Langebaert

a) beden K. b) te staen K. c) se K. d) Und daer und daermede K.
e) se fehlt K.

verantworde, dat de scrifte de men over und weder overgheghevcn hadde vele tiits ghenomen hebben und der ponten weren vele, dar men vele personen up hadde horen spreken, also dat se darmede alle daghe besich weren gewesen, und dat men besich were gewesen mitter antworde overtestellene in scrifte van den ponten dar men overkomen were, welke scrifte men en int cort solde overgheven, und deden ock al er beste um bi den heren to comene und ghehort [to][a] wesende up de ponte den officiirs angaende; und segheden, dat doch noch nicht ghescheen en were, dat dat biicomt mits den dat des Roemschen coninghes broeder bii mynen heren van Burgoengen is umme der joncvrauwen willen van Gelre[1], und dat oock miin here belastet is mitten orloghe tuschen miin heren van Colne und van Cleve; und begherde, dat men den leden andword gheven wolde up de gebreken, de se den radessendeboden overgheghevcn hebben, mede segghende onder vele redene, dat de van Brugge nicht en denken enich gelt wedertoghevene van den biere off olye, wente ere porters ock int gelike schade ghenomen hebben an der asche und wiltwerken, se willen wal correccie don nae costume van der stede, off were enighe partye de eme up ymande wiste to beclaghen men solde den gherne wet doen. Waerup de deken weder verantworde, dat se nicht en beclagheden [de][b] tiit-men dat se van ghenen poenten enich gans eynde en wisten des se mochten tovreden wesen, und segheden, dat de antworde up de gebreken die de leden overgheghevcn hedden al bereit waren mer nademe dat se noch tot ghenen bescheide en conden gecomen so en dochten sii de ene sake in de ander nicht to menghen, als dat d[en][c] leden to Ghend openbaer to kennen was gegheven. Und segheden voert, dat de radessendeboden dechten to bliven bi den privilegien van den drinckenbiere und oock weder to hebben dat se to unrechte opgeboert hebben, und desgeliken den schaden van den olie, welke men up nyemand en bekle dan up de stede van Brugge, under wes brande ofte tekene de fraude und schade geschiet were, und begheerden daerup een beter antwerde; daerto de deken oock vermaende de dree leden umme de van Brugge to underwisene. Waerup se uns deden vertrecken in de Micamere und dar quemen do de dree leden seggende, dat deghenne de dair van der van Brugge wegene weren en dorsten sick nicht underwiinden darup een eyntlick antword to ghevene men wolden dat an der gantzer wet und notabilen van der stede bringhen und des anderen daghes antworde gheven. Und darmede scheiden se van dunne.

60. Item upten 12 dach in meerte weren de heren radessendeboden mitgaders des coopmans ghedeputierden upt gisselhuus, dar de 3 leden bii se quemen segghende, dat de van Brugghe riiplick mitten notabilen van der stede vergadert weren gewesen umme des pontes willen van den 34 und 20 miten dat se nemen van den drinckenbiere etc., und als se verstonden van densulven van Brugge, so weghen se dat pont so swaer dat en dat nicht en stonde overtoghevene. Doch vrageden de leden, off de radessendeboden of de coopmanne des poentes uud van den upgehavenen ghelde van den biere icht bii em wolden bliven, se hopeden daerinne een gut myddel to viindene, dat men an beyden syden solde tovreden wesen. Daerto de deken verantworde, dat en is den privilegien nicht en stonde overtoghevene men mochte de coopman van den ponte van den bere vortan vril und unbelast bliven van allen saken so wolden se gherne um erer bede[d] wille

a) to fehlt L. b) de fehlt K. c) die K. d) begher K.

1) Friedrich III. hatte nur einen Bruder, Albrecht, der sich 1452 mit einer Pfälzerin vermählte. Die Prinzess von Geldern heirathete 1449 den Kg. v. Schottland. Der Versuch des Hg., zwischen Köln und Kleve in der soester Fehde zu vermitteln, verlief fürs erste fruchtlos.

und den van Brugge to eren und to gude dat upgehavene gheelt vorseget to ere[m][a] segghene setten[b]. Darmede ginghen de leden beneden bii de van Brugghe und deden dair de heren und des coopmans ghedeputierden bii sick comen in schepene kameren, dar do meister Claves Langhebaert segede, dat bii underspreken van den 3 leden de wet van Brugghe were tovreden ende wolden van nu vortan den coopman van der hense ghunnen vrii to drinckenen allerleye dranck wighenomen wiin sonder sise of jenigherleie ungheit to ghevene. Und do segede meister Johan Reem van Ghend, dat de heren oeck solden tovreden wesen van den achterstellighen[c] gheide und darof nicht meer eeschen of vormanen, welck de vorsegeden heren ter bede van den leden und to eren den van Brugge also to sick nemen und tovreden we[r]en[d]. Und darmede scheden se van danne[1].

67. Item upten 13 dach in meerte weren de heren radessendeboden mitgaders des coopmans ghedeputiirden vergadert upt ghiselhuus mitten 4 leden, daer de deken eerst vortstellede, dat de heren hedden untfanghen [de[e] scrifte] de de lede vorseget verramet hadden up de ponte de verhandelt weren. Dar in erer jeghenwoerdicheit qwam de vrauwe van Ghistele, de bii her hadde den here van Buggenholt, Peter Leestmaker, den bailiu und schoutette van Brugge, her Jacob van der Bursen und meer anderen. Vor welken meister Clawes Langebaert verhaelde int lange de gebreken de vortghestelt siint bii scrifte und munde up te tolners to Brugge und desgeliken de weghers, alse sunderlinghe up Jacob Rueba. Wairto de vrouwe dede verantworden, dat se begheerde de vorsegeden gebreken und ponte to hebbene in scrifte namelick in Walschen, dat er toghesecht und belovet was, und also lovede se des 15 daghes alse des saterdaghes antword to ghevene. Und alse se van danne ghescheiden was, do segede meister Clawes, dat de scrifte van den ponten de bii munde verhandelt siin des dages rede werden solde, und begheerden daerute desgeliken antwordt te hebben up de gebreken de se over hebben gegheven. Waerto de deken verantworde, dat to Ghent gesecht were dat de radessendeboden nicht van hiir scheiden en wolden vor dat se antwert hadden gegheven, unde na den bescheiden dat en noch van den leden wedervaren were so en dochte en nicht orberlick enighe andwort to gheven want darmede ere eghene werve solde worden ghestuert, und seghede mede, hedden se bescheit dat se ghepait wesen mochten, de antwerde were gescreven und al reede.

68. Item upten 15 dach in meerte weren de heren radessendeboden mitgaders des coopmans gedeputierden vergadert upt ghiselhuus mitten 4 leden, daer de deken vortstellede, dat de heren hadden untfanghen de ghescrifte de de lede verraemt hadden, under welken ene were anghaende den ghebreken ghedaen bii den officiirs des heren, datte vorsegeden leden over lanck ghelovet hadden to vervolgene an den vorsegeden heren, alse int erste dat de here to Risele comen solde, und darnae hedden se tydinge, dat se de here to Bruessele horen wolde, dar doch al nicht van en qweme; und umme dat men verstaen hedde, dat se des also nicht en vermochten alse gelovet hadden, und ock nae horensegghene de here nicht in meninghe were to horene, so begheerden de heren radessendeboden to wetene, wat ere meeninghe hiirin were und warto se sick mochten verlaten, want se up alsodane maten hiir nicht en dechten langhe to legghene, mit meer woirden de daertoe verhaelt worden. Waerto meester Clawes Langebaert verhaelde und antworde, dat de leden nu so wal eens und tovreden syn mit hares heren

a) ere *K*. b) to setten *K*. c) achterstellinghe *K*. d) weren *K*.
e) de scrifte *fehlt K*.

1) *Vgl. n. 346.*

alse je mochten wesen, und de dan den heren radessendeboden anbrochte, dat de heren der leden nicht en hedden begherd to sprekene mit miins heren persone selve daer he nicht ledich [was][a] umme des Romeschen koninghes broeder willen, de do to Brussel vervolchde omme de dochter van Ghelren, und oeck umme de handelinghe willen de miin here hadde mitten saken aenghaende den oirloghe wesende tuschen miin here van Colne und van Cleve, doch seghede he, dat de leden nu warachtighe tydinge hadden van den bisschop van Dornike, dat miin here van Borgoengen voirseyt, acht daghen nae paeschen wolde certeyn wesen bynnen Rysele und dair de leden horen, und beden, dat de heren radessendeboden noch sick so langhe wolden liden, welck deselve heren umme alle gevoeghes willen noch also upnemen to verbeyden. Und doe stellede de deken vort an twee punten segghende, dat se mitter antwoorden van den 4 stoopen wiins vortan oftesláen nicht tovreden en weren men begheerden oeck wedertohebbene dat die axisers in 10 jaren hebben to unrechte upgheboert, und begheerden oeck desgheliken restitucie to hebbene van den schaden de en gedaen weren up gelove und brant van der stede in den frauden van den oliipipen, de wel tweedusent pond grote draghen solde men doch setten se den uppe 1200 pond grote. Waertoe meister Clawes weder verantworde, dat de axisers sick beclagheden, dat de wiinluden hore wiins diewile hielden liggende tuschen der cranenbrugge van sinte Jansbrugge 6 ofte 8 daghen lange und leten dan uten schepen halen myt wiine und senden ock ere vrenden den enen hiir und den anderen daer, welckt den axisers to vele mere scaden queme, und meenden darmede, dat de wiinluden darmede myt rechte wal schuldich weren ghepayt to sine. Und segheden vort, dat de brant of teyken der steden up de oliepipen nicht en versekerde woe groot de pipen wesen solden off dat de olie gud of quaet were men dat de pipen allene van rechtverdighen holte weren ghemaect, waerbii de stede van Brugge darinne to ghenen begripe en stonde, nichtemyn wolde yemand partielick claghen over enighen porter, se wolden eme wet doen nae usaye und costume van der stede. Waerup de deken weder verantworde, beholdcn der weerdicheden van den axisers, de wiinluden wolden bewisen und goet doen, dat se dicke ere vaten vullen ut eren kelnaer mit wiine, den se eens veraxiset hebben und noch anderwerf veraxisen, hedden de axisers enghent gebreck an, se wisten sick sulven wal to begroten, men de heren begheerden, dat de van Brugge ere beloeften und ere segbele qwiten alse se schuldich weren; und alsodane antworde up de oliepipen duchte hem sere cleyne wesen und sober und en hedden dergeliken nicht meer gehoert, dat een stat ere brant up een vat setten solde dattet van rechtver[dig]hen[b] holte ghemaect were, dat conde elck man selven wel seen und bekennen. Und doe sprack her Godert van den Watervate dar in wat strengher mit vele underwisinge und segede int eynde, duchte den leden dat se bi der antworde bliven wolden, dat se dan den heren wolden in scrifte ghevene up dat se sick vorder darup mochten bespreken. Und[er][c] alsodanen woorden und berade quemen de dre leden bii den heren seggende, dat de van Brugghe des anderen daghes mitter wet darof wolden [sprake][d] hebben und des manendaghes antworde gheven. Do was voert den 4 leden to kennen ghegheven, dat de van Rostocke antwert hadden van sinen vrienden, und wort oeck gevraghet umme Hans Crochers sake, de, alse de leden verantworden, nicht weder en sal hebben wente de vrouwe sulve daerbii bliift dat hi se sal hebben geslaghen. Und darmede scheyden se van danne.

a) was fehlt K. b) [illegible] K. c) Und K. d) sprake fehlt K.

69. Item up de tiidt vorseget was dar oock handelinge van Lieviin de Clercks sake und den van Hamborch, dat de deken uterlick verantworde nae aller ghelegheenheit, und seghede van de van Amborch wegene, of se mit erer unschult nicht unstaen en mochten, so boden se sick to rechte vor eren heren off daer se van rechte schuldich weren rechts to pleghene.

70. Item upten 16 dach in merte weren de heren radessendeboden etc. weder bi de 4 leden vergadert upt ghiselhuus, dair der vrauwen vrunde van Ghistele qwemen, van welken ene in Walsche lang und breet verhaelde de antworde up de 5 poenten van gebreken, de doch darnae meester Clawes int corte in Vlaemsche verclaerde, to wetene van Cord Rummel, dat de wel verdient hadde wes eme gescheen were, und dat de tolners ghene kiste unbesien uut en willen laten voren, dat se dat also schuldich ziin to verwaren, und dat de porters den tol verwaren is alle tiit geusiirt und is vor deme coopmanne und nicht contrarie; vorder van den weghehuse, dat de ghewichten des jaers vier werven ghetekent und besien worden, worde darane ghebreck gevonden, dat wolde de vrouwe gherne doen beteren, und men en pleghe int Enghelsche weghehuus nicht dan wulle to weghene, wanneer dan yemant zwere gued dar brachten de pleghen den weghers een hoefscheit to doen. Ut welke antworde scheen, dat de clachte unredelick gedaen was, und darumme nemen de heren ere vertreck tot een diinsdaghe. Vorder qwemen daer weder de porters van Ghent und van Brugghe, clagende over de van der Wismer und van Amborch, begerende wet to hebbene over de heren radessendeboden of dat men de van Amborch und de van Wismaer uter hense daden. Daerto de heren verantworden, dat in erer macht nicht en were enighe stad uter hense to doene, up de clachte [jegen][a] de van Amborch gedaen were en gheantwordt, und den van der Wismaer were eens twie drie werven ghescreven men dar en were ghene antwort up gekomen, und begheerden, dat se sick noch wolden liden tod piinxten, de heren radessendebodes wolden en noch eens eyntlick scriven, deden se dan dair nicht toe so mochten se seen dat se ere zaken vorderden alse en dat gheraden duchte. Waerup se sick vorder onder een wolden bespreken. Und darnae vermaende de deken de sake van der axise van den vier stopen, van den oliepipen und van Ghisebert Wyttinck, welke saken de leden beloveden en maendaghe to eyndene. Und daarmede scheiden se van danne.

71. Item upten 18 dach in meerte weren de heren radessendeboden und des coopmans ghedeputierden weder vergadert mitten viir leden upt ghiselhuus, daer meester Clawes Langebaert int erste segede, wo dat sine heren van Brugghe vorder raed ghehadt hebben up dat poent van den 4 stopen wiins offteslane van elker roede und van der fraude van den oliepipen, dat se vortan wolden verwaren und underholden, dat de 4 stoop afgeslegben worden, und meynden, solden de axisers dairof wes wederkeren dat se dan nicht meer schuldich en weren dan van den wine dar se de axise van hedden untfaughen, dat were van elker roede wiins 4 stoop und solde der axiser bouck wal utwisen woe vele dat droeghe, mede seggende, sine heren mosten nu voirtan wat bet tosien dan se aldus lange mitten wiinluden ghedaen hadden. Und als van den oliepipen darup hedden se voirsenicheit ghemaect, dat der frauden nicht meer gescheen en solde, und verhaelde daer, dat de pipen ghetekent weren mit viif teikenen, alse van den dekeren van den cupers, van den vercoper van den olie, van den axiser und mit eenr lettren umme to wetene dat jaer, waerbii he noch hiibrachte, dat de wet van

a) jegen fehlt K.

Brugghe daerinne nicht en were gebolden vorder dan se daeroff correxie doen solde, mer quenie yemant partielick clagbende over ymand, sine heren wolden en wel doen, mit vele meer anderen redenen und woerden. Waertoe de deken van Lubeke verantworde, dat se nicht vorder en begbeerden dan van den wiinen dar se axise van untfanghen bedden, men van den olie, went darup der stede van Brugghe teyken stonde, alse een gheroent B, so koftent de luden up geloven den oliin, und se wiisten nu wal we deghenne weren de daerane beschuldicht siint, dat se de daerto belden dat de[m][a] coopman siin scade[b] gherichtet worde. hedden de van Brugge daer remedien in ghedaen also en de stede van der hense dat screven so en were nu der claghen gheen not gewesen. Waerup se de heren deden vertrecken in de biicamere, daer de drie leden bi den heren qwemen segghende, dat en duchte, dat men des eersten pontes van den 4 stopen oftesiane eens were, uptorichtene wes ere poerters misdeden, daerover se doch presentierden wet to doen. Under sulken woerden und wederwoerden was den 3 leden uterlick ghesacht, dat de van Brugge den coopmane siin schade deden uprichten of dat se de beschuldichde richten als darto behoerde, daer wolden de heren mede tovreden wesen. Und doe begheerden de van Ghent, dat men eren porters, de dair so langhe geleghen hadden, een antwordt gheven wolden up ere ansprake de se hebben up de van der Wismaer. Daertoe verantwordt was, dat de heren daer an de [van[c] der] Wismaer bedden twie werven ghescreven und en hadden doch niene antwordt daerof untfanghen, also hedden se nu tomale ernstelick wedergbescreven und beden, dat se sick noch liden wilden, screven de van der Wismaer weder ofte nicht, so wolden se sick doch in eren saken bewisen na al dat se vermochten. Und begheerden doe, dat men wolde dencken der saken van Ghisebert Wytinck und van Gillis Rollet. Und darmede scheiden se van danne.

72. Item upten 19 dach in meerte weren de heren radessendeboden etc. weder bi den vier leden vergadert upt ghiselhuus, daer meester Clawes Langebart verhaelde, dat sine heren vorder ghesproken hedden von den oliepipen und en conden doch nicht gheviinden, dat de stede van Brugge gebolden were alsodanen schade uptorichtene, men se wolden daer correccie van doen na usale und custume der stede van Brugge, dat men des ghewaer worden solde, wolde oeck yemand partielick clachte duen op yemant van schaden men solde en daerof wet doen etc., und begheerde alsodane antword int guede to nemen. Waerto de deken verantworde, naedeme de stede van der henzen to meer tiiden daerumme ghescreven hebben und bi den coopman geclaget is, dat doch al nicht en heeft ghehulpen, und dan sonderlinghe nu lestweiff voir de ghemenen stede soo menichfoldelike clagbe quam van den oliepipen voirseget, so hedden se de steden vorseget belastet beteringhe und vergheldingbe van den schaden to eeschenen, wilden se sick dan dar nicht anders inne bewisen, so begheerden se ere antwort to hebbene daervan in ghescrifte, de en togesecht wort to ghevene. Vorder seghede de deken, so alse de van Brugge ghelevet hevet to veiramene ene ordinancie up de oliepipen mit penen und boeten, dat en straffeden se nicht, men begheerden, dat men den radessendeboden wolde gheven een stoopmate und oeck wovele de pipen schuldich siin to holdene, und dat se sodaene ordinancie makeden, of men oestwert gebreck vonde dat men dat daer mochte richtene und als men daerof hiir certificacie brochte dat den de coopman siin ghelt mitten costen mochte wederhebben, und dat men den olie nicht en verwede noch en menghede, desgeliken dat men de seepe vercofte bi den gewichte in Wismersche gebande etc. Waerup

a) de K. b) [illegible] K. c) van der fehlt K.

de van Brugge ore vertreck und bespreck nemen tot des anderen daghes. Und doe was en vormaent van Ghiseberth Wytinck und van Gillis Bollet, desghelikes van den pliures dat de mede mochten trecken to Berghen upten Zoom sunder begriipe[1], dat se oock uitstelleden tot des anderen daghes. Ock was dar wal handelinge van der sake van Rostocke, men de waert ock uitghestelt omme an beiden siden to vertastene, of men daer enighe composicie daerof mochte maken, und men solde dat des anderen daghes weder inbrenghen. Und darmede scheiden se van danne.

73. Item upten 20 dach in meerte weren de heren radessendeboden mitgaders des coopmans ghedeputierden bii de 4 leden vergadert upt ghiselhws und der vrouwen van Ghistele vrenden, daer de deken van Lubeke wedersprack de antworde de de vorseyde vrauwe van Ghistele hadde doen gheven up des coopmans ghebreken, also namelick vüff ponten, myt vele redene daerto denende. Und desselves waert upghedaen een nye pont, dat de tolners van eneu, ock van Colne, ghenomen hadden 6 pond groten to boeten. Daer derselven vrouwen vrende noch up verantworden, blivende bii erer erster antworde, dat se den coopman gheen unghelliick ghedaen en hedden, doch spreken de 4 leden so vere van beiden, dat de tolners beloveden vorder gracie to doene in den lesten broke alse 6 pond grote, und wolden ock des coopmans vrenden siin in den kisten to vertollene, und men[a] solde den coopman nicht verunrechten in der wagene. Nichtemyn de heren radessendeboden en weren der antwort nicht tovreden. Und darnae was dar weder gesproken van den oliepipen, dar de van Brugge in scrifte ere antwordt overgheven und begheerden, dat de coopman enighe daertoe voughen wolden, de mitten amborhte van den cupers etc. handelinghe hedden up de grote van den oliepipen und wat dar anclevede, welck al doe gheseecht was to doene. Vorder seghden de van Brugge, dat Gillis Bollet solde liggen in henden van schepene 6 Riinsche gulden und datrup solden schepene wet wisen tuschen eme und Johan Oesterman. Ock so hoirden de leden spreken de axiters van den wiine und galeyne van den claghe van Ghiseberth Wittinck, men de burgermeester van Brugge seyde, se[b] mosten sick van der sake bet doen informeren. Und doe wort den leden up ere gebreken antworde in scrifte weder gegheven mit protestacien bii munde, alse oock deselve antworde hevet begrepen. Und dair scheeden se mede van danne.

74. Item upten lesten dach in meerte hedden de van Brugghe de heren radessendeboden mytgaders den alderluden und denghennen de van des coopmans weghene mitten heren to rade gaen to ghaste und hadden ock gebeden de notabilen van Brugghe, baillius, schultetten etc.

75. Item upten derden dach in aprille weren de heren radessendeboden mitgaders des coopmans ghedeputierden bii de 4 leden vergadert upt ghiselhus, daer de deken eerste danckede den van Brugge vor de maeltiit und coste de se en und omme eren willen gedaen hedden, und seghede doe vortan, woe dat de leden to dreen tiden den radessendeboden hadden togheseecht, dat se bi den heren solden trecken umme des coopmans gebreken to remediirne, dar doch noch nicht nae gevolghet en were, und nademe deselven lede so wisse und vast nu lest werf hadden toegeseecht, dat de here acht daghen nae paeschen solde wesen to Riisele, daer hi se bescheidet hadde und horen wolde, dat oock also nicht ghescheen en were, so begheerden de heren radessendeboden to wetene der lede meninge, waerto se sick mochten eyntlick verlaten, myt meer anderen redenen

a) und en solde men K. b) se mosten se K.

[1] *Dieser Punkt wird in der Klage nicht berührt.*

and woirden. Darto de leden verantworden, dat waer were dat se toghesecht hedden dat se bi den heren trecken solden, und dat were en ock also van den cancelliir und den bisschop van Dornike angekomen van miins heren van Burgoengen etc. bete und bevele, men daer ware noch aldus langhe tiid belet ingekomen, doch hopeden de leden dat miin voersegede here in corts van Bruesele vertrecken solde to Rissele vorseget und dar wolden se dan truwelick bii sick senden umme des coopmans ghebreke tot gueder uu[t]dracht[a] to bringhene. Waerup de deken weder verantworde, dat se breven und scriften van den steden van der hense en hedden untfanghen, dat se hilr nicht langher ligghen noch verbeiden solden, wente den der tiidt und swaer coste seer verdrote, und ofte dan de here aldus wolde de dinghen vertrecken so mochten se wal merken, dat jeghen der stede van der hanzen willen und bevele hilr nicht langher en stonde to verbeyden, und begheerden darumme hiirof gruntliken ere meynynghe und wille to wetene. Warup doe de leden verantworden, dat de personen van den leden in desen saken ghedeputiirt al noch nicht gekomen en weren, ock so en was gheen van den burghermeesters van Brugge daer jeghenwoirdich, aldus begheerden se, dat de heren sick liden wolden tot des anderen daghes, se wolden sick darup tosamene bespreken und dan den heren darup een antwort gheven. Daermede scheyden se van danne.

76. Item upten 4 dach in aprille qwemen de heren mitgaders den ghedeputiirden des coopmans weder upt ghiselhuus bi de 4 leden, daer Jacob Hiinghelt weder verhaelde alse des anderen daghes was gedaen, woo dat wal waer were dat de 4 leden to meer tiden den heren radessendeboden toeghesecht und belovet hedden bii den heren to zendene dat doch bii sekeren beletto achtergebleven were. Und wont dan nu de heren radessendeboden twivel makeden in den saken, so segede he, dat de leden vulcomelic betruweden, dat de vorsegeden des coopmans ghebreken in cort solden tot gueder uut[t]dracht[a] komen, went se verstaen hedden, dat de heren en manendaghe neghest komende van Bruesele wolden vertrecken to Rissele waert, dar dan de leden notabelick bii em wolden senden, und begheerden, dat de radessendeboden desgeliics dar mede wolden riiden, mit vele meer anderen woirden. Waerto de radessendeboden verantworden, dat se sick upter antworden wolden bespreken, und begheerden, dat de leden des anderen daghes wolden vergaderen benoden in schepenekamere, dar wolden se dan ere eyn und uterlicke meninghe gheven to kennene, welk de leden also toegeden to doene. Und darmede scheiden se van danne.

77. Item upten 5 dach in aprille do weren de erbaren heren radessendeboden mit des coopmans ghedeputiirden vor de 4 leden in de kamere to Brugge vor de alinge wet van Brugge gheghaen umme den 4 leden ere meninghe und uterste antwort of afscheidene too segghene, daer de wet van Brugge und de 4 leden riiplick vergadert weren umme de heren to horene. Daer de doemdeken van Lubeke updade und verhaelde ersten, wo alle de sakene und gebreken des copmans, doe se hilr ersten mitten vier leden in der handelinghe qwemen, ingheistelt und verhandelt weren, dar se den heren und den coopman toeghesecht and belovet hadden, dat se alle des copmans privilegien wolden unbrokelick holden und daeroff in ghenen gebreken wesen, und alle de poenten de dessen heren anhenghen wolden in scrifte stellen und de bii eren ghedeputierden bii den heren hertoghe van Burgoengen oversenden und vor sine gnaden vervolghen dat daeroff eyn eynde solde worden gemaect, und daeroff solden se een entlick andwort hebben bynnen den tiden dat de 4 leden den anderen poenten, den 4 leden

a) uutdracht K.

und der stadt van Brugge allene angbaende, mit den heren radessendeboden behandelden, dat welke doch also noch nicht gescheen en were, wal dat se en dat van tyden to tyden und van daghen to daghen hadden toeghesecht und belovet to doene, und sunderlinx woe datte here van Burgoengen vor der weke van palmen to Risele wolde wesen und dar wolde he de 4 leden horen und daer solde men dan alle de ponte und gebreken hebben vortgestelt, des allet nicht gedaen en were; also weert ware, dat se des anderen gudonsdaghes und dunredages nae paeschen bi den 4 leden weder up de olde steden und plaetse boven upt ghiselhuus, dar se alle tiit de saken hadden verhandelt, weren geweest umme alle de saken und ponten de noch ute stonden to eyndighen und to sluten, also en were en daerof nicht wedervaren, alse se wal ghemerket hadden, dat de 4 leden en andere solden gheantwort hebben nae geleghenheit der saken den se deden, daerute dat de heren ambassiatores [begeerden][a], up den anderen vriidach nae paeschen voor de gheele wet van Brugge und de anderen lede to komene unde daer wolden se en segghen ere uterste meninghe. Also verhaelde daer de vorsegede here de deken alle de ponten und segede, wo dattet waer were, so se en menichwerven gesecht hadden, woe dat se hiir deme here van Burgoengen etc. und den 4 leden to leeve und to eren van der ghemenen stede van der henze weghene gekomen weren und hiir langhe wal tot 26 wekene to groten swaren costen geleghen hedden und doch weynich eder nicht en hadden beschaffet, und hedden wal gewilt dat se een beter antword dan se up alle ponte untfanghen hebben den heren van [den][b] steden hedden moghen inbrenghen, wente hedden de 4 leden de poente deme heren angbaende vor sine gnaden, bynnen den middelen tiden dat de heren radessendeboden de anderen ponten mitten[c] 4 leden verhandelen wilden, hebben bearbeit dat se darof van siinre gnaden antwort hadden gehadt, so en hii den 4 leden toghesecht was, dat were en also wal to willen gewesen, des doch nicht ghescheen en were; ock alle de poenten den 4 leden samentlick aengaende und de ponte der stad van Brugge allene andrepende weren bii scrifte und bii munde langhe tiit und breet verhandelt, so ervondet sick doch, dat se nae der langhen verhandelinghe de se tosamene bii tuschensprekene bii munde und ock in scrifte lieflick oversproken und verhandelt hadden, so en were en doch daroff ghene poente eder sake ghebetert eder remediert bynnen der handelinghe eder seer weynich, daer se billiken schuldich weren mede ghepait to sine nae den inholden des coopmans privilegien; und also en hebben se den steden van der hense to ghenen tiden daerof enighe erlike antworde moghen scriven, wat se hiir aldus lange bedreven hebben, datwelke den steden van der hensen seer verwonderde und hadden darumme an se ghescreven, dat se nae ghesichte des breefs mitten selven antworde dat se van den leden up alle de poenten und gebreken untfanghen hedden to huuswert komen solden, also en mochten se alsulckes verbodes nicht versitten men se mosten den heren eren oldesten und vrunden de se uutghesant hadden daerinne ghehoirsam wesen; und weren begherende an den 4 leden, dat se noch dat an den heren wilden erwerven mitten iersten se konden, dat van allen den poenten deme here anghaende een eynde mochte worden, und de 4 leden weder mochten krighen de macht van den heren, alse se de van olden tiden hedden ghehadt na den inholde des coopmans privilegien, dat se des heren officiirs und anderen, de den coopman verourechten, corrigieren mochten, und voirt alle andere gebreken insgelike mochten beteren und corrigieren, so se voirtiits[d] alle tiit gedaen hebben, und wanneer de

a) begeerden fehlt K. b) den fehlt K. c) mitten wilden K.
d) voirtiids K.

coopman enich ghebreck hadde, van wat zaken dattet oeck were na den inholdene des coopmans privilegien, dat de coopmanne dan de 4 leden eder een ofte twee van en anroupen mochte umme dat te doen beteren, anders[a] moge gii heron van den 4 leden wal merken, dat de coopman hiir in dem lande nicht en dachte [to[b] blivene], wente dat uynes coopmans saken en siin vor den heren eder sinen edelen rade langhe to vervolghene, men dat se dairumme ju heren van den 4 leden moghen anroupen und tospreken, de saken uuttorichtene und to beterne. Und of gii hiiroff van den heren yet connen verwerven, dat wilt deme coopmanne overgheven in ghescrifte, de sal dat wal den steden van der henzen te sinen costen oversendene, und derghelike van den ponten ungebetert openstaende, de den 4 leden und der stadt van Brugge anegaen, wes ju derof dergelike[c] gelievet vorder to doen und to beteren eder to handelen, dat wilt doch bi deme coopmanne [stellen][d], de hiir jeghenwordich blivet, dat sal den steden van der henzen wal ter kennissen comen, und jo dat eer ghescheen conde wo dat beter were, wente wii uns vermoeden, dat de steden van der henzen daert ane clevet corts worden vergaderende umme relacie to horene van denghenen, dat wii hiir verworvet hebt etc., up dat de steden so vele to bet moghen gepayt wesen. Mit vele meer worden to den voirsegeden saken denende. Und segede vort int slot siner saken: Erbare wiise und vorsenighe heren, alse ick dan gesecht hebbe und gii oeck wel weten, dat wii hiir to groten swaren costen langhe tiit hebben geleghen und doch zeer weynich ghescaffet und ock unse heren und oldesten de uns utgesant hebben uns hebben gescreven to huus to komene, also en moghe wii dat bet nicht wedersitten mer wil dencken uns daerna to richtene mitten iersten, also dancken wii juwer erbarheyt vor alle woldaet, eerweerdicheit und reverencie de gii uns bewiist hebben und juwen wiin hebben ghescenct, and sunderlinx der groter eeren und vruntscap de gii uns bewiseden, dat gii uns to gaste beden, and bewysede uns vele doechden und eeren, dar wii ju hoghelick vor dancken und willen dat oock onsen oversten inbrenghen, dat se ju des in geliken und in anderen saken dancken daer se konnen und moghen, und begheren, dat gii dese unse antworde in dancken nemen. — Doe begheerden de 4 leden, dat de heren radessendeboden een weynich wolden untwiken, se wolden sick bespreken, und darnae deden se de heren weder inkomen und segeden en bii munde Jacob Riingeldes, dewelke de vorsegeden saken int corte verhaelde und seghede aldus: Erbare wise und vorsenighe heren, de doghede woldaet ere und vruntschap, de ju miin heren de stede van Brugghe bewiset hebben, dat hebben se van gueden herten gherne ghedaen und wolden wal dat se ju vele meer eren und vruntschap hadden moghen doen und bewisen. Und seghede voort, alse ju heren dan geleevet heeft to seggene van den anderen ponten, des he sick verdroghe to verhalene wentet in ziinre macht nicht en were, men de weren ghedeelt in dreen. Erst dattie poente angaende deme heren, dewelke het hiir to ziine ghenade nicht en vervolghet en weren, de solde men nu neernstelick vervolghen, dat de mochten tot enen gueden eynde comen, und hadden dartoe gheordineert und ghedeputiirt certeyne personen, de nu en manendage negest komende voir de heren solden riden to Risele und de saken und poenten voir sine gnaden voirstellen und vervolghen toten eynde, und hopeden bii ziinre gnaden also vele te doene, dat se daerof een guede corte eynde sick vermoeden te hebbene, und begheerden van den heren radessendeboden, dat se ere gedeputierden eens deels dar mede wolden biisenden de de saken mede helpen vervolghen, und oock dat se ansaghen de

a) Hier fällt der Schreiber in die direkte Rede. b) to blivene fehlt K.
c) dergelike gelike K. d) stellen fehlt K.

grote nernsticheden de se daertoe doen solden dat de ponte und sake gheeyndighet sullen worden: item de anderen ponten, de den 4 leden samentlick anghenghen, de wilden se nu voertan alle daghe mit den radessendeboden handelen, dat daer oock off een eynde solde worden; und ten derden de saken und ponten de[a] den van Brugge allene anghenghen, de nicht gheeyndighet noch gheterminert en weren, doe begherden se, dat men de alle [in][b] scrifte wolde overgheven, wat der gheeyndighet were und wat dar nicht gheeyndighet were, de wolden se nu vortan handelen und eyndighen to den weghene dat se mit redenen wol sullen ghepait wesen und oock ghene redene hebben sick to beclagene, wente se daroff in ghenen gebreke en wolden wesen. Doe nemen de heren radessendeboden ere vertreck umme sick daerup to besprekene und na rypen berade quemen se weder voir de 4 leden, daer de here deken verhaelde allet ighont int korte dat Jacob Blingelt tevoren ghesecht hadde myt alsulken erliken worden alse daertoe denende, seggende, int erste alse dan de 4 leden segheden woe dat se ere gedeputiirden nu en manendage neghest komende dechten bi den here van Burgoengen to Risele eder dar he were to sendene, d[e][c] se daermede belastet hadden vor den heren alle de saken und poenten deme heren anghaende vor sine gnade uutorichtene und darbii to blivene bet to den eynde und dat de heren radessendeboden desgelike ere ghedeputiirden darbii wilden seynden etc.: darup de erbare here deken verantworde und segede so he vor ghesecht hadde, wo dat se daer langhe tiid hadden gheleghen to groten zwaren costen und se en hedden nicht beschicket und hedden se vor den heren wat vervolghen wilt, de tiit were so lang gheweest se mochten dat lange wal gedaen hebben, und nu weren se bii eren oldesten thuus gheroupen dat dachten se [to][d] vullekomen und en dachten noch en mochten des oock nicht laten, men ghelevede en wat vor den heren to vervolghene und to vorderne dat vor de steden und den coopmanne were, dat se [dat][e] deme coopmanne, de hiir bynnen lants bleven, overgheven in scriften, de solde den steden van der henzen dat wal overscicken mitten iersten; voertmeer alse van den anderen tween ponten, de doch up ene qweme, dat[f] weren de ponte de den leden samentlick anghenghen und oock de den van Brugge allene anghenghen, dat se de mochten weten, se wilden dan dar so vele to doen, dat de heren radessendeboden des mit redenen solden billick ghepayt ziin: dar de here deken up verantworde und seghede, wo dat des nicht van node en were en de ponten und gebreken in scriiften overtogheverene wente se de alle tiidt in scriften hedden overghehadt, und wat ponten de se daeroff gebetert hedden der weren zeer weynich eder mit allen nichtes nicht, heldon se de willen beteren se hebben daer langhe tiids genoech toe gehadt, und hebben de wel 3 eder 4 maenden eder [meer][g] in scriften mit en gehat und oock bii munde verhandelt und dar en were nicht toe ghescheen, doch wolden se noch wat gudes dairtoe doen, dat seghen se gherne und dat se dat solden verhandelen mitten alderluden und coopmanne, den se dar mede belasten wolden, wedervoere en wat guedes nae den inholdene der privilegien, dat solde de coopman den steden van der henzen wal overscriven, se mosten thuus trecken so en ghescreven were und en conden der tiit nycht verbeyden de saken mit en lauger to handelen, und begheerden, dat[h] se dat ere antwort wolden int guede nemen; sunder se dachten noch 6 daghen hiir to blivene umme saken willen de se noch myt deme coopmanne hedden overtesprekene und oock dat se sick bereyden mosten to huuswaert to treckene, konden se bynnen den middelen tiiden wat guedes bii den heren verwerven eder dat se van den

a) den de K. b) in fehlt K. c) dat K. d) to fehlt K. e) dat fehlt K. f) dat were dat de K. g) meer fehlt K. h) dat dat K.

4 leden up alle ponten een beter antword mochten hebben, dat segen se gherne up dat se den heren van den steden een beter antwort mochten inbrenghen den se noch van en untfanghen hedden. Soe begheerden de heren van den 4 leden, dat de heren radessendeboden noch een weynich wolden vertrecken, und deden se na langhen berade weder incomen und begheerden van den heren radessendeboden, dat se hiir noch een wile tiits verbeyden und bliven wolden bet to der tiit dat hore gedeputierden de se by den heren dechten to sendene een antwoord hadden van siinre ghenaden, und bynnen den myddelen tyden so wolden se alle daghe de ponte verhandelen und termineren de daer noch nicht gheendighet en weren etc. De erbaren heren radessendeboden vertrocken buten der cameren und bespreken sick und qwemen weder in und segeden, blivende bii eren ersten proposite, woe dat se thuus gheeyscht weren und en mochten nicht langher hiir verbeyden dan ses eder 7 daghe, in den welken se noch mitten coopmanne mosten besich wesen und ere saken overspreken und sluten dat se mit eme to doen hadden, nychtemyn se wolden noch boven allen tghoen dat se geseecht hadden en gherne to willen und to vruntscappe bliven alse morghen en saterdaghe, namelick upten 6 dach in aprille, den gantzen heelen dach und en manendage des vormiddaghes umme alle ponten und gebreken mit en te recapitteleerne und to verhalene, umme to beseen wat gudes se viinden conden in den saken und wat ponte eder gebreken se willen beteren eder nicht, und na den tiden en denken se nicht breder eder lengher de saken mit en up desse tiid to handelen, und begheerden, dat de 4 leden dat ere andwort wolden int gude nemen. Daerup so scheeden de vorsegeden heren radessendeboden van den 4 leden.

78. Item up de vorsegede tiid und afscheydene doe vermaende her Godert van den Watervate van den Enghelschen lakenen, dat de coopmanne de mochte voren doer dat lant van Vlaenderen und alumme in coerden nae inholdene des coopmans privilegien, und oock vermaende he van den antworde dat eme de 4 leden solden gegheven hebben van den saken anghaende der vrouwen van Ghistele up de eene und Johan Bumgarde burghere to Colne an dander ziide, darumme dat he de saken vor deme Roemschen koninghe vervolcht hadde etc. Daerup so verantworden eme de vorsegeden 4 leden, dat se den heren radessendeboden des anderen daghes dar negest volgende darof wilden ere antwort gheven.

79. Item upten 6 dach in aprill doe quemen de heren radessendeboden samentlick weder vor de 4 leden, umme to resumeren und to verhalen int corte alle de saken und ponten de se van anbeghinne bet up desen dach mit den 4 leden wel 24 weken lang verhandelt hedden, umme beter antword van den 4 leden up alle to untfanghen. Also worden bii den heren radessendeboden alle de ponte verhaelt und ersten so worden dar gelesen de ponten de se mitten 4 leden gehandelt und ghetractiirt hedden, daer doch gheen eyntlick andwort up gegheven was noch datter beteringhe aff gedaen were alset wal behoirde, und van den anderen ponten, dar de 4 leden ere eyntlick andwort up gegheven hedden, der antworde en weren de heren radessendeboden halff tovreden up somighe poenten und up sommighe oeck nicht und de antworde up sommighe anderen ponten gegheven de stonden doncker und unclaer, also dat men de menynghe und dat verstaen van der 4 leden in ere antworde nicht claerliken weten en mochte. Voertmeer so weren dar noch vele andere ponten vortgestelt vor den 4 leden, de noch opene stonden und dar de 4 leden nichtes nicht up verantwort und toeghedaen hedden. Und doe de vorsegeden saken und ponten also allet int korte verhaelt weren, also begheerden de 4 leden, dat de heren radessendeboden wolden en

weynich untwiken, se wolden sick bespreken, und leten de heren weder incomen und seghoden, wo dat de 4 leden dersulven daghes nae middaghe um dersulven ponten willen under sick sulven solden verghaderen und en manendaghe vor middaghe negest volgende dergeliken und alle de ponten claer stellen, de de heren mochten dan mit sick also overnemen, und en diinxdaghe negest comende solden de heren radessendeboden wederumme vor de 4 leden komen und dar solden se en dan dat uterste antwort gheven. Voertmeer so segeden de 4 leden den heren radessendeboden antwort up de Enghelsche lakene, wer de de coopmanne oeck solde moghen voeren in corden dor des heren lants gebede und jurisdiccie, gelijc se vortiits pleghen to doene nae inholde des coopmans privilegien, und spreken aldus, woe dat waer were, dat ere here hertoghe van Burgoengen darup een verbot und ordinancie ghedaen und gemaket hedde, dat he do in sommighen sinen landen und steden verboden hadde und verkundighet, dat men der Engelscher lakene nerghent liiden en solde, men he en heddet en in Vlaenderen noch oock in allen sinen steden dat nicht verkundighet, und se dachten und wolden dat pont oeck voir deme heren vortstellen und bidden sine gnaden, dat de coopmanne de Engelsche lakene in corden mochten dor zyn land stede und [ge]bede[a] voren, der nicht jeghenstaende na den inholdene der privilegien dat gebot dat de here darup gedaen hedde, dat dat den coopmanne nicht hinderen en solde[1]. Item up de saken anghaende der vrauwen van Ghistele und Johan Bumgarden etc., darup verantworden de 4 leden [dem][b] burgermeestere van Colne und segeden, woe dat dat waer were dat se mitter vrauwen van Ghistelen gesproken hedden umme dat se de dachvart de to Guleche begrepen were mitten partien van den Bumgarden holden und besenden wolde und dat oeck de vier leden daerbii wolden seynden etc., de vrauwe hedde en darup verantwort, se en dachte de dachvart dar nicht to besendene wente se presentlirde sick to rechte vor den here den hertoghe van Burgoengen eder vor enen bogheren eder vor den heren dar se justiciabel van rechte were to staene und don em allet dat rechts vermochte, wente desse saken de van Bumgarden vorderden und hedden ghevordert vor deme Roemschen coeningk, d[e][c] en dar breve und rechtere up ghegheven hedde, de saken en qwemen nicht to van enighe feyte, dat mit eren eder mit crachte ofte feyte van orlogien erworven were, men dat qweme toe van enighen schulden und breven de se vercreghen hedden; ock so en were de Roemsche coningk ere rechter nicht wente se were under deme coninghe van Vrancrike eren oversten und under den heren den hertoge van Burgoengen beseten und also en hadde de Roemsche coningk nyen gebot over se, nichte meer dan de coningk van Vranckrike gebot hadde over de sine, und weert dan sake dat men heerenboven wolde up de undersaten van Burgoengen upholden, so moesten se van eren here erwerven in geliken to doene up deghenen de van der plaetse lande [of][d] stede were daert gescheghe. Und begeerden dairumme van deme burgermeester, dat he dat bi der stad van Colne wol[de][e] bearbeyden, dat se biirinne dat beste doen wolden dattet ofgedaen worde und scriven an den Roemschen koning, se wilden oock breve erwerven an horen heren dat de oock scriven solde an den koning, dat he alsulke breve up sine undersaten nicht en gheve und desse sake wederrepe. Dar de burgermester up verantworde, wes de stad van Colne darinne gedaen hadde, dat hedde se den heren und den vier leden to leeve und to willen gedaen, und mochten se noch dar wat gueds inne

a) verboden K. b) dem fehlt K. c) dat K. d) of fehlt K.
e) wol K.

[1]) Vgl. n. 293.

doen, dat wolde he gherne an zine heren brenghen, darinne solden se gherne dat beste doen und guedwillich wesen na eren vermoghene etc. Dairup so scheeden se van der dachvaert.

80. Item upten 12 dach in april quemen bi den heren radessendeboden und des coopmans gedeputiirden in des coopmans huus de ghedeputiirden van den 4 leden segghende und int lange verhalende van den vervolghe derselven heren, wo und wat darto ghescheet were, dat se mitter vrauwen van Ghistele gesproken hadden bii scrifte und munde, und entlick noch toeseggende dat se de privilegien na eren vermoghen und so vele en de anghenghe holden wolden, und dat se ere heren gedeputiirden notabelick bii den heren gesent hadden umme ghereescap und beteringe to vercrighene van den gebreken de des heren officiirs angaen und den heren staen to verseen. Und also de heren radessendeboden lestweif hedden overgheghevèn de ponten van gebreken den vier leden int ghemene und oock der stede van Brugge allene angaende, so hedden se grote vliit darinne ghedaen, men begheerden doch, naedeme de radessendeboden de ghebreken int ghemene und samentlick hadden vervolghet, dat se dan noch verbeyden wolden tot ere gedeputiirden van den heren wederqwemen, wente se dan en up alle poenten hopeden een antwort to ghevene. Waertoe de vorsegeden radessendeboden verantworden eyntlick, dat en dat nicht en stonde te doene, men begheerden, of se enich beter antword hebben mochten van den ponten de in ere macht weren, dat se en dat overgheven wolden, [und][a] verworven [se][b] wes guedes an den heren, dat se dat den alderluden overgheven, de solden dat wal bi den steden van der hense scicken. Also toech do Jacob Riingolt uut siner mouwen ene bescreven antworde, de he den heren overleve[r]de[c], und seggede, dat hiir nu weren sekere van der Nyenporte und Lumbardien und begheerden, dat men dar yemand toevoeghen wolde umme to tracteren alse van der saken und der schaden der van Rostocke, welck men tosegede also to doene. Und darnae [begheerde][d] voert deselve Jacob Riingolt up alsulke gebreken alsse de leden den heren overgegheven hadden een beter antword to hebbene, sunderlinx van den schaden gedaen bi den van Amborch und den van Wismaer, welck de radessendeboden vorseget to sick nemen to des anderen dashes. Und darmede danckeden de van Ghent den heren und coopmanne und begheerden, dat men de stede van Ghendt vorseget wolde hebben recommendiirt umme te holdene de guede vruntschap de tuschen derselver stede und den coopmanne lange gewesen were, und sunderlinx in der draperie wolden ghunstich wesen to vercopene, dar de heren sogeden dat beste in to vorderen und to doene etc. Und darmede scheiden se van danne.

81. Item upten 13 dach in aprill qwemen bi den heren radessendeboden und des coopmans ghedeputiirden in des coopmans huus de burgermeester mit ses schepenen van Brugge und begheerden, of de heren und coopmanne an der antworden de de 4 leden en overgheghevèn hadden nicht en weren tovreden, dat en dan geleeven wolde to beteykenen in ghescrifte sunderlinge de ponten der stede van Brugge allene anguende, wat ghebreken se dairinne hedden und wes se daroff begheerden vor ene beteringe to hebbene, welck en also toegelaten wort. Und doe beloveden se dairoff ere uterlike meninghe upten 16 dach in april negbest volghende overteghevene, wente se van denghennen dat in ere macht were in ghenen gebreken en wolden wesen. Welcke gebreke unde begherte der vorsegeden radessendeboden und des coopmans des anderen dashes was gelevert den van Brugge.

82. Item upten 17 dach in april quemen bii de heren radessendeboden in

a) und fehlt K. b) se fehlt K. c) overlevede K. d) angheende K.

ere herberge beyde burgermeesters mit een deel schepene van Brugge, daer Jacob Rijngolt seghede, woe dat sine heren verstaen hadden, dat de radessendeboden des anderen daghes wolden vertrecken, also quemen se bii en umme orlof van en to nemene, und danckeden vor de vruntlicheit de de radessendeboden bewiset hadden in der handelinghe de se tosamene gehadt hadden, und deden vort untsculdighen, dat de wet van Brugge nicht gheantwort en hedde scriftelick eder muntlick up de begheerten der radessendeboden vorseget, wel[ck]ᵃ toequeme bi den onleden van der Brugger maret und anderzins, dat se doch in cort deme coopmanne wolden overgevenᵇ; mede seggende, dat se hedden gebeden miin vrauwe van Burgoengen de en gelovet hedde dat beste bi den heren to doen in den gebreken des coopmans; und begheerden seer vruntlick, dat se de saken den steden van der henzen also ane brenghen wolden, dat de vruntschap an beyden siiden mochte bliven ghedurich als de aldus lange gewesen hadde, want se hopeden wel, dat alle des coopmans gebreken wal tot guder uutdracht solden comen. Waerup de radessendeboden bi den dekene van Lubeke verantwurden, danckende den burgermeesters und schepene, dat se sick veroetmodighet hedden und bii se weren gecomen. Und segede voert, wes se in der handelinge mit den 4 leden geseghet und gedaen hadden, were geschien int beste, dat se de dinghen gherne tot guder uutracht hedden helpen voeghen und brenghen, und wolden doch wal dat se mit enen beteren eynde to huus weert gekeert hadden; und begeerden und beden, dat se noch bi deme coopman und [sinen]ᶜ gebreken sick trouwelick wolden bewisen, see wolden gheerne de saken so ghevoughelick an ere heren und vrunden brenghen alse conden und mochten, welck de vorsegeden van Brugge beloveden to doene. Und darmede scheyden se vruntlick van ene. Ock sanden deselven van Brugge des avendes den radessendeboden wiin und crude heerlick in groten ghetalen, namelick 40 kannen wiins.

80. Item upten 8 dach in januario rekenden de alderluden mit Johan Swerke und Johans Meye[1], und na den dage hebben desulven weder utgegheven, so ere reckeninge van parselen to parzelen uutwysel, 607 ℔ 5 β 4 gr.

1. Item is betaelt vor der heren paerden, dat se in der herberghen an hoy und stro verteert hadden etc., in all 51 ℔ 6 β 6 gr.
2. Item was gegheven Anthonis Boniin, daer de heren ter herberghe leghen, vor bellesiir van 23 weken 55 ℔ gr.
3. Item was der jouevrauwen bisunder gegheven to verdrinckene 4 ℔ gr. 15 β gr.
4. Item den gezynde d[ar]sulvesᵈ 10 Riinsche guldene maket 31 β 8 gr.
5. Item hedden des coopmans clercke vor wiin van der heren weghene geschenct, vor Malevesie und groenen gingher bii en zulven verteert, und andere diveerse saken ter summen van 32 ℔ 7 β 3 gr.
6. Item hedde Diderick Scriver vor und nae uutghelegbet vor cleyne parchelen, als vor medicine to des dekens behoeff hern Gherd Bote gegheven, und vor sine moyenissen, und cleder und ghelt sekeren cocken und deneren gegeven, ter summe van 11 ℔ 7 β 7 gr.
7. Item hadde Johan Ossenbrinck und Diderick Scriver deren koche, den scaffere van Lubeke, Hans Vedder, den prosenatire van des

a) wel K. b) overgeg K. c) sinen fehlt K. d) darsulves K.

1) Vgl. § 20.

wilne to Brugge, den sardyanten, den garsunen und messelgiers in all 8 ℓ 12 β 6 gr.

8. Item hevet noch Johan Osenbrinck uutgegheven in cleynen parchelen ter summen van 4 ℓ 8 β 11 gr.

9. Item hevet Godeke Wanschede uutleghet in cleynen parseelen ter summen van 6 ℓ 17 β 4 gr.

10. Item vor kovelen, de de heren hedden to paeschen 2 ℓ 14 β.

11. Item was den clerken gegeven voer unkost van berninghe, keersen und pappire, de de heren in des coopmans huse ghedaen hedden, 3 ℓ gr.

12. Item was gegheven Johan Elboken vor sinen arbeit, den he den heren gedaen hadde, 15 ℓ 16 β 8 gr.

13. Item was gegheven Johans May vor sinen arbeit 30 β gr.

14. Item was gegeven des coopmans clerken vor eren arbeyt in der heren saken 4 ℓ gr.

15. Item ore ghesinde tosamene 10 β gr.

16. Item was her Willem van Calven und den deken vor teringhe uut und weder to huus gegheven 57 ℓ gr. 10 β 4 gr.

17. Item was her Hinrick Koling gegheven vor teringhe uut und weder to huus 34 ℓ gr. 16 β 8 gr.

18. Item was her Godert van den Watervate gegheven uut und weder to huus 55 ℓ 16 β 3 gr.

19. Item was her Arnde van Telchten gegheven vor theringhe uut und weder to huus 37 ℓ gr. 13 β 4 gr.

20. Item synt den deken van Lubeke geschenct vor sine moyenisse und arbeyt 2 silveren kannen und 12 schalen, de kosteden in all 34 ℓ 12 β 6 gr.

21. Item hern Wilme van Calven gegheven van ghunsten umme dat he enen witten havick medeghebracht hadde den heren to schencken, de doch untvloech, so weren eme ghesschencket 2 silveren kannen, de costeden in all 18 ℓ 10 β gr.

22. Item synt meyster Johan van Berck ghesschencket 2 silveren cannen und 6 schalen, de kosteden 17 ℓ 11 β 2 gr.

23. Item umme dat Albert Beye groten arbeyt van des coopmans wegene in der heren sake ghedaen hedde, so was eme to vruntscappe geschenct een sulveren kroes und 12 sulveren lepelen, de kosteden 7 ℓ 9 β gr.

24. Item hevet noch Johan Osenbrinck betaelt den barbier unde andere clene parseelen tosamene 3 ℓ 8 β.

25. Item alse de alderlude ere rekeninge sloten, eten se des avondes togader und verteerden in alle 15 β 8 gr.

C. Beilagen.

346. *Brügger Aufzeichnung über den Nachlass der Accise für alle Getränke mit Ausnahme von Wein, welche die Hanseaten zu eigenem Bedarf einführen. — 1448 Mrz. 9 und 12.*

B aus StA Brügge, Ouden Wittenboeck f. 9 b.
K1 2 StA Köln, Privilegiencopiare d. Kfm. eign. B 2 f. 100 b und n. 298 f. 142 b.

Ute dien dat bii den heeren ambassadeurs ende radssendeboden van den ghemeenen steden van der Duutscher hanze, jeghenwoordelic wesende binnen der stede van Brugghe, groot vervolgh ghedaan hadde gheweist omme vry ende quit te zine van assisen van kueyte ende alle maniere van dranke, die de coopliedeu van der voorseiden hanze drinken up hare manscepen binnen der stede van Brugghe, uteghesteken van wine, zegghende dat nar de previlegien die zii daerof hadden ende claerlike daeraf spraken het bemilleden sculdich ware te gheschiene, daerjeghen hi der wet van Brugghe ghesustineirt was ter contrarie, als dat de vorseiden previlegien sculdich waren verstaen te zine van biere ende dranke commende ut Oostland ende niet van der kueyte commende ute Holland ende dar also van ouden tiden gheuseirt hadde ghewoist, ende dat ghemerct de vorseide usance de voorseiden van de(r)[a] wet dat niet en zouden veranderen (moghen)[b] zonder twelen ende consent van den grooten rade van al der ghemeente van der voorseiden stede van Brugghe; so was upten 9 dach van merte int jaer 1447 den vorseiden heeren radessendebodeu bi der voorseiden wet van Brugghe in jeghenwordicheden van den ghedeputerden van den anderen drien leden slands van Vlaenderen verantwoordt, gheconsenteirt ende toeghesett hi den overeendraghene ende consent van den voorseiden grooten rade, die daeromme vergadert hadde gheweist, dat van doe voortan de voorseiden cooplieden van der hanze zullen moghen binnen der vorseiden stede van Brugghe up hare manscepen drinken kueyte ende alle maniere van dranke commende van buten lande van Vlaenderen, uteghesteken wiine, zonder daeraf assise te ghevene, achtervolghende hare vorseide previlegien, niet jeghenstaende de usance ter contrarie. Ende want de voorseiden heeren radessendeboden van der voorseiden antwoorde niet vul ghepayt en waren, hegherende ooc vry ende quit te zine van den 29 miten ende 34 miten, die zii zekeren tiid verleden hadden moeten betalen van den biere dat zii van Oestland deden commen ende up hare manscepen dronken, contrarie haren previlegien also zii zeiden, so was naer zekere traictiet ende handelinghe hi den middele van de voorseide ghedeputerden van den anderen drie leden daerup ghehadt upten 12 dach van der vorseiden maend van merte bi der voorseiden wet van Brugghe verantword ende gheconsenteirt, dat ter eere ende liefde van den vorseiden cooplieden van der hanse zii insghelijx van doe voortan vry ende quit wesen zullen van den vorseiden 29 ende 34 miten meer te betalene, niet jeghenstaende de usance ter contrarie. (Actum[c] ut supra. Donacianus).

D. Gesandtschaftsakten.

347. *Recess der Rsn. der Hansestädte und des Kfm. zu Brügge über die Abhaltung eines Hansetages zu Bremen.* *[1448 Apr.].*

Aus StA Danzig, Schbl. XXI n. 68 2, Papierblatt, flandrische Hand, bezeichnet: Recessus quod Arnt de Telchten apportavit de Bruggis feria 4 post Barnabe apostoli *(Jun. 12)* anno etc. 48.

Want dat recess der gemenen stede van der Duytschen hanze inneheft und verclaert, so wanner de erbaren sendeboden des grootmechtighen heren homeesters van Pruyssen ute Engeland und de radessendeboden der vorscreven gemenen stede ute Vlanderen wederomme een ytlick int ziine to huus gekomen weren und eene van en of beyde samentlick synen beghherliken eynde gheworven noch verereghen en hedden, dat dan 8 stede bii den gemenen steden vorscreven daerto geordiniirt solden holden eenen dach bynnen der stad Bremen, daer ouck de vorscreven here hoemester heft helovet und togesecht ziine vulmechtighen bii to schicken, und

a) der K 3 2, den B. b) moghen K 1 2 fehlt B. c) Actum — Donacianus K 1 fehlt B 1 1

aldaer den gemenen coopman besorghen also en dat duncken solde raedsam, nutte und van noeden wesende[1], und nw sonderlinge vor oghen is, dat desse vorscreven besendinghen, sowal in Vlandren alse in Engeland, meer ziin und komen sullen tod laste, coste und beswaringen des coopmans dan tod vorderinghen und wolvaren: biirute so hebben de vorscreven radessendeboden in eren afscheidene uut Vlanderen vorscreven mit dem coopmanne aldaer overkomen und gesloten und oeck umme dattet groetlick van noeden is vor dat beste gehoren, dat se ten eirsten als se to huus komen na al eren vermoeghen willen anbrenghen den steden de se uutgesant hebben, wes en in eren werven und bodescappen is wedervaren, und dan helpen vorderen und voortstellen, dat de dach to Bremen vorscreven sunder verlaet mit dem allereirsten werde geholden, uppe dat de gemene coopman vorscreven moghe weten, woe he eme na verlope aller saken und legentheyt der tiid voort sowal in Vlanderen alse Engeland zulle richten und holden.

348. *Bericht über Verhandlungen derselben über Besendung des Hg. von Burgund und Bezahlung der lübischen Gesandtschaftskosten nach Dänemark im J. 1447. — 1448 Apr. 14 und 15.*

K aus StA Köln, Hs. d. Kfm. z. Brügge sign. n. 12 (vgl. n. 345 § 9 Anm. 1) f. 163, überschrieben: 1448.

Item upten 14 dach in aprille weren die heren radessendeboden vergadert mitten ouderluden ende des coopmans rade int reventer, dar her Arnd van Telchten segede, woe dat he van den heren homester van Pruysen allene und nicht van wegene der steden des landes van Pruysen vorscreven were wtghesant, und want nu gesecn were, dat de vorseiden radessendeboden an den heren hertoge van Burgondien nicht ridende en worden und sine credenciebreeff, de eme de here homeister vorscreven medegegeven hadde, spreke[a] an den vorscreven heren hertoghe, die grote vruntschap underlinge hedden, und nu oeck sunderlinge ere bodescappe und werve to nyner gueder wtdrachten qwemen, off eme dan die here homeister vraghede, waerumme die heren radessendeboden ende sunderlinge he den vorbenomeden heren hertoghen ere gebreck nicht en hadden to kennen gegheven, de des mechtich were[b] to wandelen etc., wat he dan daertoe solde verantworden. Welke begherte des vorscreven heren Arndes die radessendeboden mitgaders den coopman vorscreven bestaen lieten bet des anderen dages und vergaderden samentlick weder in des coopmans huus. Dair doe bii heren Willem van Calven, burgermeister van Lubeke, van weghene der radessendeboden und des coopmans vorscreven gemeynlic verantwort wert den vorscreven heren Arnde up sine begheerte vorscreven, dat geen noot en were eme te onderwisene van den ghenen datten in eren werve were wedervaren want hii darbii selve altiit jegenwoerdich were gewesen, doch weren sonderlinge saken dat ou nicht geraden en duchte den heren te versoukene, to wetene, wanneer men die heren omme des coopmans ghebreke versochte, soe solden die 4 leden altiit voirtan den coopman wisen to den heren vorscreven; oeck so weren nu de heren und de 4 leden vorscreven uneens, daer eme oeck die coopman nicht tuschen menghen en mochte, und bevruchteden doch boven alle, na den langhe vervolghe dat se mitten 4 leden gehat hebben, qwemen se dan vor den heren, dat se in enen halven jare nicht weder van daer comen en solden. Dit mochte he in der bester wisen

a) spreken K. b) wesen K.

1) Vgl. n. 288 § 28.

ende guetlick den heren homeister anbrenghen, want dat nicht omme enighe anderen sake en ware gelaten, also he selve alle gheleghenheit wiste.

2. Item up deselve tiit begheerde her Willem van Calven, burgermeister van Lubeke, in jegenwoerdicheit der anderen heren, van den coopmannen to hebbene nae wtwisinge des recesses alsodane coste alse de raet van Lubeke vorscreven in den jare 47 vermits eren sendeboden in Deenmarken gedaen hadden, namelic 858 marc Lubekes. Waerup die heren mitten coopmanne sick bespreken in afwesende heren Willems vorscreven, dartoe Hinrick Castorp, Hinrick Wanschede und Johannes Ghebinck segeden, dat ten tiden, als se to Lubeke van des coopmans weghene bii den gemeenen steden to daghe gesent waren, en nicht witlick en were, dat van alsodanen costen je gesproken were gewesen, des se sick oock bereepen heren Godevart van den Watervate und heren Hinrick Kotinge, die mit her Johan Vresen van Bremen und mit heren Jacob Braemsteden gevoget waren, omme mit hem und des coopmans gedeputiirden van London to overkomende van den costen, de men to Prusen waert, to Vlanderen waert und to Vrancrike waert und off des behoeff ware to Engelant wert doen worde. Waertoe de vorseide her Godert und her Hinrick vorantworden, dat dat also warach[tich]ᵃ were, dat se to Lubeke in der vergaderinge der gemenen steden nicht gehoert en hadden, dattie coopmanne to Brugge de costen to Deenmarken solde betalen, des se doch om beters willen alse openbaer sonder de ander twee die mitten gevoeget weren heren Wilme nicht segen en wolden, men were die coopmanne des begerende, se wolden gherne een itlick voir sinen rade seggen, wat en dairoff voirstonde und vordachte. Also was her Willem weder ingeseyachet, dar eme doe van des coopmans wegene geseecht was, dattie coopman vorscreven sine gedeputierden nicht belast en hadde sick to gevene under alsulke coste te betalen, und dieselve gedeputiirden segeden oeck openbaer, wowal dat in dat recessum gescreven stonde [1], so en solde men des mitter warheit nicht biibrengen dat se dat gedaen hadden. Darute was her Willem geheden, dat he dat bestaen lete ter tiit, dat men bescheit wiste van den vieren samentlick vorscreven, went den alle gelegenheit wes daer besproken und gededingt was kundich were. Und daerup mit willen und unwillen tuschen beyden bleeff die saken staende.

349. Recess derselben über Erhöhung des Schosses behufs Deckung der Gesandtschaftskosten. — 1448 Apr. 14.

Kl 2 aus StA Köln, 1) Recesshandschr. 2 f. 148 b, überschrieben: Recessus de anno domini 1448 factus in Bruggis etc; *2) Recesshandschr. 1 f. 141, Abschrift von Kl.*

Int jaer unses heren 1448 upten 12 dach in april was by den heren radessendeboden de uppe [de]ᵇ tiit hiir in den lande weren, by namen her Aernd Westphael, doemdeken to Lubeke, her Willem van Calven, borgermester daerselves; her Godert van dem Watervate, rentmester to Colne und mester Johan van Berck, licenciaet in theologia, myt eme; her Hinrick Kotinck, borghermester to Hamborg und her Johan Rutghers, secretarius darselves; her Arnd van Telchten, raetman to Danzike, unde bi den copman ten Carmers int reventer vergadert overeynghedraghen unde ghesloten umme der kosten willen by denselven heren ghedaen, dat men des coopmans schot verhoghen solde, to weten van elkem punt grote eyne grote to gheven. Welk schot de olderluden sullen entfangen van allen guden, gheide, wessele, schepen und vrachte in de henze behorende, de as pinxtdaghe negest achtervolghende [2] in des heren lande van Bourgonien, alse

a) warach K. b) de fehlt Kl 2.

[1]) N. 288 § 22. [2]) Mai 12.

Vlanderen, Brabant, Hollant, Zeelant qwemen unde ghebrocht worden, bii elkes mans eede. Unde weer dat sake, dat eenand wetens uten vorscreven landen enweck toghe[a] unde dat vorscreven schot nicht en betalde, so sullen de olderlude des vorscreven copmans bii em sulven offte an de stad dar de onhorsaem borgher is den broken vorvolghen und vorderen, so der ghemeynen stede van der hanze recesse dat claerliken utwisen und verclaren[1].

350. *Aufzeichnung über das Abscheiden der kölner Rsn. von den übrigen in betreff der Erhebung des Schosses in Brabant und Holland. — [1448].*

Aus StA Köln, loses Blatt, überschrieben: Res gesta.

In deme jare 47 is van den gemeynen hanzesteden zu Lubeck eyn recesse gemaecht, dat unser heren vrunde dô zu sich genomen haint bis an unser heren ind anders neit, daer etzlige ordinancien ynne gemaecht siint, die weder unser heren burger inde coufflude urber vriheit ind alt herkomen siint ind darumb onbelieft gebleven siint. Der eyn is van schott ind pontgelt zo geven in den landen Brabant, Hollant etc., dar eyn stat van Colne alde privilegia ind vriheit buyssen die hanze weder halt ind der altziit bis aen desse ziit sunder wederstant gebruicht hait etc. Ind darumb eren vrunden, nû in Flanderen gesant, dat selft ernstligen bevoelen zo ondervangen, die sendebeden ind gemeynen couffman darvan zo onderwisen, sulliger ordinancien weder unsere hern burger etc. neit zo gebruchen ind affzostellen, off weulden noch en moechten sii des neit doin, dat dan unsern koufflnden ere vriheit bleve bis an die neste dachvart der gemeynre stede. Dar ere geschikde vrunde anders geyne antwerde vurder van krigen en moechten dan sullige als sii in schriften mytbrecht hant, da dic sendeboden ind der couffman alle dinghe hinderstellen ind deme recesse naegaent etc. Willige antwort unser hern vrunde, da sie neit besser siin en moecht, ouch als vurscreven is myt yn bis aen unser hern genomen hant, altziit up unser hern wailbevallen correctie ind straiffunge ind anders neit.

Sic factum est Bruggis. Johannes de Berka.

E. Korrespondenz der Rathssendeboten.

351. *Danzig an Arnold von Telgeten: erwiedert auf dessen vom 14 Okt* (sonnavendes vor Galli) *datirte Meldung, dass Lübeck keineswegs, wie Jakob Bramstede erklärte, die Auslagen für die Reise der Rsn. nach Flandern vorstrecken wolle und er deshalb Geld aufgenommen habe, welches der Kfm. zu Brügge zurückerstatten müsse:* uns sere vorwundirt und fremde befft, dat gie boven unse bevell juw medegegeven geldt hebbet, und uns were wol to willen gewesen und hadden dat ok gentczliken gehapet, dat gy juw na unser bevelunge gerichtet heddet und weret wedder torugge beynwerth getogen; *befiehlt für den Fall, dass der Kfm. die Gesandtschaftsunkosten nicht bestreiten wolle, unter keinen Umständen Anweisungen auf Danzig auszustellen,* wente wy werden und willen uns nerne mit nichten ingeven gelt uttoleggen — und sulde ok de bodeschopp unsenthalven unvullentagen bliven; *will die verlangte Vollmacht des Hm. auf dem nächsten Landtage auswirken,* und den eynen artikel, den hefft unse here homeister nach in furder bedacht — to sick genommen, alse wy ok den heren van Lubeke hirvan geschreven

a) toghen K.

1) Vgl. n. 288 § 96.

hebbet; *schärft nochmals die Befolgung der Instruktion ein*, keyn gelt up uns overtokopende. — *[1447]* (in vigilia omnium sanctorum) *Okt. 31*[1].

StA Danzig, Missive 4 f. 164.

352. *Arnold Westfal und Wilhelm von Calven an Lübeck: ersuchen um die Uebersendung eines Vidimus des Privilegs der Gräfin Margarethe von Flandern und ihres Sohnes Guido* anrorende den tollen tor Slues *an den Kfm. zu Brügge*, de uns darumme hebben gebeden, wente se des hilr hebben to donde in eren zaken; *Lübeck möge es* mit den ersten gii mogen bii enem wissen manne edder boden, de doch in Flandern mened to reisende, *einschicken* doch dat gii darumme nenen egenen boden dorven winnen. — *[1447]* (vriidages vor nyen jars dage) *Dec. 29.*

StA Lübeck, A. Batav. 1, Or. m. Resten eines Siegels.

353. *Köln an seine Rsn.: theilt das Gutachten der nach England verkehrenden Kölner in Anlass des eingesandten Schreibens des Kfm. zu London mit, dahin lautend, entweder die Preussen zur Besiegelung des Vertrages anzuhalten oder die Frage an den Hansetag in Bremen zu verweisen. — [1447] Dec. 31.*

K aus StA Köln, Copienbücher 18 f. 215 b, überschrieben: Civitas domino Gotfrido[a] et magistro Johanni de Be[r]cka[b].

Eirsamen lieve frunde ind getruwen. As yr uns nu geschreven ind mitgesant hait copie sulcher schriifft, as die eirsamen wiise aldermanne ind gemeyne kouffman van der Duytscher hansse nu to Londen in Engelant wesende an die eirsamen wiise raidessendeboiden der gemeynre hansesteide nu to Brugge in Vlaenderen wesende, unse besondere lieve frunde, gedain haint etc., hain wir waile verstanden ind unse burgere ind kouffiude, die Engelant plegen zo versuechen, so vill der bynnen unser stat waren den meisten deill urre schriifft ind ouch die vurgeroirte copie laissen hoeren. So were unser burgere ind kouffiude meynonge waile, as wir van yn verstain, dat yr mit hulpen der anderre geschickden van den hansesteiden an den Pruysschen raidessendeboiden yerst versoicht ind sii nae ergangenen sachen underwiist, dat sii vuegen weulden, dat die Pruysschen der verraemongen ind verdrage in Engelant geschiet in urem brieve geroirt naegaen weulden, umb zo verhueden, dat unse burgere nyet zo schaden noch wir umb unse vriiheit qwemen, ind die brieve darup helpen besliessen ind besiegelen, want sulchs unsen burgeren ind kouffluden nu waile bevallen seulde. Muchte des aver nyet siin, dat id dan verfangen moichte werden, dat die sachen bliiven bestayn biss dat man sulchs brengen moige an die gemeyne stede to Bremen etc., umb dan mit den gemeynen steiden zo besien, wae man die sache moige laissen, up dat daeentusschen unse burgere ind kouffiude sich mit yrem gude ind kouffmanschafft sii yetzunt in Engelant haven versorgen moigen. Ind bedunckt ouch unsen burgeren ind kouffluden nae geleigenheit nyet nutz siin, dat man den kouffman uss Engelant so heistlich weder roiffe ader eynich darup gesche yer die sache mit alle yrre handelongen an die gemeyne steide weder bracht werden. Hieinne moicht yr uch arbeyden zo dem besten ind as yr meyndt unser stat nae geleigenheit bedunckten sall nutzlich zo siin, as wir uch des ind alles guden gentzlichen getruwen. Unse herre Got sii mit uch. Gegeven up den heiligen jairs avent.

a) Gotfride K. b) Berka K.

1) *Vgl. n. 345 § 20, Abs. 13 ff.*

354. *Desgleichen: erwiedert auf das mit einem Bericht über die Verhandlungen in Flandern und der Einsendung eines Schreibens der sechs wendischen Städte verbundene Gesuch um Verhaltungsbefehle, dass dasselbe Schreiben auch von den Städten ihm zugesandt worden ist mit einem Begleitbriefe, den er in Abschrift beilegt; bestimmt, dass sie in Flandern ausharren* (bii den sachen sonder verdrues volleherden), *da* die gemeyne stelde van der Duytscher hensze van yrre alre weigen die schickonge gemaicht hait, die ouch buyssen yrre alre gutduncken nyet en steit avezostellen, die sachen weren dan zer uyssdracht off zo sulcher gestalt komen, darbii sil resten seulden; *würde etwas vorgebracht, was Köln zum Nachtheil gereichen könne, so sollen sie Köln warnen und verhüten, dass die Kölner verkürzt werden. — [14]48 Apr. 9.*

StA Köln, Copienbücher 19 f. 15 b.

F. Anhang.

355. *Danzig an Lübeck: beschwert sich, dass Tilgeten laut seinem Bericht in Lübeck Geld zur Reise nach Flandern hat aufnehmen müssen, denn die preussischen Städte hätten in die Sendung nur gewilligt, nachdem Jakob Bramstede* up unsem rathwae unde in unser sprekekamer *erklärte, sie sollten nur die Reisekosten bis Lübeck auslegen, die Fahrt der Rsn.* (elk mit veer knechten und eynem junghen und mit 6 perden) *von da bis Flandern werde Lübeck bestreiten; verweist auf sein früheres Schreiben in dieser Angelegenheit, dem gegenüber Bramstede, wie Tilgeten mittheile, mit Unrecht in Abrede stelle, jene Aeusserung gethan zu haben,* meynende mit synen eyden sulkent to beholden, dat he id nicht gesecht heft; *ist bereit den Beweis der Wahrheit für seine Angaben zu führen und ersucht Bramstede anzuweisen, dass er* uns sulkens vordrege. — *[1447 Okt. 31].*

StA Danzig, Missive 4 f. 264 b.

356. *Köln an den deutschen Kfm. zu Brügge: erklärt auf dessen Ansuchen um Einsendung eines Verzeichnisses der Beschwerden der kölner Kaufleute wider Flandern, dass es die ihm bekannt gewordenen seinen Rsn. mitgegeben habe und etwaige Nachträge diesen mittheilen werde. — [14]47 Nov. 3.*

StA Köln, Copienbücher 18 f. 159 b.

357. *Lübeck an denselben: übersendet auf den Wunsch seiner Rsn. ein Vidimus des Zollprivilegs von Margaretha und Guido von Flandern*[a]. — *[14]48 Jan. 26.*

StA Lübeck, adj. A. Bat. 1, Entwurf, bezeichnet: Portata per Henningum cursorem, qui recessit sabbato post Pauli conversionis *(Jan. 27)* anno 48. Etiam ad hanc litteram fuit posita cedula de morte Cristofori. *Beiliegt ein Papierstreif, auf dem bemerkt ist:* Anno 1448 vor purificacionis do wart up dessem breve dem coopmanne to Brugghe gesant en vidimus under des biscops van Hasseborg ingezegel[1].

358. *Der deutsche Kfm. zu Brügge an Lübeck: meldet, mit Hinweis auf den mündlichen Bericht der Rsn., dass die vier Lede von Flandern ihrem beim Abschiede ertheilten Versprechen, den Beschwerden des Kfm. nach Möglich-*

a) *Vor der gewöhnlichen Schlussformel sind im Concept die Worte:* Oh immers gude vrunde, hebbe gy lichte wol gehort van koning Cristoffer, dat he is vor[storven] *durchstrichen.*

1) *Befindet sich im StA Köln, datirt 1448 Jan. 20, vgl. Höhlbaum, Hans. UB. 1 n. 432.*

keit abzuhelfen, in keiner Hinsicht nachkommen; hat in Voraussicht dieses die Rsn. ersucht, für das Zustandekommen der Tagfahrt in Bremen zu wirken, uppe dat de arbeyde der vorscreven heren radessendeboden unde de sware kost des copmans aldus schentlik nicht en bleve vorloren, *und ersucht dringend, dass auch Lübeck dafür eintrete; erklärt,* wii boven juw nemende en weten unse nood unde gebrek to clagene unde gii sunderlinge bii juwer doget den copman gewonen sint na juwer macht to besorgen und to beschermen, *der Kfm. allein könne ohne Zuthun der Städte sich aus seiner misslichen Lage nicht befreien, zumal* wii nu sunderlinge zeer weynich off nyn beschud en hebben van den privilegien, een itlik do wil mach ungestraffet de van der hense vorkorten unde vorunrechten, de des umme Godes unde sines sulves ere nicht en wil laten, alse dat ok wal schinet an den tolner to Antwerpen, dar wii nu myt allen gheen bescheit af en hebben noch en konnen vercrigen; *käme die Tagfahrt nicht zu Stande und würde aller Aufwand an Arbeit und Unkosten vergeblich gethan sein,* so were gescen, dat in nynen tokomenden tiiden de stede noch de copman van der henze myt vruntliken versöke ichteswes an den lande van Vlaenderen solde mogen vercrigen noch verwerven; *bittet um Angabe, was Lübeck zu thun gedenke. — [14]48 Mai 5.*

StA Danzig, Schbl. 21 n. 68 1, lüb. Abschrift.

359. *Münster an Osnabrück: übersendet, unter Hinweis auf sein jüngst* na scrifftliker anbrenginge der van Deventer *an Osnabrück gerichteten Schreiben,* van overdrachten andreppende Hollandsche lakene, *eine Erwiederung der Rsn. und des deutschen Kfm. mit dem Ersuchen, ein Gutachten hierüber baldmöglichst einzusenden, denn es* solde lichte wall kortz by etzlicher stede vrunden werden geopent. — *[14]48* (feria 5 post exaudi) *Mai 9.*

StA Osnabrück, Or. m. Resten d. Secrets.

360. *Köln an den deutschen Kfm. zu Brügge: hat von Godert von dem Wasserfass einen Bericht über die Verhandlungen in Flandern entgegengenommen, wünscht, dass alles zum besten gerathe; ersucht, die 60 ℔, worüber Godert quittirt hat, durch den Ueberbringer einzusenden und 9 benannten Kaufleuten* die eyde van der gnaden *zu erlassen,* up dat mallich bekentlich sii wat he gegeven habe, um die deylonge darnae zo setzen, dat mallich daevan krige dat yem geburt[1]; *hat von Godert erfahren, dass er vom Kfm. 127 rh. Gulden erhalten und bittet auch die 150 Guld., welche Köln zur Ausrüstung und Zehrung vorgeschossen, zurückzustellen,* as yr yem dat zogesacht hait, darzo mit die zeronge, geleitzgelde ind vracht, he as wir ouch verstain, up der wederreisen verlacht ind beczalt hait; *wird über das auf der Hinreise erkrankte Pferd später berichten. — [14]48 Mai 18.*

StA Köln, Copienbücher 19 f. 28.

361. *Der deutsche Kfm. zu Brügge an Köln: erwiedert auf die Forderung um Auszahlung der zu Lübeck stipulirten 60 ℔ an die kölner Bürger, sowie der 225 rh. Guld. Reisekosten an Godert von dem Wasserfass, derenthalben auch Godert dem Kfm. und Johann Ossenbrinck geschrieben habe, dass ein Flamländer Johann Stockmann den auf Gherd Busschman entfallenden Antheil an*

[1]) *Vgl. n. 313 § 16.*

den 60 ß mit Beschlag belegt, Heinrich Kastorp die Johann von dem Walde, Rm. zu Danzig, gebührenden 5½ ß empfangen hat und der Rest im Betrage von 49 ß dem kölner Boten Lewen eingehändigt worden ist; vermag dagegen die 225 Guld. zu seinem Leidwesen nicht auszuantworten, weil die Kölner, mit Ausnahme von Bertold Questenberg und Robert Blitterswijck, sich auf dem letzten antwerper Markte geweigert haben, den von den Rsn. bei ihrem Abscheiden von Flandern in Anbetracht der grossen Unkosten der Gesandtschaft erhöhten Schoss[1] *zu entrichten; verweist auf den zu Lübeck wider die Zahlungssäumigen gefassten Beschluss*[2]*, ersucht demgemäss gegen die auf dem beifolgenden Zettel*[3] *verzeichneten Ungehorsamen einzuschreiten und den auf den Kfm. entfallenden Antheil an Schoss und Brüche einzusenden; will alsdann Godert gern befriedigen, andernfalls* duchte uns unredelick, nademe wii gheen vordel of profiit van der vorseider besendinghe hiir en weten und oeck na den kosten de de coopman umme juwer borgher willen, alse umme der Enghelscher lakene willen, ghedaen heft, dat dan de coopman hiir alleene de last van der vorseider heren koste solde hebben; *bittet um Antwort. — [14]48 Jan. 11.*

StA Köln, Or. m. Resten d. 3 Siegel.

362. *Köln an den deutschen Kfm. zu Brügge: erklärt, dass der Beschluss des lübecker Hansetages über die Erhebung des Schosses von seinen Rsn. nur ad referendum genommen, den Freiheiten von Köln in Brabant und Holland widerspricht und darum auch letzthin in Brügge von seinen Rsn. nicht beliebt worden ist; vermag deshalb dem Verlangen des Kfm., die auf dem antwerper Markte gewesenen Kölner zu bestrafen, nicht nachzukommen und dringt auf Zahlung der Gesandtschaftsauslagen. — 1448 Jan. 28.*

K aus StA Köln, Copienbücher 19 f. 46, überschrieben: Den eirsamen wysen alderluden des gemeynen kouffmans van der Duytscher hansen zo Brugge in Vlaenderen wonende, unsen besunderen guden vrunden. *A. H. von anderer Hand:* Prima littera domini G.

Unse vruntliche groisse ind wat wir gutz vermogen. Eirsame wyse besunder gude vrunde. As ir uns nu mit me worden geschreven hait, dat sendeboiden der gemeynre stede lestewerff to Lubeke vergadert eyns ind to raide syn worden ind hebben mitgaders dem koepman, umb gebrecke die yn an yren privilegien ind vriiheiden geschien, des koepmans schot gehoeget, also dat eyn yecklich van synen gude van elcken ß grait eynen groten Vlemsch geven sall etc., as ure brieff dat mit me worden ynnehelt: gude vrunde, were dat punte geraemslacht mit consente van unsen vrunden, dat were uns swair ind nyet lieff, ind hain darumb mit hern Goedart van dem Wasservasse ind anderen unsen vrunden ind sendeboiden gesprochen ind den ure schrifft vurgelacht, die uns darup bericht haint, dat van der gemeynen hansestede vrunden to Lubeke eyn recess gemacht si, dat unse vrunde zo sich bis an uns genomen ind vorder nyet belieft haint. Ind want dan in dem recess etzlige ordinancion gemacht, die weder unser stat burger vryheit ind alt herkomen synt, nemlich van dem schot ind pontgelde in den landen Brabant ind Hollant etc. zo geven, dar sunderlingen unse stat, burger ind koufflude alde vriiheide ind privilegie buyssen der hansze van haint, darvan si der gevryet synt, der unse burger ouch van langen jairen her sunder wederstant gebruycht haint: dat angesien, hain wir unsen vrunden nu zo leste in Vlaen-

[1]) *N. 349.* [2]) *N. 288 § 30.* [3]) *Fehlt.*

deren gesant datselfft ernstlichen bevolen zo underfangen, die sendeboiden in den gemeynen kouffman zo underwysen, sulcher ordinancien nyet vur unse burger ind kouffiude zo believen, zo gebruchen, upzonemen noch zozolaissen. Were aver dat in dat gemeyne nyet zo geschien, dat unse vrunde dan besorgeden unser stat burgeren ind kouffluden yre vurscrevou vrilheit zo blyven bis an die neeste dachfart der gemeynre stede. Dem unse vrunde, as wir van yn verstain, also nagegangen ind unse vorscreven meynonge vurbracht haint, ind mochten doch darup geyne antwerde vorder krygen dan sii in schrifften mitbracht haint, dayune die sendeboideu ind der kouffman unse vurscreven meynonge ind beveell avestellen ind dem recess vurbaint nazoghain, dat unse vrunde bekroent ind doch mit yn an uns, unse wailgevallen, correctie ind straiffonge zo brengen, genomen haint ind anders nyet, as unse vrunde uns dis alles claerlichen berichtet haint. Gude vrunde, nu moiget ir waill mircken, dat uns unser stede ind burger vrilheit ind privilegie also nyet en stait zo vertzyen noch overzogeven, ind meynen, ure wysheit dat bass betrachten ind die unse sulchs puntgeltz ind beswirnisse, da wir as mircklichen vur gevryet syn, erlaissen will. Ouch besunder gude vrunde, as ir in dem vurscreven urme brieve vort rurt, begerende mit unsen burgeren, die zo Antwerpen gewelst hebben ind boyven boorsom van dair getogen syn, vortzovaren mit den scholte ind broke as dat vurscreven recess utwyst ind uch daraff to senden dat geburlich is, so wilt ir gerne ind gutlichen hern Goedart van dem Wasservasse van dem dat yem gebricht utrichten etc., as ure brieff dat mit me worden inhelt: darup begeren wir uch zo wissen, dat uns sulchs mit unsen burgeren noch nyet en steit vurzonemen bii den reden hie vur erzalt. Dan wir hain hern Goedarde 150 gulden vur uprustonge ind tzeronge gedain ind yem bevolen uns die wederzobrengen, des nyet geschiet is. So verstain wir van demselven hern Goedarde, as der upbruch van den sendeboiden zo Brugge geschien seulde, so syn die eirsamen Goiswyn van Unna und Johann Ossenbrinck zo yem komen ind haven vast rede mit yem gehat ind wairen under anderen worden begerende, want der kouffman zo der zyt groissen last van gelde hette aeszogeven. dat hey dan die 150 gulden ind alsulchen zeronge van Brugge heyme verlegen weulde bis in den nyesten vurleden Antwerper mart, dan seulde yem der koepman dat gelt senden. Darup her Goedart den vurscreven Goiswyn ind Johann weder geantwert hait mit me worden, seulde in die betzalonge yedt unraitz vallen, dat sii yn dan sulchs untroegen, hey en weulde des gelts an nyeman dan an yn gesynnen, dat sy yem ouch genaligen[a] zogesacht haint, as wir verstain. Der vurscreven her Goedart sii des bii brenger des brieffs mit syns selffs schrifft vorder verynnicht. Seulde nu eynich hinder of beleet an der betzalongen syn, weulde uns beduncken na gelegenen sachen, hern Goedarde unbillich geschege ind is darumb ouch unse begerde, dat ir hern Goedarde die vurscreven 150 gulden ind ouch die 75 overlentzsche Rinsche gulden ind eynen halven, die up dem wege heymwort vertzert ind usgegeven synt, as vurscreven is, sonder vorder vertzoch schicken wilt. Wir verstain ouch, dat hern Goedarde die 127 gulden ussgericht synt. Vort bidden ind begeren wir noch as vur, unsen burgeren ind koufluden, der namen wir uch in unsen vurbreven beschreven geschickt hain, die eide van der guaden antreffende die 60 ℔ avezostellen, up dat mallich bekentlich sii, wat hey gegeven have, ind die deillunge darna zo setzen, dat mallich davan kriige dat yem gebart, anders beduchte uns, dat die deillunge nyet wail gelich zo moechte ghain. Ind wilt uch lieve frunde in desen vurscreven

a) [illegible] K.

maken as fruntligen bewisen, as wir des lad alles guden genaligen getruwen urre ersamer wisheit, die unse herre Got zo langen ziiden gesparen wille. Gegeven des 28 dages in junio.

363. *Danzig an den deutschen Kfm. zu Brügge: fordert dringend die Berichtigung der Unkosten Arnolds von Telchten, um die er nach seinem Bericht vergeblich eingekommen ist; weist darauf hin, dass Telchten allein das Abkommen befolgt hat,* wonach elk bode mit 6 perden unde nicht mer komen sulde, dath doch mit alle den anderen sere haven de mate gegan is; *fügt die Rechnung Arnds über seine Auslagen auf der Reise von Danzig bis Lübeck im Betrage von* 118 *ℳ* myn soesteyn schot geryngen geldis Pruscher munezo *bei und droht, dass die Städte im Nichtzahlungsfalle in Zukunft für den Kfm. nichts mehr thun werden. — [14]48 Jul. 6.*

StA Danzig, Missive 3 f. 1.

364. *Der Hm. an den deutschen Kfm. zu Brügge: hat von Arnd von Telgeten einen Bericht über die Verhandlungen in Flandern erhalten, wonach ihr Ergebniss nicht dem Aufwand von Arbeit und Mühe entsprochen habe, die vier Lede jedoch dem Kfm. beim Hg. das Inkraftbleiben seiner Privilegien auswirken wollen; fragt an, welchen Bescheid der Kfm. erhalten hat; verwendet sich für Arnd, dem nach seiner Aussage 1423 einiges Korn auf dem Zwin weggenommen worden ist, dass der Kfm. ihm von den von Flandern bewilligten und zum Theil bereits gezahlten 8000 ℔ Entschädigungsgeldern 50 oder 60 ℔ gr.* uff rechenschafft und so lange das en clar gerechent werde *auskehre; ersucht um Antwort. — Wartsch, [14]48* (Margarethe) *Jul. 13.*

SA Königsberg, Missive 16 f. 318.

365. *Der deutsche Kfm. zu Brügge an Köln: berichtet, dass er noch keine Antwort auf sein Schreiben hinsichtlich der Gesandtschaftskosten Goderts von dem Wasserfass erhalten hat, dagegen Goswin von Unna und Johann Ossenbrinck von Godert ernstlich um Zahlung gemahnt worden sind* up dat toseghen, dat so eme deden, als he van hiir vertrecken wolde; welkes scrivens — dezelven Goeswiin und Johan nicht tovreden en ziin und weren daerumme begherende, dat wii se daeraff, alse wii van rechte schuldich weren, wolden untlasten; *bekennt demzufolge, dass jene beiden* nicht van erer eghenen persoonen weghen men ute laste und bevele des ghemenen copmans *Godert die Zusage der Zahlung ertheilt haben, und erklärt, dass er Godert gern befriedigen wolle, sobald die Kölner* holden und vulkomen datghene, dat bii heren Goderde und den anderen heren radessendeboden umme erer kosten willen upghestelt und verramet ist, daer doch nymand van der hense en waert in enigher wiise uutgescheden; *ersucht darum, Godert anzuweisen, jene beiden nicht ferner zu behelligen. — [14]48 Aug. 10.*

StA Köln, Or. m. Resten d. 3 Siegel.

366. *Köln an Lübeck: weist die Beschuldigungen Lübecks als ungegründet zurück; setzt seine Stellung zur Schossfrage auseinander; ist nach wie vor bereit, auf dem nächsten Hansetage darüber zu verhandeln. [1448] Aug. 19.*

K aus StA Köln, Copienbücher 19 f. 64, überschrieben: Burgermeisteren ind raitmannen der stat Lubike. *Zum Schluss v. II. v. anderer Hand:* 2 litera dendal G.

Unse vruntlige groisse ind wat wir gutz vermoigen. Eirsame wiise besonder gude vrunde. As ir uns nu nellagen up unse vurschrifft geschreven ind geantwert hait ind under anderen worden in dat yrste roirt, dat ir wale gemeynt hedden, wii uns anders bewiist seulden haven dan gii nu beryndet etc.: sulcher schrifft beduncket uns geyne noit syn, want wir uns nyet gerne anders halden off bewiisen seulden dan uns vur ere unser stede ind vriiheit unser burgere zo behalden billich geburt, ind hain ouch dem alderman ind gemeynen kouffman nyet myn gedain dan uns na antzale geburlich is. Ind as ir vort schriift van dem recess zo Lubeke gemacht etc., weren unse vrunde darbii geweist umb antohoeren ind nycht eyndrechtlike mit yn te slutene, ind off eyne yeckliche stat as yre sendeboden zo huyss komen annemen ind avesetten seulde na dat yr even kompt so were die vergaderonge der gemeynre stede van cleynen werde etc.; wir hain unse vrunde gewonlichen zo den gemeynen dachfarden geschickt, die sich anders nyet darynne gehalden hain, as wir meynen, dan geburlich ind gewonlich is, ind meynen, dat geyne vrunde den steden yre friiheit ind der burger reicht gerne up den dachfarden oever seulden geven buyssen der stede wissen ind consente van der wegen sii uyt synt. Uns beduncket oick, dat eyne yeckliche stat vur yre andeill billichen in die verramongen die up den gemeynen dachferden geschien zo sprechen haven, doch nympt uns vreymde, dat man sulchen bynder as uns an deme recesse is, gemyrckt dat dat as redelichen durch unse vrunde zo Brugge der stede sendeboiden vurgehalden is, as vill wederstantz deit, want dat recess ye unse burgere in Brabant, Hollant ind Zelant etc. durch unser alder vriiheit ind herkomens wille nyet drengen seulde. Ir moight ouch van unsen vrunden wail verstanden haven, off die sendeboiden ind kouffman des nyet also verstaen en seulden, dat dan yre begerde geweist is, dat man dan unse burgere yrre vriiheit ind herkomens gebruchen seulde laissen, beheltnisse mallich syns reichten bis zer neester dachfart der gemeyner geschickter off gedeputierder stede zo Bremen off anderswa, da dan na reden ind wederreden zo doin wat billich ind geburlich were. Seulde nu syn gemeyne beste nyet zo underhalden siin sunder unser stede Colne yre privilegie, da man unse vurfaren bii gelaissen hait, zo mynren, beduchte uns unhoirlich. Ind as ure eirberheit in der vurscreven schrifft vort roirt, wie gii uns to anderen ziiden vermydz uren brieven geclaegt hebben, dat unse burgere ungehoirsam weren dem kouffman dat scholt to betalen etc.: darynne is unse meynunge noch schrifft nye anders zo verstaen geweist, dan nadem man van 1 *ℓ* gr. 3 Engelschen geven sall van alme gude dat in Vlaenderen kompt und da opgeslagen wirt umb zo verkouffen, dat unse burger dat gelilich anderen kouffluden in Flaenderen betzalen sullen, aver seulden sii sulchs geven in Brabant, Hollant ind Selant etc. van deme gude dat se dar verhanteren, were weder unse privilegie ind vriiheit vurscreven ind hain dat ouch also nyet verstanden, doch erbieden wir uns des noch as vur zo der vergaderongen zer neester dachfart vurscreven. Ind as ir vort roirt, moecht ir der cost in Brabant unthaven syn, die yre alzyt umb unser burger willen doet, ir seuldet des schotz gerne untberen etc.: so ir dat beweert bii dryn van den unsen, den ir sunderlingen bystant gedaen hait, des wir uch dancken, doch as unse burger ind kouffIude zo Brugge, in Engelant ind up anderen steden, da des kouffmans leger is, syn schot reicht beczallt, ist geburlichen, dat men den ast noit geburt weder hulffe ind biistant doe van dem gemeynen gude, dat daromb van den steden zogelaissen ind belieft is. Dan wir hain ouch vurtziiden d[i]cke[a] swaer vervolgh mit schrifft ind botschaft durch des kouffmans versueck gehat ind gedain, da wir gutwillich ynne syn ge-

a) dacke K.

weist, da wir doch nu nyet gerne veel verbaighs van machen seulden. Pliet ever der alderman van dem gemeynen gude vur den kouffman der hansze vorder dan in Vlaenderen geyn vervolgh zo doin, so sii wir oevell underwiist; ouch as in Franckriich off anderswar dem kouffman yedt geschuyt, ast wail gevreischt is, dat laissen wir uns beduncken der kouffman van dem gemeynen gude zo vervolgen pliet. Nyet die myn, were eynich unser burger in Brabant, der syn schott to Brugge nyet gegeven en heide, der gifft id billichen zo Antwerpen off anderswas in Brabant da hey were. Boyven dit allet, gude vrunde, bedunckt uns, uch geyne noit syn, angesien unse redeliche geboirde ind verantwerden, dese sachen bii sodaen lichten ursachen, wir in urre schrift verstain, tgain uns zo beherden. Geve Got, dat alle ordinancien in recessen der hanszestede geraitslacht also hertlichen vervolcht weren worden zo halden as id mit uns nu vurgenoymen wirt, bii aventuren sii clagen nu die dan swigen seulden. Dat ouch her Goedart van dem Wasservasse gepant ind yem syn verlachte gelt vurunthalden sall werden umb der gebreche wille der kouffman mit uns usstaende meynt zo haven, ind der wir off Got wilt wale zo vreden sullen komen, dunckt uns yem ungutlich mit geschayt bii reden in unser vurschrifft geroirt. Ind begeren, dat ir uch darynne ind den anderen vurscreven stucken umb vorderen unwillen zo verhoeden bas untsynnen wilt. Unse herre Got sii mit uch. Datum etc. 10 augusti.

367. *Brügger Aufzeichnung über die Bekanntmachung des Privilegs des deutschen Kfm., in bürgerlichen Rechtsfällen sich aus dem Gefängniss verbürgen zu dürfen. — 1448 Aug. 29.*

B1 1 aus StA Brügge, 1. Nieuwen Groenenboeck onghecotteert f. 32, überschrieben: Dat de cooplieden van der Duutscher hanze niet vanghelic en syn om civile zaecken. *2. Sentencien civiele (in fol.) 1447–1453 f. 56 b.*

Upten 29 dach van oughste int jaer 1448 so was ghebeden te commene in scepenen camere van Brugghe de balliu ende scouteeten van Brugghe metgaders den sheeren cnapen van Brugghe ende den vanghers ende heriders van den vryen ende voort de balliu van den Oudschen, van den Ziesseleschen ende van den Proosschen[a] metgaders haren dienaers ende vanghers. Denwelcken was ghezeit ende te kennene ghegheven ter presentie van den ouderlieden van der Duutscher hanze, hoe dat de cooplieden van der vorseiden hanze ghepreviliegiert zyn beede by den graven van Vlaendren ende bi den vier leden van denzelven lande, als dat men de voorseide cooplieden niet vanghen en mach ende in vanghenessen leeden van civilen zaken ende van zaken daer noch lyf noch let an cleift, by also dat de coopman boorghen stellen wille of dat by zo vele goeds heift daervooren by ghevanghen es. Ende want in tyden verleden contrarie den voorseiden previlegie eenighe dienars hadden zekere coopliede ghevanghen zonder die te laetene verboorghen ende mids dien ende zekere andere ghebreken zo hadden in dit land ghesonden ghewest eene notable ambassade van radessendeboden omme de voorseide ghebreken gherepareirt te zine. Ende was handelinghe ..... (cetera)[b] desiderantur.

368. *Köln an den deutschen Kfm. zu Brügge: wiederholt die Mahnung um Befriedigung von Godert, sei es durch den Kfm., sei es durch Goswin von Unna und Johann von Osembruck, auf deren Zusagen hin Godert die Auslagen gemacht; verlangt die Einsendung einer Antwort auf dieses wie auf*

a) Proosschen B2. b) cetera B2, in B1 Lücke.

sein erstes bisher nicht beantwortetes Schreiben durch den Ueberbringer. — [14]48 Okt. 5.

StA Köln, Copienbücher 19 f. 77 b.

369. *Der deutsche Kfm. zu Brügge an Köln: erwiedert auf n. 358, dass er n. 350 am 11 Jun., 7 Jul. und 30 Aug. beantwortet hat und diese Schreiben nach Ausweis der Repliken von Köln an ihre Adresse gelangt sind; hatte gehofft, dass Köln,* umme vruntscap und eendracht tusschen den ghemenen coopmanne van der henze to underholdene, *sich* guetliker in desser saken solde hebben bewiist, dan wii noch konnen vernemen; *meldet, dass er die Hansestädte um Rath befragt hat, weil* umme der weygeringhe willen dat juwe burghere doen in den schote to betalende, und sunderlinghe dat gii en daerto willen und vulbort hebbet gegheven, groot unwille und moyenisse hiir tusschen den coopluden is gheresen, want de van Liiflande, Pruysen und anderen steden van der henze, de to Antwerpen ere kopenscap ghehantiert hebben, nu gheliiker wiise dat juwe burghere doen weyheren datzelve schot to betalene; *wird sich nach den Anweisungen der Städte richten; versichert,* wii hebben hiir dagheliex so vele anvals van unghevoechten und verdrete, dat wii der moyenissen under uns zelven to makene liever solden untberen, daer uns dat sonder achterdeel und verkortinghe des coopmans mochte gheboren. — *[14]48 Okt. 14.*

StA Köln, Or. m. Resten d. 3 Siegel.

370. *Der deutsche Kfm. zu Brügge an Köln: hat auf eine Anfrage bei den Städten, ohne deren Rath er gegen die Kölner* mit hardicheyt ofte haeste *nicht einschreiten wollte, zur Antwort erhalten,* dat ere meninghe und wille is, dat juwe vorscrevenen borghere zullen und schuldich ziin in allen plaetzen daer andere cooplude van der henze schot gheven in gheliken to doene; *übersendet ein hierauf bezügliches Schreiben der Städte an Köln und ersucht dringend, dass Köln, in Anbetracht der in Folge der Zahlungsverweigerung der Kölner bereits entstandenen Zwietracht unter den Kaufleuten, die Seinen anweise, den seit Pfingsten schuldigen Schoss zu zahlen und in Zukunft dem Kfm. gleich den übrigen Hanseaten zu gehorchen, andernfalls müsse er* (van noeden und eedes weghene) *den Recessen und Statuten gemäss vorgehen; verlangt eine endgültige Antwort* (juwe eyntlike menynghe) *durch den Ueberbringer. — [14]48 Nov. 10*[1].

StA Köln, Or. m. Resten d. 3 Siegel.

371. *Auszüge aus den Stadtrechnungen von Deventer. — 1447 Okt. 26 — 1448 Apr. 24.*

Aus StA Deventer, § 1, 3–7 aus der Rechn. von Willem ter Kolibe 1447; § 2 aus der von Dirc Splitof 1447; § 8–14 a. d. v. Hermann Haering 1448; § 15–17 a. d. v. Dirc Gelmer 1448.

1. Item des donredages dairnae (11000 megede)[2], doe scepenen ende raet den sendeboeden van Lubick, van Dansick ende van Homborch to gaste hadden, vertert opt raethuys 46 gl. 2 ₰.

2. Item bi oreden angebracht scepenen ende raet den sendeboden van den Oesterschen steden des manendages to myddage ende des diinxdages hem ge-

[1]) *Vgl. n. 524 ff.* [2]) *Okt. 26.*

selschap gedaen ter Steernen ende beide gelage geschencket, doe [men][a] eil des sonnendages tevueren opt raethus gehad hadde to gaste, verdroncken myd den raede toesamen die twe gelage 55 gl. 6 ₰, 2 pl. 2 br.

3. Des saterdages na estomihi[1] Evert Kriit, die gereden was toe Zutphen ende sprack myd den raede aldair van der sake dat die sendeboeden ende alderlude van der Duytscher hanze die Leidessche ende sommige andere Hollansche lakenen toe Brugge toe stapel hebben wolden, vertert 2 gl. 2 ₰.

4. Op den sonnendach invocavit[2] Gerloch gegaen toe Leyden, dair wii screven ende copie saanden als wii screven an den sendebaeden ende alderluden van der Duytscher henze toe Brugge van den Hollanschen laken etc. die men toe Brugge to stapel hebben wolde, ende liep voirt toe Brugge an die sendebaden ende alderlude vorscreven, to tergelde gegeven 4 gl. 6½ ₰.

5. Op denselven dach Reyner Scroeder, die genck to Munster myd enen brieve, inholdende woe die sendeboeden ende die alderlude van der Duytscher henze to Brugge tractierden omme die Leidessche ende andere sommige Hollansche lakenen toe Brugge ter hallen te brengen, begerende van hem die henzestede bi hem gelegen bii een te scriven ende raet dairop te hebben etc., gegeven 1 gl. 10 ₰.

6. Des saterdages dairnae[3] Engbert die loeper, die myd der andere stedere boeden gegaen was an die dyngespele in Drenthe myd brieven, inholdende dat sii hielden salke uytsprake als der stede raetsendeboeden to Vollenhoe uytgesproken hadden, ende liep voert to Groningen myd enen brieve, inholdende van den lakenen die die sendeboeden ende alderlude van der Duytscher henze to Brugge to stapel hebben wolden, gegeven 3 gl. 12 ₰.

7. Des saterdages dairnae (s. Peters dach)[4] Kelrehals gegaen toe Zutphen myd enen brieve ende copie eens briefs, als die sendeboeden van den Oesterschen steden van Brugge hier gescreven hadden van wegen eens borgers van Campen, gegeven 4 ₰.

8. Bi Kollick[5] angerekent der stad ridende boode van Nymmegen, die in Vlanderen gereden was an die sendeboden der Oesterschen stede om der sake willen der lakenen die sii to Brugge ter hallen hebben wolden, gegeven 16 ℔ 7 kr. 3 oircken.

9. Item bi Kollick[5] angerekent der stad bode van Munster, die om derselver saken willen gegaen was an die sendeboeden vorscreven, die lange lach in Vlanderen nae der antworden, gegeven 14 ℔ 7 kr. 2 oircken.

10. Des donredages nae oculi[6] Kelrehals gegaen to Munster myd enen breve, sprekende raet te hebben myd den anderen henzesteden in oeren hoeke te verscriven an die sendeboeden der Oesterschen stede te Brugge wesende, afgestalt te werden die Hollansche lakenen te Brugge nyet allene ter hallen te komen; de drie dage nae der antworde wachtede, 1 ℔ 14 kr.

11. Op palmdach[7] Boldewiin gelopen to Munster myd der stad boede van Munster, die quam van Brugge van den sendeboeden der Oesterschen stede, omme copie to senden des die sendeboeden hem ter antworden gescreven hadden, gegeven 1 ℔ 6 kr. 2 oircken.

12. Op denselven dach[8] een boede van Brugge den die raetsendeboden

a) fehlt D.

1) 1448 Febr. 3. 2) Febr. 10. 3) Febr. 16. 4) Febr. 23.

5) Der Amtsvorgänger Hoerings, dessen Amtsjahr am 22 Febr. ablief.

6) Febr. 29. 7) Mrz. 17. 8) Ostern, Mrz. 24; der Bote erhielt an diesem Tage seinen Lohn, traf jedoch jedenfalls vor Mrz. 19 ein.

van den Oesterschen steden hier gesant hadden umme hem geleide te werven van den graven van Benthem ende den junckheren van Brunchorst, die lange wachtede nae den geleidesbreven, gegeven 1 ℔ 14 kr.

13. Des dinxsdages nae palmen[1] Boldewiin gegaen to Zutphen omme an den juncker van Brunchorst te scriven, den sendeboden der Oesterschen stede geleide te geven, die voirt liep an den juncker van Brunchorst myt den brieve van Zutphen, gegeven 5 kr. 1 orcken.

14. Op denselven dach een bode gelopen an den graven van Benthem, oic omme den sendeboeden der Oesterschen stede geleide te geven, gegeven 15 kr. 1 oircken.

15. Die raetsendeboden van Lubick, Hamborch ende Dansike, doe sii wedergecomen weren van Brugge des avendes op raethuys collacie gedaen, voir kruyt, schalemazeye ende wiin tosamen 8 ℔ 6 kr. 1 oircken.

16. Die[2] raetsvrende van Lubick in Geerd Kruits huys des avondes ende des myddages dairnae vertert 5 cronen ende 1 Arnoldus gl., ende die van Homborch in Egbert Eskens huys 8[a] hern ℔, ende die van Dansike in Bruggers hus 4 gl. 12 butken, ende na angebracht 11 laken[b], maken 29 ℔ 1 kr.

17. Item des woensdages nae cantate[3] Duetighem ende Avereng, die myd den raetsendeboden van Lubick ende Dansike ende Homborch to Goer toe gereden weren ende een nacht ute weren, vertert 3 ℔ 3 kr. 1 oircken.

372. Auszüge aus den Stadtrechnungen von Brügge. — 1447 Nov. — 1448 Apr. 17.

B aus StA Brügge, Rechnung v. J. 1447/48 f. 33 b — 36; § 4 auf f. 34.
Gedruckt: aus B Gilliodts van Severen, Inv. d. arch. de Bruges 5, 5 S. 407 f. (nicht ganz vollständig).

1. Item ghegheven van costen, lasten ende diverschen zendinghen die de stede ghehadt heift bi causen van der ambassade van den ghemeenen coopman van den Oosterlinghen: Eerst ghepresenteirt denzelven te haren eersten incommene in crude, waslichte ende in wine 6 ℔ 6 β gr.; item ghepresenteirt denzelven naer harlieder vorseit incommen telken zondaghen ende telken andere feestelike daghen binnen 5 maenden en alf dat zii hier binnen der stede waren 53 ℔ 12 β 6 ₰ gr.; item ghegheven van costen ghedaen binnen derzelver tiit dat zii metgaders den ouderlieden van der Duutscher hanze van deser stede an deen ziide, den borchmeesters, twee scepene, 2 raden ende twee pensionarissen mitgaders den ghedeputeirden in notablen ghetale van den anderen 3 leden an dandere, alle daghe vergaderden ende traicticı hilden up de groote zale in scepenen huus den voorseiden tiit gheduerende, 30 ℔ 10 β gr.; daer comt up al 90 ℔ 10 β 6 ₰ gr., valent 1194 l 6 β.

2. Item 12 in decembre ghesonden meester Claise Langbaert, Joose van den Stichele, Donaes de Maer ende Janne van Aertrike ende Jacoppe van Rareschotte metten Oesterlinghen voorseit te Ghent, waren ute 18 daghen, comt 18 ℔ 15 β gr., valent 225 l.

3. Item den lacsten dach van maerte ghegheven[4] den radssendeboden den ouderlieden ende den notablen van der Duutscher hanze metgaders harlieder state ende familien, daer miin heeren de officiers miins gheduchten heeren, de

a) In der 2. Aufzeichnung dieses Paragraphen heisst es 7 ℔ ende 18 kr., letztere sind in der Zeichnung durchstrichen und 7 in 8 corrigirt. b) Die 2. Aufzeichnung hat 4 quart anstatt 11 laken.
c) Gilliodts ergänzt: ons wettike wethys. Vgl. n. 365 § 12.

1) Mrz. 19. 2) § 16 befindet sich in fast wörtlich gleicher Fassung auch auf der Rückseite von n. 412 eingetragen. 3) Apr. 24.

borchmeesters, de wet ende alle de notablen van der stede metgaders den ghedeputeirden van den drie leden ghebeden waren omme hemlieden gheselscip te houdene, coste 73 ℔ 15 β 8 ₰; item ghegheven den zot van den voorseiden Oosterlinghen eenen zidenen kerle, verwapent in bordure metten stede wapene ende ghebraeut[1] met rooden satine, coste 6 ℔ 16 β gr., comt up al 80 ℔ 11 β 8 ₰, valent 967 l.

4. Item 4 in april ghesonden Bernaerde van den Vrouke ter Nieupoort met van den Oosterlinghen, was ute 2 daghen, comt 4 β 4 ₰, valent 40 β.

5. Item 9 in april ghesonden meester Claise Lanchaert ende met hem Jacop van Raveschote als wethoudere te Valenchiennes up tvorseide stic van den Oosterlinghen, waren ute 33 daghen, comt 10 ℔ 10 β gr.; item doe ghesonden Joosse van der Stichele ende Ghilaine van Theimseckin metten voorseiden meester Claise, mids dat die van Ghent daer vele ghedeputeirde hadden, waren ute 28 daghe, comt 14 ℔ gr.[2]. Doe ghegheven van diverschen scrifturen ghemaect bin dertelver tiit up haerlieder stic 38 β gr.; item 28 in meye ghesonden meester Claise Lanchaert metgaders Jacoppe van den Vagheviere ende Joorisse van der Vlamincpoorte tAtrecht bi onsen gheduchten heere upte pointen die de voorseiden Oosterlinghen voortghestelt hadden, waren ute elc 20 daghen, comt 15 ℔ gr.; item doe ghegheven van scrifturen ende supplicarien den vorseiden sticke angaende 32 β 4 ₰; comt up al 40 ℔ 4 gr., valent 588 l 4 β.

6. Item 17 in april ghepresenteirt den voorseiden radessendeboden ten haren vertreckene ende oorlof nemende in wine, sucade, groenen ghiinghebeere, tregie ende andere diversche confeczie omme te harlieder landewaerts te voerene, costen 12 ℔ 16 β gr., valent 153 l 12 β.

373. Auszüge aus der Stadtrechnung von Ghent. — 1447 [Nov. 17]. — 1448.

Aus StA Gent, Rechn. 1447/48 f. 355 b — 387 b.

1. Item Stevin van Lyedekercke, Arend de Brune, scepenen van der kuere, Jan de Zaghere, scepene van ghedeele, ende met hemlieden meester Jan van der Eecken, pencionaris, reden te Brugghe metten anderen leden tslands ter dachvaert omme tstic van den Oosterlinghen ende anderen zaken angaende dezen lande, waren ute de vornomeden Stevin ende meester Jan elc 12 daghe ende de vorseide Arent ende Jan de Zaghere elc 9 daghe, met 3 perden, te 6 β gr. sdaeghs, comt 12 ℔ 12 β gr.

2. Item Joos van der Muelne, scepene van der kuere, Jan de Zaghere, scepene van ghedeele, ende met hemlieden meester Jan van der Eecken, pencionaris, reden te Brugghe bij den andren leden tslands van Vlaendren omme tstic van den Oosterlinghen ende vele andere diverse zaken, waren ute elc 18 daghe met 3 perden, te 6 β gr. sdaeghs, comt 16 ℔ 4 β gr.

3. Item verleyt bij den vornomeden meester Jan van der Eecken van den lettre van den Oosterlinghen te doen copyerne ende de andworde te doen grosseerne, 12 gr.

4. Item Gillis van der Zwalme, scepene van der kuere, Jan de Raed, scepene van ghedeele, ende met hemlieden meester Jan Hiim, pencionaris, reden te Brugghe den derden dach van laumaent metten anderen leden tslands van

[1]) Gilliodts verweist auf Kilian: brauwen, ornare, comere. [2]) Am 9 Mai wurde Josse van Theimeckin in anderen Geschäften nach Lille zum Hg. gesandt ende mids dat hi daer bliven moste metten anderen ghedeputeirden up tstic van den Oosterlingen kam er erst am 20 Tage nach Hause. (Rechnung f. 35 b).

Vlaendren omme der zaken angaende den Oosterlinghen, den lande ende der stede van Brugghe, waren ute ten 2 stonden, te welcke Gillis van den Zwalme 96 daghe, Jan de Raed 97 daghe ende meester Jan 99 daghe, elc hueerer met 3 perden, te 6 ß gr. sdaeghs, comt 87 ℔ 12 ß gr.

5. Item Jan van den Damme, scepene van der kuere, Jan de Zaghere, scepene van ghedeele, ende met hemlieden meester Jan Riim, pencionaris, reden te Riissele bii onzen gheduchten heere omme der zaken van den 15 pointen van den Oosterlinghen ende anderen zaken angaende den lande, waren ute elc 29 daghe met 3 perden, te 6 ß gr. sdaeghs, comt 35 ℔ 2 ß gr.

6. Item Jan van den Damme, scepene van der kuere, Jan de Zaghere, scepene van ghedeele, ende met hemlieden meester Jan Riim, pencionaris, reden te Riissele ende van dar te Atrecht bii onzen gheduchten heere ende prinche omme der zaken angaende den Oosterlinghen ende andersins, waren ute elc 29 daghe met 3 perden, elc hueerer te 6 ß gr. sdaeghs, comt 26 ℔ 2 ß gr.

374. Auszüge aus den Rechnungen der Freien von Flandern. — 1447 Dec. 5 — 1448 Apr. 16.

Aus SA Brügge, Comptes du Franc de Bruges v. J. 1447/48, Abschr. saec. 16, f. 103 b, 63, 31, 69.

1. Item sdiicendaechs den 5 in december ghepresenteert den ambassadeurs van der Duutscher hanse 24 kannen wiins, costen met draghene 10 l 16 ß; item den presenters over ziine dachvaert omme tpresent te doene 10 ß.

2. Joos van den Berghe ende Jan van Rine sondaechs 10 in december ghedeputeert ghesonden te Ghendt ter dachvaerd van den vier leden daer ghehouden, omme te hoorene dambassadeurs van der steden van der Duutscher hanse int ghuent dat zii noch zegghen wilden ende ooc bii ghescriften overgheven bii manieren van replicacie, sustinerende huer voortstel te Brugghe ghedaen van ghebreke van hueren previlegen in Vlaendren met dat daer an cleeft, daerof dat de poincten zeere vele ende lank waeren; item omme raed ende adviis te hebbene up de nieuwe exactie upghestelt te Doornicke[1] . . . . .: hieromme uteghesiin elc 12 daghen 72 l.

3. Miin heere van Oosbcamp, Willem van Reyeren, Roelain van Caloen, Heinric van Meetkercke, Jan van Meetkercke, meester Pieter Mathiis ende Jan van den Rine swoensdaechs 27 in decembre te Brugghe bii laste van der wet ter dachvaert van der vier leden daer ghestelt omme eerstwarven te maekene de scrifturen van der duplike van den poincten die in handelinghe stonden met den Oosterlinghen, daerof dat de radessendeboden doe haerwaert overlast hadden; item daernaer omme met meer meenichten van ghedeputierden van den vorseiden vier leden de gheheele scrifturen te oversiene, te corrigierne ende den voorseiden radessendebodon overteghevene; item daernaer in dezelve dachvaert omme de voorseyde poincte bii monde te handelene ende disputerne, eerstwarf bii meer personen ende daernaer met miin personen, es te[a] welcue thieue van elker ziide. Dewelcke ghedeputeerde van den vier leden ooc hoorden vele menichten van partiien daerup dat de clachten van den Oosterlinghen dienden, zulcke als Honor' Olivier, de baillius ende schoutheten van Brugghe, vanme wateren ende van den lande ter Sluus ende andere officiers, toolnaers, sheeren knapen ende wethouders van den smallen steden van den lande van Vlaendren in vele ende diverse

a) Doeart B.

[1]) *Folgen noch einige Landessachen.*

manieren, ooc midt omme te aviseerne de poincten van clachten die van slandts van Vlaendren weghe te doene waeren, ende omme bii monde te communiceerne metten voorseiden radessendeboden ende hemlieden solutie te ghevene bii argumenten up haerlieder vorseiden poincten, ende ooc te sustineerne de clachten van desen lande, ende uuterlicke omme instructie te maeckene van den ambringhene dat van al meest den voorseiden poincten van node was te doene an onse ghedachten heere ende prince. Item waeren ooc ter voorseiden dachvaert ghehandelt diversche andere poincten den lande van Vlaendren angaende . . . . .: omme alle dewelcke onledich waeren mijn heere van Doeshamp, Roelain van Caloen, Heinric van Meedkercke, Jan van Meedkercke elck acht daghen, Willem van Beyeren 20 daghen, meester Pieter Mathiis 66 daghen, ende Jan van den Rine, die altoos metten voorseiden zaken onledich was voor paesschen ende daernaer 103 daghen, ende dit boven dat zii anders onledich waren 493 l 10 β.

4. Willem van Beyeren ende Jan Metteneye swoensdachs 10 in april te Brugge metten anderen leden bii onser gheduchter vrouwen, omme huer te biddene, dat zee wanneer den ambassadeurs van der Duutscher hanse bii huer zoude ghelieven tonhiedene omme hemlieden te zegghene, dat zii hier zouden willen bliiven totter tiidt dat antwoorde worde overghebrocht van onsen gheduchten heere aengaende de poincten dat ziilieden begheeren: daeromme uteghezjin elc 2 daghen 7 l 4 β.

5. Willem van Beyeren, Lodewijc van Lichtervelde, Jan van Boneem, Philips Wittebroot, Anthuenis Lennoot, Jan van Meetkercke ende meester Andreas Colin sdiceendaechs 16 in april ghesonden te Rilssele bii onsen gheduchten heere ende prince, omme metgaders den anderen leden hem antebringhene 15 pointen angaende den Oosterlinghen, ende 4 andere pointen angaende den ghemeenen lande van Vlaendren, ende up alle te begheerne provisie ende remedie. Voort omme dieswille dat onse gheduchte heere zien wilde alle de handelinghe die gheweest hadde tusschen den vier leden ende den Oosterlinghen, zoe was daerup thuus ghescreven, ende daernaer bii laste van huus waeren alle de poincten, te weten 52, die tusschen den voorseiden vier leden ende den Oosterlinghen ghehandelt hadden gheweist, in Walsche ghestelt ende ghetranslateert bii den ghedeputeerden ende, achter dat zii thuus hadden gheweest ghezien ende ghecorrigiert, overghegheven tAtrecht, altoos begheerende provisie up de boven ghenoomde poincten, twelcke uteghestelt was tot den 15 in hoymaendt hiercomende[a] ende omme te verwaerene den dachvaert jeghen die van Brugghe in de zake angaende den zoppers[a]. Ute gheziin Willem van Beyeren 32 daghen, Lodewijck van Lichtervelde 4 daghen, Jan van Meetkercke 6 daghen, Jan van Boneem, Philips Wittebroot elc tzien daghen, Anthuenis Lennoot 8 daghen ende mer Andries Colin 54 daghen: 372 l.

Versammlung zu Rostock. — 1447 Dec. 10.

Sowohl die unter Vorakten *wie im* Anhang *mitgetheilten Schreiben handeln ausschliesslich von der Bekämpfung der Auslieger K. Erichs, deren Unwesen*

a) /

Preussen und die Hansestädte gemeinsam zu steuern beabsichtigten. Vgl. Voigt, Gesch. Preussens 8 S. 146 ff., Styffe, Bidrag 2 S. CXXIV ff., und unten n. 385 f., 395, 402 § 1.

A. Vorakten.

375. *Lüneburg an Lübeck: vermag die nach Rostock auf Dec. 9* (sondaghes vor s. Lucien daghe) *ausgeschriebene Tagfahrt nicht zu besenden*, so gii des hirna van unser wegen wol muntliken schollen berichtet werden. — *[14]47* (in s. Barbaren daghe) *Dec. 4.*

StA Lübeck, A. Hans. 1, Or. m. Resten d. Secrets.

376. *Hamburg an Lübeck: ist vielfacher Behinderungen halber ausser Stande den wegen des von den Ausliegern K. Erichs verübten Seeraubes nach Rostock angesagten Tag zu besenden. — [14]47* (am avende Nycolai d. h. bisschoppes) *Dec. 5.*

StA Lübeck, A. Hans. 1, Or. Perg. m. Resten des Secrets.

377. *Verzeichniss der Johann Hertze zum rostocker Tage mitgegebenen Briefschaften. — 1447 Dec. 10.*

Aus StA Lübeck, A. Hans. 1, loses Blatt, in dorso bezeichnet: Desse breve weren mede up dem dage to Rostok anno 47 des sondages vor Lucie *(Dec. 10).*

Desse naschrevenen schrifte unde breve heft mester Johan Hertze mede upp den dach to Rosstocke.

1. Int erste de schrift alse de stede uppe den dach to Rozstocke sin verbodet.

2. Item koningh Erikes breff, den he nu hir latest heft ghesand.

3. Item der vamme Stralesunde wârschuwebreff, dat nen koopman ute den steden mit sinen ghudern to Wisbû unde up Ghotlande en seghelen, unde wes ene darup is ghescreven unde wes se dar ok wedder up hebben ghescreven[1].

4. Item twe breve, enen der van Lûneborgh unde enen der van Hamborgh, darinne se den dach to Rozstoke to besendende vorleggen.

B. Anhang.

378. *Stralsund an Lübeck: hat von seinen Rsn. zum rostocker Tage* manck anderen punckten *vernommen*, dat gy menden unde willen hadden int vorjar juwe volk unde wêre uthtomakende mit uns und mit anderen steden in de see, den varenden kopman to beschermende unde de sêrovere unde ere rôverye to sturende; *erklärt sich damit vollkommen einverstanden, weil sonst das Unwesen noch weiter um sich greifen würde, und ersucht um Angabe* (in raden wise), *ob, wann und in welcher Weise Lübeck gegen die Auslieger K. Erichs einschreiten wolle; ist entschlossen nach Kräften mitzuwirken und bereit, Greifswald, Stettin etc. zu einem gleichen Vorgehen aufzufordern, falls Lübeck Rostock und Wismar zum Anschluss bewegen würde; ist erbötig, hierüber mündlich verhandeln zu lassen, wenn Lübeck eine Tagfahrt für geboten erachte; bittet um Antwort durch den Ueberbringer. — [14]47* (die innocentum) *Dec. 28.*

StA Lübeck, A. Hans. 1, Or. Perg. m. Resten d. Secrets.

[1]) *Vgl. n. 301 f.*

379. *Lübeck an Stralsund: sendet in Erwiederung auf n. 378 eine Abschrift seines Schreibens an den Hm. mit dem Bemerken, dass es dessen Antwort abwarten wolle; sollte diese sich gar zu lang verzögern, so wird es die Städte zu einem Tage einberufen; inzwischen möge Stralsund mit Greifswald und Stettin verhandeln,* so wy ok denken to donde by — den van Rostok unde der Wismer. — *[14]48* (mytwekens na circumcisionis domini) *Jan. 3.*

StA Lübeck, A. Hans. 1, Concept.

380. *Hm. an die sechs wendischen Städte: beantragt auf Grund der Beschwerden von Danzig über die fortgesetzten Räubereien der Auslieger K. Erichs und in Erwägung, dass ein von Preussen allein ausgehendes Handelsverbot seinen Zweck verfehlen würde, den Erlass eines gemeinsamen Verbotes aller Zufuhr nach Gothland, welches im Stande sei, den Kg zur Genugthuungsleistung zu zwingen; ersucht um Antwort durch den Ueberbringer. — Marienburg, [14]48* (am tage epiphanie domini) *Jan. 6.*

SA Königsberg, Missive 16 f. 492 b, *überschrieben:* Also is den 6 steten, als Hamburg, Lunemburg, Lubeck, Wismar, Rostock und Stralssundt, itzlicher stat eyn besunder brif von koning Ericks wegen gescreben.

381. *Danzig an Lübeck: berichtet, dass es zufolge mannigfacher Klagen seiner Bürger über Beraubung durch Auslieger K. Erichs den Hm. um Erlass eines Zufuhrverbots nach Gothland angegangen ist und diesen auch dazu bereit gefunden hat, falls Lübeck, Rostock, Wismar und Stralsund, deren Angehörige dem Vernehmen nach auch unter dem Unwesen zu leiden haben, gleicher Weise gegen den Kg. vorgehen wollten; verweist auf n. 380 und ersucht um Mittheilung der Absichten der Städte, insbesondere* offt ghy vorder ichtis in den saken gedochten - - to doende denne alse vorberoret is. — *[14]48* (dyngesdages na d. h. dreyr konighe d.) *Jan. 9.*

StA Danzig, Missive 4 f. 280 b, überschrieben: Versus Lubike.

382. *Rostock an Hm. Konrad von Erlichshausen: erwiedert auf n. 380:* dat wi uns wol vormudet hadden, dat unse vrunde van Lubeke uns darumme to dage eschet hadden unde vorschreven, dat doch also nicht gescheen is, doch vormude wi uns welke dachvarde to werdende desser stede, dar wi denne dat gerne mit den anderen steden vorworden unde to den besten vorhandelen willen. — *[14]48* (midweken vor purificacionis) *Jan. 31.*

SA Königsberg, Or. m. Resten d. Secrets.

383. *Stralsund an denselben: erklärt sich völlig einverstanden mit n. 380; hat schon öfters doch leider vergeblich über das Unwesen der Seeräuber geklagt; wird alle Zufuhr nach Gothland verbieten und bei seinen Nachbarstädten für ein gleichmässiges Vorgehen eintreten;* unde vormuden uns ok, dat unse vruude, de råd to Lubeke, mit unsem rade unde mer stede medewetende juwen herlicheiden umme ditsulve by erem egenen boden alrede hir vormals gescreven hebben. — *[14]48* (am d. purificacionis Marie v.) *Febr. 2.*

SA Königsberg, Or. m. Resten d. Secrets.

384. *Lübeck an K. Erich: ersucht, unter Hinweis auf die wiederholt gemeldeten Beschwerden hansischer und lübischer Kaufleute über Beraubung durch die Auslieger des Kg., um Herausgabe des Genommenen und verlangt* myt ernste,

dat jwe were unde de vorschreven utliggers gentzeliken to huss bliven unde den unschuldigen copman so nicht vorderven, *widrigenfalls, wie der Kg. selbst einsehen könne,* int lateste darmede nicht stunde to lidende; *bittet um umgehende Antwort* by Hinrik Wyschendorp, unsem dener, wiser desses breves. — *[14]48* (sonnavendes vor letare) *Mrz. 2.*

StA Lübeck, A. Hans. 1, Entwurf, überschrieben: Domino Erico, regi Dacie. *Darunter von derselben Hand:* Fac conceptum ad consules to Gotlande in forma etc. alia cum copia hujus. *Auf der Rückseite des Blattes befindet sich der Entwurf einer* Cedula posita ad litteram consulum to Gotlande, *worin Wisby ersucht wird, dem Ueberbringer zur schleunigen Rückfahrt behülflich zu sein.*

Versammlungen zu Marienburg und Marienwerder. — 1448 Jan.

Beide Tagfahrten sind nur aus den unter Vorakten *mitgetheilten Schreiben bekannt. Nach n. 386 scheint die marienburger in Folge des Eintreffens des n. 379 angezogenen lübischen Schreibens sowie der Kunde vom Ableben K. Christophs unterblieben zu sein. Auf beiden Tagen sollte über das Vorgehen gegen K. Erich verhandelt werden, vgl. n. 402 § 1.*

Vorakten.

385. *Hm. an Thorn: ladet zu einer Tagfahrt in Marienburg am 25 Jan.* (donrstag obir 14 tage) *zur Verhandlung über* die sachen von Gotlande und sust ouch ander desses landes sachen; *Thorn möge hierüber daheim berathen und seinen Rsn. sein Gutachten mitgeben; hat Kulm, Elbing und Danzig ebenfalls entboten. — Marienburg, [1448]* (dynstag nach epyphanie) *Jan. 9.*

StA Thorn, Or. m. Resten d. Secrets.
Gedruckt: daraus Toeppen a. a. O. 3 S. 42.

386. *Danzig an [Kulm]: ersucht, dass Kulm in Gemeinschaft mit Thorn einen Städtetag nach Marienwerder ausschreibe, auf dem man über den Antrag von Lübeck auf Ausrüstung von Friedeschiffen gegen die Auslieger K. Erichs sowie über die bereits früher von Danzig den Städten mitgetheilte Geldforderung von Kalmar berathen und den Bericht der aus England heimgekehrten Rsn. Meinhard Kolner und Johann von dem Walde entgegennehmen könne; bittet um Antwort. — [14]48* (sonnobend noch conversionis Pauli) *Jan. 27.*

StA Danzig, Missive 4 f. 264 b, überschrieben: Ita scriptum est versus Lubick (!)

Versammlung zu Nymwegen. — 1448 Febr. 18.

Die drohende Ausdehnung des in Lübeck für flandrische und brabanter Laken beschlossenen Stapelzwangs auch auf solche holländischer Abkunft veranlasste die süderseeischen und westfälischen Städte, sich gemeinsam dagegen zu erklären. Die Anregung ging von Deventer[1] *aus, welches obige Tagfahrt ausschrieb. Vgl. n. 345 § 6, 18, 32, 35; 371 § 5 ff.*

Nach n. 389 kamen auf dem Tage auch die Zwistigkeiten zwischen Köln und Kleve zur Sprache.

A. Vorakten.

387. *Deventer an Münster: hat erfahren, dass die in Brügge weilenden Rsn. der Hansestädte* een overdracht solden wyllen maken, dairaff sii allrede wat aff tractiert solden hebben, dat men Hollansche lakene, die men toe Leyden, to Amsterdam, toe Schiedam ende in sommygen anderen steden ende dorpen in Holland drapenyert, alleyne to Brugge tor halle solde brenghen; *auf dem Hansetage zu Lübeck ist bereits hierüber verhandelt worden,* mer die meiste deel van den hansesteden en wolden dat nyet toelaten, ende oick en heff dat recess doe to Lubick gemaket dairaff nyet begrepen; *hat in Anbetracht der Schädlichkeit einer solchen Verordnung die Hansestädte des Stiftes Utrecht sowie von Geldern und Kleve auf Febr. 18* (reminiscere) *nach Nymwegen beschieden, um über die Aussendung einer Botschaft an die Rsn. und den Kfm. zu Brügge zu berathen, und ersucht, dass Münster* ansiende des brieffs *Bremen, Paderborn, Lemgo, Soest, Warendorf, Koesfeld, Dortmund, Osnabrück und andere Nachbarstädte hiervon benachrichtige, damit sie entweder ebenfalls einige Rsn. nach Brügge abordnen oder ein gemeinsames Abmahnungsschreiben dahin richten; bittet im letzteren Falle um Mittheilung einer Copie des Briefes und um Einsendung einer Antwort bis zum Freitag, damit der deventer Rs. zum nymweger Tage sie mitnehmen könne*[2]. — *[14]48* (invocavit) *Febr. 11.*

StA Osnabrück, Abschrift, vgl. n. 388.

388. *Münster an Osnabrück: sendet n. 387 mit der Bitte um Einsendung eines Gutachtens durch den Ueberbringer. — [14]48* (f. tercia post d. invocavit) *Febr. 12.*

StA Osnabrück, Or., schadhaft erhalten, m. Resten d. Secrets.

B. Korrespondenz der Versammlung.

389. *Köln an die zu Nymwegen versammelten Rsn. der Hansestädte von Geldern, Kleve und Utrecht: erklärt in Beantwortung der Beschwerden der Rsn. über die Erhebung einer Mark Ungeld von jeder Last Hering, dass die Steuer eine Folge der Acht und Oberacht sei, in welche Geldern, Holland, Seeland,*

1) *Die deventer Stadtrechn. v. 1447/8 (W. ten Koleke) verzeichnet:* Item des saterdages dairnae (invocavit, *Febr. 17*) Kriit, Splitoff, die gereden waren toe Nymmegen op die dachvaert, die wii vorscreven hadden die hensestede hier ommelanges gesetten aldair te komen, omme der Hollansche laken willen, die die sendeboeden ende die alderlude van der Duytscher hanse to Brugge to stapel hebben wolden, vertert 28 guld. 6 ₰.

2) *Vgl. n. 288 § 33, 34.*

3) *Vgl. n. 371 § 3, 10, 11.*

Utrecht und andere Lande wegen Beschädigung von Kaufleuten verfallen sind; wird sie nicht länger beanspruchen dan uns geburlich is; *desgleichen sei die Arretirung klevischer Bürger in Köln durch die Beraubung kölnischer vor Wesel veranlasst; betheuert seine Bereitwilligkeit mit Kleve in Eintracht zu bleiben. — [14]48 Febr. 23.*

StA Köln, Copienbücher 19 f. 4.

Versammlung zu Lübeck. — 1448 Mrz. 12.

Anwesend waren Rsn. von Hamburg, Rostock[1]*, Stralsund, Wismar, Lüneburg und Stade.*

Die Verhandlungen des Tages bezogen sich nach Ausweis der nachfolgenden Akten auf die immer erneuerten Ersatzansprüche der Preussen an die Städte, welche wiederum ausweichend zurückgewiesen werden, auf den Streit zwischen Goslar und Alfeld, der hier in Folge des Verhaltens von Goslar gegenüber den vom Hansetage deputirten Schiedsrichtern[2] *zu der Verhansung der Stadt führt, auf die Ausrüstung einer Flotte gegen die Auslieger des K. Erich, welche unter den durch den Tod K. Christophs und die Haltung Preussens veränderten Umständen auf Schwierigkeiten stösst*[3]*, und endlich auf die Bestellung eines gemeinsamen Prokurators für die Städte am königlichen Hofgericht. Bremen, zur Betheiligung aufgefordert, knüpfte daran einen weiteren vielversprechenden Reformvorschlag, doch scheiterte das ganze Projekt an der Ablehnung von Hamburg.*

Daneben muss von diesem Tage die Abberufungsordre an die Rsn. in Flandern erlassen worden sein, vgl. n. 345 § 75.

N. 400 behandelt das Treiben friesischer Seeräuber an der flandrischen Küste.

A. Vorakten.

390. *Hm. an Lübeck: erwiedert auf den Rath von Lübeck die Städte Hamburg, Lüneburg, Rostock, Wismar und Stralsund wegen der von ihnen Beschädigten direkt zu mahnen, dass er dieses* zcu dickerm maele *gethan und bereits im Herbste 1446 von ihnen die Zusage der Entsendung einer Botschaft nach Preussen erhalten hat, ohne dass bisher Jemand erschienen ist;* darumbe so seyn wirs zcu disser zceit nicht zcu rate, das wir en mehe van solcher sachen wegen schreiben wellen; *wiederholt deshalb das öftere gestellte Ansuchen, dass Lübeck jene zur Schadloshaltung der Preussen anhalte, widrigenfalls er den Seinen zu ihrem Rechte verhelfen müsse*[4]*. — Brandenburg, [14]48* (Blasii) *Febr. 3.*

StA Königsberg, Missive 16 f. 423.

B. Korrespondenz der Versammlung.

391. *Lübeck und zu Lübeck versammelte Rsn. von Hamburg, Rostock, Stralsund,*

[1] Des sondages vor palmen *(Mrz. 10)* her Buke unde her Clawes van Lubeke an Lubeke 5 gude ℔ summa 10 ℔ unde 10 ß. *Rostocker Gerichtsherrenrechn. 1448/9. Die Weddeherren zahlen dieselbe Summe aus. (RA Rostock).* [2] *Vgl. n. 336 — 339.*
[3] *Vgl. n. 375 ff., 402 § 1.* [4] *Vgl. n. 321, 328 — 330.*

Wismar, Lüneburg und Stade an Hildesheim: erinnern an den lübischen Recess in betreff des Zwistes von Goslar und Alfeld sowie an die vergeblichen Verhandlungen zu Braunschweig und Goslar, wo die vom Hansetage verordneten Schiedsrichter van deme rade to Gosler unde den borgeren dersulves vruntschup noch rechtes nicht behoret en mochte[n] werden, alse wii van dersulven veir stede sendeboden en deil hebben irfaren, warane de genanten van Gosler der gemenen hensestede sendeboden recesse unde geboden unhorich unde unhorsam sin geworden, des wy uns to one doch nicht vorseyn en hadden; unde umme solkes vrevels unde unhorsames willen, so vorlegge wii van der gemenen stede wegene in de Dutschen hense behorende unde van bevele dersulven stede sendeboden de genanten, den rad to Gosler, ere borgere, inwonere und de eren ute der hense, se der gemenen stede van der Dutschen hense privilegia, vriheide unde rechticheide nicht mer to brukende, to watere noch to lande; *befehlen für den Fall, dass Goslar bis Pfingsten den Städten und Alfeld keine Genugthuung geleistet haben würde, jeden Verkehr mit Goslar und seinen Angehörigen abzubrechen sowie zu gestatten, dass Alfeld oder seine Bevollmächtigten alle Goslarer oder goslarsches Eigenthum antasten und beschlagnahmen* bet so lange, dat de van Gosler weder in gehorsam der gemenen hensestede sin gekomen; unde ifft jement wedder dusse unse gebode dede, mit deme wolde wii dat holden gelijck alse mit den van Gosler, unde wii willen deme copmanne to Brugge in Flanderen vorscriven, dat se mit den, de wedder desset unse gebot don, mit one to Brugge dergeliken so scholen holden; *verlangen die Einsendung einer Antwort durch den Ueberbringer. — [14]48* (dinxedages na — judica me Deus) *Mrz. 12.*

StA Goslar, Abschrift, Begleitschreiben fehlt.

C. Anhang.

392. *Rostock an Lübeck: hat von seinen Rsn. zum lübecker Tage eine Copie des hochmeisterlichen Schreibens in Sachen der beschädigten Preussen erhalten und setzt dem gegenüber auseinander, dass es an der Nichterledigung der Angelegenheit unschuldig ist; auf dem Tage zu Wolgast*[1] *weigerten sich die Preussen über die Ansprüche Rostocks an Preussen zu verhandeln, worauf die Frage an den nächsten Hansetag zurückverwiesen wurde, auf diesem aber (1447* tor groten negesten dachvard) *erklärten die rostocker Rsn. sich bereit, den Streit über die gegenseitigen Entschädigungsansprüche durch die Städte rechtlich entscheiden zu lassen, worauf die Preussen erwiederten,* dat se dar nicht komen weren, dat se to recht gan wolden; *ersucht demzufolge den Hm. mitzutheilen, dass Rostock immer noch erbötig ist, den Zwist durch die Städte rechtlich austragen zu lassen. — [14]48* (dinxdage na palmen) *Mrz. 19.*

StA Königsberg, lüb. Abschrift, vgl. n. 393.

393. *Hamburg an Lübeck: erklärt mit Bezug auf das von seinen Rsn. zum lübecker Tage, Detlev Bremer und Albert Schriggen, überbrachte Schreiben des Hm. in betreff der von den Städten Beschädigten, dass es von derlei Schäden nichts wisse aber bereit sei, jedem Kläger zu seinem Rechte zu verhelfen bzw. sich*

[1]) *Vgl. n. 126, welche hier inhaltlich wiederholt wird.*

von Hg. Alf rechtlich aburtheilen zu lassen; ersucht dieses dem Hm. mitzutheilen. — *[14]48* (dinxedages na d. h. palmedage) *Mrz. 19.*

StA Königsberg, lüb. Abschrift, vgl. n. 399.

394. *Bremen an Lübeck: ist mit dem auf dem lübecker Tage vereinbarten Abkommen* (vordrach) *vollkommen einverstanden und dankt dafür, dass die Städte Bremen mit hinzugezogen haben;* unde wy wyllen deme to ener mogeliken benompden tiid to wedderropende na inholde juwer scriffte so gerne don, wan uns dat nicht denen mochte; unde uns duchte sere nutte sin na behe[ge]licheit juwer vorsichtegen wisheit, in demesulven vordrage mede to bewarende, dat nen van unsen borgeren offte inwoneren in dessem vordrage wesende, nemende van den unsen mer na dessem dage in sodanen unses allergnedigesten heren des Romschen koninges kamer noch hoffgerichte then offte darmede belasten scholde, sunder van dem beclagheden vor einem rade, dar he under beseten were, recht neme unde desgelik wedderumme don. — *[14]48* (dinxsedage in den paschen) *Mrz. 26.*

StA Lübeck, A. Hans. 1, Or. Perg. m. Resten d. Secrets.

395. *Wismar an Lübeck: erklärt zu Folge des von seinen Rsn. zum lübecker Tage erstatteten Berichtes, dass es ausser Stande sei Schiffe auszurüsten, den Recess in Betreff des Prokurators jedoch befolgen wolle; sendet ein Schreiben an den Hm. mit der Bitte, es übermitteln zu wollen.* — *1448 Mrz. 27.*

L aus StA Lübeck, A. Hans. 1, Or. m. Spuren des Signets.

Den ersamen wisen mannen heren borgermesteren unde radmannen der stad Lubeke, unsen guden besunderges vrunden.

Unsen vruntliken grut tovoren unde wes wy gudes vormogen. Ersamen leven heren. Unse sendeboden, latest tor dachvard bynnen juwer stad wesende, hebben uns wol inghebracht unde berichtet etlike stucke, de do tor tiit vorhandeld worden, alzo myd sunderscheid umme dat utmakent tor zeeward unde umme den procuratorem in des heren Romischen koninges hove to helevende na dem recesse, unde umme antwerd to vorscrivende dem heren homeistere uppe synen breff, des uns de unsen ergherorden sendeboden hebben ghetoget ene copie etc. Leven heren, wy scholden juw wol vor dessem feste hirup antwerd ghesand hebben, dat wy doch umme sunderger sake willen nicht er don konden, bidden, gi dat to nenen unwillen nemen. Uppe dat erste begere wy juw to wetende, dat id myd uns nu tor tiid also ghewand unde leghen ys, dat wy to zoeward nemende konen utmaken, bidden, dat gi uns des nicht vorkeren, wente gi weten wol, dat wii gerne in vortiiden willich sind ghewesen unde noch gerne wesen willen, wanner id anders myd uns ghelegen werd. Unde ok alze id recesse lud umme den procuratorem antonamende, des wetet, dat wii vorvaren hebben, dat he de ghelik man[a] ys unde heft unse procuratorium alrede by siick unde willen dat also gerne holden als id recesse utwiset. Kone gi uns allen tom besten vorder wes hiran vorsetten, dat stelle wii by juwe wisheid. Umme dat antwerd dem heren homeister, so sende wy juw unses gnedigen heren breff hir bybunden, bidden vruntliken, gi densulven breff sampfliken myt der anderen stede breve unde antwerde dem heren homeistere besalen willen. Siid Gode hirmede bevolen. Ghescreven under unser stad signete, des wii hirto bruken, am middeweken in den paschen, anno etc. 48.

Radmanne tor Wysmar.

a) mann L.

396. *Lübeck an Rostock: sendet die für den gemeinsam zu bestellenden Prokurator bestimmten Akten zurück, weil Hamburg den Beitritt zum Recess verweigert hat. — 1448 Mrz. 30.*

Aus StA Lübeck, A. Hans. 1, Entwurf, überschrieben: Consulibus Rostoccensibus.

Ersamen heren guden vrunde. Wy hebben entfangen jwen breff myt etliken instrumenten, procuratorien unde informacien, unde alse gy in dem erbenomeden breve under mer worden scryven van jwen sendeboden, de latest bynnen unser stat sint ghewesen unde jwer ersamen leve hebben ingebracht unde gelovet enen recessum, darane de stede hebben gesloten unde sint ensgheworden, dat wy stede enen procuratorem menlich maken scholen in des heren Romesschen koninges hove, en jewelik by ziik, darto ok en jewelik stad ere taxe gheven schal, dat gy also gerne willen holden, biddende int lateste jwes breves unde begheren, dat wy sodanne jwe instrumente, procuratorium unde informacien myt den ersten willen upsenden und jw myt den besten besorgen etc. Ersamen leven heren, jwe vorscreven sendeboden hebben jw liebte wol berichtet, dat en islik stad uppe den vorscreven recessum unde beslut der stede ere antwert uns scholden benalen, des hebben unse vrunde van Hamborg dorch eren scryver unde vor en antwert uns laten zeggen, dat se alrede enen procuratorem in des heren koninges hove hebben, deme se moten lonen unde ok alrede ere sake hebben benalen[1], worut wy merken, dat se in der endracht unde recesse myt den anderen steden nicht willen wesen men dat also vorleggen. Unde wy senden jw darumme de erbenomeden jwe informacien, procuratoria unde instrumente by bringhere desses breves, de jwe leve mach entfangen und jw jegen Hinrike Hulender in der besten wyse so noet und behuff is besorgen unde beschermen, so we doen moten dergelyken. Wy hebben ok nen antwert van unsen vrunden van Bremen, Luneborg unde Stade, wes en birane is to willen. Ziit Gode bevalen. Scriptum nostro sub secreto, des sonnavendes vor quasimodogeniti, anno etc. 48. Consules Lubicenses.

397. *Lübeck an Wismar: beantwortet n. 395 m. m. gleichlautend mit n. 396. — [1448 Mrz. 30]* (ut supra).

StA Lübeck, Entwurf, auf demselben Blatte wie n. 396.

398. *Desgleichen an Bremen in Erwiederung auf n. 394; hat von Lüneburg und Stade noch keinen Bescheid erhalten. — [14]48* (mercurii post quasimodogeniti) *Apr. 3.*

StA Lübeck, A. Hans. 1, Entwurf.

399. *Lübeck an Hm. Konrad von Erlichshausen: hat n. 390 den letzthin in Lübeck versammelten Rsn. in Abschrift nach Hause mitgegeben und übersendet die hierauf eingelaufenen Schreiben von Hamburg und Rostock an Lübeck sowie eins von Wismar an den Hm. mit dem Versprechen, Stralsunds noch ausstehende Antwort nachzuschicken. [14]48* (quasimodogeniti) *Mrz. 31.*

SA Königsberg, Or. Perg. m. Spuren d. Siegels.

400. *Der deutsche Kfm. zu Brügge an Lübeck und die daselbst versammelten Rsn. der Hansestädte: berichtet mit Hinweis auf seine frühere Mittheilung über die Räubereien der Vitalienbrüder,* de Witzold van dem Bruke in Vreeslande

[1] *Hamburg nahm 1448 einen neuen Prokurator an, Koppmann, Kämmereirechn. d. Hamburg 2 S. 19.*

to Marienhove upholt, *an der flandrischen Küste, dass Flandern Schiffe zur Abwehr ausrüstete, diese aber* umme keringhe unde ghebrekes willen van winde *nicht auslaufen konnten; ist hierauf von Brügge um Auskunft angegangen worden*, wat raed wi hirto wisten unde vort, oft wi icht wisten underscheid van der legentheit der watere und der lande, dar deselven vytalienbrodere in unde ut vorkeren; *hat Brügge an die gefangen gewesenen Schiffer verwiesen mit dem Bemerken, dass der Hansetag sich voraussichtlich mit dem Unwesen beschäftigen werde, worauf der Rath ersuchte*, dat gi et wolden laten bliken, oft gi enighe dinghe darup mochten gheramet hebben, warby de vorscreven vytalienbrodere mochten werden to nichte ghedaen unde vordreven, darto so wolden se bereit sin hulpe to doene mit allen dat se vormochten; *näheres würden die eingeschlossenen Briefe von Brügge ausweisen; meldet, dass die Holländer aus der letzthin vom Zwin abgesegelten Flotte eine nach Preussen bestimmte bremer Kogge des Schiffers Poleman genommen und nach Marsdiep gebracht haben; zwei Schiffsleute sind entkommen, der Verbleib des übrigen Volkes unbekannt*; ok so is hir een antworde juwes breves ghesant an den hertogen van Borgundien, alse van den gebreken de wi hebben in den lande van Vlanderen, unde alse wi menen, so scriven ju de stede ok antworde van denselven saken up de breve an se ghescreven. — *[14]48 Mai 24.*

StA Danzig, Schbl. XXI n. 61, lüb. Abschrift.

401. Danzig an Lübeck: berichtet, dass es Lübecks Schreiben mit der inneliegenden Copie dem Hm. in Gegenwart von Claus Warleman mitgetheilt hat und der Hm. nach längerem Verhandeln die Sache zu sich nahm beth up synen hof to dem Rodenhusze, *von wo er Lübeck wohl bereits geantwortet haben wird*[1]. — *[14]48* (am sondage na der octava corporis Cristi) *Jun. 2.*

StA Danzig, Missive 4 f. 259.

Versammlung zu Marienburg. — 1448 Mrz. 15.

Anwesend waren Rsn. von Kulm, Thorn, Elbing, Königsberg und Danzig.

*Der **Recess** bestimmt die Aussendung einer Botschaft nach Gothland und Dänemark und verbietet die Fahrt nach Wisby. Die aus England heimgekehrten Sendeboten erstatten Bericht, doch werden die Engländer trotz des vollständigen Misserfolgs der Gesandtschaft*[2] *in Preussen geleitet. Andere Fragen über Eröffnung der Schiffahrt durch den Sund, Geleite der Holländer, Pfundzoll bleiben unerledigt.*

Recess.

402. Recess zu Marienburg. — 1448 Mrz. 15.

T aus der Handschrift zu Thorn f. 257 — 258.
D Handschrift zu Danzig f. 319.
Gedruckt: aus D vgl. m. T Toeppen a. a. O. 3 S. 46.

[1] *Tags zuvor erliess Danzig in derselben Angelegenheit Schreiben an Wismar und Rostock, in welchen es sie auf den Brief des Hm. an den Hg. von Meklenburg verwies. Missive 4 f. 259.*
[2] *Vgl. n. 464, 479.*

Im[a] jar unsers hern 1448 am freitage nehst vor palmen sint die heren rathessendeboten diesser stete czu Marienburg czu tage vorsamelt gewest alse: vom Colmen her Hans Mateczke, her Peter (Biss)choffheym[b]; von Thorun her Herman Russup, her Johan vom Loe; vom Elbinge her Johan Wintburg, her Johan von Ruden; von Koningsberg her Andres Brunow, her Herman Czynner[c]; von Danczk her Meynhard Colner, her Johan vom Walde und her Johan Meideburg, und haben gehandelt diesse nochgeschrebenen artikel.

1. Czum ersten so hat unser herre homeister bestalt seyne sendeboten czu des riches rath ken Denemarken und czur frawen koniginne dozelbest[d], alse Jorgen seynen dyner und Jacob Kwlenburger[e] von[f] Danczk, und czu koning Erik ken Gotlanden (Otho[g] Marhewitcz und) Claus Holthusen. Den is befolen bey des riches rath czu werben, wy unsirs hern homeisters lewte von koning Erike uslegger beschediget werden, und nochdeme das (landt)[h] Gotland czu den reichen gehoret, und ab her nicht wurde abelassen und den beschedigeten vor iren schaden, den sie von im emphangen haben, nicht genuch thun wurde und ab man darby thun wurde und das nicht lenger welde leiden, ab sie sich des ouch welden annemen. Und die boten ken Gotland sullen werben an[i] koning Erike, wy unsers hern homeisters lewte von synen uslegern werden bescheliget, und ire enthaldunge czu Gotland in seyne haffene us und in swehen, ab her dieselben vordtan ouch wil vortreten und enthalden wil, was seyne gnade dobey thun welle und[k] des eyn schrifftlich entwort unserm hern homeister schreibe bey denselben sendeboten.

2. Item um die czerunge der beider burger begert unsir here homeister, das die gynge us dem gemeynen pfuntczolle und wurde kôme loffen uff 60 mark. Hiruff die stete haben[l] geentwert, so es nicht meer wurde seyn, so czyen sie die sache widdir czurugk an ire eldesten und hoffen seynen gnaden eyn gut entwert czu geben. Ouch begerten die stete, das sie czogen alse boten und nicht alse kowfflute und keyne getreide noch obirge vitalia mit en nemen.

3. Item brachten die sendeboten, die in Engelant seyn gewest, ere botschafft in als eyn iderman den seynen wol wirt sagen.

4. Item wa(rt geda)cht[b] der segelacien, bleibet ansteen mit den die durch den Sund wellen segeln, acht tage nach ostern, wie man die regiren und schigken sal, dovon eyn iderman seyner eldesten gutdungken uff die czeit sal inbrengen.

5. Item die cleynen schiffe sal man vorburgen, das nymant sal segeln czu Gotlant, und sullen widdir bewelsunge brengen wer sie gesegelt[m] haben.

6. Item unsir herre homeister (hot)[n] den steten des hern brieffe von Burgundien lassen lesen, und begert geleite der Hollander bes czu den nehsten wynachten. Dis haben die stete an ire eldesten geczogen und eyn iderman ir entwert (zcur[o] nehesten tagefart) dovon inczubrengen.

7. Item hat unser herre den Engelschen czugesagtt dis land czu besuchen und wil sie beschirmen vor obirger gewalt, sunder keyn geleyte wil her en geben; und hat imand mit en czu schicken[p], das thu her mit rechte, und desgleichen sie widder uns.

8. Item so sal nymand von gesten us dem lande pferde furen boben 6[q] gulder

a) In D lautet der Eingang [illegible]. b) Durchlöchert T, ergänzt aus D.
c) Czynner fehlt D. d) koniginne dozelbest fehlt D. e) Culenburg D.
f) von Danczk fehlt D. g) Othe — und D, in T [illegible] mit [illegible] Tinte [illegible]. h) landt D fehlt T. i) an — Erike fehlt D.
k) das her dan eyn D. l) haben geentwert fehlt D. m) gebesegelt D.
n) hot D fehlt T. o) zcur — tagefart D fehlt T. p) schaffen D.
q) den D.

mark, die her hir gekoufft hat, und die inwoner diesses landis mogen pferde zu iren gescheffteu usfuren von 8 gutter marken und dobey, und die rostheuscher[a] sullen seyn abgelegtt, und wirt unsir herre vorschreiben.

9. Item von dem worte czu faren bawssen landis bleibet ansteen bis czur nehsten tagefart.

10. Item von der Calmerschen[b] sache bleibet ansteen bis czur nehsten tagefart.

11. Item von der sache, das nyment sal schiffen uff fremde bodeme, bleibet ouch ansteen.

12. Item die sache vom Brunsberge, alse vom pfuntczoll, bleibet ansteen bis czur nehsten tagefart, und die hern vom Elbing sullen en vorschreiben wes die tagefart seyn sal.

13. Item als van den van Dybaw, das man die vorlegit und schiffe vorkowfft, bleibet ansteen bis czur nehsten tagefart.

14. Item von dem pfuntczolle sprechen die von Danczk, das sie haben usgegeben uff die reysen czu Lubcke, czu Collen, czu Engelant und ouch ken Flandern, was die gekostet haben. Dis haben die stete czu sich genomen bis uff die nehste tagefart. Und die summa 1206 gutter mark (minus)[c] $\frac{1}{2}$ scot.

Versammlung zu Marienburg. — 1448 Mrz. 30.

Anwesend waren Rsn. von Kulm, Thorn, Elbing, Königsberg und Danzig.

Der Recess erledigt verschiedene der auf der letzten Versammlung vertagten Fragen, die sich theils auf Statuten des lübischen Hansetages von 1447 theils auf Handelsverkehr und Gewerbe im Lande beziehen. Die Berichtigung der Unkosten einiger Gesandtschaften aus dem Pfundgelde giebt zu Differenzen unter den Städten Anlass, vgl. n. 474, 477.

Die Beilagen enthalten zwei Verordnungen über den Verkehr der ausländischen Krämer in Preussen und der Preussen mit Polen.

A. Recess.

403. *Recess zu Marienburg. — 1448 Mrz. 30.*

T aus der Handschrift zu Thorn f. 258 b — 260.
D Handschrift zu Danzig f. 320 — 321 b.
Gedruckt: aus D vgl. m. T Toeppen a. a. O. 3 S. 46.

Anno domini 48 domini nunccii consulares terre Prusie sabbato infra octavas pasce in Marienburg ad placita congregati videlicet: de Colmen Johannes Matczko, Petrus Bisschofsheym; de Thorun Tylemannus vom Wege, Rutgerus van Birken; de Elbing Johannes Wintburg, Johannes von Ruden; de Koningsberg Michel Mattis, Nicolaus Plese; de Danczk Albertus Huxer et Johannes Meideburg, articulos subscriptos unanimiter pertractarunt in kegenwertikeit diesser nochgeschrebenen gebietiger, grosconitur, marschalk, Elbing, Cristburg, treszler, Thorun, Danczk, Balge und Mewe.

1. Ins erste von der czeringe der czweier burger ist der stete wille, das

a) [illegible] D. b) Calmerschen D. c) minus D fehlt T.

sie werden ungemacht[a] uss dem gemeynen pfuntczolle. Doruff unsir herre entwerte, zeeth euwern brieff an, der euch gegeben ist uff den pfuntzol, dornach richtet euch [1].

2. Item von den schiffen durch den Sundt ist unser gutdungken, das es dobey bleybe alse is berecesset is bey den hensesteten czu Lubeke. Und diesser artikel ist von unserm herren czugelasen, (das[b] man 20 manne setcze uff eyn schiff).

3. Item von dem geleite der Hollander etc. ist der stete gutdungken, das man sie nicht geleite, sie vorsichern sich denn genug zcu thunde, is were denne das unser herre eyn entwert hette uff seyne vorschreibunge, ab die Hollander herin senden wellen addir nicht; ouch so haben sie viel lewte beschediget, wy eyn uffstos wurde so wurde das leteczste ergher denn das erste. Das wil unser herre homeister lassen ansteen bis her entwert uff seyne vorschreibunge von dem hern herteczogen von Burgundigen widdir hat, und wil sie vor der czeit nicht geleyten.

4. Item von dem schiffen uff fremde bodeme ist der stete gutdungken, das men nicht schiffe uff fremde bodeme bawssen der hense; were sache, das man ebir eyn jar addir czwe irkante, das es schaden brechte, so muchte mens wandelen. Diesen artikel hat unser herre czugelassen eyn jar addir czwe also czu halden.

5. Item von dem feymerechte etc. so haben die stete unsers hern gnade gebeten, das her mit seynen hern gebietigern rath, wege und wyse fynde und suche an dem heilgen vater dem bapste und ouch an dem hern Romischen koninge und brieffe werffe, das eyn sulch recht abegetan wurde, wente seyne lande, stete und lewte mit demselben rechte czeere beswert werden. Hiruff entwerte unser herre, das her wol vortrostet were, das her sulche brieffe haben wurde, und were der alle tage beitende, doch so were das abescheiden czur nehsten tagefart also geblieben, nachdeme das unser eygene lewte sulche ladunge thun, so sulde man handelunge doron haben und satczunge vornemen, domete man sie twinge, das sulche ladunge nochblebe. Dis hat unser herre den steten befolen czu sich czu nemen und handelunge dovon czu haben und czur nehsten tagefart ire gutdungken dovon inczubrengen.

6. Diesse[c] satczunge hat unsir herre homeister mit seynen gebietigeren und steten usgesatczt von der Norenberger wegen und der geleichen. *Folgt n. 404.*

7. Item[d] so hat unser herre homeister mit seynen gebietigern und steten umbe das kowffen und vorkowffen, das ken Dybow und ken Polen geschit, also

a) ungemacht D. b) das — schiff in D von anderer Hand nachgetragen, fehlt T.
c) § 6 lautet in D: Item von den Norembergeren etc. Dessir artikel steht in der cedula circa tale signum (folgt das Zeichen) hic aliquid [illegible]. d) § 7 lautet in D: Item noch eyn artikel umme das kouffen und vorkouffen wegen Dybow und Polen etc. patet in cedula; eine spätere Hand hat davon n. 405 hier eingereiht und in cedula hinzugefügt: [illegible] infra.

[1] *Am 27 Mrz. meldete der Hm. dem Om. zu Livland unter Bezugnahme auf frühere Mittheilungen über das Treiben der Ausliger K. Erichs, dass er mit Gebietigern und Städten beschlossen habe*, das eyn iderman uss unsern landen frey und uff seyn ebentuere sigeln moge, sunder die ken Gotlandt sigeln wellen, die sollen sich bei leibe und gutte verborgen, das sie keinerley getreide noch meel noch maltcz sust keinerley vitalien dahen schiffen adir furen wellen, und sollen ouch von dannen wo sie ire gutter lassen und verkouffen, was gutter die gewesen seyn und wo sie die geloset haben, reddeliche beweisung und czeichen brengen. *Er ersucht den Om., solches auch in Livland anzuordnen, damit den Ausliegern alle Zufuhr abgeschnitten werde. Zum Schluss äussert er seine Freude darüber, dass der Om.* mit den Rewssen zcu frede gekomen *und verwendet sich für die Befreiung der Gefangenen. SA Königsberg, Missive 16 f. 441.*

besloszen, und eyne iczliche stat sal das vorkundigen und ernstlich vorbieten lassen. *Folgt n. 405.*

8. Item von den roszthuschern ist beslossen als das recesz usweiset, usgenomen die sechs stete Colmen, Thorun, Elbing, Koningsberg, Danczk und Marienburg, das die rostheuscher in denselben steten und vor den steten ire pferde (mogen[a] vorkowffen (und kouffen in denselben steten)[b], und nicht czu ryten uff die merkte in die andern stete addir uff das land do czu kowffen und vorkowffen bey vorlust der pferde. Und das sal man in eyner iczlichen stat vorkundigen.

9. Item haben die stete vor unserm hern homeister geworben und beslossen, das keyn korszner merlitzen arbeiten sal und keyn wullweher raffwulle noch wolle von merlitczen addir austwulle arbeiten sal, noch awsweisunge unsers gnedigen hern homeisters brieff, de do leyeth bey dem rath czom Elbing, by sulcher busse, (wo)[a] sulche wurde gefunden das man dy nemen sal und teylen die den (armen)[a].

10. Item so hat unser her homeister befolen den beiden steten von Thorun, das sie sullen irfaren, wo man bwssen landis sulche falsche wulle vorarbeitet und tuch dovon machet und die hir ins lant czu kowffe brenget, den jhegenoten und steten wil unser herre homeister schreiben und warnen, das sie sulche tucher in seyne lande nicht brengen, wen her mit seynen reten beslossen hat, das man sulch tuch in seyne lande nicht brengen sall bey vorlust derselben tucher.

11. Item so hat der rath von Danczk czu sich genomen mit iren eldesten czu reden als umme das usgelegete (gelt)[c] ken Koppenhaven, das die von Thorun, Elbing und Koningsberg manen und usgeleget haben, das en die von Danczk haben gelobet widdir czu geben.

12. Item ist den von Danczk befolen, das sie den von Lubeke und den vom Sunde und den anderen steten bey en gelegen sullen schreiben von den Monschen und andern sulchem heringe czu bespeilen mit czwen speilen, sunder uff den vier lagern, alse czu Falsterbude, Schanore, Drakor und Elbogen, czu bespeilen mit dren speilen.

13. Item so gab der burgermeister von Danczk unserm hern vor von den cleynen schiffen, bittende seyne gnade und seyne gebietiger en rath czu gebende, wie sie mit frede durch die zee komen mochten. Doruff noch besprechen unsir herre antworte, das her keynen andern rath kunde geben sunder das man den lewten sagete und warnete, das sie sich bemanneten und czusampne hilden.

14. Item haben die von Danczk ingebrocht das (von)[d] dissem vorgangenen 17. jar von dem pfuntczolle ist gekomen summa 2414 mark 1 scot 5 ₰. Hiruff haben dy von Danczk vorgegeben, das czu den reysen kegen Lubeke, Collen und Engelant dasselbe gelt usgegeben ist. Doruff die stete widdir geentwert haben, das sie czu den czwen reysen, Collen und Engelant, keyn gelt geben wellen, wen sie keyn befeel czu den czwen vorbenomeden reysen metegegeben haben. Und furbas haben die stete dy von Danczk geheten an ire eldesten czu brengen, das sie keyne rechenschafft dovon machen, und die von Danczk haben die stete widdir geboten, das gutlich czu sich czu nemende und an ire eldesten czu brengen.

15. Item[e] von den hantwerken, das eyn iczlich man blebe bey seynem ampte und keyne kouffenschatcz en trebe; hiruff eyn iczliche stat mit den iren czu

a) [illegible] T ergänzt aus D. b) und — steten D fehlt T.
c) gelt [illegible] d) von D, nach T. e) Die §§ 15 — 17 [illegible] D, [illegible] T [illegible] 1449 Apr. [illegible] n. [illegible]

lawse czu sprechen und czur nehsten tagefart ir gutdunken dovon widder inczubrengen.

16. Item das wort czu reden, ist beslossen von der meysten stymme, das man is halden sal noch alder gewonheid, wer us den eldesten steten in botschafft buwssen und bynnen landes usgesant wirt, der sal das wort furen.

17. Item czur nehsten tagefart, das dy hern von Danczik rechenschafft inbrengen von der muntze.

B. Beilagen.

404. *Verordnung über den Jahrmarktsverkehr der Nürnberger und ausländischen Kramer in Preussen. — [1448 Mrz. 30].*

T aus der Handschrift zu Thorn f. 239, eingerückt in n. 403.
D Handschrift zu Danzig, Zettel, eingeheftet zu f. 320 b.
Gedruckt: aus D vgl. m. T Toeppen a. a. O. 3 S. 49.

Man sal vorkundigen und ernstlich vorbieten in allen steten und besundern uff den nehsten Walpurg czu Marienburg und Dominik czu Danczk, das die Noremberger noch dessem jar czu ostern iczunt vorgangen anczuheben und dergleichen die andern mit Venedischer ware uss dem lande czu Meyssen, der Marke etc. furbas alleyne den jarmarket uffm Walpurg czu Marienburg und czu Danczk uff Dominik besuchen mogen, doch myt redlicher ware und kowffenschatczt, und sust keyne merkte mehe im jare halden sullen. Sunderlich sullen sie keyne spitczerey nicht in das landt czu vorkowffen brengen domete die hantwergker diesser lande moegen ges(weche)t[a] werden, ouch keyne wochenmerkte allhir im lande mehe halden by vorlust der gutter, die sie also in diesse land brengen werden. Ouch sal nymant diesser lande inwoner mit en gesellschafft haben in diessem lande bey der bussen 20 gutter marken, der her verfallen sal seyn so gefach her dorinne obirtretlich befunden wurde sunder argkelyst. Czwene teyll sulcher busse sal an die hirschafft, das dritte teyl an die stete, do sulchs geschit und befunden wurde, gefallen.

405. *Verordnung über den Handelsverkehr nach Polen. — [1448 Mrz. 30].*

T aus der Handschrift zu Thorn f. 239 b, eingerückt in n. 403.
D Handschrift zu Danzig; a) Zettel, eingeheftet zu f. 320 b; b) eingerückt in n. 403.
Gedruckt: aus D vgl. m. T Toeppen a. a. O. S. 50.

Das nymant sulle addir moge schiffe, alde addir nuwe, ken Dybaw addir sust ins reich czu Polan vorkowffen noch part mit schiffen, die aldo seyn addir herunochmols aldo seyn werden, haben addir schiffe an die Polansche seyte legen addir vorlegunge thun noch keynerley kowffenschatcz noch geselschafft aldo haben addir halden umbe keynerley ware. Wurde imant dowiddir thunde befunden, der sal alle seyne gutter, wo her die hot, vorloren haben und dieses landis ewig entperen. Unde der herre homeister hat dem rath czu Thorun dirlobet und befolen, wen sie also obirtretende befynden, das sie die in den thorm legen und dorinne halden sullen bis an den hern homeister.

a) D. geswecht T.

Versammlung zu Marienburg. — 1448 Apr. 26.

Anwesend waren Rsn. von Kulm, Thorn, Elbing, Königsberg und Danzig.

Der Recess *behandelt landständische und einige gewerbliche Angelegenheiten sowie eine Rechtsfrage über Bewerbung von Erbschaften.*

Unter Beilagen *folgt eine Verordnung über den Stapel in Thorn.*

A. Recess.

406. *Recess zu Marienburg. — 1448 Apr. 26.*

T aus der Handschrift zu Thorn f. 260 b — 261 b.
D Handschrift zu Danzig f. 322.
Gedruckt: aus D vgl. m. T Toeppen a. a. O. 3 S. 51.

Anno domini 1448 feria sexta ante vocem jocunditatis in Marienburg ad placita congregati videlicet: de Colmen Bartholomeus Rosenik, Hans[a] Focke; de Thorun Gotschalk Hitfelt, Hermannus Russup; de Elbing Johannes Wintburg, Johannes Sonenwalt; de Koningsberg Andreas Brunow, Petrus Lange; de Danczk Reynolde Nydderhoff, Henricus Buck et Johannes Meydeburg, infrascriptos articulos concorditer pertractarunt.

1. *Hm. und Stände kommen überein, dass ersterer die Holländer bis Weihnachten geleiten will und zu Danzig mit oder ohne Zustimmung der Holländer von ihnen ein Zoll erhoben werden soll, dessen Ertrag zur Tilgung der holländischen Schuld zu verwenden ist. Alle übrigen Streitpunkte sollen auf einer zu vereinbarenden Tagfahrt ausgetragen werden*[1].

2. *Dieselben setzen Verbannung auf jede Klage beim Fehmgericht.*

3. *Auf Befragen stellen Land und Städte die Freilassung Renchingens dem Hm. anheim.*

4. *Die Vorladung der aus dem Bunde getretenen kleinen Städte wird unterlassen.*

5. Item so haben die stete ingebracht von der czerunge der reysen kegen Engelant und Collen, das sie sich in die czerunge derselben reysen nicht geben wellen umbe des willen, das die von Danczk die botschafft besant und geczogen haben und die stete sie nicht gekoren noch en das befolen haben. Dis haben die von Danczk czu sich genomen an ire eldesten czu brengende und antwert mit der rechenschafft derselben reyse czur nehsten tagefart czu brengen.

6. Item eyn iczlicher mit den seynen czu handelen von der muntcze, wie man weise und wege fynden moge und dis an unsern hern homeister czu brengen, das man hir im lande muntczen mochte.

7. Item von den hantwergken, das nymandes czuwe hantwergke sulle uben und treyben, addir eyner dem andern in seyn hantwergke czu greiffen, bleibet ansteen.

8. Item czu handelen eyn idermann mit den seynen von den ansterblichen guttern, von schreibunge vor nochmanunge bynnen und bawssen landis, wie man domete halden sal, ab man alleyne jar und tag bynnen landis vor erbgut

a) Hannus D.

1) *Im StA Danzig, Schbl. LXXIV n. 72a befindet sich eine undatirte Instruktion für danziger Rsn., die sich unzweifelhaft auf diese Tagfahrt bezieht. Hierin spricht sich Danzig unbedingt gegen die Zulassung der Holländer und die Abhaltung neuer Tagfahrten aus.*

schreiben sal und bawssen landis czu ewigen czeiten addir wie man domete sal halden[1], czur nehsten tagefart iderman syn guldungken dovon inczubrengen[a].

B. Beilagen.

407. Verordnung über die Niederlage in Thorn[2]. — 1448 Apr. 30.

D aus der Handschrift zu Danzig, Zettel, eingeheftet zu f. 320, überschrieben: Dusse undergeschreven cedule brochte her Johan Meydeborch van dem hern homeister van Marienborch des dingesdages in profesto Philippi et Jacobi anno 48; is vorkundiget upme koning Artushove.
Gedruckt: aus D Toeppen a. a. O. 3 S. 56.

Wir habens mit unseren gebietiger von der nederloge czu Thorun, die von alders alda von unsern vorfaren dirlobet ist czu halden, alzo vorramet, dach off eyn vorsuchen und unserm unde unser gebietiger willen und irkentnisse, das eyn yderman noch irlobeter gewonheit seyne nedirloge mit sulchen guttern, als das irlobet ist von unserm vorfar Cord von Jungingen seligen, in der gedachten statt Thorun halden sulle, unde wellen, das nymands unser unde unsers ordens undersassen sullen nederlogen machen noch besuchen, die nedirwert adir gleich Thorun seynt gelegen andirs wen in unsers ordens seyten unde landen, ouch ere schiffe anderswo nicht anlegen nach p[a]rt[b] mit de[n][c], die do anderswo ere schiff anlegen, haben noch geselschafft halden nedirwert Thorun, bey vorlust aller erer gutter wo sie die haben gefunden werden, unde sollen doboben disses landes ewig enperen. Unde wir haben den von Thorun irlobet, wen sie also von den unsern dissen unser gebot ubertretende befinden, den sullen sie bas an uns in gefengnisse legen unde halden.

Mit dem schiffkowffen unde vorkowffen sal mans halden als das der herre homeister czugelassen hait uff die vorramunghe der hensestete.

Versammlungen der süderseeischen Städte. — 1448 Mai — Juni.

Der Bau einer stehenden Brücke über die Yssel, den Kampen im Frühjahr 1448 unternahm und im Sommer vollendete, veranlasste nach Ausweis von n. 413 verschiedene Zusammenkünfte der benachbarten Städte[3]. Sie, und insbesondere

a) *In T folgen noch n. 402 § 15—17, vgl. daselbst.* b) *port D.* c) *dem D.*

[1]) *Die Frage wurde nach der obenerwähnten Instruktion von Danzig angeregt und lautet dort:* Item mit den steden dis landis to sprekende, wo man id holt bynnen landis myt vorscrivinge der erfgudere, offt man id alleyne jar und dach vor ummanunge der erfguder sal schriven edder to ewigen dagen, und wo se id hirmede holden. [2]) *Toeppen theilt a. a. O. 3 S. 57 einen Erlass des Hm. an verschiedene Gebietiger mit, in dem n. 402 § 8 403 § 8, 404 u. 407 zusammengefasst sind.* [3]) *Ueber eine Versammlung auch der münsterischen Städte in diesem Anlass berichtet Arent toe Bocop, der in seiner Chronik sich über den Brückenbau folgendermassen äussert:* Int jaer 1448 hebben schepen ende radt van dye stat van Campen dye brugghe over dye Isele voer dye stadt laten houwen, waer voelle steden seer quelicke mede toevreden waren, insonderheyt dye stadt van Deventer, dye dat seer gerne hadden behyndert. Soe heffiet sich begheven, dat bynnen dye stadt van Monster eyn dach worde ghehouden, woe dye ghesanten van Coesfelt, Warendorrip, Bochholt, Bemickhem mede waren vergadert, wellicke alle ende dye stadt van Monster an dye stat van Campen seer

Deventer, suchten mit allen Mitteln, aber vergeblich, den Bau zu behindern. Hervorzuheben ist die Notiz in n. 413 § 1 u. 3, auf die ich bereits in den Hans. Geschichtsbl. 1874 S. I, hingewiesen habe, wonach 1447, wohl auf dem Tage zu Deventer S. 163, die Abkunft getroffen worden war, einmal jährlich einen Städtetag abzuhalten.

A. Korrespondenz der Rathssendeboten.

408. *Die zu Zütphen versammelten Rsn. der geldrischen und klevischen Hansestädte an [den B. von Utrecht]: ersuchen, Campen die Ueberbrückung der Yssel zu verbieten. — 1448 Mai 5* [1].

D aus SA Düsseldorf, weseler Recesshandschrift, Copie, eingelegt zum R. v. 1441 (n. 388).

Erwerdige In Gaide guedige lieve here. Ons is ankommen ende te verstaen doen, dat uwer gnaeden stat, die stat van Campen, nu alrede in paelingen ende in tymmer gekommen solden wesen ende te synne hebn, dat sie des heilligen ricks ende uwer gnaeden vryen vlietenden Iselstroem vor der stat van Campen averpaelen ende mit ener bruggen aevertynmeren willen tegen guede oelde gewoenten, vriiheit ende heerkomen des stroems vorscreven, dar oen dat heilige rike tevoeren, uwer gnaeden voervaeders ende uwe gnaeden nae, bis heer to inne gehalden hebben, nyet angesien, dat dat nyet allene ons mer allen anderen gueden steden, de des stroems soe van der zee upwert, daert doch seer nae bi gelegen is, ende ock van baeven neiderwert bi nacht ende ock bi daege vrii plegen te gebruecken, to groeten onwillen, arbeit ende mennychwerff te verderffnisse liiffs ende guets kommen solde, dat sick doch billick also nyet en geboerden, angesien die vriiheit, guede oelde gewoente ende heerkommen vorscreven, soe uwe gnaeden dit wal vorder ende dieper besynnen konnen. Gnedige lieve heer, want dan die stat van Campen uwer gnaeden undersaeten syn ende u tot redelicheit staen te bevroeden ende berichten ende ons die averpaelinge nyet wael en[a] staet te lilden umme reden vorscreven, soe bidden ende beglieren wii

a) ende D.

ernstlich hebben ghescreven, dat sye sich van dye brugghe over dye Iselle toe tymmeren solden ontholden, omme toe verhoeden wyder last, hynder ende schade dye daer anders wolde nyt erresen. Insghelicken heff dye stadt van Lubeck an dye stadt van Campen ghescreven, betwelliche dye stadt van Deventer toe werricke hadde geiwrocht, soe dye van Lubeck dye copien van den breff, dye de stadt van Deventer an Lubeck hadden ghescreven, hadden besloeten in horr breff an den van Campen overghesant. Hyerenboven worde seer an den byscop van Uttert ghesupplicirt, dat hy wolde behynderen, dat dye van Campen myt het tymmeren van der brugghe nyet mochte vortvaren. Dyt allent nyet teghenstaende heff dye stadt van Campen opten 19 dach van den aprill dye brugghe beghinnen toe heyen — dat block van dye heyde daer dye pallen mede worden ingheslaghen was 600 ℔ myn 10 swaer — und hadde dye brugghe des daghes nae sonte Jacopsdach, *(Jul. 26)* overheydet ende gheplancket, dat men daerover ghinck des saterdaghes nae sonte Johannys onthoirighen dach *(Aug. 31)*, und hadde 13075 Ryns gulden ghecost und was alleen in der somer van datselltve jaer volghetimmert. *Im Winter auf 1449 zerstörte das Eis zwei Drittel der Brücke*, 13 jucken, *doch wurde sie sofort wieder hergestellt. Cod. Dipl. Neerland. II Ser. 5 S. 639 (uitg. door d. Utrecht. Genootschap). Arend war nachweislich 1559—80 Rm. in Kampen und benutzte das StA.*

1) *Auf der Rückseite des n. 408 enthaltenden Blattes ist von anderer Hand bemerkt:* Item to ghedencken van dem ponte als van dem schate in Vlanderen, in Brabant, in Holland, Zeland etc. to lossen laten. — Nota item van dem ghereeffden guede etc. Nota bene, item off de raet annechtych worde ghemaket: twe artykel. — Item van den ponte, off twe steede twedrachtych worden. Nota bene. *Vgl. n. 288 § 96, 40, 42 u. 30, 41. Item Amachein wird i-t hierüber in Zütphen verhandelt worden.*

zer dienstlike van uwen gnaeden, dat gii de van Campen vorscreven alsoe wilt doen bevroeden ende onderwiisen, dat sie des hilligen riicks ende uwer gnaeden stroem ende ons hi oelden vriiheiden, gueden heerkommen ende gewoenden, geliken oer voervaeders gedaen hebn, voirt behaklen ende laeten willen, up dat nyet noet en sii, daer vorderen onwillen, last ende onmynne aff up te staen, des dick anders aen allen twyvel noetboerende wurde, soe dat wael merken uwe eerwerdige hooge gnaeden, die Got almechtich lancklivich, vroelick ende gesont beboeden ende bewaren moet tot ewigen tiiden. Datum feria quarta post penthecosten, anno 48.

Den eerwerdigen in Gode etc.

Radessendebaeden der henzestede des lants van Gelre ende van Cleve[1], nu te Zutphen ter dachfart vergaddert.

B. Anhang.

409. *Köln an Wesel: erwiedert auf die Ladung zu einer Tagfahrt wegen des Zwistes zwischen Deventer und Kampen*, antreffende eyne brugh, die van Kampen oever den Yselstroem doin zymmeren, ind etzliche andere punte in dem memoriaile, des ir uns copie mit gesant hait, begriffen, *dass es den Streit bedauere und seine Beilegung wünsche, jedoch um mannigfacher Fehden willen Niemand aussenden könne. — [14]48 Jun. 12.*

StA Köln, Copienbücher 19 f. 39.

410. *[Deventer an Lübeck]: berichtet, dass Kampen*, die in korten jaren in die henze gecomen, *die Yssel überbrücke zum grössten Schaden des aus- und einfahrenden Kfm.*, want die Ysele vorscreven een open stroem ende lopende water is ende bi den kant van der zee die palinge ende brugge vorscreven gemaken wort; *näheres können die kürzlich aus Flandern zurückgekehrten Rsn. mittheilen; ersucht auf Mittel zu sinnen, wie die Brücke zu entfernen sei, und zu dem Behuf eventuell die nächstbelegenen Hansestädte zu versammeln; bittet um Antwort. — [1448 Ende Juli].*

StA Deventer, Briefbuch 1424 — 1470, (Archivinv. n. 1205), unfoliirt. Mitgetheilt von Koppmann.

411. *Kampen an Lübeck: erwiedert auf die Einsendung der Beschwerde von Deventer über den Bau der Brücke über die Yssel, dass die Brücke in Wahrheit weder dem Kfm. noch dem Schiffer nachtheilig sei und Deventer sich unbilliger Weise beschwere; hat zu öfteren Malen mit Deventer über den Bau verhandeln lassen und nie den Einwand vernommen*, dat hem die brugge to onwillen weer off sie off yemant darin verkort mochte wesen in enigen dinghen; ende ommers bord ons, l. vr., vermits dat wii naerre der zee liggen ende mede zeevaerres hebben ende oick hantiringe hebben ter zee dan die van Deventer, vorder besorget te wesen voer schaden ende voervange des coepmans ende zeevarder dan sie. — *[1448]* (dinxedages nae Petri ad vincula) *Aug. 6.*

StA Deventer, Briefbuch 1424—70. Mitgetheilt von Koppmann.

[1] Des dinxdages to pinxten reden Johan Vermudeken ind Everd Schillingh myt 2 knechten ind 4 perden to Zutphen ter daghvart der hansastede der lande van Gelre, van Cleve ind des stichts van Utrecht, waren uit 5 dage, verdoden buten 11 Riensche guld., die maken 36 ß 6 ₰. *Weseler Stadtrechn. 1448 (StA Düsseldorf).*

412. *Lübeck an Deventer: hat auf Deventers Begehr an Kampen wegen der Brücke geschrieben und n. 411 zur Antwort erhalten. — [14]48 (sondages nae o. l. vrouwen d. assumpcionis) Aug. 18.*

StA Deventer, Briefbuch 1424—1470. Mitgetheilt von Koppmann.

413. *Auszüge aus den Stadtrechnungen von Deventer. — 1448 Apr. 24 — Aug. 1.*

Aus StA Deventer, § 1, 2, 9, 11.— 13 aus der Rechnung Dirc Gelmers, § 3 — 8, 10 aus der von Hermann Bueving, beide von 1448.

1. Des woensdages nae cantate[1] Keirehals gegaen to Campen myd enen brieve, die henseste[de][a] bi ons gelegen in oere stad te komen, wanneer sii dat hebben wolden, want wii dat nae overdrachte to jair gemaket verscriven solden, die dat afscreven; die enen dach nae der antworde wachtede, gegeven 13 kr. 1½ oircken.

2. Des vridages dairnae[2] Kollick, Kriit, Machorissoen ende Splitof, die gevaeren weren to Swolle, to spreken myd dem rade aldair, alse myt rechte bistant te doene tegen die van Campen alse van der brugge, voir wagenhuer ende teringe 12 ℔ 2 oircken.

3. Op denselven dach[3] Kolck, Bueving gevaeren to Zutphen myd hem te spreken, sie te willen liden, die henzestede in oere stad te komen ende wii dat te verscriven, soe to jair dat versproken wart des jairs eens bi een te komen, want die van Campen dat afgesat hadden, dat den van Zutphen to willen was, voir wagenhuer ende teringe 3 ℔ 3½ kr.

4. Op meydach[4] Keirehals gelopen to Duysborch, Emhrick, Doesborch, Remunde, Nymmegen, Aernhem, Zutphen, myt brieven inholdende to Zutphen to komen, te spreken van der henze wegen van der brugge to Campen, gegeven 3 ℔ 12 kr.

5. Item op des hilgen crucis dach invencio[5] Johan Leiendecker gelopen to Munster om derselver saken willen, 1 ℔ 6 kr. 2 oircken.

6. Op denselven dach[5] Keirehals gegaen an onse vrend, die tUtrecht weren ende die he to muete quam to Apeldoeren, myd enen brieve ruerende, dat onse vrende to Zutphen wesen solden bi die andere hensestede, om der bruggen willen to Campen, of sii yet vernomen hadden tUtrecht tot den saken dienende, ons dat dan weten te laten, gegeven 4 kr.

7. Des woensdages dairnae[7] Kriit, Kollic, die gevaeren weren to Zutphen myd den anderen hensesteden te spreken van der brugge to Campen ende van anderen saken, vertert 6 ℔ 6 kr.

8. Des manendages nae beloken pinxsteren[8] Gerloch gelopen to Zutphen myd enen brieve, inholdende den brief, den sii an onsen heren scriven solden van der hensestede wegen, dat sii dairinne mede scriven solden, hem een antworde te scriven, gegeven 3 kr. 3 oirke 1 hr.

9. Des sonnendages nae Urbani[9] Kriit, Kollick, die gevaren weren to Zutphen, myd hem to spreken, die van Campen te wairnen, dat sy ene inhibitie gesien hadden van den Roemschen konyngk, die brugge te maken staen te laten etc., voir wagenhuer ende teringe 4 ℔ 4 kr. 3 hr.

a) hensestede D.

1) *Apr. 24.* 2) *Apr. 26.* 3) *Montag nach* Vocem jocunditatis, *Apr. 29.* 4) *Mai 1.* 5) *Mai 3. An demselben Tage gehen weitere Boten um derselben* saken willen *nach* Groningen, Elborch, Harderwiick *und* Campen. 6) *Pfingstabend, Mai 11.* 7) *Nach Pfingsten, Mai 15.* 8) *Mai 20.* 9) *Mai 26.*

10. Des anderen dages in junio Pallas, die gereden was myd 2 perden to Zutphen, die siin boetscap dair dede, ende voirt toe Nymmegen, dair die vier hoefstede vergadert weren, dair Johannes oick syne boetschap dede van der brugge te Campen, vertert tesamen 7 *fl* 6 kr.

11. Des saterdages dairnae[1] Kelrohals gegaen to Zutphen myd eenen brieve, begerende van hem an die van Zwolle ende Groningen to scriven, toe Nymmegen ter dachvart te komen omme der bruggen willen van Campen, gegeven 4 kr.

12. Des vridages dairnae[2] Krilt, Splitoff, Pallas gereden tot Aernhem, myd den henseesteden dair vergadert to spreken van der brugge to Campen, vertert 9 *fl* 2½ kr.

13. (Op sente Peters dach ad vincula)[3] Knappert Deylken, des scholten knecht, die der stad brief medenam to Lubike, rnerende van der brugge to Campen, die der stad brief van Lubike voirt brachte to Campen.

Versammlung zu Marienburg. — 1448 Aug. 19.

Anwesend waren Rsn. von Kulm, Thorn, Elbing, Königsberg und Danzig.

Der Recess behandelt innere Verhältnisse zumeist gewerblicher Art. Behufs Beilegung des Zwistes mit Holland wird eine neue Tagfahrt zu Bremen beliebt.

Recess.

414. Recess zu Marienburg. — 1448 Aug. 19.

T aus der Handschrift zu Thorn f. 262 — 263 b.
D Handschrift zu Danzig f. 333 — 334 b.
Gedruckt: aus D vgl. m. T Toeppen a. a. O. 3 S. 74.

Im[a] jar unsers hern 1448 die rathessendeboten disser stete hirnach geschreben als: vom Colmen her Heinrich Focke, her Nyclos Wymer[b]; von Thorun her Tydeman vom Wege, her Rotheher von Birken; vom Elbinge her Johan Winthurg, her Johan von Ruden; von Koningsberg her Andres Brunow, her Niclus[c] Pleysz; von Danczk her Henrich Bogk[d] und her Herman Stargardt, in Marienburg zu tage vorsamelt am[e] mantage nehst nach unser lieben frauwen tage assumpcionis und haben under sich vorhandelt diesse nochgeschrebenen artikeln.

1. *Der Hm. verkündet, dass er mit einem Abgesandten des Hg. von Burgund ein Abkommen getroffen, wonach von allem nach Preussen kommenden holländischen Gute ein fest normirter Zoll erhoben und am 1 Okt.* (Remigii) *eine Tagfahrt zu Bremen oder Stade behufs Schlichtung aller Streitfragen abgehalten werden soll*[4].

a) *Der Eingang lautet in D lateinisch.* b) *Wymer D, von anderer Hand nachgetragen.*
c) *Johan Pleys D.* d) *Bock D.* e) *Assumcn der gnd. assumpcionis Marie D.*

[1]) *Jun. 8.* [2]) *Nach s. Odulfus, Jun. 14.* [3]) *Aug. 1.*

[4]) *Die Verhandlungen wurden in Bremen unter Vermittlung von vier bremer Rm. geführt und endeten nach wochenlangem Streit am 7 Dec. 1448 mit einem Vertrage, dessen Gültigkeit von der Zustimmung der beiden Herren, des Hg. und des Hm., abhängig gemacht wurde. Er setzte in der Hauptsache fest, dass beide Partheien 6 Jahre einander geleiten und vor Ablauf der Frist aufs neue verhandeln sollten, inzwischen dürfe Preussen den oben erwähnten Zoll erheben und zur Tilgung der holländischen Schuld verwenden. Würde der*

Nach längerem Sträuben bewilligen die Städte die Aussendung zweier Danziger und die Entnahme von 100 M. aus dem Pfundzoll zur Bestreitung der Kosten, verlangen jedoch deren Rückzahlung durch Danzig. Danzig nimmt es ad referendum.

2. Item so haben die stete unserm hern homeister vorgegeben von vil falschen gulden und von vil falscher nuwer schillinger, die hir ins land gebracht werden, und boten seyne gnade, dat her das undir[g]aen[a] welde, uff das seyne lande domete so swerlich nicht beschediget wurden. Und unser herre homeister hat den steten czugesagit, das her in alle stete wil schreiben, das men eyn sulchen uffholden sal und recht mit im czu begende, bey[b] weme man sulch falsch golt und gelt worhafftich wurde befunden.

3. Item so haben die stete ken unserm hern gedacht des heymlichen gerichtes, doruff der herre homeister geantwert hat, das her all tage wartende is babestlicher brieffe domete seyne undirsaszen desselben gerichtis muchten gef[riet][c] seyn. Und die stete haben undir sich hiruff also beslossen, das eyn idermann doheyme mit seynen eldesten handelunge haben sol, wy sie desselben gerichtes mochten gefriet werden, und eyn iglicher czu der nehsten tagefart seyner eldesten guldungken dovon inczubrengen.

4. Item so haben die hern von Thorun eynen brieff des Deutschen kowffmans von Brugke in Flandern vor die stete gebracht, dorinne der kowffman ernstlich schreibet von mergklichem grossen schaden, das man in diessem lande wiltwergk als czabelen, bebern und beverwommen verbeth und das man das wergk vorfelschitt mit ogenitczen[d] und mit anderen unczitigen wergke; und von anderu cordewan, das man ouch vorfelschett mit reyssebessem[e] und mit kalbfellen und schaffelen. Dis haben die stete czu sich genomen und also czu bestellen, das die dingk rechtferdlich gemacht sullen werden.

5. Item als denn den Norembergern vorboten is allerley spitczerey her in das land czu brengen, so haben die stete beslossen, das noch diesser czeit nymand, her sey wer her sey, under den amptluten diesser lande von spitczerey hir im lande brengen sal, is sey gemacht wo es sey gemacht.

6. Item eyn idermann handelunge czu haben mit den seynen, wy man es halden sal mit den amptslewten die mehr denn eyn hantwergk treiben, und eyn iglicher mit seynen eldesten doheyme handelunge czu haben und czur nehsten tagefart seyner eldesten guldungken dovon inczubrengen.

7. *Die Städte wollen nach Danzig ziehen, um das aufgelaufene Pfundgeld zu theilen, stehen jedoch auf Vorstellung von Danzig davon ab unter der Bedingung, dass Danzig auf dem nächsten Tage Rechnung ablege. Sollte bis Martini keine Tagfahrt angesagt werden, so wollen die Städte unter sich eine vereinbaren, um das Geld zu erheben. Danzig nimmt es unter Protest ad referendum.*

8. *Braunsberg[1] lässt einen früheren Ständebeschluss in Betreff des Wartegeldes verlesen, von dem sein B. und einige Prälaten behaupten, dass er nicht existire.* Hirvan eyn iglicher seyner eldesten wissenschaft czur nehsten tagefart inczubrengen.

9. *Auf Bitten von Braunsberg verwenden sich die Städte beim Hm. für die Beilegung des Zwistes zwischen Braunsberg und seinem B.; der Hm. äussert sich zustimmend.*

a) undir... T, dat he [illegible], dat syne lande D. b) bey — befunden fehlt D. c) [illegible] T, [illegible] D. d) mit [illegible] D. e) [illegible] D.
f) § 5. 9 und Schluss fehlt D.

Vertrag von einem Theile nicht angenommen, so solle gleichwohl die Dauer des gegenwärtigen Geleites sich bis zum 1 Okt. 1449 erstrecken. Or. im StA Königsberg, Abschr. im StA Danzig, Schbl. XIX n. 76. Im RA Haag, 13 Memoriael, Bussaert 2 f. 31 findet sich eine interessante Aufzeichnung über die Diäten der holländischen Gesandten zum bremer Tage.

Und diesse czwene artikele haben die stete undir sich nicht schreiben lassen, sundern die von Colmen haben czu iglicher stat gesant, das sie diese artikel sulle inschreiben lassen.

Versammlung zu Narwa. — 1448 [Sept.].

Am 25 Jul. 1448 beendete ein auf 25 Jahre abgeschlossener Friede die mehrjährige Fehde des Ordens mit Nowgorod und Pskow[1]. Die livländischen Städte versuchten hierauf auch die Rückkehr des deutschen Kfm. nach Nowgorod einzuleiten, gelangten jedoch bei den von Narwa[2] aus geführten Verhandlungen nicht zum Ziele und erneuerten deshalb das Verbot der Nowgorodfahrt. Lübeck, an das sie hierüber berichteten, billigte ihr Vorgehen, knüpfte nun aber direkt mit Nowgorod an, um der Hinkunft einer grösseren hansischen Gesandtschaft den Weg zu bahnen.

Anhang.

415. *Hm. an den Om. zu Livland: berichtet nach Mittheilungen von Reval an Danzig über die Verhandlungen des deutschen Kfm. mit Nowgorod und fragt an, ob der Om. beim Abschluss des Friedens mit den Russen auch des Kfm. gedacht hat. — Marienburg, 1448 Sept. 1.*

Aus StA Königsberg, Missive 17 S. 1, überschrieben: Dem gebietiger zcu Liffland.

Ersamer besunder lieber her gebietiger. Der rath zcu Revall hat dem rathe zcu Dantzk geschreben, so als ir ouch mit den Rewssen van Grossenaugarten eynes fredes uff etliche jar vereynet und vertragen habt, so hatte der Deutsche kouffman mit den Nawgartern geredt und sie gefragt, ap der kouffman ouch mochte und solde seyn und bleiben bey alder gewonheit, privilegien und freiheit, die her vormals daselbst zcu Grossenaugart gehabt hatte und mit en obireyngekomen were, also hatten sie en wedir geantwurt, sie konden en daruff keyn bescheit thun adir sagen, sunder sie solden sich fugen zcu irem bisschoffe und herczogen, die weren zcum Nuwensloss, do wurden sie des wol entscheiden. Do nu de kouffman kein Nuwensloss qwam und solche sachen, ap der kouffman bey alder gerechtikeit, obireynkomen und gewonheit zcu Naugarth solden bleiben, an dieselben herren den herczog und bisschoff b[rachte]ᵃ, hatten sie en geantwurt, der Deutsche kouffman hette seyne freiheit [[uchen?] gebrochen und die obireynkomung nicht gehalden und thaten e[m] ouch keyn ander bescheit, denne sie hetten em gesaget, der kouffman so[lde] ken Grossenaugart komen, sie welden sehen, das sie sich mit em m[och]ten vertragen. So haben die van Revall den von Dantczk dabey ges[chreben], das sie ire kouffiewte solden warnen, das sie ken Naugart nicht czihen. Were denne in semlicher beteidigung des fredes des kouffmans vergessen, das were zere swere hindene gelassen, und darumbe bitten [wir euch fleissig, das] ir uns hievon schreibet, ap des kouffmans in [der beteidigung

a) Das Bl. der Hs. ist unten abgerissen und oben angerissen, alle [illegible].

[1]) Vgl. Hildebrand's Bericht über das revaler Archiv a. a. O. n. 234.

[2]) 172 ℳ 12 β vorterde her Hinrik Epplechusen und Harman tor Narwe. *Rig. Kämmereibuch S. 188 z. J. 1447/8.*

semli[c]chs fredes ouch ist gedacht und ouch was des [. . . . . . . g]ewurden, mochtet ir aber darczu brengen, das der [kouffman bey der] alden gewonheit, friheit und oltreyn[komunge mit Grosse]naugart moge bleiben, das were zere gut und seghen [das gherne]. Und als ir uns schreibet von den gefangenen, das euch die [ken Lie]fflandt geantwurt solden werden etc., so bitten wir euch fleissig, so schier euch solche gefangenen werden komen, das ir die unvorczogen herin sendet und uns dabey schreibet, wer und wie veel ir seyn und ouch wie sie heissen. Dorane geschit uns etc. Geben zcu Marienburg, am tage Egidii im 1448 jare.

416. *Lübeck an Riga, Dorpat und Reval: befiehlt, unter Wiederholung des Berichtes der livländischen Städte über ihre Verhandlungen mit Nowgorod, das Verbot der Fahrt nach Nowgorod bis auf weiteren Bescheid aufrecht zu erhalten. — 1448 Okt. 28.*

L aus StA Lübeck, A. Ruthen. 1, Doppelblatt, Copie, bezeichnet: Prima littera et secunda littera duplicata. *Das zweite Schreiben, n. 417, ist hinterdrein nicht eingetragen.*

Den ersamen wysen mannen, heren borgermestern unde ratmannen der stede Ryghe, Darpten unde Revele, unsen guden vrunden, samentliken unde besundern.

P. s. Ersamen heren, guden vrunde. Juwer Lyfflandischen stede sendeboden negest bynnen der Narwe to dage vorgaddert breff hebbe wy entfangen unde wal vernamen, darinne se scriven, se hebben van der stede wegen handelinge und worde gehat mit den olderluden der coplude van Naugarden, dar ok jegenwardich waren en deel der Naugardeschen coplude, alse van des copmans zaken, dat se deme Dutschen copmanne mennige tiid unrecht unde gewalt to Naugarden hebben gedån, dar se en[a] to antworden, se en weren dar nicht gekamen recht to gevende, ok en hadden ze des nene macht, unde seden, de ertzebisschop, de koningh, de borgermestere unde de hertogen van Groten Naugarden unde gemene Grote Naugarden were dår tome Nyensloto, dar mochten se[b] dat zoken. Also sanden se[b] ere[c] baden aldar tome Niensloto an Grote Naugarden unde leten ze vragen, off de Dutsche kopman ok enen veligen werh mochte hebben to en to komende unde to varende uppe de olden cruceküssinge unde uppe de latesten hantvestinge. Darupp so brachten jw[a] jwe[c] baden wedder in vor een antwerde, dat ene Grote Naugarden darto hadde gesecht, dat men dat olde zolde holden unde senden darumme to Naugarden, so mochte men de zake richtich maken, weute de cruceküssinge were nicht geholden to beiden siden. Vurder so geven jw[a] desulven jwe[c] baden wol to kennende, dat ze an der Naugarder worde wol vorstån hadden, dat se mennigerhande punte vorhebben, de deme Dutschen copmanne entjegen sin, dar se deme copmanne sine privilegia, olde lovelike vriheyde unde wonlike rechticheide mede dencken afftobrekende unde to vorkortende, dat God affkeren mote etc. Aldus zin se[b] to der[d] tiid van den Naugardern gescheiden, darumme duncket en[a] nutte zin, dat nemant Naugarden en zoke bet to der tiit dat men zee, wo ziik de zake mit en vorlopen willen, unde begeren hiirvan na uterliker bewegingo unse[e] gudduncken unde wison rad jw[a] mit den ersten scrifftliken wedder to benalende, dar gy[b] jw[a] na mogen weten to richtende, mit mer worden, hebbe wii gutliken entfangen unde wol vornomen. Unde hebben uterliken uns

a) Corrigirt [illegible] aus L. Der Schreiber hat [illegible] Or. des Rostes der livländischen Städte copirt und hinterdrein erst die Umbildung bewirkt. b) Corrigirt aus wii L wie oben. c) [illegible] corrigirt aus unse L. d) Corrigirt aus desser L wie oben. e) [illegible] corrigirt aus juwe L.

hiirup vordacht unde beraden, so duncket uns nutte unde geraden ziin, dat gii darbii bliven unde den copman to Naugarden nicht en laten varen eer der tiid dat gii unse meninge vornomen, de wii juw scrivende werden bii unsem egenen boden, den wii mit den ersten umme landes hirumme hii jw dencket to hebbende. Gode siit bevalen. Screven Symonis et Jude etc. 48.

Consules Lubicenses.

417. *[Desgleichen]: sendet ein Schreiben an den EB. von Nowgorod mit der Bitte, dem Ueberbringer einen Dolmetscher mitzugeben und die Antwort übersetzen zu lassen; bis zum Eintreffen der Antwort soll das Verbot der Nowgorodfahrt in Kraft bleiben. — 1448 Okt. 28.*

L aus StA Lübeck, Miscell. Ruthen. 1, Abschrift, bezeichnet: Conceptum domini Jacobi Bramstedes, secunda littera duplicata.

P. s. Ersamen heren, guden vrunde. Juwer Liiflandeschen stede sendeboden negest binnen der Narwe to daghe vorgaddert breff, hebbe wii entfanghen unde wol vornomen, unde alse wii nu in juwen breve verstan, wes juwe sendeboden juw wedder inbrachten van den van Groten Naugarden, de to dem Nigenslote vorgaddert weren, dat me dat olde scholde holden, unde dat me darumme sande binnen Naugarden, dar mochte me de zake richtich maken, wente de crucekussinghe en were van beyden ziiden nicht geholden. Leven heren, hiir hebbe wii dupliken upp gedacht und hebben ok juwe arbeid unde kost unde vordret overwegen, dat gii in korten jaren mer den eens efft twyge darumme to Groten Naugarden gedan hebben unde dat doch nergen voregekomen is unde myt Groten Naugarden to eneme endleghen bestande komen mochte. So hebbe wii na gudeme rade diit overgeweghen unde hebben diit vor dat beste gekoren, dat wii an den ertzebisschopp besunderghen van Grote Naugarden unsen breff bii dessеme unseme baden senden unde dergeliken an Grote Naugarden, dar se unse meninge wol ane vernemende werden, unde dar wii juw van beyden breven aveschrifft van senden hiirinne verwaret. Hiirumme, leven vrunde, bidde wii juw fruntliken umme des gemenen besten willen, dat gii dessеme unseme baden helpen, dat he to Naugarden kome unde tovoghen e[m]e[a] enen guden tolk, de dar gherecht to zii unse meninghe unde inholdinghe unser breve tympliken unde vornemliken vor den heren ertzebisschopp und vor Groten Naugarden bringhen moge. Unde wil gii van den juwen dar mede senden umme mer upzeendes willen, dat sette wii bii juwe wisheit, unde wes uns vor en antwerde kumpt, dat gii dat willen in dat Dudesche setten laten unde sendet uns dat Russche mit deme Dudeschen bii unseme boden, dar moge wii uns na weten to richtende. Unde, leven heren unde vrunde, so gii uns scriven, wo gii dat vor dat beste gekoren hebben, dat gii deme kopmanne vorboden hebben to Naugarden to varende, dat is uns wol to willen, unde dat dat ok so blive bii den vorbode bet wii unde gii vornemen dat antwerde, dat uns wedder komende wert, unde dat wii juw dar anders wes up scriven. Gode deme etc. Screven under unsem secrete, am dage Symonis et Jude apostolorum, anno etc. 48.

Consules Lubicenses.

418. *Lübeck an Jakob von der Molen, Rm. zu Reval: sendet* een nasch myt breven *mit der Bitte, ihn bis zu der Hinkunft des lübischen Sendboten Hartich aufzubewahren und diesem einzuhändigen, desgleichen das beifolgende*

a) me L.

an Riga, Dorpat und Reval adressirte Schreiben Reval zu übergeben. — [1448 Okt. 28] (ut supra).

StA Lübeck, Abschrift, vorausgeht n. 416.

419. *Instruktion für den lübischen Sendeboten nach Nowgorod. — [1448 Nov.].*

Aus StA Lübeck, A. Ruthen. 1, Copie, überschrieben: Dyt memoriale is Hartige mededen.

Leve Hartich, wannere du kumpst to der Ryge, so antwerde deme rade den breff, dede sprekt an de van der Ryge, van Darpte unde van Revele, unde wen de raed to der Ryge den breff gelesen hebben, so sprek myt deme rade darumme, dat se de stede tohope darumme vorboden willen umme dyne werve to sprekende unde dii to helpende to eneme guden tolke, unde dat se dii rād geven, wo du lymplikest to Naugarden komest unde de werve unde breve vor den heren ertzebisschopp unde vor Grote Naugarden lympliken bringhen moghest.

2. Item sprek myt deme rade to der Ryge, offt des ok van noden sii, dat du to Darpte unde to Revele sulven teest edder efftu des daghes vorbeyden solest, den se tohope teende werden, dar de dre stede tosamende komen, dat holt na ereme rade.

3. Item so is bii her Jacobe van der Molen en būsch, dar de avescriffte all diner breve unde de breve mede inne zin; weret zake, dat dii dine breve genomen worden, so mochstu dar de breve hii vinden.

4. Item wan du to Naugarden kūmpst, so essche van den heren ertzebisschoppe unde van Groten Naugarden een scriffllick antwerde, unde dat ziik de tolk darane vorwete, dat antwerde unde den Russchen breff in dat Dudessche to settende unde na rade der stede, unde bringk den Russchen breff mede umme dat wil weten möghen, wor wii uns na richten scholen.

5. Item is, dat du gheldes behovest, so sprek Hermen Vrolinghe, de sal dii doen wes du behoff befst.

6. Item wan du van Naugarden kumpst, so spōde dii myt den ersten sunder sūment hir wedder etc.

420. *Lübeck an den Burggrafen, Herzog, Rath und Gemeinde zu Grossnowgorod: erinnert an die vor Zeiten vollzogene Kreuzküssung zwischen Nowgorod und den Sendeboten der livländischen und überseeischen Städte, unter deren Schutz der Kfm. manches Jahr friedlich nach Nowgorod gezogen ist; hernach als* de guden olden, de dat cruce gekusset hadden, *aus dem Leben geschieden, sei der Kfm. so viel und mannigfach in Nowgorod verunrechtet worden, dass er es Lübeck,* alse een hovet der — twe unde soventich stede, *klagte und um Herstellung des früheren Zustandes ersuchte; hat hierüber zum öfteren mit den livländischen Städten verhandelt und sie beauftragt, Nowgorod zur Beobachtung der Kreuzküssung anzuhalten, jedoch so oft sie auch dem Befehle nachkamen und so oft auch Nowgorod zustimmte, so fand der Kfm. doch niemals Schirm und Schutz; fragt deshalb an, ob Nowgorod* den Dutschen copman bii der olden crutzekussinge unde vryheyden laten *wolle, und erklärt sich bejahenden Falles bereit, seine Rsn. nach Livland zu schicken, welche im Einvernehmen mit den livländischen Städten mit Abgeordneten von Nowgorod verhandeln und die Kreuzküssung erneuern sollen; bittet um Antwort durch den Ueberbringer. — [14]48* (in s. Mertens avende) *Nov. 9.*

RA Reval, Or. Perg. m. Spuren d. Siegels. Durchlöchert.
StA Lübeck, Miscell. Ruthen. 1, Doppelbl., Entwurf, bezeichnet: Prima littera duplicata. *Auf der Rückseite bemerkt:* Desse scripta unde breve heft Hartich mede an de Lyfflandischen stede unde vort to Groten Naugarden. Recessit sabbato post [octavas] omnium sanctorum, anno etc. 48 *(Nov. 9)*.

421. *Lübeck an den EB. von Nowgorod: übersendet eine Abschrift von n. 420 mit dem Ersuchen, Grossnowgorod zu vermögen, dass es die alte Kreuzküssung erneuere und den Kfm. der 73 Städte bei seinen Freiheiten erhalte; bittet um Antwort. — [14]48* (in s. Mertens avende) *Nov. 9.*

StA Lübeck, A. Ruthen. 1, Abschrift, bezeichnet: Prima littera duplicata.

Versammlung zu Anklam. — 1448 Sept. 22.

Anwesend waren Rsn. von Stralsund, Stettin, Greifswald, Anklam und Demmin.

Der Recess *bestimmt den Kurs des wendischen Geldes und die Bekanntmachung der Verordnung in allen zum Münzverein gehörigen Städten.*

Recess.

422. *Münzrecess der vorpommerschen Städte. — Anklam, 1448 Sept. 22.*

Aus RA Rostock, loses Bl., eingelegt in die Recesshandschrift 1417 — 69, mit Verschlussschnitten.

In den jaren unses heren Cristi verteynhundert jare darna in deme achte unde vertichsten jare synt de erwerdigen loveliken manne heren des rades sendebaden geweset unde vorgaddert to Anclam vulmechtich des sondages alse de hilge kerke begynt dat fest Mauricii mit seynen hulperen der hilgen merteleren, alse de vamme Stralessunde her Nicolaus Crakouwe, her Brand Ronnegarve; van Olden Stettin Peter Kockstede, Hans Rosentreder; vamme Gripeswolde her Gerd Doreman, alle vorgenomet radmanne; van Anclym Arnd Colpin, Hans Chlynerman, Tiderik Colbuerk, borgermestere, unde Henning Lepel radman, unde van Domyn Hennyng Düme, borgermester, dede alle heben engedragen unde gesloten alse to holdende alse nascreven steit van der munte unde kopenscop wegen, dar un tor tid grod vorderff unde vele arges ane schud unde mennichvoldich geschên is, dat dar tokumpst unde roeret an de kopmanne unde alle mynschen gestlik unde werlik desser lande.

1. Des hebben wy alle vorbenomet umme des gemenen besten beramet, dat me rupslagen schal, kopen unde vorkopen, in dessen viff steden vorbenomet unde to Rostock by marken, alle borgere, inwonre unde de in desse sulven steden van butene tokomen, alle wanderde man by vorlust des gudes dat dar koft is unde der pennynge dar yd mede koft wert.

2. Vortmer de mark sulvers schal me nicht dûrer ofte hoger vorkopen wenne achteyn mark Sundesch; den Rynschen gulden schal me vorkopen vor dre mark vêr schillinge myn Sundescher pennynge; den lichten gulden vor ver unde twintich Sundesche schillinge.

3. Weret ok dat yemand anders kofte edder kopslagede, de schal vorvallen

wesen unde gebraken heben dat geld, sulver unde golt, dat gekoft is unde mede köft wert. Unde wurde wol hirane bedacht, he were wol he were, desse radere der stede vorbenomet de scholen den boden senden de unrechte kopslagen unde swerent in den hilgen, dat se des rades bod unde endracht geholden hebben vorme gantzen sittende stule des rades. Weret ok dat se nicht sweren wolden, so scholen se dat beteren unde vorbüten mit dren lodigen mark sulvers, he sy borger edder gast. Unde dat bot der endracht schal me vorkundigen unde uthgan laten in dessen steden alle vorbenomet des vrydages na sunte Michaelis dage nu negest volgende[1].

Versammlung zu Elbing. — 1448 Nov. 14.

Anwesend waren Rsn. von Kulm, Thorn, Elbing, Braunsberg, Königsberg, Kneiphof und Danzig.

Der Recess ist fast ausschliesslich ständischer Natur und berührt nur nebenher einige bereits öfters behandelte gewerbliche Fragen.

Recess.

423. *Recess zu Elbing. — 1448 Nov. 14.*

T aus der Handschrift zu Thorn f. 264 — 266.
D Handschrift zu Danzig f. 323 — 328.
Gedruckt: aus D vgl. m. T Toeppen a. a. O. 3 S. 81.

Jm[a] jar 1448 am donerstage nehest vor Elizabeth die hern ratessendeboten der stete dis landis czu Prussen hirnoch geschreben alse: vom Colmen her Hans Matezke, her Lorentz Folkman; von Thorun her Herman Russup, her Rutger von Birken; von Elbing her Johan Wintburg, her Peter Storm, her Johan Grymme, her Jorgen Rowber; von Brunsberg her Claus Wise, her Johan Sleppestange, her Thomas Dangkune[b]; von Koningsberg her Andres Brunow[c], her [Mich]el[d] Matthis, her Johan Dreher; vom Knyppabe her Franczke Grosse, her Niclus Rebeyn; von Danczk her Reynold Nyddirhoff, her Morten Cremon, her Johan Freyborg, czum Elbing czu tage vorsamelt und haben undir sich gehandelt diesse nochgeschrebenen sachen.

1. Die grossen und kleinen Städte, welche gleichmässig wegen Auflösung des Bundes zum Tage geladen waren, einigen sich, dem Hm. in Sachen des Bundes nicht anders als gemeinschaftlich zu antworten. Die kleinen erfahren hierauf von ihren Komthuren, dass der Hm. sie nicht empfangen werde, und ziehen, nach Rücksprache mit den grossen Städten, wieder nach Hause.

2. Die Ritterschaft übergiebt den Städten vier Beschwerden gegen Danzig wegen Erlass eines eigenmächtigen Verbotes der Schiffahrt im Frühjahr, Verfälschung der Kaufmannswaaren, Begünstigung der Polen durch Gelddarlehen und Ausschank brombergischen Bieres. Danzig rechtfertigt sich.

3. Die Verhandlung wegen Auflösung des Bundes wird vertagt.

a) In D fehlt der Eingang [illegible]. b) Pankow D. c) [illegible] D.
d) Durchlöchert T. Michel Matis D.

1) Okt. 4.

4. *Die Ritterschaft legt den Städten 9 zumeist auf den Marktverkehr bezügliche Artikel vor, welche diese trotz der Erklärung des Hm.*, her hette des landes beste hirinne dirkant und gekoren und welde die also gehalden haben, wente her were eyn herre der lande, *nicht belieben, sondern ad referendum nehmen.*

5. Item[a] das eyn iglicher mit den hantwergkern rede als mit den crumern und bewteleyn[b] also von den (nachtlingen[c] und) hossenestolen, die man von kalbfellen machet, wie man aller beste mete halden sal, und eyn iglicher seyner eldesten guldungken doron widdir inczubrengen.

6. *Auf Befehl des Hm. versuchen die Städte vergeblich den Streit zwischen Kneiphof und Königsberg über den Antheil am Pfundzoll zu schlichten. Beide Städte sollen auf dem nächsten Tage die Beweise für ihre Ansprüche mitbringen.*

7. Item das eyne igliche stat czusee czu erem wachsse das men in den steten machet, das man das gut machet, das eyn iglicher do ane vorwareth worde.

8. Item eyn iglicher sprecbe doheyme mit den seynen von der wichtt, als vom krompfunde und marktpfunde, umme der gebrechen willen die doron komen, das die rechtferdich gehalden werden, und czur nehesten tagefart seyner eldesten gutdungken doron inczubrengen.

9. *Der Hm. lässt den Städten eine Bulle des P. Nikolaus verlesen, worin er den Orden und dessen Unterthanen von der Fehme freit*[1].

10. Item so haben die stete mit den von Danczk handelunge gehat alse von der czerunge wegen der reysen ken Collen und Engelant, und begeren dis an ire eldesten czu brengen, das sie sich in der czerunge nicht geben wollen und nemlich in die reyse ken Engelant, und das die von Danzk mit macht czur nehesten tagefart komen und rechenschafft brengen.

Versammlungen der sächsischen Städte. — 1448.

Im Vordergrunde der politischen Interessen der westsächsischen Städte stand in diesem Jahre die grubenhagener Fehde, an der auch mehrere Städte sich betheiligten[1]. *Von den grösseren rückten Braunschweig, Göttingen, Hannover, Helmstedt und Nordheim im Juli und August ins Feld. Der Friede wurde am 3 Sept. wiederhergestellt*[2].

Die Beilegung des hartnäckigen Zwistes Goslar-Alfeld, den die nach-

a) In D folgen nach § 4 die §§ 10, 6–8, 5, 9. b) [illegible] D. c) nachtlingen und D. fehlt V.

1) Vgl. Toeppen a. a. O. 3 S. 86 u. 43. 2) Vgl. Grautoff, Lüb. Chron. 2 S. 114, Havemann, Gesch. v. Braunschw.-Lüneburg 1 S. 719 ff. 3) Vgl. die göttinger Aufzeichnung über den Zug vor den Grubenhagen, Schmidt Gött. UB. 2 S. 207 ff. Die göttinger Stadtrechn. 1447/48 enthält eine eigene Rubrik to der fehide und herfard vor den Grubenhagen überschrieben: Anno etc. 48 in vigilia s. Jacobi (Juli 24) toge we ut etc., que fuit 4 feria, und legin davor 4 weken myn twene dage. *Die Gesammtsumme der Ausgaben betrug 116 ℳ 20 ß 5 ₰, wozu indessen noch einige Nachträge kommen. Dem Zuge ging nach derselben Rechn. eine Aussöhnung der Hg. von Braunschweig mit dem B. von Hildesheim voraus:* 14 ℳ 1 lot Bertold von Waken, Wedekind Swanenflogel, Guntzel von Grune ad octo dies ad placita et concordia ducum Brunswicensium et episcopi Hildensemensis, videlicet in Brunswik, Hildensem et Odelen dominica ante corporis Cristi (*Mai 19*). *Die entsprechende braunschweiger Stadtrechn. von diesem Jahre fehlt.*

folgenden Akten behandeln, fiel unter diesen Umständen den östlichen und an der Fehde unbetheiligten Städten zu, doch scheiterten alle ihre Bemühungen an dem Widerstreben von Goslar. Es zog verschiedene Fürsten in den Streit hinein, um die Folgen der Verhansung, n. 391, zu paralysiren und erzielte auch damit eine Spaltung unter den vermittelnden Städten. Hildesheim[1] *und Einbek insbesondere fügten sich dem lübecker Spruche nicht, woraus eine lebhafte und die Stimmung der Städte gut wiederspiegelnde Korrespondenz der wendischen Gemeinwesen entsprang.*

Zu Ausgang des Jahres war der Zwist seinem Abschluss nahe, als die nachträgliche Verwerfung eines bereits beliebten Vertragsentwurfes durch Goslar ihn von neuem und heftiger anfachte.

Unter den vielfachen, sowohl in Anlass jener Fehde wie des goslarer Streites stattgehabten Zusammenkünften der Städte scheint nur eine zu Braunschweig im Spätherbst die Mehrzahl der Genossinnen vereint zu haben[2].

Goslar — Alfeld.

424. *Heinrich von Alfeld an Halberstadt: fragt an, ob Halberstadt, nachdem die von den Hansestädten Goslar bis Pfingsten gestellte Frist fruchtlos verstrichen, ihm oder seinen Bevollmächtigten gestatten wolle*, deselven van Gosler unde ere gudere in juwer stad to bekummeren unde uptoholden bet so lange se sin wedergekomen in behorsam der gemenen stede. — *[1448]* (mandages in dem h. pinxten) *Mai 13.*

StA Halberstadt, Or. m. Spuren d. Siegels.

425. *Lübeck* (van macht unde bevele der gemenen stede van der Dutschen hense) *an Hildesheim und Göttingen: berichtet unter Hinweis auf n. 391, dass Goslar den ihm bis Pfingsten gesetzten Termin hat verstreichen lassen und Heinrich von Alfeld demzufolge zugestanden worden ist, die von Goslar mit ihrer Habe allenthalben zu arretiren, bis sie den Hansestädten wieder Ge-*

[1]) *Auf der anderen Seite war Hildesheim nach Ausweis seiner Stadtrechn. von 1448 sehr thätig, um den Zwist zu vermitteln. Unter den Ausgaben hebe ich hervor:* Lodeken boden vor gand to Gosler mit der bennentede breve 3 β, unde be vordan na deme antworde 1 β; de borgermester Hinrik Galle und Winand van Gesche mit den deneren vordan, alse se to Brunswig to dage weren, 7½ fl. 6½ β 2 ₰; *dieselben reiten bald hernach* tigen den rad to Gosler to dage, *worauf Goslar, Hannover, Göttingen, Einbek und Northeim sich in Hildesheim einstellen und 3 Tage verhandeln (die Rsn. erhalten drei Mal Wein). Es folgen sodann abermals 2 Sendungen* tigen de van Gosler to dage *und im Anschluss daran die Eintragungen:* Wilken Vischen vor gand to Lubeke in der van Goszler sake 18 β, unde be vordan na deme antworde 3 β 4 ₰; den raden van Embecke boden to dran[k]gelde, darvor he den raden antworde brachte deme rade to Meydeburch, 2½ β 2 ₰ (*n. 448 §1*); *unmittelbar darauf erhalten Rsn. von Göttingen und Braunschweig die üblichen 2 Stof Wein, was die Sendung eines neuen Boten nach Magdeburg* in der van Goslar sake *zur Folge hat, und dasselbe wiederholt sich nach dem Eintreffen von Rsn. von Einbek und Goslar in Hildesheim. Den Beschluss bilden, abgesehen von einigen Botengängen nach Goslar, die Ausgaben:* de borgermester Hinrik Galle unde de borgermester Hans van Zanwingen myt den deneren vordan to Bokelem, alse se dar tigen de stede weren 3 fl. 3 β; de borgermester Hinrik Galle unde Dreus Steyn myt den deneren vordan to Brunswigh, alse se dar to dage weren 7½ fl. 6 β; Cropelkamp vordan to Gosler, alse he dar myt breven gesand wart 4 β, unde ome vor eyne overgeworden unde eyne sporen, den he doselves tobrack 4 β. [2]) *Die göttinger Stadtrechn. 1448/49 (beginnt mit Ende Sept. 1448) verzeichnet noch z. J. 1448:* 7½ ℔ 1½ fert. Wedekind Swanenflogel et Gimeler van Munden ad placita civitatum der hense in Brunswick; *vgl. damit die vorletzte Eintragung der vorhergehenden Anm.*

horsam leisteten; verlangt, dass sie Alfeld auch bei sich frei gewähren lassen. — *[14]48* (vridages na d. h. lichammes dage) *Mai 24.*

An Hildesheim: StA Hildesheim, Or. Perg. m. Spuren d. Secrets.
An Göttingen: StA Göttingen, desgleichen.

426. *Hg. Heinrich und Ernst von Braunschweig* (gebrodere, hertogen Erikes zeliger soene) *an Lübeck:* we erfaren, wo dat gy anderen steden van der hense swerlike unde pinlike scriffte sullen gedan hebben — den rad unde de stad to Gosler andrepende, unde se smeliken, unvorwunnen, ane richte unde rechte von menscup der lude vorwyset hebben myt rade unde ansettende Hinrikes von Alvelde, so alse se doch ome redeliker unde witliker fruntscop ok rechtes nu geweygert hebben; *fordern die Zurücknahme der Schriften,* wente wolde gy eder Hinrik vorgescreven de genanten von Gosler jergen wuromme beschuldigen, syn wy orer von geschickinge wegene des hilgen Romischen rikes to rechte yo mechtich. wore aver, gy deme also nicht en deden unde de genanten von Gosler myt clagen vor uns quemen, denne so mochte we se nicht laten unde mosten dat gan laten, alse we dat von deme hilgen rike in bevelinge hebben, dar denne villichte koste unde arbeyd unde ok anders wesz von erstan mochte; *rathen zum Einlenken, verlangen Antwort.* — *Grubenhagen, [14]48* (s. Bonifacii) *Jun. 5.*

StA Lübeck, Vol. Goslar, Or. m. Resten d. Siegels.

427. *Gleichlautende Schreiben an Lübeck erliessen B. Magnus von Hildesheim d. d. Steuerwald, [14]48* (donredag na s. Bonifacii) *Jun. 6; Hg. Heinrich von Braunschweig-Lüneburg d. d. Wolfenbüttel, [14]48* (donredag na Barnabe) *Jun. 13; B. Burchard von Halberstadt d. d. Groningen, [14]48* (sondag na Viti) *Jun. 16. Von demselben Tage datirt ferner ein gleiches Schreiben des letzteren an Lüneburg.*

StA Lübeck, v. Goslar, 3 Or.; das Schreiben an Lüneburg in Copia, vgl. n. 431.

428. *B. Magnus von Hildesheim und die Hg. Heinrich und Ernst von Braunschweig gebieten Magdeburg, Braunschweig, Hildesheim, Göttingen, Einbek, Hannover, Halberstadt, Quedlinburg und Aschersleben auf Grund des eingerückten Schirmbriefes K. Friedrichs für Goslar*[1] *und der Klage der Stadt über Bedrängung durch Lübeck und einige andere Städte, die Anweisungen dieser Städte, Alfeld die Beschlagnahme aller goslarischen Habe zu gestatten, bei der Strafe von 50 Mark Goldes nicht zu befolgen, und laden sie im Falle der Widersetzlichkeit auf den fünfzigsten Tag nach Verkündigung dieses Gebotes zur Verantwortung an den Hof des B. Magnus* (to richte tiid dages, so forder dat eyn richtedach sy, anders des anderen negesten dages darna). — *1448* (middeweken vor s. Viti) *Jun. 12.*

StA Hildesheim, zwei Abschriften, 1) bezeichnet: Copia auscultata per me Hermannum de Soltweddel, notarium. *Darunter von anderer Hand:* Presentata est presens inhibicio feria quarta post Symonis et Jude apostolorum *(Okt. 30, vgl. n. 453); 2) Abschrift von 1, schlecht erhalten.*

[1]) *Im Mrz. 1446, drei Monate nach der Flucht Alfelds und kurz nach dem Scheitern des ersten Ausgleichsversuches, s. S. 157, entsandte Goslar eine Botschaft an K. Friedrich, welche ihm huldigen und um Bestätigung seiner Privilegien nachsuchen sollte. Beides geschah, vgl. Chmel. Reg. Frid. S. 102, n. 2063, 2071, Anh. n. 62. Zu gleicher Zeit erwirkte jedoch die Gesandtschaft ein Mandat des K. an die B. von Halberstadt und Hildesheim, die Hg. von Braunschweig-Lüneburg und die Grafen von Honstein, Goslar bei allen Freiheiten, mit denen es vom Reich begnadet, zu erhalten und beschirmen. Wien, 1446 Apr. 9* (palmavent). *Fehlt bei Chmel.*

429. *Hildesheim an Heinrich von Alfeld: erwiedert auf seine Anfrage,* wu wii gik dat toholden willen, de van Goslar unde dat ore in unser stad uptoholdende, *dass* dat gerichte bynnen unser stad behoret — unsem l. gn. heren von Hildensem, darane wii nicht hebben to vorvulborden; ok is unser stad olde lofllike wonheit unde vriheit, dat eyn gast den anderen mit dem vorscreven gerichte in unser stad nicht upholden mach; *übersendet Goslars Antwort auf seine Beschwerde über Vorenthaltung seiner Rente*[1]. — *[14]48* (donnersdag neist na Johannis baptiste) *Jun. 27.*

StA Hildesheim, Missivbuch (6) 1443 — 55 S. 62.

430. *Bekanntmachung des Raths von Goslar über Vermeidung des Besuches von Braunschweig. — 1448 [Sommer].*

G aus StA Goslar, Rathswillkührenbuch, (unfoliirt), überschrieben: Anno 48 wart dath nabescreven vorkundiget.

Leven frundes. De ersamen unse heren de rad hebben vorfaren, wu dat de rad to Brunszwigk tostadinge don wille Hinrike van Alvelde boven rechtes vorbedinge, unse borger bynnen orer stad uptoholdende unde se unde ore gudere to bekummerende. Hirumme don de ersamen unse heren de rad vorbenomet witlik unde openbar unde beden, dat sek eyn yslik vorsee unde hirna to richtende wette, dat nemant den van Brunswik aff edder tho wandere noch syne gudere darhen schicke, dat he des in nenem vordrete unde schaden van der wegen komen. Weret dat jemant hirenboven dede, de mach dat don up syn egen eventure. unde de rat wel dem vor nenen schaden stan. Hir schicket [juw][a] gutliken inne so lange went juw anders wat to wettende wert.

431. *Lüneburg an Lübeck: sendet eine Copie des ihm von B. Burchard von Halberstadt zugegangenen Schreibens (s. n. 427), hat gleichzeitig damit übereinstimmende Briefe von B. Magnus, Hg. Heinrich von Braunschweig-Lüneburg und den Hg. Heinrich und Ernst von Braunschweig erhalten; fragt an, ob in Lübeck ähnliche Zuschriften eingelaufen und bittet um Mittheilung der Antwort, welche Lübeck darauf ertheilen werde,* uppe dat wii ene na deme synne ok eyndrechtliken mochten wedderschriven. — *[14]48* (mitweken na visitacionis Marie) *Jul. 3.*

StA Lübeck, v. Goslar, Or. m. Resten d. Secrets.

432. *Desgleichen: meldet, dass Alfeld nach seiner Rückkehr aus den sächsischen Städten, wohin er sich nach Erlass von n. 425 begeben hatte, um zu erfahren, welche Städte dem Gebote gehorsam wären, Lüneburg berichtet habe,* wes in sinen zaken van guden vrunden verhandelt sii und ok noch schönde werde, *sowie, dass einige Städte den Gehorsam weigerten; verweist auf Alfelds mündliche Auslassungen und erklärt, dass es im Beisein des Bm. Gherke Pawels von Braunschweig erwogen habe,* dat nod and behuff will werden, dat sodannen schriften der stede volghe schee und hii macht beholden

a) juw fehlt G.

1) *Das StA Halberstadt bewahrt zwei Or.-Schreiben von Alfeld, in welchen er sich über die Vorenthaltung seiner Renten beklagt und um Vermittlung bei Goslar nachsucht. In dem einen Schreiben ist die Höhe der Rente zu 45, in dem andern zu 60 M. angegeben. Beide sind ohne Jahrzahl, stammen jedoch dem Tenor nach aus d. J. 1448; das eine datirt* dinsdag in exaudy *(Mai 7), das andere* des avendes omnium sanctorum *(Okt. 31)* to Halberstad. *Vgl. n. 434 Anm. 2.*

werden, men wu dat nicht en scheghe und mit ernste uthgedragen worde, vruchten wii, wolde en vall, hōn und schade wesen aller erliken stede; *Lübeck möge darnach seine Massregeln treffen, es sei bereit, ihm in allem beizustehen.* — *[14]48* (friidage na u. l. frouwen dage visitacionis) *Jul. 5.*

StA Lübeck, v. Goslar, Or. m. Resten d. Secrets.

433. *Lübeck an Lüneburg: erwiedert auf n. 431, dass es bisher nichts erhalten, die Frage übrigens alle Hansestädte betrefe; will darüber berathen, sobald einige nach Bremen entsandte Rsn. heimgekehrt sein werden; verheisst für den Fall, dass inzwischen ähnliche Schreiben bei ihm einlaufen, seine Antwort mitzutheilen.* — *[14]48* (f. 6 post visitacionis Marie) *Jul. 5.*

StA Lübeck, v. Goslar, Entwurf.

434. *Desgleichen: berichtigt n. 433 dahin, dass es nunmehr ebensolche Schreiben wie Lüneburg in Sachen Goslars erhalten und darauf nach Ausweis der beifolgenden Abschrift geantwortet habe,* des uns vor dat erste genoch duncket wesen, beet dat wy stede vurder darumme spreken; *der Bote der Fürsten ist mit gleichen Schreiben nach Wismar, Rostock und Stralsund gegangen, um von dort über Wilsnack nach Braunschweig heimzukehren.* — *[14]48* (octava visitacionis Marie) *Jul. 9.*

StA Lübeck, Entwurf, voraus geht n. 433.

435. *Wismar an Lübeck: meldet den Empfang von Zuschriften einiger Fürsten in Sachen Goslars und ersucht um Mittheilung der Antwort, welche Lübeck den Herren ertheilt hat, da es erfahren, dass Lübeck ähnliche Schreiben erhalten und bereits beantwortet habe, und nicht wisse, was von den Städten, denen die Angelegenheit vom Hansetage anheimgestellt wurde, seitdem unternommen worden ist.* — *[14]48* (middeweken vor Margarete) *Jul. 10.*

StA Lübeck, v. Goslar, Or. m. Resten d. Signets.

436. *Lübeck an Wismar: sendet in Erwiederung auf n. 435 eine Abschrift seines Schreibens an die Fürsten, und ersucht sie Rostock und Stralsund mitzutheilen, damit jene sich auch darnach richten könnten.* — *[14]48* (vridages vor s. Margareten) *Jul. 12.*

StA Lübeck, v. Goslar, Entwurf.

437. *Lübeck an Hamburg, Lüneburg, Wismar, Rostock, Stralsund und Stade: setzt voraus, dass die Städte durch ihre Rsn. zur lübecker Tagfahrt auf Judica unterrichtet worden sind, in welcher Weise die Versammlung sich wegen Goslar und Alfeld an die sächsischen Städte wandte; sendet eine Abschrift von n. 391,* umme de dinge juw to vorulgende unde tor dechtnisse to bringende, *sowie von n. 425, die es hinterdrein erlassen, und berichtet, dass Alfeld kürzlich in Lübeck erschienen, sich über den Ungehorsam von Hildesheim und Einbek gegenüber dem Anschreiben der Städte beschwert hat,* so wii dat ok uth dersulfften twyer stede scrifften, de se an uns hebben gesant, erkant hebben, *und ein Einschreiten gegen beide nach Ausweis von n. 391 verlangt, räth dringend, ihm ungeachtet der Verwendung einiger Fürsten für Goslar zu willfahren, denn sonst* were des int erste de ergenante Hinrik van Alvelde, den wy ny anders den rechtverdich unde recht gekant hebben, gruntliken vorderfft, des ok in tokamenden tiden mannich erbar here unde man

in den steden van der Dutschen henze, de siik nu tor tiid arghes weynich vormodet, in geliken saken sere wolde entghelden; de macht der stede van der Dutschen henze, in welkere stede namen sodane vorscrivinge unde insettinge geschen is, worde sere dorane geswechet unde vornichtet, *endlich Goslar und seine Helfer in ihrem Frevel und Ungehorsam gegen die Gebote der Hansestädte bestärkt*, dat denne sunder twyvel anderen horsamen steden, jegen ere borghere inwendich unde ok butene jegen andere stede, groten unghelimp unde unwyllen inbringen unde saken wolde; *hat ohne Zustimmung der Städte, in deren Namen n. 391 ergangen, nicht vorgehen wollen und ersucht um schleunige Einsendung von Gutachten.* — *[14]48* divisionis apostolorum) *Jul. 15.*

StA Lübeck, v. Goslar, Entwurf, von anderer Hand bezeichnet: Conceptum doctoris Arnoldi [de Bremis]. *Dieselbe hat auch das Datum nachgetragen.*

438. *Lübeck und Rsn. von Hamburg, Lüneburg, Rostock, Stralsund, Wismar und Stade*, van unser [wegene] und van bevele der gemenen stede van der henze, *an den deutschen Kfm. zu Brügge: berichten unter Hinweis auf die dem Kfm. bekannten Verhandlungen des lübecker Hansetages über den Streit zwischen Goslar und Alfeld, dass die deputirten Schiedsrichter mit ihrer Aufgabe an dem Eigensinn von Goslar gescheitert sind, Goslar deshalb wegen Ungehorsam aus der Hanse gethan und seinen Nachbarstädten der Abbruch des Verkehrs mit Goslar anbefohlen worden ist; dessenungeachtet habe Goslar* in vordern unhorsam *verschiedene Fürsten dazu vermocht, sich bei den Städten energisch für Goslar zu verwenden*, darane to merkende is, dat de van Goslere den steden unde dem copmanne gerne schaden toroghen wolden; *legen Abschriften der fürstlichen Briefe bei, beauftragen den Kfm., vorstehendes kundzugeben*, up dat syk en islik mit sinen guderen over land de bet vor schaden moge behoeden, *und verlangen, dass er die von Goslar* mit eren guderen mit jw to Brugge etc. nicht en lyden unde mit des copmans rechte nicht beschermen noch vordedingen, dat is uns van jw wol to wyllen; unde des juwe bescrovene antworde. — *[14]48* (divisionis apostolorum) *Jul. 15.*

StA Lübeck, v. Goslar, Entwurf.

439. *Lüneburg an Lübeck: erwidert auf n. 437, dass es vollkommen damit einverstanden*, dat me dat na juwen verscrivende mit den unhorsamen steden geliik den van Goszlar holde, und willen des gennliken bii jw bliven; *räth jedoch, Hildesheim und Einbeck nochmals zum Gehorsam zu ermahnen*; doch wes gii vor dat beste hirane vornemen und don willen, sette wii to juwer leve, und willen des so vorscreven is bii jw bliven. — *[14]48* (sunavend vor Marie Magdalene) *Jul. 20.*

StA Lübeck, v. Goslar, Or. m. Resten d. Secrets.

440. *Stralsund an Lübeck: äussert in Erwiderung auf n. 437 seine Besorgniss, dass die Fürsten, welche sich kürzlich unter Drohungen für Goslar verwandt haben, den hansischen Kfm. antasten würden, falls man gegen Hildesheim und Einbeck einschreite; räth, den Zwist in Freundschaft auszutragen.* — *[14]48* (sabbato ante Jacobi) *Jul. 20.*

StA Lübeck, v. Goslar, Or. m. Resten d. Secrets.

441. *Rostock an Lübeck: ertheilt in Beantwortung von n. 437 die nachgesuchte Zustimmung zu dem, was Lübeck in Sachen Goslars gethan hat und thun werde.* — *[14]48* (sondag vor Marie Magdalene) *Jul. 21.*

StA Lübeck, v. Goslar, Or. m. Spuren d. Secrets.

442. *Stade an Lübeck: erklärt auf n. 437, was Lübeck und die übrigen fünf wendischen Städte* van der ghemenen hensestede wegen in der sake vor dat beste irkennen, dar denken wii uns nicht uth to seggende. — *[14]48* (an s. Praxedis d.) *Jul. 21.*

StA Lübeck, v. Goslar, Or. Perg. m. Resten d. Secrets.

443. *Wismar an Lübeck: erklärt sich mit allem einverstanden, was Lübeck in der in n. 437 berührten Angelegenheit vornehmen werde, und ersucht sie dermassen abzuwickeln,* als id uns steden nutte und profitelik sii. — *[14]48* (dinxdag na Marie Magdalene) *Jul. 23.*

StA Lübeck, v. Goslar, Or. m. Resten d. Signets.

444. *Braunschweig an Lübeck: erwiedert auf die Aufforderung, Hildesheim und Einbek zum Gehorsam gegen die Gebote der Hansestädte zu bringen, dass es Hildesheim deshalb beschicken wolle, mit Einbek jedoch in Fehde begriffen sei* (in harder vorwaringe sitten) *wegen der Hg. von Grubenhagen,* der wii vigend geworden sind umme u. gn. h. willen hertogen Hinrikes; unde hebben ok de unse vor dem Grubenhagen to velde liggende, so dat wii van deswegen an de van Embeke neyne bodeschop don en kunnen to dusser tiid. — *[14]48* (sondag na vincula Petri) *Aug. 4.*

StA Lübeck, v. Goslar, Or. m. Resten d. Secrets.

445. *Goslar an Hildesheim: dankt für die Uebersendung des Schreibens von Lüneburg an Hildesheim, worin jenes sich über den Ungehorsam von Hildesheim und Einbek hinsichtlich der Gebote der Hansestädte beklagt und den Abbruch des Verkehrs mit Goslar fordert; erklärt, sich eines solchen unbilligen Verhaltens zu Lüneburg nicht versehen zu haben, zumal ihm aus dem Verlauf der Verhandlungen zu Braunschweig und Goslar und dem Recesse des B. von Hildesheim[1], den Meister Arnold Hesselen Lüneburg vorgelegt hat, bekannt sein muss, dass Goslar im Rechte ist und* dat men unser to eren unde to rechte jo mechtich is gewesen unde noch is, unde ok witliker fruntscopp unde rechtes na inholde des recesses to Lubeke begrepen nu geweygert en hebben; wes men darenboven uns tolecht unde over uns scryvet, darane deyt men uns gar ungutliken; *hofft, dass die Städte, welche Goslar gegen alles Recht bedrängen,* God unde dat recht vor ogen hebben willen unde der dage eyns to erkantnisse komen; *erwartet, dass Hildesheim, welches zusammen mit B. Magnus, dem Kapitel und der Mannschaft Goslars zu Recht und Ehren mächtig ist, Alfeld nicht gestatte, sich an den Goslarern zu vergreifen.* — *[14]48* (in s. Ipoliti dage) *Aug. 13.*

StA Hildesheim, Or. m. Resten d. Secrets; beschädigt.

446. *Hildesheim an Braunschweig: sendet n. 445 in Erwiederung der letzthin durch den Stadtschreiber von Braunschweig überbrachten Abschrift eines Briefes in*

[1] *N. 335.*

Sachen Alfelds, die es zusammen mit einem Schreiben von Lüneburg in derselben Angelegenheit an Goslar gesandt hatte; ersucht Braunschweig, dafür Sorge zu tragen, dat sodane vorscrevene sake noch to vorderer des rechtes erkantnisse unde uldracht queme, *will alsdann gern alles thun*, wes uns denne van horsamme unde eyninge wegen der henze borde to donde. — *[14]48* (in vigilia assumpcionis gl. v. Marie) *Aug. 14.*

StA Hildesheim, Missive (6) 1445 — 59, überschrieben: An den rad to Brunswik.

447. *Hildesheim an Magdeburg: berichtet, dass es einige Schreiben von Lübeck und Lüneburg in Betreff Alfelds Goslar mitgetheilt und hierauf die beifolgende Antwort erhalten hat*[1]*; ersucht demzufolge, dass Magdeburg mit seinen Nachbarstädten dafür eintrete, dass der Zwist rechtlich entschieden werde, will alsdann die Gebote der Hansestädte befolgen. — [14]48* (am dage s. Gorgonii) *Sept. 9.*

StA Lübeck, v. Goslar, Or. m. Resten des Secrets.

448. *Hildesheim an Magdeburg: dankt* (hochliken) *für die Anzeige, dass Magdeburg die seinem Schreiber letzthin in Hildesheim von Einbek und Hildesheim ertheilte Antwort, sie wären Goslars zu Recht und Ehren mächtig und würden den Verkehr mit Goslar nicht abbrechen, so lange es mit Alfeld zu rechten bereit sei, Lübeck nicht mittheilen wolle*, bis wil juw des unse meninge darinne vorder schriven; *bittet, das Schreiben an Lübeck* eyne redelike tiid uns tom besten *zurückzuhalten und in der Zwischenzeit den Städten* up dusse egge landes *eine Tagfahrt anzusagen, zu der auch Braunschweig käme, damit man dort einträchtig beschliessen könne*, wu men sek mit den van Goslar van dersulven sake wegen hebben wolde und mochte. — *[14]48* (s. Remigii) *Okt. 1.*

StA Hildesheim, Missive (6) 1445 — 59 S. 61.

449. *Einbek an Magdeburg: erklärt, dass es die von Magdeburg nach Hildesheim angesagte Tagfahrt gern besandt hat und ersucht auf Grund des empfangenen Berichtes um Anberaumung eines neuen Tages, damit der Zwist Goslars mit Alfeld beigelegt werde; bittet um Antwort. — [1448].*

StA Lübeck, v. Goslar, Or. m. Resten d. Secrets.

450. *Heinrich von Alfeld an Lübeck: meldet, dass Lüneburg Goslar vor dem Besuch seines Marktes gewarnt hatte, einige Goslarer sich dennoch einstellten, von welchen er zwei* bekummert unde in borgen hand gebracht, *während die anderen nach Hause gezogen sind;* unde meyne, de werden dar nu wol inseggen, wente de vorhinderinge desses merkedes wil one groten hinder bringen; *berichtet ferner, dass Lüneburg dem lübecker Abschiede gemäss* an de dre stede van myner sake wegen *geschrieben und Göttingen Lübeck bereits geantwortet hat; will das Eintreffen der übrigen Antworten abwarten und dann nach Lübeck kommen*, eft my in des nene ander tidinge kumpt van guden vrunden, de in unser sake sere arbeyden. — *Lüneburg, [1448]* (Remigii) *Okt. 1.*

StA Lübeck, v. Goslar, Or. m. Resten d. Siegels.

[1]) *Fehlt, s. 443?*

451. *Heinrich von Alfeld an Lübeck: meldet mit Bezugnahme auf n. 450, dass er von Magdeburg und Halberstadt aufgefordert worden ist, sich* van angesichte ores breves *in eine von beiden Städten zu begeben,* dar schole ek denne aller dedinge berychtet werden; *will dem auf den Rath von Lüneburg nachkommen,* doch nicht sunder juwe medewetten unde belevinge, *und verspricht über alle Verhandlungen zu berichten. — Lüneburg, [1448]* (an dem avende s. Dionisii) *Okt. 8.*

StA Lübeck, v. Goslar, Or. m. Resten d. Siegels.

452. *Hildesheim an Magdeburg: hat vernommen, dass Magdeburg ein Mandat K. Friedrichs gegen die Hansestädte und zu Gunsten von Goslar erhalten habe und dasselbe ihm demnächst ebenfalls zugehen werde; fragt an, wie Magdeburg sich dazu zu stellen gedenke*[1]. *— [14]48* (donnerdag na s. Gallen) *Okt. 17.*

StA Hildesheim, Missive (6) 1445 — 59 S. 68.

453. *[Halberstadt an Goslar]: hat mit Magdeburg über den zu Osterwik mit Goslar vereinbarten Abschied und den Entwurf Alfelds verhandelt und hofft,* dat schole wol to guder wise besproken werden, ane so in dem lesten juwen scriften de artikel inholt, dat de heren unde stede dar scholden gut vor wesen; *solches pflegten die Städte, wie Goslar selbst wisse, nicht zu thun, auch sei zu Hadmersleben dieses nicht beliebt worden, deshalb sei* sodener notsaken na unsem duncken nicht not; *meldet, dass Magdeburg um dieser und anderer Fragen willen seine Rsn. zum Montag Abend nach Halberstadt senden werde, Quedlinburg und Aschersleben ebenfalls hinbeschieden worden sind, und alle zusammen von Goslar die Besendung des Tages verlangen, damit man eine allen Theilen behagende* bestentlike vorwaringe unde wise *aufsetze. — [1448 Dec.].*

StA Halberstadt, unbezeichnete Abschrift.

454. *Magdeburg, Halberstadt, Quedlinburg und Aschersleben an [Goslar]: haben am vergangenen Mittwoch zu Egheln über den von Goslar an Halberstadt gesandten Recessentwurf verhandelt und erklären, dass ihrer Ansicht nach es unthunlich sei, in den von Herren und Städten zu besiegelnden Vertrag die Bestimmung einzurücken, Lübeck müsse sein gegen Goslar gerichtetes Mandat zurücknehmen, vielmehr habe Alfeld dieses noch vor dem Zusammentritt der Herren und Städte zu erwirken; übersenden einen neuen Vertragsentwurf und ersuchen, ihn behufs Vermeidung von schlimmeren Zwisten unbedingt zu belieben, denn in dem von Goslar eingeschickten seien verschiedene Artikel, welche nach dem Abschiede zu Halberstadt sollten aufgenommen werden, wie die Wiederertheilung der Bürgerschaft an Alfeld, weggelassen; Goslar würde selbst erkennen,* dat sunder berichtinge dusser vorschreven sake dy erliken stede neyne wis to gruntlikem ghelovon kunnen noch mogen komen, des doch in merkliken saken den erliken steden unde ok besunderen dissen dren stichten, dy syk in gudlicheyd voreynet unde vorbunden hebben[2], wol nod unde behoff were; *theilen schliesslich in Erwiederung auf das erneuerte*

[1]) *Vgl. n. 428.* [2]) *Vertrag v. 27 Mrz. 1448, Quedlinburg. UB. 1 n. 392. Die Hildesheim. Stadtrechn. 1448 berichtet:* De borgermester Hinrik Galle mit den deneren vordan to Halverstad, alse de bund mit den bischoppen van Magdeburch unde van Halverstad wart vultogen, 13 ß 5 ß 4 ₰.

Rechtserbieten von Goslar mit, dass auch Alfeld sich erboten hat, vor den B. von Halberstadt und Hildesheim, dem Hg. Heinrich und den diesen Herren genehmen Hansestädten zu Recht zu stehen, falls Goslar die Annahme des obenerwähnten neuen Entwurfes verweigere. — [14]48 (vigilia Thome apostoli) *Dec. 20*[1].

StA Halberstadt, Doppelbl., Entwurf, überschrieben: De rede der stede Magdeborch, Halverstad, Quedelingborch und Ascharsleve.

455. *B. Burchard von Halberstadt, B. Magnus von Hildesheim, Hg. Heinrich von Braunschweig-Lüneburg und 7 benannte Ritter und Knappen beurkunden, dass sie den Zwist zwischen Goslar und Alfeld auf Ansuchen von Magdeburg, Braunschweig, Hildesheim, Göttingen, Hannover, Halberstadt, Quedlinburg, Aschersleben, Northeim und Helmstedt auf einer Tagfahrt zu Barum in folgender Weise besprochen haben: 1) Alfeld hat mit Hülfe der Städte binnen 6 Wochen zu erwirken, dass Lübeck Goslar wieder in die Hanse aufnehme, alle Strafe erlasse und dieses den Hansestädten anzeige; 2) soll Alfeld alle arretirten Goslarer freigeben*, desgelik de van Goslar wedderumme; *3) hat Alfeld bereits vor Fürsten, Mannen und Städten erklärt, dass er seine gegen Goslar gerichteten Schriften ohne Ausnahme* in basten moiden gedan hebbe unde en wete nicht von den von Gosler wanne von erliken vromen luden. *Dafür haben sie hierauf Goslar gebeten, es möge Alfeld vergeben und ihm erlauben* in orer stad to wonende, des synen to brukende, he schulle sek redeliken holden unde nen gesencke twischen dem rade, gilden, innigen unde meynheyt maken effte se to jenniger twidracht brengen, deme rade schulle he behorsam syn, der stad nod na syner mogelikeyd helpen dragen, dar we vorscreven fursten, erbaren mannen, rede der stede ghud vor wesen wilden. — *1448.*

StA Halberstadt, 1) Grossfolioblatt, unten ausgezackt, 2) Abschrift von 1; auf beiden folgt unmittelbar n. 456.

456. *Magdeburg, Braunschweig, Hildesheim, Göttingen, Einbek, Hannover, Halberstadt, Quedlinburg, Aschersleben, Northeim und Helmstedt beurkunden, dass sie den Zwist zwischen Goslar und Alfeld unter folgenden Bedingungen beglichen haben: 1. Alfeld darf in keiner Weise Goslar wegen des Vergangenen gerichtlich belangen und hat sich in Zukunft in allen Streitfällen mit dem städtischen Gericht zu begnügen; 2. Alfeld spricht Goslar von der Strafe los,* alse de hensestede to one meynden to hebben, *und muss dafür sorgen, dass Goslar deswegen niemals weiter bemüht werde; 3. Alfeld ist verpflichtet alle privaten Streitigkeiten, die ihm seit seinem Auszuge aus Goslar erwachsen sind, auf eigene Kosten auszutragen; 4. Alfeld hat sich sowohl mit der Brüderschaft* unser leven frouwen *zu Goslar als auch mit dem Rathe über die gegenseitigen Geldschulden und Forderungen zu vereinen, desgleichen mit den*

[1] *An demselben Tage bat Alfeld neun benannte Ritter und Knappen um Unterstützung und berichtete nach kurzer Erwähnung seiner Vertreibung aus Goslar,* (wo de van Gosler my und myne kompane, alse oren sworen rad, by nachttyden myt wapender hand uns entweldigeden unser macht unde vryheit) *und der darauf erfolgten Verbannung der Stadt, dass obige vier Städte zwischen ihm und Goslar zu vermitteln gesucht haben,* bisundern upp der heren dagh to Halberstad, Barbare *(Dec. 4)*, dar do eyn gansz ende under uns besproken ward, wo men use sake slyten scholde. — Derszulven dedinge ... desulven van Gosler den steden aver untvallen unde nicht volgen noch horen willen. *Ueberdies enthalte Goslar ihm 62½ ß Rente vor und all sein Rechtserbieten helfe ihm nichts. (StA Goslar, Schedelenbuch f. 1).*

Bürgern; 5. Goslar ertheilt dafür Alfeld die Erlaubniss, in der Stadt zu wohnen, während Alfeld dem Rathe Gehorsam zu leisten verspricht. — 1448.

StA Halberstadt, 2 Ex. auf demselben Bl. wie n. 455.

457. *Bertold Swartekop an Halberstadt: dankt für die an ihn gerichtete Zuschrift wegen n. 454, verweist auf die Antwort von Goslar und erklärt, dass er und seine Freunde den Streit mit Alfeld gern* up sodane notulen an jw tovoru gesand *beigelegt sähen. — [1449]* (am fridage na der h. driger konnige dage) *Jan. 10.*

StA Halberstadt, Or. m. Resten d. Siegels.

458. *Alfeld an Magdeburg, Halberstadt, Quedlinburg und Aschersleben: dankt für die Mittheilung des Schreibens von Goslar an die Städte, worin es sich über die von Alfeld erlassenen* smelyken gedichteden scriften *beschwert* (de denne juwe sendeboden to der darhfart to Goszler hebben sehn und horen lozen) *und erklärt nicht früher weiter verhandeln zu wollen, als bis Alfeld dafür Genugthuung geleistet habe; berichtet dem gegenüber, dass er aus der Ablehnung des von den Städten kurz vor Weihnachten vereinbarten Vertragsentwurfs durch Goslar entnommen habe, dass es die Vermittlung der Städte ablehne* (juw vorder nener dedinge horen wolde), *und demzufolge seine Noth aufs neue einigen Herren und Mannen klagte, sowie Gilden und Gemeinde von Goslar anging, den Rath dazu zu vermögen,* dat se my nah lude myner scrifte wolden don des se my plichtich sin; *hofft damit Goslar nicht zu nahe getreten zu sein, ist aber bereit, diese wie alle anderen Fragen durch die vier Städte rechtlich entscheiden zu lassen; ersucht dieses Goslar mitzutheilen;* unde willen de von Goszler darboven juw jo nener dedinge horen, zo twyvele ik dar nicht ane, gii werden juw vort in unsen saken schicken unde holden, so juw wol gefoghe; *bittet um Antwort. — [14]49* (in die Valentini) *Febr. 14.*

StA Halberstadt, Abschrift, vgl. n. 459.

459. *Magdeburg und Rsn. von Halberstadt, Quedlinburg und Aschersleben an Goslar: übersenden n. 458 in Erwiderung auf die Antwort Goslars auf n. 454; rathen, dass Goslar zur Vermeidung weiterer Irrungen sich gebührlich verhalte und den Streit beilegen lasse. — [14]49* (am fridage Valentini) *Febr. 14.*

StA Halberstadt, Abschrift, auf der Rückseite von n. 458.

Versammlung zu Lübeck. — 1448 Dec. 13.

Von den Vorakten *behandeln n. 460 — 470 englische Verhältnisse. Wir ersehen aus ihnen, dass die preussische Gesandtschaft nach England mit ihrer Aufgabe hauptsächlich an dem Mangel genügender Vollmachten scheiterte*[1], *unmittelbar nach ihrem Abgang jedoch das Bedürfniss nach Herstellung geordneter Beziehun-*

[1]) *Vgl. S. 164 Anm. 1, n. 294, 317.*

gen zum Orden und der Hanse sowie der Thronwechsel in Dänemark die Abordnung englischer Botschafter nach dem Festlande in Aussicht nehmen liess. Bereits im Febr. wurden die Vorbereitungen getroffen, die Abreise der Gesandten aber verzögerte sich, wohl in Folge des unerwarteten Wiederauflebens des Krieges mit Frankreich, bis in den Spätherbst. Erst im Nov. trafen sie in Lübeck ein und verabredeten hier, dass die Verhandlungen zwischen ihnen, den Hansestädten und dem Orden am 1 Mrz. 1449 nach ihrer Rückkehr aus Dänemark aufgenommen werden sollten. Vgl. n. 480 ff.

N. 471 — 474 weisen auf die eigentliche Veranlassung dieser Tagfahrt hin und sind die ersten hansischen Aktenstücke, welche uns die in den skandinavischen Reichen während des J. 1448 vorgegangenen Veränderungen andeuten.

Ueber die Verhandlungen nach dem Tode K. Christophs und die Doppelwahlen Karls in Schweden und Christians in Dänemark, vgl. Dahlmann, Gesch. v. Dänemark 3 S. 178 ff., Styffe Bidrag 3 S. V ff. Das lübecker sowohl wie die übrigen hansestädtischen Archive enthalten leider nichts, was das Dunkel, das über manche Vorgänge schwebt, erhellen und vor allem uns über die Antheilnahme der Hansestädte Aufschluss geben könnte[1].

K. Karl war kaum gewählt, als er auch Mannschaften nach Gothland schickte, um die Insel K. Erich zu entreissen. Erich Olai versichert (Fant, Ss. rer. Suecicar. 2 S. 156), dieses Vorgehen hätte erst die Wahl Christians bewirkt[2], *jedenfalls legte es den Grund zu der offenen Feindseligkeit, welche Christian unmittelbar nach seiner Krönung gegen Karl an den Tag legte (n. 473), und veranlasste auch die Entsendung der schwedischen Gesandtschaft nach Lübeck, von der n. 474 berichtet. Ueber das Ergebniss ihrer Unterhandlungen verlautet nichts. Vgl. n. 477, 508 ff.*

A. Vorakten.

a) England.

480. *Befehl K. Heinrichs alle von Dänemark, Preussen oder Hansestädten Beschädigte im Anlass der Entsendung einer kgl. Botschaft in jene Lande durch öffentlichen Aufruf aufzufordern, sich bis zum 7 Apr. beim kgl. Rathe zu melden, und zugleich allen Verkehr nach jenen Landen zu verbieten. — Westminster, 1448 Febr. 14.*

D aus StA Danzig, Schbl. XV n. 48, Abschrift, bezeichnet: Arndt de Telchten presentavit feria 4 post Barnabe apostoli (*Jun. 12*) anno 48.

Henrik van der gnade Godes koningk van Ingland unde Vrankrike unde here van Hybernien schrivet den sirgreven van Londen heyl. Want wii certene ambasiatores van unser weghene tot den lande unde rike van Dennemarken, Sweden unde Norweghen, umme to tracterende unde to sprekende mit den raden derselven rike ofte mit oren vulmechtighen unde ok mid den commissarien des meysters van Prussen unde mit den borghermesteren unde ratluden der ghemenen stede van der Dudesschen hansze van weghen reformacien unde weddergifte to hebbende van certenen schaden unde hinderinghe tusschen beyden delen ghedan, denken to senden, unde darumme gebieden unde bevelen juw mit ganser macht,

[1] *Der stralsunder Chronist, Stralz. Chron. ed. Mohnike u. Zober 1 S. 187, berichtet, dass Lübeck sowohl in Schweden wie in Dänemark seine Hände mit im Spiele gehabt habe und schliesst:* Also behilden de van Lubeck jo wat siee plegen anthofangen! (al.: jo wath jungers, also erem olden sede, so se plegen). *Vgl. Grautoff, Lüb. Chron. 2 S. 113, 119.*

[2] *Karl wurde am 28 Juni, Christian am 28 Sept. gekrönt.*

dat gy in allen steden, dar des van noden es, bynnen der stede van Londen unde in den vorsteden, van unser weghene openbar don üthropen, dat alle unde idlike undersaten, dewelke by enighen undersaten der rike vorschreven ofte des meysters van Prussen aff ymand van der hanszo vorscreven in eniger wise beschedighet es oft gehindert, sovere alse he wes wedder darvan denket to hebben, en geboden, dat se syn vor uns unde unsen rade bynnen 14 daghen na paschen[1] neghest tokomende, woer dat unse raed denne togadder synde wert, uns unde unsen rade dar tho informerende van denselven schaden unde hynder. Unde dat ok alle deghenne, de enighe breve van licent [hebben][a] unme to ghaen in enich deel van den vorscreven riken, noch Islande noch Vrieslande mit geneileye colour van visschinge aff ander beheudicheyden to sokende teghen de forme van den statute darup gemaket, up de pene in densulven statuto begrepen, noch tot ghenen deelen van Prussen sik en keren noch darhenne en senden. Unde dat gii uns unde unsen rade certificeren upten vorscreven dach, wat unde in wat placen dese proclamacio geschiet es under juwen seghelen upten vorscreven dach unde senden uns ok weder dessen breff darby. My sulven to tughe. Tho Westminster, 14 dage in februario int jar unses regiments 26.

461. *Lübeck an den deutschen Kfm. zu Brügge: übersendet einige für den Kfm. zu London bestimmte Akten und Briefe und ersucht sie möglichst schnell an die Adresse zu expediren.* — *[14]48 Febr. 24.*

StA Lübeck, Hans. Korresp. m. d. Kfm. in London, Entwurf.

462. *Lübeck an den deutschen Kfm. zu London: berichtet, dass K. Heinrich kürzlich* enen breff myt etliken klagen syner undersaten, copluden ut Engelant, de in dessen steden plegen to vorkerende, *eingesandt habe*, vormyddelst welken klagen uns ungutliken beschen is, wente wii van sodannen zaken in den klagen beroret gentzeliken unschuldich sin; *legt eine Abschrift seiner Erwiederung an den Kg. bei und ersucht, die beifolgenden Akten dem Kg. zu übergeben, sowie zu erwirken, dass er Brief und Antwort sich vorlesen lasse; bittet um einen Bericht*, wes jw hirane wedervaret. — *[1448 Febr. 24]* (ut supra).

StA Lübeck, Entwurf, auf demselben Bl. wie n. 461. Auf der Rückseite bemerkt: Aldus is vorscreven dem copmanne to Londen in Engelant myt dem antwerde uppe de groten klaghe, anno 48 Petri cathedra.

463. *K. Heinrich von England bevollmächtigt Robert Shottisbroke, Ritter, Richard Caunton, utr. jur. Dr. und Archidiakon zu Salisbury* (Sarum), *sowie Johann Beck, Ritter, mit den genügend bevollmächtigten Gesandten des Hm. von Preussen an einem geeigneten Orte zu verhandeln, die vorhandenen Streitigkeiten zu schlichten und die alten Bündnisse und Verträge von neuem einzugehen*[2]. — *Westminster, 1448* (anno r. n. 26) *Jul. 24. Sturgeon.*

StA Königsberg, zwei Abschriften, vgl. n. 464, 469.

464. *Der deutsche Kfm. zu London an den Hm.: berichtet auf Befehl des Kanzlers von England und unter Hinweis auf das Missgeschick der preussischen Gesandten in England, dass der Kg. eine Botschaft nach Dänemark aussende,*

a) hebben *fehlt D.*

[1]) *Apr. 7.* [2]) *Eine gleichlautende auf Verhandlungen mit Gesandten des Hm. und der Hansestädte lautende Vollmacht theilt Rymer, Foedera 11 S. 217 mit.*

welche beauftragt ist auch mit Preussen in Lübeck zu verhandeln; sendet n. 463, nach deren Formel die Vollmacht der preussischen Gesandten lauten müsse. — 1448 Sept. 6.

Aus SA Königsberg, Or. m. Resten d. Siegels.

Dem erwerdighen und hoghebornen vorsten, heren Conrade van Erlingshusen, homester van Pruessen, unsen gnedighen heren.

Unsen oetmodighen denst und wat wy gudes vermoghen alle tiit tovoren. Erwerdighe und hogheborne vorste. Juwe edelheyt hevet wol verstaen, wat juwer gnaden sendebaden, de hiir umtrent een jair verleden in badeschoppen weren tot den heren konynge van Englant, beschickeden, dat men, umme dat se nicht valmechtich en weren, ghenreleye wils se tolaten noch ghene saken met en hanteren wolde etc., und ock dat se bedreghen weren vor den heren konynge und synen raede, dat se in Dennemarken weren ghewest bii konynck Kristoffer seligher dacht und heddent dar bestellet met eme, dat der Engelschen schepe dar genamen weren, also dat se van hiir scheden sunder enich bescheet off ende van eren saken to makende. Und juwer gnaden undersaten worden van stunden an ere vriiheyden und privilegien darumme berovet, alse juwe gnade dat in des heren konynges breve, den he juwer gnaden bii den sendebaden vorscreven aversende, wol bevunden hevet. Nu eist erwerdighe vorste also, dat de here konynck van Englant syne orlike badeschop, also to seggende twe ridders und enen doctoer, schicket to Denemarken wart umme composicio to makende van sulken gebreken alse tusschen beden riiken hangende siin, und deselve sendebaden hebben ock vulle macht noch met juwer gnaden sendebaden bynnen Lubeke to handelne und ten ende to slutene alle saken de tusschen den heren konynge van Englant und juwer edelheyt hangende siin, soverre juwe gnade dat besenden will. Und erwerdighe vorste, eist dat juwe gnade dat dencket to besendende, dan moesten juwer gnaden sendebaden vort komen met vulre macht geliik des heren konynges vulmechtighen vorscreven vort komen, wente ere macht is ludende van worden to worden alse de copie hiirinne verwart clarliken uthwiiset. Und se moesten ock mede brengen alsulke composicien und eendracht, also gemaket siin gewest erst bii heren Conraet Solners tiiden und darna bii heren Ulrich Jungingens tiiden und bii heren Henrich Plauwen tiiden und lest bii heren Pauwel Rostrops tiiden. Und dat hevet uns de here canceliier van Englant van des heren konynges wegene doen seggen, dat wy dat juwer gnaden solden scriven, dat dat also ghescheghe. Und hiirup erwerdighe vorste mach juwe edelheyt verdacht siin und laten den sendebaden bynnen Lubeke weten, wer se juwer gnaden sendebaden dar verbeden sullen eder nicht. Unde darmede bevele wy juwen hoghebornen staet deme almoghenden Gode aver uns alle tiit ghebedende. Gescreven under unse seghel, upten sesten dagh van dem maende september, anno etc. 48.

Alderman und gemene copman van der Duetschen hense nu to Londen in Engelant wesende.

465. *Der Pfarrer von Thorn und der Pfleger von Meselantz an den Hm.: berichten, dass am 23 Okt.* (an der mittewoche neest vor Symonis und Jude) *eine englische Gesandtschaft*, als eyn ritter und eyn doctor, *in Bremen eintraf, welche ihnen eröffnete, wie sie an den Kg. von Dänemark, die Hansestädte und den Hm. ausgesandt, nach ihrer Rückkehr aus Dänemark zu Lübeck mit Abgesandten des Hm. verhandeln wolle und anfragte, ob der Hm. durch den damit beauftragten deutschen Kfm. in London davon in*

Kenntniss gesetzt worden sei; auf die Erwiederung, dass bis zu ihrer Abreise aus Preussen keine Anzeige eingetroffen, baten jene, dem Hm. vorstehendes unter Hinzufügung von n. 463 zu melden; haben nicht erfahren können, uff welche czeit sie weder dechten aws Dennemargten zcu komen und zcu Lubeke zcu seyn, sunder e. gn. das wol und beczeiten genugk schreiben welden, *vermuthen jedoch*, das ir geschefte in Dennemargten nicht so balde und korczlich geendet werde; und also des freitages neest vor Symonis et Jude *(Okt. 25)* czogen dieselbigen sendeboten von Bremen vordan ken Lubeke; *berichten des weiteren über den Fortgang ihrer Verhandlungen mit den Holländern. — Bremen, [14]48* (an der mittewochen nehest nach Martini) *Nov. 13.*

SA Königsberg, Or. m. Resten eines Siegels.

466. *[Lübeck] an den deutschen Kfm. zu London: meldet das Eintreffen einer englischen Gesandtschaft, welche nach ihrer Rückkehr aus Dänemark* uppe lichtmissen *(Febr. 2) in Lübeck mit Preussen und den Hansestädten* (edder do wy darto eschende werden) *über die gegenseitigen Beschwerden verhandeln wolle; verlangt, dass der Kfm. zu diesem Tage seinen Klerk oder zwei Kaufleute* myt allen schryfften unde jwen gebreken *abordne. — [14]48 Nov. 27*[1].

StA Lübeck, adj. ad A. Batav. 1, Entwurf.

467. *Lübeck an den Hm.: berichtet auf den Wunsch der in Lübeck weilenden englischen Gesandten, welche* by dessem unsen boden dergeliken *dem Hm. schreiben, dass diese am 1 Mrz. von ihrer Reise zum Kg. Christian nach Lübeck zurückzukehren hoffen, um alsdann mit den Abgeordneten des Hm. und der Hansestädte über die gegenseitigen Beschwerden zu verhandeln, und ersucht um Besendung der Tagfahrt, zumal* dem gemenen copmanne van der Dutschen hense und jwer herlicheit undersaten nach der latesten dachvart to Londen in Engelant myt deme heren koninge darsulvest und synen commissarien, juwen unde den sendeboden der vorscreven hense latest geholden, vele gudere van den ingesetenen des vorscreven riikes synt genomen und mannigerleye beswaringe boven der vorscreven hense privilegie synt bescheen unde uppgelecht uppe dat nyge, so de alderlude der vorbenomeden hense to Londen residerende uns dat vakene hebben gescreven unde don clagen. — *[14]48* (in s. Andree dage) *Nov. 30.*

SA Königsberg, Or. Perg. m. Spuren d. Siegels.
StA Lübeck, A. Anglicana I, Entwurf.

468. *Lübeck an Kulm, Thorn, Elbing, Danzig, Königsberg und Braunsberg: w. w. gleichlautend mit n. 467; zeigt an, dass es dem Hm. desgleichen geschrieben und ersucht Danzig, den beigebundenen Brief nach Krakau zu befördern. — [1448 Nov. 30]* (ut supra).

StA Lübeck, Entwurf, voransgeht n. 467.

469. *Lübeck an Kulm (und Krakau): ladet zur Besendung der Tagfahrt mit den Engländern am 1 Mrz. nach Lübeck ein*[2]. — *[14]48* (in s. Andree daghe) *Nov. 30.*

[1]) *Am demselben Tage ersuchte Lübeck den Kfm. zu Brügge, obigen Brief so schleunig wie möglich nach London zu expediren. (Entwurf auf demselben Bl. wie n. 466).*

[2]) *In allem wesentlichen gleichlautend mit n. 467, nur hier und da verkürzt.*

An Köln: StA Köln, Or. Perg. m. Resten d. Secrets.
StA Lübeck, A. Hans. 1, Entwurf, überschrieben: Consulibus in Cracow et Colonien-sibus cuilibet suam. *In dorso bemerkt:* Aldus is de vorbodinge geschen van wegen der dachvart prima marcii anno 49.

470. *Robert Shottisbrok*, miles, *und Richard Caunton*, utr. jur. dr. archidiaconus Sarum, *an den Hm.: berichten, dass sie von dem Kg. von England in Anlass der mannigfachen Beschwerden der Engländer über die ihnen ungeachtet der langjährigen friedlichen Beziehungen in Preussen und den Hansestädten zugefügten Kränkungen, welche dem Vernehmen nach ähnliche Beschwerden der Preussen und Hanseaten über England entsprechen, bevollmächtigt worden sind mit hierzu hinreichend bevollmächtigten Abgeordneten des Hm. und der Hansestädte über Wiederherstellung der alten Freundschaft zu verhandeln; verweisen auf ihre den preussischen Gesandten in Bremen gethanen Eröffnungen und melden, dass Lübeck versprochen hat, sowohl den Hansestädten als auch dem Hm.,* (valido et prepotenti membro dicte hanse), *zum 1 Mrz. eine Tagfahrt in Lübeck anzusagen; ersuchen auch ihrerseits um Besendung derselben, welche sie jedenfalls* (infallanter) *besuchen würden. — Lübeck, 1448 Dec. 1. Nachschrift: theilen obiges dem Hm. mit für den Fall, dass die betreffenden Schreiben ihres Kg. oder des Kfm. in London nicht in seine Hände gelangt wären.*

SA Königsberg, Or. m. Spuren d. beiden Siegel.

b) Skandinavische Reiche.

471. *Kg. Karl von Schweden an Danzig: berichtet, dass er* umme den groten schaden den ko. Erick doen laten heft den gemeynen varenden kopluden in der Osterzee *Truppen nach Gothland gesandt hat, welche vor Wisby liegen und von der ganzen* gemeynheit up Gotlande *die Huldigung für ihn empfangen haben; warnt vor dem Verkehr mit Wisby und verspricht allen,* de den unsen upp Gotlande wes gudes toforen willen, *freundliche Aufnahme und richtige Bezahlung;* ok sal sick nomanth arges vormoden van den unsen, de upp Gotlande syn ofte umme dat land varen werden sunder denjenen de ko. Erick thohoren ofte em to hulppe komen willen[1]. — *Borgholm,* 1448 (in vigilia assumpcionis b. Marie v.) *Aug. 14.*

SA Königsberg, Abschrift, vgl. n. 472.
Gedruckt: daraus Styffe, Bidrag t. Skand. hist. 3 n. 1.

472. *Danzig an den Hm.: sendet n. 471 mit der Meldung, dass K. Erich die Leute K. Karls,* die Wisbu belegel hebben, zeu Westergarne in die haben, do eyn yderman komen und segelen mag mit vitalie, *überfallen hat; fragt an, ob es n. 471 öffentlich verkünden soll. — [14]48* (in profesto b. Bernardi abbatis et doctoris melliflui) *Aug. 19.*

SA Königsberg, Or. m. Spuren d. Secrets.
StA Danzig, Missive 5 f. 36, m. d. Jahrzahl 66.

473. *Danzig an Kg. Christian von Dänemark: beglückwünscht ihn in Beantwortung der aus Horsens datirten Anzeige zu seiner Erwählung und Krönung mit der*

[1] *Vgl. das rühmliche Zeugniss, welches der strals. Chronist hinsichtlich dieser allen Städten gethanen Versprechungen Karl und den Schweden ausstellt. Strals. Chr. ed. Mohnike u. Zober 1 S. 189 f.*

Bitte, auch den danziger Kfm. bei den hansischen Privilegien zu erhalten; erwiedert auf die Forderung des Kg., jeden Verkehr mit Kg. Karl und den Schweden abzubrechen, dass hierüber der Hm. zu bestimmen habe, bemerkt jedoch, dass zur Zeit Jedermann sein Schiff in den Hafen gebracht (upgelecht), *sodass* sik ok sulven wol vorbuth kopfart to segelen. — *[14]48* (feria 2 na allir billigen dage) *Nov. 4.*

StA Danzig, Missive 3 f. 21, überschrieben: Ita scriptum est regi Dacie.

474. *Lüneburg an Lübeck: widerruft seine Zusage zur Besendung der Tagfahrt in Lübeck am 13 Dec.* (s. Lucien) *mit den von Kg. Karl von Schweden an die Hansestädte entsandten Botschaftern; erklärt,* uns is dar wes ingevallen, dat wii deme so nicht don komen, wente wii vor dessen hilghen daghen merkliken to donde hebben, darumme wii yo bil eynander moten bliven, so gil des wol tor warde komende werden; *bittet, ihm die Absage nicht zu verübeln.* — *[14]48* (mitwekens vor Lucie) *Dec. 11.*

StA Lübeck, A. Hans. 1, Or. m. Resten d. Secrets.

Versammlung zu Marienburg. — 1449 Jan. 1.

Anwesend waren Rsn. von Kulm, Thorn, Elbing, Braunsberg, Königsberg und Danzig.

Der Recess *bestimmt die Besendung des lübecker Tages mit den Engländern und die Ausarbeitung einer neuen Vollmacht für die Gesandten, vgl. n. 463 ff. Die übrigen Artikel betreffen innere Verhältnisse. Thorn klagt über den durch die Umtriebe von Dirban veranlassten Rückgang seines Handels.*

Im Anhang *folgen zwei auf die lübecker Tagfahrt bezügliche Schreiben des Hm., vgl. n. 480 ff.*

A. Recess.

475. *Recess zu Marienburg. — 1449 Jan. 1.*

T aus der Handschrift zu Thorn f. 266 b — 268.
D Handschrift zu Danzig f. 328 — 331.
Gedruckt: aus D vgl. m. T Toeppen a. a. O. 3 S. 69.

Anno domini 1440 in die circumcisionis domini nuncii domini consulares civitatum infrascriptarum videlicet: de Colmen Henricus Focke; de Thorun Tydemannus vom Wege, Rutgerus von Birken; de Elbing Johan Wintburg, Johan Sonenwaldt[a]; de Brunsberg Thomas Werner, Sanderus von Leyden; de Koningsberg Andreas Brunaw, Nicolaus Plesz; de Danczk Albertus Huxer et Johannes vom Walde, in Marienburg ad placita congregati pertractarunt negocia infrascripta.

1. *Die Städte erklären, ungeachtet der Vorstellungen des Hm., die auf der letzten Tagfahrt zurückgewiesenen Artikel*[1] *nicht annehmen zu können und erhalten den Befehl, sich daheim nochmals zu berathen.*

2. Item so hat unser herre eynen brieff lassen lesen, den die von Lubeke

a) Schonewalt D.
1) N. 423 § 4.

haben usgesant, dorinne sie begeren, das unser herre seyne botschafft ken Lubeke uff den ersten tach marcii welde senden, denn so wurden die sendeboten des koniges von Engelant ouch czu Lubeke seyn, und welden sich mit unsers hern sendeboten und mit den steten voreynen, alse umme die schelunge und schaden die eyn teyl dem andern getan hat. Ouch lys unser herre eynen brieff lesen im gesant von denselben des koniges sendeboten, der ouch dergeleich inneholt. Ouch haben die stete di(s land)es[a] eyn brieff von den von Lubeke emphangen, die ouch die stete umme der sache willen czu tage laden[1]. Und unser herre was begorende, das sich die stete doruff besprechen salden, was bey den sachen czu thunde were. Also das die stete noch gelegenheit der sache dirkanten, das man nicht wol weniger darbey thun muchte, sunder das man die botschafft besenden muste. Also gingen die stete widdir czu unserm hern und begerten ouch seyn gutdungken czu horen. Also das unsers hern und der stete gutdungken alleyne was, das man die tagefart ken Lubeke besenden welde, und die stete boten unsern hern, das her den von Lubeke schreiben welde, das sey seynen gnaden welden schreiben, wen die sendeboten der Engelschen uss Denemarken widdir ken Lubeke qwemen, das man denn uss diessen landen die (botsch)afft[a] ouch besende, (wente[b] das in grosson czweife) stunde, wen die Engelschen sendeboten wedder obir komen konnen, und die unsern dornoch legen und beiten, das were sere vordrussen). Und das gefyel unserm hern wol und wil deme also thun. Und czu der vorgeschrebenen tagefart sal man vier personen senden, alse eyne vom Elbing, eyne von Danczk, und unser herre wil czwe personen mete senden.

3. Ouch so begerten (die[a] stete) von unserm hern homeister czu wissen, was man in der botschafft mitgeben salde. Also lys unser herre lesen dy befelunge die her seynen sendeboten ken Engelant metegegeben hatte, also das die stete doruff sprachen, das diese botschafft in etczlicher weise oyne ander schickunge wurde haben den die (ken)[a] Engelant, so muchte man uss der befelunge nemen, insetczen und hawssen lassen was noch gelegenheit der sache nottorfft were. Das unserm herre wol gefyel und wil mit den, die[d] dy botschafft werden seyn, das also bestellen.

4. *Die Städte verkünden Danzig, dass sie am 2 Februar* (lichtmesse) *nach Danzig kommen wollen, um über den Pfundzoll abzurechnen, und verlangen, dass die Unkosten der Gesandtschaften nach England, Köln und Bremen nicht in Rechnung gestellt werden*[2].

5. Ouch[e] begerten die stete rechenschafft von der muntcze und czur nehsten tagefart die meteczubrengen.

6. Item so seyn eczliche bewteler der czweyer stete, alse Thorun und Danczk, vor die stete gekomen und haben semlich bosuesteln vorbracht, und der meister der bewteler von Danczk meynunge ist, das die wandelbar sulden seyn. Und dys so hat eyne igliche stat eyne proba der hosnesteln mit sich czu hawse genomen und iren geworgken der bewteler dieselben hosnesteln vorczubrengen, und das die wergke dirkennen, ab sie falsch wandelbar seyn addir was schelunge

a) Durchlochert T, ergänzt aus D. b) wente — vordrussen D fehlt T.
c) [illegible] D. d) [illegible] D.
e) § 5 folgt in D nach § 7.

[1]) Vgl. n. 467, 468, 470. [2]) *Danzig erklärte hierauf Thorn am 13 Jan., dass zur Zeit im Pfundkasten gar kein Geld vorhanden und es keineswegs gesonnen sei, die Gesandtschaftskosten von sich aus zu bestreiten, da jene Botschaften von* bevelunge, rath und wissen *des Hm. und der Stände ausgesandt worden seien. SA Danzig, Missive 5 f. 42.*

dorinne befunden wirth, addir ab sie fulfaren mogen. Und czur nehsten tagefart iglicher seyner wergke und amptes der bewteler gutdungken doron inczubrengen.

7. Item haben die hern von Thorun vor die stete gebracht clagende obir dy stat Dybow, wie das sie von derselben stat Dybow wegen narungloss und gancz czu nichte werde, also das das korn, das vor alden jaren in ire stat czu kowffe gebracht wart, nu czu Dybow wirt gekowfft und vorkowfft, dergeleich allerley speysekowff, wente die lewte de werden getwungen, das sie den markt vor czu Dybow mussen halden. Ouch so werden sie vorhindert mit der flose. Umme sulches gedranges willen mussen arme lewte ir getreide und ander kowffenschatcz czu Dybow neher geben denn sie es czu Thorun vorkowffen muchten. Ouch so hat die stat Thorun iren marktag uff den donerstag und die Nuestat Thorun uff den sonabent, und die von Dybow haben uff die vorgeschrebenen czwene markttage ouch czwene ire markttage in irer stat uffgelegtt. Des so haben die hern von Thorun die stete gebeten en dorinne retlich czu seynde, das sie nicht so gruntlich vortorbet werden. Dis haben die stete czu sich genomen an ir eldesten hen heym czu brengen und czur nehsten tagefart eyn iglicher seyn gutdungken doron inczubrengen. Ouch sprochen die hern von Thorun, das sie dergeleich unserm hern homeister haben geclaget und seyne gnade gebeten, das her welde bestellen und gebieten lassen in seynen landen, das nymand in seynem lande den von Dybow eyngerley getreide addir[a] gutter sulde abekowffen, das czu Dybow geschifft wirt. Das hat unser herre czu im genomen in seyn bedacht und wil furder rath doruff haben.

8. (Die[b] Städte entscheiden einen Streit zwischen Elbing und seinem Bm. Hinrich Halwich[c] wegen des Testamentes des Rm. Hensel Noremberger).

B. Anhang.

476. *Hm. an Lübeck: ersucht in Beantwortung von n. 467 um Angabe, wann die englischen Gesandten bestimmt wieder in Lübeck eintreffen würden, da deren Verhandlungen mit Dänemark leicht über den 1 Mrz. hinaus währen könnten; ist bereit, seine Gesandten zu dem anzugebenden Termin nach Lübeck zu schicken. — Marienburg, [14]49* (epiphanie) *Jan. 6.*

SA Königsberg, Missive 17 f. 114.

477. *Hm. an den Pfarrer zu Thorn: beantwortet n. 465 mit einer Mittheilung des Inhalts von n. 467, und der Anweisung, nach Beendigung der Verhandlungen in Bremen bis zum 1 Mrz. in Lübeck zu bleiben,* dabey wir denne ouch etliche andere unsire sendeboten czu euch fertigen wellen; *Pferdespfelder dagegen, den alden* pfleger czu Meizolantcz itczunt huwskumpthur zcu Danczk, *möge er sobald wie möglich heimsenden;* wenn ir aber noch czu Bremen adir jenehalben Lubeck, so fertiget und fuget euch, das ir uff die berurte czeit und tag czu Lubeck gewislich und unvorczogen seit; *sollten dann die übrigen Abgeordneten noch nicht eingetroffen sein, so möge er diese erwarten*[1]. — *Marienburg, [14]49* (epiphanie) *Jan. 6.*

SA Königsberg, Missive 17 f. 5.

a) addir nach f. b) § 8 D fehlt T. c) [illegible] D.

[1] *Das Schreiben kam jedenfalls zu spät, da die Verhandlungen in Bremen bereits am 7 Dec. ihren Abschluss gefunden hatten, vgl. n. 413 Anm. 1.*

Versammlung zu Danzig. — 1449 Febr. 3.

Anwesend waren Rsn. von Kulm, Thorn, Elbing, Braunsberg, Königsberg und Danzig.

Der Recess handelt ausschliesslich von der Abrechnung über die Einnahmen der Städte aus dem Pfundzoll in den Jahren 1447 und 1448.

Recess.

478. Recess zu Danzig. — 1449 Febr. 3.

T aus der Handschrift zu Thorn f. 268 b — 269.
D Handschrift zu Danzig f. 331.
Gedruckt: aus D vgl. m. T Toeppen a. a. O. 3 S. 94.

Anno domini 1449 feria secunda scilicet in crastino purificacionis Marie virginis domini nuncii consulares civitatum terre Prussie infrascriptarum videlicet: de Colmen Bartholomeus Rosenik; de Thorun Johan vom Loe; de Elbing Johannes Wintburg, Georgius Rouber; de Brunsberg Thomas Werner, Johan Bayseman; de Koningsberg[a] Bartoldus Huxer, Johan Dreyer; de Danczk Rynhart[b] Nydderhoff, Albertus Huxer, Arnd de Telchten, Johan Meydeburg, Hermannus Stargart[c], Paulus Bucking, Johan vom[d] Walde et Johan Freyburg, in Danczk ad placita congregati infrascriptos articulos concorditer portractarunt.

1. *Die Städte berechnen, dass der Ertrag des Pfundzolls* czu irem dritten teyle *im J. 1447 2444 ℳ 1 scot 5 ₰* ger. geldes *und 1448 1786½ ℳ 11 ₰, zusammen 4230 ℳ betrage. Davon sind die Unkosten der Reisen nach England, Köln und Bremen mit 2148 ℳ 15 scot bestritten worden, deren Wiedererstattung von Danzig gefordert wird. Nach längerem Streit erbietet sich Danzig den Städten 600 ℳ sofort und je 800 ℳ in den 3 nächsten Jahren aus dem Pfundzoll zu zahlen,* und domete sullen die vorg. drey reysen, alse Engelant Collen und Bremen, tod gerechent seyn und gescreben. *Die Städte nehmen es ad referendum.*

2. *Die übrigen vom Pfundgelde bestrittenen Auslagen beziffern sich auf 811 ℳ 4½ sc. und vertheilen sich mit* 612 ger. ℳ czur reysen kegen Lubeke; 117 ℳ czur reyse ken Flandern, alse Arnd von Telchten von Danczk do gesant was, *und* 82 ℳ 4½ sc. ger. geld. czur reysen kegen Dennemarken und Gotland.

3. *Danzig erhält 200 ℳ minus 1½ ℳ zurück, die es bei der letzten Abrechnung[1] zuviel gezahlt hatte.*

4. *Braunsberg erhält 100 ℳ auf seinen Antheil vorgestreckt, sodass Danzig nach Abzug aller Auslagen sowie der obenstehenden 600 ℳ und des Braunsberg Dargeliehenen 373 ℳ 2½ sc. übrig bleiben.*

5. *Kulm, Thorn, Elbing und Königsberg erhalten je 100 ℳ, welche im Falle der Annahme des danziger Vorschlags von den 600 ℳ gekürzt werden sollen.*

6. Item[e] czu gedengken von den czewgen.

a) Brunszberg *D.* b) Rynoldus *D.* c) Hermannus Stargart *fehlt D.*
d) de Nemore *D.* e) *5. 6 fehlt D.*

1) *S. 153.*

Verhandlungen zu Lübeck. — 1449 Mrz.

Anwesend waren Rsn. von Lübeck, Hamburg, Rostock, Stralsund, Wismar, Stettin[1], *Danzig und Elbing, Gesandte des Hm. und des Kg. von England und der Klerk des Kfm. zu Brügge.*

A. *Die* Vorakten *behandeln zumeist die Besendung der Tagfahrt. Veranlasst durch die n. 460 — 470 berührte Hinkunft der englischen Gesandten, war sie auf den 1 Mrz. ausgeschrieben. Das verspätete Eintreffen der Preussen bewog jedoch manche Städte zur Abreise vor Aufnahme der Verhandlungen, sodass Lübeck wiederholte Mahnschreiben erlassen musste. N. 479 berichtet über den Ausschluss der Preussen aus dem Genuss der hansischen Privilegien in England zufolge der Nichtbestätigung des Vertrages von 1437, während in Uebereinstimmung mit der hier geäusserten Beschwerde über die mangelhafte Vollmacht der preussischen Gesandtschaft nach England auch n. 488 nur das Bestreben erkennen lässt, die endgültige Erledigung des Streites möglichst weit zu vertagen. Der Kfm. zu Brügge beschickte den Tag, um die Einberufung eines Hansetages zu betreiben, vgl. n. 347 und 546 § 15.*

B. *An* Berichten *liegen zwei vor. Der lübische, n. 503, ist obgleich kürzer doch reichhaltiger und verzeichnet neben den Verhandlungen mit den Engländern auch die sonst von den Städten besprochenen Fragen, wogegen der preussische, n. 504, von den letzteren ganz absieht. Die Verhandlungen mit den Engländern, welche sich durch den schwachen Besuch des Tages abseiten der Hansestädte*[2] *verletzt fühlten, ergaben kein positives Resultat. Theils die ungenügende Vollmacht der Preussen, theils die Erklärung der Städte, sich in dem Streit von jenen nicht trennen zu wollen, theils die Hartnäckigkeit der Engländer liess die Partheien über die ersten Vorfragen nicht hinausgelangen und führte nach längerem Wortwechsel zu dem Compromiss, dass die nächsten zwei Jahre über alles beim Alten bleiben sollte. Für die Zwischenzeit wurden neue Verhandlungen zu Deventer in Aussicht genommen. Vgl. den eingehenden Bericht der lüb. Chron. bei Grautoff 2 S. 125 ff., dem n. 503 vorgelegen zu haben scheint. — Neben den englischen gelangten auch die skandinavischen und flandrischen Verhältnisse zur Verhandlung. In Hinsicht auf letztere wurde gemäss dem Wunsche des Kfm. zu Brügge ein Hansetag nach Bremen angesagt, auf dem über Abordnung einer Gesandtschaft an den Hg. von Burgund berathen werden sollte. Für die nordischen Verwicklungen dagegen fehlen leider wiederum die hier einschlägigen Korrespondenzen, vgl. S. 358. Das n. 503 § 6 angezogene Schreiben von K. Karl an Lübeck wird in Verbindung stehen mit dem n. 474 erwähnten Aufenthalt schwedischer Gesandten in Lübeck, doch ist zum Verständniss der in § 6 erwähnten Tagfahrt zu Kalmar und in § 7 beschlossenen Einstellung der Schiffahrt daran zu erinnern, dass K. Erich den am 20 Dec. 1448 abgeschlossenen Vertrag wegen Uebergabe von Wisby an K. Karl wenige Wochen später brach und im Mrz. ein Herrentag zu Wilsnack stattfand, auf dem nach Angabe der schwed. Karlschronik (ed. Klemming v. 7731 ff.) 14 Fürsten sich verbanden, K. Erich zu entsetzen und K. Christian gegen K. Karl*

1) *Nach n. 506. N. 492 berichtet, dass Kolberg seinen Schreiber entsandte.*

2) *Beachtenswerth ist die Forderung der Engländer auf Uebergabe eines Verzeichnisses der Hansestädte sowie die auch in früheren Verhandlungen mit England erfolgte starke Betonung der Stellung des Hm. als Hauptes der Hanse.*

beizustehen[1], *vgl. Strals. Chron. ed. Mohnike 1 S. 190, Styffe, Bidrag 3 S. XIV ff., Grautoff, Lüb. Chron. 2 S. 119 ff.*

C. *Der* **Recess** *fasst die Ergebnisse der Verhandlungen mit den Engländern kurz zusammen, ohne auf das Detail einzugehen.*

D. *Die* **Korrespondenz der Versammlung** *weist den Streit eines aus Greifswald vertriebenen Hm. mit dieser Stadt an das Schiedsgericht von Stralsund und Anklam.*

E. *Der* **Anhang** *enthält theils auf England bezügliche Schreiben, die sich unmittelbar an obige Verhandlungen anschliessen, theils solche, welche die nordischen Angelegenheiten berühren.*

A. Vorakten.

479. *Kg. Heinrich von England an den Hm.: beschwert sich, dass trotz vielfacher Mahnungen der 1437 zu London vereinbarte Vertrag, den die Hansestädte beliebt haben, vom Hm. nicht bestätigt worden ist und die englischen Kaufleute in Preussen, ungeachtet der guten den Preussen in England zu Theil werdenden Behandlung, je länger je ärger mishandelt werden*[a] (libere mercandisandi facultate exuti in locis subterraneis ab societate virorum honestorum tamquam abhominati et obprobriosi morari coacti sunt inhumaniusque tractantur); *hat sich den hierüber an ihn gelangten kläglichen Vorstellungen des Parlaments nicht widersetzen können und, wiewohl ungern, zugeben müssen, dass die Privilegien der Hanseaten und Preussen in England behufs Abstellung jener Beschwerden widerrufen würden; verweist auf seine früheren rechtzeitig ergangenen Warnungen, welche dem Hm. einen Termin bis Michaelis setzten, und beklagt, dass er, anstatt Genugthuung zu leisten, Gesandte nach England schickte* nulla ad aliquod concludendi nisi sub dubitacionis vestri beneplaciti fulti potestate, de quo non possumus non parum vehementer admirari; *hat nun auf Anweisung* (de avisamento) *seines Rathes erkannt, dass der Beschluss des Parlaments auf Einziehung der Freiheiten der Hanseaten und Preussen in Kraft treten soll, versichert jedoch, dass er hierdurch die alte Freundschaft keineswegs zu brechen beabsichtige, vielmehr die Privilegien sofort wieder in Kraft treten werden, sobald der englische Kfm in Preussen in den Genuss seiner Freiheiten gesetzt und die ihm gebührende Entschädigung erhalten haben wird. — Westminster, 1447* (a. r. n. 26) *Dec. 2.*

BA Königsberg, Abschrift.
StA Danzig, Schbl. 25 n. 30 u. 16 n. 46 b f. 16 b, zwei Uebersetzungen.

480. *Lübeck an Danzig: erklärt in Berichtigung von n. 468, dass die englischen Gesandten ihre Reise nach Dänemark aufgegeben haben und bis zum 1 Mrz. in Lübeck zu bleiben gedenken; ersucht, dieses nach Gutbefinden dem Hm. mitzutheilen:* vurder so wy ok jwer ersamen leve dar bevoren uppe Elizabet[1] schreven van etliken schryfften und ener rullen, de wy jw by Hans Tymmerman, jwem borghere, hadden benalet etc., darup gy uns senden enen

a) [illegible]

[1]) *His tom 23 Apr. wollten sie rede werden,* beide tho wather und tho lande mit grother macht. *Strals. Chron. Nach Styffe, Bidrag 3 n. 6 u. 10 sandten sie K. Karl von Schweden ihre Absagebriefe ein. Vgl. n. 508, 530, 551.* [2]) *Nov. 19. Fehlt.*

breff des copmans to Lunden in Engelant an uns geschreven, unde gy vorder in jwem breve uns scryven, dat gy sodanne rulle dem heren hovemestere hebben benalet unde nu jw van em is wedder geschikket etc.: ersamen guden vrunde, wy vinden nach inholde des breves des erbenomeden copmans to Lunden, dat se sodanne rulle an uns by erem breve hebben geschikket unde schal inneholden sodanne gebreke unde schaden, alse deme Dudeschen copmanne van den Engelschen is beschen unde weddervaren; *bittet die Rollen* by jwen sendeboden an uns unde de stede *zu senden.* — *[14]49* (ipso die trium regum) *Jan. 6.*

StA Lübeck, A. Borussica, Entwurf.

481. *Lübeck an den deutschen Kfm. zu London: berichtigt n. 466 dahin, dass die Verhandlungen mit den Engländern erst am 1 Mrz. aufgenommen werden sollen; wiederholt die Aufforderung, dass der Kfm. sich zu dem Tage* myt sodannen clachten unde schryfften de uns darto mogen denen, *einstelle.* — *[14]49 Jan. 8* [1].

StA Lübeck, Hans. Korr. m. d. Kfm. in London, Entwurf.

482. *Köln an Lübeck: vermag die auf Mrz. 1 nach Lübeck ausgeschriebene Tagfahrt mit den Gesandten des Kg. von England wegen vielfacher Fehden nicht zu besenden.* — *[14]49 Jan. 15* [2].

StA Lübeck, A. Hans. I, Or. m. Resten d. Secrets.
StA Köln, Copienbücher 19 f. 96, überschrieben: Lubeke. *Ohne Datum.*

483. *Lübeck an Kolberg: wiederholt die Ladung zum lübecker Tage, da es aus der ablehnenden Antwort von Kolberg entnehme, dass Kolberg* merklike tosprake den Engelschen to donde (hebbe) van schaden unde overwerpinghe wegen, de de van Linden beghan hebben an den jwen, *und durch die Verhandlungen* de Engelschen unde gy malkander to vreden unde guden puntten mochten kamen. — *[14]49* (ipso die Anthonii) *Jan. 17.*

StA Lübeck, A. Hans. I, Entwurf, überschrieben: Consulibus to Colberg, secunda littera.

484. *Lübeck an den Hm.: wiederholt seine drei Wochen zuvor an Danzig gethane Anzeige, dass die englischen Gesandten die Reise nach Dänemark aufgegeben und bis zum 1 Mrz. in Lübeck zu bleiben gedenken.* — *[14]49* (vigilia Pauli conversionis) *Jan. 24.*

StA Lübeck, Entwurf, voraufgeht n. 480.

485. *Der deutsche Kfm. zu Brügge an Lübeck und die zu Lübeck versammelten Rsn. von Hamburg, Rostock, Stralsund, Wismar und Lüneburg: setzt voraus, dass die im vergangenen Jahre aus Flandern zurückgekehrten Rsn. berichtet haben,* wat redelicheyt en biir van den vier leden des landes van Vlanderen is weddervaren; ock so hebben juwe erbarheyden darna scryfftliken beghert, dat dezelve vier leden wolden vulkomen de lofte — de zee den vorscrevenen sendeboden in eren afscheydene toseghheden und beloveden, daerna se sick tod desser tiid to in den alrecleynesten puncte nicht en hebben gherichtet

[1]) *Lübeck sandte den Brief wiederum dem Kfm. in Brügge zu, damit er ihn dem zu London übermittele, und fügte hinzu:* sint se ok myt ju ter stede, so moghe gy en den benalen. *(Entwurf auf demselben Bl. wie n. 481).* [2]) *Vgl. n. 469.*

noch bewesen; *klagt, dass die hansischen Privilegien täglich minder beachtet und er völlig in Unkenntniss darüber gelassen werde*, wat juwer heren wille — is by den coopman und ziinen vorscreveenen ghebreken to doende; *entsendet deshalb seinen Sekretair Johannes Gebingk, der den Städten* unse nool und alle gheleegenheyt unser ghebreke *von neuem kundgeben soll, und ersucht ihm Anweisungen zu ertheilen*, warna wii uns vortan richten und holden zullen. — *[14]49 Jan 26.*

StA Lübeck, Adj. ad a. Batav. 1, Or. m. Resten d. 3 Siegel.

486. *Hm. an den deutschen Kfm. zu Brügge: wiederholt n. 364, worauf der Kfm. bisher nicht geantwortet*, des uns dach gantcz sere fremde nympt und mogen nicht wissen, wes wir uns dorinne vormutten sollen, wenne uns heren und fursten etc., so wir en schreiben und uff unsir schriffte antwurt von en begeren, ire schrifftlich antwurt wissen lassen; *hat von Arnd von Telchten vernommen, dass der Kfm. auf dem nächsten Städtetage über die von Flandern gezahlten Summen Rechenschaft ablegen müsse, und verlangt, dass er zu dem Behuf die mit den Engländern vereinbarte Tagfahrt zu Lübeck am 1 Mrz. besende; will seine Gesandten instruiren, den auf Preussen entfallenden Antheil jener Summen einzufordern; heischt Antwort durch den Ueberbringer — Elbing, [14]49* (nach conversionis Pauli) *Jan. [28].*

SA Königsberg, Missive 17 S. 180.

487. *Derselbe bevollmächtigt unter Zustimmung seiner Mitgebietiger Johann Art*, decretorum dr. *und Pfarrer zu Thorn, Johann de Vippich, Vogt zu Lauenburg, Reinold Nidderhof, Bm. zu Danzig, Georg Rober, Bm. zu Elbing, zur Verhandlung in Lübeck am 1 Mrz mit den Gesandten des Kg. von England über den Ausgleich der gegenseitigen Beschwerden und den Abschluss eines Vertrages. — Elbing, 1449 Jan. 28*[1].

SA Königsberg, Missive 17 S. 182.

488. *Instruktion der preussischen Gesandten zur Verhandlung mit den Engländern in Lübeck am 1 Mrz. 1449. —*

K aus SA Königsberg, Doppelblatt, bezeichnet: Disse bevelung slat doctori Johanni Art, pfarrer zcu Thorun etc., zcu der andern bevelung, die demselben hern pfarrer an den hern koning zcu Engellandt metegegeben worrt, bevolen und metegegeben mit den andern geschreben briffen uff den irsten tag des mondes marcii zcu Lubeck vorramet und mit den sendeboten des herrn koniges zcu Engellandt zcu halden im 49 jare.

1. Zcum irsten als in der vorigen bevelung gescreben steet, es denne sie uno ende schiden, so sollen sie macht haben alle sachen mit dem gelimplichsten zcu verantworten, dach yo in keyne nouwekeiten sich zcu geben, und denne eynen andern rowmen tag zcu verramen ken Prewssen adir uff das mittel uff gelegeliche stad: solchen bevelungen sollen sie ouch nachkomen. Sunder vorbas steet im selben artikel „adir wedir in Engelandt konde es ander nicht geseyn" dorin sollen sie sich zcu disser czeit nicht geben in keyner weise; sunder weres, das sich die usz Engellandt uff eyne andere tagefardt ken Prewssen adir uff das mittel zcu

[1]) *Die Abgeordneten erhalten ausserdem an demselben Tage Beglaubigungsschreiben an die englischen Gesandten und an Hg. Heinrich von Meklenburg, der sich beim Hm. für den Ersatz der von Preussen Wismar und Rostock zugefügten Schäden verwandt hatte. (Missive 17 S. 181).*

verramen nicht geben welden, ee sie denne ane ende und tage vorramung van en schiden, so sollen sie macht haben tage zcu vorramen in Flanderen adir alda umbelangk, wo das beqweme seyn wurde, und keyner weiss in Engellandt. Und sollen yo solchen rewmen tag mit en verramen, das sie herin komen und den herren homeister der sachen gestalt underrichten und wedirumbe seyne botschafft zcu solchen tage senden moge.

2. Item ist en metegegeben eyn credencie an den koniges sendeboten, doruff sollen sie die sachen also beleiten: Zcum irsten sollen sie den sachen in allir weise nachgeen, als die dem berurten pfarrer mit Meynardt Kolner etc. ken Engellandt metegegeben was, und sollen do dieselben sachen beleiten in allir masse als sie das in Engellandt vor dem hern konige und seynen rethen [thun][a] solden und gethan haben.

3. Item wen sie nu solche sachen in obengescrebener weyse beleytet haben, were denne, das die Engelisschen sendeboten dorane nicht genugsam seyn wolden, ader meyneten, das sie volkomene macht in den sachen haben solden, so ist en metegegeben eyn machtbriff, sprechende uff die schaden und verunrechtunge etc. die beyden teilen gescheen seyn, den mogen und sollen sie vorbrengen.

4. Item zcu demselben machtbriffe ist en disse bevel und macht gegeben: Czum irsten, das sie sollen darnach seyn, das die schaden, gewalt und verunrechtunge, die den kowfflewten und undirsassen des hern homeisters gescheen seyn, als die von Dantczk das in schrifften werden vorbrengen, entscheiden und gelegen werden.

5. Item ist en ouch macht gegeben, das sie mogen mit den Engelisschen sendeboten obirkomen und beslissen fruntschafft und vereynungen, wie sie im beqwemsten bewerben mogen, so das solche fruntschafft und vereynunge in keyner weise synt adir hernachmals seyn mogen widder des herren homeisters und seyns ordens herlichkeit, privilegia und freiheit; ouch das sie nicht seyn adir seyn mogen in czukunfftigen czeiten widder seyns ordens undirsassen, landen adir steten privilegien, freiheiten, wilkor und gerechtikeit.

489. *Hm. an Lübeck: erwiedert auf die an Danzig ergangene Anzeige von dem Verbleib der englischen Botschafter in Lübeck, dass er seine Gesandten ausgefertigt hat, ihr Eintreffen in Lübeck jedoch sich durch die Absage einiger Ritter in den Landen Wolgast, Barth und Meklenburg leicht über den Termin hinaus verzögern dürfte, weil ihnen erst Geleite erworben werden müsste; ersucht, die Engländer zu bewegen, dass sie eventuell zwei bis drei Wochen über den 1 Mrz. hinaus sich gedulden; bittet um Antwort*[1]. — *Elbing, [14]49* (mitwoch neest vor purificacionis Marie) *Jan. 29.*

StA Königsberg, Missive 17 S. 184.

490. *Lüneburg an Lübeck: kann seine Rsn. zum 1 Mrz.* (am ersten sonnavend in der vasten), *wie Lübeck verlangt, nicht ausschicken, weil* wii uppe densulven sonnavend und sondach darna unsen rad dencken umme to settende; *will sie jedoch zum Dienstag hinsenden*, wente uns — Alff hertoghe to Slesswiig etc. uppe densulven dinxedagh en avend bynnen juwer stad to wesende ok

a) thun fehlt, solden und gethan solden haben D.

1) *Inhaltlich vollkommen übereinstimmend beantwortete Danzig n. 480 am 30 Jan.* (fer. 5 ante purificacionis), *und wiederholte dieses Schreiben am 16 Febr.* (sexagesime) *in Anlass eines neuen n. 480 recapitulirenden Briefes von Lübeck, vgl. n. 481, nur fügte es in dem zweiten hinzu, dass die Gesandten am 2 Mrz.* (invocavit) *in Lübeck einzutreffen hoffen. (StA Danzig, Missive 3 f. 31b u. 38; das Or. des zweiten im StA Lübeck, v. Preuss. Städte).*

bescheden heft; *ersucht um Zustellung eines Geleitsbriefes für die Rsn.* aff und tho vor den juwen und denyennen den wii schuldich sind, efft dar anderswe queme. — *[14]49* (in s. Mathias d.) *Febr. 24.*

StA Lübeck, A. Hans. 1, Or. m. Resten des Secrets.

491. *Lübeck an Lüneburg: ist mit n. 490 völlig einverstanden; verspricht die Rsn. sicher zu geleiten.* — *[14]49* (des ersten mitwekens in der vasten) *Febr. 26. Nachschrift:* Wy begeren ok, leven vrunde, gy juwen sendeboden, de gy hir senden, in bevele mede don, vullemacht to hebbende mit juwen sculdeneren hir in unser stat sprake unde handelinge to hebbende, darmede unse borgere erer renthe unde sculde de beet to vreden mochten wesen, dat duncket uns nutte unde geraden sin[1].

StA Lübeck, A. Hans. 1, Entwurf, die Nachschrift auf einem anliegenden Papierstreif.

492. *Kolberg an Lübeck: erwiedert auf n. 483, dass es* van anvalles weghen *keine Rsn. ausschicken könne,* men wy senden jw van unser beyder borgermestere weghen, namelik Hans Sleef unde Albrecht Boden, unde unser borghere weghen unsen notarium Tydericum Drevelowen, bewyser desses breves, de juw wol muntlyken wert unrychtende unde to vorstande gheven alze umme den roef unde averwerpynghe, de den unsen ys ghescheen van den Enghelschen; *erklärt, dass Drevelow bevollmächtigt ist von den Engländern Ersatz zu empfangen, falls die Städte jene dazu bewegen, den Schaden zu bezahlen;* mach dat aver nycht volghen unde scheen, so mothen ze dat deme almechtegen Gode unde jw allen claghen alzo langhe dat ze dat manen konen; *ersucht um Antwort.* — *[14]49* (yn aschedaghe) *Febr. 26.*

StA Lübeck, A. Hans. 1, Or. m. Resten d. Secrets.

493. *Der deutsche Kfm. zu Brügge an den Hm.: erwiedert auf dessen soeben eingelaufenes Schreiben, n. 486, dass er n. 364 am 15 Aug. erhalten jedoch bisher nicht beantwortet habe, weil seine Verhandlungen mit den vier Leden seit der Abreise der Rsn. kein einziges Resultat ergeben; klagt, dass er gleich den Rsn. von den Leden* alle tiit in guden wane und troste mit soeten worden upgeholden *werde, so dass er nichts zu melden gehabt und keineswegs absichtlich geschwiegen habe; erklärt hinsichtlich der Vertheilung der bei dem Kfm. zum Behuf der in Flandern Beschädigten eingezahlten Summen, dass er sich nach der von den Rsn. getroffenen Anordnung richten müsse, die Telchten, der bei dem Erlass derselben zugegen gewesen, bekannt sei, und Niemand verkürzen wolle, mithin auch Telchten seiner Zeit das ihm von Rechtswegen Zukommende gleich den Uebrigen erhalten werde,* und vor der tiit en moghen wii noch en hebben in bevele, enich gelt deshalven den partien, weent myt rechte tokomen sal, tovorne in afslach [to] vorleggene; *würde auf der Tagfahrt zu Lübeck gern Rechenschaft über das Geld abgelegt haben, wenn er dazu geladen oder n. 486 rechtzeitig eingetroffen wäre, so habe er einen Sekretair hingesandt* doch myt ghenen anderen saken belast noch ghemechtighet, dan allene denselven benzenteden aldar ter dachvard

[1]) *Hier wie in n. 502 wird der Streit Lüneburgs mit den Antheilhabern an seiner Sülze, der sog. Prälatenkrieg, berührt. Vgl. die etwas einseitige Erzählung der lüb. Chron. bei Grautoff 2 S. 116 und Mittendorffs eingehende Darstellung im Vaterländ. Arch. 1843 S. 144 ff., 287 f.*

upteldoene und to kennene to gheven, wat guder antwert und doghet uns de vorscreven 4 leden und de stad van Brugge up alle ponte etc. gegheven und gedaen hebt nae der beloefte und afscheiden der heren radessendeboden. — *[14]49 Mrz. 6.*

StA Königsberg, Or. m. Resten d. 3 Siegel.

494. *Lübeck an Wismar, Rostock und Stralsund: ersucht die wegen Abwesenheit der preussischen Gesandten letzthin unnütz nach Lübeck geschickten Rsn. nunmehr nach Eintreffen jener schleunigst wieder abzuordnen, damit die Verhandlungen mit den Engländern aufgenommen werden könnten. — [14]49* (sonnavendes vor oculi) *Mrz. 15.*

StA Lübeck, Hans. Korr. m. d. Kfm. z. London, Pergamentbl., Entwurf, überschrieben: Wismar, Rostock, Stralessund cuilibet separatim.

495. *Rostock an Wismar: hat von Stralsund die Mittheilung erhalten, dass es den lübecker Tag nicht besenden könne; meldet, dass es gleichfalls* umme sundergen anvalles willen *ausser Stande sei, es zu thun, und bittet, dass die wismarschen Rsn. Rostock entschuldigen. — [14]49* (an mandage na oculi) *Mrz. 17.*

StA Lübeck, A. Hans. 1, Or. m. Resten d. Signets.

496. *Wismar an Lübeck: sendet in Erwiderung auf n. 494 u. 495 und erklärt, dass es die Tagfahrt besandt hätte, falls Stralsund und Rostock es gethan;* ok leven heren, scholde wy daghe myd juw vorsoken umme juwes scrivendes willen, so begere wy van juw, dat gi uns yo beschermen in juwem leyde, dat wy nicht overvallen worden myt breven, dar wy in schaden van komen mogen, alz wy latest ghedan worden vormiddelst Henneken Berntorpen unde Hermannum Appel, de doch in juwer stad uppeholden werden; *verlangt Auskunft,* eft dat schcen mach edder nicht. — *[14]49* (middewekon vor letare) *Mrz. 19.*

StA Lübeck, A. Hans. 1, Or. m. Resten des Signets.

497. *Rostock an Wismar: hat erfahren, dass die Hg. von Barth und Wolgast K. Erich mit Volk und Speise zu entsetzen gedenken; ersucht, es Lübeck* unde den steden darselves *zu melden, damit man dem Unternehmen,* yfft juw nutto dunket, *entgegentreten könne. — [14]49* (midweken vor letare) *Mrz. 19.*

StA Lübeck, A. Hans. 1, Or. m. Resten d. Signets.

498. *Lübeck an Greifswald: verlangt, dass Greifswald seine Rsn. ungesäumt wieder nach Lübeck schicke, da die preussischen Boten eingetroffen und die Engländer so lange schon auf die Städte gewartet haben; meldet, dass die letzteren über den ohne ihr Vorwissen erfolgten Abzug der städtischen Rsn. heftig erzürnt sind und ihn als einen ihrem Kg. und England zugefügten Schimpf betrachten, im Nichtbesendungsfalle somit zu besorgen sei,* dass den steden und dem copman van der henze verderfflik invall unde schade darvan mach komen. — *[14]49* (feria qui[n]ta ante letare) *Mrz. 20.*

StA Lübeck, A. Hans. 1, Entwurf. In dorso bemerkt: Aldus sin de stede Wismer, Rostock, Stralessund und Grypeswolt up dat nyge verbodet, dat se ere sendeboden hir to sendende (!) etc.

499. *Desgleichen m. m. gleichlautend an Stralsund und Rostock unter Bezugnahme auf n. 495, sowie an Wismar in Erwiederung auf n. 496, mit der Meldung, dass es mit Appel* hartliken gesproken, also dat he jw hir gerne wyl lyden unde hefft de ladinge affgedaen, *und auch Hennecke die Wismarer nicht belästigen wird. Alle drei vom 20 Mrz. 1449.*

StA Lübeck, A. Hans. 1, drei Entwürfe.

500. *Lüneburg an Lübeck: erwiedert auf die erneuerte Ladung zur lübecker Tagfahrt, dass es seine Rsn. wegen mannigfacher Behinderungen erst nach Laetare ausschicken könne. — [14]49* (donredag vor letare) *Mrz. 20.*

StA Lübeck, A. Hans. 1, Or. m. Resten d. Secrets.

501. *Wismar an Lübeck: sendet ein soeben eingelaufenes Schreiben von Rostock (n. 497) und verlangt Antwort auf n. 496. — [14]49* (sonnavend vor letare) *Mrz. 22.*

StA Lübeck, adj. ad a. Hans. 1, Or. m. Resten d. Signets.

502. *Lüneburg an Lübeck: kann dem Versprechen, seine Rsn. nach Laetare nach Lübeck zur Verhandlung mit den Engländern zu schicken, nicht nachkommen,* wente unse furste des landes unde ok de prelaten amme mitweken erstkomende in unse stad werden komende, myd den wii so merklike zake hebben to verhandelende, dat wii darumme alle bii eynander moten bliven[1]; *bittet, seine Entschuldigung bei den Engländern und Städten zu übernehmen. — [14]49* (in u. l. vrouwen avende annunciacionis) *Mrz. 24. Nachschrift:* Ok, leven heren, brochten uns deyenne in, de wii latest in juwe stad gesand hadden, wo dat gii, wanner desse dachvard geholden were, vort spreken wolden umme de munte etc., des begere wii vruntliken, wanner gii deme also dôn willet, dat gii uns dat willen scriven, so willen wii de unsen van der wegene in juwe stad senden unde den ok mede in bevelinge dôn to sprekende umme de visscherie to Winsen und to Ribenborgh. Datum ut supra.

StA Lübeck, A. Hans. 1, Or. m. Resten d. Secrets. Die Nachschrift auf einem anliegenden Papierstreif.

B. Bericht.

503. *Lübischer Bericht über die Verhandlungen zu Lübeck. — 1449 Mrz.*

W aus RA Wismar, Recesshandschrift 3 S. 113—116, Doppelbl., m. Resten eines briefschliessenden Siegels, adressirt: Dem ersamen manne heren Peter Wilde borgermester tor Wismer.

Desse nageschreven sendeboden weren tor dachvart anno 49 in deme manen marcio: int erste de sendeboden des heren koninges uth Engelant, alse en doctor unde en ridder; item de sendeboden des heren homesters uth Prutzen unde ok van der stede wegen des landes Prutzen, alse en doctor, en uth dem orden, de borgermester van Dantzik unde en ratman van Elbing; item de sendeboden van Hamborg[2], Rostok[3], Stralessund unde Wismer.

[1]) *Vgl. n. 491 Anm. 1.* [2]) 45 ℔ 10 β 8 ₰ dominis Thiderico Lunebarch et Hinrico Lopouwen versus Lubeke ad placitandum cum ambasiatoribus regis Anglie. *Koppmann Hamb. Kämmereirechn. 2 S. 80.* [3]) Int erste her Duke, her Lubeken 7 fl. guld. vor 21 β 7 ₰ to Lubeke in der vullo weken in der vasten. *Rost. Wetteherrenrechn. 1449/50, RA Rostock; die entsprechende der Gerichtsherren fehlt. Vgl. n. 505.*

1. De sendeboden uth Engelant uppe ere commissien unde machtbreff begherden int erste, dat me wolde laten lesen sodanne composicie unde endracht, alse int jar 30 by dem heren koning van Engelant unde den hensesteden to Lunden in Engelant wart gemaket. Deme also beschach. Unde darna vrageden de sendeboden uth Engelant, efft de stede de ok wolden holden, darup en wart geantwert, dat de here koning unde de syne in Engelant sodanne composicien nicht hadden geholden, wanner de stede worden vorsekeret, dat se de wolden holden, so wolden de stede darumme spreken unde don in der mate, dat se nen unghelik van der wegen wolden hebben.

2. Item wolden se ok weten, we de hensestede weren, alle by namen, dat en gutlik wart vorlecht.

3. Item wolden se weten de gebreke unde in wat articulen de Engelschen sodanne composicien nicht hadden geholden, de en de stede overghoven in schriffte. Unde de wolden se by eren heren koning bringen.

4. Item wolden se hebben in schrifft al de stede, de to der dachfart vorscreven weren vorbodet, unde we de stede weren, de tor dachvart weren gekomen, unde wo de stede weren, de siik hadden entschuldiget. Unde dyt wolden se weten, er se wolden vurder degedinge holden. Hirup myt den steden dupliken wart gesproken unde int lateste en sodanne schrifft wart overghegeven.

5. Item wolden se weten, efft de stede dar jegenwardich ok hadden vulkamene machtbreve van eren rederen myt en to deghedingende, darupp wart geantwert nen, unde wo yd were ene wonheyt by den hensesteden, dat men eren sendeboden gheve muntlike macht by de stede to komende unde myt den hensesteden to handelende. Hirupp wolden de Engelschen sendeboden hebben tuchnisse unde en instrument, dat wy gesecht hadden wo id were ene wonheyt, des en de stede nicht wolden gheven.

6. Item wart gelesen sodanne breff alse koning Karol an de van Lubeke hefft gescreven, unde ok wart dar in gesproken, alse van der besendinge by koning Karel to Calmeren 4 weken na paschen [1] negest komende.

7. Item wart dar ok gehandelet van der zegelacien, de dale to leggende umme desser twier koninge willen, sunderges wo koning Cristierne myt synen hulperen mechtich willen maken in de see. Darupp wart gesloten, dat de zegelacie sal open bliven wente to sunte Jurgens dage [2] negest komende unde darna scal eyn iderman de syne to hus beholden, wente wanner se deme copmanne nichtes konen nemen, so scholen se des ringhe nidde werden. Ok worden de stede des eens, dat me nymande uth eren havenen myt schepen unde luden edder harnsch sal sterken [3].

8. Item wante denne de sendeboden uth Engelant unde de here koning darmede ummegan, dat se de uth Prussen bii eren privilegien in deme riike nicht willen beholden men de stede unde den mester underenander scheden: hirupp is den sendeboden uth Prussen van den steden ghesecht, dat de van der hense den mester nicht willen vorlaten, unde (nicht)[a] willen wesen uthgescheden. Unde de sendeboden uth Prussen weren begherende, weret dat de copman van Prussen scolde des riikes entberen, dat denne ok de anderen stede dat riike rumeden, nachdem se nicht wolden wesen gescheden. Darupp en wart gesecht, dat dat stunde went tor dachvart to Bremen nagescreven.

a) nicht fehlt W.

1) *Mai 11.* 2) *Apr. 23; bis zu diesem Tage wollten die Verbündeten von Wilsnack sich gerüstet haben, um gemeinsam gegen Schweden zu Felde zu ziehen. Vgl. S. 368 Anm. 1.* 3) *Vgl. n. 321.*

9. Item was dar des copmans cleric van Brugge unde warff umme to holdende de dachvart to Bremen, darumme dat deme copman to Brugge nene redelicheyt mach weddervaren. Darin wart gesproken unde de stede wogent vor dat beste, dat de cleric van Brugge darumme scolde theen bi den heren homeister unde ene underwisen, dat he in de dachvart wolde vulborden[1]. Unde to der dachvart scholden denne senden de here homester, Lubeke, Colne, de stede bi der see, Brunszwig, twe stede van der Zuderzee, unde ene van wegen der Westvelschen stede. Welke stede denne to Bremen scholden na anwisinge des copmans to Brugge ere bodeschupp myt kleenen personen an den hertigen van Borgundien senden[a].

10. Item alse van deme avescheden der Engelschen myt den sendeboden der stede unde des heren homesters is gesloten, dat alle ding schal stan in gude wente to sunte Johannis daghe negest komende over twen jaren[2], bynnen desser tiid schal werden geholden en dach bynnen Deventer twisken dessen parten alumme, so darup scal werden gemaket en recessus, des wil ik jw schicken ene copie.

504. Preussischer Bericht über die Verhandlungen zu Lübeck. — 1449 Mrz. 14 — Apr. 8.

D aus StA Danzig, Schbl. XXVI n. 38, Handschrift von 3 Lagen, verschiedene Blätter sind abhanden gekommen, der Rest zum Theil verkehrt zusammengeheftet. Lage 1 u. 3, zusammen 14 Bl., enthalten neben n. 503 u. 504 dergestalt, dass § 1—17 auf Lage 3, § 18—22 auf Lage 1 entfallen, während § 23—26 auf den umgekehrt eingehefteten Bl. 8 u. 9 stehen. § 1—17 u. 23—26 sind von einer, § 18—22 von einer zweiten Hand geschrieben. Lage 2 enthält n. 363. Lage 3 ist bezeichnet: Desse nagescrevenen artikel sin to Lubeke vorhandelt op dem rathus tuschen des hern koniges van Engelant sendeboten, als Robertus Schotsbrok, ritter, unde Richardus Caston, doctor in beiden rechten, an eine, unde des hern homeister van Prusen unde van den anderen hansesteden to Lubeke vorgadert an dem anderen dele.

1. Int jar 1449 des vridages vor oculi[3] queme wii to Lubeke unde des negesten mitwekens[4] darna let uns de rath van Lubeke seggen, dat wii mit den Engelschen sendeboden op dem rathuse wesen solden, dem wii also deden unde quemen dar met den Engelschen sendeboden. Do leyten uns de rath van Lubeke to weten unde seggen dorch eren doctoren, wu dat somige ander hensestede ok to dessem sulvem dage vorbodet weren, der dach en del hir gewest weren, unde umme des willen dat de Prusche sendeboden hir nicht en woren, so vordrot en der tiid hir to liggen unde weren wedder to hus gereden, doch so hedden sey en gelovet, dat se wedderkomen wolden wanner dat de Pruschen sendeboden hir quemen, unde sey hedden en ok alreide gescreven, dat sey met den ersten hir wedderkomen solden etc. Dar de Engelschen sendeboden to antwerden met tornigen worden unde dat en ser vordrot, dat de stede also van hir getogen weren unde en hedden en dar nicht van to kennen geven, na dem dat de dach hir met en vorramet were, sprekende vort darby, se konden wol gemerken, dat men spoterye met dem hern konynge unde met synen sendeboden beide, unde vele mer wort de dar gevellen. Also dat de rath van Lubeke de Engelschen sendeboden bat, dat sey ene kortte tiid vorbeden solden, wante se sik gans vormoden weren, dat sey bynnen korter tiid hir wederkomen solden, unde bynnen 8 dagen. Do spreken de Engelschen, se wolden 8 dage vorbeden by solkem underschede, dat sey vor

a) schicken senden W.

1) Vgl. n. 531. 2) Bis 1451 Jun. 24. 3) Mrz. 14. 4) Mrz. 19.

allen degedingen weten wolden alle deghenne unde alle stede de in de hense behorden, umme mangerleie sake dat de konyngh weten wolde. Ok spreken sey, dat alle hensestede, de hir komen worden, solden vulle macht met sik brengen gelik dat sey hedden, und wat sey degedingen worden, als de stede de hir komen werden, dat dat van macht were der gansen hense. Hirop en de rath van Lubeke geantwert hevet, dat sey wol willen don unde vorbeden desse 8 dage, so willen sey en dan up er vorgeven mitsamth den anderen steten [de][a] hir komende werden samentliken antwerde geven. Darup bleff dat stande to der tiid etc.

2. Item do de 8 dage umme komen weren, do weren to Lubeke wedder gekomen somige van den steden, als Hamborch, Wismar, Rostok unde Stra[l]sund[b]. Do worden de Engelschen wedder op dat rathus vorbodet unde ok de stede unde des hern homeisters sendeboden. Do vrageden de Engelschen, off de stede, de dar nu gekomen weren, also dar weren komen in vuller macht van der gemeynen hense unde dar vor antwerden wolden op ere bevel unde werff. Dar en de stede wedder to antwerden, wert sake dat en bequeme were, en ere bodeschop unde werff to[c] erkennen to geven, dat wolden sey gerne horen, sunder dar op to antwerden als van der gansen hense wegen, mochten se merken, dat sey des nicht don en kunden, sey en horden dan erst ere werff unde bevelinge. Do worden de Engelschen also beraden, dat sey en ere bodeschop unde werff to irkennen geven wolden, unde spreken, wes dat se aldus lange met en gehandelt hadden, dat hedden se al gedan in guder fruntschop, sunder nademe dat sey ere werff unde bodeschop van eres hern konynges wegen en to irkennen geven wolden, dat wolden se ok don als ut dem namen des heren konynges. Unde segeden, se wolden sittende bliven unde nicht entwiken, wante [en][d] duchte dat erem heren konynge vornederunge were, dat sey van den steden entwiken solden, sunder de stede solden en entwiken etc. Darop en de stede wedder antwerden, dat were geschein, dat de erdesche vader de pawes unde de Romesche konyngh unde vele andere grote konynge unde hern dar ere werdigen sendeboden gehat hedden, de alsolkes nicht van en begerende weren, unde en duchte, dat erm hern dem konynge ok nicht en were to ener vornederunge noch to ener smaheit, und darumme wert sake, dat sey en ere sake to irkennen geven wolden, sey wolden sey gerne horen unde vort darby don so sik dat beborlik were etc.

3. Item do int ende gaff de Engelsche doctor vor ere werff unde bodeschop unde begunde int erste to seggen, wu dat gescheen were in dem 36. jare, dat de here homester unde somige van den hensesteden in vuller macht gewest weren in Engelant unde dat darsulves over en unde gesloten were ene conposicie, de ok vorsegelt, vorbrevet unde conformirt were, welke handelinge unde endracht nicht also geholden en worden als de gedegedinget weren. An welkem dele dat dar dat gebreke van were, begerden sey, dat gewandelt to werden, wante sey dar also gekomen weren, wert sake dat gebrek an en gefunden worde, dat gewandelt solde werden, desgeliken wedderumme. Unde ok eff imant beschediget were, dat were an live edder an gude edder vorunrechtinge, dar weren sey to gesant unde gekomen to vorantwerden unde to vortreden, begerende vort desgeliken van den van Prusen unde hense. Vort weren sey begerende de endracht de gemaket was in dem 36. jare to[e] lesen. Darop de stede ere berath[f] nemen op den anderen dach.

4. Item des anderen dages quemen de stede mit des hern homeisters sendeboden wedder togader, dar de Engelschen nicht by en weren. Also dat des hern

a) de *fehlt* D. b) Stralsund D. c) en to D. d) dat D.
e) begerende to D. f) beraith D.

homeisters sendeboden van den steden gevraget wert, wat en geraden duchte, off men en de vorenynge lesen solde edder nicht. Darop des hern homeisters sendeboden wedder antwerden, wert sake, dat sey en de lesen wolden laten edder nicht, dar mochten se vor raden, wante unse here de homester der vorenynge met alle nicht en wolde tolaten unde wolde sik den met gelike wol entsetten, also wii dat ok met Hinrik Vorrades machtbreve wol bewisen wolden unde ok alrede den Engelschen bewist hedden, dat Vorrath alsolke macht nicht gehat en hevet, den Engelschen in syme lande alsolke vriheit off privileje to geven, unde wii en wolden uns dar ok met nichte nicht ingeven off tolaten; wolden sey en wes geven off gunnen in erer stad, off hedden sey de macht van der ganser hense gehat off hedden, en alsolken totolaten, dar en wiste wii nicht van, dat sey dat vorantwerden, wante de here homester unde syne stede en hadden en alsolke macht nicht gegeven. Do spreken de stede, en duchte gud, dat men de scrifte lese, dat en off uns dat nicht schedelik en were; ok so en hedden sey nicht, dat de here homester vorsegelen solde, wante se en hedden den Engelschen nicht vorder togelaten enyge vriheit dan sey en vortiiden gehat hedden, unde kunden unde mochten dat wol bewisen, dat sey to geynen dagen enige vriheit in den hensesteden gehat hedden, unde ok en kunden de Engelschen nicht bewisen met breven off segelen, dat sey enige vriheit gehat hebben, darumme so willen sey de Engelschen holden gelik sey over 20, 30, 40 jaren over to hundert jaren hir geholden sin. Unde kan sik de here homester des ok so ensetten, dat sein sey gerne unde en willen em dar nicht inne entegen wesen.

5. Item darna wart den Engelschen de vorenynge de gemaken was in dem 36. jare gelesen unde ok de confirmacie de de rath van Lubeke versegelt hadde op de vorenynge. Do spreken de Engelschen, sey begerden, dat men dat holden wolde, unde begerden dar antworde van. Do spreken de stede, sey wolden en des anderen dages dar en antwerde op geven.

6. Als do de Engelschen van dem rathus weren, do vrageden uns de stede wat uns gut geraden duchte vor en antworde to geven. Do spreke wii wedder, unse here homester en stonde en geyner privileje to unde en wolde sik ok in de vorenynge nicht geven, also wii dat ok alrede tegen de Engelschen sendeboden vorantwert hedden; wert sake dat sey breve versegelt hedden under des hern homesters segel, dat se alsolke breve brachten in Prusen vor unsen hern homester unde synen rat, unde wert dan sake dat unsem hern unde synen lande unde steden alsolke breve mechtich unde rechtverdich sin duchte, unse her homester de solde en don allent wes he van rechtes wegen plichtich were to done. Unde darumme so duchte uns, dat gein not en were, nadem dat wii met en in alsolker handelinge stonden, en enych antwert darop to geven, ok segende, sey worden sulves sunder uns wol rat vinden en antworde to geven, wante unse here homester noch syne stede van alsolker confirmacien nicht geweten off gehort en hedden unde en hedden der ok nicht medde to gelaten. Do spreken de stede, se wolden den Engelschen antworde geven sunder unse bywesen, unde wolden doch gelikewol entegen uns nicht wesen in erem antwerde, unde nademe dat wii ok met en in handelinge stonden, dat wii desgeliken ok deden.

7. Item[a] als do de Engelscheh wedder by de stede quemen, so wii vornomen hebben, hebben sey to den Engelschen gesecht, de composicie gemaket in dem 36. jare en hebben de Engelschen gein punt met alle nicht geholden unde wanner dat dem kopmanne dat geholden wert unde dat sey dat gans vornemen

a) Zu § 7 a. R. Nota [illegible] D.

dat [dat][a] geholden wert, so willen sey alsdan mitsamt den anderen henzesteden spreken unde togader komen, dat en dan wedder geholden w[orde][b] so vere als dat in ere macht is. Dar de Engelschen wedder op antwerden, wat de puncte unde artikel weren darover men clagede, de en nicht geholden en werden, unde begerden de in schriften. Do worden en de artikel in schriften overgeven sunderlix van der wullen vachten[1] unde tin uttovaren, unde ok dat sey met allen personen van wat wesen sey weren nicht kopen edder vorkopen mochten unde mer ander punte, darop de Engelschen beraith genomen hebben en antwert to seggen.

8. Item als de Engelschen des anderen dages wederquemen, do spreken sey ako, off desulven stede de hir gekomen weren also dat vorantwerden unde vortreden werden, so wes dat hir gehandelt unde besloten worde dat geholden solde werden van der ganser hense wegen, unde begerden vort, dat men en in schriften overgeven solde, welke stede de hir to desser dagevart vorbodet weren unde dewelke de gekomen weren unde ok deghenne de nicht gekomen en weren, unde wolden de slechtes vor allen degedingen in schriften hebben, er dan sey enyge handel met en heben wolden. Dar sik de stede lange entegen setten unde en dat nicht wolden in schriften overgeven, doch int ende dat en de Engelschen loveden, dat sey wol wolden dôn unde geven sey en over in schriften umme des willen, alse sey by eren hern den konyngh quemen, dat sey seggen mochten, tegen weme dat sey handelinge gehat hedden, unde dat en solde neymande to schaden off to vorfange wesen, als den anderen steden de hir vorbodet weren unde nicht gekomen sin etc. Darop en de stede den Engelschen overgeven, welke stede de to desser tiid tor dachvart hir vorbodet weren, unde ok [in][c] schriften de hir gekomen weren unde ok de nicht gekomen en weren, wante somyge stede sik des entschuldiget heddon met redeliker sake, dat sey nicht komen en kunden.

9. Item darna de Engelschen do spreken gelik als sey int erste gedan hedden, dat sey in hovelinge eres hern konynges hedden, dat de wetten wolde, wo vele unde wer degenne weren van den steden de in de hense behorden, wante dat er her konyngh weten wolde, unde ok so wolden sey de in schriften hebben. Unde wert sake, dat men en de al nicht benomen en wolde dat men en doch de herschope, under welke degenne weren de in Englant ere vorkeryngo plegen to hebben, [benome][d]. Unde ok sprekende, nadem dat sey van der gantzer hense wegen geyne vulle macht en hedden unde sik der nicht vorfangen en wolden, dat men dat in en instrument setten solde de handelinge, unde de stede spreken, dat men dat tusschen den steden also nicht en plege to holden, wanner dat sey togader quemen enyge machtbreve met sik to brengen sunder allene dat in en recess to setten, darumme duchte en dat mogelik sin, dat men dat in en instrument setten solde, dat sey alsolke gewonheit hedden. Hirop de stede wedder antwerden, sey en wolden dar met nichte geyn instrument over gemaken hebben, sunder wolden sey met en in ere handel gan, dat mochten sey don, unde sey hedden en overgegeven de gebreke de de kopman in Engelant hedde, wolden sey darop antworden, des weren sey begerende. Wert sake, dat se ok der macht nicht en hedden of sik des nicht underwynden wolden, dat men dan dachte op en ander wise unde wege, dat alle dinge in vruntschop bleve anstan unde dat men op ene ander tiid togader mochte komen. Do spreken de Engelschen, dat se in geynem bevele nicht en hedden ene ander dach[vart][e] to vorramen, sunder

a) dat fehlt D. b) were D. c) de D. d) benome fehlt D. e) dach D.

1) „Vacht, vlies, vellus et globus lanae, congmentum lanae" Kilian.

sey wolden er bevel vorder anseyn unde des anderen dages en antwert to geven etc.

10. Item des anderen dages darna quemen se weder unde spreken, dat sey ere bevel hedden angeseen unde weren mechtich ene andere dagevart wedder met en to vorramen, unde darumme wert sake, dat sik de stede des gans mechtigen wolden unde vorsekerunge don, dat de anderen hensestede de nu tor tiid nicht tegenwerdich en weren, dat de to derselven dachvart senden unde komen wolden, wante wert sake dat ene andere daghvart berammet worde unde dat sey alsdan als nu quemen sunder vulle macht so were dat gelik als nu; unde spreken vort, dat sey hir aldus lange gelegen hedden in groter kost unde terung lange tiid unde en hedden nicht bedreven, unde als sey erst hir gekomen weren, do hadden sey den rat van Lubeke gebeden, dat sey de hensestede hir vorboden wolden op lichtmisse, dar de van Lubeke to antwerden, de tiid were to kort, se wolden sey vorboden laten den ersten dach van merte, dat leiten de Engelschen to, dat se deme also don solden, nu hedden se hir gelegen tot hirto to groter kost unde hir en were neymant met vuller macht gekomen gelik dat se hedden, unde weren also bedrogen etc. Item hir op wart en wedder geantwert, dat de rath van Lubeke unde ok de anderen stede dat nicht vor gud op en nemen unde in harden worden wedder segeden, dat se nemande bedregen en hedden unde ok ungerne neymande bedregen en wolden, unde en wisten en des geynen dank, dat sey en alsolken tolegeden, wante sey gedan hedden na ere begerunge unde hadden den steden gescreven hir to komen, unde nu se nicht gekomen en weren, wat se darumme don solden, sey en weren ere heren nicht, dat sey aver se to beiden hedden gelik de konyng unde ander heren over ere undersaten hedden. Van dessen worden vellen von beiden siden vele groter wort unde ok met unsem dottor tegen den Engelschen doctor, doch dat wart int ende in vruntschop enwech gelecht etc.

11. Item de Engelschen spreken do vort, se wolden handelinge met en hebben nadem de stede nu geyne macht en hedden, so wolden se met en enen anderen dach vorramen op gelike stede, unde dat sey dar sekerunge vor don solden, dat de hensestede dar dan in vuller macht komen solden. Item hirop de stede wedder antwerden, dat se gerne enes dages met en wolden ens werden unde wolden ok gerne den steden den dach vorscreven, dar to komen, sunder en sekerunge darvor to don, dat sey dar komen solden gewis, darvor en wolden sey nicht loven; sunder des hern homesters sendeboden lovenden, worde en dach vorramet, dat den de here homester met synen steden besenden solde, unde ok de stede, de hir nu tegenwordich weren, wolden dat to hus bringen unde en in 11 dagen en antwert laten seggen. Item hirop de Engelschen spreken, dat sey darop enen dach met en vorramen wolden, dach op behach des hern konynges, unde de solde dat vorscriven tuschen hir unde sunte Michel, off he den dach holden wolde edder nicht.

12. Item hirop so wart vorhandelt ene dagevard to holden bynnen der stad van Deventer unde dat sal geschein to sunte Johannis baptisten dach tokomende over twe jar, unde bynnen desser tiid sollen de van der hense vrii in Engelant komen unde keren op ere privileje; sunder de Engelschen spreken, wert sake dat sik de Pruschen vorbunden wolden, dat de Engelschen in Prusen mochten vrii komen unde kopen unde vorkopen met allen personen gelik sey in privilejen hedden, so solden de ut Prusen wedder also geholden werden in Engelant gelik de andere hensestede, unde wert sake, dat des nicht geschein en mochte, so en

laden se den ut Prusen nicht toseggen, dat se vrii [mochten][a] komen gelik andere ut der hense, wante dat gesloten were in dem parlemente, so men wol wiste, des sey geyne macht en hedden dorch ere personen wedder op to sluten, wante solden se dat dorch ere personen anders maken, se besorgeden sik, dat someie en an er liff gan.

13. Item hirop de Pruschen sendeboden spreken to den hansesteden also: de here homester were en hovet der hense unde syne stede weren ok in der hense, darumme wert sako, dat de her homester mitsamt synen steden also solden utgesteken wesen, des sey doch nicht en hopeden, dat de Engelschen sey allene also solden utsteken nadem dat sey in ener hense begrepen weren, dat mochte lichte dan gevallen, dat de here homester ok rat werde vinden mitsamth syne lande in Engelant unde ok in anderen landen sik allene vriheit off privilejen to irwerven, dardorch dan de hense alsdan gescheden mochte werden, des doch de her homester nicht gern don werde. Unde begerden van den steden, wes dat sey by en gedechten in dessen saken to done, wa[nte][b] op solkent sey den dach to Deventer nicht en wolden opnemen. Item hirop de stede wedder segeden to den sendeboden ut Prusen, dat sey den Engelschen hedden laten seggen, nademe dat der her homester en hovet der hense were unde syne stede ok medde in de hense behorden, so wolden se ungescheden wesen unde en wolden ok den dach to Deventer met den Engelschen nicht opnemen off halden sunder bywesen des heren homesters unde syner stede sendeboden. Item do antwerden de Engelschen sendeboden, so hore wii wol, dat de Pruschen mer sin dan de anderen hansestede unde wii en konen dat ok nicht wedder op don dat by dem parlemente gesloten is.

14. Item do spreken de Engelschen vort, dat sey by eren heren den konyngh brenghen wolden unde dat wii desgeliken weder by den heren homester brengen solden, dat de her konyngh worde den ut Prusen to laten seggen, dat sey in 6 manden ut Engelant tein solden, unde dat de her homester desgeliken ok den Engelschen leite toseggen, dat lant to Prusen in 6 manden to rumen. Item hirop de Pruschen sendeboden wedder antwerden, wu dat de her konyngh dem heren homester gescreven hedde, dat den synen de privileje entegen were, so solde doch de olde vruntschop tuschen en beiden unde eren undersaten gelikwol bliven, wolde darenboven de here konyngh synen undersaten syn lant vorbeiden, dat stonde wol in syner macht, unde wanner dat dan de her homester verneme, wes dat he dar dan to don werde, dat worden sey ok dan wol vornemen, unde wii en wolden uns des vorder nicht underwynden.

15. Item do leyten de stede den Engelschen seggen, wert sake dat de her konyngh den ut Prusen sin lant vorbeiden worde, unde nadem als sey em vorgesecht hedden, dat sey ungescheiden in dessen saken sin wolden, dat mochte dan gelichte dan also gevallen, dat sey dat den anderen hensesteden mosten vorlegen, unde solden de ut Prusen rumen dat sey dan lichte al rumen mosten.

16. Item do spreken de stede, nadem dat sik desse dinge aldus maken unde vele invals koment unde to eme anderen ende nicht komen en wol[de][c], dat dach des heren konynges sendeboden brechten an den heren konyngh, wert sake dat he de dagevart to Deventer holden wolde laten, dat he dat dem rade to Lubeke vorscriven solde tuschen hir unde sunte Michel, also beschedenlike dat de sowol ut Prusen als de anderen ut der hense in Engelant komen mochten op ere privileje desse two jar, unde wu dat dan dar vorder gemaken worde, dat worde

a) to D. b) was D. c) wol D.

men dan wol gewar, unde dat ok de here homester schriven solde an den rath [to][a] Lubeke na der Engelschen begerunge, dat des hern homesters undersaten der privileje in dissen twen jaren nicht gebruken en solden, gelevede deme heren homester darop sine bodeschop to besenden, dat he dat ok den van Lubeke vorscriven solde.

17. Item hirop de Engelschen antwerden, wert sake dat de her homester syne vulmechtigen sendeboden to Deventer senden wolde met synen machtbreve under dem groten ingesegel, unde vort aff de konyngh also beraden worde [unde[b] sine sendeboden] den privilejenbreff, de in Engelant is vorsegelt under des ordens segele, dar met sik brengen werden unde desulve breff dar dan rechtverdich gefunden unde irkant worde, dat alsdan en de breff vort geholden worde, dat solde de here homester vor allen dingen dem konynge tovoren met den ersten vorscriven, dan solde de konyngh tegen sunte Martini dem rade to Lubeke wedderscriven, off he den dach besenden wolde edder nicht, also vorberort etc. Item des hern mesters sendeboden antwerden, dat sey en alsolken solden toseggen, dat de mester dat don solde, des en kunden sey nicht gedon, sunder se wolden dat gerne an den hern homeister brengen, sunder sey wolden sik wol vormogen, dat de here homester dem rade to Lubeke vorscriven solde tuschen hir unde Michel, off he den dach in solker wise besenden solde, als dat vorgescreven steit, unde dat de here konyngh desgeliken ok don solde unde dat de breve geliken to Lubeke by den rat quemen unde dem enen nicht er to weten to don dan dem anderen, sunder dat de her homester na ere begerunge tovoren vorscriven solde des en worde wii uns nicht mechtigen. Item do spreken de Engelschen in tornigem mode, de her mester solde dem konynge erst synen willen daraff scriven, unde darmedde so gengen sey van dem rathus.

---

(18). . . . .[c] im[1] 36. jore czwischen dem heren konige czu Englant und dem hern homeyster czu Prewsen und eren sendebothen mit namen Hinrich Vorrathesz, welche voreinunge de here konug [und][d] seine undersasen vulkomblichen und unvorbrochlichen gehalden haben und hetten, sunder der here homeister und seine undersasen das nicht gehalden hetten und den Engelschen darober mancherhande vorunrechtungen, gewalt und schaden getan hetten, begerende also do anczuhehen do es am letczton gelasen, besloszen und geendet were, und ere gewalt und vorunrechtungen und schaden uns czu vorsteen geben und en daraff czu antworten und besserung czu haben.

19. Item am donnerstage dornoch des hern homeisters sendeboten uff das vorberurte vorgeben den Engelschen antworten, als von der vorenunge gescheen und gemacht durch einen sendebothen mit namen Hinrich Vorrath im 36. jore etc., kegen welche voreinunge en mancherley vorunrechtungen, gewalt und schaden gescheen weren, welcherley schaden, gewalt und vorunrechtunge sie vormeineten zcu haben zcu den von Prewsen, die wolle wir von en gerne horen, en doruff gutlich antworten noch unserm vormogen, so wir bogest kunnen sie entscheiden;

a) to fehlt Ir. b) unde — sendeboden fehlt Ir. c) Das oder die den Verhandlungen zwischen § 17 u. 18 enthaltende(n) Bl. der Hs. fehlen, vgl. die Hs.-beschreibung am Kopf dieser N. d) und fehlt Ir.

[1]) Für die Einheitlichkeit des Berichtes trotz der Verschiedenheit der Sprache in § 1–17, 23–26 und 18–22 spricht u. a. auch n. 505 § 2; in diesem Falle ist obige Abweichung den Schreibern zur Last zu legen. Andernfalls könnte man in § 18–22 das Bruchstück eines Berichtes an den Hm. über die specifisch preussischen Verhandlungen erblicken.

desgeleichen schaden, gewalt, vorunrechtunge, gedrang den von Prewsen in Engelant gescheen und gethan ouch vorczubrengen und von en antwort und gutliche entscheidung czu empfoen. Sunder als von der voreinunge, die gemacht sulle sein dorch Hinrich Vorrath, weren wir van en begerende und heischende den machtbrieff desselbigen Hinrich Vorrates ader eine ware copie uns zcu geben. Doruff die Engelischen antworten, das sie wol wusten, das wir solche macht Hinrich Vorrates bey uns betten und die wol wusten, ouch das ane czweifel were, das Vorrath ane macht nicht gesant were und dorumb nicht nodturft were uns semliche Hinrich Vorrates macht zcu obergehen, und ouch sie die nicht bey sich hetten, und ab wir die hetten, das wir sie en czeigeten zcu seen, czu horen und zcu lesen, sie gelewbeten uns wol doran etc. Also wart eine copie des machtbriefes Hinrich Vorrotes en gelesen, und under veel worten sie underrichtet worden noch inhaldung der copien vorberurt, das derselbige Vorrath ober macht und beveel gethan hette und sich mee under[w]unden[a]. den seine macht awszweisete, wen in gemeinen machtbriefen nicht begriffen worden sulche sachen, die sunderliche dorczu beveel und macht bedurfen und haben sullen, als privileigien, freiheiten, herlicheiten oder gerechtikeiten heren und forsten, lande und stethe zcu obergeben ader zcu vorlegen; wen sie ein sulchens als gemeinen sendeboten durch gemene macht und bevel thun mochten, und das by macht sein und bleyben solde, das mochten sie wol dirkennen, in was groser ferlichkeit heren und forsten sein worden etc., und nicht alleine der here homeister sunder ouch der here konig van Engelant und ander heren und forsten ein sulchens mit nichte besegelen, belieben ader zculasen worden. Und die Engelischen selbist dirkanten disse vorberurte underrichtunge und der selbest zcustunden, das es van rechte nicht gescheen mochte und er here konig ouch ein sulchens nicht vorlieben worde und ouch Hinrich Vorrath ym sulchen unbillich gethan hette. So weren dieselbigen Engelischen van uns begerende zcu horen, in welchen artikelen der voreinungen uns dowchte, das Hinrich Vorrath ober seine bevelung und macht gethan hette. Uff das wir en losen den irsten artikel der egedochten voreinungen, sie underrichtende noch beveel des heren homeisters, das Hinrich Vorrath in dem gancz sere und unweislich obertreten hette seine macht und bevel und nicht von wirden sein solde noch were. Deszgeleichen ouch den anderen und dritten artikel weterlegeten nach unserm besten und befeel[1]. Doruff die Engelischen gancz zcustunden, als uff den irsten artikel unser underrichtungen sich bedunken lasende, das Hinrich Vorrath in dem ober macht gethan hetthe, und hette derselbige Vorrath sunderliche macht und beveel dorczu gehath, als her nicht hatte, zo wore der Engelische kawfman frey pfuntczolles etc. Und als uff die anderen czwene artikel, als uff das morari und uff das kowfen und vorkowfen mit allerley personen, macheten sie etzliche infelle, besunderen das sie das in vorczeiten zcu etzlichen czeiten gethan hetten und en das zcugelasen were, cziende sich des rau ener alden voreynungen und oberkomungen vorbrieft und vorsegelt mit des hern homeisters grostem ingesegel etc. Hiruff wir antworten, dem hern homeister noch uns were nicht wissentlich von eynigerley privilegien ader freiheit[b] worhaftig und redelichen vorbrieft, vorsegelt und bestetiget durch en ader durch seine vorfarn; ouch der Engelische kawfman sulcher privilegien und freiheiten nicht gebrawcht hath bey mentschen gedechtnisse in Prewsen und die nye gefordert hath den alleine in korczen joren bis nw czur czeit, ouch

a) [illegible] D. b) [illegible] D.

1) Vgl. HR. 2 n. 84.

die nye beweiset hath also vorbriefet und vorsegelt, als sie sprechen, vor dem hern homeister und seinem rathe, als das wol billich und beborlich were, so der Dewtsche kawfman in Engelant seine privilegien und freiheiten von konigen zcu konigen gegeben und bestetiget beweisen mus und beweiset hath, zo ofte men das van em begerende ist gewest ader noch were; begerende sunderlichen, hetten sie eynigerley worhaftige, redliche, vorbriefete und vorsegelte privilegia des heren homeisters, das sie die also vorbriefet und vorsegelt vor dem hern homeister und seinem rathe brengen und beweisen welden, worde den der here homeister mit seinen prelaten, gebietigeren, landen und steten dirkennen, sulche vorberurten privilegien und freiheiten von macht und wirden zcu sein und die von rechtes wegen schuldig sein zcu halden, der here homeister worde sich beweisen, als her von rechte und billig pflichtig were zcu thun etc. Hiruff die Engelischen zcum irsten wol in der meinungen woren, das sie ein sulcheins dewchte billich und moglich zcu sein und doruff eine czeit czu vorromen dem also zcu thun, sunder dornoch sich anders besprechende und berotende, vorgebende und begerende woren, was sie alhir deszhalben von briefen und schriften bey sich hetten und vorbrengen mochten, das wir das samh volmechtige ambasiatoren und commissarien uffnemen und czulasen und confirmiren welden, und was sie alhir von sulchen briefen und schriften vorgedocht nicht hetten, dorumb eine beqweme und genante czeit czu vorromen, ein sulchens vor dem heren homeister und seinem rathe zcu brengen und zcu beweisen ader vor seinen volmechtigen ambasiatoren ader commissarien die dorczu gefuget mochten werden etc. Hiruff wir weder antworten also vor, das uns billich und moglich dewchte, das alsulche vorbrengunge und beweisung geschege und gescheen sulde vor dem heren homeister und seinem rathe, hetten sie aber eynigerley vorsegelte briefe ader schrifte alhir, die sie uns seen ader lesen welden lasen, wir wolden die gerne seen und horen und were copien dorvan uffnemen an den heren homeister und seinen radt zcu brengen, sunder das wir en die alhir zcusagen, zculasen und bestetigen welden, das mochten sie wol merken, das uns ein sulchens mit nichte stunde zcu thun, wir ouch des nicht macht hetten freiheiten und privilegia zcu geben ader zcu bestetigen, so der here homeister en der noch zcur czeit nicht zcustunde, bochlich begerende, en hiran wellen lasen genugen. Hiruff die Engelischen weder frageten, ab wir unser macht nochgeen und genug thun welden ader nicht, unser antwort slecht und korcz doruff begerende zcu horende. Unser antwort doruff was, mit macht und befeel weren wir awszgesant und welden ouch der gerne nochgeen und volgen noch vormogen und redlichkeit, sunder een eyngerley privilegia ader freiheiten zcu geben, zcuzcusagen, zcu confirmiren ader zcuczulasen were in unsern macht noch bevele nicht, ouch mit nichte ouch mit dem korczten uns des nicht underwinden welden. Hiruff der Engelischen antwort weder was, wir hetten des macht und uns das beweisen welden noch lawth und inhaldung unsers machtbriefes, und wir solden und schuldig weren von macht wegen en zcuzcusagen und zcu confirmiren was sie alhir vorbrengen und beweisen worden und konnen, und so wir das nicht thun welden, so wolden sie ouch vorder keynerley handelinge noch teydinge mit uns haben. Und damitte also an eynigerley vorder rede von uns schieden und gingen etc.

20. Item doch umb alles besten willen und betrachtung, das mit sulchem unfruntlichen abescheeden und an eyngerley ende veelleichte beyden heren unwille und undank ane gescheen sulde, darumb etczliche von uns wir fugeten mit Niclous Bär czu reden und em vorczugeben ein sulchens und zcu gedenken off andere gutliche und fruntliche wege und weisen, uff das beyde hern und ere

undersasen [nicht][a] zcu vorder mûve und vordriesz quemen, und wir ouch noch ander bevelungen und sachen von unsers hern homeisters wegen an sie zcu brengende und zcu werben hetten, das her dis alsz an sie brengen welde und uns eine czeit und eren willen doruff zcu wissen thuen, das wir uns weder mit en mochten vorsampnen. Dem derselbige Niclous Bar also tethe und wir mit denselbigen Engelschen sendebothen weder zcusampne qwomen am obende unser lieben frawen annunciacionis[1] etc.

21. Item also am vorberurten tage wir mit en zcusampne qwomen, sie fruntlichen bothen und von en begerende woren, als vorberurt ist, uff einige ander mogliche und redliche welsze und wege helfen zcu raten und gedenken, das wir alsus slecht und an ende uns nicht schieden, dabey en ouch vorgebende von mancherhande schaden, gewalt und thotungen etczlichen undersasen awsz Prewsen van den van Engelant gescheen und gethan, und besunder eine persone, den die beschedigeten mit uns gesant hatten, der in Claus Moyen schiff gewest was, en muntlichen vorczalte, wie derselbige Claus Moyen von dem leben zcum thode von den Engelischen gekomen were und sie em schiff und gut genomen hetten. Hiruff der Engelischen sendebothen antwort was, das es nicht nutczlich were eynigerley handelung ader besliesung anczugeen mit uns, so unser macht gancz ungeleich were kegen erer macht, besunder so unser macht allene stunde uff den irsten tag marcii und dabey nicht awszgedrucket were, den tag zcu vorlengen und zcu vorczien, und sust mit anderen infellen, domitte sie vormeineten und vormosen sich mit allen rechten und gelarten zcu beweren und zcu beweisen, was sie mit uns beslissen ader enden worden unsers machtbriefes halben, das nicht von wirden und bestendig zcu sein; ouch czulegende, das mit uffsatcze und willen und samb von listikeit und betriglichkeit und zcu gespotte und smoheit erem heren konige und in, seynen sendebothen, ein sulcheins gescheen were, vormeinende, billich gewest zcu sein, uns mit geleicher macht samb von worthe zcu worthe als ir machtbrieff lawthe gekomen sulden sein, nochdeme sie dem heren homeister copien eres machtbriefes bestalt und geschicket hetten, begerende mit geleicher macht ere sendeboten dysze tagfart zcu besenden. Ouch dieselbigen Engelischen sendeboten, als uff den vorberurten schaden und totunge etczlicher undersasen von Prewsen von den von Engelant gescheen und getan, antworten und begerethen, sulchen schaden, gewalt und vorunrechtungen en in schriften oberzcugeben, den zcu bessern und doruff zcu antwortende. Hiruff wir en weder antworten, uff das begeste den hern homeister entschuldigende, das sie unserm hern homeister ein sulcheins umbillich und unmoglich zculegeten, so der here homeister uns in sulcher meynungen als uff listikeit ader betriglichkeit nicht awszgesant hette, ouch noch gewonlicher weisen und formen seiner cancellarien und noch deme das siner gnoden noldurftig sein dewchte uns awszgesant hette mit sulcheime unserem machtbriefe, als sie gesen und gehort hetten, gancz meinende, das en doran billich sulde genuget haben; en ouch doreczu sagende, das sie mit nichte zcweifelen solden, worden wir icht mit en besliesen ader enden, der here homeister worde das an seime teile stete und feste holden, das der here konig desgelichen ouch tette, und dorumb deste weniger mit uns nicht lasen weiden zcu handelen und sich zcu beerbeyten, umb doch etczwas under uns fruntlich zcu enden und entscheiden. Ouch dieselbigen Engelischen sendeboten weder vyelen mit neo worten uff die voreinunge Hinrich Vorrates etc., meinende, en vollmechtig gewest sein und dieselbige voreinunge von wirden zcu sein, und das ouch wol

a) nicht fehlt D.

1) Mrz. 24.

zcu beweren und zcu beweisen, und das die copie Hinrich Vorrathes machtbriefes, die wir en hatten beweiset und lesen lasen, falsch were, wen sie uns wol einen anderen machtbrief Hinrich Vorrates zceigen und beweisen vormeinethen. Doruff wir en wederumb antworten, das sie uns ungutlichen und mit unworheit zculegeten, das wir en einigerley copien Hinrich Vorrates machtbriefes, die falsch were, geczeiget hetten, und hetten sie eynige andere copie, das sie uns die wolden beweisen und vorbrengen, so solde sichs in der warheith finden, das keine ander underscheit were, wen das unser copie en beweiset uff drey personen stunde, so wir nw czur czeit bey uns keine andere hetten, sunder die copie die sie uns mochten vorbrengen und beweisen, die mochte veelleichte steen alleine uff seine persone und sust nicht anders sunder ganez und gar lawthende als die copie die wir en beweiset und beczeiget hetten, und keine falschheit dorinne nicht befunden were, als sie uns denne zculegeten; ouch wundert uns sere, das sie nw uff ein newes uns infelle macheten, als von Hinrich Vorrathes machtbriefe und seiner voreinungen, so sie doch vor in den irsten handelungen mit uns gehath unser antwort und underweisungen wol zcufrede waren und der ganez zeustunden, hirbey wol merkende, das ire meynunge und wille zcu disser czeit nicht were zcu eintracht und frede und mit uns zcu fruntlichem ende und scheiden zcu komen, das uns doch leith were und ungerne segen so veel in unser macht were; ouch welden sie icht mit uns sprochen von der voreinungen Hinrich Vorrathes, an ein antwert sulden sie uns nicht finden. Doruff sie uns weder antworten, so Hinrich Vorrath nicht vulmechtig gesandt were, worumb her denn die tawsempt nobelen gefordert und empfangen hette, dorawsz wol merkende, nochdeme die tawsempt nobelen emplangen und uffgehaben weren, so wolde men nw seine macht und vorberurte voreinunge nicht halden und vornichten.

22. Item am mitwoch neest noch annunciacionis Marie[1] [wir][a] weder mit den Engelschen sendeboten zcusampne qwomen und en lesen liessen mit gutter underrichtungen etzlichen schaden, totungen und vorunrechtungen newlichen und in korczen joren den undersasen awsz Prewsen gescheen und gethan von den Engelischen, und en die och in schriften obirgoben und oberantworten, dabey ouch eyne lange und grose rolle, inhaldende und sprechende von mancherley schaden und gebrechen in vorczeiten gescheen den awsz Prewsen und ouch den anderen awsz der Dewtschen hanse weder ere privilegien und freiheiten etc. Welche unsere schrifte und klagen sie also zcu sich nomen, doruff eren heroth zcu haben uns doruff zcu antworten. Ouch so woren wir noch also vor von denselbigen Engelischen sendebothen begerende, mit uns zcu gedenken und zcu helfen uff einige redliche weise und wege des fredes und eintracht und eines fruntlichen scheiden etc. Doruff nw derselbigen Engelischen sendeboten [antwert][b] veel anders und besser was, den sie uns vor gegeben hatten, das des ganez und gar ouch ere meinunge und beger were und dorumb gekomen und awszgesant weren, so ir here konig nicht anders den das do recht und geleich und billich were begerethe, und hoffeten und getraweten ouch ganez mit der gnoden Gotes sulche wege und weise mit uns wol zcu finden und zcu herawmen, doch in sulcher underscheit, worde wir icht besliesen ader enden, das das sulde steen uff willen und behag eres herren des hern koniges und desgeleich des heren homeisters. Hirauff wir uns ouch dirboten zcu allem das do recht, billich und geleich were, und unser here homeister ouch nicht anders begerethe und wir uns ouch noch unserm vormogen gerne mit en und noch erer begeringen beerbeiten und beweisen wellen

a) wir fehlt D. b) antwert fehlt D.

1) Mrz. 26.

zcu einer fruntlichen outscheidungen und endungen, doch uff unsers herrn homeisters behag und willen[a].

---

23. Item[b] darna als de Engelschen mit den henzesteden do gescheden weren des sunnavendes vor palmen[1], do togen de stede wedder van hir to hus. Unde des hern homesters sendeboden bleven do noch to Lubeke liggen des dinstages na palmen[2], unde begerden bynnen der tiid dat sey dar legen, dat de rath van Lubeke en wolden en recess geven van der verhandelunge unde slutunge, als dat int leste gehandelt were, unde desgeliken ok, dat sey den Engelschen, of se des begerende weren, ok daraf en recess geven wolden. Also dat[c] se uns toseggeden, dat se dat gerne also don wolden.

24. Item als wii do dat recess hedden, do senten de rath van Lubeke ok den Engelschen desgeliken ok en recess in Latine gescreven, dat de Engelschen by sik beholden bet in den anderen dach. Unde do wii do bereyt weren unde wolden ok to hus wert, do leyten uns de Engelschen sendeboden dorch den dotterem van Lubeke seggen, dat se begerende weren van uns met en to spreken, sunderlix met dem hern vagede unde Reynalde unde Jurjen; unde den hern dotter, por[ner][d] von Thoren, en wolden sey dar nicht by hebben. Item do drege wii under uns ok overen, dat de dre personen, de so begerende weren, solden to en gan in den dom to Lubeke. Do sey dar quemen by de Engelschen sendeboden, spreken sey to uns drey personen, also wii dat ene olde vruntschop unde guden willen van olden langen tiiden gewest were tuschen dem hern konyng van Engelant unde tuschen dem hern homeister unde dem orden, dat solke olde vruntschap also gevoget worde, dat umme kleyne sake de nicht gebroken en worde. Unde weren vort begerende von uns, an unsen hern den homester to brengen, wert sake dat de dach to Deventer begrepen, vorlevet unde gehalden solde werden, dat alsdan de here homester schikken unde vogen wolde notabele unde gude bequeme personen, den to vrede leff were, unde dat dan desulven personen in vuller macht komen worden gelik des hern konynges sendeboden komen worden, van privilejen unde vort van al anderen saken vulmechtich to synde; unde ok dat de here homester ok solde sulff seste syner olden gebeidigeren sweren, dat des ordens ingesegel bynnen der tiid dat privilegium den Engelschen vorsegelt nicht vorwandelt en were, unde off do here konyng alse beraden worde, dat he dat privilegium medde to Deventer senden worde unde dar dan rechtverdich irkant worde, dat [dat][e] alsdan vort den Engelschen kopman geholden werde, unde wert sake dat ok unrechtverdich gefunden worde, so en begerden sey ok vordor dar nicht mer op to saken. Item hirop des hern homesters sendeboden antwerden, als van der oldes vruntschop tuschen beiden heren und beiden landen van olden tiiden gewant were etc., des geliken se ok spreken unde segeden van des hern homesters wegen, dat syne gnade, gebeidiger, lande unde stede de olde vruntschop ungerne met kleynen dingen unde ok van gansen herten let were, dat sey nicht en hopeden tobroken solde werden, wante de here homester altiid begerende is vrede unde endracht etc. Vortmer darby segende, dat sey gerne werven willen an eren hern den homester na erer begerunge, als int erste van der vullen macht met des ordens segele vorsegelt, unde vort notabile personen to senden, unde dat de here homester met samt anderen

a) Folgen zwei unbeschriebene Bl., hierauf n. [illegible] D. b) Vgl. die Vorbemerkung am Kopfe dieser N. c) so dat so D. d) porre D. e) dat fehlt D.

[1]) Apr. 5. [2]) Apr. 8.

gebeiliger dat segel unverwan[de]lt[a] to syne sweren solde, unde dat dat privilegium to Deventer recht off unrechtverdich irkant solde werden: alle desse vorgescreven artikel wille sey gerne an des hern homesters genade bringen, so se bequemest mogen. Unde weren vort begerende, dat sey wol wolden don unde brengen unde bidden den heren konyng, dat syne gnade des hern homesters genade undersaten holden unde laten wolde desse twe jar gelik andere koplude van der hanse, unde ok dat solke rusteminte geschein op des hern homesters undersaten mochten afgedan werden, unde ok dat syne konynklike gnade vorwaren unde bestellen wolde laten, dat des hern homesters undersaten also jamerliken van des hern konynges undersaten [nicht][b] vormordet, over bort geworpen unde schep unde gud [genomen[c] worden, alse] in dessen vorgeleden twen jaren geschein were, dat dar wedderkerunge uns geschein mochte, unde dat ok also bestellen, dat nicht mer gedan en worde, umme [dat][d] de olde vruntschop, de lange gestan hevet [nicht][a] tobroken en worde. Item dar de Engelschen sendeboden to antwerden, dat sey dat gerne an eren koningh brengen wolden, so sey getruwelikest mochten.

25. Item darna des hern homesters sendeboden van en scheden wolden unde seggeden, dat se van dem rade van Lubeke en recess hedden, wu dat sik de sake hir verlopen hedden, ok hedde wii wol vornomen, dat sey desgeliken ok en reces hedden. Dar sey to antwarden, sey hedden en reces sunder sey en kunden des nicht gelesen unde en wolden des ok nicht opnemen, dat en solde vorsegelt sin under der stat Lubeke ingesegel unde desgeliken under des hern homesters sendeboden ingesegel, unde se wolden dan twe utgesnedene indenture maken, der wolden sey ok dan enen vorsegelen under eren segelen. Item dar ok by sprekende, se wolden uns ok ene copie van der privileje medegeven, dat wii de dem hern homester brengen solden, unde wert sake, dat eme de gelevede to besegelen unde de alsdan vorsegelt to senden in Engelant an den kopman edder an enen of mer gude vrunde, so wolden sey dat also bestellen met dem heren konynge, dat de olde privileje vorsegelt solde gesant werden an den hern homester, umme to besein dat se rechtverdich gefunden solde werden. Item op dit artikel geantwert wart, dat wii dat gherne met samt den anderen artikelen an unsen hern homester brengen wolden. Item op den anderen artikel wart geantwert, als van des recesses wegen, wu dat sey wol vornamen hedden van den van Lubeke unde vort van den anderen hensesteden, dat hir nicht gewonelik en were recesse to vorsegelen, sunder en juwelik de neme sin recess medde to hus unde vorder en plege men dat nicht to vorsegelen, doch wert sake dat de van Lubeke dat vorsegelen wolden unde dat wii dat van en irvaren kunden, wii worden lichte also beraden unde vorsegelden dat mede.

26. Do genge wii to dem rade van Lubeke unde geven en desse sake als de Engelschen begerende weren to verstande, off sey dat ok vorsegelen wolden edder nicht. Do antwerden uns de rath van Lubeke, dat se dat nicht vorsegelen en wolden unde en wolden mit en geyn nyge dink vorder maken dan van olders gewonelik were, wolden sey dat recess mit sik nemen, dat mochten sey don off laten, wu en dat bequeme were. Also en duchte uns ok nicht geraden, dat wii sunderlinge vorsegelinge met en maken solden, nadem dat de hensestede in dessen saken unde materien ungescheden sin willen, unde ok de Engelschen vele mer ander dinges utgeset hebben, dat sey begerende weren to vorsegelen, dan dat recess inneholt.

a) unverwandelt D. b) nicht fehlt D. c) genomen ... alse fehlt D. d) dat fehlt D.

C. Recess.

506. *Recess zu Lübeck. — 1449 Apr. 4.*

D aus StA Danzig, Schbl. XXVI n. 38, erste Lage, vgl. n. 504, § 5 6 — 7, dieselbe Hand wie in n. 504 § 1 ff.

Witlik sy to der ewigen tachnisse desser nagescreven dinge unde eme jewelken de desse schrifte wert sende ofte horende lesen, dat in dem jare unses hern noch syner gebort 1449, des negesten vridages vor palmen bynnen der stat Lubeke op dem rathus darsulves erschenen unde to dage weren vorgadert de gestrenge unde erwerdigen manne, heren Robertus Schotzbrok, ritter, und Richardus Canton, doctor in beiden rechten etc., des irluchten vorsten unde heren, heren Hinrikes von Godes gnaden to Engelant unde Frankrike koninges und heren to Ybernien oratores unde sendeboden uppe de ene, unde de erwerdigen unde erbaren manne, hern Johannes Aest, doctor etc., pastor to Thoren, Johan van Vipich, voget to Lawenborch, beide hern Dusches ordens unser leven vrowen, Reynolt Nederhoff, burgermester to Dantzik, unde Georgius Rover, ratman to Elbing, des erwerdigen unde grotmechtigen heren, hern Conrad van Erlingshusen, homester Dusches ordens des landes to Prusen unde der stede desulven landes sendeboden; Diderik Luneborch, borgemester, Hinrich Lopouwe, ratman, unde Johannes Rotgeri, [s]ecretarius[a] to Homborch; Niclaus van Lubeke, ratman to Rosteke; Otto Voghe, borgermester, unde Alleff Greverode, ratman tom Sunde; Peter Wilde, borgemester tor Wismer, unde de erbare rat darsulvest to Lubeke oppe de ander side, umme to tracterende unde vorhandel[en][b] van ichteswelken gebroken, schaden, injurien, weddermakungen unde reformatien itliker vriheiden tuschen den vorgenanten heren, hern Hinrike koninge van Engelant etc. unde siner koniklikeu genaden undersaten van enem, unde dem obengenanten grotmechtigen heren heren homester, syner herlicheit undersaten, den ergerorden unde anderen steden van der Duscher hense van dem anderen dele, undertwischen geschein, gewracht, gebroken unde opgestan. Welke heren so vorgerort is vorgadert, nademe dat sey nicht concorderen unde eyndregen kunden uppe de macht undertuschen, hebben vorramet ener anderen dachvart op de vorgerorden punte te holdene in wysen unde maniren nagescreven.

1. Int erste hebben se tracteret, gehandelt ok concordiret unde eyngedragen in unde op de tiit unde stede der vorgerorden dagevart, als uppe Johannis baptisten negest komende vort over twe jar in der stat Deventer im stichte van Utricht belegen by bescheide unde beleyinge hir navolgende. Unde is to wettende, dat de vorgenanten heren radessendeboden van Hamborch, Rostok, Stralessund unde Wismer van wegen ere redere de vorgerorden dachvart slichtes nicht hebben angenamet sunder sey willen dat brengen by ere redere, ordenirende, dat ere redere bynnen 14 dagen na data desser schrift dem rade to Lubeke en antworde sollen schikken, welke rat denne solane antworde unde ok ere sulves antworde den vorgenanten sendeboden des heren koninges van Engelant sal witlik don, sik darna to richtende.

2. Vortmer na desser eendregunge hebben desulven heren beyde vorgerorden dele undertuschen mannichvoldige handelinge unde tractate gehat op de wyse, alse dat an beiden siden stan solde in den middelen tiiden, wante de oratores unde sendeboden des heren koninges van Engelant vorgeven unde wolden, dat in den middelen tiiden de kopman des rikes to Engelant solden seker unde velich

a) recretarius D. b) vorhandelingen D.

mogen komen in Prusen unde in de stede van der Duschen hanse in maniren unde wise van oldinges geholden, unde dat wedderumme de kopman van der Duschen hense solden in Engelant velich unde seker mogen komen op de olden privilegia unde vriheide, utgescheden de undersaten des heren homesters van Prusen, welke in Engelant solden seker unde velich mogen komen gelik koplude utwendich der hanse, also dat dorch dat parlament des hern koninges van der wegen were concludert unde gesloten, welke slutunge se umme ungenade des heren koninges nicht entlosen ofte opdon dorften. Hirentegen des hern homesters sendeboden unde der stede desulven landes vorgeven unde wolden, dat men de dinge in den mydelen tiiden mit dem kopmanne unde undersaten des landes Prusen in Engelant sunderlinges by der olden vriheide[a] unde privilegien gelik anderen copmannen der stede van der Duschen hense holden solde, anders en wolden noch en mochten se van wegen eres hern homesters unde syner stede in de ergerorden dachvart sunder desulven eres heren bevelunge nicht vulborden. Dar desulves denselven hern sendeboden des hern koninges van wegen des rades to Lubeke unde der radessendeboden ergenomet wart gesecht, wert sake, dat de here homester van Prusen sodane dagevart nicht worde beleven edder besenden, wante de materie sodaner dagevart een dem lande to Prusen unde den steden van der Duschen hense samentliken unde gemeynliken anrorende were, so en wolden se deshalven van dem lande to Prusen ungescheden unde ungedelet wesen. Unde nademe nu der obengerorden beider heren sendeboden undertwischen nicht en kunden eens gewerden, hirumme is van en beyden vor eyn middel opgenomen, dat de sendeboden des hern koninges van Engelant de vorgevynge der sendeboden des hern homesters willen unde sollen brengen by eren heren konyngh, desgeliken des hern homesters sendeboden sullen unde willen de vorghevinge der sendeboden des heren konynges van Engelant bringen an eren heren homester, ordinerende unde vogende an beiden siden, dat de vorgenanten beide heren eren willen op de vorgerorden beiden vorgevynge an den erbaren rath to Lubeke schriftliken sollen senden, welke rath denne eyne juwelken vorgenanten heren des anderen bevelunge unde antwerde sal schikken unvertogert, sik darna to richtende.

3. Vortmer na slutunge desses vorgerorden artikels vorgeven de obgemelden oratores unde sendeboden des heren konynges van Engelant desse nagescreven artikel: De erste wert sake, dat ere konyngh van Engelant de vorgescreven dachvard dorch syne schrifte worde vorleven, denne solde de here homester desulven[b] dachvart besenden dorch personen hebbende vulle macht under deme ingesegel des ordens, anders en wolde ere here de konyngh neyne dachvart edder tractate don holden met en. De andere artikel, wert sake, dat ere here konyngh to der dagevart belevede to senden dat olde privilegium, welk syne konynglike genade meynet to hebbende im lande to Prusen, so solde de here homester de syne to derselven dagevart in der wise senden, dat men darsulves recognosciren unde irkennen mochte, oft alsolk privilegium warhaftich unde rechtverdich were edder nicht. — Se segeden ok vorder, wert sake, dat de here homester syne vruntlike schrifte an eren heren konyngh dende unde sendende worde, inholdende van gutliker handelinge des kopmans van Engelant in Prusen, se vormodeden sik, dat sine koniglike genade de opgerackede der privilegia over dem kopman ut Prusen in dem parlamente gedan lichte afstellende werde, dar se met den besten gerne to denen wolden so vele dat an en were. To welken artikelen des

a) vriheide beholdende unde D. b) desulven D.

hern homesters unde syner stede sendeboden wedder to antwerden, dat sey eren hern homester in sodanen artikelen unde punten nicht vorseggen edder vorplichten kunden edder mochten, sunder sey welden de punte gerne by eren hern den homester bringen, unde wes eren heren in densulven punten gelevede to done edder to latene, dat solde [he][a] dem ersamen rade to Lubeke medde in syme antworde uppe de gerorden vorghevinghen dergelik vorschriven.

4. Unde na slitunge dessen vorgescreven artikels hebben desulven heren beide vorgerorden dele vorder handelinge, tractate ok contraversyen undertuschen gehat op de tiid der vorschrivinge, wante de oratores unde sendeboden des heren koninges van Engelant vorgeven unde wolden, dat de here homester op de punte vorgerort met den ersten dat he mochte en antwerde senden solde an den ersamen rath to Lubeke unde denne solde desulve rat sodane antwerde sunder sûmen schikken erem heren dem konynge, denne solde ere here de konyng sin antworde wedderumme senden an den rat to Lubeke vor Michels negest komende; do hirentegen des heren homesters unde siner stede sendeboden wedder vorgeven unde wolden, dat ere here de homester sin antworde an den obengemelden rat to Lubeke senden solde vor Michahelis vorgerort gelik de here koningh van Engelant, unde wert sake, dat des heren homesters antworde presentert unde opgeantwert worde er des heren konynges van Engelant, nochtan so solde datsulve antworde eres heren des homesters gesloten unde unopgedan bliven betto to der tokumst des antworden des hern konynges vorscreven, also dat men beyder obgemelden heren antworde to gelik opdon mochte unde solde.

5. Unde nademe der dikgenanten beider heren sendeboden sodaner tiid unde wise der vorschrivinge nicht en kunden ens werden, hirumme is int ende van en beiden opgenomen, dass sey desset jegenwordige mot den artikelen vorgerort an ere heren sollen unde willen brengen umme darumme to done unde to latene na dersulven erer heren behegelicheit unde willen. Unde sint hirmedde van malkander gescheden. Gescreven to Lubeke unde darsulvest berecessot am jare unde dage vorgescreven.

D. Korrespondenz der Versammlung.

306. *Lübeck und daselbst versammelte Rsn. von Rostock, Stralsund, Wismar und Stettin an Greifswald: berichten, dass der greifswalder Rm. Bernt Vlesch sich vor ihnen wie früher schon vor vielen Städten beklagt hat,* dat he buten jwer stad van erven und eghen wert geholden unde nicht en weet myt wat redelicheyt em sodanne en weddervaret, wente he in sodannen saken, alse em werden togelecht, zick gentseliken unschuldich holdet, unde hefft ziik vor uns hochliken vorboden to rechte, dat wy syner in sodannen saken, alse jwe ersam leve myt em unde he myt jw hefft to donde, scholen mechtich wesen to eren, redelicheyt unde allem rechte, unde hefft he gebroken an ere, liff edder gude, dat he des genete edder entgelde; *ersuchen, dass Greifswald in Anbetracht dieses Erbietens Vlesch das Recht nicht weigere, theilen mit, dass sie Stralsund und Anklam beauftragt haben, den Streit vor Ostern* in vruntschop edder in rechte *zu beenden, und bitten Lübeck zu benachrichtigen, was es zu thun gedenke;* unde, g. vr., weret dat gy jw hiirane nicht gutwillich unde liplik leten vinden, des wy uns doch nicht vorhopen, so kunde gy sulven wol erkennen, dat dit en quat exemple tokamenden

a) he fehlt D.

dinges unde int latesste de stede darup vurder vordacht mosten weren[1]. — *[14]49* (mandages na reminiscere) *Mrz. 10.*

StA Lübeck, Pomm. Städte v. 1, Entwurf.

507. *Dieselben an Anklam: theilen obiges mit und ersuchen Anklam, das Schiedsamt zu übernehmen, damit* her Bernt mochte kamen in de stad unde by dat syne. — *[14]49* (mandages na reminiscere) *Mrz. 10.*

StA Lübeck, Pomm. Städte v. 1, Entwurf.

D. Anhang.

508. *Rostock an Wismar: sendet ein von Stralsund eingeschicktes Schreiben der Hg. Wartislaf und Barnim, welches* gi overlesen mogen unde vort usen frunden van Lubeke benalen[2]. — *[14]49* (midweken na quasimodogeniti) *Apr. 23.*

RA Wismar, Or. m. Resten d. Secrets.

509. *Hm. an den Kg. von England: erwiedert auf n. 479, dass er sich eines solchen Vorgehens gegen die Preussen nicht versehen, vielmehr erwartet habe, sie würden bis zum Abschluss der Verhandlungen über die gegenseitigen Beschwerden in dem Genuss ihrer Freiheiten belassen werden, gleichwie die Engländer in Preussen; ersucht um eine gnädige Antwort* (optatum, equum et gaudiosum responsum), *die ihm den Fortbestand der alten Freundschaftsbande zwischen England und dem Orden kundgebe, und zeigt an, dass er der Aufforderung der Gesandten des Kg. gefolgt ist,* licet per scripta de voluntate regalis vestre clemencie ad plenum non fueramus informati, *und seine Boten nach Lübeck geschickt hat, welche ihm einen Recess heimgebracht, über dessen Inhalt er demnächst nach stattgehabter Berathung mit den Seinen dem Kg. seine Meinung mittheilen werde. — Marienburg, 1449* (Georgii) *Apr. 23.*

SA Königsberg, Missive 17 S. 250.

510. *Danzig an [den deutschen Kfm. zu Brügge]: sendet ein Schreiben des Hm. an den Kg. von England, welches die Anfrage enthält, ob die Preussen gemäss dem Beschlusse der lübecker Tagfahrt gleich den Hanseaten* up de olde kustume *in England verkehren dürften; ersucht, es nach England zu befördern und den Kfm. in London anzuweisen, dass er möglichst schnell eine Antwort erwirke. — [14]49 Apr. 27.*

StA Danzig, Missive 5 f. 73, ohne Aufschrift.

511. *Danzig an [den Hm.]: meldet, dass am nächsten Mittwoch einige Schiffe nach dem Sunde abgehen, welche die Botschafter an Kg. Christian, deren Aussendung letzthin durch Reinhold Niederhoff, Johann Meideburg und Paul Buckingk mit dem Hm. vereinbart worden[3], mitnehmen können; bittet um*

[1]) *Vgl. n. 649 § 3.* [2]) *Der strals. Chron. (ed. Mohnike 1 S. 190) erzählt, dass die gegen Schweden verbündeten Fürsten die Städte um Hülfe angingen, diese jedoch erklärten,* se wolden dar stille tho sitten. [3]) *Vgl. Voigt, Preuss. Gesch. 8 S. 170. Die Instruktion der Gesandtschaft, welche den Kg. um Schutz für den preussischen Kfm. ersuchen sollte, datirt vom 30 Apr. K. Christian erwiederte am 13 Mai, dass er den Schutz gern gewähren wolle, falls die Preussen fortan nicht mehr wie bisher englisches Gut nach Dänemark brächten und allen Verkehr mit Schweden aufgäben.*

das Schreiben an den Hg. von Wolgast von des briffes wegen das Tytcze gekouft hat, worüber die aus Lübeck heimgekehrten Gesandten dem Hm. berichtet haben. — [1449 Ende Apr.].

StA Danzig, Missive 5 f. 15 b.

512. Danzig an Lübeck: erwiedert auf die vom 17 Apr. (donredag na paschen) datirte Mittheilung von dem Gerüchte, dass die Dänen Schiffe in die See gelegt und den Kfm. geplündert haben: es habe solches den Seinen verkündet, werde es dem Hm. melden und Lübeck von dessen Beschluss unterrichten. — [14]49 (crastino apostolorum Philippi et Jacobi) Mai 2.

StA Danzig, Missive 5 f. 15.

513. Hm. an den Kg. von England: ist von seinen Gesandten zur lübecker Tagfahrt unterrichtet worden, dass sie die englischen Gesandten um Aufhebung des Ausschlusses der Preussen aus dem Genuss der Freiheiten des deutschen Kfm. angingen, worauf diese erwiderten, das stünde nicht in ihrer Macht, doch würden sie gern sich dafür verwenden, falls der Hm. bei dem Kg. darum nachsuchte, und hofften, dass der Kg. sich gnädig erweisen werde; hat ferner von einigen aus England heimgekehrten Schiffern und Kaufleuten vernommen, dass sie ungeachtet einiger Schirmbriefe des Kg. wie des Kanzlers von den Zöllnern gezwungen worden sind, novas aggravaciones sive subsidia per fidejussoriam caucionem in parte et eciam in paratis pecuniis zu zahlen; bittet demzufolge, dass der Kg. die Preussen hinfort gleich den übrigen Hanseaten behandele und bei ihren Freiheiten erhalte, wofür er den Engländern in Preussen dieselbe Behandlung verheisst, und ferner, dass er den erwähnten Schiffern und Kaufleuten das Gezahlte zurückgeben bzw. deren Bürgen der Bürgschaft entschlagen lasse; erklärt, hinsichtlich der nach Deventer in Aussicht genommenen Tagfahrt, dass er seinen Beschluss Lübeck bis Michaelis, wie im Recess bestimmt, mittheilen werde, versieht sich eines gleichen zu dem Kg. — Marienburg, [14]49 Mai 19.

SA Königsberg, 1) Entwurf, ohne Datum, 2) Missive 17 S. 215.

514. Anklam an Lübeck: ertheilt auf die Anfrage von Lübeck dem Gesandten des englischen Kg., Richard Caunton[1], Dr., mit etliken copluden, freies Geleite, zumal es anders nicht (wete) mid deme heren konynghe to Engeland wenne alle ghude. — 1449 (des daghes der hilghen drevaldicheyd) Jun. 8.

StA Lübeck, A. Hans. 1, Or. m. Spuren d. Secrets.

Versammlung zu Wolmar. — 1449 Apr. 27.

Anwesend waren die Rsn. von Riga, Dorpat, Reval, Wenden, Wolmar und Fellin.

[1]) Sein Genosse begab sich von Lübeck nach Dänemark, Rymer Foedera 11 S. 229, und schloss auch hier einen zweijährigen Waffenstillstand ab, Reg. Danica 3835.

Die Vorakten melden, dass die Rückkehr des lübischen Boten aus Nowgorod das Zusammentreten des Städtetages veranlasste. Vgl. n. 416 ff.

Auf diesem kamen die Städte, wie Recess und Korrespondenz der Versammlung erweisen, überein, Lübeck von der Entsendung einer Gesandtschaft nach Nowgorod abzurathen und dafür sich selbst mit der Führung der Vorverhandlungen betrauen zu lassen. Daneben gelangten einige Rechtsfälle und -fragen zur Berathung.

Dem Anhang zufolge ging Lübeck auf den Vorschlag der Livländer ein. Zu n. 521 vgl. n. 503 § 7 und Grautoff, Lüb. Chron. S. 121 f.

A. Vorakten.

515. *Riga an Lübeck: meldet, dass es in Folge der Rückkehr des lübischen Dieners Hartwich aus Nowgorod die livländischen Städte zusammenberufen wolle, welche dann Lübeck ihr Gutachten über die von Nowgorod ertheilte Antwort mittheilen würden;* wy senden jw ok dat Dutsche van dem Naugarder breve, so als dat [uns] ton handen gekomen is in der heren breve van Darbte. — *[14]49* (mandagh vor s. Gregorius d.) *Apr. 21.*

St.A Lübeck, A. Ruthen. 1, Or. m. Resten d. Secrets.

B. Recess.

516. *Recess zu Wolmar. — 1449 Apr. 27.*

R aus RA Reval, Recesshandschrift 1430—1453, 15 Lage. 2 Doppelbl.

Anno domini 1449 up den anderen sondach na paschen bynnen der stad Woldemer de heren radessendeboyden der Lyfflandesschen stede: van Ryghe her Gerwin Gendena, her Johan vam Wege unde her Johan Treros[1]; van Darpte her Johan Duderstad unde her Johan Brodenschede; van Revel her Marqward Bretholt unde her Johan Velthusen; van Wenden her Tydeman Ryman; van Woldemer her Hinrik Stenberch unde her Tydeman Weste; van Vellin her Henrik van der Becke hebben gehandelt unde overgesproken int gemene beste desse nagescreven stucke unde zaken.

1. In erste spreke desse vorgescreven van den breiven, de de heren von Lubeke an den arsezebisschop unde an Grote Naugarden unde de van Naugarden weddor an desylven van Lubeke gescreven unde malkanderen gesant hebben. Darvan ys den vorgescreven heren van Lubeke gescreven eyn breiff van lude navolgende. *Folgt n. 517.*

2. Item dar wart gelesen eyne cedele, de hadde der gesellen eyn, de to Woldemer gerichtet worden, kort vor synem dode in bewysent etwelker to Woldemer in dem rade van syck antworden, de van worden to worden hirna volget: Item so sy yk Tydeman Langhenscheyde Hanse Langenschede unde Peter Bussen schuldich vor 4 last soltes 112 ₰ unde noch Hanse Langenschede 7 ₰ gelenden gelden. Item dyt vorgescreven gelt sollen se soken an dem werke, dat is den twen soltsecken ys, de so dun sin; dat in dem derden sacke is, dat hort den dreen tosamende. Item so wan Peter unde Hans Langeschede beyde betalt sin, so sal men van der bote Tydeman Langescheyde tokeren 10 ₰, wes dar dan vorder blyvet, dat horet Tydeman Langenschede unde Hildebrand van den Koten. Item so hefft de rait van Darbte 9 tymmer troyenisse bekummert, de sal Marcus Reventlö unde Westvelt entfangen an schult, als an 31 ₰, de yk en

[1] *Sie verzehrten 46 ₰. Rig. Kämmereibuch S. 190.*

schedelich sy." In krafft unde na lude desser vorgescreven cedelen hefft her Johan Bredenschede entfangen van den van Woldemer 20½ tymmer lussen werk swart, item 1000 rodes lussen werkes, item 6½ tymmer trogenisse, poppelen unde schevenisse, item 4 tymmer lasten. Hirup hefft her Johan Bredenschede den van Woldemer togerecht to gevende up Michaelis tokomende 42 ℳ unde 6 ß, der se noch to achter weren. Unde desse vorgescreven her Johan Bredenschede hefft en vorder gelovet vor namaninge vor dat dat he van en entfangen hefft, so als vorgescreven steyt.

3. Item quam vor de stede Hans Kartisern, deme de hove to Naugarden vorboden weren, up dat he darmede beschuldiget was, dat he in vorboden tyden thegen der stede ordinancie unde vorbot den Naugardern tovore solde gedan hebben, unde brachte van her Karle Knutessone eynen breiff, de en ichtwes untschuldigede. Darupp seggeden em de stede, wolde he sin recht darto don, dat he anders nene gudere to der tyd to Wyborch gehatt hedde dan in her Karls breve begrepen weren, unde dat he ok vor der tyd noch na der tyd den Naugardern in vorboden tyden thegen der stede ordinancie unde vorbott jenige gudere togefort hedde, des mochte he geneten. Dar vorboet he syck to unde de eet wart em gestevet. Darmede ys em der tichte vordreghen unde de hove sin em wedder vorlovet; darvan ys em eyne cedele gegeven van nagescreven lude. *Folgt n. 518.*

4. Item so quam vor de stede Diderik Hopp, de vorboden koppenschop to Naugarden gedan hadde, darumme he to Ryghe in borgehant gedru[n]ghen[a] was, dem seggeden de sendeboden, syne borge solden in borghetucht bliven stande so lange dat de Russe to Naugarden betalet worde, up dat dat neymant beschedeget worde. Aver umme syne broke, de grot were, solde he zyck myt dem rade to Ryge von der stede wegen na genaden vordreghen, umme vrunde beyde unde umme syner unwetenheyt willen, wolden se em des kopmans rechticheyt unde der Dudeschen hove to Naugarden wedder vorloven. Darup ys em eyn breiff gegeven van navolgenden lude. *Folgt n. 519.*

5. Vorder spreken de stede van dengennen, de sus buten ere recht soken, unde ok van dengennen, de breive tegen der stede rechticheyt unde ordinancie van butenluden erwerven, unde sin eyns geworden, dat eyn elk dit torugge bringen sal, unde darvan tor negesten dachfart eyn antworde van inbringende, wo men darmede hir negest varen solle, dat solk vormeden werde.

6. Item quemen vor de stede Arnd van der Heyde unde Hans Munstede myt klacht unde wedderwort. Als syck de stede hirmede bekummert hadden in den anderen dach do wart en gesecht: leven vrunde, wy hebben uns bekummert myt juwen zaken beyde gesteren unde ok dalingk al den dach, unde so als gy Arnd seggen, dat gy juwes wives nicht mechtich sin, unde ok wol beroren van eynem testamente dat juwe vorfar sulle gemaket hebben, welk testament uns duncket dat hir nicht jegenwordich sy, so seggen jw de stede, dat Munstede dat testament tor negesten dachfart bringe unde dat Arnd mit vuller[b] macht van synem wyve dar ok kome. se hopen to Gode, dat ze dar myt vruntschop edder myt recht in eren zaken gescheden sollen werden.

7. Item quemen vor [de][c] stede desse vorgescreven Arnd van eyner siiden unde Hinrick Schirman unde Hans Schonewalt van der anderen siiden, den wart gesecht, nadem ere zake nicht klar beyde in klage unde antworde vorgeven waren, so seggen jw de stede, dat gii tor negesten dachfart komen mit klarer

a) gedrungen R. b) [illegible] c) de fehlt R.

klage unde antworde, we dan dat beste recht hefft, dem sal men dat gerne medeledelen.

C. Korrespondenz der Versammlung.

517. *Die zu Wolmar versammelten Rsn. der livländischen Städte an Lübeck: erklären, dass die von Lübeck in Aussicht genommene Gesandtschaft nach Nowgorod ihrer Ueberzeugung nach* (na guder vorfaringe de wii darinne hebben) *bei dem jetzigen Stande der Verhandlungen nichts ausrichten, Nowgorod vielmehr, wenn nicht Vorbesprechungen stattfinden, sich Vortheile ausbedingen oder die Botschaft ohne Ergebniss heimsenden würde; rathen, dass Lübeck Nowgorod anzeige, es könne um schwerer Fehde willen zur Zeit keine Gesandten ausfertigen, habe die livländischen Städte mit den Vorverhandlungen über die gegenseitigen Beschwerden Nowgorods und des deutschen Kfm. betraut und würde nach Hinwegräumung der Hindernisse seine Boten schicken, um die Kreuzküssung zu vollziehen; bitten für den Fall, dass Lübeck dem zustimmen sollte, um Uebersendung eines Schreibens an Nowgorod,* darinne uns gloven geven werde, eyn vorrâm myt den vorgescreven Naugarders to dônde, darup desylven juwe baden bir to lande komen mogen; *stellen die Entscheidung Lübeck anheim und ersuchen um schleunige Antwort. — [14]49* (mandagh vor Philippi et Jacobi) *Apr. 28.*

StA Lübeck, Trese Ruthenica n. 34, Or. m. Spuren d. Secrets. Handschrift zu Reval f. 1.

518. *Dieselben bekennen, dass Hans Kallisern sich* genochafftigen entleddiget hefft der tycht, dat he den Naugardern nene Russchen gudere in vorboyden tyden tegen der stede ordinancie tofort hebbe to Wyborch noch nemen anderst, *und erlauben ihm demzufolge in Kraft dieses Briefes den deutschen Hof zu Nowgorod zu besuchen und sich der Freiheiten des Kfm. zu bedienen. — 1449* (mandach vor Philippi unde Jacobi) *Apr. 28.*

Handschrift zu Reval f. 2 b.

519. *Dieselben ertheilen die gleiche Erlaubniss Didrick Horp, dem sie bezeugen, dass er* sick vruntliken myt uns vorgan unde vordreghen hefft umme dat he unwettendes tegen der stede ordinancie unde gebot to Naugarden gefaren unde unwonliken gekopslaget hadde. — *1449* (mandach vor Philippi unde Jacobi) *Apr. 28.*

Handschrift zu Reval f. 3

D. Anhang.

520. *Lübeck,* also een hoved der twe unde seventich stede, *verkündet dem EB. von Nowgorod und B. von Pskow, den Bm., Herzögen, Rath und Gemeinde zu Grossnowgorod, dass es in Kraft dieses Briefes Riga, Dorpat und Reval bevollmächtige, mit Nowgorod zu verhandeln* unde to horende van juw, efft gii deme Dudeschen copmane van den twe unde seventich steden willen laten sunder jenigerleye vorkortinge bii der olden crucekussinge, vryheyde unde olde wonheyde, so dat van juwen unde unsen vorvaren is begrepen unde geholden; unde wanner se dat van juw gehort hebben unde uns dat vorscriven, denne so wille wii unse sendebaden int erste wii van vredes wegen dat don konen in Lifflande senden, umme de crucekussinge to vornyende,

alle gebreke van der kopenschupp wegene to rechtende unde de cruce-kussinge to bevestende, alse unse vorvaren dat hebben geholden. — *1449* (uppe s. Margareten d., dede was de derteynde dach des maneu julii) *Jul. 13.*

RA Reval, Or. Perg. m. anhangendem Siegel (nur zur Hälfte erhalten).
StA Lübeck, Misc. Ruthen. 1, Entwurf.

521. *Lübeck an Reval: beschwert sich, dass Riga ungeachtet der von Lübeck unter nicht geringen Kosten Reval wie Riga zu Wasser und zu Lande gesandten Anweisung*, wodannewis gii umme mannichvoldich volk unde vare, de in der see weren, nene schepe mit guderen geladen van jw herwerdes scholden segholen laten, *eine wohlbeladene Flotte habe auslaufen lassen*, welke vlate vormiddelst vare und sorgveldicheyt hiir bynnen landes omtrent der Warnow was ghekomen unde wart ok dar van den utliggers des heren hertoghen van Sleszwigk etc. angheverdighet unde sunder jenigherleye wedderstalt unde were ghenomen; umme welker neminghe willen wii unde de unse in moghe unde bekummeringhe ghewest sin, de doch na guder schickinghe uw weddergheghoven is, uthgenomen lichteswelke gudere, de achterstellich gebleven sin [1]; *verlangt, dass Reval bis auf weitere Nachricht keine Schiffe nach Lübeck sende, gleichwie es selbst die nach Reval bestimmten zurückhalte aus Besorgniss vor Misshelligkeiten, welche aus deren Wegnahme erwachsen könnten.* — *[14]49* (an s. Margharetcu d.) *Jul. 13.*

StA Lübeck, Misc. Ruth. 1, Or. Perg. m. Resten d. Secrets; nicht ausgegangen wegen vielfacher Correkturen. In dorso bemerkt: Dit denet to der besendinge to Groten Nowerden! *Vgl. n. 520.*

Versammlungen zu Zwolle und Apeldoorn. — 1449 Mai 25 u. Jul. 3.

Wir lernen diese Tagfahrten aus den nachstehenden Auszügen aus den deventer und zwoller Stadtrechnungen kennen. Hinsichtlich der Veranlassung des zwoller Tages vgl. n. 516 § 8, 537 § 1; den zweiten führte das Ausschreiben des bremer Hansetages herbei. N. 522 § 5 u. 6 berichten über das Ergebniss der Berathungen.

Anhang.

522. *Auszüge aus den Stadtrechnungen von Deventer. — 1449 Mai 10 — Jul. 5.*

D aus StA Deventer, Stadtrechn. von 1449, § 1, 3—6 aus der von Willem ten Kolk, § 2 aus der von Dirc Splitof.

1. Op denselven dach [2] Gerloch gelopen toe Munster myt enen brieve, inholdende, oere raetsvrende to Swolle to vuegen tegen die andere henzesteden, die drie dage wachte[de] [a] nae der antworde, gegeven 2 *ß*. (*Zwei andere Boten*

a) wachte D.

[1]) *Nach Grautoff, Lüb. Chron. S. 121 wurden 6 Schiffe von Graf Gerd von Oldenburg genommen*, doch he ghaff se wedder quyt demsulven daghes, do he vornam, dat dar neen vyende gud ynne was. [2]) S. Pancracius avond, *Mai 10.*

laufen op denselven dach om derselver sake willen to Groningen, to Zutphen, to Embric, toe Duesborch, to Wesel, toe Remunde, Nymmegen, to Arnhem).

2. Des sonnendages nae ons heren hemmelvaerts dach[1] Gotschalck, Kriit, Pallas gevaren to Swolle op die dachvart ende vergaderinge der henzestede, voir wagenhuer ende teringe 9 ℔ 13 kr.

3. Des vridages dairnae[2] Engbert gelopen to Zutphen, to Nymmegen, Aernhem ende weder to Zutphen, om der antwerden willen, myd brieven, inholdende, oere raetsvrende to Apeldoern te senden, te spreken mit den anderen henzesteden, toe Bremen ter dachvaert te komen, gegeven 1 ℔ 2 kr. *(Tags darauf werden Kampen und Zwolle geladen).*

4. Des donredages darnae[3] Bueving, Hane, die gevaeren weren ende een deel gesellen medegereden tot Apoldoern myd den Gelreschen ende stichtschen hensesteden to spreken, wie men to Bremen ter dachvart senden solde, voir wagenhuer ende teringe 7 ℔ 12 kr. 1 oreken.

5. Des vridages dairnae[4] Engbert gelopen to Groningen myd enen brieve, inholdende, dat wii hensestede des gestichtes van Utrecht enen ende die Gelreschen stede enen senden wolden toe Bremen ter dachvaert, of sy oer anpaert ter kost mede gelden wolden, gegoven 2 ℔.

6. Op denselven dach Boldewiin gegaen to Monster myd enen brieve, inholdende, dat die Gelresche hensestede enen ende die stichteschen hensestede enen senden solden to Bremen ter dachvaert, soo duchte ons guet, dat sii oer vrende dair oic vuegden, gegeven 1½ ℔.

329. *Auszüge aus den Stadtrechnungen von Wesel. — 1449 Mai 23 u. Jul. 2.*

Aus SA Düsseldorf, weseler Stadtrechn. z. J. 1449.

1. Crastino ascensionis domini[5], up hagelviers dagh, vuren Johan Honigh, Giise van Will ind meister Johan Kaell myt tween knechten to Zwolle ter daghvart der henszestede uit den sticht van Utrecht ind uit den landen van Gelre ind van Cleva. Hadn mede an pravanden int schep, ten iirsten an brode ind büir 9 ß, an visschen 2 ℳ 2 ß, an eigheren 4 ß, 9 quart blancks wiins, die quart voir 2 ß 8 ₰, maict 2 ℳ, 8 quart roetz wiins, die quart 2 ß, maict 16 ß, gegeven voir die kroken 5 ß, voir glase 21 ₰, voir schottelen 5 ß, voir een mande, die spise intosetten, 20 ₰; vuerd sie Johan Snackert bis (!) to Deventer, had 5 ℳ 3 ß; waren uit 7 dage, vervuren to wagen ind verdeden buten 12 R. gl. 1 alb., maict 12 ℳ 21 ₰. Item verdeden, do sie wederquamen myt oren knechten tot Derich Vogels hus 2 ℳ 5 ß 4 ₰.

2. Item so die vuerman den wagen bii Dionen umbwarp, storten in den vallen Johan Honigh op den dumo ind brack den; des hevet om geheilt Goedert bartschere, had 4 R. gl., maken 14 ℳ. Item wart dieselve Johan Honigh dairaff seer sieck, den gemeistert meister Johan Stoeck, den gegoven 1 post. gl., maict 2 ℳ 7 ß 6 ₰; dairto gehailt uit der apteken mediciin vor 3 ℳ.

3. Die visitacionis Marie[6] reet Giise van Will myt enen knecht ind 2 perden to Apeldorn in Veluwen, umb to bekallen van den anderu steden der hensze uit den sticht van Utrecht ind uit den landen van Gelre ind van Cleve, wen men ter daghvart to Bremen schicken sald, verdede buten 2 R. gl. 20 alb., maken 9 ℳ 11 ß.

[1] *Mai 25.* [2] *Nach 10000 martelare, Jun. 27.* [3] *Nach visit. Mariae, Jul. 3.* [4] *Jul. 4.* [5] *Mai 23.* [6] *Jul. 2.*

Versammlung zu Bremen. — 1449 Jul. 25.

Anwesend waren Rsn. von Lübeck, Köln, Hamburg, Danzig, Deventer, Zütphen, Wesel und Bremen, ferner Deputirte des Kfm. zu Brügge und London.

Von den Vorakten handeln n. 524 — 529 von dem Streite zwischen Köln und dem Kfm. zu Brügge bezüglich der Schosspflicht der Kölner, vgl. n. 361 ff. N. 530 — 536 enthalten Berichte über die Wegnahme einer Baienflotte von über 100 Segeln, darunter gegen 50 hansischer Abkunft, durch die Engländer, sowie über Einführung neuer Auflagen durch das Parlament. Vgl. Grautoff, Lüb. Chron. 2 S. 127. N. 536 berührt zugleich die Kriegsereignisse im Norden. Der Rest, n. 537 — 545 bezieht sich auf die Besendung der Tagfahrt und enthält daneben Vollmachten sowie Anschreiben in Angelegenheiten Privater.

Der Recess bestimmt zunächst die Entsendung einer Gesandtschaft an den Hg. von Burgund, welche eine definitive Entscheidung über das Schicksal des Kfm. herbeiführen soll (§ 1). Die vom Hm. in n. 538 bereits in Aussicht genommene Verlegung des Kfm. aus Flandern wird im Recess nicht erwähnt, wohl aber zwingt der weitere Beschluss, dass die Gesandten alsbald nach ihrer Rückkehr auf einem neuen Tage zu Bremen Bericht erstatten und zu dem Behuf 28 benannte Städte bei Strafe, die übrigen in gewöhnlicher Form, und auch der Hm. nach Bremen entboten werden sollen (§ 2, 14), die Folgerung auf, dass über die Abberufung des Kfm. verhandelt worden ist. — Neben Flandern stand England im Vordergrunde des Interesse. Die Wegnahme der Baienflotte und Erhöhung der Steuern liess die lübecker Abmachungen gefährdet erscheinen, Preussen (n. 536, 537) und Lübeck (n. 559) übten Repressalien, der Handelsverkehr stockte. Dennoch versuchte der Hansetag von neuem mit England anzuknüpfen und einer weiteren Verschärfung des Zwistes vorzubeugen. Die nach Flandern designirten Rsn. erhalten den Auftrag, mit den dort weilenden Gesandten des Kg. von England zu verhandeln, der Kfm. in London den Befehl, die neuen Steuern, sei es in baarem Gelde, sei es durch Bürgschaft, zu entrichten, ein Bote des Hg. von Burgund wird mit seinem Antrage auf Erlass eines Verbotes der englischen Laken an die Gesandten in Flandern gewiesen, der Verkehr nach England nicht direkt untersagt, sondern nur für bedrohlich erklärt, der Hm. ersucht, in die zu Lübeck vereinbarte Tagfahrt zu Deventer zu willigen (§ 3, 4, 7, 11). Die tiefer liegende Ursache dieser allseitigen Behutsamkeit ist in dem § 9 angeführten, allerorten in und ausser Deutschland ausbrechenden Kampfe der Fürsten und Städte zu erblicken, der den letzteren den Wunsch nach festerem Zusammenschluss nahe legte[1]. — Die sonstigen Berathungen bezogen sich zumeist auf Erläuterung und Milderung von 1447 zu Lübeck gefassten Beschlüssen: die Schossfrage wird vorläufig in einem Köln ungünstigen Sinne erledigt (§ 6), dem Kfm. zu London die Berichtigung eines Theiles der Kosten der 1447 nach Preussen geschickten Gesandtschaft auferlegt (§ 5), die Bestimmung über Befrachtung aussenhansischer Schiffe zu Gunsten von Deventer suspendirt (§ 8), desgleichen der über Aufnahme von Aussenhansen in die Hanse jede rückwirkende Kraft abgesprochen (§ 10). Endlich werden auf Wunsch der Preussen (n. 486, 493, 550) Erhebungen über die Verluste angeordnet, welche bei der Beschlagnahme einer hansischen Flotte durch Flandern 1422 erlitten worden sind (§ 12), und Wesel mit seinen Ansprüchen auf Ersatz von Unkosten auf den nächsten Hansetag vertröstet (§ 13).

[1]) *Vgl. n. 381 f.*

Als nachträgliche Verhandlungen ist ein Bericht der Vertreter des Kfm. zu Brügge bezeichnet, wonach diese auf der Rückreise Kampen um Wiedererstattung von Unkosten mahnten, welche der Kfm. beim Abschluss des Vertrages mit Spanien[1] zu Gunsten von Kampen ausgelegt hatte. Daran schliessen sich einige lübische Aufzeichnungen, welche ergeben, dass in dem Streite von Goslar mit Alfeld, sowie in Sachen der aus Braunschweig Verwiesenen von Bremen aus Schreiben erlassen worden sind.

Der Anhang meldet neue Bedrückungen des Kfm. in Brügge und bringt zum Schluss Auszüge aus den Stadtrechnungen von Deventer und Wesel, die manche werthvolle Notizen enthalten.

A. Vorakten.

a) Kfm. zu Brügge.

521. *Köln an die Rsn. der sechs wendischen Städte: setzt seine Stellung zur Schossfrage auseinander; erklärt sich bereit, auf dem nächsten Städtetage darüber zu verhandeln und seine Bürger bis dahin, wenn die Städte darauf bestehen, den Schoss entrichten zu lassen. — 1449 Jan. 2.*

L aus StA Lübeck, A. Batav. 1, Or. m. Resten d. Secrets.
K StA Köln, Copienbücher 19 f. 92 b.

Den eirsamen wiisen raidessendeboiden der steide Lubeke, Hamburgh, Rosstock, Stralessonde, Wysmer ind Lunenborgh, unsen besonderen guden vrunden, semtlichen ind besonder.

Unse vruntliche groisse ind wat wir guetz vermogen. Eirsame wiise besonder gude vrunde. As ir ons nu geschreven hait up sulche schrifft wir dem aldermanne van der Dutzscher henze zo Brugge in Vlaenderen wesende geschreven hain, wilchen brieff ir des 18 dages in septembri neest vergangen mit schrifft des aldermans vort untfangen hait[2], ind roirt in urre schrifft, dat der steide vrunde mit unsen sendeboiden die cost die geschiet is uyttorichten dat schot verhoeget hebben etc.: gude vrunde, wii siin nyet dartegen, dat dat schot verhoeght is bii consente unser vrunde, as ir dat ouch in unser vurschrifft wail verstain moigen, dat is doch zo verstain, dat men dat schotgelt van dem gude, dat int land van Vlaenderen kompt geven sall, mar dat wii boyven unse vriiheit ind privilegie, der wii vur manichen jairen herbracht hebben in Brabant, Hollant ind Zelant etc., dae die kouffman nyet gefriiet an is, die unse burgere laten beswieren, as wii meynen unse sendeboiden dat oick zo allen tiiden allicirt hebben, moechten wii nicht wail verantworden noch geschien laten, ind hain oick des den unsen bii unsen consente nyet willen gehengen, wiewale ir schriifft des anders underwiist zo syn. Dan id mach wail gevallen syn, dat etzliche unse burgere yre schotgelt tot Brugge nyet gegeven hebben ind dat in Brabant off anderswar, dae sii darumb angelanget syn, hain moissen betzalen, as beheirlick is. Ind as ir vort schryfft van dem recess zo Lubeke in biiwesen unser sendeboiden gemackt etc., darup hain wir dem aldermanne vur geantwort, dat wii van unsen frunden verstanden hebben, dat sii sulken recess van den schotte geliick me anderre stede sendeboiden nyet belieffl noch annoymen haven anders dan an uns ind unse wailgevallen, ind darbii dunckt uns geyne noit syn, uns des recess offschrifft zo ermanen. Doch gude vrunde, wurde uch off den kouffman bedaucken, dat wir off die unse vorder hirbii doin soulden, des willen wir zer neester vergaderongen der

[1]) N. 260.
[2]) Vgl. n. 361 ff.

gemeynre stede vrunde gerne vurkomen, rede ind underwiisonge darup zo doin ind horen zo laissen. Ind weuldet ir bieambynnen die unse des schotz int gemeyne gelijch anderen koepluden van der hanze nyet erlaissen, dat doch eyne ungeburliche sache is denghenen die yre guet zer seewart in die lande voeren wieder dieghene die yre guet zo lande brengen, as ir dat selver wail mircken moight, so willen wir die unse bieembynnen dat schot geven laissen, doch also dat men zer neester dachfart darup endlichen spreche, wie man dat dan vortan halden sulle. Ind wes dan na eire gelegenheit ind underwiisongen eyndrechtlich verdragen wurde, dar dencken wir uns mit unsen burgeren also vort yune zo holden, as uns ind yn geburlich is. Ind begeren dese unse antworde in dem besten van uch uptenemen ind uns des eyne gutliche antwort wissen zo laissen van urre eirsamer wiisheit, die unse herre Got zo langen tziiden gesparen wille. Datum (anno[a] etc. 49, des 2 dages in januario).

Burgermeistere ind rait der stede Coelne.

525. *Köln an den deutschen Kfm. zu Brügge: erwiedert auf n. 370, dass es aus dem Schreiben der Städte keineswegs die Verpflichtung der Kölner zu entnehmen vermöge, an allen Orten, wo die übrigen Hanseaten den Schoss entrichten, desgleichen zu thun; hat indessen den Städten derart geantwortet, dass sie zufriedengestellt sein werden; ist der Ansicht, dass der Kfm. die Kölner bis zur Erledigung des Streites auf dem nächsten Städtetage von der Zahlung des Schosses in Brabant, Holland und Seeland entbinden müsse, wolle er aber trotzdem* die unse des schotz etc. in simili forma ut supra *(n. 524). — [1449 Jan. 2].*

StA Köln, 1) Copienbücher 19 f. 93. 2) Abschrift, vgl. n. 527.

526. *Lübeck an den deutschen Kfm. zu Brügge: übersendet n. 524 mit dem Ersuchen, Lübeck alsbald ein Gutachten einzuschicken, welche Antwort Köln darauf zu ertheilen sei. — [14]49 Jan. 31.*

StA Lübeck, Adj. ad. A. Batav. 1, Entwurf.

527. *Der deutsche Kfm. zu Brügge an Köln: übersendet eine Abschrift von n. 525, die er am 19 Jan. erhalten, und verlangt, weil der Brief* sunder data ghescreven is, des wii doch nicht meer gheseen en hebben, waerbii wii de meninghe nicht en weten noch konnen verstaen, *dass Köln seine Erklärung über die Schosspflicht seiner Angehörigen wiederhole und durch einen glaubwürdigen Boten einsende; ist in diesem Falle bereit, Wasserfass die rückständigen Unkosten durch denselben Boten zuzustellen*[1]; *versichert,* dat wii in gantzer waerheit nicht en begheren mit ymande und sonderlinghes mit ju heren und juwen burgheren enighen unwillen to hebbene, wanneer wii van eedes weghene daerto nicht en worden gedronghen; und wolden ock wal umme twidracht willen, de hiir under dem ghemenen coopmanne van des schotes weghene ghevallen is, dat ju ditzelve van anbeghinne ghelevet hadde, wii en twivelen nicht, juwe burghere, de hiir to Brucghe Riinsche wiine ghetappet hebben up des coopmans privilegien und sunder er schot to betalene enwech ghetoghen zint, en solden den unhorsam nicht beweren

a) anno — januario fehlt L, ergänzt aus K.

1) Am 3 Jul. 1449 quitirte Godart vamme Wasservasse dem Kfm. in Brügge den Empfang von 323 rhein. Guld. und 9 ß Kölnisch. (Or. im StA Köln). Vgl. n. 360 ff.

hebben, en hadden se dat exempel van anderen juwen borgheren nicht ghewoten. — *[14]49 Jan. 20.*

StA Köln, Or. m. Resten d. 3 Siegel.

528. *Köln an den deutschen Kfm. zu Brügge: erwiedert auf n. 527, dass* sulchen gebrech des datums unss vorscreven brieffs sonder upsatz versuympt sei ind achterbleven durch vertrachs willen, die dar ingevallen was bii eyme unsme boeden, die den brieff geantwort soulde haven ind des doch mit anderen varneymen ind beveill nyet en dede; ind begeren van uch dat int beste so verstain; *wiederholt wörtlich n. 524. [14]49* (up gudestag neest na s. Pauwels d. conversionis) *Jan. 29.*

StA Köln, Copienbücher 19 f. 97, a. R. bemerkt: 4 littera.

529. *Köln an den deutschen Kfm. zu Brügge: erwiedert auf dessen Forderung gegen die in dem Schreiben des Kfm. verzeichneten Kölner, welche den Schoss nicht entrichtet, dem Recesse gemäss einzuschreiten, dass es wohl erwartet, der Kfm. würde jenen den Schoss erlassen haben; wiederholt dessenungeachtet seine frühere Erklärung*[1], *verlangt jedoch, dass der Kfm. den Schluss des bremer Tages abwarte und* mit den unsen, die wir meynen uch nicht wail yrs geburs uutgeghain konnen, liiden ind sii mit dem hartsten nyet versuechen will. — *[14]49 Jul. 12.*

StA Köln, Copienbücher 19 f. 121 b.

b) England.

530. *Der deutsche Kfm. zu Brügge an Danzig: berichtet, dass die Engländer vor acht Tagen 108 und mehr Schiffe von der aus dem Westen kommenden Flotte* under der coste von Engellandt by der Cameren *genommen haben; weiss noch nicht, wie viel Schiffe Hanseaten angehören; meldet es in Eile, damit Danzig Warnungen ergehen lassen könne und die Schiffe bis auf bessere Kunde zurückbehalte. — [14]49 Jun. 2.*

SA Königsberg, (danziger) Abschrift.

531. *Der deutsche Kfm. zu London an Lübeck: berichtet über die Auflage einer neuen Abgabe, die Beraubung der Bergenfahrer zu Boston und die Wegnahme von 110 Schiffen aus der baieschen Flotte durch die Engländer; ersucht auf Abhülfe zu sinnen. — 1449 Jun. 5.*

L aus StA Lübeck, Hans. Korr. m. d. Kfm. z. London, Or. m. Resten d. Siegels.

Den erbaren wiisen und vorsenighen heren radessendebaden der gemenen hansestede to Lubeke vergadert und sunderlinges den erbaren heren borgermesteren und raetmannen der stat Lubeke, unsen leven heren und sunderlinges guden vronden.

Unse vruntlike grote und wat wy gudes vermoghen alle tiit tovoren. Erbaren heren und sunderlinges guden vronde. Wy begeren juwer erbarheyt to wettende, dat de here konynck van Englant up alle coplude van der hanse gesat hevet, dat se de grote custume geven sullen, to seggende 12 ₰ van dem punde unde darto 3 ₰ de se van aldest ghewonlick synt to betalende, wellick es teghen unse privilegie van vellen konyngen van Englant uns gegeven und bii dessem ge-

[1] *N. 525.*

confirmert und togelaten. De customers nemen alle dat guet in bewaringe dat int lant komet, und wy seggen, wy en wellen der subsidie nicht geven noch borghe darvor vinden, gelijck also gii erbaren heren uns bii unsen clerke Henrico entboden hebben, dat wy in gheynreleye wiis uns darin geven en solden noch ock dencken to doende, ed en sii dat gii uns eyne antworde scriven, wu wy ed halden sullen. Darumme erbaren heren begere wy uns eyne antworde to scrivende myt den ersten, want unses gudes en sii wy nicht mechtich to verkopende. Ock begere wy ju erbaren heren to wettende, dat leider unser gheselschop van Berghen in Norweghen tu Bustene in Englant in der havene ghenamen synt dre weken vor pinxsten 18 grote pack lakene ute eren schepe. Dat hebben ghedaen certeyn borgere van Hull, reders van eynen balniere, und hebben dat manck en ghedeelt; darto hebben se en ghenamen alle er harnasch und guet dat int selve schip was, und drouwen en to, off se ute der havene komen, se wellen en nemen alle er schepe und guet, und warden up se, dat se nicht uet seghelen en konnen. Aldus vart men met uns. Ock erbaren heren begere wy ju leider to wettende, dat de utliggers des heren konynges van Englant, de de zee beschermen solden, hebben ghenomen de Baysche vlate des vriidages na unses heren hemelvart dagh [1], to seggende 100 schepe und ten. Dar weren manck bii 50 schepe[a] in de hanse behorende, van juwer stede Lubeke 14 schepe, van Dantzeke 13 schepe, und van Campen und anderen steden etc. Dat schipsvolck es bloet an lant ghesat und de schipheren liggen den mesten deel ghevangen to Hampton. In wat maneren de dinge togheghaen siin, sullen ju erbaren heren de schiplude wol underwiisen. Dat ghemene gheruchte geet, men sulle den Hollanderen, Zeelanderen und Vlamyngen ere schepe und guet wedergeven, dat gheent dat in de hanse hort dat sulle men behalden umme des willen dat de konynck van Denemarken en ere schepe nam in dem Sunde twe jare gheleden, und vele andere dinge de se vorbrengen[b]. Des konynges raet seghet uns schone to, dan wy en krighen nicht weder wat wy verlesen. Gii erbaren heren welt wol doen und geven desse dinge van der subsidie to kennende den steden bii ju gheleghen, und dat de Engelschen starck utliggen ten orloghe unde en sparen nymande und sick sere ghesterket hebben myt unse schepen, harnasch und gude, dat se uns ghenamen hebben in der vlate, up dat sick mallick vor schaden wete to wachtende. Men en achtet uns nerghent vor hiir int lant van macht, to seggende, uns es groet van noeden, dat gii erbaren heren de dinge ernstlike to herte nemen und myt juwen wiisen rade darup sluten, dat de copman by synen privilegien blyve, und dat de grote schade van den Engelschen ghedaen van aldest und van nyes, warvan wy ju ene copie ghesant hebben bii Henrico ten Have unsen clerke nu lat[st][c], ghemaent und ghebetert werde, und sulck groet schade und averlast, de uns degelix gheschuet, verhot werde. Juwe erbarheyt in dessen dingen bewiisende, alse ju duncket nutte und guet siin vor dat ghemene beste, de Got almechtich alletiit beware in salicheyt. Gescreven under unse seghel, upten viifften dach junii, anno etc. 49.

Alderman und gemene copman van der Duetschen hense, nu to London in Englant wesende.

532. *Derselbe an Danzig: berichtet desgleichen über die vom Parlament beschlossene Erhöhung der Abgaben und die Wegnahme der Baienflotte; verheisst weitere Mittheilungen nach der Rückkehr des kgl. Rathes. — 1449 Jun. 5.*

a) schippen schepen L. b) verbrengen L. c) late L.

1) *Mai 23.*

K aus S.-A Königsberg, [danziger] Abschrift, bezeichnet: Also schreiben alderman und kopmanne der Dewtschen hanze czu Lunden ligende der stad Danczk burgermeistere und ratmannen; *darunter von anderer Hand:* Presentata fuit Mar[ienburg] in vigilia Petri et Pauli *(Jun. 28)* anno 49.

Vrundlike grote und wat wi! gudes vormogen alltyt tovoren. Erbaren heren und sunderlinges guden vronde. Wii begeren jw to weten, dat de koning van Engeland in synen parlamente nu late in dem maende april[1] up alle ons copluden van der hanse gesloten hevet, dat wy subsidie betalen sollen, to seggende 12 ₰ baven de dre ₰ de wy van aldirs gegeven hebben, van ener tonnen wyns 3 ß, van eyner tunne soete wyns 6 ß, tegen inhalt unser privilegien van velen koningen van Engeland uns verleent und bii dissem koninge geconfirmert und bestedighet. De stede, nu late to Lubeke to daghe vergadert, hebben uns untbaden by Henrico unsen clerik, dat wii uns ghenirley wiis darin geven en sullen; nu de castumers dat seyn, dat wi! ghene subsidie geven en wellen nach ghene borge darvor vynden, nu nemen see unse guet in ire bewaringe dat int land komen es seder dem derden daghe van april. Und wii hebben den gemenen steden geschreven, dat wii datselve guet wellen laten in der castumers handen bis der tyt, dat wy ene antwurde hebben van den steden, wu wii uns darmede halden sullen, und dat met den irsten datet gescheen mach, up dat wii unses gudes bruken moeghen. Dit begeren wii van ju erbaren herren deme copman met ju Engeland hanterende to verkundighen, und dat gy erbaren herren ter neesten vergaderinge der stede juwen wiissen rath dar mededeilen wellen, dat de copman wedirkomen moeghe by syne alde privilegie und vrydom. Ock erbaren herren, begeren wii ju to weten, dat Got unfarmen mote, dat des konynges van Engeland utligers, de de see beschermen solden, hebben genomen die Baysche vlate umbetrent 100 seghele. Dar weren mede by 50 schepen, de in die hanze to huwe horden, und sunderlinges to jawer stede Danczeke 14 schepe mit salte geladen, und 13 van Lubeke, alse wy verstaen. Se hebben deme schepsvolke orloff gegeven, und de schepe liggen nach to Hampton mit dem gude. Dit geschach des fridaghes na unses heren hymmelvart dagh. Der schepheren licht dar nach en deel gevangen, off se wat wedderhebben sollen, en weten wy nach nicht. Wu de dinge thogeghaen syn, sulle gy erbaren herren wol vornemen van deme schepesvolke dat overkomen es. Off wy beter tidinge vreschende werden hirna, dat sulle wii ju scriven met den irsten; [w]an[a] des konynges rath, de daer gesand es, wederkomen es, so welle wy vervolghen to den heren koninghe dat beste dat wy mooghen, des men uns antwerd, dat solle wy ju scriven met allir hast. In dessen dingen juwe erbarheit dorinne bewisende, alse wy juw des ghenslike to betruwen, de Got almechtich alle tyt beware in salicheit. Geschreven undir unse sigel, upten vyfften dagh in dem mande junii, anno etc. 49.

Aldermann und gemene copmann van der Dutschen hense, nu to Lunden in Engeland wesende.

531. *Der deutsche Kfm. z. Z. in Antwerpen an Danzig: berichtet in Ergänzung seiner früheren durch Hermann Oesterade,* unsen loper, *übersandten Mittheilungen, dass er* waeraftighe tydinghe *habe,* woe dat unse vrunde ere schepe und guedt myt groter verrederien und sunder vechtender handt

a) van K.

1) *Vgl. Rotuli parl. 5 S. 141 ff. Sie enthalten, S. 144 n. 14, die Bewilligung einer Subsidie, welche von allen Fremden im Königreiche, darunter hansern und Preussen, erhoben werden soll, doch fehlt die hier angezogene Verordnung.*

verlaren hebben, *ferner*, dat enighe schepe unsen vrunden tobehorende, in den Noertcost van Engelandt wesende, dergeliken geresteirt sullen wesen, *und endlich, dass der Hg. von Burgund in Folge der Beraubung seiner Unterthanen sämmtliche in seinen Landen weilenden Engländer mit ihrer Habe hat festnehmen lassen. — [14]49 Jun. 8.*

StA Danzig, Schbl. XXI n. 69, Or. m. Resten d. 3 Siegel; daneben nachträglich noch durch ein viertes verschlossen, mithin unterwegs aufgebrochen. Das vierte ist unkenntlich.

534. *Lübeck an den deutschen Kfm. zu London: sendet, unter Hinweis auf sein kürzlich erlassenes Schreiben an den Kfm., einen neuen Brief an den Kg. von England* van dersulven sake wegen, *den der Kfm. erst nach Einsicht in die beifolgende Abschrift nach Gutbefinden einhändigen möge; ersucht um ein Gutachten des Kfm.,* wo man best in dessen saken doen unde vor[t]varen mochte. — *1449 Jun. 21* (ut supra [1]).

StA Lübeck, H. Korr. m. d. Kfm. in London, Entwurf.

535. *Der deutsche Kfm. zu Brügge an Danzig: berichtet unter Bezugnahme auf n. 533, dass* nu in kort de Vlamynghe, Hollander, Zeelander und de van Campen mit iren schepen int Swen und in de Welinghe gekomen, daraff wy clarliken hebben vor[v]aren[a], dat alle de andire schepe in de ostersche stede und in Pruyssen to huws behorende zyn ghepartet, ghebutet, gedelet und ver[vo]ert[b], een iulik daer en dat ghelevede, und holden ok noch de schiperen swarlike gevangen; und al ist alsoe, dat Vlamynge, Hollander, Zeelender und de van Campen los ghewordeu und vry gegeven syn, soo hebben doch de Engelschen ere schepe so bloet berovet alse se mochten, und hebben daerenboven denselven Engelschen seker ghelt vor schepe und solt moten geven; und dat sunderlinghe de van Campen mede vry geworden zyn, is thogekomen vormyds eenen herren in Engeland, den to andiren tyden to Campen eere und frundschop geschiet is, jodoch worden de schipheren daerto gedrunghen und moesten sweren, dat ze gheen guedt in en hedden, dat in de ostirsche stede offt in Pruyssen to huws behorde. — *[14]49 Jul. 6. Nachschrift:* Hyr sint zekere schipmanne mit eenen boete uut Engelant gekomen, de vor war segghen, dat de Engelschen mit 18 off 20 swaren schepen liggen to Berghen in Norwegen wert to seghelen, umme aldaer den kopman to beschedighen, daer ghii up willen zyn verdacht, alse juw des sal dunken behoeff und van noede wesende.

StA Königsberg, Abschrift, vgl. n. 556.

536. *Hm. an Om. zu Livland: berichtet über die Wegnahme einer Baienflotte durch die Engländer, sein Einschreiten gegen die in Preussen befindlichen Engländer, den Kampf einer holländischen Flotte mit den pommerschen Hg.; polnische und skandinavische Verhältnisse. — 1449 Jul. 18. (Auszug)* [3].

StA Königsberg, Missive II f. 321.

— — —. Vor nuwe czeitungen thou wir euch czu wissen, wie die Eng-

a) verwaren K. b) verwert K.

[1]) *Auf demselben Bl. mit n. 534 befindet sich der Entwurf zu einem Schreiben Lübecks, an den Kfm. in Brügge d. d. 1449 Jun. 21, worin es diesen bittet, n. 534 nach London zu befördern.* [2]) *Vgl. n. 538.* [3]) *Der Eingang des Schreibens behandelt livländische Angelegenheiten.*

lisschen nu am nesten freytage vor dem pfingstage in der seh genomen haben hundirt und 30 schiffe, davon haben heym gehort eczliche ken Franckreich, eczliche ken Hispanien, eczliche ken Flanderen, eczliche ken Hollandt, Zeelandt, Vrislandt etc., eczliche in die henzestete und eczliche ken Danczk; der sein gewest 14 grosse holke, die besten und grosten die czu Danczk gewest seyn, mit zalcze und sust manchirleyen guttirn. Und sint denne wir, unsir orden, des landes und undirsassen nicht andirs denne frundtschaft mit den Englisschen gewust haben und sie die unsirn also groblich haben beschediget, so seyn wir czu rathe gewurden und haben alle Englisschen, die albie czu Danczk und im ganczen lande die czeit woren und seyn, alle lassen uffzeteczen gefangen und haben en rostiren, besperren und in sicher verwarung thun lassen alle ire schiffe, kelp und gutter, der wol so vele ist, das men sich daran getruwet czu dirholen der schaden, die sie nu den unsirn czugeczogen haben. Wir haben vast gefraget, so konnen wir nicht vornemen, das irkeyn schiff darundir were gewest und genomen, das ken Leyfflandt heym gehoret. Uns seyn ouch nu kurczlich czeitungen getan czu wissen, wie die herren herczogen van Barten und Wolgast nu bynnen acht tagen in der seh ire landt rurende angefertiget haben eczliche schiff, die seyn gekomen von Hollandt und wolden czu Danczk segeln; sie habens en gancz hort geleget und sie ernstlich mit slan und schissen angegangen, sundir die in den schiffen haben sich gancz sere czur were gestalt und haben sich irer mit ganczer were und macht endsaczt, so das van beiden teilen vast lewte seyn geblieben. Und dieselben schiffe haben sich geteillet, eczliche ken Lubek eczliche ken Sunde und sust hen und her, wo sie am nesten boy die stete haben mogen komen, uff das sie alda ire toden begraben und czur erden brengen haben mogen [1]. Der here koning czu Polan ist nach in Littawen, men spricht, das em herczog Michel grossen schaden mit der Tattern hulfe habe getan und wol 2 slossor abgewonnen. Die Polan schicken sich gancz czu krige, wenne sie aber czu wellen, das kan men vorwar nicht gewissen. Konig Erik ist eczliche czeit gewest in Pomern, so saget men, her sey nu kurczlich widder obirgeczogen und habe wol 800 man us Pomern mit em genomen, darczu den herczog van Barten und ouch den herczog van Wolgast, die sollen ouch vast lewte mit en haben. Sie werden sich, als man spricht, mit koning Cristierno czum Borneholm treffen und czusampnekomen; men spricht, sie werden 18000 man czusampnebrengen und alle[a] ken Gotlandt czyhen [2]. Uns haben ouch die 2 koninge, Karol[us][b] czu Sweden und Cristiern czu Dennemarcken, beide geschreben und gebeten, das wir uns durch unsir und ouch der henzestete sendeboten der schelungen irer krige undirnemen und uns darinne bearbeiten welden, das die czu frundtlichem usztrage mochten gedeyen und komen. Also haben wir en widder geschreben, wir wolden darynne pflegen unsir gebietiger rat, die hetten wir itczundt bey uns nicht, sundir so wir die bey uns haben wurden, darnach welden wir en unsere meynung schreiben und wissen lassen [3]. Geben czu Slochaw, am freitage nest nach divisionis apostolorum, im 49 jare.

a) albe K. b) Karolo K.

1) *Vgl. Strals. Chron. ed. Mohnike 1 S. 191.* 2) *Vgl. Strals. Chron. ed. Mohnike 1 S. 190 f.; Grautoff, Lüb. Chron. 2 S. 122. Auch Hamburg steuerte auf Ansuchen des Hg. Adolf 800* ℔ non ex debito sed ex amicicia in subsidium reise ane *nach Gotland zu. Koppmann, Hamb. Kämmereirechn. 2 S. 81.* 3) *Vgl. das Schreiben K. Karls an den Hm. bei Styffe Bidrag 3, S. 3; die hier angezogene Antwort des Hm. (SA Königsberg, Missive 17 S. 321) datirt [14]49* (Margarethe) *Jul. 13. Am 11 Aug.* (montag na s. Laurencii) *[14]49 erklärte sodann der Hm. nach Berathung mit seinen Gebietigern den Kg. Karl wie Christian, dass er bereit sei, zwischen ihnen zu vermitteln, falls die Tagfahrt nach Wolgast* adir da umbelang an der seede *verlegt werde (Missive 17 S. 354 an K. Karl und S. 357 an K. Christian v. 19 Aug.).*

c) Besendung der Tagfahrt.

537. *Hm. an Lübeck: erklärt, dass er über den durch den Klerk des Kfm. [zu Brügge]*[1] *überbrachten Antrag von Lübeck auf Ansage einer Tagfahrt, von der aus eine Gesandtschaft an den Hg. von Burgund abgeordnet werde,* czu vorsuchen, ab seyne gnade den Dewtschen kowffman in Flandern welde lassen bey eren privilegien, *mit seinen Gebietigern berathen hat,* und haben nach ewern beger und bete solchen tag vorramet uff den nestkomenden sant Jocobs tag[2] in der stat Bremen czu halden, dorczu wir ouch unsir botschaft gerne fertigen und schicken wellen, die ouch vordan nach euwerm beger mit euwern und den anderen sendeboten czu unserem herczogen czu Burgundien van der sachen wegen obenberurt moge czyhen; *ersucht* die anderen stete, den kowffman und sust die, die czu den sachen gehoren, *hievon rechtzeitig zu benachrichtigen, damit sie den Tag besenden können. — Danzig, [14]49* (ascensionis domini) *Mai 22.*

SA Königsberg, Missive 17 S. 277.

538. *Hm. Konrad von Erlichshausen bevollmächtigt Reinhold Niderhof, Bm. von Danzig, mit den zu Jacobi in Bremen versammelten Rsn. der Hansestädte die Aussendung einer Gesandtschaft an den Hg. von Burgund zu vereinbaren, welche den Hg. um Erhaltung der Freiheiten des deutschen Kfm. zu Brügge angehen soll;* und ab das denne nicht gescheen konde, das denne der obgenante Reinold mit der obgedochten henzesteten sendeboten, umbe den stapel der Deutschen henze und kowfmans van Brug us Flandern anderswohen, und sunderlichen ken Andwerpt in Brabant ader anderswohen, wo en das eben und bequem sein duncken werde und ouch wo es dissen unsern landen gelegen sey, czu vorlegen, *übereinkomme* und den *[Kfm.]* ouch mit den gedachten sendeboten anderswohen verlege. — *Marienburg, [14]49* (Johannis baptiste) *Juni 24.*

SA Königsberg, Missive 17 S. 316.

539. *Derselbe bevollmächtigt denselben, zu Bremen über den deutschen Kfm. in London zu verhandeln und* den, ab es not seyn wurde, uss Engelland czu ruffen. — *Mewe, [14]49* (freitag nach visitacionis Marie) *Jul. 4.*

SA Königsberg, Missive 17 f. 320.

540. *Köln an Lübeck: erklärt, die auf Jakobi nach Bremen mit dem Hm. vereinbarte Tagfahrt besenden zu wollen, obgleich* id uns swirlich to deser tiit velt; *hat seine Rsn. bevollmächtigt, die im Ausschreiben berührten* saken eyndrechtliken to sluten und in anderen anstanden gebreken der gemeynen hanze vriheit und des koepmans gebreke antreffende zo dem besten zo helpen ind zo raden. — *[14]49 Jul. 8.*

StA Köln, Copienbücher 19 f. 121.

541. *Köln an Münster: erwiedert auf die von einer Copie des Ausschreibens von Lübeck an Münster begleitete Anfrage, ob es den bremer Tag besenden werde, dass es der Ladung zu folgen gedenke. — [1449 Jul. 8]* (ut supra).

StA Köln, Copienbücher 19 f. 121.

542. *Köln an den EB. von Köln: ersucht um einen Geleitsbrief für seine Rsn.*

[1]) *Vgl. n. 503 § 9.* [2]) *Jul. 25.*

zum bremer Hansetage, Goedert von dem Wasserfass und Gerhard Hair, unser stede rentmeister, *lautend auf 16 Personen mit Pferden und Habe, desgleichen um Befehle an die betreffenden Amtleute, das Geleite zu respektiren. — [14]49 Jul. 18.*

StA Köln, Copienbücher 19 f. 128 b, überschrieben: Domino Coloniensi. *Darunter:* In simili forma mut. mut. scriptum est dominis Gelrie, Clivensi, Monasteriensi et Trajectensi.

543. *Köln an die zu Bremen versammelten Rsn. der Hansestädte: beglaubigt seine Rentmeister Goedert von dem Wasserfass und Gerhard Hair, welche es bevollmächtigt habe, die in dem Ausschreiben berührten* sachen eyndrechtlichen ind na unser alder gewonheit to sluten, ind in anderen anstainden saken der gemeynen hansze friheit ind des koepmans gebreke andreppende, die vorder vurkomende wurden, to dem besten zo helpen und to raden. — *[14]49 Jul. 18.*

StA Köln, Copienbücher 19 f. 128 b.

544. *Desgleichen: hat vernommen, dass der Kölner Heinrich Blittersweich auf dem Wege von Brügge nach Antwerpen in Rupelmonde überfallen und gefangen worden ist, ungeachtet der Privilegien des deutschen Kfm. und der* geleidsvriheit die kouffman van des Antwerper martz wegen hebbende is; *verweist auf den mündlichen Bericht von Bertold Questenberg und anderen, und verlangt, dass die Rsn. diese verhören und mit allem Ernste für die Befreiung Heinrichs eintreten, denn seine Gefangennahme berühre nicht sowohl seine Person als die Freiheit des Kfm. — [14]49 Jul. [2]5[a].*

StA Köln, Copienbücher 19 f. 132, überschrieben: Den raidssendebolden der hansestede zo Bremen vergadert. *Darunter:* Similiter mut. mut. scriptum est dominis deputatis Gotfrido de Lavacro et Gerardo Hair.

545. *Desgleichen: ersucht, den Process des Ueberbringers, Wilhelm von Keterich, wegen eines in England angeblich verhängten Arrestes,* des sich der vurscreven Wilhelm as vil as dat unse ander burger mit antreffende were an uns seulde hebn erboden to bliven, *sonder Verzug zu beenden, weil er zum Schaden beider Theile schon lange gedauert[1]. — [14]49 Jul. 26.*

StA Köln, Copienbücher 19 f. 130 b.

B. Recess.

546. *Recess zu Bremen. — 1449 Jul. 25.*

L aus StA Lübeck, hans. Rec. v. 2 n. 145, 4 Doppelbl., vgl. n. 348, 349.
Dv StA Deventer, Recesshandschrift 1, 3 Doppelbl., bremer Hand.
Ka StA Kampen, a. Hans. 1 f. 61 — 66, überschrieben: Anno 49 die van Deventer van Bremen gebracht. *Abschrift von Dv.*
D StA Danzig, Schbl. XXVI n. 31, 3 Doppelbl., flüchtige bremer Abschrift brieflich übersandt, das Siegel abgefallen, adressirt: Den ersamen und wisen heren borgermester unde ratmanne der stat Dantzike komme desse breff myt werdicheit.
K 1 - 3 StA Köln, 1. kölner Ex., 3 Bl., anfangs bremer, von § 11 ab zweiter Hand, die Randbemerkungen rühren von verschiedenen gleichzeitigen Händen her. — 2. — 3. Ex. des Kfm. von Brügge: 2. Recesshandschr. 2 f. 150 — 154.

a) 5 K, doch reisten die Rsn. erst nach dem 19 ab, vgl. n. 558 § 13, auch spricht das fol. dagegen. Vielleicht ist zu lesen Aug. 5.

1) Vgl. n. 345 § 19.

bremer Abschrift, vgl. n. 547. — 3—5 Abschriften von K 2, 3. Hansehandschrift 1 f. 141 b — 146; 4. 3 Doppelbl. sign. n. 228; 5. unbezeichnet, 4 Doppelbl., enthält neben dem Recess und n. 547 vier Aktenstücke a. d. J. 1449 – 1450.

Df StA Düsseldorf, wesler Ex., 3 Doppelbl., anfangs bremer, von § 19 ab weseler Hand.

Witlik sy, dat in den jaren na der bort Cristi unses heren 1449 an sunte Jacobi daghe[a] des apostels weren de erliken radessendebaden[b] desser nagescreven stede van der Dutschen hensze bynnen Bremen to daghe vorgaddert, namliken: her Wilhelm van Calven, borgermester, magister Arnold[c] van Bremen, doctor in beyden rechten, unde her Jacob Bramstede, ratman to Lubeke; her Godert van Wasservas, borgermester[d], unde her Ghert Har, rentemester to Collen; her Hinrik Kotingk, borgermester, her Hinrik Lopouwe, ratman, unde her Johan Rotgheri, secretarius der stad Hamborgh[1]; her Reynolt Nedderhoff, borgermester to Dantzik; her Evert Kryte, borgermester, unde mester Johan Marquardi, ratman to Deventer; her Hinrik Nyggehues borgermester to Sutphen; her Johan uppe deme Dyke[e], borgermester, unde mester Johann Kale, secretarius to Wesele. Ok weren darsulves Hinrik Castorp, Hinrik Wantschede unde her Johan Gebingk, sendebaden der olderlude des gemenen copmans van der Dutschen hensze to Bruge in Flanderen wesende; Bertolt Questenbergh, Clawes Lindeman unde Hinricus ton Have, sendebaden des gemenen copmans van der hansze to Lunden in Engelant residencien holdende. Unde darsulves myt deme ersamen rade to Bremen[f] silk myt velen gebreken unde anligunden noetsaken, de den gemenen steden unde copmanne van der hense nu meer wen in velen vorgangenen jaren anligende sin, flitighen hebben bekummert unde darumme dorch bestentnisse der gemenen stede, wolvart der kopenschupp unde des gemenen gudes hebben ordineret unde endrachtliken geslaten alse hir nagescreven steyt.

1. Int erste nachdeme de erliken sendebaden der stede des landes Prutzen unde der gemenen stede van der hense, de in den jaren 1447 in Flanderen by den veer leden dessulven landes sin gewesen umme bistant unde hulpe deme copmanne van der hanse to donde, dat sine gebreke eme[g] tieghen privilegien, vrigheyde unde rechticheyde beschen ghebetert unde gheholden werden mochten, bi deme hochgheborenen fursten hern hertighen van Burgundien, gheliik alse en van den ghemenen steden van der hansze was bevalen, nicht sin ghewesen unde des kopmannes van der hansze ghebreke sinen gnaden nicht to kennende gheven hebben, wellik doch umme des besten willen achterstellich bleff, so de vorscrevenen sendeboden der stede van der hansze binnen Bremen mid redenen des darliken sin underwiset unde berichtet: hirumme dorch des besten unde gudes ghelimpes willen hebben de sendeboden der erghenanten stede van der ghemenen hansze weghen endrachtliken ghesloten, dat se uthe wunderliken[h] vorsoke unde na rade unde guddunkende der sendeboden des copmannes van der hansze to Brugghe in Vlanderen wesende ere drepliken sendeboden an den hern hertighen van Burgundien so se kortlikest moghen senden willen. Unde hebben darto ordineret de vorghenanten heren Wilhelme van Calven, meister Arnde den doctorem, her Ghert Hare unde her Reinolde Nedderhove, de desse reyse an sik ghenomen hebben, umme to vorwervende unde to ervarende, oft de here hertighe van

a) corrigirt anstatt avonde L. b) Votandum quod non dicitur hic, quod isti habuerunt mandatum K 1 a. R. c) Arnolde D K 2, van Bremen fehlt D K 1—3. d) olde borgermester K 1, olde in Df nachgetragen. e) Dyke fehlt D. f) myt — Bremen fehlt D Df. g) und D. h) fruntliken K 1, 4, 5 Df.

[1]) 75 ℔ Kotingh, Lopouwen et Rotgheri versus Bremen. Koppmann, Hamb. Kämmereirechn. 2 S. 80.

Burgundien deme copmanne van der hanze sine privilegia, vrigheide unde rechticheide na inholde der credencien unde mandaten den vorbenanten sendeboden dorup ghegheven holden wille etc. Unde wes den sendeboden van deme hern hertighen van Burgundien weddervart wedderumme an de sendeboden der ghemenen stede van der hanse, de 14 daghe na paschen erst komende, edder eer oft des nod wert, binnen Bremen, so naserreven steit, vorguddorende werden, to bringhende, unde denne darsulves binnen Bremen endrachliken (to)[a] overkomende unde slutende, alse den sendeboden der ghemenen stede vor den kopman dat orbarlik unde nutte schal dunken wesen.

2. To welker dachvart de van Lubeke vorboden scholen desse naserevenen stede: Lubeke, Collen, Hamborch, Dantzik, Stralessund, Rostok, Wismer, Luneborch, Meideborch, Brunswik, Gottinghen, Sost, Monster, Deventer, Dorpmunde, Sutphen, Wesel, Stettin, Gripeswolt, Hildensem, Campen, Bremen, Nymweghen, Remunde, Swolle, Gronighem, Herderwick, Stade, bi der pene van den ghemenen steden van der hense darup ghestellet na utwisinghe enes artikels in dem recesse int jar 47 binnen Lubeke ghemaket de sik aldus beghinnet: Vortmer hebben de vorscrevenen stede merkliken overweghen unde betrachtet, wat vorsumnisse hinders unde schaden deme ghemenen gude darvan sind ghekomen, dat vele stede hartborich unde unhorsam ghewesen sin etc.[1] Nichtemyn scholen desulven van Lubeke to der vorscrevenen dachvart to Bremen alle andere stede in de hense behorende, de hirvor nicht ghenomet sint, sunder pene vorboden, ener[b] jewelken stad, se worde hey der pene edder sunder pene vorbodet[b], to scrivende de artikelle, worup men an der vorgherorden dachvart handelinghe unde slutinghe hebben schal, [unde[c] de] scriftliken vorkundighen, uppe dat sik nement der sendeboden deshalven entschuldighen moghe, dat he darvan in bevele nicht en hebbe[d]. Se scholen ok den steden, de sunder pene vorbodet werden, sunderlighes scriven, weret dat se van anligghender sake unde ghebreke weghen to der vorscrevenen dachvart nicht senden konden, dat se denne dorch ere scrifte den sendeboden, de to der vorscrevenen dachvart to Bremen komende werden, vulle macht gheven, uppe sodane artikele en scrifliken benaled to concluderende[e] unde to slutende alse den ghemenen hansesteden des nod unde behoff dunkot wesen.

3. Ok scal men den vorghenanten sendeboden, de an den hern hertoghen van Burgundie to (rey)sende[f] sin ghevoghet, mede don in bevele, were dat jement uthe Enghelaund van weghen des hern koninghes darsulves in Vlanderen queme unde mit en van ghebreken des copmans in Enghelund handelinghe hebben wolden, der handelinghe scholen se uppe behach der ghemenen stede, de to der vorscreven dachvart binnen Bremen komende werden, mechtich wesen.

4. Item alse des copmans in Engelnat sendeboden sik swarliken hebben beclaghet van beswaringhe der subsidie uppe ere gudere nuweliken ghestelled, unde darumme de copman to Lunden gheboden hebbe nenerleie gudere ut unde int lant allene uppe de olden subsidie uthtovorende unde to bringhende[g], alzo hebben de hern sendeboden vor dat beste ghekoren unde toghelaten, dat de copman van der hense de nigen subsidie in Enghelund mach vorborghen unde anscriven laten. Were aver dat eme sulkend nicht mochte schen unde bejeghenen, dat he denne de nigen subsidie van sinen guderen mach entrichten, uppe dat he sine gudere

a) to K 1 Df; fehlt L. b) ener — vorbodet fehlt D. c) unde de fehlt den Hss.
d) Nota bene quantum partes convocationis debent scribi et notificari civitatibus et opidis, que mittunt ad dietam. K 1 a. E. e) concluderende D. f) reysende D Df, wesende L.
g) Item complanatum est, quia [illegible] relacionem mercatoris Anglie subsidium [illegible] et [illegible] sunt et bona libere [illegible]. K 1 a. E.

1) N. 288 § 68.

uthe deme lande moghe voren unde bringen; unde wes de copman also to subsidie ngifft, anscrive unde tekene wente to der tiid, dat de stede van der hense vurdere vorsenicheyt darup hebben moghen. Ok dunket den vorscrevenen sendebaden der stede van der hense ratsam unde nutte, dat men na desser tiid in Engelant nene gudere vöre unde bringhe[a], er de stede van der hense anders wes werden to rade, uppe dat deshalven nemant schaden liden dorve. Jodoch wyl de copman van der hense ventegudere in Engelant uppe sin eventure schepen unde vören, dat stellen se to des copmans wylkore unde wyllen.

5. Item alse int jar 47 by den gemenen steden van der hense bynnen Lubeke vergaddert ichteswelke sendebaden an den heren hoemester to Prutzen utgesant worden, umme sinen gnaden des copmans van der hense in Flanderen unde Engelant gebreke unde der gemenen hensestede begheringe to underwysende, unde sodane gelt, alse de sendeboden in sulker reyse vortbereden, scolden de van Lubeke int erste vorleghen, worvan de copman in Flanderen de helffte unde de copman in Engelant de anderen helffte entrichten unde betalen scolde[1]: des hebben desulven van Lubeke vor den vorscreven sendebaden der stede van der hense geopent, dat en de helffte der vorscrevenen theringhe van deme copmanne in Engelant nicht entrichtet werden moghe, begherende den copman also to underwysende, dat en sodane ghelt werde entrichtet unde betalet. Worupp de sendebaden des copmans in Engelant vorantwerden, menende, dat se na inneholde des recesses darupp gemaket to sodaner betalinge unvorplichtet wesen scholden. Worupp de van Lubeke antwerden unde seden, al weret so dat in deme artikele des recesses de materien andrepende dat also nicht were utgedrucket unde vorwaret, so were dat doch den heren van den sendebaden der stede darto geschikket wol indechtich unde wytlik, dat sulkent alse vorscreven is twusschen den sendebaden der gemenen stede unde den sendebaden des copmannes in Flanderen unde Engelant vorhandelt unde eansgedregen were. Hirupp de vorscrevenen sendebaden der gemenen stede van der hense siik bespreken unde na besprake affseden, nachdeme den sendebaden der stede darto geschikket indechtich were, dat sodane kost unde theringe, alse men an den heren hoemester to Prutzen dön scolde, de helffte de copman to Brugge unde de anderen helffte de copman in Engelant scolde entrichten unde betalen, wes ok de besendinge to Flanderen wert kosten wolde dat scolde de copman to Brugge utrichten unde betalen, were ok nöt unde behoeff bodeschupp unde besendinge in Engelant to donde de kost unde theringe scolde de copman in Engelant entrichten, scheghe ok besendinge an den heren koningk to Frankrike sodaner kost scholde de copman to Brugge de twe deel unde de copman in Engelant den drudden deel utrichten unde gheldeu: darumme so were billik und geborlik, dat de copman in Engelant de helffte der vorscrevenen theringe to Prutzen scholde ghelden unde entrichten. Were ok dat de artikel in deme recesse int jar 47 gemaket van der materien rorende breder unde lenger inneholdende utwysede, so scholde men den wandelen unde nicht anders men alse vorscreven steyt vorstan unde vornemen. An welkeme utsproke de van Lubeke vulbordeden unde dorane weren to vreden, doch begherden de vorscrevenen sendebaden des copmans in Engelant, dat de betalinge sodanes geldes uppe de vorscreven dachvart bynnen Bremen vorramet bestande bliven mochte, dar desulven van Lubeke in vulbordeden sovere se denne van sodaneme gelde unvortogherde utrichtinge unde betalinge moghen hebben. Ok is desulves utgesproken unde vorhandelt, dat de sendebaden des copmans in

a) [illegible]

[1]) N. 365 § 22.

Engelant, de to der vorscrevenen dachvart bynnen Bremen kamende werden, schollen myt vuller macht to dersulven dachvart kamen, umme to slutende unde to sprekende, wo men siik umme sodane kost- unde theringe, alse de van Lubeke, Hamborgh unde Dantziik int jar 37 in Engelant dorch dessulven copmans wyllen ghedan, schal hebben unde holden.

6. Item hebben de vorscrevenen sendebaden der stede van der hanse narh vorgheringe des copmans sendebaden to Brugge unde verantwerdinge der van Colne ensgedregen unde affgesecht, dat de copman van Colne van sinen guderen, de he in Flanderen unde anderen plaetsen unde gebeden des heren hertoghen van Burgundien hanteret, schoet geven schal geliik anderen copmannen van der hanse, alse dat is ingesettet unde sloten; mach siik aver de copman van Colne sodanes schotes myt privilegien unde vrighelden erweren, de schal desulve copman van Colne uppe de vorscreven dachvart to Bremen denne vurder darin to sprekende vorbringen unde enloghen[a].

7. Item was vor den sendebaden der stede van der hense der erbare mester Hinrik van der Mye, doctor in beyden rechten, sendebade des heren hertoghen van Burgundien, wervende van dessulven heren hertoghen weghene uppe sine credencien, na fruntliker grute, dat de stede van der hense Engelsche lakene in ere stede unde erer stede jurisdictien unde gebede to bringende vorbeden wolden; unde were dat de stede van der hanse ere sendebaden by sine gnade senden wolden, wormede he en wedderumme wyllen unde gunst bewysen mochte, darane wolde siik sine gnade gutliken laten vynden. Hirupp de vorscrevenen sendebaden der stede antwerden[b], dat se ere drepliken sendebaden[b], alse se erst mochten, an den heren hertoghen to Burghundien senden wolden, de myt sinen gnaden vurdere handelinge darvan hebben scolden, unde wormede se eme denst, behegelicheyt unde wyllen bewysen konden, dar scolde sine gnade se alle weghe gutwyllich ane vynden.

8. Item hebben de vorscrevenen stede sendebaden vorramet unde gesloten, dat de rat van Lubeke schal scriven, schikken unde ordineren by den alderluden unde copmanne to Berghen, dat se den van Deventer unde anderen steden van der hense gunnen, dat se ere gudere mogen schepen in schepe buten der henze to hus behorende, unde dat de artikel in deme recesse tor latesten dachvart to Lubeke geholden van desser materien rorende[1] sunder vorvangk blive bii siik sulvest stande bette to der negesten dachvart, de men to Bremen, so vorgerort is, holden schal, dar denne vorder in to sprekende so des is behoeff unde van noden. Ok is deme ersamen her Jacobe Bramsteden sulken medegedan, dat vort an den ersamen rat to Lubeke vort to stellende. Unde sodane borghen, alse der van Deventer borghere deme copmanne to Berghen gesat hebben, scolen der borghetucht quit, leddich unde losz wesen.

9. Vortmer[c] alse nu jegenwardichliken mer den in vorledenen tiden grot averval den steden schuet van des wertliken heren unde forsten, so dat apenbar vor oghen is, hirumme hebben de vorscrevenen sendebaden umme eneme sodanen weddertostande dupplike handelinge gehat unde gesloten, dat een itlik van en sodanen artikel torughe by sine oldesten bringhen schal, umme beraet unde avertrachtinge darupp to hebbende, unde to der negesten dachvart, de men to Bremen so vorscreven is holden schal, uterliken to slutende.

a) De [illegible] consilerandum, quod [illegible] facerent [illegible] ad hoc [illegible]. K 1 u. R.
b) antwerden — sendebaden fehlt (?) R.
c) § 9 fehlt D K 2–5 (?); in K 1 u. R. bemerkt: [illegible] ad [illegible] Levtem (?).

1) N. 288 § 79.

10. Item alse to der latesten dachvart to Lubeke geholden berecesset is, so men dat schal holden myt dengheonen de buten der hensze geboren sin unde de begheren to brukende der privilegie unde vrigheyde des copmans in Engelant[1]: des hebben de vorscrevenen sendebaden des copmans in Engelant den obgenanten heren radessendebaden vorghegeven, wodanewis ichteswelke personen sin buten der hense gebaren, de doch borghere gewesen sin er deme ergerorden recesse to Lubeke gemaket, begherende, dat men lutteren unde claren wolde, eff men dat myt sodanen personen holden scolde na des vorscrevenen recesses utwisinge edder nicht. Worupp de vorscrevenen heren sendebaden hebben gesloten, dat sodane vorgescrevenen personen bruken moghen de privilegie und vrigheide des copmans van der hansze in Engelant, unde nademe se borghere gewest sin in jenigher stade van der hansze er deme vorgerorden recesse constitucien unde insettinge, so en scolen en sodane recesse nicht schedelik sin unde to eren personen siik nicht breden unde extenderen. Unde alse dat vorscreven recessus beroret van 7 jaren, sulke een schal stande bliven uppe siik sulves bette to der negesten dachvart to Bremen, soe vorgerort is verramet, dar denne in to sprekende, oft sodane 7 jar to lengende edder to kortende sin na legheneheyt unde ummestandicheyt[a] der sake.

11. Vortmer[b] hebben de vorscrevenen heren sendeboden ingesettet unde gesloten, dat de ersamen van Lubeke dorch ere scriffte den erwerdigen heren hoemester des landes Prutzen vormanen scolen, dat he sine scriffte an se sende van wegene der dachvart de darsulves to Lubeke nielkest in der vasten twischen deme heren koninge van Engelant, siner herlicheyt, siner stede unde anderer stede van der Dutschen hense sendebaden to Deventer to holdende verramet is, rorende, dat ene ratsam dunket wesen, dat sine herlicheyt sodane dachvart umme des gemeuen besten wyllen nicht affstelle. Desgeliken hebben de vorscrevenen heren sendebaden den sendebaden des copmans van Engelant bevalen, dat se bii deme ergerorden heren koninge van Engelant scolen ordineren, schikken unde vogen na ereme vormoghe, dat sine koninglike gnade scriffttlik antwerde doe an de van Lubeke van wegene der vorscrevenen dachvart, gelik dat berecesset is[c].

12. Item so in verledenen tiden schepe van der hense myt korne geladen, de in de Seyne[d] scholden gewest hebben unde in Flanderen quemen unde aldar ghearrestert wurden, worby de coplude den dat korn tobehorede schaden scholen genamen hebben, welke schade mede begrepen is an de achte dusent punt grote, de de copman bededinget heft van deme lande van Flanderen van schaden de in langhen geledenen tiden deme copmanne geschen is to entfanghende: hirupp hebben de erbenomeden heren sendebaden verramet unde geslaten, nademe dat men neen klar beschet en wet, wo unde in welker wyse deme vorgerorde schade geleden unde geschen is unde ok wo grot de mach sin, so scolen de ergenanten heren van Lubeke alumme scriven an alle stede van der hense, dar des to donde unde behoeff is, dat alle dejenne, de an dessen vorgerorden schaden mede delen moghen effte recht to hebbende menen, bynnen eneme jare na deme data, alse en de van Lubeke vorscrivende werden, den genanten van Lubeke overbringhen offte schikken ware certificacien, wo unde in wat wyse en sodane schade bejeghent, geschen unde weddervaren is, unde wo grot de sy; we aver bynnen den vorgescrevenen jare deme also nicht en dede, de schal siner claghe unde ansprake von des schaden wegene vorlustich wesen unde achterstellich bliven.

a) ummestandicheyt K 2—5. b) Mit § 11 setzt in K1 der zweite Band ein.
c) Pro parte istius scriptum est K1 4. 6. d) Tzyne K 2—5 Dy.

1) N. 288 § 12.

13. Item[a] hebben de sendebaden van Wesele dar vorbracht, wo se myt sommighen anderen steden van utsettinge unde bevele der gemenen hensestede in den jare 41 to Lubeke tor dachvart vorgaddert unde upp ere credencie bearbeydet hebben an de van Dordrecht, [dat][b] affgedan werde sulke ungelimpp de van Dordrecht uppe den copman unde sin guet gesat hadden[1], dorumme se grote kost gedan hadden, unde begherden van den steden, want se dat van bevele der gemenen hensestede to nutte unde vromen des copmannes bearbeidet unde to dem ende vorvolghet hadden, dat se den rat deden, dat en gerichtet werde sodane kost se darumme gedan hebben. Darupp de erbenomeden van den steden vorramet unde ensgedragen hebben, dat se darupp wyllen vordacht wesen bette to der negesten dachvart de bynnen Bremen, so vorgerort is, geholden schal werden, alse dan darvan uterlik to sprekende unde dat to schikkende so behorlik sin schal.

14. Item nachdeme her Reynolt Nedderhoff, borgermester to Dantzik, de dachvart, [de][c] bynnen Bremen 14 daghe na paschen negest kamende to holdende is vorramet, van des heren hoomesters unde des landes to Prutzen wegene nicht beleven unde annamen wolde, want he neen bevel darvan hadde, so hebben de sendebaden der gemenen stede vorramet, wanner de sendebaden, de an den heren hertogen van Burgundien gesant sin, wedderumme to hus gekamen, dat denne de van Lubeke deme heren homestere to Prutzen scolen vorscriven, dat he van siner, sines landes unde siner steden wegene de vorscrevene dachvart to Bremen mede beleven unde besenden wylle unde sinen sendebaden vulle macht uppe sulke artikele, alse de van Lubeke siner herlicheit scrivende werden, wille geven unde bevelen[d].

15. Vortmer upp dat men wete, woruth desse dachvart, de to desser tiid bynnen Bremen is geholden eren oresprungk hefft genamen, so mach men anseen den artikel in dem recesse ingedrukket int jar 47 van den sendebaden der gemenen stede van der hansze bynnen Lubeke gemaket, inneholdende, wanner de sendebaden in Flanderen by den heren hertogen van Burgundien unde de verlede des landes van Flanderen etc. gesant wedderumme to hus gekamen weren, dat men denne bynnen Bremen ene dachvart scholde holden unde vorramen, unde itlike stede, de den van Lubeke darto vellich unde nutte duchten wesen, to dersulven dachvart to vorbodende unde en in to brengende, wes den sendebaden in Flanderen weddervaren were unde denne vurder darupp to concluderende unde to slutende, alse vor de gemenen stede unde den copman von der hense des not unde behoeff were[1].

C. Nachträgliche Verhandlungen.

547. *Bericht der Deputirten des Kfm. zu Brügge über ihre Verhandlungen mit Kampen in Sachen des mit Spanien abgeschlossenen Bestandes*[2]. — *1449 Aug. 7.*

K 2. 4. 5 aus den Handschriften zu Köln, K 2 f. 154b auf dem Rückumschl. des Recesses; in K 4. 5 in unmittelbarem Anschluss an den Recess copirt.

a) [illegible] b) dat fehlt L, [illegible]
c) de fehlt den Hss. d) [illegible]

[1]) *HR 2 n. 439 schweigt hierüber, vgl. 2 n. 511. Der Streit war entstanden durch einige Neuerungen, welche Dordrecht zum Besten seiner Finanzen im Holz und Weinhandel eingeführt hatte, und wurde durch den Rath des Hg. von Geldern am 29 Jan. 1444 zwischen* den koepman van boven up een ind der stad Dordrecht up dander silde *vermittelt. Transs. von 1446 Jan. 18 im StA Düsseldorf, A 2 n. 1142.* [2]) *N. 288 § 22, 316 § 10.*

[3]) *Vgl. n. 260 Anm. 2.*

1. Item als desse dachvart bynnen Bremen gheholden waz int wedderkomen, so weren Hynrik Waaschede, Hynrik Castorp, desz copmans ghedippterden, to Campen den 7 dach van aughusty vor dem rade to Campen myt enen breven van den henzesteden in Bremen vorghadert warn an en gheschreven, inholdende, so wy Hynrik ende Hynrik vorgescreven muntlik begherden aen dem rade van Campen, dat se dem copmaene wolden weddergheldynghe doen van sulken 300 ghulden Rynsch, dat de copmaen in Brughe umme erent wyllen to kost doen moste[a], solden se mede in dat bestaent myt den Spanjerden komen 4 jar lank ghedurende, sunder noch 150 Rynssche ghulden, dat et kostede by persselen hyr ende dar, dewelke de copmaen umme beters wyllen gherne op syk nemen wolde. Und begherden, dat se uns van desz copmaens weghen noch gheven wolden to den 75 Rynsschen ghulden, de de copmaen untfanghen hadde in betalynghe, 225 ghulden, dat wer tsomen[b] 300 ghulden.

2. Item se vorantwerden, dat se dem copmaen gheyne last gheven hadden alsulken gheit van erent weghen to betalen, und er se sulke loefte hadden underghaen, lever hadden se buten den bestande bleven, so dat se uns van rechte nycht schuldich weren. Doch umme vruntschop wyllen so hadden se dem copmaen gheven 75 gulden nycht van rechtes weghen.

3. Item boven desse reden und vele mer reden, der gheyn noet is to schriven, worde wy eyns, dat se hebben belovet by her Tydemaen Schursake, borchmester, Jacop Wylle[c], Jaen Wulff, Jaen Everdesson ende Peter Lubbertsoen, ratmanne, dewelke[d] de raet van Campen darto ghevoghet hadde myt uns to trakteren, so waenner de copman dar sent enen qwyttanssyen so sal uns de raet betalen noch eyn hundert Rynsche ghulden. Darmede wer wy tovreden van desz copmaens weghen.

4. Item vorder so begherden de van Campen, dat men wolde doen besoken, dat wer by den Spanschen[e] monke ofte enen andern aen den conynk van Spanien, oft se noch mochten komen in dat bestant lik andern van der hanse, de achte jar ghedurет, als kostede dat, wen mens seker wer, 20 eft 30 eft 36 ghulden, desz men en dat by schryften tovoren wytlik dede, se woldent betalen. Moste men ok eventurid[f] int begheyn emende tor kost mede to doen, de yuz syk underwunde to procureren dat bestant van dem conynghe, 8 10 oft 12 ghulden, al qweme dar nycht aff, nochtant hebben se yt beloefft to betalen, mer se begheren, wenn men to dessen saken doet, dat men en schryve[g].

548. *Memorial für Jakob Bramstede zum Bericht an Lübeck.* — *[1449 Jul.]*

L aus der Handschrift zu Lübeck f. 7 b, von derselben Hand geschrieben wie der Recess. Von anderer Hand bezeichnet: Memoriale pro domino Jacobo ad consulatum Lubicensem.

Leve her Jacob gy mogen unseme rade berichten der scrifft, alse hertoge Hinrik van Mekelenborgh gescreven hefft an den heren bisscopp von Hildensem, der gy ene copie hir bii hebben. Ok moge gy en seggen, dat de stede gescreven hebben an de van Meydeborg, Embeke unde Hildensem unde Halverstad, dat se de van Gosler myden scolen, gelik em dat vorscreven is van den van Lubeke unde den anderen steden van wegene Hinrik van Alvelde. Ok moge gy en seggen, dat de stede hebben gescreven an de van Rostok, Wysmer, Ulsen unde Mynden,

a) moste *fehlt K 4, 5.* b) tsamen *K 4,* tesamen *K 5.* c) Wille *K 4, 5.*
d) dewelke etc. *K 4, 5.* e) Spanschen *fehlt K 4, 5.* f) ? g) [illegible]
myt den reeden *K 4, 5.*

dat se de vordreven borghere buten Brunswik[1] in eren steden nicht liden scolen, alse dat van den gemenen steden to der latesten dachvart bynnen [Lubeke][a] geholden[2], geslaten unde berecesset is, dat slik unse [rad][b] dorna wete to richtende myt den van Gosler unde den vorscrevenen vordrevenen personen.

549. *Lübische Aufzeichnung über die zufolge der bremer Tagfahrt auszusendenden Schreiben. — [1449].*

Aus der Handschrift zu Lübeck f. 7 b; von der Hand Hertzes herrührend.

Nota. Na inbringinghe heren Jacobes Bramsteden, do he quam van der dachvart to Bremen, so schal me scriven an de van der Wismer unde Rostok, de lichte bearbeyden bi erem heren, dat de van Peyne wert gesterket jegen der stede recesse, so me vint in dem breve birane gelecht[3], so dat me en scrive, dat se den recessum van der wegen by macht holden.

2. Item schal me scryven dem heren hovemeistere to Prutzen, dat he dem rade to Lubeke wylle scryven vor sunte Michaelis daghe negest komende en antwert, eft sin gnade ok wille holden den dach to Deventer, so ok hirvan is en artikel in dessem recesse.

3. Item umme de van Deventer, de begheren to scryvende an den copman to Bergen, dat se mogen schepen er gut in schepe buten der hense unde dat ere borger mogen quyt wesen.

D. Anhang.

550. *Hm. an Riga, Dorpat und Reval: erinnert an die mannigfachen Verhandlungen über die Vertheilung der von Flandern dem Kfm. zu Brügge theils gezahlten theils noch zu zahlenden Summen, welche bisher stets fruchtlos verlaufen, weil die* aldirlewte czu Bruck nicht clerlichin undirweiset seyn, welche die seyn mit namen, die in der rostirunge der schiffe im 22 jaro, die in die Seyne wurden gebrocht und van woter und windes wogen ins Swen qwomen und alda van den Flamingen gearrostiret wurden, schaden haben geleden; *hat nun mit dem Klerk des Kfm. zu Brügge, der wegen Anberaumung einer Tagfahrt zu Bremen nach Preussen gekommen, hierüber geredet und den Bm. von Danzig, der nach Bremen gezogen, beauftragt, mit den Städten zu vereinbaren, dass die damals Beschädigten überall, auch in Westfalen und am Rhein, aufgefordert werden sollen, Verzeichnisse ihrer Schäden bis Pfingsten in Lübeck einzureichen, welche dann dem Kfm. bei der Vertheilung des Geldes als Anhalt dienen sollen;* wer das nicht thun wurde, der bedurffe nach der czeit nicht meh doruff manen; *verlangt, dass auch die livländischen Städte sich hiernach richten und solche Verzeichnisse Lübeck einsenden.* — Uff unserem hoeffe Wartsch, *[14]49* (montag nach Jacobi) *Jul. 28.*

SA Königsberg, Missive 17 f. 337, überschrieben: Den steten Rige, Tarbat und Revel semmptlich.

551. *Der deutsche Kfm. zu Brügge an Lübeck: berichtet, dass er das ihm zu-*

a) Bremen *L.* b) rad *fehlt L.*

[1]) *Die braunschweiger Stadtrechn. v. 1449 verzeichnet:* 6 ℔ 6 ß her Arnd Hobein in dem lande to Hassen, Mekelenborch unde Wismer to pinxsten; 1 ferd. Hinrik Semmterde na Bremen. *Hierzu später die Stephani in der ersten (Aug. 2) werden Hobein in die Mark und her Bole to Bremen genannt.* [2]) *Vgl. n. 288 § 9, 12, 13; Städtechroniken 16 (Braunschweig 2) S. 348.* [3]) *Fehlt.*

gesandte Schreiben an den Kg. von England[1] *am 1 Jul. empfing und durch denselben Boten, der es überbrachte, nach London schickte, wo dieser es dem Kg.* selven in syne handen ghelevert, *hierauf aber 14 Tage lang, unterstützt vom Kfm. zu London, vergeblich eine Antwort gefordert hat; verweist auf die mündlichen Mittheilungen des Boten, der auch angeben werde,* wat deselve reyse bii eme ghedaen gherostet hevet und bii uns als hier verlacht und betaelt is; *hat nun durch einen danziger Boten, der vorgestern mit Schreiben an den Kfm. zu London* (umme wat saken wii nicht en weten) *in Brügge eintraf, den Kfm. nochmals ersucht, Lübeck eine Antwort auszuwirken*[2]; *meldet sodann, dass er seine Deputirten nach Bremen geschickt, seine Lage jedoch sich seit dem Abzuge der Rsn. vor zwei Jahren in keiner Hinsicht gebessert hat;* in alsulken state alze deselve heren de saken an eren afscheidende hebben ghelaten, alzo synt de noch unghebetert und ungheremediert in denselven stade gebleven, *und obendrein neue Bedrückungen hinzugekommen: zwei Kölner sind auf der Fahrt zum antwerper Markte* upter vryen strate vor Antwerpe up dat Ver edder daer ummetrent *von dem Kapitain von Rupelmonde ausgeplündert und gefangen worden*, den eenen hevet he quiit ghelaten und siin ghelt behalden, den anderen hevet he al noch ghevanghen beholden; *ferner haben die* capiteins van den veir ghaleiden *des Hg. von Burgund drei Kölnern und einem von Kampen* upter wilder zee *5 Terling englischer Laken geraubt, desgleichen kurz zuvor Bonoer Olivier* een mande myt gude *genommen; alle Bemühungen des Kfm., hierfür Ersatz zu erhalten und den Gefangenen zu befreien, haben bisher nichts geholfen; verspricht weitere Nachrichten*, ten eirsten wii better tydinghe hiir und ute Englandt vornemen. — *[14]49 Aug. 7.*

StA Lübeck, a. Flandr. 1, Or. m. Resten d. 3 Siegel.

552. *Auszüge aus den Stadtrechnungen von Deventer. — 1449 Apr. 1 — Aug. 25.*

D aus StA Deventer, Stadtrechn. v. 1449, § 1—4, 9, 10, 12, 13, 15 aus der von Dirc Splitof, § 5—8, 11, 14, 16 aus der von Willem ten Kolck.

1. Des diinxedages daernae[3] Keirehals gegaen an die stad van Lubick om der besaten willen, die toe Bergen in Noerwegen an onsen borgeren gedaen was, die nae der antworden wachtede 6 dage, gegeven 8 ℔ 9 kr. 3 orcken.

2. Des manendages daernae[4] Wilhelmus Zichem gegaen toe Harderwiick myd enen brieve, omme dat zii noch eens scriven wolden an die stad van Lubick van der sake, daer onse borgere omme toe Berghen besat weren, gegeven 9 kr. 2 orcken.

3. Des donredages daernae[5] Geerloch die loeper gegaen toe Lubick myd brieven, omme te verscriven an die olderlude, dat onse borgere van der besate qwiit gescholden mochten werden, gegeven 8 ℔.

4. Des vridages daernae[6] Geerloch die loeper gegaen toe Harderwiick myd brieven, woe die van Lubick oer antwerde gescreven hadden, ende liep voert to Utrecht an onsen heren myd enem brieve, ruerende van der sake van onsen heren ende den vier hoeftsteden des lands van Gelre, gegeven 1 ℔ 0 kr.

5. Des manendages daernae[7] Keirehals gelopen an den raet van Lubike myd

1) *N. 534.* 2) *Vgl. n. 559.* 3) *Nach Judica, Apr. 1.*
4) *Nach Pingsten, Jun. 2* 5) *Jun. 5.* 6) *Nach s.* Vitis dach *Jun. 20.*
7) *Nach s.* Peter ende Pauwels dach, *Jun. 30.*

enem brieve, of onse coeplude to Bergen een of twe schepe mochten wynnen, die in die henze nyet en hoeren, gegeven 8 ℔.

6. Des dinxsdages dairnae[1] een bode van Swolle, die enen brief brachte, den die van Lubick uytgesant hadden, sprekende an dese henzesteden, gegeven 1 kr.

7. Op s. Margareten avont[2] Engbert gelopen an den bisscop van Munster, den he wyde sochte, omme onsen ende der Gelreschen raetsvrende geleide to geven, to Bremen te trecken etc., gegeven $2^1/_2$ ℔.

8. Des manendages dairnae[3] Gerloch gelopen an den bisscop van Munster, omme raetsvrende der stad van Colne geleide to geven, to Bremen ter dachvart te komen etc., 1 ℔ 10 kr.

9. Op denselven dach Kriit, Kollie, Hane, Gelmers, Eskens, Bondy, Overeng, Graes, Marquaert, die Henric ton Nyenhuys ende des coepmans scriver van Londen, doe sy to Bremen trecken solden, ter Sternen nae der vesperen geselscap deilen, vertert 3 ℔ 7 kr.

10. Des woensdages dairnae[4] Kelrehals gegaen tUtrecht an onsen heren, omme den Colschen to geleiden, die toe Bremen ter dachvaert reysen solden, gegeven 1 ℔ 4 kr.

11. Op denselven dach[3] Boldewiin gelopen an den greven van Benthem ende an die vrouwe van Lynghen, den raetsvrenden van Collen, der lande van Gelre ende den onsen geleide te geven, to Bremen ter dachvart te reysen etc., gegeven 2 ℔.

12. Op sente Magdalenen dach[5] Kriit, Marquart gevaren to Bremen ter dachvaert, dair die hensestede vergadert weren, voer wagenhuer ende teringe voir onse vierde part ende der van Campen vierde part 26 golden Rinsche gulden, maken 53 ℔ 10 kr.

13. Des sonnendages nae sente Jacobs dach[7] Gerloch die boede ende Dirc stalknecht gereden toe Enschede myd den raede van Collen, doe sy toe Bremen wolden, vertert 12 kr.

14. Des woensdages daernae[8] Gerloch gelopen to Groningen, omme oere raetsvrende to Covorden te senden, van onsen raetsvrenden relacie te hoeren van der dachvaert toe Bremen, 2 ℔.

15. Doe[9] Gerloch ende Henric onse boeden gereden weren myd den sendeboeden van Collen tot Aernhem, doe sy van Bremen gecomen weren, vertert 1 ℔ $6^1/_2$ kr.

16. Des manendages nae Bartholomei[10] Kriit, Marquart, die gereden weren to Covorden tegen raetsvrenden van Groenyngen, relacio to doene van der dachvaert (to)[a] Bremen, vertert 9 ℔ 11 kr.

553. *Auszüge aus den Stadtrechnungen von Wesel. — 1449 Jul. 14 — Sept. 23.*

Aus SA Düsseldorf, weseler Stadtrechn. v. J. 1449.

1. Crastino Margarete[11] ginck Play to Zutphen myt enen brieve, umb om to scriiven, wo oir vrunde aver den wegh trecken wolden to der daghvart der henzestede to Bremen, wachtet na den antwort $2^1/_2$ dagh, had 2 ß 6 ₰.

a) to fehlt D.

1) *Jun. 31.* 2) *Jul. 12.* 3) *Jul. 14.* 4) *Jul. 16.*

5) *Freitag nach Margarethe, Jul. 18.* 6) *Jul. 22.* 7) *Jul. 27.*

8) *Nach Laurentii, Aug. 13.* 9) Op o. vrouwen dach assumpcionis, *Aug. 15.*

10) *Aug. 25.* 11) *Jul. 14.*

2. Des satordages na divisionis apostolorum[1] togen Johan uppen Diick ind meister Johan Kaell myt eenen knecht to Bremen ter daghvart der henzestede, die up s. Jacob dage dair verschreven waren, ind mede to sollicitieren die sake den schellingen tusschen den van Deventer ind van Wesell; vuerde sie to Deventer to schep Goissen myt enen knecht, hadn 31 alb., maken 4 ℔ 6 ß 3 ₰; hadn mede int schep an provanden, an boppen ind broide 6 ß, an vısschen 2 ℔ 3 ß, 10 quart wiins, maken 23 ß 4 ₰, twe kruken voir 7 ß; vuren voirt to wagen van Deventer bis to Bremen ind van den wederumb to Wesell, waeren uit 3 weken, vervuren ind verdeden die willl sie uit waren 23 fl. guld. ind 22 alb., maken 83 ℔ 8 ß 6 ₰. Item verdeden, do sie wederquamen, tot Rutgers hus van Lourewert 15 ß 0 ₰.

3. In crastino Mauricii[2] ginck Johan ten Way myt brieven an die van Zutphen ind van Emrick, oemb den dagh to Emrick to halden, den die henzestede to Bremen vergadert tusschen den van Wesell ind Doisborgh gegadet hadn, had 16 ß. *Desgleichen lief ein Bote nach Duisburg, weil jedoch* die van Zutphen den dagh up s. Micheell affschreven, ginck Gerloch to Dusborgh, die to wederbieden.

—

Versammlung zu Marienburg. — 1449 Aug. 8.

Anwesend waren Rsn. von Kulm, Thorn, Elbing, Königsberg und Danzig.

Die Vorakten enthalten das Ausschreiben des Hm., welches die Berathung über Freigebung oder Verbot der Fahrt durch den Sund auf die Tagesordnung setzt.

Der Recess berichtet, dass der Hm. entgegen seiner früheren Ansicht und trotz des Widerspruchs der Städte dem Andringen der übrigen Stände nach- und die Schiffahrt freigiebt; zur Beruhigung verheisst er dafür den Städten, ihren von den Engländern beschädigten Angehörigen beistehen zu wollen. Danzig muss sich vor den Städten entschuldigen, weil es den bremer Tag ohne ihr Vorwissen besandt hat.

Der Anhang meldet die wiederholte Festnahme der Engländer in Preussen nach nochmaliger Besprechung der Städte mit dem Hm.

A. Vorakten.

554. *Hm. an Elbing: berichtet, dass Danzig in Anbetracht der Wegnahme von gegen 100 theils nach Spanien, Flandern, Holland und Seeland, theils nach Preussen und in die Hanse behörigen Schiffen durch die Engländer beantragt hat, den zur Abfahrt bereiten Schiffen die Fahrt durch den Sund zu verbieten unter Freilassung jedoch der Fahrt binnen dem Sunde; besorgt auch seinerseits grosse Verluste,* sindt, als wir vornemen, die seh vol Engelisscher leith, czu krigen gantcz geschicket und nemen war uff die Prewsschen schiffe; *verlangt, dass Elbing hierüber berathe und zum 7 Aug.* (der neest donerstag vor Laurencii) *zwei Rsn. nach Marienburg entsende zur Entscheidung der*

[1] *Jul. 19.* [2] *Sept. 23.*

Frage, ab men die schiffe rostire adir ab men sie lasse segelen[1]. — *Marienburg, [14]49* (sonabend vor Dominici) *Aug. 2.*

Handschrift zu Thorn f. 271.
Gedruckt: daraus Toeppen a. a. O. 3 S. 96.

B. Recess.

555. *Recess zu Marienburg. — 1449 Aug. 8.*

T aus der Handschrift zu Thorn f. 269 b — 270 b.
D Handschrift zu Danzig f. 332 b — 334.
Gedruckt: aus D vgl. m. T Toeppen a. a. O. 3 S. 91.

Anno domini 1449 feria sexta ante festum sancti Laurencii domini nuncii consulares civitatum terre Prusie infrascriptarum videlicet: de Colmen Petrus Bisschoffheym, Nicolaus Gewynner; de Thorun Tylemannus vom (Wege)[a], Johannes vom Loe; de Elbing Johannes Sonnewalt, Johannes Wintburg, Johannes von Ruden; de Koningsberg Andreas Brunaw, Hartwicus Stange; de Danczk Merten Cremon, Henrich Bugk und Johannes Meydeburg in Marienburg ad placita congregati infrascriptos articulos pertractarunt.

1. *Ungeachtet des dringenden Einspruchs der Städte bestimmt der Hm. nach dem Willen der übrigen Stände, dass die Segelation frei bleiben und den zu Danzig arretirten Engländern gestattet werden soll, zwei aus ihrer Mitte nach England zu senden, um die Rückgabe des den Preussen genommenen Gutes zu erwirken.*

2. Item so hat der herre homeister den steten Thorun, Elbing, Koningsberg und Danczk befolen, das sie dieghene, die in Engelant nu beschediget seyn und ouch vor diesser nydderlegunge durch die Engelschen gerostiret, bescherliget und genomen sint und also czu schaden gekomen, vor sich vorbotten sullen, und das eyn ideman von den bey seyme eyde seynen schaden, wor, wanner, von[b] wannen, von weme her beschediget ist, vorrichte, bybrenge und in schrifften setcze, das welche die stete dem homeister in schrifften obirgeben sullen; und der homeister wil denn eynem idermanne beholffen seyn seynen schaden (an[a] der) Engelschen guttern, die nu gerostiret seyn czu Danczk, czu bewerben und czu be(czalinge)[a] helffen. Dergeleich sullen die schuldiger, die den Engelschen schuldich sint, ouch ire schulde vorrichten und in schrifften obirgeben.

3. *Die Ritterschaft erneuert einige früher*[2] *gestellte Anträge, welche die Städte wiederum ablehnen. Der Hm. befiehlt den letzteren, daheim nochmals darüber zu berathen.*

4. *Kulm, Thorn, Elbing, Königsberg erklären, dass sie dem von Danzig letzthin gestellten Antrag*[3] *bezüglich des Pfundzolles beitreten.*

5. Item haben d(ie[a] stete) vaste vorwarunge[c] gehat mit den von Danczk von der reyse, die Reynolt Nydderhoff von befelunge des hern homeisters ken Bremen geczogen ist, dorinne die von Danczk sich vaste noch der stete vorwarunge[d] entscholdiget haben. Und die stete haben dis czu sich genomen von der czerunge Rynnolt Nydderhoffs ken Bremen und ire gutdungken czur nehesten tagefart dovon inbrengen, ab sie sich dorinne geben welden adir nicht.

a) *Lück in T, ergänzt aus D.* b) von weme und bey weme *D.* c) verwarunge *P.* d) vorwarunge *D.*

1) *Am 28 Jul. theilte der Hm. dem livländischen Om. mit, dass er die Schiffahrt durch den Sund untersagt habe. (SA Königsberg, Missive 17).* 2) *N. 423 § 4.* 3) *N. 478.*

6. Item von der muntcze sullen die von Danczk rechenschofft czur nehesten (tag)fart[a] inbrengen alse (sic)[b] ouch vorheysen haben.

7. Item sullen die von Thorun und Danczk dem hern homeister alle artikell in schrifften (senden)[c], die sie ken die von Crokaw haben, uff das der homeister den von Crokaw entwert schreiben mach. Und die antwerts brieffe wil der herre homeister und die von Danczk den von Thorun senden, die sullen sie vortdan ken Crokaw schicken.

8. Item das gelt, als 40 gutter marken, die Merten Kogghe czu Danczk gelegen sint, czu fordern, und ouch das gelt von dem kouffman czu Brugke, das die stete von wegen Arnd Telgeten czu Danczk, als her czu Brugke und Lubeke czur tagefart was, [beczalt[d] haben], inczumanen.

9. Item Arnd Plotczen, burger czu Danczk, czur nehesten tagefart czu vorboten.

10. Item begerten die stete eyn slissel vom kasten, do ir anteyl des pfundczolles dorinne legeth, czu haben[e]. Das haben die von Danczk czurugk an ire [eldesten[f] geczogen].

C. Anhang.

556. *Danzig an den Hm.: sendet n. 535 mit der Anfrage, ob es den Inhalt öffentlich verkünden lassen soll. — [14]49* (vigilia assumpcionis Marie) *Aug. 14.*

SA Königsberg, Or. m. Resten d. Secrets. Bezeichnet: Presentata fuit in Marienburg per Kynwaldum Wrige in die assumpcionis b. Marie, anno etc. 49. Principalis littera, cujus copia inclusa est, vero reddebatur.

557. *Danzig an Thorn: berichtet, dass es gemäss der Abkunft der Städte mit dem Hm. zu Grebin am 28 Sept.* (am abende Michaelis) *die Engländer, welchen vor dem 15 Aug.* (vor ass. Marie) *die Entfernung aus dem Lande auferlegt wurde, hat festnehmen und* yre kasten uff unsze rathus *tragen lassen; den einen hat es auf das beiliegende Schreiben des Hm. hin freigelassen und ihm das Seine zurückgegeben; ersucht hierüber zu berathen, damit man auf der nächsten Tagfahrt davon spreche. — [14]49* (sonnobend noch Michaelis) *Okt. 4.*

StA Thorn, Or. m. Resten d. Secrets.
Gedruckt: daraus Toeppen a. a. O. 3 S. 100.

Verhandlungen zu Brügge. — 1449 Aug. — Dec.

Die zu Bremen auserkornen Gesandten an den Hg. von Burgund (n. 546 § 1) brachen noch von Bremen aus nach Flandern auf[1]*, trafen den Hg. in Brüssel und erlangten nach mehrmonatlichem Verhandeln das Versprechen der Abstellung wenigstens einzelner Bedrückungen.*

a) *Loch in T, ergänzt aus D.* b) *sic D fehlt T.* c) senden *D fehlt T.*
d) beczalt haben *fehlt T D.* e) uff das sich die von Danczke an der usslegunge des geldes [illegible] beclachten, [illegible] Reynolt Nederhoffe von Danczk [illegible] *folgt D* [illegible]. f) eldesten geczogen [illegible] *T.*

[1]) *Ergiebt sich aus den Daten in n. 562. Die deventer Stadtrechn. 1449 (Spliitof) verzeichnet zu Anf. Aug.:* Doe Henric onse bode gereden was toe Nymegen myt den sendeboden van Lubick ende Damick, vertert 16 kr.

Die **Vorakten** *melden, dass Kampen wegen des erlittenen Schadens, vgl. n. 532, vertröstet wird, der Kfm. zu London sich in Folge der in Preussen und Lübeck über die Engländer verhängten Arreste arg bedrängt sah, aber eben diese auch vom Hg. von Burgund angewandte Massregel den Kg. zur Aufnahme von Verhandlungen bewog.*

Das als **Bericht** *bezeichnete Aktenstück reicht nur bis Ende Sept. und ergiebt nicht viel. Insbesondere schweigt es vollständig über den seit dem Aug. 1449 sich raschen Schrittes verschärfenden Zwiespalt zwischen dem Hg. und Gent, der auch die übrigen Leden von Flandern in Mitleidenschaft zog und jedenfalls auf den Gang der hansischen Verhandlungen zurückwirkte*[1].

Dennoch gelangten die Rsn., wie die **Verträge** *erweisen, weiter als ihre Vorgänger von 1447, insofern der Hg. die meisten der ihn oder seine Beamten berührenden Beschwerden zu erledigen verhiess und den Hanseaten in dem kgl. Hofe von Flandern ein Tribunal für künftige Klagen dieser Art zuwies. Hinsichtlich der hier berührten einzelnen Klagen sind die Verhandlungen von 1447/8 zu vergleichen*[2].

Ebenso gelang es den Rsn. ein Abkommen mit England dahin zu treffen, dass alle Streitigkeiten einer Tagfahrt zu Utrecht zur Erledigung überwiesen und der Handelsverkehr bis Martini 1450 nicht gestört werden sollte.

Unter **Gesandtschaftsakten** *folgt eine Aufzeichnung, welche uns die Art und Weise kennen lehrt, wie die Hanseaten sich ihr Recht auch gegen Einzelpersonen zu wahren suchten, wenn es ihnen von dem Gemeinwesen, dem jene angehörten, verweigert ward.*

Die **Korrespondenz der Rsn.**[3] *wie auch der* **Anhang** *behandeln fast ausschliesslich die Beziehungen zu England. Köln befiehlt, die Interessen seiner Angehörigen, wenn nicht anders möglich, durch Sonderverträge zu wahren; der Kfm. in London schildert seine auch nach Abschluss des brügger Vertrages wenig gesicherte Lage, der Kg. von England zeigt an, dass er seine Gesandten nicht nach Utrecht, sondern nach Preussen und Lübeck schicken wolle, um mit den am schwersten Betroffenen an Ort und Stelle zu verhandeln. N. 575 berührt verschiedene politische Vorkommnisse in Flandern, Frankreich, England und Schottland, n. 576 eine 1447/8 vielfach behandelte Beschwerde des Kfm. zu Brügge.*

A. Vorakten.

558. *Kg. Heinrich von England an Kampen: erwiedert auf die Beschwerde über die Beraubung verschiedener Schiffer und Einwohner von Kampen durch*

[1] *Mitte Aug. zwang Gent den Hg. die Rathsumsetzung nach alter Weise vorzunehmen, worauf der Hg. am 12 Sept. die Forderung der Salzsteuer erneuerte und eine neue Korn- und Malzsteuer hinzufügte. Beide wurden von Gent sofort und unbedingt verweigert, der Hg. antwortete mit der Absetzung des gesammten Rathes und dem Verbot des Gehorsams gegen Gent. Die übrigen Leden legten sich aus, im Dec., ins Mittel, erreichten im Mrz. 1450 die Ernennung eines neuen Rathes durch den Hg., führten aber hierdurch dem Zwiste nur neuen Zündstoff zu. Vgl. Despars Chron. v. Vlaenderen ed. Jonghe 3, 461 f.; Barante Hist. d. ducs de Bourgogne 11 S. 93 f.*

[2] *Bereits S. 230 Anm. 1 ist erwähnt, dass das kölner StA eine Copie der dem Hg. überreichten Beschwerdeschrift aufbewahrt. Sie wiederholt meist wörtlich die den Hg. betreffenden Artikel der Klage von 1441 und fügt ihnen einige seitdem neu hinzugekommene, so die in n. 531 erwähnten, Bedrückungen bei.*

[3] *Eines verschollenen Schreibens der Rsn. erwähnt die weseler Stadtrechn. v. 1449 (StA Düsseldorf):* Des manendages na Remigii *(Okt. 6)* bracht Siegen eenn brief van den sendebaden, die van der henzestede wegen waren to Brugh an den hertogen van Burgundien, des gegeven to verdrincken 3 ß.

Robert Cann und Genossen, dass er sofort nach Empfang des Schreibens eine strenge Untersuchung angeordnet habe und die Schuldigen nach Gebühr bestrafen werde; verheisst alle nach England kommenden Kamper zu schützen und ihnen auf Verlangen litteras nostras salvitatis sub magno nostro sigillo *auszustellen*[1]. — *Westminster, 1449 (r. n. a. 29) Aug. 26.*

Public Record office zu London.
Gedruckt: daraus Rymer Foedera 11 S. 235, wonach hier.

559. *Der deutsche Kfm. zu London an den zu Brügge: berichtet, dass er infolge der Gefangensetzung der Engländer in Preussen und Lübeck keinen Schritt zu thun wage und den Wiederzusammentritt des kgl. Rathes abwarten wolle; meldet, dass der Kg. dem Hm. geschrieben hat und die Plünderung der Preussen und Lübeker freigegeben worden ist. — 1449 Aug. 27.*

K aus SA Königsberg, flandrische Abschrift, vgl. n. 560.

Den ersamen wisen und vorsenighen alderluden des ghemenen coopmans van der Duitschen hanze, nu to Bruege in Vlanderen wesende, unsen bisunderen guden vrunden.

Unse vruntlike groete und wat wii gudes vormoghen alle tiid tovoren. Erbaren guden vrunde. Juwen breeff an uns ghesant, ghescreven upten 5 dach in augusi, in welken gii under anderen worden begheren, vurder to vorvolghene upten breff des rades van Lubeke an den heren koninck ghescreven van der ghenamenen vlate, ene antwort darup to krighene etc.[2], hebbe wii untfanghen und wol vorstaen. Unde beghoren juwer levede to wetene, dat [wii][a] von deme daghe der tidinghe, de desolve bode brachte, dat de Engelschen cooplude in Pruissen und to Lubeke upgehalden synt, myt lyve und gude alzo vorvalghert und vorschuchtert synt, dat wii nicht macht en hadden, de antwort to vorvolghene, alze wii gherne ghedaen wolden hebben. Und de heren sick nu ghescheyden und se komen nicht weddor tosamene bet upten elfften dach in septembri, dan sal hir een groet consul wesen van velen heren des gantzen landes, dan wille wii al unsen vliit doen und wes uns weddervart, dat solle wii ju kont doen myt den ersten. De here koninck, alze wii vorstaen, hevet van syck ghescreven myt dessem selven boden ute vorvolghe der Engelschen, de ore vrunt und gued in Pruissen hebben etc.; und de heren hebben orloff ghegheven, dat men uphalden sal alle de besetten syn under deme heren hoemester van Pruissen und ock wat van Lubeke is, beyde ore liiff und gued. Und uns dunket, se nemen allike wal Peter vor Pauwel und dringhen de cooplude up grote borghen, sal he utkomen, God betert. Anders en weto wii ju nicht sunderlinghes to scrivende. Juwe erbarheyt hirinne to bewisende, alze ju des gentselike to betrouwen. Got sii myt ju tot allen tiiden. Ghescreven under unsem zeghel, upten 27 dach in augusto, anno 49.

Alderman und ghemene coopman van der Duitschen hanze, nu to Londen in Engelant wesende.

560. *Der deutsche Kfm. zu Brügge an den Hm.: meldet, dass er die ihm von Danzig zugesandten Schreiben des Hm. an den Hg. von Burgund und den Rath von Holland übermittelt hat; sendet die Antwort des Rathes, sowie n. 559, welche am 29 Aug. eingelaufen, und versichert, dass er* daghelix ute Engeland yo quader unde quader tidinghe *erhalte; ersucht deshalb, dem von*

a) wii *fehlt K.*
1) *Ein gleichlautendes Schreiben ergieng an den B. von Utrecht, der sich für Kampen verwandt hatte, Rymer a. a. O. S. 235. Vgl. n. 535.* 2) *Vgl. n. 551.*

den Engländern beraubten Kfm. beizustehen und die gefangenen Engländer nicht vor erfolgter Rückerstattung aller Verluste freizugeben, gelick dat de hertoghe van Burgonien hir und in al syner gnade lande umme syner gnade undersaten willen syen Ingelsche gued uten rastomeuten vrii wil laten, so wil bet noch to verstaen hebt, syner gnaden undersaten en syn dan eersten van oren schaden by den vornomeden Engelschen on ghedaen wal to willen vornoeghet und betalt. — *[14]49 Sept. 3.*

SA Königsberg, Or. m. Spuren d. drei Siegel.

561. *Kg. Heinrich von England bevollmächtigt in Erwägung*, quod nonnulla dicantur attemptata et perpetrata hinc inde per subditos nostros et subditos magistri Prucie ad homines patriarum vocatarum le mesne hanse, et presertim non modica multitudo[a] mercatorum hujus regni ac eorum bona et mercandise per subditos magistri predicti ac homines patriarum predictarum nuper in partibus illis arestata fuerunt ac sub hujusmodi aresto ibidem existant de presenti, *seine Räthe Johann*, dominus Duddeley, *und Thomas Kent*[1], utr. jur. dr., *zur Verhandlung mit den Gesandten des Hm.* sufficientem potestatem pro se et subditis suis tam de Prucia quam de dictis patriis vocatis la mesne hanse in hac parte habentibus, — super omnibus et singulis dampnis, injuriis, depredationibus, interfectionibus mercatorum et subditorum utriusque partium predictarum ac de aresto mercatorum, bonorum et mercandisarum predictorum; *ermächtigt sie Genugthuung zu fordern und zu gewähren, sowie zu dem Behuf neue Tagfahrten zu vereinbaren — Westminster, [1449] Sept. 28.* Per ipsum regem et consilium suum.

Public Record office zu London, Franc. 28 Henr. 6 m. 11.
Gedruckt: daraus Rymer Foedera 11 S. 241, wonach hier.

B. Bericht.

562. *Aufzeichnungen [Arnolds von Bremen] über die Verhandlungen der Rsn. der Hansestädte mit dem deutschen Kfm. zu Brügge und dem Hg. von Burgund. — 1449 Aug. 23 — Sept. 30.*

L aus StA Lübeck, Adj. ad n. Batav. 1, Entwurf, schlecht geschrieben und schmutzig erhalten, bezeichnet: Anno presenti scilicet 49.

Notandum, quod in vigilia Bartholomei[b] veniebamus Brugis et prius jacuimus 8 diebus in Antwerpia exspectando pro Coloniensibus, et quia pestilencia ibi incepit idcirco Brugis nos transtulimus. Rursus octo diebus ex post venerunt Colonienses; rursus die sequenti veniebamus in refectorium Carmelitarum, ubi regraciabantur nobis mercatores eo quod ibidem veniebamus propter eos et commune bonum, dixerunt singulariter nobis, quod licet nos verbum merito tenere deberemus, ut scirent, tamen eo quod magister Johannes Kusfelt nosceret causas copmanni, propter quod fecissent ipsum tuli, idcirco petiverunt, quod ipse verbum coram domino gerere posset. Ad primum fuit responsum, quod non esset necesse

a) multitudinem Rymer.

1) *Beide waren bereits am 26 Jul. zur Verhandlung mit dem Hg. von Burgund und den vier Leden von Flandern,* super mutuo intercursu mercandisarum et specialiter de modo vendendi et emendi lanas et pelles lanutas *bevollmächtigt worden. Desgleichen zur Verhandlung mit dem Hg. oder der Herzogin über den Ausgleich der Zwistigkeiten zwischen England, Holland, Seeland und Friesland. Rymer a. a. O. S. 233; vgl. daselbst S. 229 f., und die Instruktionen, Proceedings of the privy council 6 S. 69, 76.* b) *Aug. 23.*

propterea regraciari quod venissemus, quia hoc libenter faceremus, si possemus aliqua facere que tendere possent in bonum rei publice et mercatoris, dar men uns na unsem [be]sten[a] vormoghe gutwyllich ane vynden [solde][b]. Ad secundum diximus nos Lubicenses, quod eo quod sic esset ut [dix]erunt[c] tunc faveremus hoc, tali tamen attento quod hoc faceret nomine consulatus Lubicensis et non alias, ad quod dixerunt sit itaque fieri debere. Ulterius fuit habitus tractatus, in qua forma proposicionem facere deberemus de eorum querelis, et licet fuerunt facti desuper tractatus tamen fuit commissum magistro Johanni Koesfelt, michi et eciam copmanno, ut proposicionem unusquisque faceret, et postquam facti essent, quod conveniremus in unum audiendo et que forma melior esset, quod i[s]ta[d] transiret. Similiter fuit commissum ipsis duobus doctoribus, ut secundum informacionem copmanni fecere articulos super defectibus unde gebreken et transferrent illos de Theutunica in Latinum.

2. Quinta feria ante crucis[1] eramus coram domino[2] faciendo proposicionem nostram, qui audita proposicione dixit per cancellarium, quod bene intellexisset et vellet aliquos deputare qui communicare nobiscum deberent super singulis, qui ulterius relacionem facere domino deberent et postquam dominus cognoscisset vellet expedicionem nobis brevem facere etc. Sabbato ex post intravimus tractatus cum suis consiliariis ad hoc deputatis et dedimus eis copiam defectuum; communicacio eciam inter nos fuit habita ut recordor. Sic[e] stetit usque in feriam quartam post crucis[3]. Solicitavimus cancellarium proxima die post Michahelis, que cecidit in feriam terciam[4], dederunt responsum nobis in scripto feria quinta ex post, communicacio fuit inter nos habita nulla, tractavimus que nobis defecerunt in regnis[5]. Sabbato ex post eramus cum Brugensibus tractati a commissariis etc.[6].

3. Scis[f] que acta sunt feria quinta post nativitatis Marie[7] eo quod certa concepta sunt per nos, ut ipsimet desiderabant, juxta puncta nobis concessa et expedicionem habere non potuimus; adivimus dominum Tornacencem exponendo sibi singularia, ut scis, in fine petendo licenciam, qui supplicavit, ut talia non faceremus, ipse enim ordinare vellet, quod eodem die expediri deberemus etc. Scio dominica proxima ante quatuor tempora[8] recepimus licenciam a domino cancellario in absencia domini ducis et res fuit perfecta[9]. Altera die recessimus[10] et tercia feria ex post[g]. . . . .

C. Verträge.

563. Uebereinkunft der Gesandten des Kg. von England, des Hm. und der Hanse-

a) [illegible] L. b) solde fehlt L. c) [illegible] L. d) [illegible] L. e) Das Folgende mit anderer Tinte. f) § 3 auf der Rückseite des Bl. g) [illegible] bricht das Ks. ab.

1) *Sept. 11.* 2) *In Brüssel, um 12. erliess der Hg. von hier aus die Forderung der Salz- und Kornsteuer.* 3) *Sept. 17.* 4) *Sept. 30.* 5) *Scil. Angliae.* 6) *Ebenso feierte Brügge die Hm. nach Abschluss der Verhandlungen:* Item betaelt van eener eerliker maaltiit, ghegheven up taccpenbane den 22. in december den radessendeboden ende onderlinden van der Duudscher hanse, die hier quamen in eene heerlike ambassade, metgaders den buerchmeesters ende de ghemeene wet, baillin, scouteeten, de hofmeester, de leden slands van Vlaendren ende alle die buerchmeesters ghewesiat hebben, 53 *fl* 5 *β* 4 *₰* gr. valent 639 L 4 *β*, *heisst es in der brügger Stadtrechn. 1449/50 f. 61. Sonst berichtet sie noch f. 58:* Item 26 in octobre betaelt meester Pieteren van den Vagheviere van coeten als de Oosterlinghen vergadert waren metter wet 9 *β* 8 *₰*; item omme boeken ende registrum 8 *β* gr., comt 17 *β* 8 *₰* gr., valen 10 L 18 *β*. 7) *Sept. 11.* 8) *Sept 14.* 9) *Vgl. damit n. 564 f.* 10) *Nach Brügge zurück.*

städte über Abhaltung einer Tagfahrt zu Utrecht im Jun. 1450. — Brügge, 1449 Nov. 2[1].

D aus StA Danzig, Schbl. XXVI n. 38 f. 12, vgl. n. 594.
K StA Königsberg, flandrische Abschrift mit Verschlickungsschnitten.

Ex eo quod multa dicantur attemplata hinc inde contra antiquas amicicias inter serenissimum et christianissimum principem regem Anglie et Francie etc., magnificum et religiosum virum magnum magistrum Prucie et inclitas civitates hanze Theutonice, ex quibus multa dampna subditis utriusque partis provenerunt et fructus qui ex mutuo intercursu mercandisarum solebat provenire impeditur: ad providendum predictis ambaciatores dicti serenissimi principis regis et ambaciatores dicti magni magistri et communium civitatum predictarum apud Bruggis existentes anno domini 1449 mense octobris diversas communicaciones invicem habuerunt. Et quia ambaciatores dicti magni magistri et civitatum, ut dicebant, potestatem non habebant ad appunctuandum et concludendum sed solummodo mandatum ad (communicandum)[a], fuit inter dictos ambaciatores per viam advisamenti communicatum ut sequitur, non virtute alicujus auctoritatis (eisdem[b] commisse) sed solummodo sub ratificacione et approbatione dicti serenissimi regis, magni magistri et civitatum, si et in quantum eis placeret.

1. In primis quod pro reparacione omnium predictorum attemplatorum hinc inde tenebitur una dieta in mense junii proxime futura in civitate Trajecti inferioris, ad quam tenendam tam dicti serenissimus rex quam magnificus magnus magister Prucie et civitates predicte transmittent suos ambaciatores plene et sufficienter fulcitos autoritatibus, mandatis et instructionibus ad appunctuandum et concludendum super reformacione predicta in forma meliori, que inter dictas partes concludi poterit concorditer in dicta dieta.

2. Item cum, ut dicitur, diverse persone detineantur tam ex una quam ex altera parte et eciam diversa bona, naves et mercandise teneantur sub arresto, propositum fuit per dicti serenissimi regis ambaciatores, quod bona et naves aut ad minus persone dicte deliberarentur nunc vel quam primum presentes communicationes fuerint per dictum serenissimum regem, magnum magistrum et civitates approbate et ratificate, in quod dicti magni magistri et civitatum ambaciatores, eo quod desuper potestatem non habebant, prout dicebant, consentire non po[tuerunt][c] sed statuerunt illud in voluntatem dicti magistri et civitatum hanze predicte, adicientes, quod si aliqua facere possent que tenderent in dicte dicte observacionem, (pacis[d] reparacionem) et utilitatem communis boni, ad ea benivolos in quantum in ipsis esset exhibere se vellent.

3. Item si predicta communicatio predictis serenissimo regi, magno magistro et civitatibus videatur acceptanda, communicatum est, quod dominus serenissimus rex de voluntate sua scribat litteras suas ad dictum magnificum magistrum et ad civitatem Lubicensem, et eciam dictus magnus magister et ipsa civitas Lubicensis scribere habebit de intentione sua ad ipsum serenissimum regem.

4. Item communicatum est, si placeret dicto serenissimo regi predictas suas litteras infra mensem a die presencium in villam Bruggis destinare, dicti ambaciatores civitatum aut aldermanni mercatorum hanze Teutonice Bruggis residentes

a) so K, communicandum D. b) eisdem commisse K, fehlt D. c) possunt D.
d) pacis reparacionem K, fehlt D.

[1]) *Deutsche Uebersetzungen des Abkommens befinden sich im StA Danzig, 1) Schbl. XXVI n. 38 f. 11 (auf einem Doppelbl. m. dem Urtext), 2) daselbst f. 10, später eingeheftetes Bl., und 3) Abschrift von 1, lose anliegend. Ferner im StA Köln, Hansische flandr. Verhandl. 1449, sign. n. 30, vgl. n. 564, f. 9.*

eas transmittent, et procurabunt quam cito fieri poterit, [quod][a] prefati magister et civitas Lubicensis suas litteras [eciam][b] transmittent ad ipsum serenissimum regem.

5. Item communicatum est, si predicta placeant, quod a tempore receptionis litterarum dicti magistri et civitatis per ipsum serenissimum regem usque ad festum sancti Martini proxime tunc futurum, quemcunque exitum dicta dieta celebranda ut supra habuerit, mercatores et omnes gentes utrarumque partium poterunt cum suis personis, navibus et bonis libere ire et venire, mercandisare et sua negocia peragere in parte alia sine impedimento, perturbacione, inquietatione, vexatione seu arresto.

Habita fuit dicta communicatio in villa de Bruggis, anno domini 1449, et signatum secunda die novembris.

Magister Thomas Kent, clericus consilii regis Anglie.

564. *Hg. Philipp von Burgund beurkundet, dass er zufolge der Beschwerden der Rsn. der Hansestädte und des deutschen Kfm. zu Brügge einige Commissare zur Untersuchung der jenen von den kgl. Beamten widerfahrenen Bedrückungen ernannt habe, welche ihm* (in magno concilio nostro) *nach vielfachen Verhandlungen mit jenen einen Bericht erstattet, auf Grund dessen er nach reiflicher Berathung den Hanseaten auf so lange, dass sie Flandern mit ihren Kaufmannswaaren besuchen werden, folgende Freiheiten ertheilen wolle: 1. die kgl. Kammer von Flandern soll hinfort alle Klagen von Hanseaten gegen kgl. Beamte, Städte oder Einzelpersonen entgegennehmen und* de die ad aliam *entscheiden, wobei es den Hanseaten unbenommen bleibt, von der Kammer an den Hg. oder dessen grossen Rath zu appelliren; 2. die Hanseaten dürfen fortan über ihnen in bürgerlichen Rechtsfällen arretirte Güter und Waaren auch während der Dauer des Arrestes gegen Bürgschaftsstellung frei disponiren und ebenso ihre Person gegen Caution vor dem Gefängniss schützen*[1]; *3. schiffbrüchiges Gut dürfen sie frei fischen lassen, die kgl. Beamten sollen sie dabei unterstützen; 4. die Aufnahme von Seeräubern in flandrischen Häfen wird untersagt und dafür Sorge getragen werden, dass die Hanseaten beim Aus- und Einlaufen in flandrische Häfen* infra spacium seu distancium unius leuce Flandrensis *nicht beschädigt werden, dafür sollen sie jedoch auch ihrerseits im Kriegsfall die Neutralität dieses Striches respektiren. — Alle den Hanseaten früher, sei es von den Vorfahren des Hg., sei es von den flandrischen Städten ertheilten Privilegien bleiben in Kraft. — Brügge, 1449 Dec. 13.*

StA Lübeck, Trese, Batavica n. 198, Or. Perg. m. anhangendem Siegel.
StA Köln 1) Privilegiencop. d. Kfm. in Brügge n. 257 f. 33; 2) desgl. n. 296 f. 134 (deutsche Uebersetzung f. 136); 3) Handschr. flandr. Verhandl. n. 50, f. 1 b, vgl. n. 563, 565 f., 569 f., 572.
SA Königsberg, 2 Abschriften, eine von Lüb., die zweite von danziger Hand.
Gedruckt: (aus L) sehr fehlerhaft Dreyer Spec. jur. publ. Lub. S. 259 — 263.

565. *Uebereinkunft der Deputirten des Hg. von Burgund und der Rsn. der Hansestädte über verschiedene gegenseitige Beschwerden. — 1449 Dec. 14.*

a) *quod fehlt D K; onde sullen wi warven so vro alse dat schein mach, dat kumpt it in der Uebersetzung.* b) *an D K.*
[1]) *Vgl. n. 367.*

K 1. 2 aus StA Köln. 1) Privilegiencopiar. des Kfm. zu Brügge n. 296 f. 138 b; 2) Hanseakr. Handr. Verhandlung. 1449, vgl. n. 564, f. 4.
Kg StA Königsberg. Abschrift, enthält blos § 1—3[1].

Sequitur[a] sedula concepta et per modum indenture facta per et inter commissarios illustrissimi ac potentissimi principis domini Philippi Dei gracia Burgondie et Brabancie etc. ducis ac Flandrie comitis parte ex una, ac spectabiles ac egregios viros oratores et ambassiatores civitatum et villarum nec non aldermannorum hanse Theutonice sacri Romani imperii in villa Bruggensi apud evidentem dominum propter hoc congregatos parte ex altera, per dictas partes hinc inde signata.

A. Et[b] primo sequuntur articuli ex parte dicti domini ducis admiss(i)[c] ad nunc casu quo decem civitates hanse illos acceptare voluerint, quos quidem articulos oratores prefati fideliter referent et reportabunt.

1. Et[d] primo quantum ad quinquagesimum denarium receptum in Gravelingues a mercatoribus eorum etc.: respondetur, quod mercatores de hansa prefata de bonis et mercanciis suis propriis, quas de partibus eorum in Flandriam de cetero ducent vel ducere facient[2] et non ultra, vel alibi emptis et permutatis per locum dictum ductis aut reductis jura ejusdem theolonei de Gravelingues solvere tenebuntur, quamdiu theoloneum ibidem solvetur et durabit; salvo eciam quod de bonis que de Flandria in Gravelingues (duci facient)[e] et non ultra et in Flandriam (re)duci[f] dictum theoloneum solvere non tenebuntur.

2. Item super banno mercatoribus suis Bruggis de cetero non infligendo per secretas informaciones nec alias etc.: respondetur, quod dominus dux per commissarios suos communicacione super hoc articulo per plures dies cum lege Bruggis jam habita, ob favorem singularem dictorum mercatorum et ut magis astricti sint dictam suam villam frequentare, consenciit et ordinavit, quod de cetero mercatores hanse prefate per nullam secretam informacionem banniri poterunt nec (condempnari)[g], sed quod in omni causa criminali tangenti vitam vel membrum aut punicionem banni expressis verbis in privilegiis dicte ville sue declaratam, quorum si opus fuerit (eis)[h] dabitur copia, mercatores predicti vocabuntur una citacione vel vocacione citoria[i] vel peremptoria (pro)[k] omnibus in loco illo, ubi tempore delicti commissi moram trahebant aut conversabantur; que quidem citacio per legem de Bruggis eadem die qua fiet citacio[l] de predictis vel in crastino significabitur ad minus duobus ex aldermannis in predicta villa residentibus, quatenus si velint eandem citacionem intiment ubi opus fuerit, ad finem quod citatus infra terminum sex mensium post hujusmodi significacionem factam responsurus veniat si velit, qui si[m] venerit aut comparaverit[n] et convictus fuerit per confessionem propriam, facti evidenciam vel alias operaciones[o] legitimas punietur secundum contenta privilegiorum ville prefate. Et similiter proc(e)detur[p], communicetur et punietur si non venerit et contumax fuerit. Sed in omni (alio[q]

a) Der Eingang, Sequitur — signata, fehlt K2 Kg. b) Et — reportabunt fehlt K2, Kg. K2 lautet statt dessen: Sequuntur responsiones etc. per dominum ducem dictis ambassiatoribus etc. super illis que [illegible] sunt salva deliberacione et consensu civitatum hanse. c) admisse K1. d) Primo quantum K2, Item quantum Kg. e) duci faciunt K2 Kg fehlt K1. f) duci K1, reduci K2 Kg. g) condempnari K2, informari K1. h) eis K2 fehlt K1. i) citoria vel fehlt K2 Kg. k) pro K2, in K1. l) citacio predicta K2. m) si Kg, ex K1 2. n) comparuerit K2. o) probaciones K2 Kg. p) procedatur K2 Kg, procedetur K1. q) alio casu K2 Kg, loco K1.

1) *K2 und Kg repräsentiren einen der definitiven Fassung, wie sie in K1 vorliegt, vorausgehenden Entwurf.* 2) *K2 und Kg fügen nach* facient *statt* et non ultra *ein:* et vendere non poterunt ibidem aut noluerint, quod per dictum locum de Gravelingues eos transducere et transduci facere poterint ad Caleisiam vel in Angliam libere absque solucione dicti quinquagesimi denarii; de aliis autem eorum bonis in Flandria vel alibi emptis *u. s. w.*

casu) et delicto in dictis privilegiis per verba expressa non declarato, licet frequenter in talibus per bannum (procedi)[a] consuetum fuerit aut sit, quod tamen de cetero contra mercatores predictos amplius hujusmodi bannus locum non habebit sed procedetur contra delinquentes vocatos et auditos ut dictum est per alium modum punicionis secundum qualitatem delicti.

3. Item quantum ad punctum monop(o)liorum[b], que fiunt in villa Bruggensi falsitates[c] et fraudes tam in pipis quam in vasis olei quam in diversis speciebus, mercancis et mercimoniis: respondetur, quod ista materia tangit nedum dominum ducem sed[d] rem publicam et m(e)rcanciam[e] communem[f] eciam honorem[g] ville sue prefate, et quod propterea super hiis tempore et loco oportunis provideri faciet de remedio et[h] justicia taliter quod Deo dante plus non advenient similia.

B. Sequuntur[i] articuli de certis querimoniis propositis pro parte dictorum oratorum et aldermannorum hanse Theutonice super quibus dictus dominus dux eis justiciam facere annuit.

1. Primo super peticionem et restitucionem quarumdam terlingorum pannorum Anglie: respondetur, si et in quantum constare fecerint coram concilio Flandrie, procuratore domini ducis vocato et audito, ipsos captos fuisse in alto et pleno mari, quod dominus dux (ipsos)[k] restitui faciet vel valorem eorundem, et si alibi capti fuerint, stent in jure suo (contra)[l] alios[1].

2. Item quantum ad restitucionem quam sibi petunt fieri de quadam manda cum mercandisiis intus existentibus per Boncer Olivier etc.: dominus ordinavit, quatenus per dictum Boncer Olivier singula eis reddantur aut restituantur vel valor eorundem.

3. Item[m] quantum ad restitucionem quam sibi petunt de assisiis serviciarum[n] suarum in Novo Portu venditarum etc.: respondetur, quod[o] ex quo dicti de Novo Portu in contrarium se asserunt privilegiatos, quod dominus partibus auditis dictis mercatoribus super hoc fieri faciet similiter bonam justiciam, si prosequi eandem voluerint et habere.

4. Item quantum ad duas tonnas de salpeter, certam packam pannorum Anglie et numerum certorum nobilium sive denariorum auri captas per Johannem Narge et suos complices, et bona Gerlaci van der Leye per Parent Fane arrestata etc.: respondetur, quod de et super hiis omnibus et singulis dampnificatis eorum dominus faciet fieri celeriter et summarie partibus auditis justicie complementum[2].

a) procedi K2 K3 fehlt K1. b) monopoliorum K2 K3, monopliorum K1. c) falsitas K2. d) sed et K2 K3. e) mercanciam K2 K3, mercancariam K1 K2 K3. f) eorum communem K2. g) vel honorem K1. h) et eciam de K2. i) Die Ueberschrift B lautet in K3: Sequuntur responsiones ex parte metuendissimi domini nostri ducis date super certis querelis et articulis per venerabiles et egregios ambaxiatores et oratores civitatum et villarum hanse Theutonice sacri Romani imperii dominacioni sue in scriptis datis et porrectis. k) ipsos K2 fehlt K1. l) contra K2, quam K1. m) § 3 folgt in K2 nach § 4. n) serviciorum K2. o) quod fehlt K3.

[1]) *K2 fügt noch § 1 ein:* Item super requesta facta pro parte Johannis Roerdam: respondetur, quod dominus eum faciet assignari et contentari de resta sibi adhuc debita.

[2]) *In K2 folgen hierauf noch die nachstehenden Paragraphen, deren Wegbleiben aus dem Schlussrecess sich theils durch Erledigung der Frage, wie auch oben Anm. 1, theils durch den Wortlaut von C § 1 — 3 erklärt:* Item quantum ad punctum trium librarum grossorum, quas sibi per villam de Sluus restitui petunt: videtur domino duci, ex quo sentencia super hoc lata in rem transiit judicatam, quod bene se poterunt ab illa requesta departare.

Sequuntur puncta ex parte domini ducis predictis ambaxiatoribus requirenda:

1. Primo requiritur ab eis, sicuti sibi fieri volunt restitucionem prefatis qualiter eciam restitui procurent et faciant subditos domini dampnificatos per eos.

2. Item qualiter defferendi facere velint per omnes partes et dominia sua pannos Anglicanos juxta tenorem edictorum et deffencionum jam dudum super hoc factorum et publicatorum per omnes patrias domini ducis, de quibus eis traditur copia autentica; et si quantum ad presens

C. Preterea[a] sequuntur hec requesta ex parte domini ducis Burgondie et Brabancie supernominati predictis oratoribus facte una cum responsionibus datis per dictos oratores super tenore et continencia articulorum eorundem.

1. Ad[b] primum de restitucione facienda subditis domini ducis dampnificatis per suos: respondetur, (quod)[c] scribant dampnificati in quibus, quando, ubi et per quos dampna receperunt, speratur procurari (quod)[c] aut rescribentur ea per (partem[d] adversarii per) que merito querulantes[e] debeant contentari aut justicia offeretur recipienda a suo superiore aut (a)[f] competente judice adversariorum.

2. Ad[g] secundum de pannis Anglicanis prohibendis etc.: respondetur, (quod)[c] nulla (est nobis)[g] super isto data potestas aut mandatum, sed si et in quantum dominus dux ad dietam Bremensem aliquem civitatum ex suis hac de causa destinaverit, speratur, quod congruum et racionabile illi dabitur responsum, et ordinabitur quod articulus iste scribetur civitatibus convocandis ibidem, et audita a commissariis nostris hic dictis civitatibus meliori modo quo fieri potest proponentur[h].

3. Ad[i] tercium de stapula in Flandria constituenda etc.: respondetur, quantum possibile fuerit inducentur civitates ad annuendum, dummodo tamen impedimentum non prestetur per piratas in mari et depredaciones et per theolonia gravia in Hollandia, Zeelandia et Brabancia.

4. Ad[k] quartum de illis de Rostock: respondetur, quod hujus articuli materiam dominis Lubicensibus expediendam committant taliter, quod ipsi restituentibus vocatis eos informent, [quod][l] summam 100 librarum grossorum via composicionis et concordie oblatam recipiant.

5. Ad[m] quintum de brevibus seu curtis vinis etc., respondetur, (quod)[n] speratur optineri a civitatibus et fiet melius pro primo[o] salvis tamen privilegiis nostris et juribus[p] cujuslibet.

Conclusa[q] fuit presens cedula inter dominos commissarios et oratores prefatos Brugis, die 14 mensis decembris, anno 49.

a) In K? lautet die Überschrift: [illegible] proposita etc. data per oratores etc. b) ad primum respondetur K?. c) quod K? fehlt Kl. d) partem — per K?, fehlt Kl. e) querulantes K?. f) a K? fehlt Kl. g) Ad secundum respondetur, quod super isto nulla (?) est nobis data Kl, quod n. est nobis fehlt Kl. h) proponatur K? i) Ad 3. respondetur K?. k) § 4 lautet in Kl: Ad 4 respondetur, quod domini de Lubeke [illegible] [illegible] [illegible] l) ad Kl. m) Ad 5. respondetur K?. n) quod K? fehlt Kl. o) illo K? p) jure K?. q) Conclusa — 49 fehlt Kl.

in mandatis specialiter hoc faciendi non habeant, quod tamen in dieta de Bremis in pascate proxime inter eos celebranda tantum laborare et materiam solicitare velint serenissimum regem Dacie; pro eadem materia dominus jam conclusit aliquem ex suis servitoribus destinare.

3. Item visis privilegiis et favoribus quos in partibus istis pre ceteris mercatoribus habent et quod etiam dominus dux jam ordinavit et execucioni mandari faciet edicta statuta et defensiones contra piratas communes et alios eorum inimicos, ut premittitur, requiruntur ab eis, quatinus de cetero stapulam omnium bonorum et mercanciarum suorum in patria Flandrie constituere velint et non alibi certis sub penis ad hoc indicendis et infligendis.

4. Item ex quo dominus dux jam fecit justiciam fieri mercatoribus de Rostick per illos de Novo Portu et Lombartsyde dampnificatis, quam dimittentes duos ex opidanis hujus ville ceperunt, quos adhuc in carceribus detinent, quatinus viam justicie hujusmodi, quam minime ut decuit prosecuti sunt, tantum facere velint, quod dicti captivi liberari possint, nam dicti de Novo Portu et Lombartsiide, licet pauperes valde sint, per medium composicionis offerunt centum [illegible] gr. pro restitucione infra quatuor annos sub bona caucione solvendas, et una cum hoc omni appellacioni et processui parlamenti renunciare.

5. Item ex quo super 10 punctis tangentibus villam Brugensem appunctuati sunt excepto illo solo (!) de assisia brevium vel curtorum vinorum, quatinus in favorem domini predictum articulum ad quatuor annos continuare velint sub spe pacis et concordie future.

D. Gesandtschaftsakten.

566. *Aufzeichnung über eine Verhandlung der Rsn. der Hansestädte mit den zu Brügge befindlichen Hanseaten, betreffend das Verbot jedes kaufmännischen Verkehrs mit dem Hause van Nyenhoven. — 1449 Dec. 14.*

K aus StA Köln, Handschr. flandr. Verhandl. 1449, sign. n. 30, vgl. n. 561, f. 7. Von a. Hand a. R. bemerkt: Legatur domini.

Item des sondaigs na sent Luciien daige anno etc. 49 do wairen verbolt zo Brugge in den reventer zo komen alle dieghene die zo der Duytscher hanszen hoirten, beyde van kouffluden ind schiffluden, up die ziit zo Brugge, zo dem Damme ind zo der Sluysse wairen, ind waren alle vergadert umbtriint 600 man etc. in untgaenwordicheit der eirber herren sendebolden van der gemeynre Duytscher hanszen ind der alderlude mit hiiwesen des coepmans raide. Ind wart den vurgescreven kouffluden ind schiffluden vurbracht, so wie dat eyn porter van Brugge, genant Johan van Nyenhoyven, der stat van Brugge assiiser geweist were, ind in der ziit dat he assiiser was, so were komen eyn kouffman van Neder Wesell mit siinen wiinen zo Brugge under den craenen ind gesan alda zo wynden, ind dede denselven Johan van Nyenhoeven, assiser up die ziit, hoelen, siine wiine up zo schriiffen, als he dede, ind betzailde siin craengelt; ind en konde der sleden nyet gekriigen, siine wiine vur siine taverne zo voyren ind want id dan zo dem avende gienge ind besorgede sich schaldens zo liiden intgaen die nacht ind siine taverne na bii dem craenen geleigen was, so nam he Giisbret Wiitung, koipman van der Duytscher hansze, siins selffs broedege gesynde ind diener ind siinen wirt ind scheven die wiine vur siinen kelre. Ind umb dat he dat gedain hedde, so quam der vurgescreven Johan etc. assiiser ind bracht eynen des herren knapen mit yem ind dede den koupman vurgescreven up den steyn legen in dat gefenckniise, ind hielte yn aldae zwae nacht ind eynen dach sonder scholt off mysdaet. Ind doe he also lach gefangen, moiste he siine wiine verkouffen eyme porter ind umb des gedrangs ind gefenckniisse naerre gheven dan sii yem wuill hedden mogen gelden etc. Ind do he die wiine verkoufft hadde, do liessen sii yn uyss dem gefenckniisse sonder eyniche wort off clacht oever yn zo doin. Ind want he dan dat mit groisseliche int reicht intgain unse vriiheit ind privilegien gedain hait, die wilche also staint, inneheldent ind uysswiisent, dat man egheynen coepman van der Duytzer hansze vangen noch up den steyn legen noch setzen en sall i[a][a] so verre dat he also viell guetz bynnen Brugge hait als siine boisse draigen mach, off dat he gude[b] [burgen][c] dar vur setzen ind stellen mach, id en were dan sache dat id liiff off liit antreffende were; int want dan dese vurgescreven koepman Giisbrecht nyet mysdaen en hadde ind off he waell mysdain hedde gehadt so hedde he guetz genoich gehadt vur siine bruchte, ind darboyven holde siin wirt yn zo verburgen vur duyseut gulden, ind off he des nyet geloe[ff]t[d] en were so seulden siine nabeeren vor yn mit geloyven, dat allit geyne stade noch helpen moichte, den der kouffman moiste up des steyn ind also verschempt siin, umb siinen hoemoet ind willen daemit zo driiven ind zo haven etc. Alsus wart dat gefordert ind gesonnen van den eirberen herren sendebolden der gemeynre steide, die aldaer gesant waeren in dem jare 47, in en moechte egheyn geliich noch besserunge daevan gediien noch wederfaren[1]. Desselven geliichs wart dat unreicht ind der hoemoet ouch nu van den eirsamen herren sendebolden der gemeynre

a) ja K. b) guden K. c) burgen fehlt K. d) geloeft K.

1) Vgl. n. 343 § 33 ff.

hensesteide vurbracht, beclaigt ind vurgestalt, die nu dar gesant waeren in dem jaire 49, ind yn en moechte noch en konde ouch darvur egheyn geliich geschien noch wederfaren van deme herren hertzougen etc. ind ouch van der stat Brugge, wiewaile dat man duckwiile gutlichen versoichte van den herren van Brugge in yrre raetzkameren ind in untgaenwordicheit des vurscreven Johans van Nyenhoyven, porters to Brugge. Ind want dit allit alsus vervolgt is geworden, so wart up den vurscreven sondach den vurscreven koufflnden ind schiffluden geboiden van den herren sendeboiden der gemeynre steide, dat nyemant van der hanze, he sii wer he sii, untgaen noch mit des vurgescreven Johans vader, mit yem noch mit siinen zwen broederen, koupluden, en sall in gelden noch yn verkouffen up die pene eynre marck goultz, als ducke dat geschege, ind dede yemant dat boyven dri werff up dat verburnisse der hensse, ind der boisen nyemant zo laissen.

E. Korrespondenz der Rathssendeboten.

567. *Köln an Gerhard Hair: erklärt, dass der EB. von Köln seinen Bund mit England noch nicht gelöst und eine Aufsage Köln nicht schädigen könne; weist ihn an, mit den englischen Gesandten ein Abkommen zu Gunsten der Kölner zu treffen, falls deren Verhandlungen mit den Hansestädten zu keinem Ergebniss führen sollten. — 1449 Okt. 21.*

K aus StA Köln, Copienbücher 19 f. 143 b, überschrieben: Her Gerart Hair.

Eirsame lieve getruwe. Wir verstain uss urre schrifft under anderen worden, dat uch Heinrich die junge secretarius des kouffmans van Engelant vurbracht have, dat der erwirdige unse besunder lieve herre artzbusschof zo Colne etc. syn verbuntnisse dem koeninge van Engelant upschryven ind sagen wille etc. So hain wir darna doin ervaeren, dat dat upschryven noch nyet geschiet is, ind willen ouch dar vorder in doin kallen[1]. Doch off dat umber geschege, meynen wir, ir zo guder maissen underwyst syt, wes wir ind unse stat gefryet ind sunderlingen, dat wir nyet panthar noch bedeplichtich up dat stifft van Colne syn ind sulchs damit [nyet][a] zo doin haven, daromb wir off unse burger mit reden der sachen halven zo archwilligen off zo schedigen weren. Ind wes dem, want unse burger dan dat irt treffligen in den landen haint, wurden sich die gebreche der hansestede as verre in den kallongen ader dadingen verlouffen, dat da unwille van zo besorgen stoende, as ir na gelegenen sachen vernemen moigt, so begeren wir mit ernste van uch, mit unss gnedigen herren des koeninges van Engelant botschafft, die in Vlaenderen is off dar komende wirt, unsen guden willen ind vruntlige bewiisongen van langen jairen her untghain der krone ind lande van Engelant ind wes da vorder na noitdurfft vorchlichste were, furzobrengen ind mit yn zo versprechen up eynen wech, dat die unse nyet versnellet noch an yrme gude noch in Engelant wesende beschedicht ind dit zo guder maissen uss den landen sen schaden krygen mogen. Sunderlingen wilt ouch bedacht syn, off die vurscreven dachfart sen fruntlich ende nyet zo en gienge, dat die unse dan boyven dat recess, dat zo Bremen zogelaissen is, nyet beswirt noch beschedicht werden. Ind wilt uch darynne as fruntligen bewisen, as wir uch des ind alles guden genzliges betruwen, dat kenne unse herre Got, die uch zo langen zyden gesparen willen. Geschreven up der heilgen 11000 maede dach, anno etc. 49.

a) nyet *fehlt K.*

1) *Der EB. hatte seine Pension, die er von England bezog, einige Zeit nicht erhalten, doch wurde sie 1450 ihm wieder zugesichert. Rymer Foedera 11 S. 269, Proceedings of the privy council 6 S. 92.*

568. *Köln an Johann von Koesfeld: verweist auf n. 567 und ersucht, Hair mit Rath und That beizustehen.* — *1449 Okt. 27* (ut supra).

StA Köln, Copienbücher 19 f. 143 b, überschrieben: Hern Johann van Coisfelt etc.

569. *Der deutsche Kfm. in England an die Rsn. der Hansestädte: sendet Anweisungen zu den Verhandlungen mit den Engländern und ersucht, unter Beifügung von Geschenken, sie zu befolgen.* — *1449 Okt. 30.*

K aus StA Köln, Handschr. flandr. Verhandl. 1449, sign. n. 30, vgl. n. 564. f. 22, überschrieben: Dit is copie des brieffs, den die alderlude uyss Engelant an der gemeynen hansesteide vrunde zo Brugghe zo deser zit vergadert, geschreven haint. Ind hait sich doch de materie nyet ervolgt as dies brieff dat uyswiset.

Den eirwerdigen sendebaden der gemeynen hansesteden, nu to Brugge wesende, unsen besonderen lieven heren ind vrunden etc.

Unse fruntlike groete ind wes wii gudes vermolgen altiid vorschreven. Eirbaren heren ind sunderlinges guden frunde. Ghii hebben van Henricum unsen derck waell verstaen, wodanne wiis wii hiir restituert siin in unse privilegien, sonder ene clausule es in d[en]ᵃ breve, die wii darupp hebben, de seget quousque aliud a nobis etc. Ind umb der clausulen willen en konnen wii noch nicht claer geweten, wer wii bii unsen privilegien sullen staen eder nicht. Wii hebben umb der subsidien willen burge gestelt, gelt in handen gelacht ind ock pande darvor gestalt, ind darvan en konnen wii noch ter tiit gheen bescheit gekrigen, wer wii darvan vrii sullen staen eder nicht. Also dat wii nicht anders konnen gemerken, dan dat quousque will staen so lange dat tiidinge komet, wat ghii dar slutende werdet. Ind darumb, erbaren heren, werdt guet, worde gii dar wes sluten met den sendeboiden van hiir, dat dat in der composicien vorwart worde, dat men uns vul ind alle bii privilegien sall halden medio tempore dat de ander dach sall siin, ind vrii gheven unse burgen die wii gesat hebben vor de subsidie. Ind wes wii in handen gelacht hebben off rede darvan utgegeven hebben, dat men dat heell ind all restitueren sall, anders sullen de van Lubeke ind Hamborgh dar groit goit ynne verlesen. Ock eirbaren heren, so moechte ghii de stede ind koepman besorgen, wat provisien se doen willen, dat men dagelix den koepman aldus siin gued nomet, het schut noch alle daige, alset is wol ten oren komet. Willen se gene vier stede darvor gebunden hebben, den schaden den se doen weirden na deser tiit to betalne, dan moechte ghii vortasten, off enich van beiden delen den anderen na dem daige beschedigede, umb den schaden seulde man drii werff maninge doin ind queme dar danne geyne betalinge van, dan seulde man restereu so viele guedes also die schaide toqueme, dat guet in restement to halden solange dat de schaide betailt were. Warumb eirberen heren wii vrentliken van ju begerende siin, dat ghii woell willen doen ind besorgen den koepman in desen twen punten. Ind up dat gii des de bet sullen te herten nemen ind der in juwer handelinge nicht vorgeten, so sende wii ju elck eyn bonetken ind 1 grote nastelinge darin, ind bidden ju dat in dancken to nemen. Ind schriivet uns doch, wes ghii voelende werden an die ambasiators van hiir, wat wege sii vornemen. Men seget uns hiir schone [wort]ᵇ, sonder seggen ind doen is nicht alles[n]sᶜ. Ind darmede bevele wii ju den almechtigen Goide ind uns altiit gebiedende. Geschreven des donresdages vor aller heillgen dach, anno 49.

Alderman unde gemene koepman van der Duetscher hense, nu to Londen wesende.

a) ind K. b) wort fehlt K. c) alless K.

570. *Desgleichen: meldet, dass der Gebrauch der Privilegien ihm seit der Rückkehr von Kent wieder zugestanden und die zu Brügge vereinbarte Tagfahrt vom Kg. beliebt worden ist, der Seeraub jedoch seinen Fortgang nimmt; ersucht, den Kfm. zu warnen. — 1449 Dec. 7.*

K aus StA Köln, Handschr. flandr. Verhandl. 1449, sign. n. 60, vgl. n. 561. f. 23.

Den eirberen wisen und vorsenigen heren sendeboden der gemeynen hansesteide to Brugge in Vlaenderen wesende, unsen lieven heren ind sunderlinges guden vrunden.

Unse fruntlike grote und wes wii gudes vormoigen alle tziit tovoeren. Eirbaren heren und sunderlinges guden frunde. Wii hebben ju vor deser tiit geschreven, dat wii restituert weren tot unsen privilegien, sonder dat was gedaen met ener clausulen dar ingethaghen ter tiit to dat de koeninck anders to raide worde, ind umb dat die worde darynne geroret weren so en konde wii nicht ten ende ghekomen, wer wii unse vriidom gebruken solden eder nicht. Dan nu late dat meister Thomas Kent es gekomen in des koninges raedt und hevet siine relacie gedaen, ind uyt siiner relacien hevet uns de koeninck andere brieve gegeven, dat wii vull ind all, allerleye condicien dar ute gelaten, sullen bii unsen privilegien ind vriiheiden staen, die van Lubeke ind van Dantzke allene utgenoymen. Nochtant en konne wii nicht verwaer schriiven, wo wii darmede varen sullen; die custumers en meynen dar nicht van to halden, und wii menen se sullen, und dit hanget noch ant recht. Sonder wii hapen des besten. Hiir es ock siint dat meister Thomas Kent quam ene generale proclamacie gemaket aver alle dit lant, dat alle die van der hanse und Pruessen und Hollant, Zeelant, Brabant und Vlaenderen vrii und velich mit yren guderen sullen komen und gaen, nyemant en to mysdoende an liive ind gude up die pene dat sall vallen daraff. Sonder lieven heren, dar es quaet troestes to, wii und ock die Hollanders und Zeelanders werden alle daige ghenamen. Se hebben nu kurt twe Pruessche holke genamen in die Westkost, Hoppenbruwer und Peter Reynken, komende van Lissebon, und dat hebben die van Londen und die van Hull gedain. Ock liggen hiir vor der Themese und tusschen Jerremude dre off viir ballingers und nemen wat se krigen konnen. Se hebben genamen nu kurt eyn schip mit Riinschen wiine und twe ander schepe ock met Riinschen wiine to Collen und to Nymegen to huyss hoerende, die halden se bii Jerremude in der havene liggende, dat se nicht uyt doren segelen tot eren groten costen. Vortmer eirberen heren, so hevet die coeninck[a] confirmeirt und bestedighet den dach vermyds ju und meister Thomais begrepen, den to halden geliick also ghii in des koeninges breve woll bevyndende werden. Mochte men ju eirberen heren mit schrifften betalien, der solde ghii genoich kriigen, sonder schriiven und doen is twierleye. Wii begeren, dat ghii den gemenen coepman wellen warnen, dat he gheyn guet her en sende, he en kome starck genoich; ock Pruess guet, Lubecks guet, stockfisch und ander guet uyt den steden en dorren wii nicht raeden her to brengen, dat ellick mach doen up siin egeyn aventhuyr, went alle dat komet na desen daige dat moit certificacien brengen, dat Lubeke noch Danszke dar part noch deell an en hebbe. Anders en wette wii up dese tiit nicht to schriiven. De almechtige Got beware ju eirberen altziit in salicheit. Geschreven under unse segell, upten 7. dach in dem maende decembri, anno etc. 49.

Alderman und gemeyn coepman van der Duetschen hanse, nu to Londen in Engellant wesende.

a) coeninckt K.

F. Anhang.

571. *Hm. an den Kg. von England: erklärt in Beantwortung des am 30 Sept. eingelaufenen Gesuches um Freilassung der in Danzig arretirten Engländer, dass er hierzu völlig bereit sei, sobald seine Unterthanen, welche* sub alle pacis fiducia a subditis serenitatis vestre ad epulas invitati in portu Wicht vulgariter nuncupato insultati, capti, rebus eorum omnibus ac navibus magnis, holke communiter appellatis, in numero 14 vel pluri extiterint spoliati, *wieder in den Besitz ihrer Habe gesetzt sein würden.* — In castro nostro Roghuwssen, *[14]49 Okt. 12.*

SA Königsberg, Missive 17 S. 382; auf S. 383 folgt eine deutsche Uebersetzung.

572. *K. Heinrich von England an den Hm.: betheuert seine unabänderlich friedfertige Gesinnung gegen Preussen und die Hansestädte und beschwert sich, dass die Engländer in Preussen, ungeachtet der freundschaftlichen Aufnahme und Behandlung der Hanseaten in England, kürzlich gefangen gesetzt sowie ihre Schiffe und Habe mit Beschlagt belegt worden sind, angeblich* (fama dictante), *weil* nuper alique dictarum civitatum naves sale onuste in costeris hujus regni nostri impedite fuerunt et, ut pretenditur, spoliate, quod et si ita factum fuisset causa sufficiens minime dici debuisset tanti vigoris exercendi in ipsos subditos nostros, quos culpa nulla ex parte tenebat qui immunes habentur ab omni offensa; et quis animus nobis est in facto dicte pretense capcionis cum fuerit oportunum declarabitur; *berichtet, dass er auf die Kunde von der Anwesenheit bevollmächtigter Abgeordneten des Hm. und der Städte in Brügge seine dort* ob certas causas *weilenden Gesandten beauftragte, mit jenen über die Beilegung der Streitigkeiten zu verhandeln, und nun die Meldung empfangen hat, dass diese mit jenen, obgleich sie keine Vollmacht besassen, auf eine Tagfahrt in Utrecht im Jan. 1450 übereingekommen sind; erklärt sich damit einverstanden, wünscht jedoch, dass die Verhandlungen* cum subditis nostris dura videatur tanta dilacio *in den Mrz. verlegt werden; ersucht um eine möglichst schleunige Antwort und Freilassung der Gefangenen.* — *Westminster, 1449* (r. n. a. 28) *Nov. 20.*

StA Köln, Handschr. flandr. Verhandl. 1449 f. 10 b.

573. *K. Heinrich von England an den Hm.: erwiedert auf n. 571, die er am 15 Dec. erhalten, dass er bereits früher (n. 572) ausgeführt habe, weshalb das Vorgehen des Hm. gegen die Engländer in Preussen unbillig gewesen; erklärt,* quia subditis nostris visum est ob multas causas, quod res meliori modo tractabuntur in presencia nobilitatis vestre, quam optime dispositam ad omne bonum percipiunt, tum eciam quia conquerentes tam una quam alia ex parte habentur ibidem, nos eorumdem devicti instancia consensum dedimus, nostros ad spectabilitatem vestram ambassiatores destinare ad tractandum seorsum illa, que specialiter vestros et nostros tangunt subditos, qui quam primum tempus navigio aptum advenerit iter arripient; *ersucht, den Gesandten einen Geleitsbrief nach beiliegender Formel auszustellen und die Gefangenen freizugeben.* — *Westminster, 1449* (r. n. a. 28) *Dec. 22.*

Osbern.

SA Königsberg, Or. Perg. m. Siegel. Eine preussische Hand hat über einzelne Worte behufs Anfertigung einer Uebersetzung die entsprechenden deutschen eingetragen (z. B. perperam *felslich oder unrechtfertlich;* seorsum *besunder u. a.).*

574. *Derselbe an Lübeck: erklärt in Berichtigung seines früheren Schreibens in betreff der utrechter Tagfahrt, dass er auf Ansuchen seiner Unterthanen, welche vorstellig geworden,* quod res de veresimili meliorem habebit exitum si ibi tractatus habeatur ubi persone se pretendentes gravate sint presentes, *seine Gesandten nach Preussen und Lübeck schicken wolle; ersucht um Zusendung eines Geleitsbriefes* pro uno doctore et duobus mercatoribus, dimissis spaciis vacuis pro eorum nominibus. — *Westminster, 1449 (a. r. 28) Dec. 22.*

SA Königsberg, Schbl. 86 n. 5 u. 6, lüb. Abschriften, vgl. n. 592.

575. *Johann von Kotsfeld an [Arnold von Bremen]: sendet einige Schriften und Bücher und berichtet über Vorgänge in Flandern, Frankreich, England und Schottland. — Brügge, 1450 Jan. 11.*

L aus StA Lübeck, adj. ad a, Batav. 1, Orig., Einlage zu einem Schreiben.

Post salutem et recommendacionem. Honorabile domine doctor. Mitto vobis nuncio presencium copiam responsionis ville Bruggensis super suis responsionibus, quas reperi penes Johannem Gobiinck, pront vobis promisi. Item dedi magistro Goswino librum vestrum institutionum, quem vobis destinare promisit. Velle(tis)[a] michi nunciari, quomodo vobis successerit in via et corporis sanitate, de hoc queso michi certificare per litteras vestras. Sum adhuc in villa Bruggensi, recessurus in duobus diebus, quia causa Hinrici Lenzendiick est suspensa infra hinc et festum Johannis baptiste, interimque fiet requisicio principalium parcium ad causam illam defendendam, et hoc cum maximis laboribus et juris informacionibus optinuimus. Inter dominum et Gandenses nichil est conclusum sed post recessum vestrum res semper fuit deteriorata, sed 26 die presentis mensis tres status Flandrie una cum domino erunt simul in Mechelinia ad deliberandum cum eisdem, quia offert, se velle facere justiciam, misericordiam aut graciam ad dictamen trium statuum. Et speratur quod ibi terminabitur res et bene[1]. Johannes van Nywenhoven non est amicus noster sed hactenus tacuit, licet certi locuti sunt pro suis fratribus, sed mercatores ponant illam rem super civitatibus, et ergo si que occurrerint eis littere aut scripta, quod sint desuper avisate. Fama venit hic certa, quod rex Francie obtinuit castrum Herynckvlete salvis inhabitancium bonis et eorum corporibus[2]. Item rex Scocie dicitur hic in adventu domini preterito captivavit consiliarios suos, qui hactenus rexerunt eum, et nov(o)s[b] deputavit. Et licet hactenus dictum sit, quod inter regem Scocie et Anglie fuisset treuga facta annorum 14, tamen additum fuit semper ad contrarium intimandum ad quinque menses, et sic dicitur et timetur, quod Anglici male habebunt[3]. Illa tamen sobrie sunt revelanda. Item Hinricus Terrax habet novum vas de vino Greco et destruit me et Didericum Scriver sed plus se ipsum, et potavit vobis ad et burgimagistro de eodem vino, et si habeatis de illo reddatis equivalens vel de alio. Rogo salutetis intime dominum meum prepositum Lubicensem, cui scripsissem, nisi nuncius presens ita festinus fuisset, quod ad tantillum tempus noluit tardare. Et rogo salutari reverendum patrem dominum electum in episcopum[4], de cujus promocione intrinsecus letor, cui majora debentur, recommendando me sibi. Iterum peto salutari dominum Wilhelmum, Johannem de Beer, Johannem Boerstell et suam uxorem, Johannem Klyngenberg, Jacobum Bramstede et vestrum amicum Hilliger. Et suplicat Hinricus Terrax, quod civitas

a) vellem L. b) novos L.

1) Vgl. S. 422 Anm. 1. 2) Harfleur ging am 24 Dec. über.

3) Vgl. Rymer, Foedera 11, S. 247. 4) Arnold Westfal, vgl. Grautoff, Lüb. Chron. 2 S. 130.

Lubicensis laborat pro captivis in Roestike liberandis. Vobisque opto salutares prosperos in domino successus et corporis sanitatem. Scriptum Brugis, 11 januarii, meo sub sigillo, anno etc. 50.

Vester totus Johannes de Coesfeldia doctor etc.

576. *Danzig an den deutschen Kfm. zu Brügge: hat von seinem Rm. Reinhold Niederhof erfahren, dass der Kfm. die kurzen Weine ungeachtet der Privilegien nicht mehr ohne Axise verzapfen dürfe und zu wissen wünsche, ob in Danzig Jemand über den früheren Zustand Auskunft zu ertheilen vermöge; berichtet, dass nach eingezogener Erkundigung Arnt von Telchten und Gerd van Werden,* unses rades compan, hebben vor uns in sittendem rade by eren eyden vorrichtet und beholden, dat en wol witlik is, dat se to Brugge in Flandern in vorledenen tyden, alse dar mit juw to Brugge plogen [to] vorkeren, hebben anno 25 de korte wyne to Brugge laten tappen und nicht mer denne eynen Engelschen von dem stope to assche-zisze hebben gegeven. — *[14]50* (feria 4 post letare) *Mrz. 18.*

StA Danzig, Missive 5 f. 136.

Versammlung zu Lübeck. — 1449 Sept. (?)

Die beiden als Vorakten *mitgetheilten Schreiben im Verein mit der Nachschrift zu n. 502 erweisen, dass in diesem Jahre wiederholt die Abhaltung eines Münztages geplant worden ist. Ob er Angesichts der Weigerung von Hamburg zu Stande gekommen, bleibt dahingestellt. Vgl. n. 676.*

Vorakten.

577. *Lübeck an Wismar: übersendet ein Schreiben*[1] *von Hamburg in betreff des von Lübeck angesagten Münztages und verheisst weitere Mittheilungen,* wanneer wii van en anders wes bevaren. — *[14]49* (an s. Peters avende ad vincula) *Jul. 31.*

RA Wismar, Or. Perg. m. Resten d. Secrets.

578. *Desgleichen: übersendet ein Schreiben von Hamburg, in dem es den von Lübeck auf den nächsten Mittwoch angesagten Münztag ablehnt;* unde wanner se uns anders wes vorschriven, willen wii juw benalen ane sument. — *[14]49* (s. Egidii) *Sept. 1.*

RA Wismar, Or. Perg. m. Resten d. Secrets.

[1] *Fehlt.*

Versammlung zu Braunschweig. — 1449 Sept. 14.

Von den Akten dieser Tagfahrt liegt allein die nachstehende Ladung vor, welche wohl mit den vom bremer Tage erlassenen Schreiben in Sachen Goslars in Verbindung zu bringen ist[1]. *Vgl. n. 424–459.*

Vorakten.

579. *Braunschweig an Goslar: ladet zur Besendung eines* fruntliken dages *in Braunschweig am 14 Sept.* (in des h. crutzes dage exaltacionis), dar denne de erliken stede van der Dutzschen hense in dussem driddendeile belegen, beschedyn syn to komende, um van mennigerleyen saken unde gebreken, der den steden nod unde behouf is, fruntlike vorhandelinge to hebbende; *ersucht um Antwort.* — [14]49 (in s. Egidii d.) *Sept. 1.*

StA Goslar, Or. m. Spuren d. Secrets.

Versammlung zu Danzig. — 1449 Nov. 27.

Anwesend waren Rsn. von Kulm, Thorn, Elbing, Königsberg und Danzig.

Die Versammlung galt der Vertheilung des Pfundzolls, doch veranlasste der am 7 Nov. erfolgte Tod des Hm. Konrad von Erlichshausen weitere Besprechungen über verschiedene mit den Gebietigern zu verhandelnde Punkte, insbesondere auch über die englischen Verwicklungen.

Recess.

580. *Recess zu Danzig. — 1449 Nov. 27.*

T aus der Handschrift zu Thorn f. 212–213.
D Handschrift zu Danzig f. 334 b–335 b.
Gedruckt: aus D vgl. m. T Toeppen a. a. O. 3 S. 113.

Anno domini 1449 feria quinta post Katherine virginis domini nuncii consulares civitatum terre Prusie in Danczk ad placita congregati videlicet: de Colmen Bartholomeus Rosenik, Laurencius Czyelcz; de Thorun Tileman vom Wege, Got-

[1]) *Die Stadtrechn. von Braunschweig, Göttingen und Hildesheim v. d. J. erwähnen gleichmässig den Tages. Braunschweig zahlt* 1 ℔ vor annis, confect, Romanie, beir, wyn, lecht in de Nigenstad, do de stede hir weren, *ausserdem erhalten Helmstedt und Halberstadt für 3½, Magdeburg für 19½ β Bier, die übrigen Städte zusammen für 7½ β* in de Nigenstad. — *Der Tagfahrt gehen zwei Sendungen nach Helmstedt und Magdeburg, beide am 1 Sept.* (Egidii), *voraus. — Die göttinger Rechn. verzeichnet zwei Städtetage:* 6 ℔ 1 lot Wedekind Swanenflogel und Giseler von Munden in placitis civitatum to Hildensem, *und wenig später denselben* 10 ℔ 16 β in Brunswik in placitis civitatum. — *Hildesheim endlich sendet kurz vor dem braunschweiger Tage einen Boten nach Goslar* in Alvelden sake; *sodann heisst es:* de borgermester Hans van Sawingen unde Drews Stein mit den deneren verdan to Brunswigk, alzo dar tigen de stede to dage weren, 9½ ℔ 2 β, *und bald darauf:* de borgermester Hans van Sawingen unde Hinrik Stame mit den deneren verdan to Ringelen, alzo dar mit den van Gosler to dage weren, 33 β 4 ₰.

schalk Illtfelt; de Elbing Johannes Sonnewalt, Georgius Rewber; de Konigsberg Bartholdus Huxer, Hartwicus Stange; de Danczk Albertus Huxer, Merten Cremon, Henricus Bugk, Meynhardus von[a] Steynne, Arnoldus Telgeten, Johan Meydeburg et Theodericus Aldefelt, subscriptos articulos concorditer pertractaverunt.

1. *Die Städte empfangen von Danzig die Abrechnung über das Pfundgeld. Die Einnahme beläuft sich, einschliesslich der früher bei Danzig belassenen 373 ℔ 2½ sc. auf 1570 ℔ 17 sc. Die Städte erhalten 500 ℔ ausgezahlt; Königsberg, welches bereits 200 ℔ bei Danzig stehen hatte, hinterlegt weitere 136. Danzig werden 26 ℔* czu eynem fas weyns *verehrt, seinen Dienern 1 ℔* vor ire muhe, *dafür soll es 10 ℔ seinem Schreiber geben. Der Rest im Betrage von 750 ℔, darunter die Martin Kogge geliehenen 80, bleibt in Danzig stehen* czu irer aller behwff der fwmff stete uff fastnacht nehest czu entphangende.

2. Item von der muntcze rechenschafft ineczubrengen, alse is lange gelassen ist.

3. *Die Städte beschliessen, den von der Ritterschaft wegen einiger Aeusserungen auf dem letzten Ständetage verklagten Tileman vom Wege und Johann Meideburg beistehen zu wollen.*

4. Item ist den hern von Danczk befolen, ab sie imands von iren burgeren irfaren, die geselschafft mit den Norembergern haben addir mit den uss Polan, das sie die vor sich vorbotten und vormanen bey iren eyden, das sie das offenbar thun, uff (das)[b] sie noch ussatczungen des hern homeisters mogen gebrocht werden, geleich andere stete dis landes thun.

5. Item von den spitczereyen, die die von bawssen landis hir inbrengen und yns landt gebracht wirt, das mans domete halde noch ussatczunge des hern homeisters.

6. Item haben die stete czu Danczk (Maternen[b] den Weisselferer) in gefengknisse genant[c], dorumme das her in Polan gekowfflaget hat kegen des hern homeisters geboth.

7. Item czur nehsten tagefart sullen die von Thorun Jacob Behme und Ozaleke, die an dy Polensche seyte geleegtt haben und gekowffslaget, vorbotten, und die von Koningsberg Shyhen[d] iren mitburger ouch czu vorbotten, der ouch gekowfflaget und daselbest angeleegtt hat; und Weise Hensel czu Thorun ist ouch bereth, das her geselschafft (mit)[b] den uss Polan habe.

8. Item die beschedigeten von den uss Engelant haben die stete gebeten, en biestendich czu seynde bey den herren gebietigeren, das sie bleiben mogen bey den vorramen und ussatczunge des hern homeisters von der Engelschen wegen, die czu Danczk seyn getan. Dis haben die stete gelobet czu thunde, so es behwff seyn wirt.

9. Item diesse nochgeschrebenen artikel und gebrechen sind die stete czu rathe geworden an die heren gebietiger czu brengende: Int erste von den gebrechen, die die stat von Thorun mit der stat Crokaw haben, alse um des kowffslagens halben[1], noch inhaldunge der von Thorun czedell die sie den steten vorbracht haben. — Item von den czolle czu Labiaw doven der kowffman clageth, das das muchte gewandelt werden[2].

a) de Lapide D. b) Durchlöchert oder verblasst T, ergänzt aus D. c) genannt D.
d) Shyhen D.

[1]) *Krakau hatte* etliche satczunge obir die inwoner und kowffleuthe *von Preussen erlassen*, dormethe der gemeyne kowfman disser lande gancz sere beswereth wirt. *Aus der Anm. 2 citirten Verhandlung.* [2]) *Auf dem* heymczoge *verhandelten Kulm, Thorn, Elbing und Königsberg über diesen Punkte mit den Gebietigern zu Marienburg und erhielten die Zu-*

10. Item haben die von Danczk vorgegeben von erem strande by erer munde an der zee, das der sere unfrey ist; so lewte schiffbrechtig[a] werden und czu lande lebendich komen, so worden sie von den gebauren doselbest geslagen und in das holtcz und strach gebunden. Und des zeefundes, wie unser herren den haben wellen und doch den monchen in der Olyva der strandt czugehoret, die sich hiran nicht keren, den von Danczk retlich hirinne czu seynde.[1]

11. Item so seyn die stete eyns geworden, das sie sich fygen wellen bey die hern gebietiger und wellen sie anruffen und bitten, das sie die stete bey eren privilegien, rechten und freiheiten geruchen lassen bleiben, die sie haben von irem wirdigen orden bis doher und von den hern homeistern und eren vorfaren gehat haben.

12. Item haben sich die stete vorwortet von der eytreltunge des eydes der holdunge des nuwen hern homeisters, ab sie bey dem alden eyde, dem hern homeister her Conrad von Erlichshwsen seligen nehst getan, bleiben wellen addir den czu vorandern. Iglich mit den seynen doruff czu handelen.

Versammlung zu Stralsund. — 1449 Dec. 13.

Der Zusammentritt der Hauptorte von Meklenburg und Pommern erfolgte zweifelsohne zufolge des Bundes ihrer Herren vom 24 Aug. d. J. „zur Bezwingung des Ungehorsams ihrer eigenen und gegen alle mit denselben in Verbindung stehenden auswärtigen Städte"[1]*, der um so bedrohlicher erschien, als ihm auf dem Fusse der Friede zu Perleberg zwischen Brandenburg und Meklenburg am 15 Sept. nachfolgte, den Braunschweig, Pommern und Hg. Adolf von Schleswig-Holstein vermittelten*[2]*. Wie im Süden von Deutschland, so schien auch im Norden der Fürstenbund gefestet und was 1443 K. Christoph auf dem Tage zu Wilsnack Dank dem Ausbleiben Hg. Adolfs missglückt*[3]*, gewann jetzt seit dem neuen Fürstentage daselbst*[4] *in Anwesenheit des Hg. greifbare Gestalt.*

Diese Umstände sind bei Beurtheilung des nachfolgenden Schreibens zu berücksichtigen und dabei zu beachten, wie ganz gleichzeitig auch die sächsischen Städte aus denselben Beweggründen sich in gleicher Absicht an Lübeck wenden, n. 582.

Ueber die hier verlangte Tagfahrt zu Rostock verlautet nichts, und nach n. 582 scheint sie nicht stattgefunden zu haben.

a) schiffbrechich D.

sage, dass der Kg. von Polen um Abstellung der krakauer Verordnung angegangen und die Schleuse zu Labiau im Frühjahr ausgebessert werden sollte. Ferner so haben die stete gedocht der beschedigeten von der Engelschen wegen, also das die gebietiger dem kompthur von Danczk befolen, das man die scholdiger und die beschedigeten von den guttern der Engelschen, czu Danczk gearrastireth, entsche(dig)en solde. Und die sal eyne igliche stat den seynen vorkundigen, das sie uff den sontag neh(st) noch winachten czu Danczk addir imands von irer wegen in Danczk seyn sullen, und sullen brengen ire bewerthe schriffte methe. *Thorner Aufzeichnung in der Hs. z. Thorn f. 213 b. Gedr. daraus Toeppen a. a. O. 3 S. 116.*

[1]) *Die Strals. Chron. ed. Mohnike S. 193 berichten, dass am 25 Okt. 1449 ein grosser Sturm, der auch in Lübeck, Stralsund u. s. w. grossen Unheil anrichtete, vor der Weichsel gegen 60 Schiffe zerstört habe und in Oliva* in de druddehalfhundert man up enen dag begraven *worden.* [1]) *Rudloff, Mekl. Gesch. 2 S. 773 nach Chemnitz u. d. Or. Urk.*

[2]) *Rudloff a. a. O. S. 771, desgl.* [3]) *HR. 2 S. 361, 3 S. 3 f.*

[4]) *Vgl. S. 361 f.*

Korrespondenz der Versammlung.

581. *Stralsund und daselbst versammelte Rsn. von Rostock, Wismar, Greifswald, Stettin, Anklam und Demmin an Lübeck: ersuchen, in Anbetracht der dringenden Nothwendigkeit*, dat wii stede tosamende kamen, *die an Stralsund bereits schriftlich zugesagte Tagfahrt in Rostock am 11 Jan.* (des negesten sondages na den twelften, dat nementliken is de sondach na epyfanie domini) *unter allen Umständen auszuschreiben. — [14]49* (in s. Lucien d.) *Dec. 13.*

StA Lübeck, A. Hans. 1, Or. m. Resten d. Secrets.

Versammlung zu Lübeck. — 1450 Febr. 3.

Das hier mitgetheilte Ausschreiben spricht mit klaren Worten aus, was n. 581 nur durchblicken lässt. Der offene Kampf des Fürstenthums gegen die Städte im Süden und die Einleitungen dazu im Norden zwingt diese einen festeren Zusammenschluss zu erstreben[1]. *Ueber die Folgen dieser Bemühungen vgl. n. 615 § 3.*

Vorakten.

582. *Lübeck an Stralsund (und Wismar): berichtet, dass Magdeburg, Braunschweig, Halle, Göttingen, Halberstadt* unde meer andere Sassesche stede hebben bii uns gehat ere muntlike bodeschupp van enes dages wegene, den se unde meer stede binnen unser stad des negesten dages na u. l. vrouwen daghe purificacionis *(Febr. 3)* negest komende dencken to holdende in dropliken wichtigen zaken, sunderges van des overvallendes wegene over de stede unde grantlikes vorderves, so de heren unde fursten dagelix begynnen unde den van Nurenberge unde mer steden myt ernste klarliken bewisen; *ladet auf das Verlangen jener Städte zur Besendung des Tages, damit* wii stede sodannes overvallendes mochten bliven unbesorget. — *[14]50* (dinxstedag na s. Anthonii) *Jan. 20. Nachschrift: bittet Stralsund, die beigebundenen Briefe an ihre Adresse zu befördern.*

StA Stralsund, Or. Perg. m. Resten d. Secrets.
An Wismar: W RA Wismar, desgleichen, ohne Nachschrift.
Gedruckt: aus W Burmeister Beitr. z. Gesch. Europas S. 178.

[1]) *Wie weit die Befürchtungen gingen, zeigt nachfolgendes Schreiben von Hildesheim an Erfurt: hat erfahren*, wü lüdike heren in dem overlanden mit velem mechtigen volke mannen, de denne villichte lüdike stede unde lande darmede denken overtotheinde, unde doch nicht erfaren konnen, war sek sodane toch henmakeren wille; *bittet um möglichst genaue Auskunft. — 14/50* (fridag na quasimodogeniti) *Apr. 17. StA Hildesheim, Missivbuch (6) 1443—49, darunter bemerkt:* In dusser vorscreven wise wart desulvest ok gescreven an den rad to Gottinge, *und hinterdrein:* Item anno 51 wart noch eyns gescreven an den rad to Gottinge na dusser vorscreven wise.

Versammlung zu Marienburg. — 1450 Febr. 4.

Anwesend waren Rsn. von Kulm, Thorn, Elbing, Königsberg und Danzig.

Der Recess wie die im Anhang mitgetheilten Schreiben beziehen sich auf die Abhaltung der zu Brügge in Aussicht genommenen utrechter Tagfahrt. Der Beschluss, sie zu besenden, kreuzte sich jedoch mit n. 573 und erledigte sich hierdurch auch der Conflikt, wer den Unterhalt des Deputirten vom Lande bestreiten sollte. Vgl. n. 592, 594 § 2.

A. Recess.

583. *Recess zu Marienburg. — 1450 Febr. 4.*

D aus der Handschrift zu Danzig f. 336.
Gedruckt: aus D vgl. m. jüngeren Abschriften Bornbachs und der thorner Hs. Toeppen a. a. O. 3 S. 117.

Item anno domini 1450 feria quarta post purificacionis Marie domini nunccii consulares civitatum terre Prusie in Marienburg ad placita congregati, videlicet: de Colmen Petrus Bisschoffsheym, Hinricus Focke; de Thorun Thylemannus vom We[ge][a], Johan vom Loe; de Elbingo Johannes Sonnewalt, Petrus Storm; de Koningsberg Michel Matczko, Johannes Dreyer; de Danczik Reyno[l]d[t][b] Nedde[r]hoff[c], Johannes Freyhorg, infrascriptos articul[o]s[d] concorditer pertractarunt etc.

1. Czum ersten haben die stete sich mit dem hern statheider, dem hern treszeler, dem kompthur zeum Elbinge, Cristburg und Mewe vortragen unde synt eynsgewurden, deme rathe zcu Lubeke zcu schreibende van wegen der botschafft, die sie kegen Utrecht zcu des hern koniges von Engelandt sendeboten fertigen wellen. Und noch dissem lauwte haben die stete geschreben und das den von Danczik bevolen von erer wegen zcu schreiben, davon die abeschrifft bey den hern von Danczik ist. Und dergeleich haben die hobengeschrebenen hern gebietiger ouch den von Lubeke geschreben. Und die brieffe sullen die von Danczik uffir stete czerunge henschicken und antwert wedironme lassen brengen.

2. Item haben die vorschrebenen hern homeister stadthelder und gebietiger den steten vorgegeben, das sie eren doctorem, den voyth zeum Bretchen, her Otthen von Plenchow zeur vorscrebenen tagefart senden wellen, und begeren van den steten, das sie her Otthen van Plenchow noch alder gewonheit in der stete czerunge welden nemen und bekostigen. Dis haben die stete zcu sich an ere eldesten zcu brengen genomen und eyn ydermann sal dem hern statheider yo ee besser schreiben in dissem lauwte[1].

3. Item so hat her Reynolt Nedd[e]rhoff[e], burgermeister von Danczik, den steten ingebracht syne botschafft, als her bey dem hern herczogen von Bourgondien im gewesen, so das derselbe herre herczoge der Dwtschen hense ere privilegie hot confirmiret und dorczu etliche nuwe freyheit erworben, die der kouffman in vorczeiten nicht gehat hat, alse bey den von Danczik die schriffte davon wol usweisen. Ouch hot derselbe her Reynolt etliche artikel an die stete gebracht, alse von czolle czu Gravelinghe, der Engelschen lakon, das der kouffman die vorbithe zcu kouffen; welche artickel die sendebothen der gemeynen henszestete nehest zcu

a) Welen D. b) Reynolt D. c) Neddehoff D. d) articulo D. e) Neddirhoff D.

1) *Fehlt, vgl. n. 588 ff.*

Brugke gewesen an ere eldesten und die anderen henszestete zcurugke genomen haben, und erer eldesten gutduncken zcur nehesten tagefart, so die gemeynen henszestete zeusampnekomen, ineznbrengen.

4. Item haben die stete den hern von Thorun und Danczik bevolen eynen eres ratis kompan kegen Utrecht in botschafft kegen des hern koninge van Engelandt sendebothen zcu fertigen.

5. Item von der eytdreytunge dem nuwen hern homeister zcu thuende, so man em holdigen wirt, haben die stete in rotis weise handelunge gehabt, das eyn iderman merkliche handelunge doruff habe, ab man bey dem eyde der holdigunge hern Conradt von Erlichshwsen seligen getan bleiben welle adir nicht, zcur nehesten tagefart eyn iderman seyner eldesten gutduncken dovon ineznbrengen.

6. Item sollen die hern von Thorun unde Danczike rechenschafft[a] von der muntcze zcur nehesten tagefart brengen.

7. Item furderen die vom Elbinge 68 ℳ und die von Koningsberg 39 ℳ 8 scot uff die von Danczik van der Hollanschen sache wegen.

B. Anhang.

584. *Heinrich von Richtenberg, Statthalter des Hm., an K. Heinrich von England: erwiedert auf n. 572, dass Hm. Konrad vor dem Eintreffen des Schreibens aus dem Leben geschieden, er jedoch bei der Neigung des Kg. zum Frieden und auf Grund des Berichtes seiner aus Brügge heimgekehrten Gesandten sich ungeachtet der fortgesetzt schlechten Behandlung der Preussen in England entschlossen hat, eine ansehnliche Gesandtschaft zum 25 Mrz. nach Utrecht zu schicken; ersucht den Kg. um ein gleiches. — Marienburg, 1450 Jan. 27.*

SA Königsberg, Missive 17 S. 423.

585. *Desgleichen: widerruft seine in n. 584 gegebene Zusage, den utrechter Tag bereits im Mrz. zu besenden; wird durch den Eintritt unvermutheter Hindernisse davon abgehalten; hat es Lübeck mitgetheilt und erklärt sich bereit, die Tagfahrt im Juni, wie zu Brügge vereinbart, zu beschicken. — Marienburg, [14]50 Febr. 5.*

SA Königsberg, 1) Missive 17 S. 432; 2) Or. m. Resten d. Siegels, vgl. n. 592.

586. *Derselbe an Lübeck: erklärt seine Bereitwilligkeit, dem Wunsche des Kg. von England zu willfahren und den utrechter Tag bereits im Mrz. abzuhalten; sendet jedoch n. 585 in Orig. und Abschriften von n. 584, 585 mit der Anweisung, n. 585 entweder zu* czurlesen, *falls Lübeck und die übrigen Städte dem Märztermin zustimmen, oder möglichst rasch nach England zu befördern, wenn sie auf dem Junitermin beharren; die Annahme des ersteren* were uns gros czu willen und segene gherne uube der zcukomenden segellarien willen, uff das die lewte segeln und ire gutter in den marckt brengen und mit enander vorkeren mochten; *verlangt umgehende Antwort. — Marienburg, [14]50* (Agate) *Febr. 5.*

SA Königsberg, Missive 17 S. 431.

587. *Danzig an Lübeck: hat von Hm. Reinhold Niederhof vernommen, dass man in Brügge der Hinkunft einiger englischen Gesandten an den Hg. von Bur-*

a) rechinschafft D.

gend für den Febr. 1450 entgegensah; vermuthet, dass diese dann ausersehen sein werden, der vom Kg. von England in den Mrz. verlegten Tagfahrt in Utrecht beizuwohnen, und bittet dringend, dass Lübeck in diesem Falle den Tag beschicke; verweist hierfür auf die Schreiben des Statthalters des Hm. und der preussischen Städte; verlangt, dass n. 546 § 12 überall verkündet werde, denn in Danzig meldeten sich täglich einige Beschädigte; ersucht um Beantwortung des Schreibens von K. Erich bezüglich der Gefangennahme der Lübecker vor der Grabaw, *weil der Kg. aufs neue sich nach der Antwort erkundigt habe. — s. d.*

SA Danzig, Missive 5 f. 123.

588. *Thorn an den Statthalter des Hm. und Grosskomthur: erklärt auf die zu Marienburg gestellte Forderung, den vom Lande zum utrechter Tage deputirten Otto von Plenchau* yn der stete bekostigunge czu nemen, *dass es nach eingehender Berathung beschlossen habe,* czu der usrichtunge her Otten nicht czu thunde, en mit bekostigunge deser reisen czu besorgen; wellet — uns dorum nicht vordenken, wenne wir des czu arm seyn und czu bawunge an unser stat veil usrichtunge thun mussen und gethan haben. — *[14]50* (an s. Appolonien t.) *Febr. 9.*

SA Königsberg, Schbl. XXXIII n. 140, Or. m. Spuren d. Secrets.
Verzeichnet: daraus, zusammen mit n. 589–591, Toeppen a. a. O. 3 S. 119.

589. *Kulm an denselben: erklärt in derselben Frage,* das das in unsir macht nicht en ist, sulche unkost helffen awsczustehen und konnen das mit nichte gethûn und sagen das euwern gnaden reyne abe; dergleichen vörneme wir ouch, das sich dy andern stete ouch sere beclagen ir armûth und en wyssen keynen rôth, vôrvan das gelt czû nemen, domete man dy ûszrichten sal, dy von der stete wegen czyhen werden, als sy das ouch euwern gnaden vôrgegeben haben; *ersucht die Antwort* in gûte uff[czu]nemen. — *[14]50* (am tage Appolonie) *Febr. 9.*

SA Königsberg, Schbl. XXXIII n. 141, Or. m. Spuren d. Siegels.

590. *Elbing an denselben: erklärt desgleichen,* das wir czu dieser czeyt nicht bey gelde seyn und ouch in unser macht nicht en ist, den egedochten her Otten in semlicher awsrichtunge und czerunge der berurten reisen zcu vorleghen. — *[14]50* (donerstag — vor Valentini) *Febr. 12.*

SA Königsberg, Schbl. XXXIII n. 139, Or. m. Spuren d. Secrets.

591. *Königsberg desgleichen, gleichlautend mit 590. — [14]50* (freitag vor Valentini) *Febr. 13*[1].

SA Königsberg, Schbl. XXXIII n. 141, Or. m. Spuren d. Secrets.

[1]) *Toeppen a. a. O. 3 S. 119 erwähnt noch einer übereinstimmenden Erklärung von Danzig d. d. 1450* (montag nach reminiscere) *Mrz. 2, welche mir nicht zu Gesicht gekommen ist.*

Versammlung zu Marienwerder. — 1450 Mrz. 8.

Anwesend waren Rsn. von Kulm, Thorn, Elbing, Braunsberg, Königsberg, Kneiphof und Danzig.

Die *Vorakten* *berichten über den durch das bevorstehende Eintreffen der englischen Gesandten bedingten Wegfall des utrechter und die Verlegung des bremer Tages.*

Der *Recess* *behandelt fast ausschliesslich landständische oder innere gewerbliche Verhältnisse, sowie Beschwerden einzelner Städte. Daneben gelangt ein mit n. 592 übereinstimmendes Schreiben von Lübeck an die preussischen Städte zur Verlesung.*

A. Vorakten.

592. *Lübeck an Heinrich von Richtenberg, Statthalter des Hm.: beantwortet n. 586 durch Uebersendung von n. 574 und erklärt, dass es hiernach die utrechter Tagfahrt abbestellt, dem Kg. von England das verlangte Geleite für dessen Botschafter gesandt und den nach Bremen ausgeschriebenen Hansetag hinausgeschoben* (upghestellet) *habe,* ind ende dat wii moghen erkennen, watte uthgangen juwe herlicheyd, juwe stede unde wii mit der vorgerorden kronen van Enghelandt beholden moghen. — *[14]50* (midwekens na s. Mathie apostoli) *Febr. 25.*

SA Königsberg, Schbl. 86 n. 5, Or. Perg. m. Resten d. Siegels.
Verzeichnet: daraus Toeppen a. a. O. 3 S. 119.

B. Recess.

593. *Recess zu Marienwerder. — 1450 Mrz. 8.*

D aus der Handschrift zu Danzig f. 336 b — 338 b.
Gedruckt: aus D vgl. m. der königsberger Abschrift der thorner Hs. Toeppen a. a. O. 3 S. 119.

Anno incarnacionis domini 1450 die dominica oculi scilicet: de Colmen Lorentcz Syetcz, Petor Bisschoffheym; de Thorun Rutger van Birken, Mattis Weisze; de Elbing Peter Storm, Niccolaus Wytte; Brunsberg Thomas Werner, Matheus Vox; Koningsberg Andris Brunow, Jurge Snake; Kneypabe Johan Rothe, Hinrik Drabant; Danczik Albert Huxer, Johan Meydeborch, Herman Stargart, domini nunccii consulares civitatum terre Prusie in Marienwerder ad placita congregati subscriptos articulos concorditer pertractarunt.

1. *Ständische Verhandlungen der Ritterschaft und Städte über den Bund, Gebrechen einzelner Angehörigen, Eidleistung, Zoll zu* Lewhytcz; *Elbing und Danzig werden beauftragt, sich auf die Kunde von der Wahl eines neuen Hm. zu diesem zu begeben und ihn um Ansage einer Tagfahrt auch für die kleinen Städte zu ersuchen,* umme sache und gebrechen die sie haben vorczubrengen; *daheim soll jeder verhandeln, dass alljährlich ein Gerichtstag und ein Bundestag stattfinde.*

2. Item haben die stete beslossen, das men die Noremberger so uffte broche unde busse so mannich stunt sie kegen die gemeyne ussatczunge[1] der Jarmarkte Walburgis und Dominici kouffslagen.

[1]) *N. 404.*

3. Item das eyn iderman mit den seynen handelinge habe off der hern von Danczik vorgeben des houbts von der Weisel, die kegen Danczik fleessist, das sie jarlich alleyne besseren und gerne konsten wolden, dorinne en infelle von der herschafft gescheh und doch das gemeyne landt antrifft. Hiruff die stete haben en geloubt b[i]stendikeit[a] zcu thuende.

4. Item haben die stete entfangen eynen breff van der stat von Lubeke mit eyner Latinesschen copie des konings[b] von Engelandt, so das die von Lubeke die tagefart zcu Bremen vorramet abegeslagen haben, nachdeme der koning von Engelandt seyne botschafft zcum homeister in Prussen und an die zcu Lubeke wille ins landt senden. Und disse breff unde copie ist bey den hern von Danczike.

5. Item von der spitczereye von Noremberg das men die[c] alle umme neme geleich als es herecessit ist, unde nicht gestate veile zcu haben.

6. Item von dem schal[venk]orn[d], meisterkorn, wartegelt, alse die stat Hollandt clagen, irem hern zcu geben kegen ere privilegien; hiruff ha[ben][e] en die stete glouht, beystendich zcu s[i]ende[f].

7. Item clagen die hern vom Elbinge, das sie in eren privilegien vorhindert werden in der fischereye vom fischmeister in der Scharffhow und oren pforten, do en die herschafft nicht gunnen will, eyn thor vor[zcu]hangen[g], wiewol die herschafft en thore dovor hangende hot an erer mure, unde der stat an er selbist mure do entkegen nicht wil gestaten, eyn thore zcu hangende. Eyn iderman syner eldesten gutduncken zcur nehesten tagefart ineczubrengen.

8. Item das eyn iglicher mit den seynen handelunge habe mit dem pfondczolle, das men des gefreyet werde, und dieghene die privilegie haben, das die sie methebrengen zcur nehesten tagefart, do her sich methe meyne zcu freyen[h].

Versammlung zu Marienburg. — 1450 Mrz. 31.

Anwesend waren Rsn. von Kulm, Thorn, Elbing, Königsberg und Danzig.

Am 21 Mrz. wurde Ludwig von Erlichshausen zum Hm. erwählt und bereits Tags darauf beschied er die Stände des Landes zum 30 Mrz. nach Marienburg zur Verhandlung über die ihm zu leistende Huldigung[1].

Die Verhandlungen hierüber ergaben kein Resultat, dagegen wurde den angekündigten englischen Gesandten das erbetene Geleit ertheilt und Lübeck davon benachrichtigt. Für den durch den Streit der beiden nordischen Könige gefährdeten Handel wurde das Recht der freien Schiffahrt für die neutrale Flagge in Anspruch genommen.

a) [illegible] D. b) koningeskes D. c) die den D. d) [illegible] D. e) [illegible] D. f) [illegible] D. g) vorhangen D. h) *Folgt eine Beschwerdeschrift der kleinen Städte aus Pomerellen und Kulmerland, f. 338–339, [illegible] f. 368. Gedruckt bei Toeppen a. a. O. S. 127 f.*

1) *Toeppen theilt a. a. O. 3 S. 125 das an Thorn gerichtete Ausschreiben mit. Hier berührt der Hm. zum Schluss, dass er ein Schreiben vom Kg. von England erhalten habe, worin dieser um Geleits für seine Gesandten nachsucht, und verlangt, dass Thorn sein Gutachten hierüber seinem Hm. mitgebe. Vgl. n. 593 § 4.*

A. Recess.

584. *Recess zu Marienburg. — 1450 Mrz. 31.*

D 1 2 aus StA Danzig, 1) Recesshandschrift A, f. 339 b – 340 b; 2) Schbl. XLVII n. 22 a, Entwurf.
Gedruckt: aus D 1 2 vgl. m. den Abschriften von Bornbach und der Thorner Hs. Toeppen a. a. O. 3 S. 126.

Anno incarnacionis domini 1450 feria 3 post dominicam ramis palmarum domini nunccii consulares civitatum terre Prusie in Mariemburgk ad placita congregati, videlicet: Laurencius Zyetcz, Johannes Matczko de Colmen; Tyleman vam Wege, Gotschalkus Hytvelt de Thorun; Petrus Storm, Johan Sonnewalt, Jurge Rouber de Elbing; Bartoldt Huxer, Harwich Stange de Koningsberg; Reynolt Nedderhoff, Johan Meydeborch et Paulus Bucking de Danczik, infrascriptos articulos concorditer pertractarunt unanimiter.

1. *Land und Städte kommen mit dem Hm. nach vielen Verhandlungen über die Huldigung auf eine neue Tagfahrt am 19 Apr.* (14 tage nach oesteren) *überein, auf der auch über die Gebrechen des Landes verhandelt werden soll.*

2. Item hat unser herre homeister sich mit den steten vortragen von vorschreibunge eyns brieffes des hern koniges von Engelandt[1], alse das her den Engelschen geleyte eyn jar langk an Philippi und Jacobi anczuheben vor 2 personen samp sendebaden mit eren dyneren und 2 schiffen unde eren guttiren wil geben und zcusagen; unde wil den von Lubeke screiben, das sie dis den gemeynen steten der hansze vorkundigen sullen, das sie sich mit eren eldesten underreden und fugen etliche von den eren kegen Danczike, so die Engelschen hir komen, uff das was men mit en vorramen und vortragen wirt, das das mit erer allir rathe und eyntracht zcu erer aller wolfart und dem gemeynen gutte gedyen und besten vulfuret werde.

3. Item die vorschrebenen 2 schiffe sullen frey abe unde zcufaren unde komen in und usz den landen Prusen dis jor obir, und in itczlichem schiffe sullen die Engelschen sendeboten mit 60 personen und der doctor Thomas Kenth mit 12 personen und die 2 burger, alse eyner von Lunden und eyner von Lynden, itczlicher mit vier personen geleitet seyn mit eren guttiren unde schiffen vorberurt ungehindert, so uffte sie das dis jar obir thun mogen.

4. *Hm. und Stände beschliessen, den Zoll von den Holländern trotz des Einspruchs des Hg. von Burgund fortzuerheben, bis eine andere Weise der Entschädigung zugesichert.*

5. *Alle Ansprüche an Polen, jeglicher Art, sind aufzuzeichnen, damit der Hm. sie dem Kg. von Polen vorlege.*

6. Item haben die stete den hern homeister gebeten, das her Olaff Axelsson, houbtman uff Wisbue zcu Gotlanden schreibe[a], begerende, sint dem mole unsers hern homeisters gnade und syne undirsosen mit dem hern koninge Cristerne zcu Dennemarken und ouch dem hern koninge Karll zcu Sweden anders nicht denne liebe und fruntschafft usczcustende haben, das her Olaff Axelsson den coffman dis landis zcu Prusen freyg segelen und ungehindert faren und vorkeren laesse, und nicht vorhenge adir zculaesse, das die unsirn durch seyne usslegers in der see beschediget werden, geleich derselbe Olaff dovon dem hern homeister und den

a) schreiben D.

1) N. 513.

von Danczik warschawinge und warninge geton hat, umme die crone zcu Sweden und die lande und strome nicht zcu vorsuchen[1].

7. Item begeren die stete, das die hern von Danczik das hinderstellige gelt, alse bey en nach In vorwaringe von des pfundczolles wegen ist, zcur nehesten tagefart mit sich brengen, uff das eyne itzliche stat er anteill doven entfange.

8. Item Nicclos Runow von Danczik, der en schiff kegen Dybow vormitet hat, unde ouch Arndt Plotczen brudir, der bot gut kegen Polen vorkofft, zcu[r][a] nehesten tagefart vor die stete zcu vorbothen.

9. Item haben die stete bevolen den hern von Danczik, das[b] sie von der stete wegen den von Lubeke schreiben sullen von der Engelschen wegen, geleich der homeister von der wegen den von Lubeke nw geschreben hat, alse van der tagefart die der homeister mit den Engelschen hir halden wirt und sie geleitet hat; und der homeister nichtes thun wil mit den Engelschen an eren wissen, willen und vulbort.

B. Korrespondenz der Versammlung.

505. *Die zu Marienburg versammelten Rsn. der preussischen Städte an Lübeck und dessen Nachbarstädte: berichten, dass der neue Hm. die englischen Gesandten mit Zustimmung des Deutschmeisters und der Stände auf ein Jahr geleitet hat; rathen, dass die Hansestädte sich an den Verhandlungen mit diesen betheiligen, zumal man in Bremen, Brügge und Lübeck bereits gemeinsam verhandelt habe und eine Sonderung leicht Zwietracht herbeiführen könne; fragen an, wie sich die Städte im Falle der Hinkunft der Engländer nach Preussen zu verhalten gedächten. [14]50* (mittewoch vor d. h. oesteren) *Apr. 1.*

StA Danzig, Missive 5 f. 127, überschrieben: Lubeke und anderen bemeldeten steten landg (!) umme sie gelegen.

C. Anhang.

506. *Hm. an den Kg. von England: sendet in Erwiederung auf n. 573,* ad precipuam v. r. c. complacenciam, *die gewünschten Geleitsbriefe für die Gesandten*[2]. — *Marienburg, [14]50 Apr. 5.*

SA Königsberg, Missive 17 f. 463.

507. *Danzig an den deutschen Kfm. in London: meldet die erfolgte Geleitsertheilung an die englischen Gesandten und weist ihn an, seine Beschwerden gegen England an Lübeck einzuschicken, welches, wie zu vermuthen, sich an den Verhandlungen in Preussen betheiligen werde. — [14]50* (midweken infra octavas pasche) *Apr. 8.*

StA Danzig, Missive 5 f. 128 b.

a) zcu D. b) das das D.

1) *Vgl. das Schreiben Olafs an den Hm. d. d. 1450 Mrz. 7 bei Styffe, Bidrag till Skand. hist. 3 S. 25. Er verbot die Fahrt auf Schweden.* 2) *Die Geleitsbriefe datiren vom 1 Apr. und sind genau nach Anleitung von n. 594 § 1 u. 2 auf die Personen von Thomas Kent, Dr., Johann Stocker, Kfm. aus London, und Heinrich Bermingham, Kfm. aus Lynn, ausgestellt. Jeder von ihnen erhielt einen gesonderten Brief und obendrein alle drei zusammen einen gemeinsamen. Nachträglich erhielt noch ein Kfm. aus London, Johann Goslin, ebenfalls mit 6 Begleitern, Geleite. Endlich wurden zur Sicherheit alle diese Briefe nochmals* sine nominis expressione et [cum] spacii pro nominis inscripcione designacione *ausgefertigt. Abschriften im SA Königsberg, Missive 17 S. 457—461; StA Danzig, Schbl. 13 n. 55, beglaubigte Abschrift saec. XVI der für alle 3 Gesandten zusammen ausgestellten Urk.*

Versammlung zu Elbing. — 1450 Apr. 20.

Die Verhandlungen dieser Versammlung, welche über eine Woche andauerten, bezogen sich ausschliesslich auf landständische Angelegenheiten, Gebrechen der Stände und Feststellung des Wortlautes des Huldigungseides, sodass von einer Wiedergabe des Recesses an dieser Stelle Abstand genommen werden musste[1]. Er ist gedruckt bei Toeppen a. a. O. 3 S. 136 ff.[2], vgl. Script rer. Prussicar. 4 S. 81.

Versammlung zu Pernau. — 1450 Mai 4.

Anwesend waren Rsn. von Riga, Dorpat, Reval, Pernau, Wenden, Wolmar, Fellin, Kokenhusen und Lemsal.

Auf Grund der von Lübeck den livländischen Städten ertheilten Vollmacht, n. 520, begab sich 1450 eine Gesandtschaft der letzteren nach Nowgorod, um die Wiederaufnahme geregelter Beziehungen anzubahnen[3]. Sie erzielte einen Beifrieden, dessen Bedingungen nach n. 599 nicht sehr günstig gewesen zu sein scheinen. Nach ihrer Rückkehr traten die Städte zusammen, hauptsächlich um den neu eröffneten Handel mit den Russen in die alten gesetzlichen Bahnen zu lenken. Der **Recess** *enthält demzufolge fast ausschliesslich Statuten für den deutschen Kfm. zu Nowgorod und Vorschriften über die Beschaffenheit der dorthin zu verführenden Waaren.*

Die **Korrespondenz der Versammlung** *theilt obiges Lübeck, Danzig und dem Kfm. zu Brügge mit und weist den zu Nowgorod an, sich den Weisungen von Dorpat und Reval bezüglich der Wiederherstellung „eines guten Regimentes" zu fügen. Vgl. n. 723.*

A. Recess.

598. *Recess zu Pernau. — 1450 Mai 4.*

R aus der Handschrift zu Reval, 16. Lage, 3 Doppelblätter.

Anno domini 1450 up den mandagh na sunte Philippi et Jacobi sanctorum apostolorum do radessendebaden der Lieflandeschen stede bynnen der Pernowe to dage vorgaddert: van Rige her Johan Eppinchusen, her Wenemer Harman[4];

[1]) *Als anwesend werden aufgeführt 31 Ritter und Knechte, 39 kleine und die 7 grossen Städte.* [2]) *Die danziger Handschrift enthält im Anschluss an den Recess (f. 318—331) auf f. 331 b folgendes* Memoriale de civitate Colmensi: Nota das die herren sendeboten vom Colmen begert an den rath czu Danczik czu brengen, wy en her Peter Holste, Lu[c]as Mekelfelt, Hinrik Vorrath unde Hinrik van Staden sulden gelobit haben van wegen des raths Danczike, das en der rath van Danczike store und hulffe thun sulde van wegen das sie czu tagefarten bynnen landes die eren methe besenden solden, und dobey solden semlich gelt, das sie unser frauwen kirche zcu Danczik schuldig weren czugesaget haben, das im das der rath czu Danczik czu hulffe semelicher tagefarth sulde dirlaessen und czugegeben haben. Und uff sulchens haben sie in iren buchern czum Colmen befunden semeliche schult von 50 gutte ₰ von unser frauwen kirche wegen getilget und awegetan seyn. *Vgl. HR. 2 n. 371 § 7; 3 n. 67.* [3]) *Das rigaer Kämmereibuch S. 193 berichtet:* 165¹, ₰ 3 ß stunt Treros theryage to Nougarden mit den perden. *Ueber die revaler Rsn. vgl. HR. 1 n. 259 § 19.* [4]) *Sie verzehrten* 35¹, ₰ 3 ß. *Rig. Kämmereibuch S. 194.*

van Darbte her Johan Duderstad, her Cerges up dem Berge; van Revel her Marqwart Bretholt, her Johan Hanepol, her Johan Dusebergh, her Johan Velthusen; van der Pernowe her Cord Vrfman, her Rotger Schryver; van Wenden her Tideman Riman; van Woldemer her Niclaus Oesterrik; van Vellin her Hinrik van der Becke; van Kokenhusen her Johan Punder; van Lempsel her Kerstien Borkenbergh, hebben gehandelt desse nagescreven sake int gemene beste.

1. Int erste spreken desse vorbenomeden radessendebaden van der besendinge, de geschen is nielinges to Naugarden van der gemenen stede wegen. Darvan is den van Lubeke gescreven eyn breff van lude navolgende. *Folgt n. 599.*

2. Item so is den van Danczike van dessen sylven saken gescreven eyn breff van lude navolgende. *Folgt n. 600.*

3. Item so spreken desse vorbenomeden van der schra to Naugarden, dat de sere geswaket werde bii regimente etliker junger lude, dar dem gemenen gude velle beswerlnge van kompt. Alsus hebben se den Darbtschen und Revelschen bevalen und vulle macht geven, dat se siik vorkoveren eynes erliken stanthafftigen mannes, den se up de hove to Naugarden vor alderman schicken up dat erste, welke de den gemenen Dutschen kopman, de dar to sokende werd, in gud regiment und to dem alden helpe bringen, dem desylve Dutsche kopman gehorsam sal halden na lude der schrâ. Diit sollen desylven van Darbte und Revel dem kopman to Naugarden schryven.

4. Item so sin desse radessendebaden eynsgeworden und hebben besloten, dat neyne kopluide van Fransosen, van Walen, van Lumbarden, van Engelschen, van Schoten, van Spangerden, van Vlamyngen und van solken wonderlingen sollen noch mogen kopslagen in dessen Lifflandeschen steden. Isset dat etwelk hir kompt, den sal men ungekopslaget utwysen den wech den he ingekomen is, und men sal en ok nicht gunnen in Ruslande to theende. Were ok we van Dutschen, de siik erer gudere undirwunde edder ere tolk worde, de sal vorvallen in pene van 30 mark Rigesch der stad dar dat geschut und dar he inne beslagen wert.

5. Item spreken desse vorbenomeden radessendebaden und hebben besloten ume gemene neringe to behaldende, de van oldinges gewesen heft, dat men in neyner stad to Lifflande honnich semen sal bii pene van 50 mark Rigesch up elke last, to brekende der stad dar dat beslagen und gefunden wert.

6. Item so sin desse vorbenomeden eynsgeworden, dat degenne, de hir win up de Russen to kope bringen in boten, dat se de na older wonheit bii boten vorkopen, is aver we de de boten vorlaten und breken willen, de sollen en in herinkbant vorlaten und darinne sliten undir der stad merke, dar he utgefort wert, und anders sal men den win mit den Russen in neynen tunnen sliten bii vorboringe des gudes.

7. Item spreken desse vorbenomeden und sin eynsgeworden, dat nemant schone trogenisse mer kopen sal und ok neyn schonewerk beteen sal bii vorboringe des gudes, so als dat in vortiden berecesset is gewesen.

8. Item so willen desse vorbenomeden, dat men alle laken lank genoch make, benemeliken de halven Iperschen, und dat men de in erer ersten wonliken tostekinge late bliven[a], und ok dat nemant twe halve Ipersche tosamende in eyn valde bii vorboringe der laken.

9. Item so willen desse vorbenomeden, dat men nene Engelsche lakene hir to lande bringen sal, de eynen anderen wech geverwet edder wedderume geverwet sin. Ok sollen desylven laken in erer egen valdinge bliven und men sal

a) bliven R.

er nicht belogen, behuwen, berosen noch befrengen, so als dat ok in vortiden vorbaden is gewesen, bii vorlust der laken.

10. Item so sal de kopman in Vlanderen nicht mer dan eynen slachdok up elken terlink insetten, und sollen ok nene geneden lakene, de unbeloget sin, bereden laten. Und welk kopman de solke lakene in Vlanderen bereden lete und hir to lande sente[1], de sollen vorbort sin. Van dessen vorgescreven punten is dem kopmane to Brugge eyn breff gescreven van lude navolgende. *Folgt n. 601.*

11. Item so sin desse vorbenomeden eynsgeworden und hebben int gemene beste besloten, dat nemant lynsat noch hennpsat ut dessem lande voren sal. Ok sal nemant in dessen steden beseten, noch de in des kopmans rechte is, emande van buten solke gudere vorkopen noch ton handen schicken bii vorboringe des gudes und 10 mark darto up elke tunne.

12. Item so spreken desse vorbenomeden radessendebaden van dem achterstelligen Engelschen gude, dat et nutte were darume badescop to donde. Diit hebben de stede, den dat mede angelt, torugge getogen und willen den van Rige eyn antworde darvan schryven[2].

13. Item so sin de radessendebaden eynsgeworden, dat eyn elk in syner stad vorhoren sal, eff emant sine gudere to Naugarden gehat hebbe in vorboden tiden, de sal men tor negesten dachfart vor de stede vorboden, we siik entschuldigen kan, dat he des genete.

14. Item so qwam vor de stede Hans Munstede und vorbot siik to rechte ihegen Arnde van der Heyde, de an beyden siiden belevet hadden in der negesten vorgangen dachfart to Woldemer, dat se tor negesten dachfart, de de Lieflandeschen stede haldende worden, wesen wolden, dar wolden se de stede in vruntscopp edder mit rechte entscheden[3]. Als nu desse vorgescreven Arnd hir nicht jegenwardich qwam, so dede Munstede vorwaringe darane.

15. Dergeliken in aller mate is dat gehandelt mit Hinrik Schyremane, de siik ok mit Arnde vorgescreven belavet hadde to desser vorgescreven dachfart to wesende etc.

16. Item dem Dutschen kopmane to Naugarden is gescreven eyn breff van lude navolgende. *Folgt n. 602.*

17. Item so hebben desse radessendebaden besloten, dat nemant mit den Russen kopslagen sal anders dan rede ume rede. Und de gudere sollen bii eyn sin darume men kopslage, und nemant sal siik erer gudere undirwynden sunder medeweten der rede der stede, so als diit in vortiden ok berecesset is gewesen.

18. Item so was desser vorgescreven radessendebaden bewach und beger, dat men neyne gudere ume land vore, utwort noch inwort, bii vorboringe der gudere. Diit hebben de Rigeschen an eren rad torugge getogen und sollen den Darbtschen und Revelschen in kort antworde darvan schryven.

B. Korrespondenz der Versammlung.

599. *Die zu Pernau versammelten Rsn. der livländischen Städte an Lübeck: berichten über den Abschluss eines Beifriedens mit Nowgorod und ersuchen einigen Beschwerden Nowgorods abzuhelfen. — 1450 Mai 4.*

R aus der Handschrift zu Reval f. 1 b.

Unsen vruntliken grot mit vormoge allis gudes tovoren. Ersamen heren und

1) Na Michaelis negest komende *fügt n. 601 hinzu.* 2) *Vgl. n. 696.*

3) *N. 561 § 6. Der Process wurde am 20 Jan. 1452 auf einem Landtage zu Walk entschieden (Hs. zu Reval, Lage 19).*

sunderlinges guden vrunde. So als unsir dryger stede Rige, Darbte und Revel radesendebaden to Naugarden van der gemenen stede wegen sin gewesen und mannigerhande handelinge mit densylven Naugardern gehat hebben van des gemenen kopmans saken, und int ende so hebben se eynen biivrede mit den Naugardern gemaket und bekusset, welkes biivredes beschryvinge gii avescbrifte hirinne vorsloten vinden, de gii overlesende wol vornemende werden. Und leven heren, so als uns desylven unse radessendebaden ingebracht hebben, so konden se nene wege noch wise vinden, dat se to jenigen anderen dingen komen mochten mit den Naugardern. Und als se dan datsylve vorslagen hedden, so was openbar vor ogen mannigerhande vorderff, schaden[a] und hinder dem gemenen kopman und uns allen to beschende, besunderlinges dat de stede der Dutschen hove qwiit weren worden, wante etlike ungehorsam Dutsche koplude in dem namen van den steden dar leger daruppe begrepen hadden. Und ok so weren bynnen Naugarden boven 10 offte 12 Russche hove mit Dutschen kopluden bestlowet und besat. Desse vorgescreven vorderve und mannigerhande andere sake hebben unse vorgescreven baden darto bewegen, dat se dissen biivrede mit den Naugardern hebben upgenomen ume groteren schaden to vormidende. Dit willet int gude upnemen und uns des int arge nicht witen, wante de Naugarder wolden nicht tolaten, dat de overzeeschen hir to lande to en up dat olde komen mochten etc. Isset aver sake, dat juwe ersamheit dar vorder wes nutsames kan inne kennen to donde, dar solle gii uns gutwillich inne vinden. Vorder leven heren, so geven de Naugarder ter klacht vor, dat de honnichtunnen to klene sullen wesen, de to en komen, darume dunket uns nutte sin, dat gii alume bestellen, dat de tunnen gemerket werden undir der stad merke, dar et utgegan sii. Isset, dat men dar recht over gevende werde, dat de unschuldige dar unbetichtet mede blive. Ok klagen se van korte allerleye lakene und van unredeliker packinge des heringes, bidde wii ok to bestellende, dat eyn solk gewandelt werde, besunderlinges to Alborgh und in anderen jegenoden dar herink gefangen wert, dat he dar redeliken gepacket werde. Darmede blivet Gode almechtich bevalen to langen saligen tiden. Gescreven up den mandagh na Philippi et Jacobi sanctorum apostolorum, anno 50, undir der stad Pernowe ingesegel, des wii hirinne bruken.

Radesendebaden der gemenen Lifflandeschen stede, bynnen der Pernowe to dage vorsamelt.

600. *Dieselben an Danzig: berichten, dass die Rsn. von Riga, Dorpat und Reval, welche auf Befehl von Lübeck nach Nowgorod geschickt waren, einen Beifrieden auf 7 Jahre abgeschlossen haben,* darup de kopman an beiden siiden velich komen und varen mach mit sinen guderen na dem olden; *bitten, dieses den Nachbarstädten zu verkünden; melden ferner, dass die Rsn. versprochen haben, der Klage von Nowgorod über die zu geringe Grösse der Honigtonnen und die schlechte Verpackung des Härings abzuhelfen, und ersuchen demzufolge,* dat gii bestellen, dat de honnichtunnen undir der stad merke geteckent werden, dar se utgescheppet worden, up dat, off dar gerichte off geschee, dat men weten mochte, wor dat utgekomen were; *desgleichen darauf zu achten, dass der Häring redlich verpackt werde; verlangen Auskunft,* wo sik de dinge nu vorlopen van neminge der 22 schepe up der Trade, dar gii de macht van uns up entfangen hebben na juwer begerte, darvan wil noch to achter sin eyne merklike summe van dem ersten vor-

a) schaden er hadden R.

schonen termine. — [14]50 (mandagh na Philippi et Jacobi, u. d. st. Pernowe ingesegel) *Mai 4.*

Handschrift zu Reval f. 2.

601. *Dieselben an den deutschen Kfm. zu Brügge: berichten, dass sie auf Befehl von Lübeck Rsn. nach Nowgorod geschickt hatten,* den is mannichvolde swaer klaghe van den Russen vorgheghoven van korte allerleye laken unde van dessen naghescrevenen puncten, unde diit is den Russen ghelovet to wandelende; *senden ihre diesbezüglichen Beschlüsse*[1] *und verlangen, dass der Kfm. jedermann entsprechend warne*[2]. — [14]50 (mandach na Philippi unde Jacobi, u. d. st. Pernow ingesegel) *Mai 4.*

StA Lübeck, Copialb. d. Kfm. z. Brügge n. 9 f. 25.
StA Köln, Handschrift d. R. v. 1449 Bremen, n. 346, K3 f. 56.
Handschrift zu Reval f. 3 b.

602. *Dieselben an den deutschen Kfm. zu Nowgorod: theilen mit, dass sie fest beschlossen haben,* dat nemant schone trogenisse noch harwerk ut schonewerk noch ut anderen reynen ledderwerke getogen kopen sal bii vorboringe des gudes; diit willet mit jw to Naugarden ok so vorwaren, und willet jw strengeliken na der schra richten; und wes jw de heren van Derbte und Revel schryvende werden, ume eyn gud regiment wedder to makende und de dinge wedder up dat alde to bringende, dar latet jw nicht ungehorsam inne vynden; offte jemant sik ungehorsam inne bewysede, wor wii de in den steden ankomen mogen, de wille wii ernstliken sunder beschoninge richten; ok leven vrunde, so wille wii, dat gii neyne ranefare mit juw in den kerken noch up den hoven liden und ok neyne geselschop mit densylven hebben. — [14]50 (mandagh na Philippi et Jacobi, u. d. st. Pernowe ingesegel) *Mai 4.*

Handschrift zu Reval f. 4 b.

Versammlung zu Halmstad. — 1450 Mai.

Als anwesend sind erkennbar Rsn. von Lübeck, Wismar, Rostock und Stralsund[3].

[1]) *N. 598 § 8—10, 7.*

[2]) *In den Hs. von Lübeck und Köln ist n. 601 eingerückt in eine Aufzeichnung über deren Verkündigung durch den Kfm. Sie lautet wie folgt:* Item int jaer 1450 upten 6 dach in julio do weren de alderlude mitten 18 mannen ten Carmers int reventer vergadert unde hedden daer doen verbaden den gemenen coopman van der Duytschen hanze, umme to horen lesen enen bref, den die gemenen stede van Liiflande, die in der stad Pernow ter dachvart weren ghewest, dem coopmanne ghesand hadden. Welke breef hiir van worden to worden navolghet unde lndet aldus. *Folgt n. 601.* Item do die bref ghelesen was, do ghebod die coopman dat ein jewelik der vornomeden stede ordinancie unde geboth holden solde up alsulke pene unde bothe to vorborne alse de vornomeden stede daerto gheordinirt hadden, wente de coopman wilde daer andiencie van horen, dat ein elk sich vor schaden wuste to wachten.

[3]) *Der strals. Chron. ed. Mohnike 1 S. 194 berichtet:* Anno eodem *(1450)* des sonnavendes vor der cruzeweken *(Mai 9)* weren de stede to Helmstede to dage — unse sendebaden dat weren her Zabel und her Bonnegarve, wente se quemen tho huss harte vor pingsten *(Mai 24).*

Am 18 Jul. 1449 kamen Dänen und Schweden vor Wisby überein, die Rechtsfrage, welchem Reiche Gothland zustehe, durch ein Schiedsgericht austragen zu lassen[1]. *Der Vertrag wurde trotz der nachfolgenden Verrätherei der Dänen, welche sich Wisby's bemächtigten, am 31 Jul. erneuert und dahin erweitert, dass die 24 Schiedsrichter am 1 Mai 1450 zu Halmstad zusammentreten sollten*[2]. *Als nun aber die Tagfahrt wirklich stattfand, trat die Frage um Gothland völlig in den Hintergrund vor dem Streit um Norwegen. — Am 20 Nov. 1449 war Karl in Drontheim zum Kg. von Norwegen gekrönt worden. Ihm hing vorzugsweise das Volk im Norden und auch der EB. Aslak an, während die dänische Parthei ihren Stützpunkt im Süden hatte und ihre Führer sich zumeist aus dem eingewanderten Adel rekrutirten. Beide Partheien standen unter Waffen, doch kam es zu einem Abkommen, wonach der Tag zu Halmstad auch über Norwegens Schicksal entscheiden sollte. Und hier nun gab der schwedische Adel seinen eigenen Kg. preis. Der halmstader Vertrag vom 13 Mai 1450*[3] *bestimmte, abgesehen von den ursprünglich gar nicht auf der Tagesordnung befindlichen Vorschriften über die zukünftige Wiederherstellung der Union der drei Reiche, dass Karl auf Norwegen verzichten und die gothländische Frage, die Ursache der ganzen Tagfahrt, auf einem späteren Congresse behandelt werden sollte*[4].

Die Hansestädte waren nach dem hier mitgetheilten B e r i c h t *zu den Verhandlungen geladen, langten aber zu spät an, der Vertrag war bereits mit ungewöhnlicher Schnelligkeit abgeschlossen worden. Bezeichnend genug wurde ihnen nicht nur eine Abschrift desselben verweigert, sondern auch die Existenz schriftlicher Aufzeichnungen, von denen drei heute noch im Orig. vorhanden sind, in Abrede gestellt. Den Städten blieb unter diesen Umständen nichts übrig, als unter Darlegung der Verdienste ihres Kfm., welcher verschiedene Vögte in Norwegen gegen die Angriffe ihrer Bauern geschützt hatte, um die Abstellung einiger Beschwerden nachzusuchen. Den leicht erklärlichen Antrag der schwedischen Herren, sie zu Kg. Karl zu begleiten, wiesen die Städte zurück.*

Bericht.

603. *Bericht der rostocker Rsn. über die Verhandlungen zu Halmstad. — 1450 Mai 13 u. 14.*

R aus RA Rostock, 2 Doppelbl. 8°, eingeheftet in n. 649.

1. Na der bort Cristi 1400 in dem 50 jare up unses heren hemmelvart avent quemen we to Hellemstede in lant to der dachvart.

2. Up den morghen quam to uns de bisschop van Slesewik unde bat uns willekame unde dankede uns grot van hertoch Alves weghen, dat we sodane swar arbeit, koste unde teringhe umme siner bede willen ghedaen hadden, dat scholde hertoch Allef unde de sinen jeghen uns unde de unsen vordenen, wor he konde unde mochte. Item so let he uns vorder vorluden, wo dat de Sweden wolden one noch der Holsten raet in dedinghe nicht hebben, darumme dat de Holsten der Sweden vigende weren.

3. Up densulven dach sende to uns des rikes råd to Dannemarken 3 ridder,

[1]) *Hadorph, Rimkrönik, 2 S. 151.* [2]) *Dipl. Christierni I ed Wegener n. 9—11* [3]) *Dipl. Christ. n. 14—17.* [4]) *Vgl. über all diese Verhältnisse, auf die hier nicht näher eingegangen werden kann, Daae K. Christiern I norske historie S. 33—50; Styffe Bidrag t. Skand. Hist. 3 S. XXII ff., Grautoff, Lüb. Chron. 2 S. 131, Karlskron. (ed. Klemming) v. 8157 ff. Sie urtheilt über den Vertrag kurz aber treffend:* Hade kung Karls rado alle warit thro, the hade ey dagtinget saa.

de uns willekame heden van des koninges unde des rikes reder weghen to Dannemarken unde dankeden uns in dersulven wise vor sodane arbeit, koste unde teringhe, dat we umme [eres][a] heren des koninghes willen angbenamen unde dan hadden, unde seden, ere here unde de sinen wolden dat vordenen jeghen de van Rostok, Wismerschen unde de eren, wor [se][b] konden unde mochten, dar we en grot vor dankeden.

4. Item in unses heren hemmelvart daghe vro up den morghen vorbaden uns 3 ridder van des rikes rades weghen to Dannemarken, also her Otte Nighelsoen, her Egghert Vrille unde her Nisse Jonsson in enem staven unde dankeden uns na alse [vor][c] van eres heren des koninghes weghen unde van erer weghen, unde leten uns vorluden, wo se van eres heren konink Cristi[erns][d] weghen hadden ghedinghet mit des rikes rade van Sweden van konink Karls weghen [unde][e] hadden in beiden siden annamet [ene][f] endracht unde enen steden ewighen vrede in desser naschrevenen wise: 1. In dat erste so scholde dat rike Norweghen bliven by der crone to Dannemarken mit allen den undersaten unde dar scholde konink Karl nen schikkent edder boet mer aver hebben, unde dat hedden en ghelavet 12 ute des rykes rade to Zweden, van erem heren konink Karl sodane vorwaringhe unde breve to schikkende tusschen hir unde sunt Olaves daghe [1]; weret dat it nicht en scheghe, so scholden de 12 inleghер holden to Helschenborch unde dar nicht ut to schedende, it en were des konink Cristierns unde sines rades willen. — 2. Item umme Ghotlande unde andere schelinghe unde ghebreke tusschen den heyden koninghen, dat scholde stan uppe recht van nu an wente to sunt Johans babbetisten daghe vort aver dat jar [2], unde dar scholden der beiden rike reder ener stede to ramen unde schedeslude to keren mit endracht, unde konink Karl de scholde up desulven tiid wesen to Kalmeren unde konink Cristiern to Sulvesborch, umme sodane ghebreke unde unwillen van en unde den eren in beiden syden ghansliken to vorlegghende. — 3. Hirup so scholde en jewelk, de dar jeghenwardigh weren[g] up dem daghe, de sinen to hus ropen dat utligghers weren; unde dem do vrede so ghekundighet were unde jemende darna wes nemen, den scholde me richten alse enen vredebreker. — 4. Item umme de afwesenden, de dar nicht jeghenwardich weren, so wolden se van stunden an breve unde baden utsenden, dat enem jewelken to vorku[n]dyghende[h], dat he sine utligghers to hus repe. — 5. Item ofte dar nu gement so vorne afgeleghen ofte afghesegheit were, deme dat so kort nicht konde to wetende werden, so scholde dat stan wente to sunt Olaves daghe neghest kamende; unde we darna jeme[n]de[i] wes neme, dar he mede begrepen worde, de scholde nene unschuldinge hebben, men me scholde ene richten alse enen vredebreker.

5. Also bespreke we uns [unde][e] na besprake lete we den dren ridderen segghen, dat se sik vorghan hadden under sik unde vrede ghemaket haden, dat were uns lef und behaghede uns wol. Item desulvest lete [we][k] bidden de 3 ridder vorghenomet, alseverne alse it en nicht to na en were, dat se uns des vredes unde endracht, den se ghemaket hadden, wolden gheven ene averschrift, up dat en jewelk [de][l] mochte to hus bringhen by sine oldesten. Dar spreken se umme [unde][e] na besprake leten se uns segghen, se wolden dat gherne handelen mit des rikes rade van Dannemarken unde wolden uns des en antworde benalen. Do so en wart uns van en dar nen antwarde van.

a) eres fehlt R. b) se fehlt R. c) vor fehlt R. d) Cristiern R.
e) unde fehlt R. f) ene fehlt R. g) weren weren R.
h) vorkudyghende R. i) jemende R. k) we fehlt R. l) de fehlt R.

1) Jul. 29. 2) Bis 1451 Jan. 24.

6. Darna so let her Lunenborch van unser allen weghen vorstan, wodane wis dat de kopman to Berghen hadden groten willen bewiset her Olef Nighelson, alse ene de bunden wolden hebben gheslaghen, desghelik to Anslo unde to Tunsberghe, de de voghede dar ok untsettede mit groter vare eres levendes, dat se dat underwiseden eren ghnedighen heren dem koninghe, also dat he en der woldat gheneten lete, uns unde se by sodanen privielelga unde vrigheit [to laten][a], alse se in sinen riken van oldinghes bewedemet weren unde sine vorvaren[b] se gherne ghelaten hadden in Norweghen. Na besprake leten se uns antwarden, ere gnedyghe here de konink were noch nicht mechtich in Norweghen, wen he de crone dar untfanghen hadde unde mechtich were, he unde sin råd wolden dat also voghen, dat it nemende scholde to na wesen.

7. Item desulvest lete we en segghen, wo dat unse kopman to den Ellenbaghen van dem vaghede unde deme rade to deme Ellenbaghe worde dar vorwaldet unde vorunrechtet, alse wen dar wol vorstorve, de in den steden to hus horde, dar wolden se van hebben den ley[n]den[c] ß, van dem des doden naghelaten ghude, dat doch van oldinghes men 3 Schonsche mark was. Unde vorder beswarden se den kopman mit samer unde mit winter schatte, des se doch na utwisinghe unses priveleommes en del nicht plichtich weren to ghevende. Na besprake so antwarde uns her Otte Nighelson unde sede, wen se ere dedinghe ghesleten hadden, so wolden se ryden to erem heren dem koninghe unde wolden sine gnade darane underwysen, dat enem jewelken nicht to na scholden wesen, unde hapeden nenen unwillen men leve unde vruntschop mit den steden to hebbende.

8. Darna up densulven dach vorbaden uns der beiden koninghe reder up dat rathus unde seden uns mit endracht, unde seden uns na alse vor, wo se Ghode to lave unde deme menen ghude to nutticheit vrede unde endracht ghemaket hadden unde wolden dat afkundighen deme ghemenen volke. Darup lete we en antwarden, we weren dar mit groten arbeide, mit kosten unde teringhe umme erer beider bede willen ghekamen, woloch dat se sik by sik sulven vorghan hadden, dat were uns lef van herten unde behaghede uns tomale wol. Hirup antwarde her Otte Nighelson van der rikes reder weghen unde sede, dat we umme eres gnedighen heren konink Cristierns unde umme eren willen mit sodanem arbeide, koste unde teringhe dar ghekamen weren, des dankeden se uns ghutliken, ere here unde se wolden dat hochliken jeghen uns unde de unsen vordenen. In dersulven wise dankede uns her Erik Erikesson van eres gnedighen heren konink Karles unde sines ghansen rades van Sweden weghen. Also vorkundeghede desulvest her Nighelsson dem ghemenen volke den vrede van dem råthuse.

9. Up den namyddach in unses heren hemmelvart dach so vorbade uns des rikes råt van Sweden to den swarten monken in de korken unde vraghedem, eft we ok mer to en to wervende hadden, wente se wolden van dar ryden. Na besprake so antwarde en her Lünenborch, ere here konink Karl were deme ghemenen kopmanne to vorvanghe unde to na darane, dat he en slote de Nü mit sinen tobehoren, also dat ere kopman, de ere vodinghe dar pleghen to sokende, nicht vredesam mochten dale kamen. Dat andere alse umme wichte unde mate, dat des kopmans win plach to wesende, dat hadde ere here vorandert, dat doch deme ghemenen kopmanne to vorvanghe were, unde bedet dat to bringhende by eren gnedighen heren den konink, dat he dat so voghede dat it so bleve, alse dat van oldinghes ghewesen hadde. Na besprake antwarde uns her Erik Erikesson, se wolden dat gherne bringhen by eren gnedighen heren den konink unde

a) to laten fehlt R. b) vorvarden R. c) leyden R.

hapeden ere here scholde sik dar ghutliken ane hebben. Doch so was he uns ansinnende, dat[a] we mit en wolden to erem heren dem koninghe, umme de sake unde wolke andere artikele to vorhandelende, dat se meuden erem heren unde den steden scholde dat to groter nutti[c]heit[b] kamen. Darup lete we en segghen, we en hadden dar nen bevel van unsen rederen, sodame dachvart vorder to sokende edder to holdende. Alse heden se, 'dat we dat wolden handelen en jewelik mit sinen rade unde duchte en nütte wesen[c], wolde we dat dar nicht doen, dat we uns durto schikkeden unde quemen by eren heren, dat mochte grote ghude inbringhen erem heren unde den steden unde dem ghemenen kopmanne. Darup lete we en antwarden, en jewelk van uns wolde dat gherne bringhen to sinen oldesten.

10. Also bede we dosulvest den rikes rat van Zweden, dat se uns wolden gheven ene aveschrift van dem vrede unde endracht, de se hadden ghemaket, up dat we dat mochten bringhen by unse oldesten. Na besprake leten se uns antwarden, se hedden dat bandelt mit des rikes rade to Dannemarken, dar wolden se gherne mede spreken. Also lete we en antwarden, we stunden des wol to vrede, wo se sodanen vrede hadden maket, dar en ane nogheden. Up dat leste sede her Erik Erikesson, dat em Ghot also hulpe, dat se noch schrift noch bref ok nicht enen bokstaff darup en hadden, unde darmede schede we uns.

Versammlung zu Graudenz. — 1450 Mai 31.

Anwesend waren Rsn. von Kulm, Thorn, Elbing, Königsberg und Danzig.

Die unten mitgetheilten Akten dieser Versammlung beziehen sich fast ausschliesslich auf den bremer Hansetag, dessen Besendung im Hinblick auf die bevorstehende Ankunft der englischen Gesandtschaft in Preussen für überflüssig erklärt wird.

A. Vorakten.

604. *Lübeck an den Hm. Ludwig von Erlichshausen: ladet ihn m. m. gleichlautend[1] mit n. 614 zum bremer Tage; ersucht, die englischen Gesandten, falls sie vor dem 24 Jun. in Preussen eintreffen sollten, bis zum Schluss des bremer Tages aufzuhalten. — [14]50* (sondages na s. Philippi unde Jacobi apostolorum d.) *Mai 3.*

SA Königsberg, Schbl. 88 n. 8, Or. Perg. m. Resten d. Siegels. Hat durch Nässe gelitten.

605. *Danzig an den Hm.: bittet um Entschuldigung, dass es der zufolge des Einlaufens von n. 604 vom Hm. erlassenen Aufforderung, zwei Rm. sobald wie möglich zu ihm zu senden, nicht nachkomme; hat jedoch eine an die fünf Hauptstädte des Landes adressirte Ladung zum bremer Tage erhalten und den Städten zugestellt; vermag deshalb allein nichts zu rathen und ersucht*

a) dat dat K. b) nuttibheit R. c) wesenn R.

1) *Selbstverständlich fehlt die Strafandrohung, dagegen sind auch hier Abschriften von n. 613, 874, 615 beigelegt.*

um Einberufung aller fünf Städte[1]. — *[14]50* (frigtages vor pfingsten) *Mai 22.*

StA Danzig, Missive 5 f. 134 b.

606. *Danzig an Lübeck: erwiedert auf die vom danziger Läufer überbrachte Ladung zum bremer Tage, dass es vom Hm. n. 604 in Abschrift erhalten und nach der bevorstehenden Berathung mit den übrigen Städten antworten werde. — [14]50 Mai 22.*

StA Danzig, Missive 5 f. 135.

B. Recess.

607. *Recess zu Graudenz. — 1450 Mai 31.*

D aus der Handschrift zu Danzig f. 351 b — 352.
Gedruckt: aus D vgl. m. den Abschriften von Bornbach und der thorner Hs. Toeppen a. a. O. 3 S. 180.

Anno funffczigk uff trinitatis haben gewest der stete sendeboten dis landis, ins erste: vom Colme her Lorentcz Wolmer, Peter Bisschoffheym; von Thorun her Tydeman vom Wege, her Rutger von Birken; vom Elbinge Johan vam Ruden, Jurge Rohir; van Konigsberge Georgius Swake, Hans Huxer; von Danczike Merten Cremon, Arndt von Telchten by unsem hern czu Grudentcz[a].

1. Item so sint desse vorschrebenen stete gegangen vor unsen hern uffs hws des morgens czu 6, dar en unser herre vorgap, w[o] em[b] die stat van Lubbeke hat geschreben von eyner tagefart, dy man czu Bremen halden solde uff sinte Johannis tag nehestkomende von etczlichen artikelen, die iczliche stat hey im hat, unde begerte der stete gutduncken. Daruff em de stete sageten na irem bevele, das nicht noth were sulche tagefart nw czur czeit zcu besenden, nochdeme unser herre die Engelschen hir hat geleitet, der man vorbeitete alle tage; unde boten unsern hern, das her den van Lubeke wolde schreiben unde en das ouch czu vorlegen, wat de sake seyn darumbe man nw nicht besenden mag die tagefart.

2. *Der Hg. von Burgund, der abermals um Einstellung der Erhebung des Pfundzolls von den Holländern nachgesucht, wird wie früher abschlägig beschieden*[2].

3. Item gap unser herre homeister den steten vor, das her botschafft hatte von dem konynge von Polen unde were mit em obirkomen, das man eynen richtetag uff Micha[e]lis[c] czu Thorün mit den Polen halden sal, dorczu man vorboten sal all[e] die czu clagen haben.

C. Anhang.

608. *Hm. an Lübeck: erwiedert auf die Ladung zum bremer Tage behufs eventueller Verlegung des Kfm. von Brügge und Verbots der englischen Laken: das seien ernste Sachen, die reiflicher Ueberlegung bedürften, auch sei die Zeit zu kurz bemessen, als dass er mit Instruktionen versehene Gesandte abordnen könne;* und[3] sunderlich, als ir denne in euwern brieffe beruret und wisset, wie wir die Engelisschen sendeboten her zcu uns in unser landt haben geleitet, der wir uns hy nest tagtegelich vormutten zcu komen, so dunkt uns sere unrath seyn, solde man den stapel van Bruck vorlegen und die Engelischen laken vorbitten in der henze zcu sleyssen, es denne wir

a) czu G. gewest D. b) wme D. c) Michahlis D.

1) Vgl. n. 533 § 3. 2) Vgl. n. 591 § 6. 3) Vgl. zu den folgenden Punkten n. 613.

unserer scheiung mit den Engelischen zeum ende seyn gekomen; *räth die Entscheidung über beide Punkte bis nach dem Abschluss der Verhandlungen mit den Engländern zu vertagen; erklärt zu dem Artikel von dem Wiederaufbau des* slosses Czibeldesborg: do ir und die anderen henzestete dasselbe slos habt gebrachen, habt ir wol gewust sachen, warumbe das gescheen ist, wurde men denne dasselbe slos nu widder buwen, czwivels wir nicht, ir und die anderen stete wisset euch wol darinne zcu halden; sunder wie irs darinne machen wellet, setczen wir zcu euch und sol ouch wol seyn unsir wille; aber van ungehorsam der van Gosler etc., vornemen wir, wie vormals davon sey gescheen eyne voreynung, wie men sich darinne solde halden, der mach men nachgeen und sich darnach halden; besundern, g. fr., so wir denne durch die kore unsers ordens zcu der wirdikeit des homeister ampts seyn gekomen, so haben wir begriffen unsirn czog und seyn itczund am wege czu czihen van eyner stadt zcur anderen und van slosse czu slosse, unser landt inczunemen und die holdigunge zcu empfoen[1], dadurch und ouch umbe manchfeldikeit ezlicher koninge und herren botschafft, die uns besuchen, und ouch umbe velir anstoesse und gescheffte willen unserer lande und undirsossen, die uns tegelich undir ougen komen, werden wir bekommert, das wir Got weis uff die obenbenanten sachen und euwer begerung volkomennendes rates nu czur czeit, als es not were, nicht gebruchen, noch solchen tag ken Bremen nicht besenden konnen. — *Graudenz*, *[14]50* (am montage nach d. t. d. h. dreyvaldikeit) *Jun. 1.*

SA Königsberg, Missive 17 S. 496, überschrieben: Der stad Lubeck.

Versammlungen zu Kampen und Apeldoorn. — 1450 Jun. 6 u. 15.

Die Versammlungen galten der Berathung über die Besendung des bremer Hansetages. Vgl. n. 627.

Anhang.

600. *Auszüge aus der Stadtrechnung von Deventer. — 1450 Apr. 30 — Jun. 18.*

D aus SA Deventer, § 1, 3—5 aus d. Rechn. v. Herman Bueving, § 2, 6—8 a. d. r. Henric van Duetinghem, beide v. 1450, letztere unvollständig erhalten.

1. Des donredages dairnae[2] een boede van Zwolle, die enen brief brachte inholdende van der dachvart van der henze te holden, dairop een maelstad te holden, raet dairop te hebben, 1 kr.

2. Des sonnendages nae moydage[3] Boldewijn gegaen toe Munster myd enen brieve, inholdende, hoere raetsvrende to Campen to komen by raetsvrenden der anderen hensesteden, gegeven 1 π 7½ kr. — *Zwei andere Läufer bringen gleiche Ausschreiben nach* Zutphen, Arnhem, Doesborch, Embric, Wesel, Duysborch, Remunde, Nymmegen, Harderwiick, Elborch *und* Groningen.

3. Des saterdages nae ascensionis domini[4] een boede van Lubick, die enen

[1] *Vgl. Ss. rer. Pruss. 4 S. 82.*
[2] *Nach s. Marcus dach, Apr. 30.*
[3] *Mai 3.*
[4] *Mai 16.*

brief brachte, onse raetsvriende to Bremen ter dachvart te senden op sente Johannis dach, 6 kr.

4. Des vridages nae des hiligen sacramentsdage[1] Gotschalck, Marquart gevaeren to Campen, doe die henzestede dair vergadert heeft, voir wagenhuer ende teringe 10 ℔ 5½ kr.

5. Des manendages nae Odulphi[2] Gotschalck, Marquart gevaeren tot Apeldoren op die dachvaert der henzesteden, soe to Campen geraemt wart, voir wagenhuer ende teringe myd den schutten ende schenewijn, 4 ℔ 7½ kr.

6. Des donredages dairnae[3] een bode der stad van Munster, van eenre sake andrepende der dachfart van Bremen, 1½ kr.

610. Auszüge aus der Stadtrechnung von Wesel. — 1450 Juni.

Aus SA Düsseldorf, Stadtrechn. v. Wesel v. 1450.

1. Item schicten ons die van Zutphen bij oren bade brieve ind copien, so sie ter daghvart to Bremen verscreven waren, den haden geschenct 2 bud., makes 4 β 8 ₰.

2. Des gudesdages na sacramenti[4] ginck Dravens to Dorpmund, umb ons bescheit to scriiven, off sie to der dachvart der hensestede verschreven weren ind dat sie ons oirs verkundighsbrieffs een copii senden wolden, had 16 β.

3. Des saterdages, die Odulphi[5], reet Henrich uppen Brinck myt 1 knecht ind 2 perden to Apeldoren in Veluwen, dair die hensestede van desen oird vergadert waren, umb rait to hebn van der daghvart, die to Bremen up nativitatis Johannis suld gehalden werden; was ute des gudesdagen nuens verdede butes 10 ℳ 9 β 6 ₰. Do hie wederquam tot Hilbrantz hus ter Mollen 6 β.

Versammlung zu Bremen. — 1450 Jun. 24.

Anwesend waren Rsn. von Lübeck, Köln, Hamburg, Stralsund, Wismar, Lüneburg, Magdeburg, Braunschweig, Stade, Deventer, Wesel, Kampen, Bremen, ferner Vertreter des Kfm. zu Brügge und London.

Die Vorakten behandeln zumeist flandrische und englische Verhältnisse. Der Kfm. zu Brügge beschwert sich über fortgesetzte Bedrückungen, während die Engländer, ungeachtet der von ihnen angekündigten Gesandtschaft, den Seeraub gegen die Hansestädten nach wie vor betreiben. In dem Ausschreiben des Tages, n. 614, 615, werden als die wesentlichsten Berathungsgegenstände hervorgehoben: Abberufung des Kfm. von Brügge, Beantwortung des Antrags des Hg. von Burgund auf Verbot der englischen Laken, Abwehr der Angriffe der Fürsten wider die Städte, Beseitigung der friesischen Seeräuber und des Zwistes von Goslar mit Alfeld.

Der Recess berührt alle diese Fragen, ohne doch eine völlig zu erledigen. Vielmehr bestimmt er in Folge des zu geringen Besuches dieser Versammlung die Einberufung eines neuen Hansetages nach Lübeck, dem jene von neuem zur Beschlussfassung vorgelegt werden sollen. Nur die Verhansung von Goslar wird gut

[1] *Jun. 5.* [2] *Jun. 15.* [3] *Nach Viti, Jun. 18.* [4] *Jun. 10* [5] *Jun. 13.*

gebrieten und den sächsischen Städten die Befolgung der früher ergangenen Weisungen auferlegt (§ 5). Der Streit zwischen Deventer und Wesel wird ebenfalls an den lübecker Tag verwiesen, desgleichen die Erledigung des Rangstreites zwischen Köln und Lübeck, sowie der Schossstreit Kölns mit dem Kfm. zu Brügge (§ 7, 9, 10).

*Die **Korrespondenz der Versammlung** bezieht sich auf das Verhalten der sächsischen Städte zu Goslar, der **Anhang** auf private Streitigkeiten, welche in Bremen zur Sprache gekommen waren.*

A. Vorakten.

611. *Lübeck beurkundet, dass es die Gesandten K. Heinrichs von England, einen Dr. jur. und zwei Kaufleute*[a], *auf Ansuchen des Kg. bis Johannis in seinem Gebiete sicher geleiten wolle. — [14]50 Febr. 16.*

SA Königsberg, Schbl. XXXII n. 11, danziger Abschrift, bezeichnet: In desser wise hadde[n] de heren van Lubeke de[n] Engelschen geleide gegeven. *Darunter:* De herre koning in synem briffe bat, dat me scholde laten rum vor sodanne sendeboten in dem leidebreve.

612. *Lübeck an Köln: berichtet wie in n. 592, dass es auf den Wunsch des Kg. von England die utrechter Tagfahrt abbestellt, den englischen Gesandten Geleite ertheilt und die bremer Versammlung um zwei Wochen vertagt habe; hat es nach Preussen gemeldet und verheisst weitere Mittheilungen. — [14]50* (dinxstedag vor — judica) *Mrz. 17.*

StA Köln, Or. Perg. m. Spuren d. Secrets.

613. *Der deutsche Kfm. zu Brügge an Lübeck: klagt, unter Berufung auf sein ausführliches Schreiben vom 16 Mrz., dass die Seeräuber, trotz aller Verheissungen des Hg. von Burgund wie der vier Lede nach wie vor in allen Häfen von Flandern und Seeland verkehren dürfen und stets zunehmen; hat es dem Hg., Gent und Brügge kundgegeben, ohne dass Jemand darauf achte; vor vier Tagen ist dergestalt ein Schiff aus Wismar genommen und von den Räubern mit Wissen und Willen des Schiffers an einen Seeländer für 225 Nobeln verkauft worden; weiss nicht,* wo enich schyp van der heme sunder merklike vorsichticheit van volke int Zwen sal moghen komen; *befürchtet, dass auch das Seeland zu Lande passirende Gut demnächst geplündert werden wird; erklärt, dass nicht ein Punkt der den Hsn. gethanen Zusagen gehalten wird, keine Beschwerde Erfolg hat und ihm nichts übrig bleibt, als dieses wie früher schon den Städten anzuzeigen, damit sie dem Kfm. Sicherheit der Person und Habe verschaffen, andernfalls müsse er nothgedrungen Handel und Verkehr völlig einstellen,* wylk doch vele erliker unde profytliker were dan men den zeerovers aldus schentliken sulven dat gud in handen sal tovoren unde bringhen; unde of ummers boven al dessen ymand na dessen lande zeghelen wyl, dat gy heren numme beter willen den off de wyllen warnen, dat se zyk also wyllen vorsen unde er gheleide vor ein bringhen, up dat se umbeschadet moghen blyven; *verlangt umgehend Rath und Verhaltungsbefehle. — [14]50 Mrz. 31.*

SA Königsberg, Schbl. 86 n. 6, lüb. Abschrift, vgl. n. 608.

a) *Für die Namen Raum freigelassen.*

614. *Lübeck an die Hansestädte: berichtet, dass der bremer Hansetag Gesandte des Hm. und der Städte an den Hg. von Burgund abordnete*[1], *um den Gebrechen des Kfm. zu Brügge abzuhelfen, und diese mit vieler Mühe einen* vochliken unde redeliken ende *beim Hg. erwirkt haben*, so wii des dorch etlike van en in erer wedderkumpst muntliken underrichtet sin unde ok de breve darup gemaket und vorsegelt geseen, gehoret unde entfangen hebben; *dennoch klage jetzt der Kfm., dass seine Lage sich um nichts gebessert und die Hansealen* vor dem Swene unde anders dagelix *ausgeplündert würden; sendet zum Beweis n. 613; erinnert sodann an die Wegnahme der hansisch-preussischen Flotte durch die Engländer im vergangenen Jahre, deren Werth noch nicht ersetzt sei, woraus ersichtlich*, dat de stapel der kopenschupp, uppe welken de Dutsche hanze principalik fundert unde gebuwet is, sowol in Flanderen alse in Engelant neddergelecht unde vornichtet wort; *ist mit Rücksicht hierauf zu Bremen beauftragt worden, die Hansestädte auf 14 Tage nach Ostern nach Bremen zu entbieten, hat dieses jedoch zufolge der Anmeldung einer englischen Gesandtschaft durch den Kg. von England*[2] *unterlassen, bis es erfahren, dass die Gesandten sich auf dem Wege befänden* (to weghe wert sin); *ladet nunmehr gemäss dem Recess zu Bremen* bii der penen ener mark goldes *zur Besendung des bremer Hansetages auf Jun. 24* (uppe s. Johannis baptisten d. des avendes in der herberge [to wesende]), umme in sodane vorgerorden unde andere sake unde punte, welke gii hir inne gesloten vynden, to sprekende. — *[1450 April].*

StA Lübeck, Entwurf auf f. 6 der Hs von n. 546, von späterer Hand überschrieben: Dyt is eyn vorramen, wu dat men de stede by pene vorboddem schal welck der van Colne radessendeboden mede beleret hebben. *Dieselbe Hand hat zum Schluss das Datum hinzugefügt:* Anno etc. 49 ummetrent Jacobi.

615. *Berathungsartikel zur Tagfahrt in Bremen, 1450 Jun. 24*[3]. —

L aus StA Lübeck, Hs. d. R. v. 1449 Jul. 25, n. 546, f. 7 b, vgl. n. 614.
K SA Königsberg, lüb. Abschrift, vgl. n. 604, von der Hand Hertzes.
Kn. StA Köln, lüb. Abschrift, liegt in der Hs. d. R. v. 1449, n. 546.

In[a] desse nagescrevenen artikele schal men uppe der dachvart to Bremen, boven de punte in den principalien breve gerort, spreken unde sluten.

1. Int erste umme to sprekende unde to slutende, offt id na legenheit der sake nutte, profitlick unde ratsam sy, den copman van Brugge to esschende unde den stapel in ene andere stede to legende.

2. Item alse de here hertoge van Burgundien von den heren sendeboden, de nelkest bii em gewest sin, unde ok uppe deme dage to Bremen anno 49 geholden, hefft begort to vorbedende de Engelschen lakene in den steden, jurisdictien unde gebeden der hanze, wes men uppe sodane sine (begherte)[b] vor en entlik antworde geven moge.

3. Item[c] umme to vorhandelende, wo men moge vorwesen sodanem groten avervalle unde (vorderff)[d], de nu jegenwardichliken mer den in vorledenen tiden den steden schuet van den wertliken heren unde forsten, so dat apenbar vor oghen is.

4. Item umme to sprekende van deme seerove, de dagelix schuet uthe Freslande, unde wo men wedderstan moge der wedderbuwinge Sibeldesborgh, de de

a) In K Kn, Item L. b) begherte K Kn, gebede L. c) § 3 fehlt K? d) vorderff Kn, in L Lücke.

1) Vgl. n. 546 § 1. 2) N. 574, wird abschriftlich beigelegt. 3) Vgl. n. 646.

stede umme rovus wyllen, de deme gemenen copmanne darvan schach, hebben breken laten.

5. Item umme to sprekende in der sake wesende twisschen den van Gosler unde Hinrik van Alvelde, erem utgeengeden borgermestere, unde wo men de van Gosler to deme horsam der stede van der hanze bringen moge etc.

616. *Hm. an den Hg. von Burgund: dankt für die seinen und der Hansestädte Gesandten gemachten Versprechungen bezüglich der Sicherung des Verkehrs und berichtet, dass deren ungeachtet einige Preussen* im Swen dorch robir *ihrer Schiffe entwältigt worden sind; verweist auf die mündlichen Mittheilungen der Betroffenen und bittet ihnen den Schaden ersetzen zu lassen. — Danzig, [14]50* (dinstag neest nach invencionis crucis) *Mai 5.*

SA Königsberg, Missive 17 S. 487.

617. *Danzig an den Kfm. zu Brügge: sendet n. 616, die es auf die Klage des Kfm. beim Hm. ausgewirkt; hat Lübeck angehalten, ebenfalls dem Hg. zu schreiben; ersucht, n. 616 dem Hg. einzuhändigen und über den Erfolg nach Lübeck und Danzig zu berichten. — [14]50 Mai 9.*

StA Danzig, Missive 5 f. 140 b.

618. *Danzig an Lübeck: sendet n. 616 in Abschrift und bittet, dass auch Lübeck sich beim Hg. für den Kfm. verwende. — [14]50* (in vigilia ascensionis domini) *Mai 13.*

SA Danzig, Missive 5 S. 130 b.

619. *Der deutsche Kfm. zu Brügge an Danzig: sendet ein Schreiben des Hg. von Burgund an den Hm. und fügt eine Abschrift bei, da der Inhalt zumeist Danzig betrafe. — [14]50 Mai 22.*

StA Danzig, Schbl. XXI n. 70, Or. m. Spuren d. 3 Siegel, arg beschädigt.

620. *Köln an Bremen: berichtet, dass es anfangs die Rm. Goedart von dem Wasserfass und Gerhard Hair zum bremer Tage entsenden wollte, nun aber nach dem Ableben des B. Heinrich von Münster* unser steide doctoir *Johann Frunt ausersehen habe, weil es sich jetzt* bii dem weige quaider gonner *versehen müsse; bittet, Frunt bei den Städten zu entschuldigen, falls er sich um ein oder zwei Tage verspäten sollte. — [14]50 Jun. 16.*

StA Köln, Copienbücher 20 f. 37.

621. *Köln an die zu Bremen versammelten Rm. der Hansestädte: beglaubigt seinen Dr. und Rath Johann Frunt, den es bevollmächtigt hat, in allen Köln betreffenden Punkten* zom besten helpen zo raeden ind zo ouverdragen. — *[14]50 Jun. 18.*

StA Köln, Copienbücher 20 f. 38 b.

622. *Desgleichen: ersucht, den Process des Ueberbringers Wilhelm von Kelwich in Güte oder nach Recht zu beenden*[1]. *— 1450 Jun. 18.*

StA Köln, Copienbücher 20 f. 39 b.

[1]) *Fast in allem gleichlautend mit n. 545.*

623. *Desgleichen: empfiehlt den Ueberbringer, Johann von Siendorp, welcher 1446 um Martini einige Waare in ein Schiff „Soetart" geladen hatte; auf der Fahrt von England nach dem Festlande wurde dieses vom Seeräuber Pillimon überfallen und theilweise ausgeplündert, doch behielt Johann das Seine; nach Ankunft in Seeland legten die Beschädigten Beschlag auf Schiff und Inhalt, worauf der Streit nach England zur Aburtheilung verwiesen und Johann dadurch sein Eigenthum vorenthalten wurde; bittet in Anbetracht, dass Johann an dem Verluste der Beschädigten gänzlich unschuldig, sowie* dat sich in Engelant nyet geboren soele oever die sache na gelegenheit zu richten, *den Streit zu untersuchen und Johann zu seinem Rechte verhelfen zu wollen. — [14]50 Jun. 19.*

StA Köln, Copienbücher 20 f. 30 b.

624. *Desgleichen: berichtet, dass der kölner Bürger Heinrich von Siendorp geklagt hat wider Trelgin Brauer, einen Knecht Gerards Brychelmans, der ohne Heinrichs Vorwissen mit einem falschen Petschaft* (pitzel), *dessen Heinrich sich nie bedient, eine Urkunde* zo handen Johann Pennen, mersther van Lunden, versegelt hatte; *Heinrich wurde deshalb zu London arretirt, obgleich er auf Grund der Freiheiten des Kfm.* weder so recht gestalt noch behalden moecht werden; *verweist auf die Zeugnisse Christians von Bleken und Heinrichs, des Klerks des Kfm., sowie auf die* certificacien *von London und anderen Städten, welche Johann, Heinrichs Bruder, dem Hansetage in Transsumpten vorlegen und mündlich erläutern werde; ersucht, den Process zu untersuchen und Heinrich Recht und Ersatz zu schaffen. — [1450] Jun. 19.*

StA Köln, Copienbücher 20 f. 41.

625. *Münster an dieselben: ist durch das Hinscheiden seines B. Heinrich*[1] *behindert, den bremer Tag, wie es beabsichtigte, zu beschicken; hat seitdem einige Absagen sowie auch den Besuch vieler edler Herren erhalten und kann vor der Einsetzung eines neuen Landesherrn keine Rsn. aussenden; ersucht die Entschuldigung freundlich aufzunehmen. — [14]50* (ipso die s. Albani) *Juni 21.*

StA Köln, Abschrift, mit Verschickungsschnitten, vgl. n. 780.

626. *Hamburg an Lübeck: berichtet, dass der* junge Johan Wagen *aus Hamburg vor 10 Tagen auf der Fahrt von Preussen nach Amsterdam von Engländern,* de mit 14 schepen und uthgemakeden volke sint an der zee, *zwischen* Heeff und Banck *überfallen und* mit synen schepkinderen yn eyn clene fischeschip *gesetzt worden ist,* dar he mede also up de Elve is gekamen; *gleichzeitig wurden auch ein* holk *und ein* kreger *aus Preussen genommen*; und desulven Engelschen hebben in erer vlote en grot schip „gracia Dei" geheten wol mit 400 mannen gemannet, und desse vorschreven dre schepe nemen se ut ener vlote van 14 schepen, und wat van Hollandern dar mede weren, dee leten se varn unbeschediet, und seden vorder, dat se nemen wolden allent dat Dudesch spreken konde, utgenamen Hollandere und underzaten des heren hertogen van Borgundien; *ersucht alle durch den Sund und nach Bergen bestimmten Schiffe zu warnen. — [14]50* (an s. Johannis und Pauli d.) *Jun. 26.*

StA Königsberg, Schbl. XXXIV n. 74, (danziger) Abschrift.

[1] *Er starb 1450 Jun. 2.*

B. Recess.

627. *Recess zu Bremen. — 1450 Jun. 24.*

L aus StA Lübeck, v. Hans. v. 2 n. 146, 2 Doppelbl., von Hertze überschrieben: Recessum factum in Bremis anno 50 Johannis baptiste. *Mitgetheilt von Höhlbaum.*
D StA Deventer, Recesshandschr. 1, 2 Doppelbl., läb. Abschrift.
K 1–4 StA Köln, 1) kölner Ex., 2 Doppelbl., läb. Abschrift; 2) Recesshandschr. 2 f. 59–61, Ex. des Kfm. von Brügge; 3) u. 4) Abschrift von K2 Recesshandschr. 1 f. 146–149 und 3 f. 76–78.

Witlich sii to[a] ener ghedechtnisse tokomender dinghe, dat in den jaren na der ghebort Cristi unses heren 1400 in deme 50 jare an sunte Johannis daghe to[b] middensommer weren de erbaren radessendeboden desser nascreven stede van der Dutschen hanse binnen Bremen to daghe vorgaddert, namliken: her Wilhelm van Calven, borgermester, mester Arnd van Bremen, doctor in beiden rechten, scindicus, unde her Jacob Bramstede, radman to Lubeke; van Colne mester Johan Vrunt, doctor imme gestliken rechte; van Hamborch her Detleff Bremer, borghermester, her Johan Gerwer, radman, unde her Johan Niendorp, secretarius; van deme Stralessunde her Hinrik Blome, radman; van der Wismer her Peter van Borken, radman; van Luneborch her Hartich Schomaker unde her Alberd van der Molen, radmanne; van Meideborch her Peter Dolle, radman, unde Hinrik Eilsleve, secretarius; van Brunswik Hans Kale unde Hinrik Twedorp, borgermestere; van Stade her Marquard van der Hoye, borgermester, unde her Hinrik van Anderen, radman; van Deventer mester Johan Marquardi, borgermester; van Wesele Johan uppe deme Dike, borgermester, unde Johannes Kale[1], secretarius; van Campen Peter Lubberdesson, borgermester, unde [de][c] rad to Bremen. Ok weren darsulvest her Johan Gebinck, secretarius der alderlude des ghemenen copmans van der Dutschen hanse to Brugge in Flanderen wesende, Hermen van Wesele unde Hinrik tom Have, sendeboden des gemenen copmans van der hanse to Lunden in Engheland residencien holdende. Unde darsulvest siik mit itliken ghebreken unde anliggenden notsaken, de den ghemenen steden unde copmanne van der hanse nu mer wen in velen vorganghennen jaren anliggende sin, vlitighen hebben bekummerd unde[d] ordinerd, alze hiir naghescreven steid.

1. Int erste alze itlike stede, de to der vorgerorden dachvard bii der penen ener mark goldes vorbodet weren, siik dorch ere scrifte hebben entschuldiget, des hebben de erghescrevenen heren radessendeboden ordinerd, dat de stede to der dachvard, de[e] binnen Lubeke uppe Mathei neghest komende vorramed is, irkennen scholen, wo id umme sodanne penen staen schole.

2. Vordmer nademe in deme recesse im jare 40 uppe Jacobi binnen Bremen

a) to — dinghe *fehlt D K1 2.* b) baptiste *K1.* c) de *fehlt L.*
d) unde daraffter dorch bewetinge der gemenen stede, welvart der kopenschop unde des gemenen gudes hebben ordineret unde eendrachtliken gesloten sodane artikele unde ordinancien, also hir navolgen. *D K1 2*
e) stede de in der dachvard binnen *L.*

1) *Die weseler Stadtrechn. von 1450 (StA Düsseldorf) berichtet hierüber:* Des dinxdages op s. Johans avent to midsomer togen Johan uppen Dijck ind meister Johan Kaell to Bremen ter daghvart der hensestede myt 2 knechten; varen to schep bis to Zutphen, hadn mede an provanden, ten irsten — 18 quart wijns — 2 ℳ 6 β 4 ₰, visch voir 21 β, hop vor 15 β 9 ₰, botter voir 3 β 6 ₰, to der botteren enen pot voir 6 ₰, to den vischen 1 kuyffken 2 β 6 ₰, voir weggen ind broet 5 β, schottelen voir 10 ₰, kannen, glase ind vroempot 4 β 8 ₰, eyn etiskruyck voir 8 ₰, etich voir 12 ₰; item voerden die Johan Snackert ind Henrich Jodsis, hadn 2 R. gl., maken 7 ℳ; item hadn in den schep bende ind negell voir 3 β; waren uit 15 dage, verdeden boten ind vervoren to wagen vort uit ind in 23 R. gl. ind 21 alb., maken 90 ℳ 6 β 9 ₰; do sie wedergquamen tot Rutgers hus van Lourewert 8 β.

vorramed dorch de heren radessendeboden der stede van der Dutschen hanse darsulves to daghe vorgadderd begrepen, ingesed unde ordineret is, dat de heren sendeboden, de uppe densulven dachvard bii deme grodmogenden heren, hern hertoghen van Borgondien to treckende, umme bii sinen gnaden to vorsokende unde vorarbedende, dat deme copmanne van der Dutschen hanse imme lande van Vlanderen sine vriigheide unde privilegia geholden mochten werden, utgeverdiget worden, uppe desser dachvard, wes em bii deme obgenanten heren hertogen wedervaren were, wedderumme inbringhen scolden: hiirumme hebben de erbaren sendeboden der stad Lubeke, bii namen her Wilhelm van Calven, borgermester, unde mester Arnd van Bremen, doctor vorbenomet, de to sodaner botschup mit itliken anderen erbaren heren van den steden na inholde enes articulis[a] des vorgherorden recesses im jare 40 vorramed gheordinert unde gheschikket weren, imme afwesende erer medegheselllen den vorgerorden heren radessendeboden, wes en bii deme dickenanten heren hertoghen is weddervaren, muntliken vorclard[b] unde ingebracht. Ok hebben desulve borgermester unde doctor den heren radessendeboden enen breff van den vilgenanten heren hertogen, en unde eren medegesellen to der stede unde copmans van der Dutschen hanse behoff vorseghelt, don lesen. Ut[c] welkor muntliker inbringinge unde vorsegelden breve de heren radessendeboden irkant hebben, dat deme copmanne van der Dutschen hanse de gebreke, imme sulften breve berord, imme lande van Vlanderen, sunderges wanner sulke vorseghelinghe gheholden worde, to ener redelken wiise remediert unde gebetert weren, sunder de copman van der Dutschen hanse to Brugge in Flanderen residencien holdende heft siik dorch den ersamen her Johanne Ghebinge, eren secretarium, vor den vorghescreven heren radessendeboden muntliken unde ok dorch itlike ere scriffte swarliken beklaget, wodane wiis van den articulen, welke de obgenante here hertoge den sendeboden der stede van der hanse, so vorgerord is, hebbe ghelovet unde vorsegheld, in der warheid weynich ofte nicht geholden werde, sunder dat de copman unde schipheren van der hanse mer unde mer beswaret unde in den havenen dessulften landes en dat ere dagelinx[d] genomen unde affhendich gemaket werde. Worumme de heren radessendeboden siik dupliken hebben bekummert mit desseme nascreven articule, off[e] id na gelegenheid der sake nutte, profitlick unde radsam sii, den copman van Brugge to escheende unde den stapel in ene andere stede to leggende. Unde nachdeme dat sodane articule wichtich, swar unde de stede van der Dutschen hanse in Prutzen, in Lifflande unde anderen landen beleghen int gemene unde ok sunderlinx anrorende is, hirumme, umme affwesendes willen sodaner stede, hebben de heren radessendeboden vorscreven in desseme articule nicht entlikes konen noch moghen sluten, sunder se hebben geordinerd, dat de ersame rad to Lubeke umme desser unde anderer nascreven articule unde ghebreke willen na older wanheid de stede van der Dutschen hanse ghemenliken, wor de beleghen siin, binnen Lubeke uppe sunte Mathei dach negest komende des avendes in der herberghe to sinde bii der pene ener mark goldes[f] unde vorlesinghe der Dutschen hanse vrigheide unde privilegien to eyner tiid, na der stede de darsulvest binnen Lubeke denne vorgadderende werden erkentnisse, na inholdinge ener nottulen uppe des rades van Lubeke vorbeteringhe darup vorramet, umme in sodane vorgerorden unde ander nascreven

a) eer L, articulo Kl. b) hebben vorclard L. c) Zum Folgenden ist in Kl von der Hand [illegible] bemerkt: [illegible] appunctuant Lubicenses, electio [illegible] Bruggensis et [illegible] dicendibus. d) dagelynx Kl. e) [illegible] in Kl [illegible] bemerkt: [illegible] nota duda fuit [illegible] et [illegible], grave [illegible] [illegible] [illegible] [illegible] [illegible] [illegible] de Flandria, [illegible] [illegible] [illegible] [illegible] grave videtur, [illegible] [illegible] [illegible] [illegible] [illegible] [illegible]
f) [illegible] Nota [illegible] L.

articule unde ghebreke, welker de rad to Lubeke ener jewelken stad avescrifft unde copie scal senden, to sprekende unde to slutende alze dat vor de gemenen stede unde copman van der hanse scal dunken behoff, orbarlik unde nutte wesen, ernstliken scal esschen unde vorboden. Welk de erbenanten sendeboden van Lubeke van erer stad weghen alzo hebben angenomen. Desulften van Lubeke scholen ok den grodmogenden heren homeister Dutsches ordens in Pruttzen vorscriven, dat he sine sendeboden uppe desulfte dachvard binnen Lubeke schikke unde des nicht vorlegge, umme des gemenen gudes unde besten willen, in der besten formen so se moghen unde na legenheid der sake en nottrufft unde behoff scal dunken wesen.

3. Vortmer[a] hebben de ergescreven heren radessendebaden dupplike handelinge gehat van sodaneme overvalle unde gewalt, de nu mer den in vorledenen tiden den steden schuet van den werliken heren unde forsten. Unde nachdeme se also ripliken nicht vorgaddert weren, dat se in sodaneme artikele umme siner lasticheyt wyllen ichteswes entlikes konden edder mochten sluten, so hebben se geordinert, dat een islik van een sodanen artikel an sine oldesten torugghe schal bringen, umme berad unde gude avertrachtinge darupp to hebbende, unde to der negesten dachvart, de men bynnen Lubeke, so vorgerort is, holden schal, uterliken to concluderende unde to slutende.

4. Vortmer hebben siik de vorgescreven heren radessendebaden bekummert, ummo weddertostande deme seerove, de dagelinx schuet uth Freslande, unde der wedderbuwinghe Sebeldesborgh[b], welke gebroken is umme mannichfoldigen schaden wyllen deme copmanne van der hanse darvan gescheen etc. Unde alse denne de erbaren van Bremen unde Hamborgh den vorgescreven heren radessendebaden darsulves muntliken hebben vorteilet, dat se to velen vorledenen jaren sodane wedderbowinge unde serove uppe ere kost deme gemenen gude to den besten nae erem vormoge gerne wedderstan hadden, unde dat een sulkent vorbat sunder bistant unde hulpe der stede lastich unde nicht wol mogelik were to donde, begerende, dat men uppe dat gemene guet enen tollen stellen wolde, van welken se der vorgerorden wedderbuwinge unde serove wedderstan mochten etc.: des hebben em[c] de vorgeschreven heren radessendeboden vor en antwerde doen gheven, dat se alzo ripliken dar nicht vorgadderd weren, dat se uppe dat ghemene gud sunder vulbord unde biiwesend derjennen, de dat anrorende were, nenen tollen edder beswaringhe setten konden noch mochten; begerende van den vorgerorden van Bremen unde Hamborch andachtliken, dat se sik sulkens gutliken wolden entholden bette to der dachvard, de men, so vorscreven is, scal holden binnen Lubeke, umme darsulvest denne to sprekende unde to slutende, unde dat se siik in den middelen tiiden gutliken, alze se to mannigen jaren gedan hadden, oft dat so velle, wolden bewiisen, dat sodanne wedderbuwinge Sibeldesborch nicht anbeginnet edder vullentoghen werde. Unde weres[d] sake, dat God affkeren moste, de dinghe alzo vellen, dat se jenighe bewiislike kost sodaneme weddertostande jummers doen mosten, umme sodane kost to wedderlegende, scholde id staen to der irkantnisse der stede, de to der dickegerorden dachvard uppe Mathei to Lubeke vorgadderende worden[e].

5. Vortmer hebben siik de erscreven radessendeboden mit der twistinge unde twidrachtigen saken, anrorende de van Goslar unde Hinrik van Allevelde, utter-

a) Zu § 3 hat Franz in Kl u. B. bemerkt: Nota quod ibi [illegible], [illegible] aliquid concludere, quia non fuerint mature congregati. b) Sybeldesborch Kl. c) eum Kl. d) were Kl. e) Hierzu bemerkt Franz in Kl u. B.: Nota bene istam compensationem, que clare insinuat, quod non debent imponi gabella sine scitu et consensu eorum quos negocium tangitur. Ut hic fuerunt 13 civitates [illegible] in principio istius recessus, et etiam [illegible] tam Anglie quam Flandrie.

liken bekummerd, unde alze[a] hebben gehord der sendeboden van Meideborch entschuldeginghe unde des obgenanten Hinrik insaghe, hebben se na ripen rade densulften sendeboden van Meideborch muntliken unde anderen Sassesschen steden scriftliken gheboden, dat se sodannen ordelen unde scriften bürbevorn van den van Lubeke unde anderen steden bil eme beleghen van beveles weghen der ghemenen stede van der Dutschen hanse in sodanner sake ghesproken, wanner se dorch den obgenanten Hinrik edder sinen vulmechtighen darmede gheesschet wurden, bii penen, in densulften scriften uthghedrucket, ghenoch doen scolden. Anders wolden de stede, de to der vorgescreven dachvard to Lubeke vorgadderende worden, dar vurder uppe vordacht wesen.

6. Vortmer hebben de ergerorden heren radessendeboden ghesloten, dat alle articule, de in den vorgerorden recesse imme jare 49 sin begrepen, uppe welke nene ordinancie unde handelinge geschen is, bii sik sulves unde eneme jewelken to gude bette to der dachvard, de men bynnen Lubeke, so vorghescreven is, scal holden, bestande scolen bliven, alzo dat desse recess deme unde de desseme in nenen stucken to vorvanghe scal wesen.

7. Item so de stede Deventer unde Wesel twistich sind, der schelinghe se bleven weren bii den dren steden Nimmeghen, Sutffen unde Arnem na utwiisinghe enes articules des recesses, latest uppe der dachvard to Lubeke[1] ghesloten[b], welke 3 stede vorscreven de saken remitteret hebben an de gemenen stede, unde alze nw en ghemene dachvard sin scal bynnen Lubeke, so vorscreven is, so hebben de heren radessendeboden vorscreven uppe desser dachvard sodanne sake uppe de negesten dachvard bynnen Lubeke desghelikes remitterd.

8. Vortmer scal men uppe der negesten dachvard bynnen Lubeke vorramet tracteren, wo men id holden schole mit den Engelischen, alze van der neminge wegen der schepe, de ut der Baye ghesegheit weren, unde anderen schepen unde guderen, de se alle daghe nemen unde ghenomen hebben, wer men darumme den copmanne wille helpen mit[c] ordinancien to makende uppe de Engelschen, edder de segelascie neddertoleggende, offte den copman ut deme lande to ropende.

9. (Item[d] desgelicks sall olck in der tokomende dachfart uytgedragen werden tuschen den van Collen ind den van Lubeke, as umb dat wort to halden ind vur to sitten etc., na luede eyns artikels in dem vurderem recess darup sprekende[2].

10. Item olck ys die artikel van dem schot in dem vurderem recess begrepen, den de van Collen meynen neit schuldich to siin te betalen in Brabant etc.[3], uytgestalt to derselver nesthomender dachfard.

11. Item de van Wesel verfolgen oick sulke kost, as sil umb der van Dordrecht wegen van bevele der gemeyner stede gedain hebben[4]; want dan de van Collen dar mede geweest sin ind sulk verfolch mit hebben helpen doin, so mogen der stat vrunde to der nester dachfart darup bedacht siin).

C. Korrespondens der Versammlung.

628. *Bremen und zu Bremen versammelte Rsn. der Hansestädte an Hildesheim: hatten erwartet, dass Hildesheim den von Lübeck wie von Bremen aus ergangenen Weisungen der Hansestädte, allen Verkehr mit dem verhansten*

a) alse so Kl. b) gesloten D. c) wanner Kl. d) Die §§ 9–11 hat Fromm in Kl hinzugefügt.

1) Zu Bremen, vgl. n. 553 § 8. 2) N. 288 § 29. 3) N. 288 § 26, vgl. n. 349, 362 ff. 4) N. 546 § 13.

Goslar abzubrechen und Alfeld die Arretirung der Goslarer zu gestatten, nachgekommen wäre; sind nun von Alfeld unterrichtet worden, dat gli sodannen scriffLen nicht hebben gevolget unde genoch gedan, welk uns nicht en clene verwundert unde van juw sere vremde is to horen; *wiederholen die Mahnung, jene Vorschriften zu befolgen, und zeigen an, dass sie für den Fall, dass dieses nicht geschähe, Alfeld gestattet haben,* myt juw unde den juwen in unsen unde anderen steden van der hanse to varende na inholde der vorengerorden breve; hirumme, l. vr., wylt juw vor sulken schaden bewaren unde den gemenen steden van der hanse nenen unwyllen unde myshegelicheit vorbat hirinne bewysen, is uns ho van juwer leve to dancke, *verlangen eine Antwort by dessem boden. — [14]50* (frydag na u. l. vrowen d. visitacionis) *Jul. 3.*

StA Hildesheim, Or. m. Resten d. bremer Secrets.

629. *Hildesheim an die [zu Bremen versammelten] Rsn. der Hansestädte: erwiedert auf n. 628, dass es in dem Streite zwischen Goslar und Alfeld vergeblich zu vermitteln gesucht habe und auch fernerhin versuchen wolle; erklärt zu der Forderung auf Abbruch des Verkehrs mit Goslar, dass es* sint der tiid voremiddelst — breven unde inhibicien *K. Friedrichs* gesochet unde gemanet *worden sei,* unde wu wii dee in rechte beleret werden, welker gebot, unses allergnedigesten heren effte juwe, wii mogeliker holden, dariune wille wii uns alse recht, erlik unde vochlik iss schigken unde richten unde uns jegen juwe leve nicht unredelik vinden laten[1]. — *[14]50 [Jul.].*

StA Hildesheim, Missive (6) 1443—1459 S. 103. Der vorhergehende Brief datirt vom 21 Jul.

D. Anhang.

630. *Köln an Bremen: erklärt, dass es schon früher sich bei dem Hg. von Jülich für die von jenem beschädigten Kaufleute von Magdeburg und Braunschweig, deren Rsn. sich auf dem bremer Tage beklagt haben, verwandt hat, alsbald nach der Rückkehr des zur Zeit ausser Landes weilenden Hg. sich nochmals verwenden und über den Erfolg auf dem nächsten Hansetage berichten werde. — [14]50 Jul. 27.*

StA Köln, Copienbücher 20 f. 30.

631. *Köln an den Hg. von Jülich: übersendet Abschriften von Briefen von Bremen und Braunschweig, wonach zu Bielefeld einige Kaufleuten von Magdeburg und Braunschweig angehörige Terling Laken weggenommen worden sind; ist Bremen und Braunschweig* also van der hanse weigen bewant, dat wir nyet oeverhaven siin moigen, wir en moissen uren gnaden darumb schriiven; *bittet um eine gütliche Antwort. — [14]50 Aug. 3.*

StA Köln, Copienbücher 20 f. 31 b.

632. *Heinrich von Alfeld an Halberstadt: ist nach dem Eintreffen der Antwort von Halberstadt und der andern sächsischen Städte* up der erliken stede verschrivinge *von diesen angewiesen worden,* dat ik na erer verscrivinge bii jw steden sodane vort verfolgent und irfaringe krigen scholde, welker juwer in horsamme silk one darane bewisen willen und ok my kummers tostaden; *erwartet, dass Halberstadt den Städten Gehorsam leisten werde, und sendet seinen Knecht mit der Bitte, ihm zu gestatten, die in Halberstadt weilenden*

[1]) *Vgl. n. 677 f.*

Goslarer zu arretiren; ersucht um Antwort. — *[14]50* (dinxdag na Stephani d. h. mertelers d. invencionis) *Aug. 4. Nachschrift: weist den ihm gemachten Vorwurf der Undankbarkeit zurück, erinnert daran, dass er stets den Anweisungen der sächsischen Städte gefolgt ist, und erklärt, dass er deren Ungehorsam gegen die Gebote der Hansestädte, welche Braunschweig allein befolgt habe, erst zur Anzeige gebracht, nachdem er vergeblich wiederholt irgend einen bestimmten Bescheid von ihnen erbeten und darüber zu gar nichts gelangt wäre* (van deswegen ik arme man denne myner zake gans wente her to verhindert were).

StA Halberstadt, Or. m. Spuren d. Siegels.

633. *Der Hg. von Jülich und Berg an Köln: erwiedert auf n. 631*[1], *dass er sich B. Magnus von Hildesheim und Hg. Heinrich von Braunschweig gegenüber die ihm auch davon geschrieben, zu rechtlichem Austrage seiner* gebreche, schulde ind zosage *gegen Magdeburg und Braunschweig erboten und dieses auch den [1449] zu Bremen versammelten Rsn. angezeigt hat; anderthalb Jahre haben die Laken* unverzert *in Bielefeld gelegen, ohne dass ihm eine Antwort zu Theil geworden, worauf er nun beiden Fürsten und den Rsn. gemeldet, dass er die Laken behalten und alle braunschweiger und magdeburger Waare festnehmen lassen werde, bis er Genugthuung erhalten; ersucht Köln, ihm, falls weitere Beschwerden einlaufen, hiernach zu verantworten.* — Burch. *[14]50* (d. neisten gudenstages na s. Laurencius d.) *Aug. 12.*

StA Köln, Or. m. Resten d. Secrets.

Versammlung zu Apeldoorn. — 1450 Sept. 3.

Die Versammlung[2] *berieth nach n. 634 über die Besendung des lübecker Hansetages.*

Anhang.

634. *Auszüge aus der Stadtrechnung von Deventer. — 1450 Aug. 19 — Sept. 5.*

Aus StA Deventer, Rechn. v. Hermann [illegible], 1449.

1. Des woensdages dairnae[3] een bode van Campen, die enen brief brachte van Lubike, toe Lubike ter dachvaert te komen, gegeven 1 kr.

2. Des donredages dairnae[4] een bode van Swolle, die enen brief brachte, inholdende, woe wii ons hebben wolden, onse vrende to Lubike te senden etc., 1 kr.

3. Op sente Johan dach decollacio[5] Top gegaen to Harderwiick ende ter Elborch, om oere raetsvrende to senden to Apeldoeren tegen die anderen hense-

[1]) *Erwähnt wird hier, dass n. 631 auch eine Copie eines Schreibens der zu Bremen versammelten Rsn. beilag.* [2]) *Sie war auch von Wesel besandt:* Decollacionis Johannis *(Aug. 29)* reet Henrick uppen Brinck myt enen knecht ind 3 perden to Apeldoren in Veluwen, dair die hensesteide mit [illegible] sich verschreven hadn, verdede die wijl dat hie uit was, 10 ℔ 6 β. Do hie wederquam verdede tot Henrik [illegible] van Oolen 7 β. *(StA Düsseldorf, wesel. Stadtrechn. 1450).* [3]) *Noch* ass. Marie, *Aug. 19.* [4]) *Aug. 20.* [5]) *Aug. 29.*

steden, te spreken op den Lubixen brief, oere raetsvrende aldair mede ter dachvart to senden, 14 kr. — *Drei andere Boten laufen* om derselver sake willen *nach* Groningen, Zutphen, Doesberch, Embrich, Wesel, Duysborch, Remunde, Nymmegen, Arnhem *und* Munster.

4. Des donredages nae Johannis decollacionis[1] Bueving, Marquart gevaeren tot Apeldoeren, to spreken myd den henzesteden, alse van der dachvaert to Lubike, voir wagenhuer ende teringe, 4 *fl* 15 kr. 3 orcken.

5. Des satordages dairnae[2] Keirehals gegaen to Munster ende to Osenbrugge myd brieven, inholdende, oere raetsvrende mede to Lubike ter dachvaert to senden, gegeven, want he lange nae der antworde wachtede, 3 *fl* $3^1/_2$ kr.

Versammlung zu [Stuhm]. — 1450 Sept. 7.

Anwesend waren Rsn. von Thorn, Elbing, Braunsberg, Königsberg und Danzig.

Die **Vorakten** *enthalten die Ladung zur lübecker Tagfahrt, deren Besendung nach dem* **Recess** *beschlossen wird. Zugleich werden die Instruktionen für die Rsn. vereinbart, nur über den Artikel von dem Bunde der Fürsten wider die Städte will man daheim berathen! Vgl. n. 644 ff.*

A. Vorakten.

635. *Lübeck an den Hm.: berichtet in Erwiederung auf n. 608, dass die Tagfahrt zu Bremen über die ihr vorliegenden Fragen keine Entscheidung treffen wollte, sondern Lübeck beauftragt hat, die Hansestädte bei Strafe zu einem neuen Tage auf Mathei nach Lübeck zu entbieten, sowie auch den Hm. dazu einzuladen; kommt dem Auftrage nach unter Hinzufügung der Berathungsartikel (n. 640) und bittet, den Tag unter allen Umständen zu besenden. — [14]50* (sondagbes na — Jacobi) *Jul. 26.*

SA Königsberg, Schbl. 86 n. 4, Or. Perg. m. Resten d. Siegels. Bezeichnet: Hoensteln, octava die assumpcionis Marie 50 *(Aug. 22).*
Verzeichnet: daraus Toeppen a. a. O. 3 S. 152 n. 75.

B. Recess.

636. *Recess zu [Stuhm][a]. — 1450 Sept. 7.*

D aus der Handschrift zu Danzig f. 352 b—353.
Gedruckt: aus D vgl. m. d. Abschr. vom Bornbach und d thorner Hs. Toeppen a. a. O. 3 S. 182.

Anno domini 1450 in vigilia nativitatis Marie syn die [nach]gescreben[b] stete by unsers hern homeisters gnade gewesen: von Thorun Tideman vom Weghe, Mathias Weyse; vom Elbinge Hinrik Halpwachsen, Hans Grymme; von dem Brunsberge Hans Slepstange, Thomas Penckuen; von Koningberck Andreas Brunow, Nicclis Pleys; von Danczike Albrecht Huxer, Pawel Bucking, unde haben dese nachgeschrebenen artiklen vorhandelt.

1. Czum ersten haben die stete unserm hern vorgebrocht, wy sie gebeschen

a) *Toeppen conj. Marienburg, vgl. jedoch n. 644 f.* b) gescrebenen *D.*

[1]) *Sept. 3.* [2]) *Nach Egidii, Sept. 5.*

sien von den von Lubeke czu ener gemeynen tagefart mit den gemeynen steten uff Mathei nehest komende bey ener pene ener mark goldes unde vorlust der hense. Hiiruff die stete gehandelt unde engetragen haben, syn iderman noch seyner eldesten bevell, das man die tagefart musthe besenden unde nicht abeslan. Das liis unser herre zcu.

2. Item so hath unser herre homeister bevolen her Tideman vom Wege unde her Johan Freyburg die reyse zcu sich zcu nemende noch ordinancie der stete; so hoth unser herre homeister mit synen gebitighern engetragen unde den sendeboten bevolen, ernstlichen zcu beerbeiten umme die genomenen sendeboten der Engelschen, das die mit eren gutheren morbten qwiit, frey unde loes gegeben werden unde hie ins land mochten komen uff solhan geleyte, als unser herre homeister mitsampt den von Lubeke deme koninghe von Engeland zcugesagt unde vorscreben hoth.

3. Item von dem ersten artikell, also die von Lubeke uns haben vorgegeben, den kowffman uss Flandern zcu heyschen, unde nicht geschreben, wo das man in bynleghen wiil[1]: hiiruff den sendeboten bevolen ist, von den von Lubeke zcu dirfaren, wo das sie den kowffman hiinleghen wellen, sich des widder hyn heym zcu zcyen an unsern hern homeister unde an die stete.

4. Item als von der beschedunge wegen etlicher heren etc.[1]: hievon die stete nicht gehandelt haben, sundir eyn iderman dovon zcu handelen doheyme mit seynen eldesten, das zcu der negesten tagefart inzcubrenghen etc.

5. Item van dem seerobe der tegelich geschiit etc.[1] van den Fryesen, Bartbuner unde Franczoysen: hiiruff ist der stete gudduncken, die sendeboten mit den gemeynen steten zcu handelen, das en iderman syn schiff so manne, das her moge durch die see komen unbeschediget noch ordinancie der gemeynen stete recesse inhaldunge in vorczeythen gemachet.

6. Item von dem artikel, wy mans halden sal mit den Engelschen von nemunge der Baysschen vlate etc.[1]: is[a] der stete gutduncken, das man is dormethe halden sal, also den sendeboten von unserm hern unde van den steden bevolen ist.

7. Item hiir hot unser herre homeister den steten gelegen uss dem pfuntczolle 200 gutte mark zcu czerunge der sendeboten keghen Lubeke. Diis sollen die von Danczke heben und die sendeboten methe usszcurichten in bevell unsers hern homeisters.

8. Item so is den von Dantzike bevolen, das sie sollen screiben den van Lubeke, ab die sendeboten des hern homeisters unde der stete uff Mathei nicht en qwemen, das sie wol thuen und vorczyen die tagefart en achtage ufs lengeste, so wellen sie gewysliechen bey en syn.

9. Item so ist uns sunderlichen bevolen von unserm hern homeister, das man den schippern von Hamburg, der die 11 seerober hot ufgebrocht, vorborget nemen in kegenwertikeit her Trachenouwen, das her wil recht begheen mit den 11 personen, siin recht zcu fordern unde bewiis zcu brengen von den von Hamborg, das her do borger sie unde das die 11 syne rechten seerober siin[2].

10. Item noch zcu gedencken von dem cappellane, screyber unde kumpas umme ere rechtikeit.

11. Item zcu gedencken von dem hemelichen gerichte, doruff unser herre homeister antworte, her welde syn vormogen thuen, worumme der bobest der gebe keyne sache nicht uss etc.

a) Item in D.

1) Vgl. n. 610. 2) Vgl. Grautoff Lüb. Chron. 2 S. 131 f.; n. 689, 691.

Versammlung zu Lübeck. — 1450 Sept. 21.

Anwesend waren Rsn. von Köln, Bremen, Stralsund, Wismar, Magdeburg, Braunschweig, Thorn und Danzig (zugleich als Vertreter des Hm.), Göttingen, Stade, Buxtehude, Einbeck, Anklam, Kiel — Hamburg, Lüneburg, der Rath zu Lübeck, Nymwegen, Deventer, Zütphen, Zwolle, Harderwijk, Groningen, Roermonde, Arnheim, Kampen, Wesel, ferner Abgeordnete des Kfm. zu Brügge und zu London.

Die bremer Versammlung hatte die Berathung über alle schwebenden Fragen, unter welchen das Schicksal des Kfm. zu Brügge und London sowie die gemeinsame Abwehr etwaiger Angriffe des Fürstenthums obenanstanden, auf die lübecker vertagt. Bevor aber diese zusammentrat, änderte sich die Lage in einem Punkte sehr wesentlich. Zu Ende Juli oder Anfang August wurden die in n. 573 f. angekündigten englischen Gesandten auf der Fahrt nach Preussen von lübischen Bergerfahrern überwältigt, nach Lübeck gesandt und hier als Gefangene bewahrt[1].

Die Voracten behandeln diesen unliebsamen Zwischenfall, welcher sofort die Beschlagnahme des deutschen Kfm. in England nach sich zog, in n. 647, welche wir Hans Winter, einem Kfm. aus Thorn[2], verdanken. Von ihm stammen auch die eingehenden und anschaulichen Berichte über die gleichzeitigen inneren Wirren in England (n. 638, 647, 669 f.), welchen beachtenswerthe handelspolitische Betrachtungen über das Verhältniss von Preussen zur Hanse eingestreut sind. Seine Mittheilungen über die friedfertige Stimmung Englands werden durch n. 648 bestätigt.

Die Beschlüsse der Versammlung sind uns in zwei Recessen überliefert. N. 649 berichtet, dass die Verhandlungen der Städte mit den gefangenen englischen Gesandten zu der Uebereinkunft auf eine neue Tagefahrt führten, welche die Städte bei dem Könige beantragen sollten. Die letzteren stellten zugleich einige Bedingungen auf, welche die Gesandten theilweise freilich abwiesen (§§ 4—7, 9, n. 651). Daneben wurden nicht weniger als 30 Städte wegen Nichtbefolgung der Ladungen zu zehnjähriger Verhansung verurtheilt, falls sie nicht auf dem nächsten Tage sich genügend entschuldigen würden, und im Zusammenhange damit die Vorschriften über die Beitragspflicht der kleinen Städte zu den Besendungskosten der grossen sowie über Bestrafung des vorzeitigen Verlassens der Tagfahrten erneuert (§§ 1, 2, 11). In der mehrfach behandelten friesischen Frage wird Groningen mit der Vermittlung zwischen Friesen, Bremen und Hamburg betraut (§ 12), in dem Zwiste Goslar — Alfeld ein Vergleichsentwurf beiden Theilen zur Annahme vorgelegt (§ 8), der Streit Wesel — Deventer an die nächste Tagfahrt verwiesen (§ 10), auf der auch über den Anspruch von Wesel auf Kostenersatz in der schon früher berührten dordrechter Angelegenheit, sowie über einen Privatprocess gegen den Kfm. in England entschieden werden soll (§§ 15, 13). Ein anderer Process gegen Zütphen wird erledigt (§ 14), ein dritter gegen Greifswald von neuem einigen Städten zur Aburtheilung übertragen (§ 3). Nur eine Hs. endlich erwähnt zum Schluss, dass auf diesem Tage der Entwurf einer Tohopesate vereinbart wurde, über deren Annahme jede Stadt sich bis Weihnachten erklären sollte (§ 16). — Der zweite

[1]) Vgl. Grautoff, Lüb. Chron. 2 S. 132, leider ist der Bericht lückenhaft.

[2]) Er selbst bezeichnet sich n. 669 als Junker, weil er früher im Hofgesinde des Hg. von Glocester gedient hatte. Bei Beurtheilung seiner handelspolitischen Ausführungen ist seine Abneigung gegen Danzig und sein vertrautes Verhältniss zum Orden nicht ausser Acht zu lassen.

Recess, n. 650, bezeichnet sich selbst als heimlichen und bezieht sich fast ausschliesslich auf die Verhältnisse des deutschen Kfm. in Flandern. Er führt aus, dass die Abberufung des Kfm. als das geeignetste Mittel erscheine, eine dauernde und gründliche Abhülfe aller Beschwerden zu erzwingen, und bestimmt, dass der Kfm. sich nach Ablauf des nächsten Marktes von Antwerpen nach Deventer begeben soll (§§ 1, 2). Im Zusammenhang damit werden eingehende Verordnungen über den Abbruch allen Verkehrs mit Flandern erlassen, welche zu Johannis in allen Städten bekannt gemacht werden und Mitte Jul. in Kraft treten sollen (§§ 3 bis 13). Behufs Verhütung von Verlusten für den Fall, dass der Kg. von England die beantragten Verhandlungen nicht belieben sollte, wird schliesslich verordnet, dass von Martini ab alle Ausfuhr nach England zu sistiren sei, und der nächste Hansetag beauftragt, geeignete Massnahmen sowohl für den Kfm. zu Brügge wie für den zu London zu beschliessen (§§ 14, 15).

Unter ***Beilagen*** *folgt die Aufzeichnung über die Bedingungen und Anträge, welche der Hansetag an den Kg. von England stellte. Obenan steht die Forderung auf Beobachtung der Freiheiten des Kfm., wofür sich überdies sieben englische Städte verbürgen sollen[1]. Daran reiht sich der Vorschlag einer auch von jenen Städten zu besendenden Tagfahrt, welcher jedoch die Aufhebung des über den Kfm. verhängten Arrestes vorangehen müsse. Lübeck verheisst dafür in diesem Falle die in Preussen befindlichen Engländer zu geleiten[2] (§§ 1 — 6). Die Schlussparagraphen widerlegen einige Einwände der englischen Gesandten gegen obige Artikel; bemerkenswerth ist die Auslassung in § 10 über die Natur der Hanse. — N. 652 bringt den Entwurf einer Tohopesate der Städte auf 6 Jahre, welche sich eng an die früheren Bündnisse von 1443 und 1447 anlehnt.*

Der ***Bericht*** *der preussischen Gesandten überliefert manche Einzelheiten über den Gang der Verhandlungen in Sachen des brügger Kfm. und der in Lübeck befindlichen englischen Gesandten, ist jedoch leider nur unvollständig auf uns gelangt.*

Die ***Korrespondenz der Versammlung*** *betrifft hauptsächlich den Unfall des kölner Rs., welcher auf der Hinreise nach Lübeck von zwei Grafen von Spiegelberg überfallen, sich nur gegen Gelöbniss aus der Haft lösen konnte und erst 1451 durch das Einschreiten des Hg. Wilhelm von Braunschweig davon entledigt wurde. Zwei Schreiben von Köln dringen auf Freigebung der englischen Gesandten; n. 659 empfiehlt dem Kg. von England die oben erwähnten Anträge zur geneigten Berücksichtigung, n. 660 gewährt Alfeld von neuem die Erlaubniss, gegen Goslar einzuschreiten, falls es den neuen Vermittlungsentwurf verwerfe.*

Die im ***Anhang*** *mitgetheilten Akten erörtern zumeist die Trübung der Beziehungen zu England zufolge jener Festsetzung seiner Gesandten. Ihr Kg. ist bemüht, sie durch Vermittlung des Hm. zu befreien, Köln sucht seine Angehörigen gegen Repressivmassregeln zu schützen, Hans Winter berichtet über die Einwilligung des Kg. in die vom Hansetage beantragte Tagfahrt sowie über den weiteren Verlauf der inneren Wirren in jenem Lande. Angeschlossen sind die vom lübischen Drittel besiegelte Urk. über Annahme der neuen Tohopesate, eine Aufzeichnung über erfolgte Entschuldigungen wegen Nichtbesendung des Hansetages und Auszüge aus den Stadtrechnungen von Deventer und Wesel.*

A. Vorakten.

657. *K. Heinrich von England bevollmächtigt Thomas Kent, Dr. utr. jur., Johann Stocker, Kfm. aus London, und Heinrich Bermaiam, Kfm. von Lynn (Lenn*

1) Vgl. n. 569. *2) Vgl. Grautoff, Lüb. Chron. 2 S. 134. Ein lüb. Koper lag zur Zeit vor der Weichsel.*

episcopi) *zur Verhandlung mit den Gesandten des Hm. und der Hansestädte behufs Abstellung der beiderseitigen Beschwerden, mit dem Versprechen, alle von den Genannten getroffenen Vereinbarungen zu genehmigen. — Westminster, 1450* (a. r. n. 28) *Jun. 28*[1]. Per ipsum regem et consilium. Fryston.

StA Lübeck, Trese, Anglicana n. 133, Or. Perg. m. anhangendem Siegel.
Gedruckt: aus Publ. Record Office zu London, Franc. 28 II. 6 m. 4, Rymer Foedera 11 S. 272.

638. *Hans Winter an den Hm.: berichtet über die Unglücksfälle der Engländer in Frankreich und den Aufstand in Kent; setzt sein Verhältniss zu seinem Bruder auseinander und bittet um Erstattung eines Hengstes, den er im Dienste des Ordens in Polen verloren. — Brügge, 1450 Jul. 3.*

K aus SA Königsberg, Schbl. XXXII n. 37, Or. mit Siegelspuren, bezeichnet: tercia (liters), *die früheren Briefe sind nicht vorhanden. Vgl. n. 647, 669 f.*

Dem erwirdigen und grosmechtigen heren, heren Lodewig von Erlingeshuzen, homeister zcu Prussen, zeynem genedigen liben hern mit allir erwirdikeit etc.

Mynen demutigen undirtenigen dinst czu allen geczeiten. Mein genediger erwirdiger und liber here. Als ich den euweren genoden vor in 4 briffen geschreben habe, als vom lande in Engeland czeitunge, wi is in in Normadie gegangen hot, das si nu qweit synt und ouch etlicher slossir in Garschonnyen, das ist al wor und vorfolgit sich[2]. Und der konig von Frangreich ist mit grossir macht in Garschonnyen selbir, um das czu gewynnen, sunder um vor Kalis czu czyn, der junge here von Borgonien und der grefe von Sympeln, das dunket mich ist undernomen, und das han di gethon, di den stapil von Kalis halden mit der wolle und mit dem czyn. Sunder dar synt noch 3 hern in Kalis mit vil soldener, so das si sich noch ouch dor besorgen vor den Franczyschen hern. Nochdem is nu so gar obil in Engeland steit und so in grossir czwetracht, das is wunder ist czu schreiben, so allirgenedigistar liber here, so hot mir hir Niclos Hirsberg von Londen geschreben, und ouch sagen is di leute worhaftiglich, di aus Engeland komen, beide Deuchen und Engelischen, wi das das land von Kent in Engeland al czu velde leit, eyn Engelische myle von Londen czu Blaghohit genant, und synt bi enandir gewest synt am dinstag noch der hilligen drifaldikeit tag[3], do qwam irste di samelunge czu hove und legen vor Londen, so man hir sagit, mir wen mit 60000 man, und von tage czu tage loffit in mir folkis czu, beide von edilleuten und ouch von pauwern. Und ir vorgehen ist, das si willen haben di vorreter, di den rot mete gegeben han, das man mynen heren van Gloczister selligis gedechtnisse so irmort han und[a] andir hern mir, di do getreuwe und from hern worn im lande czu Engelant. Ouch wellen si di haben, di d[e]s[b] hern koniges segil gefalschit han und brige ausgesant han an des hern konigis rot, wissen und willen, dorvon si Normandie qweit synt geworden und ouch 2 slossir in Engelant kyn Schotlant gelegen; ouch so wellen si di han, di di Pruschen schiffe in Engeland genomen haben und die do mete gepart und geteilet han, und der ist ouch eyn teil in des hern conigis rot gewest, also Daniel und lort Saie und Tryfilyan etc. So das dese gemeyne hegerte dorch Londen und wolde czyen in d[e]s[c] gesprecbe czu Lemister, do der koning im perlament mit synen forsten

a) und andir hern nur undeutlich K. b) das K. c) das K.

[1]) *Vgl. die Aufzeichnung über die Verabfolgung von Reisepässen* (litere regis de protectione) *auf ein Jahr an Kent, Stocker und einen Kfm. ihrer Begleitung, Rymer Foedera 11 S. 274.* [2]) *Vgl. Pauli, Gesch. v. England 5 S. 291 f.* [3]) *Jun. 2, vgl. Pauli a. a. O. S. 301 f.*

und hern im rote was. So das di stat von Londen um ofloffis wille nicht dorste dorchlassen, wen in Londen sint si ouch eyn teils czwetrachti[g][a], und hatten sorge um eynen oflof, und al schoppen, als heuser mit ware, steen czugeslossen und al thavernen. So das der here konig mit synen heren ofbrach aus dem gesprecbe und gebot allen hern und forsten um al ir macht zcu vorscreiben und czu im czu London czu komen, her wolde eyn samelunge wedir[b] di gemeyne machen. So das der here koning an sente Vite tag[1] qwam selbir in Londen in synen vollen harnisch gereten und lis im synen helm vorfuren gecronet und syn wopen dorof. So das her sant in das her den hern cardynal von Jorg, den herczog von Bogygam und begerte von der gemeyne, das sie von enandir czyn solden. So das si sprochen, si wolden di forretirsch also vor benomet han adir si wolden al dorum sterben, und saczten den hern also vorgescreben welche, den e[r]czbischof[c] von Kantilberg, den bisschof von Sallsberg, lort Say, den baron von Dodile, Thomas a Kent, Daniel Trifilion, Bodifil, der des he[r]czogen[d] von Betfort husfrauwe genomen hot, etc. Ir ist jo 13 hern an andir, so mir Niclos Hirsberg schribet, of di man ouch mankilt, also Robart a Kaym und Robert Horn. Und si hetten al dy gemeyne gerne frede wedir mit dem lande von Prussen und is hette sicher nicht so lange gestanden, euwir genode, here gnediger, hette lange botschaft und sendeboten gehat in Prussen vom hern konige czu Engeland noch al euwirn genoden wille, tete di grosse zwetracht, di si dor im lande undir sich selbir han[2]. Und als ich verneme, dor ist nymant der gancz sicher synes libes, konig adir fursten adir phaffen adir leygen, wen der konig wolde do mit dem volke gestreten han am donrstag noch Vite[3], so das her sich in 3 here, so man hir sagit von, Engelischen und von Deuchen, geschigket hat. So das her den fromen grofen von Northummerlant und lort Schalis und eyn fromen ritter, her Willem Schaffort, geschigket hat an das irste her, so das di qwomen am donrstag fru, und do sant der her groffe czu en und bat si um czurugke czu czyn, si wern from herren und nicht vorreter, so das si nicht wolden und slugen of sy. Do slug di gemeyne her Wilhem Staffort tot und sust noch 2 ritter und bi 350 man und fyng den groffen von Northummerlant, und her was gewunt und geschosschyn im arm. Und lort Schalis wart auch gefangen und sere gewunt, das andir volk flog al kyn Londen. So das der koning mit allir macht um 9 gereit was, um czu czyn czu streite czu Blagholt, do entwech das gemyne folk dem konig 3 Engelische myly von dar und entphoit dem hern konige, das her si nicht vordir suchte, wen sy wolden sich nicht gerne kyn im setczen, und si weren us um synes besten und um das gemeyne landis beste, her gebe in di vorreter, si wolden si nicht rechten ir eyn recht sulde obir sy gehen, wern sy schuldig si sulden leiden, wern si nicht schuldig si sulden frei seyn. Do wolde is der konig nicht thun. So diweile der konig as, do troten vom konige 10000, die besten geharnischten man di her hatte, so das sich dor der koning bedochte und wolde is thun und hot gefangen lort Say, den baron a Dodile, Daniel, Trifilion und sost ouch andir, di ich nicht weis. Und her leit suchen den bischof von Salisberge und andir me und hot geboten, wo man ir gutir kriget, der sal si behalden, und wor irkeynem vorreter weg hil[f]t[e], der do herochtiget ist, der sal diselbige busse leiden. Und do ist noch nymant gericht, und di gemeyne wil aus dem velde nicht ir justicia geschen ist, so das is dor gar obil steit, und weis nicht, wie is blyben wirt. Was ich hir noch von dor verneme, das wil ich euwirn genoden wol schreiben. Ouch so han si kyn schiffe czu orlei nicht us, wen si han so vil

a) czwetrachtid K. b) wedir wedir K. c) erzbischof K. d) herczogen K. e) hilt K.

1) Jun. 15. 2) Zu ergänzen: dem nicht Abbruch. 3) Jun. 18.

ungelugkes czu bus, das si is nicht dorffen aus suchen. Ouch so synt nu al di Franczosir und di Bretanys czu bus, di vor dem Swen und im Swen logen, ouch so meyne ich wol, das si 6 adir 8 holken nicht thun sollen von Prusschen schiffen, wen si bi enandir weren, wen si han al cleyn schiffe. Ouch here genediger bi das wor, so ich euwirn genoden vor geschreben habe vom bischof von Cziczister und vom hern von Sutfolk, synt beide amelich getotit, und dem bischof von Lynkol ist ouch vorgeben.

Item genediger liber here, so ich ouch euwirn genodyn mu[n]tlich[a] gedagit und ouch geschreben habe, wi mich myn brudir czu grossem schaden gebracht hot, und sicher mich mir wen um 2000 ℔ gebrocht hot, so hot her mir in schriften gegeben in Prussen und hot mir in rechenschaft gebrocht, wi das dor in Engelant noch etliche gutir stunden bi eynem guten man, und di gutir tragen wol of 400 nobiln Engelisch, so das ich demselbigen guten manne geschreben hatte, um das beste czu thun bi den gutirn und di vorkofte ir ich in Engelant qweme, so das ich im ouch geschreben hatte um ein sawekondit, um czu reden mit dem hern kenczeler. So here genediger, her mir wedirgeschreben hot, das ik kyn sawekondit nicht darf und wol sicher in das lant von Engelant komen mag ungehindert, als von das orley wegen, und ouch hot is mir Niclos Hirsberg geschreben, sundir als von schulde wegen, di myn brudir dor schuldig ist, di mus ich beczalen, so ich en den in Engelant gelegit habe und vor en gelobit und myn dyner do ist gewest. Und als ich verneme und man mir schribet, so ist her mir dor schuldig wen 300 nobiln, und dorvon hot her mir ny gesagit, sunder her hot mir synen brif von syner hant gegeben und vorsegilt mit synem segil, das noch di ware dor steit czu Londen und di ware synent halben dor unbekummert sal seyn. Nu schreibet mir der man, bi dem di ware steit, her dar si nymant weisen, is das in di schuldiger gewar worden, si worde in syner hant gerostirt und gefordirt mit rechte, und si were lange noch prophit vorkouft, het [myn[b] brudir nicht] syne schulde gethon di her dor im lande schuldig ist. Ouch so habe ich hir in Brugke 10 wochen gelegen und habe mir wen 4 ß grote vorczert, und hette schir myn reise gethon, het ich gedorst in das lant von der schulde wegen. Ich habe sorge, is sulde mir dor so gehen von mynes brudirs wegen als is gink dem hern grosscheffir von Schenkildorf wegen[1]. Und ouch hette ich wol gehoft, wer ich dor in das lant gewest, ich wolde jo dorczu geret haben czum heren kenczeler und czu andirn heren, mit den ich wol bekant byn, so ich den in vorczeiten hovegeweynde in Engelant gewest byn, of das si sendeboten an euwirn genoden gesand hetten. Idoch so mus ich is jo wogen im namen Gotis, wen sich ag di gemeyne gestillet und czu roit, und wil im namen Gotis kyn Engelant und wil czu holffe nemen des heren konigis czu Polen hetebriffe an [den][c] hern konig czu Engelant, die of Niclos Hirsberg und of mich lauten. Und werde ich den mussen myns brudirs Elias scholt beczalen, so hoffe ich jo, das ich so vil gutir dor im lande czu han, das ich nicht darf dorum in gefengnisse geben. Sunde[r][d] ich bethe euwir genode demutiglich, genediger liber here, um anczusehen myn cleyne kinder und myn husfrauwe, und ouch anczusehen den schaden, den ich vor von mynem brudir Elias entphangen habe, und das euwer genoden in lossen wolde vor euwir genoden vorbotten und das her euwirn genoden borge seczte, ap ich in Engelant in irkeynen schaden qweme von syner schulde wegen adir icht vor in beczalen muste, das her mir das ofrichten muste, do bethe ich euwirn genoden demutiglich

a) mutlich K. b) myn — nicht fehlt K. c) den fehlt K.
d) sunde K.
1) Vgl. S. 183 A. 3.

um sam eyn getreuwir undirsasse synem genedigen liben hern. Und here genediger, ap dis myn brudir loken wolde, so sende ik euwern genoden den brif, den mir der man von Londen geschreben hot, do di gutir bi legen, und bethe euwir genode, wen euwir genode den brif gelesen hot im en czu senden myner husfrauwen kyn Thorn, of das her vorwart wirt, wen ich besorge mich, mir wirt noch macht doran legen. Ouch so wisset, genediger liber herre, das ich geslagen habe in Hans Rakendorf vas, czeiger dises briffes, eyn top mit grun ingehir, im euwirn genoden czu schigken, wen is euwirn genoden wirt, so bethe ich euwirn genoden um nicht lon czu vorsmon. Ouch so sant ich euwirn genoden eyn cleyn conpas by Hans vom Holcze, do ich ouch euwirn genoden bei czeitunge schrip. Und here genediger, wen mir Got mit libe obir in Engelant hilft, so wil ich euwirn genoden al czitunge schriben, wi is dor steit und ap si ouch sendeboten ausrichten werden, und was ich czu hove hore; ouch so wil ich mit allym fleisse dar czu roden, das di sendeboten an euwir genode gesant werden. Ouch here genediger, im wynter schreip der herre stathalder dem here contor czu Thorn, im czu senden kyn Petirkau czu[m][a] hern koninge in das gespreche, um [czu][b] dirfarn was dor gehandilt worde, so das mich der here comptor bat, um hynczureiten dorch d[e]s[c] ordens wille, nochdem ich mit den hern von Polen wol bekant byn. So das ich is tet und dirfur is al und gap is dem hern comptor in schriften; so das mir in Polen myn hengest gestolen wart, so das der here comptor czu mir sprach[d], ich solde is in gedolt lon stehen, bis das eyn here homeister gekorn worde, so wolde her mir holffen synt, ich is in des ordens gescheften vorlorn hette, das is mir vorgutit salde werden. So steit is noch so und setcze [ich][e] is czu euwirn genoden und getrauwe in Got, das euwir genode mich nicht wirt im schaden lon, und wil alczeit des thun als euwirn genoden getruwer gehorsamiger man und in gehorsam bereit seyn czu euwern genoden geboten. Hirmete bevele ich euwirn genoden dem almechtigen Gote zcu phlegen czu langer gesundir czeit. Gegeben in Brugke, am fritag noch processionis unser liben frauwen, anno im 50. jare.

Hans Wynter, euwir genoden getruwe dyner.

Allregenedigister[f] here. In diser stunden, do ich desen brif geschreben hatte, do qwam hir czitunge mit eynem loffir aus Engeland, wi das der konig mit Daniel und sust noch mit 2 heren, di ouch vil argis gethon han, ist geczogen of das castil zcu Wynczistor, ap her dor di hern wil gefangen halden adir ap her si hefreden wil, das wis [ich][e] nicht, sunder nu ist di stat von Londen mit der gemeyne czugefallen und sint dem konige nochgefolgit, und man sagit, is hot sy so obil in Engelant gestanden als nu etc.

639. *Lübeck an Soest, (Hildesheim, Göttingen, Einbeck und Hannover): berichtet, dass die 1447 von Lübeck aus nach Flandern entsandte Botschaft trotz vieler Mühen nichts ausgerichtet und 1449 vom bremer Tage nochmals Gesandte an den Hg. von Burgund abgeordnet wurden, welche die Abstellung einzelner Gebrechen des Kfm und die Bewahrung seiner Freiheiten zugesichert erhielten; nichtsdestoweniger wurde der Kfm, in Flandern wie in England nach wie vor in seinen Privilegien dermassen verkürzt, dass der bremer Hansetag von 1450* sik sodaniger lastigen sake allene nicht annemen *wollte, sondern Lübeck beauftragte, eine neue Tagfahrt auf Mathei nach Lübeck auszuschreiben und zwar in Anbetracht dessen, dass bereits zwei Tagfahrten um dieser An-*

a) *cum* K. b) *czu fehlt* K. c) *das* K. d) *sprache* K.
e) *ich fehlt* K. f) *Die Nachschrift befindet sich auf einem anliegenden Zettel.*

gelegenheit willen vergeblich stattgefunden, *weil* vele stede barthorich werden unde na eschinge ton dachvarden nicht en komen, *bei der Strafe einer Mark Goldes* unde by vorlesinge der stede van der hense privilegien to ener sekeren tiid na erkantnisse unde guddunken der ersamen sendeboden, de tor vorbenomeden stede komende werden; *ladet demgemäss zur Besendung des Tages, fügt die Berathungsartikel (n. 640) bei und warnt vor der Strafe im Falle des Nichterscheinens. — [14]50* (vridage na divisionis apostolorum) *Jul. 17.*

StA Soest, Or. Perg. m. Spuren d. Secrets, schadhaft erhalten.
An Hild., Gött., Einb. und Hann.: StA Hildesheim n. 1993, Abschrift.

640. *Berathungsartikel zur Tagfahrt in Lübeck, 1450 Sept. 21*[1]. —

Aus SA Königsberg, Schbl. 86 n. 4, Einlage zu n. 633.

In desse nageschreven articule schal men spreken to Lubecke uppe der dachvart Mathei anno 50.

1. Int erste umme to sprekende unde to slutende, efft na ghelegheuheid der zake nutliick, profitlik unde radsam wesen schal, den copman to Brugghe uth Vlanderen to esschende unde den stapel unde hanteringhe der copenschup in ene andere stede to legghende; unde denne ene andere stede to ramende, wo unde wor de best vor den copman schal moghen denen, mitgaders vorsenicheiden, ordinancien unde gheboden darup to makende, alse denne vor dat ghemene beste schal wesen behoff unde van noeden.

2. Item umme to sprekende van deme zeerove, de daghelilkes schut uth Freezlande unde anders in der see, unde wo men wedderstan moghe der wedderbuwinghe Tziheldesborg, de de stede umme roves willen, de dem ghemenen copmanne darvan schach, hebben breken laten.

3. Item to sprekende umme groten merckliiken zeeroff schaden unde vorderff, den de Engelschen deme ghemenen copmanne ghedan hebben unde daghelikes doen; unde desgheliiken van velen anderen zeeroveren, alse Frantzoysen unde Hartuns, wo unde in wat mate dat wedderlostande; unde efft ziick jemand van den steden der henze sodannen groten schaden weddertostunde dar uth then wolde, wo men dat darmede holden scholde unde mochte.

4. Item to slutende, wo ment holden schal mit den Engelschen, alse van der nemynghe wegen der Bayesschen vlate unde anderer schepe unde ghudere, de se alle daghe nemen unde nomen hebben, wer men darumme deme copmanne wil helpen mit ordinancien to makende uppe de Enghelsschen, edder de zeghelacie nedder to legghende, edder den copman uth deme lande to ropende.

641. *Köln bezeugt den zu Lübeck versammelten Rsn. der Hansestädte, dass Arnold Stackelhusen aus Köln, der* van welgen Johans van Siendorp, Wilhem Ketwich, unser burger, ind Cristgiins van Bleken *mittelst einer von Bremen besiegelten Zuschrift der dort versammelten Rsn. nach Lübeck auf Mathei beschieden war, vor dem kölner Rathe Hermann von Wesel aus Köln und Heinrich ten Hove, Klerk des Kfm. zu London bevollmächtigt hat, ihn zu vertreten, die Klagen jener zu verantworten und alles zu thun* as reicht is. — *1450 Aug. 27.*

StA Köln, Copiebücher 20 f. 39 b. Darunter bemerkt: Conradus Vedyngen, civis natus, constituit dictos Hermannum et Hinricum conjunctim et divisim quam predictos die predicta.

[1]) *Vgl. n. 613. Der auf die Abwehr des Angriffs der Fürsten wider die Städte bezügliche Paragraph ist in diesem an den Hm. gesandten Exemplar fortgelassen.*

642. *K. Heinrich von England an Lübeck und die zu Lübeck versammelten Rsn. der Hansestädte: beklagt die mannigfachen auf beiden Seiten verübten Störungen des friedlichen Verkehrs; betheuert seinen Wunsch nach Herstellung der alten Freundschaft und versichert, dass er die Hanseaten nicht nur mit gleicher* immo majori longe nostris subditis favore *behandelt habe; zeigt an, dass er zum Erweis dessen seine bevollmächtigten Gesandten an den Hm. und die Hansestädte abgeordnet, und ersucht um Mittheilung jedes etwaigen Hindernisses, welches sich einer günstigen Lösung der jenen gestellten Aufgabe auf Herstellung des Friedens entgegenstelle, damit er es zu beseitigen vermöge. — Westminster, 1450* (a. r. n. 29) *Sept. 1.*

Handschrift zu Rostock, vgl. n. 649, f. 1, auf f. 1b folgt eine deutsche Uebersetzung. SA Königsberg, Abschrift.

643. *Köln an die zu Lübeck versammelten Rsn. der Hansestädte: beglaubigt Johann Frunt,* unser steide doctoir [ind] gesworen raitman, *den es entsendet zum Erweise, dass es stets auf des Kfm. Beste bedacht sei; hat ihn in allen Fragen, über die nach dem Ausschreiben auf der Tagfahrt verhandelt werden soll, bevollmächtigt, und ersucht, ihn* toloisten ind yem unser stad geburlicheit ind gerechticheit na alden herkomen gonnen to gebruychen. — *[14]50 Sept. 7.*

StA Köln, Copiebücher 20 f. 62 b.

644. *Hm. an Lübeck: erwiedert auf n. 635:* wir seyn vast weyt dabynden in unsirn nyderlanden gewest, alda haben wir die holdigung und gehorsam van unsirn undirsassen empfangen, so das wir unsere gebitiger umbe stete umbe weyte der wege und ouch umbe kurcze willen der czeit so schire bey uns nicht haben mogen brengen; *hat trotzdem einige Gesandte abgefertigt, die demnächst abreisen sollen; bittet um Entschuldigung, falls sie nicht pünktlich zum angesetzten Tage eintreffen, und ersucht die Berathungen bis zu ihrer Hinkunft auszusetzen. — Stuhm, [14]50* (nativitatis Marie) *Sept. 8*[1].

SA Königsberg, Missive 17 S. 343.

645. *Desgleichen: erklärt,* als ir uns denne — van heysschunge des kouffmannes van der henze und vorlegunge des stapels habt geschreben, so schreibet ir uns nicht dabey, wohin adir an was stat ir vormeynet, das men den stapel wolde legen, und darumbe haben wir ouch mit den unsirn keyne vorhandelunge davon mogen haben; *sendet Tileman vom Wege, Bm. von Thorn, und Hans Freiburg, Rm. von Danzig, die er beauftragt hat, die Ansichten des Hansetages über die Verlegung* czu verhoren und uns die widder heymbrengen; *will alsdann gern mit den Seinen darüber berathen. — Stuhm, [14]50* (nativitatis Marie) *Sept. 8.*

SA Königsberg, Missive 17 S. 342.

646. *Desgleichen: hat vernommen, dass die auf der Fahrt nach Preussen begriffenen Gesandten des Kg. von England* in der seb und am wege czu uns herin czu komen durch die euwirn seyn angefertiget, genomen, gefangen czu euch in euwere stat gebracht und in gefengnisse gelegt; *entsendet deshalb Wege und Freiburg nach Lübeck, ersucht ihr Gewerb freundlich aufzunehmen und ihnen vollkommenen Glauben zu schenken. — Stuhm, [14]50* (nativitatis Marie) *Sept 8.*

[1]) *Vgl. n. 636.*

SA Königsberg, Missive 17 S. 544, überschrieben: Credencien Tidemanns vam Wege czu Thorun, und Hanse Freibergs, ratmanne czu Danczk, seyn metegegeben uffn tag ken Lubeck in der Engelschen sachen. *Darunter:* Desgeleich ouch eyne credencie an der stete der Dewtschen hensen sendeboten czu Lubeck vorsamelt.

660. *Hans Winter an den Hm.: berichtet über die in England herrschende friedfertige Stimmung, welche durch die Gefangennahme der englischen Gesandten abseiten der Lübecker gründlich gestört worden sei; erinnert an die Nachtheile, die den Preussen aus den Kriegen der Städte erwachsen, und meldet, dass der deutsche Kfm. in London mit Hab und Gut besetzt worden ist. — London, 1450 Sept. 9.*

K aus SA Königsberg, Schbl. XXXII n. 5, Or. m. Spuren d. Siegels, bezeichnet: Quarta.

Dem erwirdigen und grosmechtigen hern, hern Lodewig von Erlinglshuzen, homeister Deuczes ordens zcu Prussen, zeynem genedigen liben hern mit allir erwirdikeit etc.

Mynen demutigen undirtenigen gehorsamigen dinst czuvor. Myn allirgenedigister here. So ich den euwirn erwirdigen genoden in 2 briffen geschreben habe, wy ich von der genodyn Gotis wol in Engeland gekomen byn und ich hir in Engeland mym genedigen hern konige myns hern konigis zcu Polon bril entwirte, den myn genedigir here koning czu Engelant gutiglich entphing, und of diselbige czeit bei im hatte den irwirdigen hern cardinal, erczebischof von Jorg, den hern bischof von Wynczister und den hern der do sal syn bischof czu Salisberg, den hern forsten von Existir, den forsten von Bokingam und sost andir hern etc. So das uns, Niclos Hirsberg und mir, vom hern konige vorheimen wart eyn sicher geleite vor uns und unsir gutir, und das hot uns der here canczler vorsegilt mit unsirs genedigen hern konigis von Engelant magestat, so das ich hoffe, wir hir wol sicher synt und unsers genedigen hern gelopnis uns gehalden wirt etc. Und ouch myn genediger liber here, so ich den ouch euwirn erwirdigen genoden geschreben habe, wi das myn genediger here koning mit synem genoden rote volmechtiglich syne sendeboten czu euwirn genoden gesant hot und en sundirlich metegegehen hot, so czu machen, das is in eyn bestant qweme und frede blebe czwisschen euwirn genoden und myns hern konigis landen, und das man sege, was in beiden selten schaden geschen were, das man den vorgute, und jo so in eyn bestant seczte, das is frede blebe; und so ich ouch euwirn irwirdigen genoden geschreben habe, wi das hir czitunge qwam, wi di Engelischen 1 Pruschen kregir hi dem Schowen genomen hatten und en czu Neukastil gebrocht hatten, und wi myn here konig von stunden dor sante und lis das schif rostiren und lis di doreczu rostirn an leip und gut, di is gethon hatten, so das her ouch gebot in al synen landen, das nymant sal imant beschedigen aus Ostland bi libe und gute, so das her jo wolde frede mit Ostland han, und hatte is ouch jo den sendeboten mete gege[he]n[a], als meister Thomas Kent und Jon Stochart etc., das si tete[n][b] was si teten, das si jo frede machten. So das man leczte vornam, wi das Daniel und Trifiloon in London weren, so das man en suchte, wen di hatten sere scholt mit Robart a Kayn, das di schiffe genomen woren, und het man si kregen, si hetten must sterben um der tot wille, wen al heren und al gemeyne sege gerne, das is wedir mit euwirn irwirdigen genoden in eyn bestant qweme und frede blebe. Dorum so sante[n][c] si di sendeboten czum irsten czu euwirn irwi[r]digen[d] genoden als czum houpte von der hense.

a) metegegen K. b) tete K. c) sante K. d) irwidigen K.

So allirgenedigister liber here, so ist hir czumole clegelich czitunge gekomen, wi das di schiffe von Lubeke, di kyn Bergen segiln solden, han dese sendeboten by dem Schawen genomen und han si smelich gehandilt und han si kyn Lubeke gesand und han mit den gutirn und mit dem schiffe kyn Bergyn gesegilt. Und ouch so hort man hir sagen, wi das si di von Lubeke gefangen halden, das hir myn hern konige und al synen hern, geistlich wertlich, sere missehagit und al der gemeyne, beide borgirn und lantvolk, sere leit ist. Und ich ouch ap Got wil hoffe, das is euwirn erwirdigen genoden mit euwirn genoden gebittigern, prelaten, landen und steten getreulich leit sal seyn, das euwirn genoden sendeboten an euwir genoden gesant um eyns gemeynen nocz, als um frede czu machen und um prophit euwirn genoden und euwirn genoden landen, so von den von Lubeke gehemmet und gehindert synt, wen, her genediger, seit an in was schade die euwirn dorvon han, wan mogen si orley han, so varn si wol und krigen di fart kyn Lubeke und so vordan of Hamborg und so bynnen dorch kyn Flandren, so gede[yen][a] si und wir mussen vorterben. Euwir ge[noden][a] mogen wol betrachten mit euwirn genoden gebi[tigern][a], was schaden euwirn genoden arm leute vor eym jore nomen, do si mit den schiffen kyn Lubeke segilten. Ouch allirgenedigister here, euwir genoden undirsosen, di genossen nicht des krigis, den di stete mit dem konige czu Denenmarken hatten, si si qwomen in obirswenglichen grossen schaden; ouch so gewonne wir nicht in den krigen, den si uns gestift hatten mit den Hollandirn, sundir wir qwomen everalhalben in bittirlichen schaden. Das mogen euwirn irwirdigen genoden betrachten mit euwirn genoden gebitigern, wen sichirlich, mogyn di von Lubeke krig stiften, so krigen si di fart czu en und synt reiche leute. Dis mogen ouch euwirn genoden betrachten, wi gutiglich sich myn here koning czu euwirn genoden irczeigit, werlich das ich wol vornomen habe von hern geistlich und wertlich in Engeland, das si al gerne frede segen, und di eyn teils gericht han und noch richten wellen, di dese czwetracht gemacht han und ouch andir vil argis gethon han etc. Hir im lande, so ich den euwirn genoden gefach geschreben habe und is so sich in der worheit irfunden hot, sunder Got si gelobit, ist im gut frede wedir[u]m[b], und hoffe ap Got wil, is sal hir al in sasse komen. Ouch allirgenedigister here, so thu ich euwirn irwirdigen genoden czu wissen, wi do di czitunge hir qwam, wi das di sendeboten myns hern konigis so czu Lubeke gehandilt seyn, do wart hir allir koffman von der Deuczen hense al gerostirt an libe und gute, und iderman bot[c] must sweren, syn gut noch en nicht von hir czu flochen sunder des gerichtis czu irbeiten, so das ich mych besorge, is ap is nicht richtig wirt of der tagefart czu Lubeke, so vorlise wir hir al das gut und mussen in gefenguisse gehen. Und hir ist wol so vil gutis von Collen und us Prussen und aus der hense als den sendeboten genomen ist; ouch so sey wir ouch gerostirt, Niclos Hirsberg und ich, sunder wir hoffen, ap Got wil, wir wellen uns wol sichern mit myns hern konigis czu Engelant geleite, wen myn here canczler czu Londen kumpt, wen wir han jo in unserm geleite, um nymandis golet czu syn, was do geschen ist adir geschit, ouch nymandis scholt czu beczalen noch vor nymant czu enwirten[d] den vor uns alleyne. Wi is uns geben wirt und wi is hir blibet, das wil ich euwirn irwirdigen genoden in korcz clar schreiben. ich hoffe jo ap Got wil unser geleite mus uns gehaldyn werden, wen is uns unser here koning mit synen hern geistlich und wertlich selbir mu[n]tlich[e] vorheissen hat, und is starg mit vil artikeln vorsegilt. Hirmete myn allirgenedigister liber here bevele ich euwir erwirdigen genoden dem almechtigen Gote czu phlegen

a) Durchlöchert K. b) wederim K. c) [illegible] K. d) l. entwirten. e) [illegible] K.

zcu langir gesunder czeit, obir mich czu gebittende als obir euwirn genoden gehorsamygen man. Geschreben in Londen, an sancte Matheus obynt, anno domini 1450 jor.

Hans Wynter, euwyrn genoden getruwer gehorsamiger dyner etc.

Myn allirgenedigister liber here. Ich bethe euwer genoden, um desen brif zcu senden myner husfrauwyn kyn Thorn, wen ich weis wol, si sal sich sere muwen, nu si di czitunge hot von Lubeke, wi das der di sendeboten ofgehalden synt, of das si mag czitunge von mir han etc. Genediger liber here, ap euwir genode ich schriben wil mym hern könige zcu Engeland, nu is so mit den sendeboten gefarn hot, adir mir zcu schriben, das mag euwirn genoden senden an Hans Hamer czu Brugke, der sal is wol vordan bestellen etc.

648. *Hildesheim an Braunschweig: berichtet, dass es zugleich mit Göttingen, Einbek und Hannover zum lübecker Hansetage beschieden worden, und ersucht in der Voraussetzung, dass Braunschweig den Tag besenden werde, sein Ausbleiben* umme itliker merkeliker sake unde anvalles willen *bei den Städten zu entschuldigen; verspricht allen Beschlüssen des Tages nachzukommen*, so vurder dar nicht wat nyes vorhandelt unde gesloten worde, dat wente herto nicht wontlik gewesen hadde. — *[14]50* (exaltacionis s. crucis) *Sept. 14.*

StA Hildesheim, Missivbuch (6) 1443—59 S. 106.

B. Recesse.

649. *Recess zu Lübeck. — 1450 Sept. 21.*

L aus StA Lübeck, Rec. Hans. v. 2 n. 167, 13 Bl., überschrieben: Recessus consulum civitatum hanse Theutonice anno etc. 50 Mathei apostoli ad placita congregatorum. *Unterzeichnet:* Johannes Hertze, *welcher auch die §§ 10—12 geschrieben hat. Mitgetheilt von Höhlbaum.*

D StA Danzig, Schbl. XXVI n. 39, 6 Doppelbl. in 3 Lagen, jede Lage von einer anderen Hand geschrieben, 1 f. 1—2 (f. 2b—4b unbeschrieben), 2 f. 3—8 (f. 8b frei), 3 f. 9—11 (f. 11b—12b unbeschrieben), läb. Abschrift.

R RA Reval, Recesshs. 1430—53, 17 Lage, 6 Doppelbl., läb. Abschrift, beglaubigt durch: Johannes Hertze prothonotarius inclite civitatis Lubicensis.

K 1—4 StA Köln, 1) kölner Ex., 6 Doppelbl., überschrieben und unterzeichnet wie L, auf dem Vorderdeckel bemerkt: Johannes Vrunt orator et nuncius. *Von Frunt's Hand rühren die unten angegebenen Randbemerkungen her; 2) Ex. d. Kfm. z. Brügge, Recesshs. 2 f. 136—168, läb. Abschrift, überschrieben wie L, neben der Unterschrift bemerkt:* In isto recessu nichil habetur de schoto; *3) u. 4) Abschriften von K2, Recesshs. 1 f. 149b—158b, und 3 f. 79—89.*

W RA Wismar, Recesshs. 3 S. 121—139, 6 Doppelbl., überschrieben wie L, läb. Abschrift, auf dem Rückdeckel die Adresse: Wismar, *darunter Siegelspuren.*

B StA Bremen, Recesshs. 1 f. 43—54, überschrieben und beglaubigt wie L, auch § 15 ist von Hertze geschrieben.

G StA Göttingen, 6 Doppelbl., läb. Abschrift.

Dv StA Deventer, Recesshs. 1, 5 Doppelbl., läb. Abschrift, die Schlusslage fehlt, vgl. § 13.

Ka StA Kampen, A. Hans. 1 f. 67—78, läb. Abschrift.

Rk RA Rostock, Recesshs. 1430—53. 6 Doppelbl., f. 1—3 enthalten n. 649, 651.

Kg SA Königsberg, Schbl. XXXII n. 93, 4 Doppelbl., danziger Abschrift, enthält § 4 u. 5 sowie n. 651, 659, in dorso von marienburger Hand bezeichnet: Recessus dicte tante in Lubek ex parte captivorum de Anglia in die Mathei apostoli et ewangeliste, anno etc. 50. Et licet pro illa die fuerat concepta dieta tamen impedimentis occurrentibus primo fuerat celebrata post festum Michaelis ejusdem anni, ut patet inspicienti. Responsa super articulis et punctis ambasiate nostre in aliis foliis scripta circa hoc signum cum manu. *(Folgt eine Hand mit einem Kreuz am Zeigefinger. Vgl. n. 650, 653).*

Gedruckt: aus G nach einer recht flüchtigen Abschrift von Hartmann Lappenberg, Urk. Gesch. d. Stahlhofes S. 16 f.

Witlik sii dat in den jaren unsses heren 1450 Mathei apostoli de vulmechtigen radessendeboden der gemenen stede van der Dutschen hanse bynnen der stad Lubeke to dage vorgadert weren, sittende een deel to der vorderen hand, alse: van Colne mester Johan Vrund, doctor in deme geystliken rechte unde en geswome radman der stad Colne; van Bremen (her)[a] Hermen Gropelingh, borgermeister, unde Daniel Brand, radman; vamme Stralessunde her Alff Greverode, radman; van der Wismer her Peter Wilde, borgermeyster; van Meydeborch her Peter Dolle, radman[b], her Hinrik Eysleve, secretarius; van Brunszwig her Henningh Kalmes unde her Gereke[c] Pawel, borgermeystere; van des meysters wegen van Prutzen unde des landes wegene her Tydeman van deme Wege, borgermeister van Thoren, unde her Johan Vryborg[d], radman van Dantzike; van Gottingen her Symon Ghiseler, radman[1]; van Stade her Marquart van der Hoye, borgermeyster, unde her Hinrik van Anderen, radman; van Bukstehude her Hinrik Scroder, radman; van Embeke her Hinrik Bote, ritmester; van Anklem her Hinrik Stoltevôt, radman; vamme Kyle her Marquart Pael, radman. To der luchtern hant: van Hamborg her Detleff Bremer, borgermeyster, her Ludeke Struve, radman, unde her Johan Nyendorp, secretarius[2]; van Luneborg her Hartwich Schomaker, radman; de rad to Lubeke; van Nymmegen Ghisebrecht van Velderen, borgermeyster; van Deventer[3] mester Johan Marquardi, borgermeister[e]; van Sutphen Wilhem Leringh, borgermeister; van Zwolle Hinrik ton Watere, borgermeister; van Herderwiik Lefert Vôt, borgermester; van Groninghen Roleff van Ummen, borgermeister; van[f] Remunde Johan van Oyen, borgermeister; van Arnhem Garcellis van Aller, radman; van Campen Jacob Junghe, schepen; van[g] Wesele[f] Johan uppe dem Dike, borgermeister, unde meister Johan Kawl[h] secretarius[g][4]; van[i] Brueghe uth Vlanderen van des copmans wegene Hinrik Castorp, Wolter Bretholt unde her Johan Gebingh, secretarius[i]; van Lunden uth Engeland Hermen Wesel, olderman, unde Hinrik ten Hove, cleric. Welke alle darsulvest hebben vorhandelt, ordineret unde gesloten, so hir navolget.

1. Int erste alse desse dachvart nu to Lubeke wesende umme grote drepelike nodsake willen, de den gemenen copman van der Dutschen hanse nu mer dan in vortiiden anliggende sin, vorscreven und vorgadert is, unde doch vele stede hartborich sin, so dat se darsulves, sulke gebreke helpen to besorgende, nicht geschicket en hebben sunder hebben sulke schickinghe entlecht myt eren breven, darmede se menen siik darinne to vorantwordende unde der penen in deme recesse in der negesten vorledenen dachvart to Bremen uppe Johannis geholden[5] to entweren: wante denne in vortiiden in deme jare 41 negest vorleden etc. to Lubeke van den gemenen hansesteden, darsulves do dorch ere erlike sendeboden vorgadert, vordragen unde gesloten, sulke entschuldinge nicht totolatende, alse siik danne (sulkes)[k] uth deme recesse darup gemaked klar inneholdet[6], so be-

a) her B K1 W fehlt L D. b) borgermeister B. c) Gerd B. d) Vryborg D Vrygborch K1 Vryborch W. e) radman BW. f) In W geht Wesel den Städten [illegible] Remunde, Arnhem und Campen voran; in K1 folgt es nach Kampen und ist dazwischen [illegible] ere in W. g) van — secretarius fehlt B. h) Kampi BO, Kawl W. i) van — secretarius fehlt D. k) sulkes K1 W fehlt L.

1) *Er erhielt in 3 Raten 15 ß, 30 Guld. und 5 ß ½ f. zur Reise ausgezahlt. Gött. Stadtrechn. 1449/50 u. 1450/51.* 2) *Sie verzehrten 88 ℔ 11 ß 3 ₰. Koppmann, Hamb. Kämmereirechn. 2 S. 84.* 3) *Vgl. n. 613.* 4) *Vgl. n. 614.* 5) *Vgl. n. 627 § 1.* 6) *Vgl. HR. 2 n. 439 §§ 20, 38.*

dunked uns, dat wii plichtich unde schuldich syn, sulkeme recesse natogande: unde ok wente etlike van densulven steden to der vorgerorden dachvart to Bremen vorscreven weren unde desgelikes ok darsulvest nicht entschickeden, daruth wil nicht merken mogen anders, denne dat se uppe wolvart der hense nicht en achten, unde umme dat uns unreddeliken duchte, dat de unhorsamen vriheyde der hense bruken geliik deghennen de darumme arbeyt noch kost en schuwen[a], sunder ok under eniges liff unde gud over wech unde anders wagen, so hebben de sendeboden der gemenen hensesteden overeengedragen unde gesloten, dat sulke stede, myt namen: Rostok, Dorpmunde, Soest, Paderborne, Lemegoe, Hervorde, Munster, Osenbrugge, Duysborg, Mynden, Hildensem, Halverstad, Hannover, Hamelen, Quedelinborg, Asscherslevе, Franckenvorde, Halle, Berlin, Stendal, Soltwedel, Ulsen[b], Elborg, Staveren, Colberge, Nigenstargarde, Golnowe, Olden Stettin, Gripeswolt, Wisbu, welker stede borgere unde inwonere doch fryheyde der hanse nicht kleyne en bruken, vorvallen scholen sin in de pene in deme vorgerorden recesse to Bremen ingesat, dat is en jewelik van en ene mark lodiges goldes unde 10 jar lank entberinghe unde vorlesinge der vriheit van der hanse, id en sy denne sake, dat jenich van den vorgerorden steden dorch enen borgermeister edder ene[c] uth deme rade sik des myt merkliken nodsaken van[d] der gantzen stad wegen moghe uppe der negesten dachvart entschuldighen, so dat se des nicht umme de kost to sparen ofte anders, sunder allene umme sulker nodsake willen, de alse denne tor kentnisse[e] der sendeboden uppe dersulven dachvart wesende stan schal, alse ok sulkent de obgemelde recess uthwiset. Doch van jenich van den vorgerorden steden de pene der mark goldes betalet (heft)[f], so mogen de sendeboden uppe der negesten dachvart uppe de jare na reden unde gelegenheyt, de se vorstån, vortyen. Unde hiir schal sik de copman uppe den enden dar men der hanse vryheyt holdet na richten, so dat se nemande tolaten myt ereme gude van den vorbenanten steden, he en bringe dame by, dat he der hanse in der vorgerorden penen genoch gedaen hebbe. (Unde[g] dit schal men den unhorsamen steden tor neghesten dachvard vorkundighen, dat se sik darna richten).

2. Item want etlike kleyne stede sin, de der hanse gebruken unde doch nicht willen helpen dragen den hovetsteden de kost, darmede schal men id holden alse sulkent vor vordragen is in deme jare vorscreven[1]. Unde de copman schal nymande uth densulven steden tolaten, he en hebbe sik erst uppe dat puncte myt der hovetstad vordragen unde hebbe des van dersulven stad enen schyn.

3. Item[h] was vor den vorscreven heren radessendeboden heren Bernd Viesch, radman vamme Gripeswolde, de de hochliken klagede over de vamme Gripeswolde, de ene hadden gedrenget van erven unde egenen unde doch hir bevoren sodanne sake den vamme Stralessunde unde Anklem was bevolen[2]. Aldus de vorscrevenen radessendeboden bevolen to scrivende an de erbenomeden vamme Stralessunde unde Anklem, dat se siik myt der sake bekummerden unde der enen ende makeden, unde desgeliken scholde men ok scriven an de vamme Gripeswolde vorscreven.

4. Item[i] alse van des dages wegene, den men denket to holdende myt den

a) nicht sparen [illegible]. b) Ulsen in L durchstrichen und a. R. [illegible]: [illegible] c) umme Kl. d) Danach durchstrichen: myt eren [illegible] L, in Kl [illegible]. e) erkantnisse D Kl. f) heft Kl, fehlt den übrigen Hss. g) Unde — richten [illegible], fehlt den übrigen Hss. h) Zu § 3 [illegible] bemerkt: Non spectat [illegible]. i) Mit § 4 beginnt [illegible] D der zweite Band.

1 Richtiger 1434, vgl. HR. 1 n. 321 § 12. 2) N. 506.

Engelschen, soverne se den beleven[a], is by den gemenen steden vorramet, dat men den dach schal holden edder to Lubeke ofte to Bremen, edder to Utrecht efte to Deventher, dat[b] doch de (sendeboden[c] ut) Prutzen nicht wolden[d] beleven men by eren heren homeyster bringhen, dat ok de heren van den steden an den heren homeyster wolden scriven. Unde up dat men moge weten, in wat wise de radessendeboden van den gemeynen steden myt den sendeboden des heren koninghes van Engeland de sake van der Engelschen wegene hebben vorhandelt, so is vorramet ene Latinsche scrift deme heren koninge vorscreven in der vorscreven gemenen stede breff ok in dem Dutschen gelecht unde overgeschicket, ludende[e] im Dutschen van worden to worden. *Folgt n. 651.* Ok hebben de vorscreven radessendeboden van wegen der gemeynen stede van der hanse, umme desse dinghe (to)[f] vullentheende, gescreven an den irluchtigen fursten unde heren koningh van Engeland imme Latine unde darup en antwert begheret, in deme Dutschen van worden to worden ludende aldus. *Folgt n. 659.*

5. Vortmer[g] were id sake, dat de here koningh van Engelant den dach in der vorscreven veer stede ên to holdende afficreve unde genzliken vorlede, so hebben de erbenomeden heren van den steden gesloten unde overêngedragen, dat se denne hir to[h] Lubeke, alse van des copmans wegene van Brucge unde Engeland unde anderer sake wegen, enen dach willen holden achte dage na sunte Johannes dage syner bord negest komende, dar denne van der stede[i] wegen scholen komen vulmechtighe sendeboden desser nascreven stede, alse Lubeke, Colne, Bremen unde Hamborch, de stede des landes Prutzen, de stede uth Lifflande, Brunszwig, Nymegen unde Campen, de ok scholen hebben vulle macht hirane to donde unde to slutende, so de stede des sint ensgeworden. Und dit schal de rad to Lubeke den vorscreven steden vorscriven unde dat se dat nicht vorleggen.

6. Item hebben ok de vorscreven heren radessendeboden van den steden den sendeboden des copmans to Lunden in Engelant hir jegenwardich medegedaen sodane artikele, alze tusschen deme heren koninghe des vorscreven riikes unde den steden van der hense sint vorramet, de se hebben imme Latine unde ok imme Dudeschen. Unde worden van den vorscreven steden belastet, dat se hirane des besten rameden, dat den ersamen van Lubeke darvan ên kortlik antwerde werde bennlet.

7. Item[k] alze denne uppe desser dachvart rede unde klachte sint gewesen van mennichvoldigher bezwaringhe des copmans unde vorkortinge der privilegie im lande van Vlanderen unde deme riike van Engeland, darumme desse stede hir jeghenwardich grote handelinge unde betrachtinge gehat hebben, sodane eene to kerende unde uppe een gbud middel to bringende, so hebben se doch sodanne een ghelaten anstaen wente tor negesten dachvart, unde willen van der wegene gerne vurder handelinge hebben unde entliken sluten. Unde denken ok also to donde van der gebreke wegene, de deme copmanne to Lunden unde in deme riike van Engeland weddervaren, dat se umme des besten willen liikewol besorget werden.

8. Ok[l] wart darsulves bii den vorscreven heren van den steden vorhandelt sodanne twedrachtige sake, alse dar sint twisschen deme rade van Goszler unde

a) beleven *B*, beleveit *L*. b) Nota quod illi contradixerunt *Kl* u. *R*. c) sendeboden ut *Rk* [illegible]. d) derwegen *Rk*. e) [illegible] *Rk*. f) to *Kl Rk* fehlt *L*. g) *Mit § 5* beginnt die dritte Hand zu *D*. h) binnen *Rk*. i) der stede [illegible] *Kl* [illegible] *Rk* [illegible]. k) *Mit § 7* beginnt [illegible] Hand. [illegible] *Kl* [illegible] Legatur. l) [illegible] *Kl* u. *R*.

heren Hinrik van Allevelde, darto etlike heren worden gevoget, de se vordragen scholden, so de recessus beyden vorscreven parten benalet unde darup gemaket klarliken inneholdet. Unde deme vorscreven heren Hinrik wart ok vororlovet bii den vorscreven steden, eft de van Goszler der voreninge nicht nochdeden, wes he denne jeghene se mochte vorderen unde vorvolgen.

9. Vortmer[a] hebben de vorscreven heren radessendeboden van dessen steden alse van der Enghelschen wegene screven an den grotmechtigen heren den homeyster des landes to Prutzen, weret dat de here koningh den dach na inneholdinge der articule annamede unde den van Lubeke dat vorscrive, unde em dat denne vort benaleden, dat denne sin herlicheit sodannen dach jo besande, uppe dat van der wegene dat meyne gud nicht worde vorhindert, alzo denne de vorscreven breff klarliken inneholdet, (des[b] copie is bii den scriveren to Lubeke vorwaret).

10. Item[c] beklagede unde ansprake dede darsulvest de ersame borgermester van Wesel vorschreven jegen de van Deventer van sake wegen, de hir bevoren to Bremen ok by den steden sint vorhandelt[1]. Unde de van Deventer upantwerden eren machtbreff unde begerden ok, dat de van Wesel desgelikes eren machtbreff scholden togen, den he doch nicht en hadde, men wolde dat hoge nuch[d] vorborgen, welk de van Deventer also nicht wolden beleven, wente de sake hoghe wolde risen. Worumme de heren van den steden sprcken unde seden vor recht: wolden de van Wesel wes vorderen, so mosten se enen machtbreff hebben, unde dat se darumme tor negesten dachvart an beyden tziden hadden machtbreve, in vruntschup edder in rechte de sake to vorschedende. Unde hirumme de gemenen stede hir jegenwardich den vorschreven achte steden edder mer, de to der negesten dachvart kamende werden, hebben gegeven vulle macht, dat se de vorschreven sake in vruntschup, efft[e] se konen, edder in rechte vorscheden scholen[f].

11. Wante[g] denne de dachvarde unde vorgaderinghe der gemenen stede van der Dudeschen henze schen unde geholden werden under groten varen unde swaren kosten umme wolvart des gemenen gudes, so beschut, dat etlike heren van den sendeboden der vorschreven stede ane vulkamen unde gemene orloff der anderen heren sendeboden van sodannen dachvarden riiden unde scheden, darunder ok andere stede unhorsam werden unde dat gemene gut wert vorhindert. Hirumme de vorschreven heren van den gemenen steden hebben geordineret unde endrachtliken gesloten, unde willen dat ok also unvorbrekelik hebben geholden in tokamenden tiden: weret dat yenighe sendeboden desser vorschreven stede, en, twe edder mer, ane vulkamen orloff der anderen gemenen steden van sodannen dachvarden schededen unde wechreden, sodanne stad unde stede, dar de sendeboden aff sint, scholen den anderen steden vorvallen wesen in ene mark fines goldes, ane yenighe weddersprake to betalende. Ok schal men tor negesten dachvart darin dupliken sprecken[h], wo men wil holden mit den van Meydeborg, Brunszwig, Stralessunde, Embeke unde Anklem, de von desser jegenwardigen dachvart ane orloff sint gescheden (unde[i] dat richten an en, dat en ander des ghedencke in tokomenden tiden etc.), de doch darumme dessen steden scholen vorvallen wesen an ene mark goldes, doch uppe gnade der stede vorschreven[2].

a) Legatur Kl u. R. b) des — vorwaret Kl fehlt den übrigen Hss. c) Bei § 10 beginnt in L die Hand von Hertze. In Kl u. R. zu § 10 bemerkt: Non opus est legere. d) noch DR. hoge noch fehlt Kl. e) [illegible] dat se mogben R. f) In L Kl folgt [illegible] durchstrichen § 9, desgleichen in W Der der Anfang von § 9. g) § 11 folgt in Kl nach § 14; in W fehlen § 11–15, dafür [illegible] freigelassen; in Kl zu § 11 a. R.: Legatur. h) Mit sprecken setzt in D wieder die erste Hand ein. i) unde — etc. Kl fehlt den übrigen Hss.

1) N. 627 § 7. 2) Vgl. HR. 2 n. 439 § 31.

12. Vurdermer[a] alse desse jegenwardighe dachvart uppe sunderghe articule is begrepen, dar mede en is, alse van der buwinghe Zibeldesborg in Vreslande dem gemenen copmanne to vorvanghe unde to schaden etc.: darin desse erbaren heren van den steden dupliken hebben gesproken unde de erbaren[b] van Bremen, Hamborg unde Groningen darmede belastet, dat ze siik darmede bekummeren unde mit den Vresen van der wegen vormyddeslt vruntliker vorhandelinghe vorsoken. Unde de erbenomeden van Groningen scholen hearheyden, dat se to veligen[c] steden kamen unde scholen hirane des besten ramen unde tor negesten dachvart dat den steden benalen. Unde de ersamen van Bremen unde[d] Hamborg wolden, dat dit uppe de kost der gemenen stede scheghe.

13. Vortmer[e] weren vor den steden Kerstan Blekene, Wilhelm Ketwiik, Hinrik Zeendorpp, alse een vulmechtich procurator Hanses, sines broders, unde darsulvest ziik beklageden over de olderlude des kopmans to Lunden in Engeland dar jegenwardich van lakene unde anderer zake wegene, van poltssen etc. Aldus na langen klagen, antworden unde wedderreden de erbaren heren[f] van den steden den beyden vorscreven partien vor recht seden, dat se in der zake drierleye hadden vorstanden unde vornomen. Int[g] erste dat de erbare kopmann to Lunden de vorscrevenen Kersten, Wilhelm unde Hans hadden uthe des kopmans recht gelecht, dar se se wedder inwisen scholden. Tome anderen, dat se van en endeels broke hadden genomen, den schaden se en weddergeven, unde de de wes hedde gelovet to ghevende, dat scholde he inneheholden; unde sulkes[h] scholden de obgemelden partie ok van denjennen, de van des Engelschen kopmans wegene dar jegenwardich weren, begeren unde bidden, alse se ok dat deden, so dat der stucken halven de Engelsche kopman unde de vorgenante partie gentsliken geslichtet unde gescheden solen sin. Tome derden male, alse van der principael unde hovedzake wegene, schal de kopman van Engeland twe unde de vorscreven partie andere twe erer vrunde, koplude de nicht partich[i] noch derlafftich in den saken sin, nomen, setten unde kesen hinnen Colne twisschen dit unde Kerstemisse negest komende, welke vrunde de zake na klage unde antworde, rede unde wedderrede beyder partie vornemen scholen unde se binnen den negesten twen månden na Kerstmisse mit fruntschopp offte rechte entscheyden. Unde wat sulke gekorne vrunde samentliken offte dat meste deel van en so in vruntschuppen offte in rechte utspreken werden, darbii scholen se dat uppe beyden ziiden laten. Worden se aver darinne tweschelich, so wullen desse erliken stede, dat se uppe beyden delen scholen komen tor negesten dachvard unde alse denne de stede, de dar komende werden, scholen van der gemenen stede wegene hebben vulle macht, desse zake in rechte offte in vruntschuppe to scheden. Unde ok danne to ramende unde darin to sprekende, wo yd in tokomenden tiiden stån schal unde geholden werden myt deme Engelschen oldermanne to Lunden in Engelande, in wat stucke unde zaken de kopman van Engelande den tolaten schal.

14. Item[k] alse in den zaken tusschen der werdigen stad van Sutphen unde

a) Non opus est legere Kl u. R. b) heren St. c) begrepen St.
d) unde Hamborg fehlt St. e) Bei § 13 [illegible] in L am Rand. In Kl u. R.: Legatur. St verzeichnet § 13 ganz kurz: Ok wort der [illegible] de zake, de William Ketwich unde Cristian van Bleken [illegible] den coopmann to Londen [illegible]. f) Der Schluss des Satzes von heren ab ist [illegible]. g) Nota quod aldermanni [illegible] Kl u. R. h) sulken schaden durchstrichen L. i) Corrigirt [illegible]; partijch L.
k) § 14 steht in Kn auf einem eingehefteten Zettel, auf dem am u. Rand bemerkt ist: Anno 50 in crastino [illegible] (Nr. 26) [illegible]. — St [illegible] den Paragraphen kurz: Item de zake de was mit [illegible] van Campen [illegible] van Sutphen, welke zake vor dessen [illegible] hadde. Kl u. R.: Non opus est legere.

Herborde Reysz klage unde antworde, rede unde wedderrede unde meanigerleye breve upp beyden siiden van den erbaren sendeboden van [den][a] gemenen hensesteden gehoret weren, so hebben desulven sendeboden erst dôn vragen beyden partien, offt se gevolget wolden sin, wat de stede en vor recht utseggende werden, welk se uppe beyden siiden den so vulborden. Darna hebben de obgemelden steden van der gemenen hanse wegene vor recht uthgesproken, dat de van Sutphen vullenkomen geleyde gheven scholen Herborde vorscreven unde sinen vrunden binnen ere stad to komende, wanneer he dat begerende is, unde alse denne schal de stad ere vrunde darto vogen, de twisschen em unde Splinter unde sinen medegesellen de vruntschupp vorsoken, so dat Herbort ichteswes wedder moge werden, offt dat to gescheen is. Unde offt dat nicht govunden konde werden, so schal de stad Zutphen Splinter, eren borger, den vorgenanten Herbord to gebörliken vullenkomen rechte holden unde vormogen. Unde hirmede schal de stad Zutphen Herbordes vorscreven klagen unde ansprakon leddich unde losse sin.

15. Item[b] uppe de kost, de de ersamen van Colne, Duysborch, Wesel, Nymmegen unde Zutphen gedân hebben van des gemenen kopmans wegene umme de van Dordrecht undertorichtende, dat bii em de copman bi siner olden vryheid bliven mochte etc.[1], darumme desulven stede vele arbeydes unde kost myt schickinghe to deme irluchtigesten fursten unde heren van Burgundigen unde de van Dordrecht unde ok anderen forsten unde steden gedân unde gehat hebben unde so vele in deme lesten hearheydet, dat de kopman bii sineme rechten bleven, is vordragen, darumme salke kost den vorscreven steden to entrichten, een islik van dessen steden dat an sine oldesten bringen [schal][c], so dat dejenne, de to der dachvard gevoget sint, aldâr na inbringinge darupp spreken unde bedacht scholen sin, myt wat wege de obgenanten stede van sulker kost vornuget werden; darane ok de vorscreven stede scholen vulle macht hebben, soverne se dat in deme rechten hebben scholen na erkantnisse der stede.

(16. Item[d] up dat artikel der tohopesate teghens overval is ene vorraminghe maket, welk ein jewelk schal sinem rade laten lezen, unde we de willen de scholen den hovetsteden ores dordendeles twisschen hir unde winnachten wedderscriven).

650. *Heimlicher Recess zu Lübeck gegen Flandern. — 1450 Sept. 21.*

L aus StA Lübeck, Hans. Rec. 2, 3 Doppelbl., flandrische Hand. Mitgetheilt von Höhlbaum.

D StA Danzig, Schbl. XXVI n. 39, lüb. Abschrift, auch in der Rechtschreibung mit L übereinstimmend.

K 1–3 StA Köln, 1) Kr. d. Kfm. zu Brügge, Recesshs. 2 f. 89–92; 2) Recesshs. 1 f. 158 b – 163, überschrieben: Recessus secretus Mathei apostoli Lubeke factus per dominum Johannem Gebinck, anno 1450; *3) Recesshs. 3 f. 92–95.*

H StA Bremen, Recesshs. 1 f. 37–41, lüb. Abschrift.

Kn StA Kampen, A. Hans. 1 f. 91–93, überschrieben: Ordinacio facta per certa opida hanse ad hoc deputata super modo, quo mercatores hanse haberent infra certum terminum ex Flandria excedere et se in opido Daventriensi recipere. *Flüchtige lüb. Abschrift.*

R RA Reval, Recesshs. 1430–53, 18 Lage, 6 Doppelbl., f. 1–7 u. 650. f. 8 ff. u. 710, 723, von einer Hand geschrieben. Den lüb. Ursprung bezeugen einige Korrekturen von der Hand Hertze's.

a) *den fehlt L.* b) *Langster K1 u. R.; § 15 fehlt Kn.* c) *schal fehlt L.*
d) *§ 16 R1. fehlt den übrigen Hss.*

[1]) *Vgl. n. 546 § 13, 627 § 11.*

Kg StA Königsberg, 2 Doppelbl., von einem oberdeutschen Schreiber copirt; in dorso bezeichnet: Ista secreta in dieta Lubicensi, ipso die Mathei anno etc. 50 per communis hanse Theutonice ambasiatores celebrata, condam compactata nulli omnino hominum nisi ad hoc jurato debent revelari, quia eorundem secretorum revelacio tangeret rem corpus et salutem multorum fidedignorum in eorum perpetuum dampnum mortem eciam et gravamen; ideo ista secretissime custodi; alia in duobus sexternis manifeste possunt legi. *Hiernach muss n. 649 sich auch in einem vollständigen Ex. im Ordensarchiv befunden haben.*

Rk RA Rostock, Recesshs. 1417–69, Doppelbl., lüb. Abschrift, bezeichnet: Facta communis hanse contra Flaminghos. *Enthält §§ 1–13 unter Weglassung des Einganges; er ist ersetzt durch die Worte:* Witlik zii dat umme redelker notsake willen unde sere umme wolvart des gemenen kopmans van der Dutschen hense de ersamen radessendebaden der gemenen stede van der vorscreven hense hebben int jar 1450 Mathei apostoli mit den vulmechtigen sendebaden des vorscreven kopmans geordineret unde gesloten also vorscreven steyt. *Vgl. § 13.*

W RA Wismar, Recesshs. 3 S. 130, Doppelbl., stimmt in allem mit Rk überein. StA Haarlem, angebl. Or., verzeichnet bei Enschedé, Invent. v. h. archief v. H. 1 S. 22 n. 166. Nicht verglichen. Vgl. § 7.

Item also de ghemene coopman van der Duytschen houze to Brueghe in Vlandren wesende to vele stünden hiir bevoren grote sware und menichfoldighe claghe ghedaen heft den steden van der henze, beide by ghescrifte und ock by munde, woe dat he jeghen recht, vriihede und privilegien bynnen den lande van Vlandren worde verunrechtet, verkortet und beschadet, daerumme de ghemene stede van der henze diewiile[a] vergadert hebben gewesen und dachvarde gheholden umme denselven coopman vermids guden rade und middele alsodaene hulpe und bistand te doende, waerby he tod beteringhen ziinre ghebreke und ghebruke der vorscreven privilegien weder mochte komen und gheraken. Also weren namelick in den jaren 47 umme desser selven sake willen de ghemene stede vorscreven ripelick bynnen Lubeke vergaddert, de aldaer anhorende de vorbenomeden des coopmans ghebreke umme erer grootheit und swaerheit willen weren in meninghen, uppe de tiid den coopman to verlegghene in een ander plaetse buten den lande van Vlandren, dat ock also vortganck hedde gehadt, en were daer mit bequemicheit nicht inghesproken und mit redenen vervanghen, want etliken heren nicht gheraden en duchte, dat men den coopman mit bescheede wal uütropen of verlegghen mochte vor der tiid, dat men den heren und dat land van Vlandren eirst merkelick und mit ernste hadde versocht. Daerute doe eendrechtlike overdreghen und ghesloten waert, dat men mitgadders des grootmechtighen heren des homesters van Pruysen sendeboden dat also doen und vullenbrenghen solde, likerwiis to twen tiiden ghescheen is, sowal an den heren alse an dat land van Vlandren vorscreven. Und also dan na der vorscreven dachvart van den jare 47 noch twee dachvarde umme desser vorscreven sake willen gheholden zint bynnen der stad Bremen, daer de stede van der henze claerlick verstonden und in der waerheit bevonden, dat de niie breve und beseghelinghe, de de here hertoghe van Bourgonyen der ghemenen stede van der henze sendeboden to des coopmans behoef gegeven heft, sowal machtloos und van unweerden gheholden worden alse alle andere privilegien, de in vortiiden ziin verworven und ghegheven, hiirute so waert due to Bremen vorscreven verramet desse jeghenwordighe dachvart, de men nu up Mathei des hilghen apostels to Lubeke holdet bi den sendeboden der stede hiir navolghende. *Folgen die Namen der Rsn. wie in n. 649*[1]. Welke vorscreven sende-

a) volumen R.

1) *Die einzige Abweichung besteht darin, dass Wesel hier unmittelbar nach Harderwijk folgt, doch ist es erst a. R. nachgetragen.*

boden in den name und van weghene der ghemenen stede van der henze sick zeer hebben bekummert mit des vorscreven coopmans ghebreke und laste und hebben umme beters willen und na legentheit der sake eendrechtlike ghekoren 9 stede, de mit des coopmans sendeboden handelinghe hebben solden, umme denselven coopman to besorghene also se vor dat ghemene beste kennen konden, nutte, noed und behoef wesende. Welke vorscreven 9 stede, alse by namen de van Lubeke, van Colne, van Bremen, van Hamborch, van Brunswiick, van Thoren, van Dantziike, van Deventer und van Nymeghen, mitgadders des coopmans sendeboden, alse Hinrick Castorp, Wolter Breetholt, alderlude, und Johannes Ghebinch, secretarius, mit vlitighen arbeide verramet hebben alsodaene puncte und artikle, alse hiir navolghen, welke articule van puncte to puncte vor den ghemenen steden ghelesen und eendrechtlike togheslaten und bestedighet worden by penen und broken alse de hiirna verclaert staen, strenghe, vast und unbrekelick to holdene.

1. Int erste also int langhe ghenoech verhaelt is ghewesen van dren manieren of weghen, welker men ummer eene moest volghen: to wetene ten eirsten to blivende int land und vortan to lidende, ten anderen den coopman to verlegghende buten Vlandren in een ander plaetse, ten derden den coopman mit allen to huss to ropen und de kopenschap nedertolegghende, welke dree weghe, woowal de alle zwaer und lastlick zint, so hebben doch de vorscreven stede und sendeboden des coopmans int ghevoechlixte und bequomeste ghekoren to dem middelsten weghe, dats to wetene, den coopman to verlegghende in een ander plaetse, want dem coopmanne aldus langher to lidende were een gruntlick vorderf alle der ghenner, de Vlandren mit eren kopenschapen versochten. Ock so solde men de privilegien aldus lidende und verheughende al zwighende und slapende verlesen. De kopenschap ock mit allen nedertolegghende were te groot und lastlick van begripe umme to holdende, und al mochte men wal dat doen holden vermids denghennen de in de henze behoren, so were doch to bevruchten, dat andere van buten der henze bliweghe soeken solden und neringhe vinden und maken, daer men nu nicht af en weet to segghen. Und alse men dan claerlick bevint, dat men mit nyner vruntschap noch vruntliken versoeke, woe grote koste daer ock umme ghedaen is, mit den heren hertoghen van Bourgonyen noch den lande van Vlandren to redelicheit of bescheide en kan ghekomen, hiirumme so is de middelste wech, ghelick dat vorscreven staet, vor dat beste ghekoren, umme den antonemende, natoghaene und to volghene in der manieren, alse hiirna achtervolghet.

2. Item is verramet und ghesloten, dat de ghemene coopman van der henze to pinxten neghest komende mit live und gude sal rumen und trecken uut Vlandren tod Antwerpen in den market, und daer ziin gud staen laten bi ziinen weerde noch anders weme umme to verkopende, sunder alleene gheld dat men eme schuldich is mach he bevelen ziinen weerde of anders weme to untfanghende, bi der penen van 3 marken goldes und der henze rechticheit to verleserne. Und dat zullen de alderlude bestellen in sulker wiise, dat dat hemelick blive und nymande to schaden en kome. Und also een itlick ziinen market daer ghedaen heft, so zullen se samentlick vortan trecken bynnen Deventer und en aldaer unthoIden bet so langhe dat de stede van der henze den dach, de mit den Engholschen begrepen is, holden, welken dach und de stede de raed van Lubeke dem coopmanne wil verscriven, umme ziine sendeboden daerbi to schickende. Were ock sake, dat de dach mit den Enghelschen to holdende nynen vortganck en hedde, so hebben doch de ghemene stede ghcordiniirt sekere stede, de tosamende ver-

gaderen zullen bynnen Lubeke achte daghe na sunte Johannis baptisten daghe neghest tokomende, und dan zullen deselven stede, de to dem daghe vergaderende weerden, vulkomene macht hebben, den coopman to besorghende van plaetsen und anderen ordinancien etc., alse des behoef und van noden wesen sal. Jodoch sal und mach de coopman, als he bynnen Deventer ghekomen is, sick bevraghen und bevreeden umme plaetse und legentheit ziiner sake, und so wes eme daeraf wedervaert, sal he uutstellen und brenghen an de stede up de vorscreven tokomende dachvart, umme bi den vulkomelick to slutende, so men dan vor dat allerbeste kennen sal nutte und profiitlick wesende.

3. Item en sal niin schipher van der henze na der verkundinghe desser ordinancien ute der havene, daer he dan inne leghet, zeghelen in Vlandren noch by westen den Masediepe[a], men to dem stapele den de ghemene coopman wert holdende. Und dat sal en itlick schipher verburghen eer he uutseghelt vor so vele gudes alse he gheladen heft, und des bewiis brenghen van den coopmanne der stad, daer he uutghezeghelt was, waer he heft ghelosset. Qweme ock jenich schipher van weders und wyndes noden by westen den Masediepe in enighe havene, de en sal daer nicht lossen, men weder van danne zeghelen to dem stapele ofte in eene andere havene by oosten den Masediepe und van daer dat gud zenden ten stapele. Desgeliiken zullen ock alle schipheren, de in Engeland, Schotland of to Berghen in Noorweghen zeghelen, bewiis mit sick wederumme brenghen der stad, daer se uutghezeghelt ziin, van den aldermanne of der stad, daer se ghelosset hebben, dat se dat gud nicht in Vlandren hebben ghebracht. Dede hiir we enjeghen und dit verbreke, so sal men den schipheren richten an ziin hogheste und dat gud sal verloren und verboert wesen der stad, de do burghen daeraf hadde untfanghen.

4. Item en sal ock gheen coopman van der henze na dem Antwerper markede to pinxten neghest komende, alse namelick sunte Margareten daghe[1], trecken in Vlandren noch jenich gud daer brenghen of senden sonder argelist. Dede daer we enjeghen, den solde men richten an ziin hogheste, und alsodaene gud, alse he jeghen der ghemenen stede ghebod in Vlandren ghevoert of ghehantiert hadde, solde der stad, daer he gherichtet worde, half vervallen und de ander helfte solde men ziinen neghesten erfnamen wedergheven.

5. Item were jenich schipher van buten der henze, de in jenigher havene van der henze gud laden wolde, de sal daer burghen setten vor also vele gudes, alse he daer ladet, dat he nicht in Vlandren zeghelen en wille mit den gude noch bi westen den Masediepe men to der havene und stede, daer de ghemene coopman van der henze ziinen stapel holdet. Und des sal ock een itlick bewiis senden of brenghen der stad, daer he dat verburghet heft, waer he dat gud heft ghelosset. Und we alsodaene borghen nicht zetten en kan of en wil, den en sal men nicht ghestaden, enich gud to ladene sunder alleene brood, beir und koste to ziiner nootdruft. Worde jenich schipher bevonden, de hiir enjeghen dede, de sal dat gud der stad, daer he dat verburghet heft, hebben verbroken. Ock en sal men den schiphern daerna nicht gestaden in nyner henzestad of haven jenich gud mer[b] to ladene.

6. Item en sal niin coopman van der henze na sunte Margareten daghe neghest komende kopen Vlaemsche lakene, fruyt, olye, zepe, alluyn, zoete wiine noch nynerleye ander gud dat in Vlandren ghemaket is ofte beredet. Worde

a) [illegible] in D u. K. von a. Hand. b) mer in L durchstrichen, [illegible]

1) Jul. 13.

daer ymand mede bevonden, den sal men richten an ziin hoghesle und alsodaene gud, daer he mede ghebroken heft, sal de stad, de ene richtet, de helfte beholden, and de ander helfte ziinen negbesten erfnamen tokeren.

7. Item en willen de stede nicht liden, dat men jenich gud, dat in Vlandren oft up den stroom van Vlandren ghewesen heft, na sunte Margareten daghe vorscreven sal brenghen in jenighe stad van der henze. Kofte daerenboven enich man in de henze behorende alsodaene gud, ofte worde dat by imand anders, de in de henze nicht en horde, in jenighe henzestad ghebracht, so solde dat gud verbord und verloren wesen dem coopmanne ofte der stad, daer dat worde bevonden. Worde ock enich gud na sunte Margareten daghe in jenighe henzestad ghebracht, dat doch daer bevoeren ghekoft were, de mach des bewiis nemen van den coopmanne of van eener henzestad, daer he dat upladet, und daermede sal he dat vry voeren, waer he wille. Und uppe dat een ighelick sick moghe weten to wachtende vor schaden, so zullen de heren de raed van Lubeke umtrent sunte Johannes baptisten daghe neghest komende dit verscriven in Holland, Zeeland und Braband vor warninghe, uppe dat nymand unwetendes hiirby en kome to schaden. Ock so sal de coopman dit verkundighen den nacien, de to Brueghe ligghen, und anderen steden de lakene maken und de wulle in Vlandren kopen of halen, up dat se sick ock daerna moghen weten to richten.

8. Item en sal nymand van der henze jenich gud verkopen den Vlaminghen bi der penen van dren marken goldes to verborende. Dede hiir we enjeghen, daerumme he ghebroket werde und noch anderwerve ghebreclick worde bevonden, so solde men noch eens den broke nemen, und dan alsodaene persone ute der henze und des coopmans rechte verwisen. Ok en sal men bi denselven broke nymande wetendes gud verkopen, de dat den Vlamynghen vortan verkopen of ter hand laten wil, und worde we bevonden, de dat boven ziine lofte dede, daer solde de coopman ordinancien und verbod up maken, dat gheen coopman van der henze alsodaene manne jenich gud meer solde verkopen.

9. Item wert sake, dat jenich man van der henze, he were arm edder rike, in jenighen articulen misdede, daermede he ziin liif und gud verbroken hadde, und dan vervluchtich worde, de en sal in nyner henzestad gheleydet werden, men waer men den krighet, sal men ene richten und alsodaene gud, alse he jeghen der ghemenen stede ghebod ghekoft und gehantiert heft, in welker stad he gherichtet wert, sal de raed derselven stad daeraf de helfte beholden und de ander helfte ziinen neghesten erfghenamen of anderen, de daer recht to hebben, wedergheven. Untqueme ock de misdeder und nicht gherichtet en worde, so sal datselve gud samentlick al verboerd wesen.

10. Item were jenich burgher of ziin knecht in de henze behorende, de biweghe sochte umme gudere to voerende in bejegentheit[a] der ghemenen stede und des coopmans, den of de en sal men in nyner henzestad leyden men richten waer men de kan ghekrighen, in der manieren als hiirvor staet gescreven.

11. Item worde jenich man in dessen vorscreven articulen in allen of een deel beruchtet, de mach sick des untledighen by ziinen eede of mit redeliken bewise, in alsoverre men eme des mit der waerheit nicht over en bringhet.

12. Item were jenighe stad van der henze hiirinne wetendes vorsumich of sick mit wrevele hiir jeghen sette[b] und nicht en wolde holden dat vorscreven staet, dat men bewiislick bybrenghen konde, so sal deselve stad der henze vryheit to ewighen tiiden untberen und nicht meer ghebruken.

13. Item sal eene itlicke stad van der henze desse ghesette und ordinancien

a) [illegible] b) [illegible]

umtrent sunte Johannes baptisten daghe neghest komende openbare doen uutropen und verkundighen, dat nymand van eren burgheren und coopluden na sunte Margareten daghe sal hantiringhe hebben in Vlaendren noch mit Vlamynghen in der manieren und bi den broken, als boven staet ghescreven, up dat een ighelick hem de bet mach vor hoeden und wachten vor schaden.

14. Item[a] up dat puncte, woe men dat mit den coopman in Engheland holden sal, of de here konynck de verraemde dachfard nicht annemende en wurde, of ock de saken daerselfs to vruntliken uutdraghen nicht en quemen etc., up dat dan de coopman nicht to schaden en kome, is overeenghedraghen und verraemdt, dat achte daghe na sunte Mertiins daghe neghest komende, yt en sii dan voer sunte Mertiins daghe gheverachtet und gheschepet und de coopman daervan gheboerlick bewiis hebbe, vortan nymand in de henze behorende jenigherleye gued in Engheland voeren of brenghen en sal, id en zii dan, dat de stede sulkes up der neghesten dachfart anders ordiniren und tolaten, up verleisinghe sulkes gudes und dree marck goldes to vervallende sulker stad, daer men den of sulk gud anqueme. Und wurde deselve coopman hiirinne meer dan to eenre tiid brukich, so sal he boven de vorgherorde pene der henze recht und vryheit untberen und men en sal en in nyner henzestad lyden. Sunder de coopman van der henze sal sodaene gud, als he in Engheland heft, uutbrenghen und mach hiirentusschen uutvoeren und brenghen up dat voechlichste und nutlieste dat he mach und kan, und sick so of anders uut dem lande voeghen. Und hiirmede sal de coopman van Engheland sick liden bet to sulker dachfart und daer dan schicken und komen, umme daerselves dan den coopman van Brueghe und Engheland na itliken coopmans gelegenheit und handelinghe to besorghen. Und dit sal een yder[b] stad in radeswiise by eeren eeden eren burgheren und coopluden kund doen, sick daervor weten to hoedende und to richtende.

15. Item up der vorgherorden dachfart sal men de olden recesse upten selven coopman in den jaren 34 to Lubeke ghemaket vornemen und ock vorhoren, wat dem coopman hiirentusschen wedervaert und bejeghent, und darna sullen de stede sick dan to des copmans beste up beiden ziiden richten. Und up dat dit verborghen blive und hemelick gheholden moghe werden vor den Enghelschen, is dem coopmanne dit by ziinen eede so to holden overgegeven, so dat he dat vort denghennen, de he meent hiir behorlick to te ziin, by sick mit ghelikem eeden up des coopmans beste to holden und to verwaren [overgeve][c], so dat daerdurch dem coopman van den Enghelschen gheen schade toghevoeghet en werde, na ziinen besten vermoghen.

C. Beilagen.

651. Anträge des Hansetages an den Kg. von England. — 1450 Okt. 16.

L aus der Handschrift zu Lübeck f. 3—7. Mitgetheilt von Höhlbaum.
D Handschrift zu Danzig f. 3—7; R Reval f. 2b—6b; W Wismar S. 123—133; K 1—4 Köln, 1 f. 2b, 2 f. 158—162, 3 f. 151—154b, 4 f. 81; B Bremen f. 45—49b; G Göttingen f. 3—7; De Deventer f. 3—7; Ka f. 69—73b; Kg f. 2—5. Die rostocker Hs., Rk. enthält auf f. 2—3b die lateinische Uebersetzung mit der Aufschrift: Articuli ascripti domino regi Anglie de Lubeke anno 50.
Gedruckt: aus G Lappenberg, Stahlhof S. 78 ff., eingerückt in n. 649 § 4.

Wante uppe de olde vruntschop unde vorbintnisse, de twisschen deme rike van Engeland unde des riikes inwoneren, deme grotmechtighen heren homeyster

a) § 14 f. in L von Hertze abgeschrieben: Also van weghen des copmans in Engeland. Dasselbe [illegible] enthält R. b) iclicke R. c) overgeve fehlt L.

des landes Prutzen unde den steden van der hense an lange tiid van olders her gewaret hebben, klage unde twistunge sint irwecket, unde de to beterende unde darup vrede to makende vakene handelinge unde degedinge gewesen sin, de doch na vorlopenheyt der tiid vormiddest nemynge des copmans gudere sowol in der see alse in deme riike van Engeland, ok vormiddest upsettinge nyer kastume unde angripinge der personen nu kortliken sint vorbroken, worumme groter unde swarer bitterheyt unde unwillen twisschen den vorscreven van der hanse unde deme riike van Engelande sint gewassen unde enstanden, unde wanner de vorderen vortgank hadden unde inbreken, were to bevruchtende, dat de copman unde dat gemene beste unde gud qweme to schaden unde to groteme vorderve unde neddervalle. Wente denne de irluchtigeste furste unde here koning van Engeland alsowol vormiddest synen danknamigen breven unde (ok)[a] syne sendeboden mundliken den steden van der hanse syne gude andacht und syner konichliken synne aller gudlicheit unde leve vul, so syne word dat utbwisen, to vrede unde to gantser vorenynge sint geneget, unde uppe dat denne syner konichliken gnade unde der gantzen werlt werde opembare, dat de vorscreven stede van der hanse hebben ene grote begeringe unde behegelicheit to sulkeme vrede unde alse se allewege darto gantse berede synne gehad hebben, so sin se noch uppe desser tiid bereder unde genegeder darto. Unde hirumme unde umme vorbeteringe willen sodaner twistinge, twedracht unde schaden biitolecgende unde olden vrede unde vruntschop to beterende twisschen deme heren koninghe unde den steden vorscreven, sint vorramet desse articule nagescreven.

1. Tome ersten, dat de irluchtigeste here koning van Engeland den[b] copman van der Dutschen hanse sette in alle syne privilegia unde vriheyde in syneme rike van Engeland, der to brukende unde to hebbende, so he de van oldinges nach lude unde inneholde sodaner privilegie em von dem heren koninge van Engeland darup gegeven [to][c] gebruken plach; desgeliken ok scholen de undersaten des vorscreven heren koninges in deme lande to Prutzen unde den steden van der hense vruntliken unde vredesammeliken geholden unde enthalet wesen, so dat van oldinges beth hertho is gewesen.

2. Item uppe dat sulke vorscreven privilegie unde vriheyde deme copmanne unvorbrekeliik geholden werden unde de copman myt syner konichliken gnaden undersaten ziik de vruntliker vortan underenander weten to holdende unde to levende, so scholen etlike stede in deme riike van Engeland, alse myt namen Lunden, Jurk, Bosteen, Hulle, Brustowe, Linden, Nordwiik unde Gibbeszwik, vormiddest eren openen, besegelden breven deme copmanne loven unde vorscriven, en in der besten wise sunder jenighe behendicheit darin to theende, dat deme copmanne van der hanse syne vriheit unde privilegie sunder jenige vorkortinge scholen werden geholden. Unde sulken der stede breff schal de koningh confirmeren, bestedighen unde beloven myt syneme majestad segel unde an de van Lubeke senden, den se to behoff der hense scholen bewaren.

3. Item umme merer unde vaster bewaringe unde bestandnisse desser vorscreven dingh unde uppe dat desse dingh vormiddest groterer leve werden vullentoghen, so scholen de vorscreven stede in Engelant ere vulmechtigen sendeboden senden to sodaner dachvart, also men nu negest holdende werd.

4. Item alse van der nemynge, schaden, klachte unde anderen gebreken, de gedaen unde gescheen sin, to beterende [unde][d] wedder to kerende, so is gemaket unde begrepen ene gemene dachvard, de men darup holden schal. Unde

a) ok W fehlt L. b) [illegible] c) to fehlt L. d) unde fehlt L.

schal beghynnen unde anghaen up den vofteynden dach na paschen negest komende in ener van veer steden, de de vorscreven irluchtigeste here koningh uthkesende wert, alse Lubeke, Bremen, Utrecht unde Deventher. To welker dachvart de here koningh unde de grotmechtige here meyster in Prutzen van syner (undersaten[a] unde) lande wegene, alse de henzestede syner herlicheit dat vorscriven scholen, unde ok de van der hense ere sendeboden scholen senden, umme to vorhandelende unde to slutende umme de vorbeteringe unde wedderkeringe alle desser vorscreven dingh, also dat dengennen, de den schaden hebben geleden, na gelegenheyt aller sake in reddelicheyt wedderkeringhe schee, alse ok ene gelike dachvart hir bevoren darup gemaket unde vorramet was, erst to Utrecht, darnegest to Lubeke unde int lateste to Prutzen. Unde hirumme sint nu geschicket unde gevoget etlike stede, de van wegene der gantzen hensestede vulmechtich ere sendeboden tor vorscreven dachvart scholen senden, umme alle dingh to vullenthende, alse Lubeke, Colne, Bremen, Hamborch, de stede des landes Prutzen, de stede uth Lifflande, de van Brunszwig, Nymmegen unde Campen. Welke stede tosamende edder dejenne, de[b] dar komen unde in der dachvard jegenwardich sin, scholen vulle macht hirane hebben. Unde men schal hirentusschen van beyden siiden vorkundigen allen denjennen, de den schaden geleden hebben, dat se myt redeliker bewisinge dar komen unde eren schaden esschen.

5. Vortmer dat sodanne arrestament unde hindernisse uppe den Dutschen copman unde sin ghud umme der Engelschen willen, de nu to Lubeke sint, in deme riike van Engelant, efte enich sulkes gedaen unde beschen were, genszliken affgedaen unde entslagen werden, alzo dat de vorscreven copman der hense syner ghudere vredesamelliken moge bruken unde kopslagen, unde dat to der tiid der vorscrevenen dachvart unde twe maent darna de undersaten des heren koninghes unde van der hanse ziik leffliken unde frundliken malkander hebben unde holden, so dat en den anderen nicht en serighe noch schedighe jenigher wyse.

6. Unde uppe dat alle desse dinge enen guden ende mogen nemen, sint willich de heren van Lubeke, ere gheleydesbreve to ghevende den Enghelschen, in Prutzen wesende, to Lubeke to komende, sovere ere gebede keret unde vor alle de umme eren willen doen unde laten willen, unde dar tho vorhandelende myt den anderen sendeboden, soverne se willen weghe unde middel unde formen to vyndende, darmede desse articule mogen komen to eneme ende.

7. Unde alse denne der stede sendeboden desse artikule myt den heren sendeboden des heren koninghes van Engelant hebben underspróken unde gemenschafft darup under siik gehát, so hebben se dat erste deel des articules angenomen, men van den anderen deeles wegene des vorscreven articules, angande in der clauselen „unde de undersaten etc.", so maken se unde indragen darin zwarheyt van der van Prutzen wegen, so uth erer scrift[1] unde antworde dat wol klaret. Darup van wegen der stede van der henze wert geantwordet, dat men in desser dachvart van des articules wegene nicht kan handelen edder sluten, wente de sendeboden uth Prutzen unde der stede van der hense hebben nicht gewetem de tokumpst der heren sendeboten uth Engeland to desser dachvart unde hebben darup neen bevel[c]. Ok is dat en sunderich artikel, de dar brocht tusschen deme heren koninge van Engeland unde deme grotmechtighen homeyster

a) undersaten unde D fehlt L. b) ut ad dictam dietam veniant possibili cum documento gravaminis Kl. c) Nota quod non potuit tractari vel concludi super puncto etc., quia deputati non noverunt adventum Anglicorum nec desuper habuerunt mandatum Kl u. B.

[1]) *Diese Antwort der englischen Gesandten, auf die auch weiter unten Bezug genommen wird, ist nicht erhalten.*

des landes Prutzen van erer herschop unde lande tusschen en beyden, de den hensesteden nicht int gemene heroret, unde were ok nicht recht, dat umme sodane afgesundergeden zake de hensestede int gemeyne in eren olden vryheyden worden geserighet unde gekrenked. Jodoch wert de here koningh de articule annemen unde de dachvard to besendende, so vorscreven is, unde[a] darsulves etlike sprichlike privilegie nochafftliken vorbracht werden, so willen de stede van der hense gerne darto helpen, sovele an en is, dat tusschen deme heren koninghe unde den van Prutzen sulkent moge gudliken vorenet werden.

8. Vortmer den anderen artikel hebben de heren sendeboden des koninghes nicht angenamet. Jodoch den steden van der hense dunket, soverne de here koningh dat van hertan menet, so [to][b] vorhopende is, dat he vormiddest synen scriften unde ok dorch syne sendeboden en heft to kennende gheven, wo dat he heft enen bereden sin to vornygende unde to beterende de olden vruntschop unde sodaner mishegelicheyt unde overvaringe dar wedder heschen etc., dat denne syne konichlike gnade nicht schal myden sodane middel, darmede vaster vorsekeringe unde beholdinge der vruntschop scheen moge, de ane twivel to hopen is, soverne de stede in Engeland ziik darto vorbinden. Wente id mochte komen, dat de here koning were uthheymisch edder anderer reddeliker wise bekummert ofte gehindert, so dat deme copmann van synen gnaden, ofte yenich gebrek eddor nyheyt deme copman wedder syne vriheyde unde privilegie weddervore, nicht mochte vorseen ofte gehulpen werden, unde alse denne edder in ghelikem geval hedde de copman dorh de vorbenomeden stede ene gesat unde ordinert to beschermynge syner vriheyde. Ok van sodaner medevorsegelinge volgede groter leve unde vaster vorenınge twisschen deme heren koninghe unde der hense. Ok en is diit neen nige dingh, wente deme geliik de here hertoge van Borgundien dat also holt myt deme copmanne to Brugge in Flanderen, dar de copman de veer lede vorplichtet unde vorbunden heft etc. Ok is vorsinlik unde to geloven, dat noch olde scrifte sin, dar men uth vindet, dat de van Lunden unde andere stede in Engeland deme copmanne ziik hebben vorplichtet unde vorbunden. Ok darinne en geschuet neen achterdeel deme heren koninge, wente diit myt sineme weten unde willen scheen schall.

9. Umme den drudden artikel, alse van wegen ener nyen dachvart up to nemende, is to seen uth erer scrift, dat de heren sendeboden de gendch annamen unde gevolgich sin, so dat nicht nod is, darin deper to seggen ofte to argueren, ok van der stede unde tiit wegene is gendch besorget in den vorarticulen.

10. Unde[c] alze denne van des lesten articules wegene, umme afftostellende sodanne arrestament, dat up den copman in Engeland schal gedaen wesen, antwerden unde gesynnen de heren sendeboden, dat an beyden siiden de gevangenen loset werden etc. So dunket den heren sendeboden van den steden, dat sulkes nicht recht en is, dat umme ener stad unde vrommede daet willen andere unschuldige stede scholen liden. Ok[d] en schal men id so nicht vorstaen, dat de stede van der hense en corpus in sulker wise sin, dat umme ener stad daet ofte geschichte willen de ander stede beswaret, angelanget, arrestert edder upgeholden mogen werden, geliik oft se eneme heren behoreden alse Engeland, sunder se sin wol en corpus in etliken vruntscoppen unde vorbintnissen, darinne se myt en

a) ubique de aliquibus legitimis privilegiis regni Angliae sufficienter ostenderit Ad. b) to fehlt L. c) § 10 ist L [illegible] durchgestrichen: wo dat de hense een corpus sin scholde. In K1 [illegible] bemerkt: Nota bene [illegible], quod civitates hanse [illegible] corpus. d) Nec sit hansa reputanda unum corpus, videlicet ut pro delicto [illegible] civitatis ceterae debeant puniri [illegible] dominium [illegible] regnum Angliae, sed [illegible] corpus [illegible], in quibus conveniunt. Ad.

overênkomen. Unde darumme de gelikenisse de[r][a] sendeboden des heren koninges, myt den gevangenen van beyden siiden qwiit to ghevende, nicht overeendrecht noch en heft gelike merkinge. Unde umme dat sulkes in der hense nicht stede en hebbe, so hebben se van den koninghen in Engeland ene besunderge vriheit beholden, aus ludende, alse hir navolget. „Wii[1] willen den vorscreven copluden vurder gnade doen vormiddest deme ende, den se myt uns gemaket hebben, unde vorlenen en vor uns unde unsse erven unde hestedighen vormiddest desser scrift, dat se unde ere nakomelinghe, de dat vorscreven hues hebben to ewigen tiiden bynnen den vorscreven riike unde unsse gewalt, scholen hebben desse vriheyd, so dat se noch ere gudere unde kopenschop bynnen unsseme vorscreven riike unde gewalt vor andere schult, der se nicht lovers noch hovetlude sint, ok nicht van anderer overtredinghe wegene, de se nicht gedaen hebben edder donde werden, nicht scholen werden rosteret edder bekummert". Wente denne hiruth klarliken erschinet unde ok na rechte unde aller billicheit ziik ervindet unde ervolget, dat[b] de copman van der hense umme dat unde geschichte anderer stede, darinne se in keyner orsake noch schult en sin noch en deel ofte menschop ghehad hebben, nicht arresteret scholen werden, unde want man us vor handen heft, in wat wise men vinden unde inbringen moge ene unbreklike holdinge der vryheide des copmans etc., unde beghinnet men nu versch in deme anbeghinne sulke vriheit to brekende, wat hopen sal denne hoven bliven in tokomenden [unde][c] vorolden tiiden. Unde hirumme unde vil anderen sorghen unde gebrekelicheit, de men in vorledenen tyden bevunden heft, so wert de copman van noden darto getwungen, elik dorch eynen edder den anderen wech to besorgende, unde hebben hir de stede van der hanse vastliken gesloten unde ziik darinne vorenighet, bii den vorscreven begrepenen artikel to blivende, heghereende doch myt gantzen synnen unde denstliker meynunghe, dat syne konichlike gnade navolghen wille syner vorvederen milden unde dogetsamen seden unde syne konichlike gnade van en unde den copman nicht affkere.

652. *Lübeck, Magdeburg, Braunschweig, Münster, Nymwegen, Deventer, Wesel und Paderborn als Hauptstädte von drei Dritteln der Hansestädte beurkunden den Entwurf einer auf 6 Jahre abgeschlossenen Tohopesate, welchen sie bis Weihnachten den Städten in ihren Dritteln zur Annahme vorlegen wollen,* unde darup schal men denne dre breve maken, dar en jowelk hovetling in deme dordendele unde en jewelk stad darynne beleghen enen mit erer stede ingesegel hevestighen scholen unde bezegelen; unde were dat jenighe stad sik hir uththen unde dit nicht beleven wolde, dat schal stan to erkantnisse der ghemenen henzestede, wo men dat darmede holden unde uthrichten schole; *zum ersten Drittel gehören Lübeck (20)*[2], *Hamburg (15), Bremen (12), Lüneburg (12), Wismar (8), Rostock (5), Stralsund (10), Greifswald (5), Anklam (3), Stettin (8), Kolberg*[3], *Stade (3), Buxtehude (2), Uelzen (2) und Kiel (3); zum zweiten Magdeburg (12), Braunschweig (12), Halle (12), Aschersleben (6), Quedlinburg (6), Halberstadt (6), Helmstedt (3), Goslar (4), Göttingen (8), Northeim (2), Einbek (6), Hildesheim (8), Hameln (3), Hannover (5) und Minden (4); zum dritten Köln (20), Duisburg (4), Wesel (6),*

a) de der L. b) [illegible]

c) unde fehlt L. [illegible]

[1]) *Aus dem Privileg K. Eduards II. vom J. 1317, vgl. Höhlbaum, Hans. UB. 2 n. 318, Lüb. UB. 2 n. 356.* [2]) *Die eingeklammerten Ziffern geben die Zahl der Gewaffneten an, die jede Stadt im Kriegsfall zu stellen hat,* elk ghewapent op dre perde rekent.

[3]) *Kolberg ist hier nicht angeschlagen, wird jedoch in n. 671 auf vier Gewaffnete veranlagt*

Emmerich (2), Nymwegen (8)[1], *Salzbommel, Tiel, Roermonde (5), Zütphen (4), Arnheim (4), Harderwik (2), Elburg (1), Doesburg (1), Deventer (8), Zwolle (5), Groningen (5), Kampen (6), Münster (8), Dortmund (8), Soest (8), Paderborn (4), Lemgo (3), Herford (3), und Osnabrück (8)*[2]. — *Lübeck, 1450 (Luce) Okt. 18.*

StA Bremen, Tresé Z, 3 Doppelbl.
StA Hildesheim, Doppelbl.

D. Bericht

653. *Bericht der preussischen Gesandten über ihre Verhandlungen zu Lübeck. — 1450 Sept. 26 ff.*

K aus SA Königsberg, Schbl. XXXII n. 94, Doppelblatt.

Anno domini 1450. Item an dem sonnabende vor Michaelis[a], do qwamen des hern homeisters van seynen steten sendeboten czu Lubeck und funden vor sich die gemeynen stete van der hanse gemeyntlich.

2. Item an dem mantage darnach an sunte Michels abende, do gynge wir beyde vor den burgermeister van Lubeck und begerten, das her wolde bey den rait bringen, wir hetten zcu werben van[a] unsirs gnedigen hern homeisters, seyner gebietiger und stete wegen. Hiruff uns der burgermeister[b] bescheydete, uff den vorbenumpten tag bey em zcu seyn uff dem rathuwse, dar wolde her syne eldesten czu lassen vorbotten.

3. Item do wir qwomen uff das rathuwse, do antwurtet wir off unsirs gnedigen hern credencienbreff und wurben unsir werb van unsirs gnedigen herren gebitiger und stete wegen nach der besten weyse, alse wi denne in schrifften und bevel hetten. Item uff unsir werff der rath van Lubeck antwurte, wir solden die sache lassen bestehen einen tag adir zcwene, sie welden dar forder umbe sprechen unde uns eyn antwurt geben.

4. Item an der mitwochen nach Michaelis, do qwamen die gemeynen stete cunsampne uff das rathuwse, und do die stete begunden zcu handelen die sache, worumbe die gemeynen stete vorbottet weren, do antwurtet wir dem rate zcu Lubeck unsirs heren credencienbrieff, sprechende uff das erste artikel, alse den kouffman zcu verlegen. Item do der brieff gelesen wart, do fragete men uns, was wir daruff antwurten, do sprache wir, sie hetten unsirm herren und steten geschreben van fumff artikeln, item als van dem kouffmanne zcu vorlegen, sunder men hette uns nicht geschreben, uff die gemeynen stete adir der kouffman czu Brugge icht gedacht hette, ap eynige wege adir worhen zcu legen, hirumme so begerte wir van unsirs herren und syner stete wegen, wusten sie eynige plaetze, da der kouffman mochte legen und das dem lande zcu Prewssen gelegin were, nachdem als die narunge us Prewssen were beyde mit schiffen und grober ware, wante das landt van Prewssen hette grosse sware schiffe, die alle haven nicht mochten, hirumbe so begerte wir, hetten die gemeynen stete adder der kouffman gedacht uff eynige beqweme stat, das wolde wir gerne zcu uns nemen und brengen an unsirn herren, seyne gebitiger und stete. Item damete bleib der vorbenumpte artikel anstehen.

a) van van K. b) am der burgermeister uns K.

[1]) *Nymwegen stellt die Zahl zusammen mit Salzbommel und Tiel.* [2]) *Die Urk. stimmt, abgesehen von den oben angeführten Bestimmungen über Vorlage an die Drittelstädte und Besiegelung, in allem wesentlichen überein mit den Tohopesaten von 1443 und 1447, vgl. n. 68, n. 288 § 23, und ist mit Weglassung des hier oben mitgetheilten Paragraphen wörtlich in die definitiven Ausfertigungen übergegangen. Vgl. n. 671, 678.* [a]) *Sept. 26.*

5. Item nach manigerleye handelunge, die wir hetten vor den steten, so begerte wir van den van Lubeck in kegenwertigkeit der gemeynen stete, das sie uns welden eyn antwurt geben uff unsir credencie van unsirs herren als van der Engelschen wegen. Item hiruff uns die van Lubeck eyn antwurt gobin in kegenwertigheit der anderen stete: Item lieben frunde, als ir geworben habt van des hern homeisters, seyner gebietiger und stete wegen, das wir wolden die Engelschen sendeboten mit dem schiffe und gutte frey und loes geben, umbe zu seglin in Prewssen, so wist, das das schiff nach gut in unsirer macht nicht ist widderczukeren, wante unsire burger, die Bergerfarer, haben schiff und gut mit sich genomen czu Bergen. Item so ist das schiff nach gut nicht genomen in unsirm geleyte, sunder der Engelschen geleyte ging uss uff sunte Johannis baptisten nu nestvorgangen, und das schiff und gut nomen unsire burgere darnach uff Jacobi, das wir wol beweisen mogen mit dem gelelte, das wir den Engelschen santen, welch geleite vor den steten gelesen wert. Item welchs geleitis wir begerten eyne cupie, meteczunemen czu Prewssen, wante men spricht in Prewssen, wie schiff und gut genomen sey in eynem geleyte der van Lubeck. Item darnach begerte wir van den van Lubeck, synt der czeyt das das gut nicht in irer macht were widderczugeben, das sie wolden wol thun umbe unsirs hern homeister, seyner gebitiger und stete willen und welden die sendeboten frey geben mit irem credencienbrieffe, das sie mochten komen ins landt zcu Prewssen, wente unsir herre die Englischen mit czwen schiffen und gut geleitet hatte, in dem geleite sye genomen seyn, das unsirm herren, seynen gebitigern und steten zcu unwillen ist, und hofften, weren sie gekomen in Preussen, allen sachen das die solden czu gudem frede komen seyn und hengelegt werden. Hirumbe lieben hern, bitte wir nach van unsirs gnedigen hern, seyner gebitiger wegen, das ir die sendeboten woldet frey geben und die euwirn mit der gemeynen stete sendeboten darczu fugen bey unsirn gnedigen herren in Prewssen, uff das, solde men icht mit den Englisschen angehen, das das geschege mit eyntracht und volbort der gemeynen stete van der hensze. Item hiruff mit kurczen worten wart geantwurt, sie mochten ir nicht frey geben, sie musten iren burgeren furder bescheyd thun vor iren schaden.

6. Item so wurde wir czu rate nach unsirs hern bevel und antwurten den gemeynen steten van der hensze unsirs gnedigen heren credencienbrieff, den nomen die stete uff in grosser frundschafft und wart gelesen in unsir kegenwertigheit. Do bote wir die stete, das sie wolden wol thun und die van Lubeck undirweysen und vormogen, das die sendeboten frey und loesgeben und das sie mochten czihen ken Prewssen, nachdem das sie gesant weren van dem hern konige van Engelandt. Item uff unsir gewerb, das wir taten an die gemeynen stete der hensze lissen sie uns endweichen und do wir widder vor die stete qwomen, do sageten uns die stete, sie hetten geredt mit den van Lubeck, sie konden der sendeboten nicht loes geben, sie weren en geantwurt van iren borgeren wegen, die dar grossen schaden van den Engelschen genomen hatten.

7. Item darnach also wie alsulche handelung vaste hatten gehat mit den steten von der Engelschen wegen, do gedachten die stete widder die van Lubeck, sie hetten vornomen, wie das sie hetten der sendeboten credencie mit andern brieffen van dem hern konige van Engelandt, und begorten, dasz men sie mochte horen lesen. Item der credencienbrieff wart vorgebracht und gelesen, der do clar inneheldt, das sie volmacht hetten czu eynigen mit dem hern homeister und seynen undirsassen und mit den van Lubeck und mit den gemeynen steten der hensze alle sachen, schaden, todslag und vort allirley schelung hynczulegen. Item do die stete hetten gehort den credencienbrieff, do wurden sie czu rote und wolden

lossen uff das rathuwsz komen meister Thomas Kent, den doctor van Engeland, und vorboren an dem doctor, so worumbe her gesant were adir was werbes her hette an die stete. Do der doctor uff das rathuwss qwam, do weisete man en uff eyne camer und wart czu em gefuget der doctor van Collen und eyner van Lubeck, meister Johan Herss, do sye sulden syne wort vorboren, deme also geschach. Item do qwomen die beyden doctor vor die stete und brachten widder yn, das syne wort luwten gleich der credencienbrieffe innehaldende. Item nach vele handelunge, die die gemeynen stete hatten als van der Engelschen wegen und wurden zcu rate und wolden vorramen eyn concept, und wart bevolen dem doctor van Collen und meister Johan Hers.

6. Item die czwene doctor verrameten eyn concept und brachten das vor die stete, do es die stete vorhorten, do dauchte den steten gut, dass men es lisse lesen den doctor meister Thomas Kent, dem also geschach. Do men es hatte gelesen dem doctor, do sprach der doctor van Engelandt, her en wolde sich nicht sodan artikel undirwinden, sunder her begerte, dass man Jon Stocker darbey lisse komen, der do folle macht hette mit em. Item do begerten die gemeynen stete van den van Lubeck, das sie Jon Stocker lissen komen us dem torme mit meister Thomas uff das rathuwss[a].

E. Korrespondenz der Versammlung.

a) gemeinsame.

654. *Köln an die zu Lübeck versammelten Rsn. der Hansestädte: berichtet über die Arretirung der Kölner in London infolge der Gefangennahme der nach Preussen bestimmten englischen Gesandten durch die Lübecker*[1] *und verlangt dringend, dass die Rsn. Lübeck zu freundlicher Beilegung des Handels bewegen, damit die Kölner befreit und in Zukunft vor Aehnlichem bewahrt bleiben,* want seulde ouch eyne stat umb der anderre gebrechen, der sii nyet [zo] schicken hedden, gehalden, beschedigot ind besweirt siin, des unse vurfaren nyet also herbracht haint, beduchte uns swerlich ind unlüdelich siin; *versieht sich des Besten zu den Rsn. und ersucht um Antwort. — [14]50* (up s. Michels avent) *Sept. 28.*

StA Köln, Copienbücher 20 f. 69.

655. *Desgleichen: hat* in swaren meren *vernommen, dass Dr. Johann Frunt auf der freien Landstrasse unweit von Hameln und im Geleite dieser Stadt vom Junker Johann von Spiegelberg mit seiner ganzen Begleitung* up — hern Diederich *EB. von Köln gefangen, misslich behandelt, des Seinen beraubt und obendrein auf dem Schlosse des Hg. Friedrich von Braunschweig zu* Hoenberg *um 800 in zwei Terminen zu erlegenden Gulden geschatzt worden ist; das Nähere werde Frunt zweifelsohne bereits berichtet haben; erklärt, dass es mit Junker Johann gar nichts zu schaffen habe, Köln* van veil hundert jairen vur eyne vriie rychstat van paesen, koeningen, fursten ind herren gevriiet *und deshalb weder dem Erzstift noch dem EB.* vedeplichtich noch panthar *sei, ebensowenig wie Frunt* van siinre personen weigen; *erachtet, dass dieser* swair inbruch *den Städten billig leid sein* ind nyet gerne seulde stain zo liiden, *zumal Frunt* vur eyn gemeyn beste zo deser gemeynre

a) *Der Schluss fehlt.*

1) *Der Wortlaut stimmt fast durchweg mit dem entsprechenden Passus in n. 661 überein.*

dachfart *ausgesandt war; ersucht deshalb, ihm behülflich zu sein, damit er der Schatzung entledigt werde und wieder zu dem Seinen gelange. — [14]50 Sept. 30*[1].

StA Köln, Copienbücher 20 f. 70.

656. *Die zu Lübeck versammelten Rsn. der Hansestädte an Hildesheim: berichten, dass Johann Frunt*, dr. in deme ghestlikem rechte *und Rs. von Köln, auf der freien Landstrasse von den Grafen Johann und Bernd von Spiegelberg überfallen, ausgeplündert und mit seiner Begleitung nach* Homborch *geführt worden ist*, unde darsulvest gedrungen ziik to vorscrivende deme vorscr. Juncher Johan 840 guld. R. vor ziik unde vor twe siner egenen perde to betalende, *ungeachtet dessen, dass Frunt* een gheestlik man noch ok nicht vedeplichtig is; *befehlen, dass Hildesheim, als den Grafen benachbart, sich eifrig dahin verwende, dass Frunt und seine Begleiter das Geraubte zurückerhalten und der Gelübde entschlagen werden; verlangen umgehend Antwort. — [14]50* (vriidag na Michaelis) *Okt. 2.*

StA Hildesheim, Or. Perg. m. Spuren d. Secrets.

657. *Hildesheim an die zu Lübeck versammelten Rsn. der Hansestädte: erwiedert auf n. 656, dass es die Grafen von Spiegelberg bisher vergeblich* in velen sloten unde steden *habe aufsuchen lassen und noch suchen lasse; wird die ihm zu Theil werdende Antwort denselben einsenden. — [1450 Okt.]*[2].

StA Hildesheim, Missivbuch (6) 1445 — 59 S. 101.

658. *Lübeck und zu Lübeck versammelte Rsn. der Hansestädte beurkunden, dass sie den Rsn. von Lübeck, Köln, Bremen, Hamburg, der preussischen und livländischen Städte, Braunschweig, Nymwegen und Kampen zu der auf 15 Tage nach Ostern angesagten Tagfahrt zu Utrecht unbeschränkte Vollmacht ertheilt haben, mit den genügend bevollmächtigten Gesandten des Kg. von England über alle gegenseitigen Ansprüche und Beschwerden zu verhandeln, Ersatz zu fordern und zu gewähren* omniaque alia et singula faciendi, dicendi, procurandi et gerendi, que in premissis vel circa ea necessaria fuerint vel quomodolibet oportuna et que qualitas et natura hujus negocii exigant et requirant, eciam si talia forent, que mandatum exigant magis speciale; *versprechen jede Abmachung zu halten. — Lübeck, 1450 Okt. 4.*

StA Königsberg, Hs. von n. 709 (vgl. § 36) f. 21b, überschrieben: Hec sequens est copia procuratorii ambasiatorum pro parte civitatum communium de hansa missorum et comparencium in dieta Trajectensi anno 51, 15. die post pascha habita et tenta, quod quidem procuratorium ab Anglicis fuit rejectum et improbatum.

[1] *Am 2 Okt. erneuerte Köln die Mahnung, die* moede ovveldait *des Junkers nicht zu dulden und Frunt Ersatz zu verschaffen. Desgleichen ergingen am 30 Sept.* m. m. *mit n. 655 gleichlautende Schreiben an Braunschweig, Hildesheim, Hannover, Hameln, Hg. Wilhelm von Braunschweig und an den Junker von Spiegelberg selbst. Copienbücher 20 f. 10b — 11b.*

[2] *In der Handschrift (f. 106) geht ein vom 10 Okt.* (s. Gereonis et Victoris martirum) *datirtes Schreiben von Hildesheim an Köln in derselben Angelegenheit voraus. Hierin theilt Hildesheim in Beantwortung des Schreibens von Köln, vgl. n. 655 Anm., mit, dass bisher weder Hg. Friedrich von Braunschweig noch Junker Johann nach Hause gekommen sien. Die Hildesh. Stadtrechn. 1450 I verzeichnet:* Johannes de bomester vordan, alsze he to Lubeke gereden was, do de stede dar vorgadert weren, 36 β. *Vorhergeht die Ausgabe:* Lodeken boden vor gand to Gotinge van der henze wegen 4 β unde ome gegeven vor dat om uppe dersulven reise wart genomen 27 ₰.

659. *Dieselben an K. Heinrich von England: danken für die Erklärung des Kg., dass er bereit sei, den Frieden wiederherzustellen und den Kfm. schadlos zu halten; haben hierüber mit den kgl. Gesandten verhandelt* unde j. ko. breve unde ere seggent van der wegene overeenkomet; *weisen auf den Vortheil hin, der für England erwachse, falls die Freiheiten des Kfm. beobachtet würden,* ok yeset j. ko. gnade ene grote ere unde ruchte, wanner gii volghen de wege juwer voroldoren unde dem copmanne syne privilegien beschermen; *betheuern ihre aufrichtige Friedensliebe und übersenden einige nach Besprechung mit den Gesandten des Kg. aufgesetzte Artikel,* in deme Latine unde ok in deme Dutschen, *mit der Versicherung, dass* darane nicht is beroret, dat j. ko. gnaden mach jenigher wiis vorerren, wente se nicht nyes edder swares an sik hebben, men allene dat de copman sine olden privilegie unde vriheyt vormiddest starker vorwaringhe besorghe, uppe dat se so ringhe unde lichtverdichliken, so wii des vorvaringhe hebben, nicht werden vorbroken; *bitten, die Artikel zu genehmigen und Lübeck bis 14 Tage vor Weihnachten davon zu benachrichtigen, damit die Städte in Livland und Preussen die Kunde rechtzeitig erhalten könnten; ersuchen, gleichzeitig angeben zu wollen,* offt ok unse copman na inneholde der vorscreven unser artikele myt syneme lyve unde ghude in juwen riiken van Engelant losz sii gegeven, wente wanner dat nicht vortginghe, so weret uns swâr, dat wii myt juwer gnaden dage helden; *haben, um den Kg. für die Freilassung des Kfm. zu gewinnen, Lübeck,* wowol se sunderge clage hebben to juwen undersaten, *dazu bewogen, die kgl. Gesandten aus dem Gefängniss zu entlassen,* unde mogen bynnen erer muren gaen wor se willen. — *[14]50,* uppe s. Gallen d., dede was de vridach, de 16 d. des manen octobris.

Handschrift zu Lübeck f. 8, desgleichen in den übrigen n. 649 aufgeführten Hss. an der entsprechenden Stelle. In K1 ist hierzu a. R. bemerkt: Non opus et legere. *Gedruckt: aus G Lappenberg, Stahlhof S. 63, eingerückt in n. 649 § 4.*

660. *Dieselben beurkunden, dass vor ihnen der* van Goszler scriver mit erer credencien *und Heinrich von Alfeld erschienen sind, mit deren Zustimmung sie* ene gotlike wise besproken unde berecessen (hebben) laten unde ene der malk ene avesschrift overgeven unde hebben darto ordinert unde bevalen den ers. u. vr. van Magdeborch, Brunswik, Halverstad, Quedelingeborch [unde] Asschersleve, dat se sodane degedinge van unses bevels wegen bi ener benanten tiid under den vorgenanten parten scholen to ende bringen, so besproken is; *folgt Goslar nicht, so darf Alfeld* sine bekummerden lude weder inesschen *und gegen Goslar wie zuvor auf Grund der ihm von den Hansestädten ertheilten Erlaubniss einschreiten;* unde vermanen ju uppe dat nye in kraft dusses breves, dat gi von Brunswig, Halverstad, Quedelingeborch, Hildensem, Emeke unde alle gemeynen stede der Dudesschen hensen *mit Goslar keinerlei Verkehr unterhalten und Alfeld die Festnahme der Goslarer gestatten, bis sie den Hansestädten und Alfeld Genugthuung geleistet; verweigert eine Stadt den Gehorsam gegen dieses Mandat, so darf Alfeld deren Angehörige gleich den von Goslar verfolgen und obendrein soll sie uns vor*vallen sin 20 *ℳ* lynes lodiges goldes to behof der gemeynen stede. — *Lübeck, 1450* (an sunnavende na s. Galli d.) *Okt. 17.*

StA Hildesheim, Doppelbl., Abschrift, eingelegt in das Fragment eines Copialbuchs von 1436 (Hs. n. 113), vgl. n. 679.

b) Korrespondenz des kölner Rathssendeboten.

661. *Köln an Johann Frunt: weist ihn an, zwischen Lübeck und England wegen Gefangennahme der englischen Gesandten durch die Lübecker dahin zu vermitteln, dass die in England deshalb gefangen gesetzten Kölner keinen weiteren Schaden nehmen. — 1450 Sept 26.*

Aus StA Köln, Copienbücher 20 f. 68b, überschrieben: Civitas magistro Johanni Frunt.

Ersame lieve getruwe. Yr soilt waile verstanden haven van der naemen die van Lubeke in der offenbairre see kurtz vurleden gedain haven up die Engelschen, daebii sii etzliche des coenincks geschickde frunde mit angetast, gefangen ind gefencklich gesatzt moigen haven. Deshalven siint nae der hant, as wir verstain, unse burgere ind burger dienre in Engelant angetast, gefangen ind zo geloifden gedrongen, vort yre have, gude ind kouffmanschafft bekummert ind besweirt ind yre huyser zogeslossen, gelich yr dat moicht an der copyen hieinne besloissen. Ind as wir besorgen, moigen unse burger noch yre guet sulcher geloiffden noch kummer nyet untlediget werden, id en sii dan sache, dat sulch stois, darumb dat schyff genoemen ind die lude gefangen synt, fruntlichen verfangen werde. Ind want die unse, as yr waile proeven moicht, der sachen umber nyet zo schaffen haint noch daran hantdedich geweist synt ind ouvel zoquemen, seulden sii darumb schaden lilden ind in sulchem besweirnisse stain, so begeren wir van uch, die sachen mit ernste nyet as parthiie sonder as eyn middelman mit hulffe der anderre hanszesteide frunden unsen lieven naberen, die der sachen nyet zo schaffen haint, vurzoneymen an den van Lubeke, den Engelschen ind vorder dae uch des noit sall duncken siin, soverre dat die sachen fruntlichen verfangen ind nedergelacht moigen werden, up dat die unse umb der van Lubeke handelongen willen nyet zo sulchem groissen schaden stain noch komen durffen, dae uns ind yn ungutlich mit geschuyt. Ind wilt uch in desen ind anderen unsen sachen also mit ernste bewysen, as wir des ind alles guden gentzlichen getruwen. Ind moicht yr yedt guts geworven, dat laist uns as yr yerst moigt weder verstain. Unse herre Got sii mit uch. Gegeven des 26 dages in dem maende septembri, anno etc. 50.

662. *Desgleichen: erklärt unter Verweisung auf n. 661, dass es die Angelegenheit ernstlich erwogen habe* ind beduenckt uns in den unsen daemit sere unguetlichen ind weder unse vriiheit ind privilegie, wir ind unse vurfaren in Engelant gehadt hain, verkurtzt wirt; *sendet deshalb n. 654 und verlangt, dass Frunt mit Hülfe der unbetheiligten Hansestädte sich eifrig bemühe*, die swarheit zo verfangen ind as verre helpen zo besorgen, dat die unse sulcher besweirnisse quyt zo dem yrme komen ind namails desgeliichen unbesorgt siin ind bliiven. — *[14]50* (up s. Michels avent) *Sept. 28.*

StA Köln, Copienbücher 20 f. 69b.

663. *Desgleichen: bedauert lebhaft den Unwillen, Gefängniss* ind ungutlich handell *den Frunt nach seinem Bericht erduldet hat; hat in Abwesenheit des EB. lediglich an Fürsten und Städte nach Ausweis der beiliegenden Copien schreiben können, hofft auf den Beistand der Hansestädte; Verhandlungen mit dem von Spiegelberg in Köln haben bisher nichts ergeben; verheisst weitere Mittheilungen und bittet um Anzeige, welche Schritte die Städte zu thun gedächten. — [14]50 Sept. 30.*

StA Köln, Copienbücher 20 f. 70b.

664. *Desgleichen: versichert, dass es alles aufbiete, damit Frunt mit Glimpf* den unwillen getroest *und* mit eren der geloeffden untraigen *werde; hat vom EB. Dietrich ein Schreiben an B. Magnus von Hildesheim erwirkt*, die wir getruwen nyet unhinderlich sijn sullen, *ebenso noch einmal an den Hansetag geschrieben und auch einige Freunde vermocht, sich für Frunt zu verwenden; hofft auf einen günstigen Ausgang und erklärt*, wir hedden doch nyet gerne, dat ir eynichen vorderen glouben off weige vurneympt, dat gelt zo betzailen, want wir getruwen, ir des overhaven sijn ind bij eren blijven soilt[1]. — *[14]50 Okt. 2.*

StA Köln, Copienbücher 20 f. 73.

F. Anhang.

665. *Köln an Hameln: bedankt sich für die Verwendung, die Hameln dem vom Grafen von Spiegelberg*, dae wir nyet mit uysstande wissen, *gefangenen Johann Frunt soweit hat zu Theil werden lassen, dass Frunt* des gefenckniss etzlicher maissen quyt geschoulden sall sijn; *erbietet sich zu Gegendiensten.* — *[14]50* (up s. Michels avent) *Sept. 28.*

StA Köln, Copienbücher 20 f. 69 b.

666. *Köln an Kg. Heinrich von England: beklagt, dass in Folge der Gefangennahme von einigen englischen Gesandten, angeblich* (ut dicitur) *durch Lübecker auf der See verübt, kölner Bürger und Kaufleute arretirt, ihre Waaren mit Beschlag belegt und sogar* ad instar confiscacionis *consignirt worden sind, ein Vorgehen, welches Köln in Anbetracht der von ihm seit langen Jahren England bereitwillig erwiesenen Dienste nicht erwartet hat und von dem es befürchtet, dass dadurch der alte Bund der Liebe* (fedus caritatis) *zerstört werde; bittet inständig, dass der Kg. in seiner angebornen Güte die bisher stets beobachteten hansischen Privilegien, welche den Hanseaten wie billig gestatten, dass Niemand für die Schuld eines Anderen zur Rechenschaft gezogen werde, in Kraft erhalte und die Kölner mit ihrer Habe freigebe, zumal bei Gelegenheit jenes Anfalls auf die englischen Gesandten auch kölner Kaufleute nicht geringen Verlust erlitten haben, indem jene Schiffe zum Theil mit kölner Gut befrachtet waren[2]. — [14]50 Okt. 1.*

StA Köln, Copienbücher 20 f. 73 b.

667. *Köln an Kg. Heinrich von England: wiederholt infolge der einlaufenden Klagen der Seinen n. 666; ist überzeugt, dass die Gefangensetzung der Kölner* nicht pure jussu et mandato *des Kg. erfolgt ist und erbittet freies Geleite für seine Gesandten, welche darthun sollen, dass Köln mit dem ohne sein*

[1]) *Nach einem Schreiben von Köln an Hg. Wilhelm von Braunschweig vom 26 Febr. 1451 (Copienbücher 20 f. 102) wurde die Angelegenheit durch das Einschreiten des Hg. schliesslich dahin erledigt, dass der Graf von Spiegelberg Frunt und seine Mitgefangenen unbeschatzt freiliess, die weggenommene Habe hingegen behielt und die Betroffenen auf alle weitere Klagen verzichteten.* [2]) *An demselben Tage erliess Köln Bittschreiben um Verwendung beim Könige unter Uebersendung von Abschriften des obigen Briefes an den EB. N. von York, Cardinal und Kanzler (Copienbücher 20 f. 76); an die Mitglieder des Parlaments (f. 76), des kgl. Rathes (f. 76 b) und* in simili forma domino N. duci de Rokingham ac comiti de Stafford, N. marchioni de Dorschet et comiti de Sommerschett, domino N. illustrissimi regis Anglie majori thesaurario, domino Andree Hulles regis Anglie privati sigilli custodi *(f. 76 b), sowie endlich an Mayor und Aelterleute von London (f. 77). Vgl. n. 686, 706.*

Zuthun und Wissen und zu seiner grössten Unzufriedenheit erfolgten Anfall der Lübecker nichts zu schaffen habe. — [14]50 Okt. 12.

StA Köln, Copienbücher 20 f. 77.

668. *Kg. Heinrich von England an den Hm.: berichtet, dass seine nach Preussen bestimmten Gesandten Thomas Kent, utr. jur. Dr., und Johann Stocker, Kfm. aus London, von den Lübeckern* in mare prope regnum Dacie *aufgefangen und ungeachtet der Geleitsbriefe des Kg. von Dänemark und des Hm., welche sie bei sich führten, nach Lübeck gebracht worden sind, woselbst sie gefangen gehalten werden; ersucht den Hm., sich für ihre Befreiung zu verwenden, damit sie ihre Botschaft ausrichten könnten. — Westminster, 1450* (r. n. a. 29) *Okt. 16.*

SA Königsberg, Or. Perg., d. Siegel abgeschnitten; in dorso bezeichnet: Venit in Ma[lenburg] feria 3 post Lucie *(Dec. 15)* anno etc. 50.

669. *Hans Winter an den Hm.: berichtet über die bedingungsweise erfolgte Freilassung des deutschen Kfm., die streng auf Abschluss eines Friedens lautenden Instruktionen der englischen Gesandten, welche man mit den Städten in Lübeck zum Nachtheil der Preussen auf eine vom Kg. bereits genehmigte Tagfahrt übereingekommen sind, sowie über die Ankunft des Hg. von York in England und die bevorstehende Eröffnung des Parlaments; bittet seiner Hausfrau zum Empfang des Nachlasses seines Bruders zu verhelfen. — London, 1450 Nov. 6.*

K aus SA Königsberg, Or. m. Spuren d. Siegels. Von den Dorsalbemerkungen der hml. Kanzlei ist wegen Ueberschreibung nur zu entziffern: . . . . . sie qwomen hen Elbinge am obende c[ircumcisionis?] im 51 jare *(1450 Dec. 31).*

Dem erwirdigen und grosmechtigen hern, heren Lodewig von Erlingeshuzen, homeister Deuches ordin zcu Prussen, synem genedigen liben heren mit allir erwirdikeit etc.

Mynen demutigen undirtenigen dinst mit willigem gehorsam. Erwirdiger genediger liber here. So ich den euwirn erwirdigen genoden, beide aus Flandirn und ouch vor in 3 briffen aus Engeland, alleczeit czitunge geschreben habe, wi is sich dis jor hir verloffen hot in desen landen, so ich jo hoffe euwirn irwirdigen genoden di briffe wordyn synt, und so ich den euwirn genoden geschreben hatte, das hir allir cofman von der Deuczen hense gerestirt was dorch das nemen, das di Bergirfarer gethon hatten di sendeboten, di myn here konig zcu Engeland czu euwirn erwirdigen genoden gesand hatte, um jo frede zcu machen, und in grosir macht mete allir hern das meiste teil aus Engeland, beyde geistlich und wertlich, di al jo begerten frede und noch begern mit euwirn erwirdigen genoden und mit euwirn genoden landen, wen si wol irkennen, das euwirn genoden undirsossen grosse korcze czu unrechte geschen ist dorch Robart Kayn und dorch Daniel und dorch Trifilion, de beginner und rotir woren, di schiff zcu nemen euwirn genoden undirsossen. Wo man di mochte han, sicher si musten dorum sterben, so di andir gethon han, di ouch manchen fromen hern libelos gemacht han und ouch manchen man hinderten, das her nicht mochte zcu synem rechte komen, dem ouch in forczilen hir dorch myns hern konigis undirsossen unrecht was geschen und beschediget synt worden, di nu eyn teils ir lon vor ir erbeit entfangen han, also Sutfolk, Say und der schrefe in Kent, und von bisschoffen meister Adam, der bisschof von Cziczister, und der von Salisberg etc., und noch ap God [wil][a] in gar

a) wil *fehlt K.*

korcz foste noch geistlich und wertlich dorum liden sollen. So allirgenediger here, so habe ich hir vornomen durch den erwirdigen fromen hern hern cardinal von Jork, der nu das licht der weisheit ist in Engeland und al ding nu gotlich, erlich wedir in sossunge brengit in Engeland, wi das sich myn here konig nu al der minsteteir gutir undirwynt und dorvon wolde myn here konig den beschediger eren schaden beczalen; und so ich ouch vornomen habe, so was den sendeboten so metegege[be]n[a], das euwirn genoden undirsossen noch mogelichkeit ir schaden were vorgutit worden und allis dorczu was aus der hense genomen ist, so ich den euwirn erwirdigen genoden in korcz ap Got wil selbir sagen wil adir aus Flandern schriben, ap ich wedir cznrogke czoge, wen ich meyne wol, di vornugonge, di man den beschediger hette gethan, wern di sendeboten zcu euwirn genoden komen, solde euwirn genoden wol behagelich syn gewest. Idoch wi wir dach den hir gerostirt worn an libe und an gute, so ist dach nymant um eyn ₰ zcu schaden komen und synt wedir los gege[be]n[b], wiwol uns di stete von der hense keyn holffe teten. Und unsir gutir haben wir das meiste teil geschift und si synt von tage vom vorland czu Engeland gesegilt in Selant, unser here Got vorlei eyn behalde[n][c] reyse. Ich habe ouch wol of 1000 mark Prusch in. Sundir allir cofman bot hir must sweren und gelohen, der do weg ist gesegilt, ap in der here koning wedir inheischen worde und eyn der cofman schrebe wedir inczukomen. Sunder ich habe nicht gesworn und ich habe eyn sicher geleite genug und [hin][d] sere geilhet von allen h[e]rn[e], geistlich und wertlich, und ouch von fischmangirn, di uns allirmeyst vorfolgen, und is geit mir noch bas den mich etliche in Danczke geseynet han etc. Allirgenedigister liber here, so ich den ouch euwirn erwirdigen genoden geschreben habe, wi di gemeine vor den irlauchsten fursten hern herczog czu Jork in Irlant geschreben und gesant hatten, der auch dor aus Engeland durch Sutfolk etc. und manchir rot mir vor seben jor gebannen was, so das her obirsegelte und wolde landen in Engeland, do was der baron von Dudele und der apt von Gloczister, her ist ouch der bisschof eyn, und Polfort, der myn genedigen hern von Gloczister seliger gedechtnisse tote, di wolde in nicht landen losen. Do landit her in Waus und czog und fing si al drei und vil di do mit im worn, so das her si in eyn torm saczte und schrip das der stat von Londen und in alles lant, so das allis lant fro was syner komunge so und schrip im, her solde komen und wilkom wesen und ap im imant icht thun wolde, si wolden al hi im wesen und bi im stehen. So das her qwam mit fil grofen und baron czu London 14 tage noch Michaelis, und her hat mit im, das ich selber sach, wol bi 15000 man, wen her reit in 4 stunden mit volke kume dorch das seip zcu Londen, und ich sach myn tage ny so vil frisches volkis of eynem huffen, noch was ich zcu myns hern koniges cronunge zcu Polen, do manch frisch man was, als euwirn irwirdigen genoden wol wissentlich ist. Und her reit strackis zcu Westmonstir, do der here konig was, so das do 2 bannerhern, also lort Schalis und Bodiwil, der des herczogen von Betwort husfrauwe getruwit hot, in entphingen, of ir kny sytzende, noch den seten der lande, so das her drang mit dem volke in des hern hern koniges palas vor den hern koning und vil of syn kny, so das der here konig im entkegen gink und eyn fruntlich entphing und kussete in of czumole fruntlich. So das im der here koning den andirn tag gap al macht im pirlament, und als das her tut, das ist des hern koninges volbort. Und myn here furste von Jork syn grosvatir, der was konig Riczart brudir, den myns hern grosfatir des koniges, konig Hynrik der virde in Engeland vortreip. Und nu sal bis montag sich an-

a) metegegen K. b) gegen K. c) behalde K. d) hin fehlt K.
e) hirn K.

heben das pirlament, unser liber here Got gebe das is gut werde. Und Londen hot sich nu al gancen gefestent mit iseren keten, wen di hern synt is noch nicht eyns und di stat hot sorge vor eyn oflof. Und man saget hir, das der here von Jork mir den mit 40000 man kumpt in Londen und der von Nortfolg herczog bi den von Jork kumpt ouch mir den mit 20000 man; so sagit man das der groffe von Defynczir mir den mit 20000 man bi den von Jork ouch kumpt. So ist der forste von Exister, syn grossemuter was konig Hynrik des virden swestir, deses hern koniges grosfatir, sunder her hot des hern fursten von Jorkis tachtir; so kompt ouch der alde groffe von Salisberg mit grossem volke, und der von Erndeil der groffe mit grossem volke, und den, des hern von Salisberg son, der hot genomen des fromen fursten von Warewig swestir, dovon ist her groffe zcu Warewig, und so kump[t][a] ouch der groffe von Northummerlant mit grossem volke, und di synt al geneykent dem von Jork und al gemeyne dorczu. Of di andir seite der herczog czu Bokingam und der von Summerseit und sost andir mit dem hern konige. Ich dar nicht mir schriben, sunder unser herre Got gebe, das is gut werde, ich besorge mich, sy synt is noch nicht wol eyns, is sal noch blutige koppe machen. Ich wil is hir noch eyn wile irbeiten und wi is blibit euwirn irwirdigen genoden schriben. Wir junchern, myns seligen heren von Gloczisters dyner, wir mogen nu wedir vorkomen, nu myn here herczog von Jork in das land zcu Engeland gekomen ist; ich hoffe do mogen, ap Got wil, nu in desem pirlament dorch den getrouwen fursten van Jork di diesteln nus dem guden getreide geroft werden, wen von erem rote ist in 4 Jorn 4 from fursten zcum tode komen, als myns hern koniges vatir elicher bruder, der furste von Gloczister, der from furste von Sommerseit, der forste von Existir, dis jungen hern vatir, und der getreuwe from furste von Warewig, dis hoffe [ich][b] wil Got rechen und hot dorum iczczent dis land swerlich geplogit. Hirum allirgenedigister here mag is euwirn genoden nicht wundir han, das euwirn genoden undirsossen und andir farende leute so hir in Engeland beschedigit synt, wen sulche from hern und al so no von dem hern konige zcu blute von koniglichem stamme gehorn synt dorch solchir valschir rotgebir gestorben[c]. Und ouch ist is dem hern hern konige nicht zcu vorwisen, wen is ist eyn jungir unforsuchter here, und man helt in in hute als eyn carthusir. Ich hoffe, ap Got wil, in desem gespreche sal al ding wedir in sosse gemacz werden, wi is blibet sal ich euwirn genoden clar schriben. Item genediger liber here, so han[d] di sendeboten des hern koniges zcu Engeland gistern is ir bothe komen mit briffen an den hern koning, so das si schriben, das noch meyns hern konigis leute eyn teil noch in Lubeke im thorm sitczen und si ouch han must swern und geloben, von dor nicht zcu zeyn is sey mit der stete wille. So han si ouch mit en gesprochit[4], wi das si of dese czeit mit in wolden han di sache gehandilt, dorum si myn here koning hat usgesand, und di stete wolden is nicht thun; si hatten gesagit, si wern nicht geschicket dorczu, sunder si sprochen, si wolden eyn andirn tag vorromen im meye, wolde dor der herre koning zcu grantiren, das segen si gerne, und han mym hern koninge in 4 steten gege[be]n[e] zcu kysen, czu Lubeke, Bremen, czu Defynter und zcu Untrecht. So han ich vornomen durch den erwirdigen hern canczler dorch den hern cardinal, das si gekorn han czu Utrecht und wollen dor di tagefart besenden of den meye. Das mag nu genediger liber here euwirn erwirdigen genoden betrachten mit euwirn genoden gebitiger, prelaten, landen und steten, zcu was schaden nu euwir genoden und euwirn genoden undirsassen dorch das nemen komen. In das irste, das euwir

a) kump K. b) ich fehlt K. c) synt gestorben K. d) [illegible]
e) gegen K.

erwirdige genode nu so verre zcu tagefart sal senden off grosse kost, und dis wer euwirn genoden zcu hus komen, do euwir irwirdige genode selbir kegenwertig were gewest mit euwirn genoden gebitgern, lande und steten, und euwirn genoden di beft mocht is selbir machen, wi euwir genode gewolt hette, wen in was jo so mete gege[be]n[a], sy sulden jo frede machen, und wern si dorhoben zcu hus komen, is het in ir beise gekost. Ouch so ist meister Thomas hir nicht gelibet. Ouch genediger liber here, so kumpt di tagefart in des anheben im sommer und ist verre von Prussen, und ir si den getedingen und in Prussen schriben, so ist der sommer weg, seit was euwirn genoden schat an euwirn ffczol und euwirn genoden undirsossen an ir narunge, so schiffet man abir di gutir kyn Lubeke, dormete krigen si di fart und gedeyen und euwir genoden undirsossen vorterben, so ich euwirn genoden vor geschreben habe. Und ouch andirn schaden mir, den euwir genoden weisheit wol betrachten wirt, mir wen ich euwirn genoden mag schriben. Genediger liber here, so sende ich ouch euwirn genoden eyn copie des briffes, den hir myn here koning czu den steten gesant hot, wi gutirlich sich myn here kyn eyn beweiset, und of mynen eyt, als ich byn eyn treuwer gesworner man euwir genoden orden und getreuwe euwirn genoden, so was der briff geschreben und von hir zcu [den][b] steten gegangen, ir man hir jy woste, das das schif genomen was, und sichirlich, ich habe ouch des briffes eyn copie gelesen, so myn here koning ouch zcumale guttiglich schrip zcu euwirn genoden mit den sendeboten. Ich hoffe, si han jo euwirn genoden den brif gesand, ist euwirn genoden der brif nicht worden und euwirn genoden eyn copie dorvon begert und euwir genode mir dorum schribe, ich wil si euwirn genoden wol senden, wen myn here canczler ist myn genediger here, ouch so byn [ich][c] wol gelibet mit den clerikeu in der canczlerie, sunder si mogen kyn brifle noch copie usgehen, is si des heren canczler wisse und wille. Genediger liber here, was ir hir begert, so vil an mir ist, das wil ich stetis zcu gereit syn als euwirn genoden getreuwe gehorsamiger man. In korcz wil ich euwirn genoden al ding schriben, wi is hir im parlament blibet etc.

Genediger liber here, so habe ich hir worhaftiglich czitunge, wi das myn brudir Elias in Danczke gestorben ist, unser here Got si im genedig und vorgebe im syn missetot, di her an mir gethon hot. So genediger liber here, so ich mich den kyn euwirn genoden mu[n]tlich[d] beclagete und ouch mit briffen, wi her mich arm knecht in grossen schadyn gebrocht und so mit wibe und kindern vorterbit hot, so den wol euwir genode irkennen moge, wir sich nicht fruntlich gescheiden han, und her mir nu liebte das nu entfremdit hot in synem totbettbe dorch[e] gramschaft, dorczu ich noch todir hant recht czu habe und das her mir apgeczogen hot. So bethe ich euwirn genoden demutiglich sam mynen genedigen liben hern ap euwirn genoden myn husfrouwe besuchen worde adir imant von myner husfrauwen [wegen][f], in genedigliche beistendikeit zcu thun; und ouch bethe ich euwirn genoden demutiglich, das euwirn genoden d[e]m[g] rote zcu Danczke wolde schriben, nochdem ich nu nicht im lande byn, das si mete zcusehen, das nichtis nicht von mynes brudirs gutir vorrogkit werde sunder al myner husfrauwen geentwert werde adir wem si is befelet. Und ap her icht bescheiden hette nichtes nicht zcu vorrogken, sunder ir al czu entwirten. Ouch allirgenedigister liber here, so hot mir hir Peter Sasse von Danczke gesagit, do myn brudir in Danczke qwam, seliger gedechtnisse, das her im geentwirt hette bessir 2500 mark an gereiten gelde und an gutir ware, so genediger liber here, ist her hir im lande czu

a) gegen K. b) den fehlt K. c) ich fehlt K. d) mulich K.
e) durch K. f) wegen fehlt K. g) dem D.

Engeland schuldig gewest mir den 320 nobiln, do nu di schuldiger des vornomen, das her tot was, vorclageten si mich vor dem heren canczler um di schulde, di in myn brudir schuldig was, so genediger here, ich solde swern und mych vorczien synes erbeteil adir ich sulde di gutir beczalen. Nu hat ich dis gehort von Peter Sasse, so gap ich mich in di beczalunge so verre syn gut went, und ich habe in dorvor borge gesaczt. Hirum genediger liber here bethe ich euwir genoden demutiglich, das euwirn genoden nu in deser sachen so nu vor mich rote, of das ich nicht zcu schaden kome, des wil ich alczeit kyn euwirn genoden vorschulden, als euwirn genoden gehorsamigen man gebort. Hirmete bevele ich euwir genoden dem almechtigen Gote zcu phlegen zcu langer gesunder czeit, obir mich gebittende als obir euwir genoden getruwen man. Gegeben in Engelant zcu Londen, am sontag vor Martini, anno im 50.

Hans Wynter, euwir genoden getreuwer undirteniger man.

670. *Hans Winter an den Hm.: meldet, dass der deutsche Kfm. mit Ausnahme der aus den wendischen Städten und Preussen von der Zahlung der neuen Auflage entbunden worden ist; erklärt sich im Stande, den Preussen Geleite zu verschaffen; ergeht sich über die günstige handelspolitische Stellung von Preussen; berichtet über die Fortschritte der Franzosen in der Gascogne und die Thätigkeit des englischen Parlaments. — London, 1450 Nov. 15.*

K aus SA Königsberg, Or. m. Siegelspuren.

Dem erwirdigen und grosmechtigen heren, heren Lodewig von Erlingishusen, homeister Deuches ordens czu Preussen, zeynem genedigen liben hern mit aller erwirdikeit etc.

Mynen undirtenigen demutigen dinst mit willigen gehorsam alleczeit genediger here bereit. Erwirdiger genediger liber here. So thu ich euwirn erwirdigen genoden zcu wissen, wi das sich hir der cofman aus der Duczen hense frei geledinget hot der sopsidie und hir nicht mir beczalt wen 3 phennynge vom ß sterling zcu czol, sunder alleyne der von Lubeke, Wismar, Rostig, Sunt, Hamborg und aus euwirn genoden landen Danczk, di sint hir ausgesaczt. Woste ich nu hirin euwirn genoden icht zcu willen zcu thun und euwirn irwirdigen genoden landen zcu fromen, so wolde ich wol al das lant zcu Prussen eyn sichir geleite hir schigken, als Colmen, Thorn, Elwing, Conigisberg, Braunsberg etc. an Danczke alleyne, wen en gebit man hir scholt, das si in schaden gethon han und ir gutir genomen han in Danczke und sost nymant im lande. Ouch sichir so han di von Danczke alleyne den schaden hir genomen, so das di andirn stete im lande zcu Prussen in das vorjar mochten hir komen, wen der tag[1] wirt zcu lang in das jor gefallen. Noch meyne ich wol, das ich den von Danczke wol schigken wolde of 4 adir 6 adir 10 schiffe hir in das land geleite um czu komen, sundir ich weis nicht, si musten, di von Danczke, di sopsi[di]e[a] gebyn, sunder di andirn stete meyne ich wol frei zcu machen, sundir is mus gelt costen, in das geringiste 12 nobiln of iczlich schif. Woste ich icht hirin euwern genoden und euwirn genoden undirsossen dorch euwirn genoden und dorch d[e]s[b] ordens wille czu thun, des byn ich alczeyt stetis gereit. Sunder here genediger nicht of myn kost wen of ir kost. Sichir here genediger euwir genoden undirsossen wellen nicht ledig noch stille legen, so ich al sichir nicht vordenke, wen iderman borge sich gerne und sicher wen icht kumpt von Pruschir war, wausch, flausch[2], pic, ter, asche, war-

a) sopsse K. b) das K.

1) Zu Utrecht. 2) Sicl. l. Wachs und Flachs.

schos, rymen und bogynbolcz etc. und al ware des si hir im lande notdorftig synt. Kumpt is in Flandirn, so koffen is Colner und di aus Westvalen und ouch di Engelischen, sichir ist is nu bir genug; hoginbolcz galt vor hir 20 nobiln, is gilt nu hir 14, wer der stapil eyn jor in Prussen geslossen, euwir genode mocht hir al lande thwyngen. Und sichir hir gink das gewant eyn wile um brot, do ist kyn fonte in cristenheit, der bas al dese lande twyngen mochte den euwir furstenliche genode, und Lubeke und di andirn sestete dorczu, wen euwir erwirdige genode en Prussen und Lifland vorbote, wol wolden si slissen ir salcz, und was welden si begynnen und wor wolden si ir ware vorslissen. Euwir genode mag is betrachten, sundir ich wil is nicht vor den von Danczke bekant seyn, wen ir ist vil in Danczke di mit den von Lubeke geselschaft han, so das is mir nicht czu schaden qweme eyn sulches schriben. Ouch sichirlich here genediger, so sprechen hir dese hern und ouch al gemeyne des landes zcu Engelaud, mochten sy mit euwirn genoden landes fruntschaft han und vorkeren, si wenten sich nicht um al di hense, und al vorkeren in al di hense ouch nyrgen mir den in euwirn genoden landen als Prussen, ouch ist in Prussen und kumpt us Prussen di meiste war, di si hir in desen landen durffen; und nu dese vom aldyn rote hir im lande so aus dem wege gesaczt syn etc., nu kunnen is sichir dese from hern wol betrachtyn, sichir si kunden vor nicht thun dorczu, andirs si weren libelos worden. Und en ist hir euwirn genoden undirsassen beschadigunge sere leit, so weis is Got ouch here genedi[ge]r[a], so han hir dese Engelisch eyn czedil in das pirlament gegeben und begern vom conige und von hern, das si en orlop geben, wor si Robart a Kaym und Daniel und Trifilion gutir mochten krigen, das si di nemen mochten als vor eren schaden, den di ir gutir in Prussen vorlorn han, di han ouch di czedil ofgeentwirt, und was in dem in erem schaden gebreche, das si so lange hir di sopsidie entphen mochten so lange bis si beczalt worden. Ap is en wirt czugelassen vom conige und von hern, das weis ich nicht, wi is blibet sal ich euwirn genoden schriben. Ouch here genediger, so synt gistern 2 schiffe von Bordehls aus Garschonyen gekomen, und di han czitunge gebrocht, wi der konig czu Frangreich in Garschonyen ist mir wen mit 60000 man, und her bot in Garschonyen gewonnen 3 stete. Myllon ist di eyn stat und sost andir czwu, item so hot her ouch in Garschonien belegit Bruch und Bloya und Franchoch. Und sicher si trosten sich selbir hir obil, si bezorgen sich in dezer czwetracht, di si undir sich han, desen wynter zcu vorlisen al Garschonyen und Gyant, so si obir im jor mit grossen schanden vorlorn han an swertslag das schon lant Normandia. Und die Franczosir und di Berthuner legen hir stetis undir Engelant und roben wen si baben mogen, Ducze adir Engelische etc., jo wol mit 30 schiffen cleyn und gros. Genediger liber here, so thu ich euwirn erwirdigen genoden czu wissen, wi das sich das gesprecke und pirlament angehaben hot, so das sundirlich ouch eyn czedil in das pirlament geentwirt ist van al der gemeyne in Engelant und von dynern des irlauchsten fursten von Jork, und ouch von dynern und getrauwen des irlauchsten fursten von Gloczister und begern justicia obir di vorretir, di in so jomerlich zcum tode gebrocht han und ouch den rot dorczu gegeben han. Dis ist nu ofgeschoben bis das der wirdige furste von Jork kumpt mit dem von Nortfolke und mit dem von Erndeil und Northommerland und mit dem von Desnezir, di synt noch nicht gekomen. Wen di komen, Got gebe, das si al ding gut machen. Und was ich den in der worheit vorneme, sal ich euwirn genoden eygentlich schriben. Hirmete genediger liber here, so bevele ich euwirn furstenliche genode dem almechtigen Gote, obir mich stetis zcu gebittenden als obir

a) genedir K.

euwirn genoden getreuwen man, und euwir genode zcu vorwarn zcu langir gesunder zceit. Gege[be]n[a] in Londen, am sontag noch Martini, im 50 jor.

H[ans] W[ynter][b] euwir genoden getreuwer man etc.

671. *Lübeck, Magdeburg, Braunschweig, Münster, Nymwegen, Deventer, Wesel und Paderborn beurkunden als Hauptstädte von drei Dritteln der Hansestädte die von ihnen zu Lübeck am 18 Okt. 1450 vereinbarte Tohopesate auf 6 Jahr. Untersiegelt von Lübeck, Bremen, Hamburg, Rostock, Stralsund, Wismar, Lüneburg, Greifswald, Stettin, Kolberg, Stade, Anklam, Buxtehude, Uelzen und Kiel* (van unses dordendeles wegen). — *1451* (des frygdages vor — judica me Deus) *Apr. 9.*

StA Bremen, Trese Z, 2 Doppelbl., gleichzeitige Copie.
StA Lübeck, Hans. Rec. v. 3 n. 130, 3 Doppelbl., Abschrift saec. 16.

672. *Aufzeichnung über erbrachte Entschuldigungen wegen Nichtbesendung des Hansetages.*

L aus der Handschrift zu Lübeck s. n. 649, loses Bl., eingelegt zu § 1.

Desse nagenschreven stede hebben silk entschuldiget vor dem rade to Lubeke vor sunte Michaeles daghe anno 52 vormyddelst sodannem eede, alse se erem rade hadden gedaen unde darane dem rade to Lubeke wol nogede.

Int erste Ulsen, dorch[c] . . . .

2. Stendel, Soltwedel, Gardeleve, Zechusen, Angermunde, Osterborg, Berlin, dorch heren Hanse van Calven, borgermester van Stendel unde . . . .[c], borgermester van Soltwedel.

3. Hildensem vormyddelst Drewes Sten, ratman.

4. Oldenstetin dorch Clawes Stolen, ratman.

5. Vrankenvorde an der Oder dorch Benedicte Walde.

6. Hannover dorch heren Hermen Nutzel, borgermester.

673. *Auszüge aus der Stadtrechnung von Deventer. — 1450 Sept. 12 — Dec. 9.*

Aus StA Deventer, Stadtrechn. v. 1450, § 1 u. 3 aus der von Hueving, § 2 aus der von Duetinghem.

1. Op denselven dach[1] Marquart gevaeren to Lubick ter dachvart myd den anderen hensesteden, voir wagenhuer, teringe ende hoefscheit 208 ℔ 2 orcken.

2. Op sunt Elizabetten avont[2] Gerloch gegaen to Bremen, ons een copie te senden van den concept to Lubike verraemt van der tohopesate der drie vierendeel der henzestede, gegeven, 3 ℔ 11½ kr.

3. Woensdages nae onser vrouwen concepcio[3] Keirehals gegaen toe Campen myd brieven, als Johan Marquart mede brachte van Lubike, alse van den verbonde, ende van greve Johan van der Hoye, gegoven 18 kr.

674. *Auszüge aus der Stadtrechnung von Wesel. — 1450 Sept.*

D f aus StA Düsseldorf, weseler Stadtrechn. v. 1450.

1. In crastino nativitatis Marie[4] ginck Dravena to Dusborgh myt eenen brieve, off sie oir raitzvrunde oick senden wolden ter daghvart to Lubeke, had 6 ß.

2. Die exaltacionis crucis[5] reden Johan uppen Diick ind meister Johan

a) gegeven K. b) H. W. K. c) unausgefüllt L.

[1]) Saterdages na o. vr. nativitas, Sept. 12. [2]) Nov. 18. [3]) Dec. 9.

[4]) Sept. 9. [5]) Sept. 14.

Kaell selff vünde myt vier perden to Lubick ter daghvart, dair die henszstede ter tiit bii zwaren penen vorschreven waren, ind mede umb to sollicitieren die sake tusschen den van Deventer ind van Wesell an den henszsteden hangende; waren uit 7 weken ind enen dagh, verdeden buten 65 R. guld., maken 205 ℳ 9 ₰.

3. Item gekofft Johan uppen Diick ind meister Johan vorscreven ind Johan uppen Diick, des vorscreven Johans bastert soen, malk ein paer nier leersen[1] van Bertrum van Lambeeck, kosten elk pair 3 o(ve)rl.[a] R. guld. maken 7 ℳ 10 β 6 ₰.

4. Item hadn mede uit der apteken mediciin ind pillen vor 23 alb., maken 3 ℳ 4 β 3 ₰; vordeden do sie wedderquamen tot Rutgers hus van Lorrewert 9 β 4 ₰.

5. Geschenckt Johan uppen Diick voir siinen arbeit, dat hie der stat up deser reisen ind tot andern tiiden to willen gereden was, eyn peert, kosten 28 R. guld., die maken 96 ℳ.

6. Geschenckt meister Johan Kaell vor siinen arbeit ind schaden, den [h]ie[b] in siinen ampt in den affwesen genamen had, 8 R. guld., maken 28 ℳ.

7. Gegeven Johann uppen Diick, des vorscreven Johans bastert soen, to verdrincken, so hie die perde up der reisen verwarden ind oir knecht was, 1 R. guld., maict 3 ℳ 6 β.

8. Item en bade van Zutphen bracht her dat recess van der daghvart, die to Lubick gehalden was, den gegeven siin baidloen ind to verdrincken tsammen 19 β 3 ₰.

Versammlungen zu Marienburg und Elbing. — 1450 Nov. 2 u. 6.

Anwesend waren Rsn. von Kulm, Thorn, Elbing, Königsberg und Danzig.

Der Recess behandelt vornehmlich die bevorstehende Ankunft eines päpstlichen Legaten in Preussen und streift nur flüchtig englische Angelegenheiten. Königsberg wird beauftragt, Kneiphof die ihm zugehenden Ladungen zu Tagfahrten mitzutheilen.

Recess.

675. Recess zu Marienburg und Elbing[2]. — 1450 Nov. 2 u. 6.

D aus der Handschrift zu Danzig f. 333b—334b.
Gedruckt: aus D vgl. m. den Copien von Bornbach und der thorner Hs. Toeppen a. a. O. S. 154 u. 155.

Im jare unsers hern 1450 am montage nehest noch omnium sanctorum syn die hern ratessendeboten der stete hirnoch geschreben zcu Mergenborg zcu tage vorsammelt gewest, als: vom Colmen Lorentz Czlitcz, Hans Maczke; von Thorun Rotcher von den Birken, Mathis Weyse; vom Elbinge Johan Grymme, Lorencz Pelegrym; von Koninghesberg Bertold Huxer, Johan Huxer; von Danczike Hin-

a) orl. Df. b) die Df.

1) Stiefel. 2) Toeppen hat die beiden hier zusammengefassten Tagfahrten seinem Zweck entsprechender gesondert aufgeführt.

rick Buck und Arnd von Telchten, unde haben vorhandelt dese nochgescreben artiklen.

1. *Der Hm. legt den Städten Zuschriften des Hg. von Burgund und von Amsterdam (das holländische Schadegeld betreffend) vor und beschliesst mit ihnen den Pfundzoll von den Holländern nach wie vor zu erheben, bis eine Erwiederung auf die frühere Erklärung des Hm. eingetroffen*[1].

2. *Am* freytage nehest dornoch *begeben sich die Rsn. in Folge der Ladung des Hm. nach Elbing, wo dieser ihnen und den übrigen Ständen die bevorstehende Ankunft eines päpstlichen Legaten anzeigt, der ausgesandt sei*, umme merchlicher sache willen alhy zcu vorhorende, die [dem][a] h. vater deme hobeste vorbracht weren, unde sunderlich eyn artikell, der also lawt: wy das wir in etzlichen artikelen widdir die h. kirche unde cristengeloben syn sullen. *Auf Befragen der Stände*, ab her die artikle woste, *erklärt der Hm.*, her wuste is selbist nicht. *Die Stände versprechen, ihm beizustehen. Der Hm. lässt hierauf einige Schreiben des Ordensprokurators in Rom verlesen, welche besagen, dass der Papst über das Verbot der Romfahrt erzürnt sei.*

3. Item zcu gedencken der Engelschen sache, de der herre homeister landen unde steten vorczalte etc.; eyn iczlicher au die seynen hen heym zcu brengen, unde zcur nehesten tagefart seyner eldesten guddunckeu dovon inczubrengen.

4. Item sal eyn itczlicher mit den seynen doheyme von dem pfunczolle handelunge haben unde seyner eldesten gudduncken dovon methe zcu brengen zcur nehesten tagefart.

5. Item haben die von Thorun etliche schelaftige sachen von des hern munczemeisters wegen vor die stete gebracht, als denne en itczlicher, der alhir gewest is, wol gehort unde vornomen hath unde an dy seynen heym genomen hat, unde uff die neheste tagefart antwert wedir dovon zcu brenghen.

6. Item ist den von Koningesberg von der stete weghen bevolen, wen unser here homeister addir die stete diesen steten eine gemeyne tagefart vorschreiben wirt, das denne die stad Koningesberg den vom Knypabe sulchen tach vorkundigen sollen, uff das sie och die eren zcu sulchem tage metefughen unde senden etc.

Versammlung zu Lübeck. — 1450 Nov. 25.

Anwesend waren Vertreter von Lübeck, angeblich in Vollmacht auch von Wismar, sowie Rsn. von Hamburg und Lüneburg.

Der Münzrecess weist im Vergleich zu dem von 1439 und 1441 (HR. 2 n. 302, 521) ein weiteres Steigen des Münzfusses nach und wiederholt im übrigen die meisten der schon in früheren Recessen getroffenen Bestimmungen. Neu ist die Vorschrift, § 9, wonach bei Zahlungen im Betrage von über 20 ₰ der dritte Pfennig in Hohlgeld ausgekehrt werden sollte.

a) *dem fehlt D.*
1) *Vgl. n. 601 § 2.*

Recess.

676. *Münzrecess zu Lübeck. — 1450 Nov. 25.*

StA Hamburg, Abschrift, seit 1842 nicht mehr vorhanden.
Gedruckt: daraus Grautoff, Hist. Schriften 3 S. 232, wonach hier.

Witlic sy, dat in deme jare als men scref na der bort Cristi verteinhundert veftich up sunte Katherinen dach der hilgen junckfrowen hebben de ghedeputerden van deme rade to Lubeke, nameliken: heren Wilhelmi van Calven, Johan Luneborg, borgermesteren, Jacob Bramstede unde Bertold Witick, radmanne, von weghen des rades to Lubeke unde des rades to der Wismer, des de van Lubeke mechtich weren, so se seden; van Hamborgh heren Dethlof Bremer, borgermester, Ludeke Struve, radman unde [Johan[a] Nyendorp], secretarius; van Luneborch heren Hartwich Schomaker unde Dethmer Semmelbeck, dorch erer veer stede borghere, inwonere unde des ghemenen besten willen up de munte desser ver stede vorramet unde angesproken desse articule nascreven.

1. Int erste dat men in dessen ver steden nynerleie sulverghehald schal in betalinghe nemen unde uthgeven sunder allenen desser ver stede munte by vorlust des gheldes.

2. Item schal men vorbeden, dat men in dessen steden de mark lodighes sulvers nicht durer den neghen Lubisch mark schal kopen noch vorkopen by vorlust des sulvers.

3. Item dat nimend schal sulver weghen, dat de ene copman deme anderen vorkoft, sunder de sworne wegher unde den de redere van den steden darto schicken, bi vorlust des sulvers.

4. Item dat men ninerleie ballium noch sulver ut dessen ver steden vore, ane ut der enen van dessen ver stede in de anderen, by vorlust des balliuns edder sulvers.

5. Item oft jemend vromet gheld up desser veer stede munte gheslaghen, in desse stede brachte unseme penninghe to vorvanghe, dat men den richte na rechte.

6. Item dat niment desser ver stede penninghe de swaresten utwippe, utschete edder vorberne by vorlust der ere unde inwoninghe desser ver stede.

7. Item dat men vorbede, dat in dessen steden nyn gholt in betalinghe ghan schole men de Lubesche gulden vor 27 β, de Rinsche gulden vor 21 β unde de nobele na erem werde, unde dat ok niment, borger, ghast, man vrowe name, ok niment van erer weghen, de Lubesche unde Rinsche ghulden durer kope edder vorkope. Breke dat ein borger edder borghersche, de schal desser stede ein jar unde de ghast twe jar langk entberen.

8. Item dat nimant in dessen ver steden, noch borger edder ghast, by golde copslaghe men allenen bi Lubeschen marken.

9. Item to bedende, we deme anderen in dessen veer steden boven 20 mark is schuldich unde wil betalen, dat de de twe penninghe in gholde edder grove ghelde unde den dorden in hale penninghe utgeve unde betale.

10. Item dat nyn gholtsmit mer sulvers kope men alse he behovet to sinem arbeide, unde dat he nyn profit mer an deme sulvere soke to vorkopende unvormaket. Ok schal nyn gholtsmit desser ver stede munte vorbernen noch vorbernen laten by vorlust desser ver stede woninghe. Unde up wene wes wanet, de dit nicht schole holden hebben, de schal dat vorrichten vor deme rade, dar dat scheghe, dat he id so [holden][b] hebbe, wo vaken men dat van eme eschet.

a) Jonis! Grautoff. b) so schalen hebben Gr.

11. Item wes ein gholtsmit vormaket van sulvere, dat schal nicht myn den 15 lot fines sulvers holden, unde wes eme bracht werd van sulver, dat schal he so gud wedder van sik andwerden, wan id is vormaket, alse he dat heft entfanghen, unde schal id 15 lot fines holden by vorlust sines amptes. Unde wes ein gholtsmit maket van groven werke, dar schal he sin teken up setten.

12. Item worde we bewonet, dat he teghen desser stuke welk ghedaen hadde, de schal sik des entleddighen mit sinem ede, dat he des unschuldich sy, wo vaken he word bewonet, edder he schal darumme sinen broke liden.

13. Item schal ein jewelk desser veer stede in siner stad in sunte Nicolai avende[1] neghest komende van elk gholtsmede ein stucke werkes halen laten und dar ene proben af maken, umme to ervarende, eft se ere werk van 15 loden fines sulvers maken.

14. Unde umme alle desse stucke to vullenthende, so willen de redere der vorbenomden stede ere sendeboden binnen Molne hebben des midwekens na concepcionis Marie up den avend[2], de dar scholen inbringhen, wes ere redere in dessen artikellen beleven unde annemen willen edder nicht.

15. Item dat men in dessen ver steden de Lubeschen gulden nicht durer den vor 27 ß unde den Rinschen vor 21 ß, de olden nobelen vor 3 ℳ 10 ß, de nigen vor 3 ℳ 5 ß uthgeve unde upneme, unde alle andere ghold, dat beth in dessen dach is gheslaghen, na sinem werde, unde ninerleie andere vromet ghold, dat men hirna slande werd, in betalinghe neme. Alle postulateschen gulden [sin][a] vorboden.

16. Item van der mark sulvers schal men schlan enen schilling 15 lot in ghewerde, dar schal men schroden maken unde beorden, dat se ghelike swar werden alse ghold, dat nyn vordel sy dar ut to hebbende, so dat der sy wit unde al bereyt 147 stucke; darvan schal de munter 1 quentin to remedien hebben, nicht van vorsate to brukende, unde dat to holdende by eeden.

Versammlungen zu Elbing. — 1450 Dec. 9. — 1451 Jan. 6.

Die Berathungen dieser Ständetage bezogen sich ausschliesslich auf den preussischen Bund. Der mit seiner Auflösung betraute päpstliche Legat, vgl. n. 675 § 2, wusste auf dem ersten Tage, der vom 9—14 Dec. andauerte, einen Aufschub der Verhandlungen bewilligen und auf dem zweiten, Dec. 29 — Jan. 6, sich mit einer ihn nicht zufriedenstellenden Antwort der Stände begnügen. Die sehr eingehenden Recesse s. bei Toeppen a. a. O. 3 S. 194 — 204 u. 236 — 255[3]. *Sie ergeben, dass die Städte auf der ersten Tagfahrt am 11 Dec. einen Bericht über den Verlauf des lübecker Hansetages entgegennahmen. Die betreffenden Paragraphen lauten (nach Toeppen S. 199) wie folgt: [14]:* Item doselbest sein die grosen stete

a) sin fehlt Or., kann auch durch [illegible] ersetzt werden, vgl. [illegible] 2 n. 381 § 10.

1) *Dec. 5.* 2) *Dec. 9.* 3) *In dem Recess des ersten Tages werden neben den Rsn. der 7 grossen Städte auch die Vertreter von 38 kleinen aufgeführt, in dem des zweiten dagegen heisst es nach Aufzählung der Rsn. der grossen Städte:* und die andern kleinen stete, die in dem bunde begriffen sein, ausgeschoden drey stete, die abgetreten sein.

uf das ratthaws gegangen und die herrn rattessendeboten, die kegen Lubecke gesant waren, haben den steten ire botschafft ingebracht, alse de hir gegenwertich gewest sein, wol gehort haben. — *[15]:* Ouch so wart das recess zu Lubeck in derselben tagefart gemacht, alse von der Engelschen sendeboten und andir artikel und unsatzunge wegen, doselbest gelesen, und noch inhaldunge des recess sich zu richten.

Versammlung zu Braunschweig. — 1451 Jan. 3.

Die nachfolgenden Akten behandeln in erster Linie die Annahme und Besiegelung der zu Lübeck entworfenen Tohopesate durch die Städte des sächsischen Drittels. Goslar, welches den zu Lübeck vereinbarten Vergleich in seinem Streite mit Alfeld wiederum zurückgewiesen, blieb von dem Bunde ausgeschlossen, und daraufhin nahm Alfeld auch die Verfolgung der Goslarer von neuem auf[1].

A. Vorakten.

677. *Braunschweig an Göttingen: setzt voraus, dass Göttingen von seinen Rsn. zum lübecker Tage von der dort besprochenen Tohopesate der Städte auf 6 Jahre vernommen hat,* so bedunket uns, nachdeme id itzunt in den landen gelegen is, dat eyner isliken stad silk umme trost unde hulpe to bearbeydende unde silk ok mit weme to vorwetende wol nod unde behouf sii; *ladet deshalb zu einer Tagfahrt am 3 Jan.* (sondach na circumcisionis domini) *in Braunschweig,* sodanne vordracht to vulthende, *und ersucht die Besendung nicht zu unterlassen, da es und Magdeburg* de anderen stede in dussem driddendele belegen ok bescheden hebben; *bittet um Antwort.* — *[14]50* (fridag na Lucie) *Dec. 18. Nachschrift:* Ok g. fr. senden wii j. l. hirbii de vorraminge der vordracht, dar dusse dach upp vortekent is, togesegelt, de gii mogen uthscriven laten denjennen dar dat bii vorwart sii unde denne desulven vordracht wedder toesegelen unde dussen unsen boden wedder don.

[1]) *Die hildesheimer Stadtrechnungen berichten uns von unterschiedlichen Tagfahrten der sächsischen Städte im Laufe des J. 1450, von denen wir sonst nichts erfahren. Vor Ostern fand nach ihnen eine Zusammenkunft in Hildesheim statt, welcher Rsn. von Braunschweig, Goslar, Göttingen, Einbek, Northeim und Hannover beiwohnten — sie erhalten den üblichen Ehrenwein — und ihr schlossen sich alsbald zwei rasch aufeinander folgende, von Hildesheim besandte Versammlungen in Braunschweig an. Das Ausschreiben des bremer Tages und der Zwist Goslar-Alfeld scheint sie theilweise mit veranlasst zu haben, wenigstens heisst es wenig später:* Hanse Koke vor gant to Bremen an de radessendeboden van der Dutschen hanse in der van Gosler sake 10¹, *ß* 2 *₰* unde he verdan an demeⁿ antwarde 2 *ß*. *Vgl. n. 628 f. Hieran schliessen sich gegen Schluss des Rechnungsjahres die Eintragungen:* De borgermester Hinrik Galle und Drews Stein mit den deneren verdan to Brunswigk alse dar mit den steden to dage weren 9 *tl* 2 *ß*. — De borgermester Hinrik Galle mit itliken deneren vordan, alse he van der bonden wegen to Halberstad op s. Agneten dach *(Jan. 21)* to dage was. — *Und endlich gleich zu Beginn der Rechnung 1451:* De borgermester Sanwinge und Hinrik Galle mit den deneren verdan to Bokenen, alse dar tegen de stede to dage weren 38 *ß* 4 *₰*. — *Die göttinger Rechnung 1450 I (Michaelis) verzeichnet:* 9 *ß* ¹, fert. Wedekind Swanenflogel et Symon Giseler in placitis Brunswik dumodo fuimus vocati in causis concernentibus civitatem, *und hierauf:* $7^{1}/_{2}$ fert 1 lot Herman Giseler et Symon Giseler in Bockelem ad placita civitatum.

de andern steden, de wii tor sulven dachvart ok bescheden hebben, vort to bringende, unde unsen boden darmede vordern.

StA Göttingen, Or. m. Resten d. Secrets. Die Nachschrift auf einem einliegenden Zettel.
Verzeichnet: daraus Schmidt UB. v. Göttingen 2 S. 213.

B. Verträge.

678. *Magdeburg, Braunschweig, Halle, Halberstadt, Quedlinburg, Aschersleben, Hildesheim, Göttingen, Hannover, Einbek, Hameln, Northeim und Helmstedt beurkunden, dass sie sich mit Lübeck und Köln* und den steden, dü in oren dridden deilen gelecht sin, *auf 6 Jahre verbündet haben* nach lude eynes recesses an s. Mathei dage nehst vorgangen von uns und on to Lubeke besproken[1]. — *1450* (am dinstage nach s. Thome) *Dec. 22.*

B StA Braunschweig, 1) n. 770, Or. Perg. m. 12 anhangenden Siegeln (das von Hameln ist abgefallen), 2) Degedingebuch 1420—1483 f. 56b.
StA Hildesheim, 2 Doppelbl., gleichz. Abschrift, bezeichnet: Collationatum cum originali.
G StA Göttingen, Lib. cop. pap. 1 f. 179.
SA Magdeburg, Copiale 43 G n. 1, Doppelbl., überschrieben: Secretum consulatus opidi Hallensis presentibus est appensum, durans ad 6 annos. *Am Schlusse bemerkt:* Sequitur recessus, ex quo prescripta littera est confecta. *(Fehlt).*
Gedruckt: aus B Janicke, Quedlinburg. UB. 1 n. 401; verzeichnet: aus G Schmidt Götting. UB. 2 S. 213.

C. Anhang.

679. *Heinrich von Alfeld an Hildesheim: berichtet, dass er den Bm. von Hildesheim, Heinrich Galle und Dreves Stein, auf dem Tage zu Braunschweig die ihm vom lübecker Hansetage ausgestellte Urk. (n. 660) vorgelegt hat und von ihnen angewiesen worden ist, Hildesheim in dem Falle, dass sich die Verhandlungen mit Goslar zerschlagen, eine Abschrift einzusenden; kommt dem nach, weil Goslar dem lübecker Abschiede nicht folgen will,* sunder ere recht alleyne uppe de van Magdeborch beden; *erwartet, dass Hildesheim den Städten gehorchen werde, zumal es genau wisse,* in wate maten ek yo unvorschuldes van den van Gossler umme ores uplopes unde egenmot willen [unde] weghen vorwoldiget unde vordreven bin; *erklärt sich nach wie vor bereit, den Streit durch Hildesheim und die anderen Städte rechtlich entscheiden zu lassen.* — *1451* (donnersdages na d. h. dryer konnige d.) *Jan. 7.*
Nachschrift: klagt, dass 4 benannte Goslarer, die er mit ihrer Habe beschlagnahmt und hierauf gegen ein vor den Räthen zu Lüneburg und Uelzen abgelegtes Gelöbniss freigelassen hat, jetzt, nachdem er sie eingefordert, sich einzustellen weigern; ersucht Goslar anzuweisen, dass es die Seinen anhalte, ihrem Gelübde nachzukommen, damit ek se nicht dorve vorder manen, so me sodane lude plecht unde witlik maken, wu se my ere, truwe, ede unde lofte helden[2].

StA Hildesheim, Abschrift, auf einem Bl. mit n. 660.

[1]) *Es folgen sodann die Einzelbestimmungen wie in n. 632.* [2]) *Tags darauf ersuchte er Hildesheim, Goslar zur Zahlung der ihm vorenthaltenen* draddehalve mark unde hundert *jährlicher Rente zu ermahnen,* wan van ener des hilgen rikes stad nicht vele er eyn sodanes gehord is. *(Abschr. auf demselben Bl. wie n. 660). Vgl. S. 330 Anm. 1, 356 Anm. 1.*

680. *Hildesheim an Goslar: erbietet sich zur Vermittlung in dem Zwiste mit Alfeld, damit Goslar an dem Bunde der Städte theilnehmen könne.* *1451 Jan. 8.*

Aus StA Hildesheim, Missive (6) 1445 – 59, S. 116, überschrieben: An den rad to Goslar.

Unsen fruntliken willigen denst tovorn. Vorsichtigen wisen heren, bisunderen goden frundes. De ersamen juwe unde unse vrundes van Brunswick hebben uns bii orem scriver gesant eynen vordrachtbreff der stede in dusseme driddendeile wesende, van itliken steden rede vorsegeld, van uns begerende, dat wii sodannen breff ok vorsegelen wolden. Dar wii inne vornemen, dat juwe leve darinne nicht benomet sin, dat uns doch nicht leff iss, unde darumme sodanen breff giik tome besten unvorsegeld in den verden dach bii uns beholden hebben. Also hadde wii darumme deme obgenanten rade to Brunswik vorscreven enen dach un dat dorp to Lafferde, dar wii mit ene van der wegene sprake hadden, de uns denne to verstande geven, umme eyn recessus twisschen juwer leve unde Hynrik van Alvelde latest to Lubeke begrepen, unde alle dewile sodaneme recesse nicht vuldan en were, modende se, dat giik de stede in sodane vordracht to komende nicht staden en wolden. Vorder seggende, dat se umme des besten willen by Hinrike van Alvelde gerne bearbeiden wolden to besokende, efft me sodane sake unde scheil noch fruntliken bileggen mochte, so vorder wii bi gik eyn sodanne ok verhoren wolden, wes gik darane synlik were. Guden frunde, mochte wii umme juwes besten willen dar wes gudes to don helpen, dat gi mit dem genanten Hinrik sodanes scheles to sodaner vorscreven eninge unde vordracht der stede nicht bliven en dochten, dar scholde gi uns gutwillich ane vinden unde uns scholde arbeides darane nicht vorvelen. Wes ju biranne to synne sy, bidde wii juwe richtege bescreven antworde bi dussem jegenwordigen boden. Gescreven under unser stad secrete, am fridage neist na Valentini, anno etc. 51.

Consules Hildensemenses.

681. *Hildesheim an Braunschweig: erwiedert auf die Mittheilung, dass Göttingen, Einbek, Northeim und Hannover ihre Zustimmung zu dem* avescheide des recesses der tohopesate der stede latest bynnen juwer stad vorgadert *erklärt und Magdeburg Abschriften ebensolcher Erklärungen von Halberstadt, Quedlinburg und Aschersleben eingesandt hat:* darup so wille wii sodanne vorscr. recessus unde vordracht ok anghan unde der volgafftich wesen na alle unsem vormoge; ok so hadde wii unse bodesschupp van der wegen na inneholde juwes breves gehat bii den van Hamelen, de uns darup vor antworde gescreven hebben, so in dusseme ingeslotenen orem breve wol [to] vornemende iss. — *[14]51* (am d. s. Policarpi) *Jan. 26.*

StA Hildesheim, Missive (6) 1445 — 59 S. 116.

682. *Halberstadt an B. Magnus von Hildesheim: erwiedert auf dessen Schreiben, worin er anzeigt, dass er die Befolgung des hansischen Gebots gegen Goslar*[1] *in seinem Stifte untersagt hat, und Halberstadt um ein gleiches Verhalten ersucht: es werde in Anbetracht, dass die B. von Hildesheim, Magdeburg und Halberstadt sowie verschiedene Städte Goslars* tho eren unde tho rechte mechtich sin unde wesen schullen, *dem B. zu Gefallen anordnen,* so we vorderst moghen, *dass die Goslarer* up sodanne breve unde gheboth *nicht behindert werden.* *[14]51* (mandaghe na s. Dorotheen d.) *Febr. 8.*

StA Halberstadt, unausgefertigtes Or., beiliegt eine von derselben Hand geschriebene Copie eines nur am Schluss formal abweichenden Schreibens s. d.

[1]) *N. 660.*

683. *Heinrich von Alfeld an Göttingen: hat vernommen, dass Göttingen gegen den Laut von n. 660, welche nach der Zurückweisung des lübischen Heerzuges durch Goslar in Kraft getreten, den Goslarern bei sich freien Verkehr gestatte; ersucht das hansische Gebot zu befolgen, widrigenfalls er sich gezwungen sehen würde, auch gegen Göttingen mit den ihm von den Städten zugestandenen Rechtsmitteln einzuschreiten. — Lüneburg, [14]51* (mandages na jubilate) *Mai 17.*

StA Göttingen, Or. m. Resten des Secrets. Unter der Adresse bemerkt: Venit 8 post exaudi *(Jun. 8)* von der von Embeke boden, cui presens littera ante valvas Embecenses fuit presentata.

684. *[Göttingen an Alfeld]: erwiedert auf n. 683, dass ihm kein Göttinger bekannt sei, der mit Goslar Verkehr unterhalte, und auch kein Goslarer, der in Göttingen wohne, Alfeld möge die Betreffenden nennen; hat im Gegentheil den lübecker Abschied stets befolgt und wird ihn befolgen; theilt zum Erweise dessen mit, dass Goslar letzthin Göttingen ersuchte,* uns to bearvedende bi den von Uszlar, de se fehlden, umme fruntlike dage to vorramende, dat we umme juwer sake willen affslogen. — *[14]51* (4 post exaudi) *Jun. 9.*

StA Göttingen, Entwurf.

Versammlungen der süderseeischen Städte. — 1451 Mrz. — Apr.[1].

Das im Anhang mitgetheilte Schreiben ergiebt, dass im Frühjahr unter den Städten des westlichen Drittels ebensolche Verhandlungen wegen Annahme des zu Lübeck beschlossenen Bundes stattfanden, wie sie n. 677 ff. unter den sächsischen Gemeinwesen nachzuweisen waren. Daneben warfen die utrechter Tagfahrt und die Verlegung des Kfm. von Brügge unzweifelhaft ihre Schlagschatten voraus.

Anhang.

685. *Münster an Soest: fordert Soest im Auftrage der süderseeischen Städte auf, sich über seinen Beitritt zu der in Lübeck vereinbarten Tohopesate zu erklären — 1451 Mrz. 19.*

Aus StA Soest, Or. m. Spuren d. Secrets.

Den ersamen und vorsichtigen borgermesteren unde raide der stad Soyst, unsen sunderlinx gunstigen guden vrunden.

Ersamen bisunders leven vrunde. De ersamen radesvrunde der guden stede Deventer, Zutphen, Arnhem und Nymmegen van bevell und medewetende der

[1]) *Die deventer Stadtrechn. von 1451 erwähnt der in n. 685 berührten Zusammenkunft nicht, dagegen verzeichnet sie eine weitere Tagfahrt zu Harderwik im Apr. d. J.:* Woensdages daerna (judica, *Apr. 14*) Geerloch die loper gegaen ter Elburch, Campen ende Swolle, to Herderwick onre vrende to senden, toe Nymmegen bi den hensesteden (geloien?), gegeven 12 kr.. *zwei andere Boten laufen* om derselver saken willen *nach Zütphen, Doesburg, Wesel, Duisburg, Roermonde, Arnheim und Groningen. Ferner zwischen Mrz. 27 und Mai 3:* Wide Marquart, die gevaeren weren to Herderwick myd den anderen hensesteden to verspreken van saken die hense angaende, voir wagenhuer ende teringe 16 ℔ 8½ kr.

anderen stede der lande van Utrecht und Gelren hebt bii sich tor dachvart vorschreven unse dreppliken radesvrunde, do wy an se, so billich was, gesand hebn, daraff wy verstain hebn, dat an der latestn dachvart der gemenen henzestede to Lubeke vorgaddert van den erberen radessendeboden der vorgescreven gemenen stede aldar eyn gutlike vorenynge vorramet und begrepen sy, als gii in deser copien hiir by wesende[1] clairlike seen mogen. Als dan wy umme dreppike onleede unss anstaende tor vorscreven dachvart[2] unse vrunde nicht hadn geschickt, hebt de ersamen radesvrunde der genanten stede van unss gesunnen to wetende unse antworde, und dat wy ok an juw vorschryven wolden, to wetende vor desen nestkomenden sundach letare to mydvasten juwe antworde up de vorgescrevene eendracht, der to volgende odir nicht, als men sich doch an unss und juw genslikes vormodede. Na vorworden unde reden darin begrepen gii juw dar nicht wyllen afftrecken, dat unse und en ock nicht woll geborlich duchte, so gii und wy der henze togedaen und vorbunden sint und uns allen van geboden und sette des hilgen riichs anliggende und woll geborlich is, den copman, ackerman und pelgrym to vrygende und to straffen helpende mortberner, stratenschynner und alle deghene, de jenige henzestad overfelle, de orbodich were, eren und rechtes to plegende up geborliken steden. Hiirumme begeren wy andechtlich, dat gii desse vorgeroirden scriffte myt deughenen juw nutsam dunket grunliken betrachten und overwegen wyllen und unss vor den vorgescreven nesten sundage letare tiidlichen genoich wederschryven clarlike antworde up volge edir afftred der vorgescreven vorenynge der henze etc., dar men sich na hebn moge to richtende. God sy myt juw. Gegeven under unser stades secrete, feria sexta post dominicam invocavit anno etc. 51.

Borgermestere und raid der stad Munster.

Versammlung zu Odensee. — 1451 Apr. 4.

Die lübischen Bergenfahrer, welche die englischen Gesandten aufgefangen[3], waren mit dem erbeuteten Schiffe nach Bergen gesegelt, um es hier infolge eines zwischen ihnen ausgebrochenen Streites über Theilung der Beute völlig einzubüssen. K. Christian, der sich soeben zum Kg. von Norwegen hatte krönen lassen, legte Beschlag auf Schiff und Ladung, liess es sich gerichtlich zuerkennen und die Lübecker mussten obendrein, um nicht als Seeräuber belangt zu werden, die Gnade des Kg. mit 20 Last Bier und einem Darlehn von 1000 ℔ erkaufen[4]. Die Lübecker appellirten unmittelbar darauf an den Kaiser[5] und hieran müssen sich längere uns nicht überlieferte Verhandlungen angeschlossen haben, welche zu der in den Vorakten erwähnten Zusammenkunft des Kg. und der Städte führten.

Einen anderen Anlass ergab, wie zu vermuthen, die Gefangennahme des Magnus Green durch lübische wider die Engländer ausgesandte Kaper. Green

1) *Fehlt a. u. 632.* 2) *In Lübeck.* 3) *Vgl. S. 413.*

4) *Vgl. Grautoff, Lüb. Chr. 2 S. 132 f., und die Aufzeichnung über die Gerichtsverhandlung zu Bergen v. 29 Aug. Dipl. Norweg. 8 S. 373 = Dipl. Christ. I ed. Wegener S. 28. Daae, K. Christ. I norske hist. S. 66 giebt den Werth der confiscirten Ladung nach v. Ghetelen's angebl. Chron. auf gegen 100,000 rh. Guld. an.* 5) *Vgl. das Notariatsinstrument vom 7 Sept. 1450 in Dipl. Norv. 7 S. 431 (StA Lübeck, Misc. Bergens. n. 16).*

war aus begründeter Furcht vor der verdienten Bestrafung durch Kg. Karl aus Schweden entwichen und hatte auf der Flucht auf der Rhede von Danzig ein hamburger Schiff, welches er irrthümlich für ein holländisches ansah, überfallen. Die Lübecker fingen daraufhin ihn selbst, sandten einen Theil seiner Mannschaft nach Danzig, wo sie hingerichtet wurde, und brachten ihn nach Lübeck. Erst nach längerer Haft wurde er gegen Bürgschaft des Kg. Christian und Hg. Adolf freigegeben[1].

Ueber die Verhandlungen auf dem Tage verlautet nichts, doch weilte K. Christian nachweislich noch am 9 Apr. in Odensee[2] *und stellte drei Tage später in Kopenhagen eine Confirmation der rostocker Handelsfreiheiten in Tönsberg und Oslo aus*[3].

Vorakten.

686. *Kg. Christian von Dänemark an Köln: berichtet in Erwiederung auf ein Fürschreiben von Köln für einige Kölner, welche in einem von England nach Preussen bestimmten und in dänischen Gewässern genommenen Schiffe eine Anzahl Terling Laken verloren haben,* dat ow amme negesten vorledenen hervste, alze wy in unseme ryke Norwegen weren, qwemen etlike koplude van Bergervaren myt eyneme geladen schepe, dat se in unsen stromen unde gebete genomen hadden, unde brochten dat in unser stad havene to Berghen in unser yegenwardicheit, welk schyp unde gud uns darsulves in gerichte wart togedelet unde gevunden; jodoch gude frunde, hebben wy myd etliken steden umme datsulve schyp unde gud eyne frundlike dachvard amme negesten tokomende sondaghe to mydfasten *(Apr. 4)* in unser stad Odense in Fune vorramet unde upgenomen, wor wy darsulves juw unde den jawen moghen voghen, laten wy uns gerne gudwilligen vynden[4]. — Kalundeborgh, *[14]51* (sondagh vor vastelavend) *Mrz. 7.*

StA Köln, Or. m. Spuren d. Secrets. In dorso bezeichnet: Regis Dacie ex [parte] bonorum civium spoliatorum et regi propter excessum Lubicensium adjudicatorum.

Versammlung zu Marienburg. — 1451 Apr. 11[5].

Anwesend waren Rsn. von Kulm, Thorn, Elbing, Königsberg und Danzig.

Die Vorakten handeln fast ausschliesslich von der bevorstehenden Tagfahrt zu Utrecht und den daselbst zu erledigenden Fragen.

[1]) *Vgl. Grautoff a. a. O. S. 134 ff., n. 636 § 3, 683, 691, sowie die an Lübeck gerichtete Anklageschrift K. Karls wider Graen bei Styffe, Bidrag 3 S. 34 ff.* [2]) *Reg. Danica n. 3871.* [3]) *Or. im RA Rostock, gedr. Dipl. Norv. 3 S. 592. Mit all diesen Verhandlungen scheinen auch zwei Ausgabeposten der rostocker Rechn. v. 1451 in Verbindung zu stehen. Die Gerichtsherren entrichten:* 24 gude ß, do her Buk unde her Nicolaus Lubeche weren to der Wismer uppe mytvasten *(Apr. 4)* hirvor rekent 3 ß; *die Wetteherren:* her Hanneman, her Lubeken 8 gude ß vor 10 ß 10 ₰ tor Wismar des mandages na paschen *(Apr. 26). Vgl. damit die Angabe des lübischen Chronisten, Grautoff 2 S. 131, über das etwas gespannte Verhältniss zwischen Lübeck und Rostock.* [4]) *Vgl. n. 706.* [5]) *Toeppen theilt a. a. O. S. 282 einen weiteren Recess über einen zu Elbing am 12 Mai 1451 stattgefundenen Richttag mit, welcher nächst Aufzählung der zu demselben anwesenden Rsn. von Elbing, Königsberg, Kneiphof und Danzig, lediglich besagt, dass diese Städte zusammen mit einigen kleinen den Hm. vergeblich um Aufschub des Tages ersuchten, weil Land und Städte weder vollständig erschienen noch rechtzeitig entboten seien.*

Der Recess bestimmt die Besendung jenes Tages und stellt die Instruktion für die Gesandten fest. Sie wird, wie ein Vergleich mit dem Gutachten der Städte ergiebt, im engem Anschluss an dieses ausgearbeitet, und ergiebt im Gegensatz zu der von Thorn n. 692 § 2 geäusserten Ansicht, wonach Preussen sich hinsichtlich der Verlegung des Stapels von Brügge den Beschlüssen der Hansestädte fügen sollte, ein Beharren auf dem früheren, wesentlich wohl von Danzig festgehaltenen Standpunkte, dass die Abberufung des Kfm. auch jetzt noch thunlichst zu vermeiden sei.

A. Vorakten.

687. *Hm. an Lübeck: hat von seinen Gesandten zum lübecker Tage vernommen, dass Lübeck bei den gefangenen Engländern einige von den früheren Hm. England zugestandene Privilegien gefunden habe*, und wir dach nicht getruwen, das sie eyngerley sulche brieffe haben mogen, die deshalben seyn mogen van getruwen adir wirden; *bittet, ihm* sulche houptbrieffe und privilegia *durch den Ueberbringer dieses zu senden*, soferre es euch mit ichte (!) kan gefugen, *oder ihm wenigstens beglaubigte Abschriften zu schicken, damit er sich überzeugen könne, ob die Urk.* ouch seyn van warheit ouch van weize und stilo unsirer cancellarien, ouch darumbe, ab es geschege, das wir sulcher brieffe halben hernachmols zcu theidingen qwemen, das wir uns underdes daruff muchten mit den unsirn heraten, was dabey billich stunde zcu thun und zcu lassen; *verlangt Antwort. — Marienburg, [14]51* (mantag nach epiphanie domini) *Jan. 11.*

SA Königsberg, Missive 17 S. 389.

688. *Desgleichen: ersucht die Bestimmungen von n. 546 § 12, derenthalben Danzig bereits an Lübeck geschrieben*[1] *und auch auf der letzten lübecker Tagfahrt hat verhandeln lassen, endlich zu erfüllen, damit die Angelegenheit erledigt werden könne. — Danzig, [14]51* (Fabiani) *Jan. 20.*

SA Königsberg, Missive 17 S. 389.

689. *Desgleichen: erwiedert auf die Uebersendung des Schreibens des Kg. von England, in dem er die utrechter Tagfahrt beliebt, dass er demzufolge den Tag ebenfalls besenden und seine Gesandten zugleich bezüglich der Verlegung des Kfm. von Brügge instruiren werde*; wir vornemen ouch, wie ir Magnus Greben, den ir etczliche czeit gefangen habet gehalden, sullet loes qweyt und frey gelassen haben, und das her vaste dreuwe, sich an uns, unsirm orden und den unsiren zcu rechen und zcu dirhalen van der wegen, das etczliche der sienen zcu Danczke sullen gerichtet seyn[2], und vormeynet, das eynsulch durch die unsiren sulle irfurdert seyn; so seynt dieselben, die zcu Danczke gerichtet seyn, durch recht irfurdert und gerichtet und es ist nymandes welcherley gewald adir obirfal gescheen; *erwartet, dass Lübeck, falls es ihn freigegeben*, als wir dach eygentlich nicht wissen, *den Orden vor Schaden gesichert hat, und bittet dieses zu thun, falls es ihn noch gefangen halte aber freilassen wolle; verlangt eine umgehende Antwort durch den Ueberbringer.* — Subvitcz, *[14]51* (sontag vor conversionis Pauli) *Jan. 24.*

SA Königsberg, Missive 17 S. 392.

690. *Lübeck an Danzig: beschwert sich, dass seine vor mehr als zwei Monaten an*

[1]) *N. 587.* [2]) *Vgl. n. 636 § 9.*

dem Hm. und Danzig erlassenen Schreiben bezüglich der utrechter Tagfahrt unbeantwortet geblieben sind; ersucht, ihm unvortogelik by enem wissen boden unde uppe unse kost *Auskunft zu ertheilen, weil es, falls der Hm. den Tag nicht besenden wolle, solches ungesäumt dem englischen Kg. melden müsse;* ok, guden vrunde, de sendeboden des heren koninges vorscreven hir tor stede hebben uns vakene gesecht, dat jwe gnedighe here den vorscreven dach hebbe angenamet unde belevet, so en dat ere gezellen hebben gescreven. — *[14]51* (dinxsiedages na cathedra Petri) *Jan. 19*[1].

StA Lübeck, app. ad. A. Anglicana 1, Entwurf.

691. *Lübeck an den Hm.: erwiedert auf n. 687, dass es weder die den englischen Gesandten abgenommenen Privilegien noch Abschriften davon senden könne,* dat juwe herlicheid van uns gudliken wille upnemen; *wird mit den demnächst nach Lübeck kommenden preussischen Gesandten verhandeln,* wat in dessen dingen nuttest is to donde; *dankt für die Zusage, den utrechter Tag besenden zu wollen (n. 689), hat es den Städten, welche zu demselben deputirt sind, mitgetheilt; wird mit Herrn Magnus Green verhandeln lassen und seine Antwort dem Hm. mittheilen, desgleichen n. 546 § 12 befolgen,* wente de unsen hebben schaden geleden lik den juwen; *erklärt endlich auf das Begehren, seine Bergenfahrer anzuweisen, verschiedne Danziger, welche* merklike gudere an laken scholen gehat hebben in dem schepe den Engelschen latest genomen, *schadlos zu halten:* is den juwen wes genomen, dat is uns nicht to willen unde is ok bescheen ane unse medeweteand, todond unde willen, unde sodane gudere sint ok nicht in unse stad gekomen; willen aver de juwe unse borgere namhafflich maken unde van dorwegene vorumme vor uns beschuldigen, wii willen ene gerne rechtes behelpen. — *[14]51* (am dinxstedage vor Gertrudis) *Febr. 9.*

SA Königsberg, Or. Perg. m. Resten d. Siegels. In dorso bezeichnet: Dy Lubeker schreiben manchirleye antwert in diesem brieffe. Her qwam ken Marienburg am freitage noch ostern *(Apr. 30)* im 51 jare. Am donnerstage dovor czog die botschaft von Danczk ken Utrecht czur tagefart am 15 tage noch [illegible] czu halden.

692. *Instruktion der thorner Rsn. zum marienburger Tage. — 1451 Apr. 9.*

StA Thorn, Schbl. XVIII n. 24, Or.
Gedruckt: daraus Toeppen a. a. O. 3 S. 274 n. 103, wiederholt hier.

Befelung hern Rutchers von Birken ond hern Tilmans vom Wege, vor unserm hern homeister czu Mariemburg am freitage vor judica czu handeln im 51 jare.

1. Czum ersten von der Engelischen sachen, dorumme eyn tag durch die hensestete czu Utrecht 15 tage noch ostern sal werden gehalden, unser gutdunken unserm hern czu roten, den tag durch eyne treflicbe botschaft czu besenden. Und welde syne gnode ymand von den landen haben, das der czoge uff seyne czerunge. Und unsern hern czu bitten, das her den Engelischen keyne freyheit, denne sie vor haben gehat, gebe, und das die sendeboten beyder teile schelunge vorhorn und iren fleis thun, die sachen hynczulegen, und wer schaden getan hat, das her das verantworte, und die schaden haben genomen, gnug geschee.

[1]) *Wie n. 691 erweist, kann hier nur die kathedra Petri Romae, Jan. 18, anstatt der üblichen Antiochiae, Febr. 22, gemeint sein. Das Fest, freilich erst 1558 allgemein eingeführt, wird doch schon 1480 in einem gedruckten Missale der Magdeburger Diöcese erwähnt.*

2. Item von der vorlegunge des Dewtschen kowffmans etc., unser gutdunken, die vurnemung der gemeynen bemericte biruff czu halden und das beste czu thun, das der kowfman bey privilegien und rechte bleybe; und ab unser herr nicht welde, seynen gnoden czu vorczelen, was schaden dorus moge komen.

3. Item vom gutte, das uff dem strande wirt gefunden, unser gutdunken, unsern hern czu bitten czu bestellen, davon eyn mogelich und redlich bergegeld czu nemen, das man vorantwerten moge.

4. Gedechtnis: Czum ersten vom muntczmeister, das der meh pfennige sleet wenne czu notdorft des landes.

5. Item von Obrecht Rebers gewerbe.

6. Item czu gedenken kegen unserm hern kumpthur der vere czu Thorun und czolles czur Lewbitsch.

7. Item von der gemeyne der Nuwenstat alhie, und wie mans wil halden mit den, die vom bunde getreten seyn.

8. Item rechenschaft von der gelarten wegen gefurt czur nehsten tagefart.

9. Item vom geschosse czu setczen.

10. Item von Scherlinsken und Kretkoffken sachen.

11. Item von Niclos Lilgen, der spricht, das der suyczmeister czu Danczke und ander ofern bawsen lands vorkofft haben.

12. Item von uslendischen messern, und Jorge Kalespek spricht, das em der burgermeister czu Konigsberg Steyrische hat dirlowbet czu vorkowfen.

13. Item von der rymer wegen czu Konigsberg und die cedel dorober leyth yn der laden.

B. Recess.

693. Recess zu Marienburg. — 1451 Apr. 10.

Nach jüngeren Abschriften der verlorenen elbinger, thorner und danziger Recesshss. gedruckt Toeppen a. a. O. 3 S. 276 u. 104, wiederholt hier.

Anno 1451 sabbato ante judica seind dy rethe der stete zu Marienburg vergaddert gewest als: vom Colmen Bartholomeus Rosenick, Peter Bischofsheym; Thorn Tylman vom Wege, Rottker von Birken; Elbing Johann von Ruden, Jorge Röber; Kunsberg Bertold Huxer, Johan Droer; Danczig Reynolt Nydderhof, Johan Meydeburg und Paul Bukynck, ist verhandelt als volget.

1. Zum ersten haben sich dy stete mit unserem hern homeyster und seynen gebytigern vortragen und seind ubereingekomen noch vielen merklichen handelungen von der besendunge der botschaft ken Utrecht, also das sie den hern pfarrer vom Elbinge und zwene der rethe der stete, als Elbing unnd Danczk, aufs berurten tag fertigen und schicken wellen mit sunderlichen befelungen, als man denselbigen sendeboten wirt schicken und befelen. Und dy stete haben den hern homeyster vorbas gebeten, den sendeboten [zu][a] befelende, das man den Englischen keine freiheit [oder][b] privilegia zulase oder gebe, nachdem desselben hern homeysters vorfaren seligen den Englischen nie habe wellen en semliche privilegia zuzulassen oder geben umme vil gebrechen, schaden und hindernisse, dy dissen landen dovon entstehen mochten. Und haben den hochmeister auch gebeten, dy scheden, dy dy Englischen vor, yn und noch der nemunge der Bayschen flosse gethan haben, zu fordern und zu manen.

2. Item so haben dy stete vaste handelunge gehat mit unserem hern homeyster und seynen gebytigern vom Deudschen kaufman, der do leyt in Flandern zu

a) zu fehlt Toeppen. b) oder fehlt Toeppen.

Brugge, also das dy stete dem hern homeyster ir gutdunken haben beygebracht, nochdem er begerende was ym retlich dorynne zu seynde, das der Deudsche kaufman von Brugge ken Anderpen ein jar lang, were es sache das er Brugge reumen muste, ligende bliebe, und das man denselbigen kaufman zum wenigsten noch eyn jar zu Brugge, ee er von dannen zöge, bleiben liese und von Brugge nicht ziehen lasse vor der zeit, ehe man sich mit den Englischen uffm tage zu Utricht und mit den Hollandern, Seelandern und den sechs hansesteten vereyniget und vertragen hette, und das man denselben Deudschen kaufman zu Amstellodamme, zu Deventer oder zu Utrecht nicht legen sulde umme merkliche sachen und schelunge willen. Woruf der her homeyster noch viele handelunge mit seinen gebyttigern hat den steten vorgegeben, wellende, das der Deudsche kaufman noch 2 jar lang vor allen dingen sol zu Brugge in Flandern liegen bleiben, das welche er den steten mit den befelungen, den sendeboten befolen, hat in schriften antworten lassen, alse folget. Und sind diese befelunge den sendeboten ufn tag ken Utrecht 15 tage nach ostern nechstkomende zu halten mit den sendeboten der stete von der Deudschen hanse, alse von der Englischen [und][a] des kaufmans wegen ken Flandern gegeben zu Marienburg am sontage Judica im 51 jare. *Folgt n. 695.*

3. Item so hat der hochmeister mit seinen gebitigern und den steten beschlossen, das dy erbgüter, die hie im lande an fremde leute haussen landes sterben und anfallen sollen, jar und tag im lande und den steten dieses landes, da sie nachgelassen werden, stande bleiben sullen, auf das man binnen der zeit eigentlich vernemen möge und erfaren, wer die nechsten erbnemen zu solchen gütern und mit rechte zu solchen gütern sich bezihhen.

4. *Der Hm. entscheidet einen Process zwischen Danzig und einem seiner Bürger, verweist einen zweiten zwischen zwei Danzigern an den Komthur und den Bm. von Danzig, und einen dritten zwischen Danzig und Einwald Wrige an die Städte, welche es ad referendum nehmen.*

5. Item vom seefunde und guttern, dy geborget und gefischet werden am seestrande, wil unser her homeyster bestellen mit seynen gebyttigern und mit dem marschalke, dem er es auch befolen hat, das man den leuten ire geborgene guter umb ein möglich bergegeld soll volgen lassen, auf das sich dy leute irer gutter mogen underwinden.

6. Item dy sache zwischen beyden steten, als Kunsberg und Kniphof, alse von des geldes wegen des pfundczolles, das sie doran meynen czu haben, ist also gelassen, das dy stete von yn beiden begerten, dy sache czu en czu seczen, und sie welden dovon ratschlagen und ir eldesten gutdunken zur negsten tagfart ynbrengen, ab sie sie kunden entscheiden. Kan das aber nicht gesin, das dan dy sache an unsern hern homeister gebracht werde und kome. Und dis hat der her homeister ouch vorliebet.

7. Item ein iczlicher mit den seinen handelunge zu haben auf dy gebunge des guten[b] schilling auf 100 mark und eins alden auf die hube, ist den steten bevolen mit den kleinen steten bey in gesessen zu reden, auf das man sich der ladunge der auslendischen rechten möge entsetzen. Und das ein yderman seyner eldisten gutduncken inbrenge czur negesten tagefart.

8. Item von dem pfundczolle eyn iczlicher mit den seinen rede.

9. Item dy zerunge der sendeboten, dy von den steten gefertyget werden ken Utrecht, sol man nemen vom gelde des pfundczolles yres dritten teiles beim rat

a) und fehlt Toeppen. b) [illegible] der Abschrift der Thorner Hs.

czu Danczik lygende, und iczlicher sendebote soll selb vierde [ziehen][a] und sol mit im haben eynen schreiber.

10. Item wen unser her homeyster dy stete zu tage verbotet, so sullen dy von Kunsberg den vom Kniphofe zusagen, das sie auch myte zu tage kummen.

C. Beilagen.

694. *Gutachten der preussischen Städte über die den Gesandten zum utrechter Tage zu ertheilende Instruktion. — [1451 Apr. 10].*

K aus StA Königsberg, Doppelblatt, oben ausgefressen.

Erwirdiger und grossmechtiger gne[diger li]ebir[b] herre. So als euwir gnade von uns steten begeret, euch getruwelich ez[n rath]en[b] und fleisseliche handelunge zcu haben uff die artikell der bevelunge den sendeboten kegen Utrecht metezcugeben, mit den Engelschen sendeboten doselbest zcu Utrecht zcu handelende etc., ist der stete gutduncken, begerende und bittende, das euwir grossmechtikeit geruche ansehen das gedyen und wolfart euwir armen lande unde zculaesse adir vorleye den Engelschen kouffleuthen keyne fryheit adir privilegia im lande zcu Prusen, anders denne sie von alden czeiten bis doher gehat haben und als euwir gnaden vorfarer ny haben wellen denselben Engelschen anders zculaessen umbe vele schaden, vorhinderunge und gebrechen, die euwirm orden [und][c] dissem lande dovon komen und entsprissen mochten.

2. Item das euwir gnade di vorscrebene botschafft mit mercklichen personen besende und denselben sendeboten vulle und gleiche macht gebe semliche schaden von den Engelschen zcu forderende, die sie den inwoners dis landis getan haben, vor, in und nach der Bayesschen vlaemze kegen des hern koninges von Engelant vorschreibunge unsirm gnedigen heren homeister, her Conrad von Erlichshwsen seligen, getan.

3. Item ab die Engelschen clage vorbrengen werden, das man sie hir im lande unmenschlichen hantiret, ere alde gewonheit vorkurczet und das man sie undir die erde in kellerm stoset etc., das man das vorantwerte gleich is in vorczeiten vorantwert ist durch dis landes sendeboten.

4. Item vom Dewtschen kouffman, der do leyth zcu Bruck in Flanderen den zcu vorlegen etc., ist der stete gutduncken, das unsir herre homeister den Dwtschen kouffman zcu Brucke nach rathe syner stete von Brucke nicht czyhen laesse vor der czeith, er man sich mit den Engelschen uffem vorberurten tage zcu Utrecht vortragen und vorgeleichet und mit den Hollanderen und Zelanderen voreyniget habe, und das der Dewtsche kouffman nach eyn jar lang zcum mynsten zcu Brucke bleybe. Ydoch sulde man danne den kouffman yo vorleghen, das der denne zcu Antworppen zcur czeit und nicht zcu Amstelredam, zcu Utrecht adir zcu Deventir leghe, umme der hab[e]nunge[d] willen der grossen schiffe, die unsem lande zcu Prusen mit swerer last zcu segelen sint belastet etc. Und ab die hensestete hirinne nicht welden volgehafftig wesen sundir welden den kouffman von Brugke anders nerne denne zcu Antworpen yo leghen, das man denne den hensesteten gevollik were, umme zcu vormyden semliche schaden, die dem kouffmanne dis landis dovon entstehen muchten, als das sie uns was der hense vorstosen muchten und uns also durch heren und andere ere nagbur schaden in der zee zcuczihen und brengen muchten.

5. Item weret sake, dat de [kouffm]an[b] uth Flanderen vortrecken muste, dat

a) ziehen conj. Toeppen. b) Das Eingeklammerte ausgefressen K. c) und fehlt K.
d) habnunge K.

men den in allen hense(steden)[a] vorboden sulde, dat keyn schipper van buten der hensze, de uth der hensestat gesegelt und geladen were, in eynige havene von Vlanderen segelen sulde. Und datsulve sulde de schipper vorborgen in der stat, dar he uthgesegeldt were[1].

6. Item dat man keyne Vlamesche lakenne edder enich ander gut, dat in Vlanderen bereidet were, in keyne hensestat brengen sulde dar to slitende, bü der huthe de darup gesettet is edder setten worde.

7. Item allirley gut, dat man uth den hansesteden brenghet to dem stapel, dar de copman syn legher hefft, dat[b] eyn itzliker dat vorkopen mach weme he will.

8. Item den sendeboten to bevelende, dat beste to redende czwisschen den henszesteten und den Hollandern, Zelandern etc., dat ere schelunge muchte to eynem guden bestande komen, nademe dat de vrede tusschen beyden delen up Jacobi apostoli uthghaende is, (in[c] lengern anstandt adir in frede)[d].

9. Item das des herren homeisters schiff, [das[a] die] Engilschen zo Dantzke hatten gebouwet, das das von allir[leye czu]sprocche[a] von den Engelschen in Engelant, in Vlaen[deren, in][a] Hollant etc. und andern landen frey ungebinden und ane allerleye anclage und czusproche bleyben moge und sulle.

10. Item[e] czu gedenken, ab man mit den Engelisschen uff dissem tage nicht konde czu eynem ende und bestendikeit komen, das man denne mit en handelunge und teidinge habe uff eyn anstandt und uff eynen frede uff eyne 20 jare, so das bynnen des jene lande disse und disse jene wedir frey, fredelich und ungehindert mogen besuchen und mit enander vorkerunge haben, und das ouch bynnen des eyn itzlich teil sulle gebrauchen der alden privilegie und freyheit noch alder guter gewonheit und herkomen gancz ungehindert.

11. Item den von Lubeke czu vormanen, das sie dem reczess genug thun, das im 49 jare czu Bremen ist gemachet, das sie alumbe sulden schreiben, wer schaden genomen hatte in der rostirunge der Seynschen schiffe und ouch in der rostirunge der schiffe in Flandern im 34[f] jore, dovon en der herre homeister nu selbst von Danczk hatte gescreben und doruff noch keyn antwert hat, die Lubeker czu vormanen, das sie bestellen, das den unsirn ouch ere anteil dovon werde[2].

12. Item czu gedenken, ap es sache were, das sich die henzestete mit den Engelisschen yo nicht wurden eynen adir vortragen und es die unsern mit en ane ende sulden scheiden, so sullen die unsirn, und sunderlich der doctor und Meygdeburg, macht haben, umbe meers fredes, fruntschaft und nutczes wille die Engelisschen uff eyne drey adir vyer jar hir ins land czu geleiten, so doch das die unsirn, die Engeland welden besuchen, ouch die czeit obir in Engeland sulden seyn geleitet, frey und sicher, die lande Engeland czu besuchen und aldo en vorkeren. Und dis sullen sie gancz heymelich und uffs allerletczte bey sich behalden und solange bis das sie sehen, das es nicht anders konne werden. Hirczu sullen sie haben eynen machtbrief. Und ap es doreczu wurde komen, so sullen sie dorober der Engelisschen geleitesbrieffe und vorsicherunge dorober mit en brengen und dorinne sich lassen vorwaren, wurden die Engelisschen mit den von Frankreich kriegen, das die unsern von den Engelisschen der kriege halben nicht bekommert werden noch vorbindert.

a) [illegible] K. b) das eyn itzlicher dat eyn eyn [illegible] K. c) [illegible] [illegible] [illegible] [illegible] andere Hand. d) In K folgt der Anfang eines Paragraphen Item uff dy [illegible] ohne weitere Worte. e) Von hier ab mit anderer Hand und anderer Tinte K. f) [illegible]

1) Vgl. [illegible] § 5 ff. n. 630. 2) Vgl. n. 688.

13. Item czu werben durch eyne credencie an die von Lubeke und sich ken sie getrewlich czu bearbeiten, als von des howptbrieffes wegen, den der herre homeister sulle haben vorsegelt, der den Lubeker durch eyne frauwe czur hand ist gekomen, das sie den ader doch dovon eyn glowblich transsumpt mogen haben und dem hern homeister brenge(n)[a], als her en ouch dovon vor hat geschreben[1].

14. Item czu ged(enken kegen d)en[b] Engelisschen, wie das der herre homeister, do her vernam, das die (Engeli)ssche[b] botschaft were gefangen, bearbeite her sich fleisslich, b(eide dur)ch[b] botschaft und ouch durch seine schriffte ken den van Lu(beke, d)as[b] die sie los welden geben, das doch nicht mochte gescheen, sunder sie wolden sie yo so lange bis czu disser tagefart bey en halden und sie denne mit sich czu tage brengen. Und dorumbe so sullen sich nu die unsirn mit fleysze dorinne bearbeiten ken den von Lubeke, weren dieselben Engelisschen noch in gefengnisse, das sie ledig werden und mit czu disser tagefart mochten komen, und sullen ouch birinne den hern homeister ken den Engelisschen vorantwerden, hette seyne gnade umbe derselben gefangenen wille etczwas gutes konnen thun, her hette dorinne nichts gesparet.

695. Instruktion für die preussischen Gesandten zum utrechter Tage. — Marienburg, 1451 Apr. 11.

K aus SA Königsberg, Doppelblatt, bezeichnet: Dis ist die bevelunge methegegeben den sendeboten uffm tag ken Utrecht 15 tage nach ostirn newstkomende zcu halden mit den sendeboten der stete van der Deutschen hensze, als van der Engelschen und des kouffmans wegen in Flandern. Gegeben czu Marienburg am sontage judica im 51 jaru.
Verzeichnet: nach den in n. 693 aufgeführten Abschriften Toeppen a. a. O. 3 S. 279.

1. Czum irsten, das men umbe wolfart und gedyen disser lande nicht zculasse adir vorleye den Engelschen kouffiewten keynerley andire freiheit adir privilegia in unsirn landen Prewszen den alleyne als sie van alden czeiten bisher in denselben unsern landen gehabt habn, wend en ouch van unsirn vorfaren seligen homeisteren andirs nih ist zcugelassen umbe vele schaden, gebrechen und vorhinderunge willen, di uns, unsirm orden, unsirn landen und undirsassen davon komen und entsteen mochte.

2. Item das men den sendeboten gebe volle macht van den Engelschen zcu furderen sulche schaden, die sie den undirsassen unsirs ordens getan haben, vor und nach der nemunge der Bayesschen flosse, widdir die vorschreibunge des herren koninges zcu Engeland, die her unsirm vorfarn hern Conrathe homeister seligen gethan hatte.

3. Item ap die Engelschen wurden clagen, das men sie albie im lande unmenschlich handtirete, ire alde gewonheit verkurczet, und das men sie undir di erde in keller stosset etc.[2], das men das verantworte gleich als es in vorczeiten ist verantwortet durch unsire sendeboten.

4. Item van vorlegunge des Deutschen kouffmans van der hensze, der do leid zcu Brug in Flanderen etc., sollen die sendeboten darinne nicht volhorten, das derselbe Deutsche kouffman van der henszen van Brug werde verleget, sunder sollen veste dabey bleiben, das her nach uff eyne czeit, und sundirlich czwey jar lang, alda czu Bruck bleibe legen, angesehen das us solcher vorlegunge vele schaden und umbeqwemigheit mochten komen. Und ouch uff das men selbn

a) brenge K. b) Ausgefressen K.
1) N. 687. 2) Vgl. n. 479.

moge, wie sich disse tagefart zcu Utrecht mit den Engelschen wirt verlouffen. Ouch das men sich mit den Engelschen, den Hollander und Seelander und den sechs Wendischen steten, von der gebrechen wegen, die sie undereynandir czwusschen sich haben, undir des aller schelunge moge vertragen. (Die[a] vorlegunge des kouffmans ist ouch alczu nauwe, czu swer und czu herte begriffen, wendt sulde men den kowffman hwezen der hensze, der us Flandern ader Flamisch gut bisher ader in die henszestede brechte, bey verlust des gutes und ander busse, als eyn artikel der vorlegunge des kouffmans inneheld[1], so swerlich bussen man wurde sich meh fyndschaft mit manichen landen denne man itczunt hat machen. Dieselbe disse weysze ist ouch swerer denne die vormals vor alden jaren geschen ist, die do satczet, wurde ymands [nach][b] der vorlegunge des kowffmans [van][c] hwazen der hensze us Flandern adir Flamisch gut in die hensze brengen, der sal es aldar nicht sleyszen sunder wedir von dannen furen. Ouch so seyn alle die land Flandern, Holland, Seeland etc. nu eyns hern, die vor vil hern czugehorten und dorumbe ist des kouffmans vorlegunge nu swerer denne vormals ancziegen[1]). Und so denne ouch die vorlegunge desselben Deutschen kouffmans van der hensze nicht alleyne an uns, unsirn gebitigern und steten alhie in unsirn landen Prewszen, sunder ouch an unsirn herren prelaten, sowol alhie in Prewszen als in Lifflandt, und ouch an den meister, seyne gebitiger und steten in Liffland ist gelegen, so ist uns unmogelich, die ding alleyne ohir uns zcu nemen und uns der zcu mechtigen ane wissen, rath und verlibunge unsirer heren prelaten, des meisters, der gebitiger und unsir stete in Liffland. Vor allen dingen sollen die sendeboten herte doruff bleiben und nicht zculassen, das derselbe kouffman undir czwen jaren van Brug verlegel werde, denne es wol ist verseelich, das men sich uff dissem tage zcu Utrecht mit den Engelischen allir schelunge und gebreches so gantcz nicht werde vortragen, sunder das eyn itczlich teil mit em zcurucke werde zcihen und an die seynen brengen etliche punct und artickel, dorczu denne vele verczihunge der czeit muste komen, ee derselben teile vornemen und meynunge gehandelt und endscheiden mochte werden. Wurde men ouch des kouffman vorlegen vor der czeit, ee men mit den Engelschen zcum ende und zcu eyntracht qweme, so wurde denne mit den Engelischen vele swerer seyn zcu teidingen, denne so der kouffman blebe in Flanderen, und dergleich ouch mit den Hollanderen, Seelanderen und den sechs Wendischen steten. Ouch so mochte men hynnen der czeit mit dem herren van Borgundien wege und weisze fynden, dadurch der kouffman zcu seyner rechtfertigheit und privilegien adir sust zcu frede und eyntracht qweme.

5. Ap ouch die Engelischen furder clage van eynigerley schelunge adir gebrechen wegen vorbrengen wurden, das men denne die vorantwurte, als sie vormals uff andiren tagen seyn verantwurt.

6. Item die sendeboten sollen ouch mit fleisze dorane seyn und sich getrewlich bearbeiten czwuschen den henszesteten und den Hollenderen und Zeelanderen etc., das ire schelunge zcu eynem gutten bestande und zcu frede adir doch in lengeren anstand mochte komen, nachdeme denne das der frede czwuschen beiden teilen uff Jacobi apostoli neestkomende wirt usgeen.

7. Item so sullen die sendeboten folle macht haben czu manen allerleye schade[d], dorczu man en sal methegehen machtbrieffe, sulche schade czu forderen.

a) Die — [illegible] von anderer Hand nachgetragen K, fehlt nach freundlicher Mittheilung von [illegible] Philippi in der [illegible] Abschrift. b) nach fehlt K. c) van fehlt K.
d) Das folgende: und schade [illegible] von dem [illegible] durchstrichen K.

[1]) N. 650 § 7.

D. Anhang.

696. *Om. zu Livland an den Hm.: berichtet, dass Riga seinen Stadtschreiber Konrad an den Hm. in Angelegenheiten der an England zu stellenden Ersatzforderung sende, und fährt fort:* nachdeme als denne dieselben von Rige denselben eren stadtschreiber gros achten und vor ogen halden, und die gelowffte der lande czu Preussen als von des vorbundes wegen, als wir vornemen, noch fremde und selczen stehen, besorgen wir uns, das sie den vorgemelten stadschreiber nicht alleyne umbe der Engelschen sunder ouch villeichte umbe anderer sachen willen, die sich denne, dor Got vor sey, czu dem vorbunde ader anderem ungelympe unsers ordens treffen mochten, aussenden. — *Riga, [14]51* (sonabend vor palmarum) *Apr. 17.*

SA Königsberg, Or.

Gedruckt: daraus im Auszuge Toeppen a. a. O. 3 S. 279 n. 160, wonach hier.

Verhandlungen zu Utrecht. — 1451 Mai — Juni.

Anwesend waren von den zu Lübeck auserkornen Vertretern der Hanse die Gesandten des Hm. und Rsn. von Lübeck, Köln, Hamburg, Elbing, Danzig, Nymwegen und Kampen. Die von Bremen und Braunschweig waren ausgeblieben. Ferner waren zugegen Abgeordnete des Kfm. zu London und Brügge, sowie Rsn. von Wesel, Deventer und Duisburg. Die von Riga, Dorpat und Reval hatten sich verspätet und warteten in Lübeck das Resultat der Verhandlungen ab.

Die Vorakten *berichten über Einleitungen zur Tagfahrt: Ladungen, Vollmachten, Instruktionen. N. 699 legt Zeugniss ab von dem Bestreben des Kg. von England, allen störenden Vorkommnissen vorzubeugen; n. 702 behandelt die bedingungsweise Entlassung des einen der englischen Gesandten aus der Haft zu Lübeck.*

Die Recesse *sondern abermals die Angelegenheiten des Kfm. zu Brügge von allen übrigen ab. N. 709 referirt über die Verhandlungen mit England, welche entsprechend den in Preussen gehegten Erwartungen*[1] *zu keinem endgültigen Abkommen führten. Zu Beginn drohten sie an dem Begehren von Lübeck zu scheitern, welches auf der Entfernung des wider sein Gelübde aus der Stadt entflohenen Thomas Kent aus der Zahl der englischen Gesandten bestand, sodann an der üblichen gegenseitigen Anfechtung der Vollmachten, endlich an dem Verlangen der Engländer, dass noch vor Eintritt in die Verhandlungen die unbedingte Freilassung der von Lübeck festgehaltenen englischen Botschafter verfügt werden müsse. Lübeck schlug diese Forderung rundweg ab, worauf nach mehrtägigen Unterhandlungen, über welche nichts näheres angegeben wird, ein Vergleich auf beider Theile Herren Gutbefinden zu Stande kommt (§§ 1, 4—19, 25). Die Städte beschliessen hierauf die in der Abkunft in Aussicht genommene Tagfahrt zu beschicken, Bremen und Lübeck ebenfalls dazu zu bewegen und bei Lübeck insbesondere die Freigebung der Engländer zu erwirken. Zugleich ordnen sie die aus dem Vergleich sich ergebenden vorbereitenden Massnahmen für jene Tagfahrt an (§§ 26—33). — Parallel mit den englischen Verhandlungen werden einige zum Theil schon längere Zeit hangende Pro-*

[1]) *N. 694 § 10, 695 § 4.*

ceasc erledigt (§§ 21, 22), in einer Klagsache Zeugniss ertheilt (§ 23), der Streit von Wesel und Deventer zufolge des Verhaltens der letzteren Stadt dem nächsten Hansetage überwiesen (§§ 2, 24), und diesem auch die Erledigung des so oft bereits vergeblich erhobenen Anspruchs von Hamburg auf Beisteuer zum Unterhalt von Emden (§ 35) sowie die Abrechnung über die vom Kfm. zu Brügge auszuzahlenden Entschädigungssummen für 1422 erlittene Verluste anheimgegeben. Endlich nahmen die Rsn. die Entschuldigung von Duisburg wegen Ausbleibens vom lübecker Tage entgegen und setzten den übrigen zu Lübeck verurtheilten eine neue Frist (§§ 3, 20). — N. 710 bestätigt trotz des Einspruchs der Preussen die zu Lübeck verfügte Abberufung des Kfm. aus Brügge und auferlegt ihm, sich nach einer gelegenen Stadt umzusehen, wohin der Stapel verlegt werden könne. Die Verkündigung der lübecker Beschlüsse gegen Flandern wird um zwei Wochen vertagt, der Kfm. beauftragt, Flandern, falls es wieder anzuknüpfen versuche, an die Städte zu weisen. Der Secretair des Kfm. wird mit diesen Beschlüssen zum Hm. entsandt, um dessen Zustimmung zu erlangen.

Der Bericht der preussischen Gesandten behandelt ausschliesslich die Verhandlungen wegen Verlegung des Kfm. und verleiht dem Missmuth der Preussen unverhohlenen Ausdruck. Der Schlussparagraph führt aus, dass die Livländer ebenfalls gegen die Verlegung waren und Lübeck die Schuld an deren Nichterscheinen in Utrecht trug.

Der Vertrag mit England bestimmt die Abhaltung einer neuen Tagfahrt, über deren Annahme beide Theile einander bis zum Okt. Anzeige erstatten sollen, und trifft Anordnungen über die womöglich vor der Tagfahrt zu bewerkstelligende Erledigung der gegenseitigen privaten Beschwerden. Beide Theile sollen ferner vermocht werden, alle Gefangenen freizulassen und sich bis Michaelis 1452 aller Feindseligkeiten zu enthalten.

Die Korrespondenz der Rsn. bezieht sich grösstentheils auf die oben angeführten Processe und ergänzt den Recess in einigen Punkten. Nach n. 722 fanden in Lübeck nach Rückkehr der Gesandten aus Utrecht Verhandlungen über die englische Frage statt, deren Ergebniss wir in n. 725 zu erblicken haben.

Von den unter nachträgliche Verhandlungen mitgetheilten Akten regelt n. 723 die nowgoroder Verhältnisse, deren Leitung Lübeck festzuhalten sucht. Die Livländer erhalten einen Verweis wegen des eigenmächtigen Abschlusses des letzten Beifriedens, eine Gesandtschaft der überseeischen Städte nach Nowgorod wird in Aussicht genommen. Vgl. HR. 2 n. 608 § 9, 623. — N. 724 bezeugt den misslichen Eindruck, den der utrechter Beschluss hinsichtlich des Kfm. zu Brügge in Preussen machte, vgl. n. 728.

Aus dem Anhang ist zu entnehmen, dass Lübeck dem von Utrecht aus an den Hm. deputirten Sekretair des Kfm. seinen Syndikus zugesellte, augenscheinlich damit er jenem die Abweisung des preussischen Gutachtens rechtfertigen helfe und den Hm. begütige. Andrerseits suchte Köln auf Lübeck zu wirken, dass es sich versöhnlich gegen England verhalte. Den Beschluss bilden ein Briefwechsel zwischen Köln und den westfälischen Städten wegen des Ausbleibens der letzteren vom lübecker Hansetage und Auszüge aus den deventer Rechnungen.

A. Vorakten.

697. *Der deutsche Kfm. zu London an Köln: berichtet unter Hinweis auf den zu Lübeck gefassten Beschluss bezüglich der utrechter Tagfahrt, dass er gelegentlich einer Verhandlung vor dem kgl. Rathe von diesem angewiesen*

worden ist, dat wy na unser macht truweliken arbeyden solden to dem vreden tot unsen oversten und sunderlingen tot ju erbaren heren, want de here konynck und siin werdighe raet sere untovreden synt, dat den steden van der hanse so groet schade ghescheen es, und se hapen, dat gii als ene hovetstat van der hanse juwe erbarheyt bewiisen sullen, unde gude myddelers wesen tusschen beden deelen up derselven daghfort; *ersucht in Anbetracht, dass die Kölner England* myt groter copenschop degelis hanteren und bii den privilegien der gemenen stede van der hanse unde rechticheyt in dessen riike van den heren konynge, ter eren van ju erbaren heren, beschermet und behalden werden meer dan andere coplude van der hanse, darmede dat der hansestede privilegie und rechticheyt in besittinge ghehalden wert, dat andere lude van buten der hense in de privilegie und neriage nicht komen en konnen, *die Tagfahrt mit Leuten zu besenden, denen es ernstlich um den Frieden zu thun ist, damit nicht die Freiheiten zu Gunsten von Fremden verloren gingen* und wy des berovet werden, dat unse vorvadere uns met groter swarheit in dessem riike ghewerven hebben, dat noch in korten jaren na ghesteen es, dat wol wytlick es; *hat einige Kölner beauftragt, Köln mündliche Eröffnungen zu machen. — [14]51 Febr. 25.*

StA Köln, Or. m. Spuren d. Siegels.

698. *Lübeck an Köln: sendet die Antwort des Kg. von England auf n. 659, worin er die utrechter Tagfahrt beliebt, und meldet, dass auch der Hm., nachdem es ihm die Zustimmung des Kg. angezeigt, unterm 24 Jan.* (sondages vor conversionis Pauli) *erklärt habe, den Tag besenden zu wollen; ersucht deshalb, dass auch Köln ihn beschicke* unde vurder mit jw laten vorkundighen den juwen, de schaden hebben gheleden, dat se mit reddeliiker bewisinghe dar komen unde den schaden eschen. — *[14]51 Mrz. 2.*

StA Köln, Or. Perg. m. Spuren d. Secrets.

699. *K. Heinrich von England an die Zöllner und Hafenaufseher* (custumariis suis ac custodibus passagii) *zu Plymouth und Fowey: befiehlt mit Rücksicht auf die bevorstehenden Friedensverhandlungen zu Utrecht mit dem Hm. von Preussen und den Hansestädten sofort nach dem Empfange dieses an allen geeigneten Orten ihres Bezirkes öffentlich zu verkünden, dass Niemand sich vor der Beendigung jener Verhandlungen an den Preussen und Hanseaten irgend vergreife*, sub pena forisfacture omnium que nobis forisfacere poterit ac imprisonamenti corporis sui ad voluntatem nostram; *gleichzeitig sollen sie alle von Preussen oder Hanseaten gleichviel in welcher Weise Geschädigte auffordern, Verzeichnisse ihrer Beschwerden*, una cum procurationibus suis legitimis ad easdem spectantibus, *bei den Gesandten des Kg. bis zum 25 Mrz.* (annunciacio Marie) *einzureichen*[1]. — *Westminster, 1451 Mrz. 2.*

P. Record Office zu London, Rot. pat. 29 Heinrici 6.
Gedruckt: daraus Rymer, Foedera 11 S. 281, wonach hier.

[1]) *Gleiche Schreiben ergingen an die Hafenbeamten* ville Novi Castri super Tynam, ville de Kyngeston super Hull, civitatis regis London., civitatis regis Cicestrie, ville regis Sothampton, ville de Melcombe, ville de S. Botolpho, ville regis Sandewici, ville regis de Dertmouth, ville regis de Lenne, ville de Bryggewater, ville Magne Jernemuth, ville Bristoll., ville Gippewici, ville Ebororum. *Ferner theilt Rymer a. a. O. S. 282 einen vom 16 Mrz. datirten Erlass des Kg. an den Mayor von London mit, der im wesentlichen mit dem obigen übereinstimmt. Die Abweichungen beschränken sich auf die Vorschrift, die Proklamation an drei auf einander*

700. *Lübeck an Utrecht: setzt voraus, dass Utrecht* van geruchten edder schryfften *wegen von der Absicht des Kg. von England und der Hansestädte, 14 Tage nach Ostern in Utrecht eine Tagfahrt abzuhalten, unterrichtet worden ist; ersucht,* dat jw sodanne en — wille wesen andancknemeliken (!) wol to willen. — *[14]51 Mrz. 11.*

StA Lübeck, App. ad A. Angl. 1, Entwurf.

701. *Danzig an Lübeck, Rostock, Wismar und Hamburg: warnt auf Befehl des Hm. vor der Verschiffung von Gütern nach Preussen, welche aus dem den englischen Gesandten von den lübischen Bergerfahrern genommenen und diesen von Kg. Christian wieder weggenommenen Schiffe stammen; erklärt, dass der Hm. die in Preussen weilenden Engländer nicht würde hindern können, derartige Waaren mit Beschlag zu belegen. — [14]51* (sonnavend na Gregory) *Mrz. 13.*

SA Danzig, Missive 3 f. 137 b.

702. *Petrus Hinrici,* clericus Magdeburgensis diocesis, publicus imperiali auctoritate notarius, *bezeugt notariell, dass am 17 Mrz. 1451* Joen Stocker de Anglia, in civitate Lubicensi in captivitate detentus, *bei dem Rathe von Lübeck,* in theatro inferiori simul congregato, *um die Erlaubniss nachsuchte,* ut pro negociis suis expediendis accedere et de civitate Lubicensi recedere posset, *und der Rath diesem Gesuche willfahrte unter der Bedingung, dass Stocker sich zu der utrechter Tagfahrt einfinden und für den Fall, dass diese zu keinem freundschaftlichen Abkommen zwischen England und den Hansestädten führen würde, sich wieder als Gefangener in Lübeck einstellen sollte; Stocker beschwor, obiges zu halten, während Thomas Kent,* tunc in prefato theatro inferiori personaliter constitutus, *sich dem Rathe verbürgte, dass Stocker allem nachkommen werde, und zugleich beschwor, dass er selbst als Geissel* (obses) *für Stocker in Lübeck bleiben und die Stadt nicht verlassen werde; beide setzten obendrein ihr sämmtliches bewegliches und unbewegliches Eigenthum zum Pfande. — 1451 Mrz. 17. Zeugen Heinrich Wykendorp und Gotfried Heydmann.*

StA Lübeck, App. ad. A. Angl. 1, Or. Perg. m. dem Notariatszeichen von Petrus

703. *Lübeck an den deutschen Kfm. zu London: entbietet ihn zu der utrechter Tagfahrt, 15 Tage nach Ostern, mit der Aufforderung, die Bevollmächtigten* myt sodannen schrifften van schaden unde anderen saken, alse denne schole wesen van noden, *zu versehen. — 1451 Mrz. 20.*

StA Lübeck, App. ad A. Angl. 1, Entwurf.

704. *Danzig an Lübeck: ersucht den Beginn der Verhandlungen zu Utrecht für den Fall, dass die preussischen Gesandten nicht rechtzeitig eintreffen könnten,*

folgenden Tagen zu wiederholen, sowie die beschädigten Engländer anzuweisen, dass sie oder ihre Bevollmächtigten sich persönlich in Utrecht einstellen sollen cum querimoniis suis in lingua Latina ingrossatis forma debita sub autenticis sigillis vel autentico sigillo, specialitatem depredacionum et injuriarum suarum continentibus, et que et quales injurie sint et per quos facte sive perpetrate, in quo loco, quo tempore et quo anno et quo modo et ad quam summam extendunt. *Derselbe Befehl erging* ballivis ville sue Colcestrie, ballivis v. s. Gippewici, majori v. s. Norwici, majori v. s. de Lenne episcopi, ballivis v. s. de Boston, majori v. s. de Kingeston super Hull, Eborum, Novi Castri super Tynam, Sandewici, Winchelse, Suthampton, Bristoll.

um acht Tage verzögern zu lassen, sowie den deutschen Kfm. zu Brügge anzuweisen, dass er den Abzug von Brügge nicht beschleunige, sondern das Ergebniss des utrechter Tages abwarte; die Nachtheile einer vorzeitigen Verlegung des Stapels würden die Rsn. mündlich auseinandersetzen. — [14]51 (middeweken vor palmarum) *Apr. 14.*

StA Danzig, Missive 5 f. 160.

705. *Hm. Ludwig von Erlichshausen bevollmächtigt Johann von Ast, Dr. und rector in Elbing, Georg Rouber, Rm. zu Elbing, und Johann Meideburg, Rm. zu Danzig, in aller Form zur Verhandlung in Utrecht am 9 Mai mit den Gesandten des Kg. von England über alle gegenseitigen Ansprüche und Beschwerden sowie zum Abschluss eines Vertrages. — Marienburg, 1451 Apr. 23*[1].

SA Königsberg, Missive 17 S. 620.

706. *Lübeck an Köln: will der Aufforderung von Köln gern nachkommen und seinen Rsn. zum utrechter Tage den Befehl ertheilen, mit den von Köln über die in dem von Lübeckern genommenen englischen Schiffe befindlichen kölner Güter zu verhandeln*[2]. — *[14]51* (mandag in dem paschen) *Apr. 26.*

StA Köln, Or. Perg. m. Resten d. Secrets.

707. *Danziger Instruktion für Johann Meideburg zur Verhandlung mit Lübeck. — 1451 Apr. 29.*

D aus StA Danzig, Schbl. LXXIV n. 23, Or., bezeichnet: Johans Meydeborgs bevelunge de anno 51 versus Utrecht, qui recessit abhinc feria 5 infra octavas pasche[3]. *Mitgetheilt von Höhlbaum.*

Memoriale mit den heren van Lubeke to handelende, Johan Meydeborge medegedan.

1. Int erste van Krouwels sake, dat sik de personen, de Johan Bere hir gemechti[get][a] hadde, der macht van Burammers kyndere wegen, und der sake tusschen Krouwel und densulven kynderen nicht undirwynden willen. Hirumbe begereth de rath van Danczik, dat se her Johan Beren vermogen, dat he eynen mechtiger hersende unde vortrede de kyndere im rechte und vorantwerde de edder overgheve.

2. Item der sake van Herman Nyewerde, de Hans van Mynden erffgut up der van Lubeke tovorsichtesbreff hefft entfangen, dar wii nw umme werden angelanget, den rath [van][b] Lubeke to biddende, dat se uns sulker ansprake benemen; unde alse de rath von Lubeke schryfft, dat se eren breven willen genochdoen etc., dyt horet de rath gerne und hapen, se werden deme ok untwyvelliken also nagaen und vulkomeliken holden. So is doch Mertteke Swaken procurator gekoren mit namen Hinrik Ghogreve, de sulke gudere[c], alse Herman Nyevert hefft entfangen, manet und fordert, des de rath an de van Lubeke gesant hefft mit erem breve, dat se syk darna weten [to][d] richten.

3. Item van Hans Otthen saken to gedencken, alse her Johan Meydeborch wol bynnen is.

a) [illegible] D. b) van fehlt D. c) gudere manet D. d) to fehlt D.

1) *Dieselben erhielten ausserdem eine Vollmacht, den englischen Kaufleuten sicheres Geleite in Preussen zuzusagen, und ferner Beglaubigungsschreiben an die englischen Gesandten und die Rsn. der Hansestädte. SA Königsberg, Missive 17 S. 621—622. Die zweite Vollmacht auch in Or. vorhanden, Schbl. 83 n. 38.* 2) *Vgl. n. 685.*

3) *Vgl. n. 691.*

4. Item to gedencken vor deme rade to Lubeke vam tolle to Hamborch, dat men nu 3 pennynge nymmet von den guderen, de uth Vlanderen gebracht werden, dar men bevoren allcine 2 pennynge plach to nemen.

5. Item is her Johan Meydeborge und her Jurge Rovere van dem Elbinge etliche nagescreven schriffte medegedan: Int erste de schriffte der beschedigeden, de sik lest hebben upem rathuse schriven laten anno 51 in der fasten vor und na der tiit. Item de schriffte der beschedigeden, de en Johan van deme Wolde dede. Item des heren homeisters bevelunge, [de][a] den sendeboden medegedan syn. Item eyne permyntsrolle, dar de schaden innestân, de de Engelschen deme gemeynen Dwtschen kopmanne vor vele jaren beth int leste der genomen schepe gedan hebben. Item de verantwerdinge up der Engelschen clage, de se gestellet hebben up de stat Danczik, mit den schrifften de her Meynard Colner und Johan vam Wolde in Engelant in badeschopp medehadden, und Hinrik Vorrades bevelinge.

708. *Kg. Heinrich von England bevollmächtigt Robert Botill, Prior des Johanniterordens in England, Thomas Kent und Wilhelm Wytham*, legum doctores, *Johann Stocker, Kfm. aus London, und Heinrich Bermyngeham, Kfm. aus Lynn* (Lenne episcopi) *zur Verhandlung mit den Gesandten des Hm. und der Hansestädte*[1]. — *Westminster, 1451* (a. r. n. 29) *Mai 4.* Per breve de privato sigillo et de data predicta auctoritate parliamenti. Fryston.

SA Königsberg, 1) Or. Perg. m. anhang. Siegel. 2) Abschrift in der Hs. Kg von n. 709 in unmittelbarem Anschluss an § 36.

B. Recesse.

709. *Recess zu Utrecht. — 1451 Mai — Juni.*

R aus RA Rostock, Recesshs. 1450—95, 6 Doppelbl., anscheinend Originalprotokoll, mit zahlreichen Correkturen.

K 1—3 StA Köln, 1) kölner Ex., 9 Doppelbl., auf dem Umschlag bezeichnet: Gerhard Hair, burgimagister, Johannes Vrunt, doctor. — *2) Ex. d. Kfm. zu Brügge, Recesshs. 3 f. 173 — 178, unvollständige Abschrift, beginnt mit § 23, wozu noch §§ 2 u. 29 sowie n. 710, 712 von der Hand des* Johannes Arnoldi, subtitulus cancellarie consulum Lubicensium, *der das Ganze unterzeichnet hat, nachgetragen sind, vgl. § 31; 3) Recesshs. 3 f. 97 — 99 b, Abschrift von K2, beginnt mit § 23.*

Df SA Düsseldorf, weseler Recesshs., 7 Doppelbl., anscheinend weseler Hand.

D StA Danzig, Schbl. XV n. 56, 7 Doppelblätter.

Ka StA Kampen, A. Hans. I f. 89—90, Bruchstück, beginnt mit § 23.

Kg SA Königsberg, Schbl. XXXIII a n. 23, Heft von 22 Bl., vgl. n. 711, welche f. 1—5 einnimmt, worauf f. 6 — 20 eine meist an den nachstehenden Wortlaut sich eng anschliessende mhd. Bearbeitung von n. 709 folgt, welche Johann Ast zum Verfasser hat; sie ist bezeichnet: Verhandelunge gescheen uff der tagefart zu Utrecht gehalden im 51 jare, des 16 dages na osteren, in der Engilschen sachen.

a) *de fehlt D.*

1) *Bl. m. gleichlautend mit n. 681. Das Utrechtsche bourspraeckboeck (gedr. in Arch. v. kerk. en wer. gesch. inz. v. Utrecht ed. Arch v. Wijck en Dodt v. Flensberg 3 S. 101) verzeichnet:* Opten palmavont *(Apr. 17).* Men gheeft gheleide dese ambaciatoers des conincx van Enghelant: heere Robbert Botill, ridders s. Jans orden, tot 60 persoenen toe, meyster Vincentius Clementsoen, doctor in der heilighen schriften, met 24 persoenen, meyster Thomas Kent, doctor in beyden rechten, met 12 persoenen, meyster Willem Witham, doctor in den weerliken rechten, met 12 persoenen, Johan Stocker, een coepman van Lon, met 12 persoenen, Willem Cantlowe, coepman van Lon, met 12 persoenen, Henric Bermingeham, coepman, met 12 persoenen etc. *Kent und Stocker waren in demselben Jahre bereits einmal mit 32 Personen geleitet worden.*

Die hauptsächlichsten Abweichungen bestehen in der Einrückung der von Ast gehaltenen Reden sowie in Weglassung spezifisch hansischer Vorkommnisse; sie sind unten im Text angegeben.

Witlick sil, dat de erbaren sendeboden der ghemenen Dudesschen hanze, de in deme jare 1450 na der bort Cristi up sunte Mathei dach des hilghen apostels binnen Lubeke vulmechtich vorsammelt weren, under velen handelinghen dorch mennigerleie vorkortinghe willen, de deme Dudesschen copmanne in dem rike van Engheland teghen sine privilegien daghelinkes bejeghenen, unde[a] ok (umme)[b] merkliken schaden willen den ut der henze van den Enghelschen ghescheen[a], ene dachfard mit den sendeboden des irluchtigesten heren koninghes in ener van veer steden, welke de here koningk kesende worde, upgbenomen hebben na lude etliker artikelle an den heren konigk ghesant, de men in deme vorscrevenen recesse to Lubeke maket clarliken vindet[1]. Darto ok de sendeboden up derselven dachfard etlike stede ghedeputeret hebben, de sodanes dages dorch ere merckliken sendeboden scholden warden, de in den vorghesorden artikellen staen utghedrucket. So iset, dat de here koningk van Engheland ut den veer steden de stad to Utrecht heft utghekoren, darumme so sind desse nascrevenen sendeboden van den steden der henze in der weken na deme sondage, alse men in der hilghen kerken singhet Jubilate[2], ghekomen binnen Utrecht, alse bi namen: van wegen des grotmechtighen heren bovemesters Dudesches orden des landes van Prutzen here und meister Johan van Ast, doctor in deme gheistliken rechte; van Lubeke here Wilhelm van Calven, borgermeister, her Gherd van Mynden, radman; van Colne her Gherd Haer, borgermester, mester Johan Vrund, doctor amme ghestliken rechte; van Hamburg here Hinrik Lopouwe, borgermeister, Ludeke Struve, radman, unde Johannes Nigendorp, secretarius[3]; van wegen der stede des landes Prutzen her Jurien[c] Rover, radman to Elbinghe, her Johan Meigdeburg, radman to Dantzick, unde[d] (meister)[e] Johannes Wulf, secretarius[d]; van Nymweghen Diderik van Brukhorst, borgermester, Johan van Heze, radman; van Campen her Tideman Schomak, borgermester, her Jacob Junghe, radman, Johan Faber, secretarius; (van[f] des Deutzschen kopmans weghen to Brugge uth Flanderen Johan Lemann unde Hinrik van der Aire, oldermanne, unde Johan Gibbinck, secretarius), unde[g] van wegen des Dudesschen copmans to Londen in Engheland residencie holdende Johan Warrink[h], alderman, unde Hinricus ten Hove, clerik, unde hebben vorhandelt desse nascrevenen artikelle[g].

1. Int erste alse deme de sendeboden des heren koninghes noch nicht binnen Utrecht ghekomen weren, so weren de sendeboden der stede tosamende des sondages (cantate)[i][4] in der mynner brodere clostere[k] unde raetslagheden umme stede, de en to den deghedinghen denen mochte, unde worden en, so verne id den Enghelschen vellich were, dat se sodane handelinghe darsulven in deme clostere doen wolden. Unde[l] bescheden sik darsulves to komende des mandages na cantate des morghens to soven in de clocke.

2. Des[l] mandages na cantate weren vor den sendeboden de van Wezel[5]

a) unde — ghescheen nachgetragen R. b) umme D, umb Df. fehlt R. c) Jurgen D, Jorie Df. d) unde — secretarius fehlt Kg. e) meister D fehlt R. f) van — secretarius D fehlt R Kl Df Kg. g) unde — artikelle nachgetragen R. h) Werrynghen Df D. i) cantate Df D Kg fehlt R. k) In der barfoter kloster Kg. l) Unde bis zum Schluss von § 2 fehlt Kg.

[1]) N. 651. [2]) *Mai 16—22.* [3]) *Sie verzehrten 193 ℔ 3 ß. Koppmann, Hamb. Kämmereirechn. 2 S. 87.* [4]) *Mai 23.* [5]) Desselven dages (up s. Servaes avent, *Mai 12*) waren die burgermeister Henrik uppen Brinck ind meister Johan Knell to Utrecht myt 2 knechten to der daghvart der hansestede, to sollicitiren die sake van Deventer; — waren uit

claghende, wo de van Deventer deme recesse to Lubeke ghemaket nicht vulghedoen hadden. Undir velen worden so ward bii den heren ghesloten, dat men den van Deventer scholde scriven, dat se de eren to Utrecht scholden senden vulmechtich, umme den van Wezel andwert to gheven.

3. Ok[a] sind vor den hern van den steden ghekomen sendeboden des rades van Dusborch, sik beclagende, wo se dorch den willen, dat se tor dachfart to Lubeke int jar 50 gheholden nicht ghesant hadden, in ene pene van gholde unde entberinghe der henze to etliken jaren ghesproken weren, so were doch war, dat se dat nicht van wrevele unde unhorsame men van rechten noetsaken ghelaten hebben, welke noetsake se ok den hern sendeboden int langhe vorclareden unde oren rad darmede in den sakes bii oren eeden entschuldighedep. Unde de hern sendeboden, hebben sodane noetsake noghaftich de van Duisborch to entschuldighende erkant unde en darumme sodaner pene daran se sproken weren vordraghen, unde den[b] aldermannen des coepmans to Brugghe residencie holdende ghescreven, dat se ore borghere mit des copmans rechte ghelik andire van der henze vordeghedinghen scholen. Vortmer hebben desulven van Duisborch de sendeboden ghebeden, dat se dorch sodaner merkliken noetsake willen orem rade vororloven willen, dat se de eren to dachfarden en afghelegen to etliken jaren nicht senden dorften. Darup en is toghelaten dorch noetsake willen, dat se vif jar langk de stede gerne overzeen willen, doch so wan se vorscreven werden to dachfarden, so scholen se de sendeboden ener henzestad bii en beleghen mit erer stad be[se]ghelden[c] openen breve vulmechtich maken, unde mit der stad scholen se sik umme de teringhe gutliken vordraghen.

4. Item alse de sendeboden unde ambasiatores des heren koninghes van Enghelant des midwekens na cantate teghens den avent bynnen Utrecht weren komen, so sanden de hern van den steden etlike van en des donredages morghen, alse[d] beschedeliken de van Colne enen[e], (de)[f] van Hamborg (enen)[f], unde twe ut Prutzen, darvan mester Johan Vrund, doctor, dat word helt[d], de en gutliken willekome bidden scholden unde mit en umme tid unde stede, wor men mochte tohope komen, ens werden. So worden se ein, dat se des vrigdages to achten in dat closter to den grawen brodern[g] komen wolden.

5. Des[1] vrigdages na cantate to achten in de klocke weren des heren koninghes

a) § 3 fehlt Kg. b) den D, denne R. c) toghelaten R. d) alse — helt nachgetragen R fehlt Kg. e) twe Df. f) de und enen D fehlt R. g) grawenbrodern Df.

5 weken bis des dinxdages s. Vitus daghe (Jun. 15), vervaren ind verdeden buten 47 fl. gl. 8 alb., maken 104 ₰ 11 β 8 ₰; verdeden doe sie wederquamen tot Derich Hogels hus 11 β 4 ₰.

1) § 5 lautet in Kg folgendermassen: Des fritages nach cantate zo achten quomen die wirdige und ersame sendeboten an beiden siiden in dem vorgeschreben cloesters zosammene und daselbist durch den herren und meister Johan von Ast, doctorem, eyn eirliche und vrüntliche vorreede getaen und gelaytbart wart zo den sendeboten des herren koninges in solcher wyse, doch mit mehe worten: Wo das ere wirdige und merkliche personen azam des herren koninges sendeboten sy alle und gemeynlich myt eirlicher und gebürlicher wirdichheit entfangen und erer kegenwertikeit auch ganz dirfreuwet weren, sich auch hoichlich bedankende, das der herre koning umb allis besten und frede willen diese tagfart durch ere wirdige personen hette besucht. Und so diese tagfart denne vorramet und geleget were, umme zo bestetten und widder zo machen de alde leebe, vruntschaft und eyntracht, de durch etliche schelungen und gebrechen zorstöret were, und auch allirley schaden widder zo keren, so hoffden und getrüweden sy alle, das sy durch ere personen und kegenwertichkeit und raeth und hulfe, das das lange ziit begeret und vorsucht were und doch zo keynem begerlichem ende komen were, zo eynem guten und frundlichen ende und eyndracht komen scolde. Und weren also begerende und dirmanende, vruntlich und hoiglich, umb des gemeynen besten wille, nutze und wolfart, sich myt in also uz zo bewisen und zo bearbeiten, das de alde leebe und vruntschaft widder gemachet und gesterket wurde, anmerkende

sendeboden darsulves in deme clostere, alse bi namen de erwerdighe here Robert Botill, prior des orden sunte Johannis Jherosolomitani, mester Thomas Kent, mester William Witham, doctores legum, Jon Stocker, copman van Londen, unde Henrik Bermyngeham, copman van Lenne, de ok in des hern koninghes machtbreve sunderghes ghenomet weren, dar bii (en)[a] an enen zael quemen des hern homesters unde der stede van der hanze sendeboden, de darsulvest vormiddelst meister Johanne Ast, doctore, mennigerlele recommendacien unde worde der ere lobeborich leten vorluden, unde darna in wat wise de samelinghe up desser dachfart ghescheen were unde worut de eren ortsprunk hadde. Darut denne na ummestendighen reden de sendeboden beider dele ens worden, dat ein etlik sine machtbreve unde procuratoria entoghen[b] unde wisen scholde. Des ward dar int erste lezen ein ghemene procuratorium[b] van der henzestede weghen[1] mit der stad Lubeke ingheseghel beseghelt[2], darna des hern hovemesters van siner herschop unde lande wegen unde int lateste wart des hern koninghes van Enghelant machtbref ok ghelezen. Darna wart bespraken, dat des heren koninghes sendeboden de machtbreve des heren homesters unde der stede van der henze bet des anderen dages bi sik behalden scholden unde dergheliken wedderumme, umme dat en elk part sik beraden mochte, eft de machtbreve to der dachfart, alse de begrepen was, doghaftich weren, deme so gheschach.

6. Alse dit ghescheen was, so leten de sendeboden der stad Lubeke vormiddels[c] mester Francken sunderghes van erer stad wegen anspreken mester Thomas Kent, enen van den procuratoren des koninghes, sunder den de anderen ok na lude des machtbreves nicht in den saken, darvan men dar sluten scholde, handelen mochten, unde wolden en dorch sake willen, de se eme toleden, unde[d] sunderges enes sakes willen den he en ghedan unde nicht gheholden hadde[d], ut deme rade driven unde nicht in handelinghen hebben. De doch na velen reden unde wedder-

a) en D; D fehlt R. b) entoghen — procuratorium fehlt D. c) vormiddelst D.
d) unde — hadde nachgetragen R.

und betrachtende, welche grois gut und sunderliche ere deme riche von Engelant doven ontstaen und komen moge, so de beide hirschafften, als Engelant und Pruessen und de gemeyn hanse, in frede und fruntschaft sich woil ohirtragen, und welcher schade sunderlich dem riche von Engelant und dem gemeynen gute doven ontstaen mochte, so diese tagfart und vorsamelunge, das Got vorbieten wolde, sen ende und unfruntlich sich scheiden wurde. Ouch so were es woil in vorczilten geschien, das etliche herde unerbare und unbilliche reede und worte uff tagfarten von des herren koninges sendeboten zo den andern sendeboten geschen und gehoirt weren, und besorgende, das eyn solches ouch ny nicht en geschege, so begerden und protestirden des herren homeisters und der gemeynen hanse sendeboten andirs nicht dan erbare hassche (*l.* hovesche) und noitorftige worte und reede zu furen und so haben an beiden siiden. Ouch so protestirden und begerden deselbige sendeboten, ap eynige artikelen zwisschen en und an beiden siden vorramet und obirtragen wurden, das das allis unbegriflich und unschedlich syn salde itzlichem teile, bis das eyntrechticklich und endlich uff alle schelunge und gebrechen besloszen und obirkomen wurde. Und mit dieser vorreede und protestacien begerden sy mit den Engilschen sendeboten gerne in handelunge zo gaen nach luyte und inhalt des recess, der uff diese tagfart vorramet, beliebet und ussgeschreben were. Des herren koninges sendeboten antwort hiruff was, das sy dis gerne gehoirt hatten und ouch billich und reedlich were, und das man deme also dede, desgelich sii ouch also vill an en were gerne thon wolden. Und alsus nach mehe worten und reeden so wurden de sendeboten an beiden teylen eyns, das eyn itzlich syne machtbrieve und procuratorie wysen und vorbrengen solde, so das szam eyn fundament und grundfeste were allir handelunge. *Das Folgende wie oben.* [1]) *N. 658.* [2]) *Kg führt fort:* und so das gelesen und gehoirt was, do sprach meister Thomas Kent, in dem machtbrieve en wurde nicht berurt von dem herren homeister von Prussen, und begerde ap des herren homeisters sendeboten nicht eynen anderen machtbrieff betten. Also goben des herren homeisters und syner stede Pruessen sendeboten do yren machtbrief vor, der auch gelesen wart, und nachdeme do goben de Engilsche sendeboten yren machtbrief vor der ouch gelesen wart.

reden beraed hat bet des neghesten dages, so wolde he en up sodane tosprake andwerde gheven, wente[a] wat he ghedan hadde mit recht wol doen mochte. Welk de sendeboden van Lubeke toleten na underwisinghe der anderen stede sendeboden, soverne id sunder begrip schen mochte, wente se van sinem antwerde noch (wyn)[b] edder vorlues (heb)ben[b] wolden, (want sij)[b] anders nicht hadden in bevele, men dat se mit eme in deghedinghen nicht wesen scholden, hadde mester Thomas redelike entschuldinghe, dat he de dar[c] it sik behorde[d] vorbrachte etc.[a].

7. Ok wart do en sulves van den hern sendeboden des homesters unde der stede ene protestacie dân, dat se in den vruntliken handelinghen to beiden siden einer openbaren scrivere edder notarii ghebruken wolden, so langhe se ore handelinghe slaten hadden, dat se denne sampliken van beiden parten darto eschet worden, umme alle puncte so vele de beth to vorwarende, oft den sendeboden beider dele des denne van nöden duchte[e].

8. Des sonnavendes, welk was de 29. dach in meye, alse de heren sendeboden van beident siden to der ghedeputerden stede in dat closter tosamende komen weren, beghan[f] mester Thomas Kent der word, vorhalende, wo de van Lubeke ene des vordaghes hadden anspreken laten, in welken worden he vorsokede[g], dat he den van Lubeke nicht ghesworen, men bekande, dat he en mit slichteme lofte in hande enes borgermesters ut erer stad nicht sunder eren willen to schedende lovet hadde, unde ghaf dar vore mennigerleie sake, worumme he sodane lofte to holdende nicht plichtich were[h], de he ok mit allegaten etliker rechte bekleden wolde. Darup mester Francko van weghen der ersamen van Lubeke van stund andwerde, wol dat mester Thomas in entschuldinghe der sake eme tosprake lecht mennigerleie sake vorgheve unde de ok mit redenen bekledede, de se wol wedderspreken unde vorandwerden wolden, alse se dat in bevele hadden, men se hadden nicht in bevele anders, den dat se mit eme in tractaten unde handelinghen nicht wesen scholden[i]; begherende van deme heren priore unde den anderen sendeboden des hern koninghes, dat se ene in de handelinghe nicht mede brachten[k]. Worup de here prior vormiddelst sinen sulves worden den hern gutliken vorghaf, wo he unde siner ambassiaten selschop van deme hern koninghe van Enghelant dorch vrede unde endracht unde ok olde vruntschop wedder to makende, darane he unde de anderen sunder mester Thomas, alse se in ereme machtbreve wol mochten vornemen, nicht doen konden, dar ghesant weren, unde begherde, dat men mit sodaner sunderghen sake, de allenen de van Lubeke unde mester Thomas anrorede, dat ghemene ghud nicht hinderde, dat eme van herten leth were, wente he unde sine selschop to endracht unde vrede ghentzliken gheneghet weren unde ok anders nicht van deme hern koninghe in bevele hadden; wo dat denne anders ghevelle were eme let unde moste darvan tuchnisse doen, dat id bi sinen schulden nicht vorbleve. Darup sik de sendeboden des hern koninghes unde ok des heren homesters unde der stede van der henze elk bii sik bespreken, unde de sendeboden des hern hovemesters unde der stede vorhandelden mit den sendeboden van Lubeke int langhe, dat nicht nutte were, dat sodane dachfart, de dorch des ghemenen besten willen upghenomen unde mit varen unde kosten dar vorsammelt weren, so dorch sulke sake in deme anbeghinne to nichte werden scholde,

a) wente — vorbrachte etc. nachgetragen R. b) Der Rand abgerissen R, ergänzt aus [illegible]
c) to Lubeke Kg. d) geboerde Df. e) Und [illegible]
de Engelschen sendeboden fügt Kg hinzu. f) begunde — de worde D. g) [illegible]
h) [illegible]
[illegible]
i) [illegible] fügt Kg hinzu. k) [illegible]
[illegible] fügt Kg hinzu.

sede en duchte nutte unde gheraden wesen, dat se de sake mit mester Thomas swighende beth int lateste der dachvard overghân leten, mit tucboisse dat se mit handelinghen, darinne mester Thomas mit en were, eneme rade ere tosprake ungheserighet unde unghemynnert beholden in[a] sodaner wise, alse de sake weren, er de sendeboden tosamende binnen de stad to Utrecht qwemen[a], welk de sendeboden en ok wolden bii deme rade entschuldighen helpen. Van vorgheringhe des hern priors unde undirwisinghe der sendeboden des hern hovemesters unde der stede hebben de sendeboden van Lubeke tolaten unde belevet, dat mester Thomas in den handelinghe wesen mochte, mit bescheide dat deme rade to Lubeke ere sake mit mester Thomas in sinem wesende, alse de was er de sendeboden to Utrecht qwemen, unvorkortet sunder begrip bestande bliven scholde, welk ok openbarliken in jeghenwardicheid aller sendeboden so wart vorhandelt unde utghesproken. Worup mester Thomas to hant andwerdede, dat eme duchte, dat he den van Lubeke redelic andword up ere tosprake gheven hadde, duchte over den sendeboden, dat eme vorder wes noet were, dat wolde he doen, men dat men vorder nicht in de sake ghinghe, he were denne van der Lubesschen ansprake quit gheschulden[b]. Darup na besprake, welke de sendeboden des hern koninghes mit mester Thomas allenen hadden, de here prior sede, dat mester Thomas sodane ghemene beste, alse men dar vorhopede, nicht vorhinderen wolde noch scholde, nadem de Lubesschen ere vulbord darto gheven hadden, men dat de sake bestande bleve. Darup mester Thomas sulven sede, dat he to eren des hern koninges unde des hern prioris unde der anderen sendeboden unde dorch vortghanghes des menen besten sine eghene sake, de eme grot ghulde, geroe achterstellen wolde, wan over de van Lubeke edder jement anders ene van der sake wegen wolden beschuldigen, so wolde he to andwerdende berede wesen. Alse denne desse sake so blef bestande worden de sendeboden ens, dat se des sondages rouwen unde des mandages vor ascensionis in de procuratoria, oft de sogaftich sin, spreken wolden, up dat men sunder fundament to den saken so nicht en ghinghe.

9. Des mandages vor ascensionis domini, welk was de leste van meye, weren de hern sendeboden beider dele tosamende up ere(r) ghe(de)puterden[c] stede, dar denne de sendeboden des hern koninghes seden, dat in deme procuratorio der henzestede vele ghebrekes were unde ok in sik sulves nicht van werden were; unde[d] vragheden sunderghen, we unde van wat steden ein elk were, des en wart berichtet. So vunden se, dat ein olderman des Dudeschen copmans van Londen mit Hinrico des copmans clerike dar mede weren, de doch in deme procuratorio nicht weren utghedrucket, de se denne nicht in den saken stedes darbii to wesende liden wolden, ane se wolden eren olderman eres copmans, de to Dantzik vorkerede, ok bii sik hebben, darup na mennigerleie rede unde wedderrede de olderman unde Hinricus utghaen mosten.

10. Darna gheven de sendeboden des heren koninges excepcien teghens dat procuratorium der stede, der ene was dat darane nicht weren namelike utghedrucket deghenne de mechtich hadden maket unde ok de mechtich ghemaket weren, unde se wusten ok nicht, wo vele stede in de hanze horeden, darumme weren se in twivele, oft deghenne de to Lubeke weren, dar de machtbref gheven were, den to gheven de mechtich weren, men moste ere macht erst bewisen. Tho deme anderen male so stonden dar nicht ynne desse word „componendi, paciscendi,

a) in — qwemen nachgetragen K. b) [illegible] c) so D, ere ghepaleerden K. d) Der Schluss des Paragraphen [illegible] folgt in Kg am Schluss des § 13.

transiendi etc. summarie et de plano sine strepitu etc.", men st(un)de[a] slicht „audiendi, examinandi et fine debito terminandi". Item weren darinne etlike word, de contrarie weren unde dat ene jeghens dat anderen ludede, wente int erste stunde darynne, dat se samptliken weren mechtich ghemaket unde nicht in solidum[b], unde int lateste stunde, dat de stede van der hanze laven vast to holdende, wes vormiddelst eren procuratoribus vorbenomet edder deme mestendele van en vorhandelt worde, welke rede sik scholden entjeghens luden.

11. Desgelikes[c] ghaven ok de hern sendeboden weddersprake teghens dat procuratorium erer wedderpartien, wente id were nicht ghemaket up sodane artikelle, darup de dachvard begrepen were, wente na lude der artikelle etlike stede in Enghelant beleghen ore vulmechtighen to desser dachvard senden scholden, alse de artikelle dat wol utwisen, des men so nicht vorneme. Ok so stunde darinne in der stede, dar de koningk lovede alle dingk to holdende, wes sine procuratores handelden, desse clausule „quantum ad nos pertinet", darut sik de sendeboden bevruchten, dat de machtbref buten dat parliament ghegheven were, unde alse men des ervaringhe heft, dat vake de here koningk teghens dat parliament unde wedderumme dat parliament teghens den koningk doet, so weren se in vruchten, dat id nicht van werden wezen scholde[d].

12. Unde[e] alse denne up beider dele excepcien was gheandwerdet[e], nach mennigerleie rede unde wedderrede worden de sendeboden van beident siden en, dat se de procuratoria in oren formen wolden laten unde wolden up andere wise dencken, dat men in de rechten principalen materien ghan mochte, unde wes men sluten konde, dat dar wise to vunden worde van beident siden, dat id gheholden worde unde bestentlick bleve.

13. Item hadden de sendeboden mennigerleie unde vele handelinghe mit den ambassiaten des koninghes van enes[f] notarius wegen, den se mit sik brachten, de doch nicht ut Enghelant mit en komen (was)[g], men den se dar ut dem stichte van Utrecht[h] to sik ghenomen hadden, begherende, dat se den, wente he in erem machtbreve nicht were utghedrucket, dorch begrip to vormidende dar buten laten wolden, wente se van gudeme herten in groteme loven de sake dorch dat ghemene beste mit en handellen wolden, so langhe dat se eres dinghes weren overenghekomen unde sluten wolden, dat se denne sodane notarios samptliken esscheden. Wowol de sendeboden vele vruntliker unde ok ernstliker sprake unde handelinge darumme hadden, doch so wolden se ene beholden[i], des sind se overenghekomen samptliken, dat desulve notarius ein instrument schal maken unde ok der van Campen notarius van enem lude, daraf de notulen scholen begripen ein doctor ut Enghelant unde mester Johan Vrunt, dat de unde anders nyn notarius in dessen handelinghen ninerleie handelinghe in openbarer schrifte edder instrumente wise schal scriven, de sendeboden werden denne samentliken anders wes to rade.

14. Dessulven dages, welk was de dinxstdag vor ascencionis unde de erste in Junio, alse de sendeboden to der principalen saken ghaen wolden, beghan mester Thomas Kent mennigherleie wort int langhe vortoghevende, darmede he under velen worden den[k] steden to na sprak, so en duchte[k], dat de here koningk van Enghelant den steden der hanze grote vrigheid unde privilegie in sineme

a) stunde Df. stede R. stede D. b) dat ist eyn itlich besunder erläutert Kg.
c) Desselve Kl. d) und darumb in keyner handelunge myt en gaen mochten Kg.
e) Unde — gheantwordet nachgetragen R. f) eren D. g) was Df D fehlt R.
h) und eynen Dolmetscher schaffet Kg ein. i) nicht mann eynen notarium by sich und ... sachen zu haben sunder alleyn man eynen schriber, ... alle handelung in eynem gedechtnisse vruntlich zu ... und zu beschriben fugt Kg hinzu. k) den — duchte nachgetragen R.

rike mer wen jeniger nacien unde ok sines rikes inwoneren gheven hadde, darvan[a] de stede grotliken[b] begudet weren[a], darvore sine majestate ere, lof unde dankname{c}heid eghede unde sine undirsaten in den steden van der hanze gutliken tracteret unde vruntliken scholden holden werden, des nicht ghescheghe, men nicht allenen dat de undirsaten des heren koninges worden beschediget, doet gheslaghen unde vanghen, so worden ok deghennen, de betekenden de personen des koninghes, alse sine sendeboden, de dorch dat ghemene beste ut weren, vanghen unde in vule torm worpen, des nicht wesen scholde, wente sendeboden jo scholden velich wesen, so he dat mit mennigerleie reden bewisen wolde. Int lateste beslot he, wo he unde sine selschop van deme heren koninghe in bevele hadden, dat se nine tractate unde handelinghe hebben scholden, sine sendeboden, de in den steden van der henze vanghen weren, worden tovoren der vengknisse quit ghescholden mit al eren knechten unde deneren, unde dat men en al ore ghenomen gudere unde schattinghe wedderghevе unde ere borghen loes schulde, ok al ere breve, scrifte unde wes darto denet wedder ghentaliken andwerde; dat scholde van en wesen dat anbeghin unde de ende der handelinghe, dat se der en koren, welk en ghelevede. Hirup na mennigerleie wedderrede beden de hern sendeboden ere berad bet des anderen dages, welk was de avent der hemmelvard unses heren.

15. In dem avende ascensionis domini, welk was de andere in Junio, qwemen de sendeboden wedder tosamende. Darup sprak mester Francke in entschuldinghe des rades to Lubeke, wo etlike sendeboden des hern koninghes, by namen her Ropert van Schotesbroke, ritter, unde Richard Caunton, doctor, int[c] jar 40 binnen Lubeke to dage weren wezen[c], do denne na mennigerleie handelinghen mit den sendeboden des hern homesters unde der stede van der hanze hadden sloten unde weren ensghewordеn, dat alle dingk twisschen des hern koninghes, hern homesters unde der stede schiphern unde coepluden sunder alle begrip in gude staen scholde twe jar langk unde de ene scholde den andern ninewiis beschedighen. Doch nicht langhe darna, alse de ritter was wedder in Enghelant ghekomen, so nemen de Enghelsschen mit groteme bedreghe in gudeme loven ene grote vlöte schepe in Prutzen unde in de henze behorende wedder Ghod, ere unde recht, unde hadden darto na der tid mennigerleie schaden daen in morde unde rove in der zee, darmede[d] ze den vrede braken hadden. Des weren etlike coplude van Lubeke, nicht van deme rade utghesant men de bii sik sulves copvard seghelen wolden, de ok van den Enghelsschen beschedighet weren, unde qwemen an ein schip mit Enghelsscheme gude laden, welk se anleden unde vorwunnen unde behelden dat schip bii sik, over de vanghenen sanden se eren vrunden unde rederen to Lubeke, de den rad beden, dat se en ene woninghe lenden, dar se mochten vorwaret wesen, de ok themelike ghenoech was vor vanghene, deme se so daen hadden, unde hapeden, nademe se dat ere in vrede unde loven namen hadden, so mochten se dat mit heschede wol daen hebben alse eren vienden. Doch hadden se dorch bede willen der sendeboden van den steden sodane vanghenen vrig ghelaten mit beschede, dat se ut Lubeke nicht scheden scholden sunder des rades willen[e], mit[f] verhale welke bii den van Lubeke wol sint bewaret.

a) darvan — weren nachgetragen R. b) grotliken Hf. c) int — wezen nachgetragen R. d) darmede — hadden nachgetragen R. e) so dan in schriften noch by dem rade to Lubeke wol vorwaret [illegible] Kp. f) mit — bewaret nachgetragen R.

16. Darna[1] wart vormiddelst mester Johan Ast deme doctori verandwerdet al wes mester Thomas Kent teghens de hanze ghespraken hadde, unde ghaf en vore, dat nicht redelik were, dat de gantze hanze, wes ein stad breke, entghelden scholde, na lude der privilegie der hanze unde inholde der artikelle darup de dachfart funderet were. Darup andwerden de Engelsschen, de sendeboden weren mechtighet van der hanze unde de sendeboden weren van den van der hanze vanghen, unde se hadden in bevele, nicht to handellende sunder de sendeboden

[1]) § *16 lautet in Kg. wie folgt:* Ouch so wart durch den herren Johannem von Ast van den herren homeisters und der anderen stede wegen und beveel gesprochen und vorgegeben, wie das sy woll gehort und vornomen hetten de reede und worte, de meister Thomas Kent in des lange und gemeynlich widdir sy alle getaen und gehat hette, daedurch her sy alle mit scharfen und ungutlich worden und reeden ane ir schult und vordienst beklaget hette, das en allen sere leyt were; und dies en weren nicht worte noch reede dyenende zo dem freden und zo der eyntracht und alder frundschaft, so sy doch grois gelobet und gesprochen hetten, wo sy sunderlich geneyget weren zor frundschaft und eyntracht und ouch sich dorinne uff das hogiste und mit allem vliis bewisen welden, das sy doch noch nicht en bewesen mit der daet mit solchen reeden als meister Thomas gefurt hette, und welden woll das meister Thomas bas bedocht gewesen were und solcher reede und worte sy dirlaissen hette; und kunden nye den reeden und worten nicht woll andirs vernemen, denne das villicht meister Thomas bas were mit unfreden und zweitracht danne mit eyntracht und vruntschaft, ouch bevelder in syner reeden were gewesen untuchgen und laster denne togent und gut zo sagen und zo vorzellen; und vorwunderenden sich sere, nye wie grunde und betisen meister Thomas durch syn reede also de gantse gemeyn hense dorste smehen und asam schenden, so de doch allezit gerne getaen hette und noch thun welde, was sy kunde und wiste, dem herren koninge zo eren und dynste; und getruweden gruss, das dith nicht en were von willen und beveel des herren koninges, de gantse hanse also mit herden worden zo versprechen, als denne meister Thomas getaen hette, und geeben des ouch keyn schoult dem herren koninge; sundir hette meister Thomas willen reeden uys rechter und guter vornunft und warheit, als her villicht mehe geredt hette uys leide und bitterkeit synes hertzen, zo zwyvelden sy nicht, he hette woll von solchen worten und reeden gelaissen, wente her sulde billich betrachtet und gemerket haben, wo de gemeyn hanse nicht aen groisse und sunderliche togende und nutz und wolfart des ryches von Engelant ere privilegien und vryheiden geworben und gekregen hoet, als mit groissem arbeide und dynste, mit mennelligem schatze und gelde und blotvorgessunge denselbigen privilegien und vriheiten gekouft haben und die ouch ohir dryhundert jaere in freden besessen und der gebruchget bis an diese czit, und de en ouch von koninge zo koning bestediget syn und vormeret; ouch sulde [her] betrachtet haben, das von sunderlichem vordynste und gnaden dem Dutschen koufmanne von der hense zo Lunden eyn heubtporte und thurm zo verwaren sunderlich bevolen und dirleubet were, und sulde billich von solchen worden und reeden sich behoet haben und gelaissen der gemeynen hanse de zolegende. Und alsus uff das leste wart der herre prior alsam eyn heubt und obirster und ouch eyn gut mitteler der vorsammelunge zo beiden siiden dirmanet und angeroefen, das her mit vlyme dornach siin welde, so sy em ouch woll zogetruweden, das diese tagefart umb des gemeynen besten vorrames nicht durch solche worde und reede vorhindert und verstoret wurde, und auch sulche worde und reede nicht mehe geschegen, andirs so muste man de verantworten und also so sulde swerlich und obil zo komen siin zo eynem guten und fruntlichen ende und scheiden, sundir das an beiden siiden eyn iczlich uff das gutlichste und vruntlichste nach syner macht und beveel dede und sich bearbeite zo frede und eyntracht, das geburte sich woll von sendeboten etc. Ouch der gemeynen hense also schoult zo geeben und de so beklagen umme der von Lubeke willen und, ap de nu gebrochen betten, de gemeyn hense das zo entgelden laissen, das duchte sie unbillich syn und ouch kegen ere privilegien, de das inhewiden, das nemandis vor des anderen schoult sulde gehalden werden etc. Hiruff wart durch meister Thomas myt mehe worten woll gesprochen, das de gemeyn hanse in deme duchte adir scheyne schoult zo haben, das sy de von Lubeke nicht also underwesen adir dorzo beelden, das des herren koninges sendeboten, de durch de von Lubeke, de in der hense siin, gefangen weren, los und vry wurden mit personen und guteren und andern dyngen, de en genomen weren, und dies geburte der gemeynen hense so, von der wegen sy alle aldae vorsamelt und gesant weren. Ouch so dirbote sich der herre prior von der dirmanunge und begerunge der sendeboten des herren homeisters und der hense czo eme getaen durch herren Johannem von Ast, das her gerne das beste thun welde also vill an eme were und ouch eme ganss woil were

weren vrig ghelaten, wente se weren nicht vigende, unde al weren se vigende wesen, so scholden doch sendeboden vrig wesen. Hirup wolden sik beide dele bet des namiddages beraden, unde de sendeboden der stede wolden mit den Lubesschen spreken, se undirwisende, soverne in erer macht were unde den sendeboden des antwerde weten laten.

17. Des namiddages hadden de sendeboden mit den Lubesschen vele handelinghe unde hadden gerne seen, dat se de sendeboden hadden loes ghelaten mit undirscbede, oft de andere sake nicht vruntliken weghghelecht unde sleten worden, dat se denno in loeflten unde vengnissen bleven. Daran sik de van Lubeke nicht gheven wolden, men se andwerden, wo sik de andere dinghe vunden, so wolden se ore beste bii erem rade gherne doen, umme[a] to vorsokende, oft de sendeboden loes werden mochten[a]. Welk de sendeboden in guder mate des koninghes sendeboden vore gheven. Darup de sendeboden des heren koninghes andwerden, dat de sendeboden van den steden dar weren van der ghantzen hanze weghen mit macht, alle ghebreke to vorlikende, unde dit artikel were dat aldermechtigheste der ghebreke, wente id anrorede de personen des koninghes, darumme mochten se dat nicht nalaten unde ghan to anderen saken, wente dat nicht redelik were unde se ok nicht dat in bevele hadden. Hirup wart ghesloten, dat se dar vorder an beidensiden up dencken wolden unde amme vrigdage morghen wedder tosamende komen.

18. Item des vrigadages na ascensionis domini, de was de verde dach in junio, weren de sendeboden des heren homesters unde der stede van der hanze tosamende, umme to vorsokende, oft men in dessen saken jenich gut middel vunden mochte, darmede men mit den Enghelschen sendeboden vurder in de sake ghan mochte. Dar de van Lubeke vorgheven, de Enghelschen hadden eren borghern groten schaden dan in gudeme vrede unde loven, mochte en dervan wedderrichtinghe schen, so worde sik dat andere mit den ghevanghenen wol vindende, anders dachten se nine vorder handelinghe mit en to hebbende, wente se lever mit den Enghelschen unwillen den mit oren beschedigheden borghern hebben wolden, de dachten mit oren schaden nicht to lidende. Hirup na besprake de sendeboden mit den van Lubeke oversprcken, oft se sik gicht mechtighen wolden, dat se de sendeboden de ghevanghen weren mit undirscheide loes leten, bii also oft men mit den Enghelsschen der anderen artikelle eenswordo, scheghe dat nicht, dat se denne ghevanghen bleven; edder dat se tor erkantnisse etliker hern fursten, des hern homesters edder der ghemenen henzestede setten wolden, wer sik na leghenheid der sake ghehorde, dat se de vanghenen erst quit schelden scholden edder war me eren borgheren eren schaden, de en vór in loven schen were, erst richten unde betalen scholde, up dat se so vele de richtigher in oren saken erkant worden. Welk den van Lubeke so nicht was to synne, men so

a) umme — mochten [illegible] A

mit frede und eyntracht. Und bekante ouch, das man mit solchen reden und worten obil komen sulde und kunde zu eynem guten ende, und begerde ouch beiglich, das wyr alle uns bearbeiten welden und bewisen, de sendeboten von Lubeke underwisende, das vor allen sachen des herren koninges sendeboten, de gefangenen weren, vry wurden, wente dies gynge an die ere des herren koninges, ouch sendeboten, de dae tadingen und handelen solden, de solden yo vry sin, ouch so were dem herren koning in deme so kurts gescheen, syne sendeboten zu fangen, de umb vreed und eyntracht gesant woren, ouch so kunden sy aen meister Thomas keyne handelung gethun, als ir machtbrieff voll uysweise etc. Hiruff widder von des herren homeisters und der gemeyn hanse sendeboten geantwort wart, das es en leyth were, das dese dynge gescheen weren, und allis das in erer macht were, das welden sy gerne thun und das beste sprechen myt den van Lubeke und de underwysende.

dachten bii eren vorreden to blivende. Darup[a] worden se ens, dat de van Lubeke den sendeboden des koninghes eren willen sulves vorbringhen leten[b].

19. Alse beider dele sendeboden to dersulven tid tosamende qwemen, wart den Engheleschen vorgheven, wo de sendeboden des hern hovemesters unde der stede vele handelinghe mit den sendeboden van Lubeke hat hadden, umme middele to vindende, darmede desse sake mochte vortghank hebben, des hadden sik de van Lubeke bespraken unde wolden en ere meninghe sulves vorgheven. To hant sede mester Francke van der van Lubeke weghene, wo de Engheleschen den borgern to Lubeke merkliken groten schaden in loven unde vreden dân hadden, de denne ok vôr schen were, so mochten se nine handelinghe vorder hebben, ane eren borgheren worde er schade erst wedderrichtet, wan dat ghe-schen were, so wolden ze sik in entrichtinge der vanghenen bii erem rade gutliken bewisen unde dat beste doen, dat se mochten, alse vorscreven steid. Darup de Engheleschen andwerden, se[c] wusten nicht, dat de van Lubeke alse de van Lubek sunderghen dar weren, wente se ninen sunderghen machtbref van en seen hadden, ok weren ze to den van Lubeke edder Colne ofte Hamborgh etc. sunderghen nicht ghesant, men to den sendeboden der ghemenen hanze, se dachten ok nicht toghens ene elk stad van der hanze bisunderen to deghedinghende, wente se teghens vele stede in der hense, de dar de eren nicht hadden, sake unde claghe hadden, alse de van Bremen unde andere, wan se ere sake teghens elk stad bi-sundern vorhandellen scholden, wer denne dar to antwerden wolde[c]. Ok mochten se nine handelinghe mit den sendeboden hebben, des koninghes sendeboden weren denne quit gheschulden, wente dat de groteste sake were unde vorede an de ere des koninghes, de se utghesant hadde, unde de ere des hern homesters unde der stede, darto se sant weren, darumme moste men dat erst vorbeteren. Ok oft ze wol wolden to anderen zaken ghaen, so were id en nicht moghelik, wente men up privilegie unde schaden to beiden siden spreken scholde, alse denne des hern koninghes sendeboden vanghen worden, so weren en alle breve unde scrifte to den saken denende namen, ane de se nicht handellen mochten unde konden, darumme duchte en, dat men dat nicht sluten konde, dat en leth were. Darup ward gheandwerdet, dat de sendeboden allen moghelken vlit bii den van Lubeke daen hadden, unde alze ze denne to desser tid nicht mechtich weren, se to dwing-hende darto, des se dorch gutliker underwisinghe willen nicht doen wolden, so duchte en doch nicht redelik, dat de unschuldighen dorch eren edder eres ghe-liken willen scholden werden beschedighet unde in schaden, den ze leden hadden, besitten sunder richtinghe, edder ok orer vrigheid nicht ghebruken. Unde beden vrundliken, dat des koninghes sendeboden, nademe alse me in den handellinghen wol ervore, dat men dar aller ghebreke nicht enwerden konde, dat se up gude wise dachten, wo me mit redelicheid de dachfart sliten mochte. Hirup wart ghe-sloten, dat de sendeboden van beiden delen, elk bii sik, artikelle begripen schol-den, dar men desse dachvard up endighen wolde, unde de amme mandaghe morghen wedder tor stede bringhen[1].

a) Und so de sendeboten der stat von Lubeke sich nicht anders bedenken noch fynden wollen lassen in diesen sachen, so begerten de andere sendeboten, das sy denn [illegible] Kg. b) [illegible] Df.
c) Der erste Absatz der Erwiderung der Engländer, se wusten — andwerden wolde fehlt Kg.

1) *Kg, welches § 20—23 weglässt, fährt fort:* Also so wart an beiden syden abirtragen eyn vruntlich recess zo begryfen uff will und behagk beider teile und auch nicht uys macht erer machtbrieve sunder alleyn uff behagk und will den herren konigen und den herren homeistern und der stede von der hense. Und von dem montag nach ascensionis bis uff den hilligen pfynxt-abend vormiddage geschogen vill handelunge an beiden siiden uff vorramunge solches recess,

20. Item[a] also van den sendeboden der henze up der latesten dachvard to Bremen gheholden inghesat unde sloten was, dat men dorch mennigerleie sorchvoldighe saken willen, deme copmanne van der henze anligghende, de ghemenen henzestede to Lubeke up Mathei int jar 1450 bii penen ener mark gholdes unde entberinghe der hanze vrigheid 10 jar langk vorboden scholde, alse men in deme recesse to Bremen maket clarliken vindet, so isset doch, dat vele stede in de hanze behorende bii sodanen penen sind vorscreven unde nicht ghekomen. Hirut unde ok van weghen enes recesses van den ghemenen henzesteden to Lubeke int jar 41 ghemaket hebben de sendeboden up der dachfart int jar 1450 up Mathei to Lubeke vorgaddert, up dat de ghehorsame unde unghehorsame der henze frigheid ghelike nicht brukeden, so ok nicht billik were, sodane stede, de ere sendeboden to der vorscrevenen dachfard to Lubeke nicht ghesant hadden, in de pene to Bremen ingbesath ghewiset unde spraken, de in deme vorscrevenen recesse to Lubeke maket stan namelliken utghedrucket, mit gheborlikem underschede soverne sik des ein stad dorch enen merkliken ut deme rade mit echliker[b] notsake der stad up de tid anligghende bii sinem ede van der stad wegen vor den sendeboden up der neghesten dachfard, de ok sodane sake redelik erkanden, entschuldigen mochte[1]. Alse denne desse dachfard nu to Utrecht de neghesto is, dar sik ein elk stad billichliken scholde entschuldighet hebben, so bevruchten sik de sendeboden al hir vorgaddert, dat lichte ene sodane to etliker stede kentnisse nicht mochte komen wesen, hirumme na ripliken berade, up dat eyn stad van der henze vorrasschet edder vorsnellet werde, so hebben de sendeboden hir vorsammelt van macht weghen en ghegheven bevalen den ersamen van Lubeke, dat se den van Rostocke, Mynden, Hildensem, Halverstad, Hanover, Quedelingborch, Asscherslеve, Franckenvorde, Halle, Berlin, Stendal, Soltwedelle, Ultzen, Staveren, Colberghe, Nigenstargarde, Golnouwe, Stettin, Gripeswolt und Wisbů, unde den van Colne, dat se den van Dorpmunde, Soest, Padelborne, Lemegouw, Hervorde, Munster, Osenbrugghe unde Hamelen unde Dreiborch ene warninghe vorscriven moghen, dat se noch binnen redeliker tid, elk to sodaner stede alse en werd vorscreven, vor den rad darsulves komen unde sik in vorscrevener wise entschuldighen, sodenne scholen de van Lubeke edder Colne na orer erkantnisse der stede en edder mer, de sik so konen entschuldighen, der henze frigheid wedder vorloven unde van macht wegen der henze deme copmanne dat also vorscriven, dat de stad sik redeliken entschuldighet hebbe, darna sik denne de copman schal weten to richtende.

21. Item[c][2] want Johan van Unna vor de hern radessendeboden to Utrecht

a) In R geht § 20 eine nachträglich durchstrichene andere Fassung von § 21 voraus, welche an ihrem Platze mitgetheilt ist. b) [illegible] Bf. c) § 21 steht in R? auf einem besonderen Bl. (f. 84), überschrieben: Aldus steyt gescreven in deme recesse dorch de gemeyne hensestede ghemaket int jar 1451, ward [illegible] von Johannes Arnoldi, substitutus in cancellaria [illegible] Lubecensium. Fehlt in Kr.

also das an beiden siiden abe und ingesatzet wart, nach deme das eyn iglich teill duchte eme dyenende und so belieben nach syner macht und bevelung. Also das uff das allirleste diese nachgeschrebene cedele von worte zo worte in kegenwertikeit beider teile gelesen und gehoirt wart und auch von beiden teilen beliebet und besloszen und auch dorzo und obir gerufen offenbaren schribern und gezugen, eynne offenbare instrumenten zo machen, welche cedele und instrument des recess von worte zo worte also lwdet. *Folgt n. 712 in deutscher Uebersetzung, hierauf § 26 ff. Vgl. mit obigem Wortlaut § 25.*

[1]) *N. 619 § 1.* [2]) *Die ursprüngliche Fassung von § 21 lautete nach R:* Item des sonnavendes na ascensionis, welke was de veste dach junii, weren de heren sendeboden tosamende unde wolden dorch schaden willen, de deme copmanne bejeghenen mochte, sodane sake, alse eyn Johan van Unna to etliken copluden van Hevele van eens schepes wegen unde was daran

is ghekomen, sik beklaghende, wo he etlike gheschele mit copluden van Revele hadde uttostande, darumme he langhe tid vor deme copmanne to Brugghe to rechte ghan hadde unde konde doch to nenem ende oft utdracht derselven sake komen, unde andwerde ok darsulves den vorbenomeden heren radessendeboden two breve, den enen van deme eddellen Everwin to Benthem unde den anderen van juncheren Johanne tor Hoyen greven, de na ener formen sere vlitlick unde ernstlik begereden, deme vorscrevenen Johanne van Unna to helpen unde to vorderen, dat eme bekortinghe van sinen saken vormydts deme copmanne to Brugghe sunder langk vortreck mochte weddervaren etc.[1]. Ut welken scriften, begherten unde sunderlikes ut clachten des vorscrevenen Johans van Unna, unde ok ghehord van beiden wes (aw)[a] in den saken ghescheen was, bevunden de vorscrevenen hern radessendeboden, dat vormidts ener vrundliken vorschedinghe, dar sik de beiden partie inghegheven hadden, en vorram eft schedinghe vorramet was, de doch bii etliken beletto nicht to vortgange[b] qwam. Hirut unde na[deme][c] dat noch beqwemer wesen scholde, de vorscreven saken in vruntschop to vorliken den bii rechte to vorschedende, so hebben de radessendeboden vorramet up der partie behach, dat des vorscreven Johans van Unna weddersaken scholen hebben unde beholden alsodane schip mit aller tobehoringhe unde vrachte daraf ghekomen, alse Johan van Unna to verende plach unde to Revele heft ghelaten, so dat Johan des ghantzliken schal vor(tyen)[d] unde vorlaten unde allen unwillen, den he umme desser sake willen ghehat mach hebben, up wat personen dat wesen moghen, sunder jenigerleie weddersprake daraf to beholdende jenigerleie wiis. (Und[e] ziine wederpartie scholen denselven Johann van Unna mit ziinen vrunden sodaner rekenscap und scrifte, alse Johan den reders to Revale overgheven heft, und ock dergeliken sodaner 20 punt grote, alse[f] Micheel in den Lu[m]part[g] noch tachter is, gentzliken entfrien und scadeloos hoolden unbelastet. Und vorder sal Johan erbenomet sodaene 10 punt, de eme ziine wederpartie gheleent hebben bynnen beholden und nymande wedergheven sunder jenigherleye ansprake). Des[h] scholen eme noch desulven sine wedderpartien vriges gheldes geven unde betalen veftich punt grote Vlamesches gheldes binnen[i] dren maanten (neghest[k] volghende) na der tiid als[l] (Johan desse vorschedinghe mit ziinen wederpartien versokende wert, soverne se desset annemen und beleven. Annemen und

a) aw D fehlt R [illegible]. b) [illegible] D, vortgank R. c) na R.
d) [illegible] vortigen R, vortigen R. e) Und — ansprake [illegible] fehlt R D.
f) alse Michel [illegible]. g) Lupart [illegible]. h) [illegible]
i) [illegible] R. k) neghest volghende [illegible] fehlt [illegible].
l) [illegible]
als Johan — volghende.

kleyrde wende to hebbende, darumme ok de edellen junckhern Johan tor Hoyen unde Everwin to Benthem greven an se screven hadden, vornemen, unde vogheden darto mester Francke Kedeken, de ertiden de sake twisschen beiden partien ha[n]delt hadde, heren Johanne Meigdeburg van Dantzick, Tideman Schimak van Campen unde de sendeboden des copmans ut Flandern, bii namen Hans Lemanne, Hinrik van der Alren unde mester Johan Ghebblegk, de sodane sake mit Johanne van Unna handelen scholden, omme to ervarende, oft se jenich middel darmede de sake vorlecht worde vinden mochten. De danne nach velem arbeide sint mit eme overenkomen, dat sin wedderpart, de in Flandern mechtich sint der sake, eme vefftich punt grote Flamesches gheldes gheven scholen, oft en dat so ghelevet unde annamen willen; wo se dat nicht wolden annamen, so schal de Dudesche copman darsulves sodane ordel unde sentencien, alse he in der sake heft utghesproken, vorvolghen under bescheedener tiid, alse eme redelik duncket wesen, soverne alse eme toghehoret. Dit is aldus vor den sendeboden openbarliken utghesproken unde deme copmanne bevolen, deme so to achtervolghende, up dat de sake in der wise to entliker utdracht komen moghe.

[1] Vgl. n. 713.

beleven ziine wederpartie desse verschedinghe nicht, so hebben de sendeboden bevolen den sendeboden des coopmans to Brugge bynnen Utrecht wesende, dat se in aller mate scholen bestellen, dat de sake twisschen Johan erbenomet und siiner wederpartie by deme coopmanne mit rechte affghesproken und gheeyndet werde bynnen dreen maenten voort na den vorscreven dreen maenten neghest volghende). Jodach alsodane veer sosteyndedel, alse de vorbenomede Johan vorder vorkoft hadde, den in deme schepe weren, unde ok alsodane last alse boven sine rekenschop, de he sinen reders heft overgheven, bevonden werdt van des vorscrevenen schepes weghen, darto schal he vorplichtet stan to andwerden denghennen de darup to segghende hebben unde nicht sine wedderpartie. Were[a] over, dat jenich del oft se samplick desse vorraminghe nicht undirghaen wolden, so hebben de sendeboden bevolen den sendeboden des copmans ok to Utrecht wesende, dat se in aller mathe scholen bestellen, dat de sake twisschen Johanne van Unna unde siner wedderpartie bii deme copmanne mit rechte afghesproken unde gheendet werde binnen soes maenten dar alderneghest volghende, denne[b] scholen de vorscrevenen dre [manten][c] mede ingherekent wesen[b], bi ulsulken vorworden, dat alsedann sodane[a] vruntlike handelinghe, alse lestwerve an dessen saken hat unde schen is, nimende schal komen to baten noch hinder men elk schal stan up sin gude recht.

22. Item[d] alse Cristian Bleken, William Cetwich unde[e] etlike andere up der noghesten dachfard to Lubeke int jar 50 up Mathei gheholden vor den sendeboden ansprake deden teghens de sendeboden des Dudesschen copmans to Londen in Enghelant residencie holdende doch enes ordels willen, dat se in saken anrorende etlike gudere[f] vormiddelst Pitson ghenomen unde ok dar inghelaten, ut scholden spraken hebben, darut ok was gheresen, dat de vorbenomeden coplude ut der henze frigheid ghelecht unde in certeyne bote to betalende spraken weren, welkerer sake de vilgenanten coplude unde sendeboden des copmans van Londen gheutzliken up desser dachvard bii den sendeboden al hir vorgaddert to vorscheidende sint ghebleven[1]; des hebben desulven sendeboden na wolbedachtem rade de vorscreven partie in desser wise vorscheden, dat de Dudessche copman to Londen wesende den vorscrevenen Cristian, William unde[g] ore zelschop in des copmans rechticheid wedder scholen setten unde oren broke van desser sake weghen van en ghenomen binnen vertein[h] daghe darna, alse se dat van deme copmanne esschen, weddergheven scholen, oft dat nicht gheschen sii, so dat ok to Lubeke na lude des recesses is uthghesproken. Darmede schal de copman to Londen orer ansprake leddich unde loes sin mit sodanem beschede, dat de copman en schal certificacie gheven[i], we deghennen sin ghewesen, de sodane recht jeghens se hebben vorvolghet unde, gheld van der weghen entfanghen. Und oft denne Cristian, Hinrik[k] Sendorp van Johan sines broders wegen[k], William oft[l] ere zelschop den ansprake van der sake wegen nicht vorlaten willen, so moghen se de vor gheborliken richteren mit behorlikem rechte isliken na sinem andele darumme beclaghen unde laten sik aldar mit rechte vorscheden.

a) Were — sodane *fehlt K? Bf, wo der Schluss lautet:* Unde [illegible] sine wederpartie desse vruntlike handelinghe nicht, so en schal [illegible] desse vruntlike u. s. w. b) denne — wesen *nachgetragen D.* c) [illegible] *K.* d) § 22 *[illegible] in K? [illegible] wie* § 21. e) unde Hinrick Zendorp van weghene Hans Zendorp sines broders up den u. s. w. *bis K? Bf D.* f) [illegible] schepe *durchstrichen K.* g) unde Hinrich van wegen sines broders Johan *K? Bf fehlt K D.* h) verteen daghe *nachgetragen statt des durchstrichenen* [illegible] *K.* i) bynnen 14 dagen darna alse se dat van en esschen *K? fehlt K Bf D.* k) Hinrik — wegen *nachgetragen K.* l) oft ere zelschop *fehlt K Bf.*

1) *Vgl. n. 613 § 13.*

23. Item[a] is vor de sendeboden ghekomen Thomas Sasse van Dorpt in Liflande sik swarliken beclaghende, wo int jar 37 de greve van Hindingkton binnen Londen ome let upslan sinen keller dorch den willen, dat he ein Flemingk wesen scholde, unde dar utnemen neghen vate wins in werde 50 punt sterlinghes, darumme he ok mit hulpe etliker sendeboden ut Ostlande up de tit in Engelant wesende unde des copmans so vele vorvolghes ghedan, dat eme tosecht were vormidts dem cardenale unde des koninges rade, dat em darvan richtinghe schen scholde, des ome doch nicht mochte weddervaren[1]. Unde alse he denne gutlich vorvolch an den vorscrevenen greven darumme dede, so drowede he ome dot to slande, darvor he merkliken ghewarnet ward, unde moste darumme up deme stalhove hemeliken ligghen unde so ut deme rike van Enghelant mit grotem schaden rumen dorch vare sines lives. Unde also blef he schuldich Steffen Brun 200 punt in twen jaren to betalende, welke Steffen an sinem affwesende sin werk unde gut antastede unde dat leth vorseghelen unde in achte daghen darna dat to sinem willen let prisen unde betalede sik darmede sulven, des he in 40000 werkes unde anderen gude to schaden hadde 40 punt sterlinges. Ok hadde he dar int lant 80 punt in schulden, de ome achterstellich sin ghebleven dorch den willen, dat he van vruchten willen des greven van Hintdinghton Enghelant moste rumen, wente de lude vorstorven sin unde kan nu to nyner betalinghe komen, sunder kost, teringe unde schaden darvan gheleden, so he alle vorscrevenen pa(r)sele[b] mit sinen lifliken eden to den hilghen swerende heft vorrichtet. Unde dat to bewisende heft he vor de sendeboden bracht den erwerdigen mester Francke Kedeken, canonice to sunte Donate to Brugge, de openbar bekande, dat ome witlik were, dat de here van Hindington sodane 9 vate wins ome hadde namen, wente he van der sendeboden wegen ut Ostlande doen[c] darumme vorvolget hadde an den heren cardenal, de ome tosecht hadde, dat daraf betalinge schen scholde. Dergheliken heft he ok vor de sendeboden bracht Hinricum ten Hove unde Cristian Bleken, den witlik unde (bekand)[d] was, dat de here van Hindington ome sine wine ut deme kellere hadde nemen laten, ok dat vele vorvolghes darumme schen unde doch nine betalinghe daraf ghescien were, ok dat he dorch vruchten willen des hern vorscreven ut Enghelant were toghen, ok dat Steven Brun sine ghudere anghetastet unde de to sinen willen [prisen][e] laten hadde, men wo vele des wines unde gudes was, konden se enckede nicht segghen, dat se ok vormidts oren lifliken eden to [den][f] hilghen swerende vorrichtet hebben. Des heft de obgenante Thomas de sendeboden ghebeden, dat he desses to bekantnisse unde tughe ene witlicheid hebben moghe, de ome denne de sendeboden hebben vororlovet to ghevende, wan unde wor he der behovet, dat dit aldus vor en ghescheen unde vorhandelt sii.

24. Item alse de ersamen redere der stede Wezel unde Deventer schelaftich weren, welkerer sake van bevele der menen henzestede vormiddelst etliken steden bii en gheleghen, alse beschedeliken Nymmeghen, Sutphen und Arnhem, se dar(over)[g] to vorlikende vrundliken sind vorhandelt, dartwisschen se doch vrundliker wise nicht vinden mochten, so hebben se beider vorscreven partie claghe unde andworde in scriften unde ok replicacien under der vorscreven stede inghesegel, darna se de stede menden mit rechte to schedende, entfanghen. Unde alse se sodane scrifte wol overzeen hadden, beduchte en de sake to vorschedende to

a) § 23 fehlt Kl. b) so Df, parcele D, parcele K. c) den Df. d) so D, erkant K Df. e) prisen fehlt K Df D. f) to K, ten Df, ten D. g) — D, darum K.

1) Vgl. HR. 2 S. 57.

lastich wezen unde hebben darumme de sake unde scrifte an de sendeboden der ghemenen hanze to Bremen vorgaddert bringhen laten, welke sodane sake vort up de dachfard to Lubeke in deme jar 50 up Mathei holden ghestellet hebben, dar denne de sendeboden beider partie vorscreven sind erschenen. Unde alze denne de sendeboden van Wezel syn procuratorium unde de van Deventer en procuratorium, de sake allenen in rechte unde nicht in vruntschop to vorschedende, brachten, so ward de sake uthgesat to der neghesten dachvard, dar elk pard nogaftighe macht to vruntschop edder rechte bringhen scholde, so dat reces dar ghemaket de leghenheid darvan wol utwiset[1]. Des sind der van Wezel sendeboden up desse dachvard ghekomen, begherende, men de sake hir vorclaren unde vorscheden wolde, darumme denne de sendeboden hir vorgaddert an de van Deventer screven hebben, so dat se de eren des van Wezel to andwerdende hir schicken scholden, deme so ghescheen is. Unde wol dat de sendeboden vele handelinghe twisschen beiden partien hat hebben, begherende, se de sake in vruntschop wolden sliten laten, des doch de van Deventer so nicht in bevele hadden, so se seden, men allenen de sake laten vorscheden na lude des recesses to Lubeke maket. Alse denne de radessendeboden an de sake mit rechte to vorschedende spreken wolden, so sande de here bisschop van Utrecht sine sendeboden an se, begherende, dat se de sake ichteswelke tid bestunden wolden[a], so langhe de here van Utrecht wedder bii de hant qweme, de dachte noch etlike informacien to den saken denende mit sik to bringhende[2], worup de sendeboden andwerden, dat se siner herlicheit to willen de sake gerne dre edder veer daghe wolden bestanden, wo over denne nicht worde hibracht, so mosten se de partien, er se van hir thoghen, mit rechte vorscheden. Also blef de sake deme heren bisschoppe to willen bet in pinxstavende unvorscheden. An demesulven pinxstavende, alse beide partien jeghenwardich weren, worden se vraghet, wer se ok anders wes in oren saken overgheven wolden. Darto van der van Deventer weghen under mer worden ward vorandwerd, wolden se de sake mit rechte vorscheden, dat se denne dat reces to Lubeke maket, welk en wol to synne were, anseen wolden, dar denne innestode, dat de sendeboden der ghemenen henzestede den achte steden edder mer, de to der neghesten dachvard komende worden, hadden macht ghegheven, de sake mit vruntschop edder rechte to vorschedende, de denne dar nicht al weren, darut de sendeboden vorstunden, dat de van Deventer meenden, de sendeboden weren nicht mechtich, sodane sake dar to vorschedende na des vorscrevenen recesses inholde unde lude. (Darweder[b] doch der van Wesel sendeboden sachten, dat on alsulke onschedelick siin sulde, nadem die sendeboden der henzestede on van beiden ziiden recht to ontfangen desen dach bescheiden ind olck die van Deventer sich in dat recht ind ansprake ind antword ind olck ore kundschaff brieff bii gelacht hedn[b]). Unde na mennigerleie sproken raedslageden de sendeboden, oft se de sake to vorschedende mechtich weren, unde konden doch daran nicht overeenkomen, wente de helfte mende, se weren mechtich, unde de anderen, se weren nicht mechtich na des recesses inneholde. Darumme worden se eens unde seden den partien, wo se mennigerleie handelinghe in eren schelingen hat hadden unde hadden sick vorhopet, dat men de sake mochte vruntliker wise vorliket hebben, des doch nicht schen mochte, also wolden se recht ghesproken hebben, dat doch deme hern bisschoppe to willen beth up den dach were bestandet, nu se sik de sake to vorschedende schicket hadden, worde van den van Deventer swarheid dar van des recesses weghen to Lubeke maket inghevort, darover de

a) bestanden wolden fehlt D. b) Darweder — hedn fehlen in D.

1) N. 649 § 10. 2) Vgl. n. 731 § 2, 3.

sendeboden up desser dachfard nicht overenkomen konden. So stelleden se de sake wedder an deghennen, de se en hadden bevolen, dat de tor neghesten dachfard dat artikelle des vorscreven recesses duden unde claren scholden unde ok erkennen, oft dat ene part deme anderen dorch kost unde teringhe willen, de hirumme schende werden[a], wes plichtich sii to wedderkerende edder nicht, unde ok der principalen sake natogande, so id sik mach gheboren. Ok seden se den van Deventer, dat en wol billich ducht hadde, dat se sodane swarheid an deme anbeghynne unde nicht in deme lesten vorbracht hadden.

25. Item alse up desser dachvard de sendeboden des heren hovemesters van Pruitsen unde van den steden vele handelinghe hat hebben mit den sendeboden des hern koninghes unde doch nicht endliken mit en hebben moghen sluten umme etliker ghebreken willen, de up beiden siden sin vorghenomen worden, so hebben wii doch int lateste ein recessus mit en up wolbevallen dessulven hern homesters unde der stede vorramet in mateu hir naghescreven in deme Latine aldus ludende[b].

26. Umme denne den vorgherorden recesse ghenoech to donde, so beduncket den vorscrevenen sendeboden, up desser dachvard mit vuller macht der ghemenen stede vorgaddert, gheraden unde nutte sin, dat men de dachvard mit den Enghelschen toscrive unde nicht afsla noch vorlegghe umme vele qwades willen, dat deme ghemenen copmane darut entstan[c] mochte. Unde hebben ok darumme begherd unde bevolen des grotmechtighen hern hovemester, siner stede unde der van Lubeke sendeboden, dat se hirup mit den van Bremen in deme weghe unde sunderghen mit deme rade to Lubeke, alz se dar dorchtreckende werden, mit hulpe der van Hamborgh unde der stede ut Liiflande, oft de noch to Lubeke sind, ripen[d] rad unde flitighe handelinghe hebben willen, so dat sulke dachfard binnen der benomden[e] tid vortghank ghewinne unde hebben moghe.

27. Item scholen desulven sendeboden van begherte unde bevele der ghemenen sendeboden flitliken unde ernstliken an den rad van Lubeke werven, dat deghennen, de se noch van den Enghelsschen fanghen holden, dach gheghevon oft to schattinghe set hebben, leddich unde quit scheiden unde laten, oft tome mynsten dach bet to der neghesten dachfard gheven willen, alse se denne mit anderen puncten in deme Latineschen recesse begrepen sin. Edder etlike andere middelle mit en darin helpen vinden, so dat dardorch de vorhopede dachfard nicht vorhindert werde. Unde dat de van Lubeke darinne anseen willen dat ghemene beste unde wolvard des ghemenen copmans der Dudeschen hanze unde sick hiran nicht sunderen van dem guddunckende der ghemenen stede umme vele reden willen hir up der dachvard berorct, de en ere erliken sendeboden wol lengher inbringhen moghen.

28. Item isset sake, dat des hern hovemesters unde de anderen sendeboden to Lubeke mit dem rade darsulves enswerden up wolbevallen des hern hovemesters, de vorgherorden dachfard uptonemen, so schollen de van Lubeke dat den steden ghemeenliken van der hanze, alse wontlic is, tiitlick ghenoch unde bisundern deme copmanne van der hanze in Enghelant vorscriven unde kunt doen, oft jemant van en, eren borghoren oft inwoneren sii, den do Enghelsschen schaden dan hebben, das de undirwisinghe van sulkeme schaden an den copman van der hanze in Enghelant residencie holdende senden ofte sulves dar schicken, vorvolch darvan to donde mit bisunderem machtbreve an densulven copman mit macht, enen andern in sine stede to stellende oft substituerende, sulken schaden into-

a) geschien were Df. b) Folgen die Anfangsworte von n. 711, welche in K1 Kn D Lf [illegible] Schluss getheilt, in K1 an dieser Stelle [illegible]. c) upstaen K2.
d) [illegible] K1. e) [illegible] K1.

vorderende. Welke vorderers de koningk ok mit nottroftiger velicheid schal undir sine bescherminghe nemen und schal dengheunen, de den schaden vorderen willen, bestellen, dat sulk ghesche twisschen hir unde des ersten daghes in[a] octobri. Ok schullen de van Lubeke in densulven breff den steden mede scriven, dat se oft deghenne, den de schade schen is, to der neghesten dachfard schicken ofte komen mit machtbreven, den schaden dar to vorderen, als vorgherort is, unde to vorvolghende mit redelikeme bewise oft underrichtinghe, so vil als dan en elk darup hebben mach, se, oft se darvan twisschen der tiid der dachvard nicht in vorgherorder maten untrichtet worden, dat se denne alsulken schaden up der neghesten dachfart vorvolghen, als dat recessus mit den Enghelschen darvan ghemaket inneholt.

29. Ok schullen de van Lubeke, wat se slutende werden van der ghevanghenes weghen, deme Dudesschen copmanne in Enghelant vorscriven unde kunt doen twisschen hir unde unser frouwen dage assumpcionis[1] neghestkomende, unde desgheliken schal ok de here hovemester sine meninghe unde slutinghe, alz van des guts unde vanghenen weghen in Prutzen, demesulven Dudesschen copmanne vorscriven unde kunt doen twisschen hir unde deme ersten dage in septembri, sik darna in beiden stucken weten to richtende. Unde so schal den de kopman sulkent deme koninghe unde sinen rederen vort kunt doen in maten alz em dat alder profitliks duncken schal. Unde oft sake were, dat in jenighen stucken des artikels der ghevanghenen de van Lubeke entleden, so dat dar ayn middel in ghevunden worde, alse doch der ghemenen stede beghere is, dat denne de van Lubeke mit den besten reden darto denende dat vorantwerden unde sulk antworde deme copman jo scriven unde darmede de dachfard doch nicht afslaen.

30. Item scholen ok de van Lubeke, als se andworde hebben unde tidinghe, dat de koningk der dachfard ghevolghich sin wille, densulven steden in deme recesse to Lubeke up Mathei lestleden ghemaket ghenomet, ernstliken vorscriven, ere erliken sendeboden up sulke dachfard to schickende unde nicht vorleggende, unde bisundern den van Bremen unde Brunswigk, de nu to desser dachfard unghehorsam west zin, wo dat deme rade to Lubeke duncket nutte wezen, ok alzo dat elk stad mit enem bisundern machtbreve under orer stad seghelle in gheliker formen, alse de stede den undir sik des overdraghen hebben, darvan de van Lubeke copien den steden scholen medesenden.

31. Item scholen de van Lubeke inderhtich sin to der neghesten dachfard mit sik to bringhende enen membranen mit orer stad angbehanghen ingesegel, dar men enen ghemenen machtbref van der hanze wegen mochte up scriven in sulker formen alz dat recessus mit den Enghelschen inneholt, dorch den willen dat men nicht kan weten de namen derghennen, de en elk stad to der dachfard sendende wert, er se dar komen.

32. Item so schal de Dudessche copman in Enghelant flitich sin, wan he van des koninghes weghen andwerd van der dachvard unde ok de namen der stede unde personen, de sik denne beklaghen, dat se van deme homestere, sinen undirsaten unde den hanzesteden beschediget schullen sin, entfanghen heft, de mit aller hast den van Lubeke overtosendende. Unde alse de van Lubeke sodane entfanghen hebben, so schullen se vort den steden, den dat berort, vorscriven unde kunt doen, sik des up der neghesten dachfard mit enem bisundern machtbreve

a) in Kl.

1) Aug. 15.

weten to vorantwerdende, alse dat recessus mit den Enghelschen darvan inneholdet unde dat utwiset.

33. Item[a] alz men hir[b], wo de copman in Enghelant id mid deme Enghelschen oldermanne holden schal, scholde sluten[1]; so hebben de sendeboden sloten, dat [he][c] id darmede alz id oldinghes is gheholden, schal holden, so langhe de stede van der hanze anders wes en[d] sluenden[e].

34. Item weren vor den sendeboden de borgermestere unde radmanne der stad Utrecht vrundliken begerende, dat men ere stad in de henze, dar se in vortiden in ghewesen hadde, unde[f] doch nicht wusten, wo ore vorvaren dar weren utghekomen[f], wedder tolaten unde entfanghen wolde. Darup en ward gheandwerdet, dat de sendeboden enighe stad in de henze to entfanghende nicht mechtich weren, men se wolden ere begheringhe gerne to hues bringhen unde de van Lubeke scholden to der neghesten dachfard den steden mede vorscriven, dat se de eren in de sake to sprekende denne belasten, so scholen de sendeboden de denne komende werden, oft des vornocht werd, den van Utrecht gutlik antwerde gheven.

35. Item[2] alse de sendeboden des rades to Hamborg sik van eres rades wegen to velen tiden up dachfarden beclaghet hebben unde noch grotliken beclaghen, dat se Emeden langhe tid under swaren kosten dorch des ghemenen besten willen holden hebben unde noch daghelikes holden, unde begherden van den sendeboden der stede van der henze unde des copmans, en hulpe darto to donde, anders moste er rad up andere wise sik bedencken, dat ore stad in vorder last

a) § 33 nachgetragen R. b) to desser dachvart spreken scholde D Kg. c) he fehlt den Hss. d) up Kl. darup D. e) In R. folgt durchstrichen eine erweiterte Fassung von § 35, welche unten mitgetheilt ist. f) unde — utghekomen fehlt Kl D.

1) 649 § 13.

2) *Die ursprüngliche Fassung von § 35 lautet nach R:* Item alse de ersamen van Hamborg dorch ere sendeboden up velen dachvarden sik grotliken beclaghet hebben, wo se dat slot Emeden in Oestfreslande beleghen, dat se dorch roverie, de up der see dar ut unde ok ut anderen jeghenen dersulven landen deme copmanne beschach, mit hulpe ghewunnen hebben, na langhe tid under merliken swaren kosten unde swolde holden unde ok kostliken ghebuwet hebben to der ghemenen stede unde des copmans besten, des ere stad grot to achter sit, unde hebben darto van den steden unde deme copmanne hulpe begherd, darvan se doch nyn endlik andwerd hebbet moghen krighen. Des hebben se over up desser dachfard to Utrecht den sendeboden laten vorgheven, dat en nu sunderghes mer den in vortiden swarheid dorch des slotes willen vorstan sin, so dat se to veide unde unwillen sin ghekomen, dat en de Fresen dat slot mit macht dencken afhendich to makende, oft se konen, darover se ore stad grotliken to achter seth hebben unde daghelikes to achter setten, unde dencken denne en sodane mit orer stad unde borghere guderen nicht lengk to holdende. Unde hebben de sendeboden umme trost unde hulpe darto angheropen unde beden ernstliken, darbii seggende, se dencken id nicht lengher under eren kosten unde mit oren sulves macht to holdende, se moten unde willet dat slod van noden rumen, wo en nyne hulpe van den steden unde deme copmanne darto schen moghe. Oft denne deme copmanne, wan id in Fresen hande wedder queme, dar schade af scheghe, dat so denne wosten, dat bii erem schulden nicht en sii, men dat se ere nood, de se darto dryngbet den steden to velen tiden vorgheven hebben. Darup de sendeboden na bespreke antwerden, begherende vrundliken van den sendeboden des rades to Hamburg, dat se to deme genanten rade werven wolden, dat se sik mit der sake gutliken bet to der neghesten dachfard entholden wolden, wente de sendeboden hir mit der sake sunderghes nicht belastet weren, men se wolden den sendeboden der stad Lubeke bevelen, dat se mit den steden bii en beleghen van der sake spreken scholden, unde ok scholden de sake elk de hir weren ernstliken to eren rederen bringhen, unde de van Lubeke scholen tor neghesten dachvard, wan se de stede vorscriven, elker stad medescriven, dat se de eren in desse sake to sprekende, to slutende unde den van Hamborg des entliken antwerde up der neghesten dachfard to ghevende, vulmechtich senden scholen, dar se sik denne na moghen to richtende weten.

nicht qweme. Darup de sendeboden se beden, to orem rade to bringhende, dat se wol doen wolden, so se langhe wile dan hadden, unde holden Emeden bet tor neghesten dachvard, so scholde men darin spreken umme en endlik andwerde to ghevende, worna se sick moghen richten. Unde dat schal ein elk to den sinen bringhen. Ok scholen de van Lubeke dat den steden tor neghesten dachvard vorscriven, umme dat en islik de sine darmede belasten moghe, wo se sik darane hebben willen. Unde dit willen de sendeboden des rades to Hamborg gerne to orem rade bringen, bii se to stellende, wes en dar ghelevet [1].

86. Item alse de sendeboden des hern homesters to kennende gheven, wo dat etlike coplude unde borghere in Prutzen in tiden vorleden schaden leden hebben in Vlandern in korne, dat se dar ghebracht hadden unde nicht wedder utvoren mosten to eren groten achterdele unde schaden, woraf se noch to niner wedderkeringhe sin ghekomen, darup is overenghedraghen unde sloten, nademe to andern tiden gheramet was, dat en islik, de schaden in Flandern up der vorscrevenen wise leden hadde, den binnen jar unde dage vormits certificacien scholde bewisen, wor, wo unde in wat mate de schade schen were [2], welk doch van en del nicht ghescheen is, dat darumme noch en islik, de daraf dachte wes wedder to hebbende, alsodane certificacie scholde senden in[a] den copman to Brugghe, in deme ende dat to der ersten vorgadderinghe van den steden moghe entlik ghesloten werden, wes enem isliken na grotheid sines schaden unde leghenheid des gheldes darup schole mogen entfanghen [na][b] ghebore[c], sunder jenich vortreck darynne to maken. Unde so we binnen desser tid unde der ersten vorgadderinghe der stede sodane bewiis nicht biibringhet, dat de darna nine ansprake eft wedderkeringhe (scal[d] hebben) in tokomenden tiden, up dat degbennen, de hirup vorderinghe dan hebben, nicht lenger belettet werden an erem rechte [3].

710. Recess zu Utrecht in betreff des Kfm. zu Brügge. — 1451.

L aus StA Lübeck, Hans. Rec. 3 n. 149, Doppelbl., überschrieben: Van des kopmans wegen binnen Utrecht gesloten anno 51.

K 1–4 StA Köln, 1) Hs. K1 von n. 709 f. 13b–16b; 2) Recessb. 2 f. 171, bemerkt: Recessum predictum confirmatum in civitate Trajectensi factum per dominum Johannem Gebiock et approbatum per nuncios communium civitatum hanze ibidem ad placita missos anno 51 14 dage post pascha; *3) u. 4) Recessb. 1 f. 163b, 3 f. 96, Abschriften von K2.*

Df SA Düsseldorf, zweiter Hs. von n. 709 f. 12b.

R RA Reval, Hs. von n. 650 f. 8–10b, Abschrift von L.

Kg SA Königsberg, Hs. von n. 709 f. 4, whd.

Umme[e] to achtervolgende unde to vullenbringende alsodane ordinancie unde gebode, alse bii den gemenen steden van der Dudeschen henze uppe Mathei negest vorleden binnen Lubeke vorgaddert overeengedregen unde eendrechtlik to behuff des kopmans to Brugge is gesloten, woraff vurder macht, last unde bevel geven unde bevalen is den radessendeboden, de nu ummetrent pinxsten in deme jare een unde vifftich binnen Utrecht vorgaddert weren, umme den vorscreven kopmann to besorgende, also se na gelegenen dingen bekennen kunnen nutte unde

a) an D. b) na fehlt K. c) ghebore fehlt Df D. d) scal hebben [illegible]
b) D fehlt K. e) Zum Eingange ist R u. K [illegible] bemerkt.

1) Vgl. n. 619 § 12. 2) N. 346 § 12, vgl. n. 688. 3) In K2 Df folgt ohne Unterbrechung n. 712 und hierauf die Notula forme procuratorii per unamquamque civitatem suis nunciis et amicis ad dietam futuram venientibus tradenda juxta mencionem recessus etc., et nichilominus unusquisque principalis pro se mittet mandatum vel veniet personaliter. *Die Formel ist jedoch nur in Kg, wo sie unmittelbar an § 86 angeschlossen ist, vollständig mitgetheilt, vgl. n. 688, in K2 Df bricht sie in der Mitte ab.*

van noden wesende, also hebben desulven sendeboden in vorderinghe des vorbenomeden kopmans zaken vorramet unde gesloten alsodane puncte alse hiir navolgen.

1. Int[a] erste want deme kopmanne vormiddest eneme recesse to Lubeke vorscreven gemaket bii penen unde broken geboden was, nu to pinxten mit live unde gude to scheden ut Flanderen, darna alik de kopman sovere gesatet hadde, dat mit bescbede des syn wandel wesen konde, also hebben de radessendeboden vorscreven togesecht unde bevalen des kopmans sendeboden, dat se alsodane angehavene zake vortan vulkomen unde underholden solen, alse dat vorscreven recessum darupp gemaket van puncte to puncte clarliken inneheft unde utwiset. Unde wante de ersamen sendeboden des grotmechtigen heren hoemesters to Prutzen nyn bevel en hadden, so[b] se seden, hiirinne to volborden, men weren begerende bii etliken redenen, desse dinge noch een jar offte twe to laten anstan, hiirute unde sunderlinges umme gude eendracht hiirinne to gebrukende, so hebben de vorscreven radessendeboden gebeden de vorbenomeden des heren hoemesters sendeboden, desse zaken gudlik an zine gnade to bringende. Unde hebben ok geschicket des kopmans secretarium[c] mit den vorgenanten sendeboden an den heren homester vorscreven to reysende, umme sine gnade to underwisen[d], ute wat merkliker unde kentliker nod de gemenen stede van der hense de ordinancie unde gebode vorscreven jegen dat land van Vlanderen hebben moten upsetten unde annemen unde entlik sine gnade to biddende, dat he umme wolvard siner undersaten unde der gemenen hense hiirinne sine gunst unde guden willen bewisen wille, upp dat de kopmann to beteringe siner gebreke unde gebruke der[e] privilegie so vele de eer unde beth moge komen, dat se ok alle tiid jegen sine gnade unde sinen orden vruntliken unde mit vlite vordenen willen, wor unde wo se solen konen unde mogen.

2. Item hebben de vorscreven radessendeboden gesloten, dat de kopmann vulkomene macht hebben unde beholden sal likerwiis he alsus lange in Flanderen gehat heft, unde so wor he sin lager holdet, dat dar de stapel wesen sal in aller maneren so men dat to Brugge plach to holden, uppe dat he so vele de beth der gemenen stede ordinancie unde gebode unde ok sines selves rechticheid moge vorwaren unde don underholden.

3. Item want to Brugge etlike koplude sin van Colne unde anderen steden van der hense, de dar huse gehuret hebben, umme Rinsche wine inne to tappende, unde vele wyne bii ziik liggende hebben, der se in korter tiid nicht sliten konen, gemerket dat de wine alle tiid nicht ventelik[f] en sin unde men ok mit beschede nicht wol mach uthvoren, hiirute unde umme schaden to schuwen, sunderlinges dergenne de van dessen zaken to tiiden nicht hebben geweten, so hebben de vorscreven radessendeboden gegunt unde togelaten, dat degenne de Rinsche wyne in Vlanderen hebben unde nicht vorkopen konen, dat se deselven unde nyne andere meer sunder argelist mogen bevelen jenigeme vrunde offt knechte, he zii binnen der henze offt dar buten, umme den meysten profiite to tappende offt to vorkopende, beholdelik dat elk kopmann selven mit sinen live unde anderen gude boraam holde, alse dat recessus utwiset.

4. Item al isset so, dat na gelegenen dingen de kopman ziik liiden mot mit alsulker platze offt stede, alse eme upp desser tiid mach geboren, so hebben doch de radessendeboden vorscreven deme kopmanne vororlovet unde bevalen, bii alse

a) [illegible] b) [illegible] c) [illegible]
[illegible] d) [illegible] e) [illegible] f) [illegible]
[illegible]

dat bii jenigeme middel de vrede offte bestand twisschen den landen van Holland, Zeeland unde Vreesland an de ene ziide unde den ses Wendeschen steden an de anderen varder utgestellet unde vorlenget worde, dat denne desulve kopmann mach vornemen unde vorsoken umme betere havene unde gelegener platze sine kopenschupp to hanterende. Unde so wes eme daraff weddervaret off geboren mach, dat sal he bii munde offte scriffien witlik dôn deme rade van Lubeke, de dat vortan sullen vorscriven deme heren homeistere unde den anderen steden van der henze, umme bli wetende, willen unde valborde van en darinne rades to pleegende unde to slutende, alse se vor dat gemene beste dan kennen sullen nutlik unde geraden wesen.

5. Item alse dat recessus to Lubeke gemaket upp den kopman to Brugge innehelt, dat ene islike stad datselve recessus ummetrent sunte Johannis baptisten dage openbarlik sal don utropen unde vorkundigen, unde men nu bekennen mach, dat sunte Johannis dach so vro kumpt, dat de kopman nicht wol eme darna sole konen lorichten, gemerket dat he nu kumpt int middel van deme Andorper[a] markede, hirumme unde sunderlinges umme den kopman to besorgen vor mysval offte schaden, so hebben de vorscreven radessendeboden de tid van der vorkundinge vorlenget, so dat men dat vorscreven recessus nicht openbaren noch vorkundigen sal vor des anderen sondages na sunte Johannis dage vorscreven[1]. Unde[b] hebben darumme vorramet, dat de sendeboden van Colne datsulve in erer stad solen vorwaren, item de van Nymmegen in erer stad unde ok to Roremunde unde Arnhem, item de van Deventer in erer stad unde to Zutphen, item de van Campen in erer stad, to Harderwilk, to Zwolle unde to Groningen, item de van Wesele vor em sulven unde to Dusborch soverre des eme[c] nod is.

6. Item hebben de vorscreven radessendeboden belastet unde bevalen den kopmann vorscreven, offte hir negest jenige bodeschupp off vorsâk van den Vlamingen an eme qweme desse zake angânde, dat he alsodane werve wol mach horen unde vorstân sunder[d] darinne mit en icht to sluten; men alse he in der warheid vornemet, dat den gemenen steden unde kopman redellcheid unde bescheet vor alsodane unrecht unde vorkortinge der privilegie, alse en gescheen is, mach weddervaren, dat he ze danne wisen sal vor de gemenen stede, umme hii middele alse vorscreven stâd[e] darinne to vorvende[f] unde to slutende, alse en duncke(n)[g] sal vor dat gemene beste geraden unde van noden wesen.

7. Item alse de sendeboden des heren homesters vorscreven geen bevel en hadden to belevende alsodane ordinancie, alse upp den kopmann to Brugge lestwerve to Lubeke geramet unde gesloten sin, alse se ok diit vorscreven nicht beleven wolden, so sint se doch vruntlik gebeden, desse vorscreven artikele gutlik an sine gnade to bringende mit alsulker underwisinge alse se darupp geboret unde vorstan hebben, alse ok vurder unde breder des kopmans secretarius is belastet, umme deselven sine gnade to underwisende alsovere, dat he umme des gemenen gudes unde besten willen de vorscreven der gemenen stede ordinancie wille tolaten unde bestedigen, bii siiner gnade undersaten mede to holdende, uppe dat bii guder eendracht na allen ziiden des kopmans zaken de beth gevordert to hegeriiker uldracht sunder lenger vortrack mogen komen[h].

a) Antwerper K. b) Unde bis zum Schluss des Paragraphen fehlt Kr. c) eme fehlt Kr. d) sunder darinne nicht to slutende, dan alse hiir Kg. e) steit K. f) to vorvende K. g) duncken K, duncket L. K. h) [illegible] fehlt Kr [illegible].

1) Jul. 4.

C. Bericht.

711. Preussischer Bericht über die Verhandlungen zu Utrecht wegen Abberufung des deutschen Kfm. aus Brügge. — 1451 Mai — Juni.

Kg aus SA Königsberg, Schbl. XXXIII a n. 23, Heft von zwei Lagen zu 12 u. 10 Bl., überschrieben: Disse verhandelungen syn gschehen uff der dagefart zo Utrecht gehalden im 51 jaere, des 15 dages na oesteren, uff die verleggunge des koufmans von der hensze von Brugge etc.

Zum ersten ist zo wissen, das am montage neist nach dem suntage cantate[1] woren de sendeboten des herren homeisters und syner stede Prussen, als myt namen her Johannes von Ast, doctor im geistlichen rechten und pfarrer zo Elbing des Dutschen ordens, Jörge Reuber zo Elbing und Johan Meydburg zo Danczke, raethmanne und burgere, und der gemeyner hansze, als myt namen her Wilhelm von Calven, burgermeister, und her Girhard von Mynden, raethman von Lubeke; her Gerhard Haer, burgermeister und meister Johan Vrunt, doctor in geistlichen rechten, von Coelne; her Heynrich Luppow, burgermeister, und her Lodeke Strube, raethman, und her Johan Nuwendorff, secretarius von Hamborg; Dyterich von Drunckhorst, burgermeister, und Johan von Heese, raethman von Nymegen; Tydeman Schursack, burgermeister, und Jacob Junge, raethman von Campen, eirst versammelt im cloester der barfussen. Und aldae wart durch meister Johan Gebynck, cleerk des Dutschen koufmannes zo Brugge, vorgegeben, we das uff der dagfart am lesten zo Lubeke gehalden gemachet und beslossen were eyn ordinancie und recesse zo troist, hulfe und wolfart des Dutschen koufmannes von der hensze zo Brugge, der manchfeldeklich und lange cziit her und noch von tage zo tage swerlich und myt ungelych und gewalt verkurtzet und vorhyndert wurde in synen privilegien und fryheiden, und des besserunge und wandelunge zo vyl ziiten und maelen im besten gesucht, gefurdert und begert hette myt groissen, swerlichen und merklichen boetschaften, kosten und muebe, doch so en were eme noch zer ziit keyne besserung noch wandelung geschoen. Alsus so were der gemeyn Dutsch koufman von der hansze zo Brugge nú nach luythe des recesses gewarnet und geschicket uff den neisten Antwerper marckt von Brugge zo zyhen myt lybe und gutte und nicht widder dár zo komen. Und so demselbigen Dutschen koufmanne von der hansze nu woil noit were, sich andirswae eitliche cziit zo onthalden an eyniger gelegener und bequemer stat, und uff das erste so Deventer und zo Campen, so were eme auch woil noit, aldae sulche privilegien und vryheiden zo haben, daeby her mochte behalden werden und sich auch dorzo verlaessen, und auch woil von noeden were, vor zo vorsuchgen an den steden, ap man eme sulche privilegien halden welde und vorschriben, umme sich dornach zo rychten. Und uff das der koufman in sulchen nicht vorsumet wurde und villicht zwisschen zwen stuellen sitzen wurde in der sachen, das ist syne privilegien und vriheiden in Flaenderen zo verliessen und auch de andirswae nicht zo haben noch der zo gebruchen, das dem koufmanne sere swaer syn wurde, und hirumme so reeff derselbige cleerk myt den alderluten des koufmannes de sendeboden der gemeyn hansze an, eren gutten raeth en methezoteylen und zo sagen, wie sy sich hirinne halden sulden. Ouch so worden ettliche artikelen in schriften geleesen, de sy uys des koufmannes privilegien und vriheiten gerzogen und begriffen hatten, meynende, das de deme kouffmanne noit weren zo halden und zo vorschriben an der stat, dae sich derselbige koufman dechte zo behalden etc.

2. Hiruff was des herren homeisters und syner stede Prussen sendeboten

[1]) *Mai 24*

antwort, raeth und guetdunken, nachdeme das uff der tagfart zo Lubeke gehalden eyn recess und etliche artikelen vorramet und begriffen weren anrurende den kouffman in Flaenderen, de doch des herren homeisters und syner stede Prussen sendeboten aldae kegenwertich mit nichte hetten wallen uffneemen noch belieben und volborten sunder gerne brengen wolden an den herren homeister und syne stede Prussen, und deme auch also getaen hetten, und so nû umme der sachen und auch umb der Englischen wille diese tagfart zo Utrecht vorramet und geleget were, zo welcher tagfart denne der herre homeister und syne stede zo Prussen umb schryft und begeer des raethes von Lubeke und auch der gemeyner hansze uns, syne sendeboten, gefueget und geschicket hetten myt bevelunge und underwysunge erer meynunge, raethes und gutduncken in der sachen des koufmannes in Flaenderen, und so denne alle die, de zo dieser tagefart geroefen und geheischen syn, nicht gekomen noch kegenwertich weren, und bisunder de uys Lyfflant, der zokumfft sy auch hoffende waeren von tage zo tage, und dorumme duchte sy billich syn, der zo vorbeytten und denne gerne in der kegenwertichkeit des herren homeisters und syner stede Prussen meynunge, raeth und gutduncken in des Dutschen koufmannes in Flaenderen sache offenen und vorczellen welden. Und duchte sy auch billich und geraethen, keyne sache forder zo besuchen noch anzogaen, es en were das sy eirst gehoirt und verstanden hetten des herren homeisters und syner stede in Prussen und auch der uys Liifflandt raeth, meynunge und guetdunken uff das recess zo Lubeke begriffen, dorumme auch diese tagfart vorramet und geleget were etc. Hiruff wart des herren homeisters und syner steede Prussen sendeboten von den anderen sendeboten der gemeynen hansze geantwort: eyn recesse were zo Lubeke gemachet und beslossen durch de gemeyn hansze und daeby welden se blyben und dem also nachgaen. Und bevolen dem cleerk und den alderluten des Dutschen koufmannes in Flaenderen, das sy zehen senden ken Deventer und Campen und mit vliisse vorsuchen, das en sulche artikelen gelessen und privilegien und vriheiden mochten gehalden und vorschreben werden, und doch das thun und vorsuchen sulden azam von sich selben und nicht azam von bevel und geheische der sendeboten, und auch in allir geheymsten etc. Des herren homeisters und syner steede Prussen sendeboten duchte disz mit nichte geraethen noch gut, ychtes forder zo vorsuchen adir anzogaen in den sachen des Dutschen koufmans in Flaenderen, sy en hetten denne des herren homeisters und syner stede Prussen und auch der uys Liifflandt raeth und gutdunken und will uff das recesse gehoirt. Und en wolden auch forder raeth noch thaet geeben adir thun in den sachen.

3. Am frytage neist nach ascensionis domini[1] des herren homeisters und syner steede Prussen [sendeboten][a] vornemende, das de uys Liifflandt zo Lubeke weren und von underwysunge und raeth der von Lubeke nicht dechten zo Utrecht zo komen, und auch durch begeer der anderer sendeboten der hansze, theten uff und vorczalten ir beveel und boetschaft in der sachen des koufmans in Flaenderen in sulcher wysen: Des herren homeisters und syner gebietgere und syner stede Prussen raeth, gutduncken und meynung were, das der Dutsche koufman mit nichte noch zer ziit uys Vlaenderen geroefen und vorleget wurde umme viil sachen und reede willen. Zum eirsten so dem kouffmanne mehe arges und unbequemekeit, schade und vorderbnys zo vorseen und zu besorgen were davon zo ontstaen, wente sulde der koufman andirswae vorleget werden in Brabant adir in Hollant, das weren alle lande undir der hirschaft und gewalt des hertzogen von Burgundien.

a) sendeboten *fehlt Kg.*

1) *Jun. 4.*

Auch den kouffman zu andere ungelegene stede und unbekanten havenungen zo legen sulde groissen schaden inbrengen und bisunder den groissen und swaergeladenen schiffen uys Prussen und Liifland. Auch so were sulche vorlegunge nu zer ziit sere unbequeme, angeseen das man keyn bestant noch genzlich ende und eyntracht en wiste myt den Engilschen, dortzo man sich mochte verlaissen, und auch woil zo besorgen were, daz man zo keynen ende uff dieser tagfart myt den Engilschen komen konde noch wurde, desglich auch noch nicht en wusten, wie man mit den Hollanderen staen wurde, angeseen das das bestant und frede mit den Hollanderen nu uff Bartholomei neist uysgaen worde, und alsus in zwyvell und unsicherheit adir unfreden den koufman noch uys Flaenderen zo roefen und myt dem herren von Burgundien unwill zo machen, sulde dem koufman zo grosem schaden, vorderbnys und angsten komen. Ouch so en konde der herre homeister in diesen sachen mit nichte ganz besliessen und volborten sen raeth, wissen und will syner prelaten, gebietigere, landen und steten in Prussen und auch der herren prelaten, des meisters, der gebietiger und syner lande und stete in Liifland, die diese sache ouch grois anrurende were. Hirumme were des herren homeisters und syner gebietigere und syner stede in Prussen raeth und gutduncken, myt nichte noch zer ziit den koufman uys Flaenderen zo roefen und zo verlegen, sundir eyn jaer adir zwey noch aldae zo blyben, und bynnen der cziit mit dem herren hertzogen von Burgundien von allen schelungen furder zo vorsuchen und zo handelen, und auch sust uff andere bequeme wyse und gelegene stede dem gemeynen koufmanne zo troist und hulfe eyntrechtlich zo gedenken und zo raethen und zo besliessen. Und alsus woren des herren homeisters und syner stede Prussen sendeboten vliislich begerende von den anderen sendeboten der hansze, diese ere bevelung und boetschaft im besten uffzunemen und sich hirinne also zo bewysen, das frundschaft und eyntracht zwisschen der hanse blebe, und ouch sulche sache, do grois und swaer were, yo mit raethe, wissen und willen derghenen, de das ouch meist angynge, geschege und besloissen wurde, angeseen das der herre homeister eyn houpt und beschirmer were der hansze, vord auch darvor gehalden und angeroffen sich auch alcziit im besten des koufmannes bewiset hatte und das gedyen und woilfart des koufmans gerne sege, und nuch de groiste und swaerste schiffe und guttere uys Prussen und Liifland quemen. Und ap dies nicht geschege, so versegen sy sich, das der herre homeister und syne gebietiger und stete in Prussen diss sere unguttlich und mit unwille uffnemen wurden und auch unbillich were, und auch dem gemeynen koufman zo groissem schaden und verderbnys komen wurde, angeseen das die uys Liifland auch nicht kegenwertig en weren und eren raeth und will in diesen sachen nicht en wisten.

4. Der ander sendeboten von der gemeyn hansze antwort hiruff was diss: Das sulche vorlegunge des koufmans uys Vlaenderen were durch de gemeyne hansze besloissen und berecessit umme grois gedrauck und vorkurtzunge der privilegien und friheiten desselbigen koufmannes, und sulche recess, das also durch de gemeyn hansz were besloissen und gemachet, mochten sy myt nichte wandelen noch dorwidder thun. Auch were der koufman nu daruff also gewarnet und geschicket, das des keyne wandelung syn kunde, wente es sulde andirs dem koufman syn umb liip und gut. Auch so were es zo viil ziiten und maelen mit groissen und swaren kosten, muehe und boetschaften uff das hogiste an dem herren von Burgundien und der stat Brugge vorsucht und gefurdert, dem koufmanne syne privilegien und vriheiden zo halden und besserung vor mancherley schade und gedranck und vorkurtzung syner privilegien zo thun, das doch bis noch allis nicht gescheen were noch geholfen hette, und sulche koste und muehe und boet-

schaften gansz vorloren und umbsust szam gescheen were zo groissem schaden und last des koufmans. Auch so hette der herre homeister und syne stede Prussen ere sendeboten by sulchen boetschaften und gescheften alcziit gehat, den eyn sulches woil wissentlich were, we der koufman gehalden wurde, und auch allis das sy betedinget und gehandelt hatten dem koufmanne in keynem stücke gehalden wurde, also das keyn ander wyse en were, dem koufmanne zo helfen und zo raethen by synen privilegien und vryheiten zo bliiben, denne denselbigen koufman us Brugg zo rofen und zo vorleegen. Und disz were durch de gemeyn hansze zo Lubeke vorsamelt auch also besloissen und berecessit, und den koufman gewarnet hetten und geboten, myt lybe und gutte also zo rewmen. Und disz recess were dem herren homeister by synen sendeboten ouch gesant und syne sendeboten wusten woil, we de vorlegunge des koufmannes gansz besloissen was, und hetten auch syne gnaden des woil onderrichtet. Und hette das synen gnaden also nicht gevallen adir gut geducht, das hette syne gnaden mogen alsobalde schriiben und zo wissen getaen, uff das man sich denne dornach hette mogen rychten, sunder nu zo spaede were und mit nicht dochte zo widderkeren, so es demselbigen koufmanne siin sulde umbe liip und gut, also syne gnade das merken mochte. Ouch so en welde man den koufman nicht lenger liiden zo Brugge, als das woil zo merken stunde myt sulchem gedrange, gewalt und unwill und smaeheit, de man eme von tage zo tage dede und bewiesde, also das es schade und schande were dem koufmanne, lenger in Vlaenderen zo bliiben. Und alsus umb dieser sachen und reeden will myt mehe worten begerten woil de sendeboten der gemeyner hansze von des herren homeisters und syner stede Prussen sendeboten, disz also gutlich an den herren homeister von erer allir wegen zo brengen und zo bitten umbe des gemeynen besten will, disz auch syner gnaden will und volbort zo siin etc.

5. Des herren homeisters und syner stede Prussen sendeboten antwort und begeer hiruff was noch als vor, das sy diese vorlegunge nicht also vornemen sundir eyn jaer adir zwey noch bestaen liessen, angeseen das der herre homeister und syne stede Prussen andirs nicht gewust haben, denne das uff dieser tagfart zo Utrecht uff sulche vorlegunge des koufmannes sulde gehandelt werden, und uns syne sendeboten, dorumme zo dieser tagfart gesant hette mit bevelunge und, onderwysunge syner meynunge, raethes und guldunken in der sachen. Und duchte sy billich und geraethen und begerden das hoiglich umb des gemeynen koufmannes woilfart und auch umme mehe fruntschaft und eyntracht der hansze, diese vorlegunge zo thun mit will, raethe und volbort des herren homeisters und syner stede in Prussen und Liifland, so de meiste und swaerste schiffe und guttere uys den landen quemen, andirs so besorgten sy sich, das der here homeister disz ungutlich und zo undanck uffnemen wurde und villicht unwill dovon ontstaen mochte, das en sere leyt were und syn sulde. Sunder des herren homeister und syner stede Prussen sendeboten en kunden keyn ander antwort noch will gehaben noch behalden in der sachen, denne das de gemeyn hansze de vorlegunge des koufmannes also besloissen hette und der koufman auch doruff gewarnet und geschicket were, myt lybe und gute zo rewmen uys Vlaenderen, und auch der meiste teyl nu gerewmet were etc., und keyn wandell des nu siin kunde etc.

6. Ouch so worden diese nachgeschreben artikelen in der vorlegunge des koufmannes durch de stede zo Utrecht versamelt vort verramet und besloissen, doch aen raeth, will und volbort des herren homeisters und syner stede Prussen sendeboten, de dae zo der tagfart kegenwertig waeren, und auch aen raeth, will und volbort der uys Liifland, de aldae zo der tagfart auch nicht kegenwertich woren,

sundir zo Lubeke von des raethes aldar underwysunge und raeth bleben. *Folgt n. 710.*

7. Ouch ist zo wissen, doe des herren homeisters und syner stede Prussen sendeboten von der tagfart zo Utrecht gehalden widder ken Lubeke qwomen unde de sendeboten von Liifland noch aldae funden, doe sproechen sy myt en, begerende zo wissen, worumme sy nicht gekomen woren zo der tagfart ken Utrecht, und was ir raeth, gutdunken, will und beveel were uff de vorleegunge des koufmannes zo Brugge. Hiruff was der uys Liifland antwort, das sy gerne zo der tagfart ken Utrecht gekomen weren, sundir ere reyse hette sich etwas vorezogen, also das sy sich besorgten zo spaede ze komen zo der tagfart, und alsus durch raeth und underwysunge der von Lubeke, als das sy zo spaede komen wurden und auch nicht groisse macht an leege, ap sy nicht zo der tagfart quemen, so man bynnen kurtz eyne tagfart zo Lubeke halden wurde, alsus so weren sy zo Lubeke bleben, und dus nemandis schoult en were denne der von Lubeke. Ouch so were en von keynen sachen geschreben noch zo wissen getaen, woruff sy so sulcher tagfart ken Utrecht komen adir senden sulden, sunder slecht und mit dem kurtzten geschreben were, sulche tagfart ken Utrecht zo besenden, also das sy von der vorleegunge des koufmans myt nychte gehoirt noch gewust hatten denne also viil en in geheyme zo Danczke vom raethe gemeldet wart. Ouch so weren sy verboet und vorschreben geweest zo der lester tagfart zo Lubeke gehalden, sundir in sulcher kurtzer und ungelegener cziit, das sy mit nichte zo sulcher tagfart uff solche cziit, als en geschreben was, senden noch komen kunden. Ouch so was ir raeth, gutdunken und beveel von der stede in Liifland wegen, das der koufman mit nichte von Brugge noch zer ziit rûmen solde sundir noch aldae bliiben und gedulden umb viil sachen und reede will, de des herren homeisters und syner stede Prussen bewegungen und sachen auch gelich woren und obirevndrogen. Und deselbige sendeboten uys Liifland woren auch der vorleegunge des koufmans von Brugge gantz zo unfreden und vorwunderden sich sere, das die von Lubeke eyn sulches sich dursten onderwynden und thun aen anderer stede raeth und wissen, dae auch de groiste macht an lege etc.[a].

D. Verträge.

712. *Uebereinkunft zwischen den Gesandten des Kg. von England, des Hm. und der Hansestädte. — Utrecht, 1451 Jun. 12.*

K aus der Recesshs. 2 zu Köln f. 178—179 b.

Kg SA Königsberg, 1) Schbl. 67 n. 32, Or. Perg., grösstentheils von Mäusen zerfressen; 2) daselbst Hs. von n. 709 f. 14—17, deutsche Uebersetzung.

K 1—3 StA Köln, 1) kölner Hs. von n. 709 (K1) f. 10—11b; Eingang weggelassen, beginnt mit Cum in dicta u. s. w.; 2) Recesshs. 1 f. 168—171; 3) Recesshs. 3 f. 100—102, Abschriften von K.

D 1—3 StA Danzig, 1) Schbl. XXVI n. 40, Doppelbl.; 2) Hs. von n. 709 f. 12 b, enthält nur den Eingang; 3) Schbl. XV n. 59, 2 Doppelbl., deutsche Uebersetzung.

Df SA Düsseldorf, weseler Hs. von n. 709 f. 10, beginnt wie K1.

L Public Record Office zu London, Abschrift, stark beschädigt[1]. Junghans.

In nomine domini, amen. Anno a nativitate ejusdem millesimo quadringen-

a) *Folgt in der Hs. n. 709.*

[1]) *Am 8 Jul. 1451 lieferte Thomas Kent* in thesaurario regis 9 scripta de treugis ac de prorogatione treugarum capta inter dictum dominum regem et Philippum ducem Burgundie et alios. *Am 3 Aug. liess der Kg. sich diese und andere Akten nach Canterbury liefern. Proceedings of the privy council 6 S. 112.*

tesimo quinquagesimo primo, indictione quarta decima, die vero duodecima mensis junii, pontificatus sanctissimi in Cristo patris et domini nostri domini Nicolai divina providencia pape quinti anno quinto, in nostrorum notariorum publicorum testiumque infrascriptorum ad hec[a] vocatorum et rogatorum presencia personaliter constituti magnificus et egregii viri Robertus Botillis[b] prior sancti Johannis Jherosolimitani in Anglia, magistri Thomas Kent, utriusque juris, Willelmus Witham, legum doctores, Johannes Stocker et Henricus Bermigam[c], cives et mercatores civitatum Londoniensis et de Lennis[d], cristianissimi et sereuissimi domini, domini Henrici Anglie et Francie regis et domini Hibernie, oratores, ambasiatores, commissarii et nuncii, necnon spectabiles et clarissimi viri oratores, ambasiatores et nuncii magnifici magistri Prussie (et[e] civitatum et opidorum de hansa Theutonica, videlicet pro magnifico magistro Prussie) magister Johannes de Ast, decretorum doctor, ordinis beate Marie Theutonicorum, Wilhelmus de Calven, burgimagister, Gerardus de Mynden, consul civitatis Lubicensis, Gerardus Haer, burgimagister, magister Johannes Vrunt, decretorum doctor, civitatis Coloniensis, Henricus Lopou, burgimagister, Ludolphus Struve, consul, Johannes Niendorp, secretarius civitatis Hamburgensis, Georgius[f] Rober, consul Elbingensis, Johannes Meydeburch, consul de Danzick, Johannes de Heze, consul opidi Novomagensis, Tymannus Scoerack[g] et Jacobus Jonge, consules opidi Campensis, exhibuerunt quandam cedulam papiream certos articulos de avisamentis eorum conceptam super materiis et rebus pro quibus in hac dieta Trajectensi convenerant, ut dixerunt, que publice lecta fuit in presencia eorumdem et nostrorum notariorum testiumque infrascriptorum, fuitque accordatum per easdem oratores hinc inde, quod publicum instrumentum confici deberet. Qua quidem cedula sic lecta omnes et singuli oratores, ambasiatores, nuncii et amici supradicti eandem juxta ipsius continenciam et tenorem approbarunt et ratificarunt et[h] pariter pace et unione acceptata in amicicia surgentes recesserunt. Cujus sic quidem cedule tenor sequitur et est talis:

Cum in dieta instituta et concordata in civitate Trajectensi decima quinta die post festum pasce proxime preteritum anni currentis millesimi quadringentesimi quinquagesimi primi inter serenissimum Anglie et Francie regem etc. necnon[i] magnificum dominum magistrum Prussie et civitates hanze Theutonice de et super questionibus, querelis, dampnis, rapinis, spoliacionibus necnon differenciis ac[k] reformandis et reparandis defectibus aliis, propter quos dieta hujusmodi Trajectensis concordata erat, nonnulle hinc inde suborte sint et fuerint difficultates, propter quas oratores, nuncii et amici ad eandem dietam hinc inde transmissi causarum et negociorum hujusmodi prosecucionem cum ea qua opus videbatur securitate et utilitate intendere, prout optabant, nequiverunt; ne tamen ipsam dietam sic[l] absque fructu in fomentum, prout formidandum foret, displicencie majoris animorum[m] abire contingat, ipsi oratores, nuncii et amici transmissi tamquam pacis et unionis zelatores non in vim suorum mandatorum sed sub confidencia et spe ratificacionis majestatis regie necnon domini magistri generalis Prussie civitatumque communium de hanza avisarunt ea que sequuntur.

1. Primo ut alia dieta pro causarum et negociorum supradictorum prosecucione et terminacione decima sexta die post pasca proxime futurum tenenda

a) hoc L. b) Botillis fehlt L. c) Bermyngeham Dl. d) de Lynn opidi L. e) et — Prussie L fehlt K Dl. f) Georgius L ... [illegible] fehlt. g) ... [illegible] L. Scherarch Dl. h) et prout [illegible] recesserunt L. i) [illegible] L. k) [illegible] Dl. l) [illegible] Dl L. m) animorum L.

et observanda instituatur. Et pro parte civitatum de hanza quinque loca nominata sunt, videlicet Lubicensis, Hamburgensis, Bremensis, Trajectensis et Coloniensis civitates, ex quibus dominus rex unam eligere poterit sibi magis gratam. Oratores autem ejusdem domini regis Angliam pro loco talis diete nominarunt, amiciis tamen et nunciis tam domini magistri Prussie quam civitatum illam se acceptare non posse asserentibus.

2. Item si serenissimus dominus rex Anglie in hujusmodi diete observacionem in una ex civitatibus predictis consentire velit, id suis litteris approbatoriis mercatori hansze Theutonice in Anglia residenti, similiter et dominus magister Prussie et civitates hansze, si in eam assentire velint, eidem mercatori asscribendo intimabunt, qui ulterius id, prout id necessarium fuerit, intimabit et significabit. Et debet hujusmodi approbacio et intimacio fieri infra hinc et primam diem mensis octobris proxime futuram.

3. Item infra eundem terminum, videlicet primam diem octobris proxime futuram, rex Anglie et subditi sui civitates et nomina personarum infra Prussiam et dictam hansze a quibus sibi, similiter magister Prussie et civitates de hanza et homines eorum civitates, opida et nomina personarum, a quibus sibi et per Anglicos dampna illata pretendunt, eciam mercatori Theutonice hanaze in Anglia residenti transmittent seu tradi et exhiberi procurabunt, qui ulterius id hiis quorum interest juxta ordinem necessarium intimabit, ut sic hinc inde avisate partes utiliter ad dictam dietam conveniant super dampnis et injuriis obiciendis responsure.

4. Item pro dictorum dampnorum clariori noticia habenda ac eciam ad tollendum hiis, qui forsan dampna intulerunt, suffragium excusandi vel replicandi etc., mercator Theutonice hanze in Anglia, postquam nomina civitatum et eorum, a quibus magister Prussie et civitates de hansza et homines sui sibi dampna illata fuisse pretendunt, sibi destinata[a] fuerint, idem mercator fultus potestate sufficienti eciam ad substituendum, si necesse fuerit, nomine et pro parte eorundem magistri et civitatum, vel si aliquis principalis vel ejus procurator pro se voluerit querelas desuper adversus patratores deponere, restitucionem et satisfactionem prosequentur, que si infra sex menses facta non fuerit vel qualis defectus intervenerit ad futuram supradictam dietam deducatur, in qua super hiis et aliis tunc providebitur oportune[b]; similiter et domini Anglici faciant in Prussia quicunque sibi illuc dampna illata pretendunt.

5. Item quod dicti prosecutores pro magistro Prussie et civitatibus de hanza recipientur in specialem protectionem et salvum conductum dicti serenissimi regis, et simili modo prosecutores pro Anglicis habebuntur in protectione speciali et salvo conductu dicti magistri Prusie et civitatum de hanza.

6. Item ne in vanum partes ad dietam predictam conveniant, avisatum est, ut unaqueque parcium ad eandem suos oratores et nuncios sufficienti mandato fulsitos[c] transmittet super hiis omnibus differenciis, querelis et defectibus, propter quos dieta Trajectensis indicta et concordata fuerat, tractandi appunctuandi et concludendi paciscendique transigendi et componendi, omni[d] eciam processu et ordine judiciario cessante cum aliis clausulis solitis et consuetis ac necessariis et oportunis, in tali forma saltem ne[e] ex defectu mandati ipsa dieta impedimentum merito capere debeat vel ruinam. Et ultra talia mandata eciam unaqueque civitas, opidum et villa vel eciam quiscunque principalis particulariter pro se cum singulari mandato in dieta predicta comparebit, dampna sibi illata petiturus et

a) designanda L. b) optime L. c) so auch Dr L, fulcitos Df.
d) verum L. e) ut Df.

eciam civitas et opidum vel illi per quos dampna illata dicantur cum sufficienti mandato ad respondendum illis, qui ab eisdem dampna petituri sunt.

7. Item sicut domini oratores regii desiderarunt sibi designare omnes civitates de hanza, avisatum est ut si casus aliquis sit vel emergat in Anglia, in quo noticia sibi desuper locum vendicet, ut mercator Theutonice hansze desuper requiratur, qui declaracionem hujusmodi casus sub aldermanni juramento prout solitum est faciet.

8. Item domini oratores regii requisiverunt et allegarunt eciam justum, honestum et debitum fore ut (ante)[a] aliquem tractatum detenti et captivi per Lubicenses et in Prussia vel dimissi sub fide et financia, et quod exactum est pro financiis et munimenta ambasiatoribus direpta et extorta, libertati restituantur et reddantur; similiter ut in Prusia fiat diligencia et adhibeatur (opera)[b], ut mercatoribus de Anglia, quorum bona impedita detinentur, si non integra saltim dimidia pars eorundem bonorum restituatur. Et ut id fiat cum effectu ac quod super hoc quoad Lubicenses responsum habeatur usque ad festum assumpcionis beate virginis proxime venturum[c] et a magistro Prussie infra primam diem mensis septembris et mercatori de hansza in Anglia significabitur. (Super[d] quibus amici et nuncii civitatum omni sua instancia ordinem se daturos pollicebantur)[d]. Similiter nuncii et oratores domini magistri Prussie et suarum civitatum necnon civitatis Lubicensis requisiverunt restitucionem bonorum et personarum, si[e] que in Anglia impedita et arrestata detinentur vel ad financiam posita reperiantur et sic sibi pariformiter fieri et relaxari.

9. Item ut dicta avisamenta omni fraude et dolo careant sed pocius caritatis et amicicie fructum pariant[f], avisatum est, quod ex nunc ulterius, videlicet a tempore date horum avisamentorum usque ad dictum primum diem octobris, una pars poterit cum alia libere conversari, mercandisare et sua negocia agere sine aliquo impedimento, ita quod nullus alium ledat medio tempore, et si ratihabiciones habite fuerint, tum durabit pax et amicicia usque ad dictam dietam tenendam et deinde usque ad festum Michaelis archangeli tunc[g] proximum. Et durante dicta unione debet una pars libere pacifice et amicabiliter juxta ritum[h], mores et consuetudines antiquas ac prout temporibus retroactis solitum fuit cum alia conversari et mercari mercimoniorumque commercium agere et pertractare ac se mutuo posse in terris et dominiis suis frequentare et accedere. Et ne dampna dampnis accumulentur et querele querelis succedant, serenissimus dominus rex providebit in suis regno et dominiis et apud suos, ut subditi sui manus suas servent innoxias nec mercatori de hanza dampna aliqua inferant, iidemque dominus magister Prussie et civitates de hanza in suis dicionibus, civitatibus et dominiis providebunt, ut subditi sui et homines de hansza manus suas servent innoxias nec mercatoribus aut subditis dicti regis dampna aliqua inferant[i].

Super quibus omnibus et singulis dicti domini oratores hinc inde pecierunt sibi a nobis notariis infrascriptis fieri unum vel plura publicum seu publica instrumentum seu instrumenta. Acta fuerunt hec Trajecti in refectorio fratrum minorum sub anno, indictione, mense, die et pontificatu quibus supra, presentibus ibidem honorabilibus et discretis viris Wilhelmo Bachote[k], milite ordinis sancti Johannis Jerosolimitani, preceptore de Halston[l], Henrico Witham, milite ejusdem ordinis, Stephano Berri[m], aldermanus in Dansczick[n], Thoma Crouze[o], mercatore Londoniensi,

a) ante Df Dl L fehlt K. b) opera Df fehlt K Dl L. c) futurum Df L.
d) Super — pollicebantur Df L fehlt K Dl. e) si fehlt L. f) pariant Df L.
g) tunc fehlt L, tunc proximum futurum Df. h) ritum suum et consuetudines L.
i) [illegible] K1 Df ab. k) [illegible] L. l) Halston Dl L, [illegible] K.
m) Berri Dl L. n) so Dl L, Dansse K. o) Crusse Dl L.

Rogero Moriel mercatore de Colsestria, Lundensis dyocesis, domino Francone Keddeken decretorum doctore, preposito Thoraltensi Tornacensis dyocesis, Johanne Haer, cive Coloniensi, magistro Johanne Ghebinck, canonico ecclesie sancti Severini Coloniensis, secretario mercatorum de hanza Bruggis commorantium, magistro Henrico Lymman de Goch, presbytero Coloniensis dyocesis, testibus ad premissa vocatis specialiter et rogatis.

Et ego Lodevicus Arnoldi de Bunschoten, clericus Trajectensis dyocesis, publicus apostolica et imperialli auctoritatibus ac ordinaria admissione notarius, quia predictorum avisamentorum exhibicioni, lectioni et recitacioni omnibusque aliis et singulis, dum sic ut premittitur per dictos oratores agerentur, dicerentur et fierent una cum notario infrascripto ac testibus prenominatis presens interfui eaque omnia et singula sic fieri vidi et audivi, ideo hoc presens publicum instrumentum manu[a] aliena nostre legittimis occupato negociis fideliter scriptum exinde confeci, subscripsi, publicavi et in hanc publicam formam redegi signoque et nomine meis solitis et consuetis signavi, rogatus et requisitus in fidem et testimonium omnium et singulorum premissorum.

Et ego Johannes Fabri, clericus Trajectensis dyocesis, publicus[b] imperiali auctoritate notarius et ordinaria admissione approbatus, quia u. s. w. *gleichlautend mit Arnoldi*[c].

E. Korrespondenz der Rathssendeboten.

713. *Johann, Graf zu Hoya, an die zu Utrecht versammelten Rsn. der Hansestädte: verwendet sich für Johann von Unna,* undersate des stichtes van Monster, *dem ungeachtet eines vom Kfm. zu Brügge am 29 Jul.* (gudensdaghe na s. Jacob d.) *1450 zu seinen Gunsten wider seinen Gegner aus Reval gefällten Urtheils das ihm Zugewiesene vorenthalten werde; ersucht, den Kfm. anzuweisen, dass er das Urtheil bis Jun. 3 (Himmelfahrt) zum Vollzug bringe, widrigenfalls er Unna* gherichtes ghunnen und staden *werde.* — *[14]51* (gudensdag in den paeschen) *Apr. 28.*

StA Köln, durchstrichene Abschrift, eingeheftet in n. 709 K2 zu f. 113.

714. *Köln an die Rsn. der Hansestädte zu Utrecht: beglaubigt seine Rsn., den Rm. Gerhard Hair und Johann Frunt,* Dr. ind geswoiren rait. — *[14]51* (donrestaigs na dem sondage quasimodogeniti) *Mai 6*[1].

StA Köln, Or. m. Resten d. Secrets, 2) Entwurf, 3) Copienbücher 20 f. 118.

715. *Desgleichen in Sachen Wilhelms von Ketwich, gleichlautend mit n. 622.* — *[14]51 Mai 12.*

StA Köln, Copienbücher 20 f. 120.

716. *Desgleichen für Heinrich von Sirndorp, gleichlautend mit n. 623*[2]. — *Mai 12.*

StA Köln, Or. m. Resten d. Secrets, 2) Copienbücher 20 f. 121.

717. *Köln an Rm. Gerhard Hair und Dr. Johann Frunt: weist sie an, Wilhelm*

a) manu mea propria L. b) publicus L.? c) In Kg sind die beiden Notariatszeichen nicht erhalten, in K a. R. nachgemalt.

[1]) *M. m. gleichlautend mit n. 643.* [2]) *Mit selbstverständlicher Weglassung des Satzes, dass Christian von Bleken und der Klerk Heinrich über den Hergang Auskunft ertheilen könnten, und der dadurch bedingten Abänderung, dass nicht Johann sondern Heinrich selbst die Angelegenheit vortragen werde.*

Ketwich bei seinem Process vor den Rsn. der Hansestädte zu unterstützen, dat he der zachen zo eptschafft komen moige, doch also dat anderen unsen burgeren, die der sachen ouch zo schaffen haint, an yrme reichten nyet beswerit werde. — *[14]51 Mai 13.*

StA Köln, Or. m. Resten d. Secrets.

718. *Desgleichen: gleichlautend für Johann und Heinrich von Siendorp. — [1451] Mai 13.*

StA Köln, Copienbücher 20 f. 120 b, darunter: In simili forma scriptum est talibus pro Wilhelmo Ketwich, addita clausula superius in spacio signata. *Die Clausel bezieht sich auf die übrigen an Ketwichs Process betheiligten Kölner, n. 717:* doch also — werde.

719. *Wilhelm von Calven und Gerhard von Minden an Lübeck: berichten, dass sie nach ihrer Ankunft in Utrecht fünf Tage mit den übrigen Rsn. auf die Engländer haben warten müssen, nun aber in die Verhandlungen eingetreten sind,* men wil j. ers. upp diitmael noch nicht konen scriven, wo zlik de zaken verlopende werden; *haben Meister Franko in Utrecht vorgefunden und ihn* na juweme willen to unser zake getogen; *über Holland verlaute bisher nichts, auch der Kfm. zu Brügge sei ausser Stande, Auskunft zu ertheilen; rathen, dies den Livländern kund zu thun, damit sich jedermann vor Schaden hüte; melden, dass Bremen und Braunschweig den Tag nicht besandt haben,* alse berecemet was dorch de gemenen stede. *Utrecht, [14]51 Mai 30.*

StA Lübeck, App. ad A. Anglicana 1, Entwurf.

720. *Deventer an die zu Utrecht versammelten Rsn. der Hansestädte: berichtet in Erwiederung auf deren Schreiben in Sachen des Zwistes von Deventer und Wesel, dass vor einiger Zeit klevische Reiter mitten im Frieden verschiedene Kauf- und Fuhrleute, welche theils von Deventer kamen, theils dahin wollten, überfallen, beraubt, auch einige getödtet haben, worauf der B. von Utrecht nach vergeblichem Verhandeln mehrere Klever arretiren liess;* des hebn die vorg. van Wesell, baoven dat wii mit hem in arbeide ende vervolch weren, tot oeren besten sick mit ons herren genaden vorenicht buyten onssen weten ende todoen, alsoe dat gii — wall verstaen moegen, woe groot onghelick die van Wesell an ons kiren mit oeren frevelen scriften, die sie tegen ons avergegeven hebn; *hat, um den Rsn. zu willfahren, seinen in Utrecht befindlichen Rsn. eine andere Vollmacht überschickt* ende hem dairby onse meninge gescreven. — *[14]51* (dinxedages nae — vocem jocunditatis) *Jun. 1.*

StA Lübeck, Or. m. Resten d. Secrets.

721. *Die zu Utrecht versammelten Rsn. der Hansestädte an Hm. Ludwig von Erlichshausen: erklären, dass sie in Anbetracht der vielen vergeblichen Bemühungen der Städte wie auch des Hm. Konrad und ihrer Gesandtschaften an den Hg. von Burgund, den mannigfachen Bedrückungen des Kfm. in Brügge abzuhelfen,* den uth kenliker nod *gefassten Beschluss des lübecker Tages über Abberufung des Kfm. aus Flandern zur Ausführung gebracht haben und der Kfm. Flandern verlassen hat; bedauern, dass die Gesandten des Hm. weder in Lübeck noch jetzt zu Utrecht in die Verlegung des Kfm. willigen wollten, sind jedoch überzeugt,* wanner dat j. gn. to vullen underwist were, wat not de gemenen stede hirto hefft gedrungen, desulve j. gn. solde denne ane twivel wol bekennen, dat des nyn ummegangk lenger en mochte wesen;

beglaubigen, umme dat alsodane rede to langk weren hii scriffen al to vorclarende, *den Sekretair des Kfm., der in ihrem Auftrage die zwingenden Gründe für die Verlegung dem Hm. auseinandersetzen soll; bitten, diesem eine schriftliche Antwort an Lübeck mitzugeben*, darna de gemenen stede unde kopmanne vorser. ziik vortan gerne richten, umme to komende to guder uthdracht deser zakes unde enen behorliken ende. — *Utrecht, [14]51 Jun. 14.*

SA Königsberg, Or. m. Resten d. Siegels von Wilhelm v. Calven.

722. *Der Pfarrer zu Elbing* (etc. und nû zer ziit sendebote) *an den Hm.: meldet*, das die tagfartt zo Utrecht in der Engilschen sachen gescheiden ist nach innehalt und luythe eynes recesses dorobir vorramet und gemachet uff wille und behagk an beiden siiden, als e. gn. das woil wyrt vorneemen; *ferner*, das e. gn. beveel, raeth und begeer in der sachen des Dutschen koufmannes in Flaenderen nicht uffgenomen en ist von den sendeboten der gemeynen hensze zo Utrecht vorsammelt, sunder gansz und slecht dem recesse zo Lubeke gemachet und beslossen nachgegangen haben und gaen, und den Dutschen koufman uys Vlaenderen geroefen und vorleget haben; und de uys Lyfflande en syn nicht geweest zo Utrecht, doch ir raeth und beveel von der stete wegen in Liiflande in der vorberurten sachen des koufmans in Flaenderen ys gelich und obirtragit myt e. gn. beveel; *hofft binnen kurzem dem Hm. mündlich Bericht erstatten zu können, muss um einiger* handelunge — in der Engilscher sachen *noch vier oder fünf Tage in Lübeck verweilen*[1]. — *Lübeck, [14]51* (an des h. lychnams dag) *Jun. 24.*

SA Königsberg, Or. m. Siegelspuren.

F. Nachträgliche Verhandlungen.

723. *Vereinbarungen zwischen Lübeck und den livländischen Städten über Regelung nowgoroder Verhältnisse. — Lübeck, 1451 Jul. 9.*

R aus RA Reval, Recesshs. 1430 — 53, 16 Lage f. 10 b — 12, vgl. n. 650, überschrieben von der Hand Hertze's: Articall twisken den Lifflandeschen radessendeboden unde deme rade to Lubeke.

L 1 2 StA Lübeck, Misc. Ruthen. 1, 1) Doppelbl., Entwurf von der Hand Hertze's, 2) Doppelbl., Abschrift von 1, überschrieben: Van der Nowgardeschen reyse.

Witlick sii, dat in den jaren unsers heren nach siner ghebord 1451, des fridaghes na Kiliani, weren de erliiken radessendeboden der Lifflandischen stede to Lubecke to daghe vorgaddert bii namen: her Weymar Haremann, ratmann[a] van der Righe[a], her Tidemann Remmelingrode, ratmann to Dorpte, unde her Cord Gripenborch, ratmann van Revele, unde darsulvest vorhandelden mit deme erliiken rade der stad Lubecke umme wolvarth des Dudesschen kopmans to Nougarden in Ruslande unde des ghemeynen besten desse articule unde puncte naghescreven.

1. Int erste weren se van den erbenomeden heren, deme rade to Lubecke,

a) Corrigirt aus *hergewesener Ll.*

[1]) *Vgl. n. 709 § 38 f. Zu den hier angeordneten Verhandlungen mit Lübeck scheint auch Rostock sich eingestellt zu haben. Seine Gerichtsherren verausgaben (vor dem Juli 1451):* 5 gude ₰, do her Bernt Kruse unde doctor Karlebek to Lubeke weren tegen de stede. summa 10 ₰ 10 β. *Vgl. n. 725.* [2]) 307 ₰ 6 β vortherde her Wennemer Harman tor dachfart to Lubek in dessem somer. *Rig. Kämmereibuch S. 200.*

begherende, dat de lantreyse mochte affkomen, unde[a] dat men de in deme lande vorbode bii vorlust der gudere, alse tusschen Prusen unde Lifflande, Dantzick unde Lubecke nenerleye lakenne noch was noch werck to vorende. Welk de erbenomeden heren, de rad to Lubecke, also hebben belevet unde willen dat vorschriven in Prusen, alse deme meistere unde den steden unde ock denne kopmann to Brugghe, dat se dat also holden dergheliken bi vorboringhe des ghudes.

2. Item beclageden zick de vorscreven radessendeboden van deme schonen wercke, wo dat wert betaghen. Hiirupp de vorscreven heren zamentliken hebben ghesloten, dat neyn Dudesch kopmann sal reyne werck ummekeren, id sii welkerleye id sii, noch van den Russen neen troyenisse kopen, de van reyneme (werke)[b] ummekeret sin; ock en sal men neen troyenisse kopen bii ledderwercke noch vortoghen werck, dat uppe enen anderen slach ghemaket is bii vorlust der ghudere. Welk de rat to Lubecke wil vorschriven, dar des is van nooden, unde de erbenomeden radessendeboden willen dat bestellen dergheliken in eren steden [unde][c] bii den van Prusen hoarbeiden unde ock to Nougarden dergheliken, unde schal angan uppe Martini neghest komende.

3. Item gheven die vorscreven heren radessendeboden to kennende, wo de Russen sick beclagen, dat de tunnen nicht sint grote noch unde ock nicht en willen, dat men dat was bekloppe, unde ock dat men neen werck schal uppe den hoff bringen. Hiirup den vorscreven heren uth Lifflande wart ghelesen sodanne breff, alse do van Groten Nougarden deme rade to Lubecke latest van der besendinghe dar int land[d] hadden gheschreven, unde wart darbii gesecht, dat se de reyse openen unde sluten, wanner se willen, dat se sick des mer entholden[e]. Unde wowol se mit den Russen hadden ghemaket vrede to 7 jaren, darvan alrede twe sint vorgaagin, dat bescheen were ane[f] ere medeweteut unde willen, dar wolden se uppe dit mael mede liden, men dat se deme also nicht mer en doen[1]. Unde sunderges wart en ghesecht, dat de averzeesschen stede bynnen dessen vorscreven nastanden viff jaren willen doen besendinghe to Groten Nougarden, umme ene nile crutzekussinghe to makende. Unde nachdeme denne de vorscreven besendinghe is vorhanden, so weren de vorscreven sendeboden uth Lifflande begherende, effte ze wes tovoren mit den Russen konden maken unde etlike dinghe uth den sponen hauwen, effte se des mochten mechlich wesen. Darup en wart ghesecht, dat se mit den Russen in dessen middelen tiden van der wegen neyne vorhandelinge en hadden, so langhe ere sendeboden dar qwemen unde dat zamentliken deden. Unde wart vurder ghesecht, dat se sodanne gelt tosamende brochten to der besendinghe behoeff, alse ze hadden vorsammelt etc.

4. Item begherden de vorscreven radessendeboden to wetende, wor de crutzekussinghe were, unde menden, ze weren[g] bii den van Gotlande. Darup en wart ghesecht, men vormodede sick, dat se hir were in guder vorwaringhe[h].

5. Item beclagheden sick de vorscreven heren radessendeboden, wo dat de kopman to Brugghe in Vlandern koffte lakenne to borghe, de gheborghet weren, umme de uppe de Russen to vorende. Hiirup en wart geantwerdet, dat men hii deme kopmann to Brugghe wil bestellen, dat men nene sodanne lakenne noch jenighe andere gudere, de uppe de Russen denen, schal kopen to borghe bii penen, alse[i] vorboringhe des ghudes. Unde des scholen se bringhen en bewiis an de stad,

a) Die ursprüngliche Fassung lautet: wende se in deme lande de beiden verbieden L1. b) werke L, fehlt R. c) unde fehlt R L1 W. d) so L1 R, in lande R. e) entholden L1. f) ane ane R. g) were LP. h) [illegible] L1. i) [illegible] L1.

1) Vgl. n. 588 f.

dar se de gudere bringhen, dat sodanne gudere nicht sin ghekofft to borghe. Ock en sal neyn Dudessch van der henze van Russen kopen jennich gud to borghe bii live unde gude.

6. Item[a] gheven vor de vorscreven radessendeboden, wo dat se umme vorbeteringhe der hove[b] to Groten Nougarden hadden ghesettet[c] een dubbelt schoet, alse twe dynninghe uppe dat stucke sulvers van den guderen de dar qwemen, des doch etliike koplude uth dessen steden nicht weren tovreden. Welk de erbenomeden heren, de rad to Lubecke, so nicht en beleveden unde woldent ock nicht holden van werden, dat se sodanne een makeden ano ere todoent unde medewetent. Darto de erbenomeden radessendeboden antworden, se woldent gherne bii ere oldesten bringhen. Unde en wart ghesecht, dat se dat also bii ere redere[d] brochten, wente se woldent nicht, dat men sodanne dubbelt schoet scholde uthgheven unde betalen, men latent bii deme olden schoete bliven, alse van eneme stucke enen dynnynghen etc.

7. Item[a] wart darsulvest vorhandelet alse van deme cappellane to sendende to Groten Nougarden nach older wonheyt, unde dat men eme scholde gheven viff stucke sulvers unde en halff stucke int land unde en halff uth dem lande. Dat is also belevet. Unde de erbenomeden heren van Lubecke willen to vorjaren dar enen senden int land, de ock to vorjaren schal uth dem lande scheden[e].

8. Item beclagheden sick de[f] vorscreven heren radessendeboden, wo dat etlike ere koplude noch to achter sint van soldye wegen. Darup en wart gheantwerdet, nach velen insaghen an beyden siden, wo dat se hiir noch plichtich weren eren pontlolnen, den se nicht gegheven en hadden, zo se van rechte scholden, unde wolden dat ock nicht vorrichten, unde hiirumme, wanner se deden wat recht were, so scholde en recht weddervaren.

9. Item gheven se ock vor, dat nymand roffgud koffte unde dat de ordinancie darup ghemaket worde strengeliken holden. Darup en wart ghesecht, dat men hiir dat alle jar to veer tiden leth vorkundigen unde men sal dat hiir strengeliken holden.

10. Item beclagheden sick de vorscreven radessendeboden, wo dat se mit dem hemeliken gherichten hochliken werden beswaret etc. Darup is ghemaket ene ordinancie bii den ghemeynen steden anno 47[1], de se mit sick hebben, unde darna se sick moghen richten.

11. Vortmer[a] wart darsulvest vorhandelet unde ghesloten van wegen derjennen, de in de henze beboren unde vorbodenne reyse jegen de ordinancien der stede van der Dutschen hanze theen, de men ranevars nomet, dat men mit sodannen ranevars, wanner men de[g] in jenige(r)[h] stad van der henze vinde edder kricht, varen sal, alse recht unde van olders wontlick is.

724. Verhandlungen zwischen dem Hm. und Rm. von Danzig über die Verlegung des Kfm. von Flandern und die dadurch nothwendig gewordene Ertheilung von Anweisungen an die danziger Kaufleute und Schiffer. — Putzig, Jul. 15.

K1 2 aus SA Königsberg, 1) Foliant A f. 92, bezeichnet: Am tage divisionis apostolorum warben dissen nachgeschreben werbe an den herren homeister Herman Stargard und Geert van Werden van der stat Danczk czu Puczk im 51 jar. *2) Missiv 18 f. 136 mit gleicher Aufschrift.*

Gedruckt: aus einer Hs. des wiener Deutschordensarchivs, verglichen mit K1 2 Toeppen a. a. O. 3 S. 281.

a) Nota R. a. R. b) hovene L1. c) gesettet L1. d) [illegible] L1. e) dat [illegible] L1. f) de van Darppte unde Revel, wo dat L1 [illegible]. g) den R. h) — L, jenige R.

[1] N. 288 § 28.

Czum irsten als denne Hans Megdeburg unde Jorge Rober van Elbinge vam tage zcu Utrecht gehalden weren widdir ingekomen, so hetten sie an den rath zcu Danczk gebracht, wie das, als en was metegegeben van des kouffmans wegen in Flanderen, den nicht czu vorlegen, so hetten sie sich fleiszigllich dorumbe bearbeitet und gerne gesehen, das es nach eyn jar czwe adir meh vortzog hette gehat, das der kouffman deste bas sich dorinne hette mogen vorsehen und seyne schaden bewaren. So hetten doch nicht mogen helffen, sundir der kouffman were vorleget nach usweisunge der schriffte, die Tileman vam Wege und Hans Freyberg neest ingebracht hetten, und das were on nu getruwelich leith, das die hensesstete eynsulches hetten getan und sich nicht hetten willen keren an die undirrichtunge, die seyner gnaden wirdige sendeboten fleisziglich vorgebracht und geworben hetten. Und als dis nu der kouffman czu Danczk vornam, qwomen die schipper, die nu eyn teils ytczundt hatten geladen und eyn teils nach in willen weren czu schiffen, ouch weren ytczund etliche weggesigelt[a], und befrageten den rath, wie sie sich hirinne solden halden, uff das sie nicht czu schaden qwemen, so das en der rath eynen tag gesatczt hat uffin sonnabendt neestkomende[1], sie welden euwer gnade besenden und ires rathes dorinne pflegen und en darnach eyn antwurt geben. Also bittet der rath euwer erwirdige genade, das die en welle eren rath metetellen und sie wissen lassen, wie sie den schipper sollen antwurten, so das sie dorinne nach euwer gnaden rathe und willen sich mogen halden.

Antwurt des heren homeisters: Wir werden kurtczlich zcu euch ken Danczk komen, do wir denne den rath bey uns und furder handelunge mit en van den sachen wellen haben und ires rathes dorinne gebruchen, was wir denne mit unseren gebitigeren und mitsampt en czu rathe werden und vor das beste erkennen, das wellen wir sie denne wol undirrichten und vorsteen lassen[2].

G. Anhang.

725. *Lübeck an den Hm.: beglaubigt Arnold von Bremen*, in beyden rechten doctorem, unsen gesworenen rad unde sindicum, *mit der Bitte, ihm geneigtes Gehör zu schenken.* — *[14]51* (vrildag na der h. twelff apostele d.) *Jul. 16*[3].

SA Königsberg, Or. Perg. m. Resten d. Siegels.

726. *Köln an Lübeck: hat aus dem utrechter Recess entnommen und von seinen Rsn. erfahren*, wie dat eyniche swairicheit an ju liggen seulde as van der Engelschen gefangenen weigen, *sodass das Zustandekommen der neuen Tagfahrt mit den Engländern gefährdet sei; ersucht deshalb, zumal auch die Lage des Kfm. eine Wiederaufnahme der Verhandlungen erheische, dass Lübeck in die Tagfahrt willige und*, soverre u dat geleigen is, *Köln durch den Ueberbringer dieses hiervon benachrichtige; bittet zugleich um Auskunft, was Lübeck mit den englischen Gefangenen beginnen und welche Antwort es dem deutschen Kfm. in England ertheilen wolle, damit die Kölner* sich vur yren schaden moigen weten de beter to hueden. — *[14]51 Jul. 16.*

StA Köln, Copienbücher 20 f. 138.

a) so K? gesigelt Kl.

1) *Jul. 17.* 2) *Folgen noch Verhandlungen über gewisse Maassregeln von Danzig, welche das Misstrauen des Hm. wachrufen. Vgl. Ss. rer. Pruss. 4 S. 92. Vgl. n. 728.*

3) *Auch Rostock betraute Meister Arnold mit Aufträgen; seine Gerichtsherren zahlen 1451/2:* 7½ ℔ do de doctor van Lubeke to Dantzik was in Clawes Werkmann zake. *Dieselbe Summe entrichten die Wetteherren (RA Rostock).*

727. *Köln an die westfälischen Städte: erinnert, dass die Städte auf dem lübecker Tage mit dem Ausschluss aus der Hanse belegt wurden, sofern sie sich nicht auf der Tagfahrt zu Utrecht wegen Nichtbesendung des Hansetages entschuldigen würden,* dat y doch gude frunde nyet gedain hebt, dat lilcht tokomen mach siin bii gebreke, dat u sulcks nicht en is vorkundiget; *hat nun, damit ihr Handel keinen Schaden leide, in Utrecht erwirkt, dass sie sich jetzt vor Köln nach Massgabe des lübecker Recesses entschuldigen könnten,* soverre u dat gelieffl; hierumb, g. fr., is u nu to willen, sulchs vur uns noch to achtervolgen, so moigt y, wanne u dat gelieven sall, in vurgeschrevener maiten to uns schicken, so wille wii gerne u to wailbevallen sulcke sake helpen to dem besten voegen ind u weder in die hansze ind koepmans reicht na luyde des vurgeroirten recesse setzen, ind oick sulcks vort dem koepman van der Duytscher hansze in Engelant ind oick in Flaenderen, der to deser tiit residencie helt to Deventer ind Campen, vorschriiven, gelilck uns dat bevoilen is; ind gelieffl u uns hiirup eyn antwert to schriiven, dat mach in des unsern bodens wederkumffl doin uwe eirsamheit. — *[1451] Jul. 17.*

StA Köln, Copienbücher 20 f. 140: überschrieben: Civitatibus Susaciensi, Tremoniensi, Monasteriensi, Osnabrugensi, Paderburgensi (!), Lemegouwe, Hervordensi, et Hamelensi.

728. *Hm. an Lübeck: hat von seinen Gesandten zum utrechter Tage vernommen, dass der deutsche Kfm. ungeachtet seines Einspruchs aus Flandern abberufen worden ist,* das uns ummer vorwundert und nicht hetten getruwet, synd ummer wir und eyn homeister unsirs ordens czur czeit von alders her vor eyn houpt der hensen seyn gehalden; und so denne wir und die unsirn uns cyns solchin nicht hetten vormutet, so haben unsere koufflewte und undirsassen etzliche schiffe mit guttirn und kouffmanschafften beladen, die itzunt vorfrachtet und gantcz geschicket woren, do unsere sendeboten ire inbrengunge toten, und darumbe so haben uns die unsirn gros gebeten, das wir en mit semlichen iren schiffen, guttirn und kouffmanschafften in die Welinge welden gonnen czu segiln, eynsolchs haben wir en umbe irer beten willen gerne gegonst und gestatet; darnach moget ir euch richten[1]. — *Danzig, [14]51* (am dinstage nest vor dem tage s. Marie Magdalene) *Jul. 20.*

SA Königsberg, Missive 11 S. 671.

729. *Köln an den deutschen Kfm. zu London: bezeugt, dass Dortmund sich durch seinen Bm. Christoph Henxtenberg am heutigen Tage mittelst Eides habe entschuldigen lassen, dass es die Ladung zum lübecker Hansetage 1450 Sept. 21 nicht aus Frevel noch Ungehorsam noch um Kosten zu sparen, sondern aus Noth* die he uns vertzalt ind vurbracht hait, die uns ouch na unsern erkentenisse beduncken redelich siin, *nicht befolgt habe; zeigt an, dass Dortmund hiermit dem Recesse Genüge gethan und befiehlt in Kraft der ihm zu Utrecht übertragenen Vollmacht, Dortmund und seine Angehörigen wieder in des Kfm. Recht und Freiheit zu setzen. — [14]51* (up s. Panthaleonis dach) *Jul. 28.*

StA Köln, Copienbücher 20 f. 141 b; darunter bemerkt: In simili forma scriptum est den — aldermanne ind koepmanne van der Duytscher hansze, nu ter tiit to Deventer residencie haldende. *Darunter von anderer Hand:* In simili forma pur-

[1]) *Vgl. n. 721.*

garunt se Monasterienses per honorabilem magistrum Gisbertum Spol, eorum sindicum et procuratorem, qui juravit in animas eorum et sic scriptum est aldermannis in Davantria die secunda octobris anno etc. 52.

730. *Münster an Köln: erwiedert auf n. 727, dass es bis zum Empfange des Briefes nichts von alledem gewusst habe; sendet eine Copie seines Entschuldigungsschreibens an die lübecker Versammlung, hätte in Anbetracht seiner landkundigen Nöthe und Fehden wohl erwartet, glimpflicher behandelt zu werden,* want so wil nu horet alle vele stede ut der henze gesat sin, men so wil vorstain, were merer noit, de henze to vormerende dan to vormynrende; *dankt für Köln's Eintreten und erklärt, dass es zur Zeit keinen Bm. noch Rm. ohne Gefahr aussenden könne; bittet deshalb, entweder seine Entschuldigung bei den Städten zu übernehmen, oder ihm,* off es yo ummer boven de wytlichen landmerigen kentlicheit — unsser noitsake van nolden all unsser eide, *die Erlaubniss auszuwirken, sich nach Vorschrift des R. v. 1441 (HR. 2 n. 439 § 38 f.) schriftlich entschuldigen zu dürfen, oder endlich,* offt des ok nicht sin mochte, *ihm einen gelegenen und sicheren Ort zur Zusammenkunft zu bezeichnen; wird seine Rsn. gern dahin schicken, um seine Abhaltungsgründe vorzulegen; ersucht um Antwort. — [14]51 Jul. 29.*

StA Köln, Or. m. Resten d. Secrets.

731. *Lemgo an Köln: erwiedert auf n. 727, dass es von seiner Verhansung und der utrechter Tagfahrt nichts vernommen, letztere andernfalls besandt haben würde; beglaubigt seinen Rm. Johann Mestmaker, der zu allem bevollmächtigt ist, und ersucht, den Kfm in England und Flandern zu benachrichtigen, dass Lemgo wieder in die Hanse gekommen; bittet, ihm den Ungehorsam* nicht to ungnade sunder to dem besten [to] holden unde [to] keren, went wi in der henze yo dencken to blyvende unde to holden unde waren na unsem vormoge. — *[14]51* (ipsa die dominica ante f. Bartolomei ap.) *Aug. 22.*

StA Köln, Or. m. Resten d. Secrets.

732. *Soest an Köln: dankt in Beantwortung von n. 727 für Köln's Verwendung; erklärt, von der utrechter Tagfahrt nichts gewusst zu haben, zur Zeit aber,* as yd over wech bewant ys, *Niemand aussenden zu können; fragt deshalb an, ob es sich nicht schriftlich entschuldigen könne, und bittet für den Fall um Mittheilung,* wo die entschuldinge na lude des recess balden solde. — *[14]51* (an s. Bartholomeus avende des h. ap.) *Aug. 23.*

StA Köln, Or. m. Spuren d. Secrets.

733. *Köln an den deutschen Kfm. zu London: sendet in Beantwortung von dessen Schreiben in betreff des utrechter Vertrages die Abschriften eines Briefes von Köln an Lübeck und der Antwort von Lübeck darauf; meint, dass Lübeck* sich daeynne geburlichen halden ind unwillen, cost ind schaiden, die daevan untstain mochten, verhueden wilen ind willen[1]. — *[14]51 Sept. 3.*

StA Köln, Copienbücher 20 f. 130.

[1] *An demselben Tage sandte Köln die obigen Briefe auch* den eirberen Johan Ryncken, Gerwin Pot, Bertolt Questenberg, Johan ind Heinrich Blytterswych gebruideren, Heinrich Overbach, Peter Kannengiesser ind vort unsen burgeren ind ingesessenen zo deser ziit zo Franckfort wesende, *mit der Aufforderung, ihm ihr Gutachten hierüber einzusenden* (want uch dan gelegenheit der gebreche van den sachen waill kundich ist. *Copienbücher 20 f. 131 b.*

734. *Auszüge aus den Stadtrechnungen von Deventer. — 1451 Mai — Juni.*

StA Deventer, Rechn. v. Dirc Splitof 1451.

1. Des vridages dairnae[1] Getschalck, meister Johan gevaeren tot Utrecht omme der saken willen van Wesel, doe die sendeboeden van der Duytscher hanze aldair vergadert weren, vertert 87 ℔.

2. Op den sonnendach vocem jocunditatis[2] Egbert, ons heren boede, die gereden was van onser wegen tot Utrecht an de sendeboeden van der Duytscher henze op die scrift, die onse here an die sendeboeden vorscreven om onser bede willen gesant hadde, gegeven $4\frac{1}{2}$ ℔.

3. Op denselven dach Keirehals gegaen tot Utrecht an die sendeboeden van der Duytscher henze ende an onse raetsvrende Gotschaelk, Marquart, ende goven denselven onsen vrenden te kennen, woe onse here van onser wegen gescreven hadde an die sondeboeden vorscreven van der Weselscher saken, die Keirehals aldair by hem behielden liggen 4 dage, 1 ℔ 7 kr.

4. Op denselven (h. pinxter)dach[4] des avondes ter Sternen Kollirk, Aldenzeel, Laer, Mychiels geselschap gedaen Francken van Zweten, wante he van Utrecht gekomen was van den sendeboeden van der Duytscher henze, vertert 1 ℔ 10 kr.

[1] *Genaueres Datum fehlt, fällt in den Mai.* [2] *Mai 30.* [3] dinxedages dairnae, *Jun. 1.* [4] *Jun. 13.*

Ortsverzeichniss.

A.

B.

C. vgl. K. Z.

D.

E.

I. J. vgl. Y.

K. vgl. C.

L.

M.

N.

O.

T.

U.

V. vgl. F.

W.

Personenverzeichniss.

A. NACH VOR- UND ZUNAMEN.

A.

B.

C, Ch. s. K.

H.

I. J. Y.

N.

O.

P.

Q.

R.

S, Z.

T.

U.

V. s. F.

W.

Z. s. Cz. S.

B. NACH STÄNDEN.

1. Päpste.

2. Cardinäle u. Legaten.

3. Erzbischöfe.

4. Bischöfe.

3. Aebte, Priore, Pröpste, Domherren.

8. Priester.

2. Kanzler, Stadtschreiber, Notare, Doktoren.

8. Deutschordensritter.

9. Johanniter.

10. Kaiser.

11. Könige.

12. Herzöge und Fürsten.

13. Grafen u. Herren.

14. Beamte.

15. Bürgermeister, Stadtei, Rathmannen, Schöffen.

16. Aelterleute.

Zusätze und Berichtigungen.

S. 73 u. 160 Z. 5 l.: *Gendena* st.: *Geudena*, *desgleichen* S. 116 u. 216 Z. 5; S. 117 § 12; S. 119 u. 221.

S. 136 Anm. 1 *und* S. 139 l.: *Bockenem* st.: *Bekum*.

S. 170 Anm. 2 *ist zu dem angeführten Befehl K. Heinrichs hinzuzufügen, dass eine Verordnung über den Erlass des Befehls sich in den Proceedings of the Privy Council* 6 S. 61 *findet*.

S. 172 Anm. 1 Z. 1 l.: *Die* st.: *Den*.

S. 360 u. 379 *hatte ich zufolge eines erst bei der Korrektur entdeckten Rechnungsfehlers hinsichtlich der Regierungsjahre des Königs ursprünglich zu* 1448 *datirt und dem entsprechend falsch eingereiht; sie würde anderen Falls zu* n. 402 *mitgetheilt worden sein*.

S. 453 l.: *Verhandlungen zu Halmstad* st.: *Versammlung*.

Inhaltsübersicht.

Hansetage von 1443—1451

HANSERECESSE

ZWEITE ABTHEILUNG

HERAUSGEGEBEN

VOM

VEREIN FÜR HANSISCHE GESCHICHTE.

DRITTER BAND.

LEIPZIG,
VERLAG VON DUNCKER & HUMBLOT.
1881.

www.ingramcontent.com/pod-product-compliance
Lightning Source LLC
Chambersburg PA
CBHW021226300426
44111CB00007B/444